영남형사판례연구회 제200회 기념 논문집

형사법의 쟁점과 판례 2

영남형사판례연구회
부 산 지 방 검 찰 청 편

法 文 社

간행사

영남형사판례연구회가 1999년 발족하여 근 이십 년이 되어갑니다. 영남형사판례연구회는 부산·경남, 대구·경북, 울산 등 영남지역의 형사법학자들과 법조실무가들(주로 부산지방검찰청 검사님들)이 매월 한 차례 대학에서 모여 형사판례에 대한 연구결과를 발표해왔습니다. 지난 19년간 200회의 발표회를 가졌고 발표 논문이 350편에 이르렀습니다. 발족한 지 10년째 되던 해인 지난 2009년에 100회 기념 논문집인 『형사법의 쟁점과 판례』를 발간한 데 이어 이번에 200회 기념 논문집을 발간하여 우리 연구회의 학술활동을 정리하고 영남지역 형사법학자들과 실무가들의 학술교류의 일단을 소개하고자 합니다. 101회 발표와 200회 발표 사이에 104개월의 간격이 있으니 우리는 그동안 네 번을 빼고는 매월 발표를 이어왔습니다. 그동안 발표된 논문은 모두 187편인데 이 중 발표자가 각각 自選한 논문 40편을 이 책에 싣습니다.

영남형사판례연구회가 자체의 학술지를 발행하지 않아 이 논문집에 실린 논문들은 우리 연구회에서 발표된 후 국내 여러 학술지를 통하여 公刊된 논문들입니다. 그러나 영남형사판례연구회에서 발표되고 회원들의 열띤 토론을 거친 논문들을 한 권의 논문집에 체계적으로 묶는 것은 우리의 학술활동을 되돌아보는 의미가 있고, 이후의 300회, 400회 기념 논문집에 더 훌륭한 논문을 싣고자 다짐하는 계기가 될 것입니다.

돌이켜보면 지역 단위의 학술 모임에서 매월 2개씩 논문을 발표하는 것은 쉬운 일이 아니었습니다. 그동안 우리 연구회를 통하여 논문을 꾸준히 발표해주신 영남형사판례연구회에 속한 학자들께 경의를 표합니다.

또한 수사와 공판 등 검사 본연의 업무를 수행하면서도 일과를 마친 저녁시간에 동아대학이나 부산대학에서 열리는 우리 연구회에 참석하여 토론하고 때로는 주제발표를 맡아주신 부산지검 검사님들께 경의를 표하고 감사를 드립니다. 검사님들의 수사와 수사지휘, 기소와 불기소의 판단, 공판과 형집행 등의 실무 소개와 실무적 관점의 토론은 학자들에게 매우 유익하였으며 논문 작성에도 큰 도움이 되었습니다.

또한 지난 9년 동안 부산지검의 정인창, 황철규 검사장 등 역대 검사장들께서 이러한 학술 교류를 적극적으로 지원해주시고 특히 배성범, 김영대 검사장께서 본서 발간을 지원해주신 데 대하여 감사드립니다.

본서 출간을 맡아 수고하신 법문사의 배효선 사장님과 장지훈 부장님, 노윤정 차장님께 감사드립니다. 또 영남형사판례연구회를 발족시키시고 늘 격려해주시는 허일태 교수님과 한국해양대학교 최석윤 교수님, 동아대학교 최병각 교수님, 이번 발간의 제반 과정을 맡아 애써주신 동아대학교 하태영 교수님, 경남대학교 하태인 교수님, 동의대학교 최성진 교수님, 부산대학교 이수진 박사님께 감사드립니다.

2018. 3. 26.
영남형사판례연구회장
부산대학교 법학전문대학원 교수
차 정 인

축사

영남형사판례연구회와 부산지방검찰청이 제200회 발표회를 기념하여 『형사법의 쟁점과 판례 2』를 공동 발간하게 된 것을 진심으로 축하드립니다. 1999년 3월 첫 발표회를 시작하여 이제 2018년 3월까지 20년째 발표회를 이어오고 있습니다. 부산·울산·경남 법학계와 대구·경북 법학계 그리고 부산지방검찰청이 오랜 세월을 함께 연구하고 노력한 결과라고 생각합니다.

지난 20년 동안 우리 사회는 많은 변화를 겪었습니다. 대한민국은 중진국 초입에서 이제는 선진국 초입에 이르렀다고 생각됩니다. 그에 따라서 발표주제도 많은 변화를 겪었습니다. 초기에는 전통적인 법학 분야가 주를 이루었으나 최근에는 해적행위, 전자정보의 압수수색, 디지털 시대의 대응 등 새로운 주제들이 등장하여 내용이 더 다양해지고 풍성해졌으며 한층 앞으로 나아갔다고 생각됩니다.

학계와 실무간의 교류가 단기간의 심포지엄 형태는 있었지만 이렇게 20여 년간의 교류를 지속한 경우는 매우 드물다고 여겨집니다. 그동안 약 350여 편의 판례 평석을 발표해주신 발표자분들과 그 발표회에 참석해 주신 분, 이를 후원해 주신 분들께도 깊은 감사를 드립니다. 이 모든 분들의 관심과 지원, 노력 덕분에 오늘의 훌륭한 성과물을 얻은 것으로 여겨져 더욱 뜻 깊게 생각됩니다.

이 연구회의 발표 결과물은 학계와 실무계의 협업의 결과물입니다. 함께 발표 주제를 정하고 발표 준비를 하고 이를 발표하고 토론하면서 우리는 함께 발전하여 왔습니다. 이는 학계와 실무계의 협업 모델로서 모범이 된다고 생각합니다. 협업 사례가 많지 않은 한국 현실에서 이는 더욱 의미 있는 활동이라고 생각합니다.

우리 사회에서 일어나는 많은 문제점들에 대해 학구적인 접근과 현실을 고려한 실무계의 접근방식은 다를 수밖에 없으며 이러한 양측의 접근방식을 융합한 이 성과물이 더욱 의미 있다고 생각됩니다. 왜냐하면 그 결과물은 이론과 실무를 겸비하므로 더욱 탄탄하고 내실을 기할 수 있기 때문입니다.

이제까지 잘 해 왔듯이 앞으로도 계속적인 발전을 기원 드립니다. 우리 사회의 변화상을 잘 반영하고 우리 사회의 발전에 기여하는 연구물들이 계속 나타나고 논의되기를 희망합니다.

감사합니다.

2018. 3. 26.

부산지방검찰청 검사장

김 영 대

차 례

01

소년법의 적용과 전자장치 부착명령*

최 병 각**

【대상판결】 대법원 2009. 5. 28. 선고 2009도2682, 2009전도7 판결

【사실관계】

1. 피고인 겸 피부착명령청구자(이하 '피고인'이라고만 한다)은 2007. 8. 12. 17:00경 대구 수성구 신매동 (이하 생략)에서, 혼자 귀가하던 피해자 공소외 1(여, 9세)을 보고 강간하기로 마음을 먹고, 피해자를 뒤따라가 위 아파트 227동 엘리베이터를 피해자와 함께 타고 가다가 10층에 이르러 내리려고 하던 피해자의 입을 막고 잡아당겨 15층까지 올라갔다. 피고인은 피해자를 끌어내려 옥상에 끌고 가 피해자에게 "소리 지르면 죽인다."라고 협박하였다. 그리하여 피고인은 항거불능 상태에 있던 피해자의 바지와 팬티를 벗기고 피해자의 음부에 손가락을 수회 넣었다 빼고, 다시 바닥에 눕히고 음부에 손가락을 넣었다 뺀 후 피해자의 음부에 성기를 넣어 강간하려고 하였으나 삽입되지 아니하여 피해자의 입에 피고인의 성기를 넣어 빨게 한 후 사정을 함으로써, 13세 미만 미성년자인 피해자에 대하여 강간 미수에 그치고, 그 과정에서 피해자에게 약 10일간 치료를 요하는 질점막 열상 및 울혈상 등을 가하였다.

---

* 이 논문은 제122회 영남형사판례연구회(2011.5.16.)에서 발표되고, 비교형사법연구 제13권 제1호(2011)에 게재되었음.

** 동아대학교 법학전문대학원 교수.

2. 피고인은 2008. 10. 21. 08:10경 (상세 지명 생략) 1층 엘리베이터 앞에서, 전날 같은 장소에서 성추행 범행 대상으로 물색해 둔 피해자 공소외 3(여, 13세)이 엘리베이터에서 혼자 내리는 것을 보고 피해자의 목을 손으로 조르고 엘리베이터 안으로 밀어 넣고 옥상으로 끌고 가 청소년인 피해자를 강제추행하려고 하였으나 피해자가 소리를 지르며 피고인을 손으로 밀고 엘리베이터에서 내려 도망가는 바람에 그 뜻을 이루지 못하고 미수에 그친 것이다.

【사건경과 및 판결요지】

1. 제1심[1)]

2008년의 범행은 「청소년의 성보호에 관한 법률」 제7조 제5항, 제2항에 해당하는 죄로서, 같은 법 제16조에 의하여 피해자의 명시한 의사에 반하여 공소를 제기할 수 없는 사건인바, 기록에 편철된 공소외 3의 법정대리인인 공소외 4 작성의 합의서의 기재에 의하면, 피해자는 이 사건 공소제기 후인 2008. 12. 8. 피고인에 대한 처벌을 희망하는 의사표시를 철회하였다고 판단되므로, 형사소송법 제327조 제6호에 의하여 이 부분 공소를 기각한다.

2007년의 범행과 관련하여 구 「성폭력범죄의 처벌 및 피해자보호 등에 관한 법률」(2008. 6. 13. 법률 제9110호로 개정되기 전의 것) 제12조, 제8조의2 제1항, 형법 제297조(강간미수의 점), 형법 제257조 제1항(상해의 점, 징역형 선택)을 적용하고, 소년범 감경, 경합범 가중, 작량감경을 거쳐 징역 장기 2년 6월, 단기 2년의 부정기형을 선고한다. 또한 피고인은 13세 미만의 자에 대하여 성폭력범죄를 저지른 자로, 재범의 위험성이 있기 때문에 3년간 위치추적 전자장치의 부착을 명하고 준수사항을 부과한다. (「특정 성폭력범죄자에 대한 위치추적 전자장치 부착에 관한 법률」 제4조에서 '만 19세 미만의 자에 대하여는 이 법에 따른 전자장치를 부착할 수 없다.'라고 규정되어 있고, 판결 선고일 기준으로 피고인은 만 19세 미만의 자에 해당하므로, 피고인에 대하여 전자장치 부착을 명할 수 있는지 문제된다. 살피건대, 같은 법 제13조 제1항에는 '부착명령은 성폭력범죄사건에 대한 형의 집행이 종료되거나 면제・가석방되는 날 또는 치료감호의 집행이 종료・가종료되는 날 석방 직전에 피부착명령자의 신체에 전자장치를 부착함으로써 집행한다'라고 규정되어 있고, 위 법률 제4조의 규정형식 또한 '만 19세 미만의 자에 대하여는 전자장치를 부착할 수 없다'라고 되어 있을 뿐, '만 19세 미만의 자에 대하여 전자장치의 부착을 명할 수 없다'라고 되어 있지 않다. 이러한 규정들을 종합적으로 해석하여 보면, 위 법률 제4조의 취지는 전자장치를 현실적으로 부착하는 시점인 부착명령의 집행시 만 19세 미만인 자에 대하여는 전자장치를 부착할 수 없다는 것이라

1) 대구지방법원 2008. 12. 12. 선고 2008고합757, 2008전고6 (병합) 판결.

고 볼 것이므로, 결국, 위 법률 제4조의 만 19세 미만의 자에 해당하는지의 여부는 판결선고시가 아니라 부착명령이 집행될 때를 기준으로 판단하여야 할 것이다. 피고인은 2009. 1. 3. 만 19세에 도달하는바, 부착명령의 집행시점, 즉, 형의 집행이 종료되거나 가석방될 때에는 만 19세 미만의 자에 해당하지 아니하므로, 전자장치 부착을 명할 수 있다고 할 것이다).

2. 항소심[2)]

피고인의 양형부당에 관한 항소이유를 판단하기에 앞서 직권으로 보건대, 피고인은 1990. 1. 3.생으로 원심판결 선고 당시 소년법 제2조 소정의 소년에 해당하여 부정기형이 선고되었으나, 당심에 이르러서는 성년이 되었음이 역수상 명백하여 정기형을 선고하여야 하는바, 위 사유로 인하여 원심판결 중 피고사건에 대한 부분은 더 이상 유지될 수 없게 되었다.

원심판결 중 피고사건 부분에 관하여는 위와 같은 직권파기 사유가 있으므로, 양형부당의 주장에 관한 판단을 생략한 채, 형사소송법 제364조 제2항에 따라 이를 파기하고, 변론을 거쳐 다시 다음과 같이 판결한다.

피고인에 대한 법정형은 5년 이상의 징역형으로서 당심 판결 선고 당시 성년인 피고인에 대하여 소년범감경을 하지 못하는 이상 작량감경을 하더라도 피고인을 2년 6월 이상의 징역형에 처하여야 하나, 피고인만이 항소를 제기하였으므로, 불이익변경금지의 원칙에 따라 원심판결의 단기형인 징역 2년으로 정한다.

제1심에서 적법하게 채택하여 조사한 증거들에 의하여 알 수 있는 피고인의 성행, 이 사건 범행의 동기 및 방법, 범행 후의 정황 등 재판과정에 나타난 모든 사정을 종합하면 피고인에게는 재범의 위험성이 있다고 판단된다. 원심판결 중 부착명령사건 부분에 대한 피고인의 항소는 이유 없으므로, 「특정 성폭력범죄자에 대한 위치추적 전자장치 부착에 관한 법률」 제35조, 형사소송법 제364조 제4항에 따라 이를 기각한다.

3. 대법원

소년법이 적용되는 '소년'이란 19세 미만인 사람을 말하므로(같은 법 제2조), 피고인이 소년법의 적용을 받으려면 심판시에 19세 미만이어야 한다. 따라서 소년법 제60조 제2항의 적용대상인 '소년'인지의 여부도 심판시, 즉 사실심판결 선고시를 기준으로 판단되어야 한다 (대법원 2000. 8. 18. 선고 2000도2704 판결 참조). 이러한 법리는 피고인이 위 '소년'의 범위를 20세 미만에서 19세 미만으로 축소한 「소년법 개정법률」(2007. 12. 21. 법률 제8722호로 공포되어, 2008. 6. 22.에 시행되었다)이 시행되기 전에 이 사건 범행을 저질렀고, 이 사건에서와 같이 20세가 되기 전에 원심판결이 선고되었다고 해서 달라지지 아니한다(동법 부칙 제2조 참조). 위 법리와 기록에 비추어 살펴보면, 제

2) 대구고법 2009. 3. 26. 선고 2008노617, 2008전노5 (병합) 판결.

1심판결이 피고인에 대하여 부정기형을 선고하였으나 원심이 원심판결 선고 당시 19세 이상인 피고인이 소년법상의 '소년'에 해당하지 않는다고 하여, 그에 대하여 정기형을 선고한 것은 정당하다. 거기에 상고이유에서 주장하는 바와 같은 소년범 감경에 관한 소년법 제60조 제2항 등의 적용에 관한 법리 오해의 위법이 없다.

원심은 피고인의 성행, 이 사건 범행의 동기와 방법, 범행 후의 정황 등 제반 사정을 종합적으로 고려하여, 피고인에게 재범의 위험성이 있다고 판단한 이 부분 제1심판결의 결론을 그대로 유지하였다. 이러한 원심의 조치는 기록에 비추어 수긍이 간다. 거기에 상고이유에서 주장하는 바와 같은 심리미진, 법리 오해, 이유불비 등의 위법이 없다.

연 구

Ⅰ. 들어가는 말

범죄의 처벌이 신속하게 즉각적으로 이루어지면 억제효과를 높이는 등 여러모로 바람직하다.[3] 그러나 범행의 시점과 수사와 소추를 거쳐 재판이 이루어지는 시점은 아무래도 상당한 차이가 날 수 밖에 없다. 더욱이 실제 처벌이 집행되는 시점은 훨씬 더 멀어지게 마련이다. 그런데 형사사법의 진행에 소요되는 기간이 길어짐에 따라 범죄인, 특히 소년범이 유달리 불리한 처우를 받게 된다면 부적절함을 넘어 부정의함에 이른다.

대상판결의 사안에서 피고인은 18세일 때 저지른 강제추행죄의 미수사건은 피해자측의 합의를 받아내 공소기각판결로 끝냈지만, 17세 때의 강간죄의 미수사건으로 제1심에서 장기 2년 6월, 단기 2년의 부정기형과 3년의 전자장치 부착명령의 판결을 받았다. 이에 항소를 했는데 도중에 만 19세가 되었고, 항소심과 상고심을 거쳐 2년의 정기형과 3년의 부착명령이 확정되었다.

3) 베카리아는 "범행 후에 즉각적으로 처벌이 가해질수록 처벌은 정당하고 유용할 것이다. … 즉각적 처벌은 더 유용하다. 왜냐하면 범행과 처벌 사이의 시간적 간격이 짧을수록 범죄와 처벌이라는 두 관념의 결합은 더 강력하고 지속적이기 때문이다."라고 한다. Akers/Sellers, Criminological Theories, 5th ed., Oxford University Press, 2009, 19면.

대상판결에서 대법원이 만 19세 미만자에게 전자장치를 부착할 수 없다는 규정을 집행만 금지한 것이지 선고를 배제한 것은 아니라는 제1심의 판단과 소년연령의 상한을 만 20세에서 만 19세로 인하한 개정 소년법에 따르면 사실심 판결선고시 만 19세 이상이 되었다는 이유로 소년감경을 적용하지 아니한 항소심의 판단을 그대로 수용한 것이 올바른 법리를 밝힌 것인지 의문이다.

아래에서는 재판시 성년이면 소년감경을 아예 적용할 수 없는지(II), 집행시 소년만 아니면 얼마든지 전자장치 부착명령을 선고할 수 있는지(III), 피고인에게 불리한 신법을 굳이 적용해야 하는지(IV) 살피기로 한다.

Ⅱ. 재판시 성년에 대한 소년감경

1. 소년감경의 적용요건

현행 소년법 제60조 제2항의 "소년의 특성에 비추어 상당하다고 인정되는 때에는 그 형을 감경할 수 있다"고 하는 소년감경규정은 1988년의 소년법 개정시 신설되었다. 이는 비교법적으로도 매우 독특한 법률상 형의 임의적 감경사유[4]를 인정한 것이다. 여기에서 피고인이 행위시 소년이기만 하면 재판시 성년이어도 소년감경이 가능한지(행위시 기준설), 아니면 재판시에도 소년이어야만 소년감경이 가능하고 재판시 성년이면 소년감경은 배제되는지(재판시 기준설) 문제이다.

2. 재판시 소년이라야 소년감경?

대상판결의 피고인은 1990년 1월 3일 출생한 자로서 2007년 8월 12일 9세의 여아를 대상으로 아주 몹쓸 짓을 한 때는 17세였고, 2008년 10월 21일 13

4) 법률상 형의 임의적 감경사유의 경우 그 판단을 판결이유에 명시해야 하고(형사소송법 제323조 제항), 감경 여부는 양형부당의 상소이유가 된다(형사소송법 제361조의5 15호, 제383조 4호). 상세히는 최병각, "자수의 소송법적 효과", 비교형사법연구, 제5권 제1호, 2003, 351－359면; 최병각, "양형의 과정과 통제", 형사정책연구, 제11권 제3호, 2000, 167－178면; 최병각, "소년감경의 적용요건과 소송법적 효과", 형사법연구, 제12호, 1999, 480－484면.

세의 소녀에게 강제추행을 하려다 미수에 그친 것이 18세였다. 2008년 12월 12일 제1심 판결이 선고될 때 18세였던 피고인이 만 19세에 이르고 난 다음인 2009년 3월 26일 항소심 판결을 받았고, 2009년 5월 28일 대법원 판결이 내려졌다. 그동안 소년연령의 상한이 2007년의 소년법 개정[5]에 따라 만 20세에서 만 19세로 인하되었다. 두 범행 모두 피고인이 소년의 신분으로 저지른 것이고, 제1심까지는 소년이었지만, 항소심과 상고심에서는 구소년법에 따르면 소년이나 신소년법에 따르면 성년에 해당한다.

2008년의 범행은 만 19세 미만의 청소년에 대한 강제추행죄(「청소년의 성보호에 관한 법률」 제7조 제2항)의 미수이고, 반의사불벌죄에 해당한다(「청소년의 성보호에 관한 법률」 제16조 단서). 공소제기 후인 2008년 12월 8일 피해자의 법정대리인이 작성한 합의서에 따라 피해자의 처벌희망 의사표시의 철회를 확인한[6] 제1심은 이를 공소기각판결로 처리하였다.

이와 달리 2007년의 범행은 만 13세 미만의 미성년자에 대한 강간죄(「성폭력범죄의 처벌 및 피해자보호 등에 관한 법률」 제8조의2 제1항)의 미수이고, 상해죄(형법 제257조 제1항)가 경합범으로 인정되었다.[7] 동 사건에 대하여 제1심은 소

---

5) 상세히는 최병각, “소년법개정과 소년사법의 건전한 육성”, 형사정책연구, 제18권 제3호, 2007, 1081－1104면.

6) 피해자인 청소년에게 의사능력이 있는 이상 단독으로 피고인 또는 피의자의 처벌을 희망하지 않는다는 의사표시 또는 처벌희망 의사표시의 철회를 할 수 있고, 거기에 법정대리인의 동의가 있어야 하는 것은 아니라는 판결은 대법원 2009. 11. 19. 선고2009도6058. 나아가 법정대리인이 피고인 등에 대하여 밝힌 처벌불원의 의사표시에 피해자 본인의 의사가 포함되어 있는지는 대상 사건의 유형 및 내용, 피해자의 나이, 합의의 실질적인 주체 및 내용, 합의 전후의 정황, 법정대리인 및 피해자의 태도 등을 종합적으로 고려하여 판단하여야 한다는 판결은 대법원 2010. 5. 13. 선고 2009도5658.

7) 범행 당시의 「성폭력범죄의 처벌 및 피해자보호 등에 관한 법률」(법률 제8059호)은 13세 미만의 여자에 대한 강간죄에 대하여 5년 이상의 법정형을 마련하고 있었지만(동법 제8조의2 제1항) 강간상해·치상죄의 처벌규정은 따로 두고 있지 않았고, 이후 2008년의 개정(법률 제9110호)으로 13세 미만의 여자에 대한 강간죄는 7년 이상, 강간상해·치상죄는 무기 또는 7년 이상의 법정형으로 처벌하도록 규정하였다(동법 제8조의2 제1항, 제9조 제1항). 대상판결에서 법정형이 무기 또는 5년 이상의 징역인 강간상해·치상죄(형법 제301조)를 적용하지 않고, 굳이 성폭력처벌법상 13세 미만자 강간미수죄와 형법상 상해죄의 경합범으로 처리한 것은 매우 이례적이다. 아마도 첫째, 강간상해죄를 적용하면 법정형 가운데 무기징역을 선택한 다음 소년법 제59조를 적용하여 15년의 유기징역을 선고할 수도 있지만 굳이 그 정도로 처벌할 사안은 아니라는 점, 둘째, 강간상해죄를 적용하면 “상해”를 인정할 수 없을 경우 친고죄인 강간죄에 해당하여 고소의 부존재 내지 고소취소의 사유로 처벌이 불가능하게 될 여지가 있다는 점, 셋째, 강간미수죄와 상해죄의 경합범으로 기소한 것을 공소장변경 없이 강간상해죄를 인정할 수는

년감경, 경합범가중, 작량감경을 거쳐 장기 2년 6월, 단기 2년의 부정기형을 선고하였다. 이에 피고인만이 양형부당을 이유로 항소하였다.

항소심은 피고인이 성년이 되었기 때문에 정기형을 선고해야 한다는 이유로 제1심 판결을 직권파기하고, 법정형이 5년 이상이라서 소년감경을 하지 못하는 이상 작량감경을 하더라도 2년 6월 이상을 선고해야 하나 불이익변경금지의 원칙에 따라서 단기형을 기준삼아 2년의 정기형을 선고하였다. 이에 피고인이 법령위반을 이유로 상고하였다.

대법원은 소년감경 여부는 사실심 판결 선고시를 기준으로 판단해야 하고, 이러한 법리는 소년연령의 상한을 만 20세에서 만 19세로 인하한 개정 소년법이 시행되기 전에 범행을 저질렀고, 만 20세가 되기 전에 항소심 판결이 선고되었어도 달라지지 아니한다고 판시하면서 상고를 기각하였다.

살피건대 대법원은 이미 1991년의 판결[8]에서 "소년법 제60조 제2항의 소년인지 여부의 판단은 원칙적으로 심판시, 즉 사실심 판결선고시를 기준으로 한다고 보아야 한다"고 판시한 이래 1997년의 판결[9]과 2000년의 판결[10]에서도 동일한 취지를 반복하였다. 또한 대법원은 2008년의 판결[11]에서는 "항소심 계속중 개정 소년법이 시행되었는데 항소심 판결선고일에 피고인이 이미 만 19세에 달하여 개정 소년법상 소년에 해당하지 않게 되었다면 정기형을 선고하여야 한다"는 판시를 하였는데, 대상판결도 이러한 맥락을 따르고 있다.

3. 행위시 소년이라면 소년감경!

그러나 소년법의 이원적 구조, 소년특례규정의 적용기준, 부정기형과 소년감경의 관계, 소년감경의 법적 성격 등을 고려한다면 "소년의 특성"에 착안한 소년감경규정을 해석 · 적용함에 있어서 재판시 이미 성년이 되었어도 행위시 아직 소년이었다면 소년감경을 허용하는 것이 타당하다는 주장[12]이 일찍부터 꾸

없다는 점 등이 고려된 것으로 보인다.

8) 대법원 1991. 12. 10. 선고 91도2393.

9) 대법원 1997. 2. 14. 선고 96도1241.

10) 대법원 2000. 8. 18. 선고 2000도2704.

11) 대법원 2008. 10. 23. 선고 2008도8090.

준히 제기되고 있다. 이를 좀더 살피면 다음과 같다.

첫째, 우리 소년법은 비록 "소년이 건전하게 성장하도록 돕는 것"을 공동의 목적으로 삼고는 있지만, 보호처분(보호사건)과 형사처분(형사사건)이란 서로 다른 수단 내지 통로를 마련하고 있다. 따라서 재판시 소년일 것이 소년심판의 요건(소년법 제7조 제2항, 제51조)이자 보호처분의 요건(소년법 제38조 제1항)인 것은 분명하나,[13] 그렇다고 해서 소년형사사건의 처리에 있어서 소년법의 특례를 적용할 때에도 재판시 소년이어야 한다는 것[14]은 어불성설이다. 다시 말해서 소년심판·보호처분의 요건이 곧바로 형사사건에 관한 소년법의 특별규정을 적용하기 위한 요건으로 되는 것은 아니다. 예를 들면 사형·무기형의 완화(소년법 제59조)는 행위시 만 18세 미만자, 환형처분의 금지(소년법 제62조)는 재판시 만 18세 미만자, 전과의 배제(소년법 제67조)는 행위시 만 19세 미만자, 징역·금고의 분리집행(소년법 제63조), 보호처분중 형의 우선집행(소년법 제64조), 가석방요건의 완화(소년법 제65조), 가석방기간의 단축(소년법 제66조) 등은 재판시 만 19세 미만자에게 적용된다.[15]

둘째, 소년감경규정의 입법배경과 조문위치에 따르면 부정기형을 선고하는 때에만 소년감경을 적용할 수 있고, 부정기형이나 소년감경 모두 재판시 소년을 대상으로 한다는 주장[16]이 가능하다. 그러나 법정형 중에서 사형이나 무기형을 선택한 후 형을 감경하여 유기형을 선고하는 경우[17] 또는 형의 집행유예·선고유예를 하는 경우(소년법 제60조 제3항)와 같이 소년에게 정기형을 선고하는 경

---

12) 상세히는 최병각, "소년사법에서의 소년보호", 형사법연구, 제19권 제3호, 2007, 252-253면; 최병각, "소년감경의 적용요건과 소송법적 효과", 형사법연구, 제12호, 1999, 466-477면; 최병각, "소년법 제60조 제2항의 소년감경의 적용요건", 형사정책연구소식, 제31호, 1995, 12-18면 참조.

13) 소년보호절차에서 소년연령 판단기준은 행위시나 종국결정시가 아니라 심리개시결정시로 해야 한다. 상세히는 최병각, "소년심판대상의 연령기준", 형사정책연구소식, 제60호, 2000, 24-29면.

14) 서희종, "소년법 제60조 제2항의 소년여부 판단의 기준시", 법원행정처, 대법원판례해석, 재판연구관 세미나자료, 제16호, 1991, 765면.

15) 상세히는 최병각, "소년법에서의 소년은 누구인가?", 형사정책연구소식, 제15호, 1993, 25-26면.

16) 김병운, "소년법 제60조 제2항에 따른 감경의 기준시기", 대법원판례해설, 제28호, 1997, 682면.

17) 대법원 1991. 4. 9. 선고 91도357 (강도강간죄의 소정형중 무기징역형을 선택한 후 작량감경을 하여 징역 10년의 정기형을 선고).

우에도 소년감경규정을 활용할 수 있다.

셋째, 행위시 소년이어도 형사절차의 진행속도에 따라 부정기형과 소년감경의 적용여부가 달라질 수 있다면 법적 안정성과 형평을 보장할 수 없다.[18] 또한 하급심 판결에 불복하여 상소할 경우 나중에 성년이 되어 부정기형과 소년감경의 혜택을 받지 못해 오히려 불리해질 수 있다고 한다면 피고인의 상소권[19]을 사실상 제약한다. 아울러 검사가 상소한 경우 불이익변경금지의 원칙(형사소송법 제368조, 제399조)도 적용되지 않는바, 단지 검사의 상소 여부에 따라 소년감경의 가부가 달라지게 되어 법원의 양형에 관한 권한을 침해하는 결과가 된다.[20]

넷째, "소년의 특성"에 비추어 소년감경을 허용한 근본취지가 과연 무엇인지 문제이다. 그런데 소년의 특성은 "형성도중에 있어 개선가능성이 풍부한 인격"과 "심신의 발육에 따르는 특수한 정신적 동요상태"를 뜻하고, 이러한 소년의 특성은 책임능력을 제한하고 처벌필요성을 감소시키는 기능을 하기 때문에 형의 임의적 감경사유로 인정된 것이다.[21]

이와 같은 맥락에서 행위시 소년의 특성이 인정되면 재판시 연령을 불문하고 소년감경규정을 적용할 수 있다고 하겠다.

18) 대법원 2000. 8. 18. 선고 2000도2704 판결의 원심인 서울고법 2000. 5. 30. 선고 2000노202 판결; 대법원 1997. 2. 14. 선고 96도1241 판결의 원심인 대전고법 1996. 4. 26. 선고 95노540 판결.

19) 아동권리협약에서도 아동의 상소권을 보장하고 있다(동협약 제40조 제2항 b 제5호). 상세히는 최병각, 아동권리협약과 소년사법, 국가인권위원회, 2007, 58－59면.

20) 무죄가 선고되어도 10년 이상 구형시 구속영장의 효력을 유지하도록 하는 형사소송법 제331조 단서 규정은 헌법재판소 1992. 12. 24. 92헌가8 결정으로 위헌무효가 되고, 1995. 12. 29. 법률 제5054호(1997. 1. 1. 시행)에 의하여 삭제되었다.

21) 독일 소년법원법(JGG) 제3조는 "소년은 행위시 행위의 불법을 인식하고 이에 따라 행위할 수 있을 만큼 도덕적·정신적으로 충분히 성숙한 경우에 형사책임이 있다"고 규정하고 있는데, 사춘기적 성범죄에는 책임능력이 없는 소년이 절도에는 완전한 책임능력을 가질 수 있다는 견해는 Eisenberg, Jugendgerichtsgesetz, 13. Auflage, Verlag C.H.Beck, 2009, 58면; Roxin, Strafrecht Allegemeiner Teil, Band I, 4. Auflage, Verlag C.H.Beck, 2006, 913면.

Ⅲ. 재판시 소년에 대한 전자장치 부착명령

1. 전자장치부착법의 연혁과 주요 내용

우리 입법자는 2007년 「특정 성폭력범죄자에 대한 위치추적 전자장치 부착에 관한 법률」을 제정하여 행적추적을 통한 범죄예방의 목적으로 대상자의 신체에 전자장치를 부착하는 제재를 처음으로 도입하였다.[22] 동법 제정 당시에 이미 전자장치 부착제도를 시행전의 범행에도 소급 적용할 수 있도록 부칙에 명문의 근거 규정을 마련하였고,[23] 또한 2008년에는 시행시기를 앞당기는 법개정을 하였다. 이후 2009년에는 미성년자 대상 유괴범죄를 전자장치 부착명령의 대상범죄로 추가하면서 법명을 「특정 범죄자에 대한 위치추적 전자장치 부착에 관한 법률」(이하 "전자장치부착법")로 변경하였고, 이어 2010년의 법개정으로 살인범죄까지 대상범죄에 추가하고 아울러 일정 범위의 성폭력범죄 전과자[24]에게 새로이 소급하는 등 전자장치 부착제도의 적용범위를 확대하였다.

현행법인 2010년의 전자장치부착법에 따라 대상범죄, 부과요건, 부과절차, 집행사항 등의 주요 내용을 간략하게 살피면 다음과 같다.

이른바 "전자발찌"라고 널리 알려진 "위치추적 전자장치(이하 "전자장치"라 한다)"란 전자파를 발신하고 추적하는 원리를 이용하여 위치를 확인하거나 이동경로를 탐지하는 일련의 기계적 설비를 말하는데(동법 제2조 4호), 위성위치확인시스템(Global Positioning System) 및 이동통신망을 활용하고 있다(동법시행령

---

22) 우리나라에서 전자감시제도는 2003년 4월부터 시범 실시한 소년보호관찰 대상자에 대한 음성감독시스템(CVS)에 의한 야간외출제한명령이 그 효시이다. 상세히는 정현미, "성폭력범죄대책과 전자감시", 형사정책, 제21권 제1호, 2009, 324－325면.

23) 전자장치부착제도는 일종의 보안처분으로 볼 수 있고, 이러한 보안처분은 범죄행위를 한 자에 대한 응보를 주된 목적으로 그 책임을 추궁하는 사후적 처분인 형벌과 구별되어 그 본질을 달리하는 것으로서 형벌에 관한 일사부재리의 원칙이 그대로 적용되지 않는다는 판결은 대법원 2009. 9. 10. 선고 2009도6061, 2009전도13; 대법원 2009. 5. 14. 선고 2009도1947, 2009전도5.

24) 6개월 이후 출소예정자와 6개월 이내 출소임박자 및 3년 미경과 출소자에 대하여 검사의 청구와 법원의 결정으로 전자장치 부착명령을 할 수 있도록 하였다. 이미 출소한 자에 대한 전자장치 부착명령은 비례의 원칙에 반한다는 견해는 윤지영, "위치추적 전자감시제도에 관한 비판적 고찰: 미국 캘리포니아주와의 비교 검토를 중심으로", 피해자학연구, 제18권 제2호, 2010, 394면.

제2조).

전자장치부착법이 적용되는 “특정범죄”는 성폭력범죄, 미성년자 대상 유괴범죄 및 살인범죄이다(동법 제2조 제1호, 제2호, 제3호, 제3의2호).

전자장치 부착명령이 부과되는 경우는 첫째, 특정범죄를 저지르고 재범의 위험성이 인정되는 자에 대하여 징역형 또는 치료감호에 추가하여 전자장치 부착명령을 하는 경우(동법 제5조 제1항, 제2항, 제3항, 제9조 제1항, 제4항)와 둘째, 가석방, 가종료·치료위탁, 가출소 또는 집행유예에 따른 보호관찰을 받는 특정범죄자에 대하여 준수사항 이행 여부 확인 등을 위하여 전자장치 부착명령을 하는 경우(동법 제22조 제1항, 제23조 제1항, 제28조 제1항)로 크게 나누어진다. 전자의 경우 검사의 청구에 따른 법원의 판결로 독립된 제재인 전자장치 부착명령을 선고하는 반면, 후자의 경우에는 검사의 청구 없이 가석방심사위원회, 치료감호심의위원회 또는 법원이 보호관찰에 종속된 제재로서 전자장치 부착여부를 결정한다. 또한 전자는 법정형[25)]을, 후자는 보호관찰기간[26)]을 기준으로 전자장치 부착기간을 정하는 차이가 있다. 그러나 전자의 경우에도 부착기간 동안 보호관찰을 받게 됨과 아울러 외출제한, 출입금지, 접근금지, 치료프로그램이수 등의 준수사항도 부과할 수 있다는 점(동법 제9조 제3항, 제9조의2)에서 보호관찰 중 준수사항 이행여부 확인 등을 위하여 전자장치를 부착하는 후자의 경우와 결과적으로 유사하다.

그 밖에도 다음의 사항과 관련하여 공통점이 많다. 전자장치 부착명령은 보호관찰관이 집행하며(동법 제12조 제1항, 제24조 제1항, 제31조), 석방 직전이나 판결확정시에 집행한다(동법 제13조 제1항, 제24조 제2항, 제29조 제1항). 피부착자에 대한 구금·구치·유치 등이 있으면 집행이 정지된다(동법 제13조 제4항, 제24조 제3항, 제29조 제2항). 집행개시후 3개월 경과하면 보호관찰심사위원회에 가해제를 신청할 수 있고, 기각시 3개월후 다시 신청할 수 있다(동법 제17조, 제

25) 법정형의 상한이 사형, 무기인 경우 10년~30년, 하한이 3년 이상인 경우 3년~20년, 하한이 3년 미만인 경우 1년~10년의 범위에서 부착기간을 정하고(전자장치부착법 제9조 제1항), 실체적 경합은 가장 중한 죄의 부착기간 상한의 1/2까지 가중한 범위, 상상적 경합은 가장 중한 죄의 부착기간 범위에서 부착기간을 정한다(전자장치부착법 제9조 제2항).

26) 보호관찰기간은 가석방기간이나 집행유예기간과 동일하거나 따로 정해진 기간이 된다(「보호관찰 등에 관한 법률」 제30조).

27조, 제31조). 부착기간의 경과, 형의 사면, 가석방·집행유예의 실효·취소 등에 의하여 집행이 종료된다(동법 제20조, 제25조, 제30조). 보호관찰소장이 수신자료를 보존하며, 검사 또는 사법경찰관이 수신자료를 열람·조회하는 경우 법관이 발부한 압수수색영장을 제시하여야 한다(동법 제16조, 제27조, 제31조). 피부착자가 전자장치를 분리·손상, 전파방해 또는 수신자료의 변조, 그 밖의 방법으로 그 효용을 해한 때에는 7년 이하의 징역 또는 2천만원 이하의 벌금에 처한다(동법 제38조).

2. 집행시 소년에 대한 전자장치부착 집행 금지?

대상판결의 사안에서 2008년의 범행에 대하여는 공소기각판결이 선고됨에 따라 전자장치부착도 자동적으로 배제되었으나(전자장치부착법 제9조 제4항 제2호), 2007년의 범행은 징역형의 실형이 선고되어 이를 원인으로 하는 전자장치부착이 검토되었다. 제1심 판결 선고일 현재 피고인은 만 19세 미만자이었고, 당시 전자장치부착법은 제4조에 "만 19세 미만의 자에 대하여는 전자장치를 부착할 수 없다"는 규정을 두고 있었기 때문에 과연 재판시 만 19세 미만자에 대하여도 전자장치 부착명령을 선고할 수 있는가 여부가 문제되었다.

대상판결의 제1심 판시에 따르면 전자장치 부착명령은 먼저 형 또는 치료감호를 집행한 다음 그 집행이 종료되거나 면제·가석방·가종료로 석방될 때 비로소 집행하는 것이고(전자장치부착법 제13조 제1항), 만 19세 미만자 배제규정의 문언이 "전자장치를 부착할 수 없다"는 것일 뿐 "전자장치의 부착을 명할 수 없다"는 것은 아니기 때문에 부착명령의 집행시 만 19세 미만자 여부가 문제될 뿐이지, 재판시 만 19세 미만자라 해서 부착명령을 선고하지 못하는 것은 아니라고 한다. 특히 당해 사안에서 피고인이 제1심의 장기 2년 6월, 단기 2년의 부정기형 선고후 1개월도 지나기 전에 만 19세 이상의 성년으로 된다는 점, 아무리 빨라도 단기 2년의 3분의 1인 8개월이 지나야 가석방이 가능하다는 점(소년법 제65조 제3호), 따라서 부착명령 집행시에는 분명 만 19세 미만자에 해당하지 않을 것이라는 점에서 부착명령을 선고할 수 있다고 한다.

이와 같이 제1심은 재판시 만 19세 미만자라도 부착명령의 집행시에는 만 19세 미만자에 해당하지 않을 수 있다는 이유로 얼마든지 부착명령을 선고할 수 있다(집행시 기준설)고 판시하였고, 항소심과 상고심도 제1심의 판시를 그대로 인정하였다.

한편 2009년의 전자장치부착법 개정으로 제4조는 "만 19세 미만의 자에 대하여 부착명령을 선고한 때에는 만 19세에 이르기까지 이 법에 따른 전자장치를 부착할 수 없다"라고 변경되었고, 따라서 만 19세 미만자에 대한 부착명령 선고의 가능성은 명문의 입법으로 다시금 확인되었다.

3. 재판시 소년에 대한 전자장치부착 선고 배제!

그러나 만 19세 미만자에 대하여 전자장치 부착을 금지한 것이 소년보호의 이념을 특정범죄의 예방보다 우선하려는 취지에서 비롯된 것이라 한다면,[27] 재판시 만 19세 미만이면 아예 전자장치 부착명령을 선고할 수조차 없다(재판시 기준설)고 하는 것이 보다 철저할 것이다. 이를 좀더 상세히 살피면 다음과 같다.

첫째, 전자장치부착법에 따르면 교도소나 치료감호소에서 석방시키기 직전에 전자장치를 부착하는바(동법 제13조 제1항), 그 시점에 대상자가 만 19세 미만이면 부착을 하지 못한다. 재범 위험성에 터잡아 전자장치 부착명령이 선고되었고, 나아가 석방 시점에도 여전히 재범 위험성이 인정되더라도, 또한 전자장치 부착기간이 1년 이상 45년 이하의 범위에서 얼마가 되었든, 만 19세 미만자라는 이유만으로 전자장치 부착이 금지된다. 하지만 일단 전자장치부착의 집행이 이루어진 다음에는, 비록 3개월마다 가해제 신청(동법 제17조 제2항)이 가능해도, 최종적으로 집행이 종료(동법 제20조)되기 전에는 전자장치를 달고 살아야 한다. 따라서 집행시 기준설에 따르면 집행(개시)시점의 완급에 따라 실로 엄청난 차이가 발생한다. 다시 말해서 만 19세 미만일 때 석방되면 전자장치 없이

27) 정신적・육체적으로 아직 성장기에 있는 청소년에게 전자기계에 의한 감시가 인격적・정서적 장애를 야기할 수 있다는 점을 고려한 적절한 규정이라는 견해는 문정민, "성범죄자 전자감시제도에 대한 고찰", 법학연구, 제29집, 2008, 233면; 박상열, "전자감시제도의 입법과 적용방안", 교정연구, 제35호, 2007, 92면.

살아갈 수 있는 반면, 만 19세 이상으로 석방되면 전자장치가 따라 붙는다.

둘째, 만 19세 이상자는 어차피 마찬가지이나 만 19세 미만자는 석방시기를 앞당길수록 전자장치부착에서 벗어날 수 있고, 이는 역으로 전자장치를 부착하기 위해 만 19세 미만자의 석방시기를 일부러 늦추는 상황도 상정할 수 있다. 예를 들면 소년이 특정범죄를 저질러 실형과 전자장치 부착명령을 선고받은 경우 가석방요건인 최소형기(형법 제72조, 소년법 제65조)를 경과하고 "행상이 양호하여 개전의 정이 현저한 때"(형법 제72조)에 해당하면 가석방 대상이 되는데, 만 19세를 앞두고 있다면 전자장치부착의 필요성 유무에 대한 판단에 따라 가석방 여부의 결정이 달라질 수 있다. 물론 전자장치 부착명령의 근거이자 집행의 이유가 되는 재범 위험성은 재판시 법원의 판단사항이고, 부착명령 집행개시 3개월 이후에는 보호관찰심사위원회의 재범 위험성 판단에 따라 가해제 여부가 결정되는데(전자장치부착법 제18조 제4항), 이러한 "재범의 위험성" 기준은 가석방심사위원에서 가석방 기준으로 고려하는 "개전의 정"과 분명 다르긴 하다. 다시 말해서 개전의 정이 과거의 범행에 대한 반성의 정도를 뜻한다면, 재범의 위험성은 장래의 범행 가능성·개연성을 의미하고, 아울러 개전의 정은 주관적 사정이 주가 되나 재범의 위험성은 오히려 객관적 사정이 중요하다. 그럼에도 양자가 완전 상이한 것은 전혀 아닐 것이다. 이와 같이 집행시 기준으로 만 19세 미만자에 대한 전자장치부착을 배제토록 하는 것은 가석방제도의 운영까지 왜곡시킬 여지가 있다. 더하여 형집행개시일에 따라 만기석방일도 달라질 수 있다는 사실은 문제를 더욱 어렵게 만든다.

셋째, 보다 큰 문제는 소년범에 대한 양형이 불리한 방향으로 왜곡될 수 있다는 것이다. 왜냐하면 재범의 위험성을 인정하여 전자장치 부착명령을 선고할 경우 집행시 만 19세 이상이 되게끔 형기 자체를 높이는 상황도 가능하기 때문이다. 예를 들면 재판시 연령이 낮을수록 장기의 형을 선고하여 전자장치 부착명령 집행시 충분히 만 19세 이상이 될 수 있도록 양형을 하는 것을 상정할 수 있다. 전자장치부착법에 따르더라도 부착명령 청구사건의 판결은 특정범죄사건의 판결과 동시에 선고하여야 하고(동법 제9조 제5항), 부착명령의 선고는 특정범죄사건의 양형에 유리하게 참작되어서는 아니 되나(동법 제9조 제7항),[28] 부착명령 선고를 위하여 피고인에게 불리한 양형을 하는 것은 딱히 금지하지 않고 있다.

넷째, 집행시 기준설에 따라 특정 범죄의 재범의 위험성이 인정되면 만 19세 미만자라도 일단 전자장치 부착명령을 선고하고, 이후 집행이 문제될 때 만 19세 미만이면 부착하지 않고 만 19세 이상이면 부착하는 방식을 고수할 경우, 이를 끝까지 밀고 나가면, 만 19세 미만일 때 가석방된 대상자가 그 가석방이 실효·취소되지 않고 가석방기간을 경과하기 전이라면 그동안 만 19세 이상이 되면 그때 얼마든지 전자장치를 부착할 수 있고, 대상자가 만 19세 미만으로 만기석방되어도 부착명령에 선고된 부착기간이 경과하기 전에는 만 19세 이상이 된 때부터 전자장치를 부착할 수 있도록 제도를 운영할 수도 있을 것이다. 하지만 그럴 경우 굳이 만 19세 미만자에게 전자장치 부착을 배제한다는 것[29]은 허울만 남게 될 것이다.

다섯째, 집행시 기준설에 따르면 만 19세 미만자는 양형이나 가석방과 관련하여 부당하게 차별적인 불리한 처우를 받고, 게다가 예측가능성 내지 법적 안정성도 보장받지 못한다. 상소에 있어서도 상소심 재판시 만 19세 이상이 되면, 부정기형도 소년감경도 받지 못할 가능성은 별론으로, 동일한 형기가 선고되어도 가석방·만기석방의 시기가 미루어져 전자장치 부착명령의 선고와 집행이 가능하게 됨으로써 상소 자체를 주저하게 만든다. 소년감경규정을 행위시 기준 소년에게 적용하고, 전자장치 부착명령을 재판시 기준 소년에게 부과하는 경우에도 상소를 통해 형량을 줄일 수 있어도 새로이 전자장치부착이 부과되면 사실상 더욱 불리해지는 것이고, 따라서 상소권이 제약받는 결과를 피할 수 없다.

여섯째, 만 19세 미만자인 소년에게 전자장치 부착을 금지한 것은 소년의 범

28) 전자감시제도가 보안처분으로서 형벌과는 그 목적이나 심사대상 등을 달리하므로 이를 징역형의 대체수단으로 취급하여 함부로 형량을 감경하여서는 아니 된다는 당연한 법리를 주의적·선언적으로 규정한 것에 불과한 것이어서, 동 조항이 평등 원칙, 과잉금지의 원칙, 일사부재리의 원칙 등에 위배된다고 볼 수는 없다는 판결은 대법원 2009. 5. 14. 선고 2009도1947, 2009전도5; 김종호, "성폭력범죄자에 대한 법정형 및 위치추적 전자장치 부착명령과 양형에 관한 특별법 규정들의 위헌 여부", 대법원판례해설, 제80호, 2009, 904-905면.

29) 한편 만 19세 미만자를 전자장치 부착대상에서 배제하는 것 자체에 의문을 제기하는 견해는 박혜진, "소위 전자장치부착법에 대한 비판적 고찰", 형사정책, 제20권 제2호, 2008, 239면.

행이 대개는 사춘기의 일시적·우연적 사건이라는 점, 소년범은 대체로 재범의 동력이 그리 크지 않다는 점, 전자장치 부착과 위치추적 감시의 방법으로 소년의 재범을 방지할 가능성 내지 필요성이 거의 없다는 점,[30] 전자장치부착에 의한 법익제한 내지 자유박탈을 추가해야 할 일반예방적 필요 내지 응보의 요구가 많지 않다는 점, 전자장치 부착은 소년보호의 이념에 위배된다는 점 등에 근거하고 있다. 이러한 맥락에서 재판시 소년이면 집행시 성년이 될 수 있더라도 굳이 전자장치 부착명령을 선고하지 않도록 한 것이라 하겠다. 아울러 부착명령 없이 형 또는 치료감호를 선고받은 자에 대하여는 나중에 가석방 또는 가종료·치료위탁에 따른 보호관찰에 부수하여 전자장치를 부착하게 함으로써 재범의 위험성에 얼마든지 따로 대처할 수 있을 것이다.

일곱째, 청소년성보호법은 아동·청소년대상 성범죄사건의 피고인이 아동·청소년인 경우 등록정보 공개 및 고지의 대상에서 배제하고 있는바(동법 제38조 제1항 단서, 제38조의2 제1항 단서), 재판시 만 19세 미만자이면 등록정보의 공개와 고지를 할 수 없다. 또한 「성폭력범죄자의 성충동 약물치료에 관한 법률」에 따르면 만 16세 미만의 사람에 대하여 성폭력범죄를 저지른 성도착증 환자로서 성폭력범죄를 다시 범할 위험성이 있다고 인정되는 만 19세 이상의 사람에 대하여 검사의 청구와 법원의 판결로 성충동 약물치료명령이 선고되고(동법 제4조 제1항), 석방되기 전 2개월 이내에 그 집행이 이루어지는바(동법 제14조 제3항), 재판시 만 19세 미만자이면 성충동 약물치료를 할 수 없다. 이와 같이 19세 미만자에 대하여 신상공개와 성충동 약물치료를 배제하고 있는 것과 동일한 맥락에서 전자장치 또한 배제하는 것이 적절하다.

결국 집행시가 아니라 재판시 만 19세 미만자이면 전자장치 부착명령을 선고할 수 없도록 하고, 다만 이후 석방 시점에 만 19세 이상으로 재범 위험성이 인정되면 그때 비로소 전자장치 부착명령을 하도록 해야 할 것이다.

---

30) 그러나 소년들의 경우 전자감시 등을 통해 범죄억지력을 달성하기가 매우 용이하다는 점에서 성범죄의 빈도가 높은 만 19세 미만자에 대하여 전자감시를 확대할 필요가 있다는 견해는 김재중, "한국의 전자감시제도 및 그 발전방안", 충북대, 법학연구, 제18권 제1호, 2007, 50면.

Ⅳ. 피고인에게 불리한 신법의 적용

1. 행위시법인가, 재판시법인가?

우리 입법자는 형법 제1조 제1항에서 "범죄의 성립과 처벌은 행위시의 법률에 의한다"고 규정하면서 바로 이어 제2항에 "범죄후 법률의 변경에 의하여 그 행위가 범죄를 구성하지 아니하거나 형이 구법보다 경한 때에는 신법에 의한다"는 규정을 두고 있다. 이는 범죄와 형벌에 관한 법률은 소급시키지 못한다는 원칙(행위시법주의)을 세움과 동시에 피고인에게 유리한 신법의 소급 적용을 또 하나의 원칙(재판시법주의)으로 삼는 것이다. 무릇 범죄의 성립여부와 처벌의 수위에 대한 예고를 통하여 범죄를 사전에 억제한다는 목적만 강조한다면 구태여 경한 신법의 소급 적용이란 예외를 둘 이유가 없을 것이다. 하지만 절제된 권력이 오히려 강력한 효과를 발휘한다는 점에서 매우 현명한 입법적 결단이라고 하겠다. 이러한 입법자의 고귀한 의지를 과연 어디까지 얼마나 어떻게 관철할 것인지 문제이다.

대상판결에서 항소심과 대법원은 소년감경 여부를 판단함에 있어서, 소년법 개정으로 말미암아 소년연령의 상한이 인하되었고, 이러한 법률변경이 양형은 물론 형집행에 있어서까지 피고인에게 불리한 방향으로 작동함에도 불구하고, 구법이 아닌 신법을 적용하고 있다. 여기에서 소년연령 상한의 인하가 분명 "형이 구법보다 경한 때"에 해당하는 것은 아니기 때문에 바로 신법을 적용해야 할 것은 아니라 할 것이고, 따라서 행위시법인 구법에 따라 소년 여부와 소년감경 여부를 판단해야 하는 것은 아닌가 문제이다. 다시 말해서 소년연령의 상한을 만 20세에서 만 19세로 변경한 경우 구법의 형보다 신법의 형이 더욱 중한 것이 되기 때문에 보다 경한 구법을 적용해야만 우리 입법자의 취지를 존중하는 길이 될 수 있다. 이를 좀더 살피면 다음과 같다.

2. 소년감경과 법개정

대상판결의 사안에서 피고인이 범행후 곧바로, 늦어도 만 19세 이전에 제1심과 항소심을 거쳤다면 부정기형과 소년감경을 적용받아 양형에 유리했을 것이다. 만약 소년연령의 상한이 만 20세 그대로 지속되기만 했어도 마찬가지였을 것이다.

이미 살핀바, 부정기형은 몰라도 적어도 소년감경은 행위시 소년이면 적용해야 하는데(행위시 기준설), 소년법 개정으로 소년감경 적용대상이 만 20세 미만자에서 만 19세 미만자로 변경된 경우 소년 여부를 판단하는 근거가 행위시법인지, 아니면 재판시법인지 문제된다. 예를 들면 만 19세 6개월이 된 자의 범행에 대한 소년감경 여부가 문제될 때 구법에 따르면 행위시 소년이기 때문에 소년감경이 가능하나 신법에 따르면 행위시 성년에 해당하여 소년감경이 허용되지 않는다. 동일한 행위에 대하여 법률의 변경으로 형의 임의적 감경사유의 적용여부가 달라진 것이다. 이와 달리 소년감경이 재판시 소년을 대상으로 하는 것이라 한다면(재판시 기준설), 신법으로는 행위시 이미 성년이기에 소년감경은 아예 없고, 구법으로는 행위시 소년이지만 재판시 소년일수도 성년일수도 있어서 그에 따라 소년감경 가부가 달라질 것이다. 결국 구법의 소년연령을 기준으로 소년 여부를 판단하는 것이 피고인에게 유리한 법적용이 된다.

이러한 맥락에서 소년감경 여부를 판단할 때 재판시 소년인지 성년인지에 따라야 한다는 대상판결의 판시(재판시 기준설)를 백보양보하여 수긍하더라도, 소년 여부까지 당연히 재판시법인 신법을 기준으로 해야 하는 것은 아니다. 다시 말해서 행위시법인 구법의 소년연령의 상한(만 20세)을 적용하여 재판시 만 20세 미만의 소년이라면 소년감경을 허용하는 것이 보다 경한 법을 적용하고자 하는 입법자의 의사에 충실한 올바른 법해석이 된다. 소년감경을 행위시 소년인지 여부에 따를 경우(행위시 기준설)에도 마찬가지로 신법의 만 19세가 아닌 구법의 만 20세를 소년연령의 상한기준으로 삼아야 한다. 만약 소년연령의 상한을 만 21세로 인상했다면 그 때에는 신법의 만 21세를 기준으로 소년과 성년을 나누어 소년감경 여부를 판단해야 할 것이다.

3. 전자장치부착과 법개정

또한 대상판결의 사안에서 피고인은 재범의 위험성이 인정되어 전자장치부착명령이 부과된바, 제1심 재판시에는 만 19세 미만자였음에도 부착명령이 선고되었고, 만 19세 미만자에게 부착명령을 선고할 수 있음을 명백히 선언한 개정법은 대법원 판결이 내려진 다음에 발효되었다.

그러나 앞서 살핀바, 만 19세 미만자인 소년에게 전자장치 부착명령의 집행은 물론 그 선고도 배제하는 것이 바람직하다는 입장에서는 2009년의 전자장치부착법 개정은 사실상 개악이라는 평가를 내릴 수밖에 없다. 그럼에도 신법의 효력은 긍정해야 할 것이고, 이후 재판에서는 만 19세 미만자라 하더라도 부착명령을 선고하는데 달리 그 연령이 장애가 되지는 아니한다 할 것이다.

하지만 대상판결의 당부는 분명히 짚어야 할 일이다. 사실은 항소심과 상고심에서 피고인이 만 19세 이상이 되어 제1심 선고 당시 만 19세 미만자였다는 사실이 그다지 중요한 사항은 아닌 것으로 되었다. 또한 전자장치부착이 그야말로 전형적인 형벌은 아니고, 형이 아닌 보안처분에 해당하기 때문에 유·불리를 떠나 언제나 재판시법을 적용해야 한다는 주장[31)]이 가능하다. 그러나 전자장치부착의 실질[32)]에 좀더 주목하여 행위시 만 19세 미만자이면 재판시 만 19세 이상이 되었어도 부착명령을 선고하지 못한다는 보다 과감한 논리[33)]를 세울 수도 있다. 주지하는바, 헌법 제13조 제1항에서 말하는 처벌은 원칙적으로 범죄에

31) 형법 제62조의2 제1항에 의한 형의 집행유예시 보호관찰은 형벌이 아니라 보안처분의 성격을 갖는 것으로서 재판시의 규정에 의하여 보호관찰을 받을 것을 명할 수 있다는 판결은 대법원 1997. 6. 13. 선고 97도703.

32) 징벌적 규제적 성격의 준수사항을 부과하고 있고 준수사항 위반에 대해 형벌을 과하도록 하고 있어 실질적인 형벌이라는 견해는 윤영철, "우리나라 전자감시제도에 관한 비판적 소고", 형사정책, 제19권 제3호, 2008, 206면. 전자감시제도 역시 자유의 제한 내지는 인격권의 침해를 그 본질적 속성으로 하고 있다는 점에서 실질적으로 형벌과 같은 것이라고 볼 여지도 있다는 견해는 윤지영, "위치추적 전자감시제도에 관한 비판적 고찰", 피해자학연구, 제18권 제2호, 2010, 235면.

33) 가정폭력처벌법이 정한 보호처분 중의 하나인 사회봉사명령은 형벌 그 자체가 아니라 보안처분의 성격을 가지는 것이 사실이나, 의무적 노동을 부과하고 여가시간을 박탈하여 실질적으로는 신체적 자유를 제한하게 되므로, 이에 대하여는 원칙적으로 형벌불소급의 원칙에 따라 행위시법을 적용함이 상당하다는 판결은 대법원 2008. 7. 24. 선고 2008어4.

대한 국가의 형벌권 실행으로서의 과벌을 의미하는 것이고, 국가가 행하는 일체의 제재나 불이익처분을 모두 그 "처벌"에 포함시킬 수는 없다.[34] 그러나 보안처분이라 일컬어도 넓게 보면 범죄에 대응한 처벌임은 분명하고, 더욱이 최근 형벌과 보안처분의 경계가 급속하게 다방면으로 허물어지고 있는 경향[35]에 비추어 보안처분의 부과도 소급처벌금지원칙(헌법 제13조 제1항)과 이중처벌금지원칙(헌법 제13조 제1항 후단)을 적용받아야 할 것이다.[36] 이러한 맥락에서 대상판결에서 대법원이 제1심의 판시를 맹목적으로 수용한 것은 법령해석에 관한 최고법원의 역할을 방기한 것이라 하겠다.

Ⅴ. 맺음말

소년이 범죄를 저지른 경우 범죄에 주목할 것인지, 소년을 중시할 것인지 하나로 말하기 어렵다. 하지만 적어도 성인의 범행에 대한 대응보다는 되도록 부드럽게 다루어야 한다는 점에는 그리 이의가 없을 것이다. 소년범의 양형에 있어서 재판시가 아닌 행위시에 소년이면 소년감경을 적용하고, 소년연령도 보다 폭넓은 구법을 기준으로 산정하며, 소년의 특성도 좀더 적극적으로 인정해야 할 것이다. 소년범에 대한 전자장치 부착명령은 집행시에도 소년이면 부착명령을

34) 신상공개의 과정에서 부수적으로 수치심 등이 발생된다고 하여 이것을 기존의 형벌 외에 또 다른 형벌로서 수치형이나 명예형에 해당한다고 볼 수는 없다고 한다. 헌재 2003.6.26. 2002헌가14. 그러나 동일한 행위를 대상으로 하여 형벌을 부과하면서 아울러 행정질서벌로서의 과태료까지 부과한다면 그것은 이중처벌금지의 기본정신에 배치되어 국가 입법권의 남용으로 인정될 여지가 있음을 부정할 수 없다는 결정은 헌법재판소 1994.6.30. 92헌바38.

35) 형벌과 보안처분은 명칭만 달리할 뿐 그 목적이나 내용 및 본질에서 차이를 줄여가고 있다는 견해는 오영근, "2009년도 형법판례 회고", 형사판례연구, 제18집, 2010, 685면. 죄형법정주의에 관한 성문법주의, 유추해석금지, 소급효금지, 명확성원칙, 죄형적정성의 원칙 등은 그대로 보안처분법정주의의 내용이 되어야 한다는 견해는 박지현, "보안관찰법에 관한 기본권해석", 한양대, 법학논총, 제24집 제3호, 2007, 434면.

36) 모든 형사제재에는 소급효금지의 원칙이 철저하게 적용되어야 하고, 그 제재의 내용과 형태가 형벌이나 보안처분보다 훨씬 강력한 새로운 형사제재에 헌법재판소가 인정한 것처럼 진정소급효를 인정할만한 특별한 예외가 없는데도 불구하고 소급효를 인정하는 것은 실질적 죄형법정주의에 반하는 것이라는 견해는 윤상민, "형사제재와 소급효금지의 원칙", 원광대, 법학연구, 제38집, 2010, 217면. 보안처분이기 때문에 일사부재리의 원칙에 위반되지 않는다고 단정지을 수는 없다는 견해는 이춘화, "위치추적 전자장치 부착명령의 위헌성 유무", 형사판례연구, 제18집, 2010, 619-620면.

실시하지 않는 정도로는 부족하고 재판시 소년이라면 그 선고조차 하지 않도록 해야 할 것이다. 최근 들어 특히 성폭력범에 대하여 가중처벌, 신상공개, 성충동 약물치료, 치료감호 등 강경한 대응이 강구되고 있긴 하지만, 소년의 성폭력범죄는 성인의 그것과 달리 볼 측면이 분명 적지 않다. 예를 들어 사춘기 호르몬의 작용과 성적 호기심을 이기지 못했을 뿐 세월의 흐름에 따라 좀더 성숙하면 혼란의 상태에서 벗어날 것으로 기대되는 사안을 성도착증 환자나 정신성적 장애자에 의한 사례와 혼동하여 마구잡이로 동일하게 다룰 일은 아니다. 무엇보다 소년이 양형, 상소, 가석방, 이중·소급 처벌 금지 등에 있어서 성인보다 오히려 불리한 입장으로 몰아가는 일은 삼가야 한다. 아울러 동일한 범행을 저지른 소년이 재판의 시점이 뒤처지거나 집행시기가 미루어져 더욱 가혹한 처벌을 받지 않도록 법제의 구성과 해석에 엄정함을 견지해야 할 것이다.

참고문헌

김병운, "소년법 제60조 제2항에 따른 감경의 기준시기", 대법원판례해설, 제28호, 1997.
김재중, "한국의 전자감시제도 및 그 발전방안", 충북대, 법학연구, 제18권 제1호, 2007.
김종호, "성폭력범죄자에 대한 법정형 및 위치추적 전자장치 부착명령과 양형에 관한 특별법 규정들의 위헌 여부", 대법원판례해설, 제80호, 2009.
문정민, "성범죄자 전자감시제도에 대한 고찰", 법학연구, 제29집, 2008.
박상열, "전자감시제도의 입법과 적용방안", 교정연구, 제35호, 2007.
박지현, "보안관찰법에 관한 기본권해석", 한양대, 법학논총, 제24집 제3호, 2007.
박혜진, "소위 전자장치부착법에 대한 비판적 고찰", 형사정책, 제20권 제2호, 2008.
서희종, "소년법 제60조 제2항의 소년여부 판단의 기준시", 대법원판례해석, 제16호, 1991.
오영근, "2009년도 형법판례 회고", 형사판례연구, 제18집, 2010.
윤상민, "형사제재와 소급효금지의 원칙", 원광대, 법학연구, 제38집, 2010.
윤영철, "우리나라 전자감시제도에 관한 비판적 소고", 형사정책, 제19권 제3호, 2008.
윤지영, "위치추적 전자감시제도에 관한 비판적 고찰: 미국 캘리포니아주와의 비교 검토를 중심으로", 피해자학연구, 제18권 제2호, 2010.
이춘화, "위치추적 전자장치 부착명령의 위헌성 유무", 형사판례연구, 제18집, 2010.
정현미, "성폭력범죄대책과 전자감시", 형사정책, 제21권 제1호, 2009.
최병각, "소년감경의 적용요건과 소송법적 효과", 형사법연구, 제12호, 1999.
______, "소년법 제60조 제2항의 소년감경의 적용요건", 형사정책연구소식, 제31호, 1995.
______, "소년법개정과 소년사법의 건전한 육성", 형사정책연구, 제18권 제3호, 2007.
______, "소년법에서의 소년은 누구인가?", 형사정책연구소식, 제15호, 1993.
______, "소년사법에서의 소년보호", 형사법연구, 제19권 제3호, 2007.
______, "양형의 과정과 통제", 형사정책연구, 제11권 제3호, 2000.
______, "자수의 소송법적 효과", 비교형사법연구, 제5권 제1호, 2003.
______, 아동권리협약과 소년사법, 국가인권위원회, 2007.

Akers/Sellers, Criminological Theories, 5th ed., Oxford University Press, 2009.
Eisenberg, Jugendgerichtsgesetz, 13. Auflage, Verlag C.H.Beck, 2009.
Roxin, Strafrecht Allegemeiner Teil, Band I, 4. Auflage, Verlag C.H.Beck, 2006.

02

객관적 귀속에 관한 의문점과 해석의 방향*

임 석 원**

Ⅰ. 머리말

형법학에서의 객관적 귀속은 행위의 인과관계를 규범적인 면에서 확정시켜 고의범과 과실범 모두의 인과관계를 정립시키는 역할을 한다는 것이 지배적인 입장이었다. 따라서 인과관계의 효과와 마찬가지로 객관적 귀속이 부정되면 가벌성이 탈락하거나 예외적으로 미수범처벌규정이 있으면 미수범으로 처벌되는 효과를 가져온다.

그러나 이러한 객관적 귀속은 인정여부에 관한 다툼을 시작으로 하여 공범영역 을 포함한 형법총론 및 각론의 전 분야에 걸쳐서 수시로 그 용어가 등장한다. 이는 객관적 귀속이 종래의 인과관계의 규범적 정립이라는 역할을 뛰어넘어 형법상 범죄체계론의 3단계인 구성요건・위법성・책임의 영역을 마음대로

---

* 이 논문은 제105회 영남형사판례연구회(2009.11.16.)에서 발표되고, 형사법연구 제43호(2010)에 게재되었음.

** 부경대학교 교수, 법학박사.

활보하고 있다는 느낌을 준다.

그렇다면 이러한 객관적 귀속이라는 용어는 어떠한 범위 내에서 효력을 발휘하고 있을까? 또한 기존의 범죄체계 3단계에 의한 심사기준과는 어떠한 관계에 있을까에 대한 명확한 해결이 요청되며 이러한 문제에 대한 해결은 대륙법계의 체재를 기본적으로 따르고 있는 한국의 형법체계 내에서 반드시 필요하다.

한편 객관적 귀속에 관한 기존의 연구가 객관적 귀속 관점의 도입 및 구체적 척도에 관한 독일형법의 해석론에서 괄목할 만한 연구성과를 낸 것은 사실이나 그 구체적 효과와 관련하여 명확한 필요성을 논증한 연구는 찾아보기 힘든 점도 이러한 연구가 반드시 필요한 중요한 사유의 하나이다.

본고에서는 이러한 연구의 목적에 맞추어 현재의 형법학에서의 객관적 귀속의 인정여부에 관한 논의를 시작으로 하여 연구를 진행하기로 한다. 그리하여 객관적 귀속의 효과인 가벌성이 탈락되는 경우에 객관적 귀속의 존재에 관한 의문점과 필요성을 살펴보고, 과연 현행 형법학의 범죄체계 내에서의 다른 대체적 해석방안은 없는가에 대하여 검토해 보기로 한다.

Ⅱ. 인정여부에 관한 논의

객관적 구성요건요소로서 객관적 귀속을 구성요건단계에서의 심사기준으로 인정할 것인가에 대한 판례와 학설의 태도는 다음과 같다. 일단 행위성이 인정된 행위를 대상으로 한다.

1. 판례의 태도

가. 한국

우리 판례[1)]는 직접적으로 객관적 귀속을 채택하고 있지 않다. 일반적으로 상

1) 다만 창출된 위험이 구체적으로 실현되어야만 객관적 귀속이 인정된다는 이론에 따라서 행위자가 중앙선 위를 운행하지 않고, 정상차선으로 달렸다고 해도 사고는 피할 수 없었다고 본다면 사고의 직접적인 원인으로 인정할 수 없다고 한 판례 (대법원 1991. 2. 26. 선고 90도2856)의 태도에서 어느 정도까지는 객관적 귀속의 한 척도인 "창출된 위험의 구체적 실현"이라는 기준

당인과관계설을 취하고 있다.[2] 대법원은 상당인과관계라는 용어를 사용함으로서 행위와 결과사이의 인과관계판단을 최종적으로 마무리하려는 태도를 보이고 있다. 이는 "안면을 강타하여 사망에 이르게 한 경우에 행위와 결과 사이에 상당인과관계가 있다"[3]라고 하고 있거나, 고혈압 증세가 있는 피해자의 전도시 자극에 의한 사망에서의 행위와 결과사이의 상당인과관계 인정,[4] 강간행위와 이를 피하기 위한 창문탈출시의 사망의 결과와의 상당인과관계 인정,[5] 폭행행위와 사망결과사이의 상당인과관계 인정,[6] 과속운전행위와 교통사고결과 발생사이의 상당인과관계 부정[7] 등의 판시사실을 통하여 확인할 수 있다.

이처럼 대부분의 우리 판례는 객관적 구성요건요소로서의 객관적 귀속이라는 용어를 사용하지 않고, 인과관계의 최종심사를 상당인과관계에서의 "상당성"이라는 판단척도에 의존하고 있는 것으로 보인다.

나. 독일

한편 독일의 판례는 화물차운전자의 법정간격위반 추월행위와 만취한 피해자의 사망의 결과사이의 적법한 대체행위에 기한 위험증대라는 객관적 귀속의 척도를 사용하여 행위자의 행위와 결과사이의 객관적 귀속을 부정[8]하거나, 규범의 보호목적에 입각하여 객관적 귀속을 부정[9]한 사례, 타인인 경찰의 책임영역

을 살짝 엿볼 수 있으나 객관적 귀속을 우리 판례가 채택하였다고 보기는 힘들다.

2) 다만 과거의 우리 판례의 태도는 조건설을 따라서 인과관계를 확정했다(대법원 1955. 5. 24. 선고 4288형상26; 대법원 1955. 6. 7. 선고 4288형상88 등).

3) 대법원 1956. 7. 13. 선고 4289형상129.

4) 대법원 1967. 2. 28. 선고 67도45; 대법원 1970. 9. 22. 선고 70도1387.

5) 대법원 1995. 5. 12. 선고 95도425.

6) 대법원 1986. 9. 9. 선고 85도2433.

7) 대법원 1993. 1. 15. 선고 92도2579.

8) BGHSt 11, 1(Radfahrer－Fall); 즉 이 사례는 행위자가 주의의무를 다하였더라도 결과의 불발생이 확실하지 않은 경우에 결과 귀속을 인정하는 것은 형사법의 대원칙인 in dubio pro reo에 반할 뿐만 아니라, 침해범을 위험범으로 변질시킬 수 있기 때문에 행위자의 행위가 결과발생의 위험을 증대시켰다고 할지라도 과실이 결과속에 실현되었음이 확실에 가까운 정도로 확인되지 않는 한 결과발생에 대한 책임을 묻는 것은 무리라고 하는 견해 (김성돈, 인과관계판단과 과실판단의 분리, 형사판례연구 11, 2003, 36면 이하; 김일수/서보학, 새로 쓴 형법총론(제11판), 박영사, 2008, 178면 참조; Samson Erich, Hypothetische Kausalverläufe im Strafrecht, S. 47)에 입각한 것으로 보인다.

9) BGHSt 32, 262(헤로인주사사건으로 유명한 판례이며 독일연방법원은 "자기위태화를 단지 야기하거나, 가능케하거나 혹은 촉진시킨 자는 상해죄나 살인죄로 처벌될 수 없다"는 것을 주요 취

에 속하는 행위이지만 차폭등을 끈 운전자의 행위와 충돌후 발생한 사망의 결과사이의 객관적 귀속을 인정[10]한 사례에서 일부 판례가 객관적 귀속을 행위의 인과관계 판단 척도로 적용시키고 있는 것으로 보인다.

물론 독일의 판례는 인과관계의 최종확정 판단에 있어서 1873년 독일제국재판소[11]에 의해 완성된 조건설[12]이나 수정된 조건설[13]을 대부분의 판례가 오늘날까지 채택하고 있다. 그러나 이러한 조건설이나 수정된 조건설로는 규범적인 인과관계의 측면을 확정하는 데에 한계가 있었다. 또한 독일형법에는 현행 우리형법 제17조에 해당하는 인과관계 규정[14]이 없기 때문에 실무에서 무언가 인과관계인정 여부의 규범적 확정을 위한 심사기준이 필요했다. 따라서 객관적 귀속을 채택한 판례가 등장한 것으로 생각된다.

다. 일본

일본의 판례도 객관적 귀속을 채택하고 있지 않다. 일본은 인과관계의 최종확정에 있어서 대부분 조건설에 입각하고 있다.[15] 이러한 일본판례의 태도는 현재까지 지속되어 오고 있으며 이는 岡野光雄 교수에 의하여 이론적으로 뒷받침되고 있다.[16]

특히 최근의 일본의 최고재판소 판례의 태도는 우리나라가 상당인과관계설에 입각한 판례의 태도를 보여주고 있는 것과는 달리 조건설에 의한 제한적 요건의 제시에 의하여 상당인과관계설과는 거리를 두고서 철저한 조건설에 의해서

지로 하고 있으며 이는 규범의 보호목적에 입각한 것으로 보인다); NStZ 85, 25(Stechapfeltee 사건).

10) BGHSt 4, 360; 이 사례역시 타인인 경찰의 책임영역에 속한 행위라고 보아 그 결과를 행위자에게 객관적으로 귀속시킬 수 없다고 하는 견해 (김일수/서보학, 앞의 책(총론), 180면 참조)가 있다.

11) 조건설은 독일제국재판소의 법관이었던 Maximilian von Buri에 의해서 완성되어 오늘날까지 독일판례의 인과관계인정의 근거로서 버텨오고 있다.

12) RGSt 1, 373; BGHSt 1, 332; BGHSt 7, 112 등.

13) BGHSt 39, 195; BGHSt 37, 106, 131 등.

14) 참고로 중국형법 제16조에도 우리형법과 거의 같은 내용의 인과관계 규정이 있다. 중국형법 제16조는 "행위가 객관적으로는 손해의 결과를 발생시켰다고 하더라도 고의나 과실에 의한 것이 아니고 불가항력이나 예견할 수 없는 원인에 기인한 것은 범죄가 아니다" 라고 규정하고 있다.

15) 日最判昭和22年11月14日(刑集1卷, 6頁); 日最判昭和25年3月31日(刑集4卷3号, 469頁); 日最判昭和46年6月17日(刑集25卷4号, 567頁) 등.

16) 岡野光雄, 刑法要説総論, 成文堂, 2001, 51頁 以下.

인과관계를 확정하고 있는 것이 특징이다.[17)]

2. 학설의 태도

가. 긍정설

(1) 한국

우리나라의 다수설은 객관적 귀속을 인정한다. 다만 그 논거는 크게 2가지로 나누어진다. 그 논거는 다음과 같다. 우선 첫 번째로, 객관적 귀속은 고의범과 과실범에 있어서 행위와 결과사이의 인과관계의 존부여부는 형법적 판단의 기초에 지나지 않으므로 이러한 인과관계가 존재[18)]한다는 것만으로는 법질서에 대하여 어떤 의미를 갖는가에 관하여 아무런 해결을 주지 못한다. 그러므로 존재론적인 인과관계 확정 이외에 정당한 처벌이라는 관점에서 별도의 기준을 필요로 한다고 한다. 따라서 행위자에게 객관적으로 귀속될 수 있느냐라는 규범적·법적 의미에서 판단을 하여야 하고 그 중요성은 객관적 귀속이론이라는 기준으로 수행하는 것이 타당하다는 견해[19)]가 있다.

다음으로는 대법원판례가 취하고 있는 상당인과관계설을 비판하면서 객관적 귀속을 채택하고 있는 견해[20)]이다. 이 견해는 상당인과관계설이 취하고 있는 기준인 "상당성"의 개념이 순수한 객관적인 관점에서의 평가가 누락되고, 일반인의 생활경험이라는 추상적이고 모호한 기준을 사용하고 있다고 한다. 또한 상당인과관계설은 결과와 인과관계가 인정되는 조건을 찾는 일과 여러 조건들 가운데 "상당성"이 인정되는 조건을 찾는 일의 두 가지를 인과관계라는 하나의 개

17) 鈴木左斗志, 因果関係論, 法教261号, 2002, 53頁 以下 및 同 262号, 2002, 62頁 以下 參照.
18) 다수설은 인과관계의 확정을 합법칙적 조건설에 의하여 확정한다.
19) 박양빈, 인과관계론과 객관적 귀속론, 김종원교수회갑기념논문집, 69면 이하; 손동권, 형법총론(제2전정판), 율곡출판사, 2005, §8/45; 신동운, 형법총론(제4판), 법문사, 2009, 170면; 이재상, 형법총론(제6판), 박영사, 2008, §12/52; 이형국, 형법총론(제4판), 법문사, 2007, 106면; 임웅, 형법총론(개정판), 법문사, 2002, 134면; 정성근/박광민, 형법총론(제4판), 삼지원, 2008, 160면; 진계호/이존걸, 형법총론(제8판), 대왕사, 2007, 213면.
20) 김성돈, 형법총론, 성균관대학교 출판부, 2009, 180면; 김일수/서보학, 앞의 책(총론), 171면; 김호기, 형법학에서의 인과관계의 의미와 객관적 귀속론, 형사법연구 제26호 특집호, 2006 겨울, 539면 이하, 박상기, 형법총론(제8판), 박영사, 2009, 105면; 이용식, 객관적 귀속이론의 규범론적 의미와 구체적 내용, 현대형법이론 Ⅰ, 박영사, 2008, 86면; 일본의 학설도 이와 동일한 취지의 학설이 있다. 浅田和茂, 刑法總論, 成文堂, 2005, 139頁 參照.

념안에서 동시에 수행하게 된다. 이 과정에서 첫 번째의 일인 사실상의 인과관계의 존부확인에 관해서는 침묵하고 있다는 점 등을 비판한다.

따라서 (물론 아직 완성된 이론이 아니라는 점도 지적하고 있긴 하다.) 이 견해는 객관적 귀속의 장점은 사회일반인이 인식가능한 객관적 사정을 관점으로 하는 점, 행위자 이외에 피해자 내지 제3자가 개입한 경우의 명쾌한 해결,[21] 행위의 결과귀속을 위한 세분화되고 구체화된 기준의 제시노력, 사회과학에서의 용어사용의 엄정성 추구 등을 근거로서 들고 있다.

(2) 독일

한편 독일은 독일연방법원의 판례가 통설인 조건설과 수정된 조건설을 바탕으로 버텨오고 있는 점을 비판하며, 객관적 귀속을 인정하는 학자가 급격히 증가하고 있는 실정이다.[22] 그 이유는 우선 독일형법은 앞에서 언급했듯이 인과관계에 관한 우리형법 제17조와 같은 규정이 없음은 물론, 위법성이 조각되는 우리형법 제20조와 같은 "정당행위"라는 규정을 두고 있지 않다. 따라서 일단 구성요건에 해당하는 행위는 독일의 경우 위법성조각사유에 명확하게 해당되는 경우를 제외하고는 위법성이 조각되기 매우 어렵다. 그러므로 사회상규에 비추어 보았을 때 용납되는 행위에 대해서도 일단 구성요건에 해당하는 경우[23]는

---

21) 이 장점은 상당성을 인정해야 하므로 인과관계를 인정할 수밖에 없는 데도 일반인의 법감정에 비추어 보면 불합리적인 측면이 보이는 사례를 객관적 귀속이론은 이를 명쾌하게 해결해 줄 수 있는 사례를 예로 들 수 있다. 가령 상당성 판단기준인 객관적 사후예측의 방법에 의하면 갑이 한강다리를 건너던 중 자살하기 위해 아래로 뛰어드는 사람을 교각위로 세게 끌어올리는 과정에서 피해자가 심하게 반항하였다. 그리하여 결국 어깨뼈가 부러지고 허리가 부러지는 중상해를 입은 경우에 갑의 행위와 상해결과사이에 상당인과관계인정과 객관적 귀속의 부정의 관계, 갑이 을을 살해하고자 독약을 먹였는데 곧 후회하여 해독제를 먹이려 했지만 해독제 복용을 심하게 거부하여 결국 을이 사망한 경우의 상당인과관계인정과 규범보호목적내의 객관적 귀속 부정의 관계, 을의 매우 강력한 부탁으로 빌려준 고장 난 오토바이에 의한 갑의 중상해의 경우의 갑의 예견가능성에 의한 상당인과관계인정과 자기위태화에 의한 객관적 귀속의 부정 등이 객관적 귀속의 장점의 대표적인 교과서적 사례이다.

22) 박상기, 앞의 책(총론), 99면 이하 참조; 허일태, 객관적 귀속이론에 있어서 허용된 위험의 법리, 유일당오선주교수 정년기념논문집, 형설출판사, 2001, 78면 이하의 독일의 학설 부분 참조; 대표적 독일의 객관적 귀속이론자로는 Vgl. Honig Richard, Kausalität und objektive Zurechnung, Festgabe für Reinhard von Frank zum 70. Geburtstag, Band Ⅰ, 1930, S. 175ff; Claus Roxin, Pflichtwidrichkeit und Erfolg bei fahrlässigen Delikten, ZStW 74, 1962, S. 430ff; Schmidhäuser Eberhard, Strafrecht Allgemeiner Teil, 2. Auflage, Tübingen 1975, 5/60.

23) 인과관계가 조건설에 의하여 인정되는 경우를 의미한다.

엄격한 위법성조각사유에 해당되지 않는 한 형사처벌된다. 따라서 Welzel 이래 사회적으로 상당한 행위를 구성요건에 해당될 수 없게 하는 방식으로 법이론을 발전시켜왔고, 이와 같은 법이론체의 결정체가 바로 객관적 귀속인 것이다.

(3) 미국

미국의 경우는 행위와 결과사이의 연관성을 인정하기 위하여 첫 번째로, 사실상의 인과관계 판단단계에서 행위자의 행위와 결과의 사실상 원인(cause in fact)이 존재하는 것을 전제로 한다. 만약 사실상의 인과관계가 증명되지 못한다면 결과에 대한 피고인의 책임을 물을 수 없을 뿐만 아니라 그 다음단계의 판단으로 넘어갈 수 조차 없다.[24] 이어서 두 번째 판단인 밀접한 원인(proximate cause) 심사에 의해서 결과와 밀접한 관계가 있는 행위에 대해서만 연관성 즉 최종적 인과관계를 인정한다.[25] 이 두 번째 판단은 법적 인과관계 판단이 되고, 이는 객관적 귀속이론에 의한 판단과 동일한 결과가 된다고 추정할 수 있다.[26]

나. 부정설

(1) 한국

한편 우리나라의 소수설은 객관적 귀속을 부정한다. 그 논거는 우선 우리형법은 제17조에서 우리형법에 고유한 인과관계에 관한 규정을 두고 있고, 이 규정의 제정당시에는 독일의 객관적 귀속은 아직 우리나라에 알려지지 않았기 때문임을 이유로 하고 있다. 따라서 객관적 귀속을 따르는 것은 우리형법이론을 무시하고 독일형법이론을 맹목적으로 추종하는 것이라고 주장하는 것을 기본적인 논거로 한다.

구체적 논거로는 첫 번째로, 객관적 귀속은 언제나 사안을 통하여서만 설명

24) 사실상의 인과관계를 비롯한 영미법상의 인과관계에 관한 이론 및 법적 인과관계론에 관하여는, 김종구, 객관적귀속론과 영미법상 법적 인과관계, 형사법연구 제21권 제4호, 2009 겨울, 463면 이하 참조.

25) 서철원, 미국형법, 법원사, 2005, 34면 이하 참조.

26) 오늘날에 미국의 많은 주에서 이러한 인과관계 판단의 법칙을 채택하고 있으며 밀접한 원인심사의 기준으로서는 행위에 따른 결과의 대상의 불일치를 다룬 unintended victim의 경우와 결과가 발생한 과정이나 방법이 불일치하는 unintended manner의 경우를 들 수 있다 (서철원, 앞의 책, 40면 이하); 이는 현행 객관적 귀속의 척도인 법적으로 허용된 위험의 창출이나 창출된 위험의 구체적 실현이라는 척도와 일맥상통하는 것으로 보여진다.

되기 때문에 추상성이 낮다. 따라서 기준 그 자체가 어떤 설명력을 갖기보다는 사안을 통해서 기준이 설명되어 규범성이 결여되었다는 점과 두 번째로, 객관적 귀속의 기준들이 모두 보통의 법적 상식이 있는 사람이면 누구나 판단할 수 있는 기준이고, 모두 부정의 논리로 일관하고 있다는 점으로 인하여 다음 단계의 심사과정에서 언제든지 바로 잡을 수 있기 때문에 기준으로서의 인식의 한계를 드러냈다는 제한된 논리성을 구체적 논거로 드는 견해[27]가 있다.

두 번째로, 조건설을 취하는 독일판례와 달리 우라나라의 판례는 일관되게 상당인과관계설을 취하고 있다. 그러므로 외국의 이론인 객관적 귀속을 도입하기 보다는 오히려 우리고유의 상당인과관계설의 약점으로 언급되는 상당성판단 기준의 불명확성을 해소하기 위한 방안을 먼저 연구하는 것이 바람직하다는 점, 객관적 귀속이론에 의해서 해결할 수 있는 사례들은 상당인과관계설에 의해서도 합리적으로 해결할 수 있고, 이 경우 귀속이 부정되는 사례들은 구성요건적 행위자체가 아예 없기 때문에[28] 인과관계나 객관적 귀속문제의 심사대상에 조차 오르지 않는다는 점을 구체적 논거로 드는 견해[29]가 있다.

마지막으로 허용된 위험의 법리를 객관적 귀속이론으로 해결하려고 하는 태도를 비판하고 우리형법 제20조 정당행위에 의한 위법성조각사유에 의한 심사로 대체하려는 견해[30]가 있다. 이 견해는 허용된 위험에 대한 기준이 형법 제20조의 사회상규에 의한 정당행위로 규정되어 있음에도 불구하고 이를 무시하고 무리하게 구성요건해당성 심사의 문제로 파악하여, 허용된 위험의 법리를 객

---

27) 배종대, 형법총론(제9개정판), 홍문사, 2008, §52/19 이하.

28) 오영근교수는 하인을 숲에 보내어 벼락맞아 사망케 한 행위나 안전도가 낮은 전세비행기표를 사주어 추락사하게 한 행위를 살인죄의 구성요건적 행위라고 할 수 없다고 한다 (오영근, 형법총론(제2판), 박영사, 2009, 177면). 그러나 이러한 행위는 분명히 형법적 평가의 대상이 되는 최소한의 요건인 인간의 행위성, 외부적·신체적 행위성·의사지배행위성을 모두 갖추었다고 볼 수 있다 (박상기, 앞의 책(총론), 62면 참조). 따라서 형법적 평가의 대상이 되는 행위라고 보아야 한다. 다만 구성요건해당성심사 단계에서 구성요건적 행위로서 실행의 착수가 없었다고 볼 수는 있다.

29) 오영근, 앞의 책(총론), 175면 이하; 이승호, 복수의 행위가 개입된 인과과정에서의 인과관계확정, 유일당오선주교수정년기념논문집, 형설출판사, 2001, 72면 이하 (이승호교수는 인과관계확정에 있어서 수정된 조건설의 확정 및 발전에 의해 모든 인과관계의 확정이 어느 정도까지는 가능하다고 한다).

30) 허일태, 앞의 논문, 81면 이하 참조.

관적 구성요건의 요소라 파악하는 우리나라의 객관적 귀속이론자들의 견해는 형법해석에 있어서 체계론상의 허점을 보여줄 뿐만 아니라, 형법 제20조의 규정을 완전히 무시해 버리는 잘못을 범하고 있다고 비판하는 논거를 제시한다.

(2) 독일

독일의 경우는 객관적 귀속을 부인하는 견해로 목적적 행위론자인 Hirsch와 Kaufmann이 있다.[31] 위험감소를 비롯한 객관적 귀속의 척도가 결과발생에 대한 객관적 귀속의 존부와 범위문제를 아직도 명료하게 해명하고 있지 못하다는 것을 근거로 들고 있는 것으로 보인다.

한편 Puppe는 일본의 '실행행위' 개념의 논리적 근거가 된 "일반적 생활위험의 실현"이라는 척도를 들어 객관적 귀속이론을 대체하는 기준으로 삼고 있다. 그녀는 허용되지 않는 행위라고 할지라도 허용된 위험에 의한 행위와 동일한 결과가 야기된 경우는 그 자체가 허용된 상황을 거쳐서 결과가 발생한 경우와 동일하게 보아야 하므로 일반적 생활위험이 실현되지 않았다고 본다.[32] 즉 행위자의 행위가 허용되지 않는다고 하는 속성은 그 자체가 일반적 생활위험이라는 결과발생과 결부되어 생활위험의 범위를 넘어선다고 보고 있다.

Puppe는 상해를 입은 경우에 피해자가 병원에 운반되어 수술을 받았지만 사망하게 된 사례에서 수술행위가 특히 행위자가 입은 상해 때문에 반드시 필요한 상황이었다면 인과관계가 인정될 뿐만 아니라 일반적 생활위험의 범위를 모두 벗어나서 객관적 귀속은 긍정된다고 주장한다. 그러나 병원에 운반되어 온 김에 일단 수술을 하고 보자는 의도에서 수술이 행하여지고 사망하게 되었다면 수술의 일반적 생활위험의 범위내에서 결과가 발생했기 때문에 인과관계는 인

31) Hirsch Hans Joachim, Die Entwicklung der Strafrechtsdogmatik nach Welzel, in: Festschrift der Rechtswissenschaftliche Fakultät zur 600-Jahr-Feier der Universität zu Köln, 1988, S. 403ff; Kaufmann, Armin, "Objektive Zurechnung" beim Vorsatz delikt?, in: Festschrift für Hans Heinrich Jescheck. Berlin, 1985, S. 251; 한편 객관적 귀속이론에 대해 제한적으로만 허용하는 입장은 Frisch, Wolfgang, Tatbestandsmäßiges Verhalten und Zurechnung des Erfolgs, 1988, S. 50ff; Namias Ovvadias, Die Zurechnung von Folgeschäden im Strafrecht, 1993, S. 121.

32) Puppe, Ingeborg, Die Beziehung zwischen Sorgfaltswidrigkeit und Erfolg bei den Fahrlässigkeitsdelikten, ZStW 1987, S. 610ff; dies., in: Die adäquate Kausalität und der Schutzzweck der Sorgfaltsnorm, in: Festschrift für Günter Bemmann, 1997, S. 239.

정될 가능성이 있지만 객관적 귀속은 부정된다는 것을 사례로서 들어 일반적 생활위험이라는 기준을 발전시켜 나가고 있다.

(3) 일본

일본의 경우는 우리나라와 달리 객관적 귀속론에 대하여 부정적인 견해가 많다.[33] 인과관계판단을 위한 기준으로서 일본의 통설은 우리나라의 판례가 채택하고 있는 상당인과관계설을 채택하고 있기 때문일 것이다.[34] 일본 역시 인과관계에 관한 우리형법 제17조와 같은 규정이 없는 것은 독일과 동일하다. 그러나 Puppe 이전의 전후 독일형법학에 있어서는 일본과는 달리 실행행위의 개념이 아직 충분하게 정립되지 않았다.[35] 따라서 구성요건의 객관적인 측면만을 무제한적으로 발전시켜 나가는 견해가 일반적이었다. 그러므로 객관적 귀속이 독일에서 지지를 얻을 수 있었다. 그러나 일본은 독일과 달리 스스로의 학문적 자생에 의한 '실행행위'라는 개념을 발달시킴으로서 객관적 귀속이론을 부인하는 근거를 마련해 왔다. 이러한 실행행위는 규범위반행위의 내용을 명확화 하여 행동의 기준을 제시하는 방향으로 정립되어 왔다.

일본형법에서의 실행행위는 '당해형벌법규가 국민에 대한 고지의 요청에 부응하기 위한 목적과, 일반예방에 의한 법익보호의 목적을 달성하기 위하여 국민에게 제시하는 규범에 위반하는 행위'를 의미한다. 즉 일본에서는 인과관계의 최종확정을 실행행위의 판단과 인과관계의 판단으로 분리하여 판단한다. 이 과정에서 실행행위라는 개념은 그 속에 규범위반행위를 포함한다. 이는 사회생활상 허용되지 않은 위험을 지닌 행위를 의미하며 이러한 규범위반행위는 일반적인 사회생활상의 위험을 초과하여 법이 금지하고 있는 위험을 수반하는 행위를 의미한다. 따라서 사회생활상 허용되고 있는 위험 즉 일반적 생활위험[36]은 실행

---

33) 林陽一, 刑法における因果関係理論, 成文堂, 2000, 315・316頁 參照; 井田 良, 刑法總論の理論構造, 成文堂, 2005, 63頁; 斎藤信宰, 刑法講義 (總論) 第3版, 成文堂, 2001, 130頁 參照.

34) 井田 良, 前揭書, 55頁.

35) 井田 良, 「犯罪論と刑事法学の歩み－戦後50年の回顧と展望」, 法教179号, 1995, 17頁 以下.

36) 일본형법학에서의 일반적 생활위험의 개념과 범위에 대해 상세한 것은, 小林憲太郎, 「いわゆる『一般的生活危険』について」千葉大学法学論集 16巻3号, 2001, 67頁 以下 參照; 다만 小林교수는 일반적 생활위험의 개념과 범위가 상당인과관계설에 있어서 상당성의 개념으로부터 독립한 것이 아니고, 상당성과 동일한 의미로 쓰이고 있다고 하여 일반적 생활위험의 독자적 의미를 부정하고 있다.

행위의 내용에조차 포함되어 있지 않으므로 인과관계 판단대상에 오르지 않는다.[37)]

즉 일본은 인과관계를 판단하는 과정인 실행행위 자체에서 객관적 귀속이론의 척도를 이미 심사함으로서 따로 이러한 이론을 도입할 필요성을 느끼지 못했기 때문에 부정론이 대세가 된 것으로 생각된다.

Ⅲ. 가벌성이 탈락되는 경우의 해석상 논의

객관적 귀속의 효과로서 가벌성이 탈락되는 경우를 검토해 볼 필요가 있다. 미수범처벌 규정이 있는 경우를 제외하면 객관적 귀속이 부정되는 경우 가벌성이 탈락된다. 이 때 객관적 귀속의 부정에 의해 가벌성이 탈락되는 경우는 행위반가치가 결여된 경우이다.

구체적으로는 정범가운데에서는 고의범에서 가벌성이 탈락되는 경우와 과실범에서 가벌성이 탈락되는 경우가 있다. 또한 협의의 공범인 교사범과 방조범의 행위와 정범결과와의 객관적 귀속이 부정되어 가벌성이 탈락되는 경우가 있다. 이에 대하여 자세히 살펴보기로 한다.

1. 고의범

고의범에서 객관적 귀속이 탈락되는 경우는 법적으로 허용된 위험이 창출된 경우를 들 수 있다.

객관적 귀속이 부정되어 고의범의 행위반가치 자체가 탈락되는 사례로는 위험감소의 사례와 경미한 위험행위의 사례를 대표적으로 들 수 있다. 우선 위험감소의 사례로는 높은 빌딩에서 돌이 피해자의 머리위로 떨어지는 것을 보고 행위자를 밀어 어깨에 맞도록 하여 상해만을 입힌 경우나 자살하려는 피해자를

---

37) 井田 良, 前揭書, 46頁 以下 參照 (井田 교수는 객관적 귀속이론의 기준척도의 사례로 쓰이는 안전도가 낮은 전세기를 타게 하는 행위, 딱딱한 음식을 권하는 행위 라든가 일반택시에 태우는 행위등은 일정한 위험을 수반하는 행위이지만 살인의 고의가 있다고 해서 살인죄의 실행행위성을 인정하는 것은 불가능하다는 것을 사례로 들고 있다).

난간에서 간신히 끌어올려 상해만을 입힌 경우가 대표적인 사례이다.

한편 경미한 위험행위의 경우에는 역시 행위반가치가 부정된다. 이러한 사례로는 살인의 고의로서 벼락이 칠 것을 예상하여 폭풍우속에 숲속으로 하인을 보내는 행위, 숙부에게 가격이 싸고 안전도가 낮은 비행기를 타게 하는 행위 등이 해당된다.

이 경우의 객관적 귀속의 척도가 문제될 수 있는 것은 다른 범죄성립 배제사유와의 중첩가능성이다. 즉 고의의 존재여부가 문제될 수 있다. 구체적으로 사례를 검토하면 위험감소의 사례의 경우에는 주관적 구성요건으로서의 고의와 책임고의를 인정하는 현행 형법에서의 고의의 이중적 기능을 고려해 보았을 때, 행위자의 의사결정이 법적으로 비난받을 수 있는 심정에 기인한 것이 아니다. 결국 법적대적 의사가 없음을 의미한다. 따라서 책임고의가 탈락될 수 있다. 이는 책임조각사유와 객관적 귀속의 충돌의 문제가 발생함을 의미한다.

한편 경미한 위험행위의 경우에는 형법상의 행위성은 인정되었다 할지라도 범죄행의의 실행의 착수가 있었느냐가 문제될 수 있다. 행위의 위험성을 규정하는 객관적 요소도 행위반가치의 내용으로 파악하는 것이 타당하기 때문이다.[38] 실행의 착수에 관한 다수설인 주관적 객관설에 의한다면 행위의 객체에 대한 직접적 위험이 없다고 볼 수 있다. 그렇다면 이러한 위험행위는 구성요건상의 실행의 착수라는 심사단계에서 범죄의 성립이 조각된다고 보아야 한다. 즉 형법상의 행위성은 인정되지만 구성요건해당성 심사단계에서 탈락되는 결과가 발생한다. 여기서 실행의 착수행위는 없다고 보아야 한다. 이는 구성요건해당성배제사유와의 충돌의 문제가 발생함을 의미한다.

2. 과실범

과실범에서 객관적 귀속이 부정되어 행위반가치가 탈락되는 경우로는 법적으로 허용된 위험이 창출된 경우와 창출된 위험이 구체적으로 실현되지 않은 경우 및 규범의 보호목적을 벗어난 경우를 들 수 있다.

38) 이재상, 앞의 책(총론), §9/14.

이러한 과실범에서는 첫 번째로, 객관적 귀속의 척도와 객관적 구성요건해당성 심사 기준인 신뢰의 원칙과 허용된 위험과의 차이 및 구분이 중요한 논제가 된다. 또한 두 번째로, 위법성조각사유인 피해자의 승낙(추정적 승낙) 및 형법 제20조 정당행위와 객관적 귀속 척도와의 구분등도 중요한 논제가 된다.

가. 객관적 귀속의 구체적 척도

(1) 법적으로 허용된 위험의 창출

과실범의 행위 결과가 법적으로 허용된 위험이 창출되면 행위반가치가 탈락되어 객관적 귀속이 부정될 수 있다. 가령 도로교통운전행위를 예로 든다면 교통법규를 잘 준수하며 운행하던 운전자의 앞으로 갑자기 한 보행자가 달려들어 죽음을 당한 경우이다. 이때 그것이 객관적으로 회피불가능한 상황이었던 경우에 법적 평가기준을 적용시켰을 때 결과가 운전자의 행위의 적법성을 변경시킬 수 없으므로 객관적 귀속은 부정되어 업무상 과실치사죄는 성립하지 않는다.

(2) 창출된 위험이 구체적으로 실현되지 않은 경우

한편 과실범의 행위자에 의해 창출된 위험이 구체적으로 구성요건결과에 사실상 실현되어야만 결과에 대한 객관적 귀속이 가능하다.

가령 적법한 대체행위가 있더라도 같은 결과가 발생할 수 밖에 없었던 경우는 행위반가치가 탈락되어 객관적 귀속이 부정된다. 예를 들어 운전행위도중에 과실로서 바퀴 한쪽을 도로중앙선 위에 살짝 걸친 상태로 운행하였는데, 피해자의 승용차가 마주 달려오다가 피하기 위해 차선을 변경하는 과정에서 안전거리를 유지하지 않고 바짝 뒤따라오는 다른 차량과 충돌한 사고의 경우에 바퀴를 중앙선 위에 살짝 거치지 않고 정상적으로 운행하였더라도 안전거리를 미확보하였기 때문에 다른 차량과 충돌할 수 밖에 없었던 경우는 행위자에게 업무상 과실치사죄의 결과에 대한 객관적 귀속이 부정된다.

(3) 규범의 보호목적을 벗어난 경우

과실범의 행위에 대해 법익보호의 조치를 취하는 구성요건의 임무의 범위를 벗어난 경우는 행위반가치가 탈락되어 객관적 귀속이 부정될 수 있다. 예를 들어 갑과 을이 함께 술을 마신 뒤 술김에 오토바이 경주를 하고 있는 도중에 복잡한 도로에서 벌어진 두 사람만의 경기에서 을이 자기 실수로 넘어져 바닥에 머리를 부딪친 후 그 자리에서 사망한 경우가 그 예이다.

독일연방최고법원은 갑에게 과실치사죄의 유죄판결을 내렸다.[39] 그러나 이 경우에는 사건의 구체적 사정에 의하여서만 갑이 을의 사망에 대하여 예견가능하고 회피가 가능하였다는 사실을 인지해야 한다. 그렇다면 을은 완전한 책임능력을 갖춘 전제하에서 자기의 의지로 술을 마셨고 오토바이 경주의 위험을 충분히 통찰할 수 있었기 때문에 발생 결과는 규범의 보호목적에 포함되지 않아 객관적 귀속이 부정된다고 볼 수 있다.[40]

비슷한 사례로서 갑과 을이 서로 담력을 시험하기로 하고 아직 얼음이 제대로 얼지 않은 강을 건너가기로 하였는데, 얼음이 깨지면서 을이 익사한 경우도 을 자신의 자발적인 행위를 통해 야기된 것이므로 사망의 결과는 갑에게 객관적으로 귀속될 수 없다.[41] 역시 마찬가지로 악천후 속에 메멜강을 건너달라고 고집을 부리자 할 수 없이 사공이 모험을 강행하기로 하고 배를 띄었으나 도중에 배가 뒤집혀 승객이 익사한 경우,[42] 만취한 친구가 운전하려고 하자 그 사실을 알면서 태워달라고 간청하여 가는 도중 차가 추락하여 동승자가 사망한 경우, 경찰관 갑이 실수로 자동차의 계기판 위에 놓아둔 총을 가지고 내연의 관계에 있는 을이 자살한 경우[43]에 모두 규범의 보호목적의 범위를 일탈한 것을 이유로 하여 객관적 귀속을 부정하는 것이 가능하다.

나. 구성요건해당성배제사유와의 충돌

한편 과실범의 경우는 객관적 귀속의 척도와 과실범의 구성요건요소인 객관적 주의의무위반을 제한하여 구성요건해당성을 배제하는 기준인 허용된 위험과 신뢰의 원칙[44]과의 충돌이 중요한 문제로 대두한다. 이는 과실범에 있어서의 구

---

39) BGHSt 7, 112ff (독일연방법원은 이 사례를 피해자의 승낙이론을 끌어와서 설명하고 있다).

40) 김일수/서보학, 앞의 책(총론), 178면; 이재상, 앞의 책(총론), §11/50.

41) 류전철, 피해자학적 형법이론과 객관적 귀속기준, 피해자학연구 제17권 제1호, 2009. 4, 89면.

42) RGHSt 57, 172 (다만 독일제국법원은 이 사례를 객관적 귀속부정이 아닌 위험인수에 의한 피해자의 승낙으로 해결하고자 한다).

43) BGHSt 24, 342 (Polizeipistolen−Fall, 다만 독일연방법원은 이 경우에도 객관적 귀속이 아닌 자살방조가 불가벌이라는 이유 즉 구성요건해당성 조각을 논거로 가져와 설명하고 있다).

44) 신뢰의 원칙은 허용된 위험의 특수한 사례이자 법리를 구체화 한 것이며, 객관적 주의의무위반

성요건으로서 과실범을 특징지워주는 본질적인 표지인 객관적 주의의무위반의 역할과 지위에 변화를 가져오게 하는 한도에서 특히 중요하게 작용한다.

즉 과실범의 구성요건해당성을 특징지워주는 객관적 주의의무위반[45]은 구성요건요소가 아니라 객관적 주의의무위반이 법적으로 허용된 위험을 창출하였는가의 여부를 판단하는 단지 고의범과 과실범 모두에 공통되는 객관적 귀속의 하나의 척도로서 작용할 뿐이라는 견해[46]이다. 또한 최근에는 과실범의 불법구성요건으로서의 주의의무위반 전체에 관한 판단을 객관적 귀속의 판단척도인 허용된 위험이나 규범의 보호목적과 관련지어 순수한 객관적 귀속 판단의 문제로 보는 견해[47]도 등장하였다.

만약 이러한 견해에 의한다면 객관적 귀속판단의 척도로서 자리매김하여 객관적 귀속이 탈락되어 행위반가치성이 부정된 과실행위가 다시한번 구성요건해당성 판단단계에서 불법성을 결정짓는 판단의 척도인 구성요건요소로 작용한다는 것이 되고 이는 기능의 중복에 의한 충돌에 해당한다.[48]

결국 과실범의 불법구성요건해당성 배제사유로서 작용하는 허용된 위험이나 신뢰의 원칙은 이를 구성요건해당성배제사유로 보는 한은 객관적 귀속의 척도와 비교해 보았을 때 판단순서면에서 객관적 귀속의 척도보다 심사 순서면에서 먼저 판단하거나 다시 나중에 재판단할 가능성이 존재하게 된다. 따라서 기능의 중복이라는 비난은 피할 수 없다고 볼 수 있다.

한편 피해자가 주의의무위반행위와 그로 인한 자기위태화에 대하여 승낙한

을 제한해 주는 역할을 하는 것으로 이해된다. 따라서 그 체계적 지위는 허용된 위험과 같다(김일수/서보학, 앞의 책(총론), 457면; 이재상, 앞의 책(총론), §14/23; 임웅, 앞의 책(총론), 497면).

45) 객관적 주의의무위반은 결과발생예견가능성과 결과발생회피가능성을 내용의 요소로 한다. 특히 객관적 주의의무위반과 결과발생예견가능성과의 관계에 대해서는 김성돈, 과실개념에서 주의의무위반성과 예견가능성 －그 관계 및 판단척도를 중심으로－, 형사정책연구 통권 제24호, 1995 겨울, 154면 이하 참조.

46) 김성돈, 앞의 논문, 168면; 김일수, 한국형법Ⅱ, 박영사, 1996, 389면; 이호중, 과실범의 예견가능성, 형사법연구 제11호, 1999, 73면 이하; 조상제, 과실범론의 체계적 재구성, 고시계 1995. 10, 116면; Roxin Claus, Strafrecht Allgemeiner Teil Ⅰ, 3. Aulage., 1997, §24 Rn. 10ff.

47) 박상기, 앞의 책(총론), 275면 이하 참조.

48) 김성돈, 앞의 논문, 166면; 김일수/서보학, 앞의 책(총론), 441면; 이용식, 과실범이론의 변화에 관하여 －과실의 개념내용－, 현대형법이론 Ⅰ, 박영사, 2008, 108면; 이호중, 앞의 논문 71면 이하 참조.

경우에 앞의 사례에서 제시한 객관적 귀속의 척도중의 하나인 규범의 보호목적과 불법구성요건해당성배제사유인 피해자의 양해와의 구분도 중요한 문제로 부각될 수 있다.

다. 위법성조각사유와의 충돌

또한 객관적 귀속의 척도와 위법성조각사유와의 충돌도 가능하다. 위법성조각사유의 하나인 피해자의 승낙과의 구분이 그 중심이며, 구성요건해당성조각사유로서 작용하는 허용된 위험이나 신뢰의 원칙의 체계적 지위를 위법성조각사유로 본다면 역시 같은 문제가 발생하게 된다.[49]

첫 번째로, 피해자의 승낙이 객관적 귀속의 척도와 맞물려 위법성조각 단계에서 문제되는 경우는 추정적 승낙의 사례를 들 수 있다. 객관적 귀속의 척도인 규범의 보호목적과 추정적 승낙과의 구분의 문제이다. 가령 의사가 사고현장에서 불충분한 의료수단으로 중상자를 일단 수술한 경우라든가 조종사가 착륙예정지인 공항이 악천후로 인하여 사용이 불가능하게 되자 활주로가 짧은 간이착륙장을 이용하는 경우 등을 예로 들 수 있다.[50]

한편 위법성조각사유와 객관적 귀속의 척도가 충돌하는 두 번째로, 형법 제20조 "기타 사회상규에 반하지 않는 행위"와 관련하여서도 검토할 필요가 있다. 객관적 귀속의 구체적 척도의 모든 경우는 법익의 균형성과 목적과 수단의 상당성을 고려해 보았을 때 사회상규에 반하지 않는 행위로서 위법성이 조각될 가능성이 있는 지가 반드시 검토되어야 하는 사례에 포함되기 때문이다.

3. 협의의 공범

한편 객관적 귀속의 판단척도의 심사와 관련하여 협의의 공범인 교사범과

---

49) 현재 허용된 위험의 체계적 지위에 관해서는 독자적 기능부인설 (박상기, 앞의 책(총론), 284면; 배종대, 앞의 책(총론), §156/18)과 구성요건해당성배제설 (김일수/서보학, 앞의 책(총론), 455면; 단 김일수/서보학교수는 애당초 위험한 행위로 금지되어 있지만 이익교량의 관점에서 예외적으로 허용되는 경우로 보아야 할 경우는 형법 제20조 정당행위중 '기타 사회상규에 위배되지 아니하는 행위' 에 속하는 위법성조각사유로 본다) 및 위법성조각사유설 (차용석, 형법총론강의, 고시연구사, 1988, 522면; 허일태, 앞의 논문, 81면이하)의 대립이 있다.

50) 김일수/서보학, 앞의 책(총론), 463면.

방조범의 가벌성이 탈락되어 행위반가치가 탈락되는 경우가 문제된다.

가. 적용범위

교사범이나 방조범의 처벌근거는 정범을 타락시켜 정범을 범죄와 형벌로 끌어들였다는 가담설(특히 책임가담설)[51]과 정범의 실행행위를 통해서 간접적으로 법익침해라는 결과의 발생을 야기하는 데에 있다는 야기설(특히 다수설인 종속적 야기설)[52]의 대립이 있다.

이러한 대립은 공범의 행위를 판단함에 있어서도 정범의 실행행위와의 관련성에서 공범의 행위성을 판단하는 1단계의 심사단계와 정범의 구성요건적 결과와의 관련 하에 인과관계를 판단하는 2단계의 심사단계로 나누어서 판단하게 된다.

협의의 공범에서 객관적 귀속이 문제되는 경우는 2단계 심사단계인 구성요건적 결과와의 관련성하의 인과관계 판단단계이다.[53] 공범의 처벌근거와 관련한 가담설과 연결되는 1단계의 심사단계에서는 정범의 실행행위를 방조의 결과로 보는 경우이다. 이러한 교사 및 방조행위와 정범의 실행행위는 객관적 귀속의 판단대상이 아니다. 즉 정범의 결과와 교사 및 방조행위의 결과를 서로 다르게 평가하는 경우이다. 정범의 실행의 착수만 있으면 인과관계의 존재를 전제로 하여 협의의 공범의 결과는 발생한 것이 된다. 정범이 미수에 그친 경우에도 공범의 미수는 존재할 수 없게 된다.[54] 따라서 1단계의 판단은 협의의 공범의 범죄주체성을 결정짓는 구성요건상의 내용의 판단단계로 보아야 한다.[55]

한편 2단계의 심사단계에서는 공범의 처벌근거와 관련된 야기설과 연결되는

---

51) 신동운, 앞의 책(총론), 601면; 오영근, 앞의 책(총론), §34/33; 가담설에 따르면 방조범의 처벌근거를 설명하기 곤란하다는 단점이 있다.

52) 박상기, 앞의 책(총론), 373면; 배종대, 앞의 책(총론), §128/18; 이재상, 앞의 책(총론), §32/49; 이정원, 형법총론(제3판), 법지사, 2004, 331면; 이형국, 앞의 책(총론), 271면.

53) 김봉수, 방조에서의 「결과」개념과 인과관계 판단 －공범의 처벌근거를 통한 방조의 결과개념 도출－, 형사법연구 제20권 제2호, 2008, 42면.

54) 다만 교사범의 경우에 교사행위와 정범의 실행행위가 인과관계가 없는 경우 즉 정범인 피교사자가 범죄의 실행을 승낙조차 하지 않은 경우에도 교사자만을 예비·음모에 준하여 처벌할 수 있다는 점에서 교사범은 방조범과 구분되는 특징이 있다.

55) 이는 간첩에게 단순한 숙식을 제공한다든지 무전기를 매몰하는 행위를 도와준 경우에 이러한 숙식제공등의 행위는 간첩의 실행행위를 용이하게 한 것이 아니라고 보는 판례의 태도에서도 공범의 행위와 결과를 구분하는 태도는 나타난다 (대법원 1986. 2. 25. 선고 85도2533 판결).

단계이다. 정범의 행위가 아닌 정범의 구성요건적 결과인 법익의 침해를 공범의 결과로 본다면 중지미수를 포함한 공범의 미수를 인정하는 것이 가능하고 이는 커다란 의미가 있다.

만약 공범의 행위와 정범의 행위사이에 인과관계가 없으면 교사범의 경우 예비 또는 음모죄의 처벌규정이 있는 경우에는 행위반가치위반을 중시하여 예비 또는 음모죄로 처벌할 수 있다.[56] 그러나 방조범의 경우에는 방조행위와 정범의 행위와의 어떠한 관련성도 인정할 수 없기 때문에 방조의 미수를 처벌하는 규정이 없는 한은 불가벌이다.

이하에서는 방조범을 중심으로 하여 2단계의 심사단계에서 구성요건적 결과와 방조 사이에서의 객관적 귀속의 필요성여부를 살펴보기로 한다.

나. 객관적 귀속에 의한 해결

이 설[57]은 방조행위와 정범의 결과사이의 인과관계의 요구를 포기하고 오로지 법적으로 허용된 위험의 창출이라는 객관적 귀속의 척도에 의해서만 결과귀속여부를 판단한다. 즉 인과관계를 심사대상에서 제외하고 허용되지 않은 위험의 창출만을 요구하고 있기 때문에 비인과적 위험증대설[58]이라고도 한다.

이 견해에 의하면 방조행위와 정범결과사이의 인과관계판단을 필요로 하지 않기 때문에 많은 경우의 방조범을 그 행위와 정범결과와의 허용된 위험의 창출이라는 객관적 귀속의 척도에 의해 불가벌로 평가할 수 있다.[59]

따라서 정범행위의 성공을 높여주는 데 기여하지 않은 행위는 법적으로 허용된 위험을 창출한 행위이고, 만약 정범이 방조자의 방조행위가 아닌 제3자의 도움을 받아서 범행의 결과를 발생시키는 것이 가능했더라면 방조행위는 불가벌인 것이다.

---

56) 물론 교사행위와 정범의 결과사이에 인과관계가 없는 경우는 미수범처벌 규정이 있는 경우에 한하여 교사의 미수를 처벌할 수 있는 가능성이 열려있다.

57) Schaffstein Friedrich, Die Risikoerhöhung als objektives Zurechnungsprinzip im Strafrecht, insbesondere bei der Beihilfe, Festschrift für Richard Honig, 1970, S. 170ff, 182.

58) 이재상, 앞의 책(총론), §35/10 참조.

59) Roxin Claus, “Was ist Beihilfe?” Festschrift für Koichi Miyazawa. Baden－Baden, 1995, S. 510.

다. 인과관계에 의한 해결

(1) 통상적 인과관계설

통상적 인과관계설[60]은 결과야기설이라고도 한다. 이에 의하면 객관적 귀속척도의 활용을 포기하고 방조범과 정범결과와의 인과관계를 확정한다. 즉 방조행위가 정범의 결과발생에 의한 법익침해를 강화한 데에 대하여 합법칙적 조건관계가 있거나 상당인과관계만 있으면 인과관계는 충족된 것으로 본다.

(2) 수정된 인과관계설

수정된 인과관계설[61]에 의하면 역시 객관적 귀속척도를 활용하지 않고서도 정범결과와 방조범의 인과관계를 조금 완화된 수정된 형태로서 방조범에게 특별한 형태의 인과관계를 인정할 수 있다. 즉 행위의 방법이나 수단에 영향을 준 자는 결과에 대하여도 인과관계가 인정된다고 보는 것이다. 이는 방조범이 단순히 부가적으로 결과에 공동으로 작용했다는 것으로 족하다고 본다.

이 설에 의하면 절도범에게 여벌의 열쇠를 준 사람은 정범이 문이 열려있어서 이를 사용하지 않고 출입했거나, 열쇠를 줌으로서 범행결의가 강화되지 않았다고 할지라도 인과관계를 긍정한다.

(3) 객관적 귀속척도의 부가적 필요설

이 설[62]에 의하면 방조행위와 정범의 범행결과와의 사이에 인과관계를 유지하면서, 방조행위에 의해 창출된 위험이 결과발생에 연결되어서 객관적 귀속의 한 척도인 법적으로 허용된 위험의 창출이 있는 경우에는 객관적 귀속이 부정

---

60) 배종대, 앞의 책(총론), §146/8; 이재상, 앞의 책(총론), §35/11; 이형국, 앞의 책(총론), 317면; 임웅, 앞의 책(총론), 461면; Samson에 의하여 주장되고 있는 이론, 즉 방조행위와 정범결과와의 인과관계를 조건설에 의한 공식이 아닌 정범의 범행실행을 용이하게 해 주어 어떤 식으로든 결과발생에 기여했다는 합법칙적 관련성의 관점에서 이해하고 있는 강화원리(Intensivierungsprinzip) 및 인수원리(Übernahmeprinzip)도 통상적 인과관계설에 입각하고 있는 견해로서 파악된다(Samson Erich, Hypothetische Kausalverläufe im Strafrecht. Zugleich ein Beitrag zur Kausalität der Beihilfe, 1972, S. 74, 160ff).

61) 수정된 인과관계설의 대표적 주장자는 Mezger와 Claß가 대표적이다; 수정된 인과관계설에 관한 비판은 행위의 양상까지도 결과에 포함시켜버리므로 행위와 논리적으로 구별되는 결과라는 개념의 의미상실이 발생한다는 지적이 있다 (이용식, 무형적・정신적 방조행위의 인과관계, 형사판례연구 9, 2001, 222면이하 참조).

62) 김일수/서보학, 앞의 책(총론), 650면; 박상기, 앞의 책(총론), 457면; 신동운, 앞의 책(총론), 638면; 정성근/박광민, 앞의 책(총론), 583면; Roxin Claus, “Was ist Beihilfe?”, S. 509ff.

되어 행위반가치가 결여되어 가벌성이 탈락된다고 한다. 인과관계와 함께 객관적 귀속의 척도를 부가적으로 요구하고 있는 이론이라는 점에서 인과적 위험증대설이라고도 한다.

즉 정범의 범행에 대하여 영향을 미치는 인과관계가 있는 조건들이라고 하더라도 결과발생을 가능하게 하거나 강화시켜 주는 등 법익침해라고 하는 결과의 발생을 상황적으로 유리하게 만들어 주는 평가가 있는 경우만 방조범의 성립과 처벌이 가능하다고 본다. 인과관계는 결과귀속에 있어서 충분조건은 될 수 없으므로 법적으로 허용되지 않는 결과발생의 위험을 증가시킨 행위만이 귀속된다는 객관적 귀속이론의 일반원칙을 보충하여 정범의 결과발생에 객관적으로 귀속된 행위만을 방조행위로서 인정하고 평가해야만 한다고 한다.

4. 小 結

위에서 객관적 귀속의 효과로서 가벌성이 탈락되는 경우의 해석에 관하여 살펴보았다. 그 결과 객관적 귀속은 고의범과 과실범, 그리고 협의의 공범인 방조범의 행위반가치가 탈락되는 경우의 해석에 있어서 기존의 범죄체계론상의 심사기준인 인과관계에 의한 심사기준 및 구성요건해당성심사기준, 위법성조각사유의 심사기준 그리고 책임조각사유의 심사기준과의 충돌이 발생함을 알 수 있다.

그리고 아울러 이러한 기존의 심사기준에 의한 대체가 충분히 가능하다는 사실을 발견할 수 있었다. 이러한 발견의 결과를 도표로서 제시하면 다음과 같다.

〈표 1〉 가벌성이 탈락되는 경우의 기존 심사기준과의 충돌과 대체가능성

	현행 객관적 귀속의 척도	기존 심사기준으로의 대체가능성
고의범	위험감소, 경미한 위험행위	① 책임조각사유로서 책임고의 탈락으로 대체. ② 구성요건해당성배제사유로서 실행의 착수행위 탈락으로 대체.
과실범	법적으로 허용된 위험의 창출, 창출된 위험의 구체적 불실현, 규범의 보호목적 초과	① 구성요건해당성배제사유로서 허용된 위험과 신뢰의 원칙 및 피해자의 양해 심사로서 대체. ② 위법성조각사유로서 피해자의 승낙(추정적 승낙) 및 형법 제20조 정당행위 심사로서 대체.
방조범	법적으로 허용된 위험의 창출	① 기존의 인과관계론에 의한 해결로서 대체.

Ⅳ. 맺음말

이상에서 현행 형법에서 객관적 귀속에 관한 의문점에 관하여 인정여부에 관한 논의를 시작으로 하여 가벌성이 탈락되는 효과를 가져오는 경우에 그에 따른 해석의 전개를 통하여 객관적 귀속의 필요성, 그리고 심사기준의 충돌에 따른 형법학의 기존 범죄체계내에서의 다른 대체적 해결가능성에 대하여 살펴보았다.

그 결과 현행 형법학내에서 객관적 귀속은 가벌성이 탈락하는 경우, 즉 행위반가치가 탈락되는 경우의 해석에 관하여 객관적 귀속이라는 용어를 굳이 채택하지 않고도 지금까지 연구가 정착된 기존의 범죄론체계내에서의 다른 심사기준에 의한 해석에 의해서도 충분히 대체적 해결이 가능함을 발견할 수 있었다.

구체적으로는 첫 번째로, 고의범의 경우는 책임조각사유와의 충돌에 의한 책임고의 탈락과 구성요건해당성배제사유와의 충돌에 의한 실행의 착수행위탈락, 두 번째로, 과실범의 경우는 구성요건해당성배제사유와의 충돌에 의한 허용된 위험과 신뢰의 원칙 및 피해자의 양해심사로서 대체가 가능하였고, 위법성조각사유와의 충돌에 의한 피해자의 승낙(추정적 승낙) 및 형법 제20조 정당행위 심사로서 대체가 가능하였다. 마지막으로, 협의의 공범인 방조범의 경우는 기존의

인과관계론에 의한 해결이 가능하였다.

객관적 귀속은 그 탄생배경이 형법상의 인과관계확정을 규범적으로 뒷받침하기 위한 것임을 명심해야 한다. 그렇다면 이러한 객관적 귀속은 현행 형법 제17조의 인과관계규정의 해석의 방법에 포함되고 그러한 범위내에서 그 효과도 매우 좁게 한정하는 것이 옳다고 본다. 그렇지 않고 무리하게 기존 형법상의 범죄체계내의 범죄성립 심사기준으로 밀고 들어와 객관적 귀속이라는 용어가 범죄성립체계의 3요소를 마음대로 활보한다면 심사기준의 충돌과 중복에 의한 이해와 형법상의 체계균형에 의한 혼란이 발생하게 된다.

또한 불필요한 심사를 중복해서 수행한다면 어느 요소의 탈락에 의해 범죄의 성립이 문제되는 지에 대한 혼란을 초래하게 된다. 이는 장기적으로 논리를 생명으로 하는 형법학에서 죄형법정주의의 파생원칙중의 하나인 명확성의 원칙과 형법의 보장적 기능의 침해로 이어질 가능성도 배제할 수 없다.

참고문헌

■ 국내문헌

김성돈, 과실개념에서 주의의무위반성과 예견가능성 －그 관계 및 판단척도를 중심으로－, 형사정책연구 통권 제24호, 1995 겨울.

______, 인과관계판단과 과실판단의 분리, 형사판례연구 11, 2003.

______, 형법총론, 성균관대학교 출판부, 2009.

김봉수, 방조에서의 「결과」 개념과 인과관계 판단 －공범의 처벌근거를 통한 방조의 결과개념 도출－, 형사법연구 제20권 제2호, 2008.

김일수/서보학, 새로 쓴 형법총론(제11판), 박영사, 2008.

김일수, 한국형법Ⅱ, 박영사, 1996

김종구, 객관적귀속론과 영미법상 법적 인과관계, 형사법연구 제21권 제4호, 2009 겨울.

김호기, 형법학에서의 인과관계의 의미와 객관적 귀속론, 형사법연구 제26호 특집호, 2006 겨울.

류전철, 피해자학적 형법이론과 객관적 귀속기준, 피해자학연구 제17권 제1호, 2009.

박상기, 형법총론(제8판), 박영사, 2009.

배종대, 형법총론(제9개정판), 홍문사, 2008.

서철원, 미국형법, 법원사, 2005.

손동권, 형법총론(제2전정판), 율곡출판사, 2005.

신동운, 형법총론(제4판), 법문사, 2009.

오영근, 형법총론(제2판), 박영사, 2009.

이승호, 복수의 행위가 개입된 인과과정에서의 인과관계확정, 유일당오선주교수정년기념논문집, 형설출판사, 2001.

이용식, 객관적 귀속이론의 규범론적 의미와 구체적 내용, 현대형법이론 Ⅰ, 박영사, 2008.

______, 과실범이론의 변화에 관하여 －과실의 개념내용－, 현대형법이론 Ⅰ, 박영사, 2008.

______, 무형적 · 정신적 방조행위의 인과관계, 형사판례연구 9, 2001

이재상, 형법총론(제6판), 박영사, 2008.

이정원, 형법총론(제3판), 법지사, 2004.

이형국, 형법총론(제4판), 법문사, 2007.

이호중, 과실범의 예견가능성, 형사법연구 제11호, 1999.

임웅, 형법총론(개정판), 법문사, 2002.

정성근/박광민, 형법총론(제4판), 삼지원, 2008.

조상제, 과실범론의 체계적 재구성, 고시계 1995. 10.

중국형사법, 법무부, 2008. 3

진계호/이존걸, 형법총론(제8판), 대왕사, 2007.

차용석, 형법총론강의, 고시연구사, 1988.

허일태, 객관적 귀속이론에 있어서 허용된 위험의 법리, 유일당오선주교수정년기념논문집, 형설출판사, 2001.

■ 외국문헌

Frisch, Wolfgang, Tatbestandsmäßiges Verhalten und Zurechnung des Erfolgs, Heidelberg, 1988.

Hirsch Hans Joachim, Die Entwicklung der Strafrechtsdogmatik nach Welzel, in: Festschrift der Rechtswissenschaftliche Fakultät zur 600－Jahr－Feier der Universität zu Köln, 1988.

Honig Richard, Kausalität und objektive Zurechnung, Festgabe für Reinhard von Frank zum 70. Geburtstag, Band Ⅰ, 1930.

Kaufmann, Armin, “Objektive Zurechnung” beim Vorsatz delikt?, in: Festschrift für Hans Heinrich Jescheck. Berlin, 1985.

Puppe, Ingeborg, Die Beziehung zwischen Sorgfaltswidrigkeit und Erfolg bei den Fahrlässigkeitsdelikten, ZStW 1987.

______, Die adäquate Kausalität und der Schutzzweck der Sorgfaltsnorm, in: Festschrift für Günter Bemmann, 1997.

Roxin Claus, Pflichtwidrichkeit und Erfolg bei fahrlässigen Delikten, ZStW 74, 1962.

______, Strafrecht Allgemeiner Teil Ⅰ, 3. Aulage., 1997.

______, “Was ist Beihilfe?” Festschrift für Koichi Miyazawa. Baden－Baden, 1995.

Samson Erich, Hypothetische Kausalverläufe im Strafrecht, Zugleich ein Beitrag zur Kausalität der Beihilfe, Frankfurt/Main 1972.

Schaffstein Friedrich, Die Risikoerhöhung als objektives Zurechnungsprinzip im Strafrecht, insbesondere bei der Beihilfe, Festschrift für Richard Honig, 1970.

Schmidhäuser Eberhard, Strafrecht Allgemeiner Teil, 2. Auflage, Tübingen 1975.

浅田和茂, 刑法總論, 成文堂, 2005.

井田 良, 刑法總論の理論構造, 成文堂, 2005.

______,「犯罪論と刑事法学の歩み－戦後50年の回顧と展望」, 法教179号, 1995.

岡野光雄, 刑法要說総論, 成文堂, 2001.

刑法判例百選Ⅰ, 総論(第6版), 西田典之・山口厚・佐伯仁志 編, 有斐閣, 2008.

小林憲太郎,「いわゆる『一般的生活危険』について」千葉大学法学論集 16巻3号, 2001.

斎藤信宰, 刑法講義 (總論) 第3版, 成文堂, 2001.

鈴木左斗志, 因果関係論, 法教261号, 2002, 同 262号, 2002.

大審院, 最高裁判刑事判例集 1巻, 4巻3号, 25巻4号.

林陽一, 刑法における因果関係理論, 成文堂, 2000.

03

기능적 행위지배의 '계속적 영향력'과 범행단계와의 관계*

이 수 진**

Ⅰ. 서 론

공동정범은 2인 이상이 공동하여 기능적으로 즉 부분적 분담을 통해 범행을 지배한다는 점에서 단독으로 행위지배를 하는 단독정범과 구별되고, 2인 이상이 어떤 방식으로든 범행지배를 한다는 점에서 의사를 지배하여 행위자를 도구로 이용하여 범행을 지배하는 간접정범과도 구별된다. 또한 1인만으로도 실현가능한 범죄유형을 수인의 참가로 완성한다는 점에서 반드시 수인에 의한 구성요건 실현을 요하는 필요적 공범과도 다르고 다수가 '현장에서'라는 현장성이 제약을 받지 않는다는 점에서 합동범과도 달리 봐야 한다. 이러한 공동정범을 위한 정범성 표지를 '기능적 행위지배'라 한다.

---

* 이 논문은 제176회 영남형사판례연구회(2016.2.15.)에서 발표되고, 많은 수정과 보완을 거쳐 형사법연구 제28권 제2호(2016)에 게재되었음.

** 부산대학교 법학연구소 전임연구원, 법학박사.

실행지배를 요하는 단독정범 그리고 의사지배를 요하는 간접정범과 구분하고 있는 것은 Roxin에 의한 작업이고, 다수학자는 이러한 유형별 정범성의 구체화 표지에 따르고 있다. 그러면서도 구체적인 행위지배의 해석에 있어서는 견해를 달리하기도 한다. 특히 공동정범에 관해서는 뚜렷한 견해대립이 있어 정범의 성립범주가 각각 다양하게 이해되고 있다. 이는 Roxin의 기능적 행위지배가 가지는 개방적 성격의 영향이다. 이러한 공동정범의 인정을 위한 논의 중 특히 Roxin의 입장과 뚜렷한 차이를 보이는 범행단계와의 관계에서 정범성립여부를 달리보는 입장에는 어떤 것이 있는지 확인하고 이들 견해가 제시하고 있는 차이점이 가지는 의미를 검토한 후 무엇이 현행 우리 형법해석에 더 합당한지를 확인하고자 한다. 물론 오늘날 공동정범의 성립범위 확장의 입장이 이미 대다수를 이룬다는 평도 있다.[1] 그러나 여전히 예비단계에서의 기여행위가 형법 제30조 '공동하여'라는 개념으로 이해할 수 없다는 법적안정성의 관점에서의 비판 또는 명확한 기준제시가 안된다는 관점에서의 반대입장도 지속적으로 논의되고 있다. 그런 의미에서 그 근간을 이루는 Roxin의 견해에 대한 확실한 분석과 진정한 기능적 행위지배의 이해는 다시 한 번 검토될 만하다."

이러한 과정에서 확장된 공동정범의 대표적 형태인 '공모'공동정범의 논의가 등장할 수 있는데, 필자는 '공동정범'이라는 용어의 사용은 공동정범이 가능한 범 주로 이해하면 되고, 이러한 범주에 포함된다면 굳이 '공모'라는 표현을 사용하여 혼란을 불러일으키는 것은 잘못이라 생각한다.[2] 또한 여기서 확인하고자 하는 공동정범 표지인 기능적 행위지배와 범행단계와의 '관계'라는 논점에서 벗어나 있으므로 '공모'공동정범 관련내용은 논외로 하고 공동정범을 설명하기 위한 기준설정에 제한하여 검토하겠다.

이를 위하여 우선 공동정범의 정범성 표지로 제시되고 있는 기능적 행위지배[3]를 어떻게 해석하고 이해할지에 대한 논쟁들을 검토하고 각각의 특징을 확인

1) 이원경, "판례에 나타난 공동정범의 정범성 판단기준", 형사법연구 제26권 3호, 2014. 11면 이하 참조.

2) 이수진, "공동정범에서 정범성립요건", 법학연구 제56권 3호, 2015, 141면 이하 참조.

3) 이러한 입장에 대해서는 다수견해가 동의하고 있으므로 공동정범의 정범성 기준에 대한 별도의 논의는 하지 않겠다.

한다. 이러한 논쟁 중 설득력 있고 타당한 입장을 이용하여 공동정범의 이해를 시도하고 이 과정에서 다시 등장하는 불명확한 문제점에 대해 접근하고 연구하여 공동정범이기 위한 기능적 행위지배를 보다 구체적으로 설명하고자 한다.

Ⅱ. '기능적' 행위지배의 의미

공동정범이 성립하기 위한 '기능적' 행위지배는 일반적으로 '공동으로 행위함으로써 특정 구성요건을 함께 실현한'것을 말한다. 달리 표현하면 행위자 상호간의 객관적 기능성에 중점을 두고 각자의 부분행위가 전체 범행의 실현에 핵심적 기능을 수행하고 불가분하게 연결되어 있을 것을 요하는 정도로 이해할 수 있다. 즉 객관적인 기능성에 중점을 두고 있음을 알 수 있다. 주관적인 행위자의 의도는 이러한 객관적 평가를 통해 추론되어 반영되는 것이라는 이해도 이를 뒷받침해준다.

그렇다면 주관과 객관의 총체인 기능적 행위지배의 확인을 위한 핵심내용은 객관적 판단요소인 '본질적 기여'라 이해할 수 있겠다.[4] 왜냐하면 공동의 범행의사를 지니고 공동실행행위로 나아갔을 때 기능적 행위지배 여부는 전체 범죄실현을 위한 기여행위의 영향력 내지는 중요성을 말하는 '본질적 기여'가 결정하기 때문이다. 여기서 '본질적 기여'는 일반적으로 '범죄가 실현[5]되는데 중요한 의미 내지는 영향력을 가지는 행위'라고 이해할 수 있다.[6] 이때 '본질적 기여'를

4) 필자는 본질적 기여 여부를 확인을 위해서는 공동정범의 객관적 판단이 핵심이라 주장하고 있다. 물론 여기서 객관적 판단 외에 주관적 고려가 배제되어야 함을 전제하는 것은 아니다. 주관적 판단역시도 중요한 의미가 있고 고려대상이 되는 건 다를바 없지만 이 고려는 일단 객관적 현상을 통해 추론하여 판단되는 것이므로 핵심적인 내용은 객관적 요건이라 표현하고 있다. 자세한 내용은 이수진, "기능적 행위지배의 객관적 요소에 관한 고찰", 부산대학교(박사학위논문), 2013, 86면, 112면 이하, 151면 참조.

5) 이는 기수의 의미를 나타내고자 하는 표현은 아니다. 범죄에 나아가서 처벌대상이 되었다는 정도로 이해하면 충분하다.

6) 물론 다양한 표현이 존재하지만, 이렇게 이해할 수도 있다. 최호진, "공동의 가공사실과 본질적 기여행위의 판단", 형사법연구 제21호, 2004, 223면 이하; 김일수 · 서보학, (새로쓴) 형법총론, 박영사, 2006, 598면; 이재상, 형법총론, 박영사, 2011, 470면; 이외에도 '비중의 현저성', '전체 범죄에 대한 지배력'이라는 표현을 쓰기도 한다.(이정원, "소위 공모공동정범과 독일형법에서의 공동정범", 형사법연구 제5호, 한국형사법학회, 1992, 49~59면; Roxin, Täterschaft und Tatherrschaft,. 7. Aufl, 2007, 278 ff.)

위한 중요한 의미나 영향력은 어떻게 해석해야 하는가? 또한 이를 충족하기 위해서는 어느 정도로 어떤 형태의 기여가 있어야 하는 것인가? 이 의문에 대해 독일과 우리나라 학자들은 견해를 조금씩 달리하고 있다.

우선 독일 다수견해 역시 공동정범이 성립하기 위한 '기능적' 행위지배의 객관적 의미를 "공동의 범행계획하에 이루어진 본질적 기능의 수행"이라고 한다. 그리고 이 외에 범죄단계라는 기준을 통한 제한을 따로 두고 있지 않다. 다시 말해 전체 범죄행위의 실현에 '중요한 역할(핵심적 영향력의 발휘)'을 하는 분담이라면 준비행위 또는 정신적 협력이라 평가되는 형태를 띠고 있다 하더라도 이는 공동정범이 성립될 수 있다는 것이다.[7] 이와 달리 Roxin은 행위지배론의 근본원칙에 따라 실행단계에서 분업적 공동협력의 불가피성을 강조하며 만약 범죄실행중 기여가 아니라면 범죄를 공동정범으로 지배하였다 할 수 없다고 한다. 단지 실행에서 공동제작의 역할을 해야지만 공동지배라 인정될 수 있다고 본다.[8] Roxin을 따르는 학자들은 그들의 입장과 다른 독일의 다수견해에 대해 단순히 판례[9]에 영향받아 변화를 시도한 것이라 부정적으로 평하기도 한다. 그런데 우리 다수견해도 독일의 다수견해와 다르지 않다. 물론 Roxin과 같은 반대견해[10]를 주장하는 학자도 있지만 대부분의 학자들은 그 기여행위시점에 얽매이지 않는다.[11] 이러한 견해차이의 핵심은 다수 가담자 중 개인의 기여가 본

7) Kindhäuser, Strafrecht Allgemeiner Teil, 4. Aufl., 2009, §40, Rn. 5; Stratenwerth, Strafrecht Allgemein Teil Ⅰ, 2. Aufl., 1976, 234 f; Jakobs, Strafrecht Allgemeiner Teil, 2. Aufl., 1993, 620 f; Kühl, Strafrecht Allgemeiner Teil, 6. Aufl., 2008, 686 ff; Jescheck/ Weigend, Lehrbuch des Strafrechts: allgemeiner Teil, 4. Aufl., 1993, 679 f; Welzel, Das Deutsche Strafrecht, 11. Aufl., 1969, 110 f; Wessels(허일태 역), 독일형법총론, 세종출판사, 1998, 254 f; Rengier, Strafrecht Allgemeiner Teil, 2009, § 44, Rn. 43; Schmidt, Strafrecht Allgemeiner Teil, 4. Aufl., 2005, Rn. 1007; Bockelmann, Strafrecht Allgemeiner Teil, 2. Aufl., 1975, S. 178.

8) Roxin, Strafrecht Allgemeiner Teil BandⅡ, München, 2003, 81 ff; Roxin, T.u.T., 278 ff.

9) 판례의 입장은 주관설에 가깝다; BGH NStZ 1994, 432,433; BGH NStZ 1993, 180; BGH NStZ 1993, 137, 138; BGHR StGB §25 Abs.2 Mittäter 12,13, Tatinteresse 2; BGHR BtMG § 29 Abs. 1 Nr. 1 Einfuhr 12, 17, 26.

10) 임웅, 형법총론, 법문사, 2015, 445~447면; 이형국, 형법총론, 법문사, 2007, 289면; 진계호 · 이존걸, 형법총론, 대왕사, 2007, 565면; 김성천 · 김형준, 형법총론, 소진, 2012, 394, 397면; 오영근, 형법총론, 박영사, 2009, 574, 575면; 이들의 견해와 유사하지만 한 단계 더 나아가 구성요건 실현행위에만 제한하는 입장을 취하는 '실행행위분담설'을 주장하는 입장으로 신동운, 형법총론, 법문사, 2009, 574~577면.

질적이기 위한 하한선으로 시기적 제한을 둘 것이냐 두지 않을 것이냐이다. 이러한 단순히 시간적 제약의 유무로 보다 명확한 기준이 제시될 필요가 있다든지 정범의 범주가 불확실하게 확대된다든지의 공동정범을 둘러싼 문제가 해결 가능한 내용인지는 각각의 입장이 어떠한 의미와 한계를 가지는지에 대한 더 많은 검토를 필요로 한다.

1. 대표적 논쟁

우선 이러한 기여의 해석에 대한 Roxin의 입장인 '엄격 부정설'과 그 논거 그리고 최근에 유력하게 지지되고 있는 '제한적 긍정설'이라 일컫는 학설[12)]을 구체적으로 살펴보도록 하겠다. 여기서 엄격부정설은 실행행위 단계에서의 역할 분담이 없는 한 공동정범은 성립하지 않는다고 주장한다. 반면에 제한적 긍정설은 일정한 요건을 갖춘 경우에는 기여행위의 시기를 불문하고 인정할 수 있다는 주장을 하며 반박하고 있다.

(1) 엄격 부정설의 견해

정범에 대한 논의는 많은 변화를 시도하였으나 애초에 구체화를 시도한 Roxin의 행위지배설[13)]을 기초로 한다. 그렇기 때문에 Roxin의 견해에 대한 명

11) 우리나라에서는 실행단계에서의 기여를 원칙으로 하고 불가결한 본질적인 기여가 있는 경우에 인정한다는 견해로(권오걸, 형법총론, 형설출판사, 2007, 527, 528면; 김성돈, 형법총론, 성균관대학교 출판부, 2009, 591, 592면; 김일수 · 서보학, 앞의 책, 598, 599면)와 예비 · 음모단계에서 기여한 행위가 계속하여 범죄 실행단계까지 영향을 미친 경우에는 공동정범이 된다는 견해(손동권, 형법총론, 율곡출판사, 2005, 507, 508면)가 있으며 원칙적으로 범죄의 실행단계에서 이루어진 행위기여에 한정되는 것이지만 이를 엄격히 해석할 것이 아니라 전체범행의 실현에 대한 인과적 행위기여이면 충분하다고 보는 견해(이정원, 형법총론, 인터넷 공개판, 2008, 405, 406면), 집단범죄의 배후수괴처럼 의사만으로도 절대적 지배가 가능한 절대적 의사지배형태를 인정하여 처벌을 할 수 있도록 한다는 견해(이영란, 형법학(총론강의), 형설출판사, 2010, 457면, 471면)가 있다. 조금 더 세분화하면 전면적으로 역할분담을 통한 범죄실현을 위한 본질적 의미를 지니는 경우라면 지원 · 준비행위라 하더라도(배종대, 형법총론, 홍문사, 2011, 583, 584면) 그리고 범죄계획의 수립(정성근 · 박광민, 형법총론, 삼영사, 2011, 543면; 조준현, 형법총론, 법원사, 2004, 414면) 내지는 예비행위를 공동으로 한 경우라 하더라도(이재상, 앞의 책, 470면) 시기가 문제되지 않는다는 입장(성낙현, 형법총론, 동방문화사, 2010, 576, 577면)으로 나뉜다.

12) 학설의 구분용어는 조기영, "예비단계에서의 관여행위와 공동정범", 형사법연구 제25권 4호, 2013, 83면 이하 참조.

확한 이해가 필요하다.

Roxin이 주장하는 엄격 부정설은 다음과 같이 정리할 수 있다. 첫째 예비단계에서의 어떠한 협력도 교사자가 실행하는 협력보다 더 중요할 수 없고 실행행위시에 이루어지는 기여행위만이 행위의 존부와 정도에 영향을 미칠 수 있다고 한다. 둘째 소위 제한적 긍정설에 등장하는 기여의 영향력을 바탕으로 하여서는 어떠한 기준설정도 불가능하다 주장한다. 객관적인 범죄실행분담이 없는 행위는 결과발생에 필요불가결한 기여라고 할 수 있을 정도로 평가되는 것이 불가능하기 때문이다. 셋째 실행행위 개념의 신축성을 이유로 예비단계에서 공동정범을 인정하려 하는 견해에 대하여 공동정범의 핵심적 내용인 공범과 정범 구별문제 자체에 대한 회피로 이해될 뿐이라 비판한다. 게다가 정범으로 해석가능한 기여시기를 확대하는 것이 공범과 정범 구분의 모호함을 해결할 수 있는 방안이 되지도 않음을 강조하고 있다.[14)]

덧붙여서 범죄를 실행하기 위한 시작점인 실행의 착수 이전에 관여한 행위로도 행위지배를 인정하려 함은 애초에 의도한 '행위지배'라는 개념 자체의 손상을 가져오고 독자적 의미내용을 상실케 한다고 말한다. 또한 이러한 입장은 예비단계에 존재하는 교사범의 유형을 모두 정범으로 흡수하여 공범의 범위를 제한·축소하고 행위지배의 객관적 요소의 의미를 최소화시키는 결과를 가져올 것을 우려한다.[15)] 이런 문제점들 때문에 구성요건 실현에 이르기까지의 경과를 자신의 수중에 두고 있을 때에만 그를 공동정범이라 분류할 수 있고 그렇게 해야만 공동정범의 본질에 충실한 분석이 가능하다고 주장한다. 결국 예비단계의 기여자는 어떤 의미로든 구체적 실행행위시에 영향을 미칠 가능성이 없고 그러한 기여행위자는 실행단계 이후의 행위에 대해서는 단념한 것으로 보아야 한다

---

13) Schünemann, Täterschaft, StGB LK, 12. Aufl., 2010, §25 Rn. 39; Lázaro, Was ist Täterschaft?, GA 2008, 307 ff; Haas, Kritik der Tatherrschaftslehre, ZStW 2007, 523 ff.

14) vgl. Roxin, Täterschaft und Teilnahme, Leipziger Komentar StGB, 11. Aufl., 1992, § 25, Rn. 181; Roxin, Strafrecht AT Band Ⅱ, 2003, Rn. 203, 218; Zieschang, a.a.O., 471 ff; Herzberg, Mitäterschaft durch Mitvorbereitung; eine actio communis in causa?, JZ 1991, 820 f; Herzberg, Täterschaft, Mittäterschaft und Akzessorietät der Teilnahme, ZStW 99 Heft 1, 1987, 55 ff.

15) Kühl, Strafrecht AT. 1994, §20 Rn. 113; Roxin, LK, §25 Rn 181; 안동준, "예비단계에서의 행위기여와 공동정범", 공범론과 형사법의 제문제, 1997, 48면.

는 것이다.[16] 이러한 주장(엄격 부정설)은 형사정책적 필요에 의해 변화가 필요하다는 비판도 등장하였다. 그러나 이를 이론적으로 정범과 공범의 분류를 위한 당연한 현상[17]일 뿐이고 그 처벌에 있어서는 동일한 형으로 평가가능하다고 재비판한다. 그리고 단순히 형식적 객관설[18]의 재론일 뿐, 기능적 행위지배의 제대로 된 해석이 아니라는 평가에 대해서는 엄격 부정설에서 이야기 하고자 하는 시간적 제약은 형식적 객관설처럼 현장에서의 형식적 기여를 요구하는 것이 아니라고 재비판하며 자신들의 입장을 지지한다.[19]

(2) 제한적 긍정설의 견해

Roxin은 범죄의 유형에 따라 조금 더 세분화된 행위지배형태(공동정범의 경우 기능적 행위지배)를 시도하였지만 여전히 행위지배를 개방적 개념으로 보고 가치결정은 미해결로 남겨두었다. 제한적 긍정설은 이러한 추상성에 변화를 시도하면서 또는 구체화하는 과정을 거치면서 변화 발생하게 된 이론이다. 이러한 변화 방향은 크게 양적평가 또는 질적평가에 의한 구체화로 나누어 볼 수 있다. 전자는 행위불법에 있어서 정범은 공범과 양적으로 달리 평가할 수 있다고 한다. 후자는 정범은 책임이라는 권한있는 귀속이 판단의 기준이고 공범은 고의로 행한 위법행위를 전제로 하므로 '지배적' 개념인 정범은 형법적 책임에 대한 검토를 필요로 한다는 것이다. 그러면서 단순히 '행위'라는 현상측면을 요구하는 견해에서 '불법'이라는 측면으로 평가대상이 더 확대되었고, 그 판단에 있어서 고려사항을 어떻게 반영하고 해석할 것인가에 대한 논의가 분분하였다. 그런 과정에서 독일과 우리나라의 다수 학자들[20]이 인정하는 제한적 긍정설이 등장한 것이다.

---

16) Roxin, T.u.T., 294 ff; Zieschang, Mittäterschaft bei blosser Mitwirkung im Vorbereitungsstadium?, ZStW, Vol. 107, 1995, 375 f; Herzberg, JZ, S. 860; 조기영, 앞의 논문, 88면 이하 참조.

17) 그렇게 하지 않으면 오히려 감정적 판단에 따라 정범과 공범을 구분하게 되는 문제가 발생한다고 주장한다. 이와 관련하여서는 Zieschang, a.a.O., 371 f 참조.

18) '형식적 객관설'은 범죄구성요건의 문언에 초점을 맞추어 스스로 각칙 구성요건상 실행행위의 전부 또는 일부를 실행한 자는 정범, 실행행위 이외의 방법으로 구성요건 실현에 기여한 자는 공범으로 본다는 견해이다. 이는 정범을 지나치게 좁게 해석하고 있다는 비판을 받는다.

19) 조기영, 앞의 논문, 86, 87면; 임웅, 앞의 책, 447면.

20) 독일의 견해는 각주 6, 우리나라 견해는 각주 10 참조.

제한적 긍정설도 Roxin의 견해처럼 여전히 행위지배가 중심이 된다는 점은 마찬가지이나 공동정범이기 위해서는 기능적 기여에 대한 해석이 중요한 것이지 그 가담시기가 절대적 기준이 되지 않는다는 입장[21]이다.

이들은 첫째 다수가 '공동으로' 범죄구성요건 해당성을 충족하여 범죄가 성립되는 것은 범죄실행의 한 단계에서만 가능한 가치판단이 아닌 전체 범죄성립에 대한 요건충족을 요하는 것으로 전체사건의 부분참여를 통한 범죄실현에 중요한 역할분담이 있으면 된다고 한다. 둘째 정범을 범죄 실행단계에서의 기여행위로 제한하는 Roxin의 견해는 형식적 객관설로의 회귀로 평가되며 행위반가치성에 대한 미반영이라는 문제가 있다고 주장하며, 그 견해를 따를 때 발생하게 되는 정범성을 충분히 지닌 행위자가 주변인물로 평가되는 '정범의 공범화' 현상은 불합리하다고 지적한다. 셋째 공동정범에서 강조하는 '기능적 행위지배'라 함은 직접적인 구성요건 실현을 위한 행위의 일부가 아니라 하더라도 그러한 객관적 요건의 부족부분을 상쇄하는 측면이 있다면, 그 기여행위가 어느 시점에 있었는지는 정범성 판단에 있어서 단정적인 기준일 수는 없다고 한다.[22] 즉 범죄를 완성하는데 그의 행위가 미친 영향력의 정도와 관련된 문제임을 간과해서는 안된다는 것이다.

이와 유사하게 Jakobs는 Roxin이 말하고 있는 구성요건 실현과의 일치성만으로는 정범인정에 있어서 설명되지 않는 부분이 많이 있으므로 다양한 행위지배 개념을 통합해서 전반적으로 사실로서의 지배에 가까우면서 최소한 규범적으로 지배(형성지배)를 해석한다고 정리했다. 그러면서 공범과 정범은 주된 행위에 대해 양적으로 차이를 가질 뿐이라고 한다. 실행행위의 직접 실행이 아니라 하더라도 행위의 형성을 통해 실질적으로 행위를 지배한다고 설명하고 있다. Jakobs는 독일 형법 조문의 'begehen'의 의미를 Herzberg와 같이 제한적으로

21) 이영우, "공모공동정범이론에 관한 소고", 외법논집 제2권, 1994, 245면; 예비단계 기여 가능설을 주장하는 우리 학자들은 '제한적 긍정설' 따르고 있다(배종대, 앞의 책, 583, 584면; 정성근・박광민, 앞의 책, 543면; 조준현, 앞의 책, 414면; 이재상, 앞의 책, 470면; 성낙현, 앞의 책, 576, 577면); Jakobs, Akzessorietät zu den Voraussetzungen gemeinsamer Organisation, GA 1996, 259 f.

22) 원형식, "공모공동정범", 일감법학 제16권, 2009, 10, 11면; 이정원, 앞의 논문, 55, 56면; 이창섭, "공모공동정범이론의 유감", 비교형사법연구 제9권 2호, 2008, 327면 참조.

'실행하다'는 직접적 기여로 이해[23]하지 않고 그 앞에 수식하고 있는 '공동으로(gemeinschaftlich)'라는 부사의 의미에 집중할 것을 주장한다. 누군가의 손으로 행해지지만 적어도 '공동'이라는 의미가 주어질 것을 요한다는 의미이다.[24] 이 주장은 제한적 긍정설의 설명을 아주 적절하게 이해할 수 있게 해준다. 현상에만 집착할 것이 아니라 형법적으로 귀속될 수 있는 즉 '행위를 기여행위자가 책임질 수 있는 관계에 있는가'에 귀기울여야 한다는 Hoyer의 견해[25] 또한 시기보다는 기여행위가 가지는 의미에 집중할 것을 요하는 것으로 이 같은 관점에서 이해할 수 있다.

객관적 측면(기여행위)과 그 기여행위를 하는 행위자의 의사(공동실현의 의사) 그리고 그 범죄실현과의 귀속관계여부를 고려하여 공동정범을 판단하는 다수학자들의 견해에 따르면 상당한 영향력이 있는 경우, 다시 말해 범죄의 진행·경과를 본질적으로 다른 행위와 함께 형성·도출해 냄으로써 범죄를 실현하고자 하는 공동자끼리 의존하는 관계에 있다면 모두 공동의 결의에 기하여 의미단일성을 형성하는 범죄실현의 일부라 볼 수 있다고 한다. 누구의 손에 의해서든 공동으로 의도했던 범죄가 완성되면 되는 것이다.[26]

2. 타당성의 검토

무엇이 타당한가에 대한 확인을 위해 실행단계에서의 행위기여가 아니면 진정한 의미의 정범이 될 수 없는 것인가?라는 단순한 의문에서부터 실행단계에 제한되어야 한다는 논거가 명확한가? 에 대한 구체적 의문까지 좀 더 검토할 필요가 있다.

(1) 엄격 부정설의 협소성

엄격 부정설의 주장은 지나치게 정범과 기능적 행위지배의 개념을 협소하게 이해하는 경향이 있어 처벌의 공백이 생길 것이라는 평가가 있다. 이에 엄격 부

23) Herzberg의 견해는 다음을 참조; Herzberg, JZ, 856 ff.
24) Jakobs, a.a.O., S. 612, § 21 Rn. 36.
25) Haas, ZStW, S. 523; Lázaro, GA, 307 f(310).
26) Jakobs, a.a.O., § 21 Rn. 36.

정설 지지자들은 지나치게 많은 교사행위가 공동정범의 행위로 포괄되어 오히려 공범의 범위가 축소되는 것을 우려하여 실행단계를 중요한 전제요소로 설정한 것이라 한다. 또한 정범과 적어도 처벌에 있어서는 차이가 없는 교사범으로 해결하는 방법도 있으므로 처벌의 공백이라 논할 수 있는 사항은 아니라 반박한다. 그러나 이처럼 정범이라 여겨질 수 있는 사안이 동일하게 처벌 가능한 공범으로 대체될 수 있다는 것에 만족해서는 안된다. 기본적으로 범죄실행에 있어서 중요한 영향력을 가지는 행위라면 정범이 되어야지 처벌이 동일하다하여 공범이어도 무관하다는 생각은 큰 오류이다.

예를 들어 ① a가 범죄행위를 할 것을 알고 a의 요청에 따라 자신이 구할 수 있는 도구를 사전에 전달하는 행위를 한 b ② 진지한 논의를 통해 사전에 도구를 구해서 제공하는 역할을 본인이 하겠다하고, 뒷일은 a에게 맡기겠다며 사전에 필요불가결한 도구를 전달하는 행위를 한 b가 있다고 하자. 이 두 사안에서 b는 사전에 도구를 전달하였다는 외형적으로는 동일한 행위를 하였다. 이를 법적으로도 동일하게 평가해야 하는 것인가? 엄격 부정설(Roxin의 입장)에 의하면 어떤 경우에도 b는 (협의의)공범에 그칠 뿐이다. 두 사안 모두 실행행위에 직접 나아간 a에게 애초에 범의가 없었다고 할 수 없으므로 b에게 교사가 성립되기도 힘들다. 그러므로 실행단계의 기여를 요하는 견해에 의하면 그들이 주장하는 것처럼 정범과 동일한 처벌을 b에게 기대하는 것은 힘들다. 과연 b가 ①, ② 사안에서 동일하게 공범으로 처벌되기에 충분한지 다시 한 번 고려해야 한다. ①사안에서는 b는 a에게 도구를 전달하는 행위를 하였을 뿐이므로 객관적 행위도 정범이 되기 힘들고 주관적 행위자의 의사도 정범의사라 보기 힘들다. ②사안에서는 진지한 논의를 하고 공동의 실행의사를 가진 자가 현실적인 사유로 실행행위에 가담하지 않기로 하고 도구전달을 한 것으로 ①과는 달리 전체범행계획을 함께하였고 이에 따라 행위를 분담하였으므로, 범죄실현을 위한 중대한 영향력이 있는지 여부를 고려하여 공동정범이 성립될 수도 있다고 봄이 타당하다. 공동정범에서 각 가담자는 모두 전체행위의 운명을 분담하여 손에 쥐고 있고 그렇기 때문에 모두가 전체범죄에 대한 완전한 지배력을 갖는 것으로 볼 수 있다. 반면에 종범의 경우에는 단지 그의 행위부분에 대해서만 지배력을 가질 뿐이다. 이러한 부분지배가 행위지배를 근거지울 수는 없다는 입장[27]은 아주 적절하다. 즉 엄격 부정설 주장자들처럼 정범과 공범을 동일하게 처벌가능하다하여 문제없이 같은 영역으로 이해되어서는 안된다.

예비단계에서의 어떠한 협력도 교사에서 실행하는 협력보다 더 중요하다고 할 수 없다는 Herzberg의 견해[28]는 일면 타당할 수 있지만, 기여행위의 질적내용 외에 Jakobs가 주장한 양적차이는 분명히 존재할 수 있다는 것을 간과하였다. 이는 동일한 실행단계 내에서의 분담행위들 사이에도 마찬가지로 적용된다. 실행단계에서 똑같이 망보는 행위를 하였다 하더라도 그가 어떤 과정을 통해 어떤 의도를 가지고 어떤 망보는 행위에 가담하였느냐에 따라 정범인지 공범인지가 달라진다.[29] 엄격 부정설 주장자들도 이에는 동의하고 있다. 그렇다면 엄격 부정설은 동일 실행단계에서 행위형태에 따른 차이는 인정하면서도 행위기여의 시기차이를 이유로 하여서는 정범의 절대적 단절을 설명하는 것인데 이를 위한 설득력있는 이유를 제시하지 않고 있다.

(2) 택일적 · 중첩적 공동정범과의 일관성

이상의 몇 가지 이유에서 단순히 범죄의 실행단계 중에 이루어진 기여의 존재라는 전제요건을 갖춘 행위자만이 공동정범의 요건을 확립한다는 견해는 타당하지 않다는 생각을 할 수 있다. 그러나 엄격 부정설의 논거처럼 실행단계와 무관하게 실행의 착수 이전 단계에서 기여행위를 한 자를 어떻게 범죄행위에 대해 '지배'했다고 할 수 있느냐에 대한 비판은 여전하다. 그들은 실행단계에서의 기여가 없는 자는 이미 실행단계 행위에 대해서는 단념했다고 이해할 수 있으며, 그는 이후행위를 좌우할 수 있는 지위도 아니라 한다. 그러나 이런 논리의 흐름이라면 공동정범 일유형인 택일적 공동정범이나 중첩적 공동정범 역시

27) 이정원, 앞의 논문, 49면 참조.

28) Herzberg, a.a.o., S. 860.

29) Roxin, T.u.T., 282 f; Roxin, LK, Rn. 135; 독일의 학설은 "망보는 행위는 행위결과를 책임지고 있지는 않으나 하나의 직무역할이다. 그러므로 범죄완수를 위해 독자적인 기능을 하는 것으로 파악하고 공동정범적 행위로 보아야 한다."라고 지적하며 이미 망보는 행위의 정범성을 부여한바 있다. 그러나 완전히 종속된 중요치 않은 망보는 행위는 물론 방조로 인정된다.(이정원, 앞의 논문, 58, 59면 참조)

도 설명이 불가능하다.[30] 예컨대 가담자 두 사람이 각각 두 장소에서 대상을 기다리고 있는데 그 중 한 사람이 기다리는 장소에만 대상이 나타나 그를 상대로 실행행위를 한 경우인 택일적 공동정범을 생각해보자. 또 다른 장소에서 기다리던 1인이 실행단계에 있다 하더라도 실행을 좌우할 수 있는 지위라고 할 수 있는가? 또한 다수의 발포를 이유로 대상자가 사망한 때, 어떤 것이 원인행위인지 밝혀지지 않은데다 1인이 행위를 하려던 찰나에 발포를 그만뒀음에도 그 결과가 실현된 중첩적 공동정범에서 과연 그만둔 행위자를 단념하지 않았다고 볼 수 있는가? 혹은 실행행위를 좌우하는 지위에 있다는 이유로 공동정범이라 할 수 있겠는가? 이들도 행위결과의 발생여부를 좌우하지 못한다는 점에서는 실행단계이전 기여행위가 공범일 뿐이라는 근거에 의하면, 결국 실행행위를 직접 실현시키는 행위를 한 자 외에는 모두 공범으로 이해할 수밖에 없다. 그런 의미에서 엄격 부정설을 주장하는 Roxin의 '실행단계에서 행위의 장악·주도'라는 절대적 해석이 타당하기 위해서는 형식적인 측면에서 적어도 기여행위의 '현장성'을 요구하는 것으로 제한함이 더 일관성을 유지할 수 있을 것이라는 지적이 존재하기도 한다.[31] 결국 엄격 부정설의 기준설정은 불완전하고 정범의 판단은 기여행위의 유형과 영향력의 정도에 따라 이루어지는 것이 타당하며 그 기여의 시기가 언제였는가는 절대적 의미를 가지지 않는다.

그런데 범죄행위는 점차 발전하는 단계로 구분되어 있다. 범죄를 완성하기 위한 준비 또는 모의를 하는 '예비단계' → 실행의 착수를 거쳐 직접적인 범죄실행으로 나아가서 범죄가 종료되기 전까지의 시간을 가리키는 '실행단계' → 범죄가 기수에 이르러 더 이상의 해당범죄의 완성을 위한 기여가 불가능한 '범행이후 단계'로 구분할 수 있다. 이는 각각 범죄가 성립하는 유형을 달리하여 첫 단계는 예비 · 음모죄, 둘째 단계는 실질적인 각칙상 범죄성립유형인 미수 · 기수죄를 성립하고 마지막으로 범행 종료이후 가담행위는 별도의 범죄에 해당

30) 물론 Roxin도 중첩적·택일적 공동정범에 대해서 사전적으로 각각이 범행결과발생의 가능성을 높이는 역할분담을 하는 것으로 평가되었다면 이는 문제되지 않는다하며 이들을 공동정범으로 설명하고 있다.(Roxin, JA, 523 f)

31) 이훈동, "정범과 공범의 구별기준에 관한 소고", 외법논집 제12권, 2002, 22면.

하지 않는 한(범인은닉, 장물죄) 범죄가 성립되지 않는다. 이러한 범죄성립단계의 구분은 범죄실현으로 인한 보호법익 위태화 내지는 침해의 위험성과 그 직접성 증가 정도를 반영하여 구분하고 있다. 규정상 처벌도 범죄의 1차적 완성이라 할 수 있는 기수가 가장 중하고(원칙적으로 기준이 되는 처벌) 이와 구분하여 그에 이르기 위해 준비에 그친 경우(예비・음모)와 준비하여 행위에 나아가 결과를 완성하지 못한 경우(미수)를 단계별로 달리 책정하고 있다. 예비・음모의 경우는 구성요건을 직접 실현하지 않고 범죄실행을 위한 조건을 실행하는 것으로 단순한 행위계획을 초과해 의도한 행위를 최소한으로 객관화하는 것을 말한다. 이는 실행의 착수 이후 행위와 달리 법률에 특별한 규정이 없는 한 벌하지 않고 특히 예비행위로 침해되는 법익가치와 행위 또는 행위자의 위험성만으로도 형벌권의 발동 필요성이 있는 때에만 예외적으로 처벌한다. 반면 실행의 착수 이후는 구성요건에 규정된 규범의 금지영역을 직접 침해한 것으로 그 이전과 달리 넓게 범죄성립을 인정한다.[32] 이는 범죄단계가 결코 의미없는 구분이 아니라는 것을 말해준다. 그러나 앞서 확인한 바와 같이 다수가 관여한 범죄성립에 있어서 범죄단계의 차이가 정범과 공범을 한계짓는 역할을 하기에는 무리가 있음을 알 수 있었다. 그렇다면 공동정범 논의에서 과연 이 단계구분은 전혀 의미가 없는 것일까? 이에 대한 보다 구체적 검토가 필요하다.

Ⅲ. 공동정범의 정범성 표지와 범행단계와의 관련성

공동정범에 관한 입법을 함에 있어서 독일의 최초 규정은 행위지배개념을 전제로 하고는 있으나 더 상세한 형식으로 법에서 표현하는 것은 거부하였다. 왜냐하면 입법자는 그런 의문을 위한 지위에서 신중함을 부과해야 하고 그 이상의 해명을 한다는 것은 법이론과 판례에서 시도되어야 할 사항[33]으로 보았기 때문이다. 그러므로 이상에서 논의된 많은 공동정범의 논쟁이 가능하고, 이를 보다 구체화하여 명확하게 하기 위해 공동정범의 정범성 표지와 범죄단계의 관계를

32) 이재상, 앞의 책, 408면 참조.
33) Roxin, LK, §25 Rn. 2.

논의할 필요성이 있다. 앞서 확인한 바와 같이 단순히 범죄 단계만을 정범이냐 공범이냐를 구분짓는 결정적인 구체화 기준으로 삼기 어렵다. 그렇다고 역할에 있어서 범죄 단계의 간접적 영향력을 완전히 배제할 수 있을지도 의문이다.

기능적 행위지배설에서 말하는 '범죄실현에 대한 현저한 기여 내지는 영향'을 실질적인 인과적 비중에서 판단할 필요가 있음이 독일판례[34]에서 논의된 바 있다. 그 행위기여가 전체범죄실현에 인과성을 지니고 있는지가 중요한 판단기준이 된다는 것이다. 이러한 판례의 입장은 소위 '배후자의 행위지배'를 설명하는데 의미가 있다. 이 경우 사건경과에 대한 재량권(일반적인 '행위지배'판단을 위해 꽤나 중요한 기준이 되는 개념), 다시 말해 가담자의 범죄기여 존부에 따라 계획이 집행되거나 깨질 수 있는가의 단순한 행위지배(오히려 실행지배에 가까운 개념)의 잣대로는 공동정범이 될 수 없지만 시간적 개념을 포함하는 '전체범죄실현에 대한 인과성'(현저한 영향력 정도로 이해)이라는 개념을 통해서는 공동정범으로 이해할 수 있다. '행위지배'개념에서 시작되었다 하더라도 개개의 현상들은 범죄유형에 따라 달리 설명되므로 공동정범은 '공동으로 범죄행위를 지배한다.'는 특징을 통해 구체화되어야 하기 때문이다. 그러나 Roxin을 포함하여 시기제한을 주장하는 견해에 의하면 이러한 인과성을 어떻게 접근하여 이해할 것인가에 대해 회의적[35]이라 비판하며 '시점의 현저성'을 우선시하고 있다. 그러나 이미 실질적 인과적 비중이 시점의 현저성보다 우선되어야 한다는 견해는 많이 제시되어 있고[36] 게다가 인과성의 기술과 구체화의 곤란함이 그 기여행위의 평가를 달리하는 이유가 되어서는 안된다. 또한 인과성의 개념은 단순히 사실적인 범죄의 진행이 아닌 범행단계가 지니는 규범적 성격과 결합하여 보다 분명하게 접근할 수도 있다.

이런 특징을 반영하면 공동정범에서 요하는 '기능적' 행위지배는 현실적 통제가능성 외에 정신적·심리적 관여[37]를 통해 범죄에 기여하는 경우에도 인정될

---

34) vgl. BGH, MDR 1971, 545; GA 1973, 184.

35) Roxin, T.u.T., S. 298; Herzberg, T.u.T., 66 ff.

36) Seelmann, Mittäterschaft im Strafrecht, Jus, 1980, S. 573; Kindhäuser, a.a.O., §40, Rn. 5; Stratenwerth, 234 f; Jakobs, a.a.O., S. 620 f; Kühl, a.a.O., 686 ff; Jescheck/Weigend, a.a.O., 679 f; 이정원, 앞의 논문, 54면 참조.

37) Puppe는 이러한 정신적·심리적 협력을 통한 공동정범 인정에 반기를 들었지만(vgl. Puppe,

수 있다. Roxin의 입장에 의하더라도 실행단계에서 단지 망보는 행위가 공동정범이 될 수 있음[38]을 고려하면 그 역시도 기능적 행위지배의 이러한 해석 가능성을 완전히 배제하지는 못한 것 같다. 이는 반드시 실질적인 구성요건 실행행위의 분담을 요구하는 것도 아니다. 여기서 등장하는 개념이 바로 '범죄실현의 인과성'인 '본질적 기여'이다. 이런 성격을 지닌 '본질적 기여'가 범행단계와의 관계에서 어떻게 공동정범성을 설명할 수 있는지 다음의 예를 통해 확인하고자 한다.

1. 사례의 해결

사례 1 [39]

1-1. "a와 b는 부도직전 공동사업체를 구제하기 위해 문서위조를 통한 부정대출을 계획하였다. 공동계획하에서 b만이 문서를 위조했고 다른 한 사람 a는 그 작업에 능숙하지 못했기 때문에 b가 문서를 위조할 때 단지 잉크와 종이를 건네주었다."

1-2. "a와 b는 부도직전 공동사업체를 구제하기 위해 문서위조를 통한 부정대출을 계획하였다. 이를 실행하기 전 공동의 계획에 따라 a가 종이와 잉크를 b에게 건네주었고, 그들이 원하는 부정대출을 위한 서류작성을 할 때에는 역할을 다한 a는 자리를 떠났고 서류작성은 나머지 b가 혼자하게 되었다."

이들은 똑같이 종이와 잉크를 건네준 행위를 한 a가 있는 사안이다. 단 1-1 사안은 실행행위를 하는 중에 옆에서 종이와 잉크를 건네줄 뿐 문서위조

Wie wird man Mittäter durch konkludentes Verhalten?, NStZ 1991, 571 ff) 이는 단순히 주관적 관점에 지나치게 치우쳐서 사례를 해결하는 판례의 입장을 비판하는 것으로 Puppe가 지적하는 정신적·심리적 협력은 오히려 우리가 흔히 생각하는 주관적 요소인 고의에 가까운 견해이고, 필자가 이야기 하는 정신적·심리적 협력은 한 사람의 기여행위가 어느 단계에서 작동하였던지 그것이 범죄완성 내지는 실현에 정신적 또는 심리적 기여를 통해 중요한 영향을 줄 수 있다는 개념이다. 즉 그 기여행위자가 전체범죄에 대한 계획과 실현에 적극적으로 관여할 의사와 그에 따르는 기여가 있었다면 그 관여시기와 무관하게 공동정범에서 요구하는 '본질적 기여' 즉 '기능적 행위지배'를 긍정할 수 있을 것이다.

38) Roxin, T.u.T., 282 f; Roxin, LK, Rn. 135.

39) 이는 Herzberg, Täterschaft und Teilnahme, 1977, S. 68에 등장하는 사례를 약간의 각색을 통해 비교유형으로 만든 것이다.

를 하는 상황을 지켜보고 직접 나서지 않은 경우이고, 1-2 사안은 준비하며 계획하는 단계에서 a가 잉크와 종이를 건네주었고 오히려 위조문서를 작성할 때에는 a가 그 자리를 벗어났고 통화위조와 행사는 모두 나머지 b에게 맡겨진 경우이다. 두 가지 사안 모두에서 잉크와 종이만을 건넨 a를 동일하게 평가할 수 있는지 생각해보자.

잉크와 종이를 건네준 a의 기여행위만을 판단하면 문서위조의 실행행위라 볼 수는 없다. 그러나 공동정범에서 범죄실행을 위한 본질적 기여는 반드시 구성요건 행위에 한정되지 않기 때문에 이 기여행위의 의미가 중요하다. 우선 잉크와 종이를 건낸 a는 두 가지 사안 모두에서 '공동사업체를 구제하기 위해'라는 문구를 통해 확인해 보건데 이미 b와 함께 문서를 위조할 것을 마음먹고 있었음을 알 수 있다. 공동실행의사가 인정되는 것이다. 1-1 사안에서 잉크와 종이를 건넨 a는 당시에 잉크와 종이를 건네줄 수 있었고 나머지 b는 문서위조를 잘 수행할 수 있는 능력을 가지고 있었던 정도로 이해할 수 있다. a는 b의 행위를 지켜보고 옆에서 종이와 잉크를 건네줌으로서 범죄실행에 함께 나아가겠다는 명확한 의사를 표출한 것이고 실행행위에 있어서 우연히 또는 능력에 의해서 서로 다른 분담이 있었을 뿐이다. 실행단계에서 함께하고 다른 역할 분담을 하였을 뿐 서로 의존적 영향력을 형성한 것으로 볼 수 있다. 이는 실행단계 이후 함께 가담하였다는 규범적 의미에서 공동정범이 가능하다.

그러나 1-2 사안은 똑같은 행위이지만 b가 문서위조의 실행행위에 나아가기 전에 이루어진 도움이었고 심지어 문서위조실행단계에서 a는 자리를 비웠으며 b에 의해서 문서위조가 이행되었다. 물론 둘이 함께 공동사업체의 구제를 위한 논의를 하였고 문서위조를 통한 대출의 방법을 계획하였다는 점에서는 동일하다. 그러나 중요한 것은 실행단계이후에는 실제 기여행위가 어떤 방식으로도 없었다는 것이다. 여기서 기여행위의 시기가 절대적 의미를 갖는 것은 아니지만 예비단계에서의 종이나 잉크를 건네줬을 뿐인 행위는 b가 범죄실행행위를 함에 있어서 어떤 영향력, 즉 소위 말하는 '현저한 영향력', '범죄실현의 인과성', '본질적 기여'를 가진다고 볼 수 없다. 왜냐하면 결과실현 가능성의 직접성이 실현되는 의미를 지닌 실행의 착수 후에 개입된 부분적 분담행위와 그 이전에 가담한 부분적 분담은 그 행위가 갖는 규범적 의미의 변화를 가져올 수 있기 때문이다. 종이와 잉크를 건네준 사안에 있어서, 범죄실행의 착수가 개시되고 난 후에는 직접적으로 범죄실현의 가능성이 높아진 상황이고 이 상태에서 가담된 기여행위는 접근되어 있는 결과발생을 위한 현저한 영향력을 가진다고 볼 수 있다. 이는 예비·음모라 평가되는 행위의 정도에서 실행의 착수에 진입함으로써 보다 많은 경우 범죄성립이 가능하게 되고 그 처벌의 정도도 중하게 변하는 관계와 같은 맥락이다. 본격적으로 범죄로 평가될 수 있는 행위를 한 후 개입한 행위는 범죄시도를 통한 결과발생의 기대가 이미 존재하는 상황에서 그 가능성을 높이는 것이기 때문이다. 물론 사전에 범죄완성을 위한 모든 준비를 마무리 해 준 것이 결과발생의 가능성을 더 높여주는 것이지 않겠는가의 의문이 있을 수 있지만, 이러한 규범적 판단이 배제된 단순한 사실적 영향력만으로 다수 범죄참가에서 그의 지위를 판단할 수 없다. 그렇게 본다면 오히려 계획하에 결과적으로는 의미없는 장소에서 망보는 역할을 분담한 자보다 사전에 그 행위 실행을 행한 자에게 도구를 제공하는 형태의 기여를 한 방조범이 더 많은 영향을 미쳤다고 판단해야 한다는 문제가 발생한다. 규범적인 판단과 평가를 함께 고려해야 하고 그러면 직접적으로 범죄 성립에 가까워진 단계에서 행한 분담의 의존적 기여정도와 영향력은 그 이전과 다른 평가가 가능할 것이다. 게다가 b는 a와 동업을 하는 관계에 있을 뿐이었으므로 실행행위를 한 b가 자리에 없는 a의 의사에 절대적 귀속이 있었다고도 할 여지도 없다. 그야말로 직접 문서위조를 한 b에 의해 범죄여부가 좌우될 수 있는 상황이었던 것이다. 실행행위에 나아간 b에게 a는 어떠한 영향력도 형성하지 못한 공범에 불과하다. 이처럼 실행행위 전후의 구분은 공동정범 성립에 기여하는 바가 있다. 이와 관련하여 다음의 사례를 덧붙여 확인해 보도록 하겠다.

사례 2

2-1 "a, b는 사전에 a가 금고열쇠를 구할 수 있으니 힘을 합쳐서 은행금고를 털자는 논의를 하였고 그 계획을 바탕으로 a가 열쇠를 가져오면 금고를 열고 은행털이를 하기로 마음먹었다. 실행의 착수 전에 은행에 5년간 근무하고 있었던 a가 없어서는 안될

금고 열쇠를 건네주었고, 그 이후 실제로 b가 은행금고털이를 시작할 때는 그는 그 자리를 떠났고 가담하지 않았다.”

2-2 “a, b는 사전에 a가 금고열쇠를 구할 수 있으니 우리 힘을 합쳐서 은행금고를 털자고 논의를 하였다. 그 계획에 따라 a, b는 목표로 한 은행으로 들어가 금고로 가서 없어서는 안 될 열쇠를 원래 은행근무자였던 a가 b에게 건네주었고 직접 금고를 열고 터는 직접적인 행위는 b가 담당하였다.”

2-1과 2-2는 범행에 나아가기 위해 계획상 필수적인 물건인 금고열쇠를 a가 제공하기로 하고 a, b 두 사람이 함께 범행에 나아가기로 한 사안이다. 단 2-1에서 a는 실행에 나아가기 전 먼저 열쇠를 건네 주었고, 2-2는 실행행위에 함께 나아가 열쇠를 건네준 경우이다. 이 두 가지 사안에서 차이는 무엇인가? 모두에서 a는 범죄계획에 따라 행위를 실행하는데 없어서는 안되는 중요한 도구 전달을 담당하였다. 이 열쇠 전달은 어떤 시기에 어떻게 전달되었든 그들이 계획대로 범죄에 나아가는 데에 있어서 절대적 의미를 가지는 분담에 해당한다. 그러므로 이는 범죄실행에 있어서 시기에 따라 서로에게 어떠한 영향력을 가지는 가에 대한 판단이 불필요한 것이다. 그들이 열쇠를 이용하여 은행금고털이를 하기로 약속하였다는 범행계획은 이러한 판단에 있어서 핵심요소이다. 결국 이러한 계획을 바탕으로 한 위 사안들은 모두 a에게 공동정범을 인정하는데 아무런 부족함이 없다.

그렇다면 다시 사례 1로 돌아가서, 잉크와 종이를 건네준 경우와의 차이를 확인할 필요가 있다. 여기서 1-1은 정범성을 갖기 위한 현저한 영향력 등을 인정할 수 없어 공범에 그칠 뿐이었는데, 이 때 역시도 그 잉크 내지는 종이가 문서위조를 위해 필수적인 전제사항이 되는 준비물인 경우라면 a의 행위는 전체범죄실행을 위한 절대적이고 현저한 영향력을 가지는 행위로 평가되어 공동정범의 책임을 물을 수 있는 것이다.

즉 범죄단계는 공범과 정범을 결정하는 절대적 기준으로의 역할을 하지는 못함을 알 수 있다. 그러나 경우에 따라 그 기여행위의 영향력 해석 즉 ‘계획에 따른’ 서로서로의 의존성 정도 그리고 범죄에 대한 기여의 규범적 영향력에 대한 판단에 있어서는 의미있는 잣대가 되기도 함을 사례 1을 통해 확인하였다. 이와 같은 범행단계의 의미를 공동정범의 판단기준에서 어떻게 이해할 수 있겠는가?

기능적 행위지배가 공동정범을 설명함에 아주 적절하지만 추상적이라는 이유로 여전히 혼란을 가져옴은 사실이다. 물론 이를 규범적으로 구체적으로 표현하는 것 자체가 상당한 어려움을 동반하고 있으나[40] 명쾌한 기준설정에 가까워지기 위한 노력을 게을리해서는 안된다. 즉 '기능적' 행위지배에 대한 구체화가 필요하다.

2. 기준의 구체화를 위한 시도(제안)

이상에서 몇 가지 검토를 통해 구체화를 위해 고려해야 할 요소로 범행단계가 있음을 확인하였다. 이를 반영하여 실행의 착수 이전행위는 '직접 연관관계가 있는 불가결한 행위'[41]여야 한다는 기준을 제시하고자 한다. 사례 1에서 a는 모두 잉크와 종이를 건냈다는 점에서 다를 바가 없으나, 실행의 착수이전에 있었던 1－2에서 a의 행위는 1－1과 달리 공범일 뿐이다. 범죄 실행에 있어서 a는 정범으로의 영향력 있는 기여를 하였다고 볼 수 없기 때문이다. 이때 a가 정범으로 평가되기 위해서는 전체 범죄실현에 있어서 '직접 연관관계 있는 불가결한 행위'라 평가될 정도의 기여가 필요하다. a에게도 공동실행의 의사가 존재하였지만 이것만으로는 정범이기위한 객관과 주관의 총체적이고 종합적 판단을

40) 이런 이유로 결국 광범위한 유형의 일반 사례들에서는 추상화된 일반적 기준이 무용할 것이라는 지적이 있고 때문에 개별사례에서 판단대상이 되는 사건의 요소를 제시하여 설득력 있게 만드는 것이 법적 안정성 확보에 더 의미 있을 수 있다는 견해도 존재한다. 구체적 내용은 김성룡, "존재론적 공범정범표지", 비교형사법연구 제17권 2호, 2015 참조.

41) 이는 Roxin이 실행단계에서 정범성부여의 기준으로 삼았던 "Ummittelbarkeit"와 "Zusammengehörigkeit"의 기준과 다를 바 없다.(Roxin, T.u.T., 304 f) 그러나 Roxin은 이러한 입장을 실행단계에서의 기여를 제한하기 위한 기준으로 생각하였지만 이는 실행단계에서의 기여에서 특별히 요구되지는 않는다. Roxin의 입장은 앞서 언급한 바와 같이 오히려 범행현장의 현재성을 요구하는 것이 더 설득력 있으리 만큼 '본질적 기여'를 좁게 이해하고 있으나 실질적으로 본질적 기여라 함은 전체 범행계획과 행위자들의 기여의사에 따른 기여의 정도로 판단하는 것으로 그들간의 심리적 의존을 통한 지배 역시도 객관적 기여로 판단되기 충분하다. 그렇기 때문에 이는 실행의 착수 이전 단계의 객관적 기여를 판단하는 기준으로 활용할 수 있을 것이다.

충족하지 못한다. 실행에 이르기 전 기여행위가 객관과 주관의 총체적인 판단을 충족하면서 전체범죄실현에 현저한 영향력을 행사하기 위해서는 전체범죄와 직접 연관관계 있는 분담행위이면서 그를 위해 불가결하다는 평가가 가능해야 한다. 왜냐하면 실행에 이르기 전에는 실행의 착수 이후에 가능한 구성요건 실현으로의 직접적인 지향성 표출과 직접적인 위험성[42]이 존재할 수 없으므로 이를 대신할 높은 기여가 필요하기 때문이다.

그렇다 하더라도 본질적 기여행위를 위한 '직접 연관관계 있는 불가결한 행위'라는 의미자체를 '절대적인' 필수불가결한 행위일 것으로 해석해서는 안된다.[43] 그렇기 때문에 실행단계에까지 어떤 형식으로든 영향을 미칠 수 있는 동등한 입지에서 참여하고 있는 중이었다면, 공동의 의사로 범죄실현하기 위해 계속해서 함께 나아가고 있다는 점에서 정범이 아닐 수 없는 것이다.[44] 실제로 자신이 행위하지 않아서 나머지 1인이 범죄로 절대 나아갈 수 없거나 자신의 기여가 계속적으로 진행에 관여할 수 있는 관계가 아니었다 하더라도 문제되지 않는다.

1−2 사안에서 실행의 착수 이전의 잉크와 문서 전달행위는 위에서 설명한 내용에 따르면 문서위조를 위한 직접 연관관계있는 불가결한 행위라 볼 수 없어 공동정범성을 인정할 수 없다. 그렇다면 실행의 착수 이전행위는 모두 공동정범이 불가능할 수 있겠다는 의문이 들 수 있지만 사례 2에서 우리는 그렇지 않다는 것을 알 수 있다. 이는 실행단계보다 앞선 단계에서 이미 범행계획상 결정적인 연관관계를 형성하는 것도 가능함을 알려준다. 실행의 착수 이전 기여행위가 '직접 연관관계있는 불가결한 행위'라는 기준을 통해 공동정범이 가능한 예라 볼 수 있다. 이러한 관계가 성립되면 실행의 착수를 이유로 그 역할의 변화 내지는 영향력의 차이가 없어 실행의 착수 이전이라 하더라도 공동정범 성립이 가능한 것이다.

---

42) 문채규, "형법 제27조의 '위험성' 표지", 비교형사법연구 제8권 2호, 2006, 53면 참조.

43) 절대성으로 제한하여 정범성을 이해하고자 한다면 공동정범에서 실질적으로 범죄완성을 위한 행위를 분담한 자 이외에는 정범성이 인정될 수 없으므로 이는 중요성의 정도로 행위지배를 이해함이 타당하다.

44) 이수진, 앞의 논문, 173~176면.

그런데 이 때 '불가결한 행위'라는 데에만 집중을 하면 Roxin이 예비단계의 중대한 기여행위의 예로 제시하면서 비판하였던 소위 그림도둑 사안과 유사한 우를 범하게 된다. 이는 Rembrandt의 그림을 훔치려는 사람을 위해 박물관 입장료를 제공한 자를 공동정범으로 이해할 수 있는가의 문제이다. 박물관 입장료를 대신 지불해 줌으로써 박물관에 입장하여 그림을 훔칠 수 있었고 그렇지 않았다면 그림을 훔치는 범죄행위가 불가능했다는 이유만으로 입장료 지급자와 도둑의 연결고리를 인정하고 정범성을 받아들인다면 지나친 범주의 확대를 가져온다.[45] 그러나 필자가 이야기하는 것은 '직접 연관관계있는' 불가결한 행위이다. 즉 이에 따라 해석하면 단순히 부탁을 받아 박물관 입장료를 지급한 본 사안의 행위는 그림을 훔치는 행위와 직접적 연관관계를 인정하기 어려워 정범성을 인정할 수 없다.

직접적인 실행기여 없이 기능적 행위지배 여부를 '현저한 영향력 또는 중요한 기여'라는 추상적 기준으로만 판단해야 하는 예비·음모단계의 역할분담은, 범죄실현을 위해 요구되는 부수적인 도움 내지는 협조(공범)인 기여행위와의 경계가 더더욱 모호하다. 이처럼 예비·음모단계의 기여는 영향력의 정도에서 실행단계와 차이가 있을 수 있으므로, 애초에 그 상쇄될 수 없는 객관적 측면의 보완을 위해 더 제한적 기준 즉 더 높은 하한선이 필요할 것이라 생각한다. 사례 1은 동일 행위임에도 기여단계에 따라 그 행위의 규범적 의미가 달라질 수 있음을 보여준다. 그리고 사례 2는 단계와 무관하게 공동정범이 가능함을 또 알려준다. 이러한 사례를 모두 설명할 수 있는 기능적 행위지배이기 위해 실행의 착수 전 기여행위에는 '직접 연관관계있는 불가결한 행위'라는 기준을 포함하고자 하는 것이다. 이와 같은 공동정범의 단계별 구분은 인과관계의 해석에서 등장할 수 있는 혼란과 유사하다. 인과관계 판단에서 조건설을 통해 지나치게 원인행위를 확대하는 것을 막기위한 학설의 변화가 있었던 것과 같이 범주의 지나친 확대의 방지를 위해 '기능적' 행위지배의 구체적 의미를 밝히려는 노력이다. 이를 통하여 보다 더 구체적이면서 덜 혼란스러운 정범이기위한 요건의

45) 사례는 Roxin, T.u.T., S 301. 참조; 물론 여기서는 주관적인 요소의 확인도 불명확한 측면이 있지만 객관적인 측면의 불가결성의 판단정도에 한정하여 이해하면 같은 맥락이라 할 수 있다.

해석이 가능할 것이다. 실행단계로 기여행위를 제한하려는 견해의 주장에서 이야기하고 있는 실행단계 이전의 기여행위는 공범과 다를 바가 없다는 비판에 대해 '직접 연관관계있는 불가결한 행위'는 범죄실현이라는 단계에 이르기 위한 각각의 부수적인 조건을 만들뿐인 공범과 구분되어 정범성을 지닐 수 있다는 반론도 가능하다.

Ⅳ. 결 론

기능적 행위지배에 따르면 각자는 스스로 실행하는 부분만이 아닌 타인에 의해 이루어지는 행위부분까지도 모두 충족될 때에만 전체 범죄실현의 가능성을 높일 수 있다. 각자는 이를 인식하고 함께 할 것을 결의하였기 때문에 모두에 대한 책임을 인정하고 범죄전체에 대하여 정범으로 평가되는 것이다. 구성요건 행위를 또는 그를 위한 행위를 자유롭게 강요당하지 않고 전체지배의 마음으로 행하였다면 다른 사람과 사건의 경과를 동일하게 지배한 것으로 보아 공동정범이라고 한다. 이러한 경우는 오로지 혼자의 힘으로 구성요건 행위를 완성한 것이 아니기 때문에 참가형태를 구분하기 위해서는 내적동기상황에 의존할 수 밖에 없다. 그 기여행위의 내적동기상황 등 의미파악을 위해 전체범죄계획은 중요한 판단요소가 된다. 이를 확인하여 이에 따른 각자의 기여행위가 가지는 의미와 영향력 그리고 서로간의 의존성 정도를 판단해 정범 여부를 결정하는 것이 타당하다. 그러므로 공동정범이기 위해서 기여행위가 반드시 실행단계에 있을 것을 요하는 것은 문제가 있다. 실행단계 이전의 기여행위도 여러 가지 형태로 전체범행 실현가능성을 높이는 역할을 충분히 이행할 수 있기 때문이다. 공동계획하에 필요불가결한 물건의 전달 또는 '절대적' 영향력을 미치는 예비단계에서의 실행계획전달과 같은 분담행위는 전체범죄실현에 있어서 실행단계의 부분기여와 다르지 않은 평가가 가능하다. 단, 실행단계 이전 기여는 객관적·주관적 판단의 총체인 기능적 행위지배를 판단하는데 있어서 서로에게 의존하는 정도가 실행단계에서의 정도와 다를 수 있다는 점과 직접적으로 구성요건 실현을 지향하는 위험성이 존재한다고 평가되는 실행의 착수 이후 단계의 의미를 간과해서는 안된다. 물론 이런 이유만으로 단순히 실행단계의 기여로 제한하는 것은 문제가 있지만, 단계별로 그 기여행위의 의미는 달리 이해할 필요는 있다. 이를 위해 필자는 실행단계 이전 가담행위가 갖춰야 할 하한선을 제안하여 기능적 행위지배의 본질적 기여의 해석을 조금 구체화하고자 하였다. '직접 연관관계있는 불가결한 행위'라 평가될 수 있는 실행 이전 가담이라면 사례에서 확인한 바와 같이 실행단계에서의 기능적 행위지배와 동일한 정도의 범죄영향력을 인정할 수 있고, 공동실행의사가 추론되는 한 공동정범으로 평가될 것이다. 이는 기능적 행위지배를 전제로 하여야만 공동정범을 인정한다는 입장을 밝히기는 하였으나 여전히 주관설에 가깝고 지나친 확대를 언제든 불러올 수 있는 판례입장에 대한 한계설정에도 의미있는 검토이다.

공동정범이기 위해서는 자기 자신의 범행기여분이 타관여자의 범죄행위 몫을 보충해주고, 동시에 역으로 타인의 범행활동을 자기 자신의 범죄행위 몫을 보완하는데 이용해야 한다. 기여행위의 범죄실현을 위한 비중을 인과적 측면에서 따져봤을 때, 실질적으로 공범과의 차별화가 가능하고 전체범죄에 대한 귀속이 가능한 행위라면 정범성을 부여할 수 있음이 원칙이다. 이러한 공동정범의 일반적 귀속판단에 따르더라도 실행의 착수 이전 단계에서의 기여는 객관적 판단에서 공범과의 분명한 차이가 부족하여 그 외에 추가적인 차별화가 요구된다. 그러므로 실행의 착수전 기여행위의 성격이 실행단계에서 범죄실행에 역할을 하는 분담에 비해 보다 높은 하한이 필요하다는 생각은 타당하다.

참고문헌

■ 국내문헌

권오걸, 형법총론, 형설출판사, 2007.
김성돈, 형법총론, 성균관대학교 출판부, 2009.
김성룡, "존재론적 공범정범표지", 비교형사법연구 제17권 2호, 2015.
김성천 · 김형준, 형법총론, 소진, 2012.
김일수 · 서보학, (새로쓴) 형법총론, 박영사, 2006.
문채규, "형법 제27조의 '위험성' 표지", 비교형사법연구 제8권 2호, 2006.
배종대, 형법총론, 홍문사, 2011.
성낙현, 형법총론, 동방문화사, 2010.
손동권, 형법총론, 율곡출판사, 2005.
신동운, 형법총론, 법문사, 2009.
안동준, "예비단계에서의 행위기여와 공동정범", 공범론과 형사법의 제문제, 1997.
오영근, 형법총론, 박영사, 2009.
원형식, "공모공동정범", 일감법학 제16권, 2009.
이수진, "공동정범에서 정범성립요건", 법학연구 제56권 3호, 2015.
______, "기능적 행위지배의 객관적 요소에 관한 고찰", 부산대학교(박사학위논문), 2013.
이영란, 형법학(총론강의), 형설출판사, 2010.
이영우, "공모공동정범이론에 관한 소고", 외법논집 제2권, 1994.
이정원, 형법총론, 인터넷 공개판, 2008.
______, "소위 공모공동정범과 독일형법에서의 공동정범", 형사법연구 제5호, 한국형사법학회, 1992.이재상, 형법총론, 박영사, 2011.
이창섭, "공모공동정범이론의 유감", 비교형사법연구 제9권 2호, 2008.
이형국, 형법총론, 법문사, 2007.
이훈동, "정범과 공범의 구별기준에 관한 소고", 외법논집 제12권, 2002.
임웅, 형법총론, 법문사, 2015.
정성근 · 박광민, 형법총론, 삼영사, 2011.
조기영, "예비단계에서의 관여행위와 공동정범", 형사법연구. 제25권 4호, 2013.
조준현, 형법총론, 법원사, 2004.
진계호 · 이존걸, 형법총론, 대왕사, 2007.
최호진, "공동의 가공사실과 본질적 기여행위의 판단", 형사법연구 제21호, 2004.

Wessels(허일태 역), 독일형법총론, 세종출판사, 1998.

■ 외국문헌

Bockelmann, Strafrecht Allgemeiner Teil, 2. Aufl., 1975.
Haas, Kritik der Tatherrschaftslehre, ZStW, 2007.
Herzberg, Mitäterschaft durch Mitvorbereitung; eine actio communis in causa?, JZ 1991.
_____, Täterschaft, Mittäterschaft und Akzessorietät der Teilnahme, ZStW 99 Heft 1, 1987.
Jakobs, Akzessorietät zu den Voraussetzungen gemeinsamer Organisation, GA 1996, 259 f.
_____, Strafrecht Allgemeiner Teil, 2. Aufl., 1993.
Jescheck/ Weigend, Lehrbuch des Strafrechts: allgemeiner Teil, 4. Aufl., 1993.
Kindhäuser, Strafrecht Allgemeiner Teil, 4. Aufl., 2009.
Kühl, Strafrecht Allgemeiner Teil, 6. Aufl., 2008.
_____, Strafrecht Allgemeiner Teil. 1994.
Lázaro, Fernando Guanarteme Sánchez, Was ist Täterschaft?, GA, Heidelberg, 2008.
Puppe, Wie wird man Mittäter durch konkludentes Verhalten?, NStZ 1991.
Rengier, Strafrecht Allgemeiner Teil, 2009.
Roxin, Täterschaft und Teilnahme, Leipziger Komentar StGB, 11. Aufl., 1992.
_____, Strafrecht Allgemeiner Teil Band Ⅱ, 2003.
_____, Täterschaft und Tatherrschaft, 7. Aufl., 2007.
_____, Täterschaft und Teilnahme, 1977.
Seelmann, Mittäterschaft im Strafrecht, Jus, 1980.
Schmidt, Strafrecht Allgemeiner Teil, 4. Aufl., 2005.
Schünemann, Täterschaft, StGB LK, 12. Aufl., 2010.
Stratenwerth, Strafrecht Allgemein Teil Ⅰ, 2. Aufl., 1976.
Welzel, Das Deutsche Strafrecht, 11. Aufl., 1969.

04

언론보도에 의한 통신비밀 침해의 허용요건*

류 석 준**

【대상판결】 대법원 2011. 3. 17 선고 2006도8839 전원합의체 판결【통신비밀보호법위반】

【판시사항】

[1] 불법 감청・녹음 등에 관여하지 아니한 언론기관이 그 사정을 알면서 이를 보도하여 공개하는 행위가 형법 제20조의 '정당행위'로 인정되기 위한 요건

[2] 방송사 기자인 피고인이, 구 국가안전기획부 정보수집팀이 타인 간의 사적 대화를 불법 녹음하여 생성한 도청자료인 녹음테이프와 녹취보고서를 입수한 후 이를 자사의 방송프로그램을 통하여 공개한 사안에서, 위 행위가 형법 제20조의 정당행위에 해당하지 않는다고 본 원심판단을 수긍한 사례

【판결요지】

[1] [다수의견] (가) 통신비밀보호법은 같은 법 및 형사소송법 또는 군사법원법의 규

---

* 이 논문은 제128회 영남형사판례연구회(2011.12.26.)에서 발표되고, 법학논총 제19권 제2호(2012)에 게재되었음.

** 영산대 부교수, 법학박사.

정에 의하지 아니한 우편물의 검열 또는 전기통신의 감청, 공개되지 아니한 타인 간의 대화의 녹음 또는 청취행위 등 통신비밀에 속하는 내용을 수집하는 행위(이하 이러한 행위들을 '불법 감청 · 녹음 등'이라고 한다)를 금지하고 이를 위반한 행위를 처벌하는 한편(제3조 제1항, 제16조 제1항 제1호), 불법 감청 · 녹음 등에 의하여 수집된 통신 또는 대화의 내용을 공개하거나 누설하는 행위를 동일한 형으로 처벌하도록 규정하고 있다(제16조 제1항 제2호). 이와 같이 통신비밀보호법이 통신비밀의 공개 · 누설행위를 불법 감청 · 녹음 등의 행위와 똑같이 처벌대상으로 하고 법정형도 동일하게 규정하고 있는 것은, 통신비밀의 침해로 수집된 정보의 내용에 관계없이 정보 자체의 사용을 금지함으로써 당초 존재하지 아니하였어야 할 불법의 결과를 용인하지 않겠다는 취지이고, 이는 불법의 결과를 이용하여 이익을 얻는 것을 금지함과 아울러 그러한 행위의 유인마저 없애겠다는 정책적 고려에 기인한 것이다.

(나) 불법 감청 · 녹음 등에 관여하지 아니한 언론기관이, 그 통신 또는 대화의 내용이 불법 감청 · 녹음 등에 의하여 수집된 것이라는 사정을 알면서도 이를 보도하여 공개하는 행위가 형법 제20조의 정당행위로서 위법성이 조각된다고 하기 위해서는, 첫째 보도의 목적이 불법 감청 · 녹음 등의 범죄가 저질러졌다는 사실 자체를 고발하기 위한 것으로 그 과정에서 불가피하게 통신 또는 대화의 내용을 공개할 수밖에 없는 경우이거나, 불법 감청 · 녹음 등에 의하여 수집된 통신 또는 대화의 내용이 이를 공개하지 아니하면 공중의 생명 · 신체 · 재산 기타 공익에 대한 중대한 침해가 발생할 가능성이 현저한 경우 등과 같이 비상한 공적 관심의 대상이 되는 경우에 해당하여야 하고, 둘째 언론기관이 불법 감청 · 녹음 등의 결과물을 취득할 때 위법한 방법을 사용하거나 적극적 · 주도적으로 관여하여서는 아니 되며, 셋째 보도가 불법 감청 · 녹음 등의 사실을 고발하거나 비상한 공적 관심사항을 알리기 위한 목적을 달성하는 데 필요한 부분에 한정되는 등 통신비밀의 침해를 최소화하는 방법으로 이루어져야 하고, 넷째 언론이 그 내용을 보도함으로써 얻어지는 이익 및 가치가 통신비밀의 보호에 의하여 달성되는 이익 및 가치를 초과하여야 한다. 여기서 이익의 비교 · 형량은, 불법 감청 · 녹음된 타인 간의 통신 또는 대화가 이루어진 경위와 목적, 통신 또는 대화의 내용, 통신 또는 대화 당사자의 지위 내지 공적 인물로서의 성격, 불법 감청 · 녹음 등의 주체와 그러한 행위의 동기 및 경위, 언론기관이 불법 감청 · 녹음 등의 결과물을 취득하게 된 경위와 보도의 목적, 보도의 내용 및 보도로 인하여 침해되는 이익 등 제반 사정을 종합적으로 고려하여 정하여야 한다.

[대법관 박시환, 대법관 김지형, 대법관 이홍훈, 대법관 전수안, 대법관 이인복의 반대의견] (가) 언론의 자유는 개인이 언론활동을 통하여 자기의 인격을 형성하는 개인적 가치인 자기실현의 수단임과 동시에 사회구성원으로서 평등한 배려와 존중을 기본원리로 공생 · 공존관계를 유지하고 정치적 의사결정에 참여하는 사회적 가치인 자기통치를

실현하는 수단이 되는 핵심적 기본권이다. 언론기관의 통신비밀 보도행위의 위법성 여부를 둘러싸고 우열관계를 가리기 어려운 기본권인 통신의 비밀 보호와 언론의 자유가 서로 충돌하는 경우에는 추상적인 이익형량에 의하여 양자택일식으로 어느 하나의 기본권만을 쉽게 선택하고 나머지를 희생시켜서는 안 되며, 충돌하는 기본권이 모두 최대한 실현될 수 있는 조화점을 찾도록 노력하되 개별 사안에서 언론의 자유로 얻어지는 이익 및 가치와 통신의 비밀 보호에 의하여 달성되는 이익 및 가치를 형량하여 규제의 폭과 방법을 정하고 그에 따라 최종적으로 보도행위가 정당행위에 해당하는지 여부를 판단하여야 할 것이다. 그리고 이와 같은 이익형량을 함에 있어서는 통신비밀의 취득과정, 보도의 목적과 경위, 보도에 의하여 공개되는 통신비밀의 내용, 보도 방법 등을 종합적으로 고려하여야 한다.

(나) 불법 감청·녹음 등에 관여하지 아니한 언론기관이 이를 보도하여 공개하는 경우에, 그 보도를 통하여 공개되는 통신비밀의 내용이 중대한 공공의 이익과 관련되어 공중의 정당한 관심과 여론의 형성을 요구할 만한 중요성을 갖고 있고, 언론기관이 범죄행위나 선량한 풍속 기타 사회질서에 반하는 위법한 방법에 의하여 통신비밀을 취득한 경우에 해당하지 아니하며, 보도의 방법에서도 공적 관심사항의 범위에 한정함으로써 그 상당성을 잃지 않는 등 그 내용을 보도하여 얻어지는 이익 및 가치가 통신비밀의 보호에 의하여 달성되는 이익 및 가치를 초과한다고 평가할 수 있는 경우에는 형법 제20조 소정의 정당행위로서 이를 처벌의 대상으로 삼을 수 없다고 할 것이다. 여기서 어떠한 경우에 통신비밀의 내용이 그 공개가 허용되어야 하는 중대한 공공의 이익과 관련된 것으로 보아야 할 것인지는 일률적으로 정할 수 없고, 그 내용이 사회에 미치는 영향력과 파급효과, 통신 또는 대화 당사자의 사회적 지위·활동 내지 공적 인물로서의 성격 여부, 그 공개로 인하여 얻게 되는 공익 등을 종합적으로 고려하여 정하여야 할 것이다.

[2] [다수의견] 방송사 기자인 피고인이, 구 국가안전기획부 내 정보수집팀이 대기업 고위관계자와 모 중앙일간지 사주 간의 사적 대화를 불법 녹음하여 생성한 녹음테이프와 녹취보고서로서, 1997년 제15대 대통령 선거를 앞두고 위 대기업의 여야 후보 진영에 대한 정치자금 지원 문제 및 정치인과 검찰 고위관계자에 대한 이른바 추석 떡값 지원 문제 등을 논의한 대화가 담겨 있는 도청자료를 입수한 후 그 내용을 자사의 방송프로그램을 통하여 공개한 사안에서, 피고인이 국가기관의 불법 녹음을 고발하기 위하여 불가피하게 위 도청자료에 담겨있던 대화 내용을 공개하였다고 보기 어렵고, 위 대화가 보도 시점으로부터 약 8년 전에 이루어져 그 내용이 보도 당시의 정치질서 전개에 직접적인 영향력을 미친다고 보기 어려운 사정 등을 고려할 때 위 대화 내용이 비상한 공적 관심의 대상이 되는 경우에 해당한다고 보기도 어려우며, 피고인이 위 도청자료의 취득에 적극적·주도적으로 관여하였다고 보는 것이 타당하고, 이를 보도하면서 대화 당사자들의 실명과 구체적인 대화 내용을 그대로 공개함으로써 수단이나 방법의 상당성을

결여하였으며, 위 보도와 관련된 모든 사정을 종합하여 볼 때 위 보도에 의하여 얻어지는 이익 및 가치가 통신비밀이 유지됨으로써 얻어지는 이익 및 가치보다 우월하다고 볼 수 없다는 이유로, 피고인의 위 공개행위가 형법 제20조의 정당행위에 해당하지 않는다고 본 원심판단을 수긍한 사례.

[대법관 박시환, 대법관 김지형, 대법관 이홍훈, 대법관 전수안, 대법관 이인복의 반대의견] 위 사안에서, 도청자료에 담겨 있던 대화 내용은 1997년 대통령 선거 당시 여야 대통령후보 진영에 대한 대기업의 정치자금 지원 문제와 정치인 및 검찰 고위관계자에 대한 이른바 추석 떡값 등의 지원 문제로서 매우 중대한 공공의 이익과 관련되어 있고, 위 대화가 보도 시점으로부터 약 8년 전에 이루어졌으나 재계와 정치권 등의 유착관계를 근절할 법적·제도적 장치가 확립되었다고 보기 어려운 정치 환경 등을 고려할 때 시의성이 없다고 할 수 없으며, 피고인이 위 도청자료를 취득하는 과정에서 위법한 방법을 사용하지 아니하였고, 보도 내용도 중대한 공공의 이익과 직접적으로 관련된 것만을 대상으로 하였으며, 보도 과정에서 대화 당사자 등의 실명이 공개되기는 하였으나 대화 내용의 중대성이나 대화 당사자 등의 공적 인물로서의 성격상 전체적으로 보도 방법이 상당성을 결여하였다고 볼 수 없고, 위 불법 녹음의 주체 및 경위, 피고인이 위 도청자료를 취득하게 된 과정, 보도에 이르게 된 경위와 보도의 목적·방법 등 모든 사정을 종합하여 볼 때 위 보도에 의하여 얻어지는 이익이 통신의 비밀이 유지됨으로써 얻어지는 이익보다 우월하다는 이유로, 피고인의 위 보도행위는 형법 제20조의 사회상규에 위배되지 아니하는 정당행위에 해당하고, 이와 달리 본 원심판단에 정당행위의 의미와 한계에 관한 법리오해의 위법이 있다고 한 사례.

연 구

Ⅰ. 들어가는 말

대상판결은 국가안전기획부의 불법도청 테이프를 입수하여 보도한 혐의로 기소된 방송국 기자에게 징역6월에 자격정지 1년의 원심을 확정하였다. 이 테이프에는 1997년 연말 대선을 앞두고 당시 모회사그룹 비서실장과 유명일간지 회장이 만나, 돈[1]을 건넬 특정 후보와 검찰 고위간부들의 이름, 액수 등을 논의하는 대화내용이 녹음되어 있었다고 한다.

사안의 핵심쟁점은 '위 보도행위가 정당행위로서 위법성이 조각될 수 있는 경우인가?'였던 것으로 보인다. 이에 대해 대법원 다수의견(8명)은 "불법으로 감청·녹음되었다는 사실을 알면서도 이를 보도하는 것은 원칙적으로 위법하다"고 하면서 이러한 보도 행위가 정당행위로서 인정되기 위해서는 "불법 감청·녹음 등에 의하여 수집된 통신 또는 대화의 내용이 이를 공개하지 아니하면 생명·신체·재산·기타 공익에 중대한 침해가 발생할 가능성이 현저해야 한다"는 기준하에서 그 행위에 대한 불법성을 인정하였다.

Ⅱ. 구성요건해당성

그러나 이러한 불법성 판단은 구성요건해당성을 전제로 이루어져야한다. 판시내용에 의할 때, 대상판결이 이에 대하여 깊이 있는 고민을 한 것으로 보이지는 않는다. 위법성조각 여부와 관련해서는 많은 논의를 한 것과는 매우 대조적이다.[2] 이론적으로 구성요건해당성 인정에 의해 원칙적으로 위법성이 인정될 수 있고 다만 매우 비전형적이면서도 예외적 경우에만 예외를 인정하는 것이 위법성조각이라는 점에서, 구성요건해당성 판단과정은 매우 신중하고도 엄격하게 이루어져야 한다. 그럼에도 불구하고 대상판결이 이에 대하여 깊이 있는 고민을 한 것으로 보이지는 않아 아쉬움이 남는다. 왜냐하면 이와 관련하여 논쟁의 여지가 다분한 몇 가지 쟁점이 눈에 띄기 때문이다.

그것은 피고인이 방송국 기자라는 점에서 비밀공개·누설행위의 주체가 될 수 있는가와 관련한 논의, 그리고 기자의 보도자료 입수 및 그 내용의 방영이 통신비밀보호법상의 비밀공개·누설에 해당하는가 등의 문제이다.

대상판결의 취지를 고려할 때 대상판결에서 평가대상으로 하고 있는 것은

---

1) 대상판결의 판결이유에서 "추석 떡값"이라고 명명하고 있다.

2) 이러한 점에서 일단 구성요건해당성이 충족되므로 처벌하는 것이 마땅하는 것을 전제로 하고 예외를 적용해 선처를 베풀 것인가 말 것인가를 고려한 것이 아닌가라는 의심을 하지 않을 수 없다.

기자의 비밀공개 행위이다. 이러한 비밀의 공개라는 것은 비밀의 내용을 '공연히 제3자'(불특정 또는 다수인)에게 알리는 것이다. 따라서 비밀누설이 비밀의 내용을 제3자에게 알리는 것을 의미한다는 거의 이론(異論) 없는 견해에 따르면, 대상판결의 대상행위인 '공개'는 공연한 비밀누설행위로 평가된다. 그리고 이것은 비밀누설죄와 명예훼손죄의 상상적 경합으로 평가될 수 있다고 한다.[3] 이처럼 대상행위인 통신비밀공개행위가 누설로 이해된다는 점에서 본고에서는 형법의 비밀누설행위와의 관계를 고려하여 이하에서 논의하고자 한다.

명예훼손죄와 관련해서는 형법 제310조의 적용 가능성에 대한 검토가 필요하다. 그러나 전술한 바와 같이 논의의 효율성을 위하여 이하에서는 우선 대상행위의 구성요건해당성 여부에 대한 평가부터 시도하고자 한다.

1. 행위주체

대상판결은 판시사항에서 처벌대상 행위를 "불법 감청·녹음 등에 관여하지 아니한 피고인이 그 사정을 알면서" 국가기관이 "불법 녹음하여 생성한 도청자료인 녹음테이프와 녹취보고서를 입수한 후 이를 자사의 방송프로그램을 통하여 공개"한 행위인 것으로 판시하고 있다. 그러면서 대상판결은 이러한 행위를 통신비밀보호법 제16조 1항 2호의 "불법 감청·녹음 등에 의하여 수집된 통신 또는 대화의 내용을 공개하거나 누설하는 행위"로 평가하였다. 이미 설명한 바에 따라 대상판결은 피고인의 행위가 궁극적으로 '비밀 누설 행위'이기 때문에 처벌해야 된다고 판단한 것으로 볼 수 있다.

가. 형법전의 비밀누설행위 처벌규정의 행위주체

그러나 비밀 "누설(漏泄)"행위를 처벌하고 있는 형법 제127조 공무상비밀누

---

3) 김일수/서보학, 형법각론, 박영사, 2005, 234면; 박상기. 형법각론, 박영사, 2005, 229면; 배종대, 형법각론, 홍문사, 2006, 321면; 손동권, 형법각론, 율곡출판사, 2007, 239면; 이영란, 형법학(각론강의), 형설출판사, 2010, 238면; 이재상, 형법각론, 박영사, 2010, 230면; 이정원, 형법각론, 법지사, 2003, 273면; 임웅, 형법각론, 법문사, 2006, 237면; 정성근/박광민, 형법각론, 삼지원, 2006, 241면; 정영일, 형법각론, 박영사, 2008,226면; 진계호, 형법각론, 대왕사, 2003, 262면.

설죄, 동법 제317조 업무상비밀누설죄[4]의 규정은, 일반범으로 규정하고 있는 동법 제316조 비밀침해죄와는 달리 일정한 신분이 있는 자만을 그 처벌대상으로 규정하고 있다. 물론 동법 제98조 2항 군사상비밀누설죄와 동법 제113조 외교상비밀누설죄에서는 그 주체에 제한이 없으나 대상사안이 국방과 외교상의 문제와 관련된 것이 아니므로, 대상사안의 행위주체와 관련한 문제해결을 위해 동 규정의 내용을 고려할 필요는 없을 것으로 생각된다. 어쨌든 필자는 형법전의 비밀누설죄의 입법취지에 의하면 대상사안의 방송국 기자는 비밀누설죄의 행위주체가 될 수 없다고 생각한다. 그러나 대상판결에서 유죄판결의 근거로 제시하고 있는 통신비밀보호법 제16조에는 이러한 '누설'행위의 행위주체에 대한 제한이 없다. 이러한 점에서 필자는 본 규정이 과잉금지원칙에 반하는 문제를 내포하고 있다고 생각한다.

나. 통신비밀보호법상의 비밀누설 행위주체에 대한 제한적 해석

다만 필자는 이러한 실정법상의 문제를 규정의 제한적 해석을 시도함으로써 극복할 수 있다고 생각한다. 그것은 본 규정에 대한 이원적 해석이다. 즉 비밀누설로 인하여 침해되는 법익의 중대성을 감안하여 그 법익 주체의 범위를 제한하는 해석이 가능하다면 이러한 문제는 다소 해소될 것으로 생각된다.[5]

(1) 형법전의 규정에 따른 제한

국가의 질서유지 내지는 존립 등과 같은 매우 중요한 비밀침해 내지 누설의 경우는 형법 제98조 2항(군사상비밀누설)과 동법 제133조(외교상비밀의 누설)가 행위주체에 제한을 두지 않은 점을 고려하여 누구든지 처벌대상이 되는 것으로 해석하고 그 이외의의 침해행위에 대해서는 동법 제127조(공무상비밀의 누설)와 동법 제317조(업무상비밀누설)를 고려하여 특별한 신분이 있는 자 예컨대 "법률에 의하여 업무상 지득한 비밀을 유지해야 할 의무가 있는 자[6]"로 제한하여 해석하는 것이 합리적일 것으로 생각된다.

---

4) 친고죄로 규정하고 있음.
5) 물론 이러한 문제는 법개정을 통하여 최종적으로 해소되는 것이 가장 바람직하다. 법개정을 기대한다.
6) 이정원, 형법각론, 법지사, 2003, 271면 참조.

(2) 의무의 충돌에 따른 제한

또한 피고인이 국민의 알 권리를 충족시키는 것이 방송국 기자의 업무임을 고려하여 대상판결은 통신비밀보호법 제16조 1항 2호를 피고인에게 적용함에 있어 그 행위주체와 관련하여 제한적 해석을 해야 할 필요가 있었다고 생각한다. 이러한 방송기자의 업무성격을 고려한 제한적 해석은 대상사안에서의 피고인의 행위는 양립할 수 없는 의무의 충돌 속에서 이루어졌다는 점에서도 요청될 수 있다. 왜냐하면 피고인인 방송국기자에게는 타인의 비밀을 누설하지 않아야 할 의무와 일반인들에게는 부과되지 않는 국민의 알권리를 충족시켜야 언론인으로서의 의무가 동시에 부과되기 때문이다. 그리고 대상사안과 관련하여 피고인의 하나의 의무이행은 항상 다른 의무의 위반행위로 평가될 개연성이 매우 높을 것이다. 물론 이러한 논의는 기자에게 전술한 두 가지 의무, 특히 국민의 알 권리를 충족시킬 의무가 입증될 때 가능하다. 그러나 현실적으로 방송국 기자의 일반적인 업무 속성상 국민의 알 권리 충족이라는 측면을 제외했을 때 그 의미는 공허한 껍데기에 불과하다는 점에서 이러한 의무를 부정할 수는 없다. 이렇게 부정할 수 없는 의무의 존재에 의해 대상사안의 경우에 있어 일정한도[7]의 "의무가 충돌"하고 있다는 점도 또한 부정될 수 없다. 이러한 논의에 의하면 대상사안의 행위의 평가에 있어 통신비밀보호법 제16조 1항 2호의 행위주체에 대한 제한적 해석이 불가능하지는 않을 것으로 생각된다. 그럼에도 불구하고 문리해석에 충실한 대법원의 판단에는 이러한 고려가 전혀 반영되지 않은 것으로 보인다. 이러한 문리해석에 의하면 행위자는 동규정의 행위주체에서 근본적으로 배제할 수는 없을 것이다.

2. 누설행위 성립여부

그러나 행위주체로 인정되는 것만이 구성요건해당성을 판단하는 기준은 아니다. 기자의 그 내용의 입수 및 공개행위가 비밀누설행위로 평가되지 않는 한 구

7) 두 개의 의무가 법적으로 동일한 지위에 있는 것이 아니라고 하더라도 행위주체를 제한하는 요소로 고려될 수 있을 것으로 생각한다.

성요건해당성은 충족될 수 없다. 또한 입수한 내용이 통신비밀보호법의 보호법익인 비밀이 될 수 있는지에 대해서도 검토가 필요하다. 이러한 검토를 위해서는 우선 비밀누설의 의미를 파악할 필요가 있다.

가. 비밀누설의 의미

전술한 바와 같이 대상사안과 관련될 수 있는 비밀누설에 관해서는 형법전에 공무상·업무상 비밀누설에 대해서만 규정하고 있으므로, 비밀누설의 의미에 대해서는 본 규정상의 개념에 따르도록 한다. 업무상비밀누설죄에 있어서 비밀누설이란 비밀의 내용을 제3자에게 알리는 것이라고 한다. 그리고 비밀의 내용을 공연히 알리는 것은 비밀누설죄와 명예훼손죄의 상상적 경합이 된다고 한다.[8] 또한 비밀의 누설이 제3자에게 도달하면 기수에 이르게 되며, 제3자가 현실적으로 비밀의 내용을 인식할 필요는 없다고 한다. 따라서 본죄는 형식범이며 위험범[9]으로 해석된다고 한다.[10]

이러한 비밀누설개념에 의할 때, 방송국 기자의 내용 공개 행위가 누설이 될 수 있는지 의문이다. 더욱이 통신비밀보호법 제16조 1항 2호의 비밀누설죄의 정범이 될 수 있는지 심각한 의문이 제기된다. 왜냐하면 위 비밀누설의 정의에 의하면 비밀누설은 대상판결의 피고인인 방송국 기자에게 그 내용을 전달한 자(이하 A라 칭함.)의 행위로 평가될 수 있기 때문이다. 즉 A는 그 전달과 동시에 동법 동호의 비밀누설죄를 범한 것이고, 피고인의 행위는 방조 내지는 교사에 불과하기 때문이다. 교사·방조는 정범의 불법성에 종속해서 성립될 수 있다는 관점(공범종속성설의 제한종속형식)에서 정범의 불법성에 관하여 판단하지 않은

8) 김일수/서보학, 형법각론, 박영사, 2005, 234면; 박상기. 형법각론, 박영사, 2005, 229면; 배종대, 형법각론, 홍문사, 2006, 321면; 손동권, 형법각론, 율곡출판사, 2007, 239면; 이영란, 형법학(각론강의), 형설출판사, 2010, 238면; 이재상, 형법각론, 박영사, 2010, 230면; 이정원, 형법각론, 법지사, 2003, 273면; 임웅, 형법각론, 법문사, 2006, 237면; 정성근/박광민, 형법각론, 삼지원, 2006, 241면; 정영일, 형법각론, 박영사, 2008,226면; 진계호, 형법각론, 대왕사, 2003, 262면.

9) 추상적 위험범설과 구체적 위험범설의 대립이 있다.

10) 김일수/서보학, 형법각론, 박영사, 2005, 235면; 손동권, 형법각론, 율곡출판사, 2007, 241면; 이정원, 형법각론, 법지사, 2003, 274면; 정성근/박광민, 형법각론, 삼지원, 2006, 241면; 정영일, 형법각론, 박영사, 2008, 224면; 진계호, 형법각론, 대왕사, 2003, 260면.

대상판결은 이러한 행위에 대한 교사·방조에 대하여 판단할 수는 없었을 것으로 보인다. 따라서 이에 대한 논의는 무의미하다.

나. 이미 누설된 비밀의 침해 가능성

그러나 전달받은 이후 그 내용을 방송으로 보도한 행위에 대한 평가를 위해서 최초 A의 행위에 의해 이미 누설된 비밀은 여전히 비밀인가에 대한 논의가 필요하다. 이것은 통신비밀보호법 제16조의 보호법익이 무엇인가에 대한 논의로 귀결될 것이다. 형법 제316조의 비밀침해죄와 동법 제317조 업무상비밀누설죄의 보호법익이 타인의 비밀이라는 데에 견해가 일치하고 있다. 이에 의하면 통신비밀보호법 제16조의 보호법익도 타인의 비밀로 해석하는 것이 타당하다. 그렇다면 대상사안의 A에 의해 이미 침해되어 버린 타인의 비밀에 어떠한 보호법익이 추가적으로 존재하는 것인지 알 수 없다. 즉 A의 비밀누설행위에 의해 이미 그 내용이 알려져 이미 비밀이 될 수 없는 내용을 비밀누설의 보호법익으로 평가할 수 있는 것인지 의문이다. 더욱이 형법 제317조의 업무상비밀누설죄는 추상적 위험범으로 해석되고 있다. 누설이 제3자에게 도달함과 동시에 기수에 이르게 되는 형식범이다. 더 나아가 구체적인 현실에서 전달 받은 자가 방송국 기자라면 녹음테이프의 전달과 동시에 테이프 내용은 그 비밀로서의 가치를 상실하였다고 봄이 사회적 통념에 부합할 것이다. 따라서 테이프를 A가 방송국 기자에게 전달한 이후 비밀로서 보호되어야 할 법익은 존재하지 않는다고 보아야 할 것이다.

그러나 그럼에도 불구하고 대상판결은 이러한 내용에 대한 판시 없이 위법성조각여부에 대하여 논의를 집중하고 있다. 이하에서는 대상판결의 위법성조각여부에 대한 판단에 대하여 살펴보고자 한다.[11)]

11) 전술한 구성요건해당성과 관련하여 논의한 부분이 구성요건해당성 판단단계에서 고려할 요소가 아니라고 평가되더라도 적어도 위법성조각 판단단계에서 고려되었어야 할 것으로 생각된다.

Ⅲ. 위법성 판단에 대한 대법원 다수의견의 관점과 그 근거

전술한 바와 같이 대법원의 다수의견은 “불법으로 감청·녹음되었다는 사실을 알면서도 이를 보도하는 것은 원칙적으로 위법하다.”고 하면서 이러한 보도행위가 정당행위로서 인정되기 위해서는 “이를 공개하지 않으면 생명·신체·재산·기타 공익에 중대한 침해가 발생할 가능성이 뚜렷해야 한다.”라고 판시하였다. 이러한 대법원의 다수의견은 통신비밀보호법 제8조 1항[12]의 긴급통신제한조치 규정에 근거한 것으로 이해된다.[13] 동법은 통신비밀 침해행위를 전면적으로 금지하는 것을 원칙으로 하면서도 한편으로는 동조 등에 의해 그 예외를 인정하고 있다. 동법 동조에는 “국가안보를 위협하는 음모행위, 직접적인 사망이나 심각한 상해의 위험을 야기할 수 있는 범죄 또는 조직범죄등 중대한 범죄의 계획이나 실행 등 긴박한 상황”과 같은 “긴급한 사유가 있는 때에는 법원의 허가 없이 통신제한조치를 할 수 있다.”고 규정하면서 한편으로는 사후허가[14]를 받도록 하고 있다.[15] 국가안보의 위협과 직접적 사망 혹은 상해의 위험이라는 법문은 대법원의 “생명·신체·재산·기타 공익에 중대한 침해가 발생할 가능성”이라는 기준 제시 근거가 된 것으로 보인다.

1. 수많은 예외의 규정

대법원의 이러한 태도는 본 사안처럼 법률의 개별적, 구체적 규정이 없는 경우이더라도 위 제시기준에 해당하게 되면 정당행위로서 위법성이 조각될 수 있

---

12) 제8조(긴급통신제한조치) ① 검사, 사법경찰관 또는 정보수사기관의 장은 국가안보를 위협하는 음모행위, 직접적인 사망이나 심각한 상해의 위험을 야기할 수 있는 범죄 또는 조직범죄등 중대한 범죄의 계획이나 실행 등 긴박한 상황에 있고 제5조제1항 또는 제7조제1항제1호의 규정에 의한 요건을 구비한 자에 대하여 제6조 또는 제7조제1항 및 제3항의 규정에 의한 절차를 거칠 수 없는 긴급한 사유가 있는 때에는 법원의 허가없이 통신제한조치를 할 수 있다.

13) 대상판결의 판결문 참조.

14) 제8조(긴급통신제한조치)② 검사, 사법경찰관 또는 정보수사기관의 장은 제1항의 규정에 의한 통신제한조치(이하 "긴급통신제한조치"라 한다)의 집행착수후 지체없이 제6조 및 제7조제3항의 규정에 의하여 법원에 허가청구를 하여야 하며, 그 긴급통신제한조치를 한 때부터 36시간 이내에 법원의 허가를 받지 못한 때에는 즉시 이를 중지하여야 한다.

15) 허가 없는 통신제한 조치가 아니다.

다는 하나의 명확한 기준을 확립하였다는 데에 있어 큰 의미를 갖는다. 그러나 동법에는 제8조 이외에 제5조[16]에도 그 광범위한 예외를 규정하고 있다.[17]

2. 통신비밀보호법 제5조의 내용

제5조에는 '범죄수사를 위한 통신제한조치의 허가요건'이라는 표제 하에 "통신제한조치는 다음 각호의 범죄를 계획 또는 실행하고 있거나 실행하였다고 의

16) 제5조(범죄수사를 위한 통신제한조치의 허가요건) ① 통신제한조치는 다음 각호의 범죄를 계획 또는 실행하고 있거나 실행하였다고 의심할만한 충분한 이유가 있고 다른 방법으로는 그 범죄의 실행을 저지하거나 범인의 체포 또는 증거의 수집이 어려운 경우에 한하여 허가할 수 있다.

1. 형법 제2편중 제1장 내란의 죄, 제2장 외환의 죄중 제92조 내지 제101조의 죄, 제4장 국교에 관한 죄중 제107조, 제108조, 제111조 내지 제113조의 죄, 제5장 공안을 해하는 죄중 제114조, 제115조의 죄, 제6장 폭발물에 관한 죄, 제7장 공무원의 직무에 관한 죄중 제127조, 제129조 내지 제133조의 죄, 제9장 도주와 범인은닉의 죄, 제13장 방화와 실화의 죄중 제164조 내지 제167조·제172조 내지 제173조·제174조 및 제175조의 죄, 제17장 아편에 관한 죄, 제18장 통화에 관한 죄, 제19장 유가증권, 우표와 인지에 관한 죄중 제214조 내지 제217조, 제223조(제214조 내지 제217조의 미수범에 한한다) 및 제224조(제214조 및 제215조의 예비·음모에 한한다), 제24장 살인의 죄, 제29장 체포와 감금의 죄, 제30장 협박의 죄중 제283조제1항, 제284조, 제285조(제283조제1항, 제284조의 상습범에 한한다), 제286조[제283조제1항, 제284조, 제285조(제283조제1항, 제284조의 상습범에 한한다)의 미수범에 한한다]의 죄, 제31장 약취와 유인의 죄, 제32장 강간과 추행의 죄중 제297조 내지 제301조의2, 제305조의 죄, 제34장 신용, 업무와 경매에 관한 죄중 제315조의 죄, 제37장 권리행사를 방해하는 죄중 제324조의2 내지 제324조의4·제324조의5(제324조의2 내지 제324조의4의 미수범에 한한다)의 죄, 제38장 절도와 강도의 죄중 제329조 내지 제331조, 제332조(제329조 내지 제331조의 상습범에 한한다), 제333조 내지 제341조, 제342조[제329조 내지 제331조, 제332조(제329조 내지 제331조의 상습범에 한한다), 제333조 내지 제341조의 미수범에 한한다]의 죄, 제39장 사기와 공갈의 죄중 제350조의 죄
2. 군형법 제2편중 제1장 반란의 죄, 제2장 이적의 죄, 제3장 지휘권 남용의 죄, 제4장 지휘관의 강복과 도피의 죄, 제5장 수소이탈의 죄, 제7장 군무태만의 죄중 제42조의 죄, 제8장 항명의 죄, 제9장 폭행·협박·상해와 살인의 죄, 제11장 군용물에 관한 죄, 제12장 위령의 죄중 제78조·제80조·제81조의 죄
3. 국가보안법에 규정된 범죄
4. 군사기밀보호법에 규정된 범죄
5. 「군사기지 및 군사시설 보호법」에 규정된 범죄
6. 마약류관리에관한법률에 규정된 범죄중 제58조 내지 제62조의 죄
7. 폭력행위등처벌에관한법률에 규정된 범죄중 제4조 및 제5조의 죄
8. 총포·도검·화약류등단속법에 규정된 범죄중 제70조 및 제71조제1호 내지 제3호의 죄
9. 특정범죄가중처벌등에관한법률에 규정된 범죄중 제2조 내지 제8조, 제10조 내지 제12조의 죄
10. 특정경제범죄가중처벌등에관한법률에 규정된 범죄중 제3조 내지 제9조의 죄
11. 제1호와 제2호의 죄에 대한 가중처벌을 규정하는 법률에 위반하는 범죄

17) 너무나 많아서 예외란 표현이 무색할 정도이다. 각주 상의 통신비밀보호법 제5조 내용 참조.

심할만한 충분한 이유가 있고 다른 방법으로는 그 범죄의 실행을 저지하거나 범인의 체포 또는 증거의 수집이 어려운 경우에 한하여 허가할 수 있다"고 규정하면서, 그 대상범죄들 중에 공무원의 직무에 관한 죄인 형법 제129조 수뢰죄를 규정하고 있다. 따라서 동 규정은 뇌물사건의 경우에는 예외적으로 통신제한을 허용하고 있다. 다만 이 경우는 사후에 법원의 허가를 청구하도록 되어 있는 제8조의 경우와 달리 법원의 사전 통제를 받아야 한다. 이러한 사전통제 요건 때문인지는 몰라도 제5조의 적용요건(통신비밀 침해 허용요건)은 제8조의 그것보다 현저히 완화되어 있다고 볼 수 있다. 예컨대 제8조에서 '조직범죄 등 중요한 범죄'의 계획에 대하여 규정하고 있음에 반하여 제5조에서는 증거수집 등의 어려움 있는 경우라면 동조 1호에 규정되어 있는 모든 범죄의 실행의 경우뿐만 아닌 '계획 중'인 경우에도 법원은 통신제한조치를 허가할 수 있다고 규정하고 있고 그 허용대상의 범위도 더욱 광범위하기 때문이다.

3. 통신비밀보호법의 구조에 근거한 대법원 다수의견에 대한 의문

이러한 통비법의 구조에 의할 때, 필자는 본 사건에 대한 다수의견의 태도에 대해 심각한 의문을 제기하지 않을 수 없다. 왜냐하면 대법원이 동법 제5조 규정에 따라 대상행위의 정당성 여부를 판단하였다면 보다 완화된 요건 하에 대상 보도행위의 정당성이 인정될 수도 있었을 것이기 때문이다. 이와 관련하여 대법원은 "예외적으로 법원의 사전 허가 없이 긴급통신제한조치를 할 수 있도록 규정하고 있는 것이 제8조"이기 때문에 이에 근거하여 대상행위의 정당성을 판단할 수 있다고 판시하고 있다.[18] 그리하여 대법원은 법원의 (사전)허가 없이 비밀누설에 의한 침해행위가 허용되기 위해서는, "국가안보를 위협하는 음모행위, 직접적인 사망이나 심각한 상해의 위험을 야기할 수 있는 범죄 또는 조직범죄등 중대한 범죄의 계획이나 실행 등 긴박한 상황"과 같은 제8조의 엄격한 요건이 충족되어야 한다고 판시하고 있는 셈이다.

사건의 행위자가 언론기자이고 이러한 기자의 보도는 통실비밀보호법의 입법

18) 대상판결의 판결이유 참조.

취지를 고려할 때, 원칙적으로 법원의 허가대상이 될 수 없다는 점에서 대법원의 고민과 법적용에 대해 어느 정도 수긍할 수도 있다. 그러나 언론보도의 통신비밀 침해 허용여부는 통신의 비밀과 언론의 자유라는 법익간의 이익교량이라는 관점에서 세밀하고도 정밀하게 결정될 문제이지, 그것이 법원의 사전 혹은 사후 허가대상인가에 따라 결정될 문제가 아니다. 더욱이 수사기관이 통신제한조치를 할 수 있는 절차적 요건에 불과한 법원의 사전 허가의 유무에 의해 사인의 비밀누설행위의 위법성조각여부(불법성)을 결정하는 것이 타당한 것인지에 대한 면밀한 검토가 필요할 것으로 보인다. 따라서 법원의 (사전·사후)허가 요건은 허용 여부가 결정된 후에 법익침해의 허용범위를 결정할 때, 고려되어야 할 요소로 이해되어야 한다고 생각한다. 이러한 점에서 대법원의 동법 제5조 적용 여부에 대한 고려 없는 동법 제8조 적용에 대해서는 매우 심각한 우려를 금할 수 없다.[19)]

동법 제5조의 유추적용은 사인인 기자에게 법원의 허가라는 요건을 어떻게 적용할 것인가라는 문제를 야기할 수 있다. 이러한 허가요건의 언론기자에 대한 적용은 언론에 대한 법원의 사전검열이 될 것이므로 이는 절대 용납될 수 없다. 그러나 이것은 해결 불가능한 문제가 아니다. 전술한 필자의 허가요건에 대한 견해에 의하면 법원의 허가요건은 동법 제5조를 유추적용하여 언론의 보도행위에 의한 통신비밀 침해의 허용범위를 산정함에 있어 (위법성조각배제 사유가 아니라) 그 범위를 제한하는 요소로 고려하면 족하기 때문이다.

4. 제310조의 적용 가능성

필자의 관점에서 대상사안의 행위는 통신비밀보호법 위반 행위라기보다는 오히려 명예훼손행위의 성격이 더 강한 것으로 보인다. 왜냐하면 방송기자인 피고인이 방송을 통하여 '공연히' 그 내용을 공개하였기 때문이다.[20)] 피고인의 이러

19) 다소 논리의 비약이 개입될 수 있음을 인정하면서도, 그리고 분명히 의도적이 아닐 것이라고 확신하면서 "언론에 대한 사법(司法)통제의 위험성"이 연상되는 것은 기우일까? 이러한 의심은 대상판결이 제5조에 대하여 전혀 논의하고 있지 않다는 점에서 더욱 깊어진다.

20) 김일수/서보학, 형법각론, 박영사, 2005, 234면; 박상기. 형법각론, 박영사, 2005, 229면; 배종대, 형법각론, 홍문사, 2006, 321면; 손동권, 형법각론, 율곡출판사, 2007, 239면; 이영란, 형법

한 행위가 명예훼손 행위로 평가 될 수 있다는 점에서 형법 제310조에 규정되어 있는 특수한 위법성조각사유 규정의 적용가능성에 대하여 대상판결은 검토할 필요가 있었다고 생각한다. 최소한 유추적용 여부에 대해서는 판단할 필요가 있다.

동법 제310조는 오로지 공공의 이익을 위하여 공연히 진실한 사실을 적시한 경우에는 처벌하지 않는다고 규정하고 있다. 대상사안의 방송국 기자는 도청을 통하여 불법하게 녹음되었지만 범죄계획 중인 테이프의 내용을 방송을 통하여 보도하였다. 이것은 오로지 헌정질서 유지라는 공공의 이익을 위한 진실한 사실의 적시 행위에 해당[21]하고 따라서 이에 대해서는 위법성이 조각되어야 한다. 따라서 대상판결은 통신비밀보호법 제16조 1항 2호의 규정의 적용과 이에 대한 위법성조각여부를 판단할 때에 형법 제310조의 유추적용 여부에 대해서도 심사숙고하였어야 할 것이다.

Ⅳ. 나오는 말

대상판결은 범죄를 계획하고 있는 녹음테이프의 내용을 언론에 보도한 행위에 대하여 통신비밀보호법 제16조 1항 2호 위반행위로 평가하였다. 그러나 이미 살펴본 바와 같이 대상판결은 동규정의 행위주체를 판단함에 있어 형법규정의 구조와 방송기자의 국민의 알 권리 충족을 위한 보도의무를 고려할 필요가 있었다. 이러한 고려에 의하면 피고인은 동 규정의 행위주체에서 배제될 수 있다. 뿐만 아니라 피고인이 보도자료를 수집하여 보도한 행위가 동 규정의 비밀누설행위가 될 수 있는지에 대해서도 심각한 문제제기가 가능하였다. 이미 살펴본 바와 같이 수집행위는 누설행위 자체로 평가될 수 없었으며, 기껏해야 교사 혹은 방조로 평가될 수 있을 뿐이었다. 또한 전달받은 사람이 언론사 기자이며,

---

학(각론강의), 형설출판사, 2010, 238면; 이재상, 형법각론, 박영사, 2010, 230면; 이정원, 형법각론, 법지사, 2003, 273면; 임웅, 형법각론, 법문사, 2006, 237면; 정성근/박광민, 형법각론, 삼지원, 2006, 241면; 정영일, 형법각론, 박영사, 2008,226면; 진계호, 형법각론, 대왕사, 2003, 262면.

21) 대상판결의 반대의견에서 주장되고 있다.

비밀누설죄가 추상적 위험범으로 해석될 수 있다는 점에서, 최초 누설자(A)에 의해 이미 보호법익(비밀)은 침해되었고 따라서 추가적으로 더 이상의 보호할 이익이 존재하지 않는다는 점에서 방송기자의 보도행위는 형사처벌의 대상이 될 수 없다고 볼 수 있다.

위법성조각여부와 관련하여 대상판결은 통신비밀보호법 제8조에서 그 근거를 찾고 있다. 그러나 필자는 동법 제5조와 형법 제310조를 유추적용하여 위법성 조각을 인정할 수 있다고 본다.

사생활의 비밀과 통신의 비밀은 헌법에 규정되어 있는 매우 중대한 법익이다. 그러나 언론의 자유, 표현의 자유, 양심의 자유 등도 자유민주질서의 근간을 유지하는데 필수불가결한 요소이다. 따라서 개인적 법익 보호를 볼모로 권력에 의한 언론통제는 어떠한 경우에도 용납되어서는 안 될 것이다. 하물며 그것이 민주적 헌정질서를 교란할 위험성이 매우 높은 사실과 관련되어 있을 개연성이 큰 언론보도에 대해서라면 더욱 그러할 것이다.

참고문헌

김일수/서보학, 형법각론, 박영사, 2005.
박상기, 형법각론, 박영사, 2005.
배종대, 형법각론, 홍문사, 2006.
손동권, 형법각론, 율곡출판사, 2007.
이영란, 형법학(각론강의), 형설출판사, 2010.
이재상, 형법각론, 박영사, 2010.
이정원, 형법각론, 법지사, 2003.
임 웅, 형법각론, 법문사, 2006.
정성근/박광민, 형법각론, 삼지원.
정영일, 형법각론, 박영사, 2008.
진계호, 형법각론, 대왕사, 2003.

05

해적행위에서의 공범관계 이론구성*

- 삼호주얼리호 납치 소말리아 해적사건을 중심으로 -

노 선 균**

Ⅰ. 들어가며

1. 소말리아 해적 5명 구속 기소

- 부산지방검찰청은 지난 2. 25. 소말리아 해적 5명을 구속기소하였음
- 대한민국 최초로 소말리아 해적들을 수사하면서 통역 문제, 관할 문제, 해적들의 유치 및 관리문제 등 다양한 문제들이 있었으나 이들의 공범관계를 어떻게 구성할 것인지 또한 하나의 주된 쟁점이었음

* 이 논문은 제123회 영남형사판례연구회(2011.6.13.)에서 발표되었음.
** 현 서울중앙지검 공안 2부.

2. 공범관계 이론구성에 대한 논의 필요

- 해적들은 선박 및 인질 납치 행위와 몸값 요구만을 한 것이 아니라 그 과정에서 선원들을 구타하고 살해하려 하였고, 구조작전을 펼친 우리 해군에 총격을 가하여 살해하려고도 하였는데 검찰에서는 이들 모두를 기소하였음
- 그런데 이때 상해(강도상해)와 살인미수(강도살인미수)[1]를 직접 실행한자는 해적들 중 일부였기에 이 행위에 대한 책임을 다른 해적들에게도 지울 수 있는지가 첫 번째로 문제되었고, 다음으로는 다른 공범들에게도 책임을 지운다고 할 때 공범관계 구성을 일반 공동정범으로 구성할 수 있는지 아니면 공모공동정범 이론으로 설명할 것인지에 관한 것이었음
- 이 논의는 결국 **해적들의 개별 역할분담을 어디까지 '본질적 기여행위'로 볼 수 있는가 하는 문제로 종착**되었고, 검찰은 위 개별행위에 대하여도 일반 공동정범 성립 요건에 따라 해적들 모두에게 기능적 행위지배가 인정된다고 판단하였음

3. 논의순서

- 이 글은 해적 전체가 일부 해적들의 행위에 대하여도 모두 공범으로 책임지는 근거 및 법률구성에 대하여 설명하고자 함
- 이를 위하여 우선 ① 삼호주얼리호 납치사건의 공소사실을 설명하고, ② 공동정범의 성립요건 및 공모공동정범 이론에 대한 논의를 소개하며, ③ 해적행위의 특징 및 공범들의 행위를 '본질적 기여행위'로 보는 근거를 설명하고, 마지막으로 ④ 개별행위에 대한 검토순으로 글을 전개하고자 함

---

1) 아래 공소사실에 정리된 가중범죄 ①~④

Ⅱ. 공소사실에서의 공범관계

1. 삼호주얼리호 납치 해적사건 공소사실 요지[2)]

- 생포된 해적 5명은 사망한 해적 8명과 공모하여,
- 기본범죄: 2011. 1. 15. 로켓포 등으로 중무장한 상태로 삼호주얼리호에 승선하여 선박과 선원 21명을 납치하고, 소말리아로 선박운항을 강제하면서 선원들을 인질로 삼아 삼호해운에 몸값을 요구하고, 그 과정에서
- 가중범죄 4가지:
  ① 해적 중 3명(특정)은 1. 18. 해군 1차 구출작전시 접근해오는 해군장병 3명에게 무차별 조준 사격을 가하여 살인미수(인질강도살인미수 등)
  ② 해적 중 1명(특정)은 1. 19. 선장의 운항지연을 돕는 갑판장의 안면부를 팔꿈치로 1회 가격하여 전치 4주의 상해(인질강도상해 등)
  ③ 해적 중 1명(불특정)은 1. 21. 해군 2차 구출작전 총격이 시작되자, 피해 선원 3명을 우현 윙브릿지로 총알받이로 내세워 살인미수(인질강도살인미수 등)
  ④ 해적 중 1명(특정)은 1. 21. 해군들의 조타실 진입이 임박하자, 계획실패에 대한 책임을 물어 선장에게 총격을 가하여 살인미수(인질강도살인미수 등)

2. 공범관계 구성

- 기본범죄 및 가중범죄 4가지 모두에 대하여 생포된 해적 5명을 공동정범으로 기소

2) 부산지법 형사 5부(2011고합93)는 지난 5. 27. 국민참여재판을 통하여 공소사실의 기본범죄 및 가중범죄 3가지(①~③)에 대하여 모두 유죄를 인정하였으나, 가중범죄 ④에 대하여는 행위자인 특정 해적 1명에 대하여만 유죄를 인정하고, 나머지 4명의 해적에 대하여는 공모관계를 인정할 수 없다며 무죄선고 하였음

3. 공소사실에 대한 피고인들의 변명

- 기본범죄에 대하여는 생포된 해적 5명 모두 공모 및 실행행위 분담을 인정
- 가중범죄 4가지에 대하여는 행위자와의 공모관계 및 책임을 전면부인
  ▸ **가중범죄 4가지에 대한 공동정범 관계가 인정되는지가 문제됨**

Ⅲ. 공동정범 성립요건과 공모공동정범 이론

1. 공동정범 성립요건

(1) 주관적요건: 공동실행 의사

- 2인 이상의 자가 공동으로 수립한 범행계획에 따라 공동으로 범죄를 실행하려는 의사를 의미

> **대법원 2008도11183, 2006도1623, 98도1832 등**
> 공동정범이 성립하기 위하여는 주관적 요건으로 공동가공의 의사와 객관적 요건으로 공동의사에 기한 기능적 행위지배를 통한 범죄의 실행사실이 필요한바, 주관적 요건으로서 공동가공의 의사는 타인의 범행을 인식하면서도 이를 제지하지 아니하고 용인하는 것만으로는 부족하고 **공동의 의사로 특정한 범죄행위를 하기 위하여 일체가 되어 서로 다른 사람의 행위를 이용하여 자기의 의사를 옮기는 것**을 내용으로 하는 것이어야 한다.

(2) 객관적요건: 공동실행 행위

- 전체적인 공동의 범행계획을 실현하기 위하여 공동참가자들이 분업적 공동작업 원리에 따라 상호간의 역할을 분담하여 각각 실행단계에서 **본질적 기능을 수행**하는 것을 의미
- 구성요건의 전부 또는 일부뿐만 아니라 구성요건 범위 외의 행위일지라도 **범죄수행에 불가결한 행위**라면 본질적 기능수행으로 볼 수 있다는 것이 판례 태도

> 본질직 기능수행 관련 대법원 판례
>
> ① 피고인이 공범들과 함께 강도범행을 저지른 후 피해자의 신고를 막기 위하여 공범들이 묶여있는 피해자를 옆방으로 끌고가 강간범행을 할 때에 **피고인은 자녀들을 감시하고 있었다면 공범들의 강도강간범죄에 공동가공한 것이라 하겠으므로** 비록 피고인이 직접 강간행위를 하지 않았다고 하더라도 강도강간의 공동죄책을 면할 수 없다.(84도2411)
>
> ② 행위자 상호간에 범죄의 실행을 공모하였다면 다른 공모자가 이미 실행에 착수한 이후에는 그 공모관계에서 이탈하였다고 하더라도 공동정범의 책임을 면할 수 없는 것이므로 피고인 등이 금품을 강취할 것을 공모하고 **피고인은 집 밖에서 망을 보기로 하였으나, 다른 공모자들이 피해자의 집에 침입한 후 담배를 사기 위해서 망을 보지 않았다고 하더라도**, 피고인은 판시 강도상해죄의 공동정범의 죄책을 면할 수가 없다.(83도2941)

2. 공모공동정범이론

(1) 의미

- 2인 이상의 자가 범죄를 공모한 후 그 공모자 가운데 일부만이 범죄의 실행에 나아간 경우, 실행행위를 담당하지 아니한 공모자에게도 공동정범이 성립한다는 이론[3)]

(2) 학설[4)5)]

1) 공동의사 주체설(긍정설)

- 2인 이상이 사전에 범죄를 실현하려는 공동목적하에 일심동체를 이루면 여기에 공동의사주체가 형성되어 그 중의 일부가 범죄를 실행해도 그 실행행위는 공동의사 주체의 행위가 되어 직접 실행행위를 분담하지 아니한 단순공모자도 실행자에 종속하여 공동정범이 된다는 견해

---

3) 김성돈, 형법총론, 2009, 성균관대학교출판부 593면, 김일수, 한국형법II, 1999, 박영사, 290면
4) 손동권, '공모공동정범과 공범이탈', 고시계 2000. 9. 121면
5) 현재 학자들 중 긍정설을 주장하는 학자는 거의 없는 것으로 보이고, 공모공동정범을 부정하는 전제하에 기능적 행위지배 유무에 따라 공범 여부를 판단하는 주장들이 다수 있는 것으로 보임

2) 간접정범 유사설(긍정설)

- 실행행위를 분담하지 아니한 단순한 공모자라 하더라도 타인과 공동하여 타인의 행위를 이용하여 자기의 범죄의사를 실현한 점에서 간접정범에 유사한 정범성을 가진 공동정범의 한 형태가 된다는 견해

3) 적극이용설(긍정설)

- 공모자의 이용행위를 실행행위와 가치적으로 동일시할 수 있는 적극적 이용행위에 국한시켜 이를 실행행위의 형태로 인정하려는 견해

4) 부정설[6)]

- 형법 제30조의 해석상 실행행위를 분담한 때에만 공동정범의 객관적 요건이 충족되므로 공모공동정범의 개념은 인정할 수 없고, 개인 책임주의 원칙에도 반하며 단지 공모자는 그 가공의 정도에 따라 교사나 방조의 책임을 질 뿐이라는 견해

5) 기능적행위지배설에 기한 제한적 긍정설

- 공동정범의 본질은 기능적 행위지배에 있고 공동의 실행행위는 구성요건적 행위에 제한되는 것이 아니므로 범죄를 조직·지휘하는 등의 구성요건적 결과실현에 불가결한 요건이 되는 기능을 수행한 공모자는 당연히 공동정범이 되는 것이지 별도의 공모공동정범이라는 개념을 사용할 필요가 없다는 견해

(3) 판례

– 대법원은 2007. 이전의 경우 가담자의 공동정범을 인정함에 있어서 공모의 사실만 있으면 족하고 공모의 경우에도 범죄를 실현하려는 의사의 결합만 있으면 충분하며, 공모의 정도나 그 내용에 대해서는 문제삼지 않고 폭넓게 인정하였음

---

6) 이상돈 교수의 2004년 논문 '합동범과 공동범의 해석정책'(97면)에 의하면 공모공동정범에 대하여 '대법원 법고을에 수록된 문헌을 기준으로 무려 84건의 논문이 있을 정도로 개인주의적 인간상과 책임귀속원칙을 파괴하는 공모공동정범에 대하여 학계의 많은 비판적 논의가 있다'는 취지의 언급이 있음

> **대법원 2001도4947, 99도4923, 2000도1899 등**
> 2인 이상이 범죄에 공동 가공하는 공범관계에서 공모는 법률상 어떤 정형을 요구하는 것이 아니고, 2인 이상이 공모하여 어느 범죄에 공동가공하여 그 범죄를 실현하려는 의사의 결합만 있으면 되는 것으로서, 비록 전체의 모의과정이 없었다고 하더라도 수인 사이에 순차적으로 또는 암묵적으로 상통하여 그 의사의 결합이 이루어지면 공모관계가 성립하고, 이러한 공모가 이루어진 이상 실행행위에 직접 관여하지 아니한 자라도 다른 공모자의 행위에 대하여 공동정범으로서의 형사책임을 진다

- 2007. 이후 대법원은 공모공동정범이 성립하려면 단순한 공모자에 그치는 것이 아니라 **그 공모 자체가 범죄에 대한 본질적 기여를 통한 기능적 행위지배가 존재하는 것으로 인정되는 경우**라야 한다고 하여 이전보다 엄격하게 인정하고 있고, 위 학설 중 '기능적행위지배설에 기한 제한적 긍정설'과 유사한 판단을 하고 있음

> **대법원 2007도235, 2009도2994, 2008도1274 등**
> 형법 제30조의 공동정범은 공동가공의 의사와 그 공동의사에 기한 기능적 행위지배를 통한 범죄 실행이라는 주관적·객관적 요건을 충족함으로써 성립하는바, 공모자 중 구성요건 행위 일부를 직접 분담하여 실행하지 않은 자라도 경우에 따라 이른바 공모공동정범으로서의 죄책을 질 수도 있는 것이기는 하나, 이를 위해서는 전체 범죄에 있어서 그가 차지하는 지위, 역할이나 범죄 경과에 대한 지배 내지 장악력 등을 종합해 볼 때, 단순한 공모자에 그치는 것이 아니라 **범죄에 대한 본질적 기여를 통한 기능적 행위지배가 존재**하는 것으로 인정되는 경우여야 한다.

3. 검 토

- 해적들 행위의 공동정범 인정여부를 **판례가 요구하는 공동정범 요건에 따라** 검토하였음
- 그러므로 공동정범 인정을 위하여는 가중범죄 사실 각각에 대하여 ㉠사

전공모가 있는지(공동실행 의사)와 구성요건 행위를 직접 분담하여 실행하지 않은 경우라고 하더라도 ㉡범죄에 대한 **본질적 기여를 통한 기능적 행위지배가 존재하는지**(공동실행 행위), 즉, 구성요건적 결과실현에 불가결한 행위를 하였는지를 검토하였음

Ⅳ. 해적행위의 특징 및 각 해적들의 행위기여

1. 공동정범 인정을 위한 논의의 핵심

- 가중범죄 ①~④에 대한 공동정범 인정여부를 개별적으로 살피기 전에 이를 총론적으로 살펴보면, 결국 쟁점은 **과연 다른 해적들에게도 공동실행 행위가 있는지, 즉, 각각의 역할수행을 살상행위에 대한 본질적 기여행위로 볼 수 있는가 하는 점임**
- 이에 대하여 일응 납치 및 몸값 요구 행위에 대하여는 몰라도 ①해군에게 총격을 가한 살인미수행위, ②선원 1명을 구타한 상해행위, ③선원들 4명을 총알받이로 내세운 살인미수 행위, ④선장을 죽이려한 행위에 대하여는 다른 해적들의 실행행위 분담이 없는 것 아닌가 하는 의문이 들 수 있음
- 그러나 결론부터 말하면 몸값을 받아내는 목적을 달성하기까지 납치 선박에 승선하여 부여받은 역할을 다한 해적은 다른 해적이 사전 공모에 따라 선원들의 저항 내지 외부세력의 구조시도 등과 같은 위험상황에서 살상행위를 한 것에 대하여 **본질적 기여행위를 하였다고 봄이 상당함**

2. 해적행위의 특징

(1) 장소적 특징

- 해적들은 선박 납치를 위해 모두 승선하였고, 범행은 모두 선박 내에서 발생하였음

- 독립된 장소에 있어 해적들이 서로에게만 의존할 수밖에 없고, 다른 해적들의 행위 분담을 잘 알고 있음
- 현장에 있지 아니한 수괴에 대하여 공범 책임을 지우기 위해 만들어진 공모공동정범 이론 적용 상황과는 차이가 있음

(2) 시간적 특징

- 선박을 공해상에서 납치하여 몸값을 받을 때까지는 상당한 시간이 소요될 수밖에 없고, 그 과정에서 선원들의 저항이나 외부세력의 구조시도 등 다양한 변수가 발생할 수밖에 없으며, 장기간 범죄라는 특징상 요리 담당과 같은 특이한 역할분담도 필요로 함

(3) 고위험의 특징

- 다수의 선원이 승선해있는 외국 대형 선박을 공해에서 납치하여 외국 정부 내지 선사를 상대로 몸값을 요구하는 범죄이기에 선원들이나 외부세력의 저항이 예상되고 그 과정에서 해적들의 목숨 또한 위태로워질 수 있다는 위험을 부담하고 있음

(4) 목적 달성을 위하여 살상도 불사한다는 사전공모(인정되는 사실)

- 해적들은 인질들을 이용하여 몸값을 받을때까지 어떠한 수단도 가리지 아니함
- 그 과정에서 생길 수 있는 위기상황에는 살인도 불사한다는 것이 사전공모 되어 있고, 이는 이들이 모두 중화기로 무장하고 실제 외부세력에 총격을 가하였다는 점을 통해서도 알 수 있음

(5) 두목을 정점으로 한 세부적 역할 분담

- 전체 행위 통제는 해적들을 지휘하는 두목(사망), 부두목(사망)이 하는 것이고 그 외 해적들은 조타실내 선원들을 감시하는 감시 담당, 조타실 외부에서 총을 들고 경계 근무를 서는 경계 담당, 기관실 선원들을 관리하는 기관실 담당, 통역을 담당하는 통역담당, 요리를 담당하는 요리 담당

으로 역할을 분담하였으며 이들 역할은 두목의 지시에 따라 수시로 변경되었음

(6) 목적 달성을 위한 유기적 활동

- 해적들은 몸값을 받기 위하여 선박내에서 각자 맡은 역할을 수행하는 것으로 해적 행위에 기여하고 있고, 자신의 영역 범위내에서 위급상황이 발생하면 살상행위도 감수하는 등 유기적으로 움직이는 조직체라고 할 수 있음

3. 선박위에서 각 해적들의 본질적 기여행위

(1) 각 해적들의 본질적 기여행위 인정 이유

- 해적들은 몸값 수령이라는 자신들의 목적달성을 위하여 위험상황이 발생하면 살상도 불사한다는 것을 전제로 선박에서 각자의 역할을 수행한 것임
- 비록 역할 분담에 따라 총격행위 등 살상행위를 한 해적은 일부라고 하더라도 이들은 자신들의 각자 판단에 따라 – 즉, 개인적 감정으로 – 그와 같은 행동을 한 것이 아니라 사전 공모에 따라 유기적으로 움직였을 뿐임
- 그와 같이 살상행위를 하는 데에는 다른 해적들 또한 자기 역할을 충실히 수행하고 있을 것이라는 믿음이 전제된 것이고, 다른 해적들 또한 자신에게 같은 상황이 온다면 총격을 가할 것이라는 것을 전제로 다른 해적이 총격을 가하고 있을 때 자신의 역할을 수행하였을 뿐임(실제로 가중범죄 4가지의 행위자가 모두 다름)
- 그러므로 납치 및 소말리아로 이동하는 과정에서 생겨난 부수적 범죄(해적행위에서는 살상 행위가 부수적 행위가 될 수밖에 없음)에 대하여는 해적 전체가 하나의 유기체처럼 각자의 역할을 수행하며 상호작용 하였다고 봄이 상당하고, 일반적인 상황에서는 통신장비 관리나 요리 담당이 살상행위에 대한 본질적 기여가 되기 어려울 것이나 몸값을 받기 위하여 각

자의 역할을 수행하고 있는 해적행위에서는 그 과정에서 생겨난 위와같은 행위들도 모두 살상행위에 대한 본질적 기여행위라고 봄이 상당함

- 아래에서는 개별 사안에서 해적들의 행위기여를 어떻게 볼 것인지 구체적으로 살펴보기로 함

V. 검토1 - 가중범죄①의 공동정범 성부

가중범죄①: 해적 중 3명(특정)이 1. 18. 1차 해군 구출작전시 해군 3명에게 총격을 가한 살인미수 행위

1. 쟁 점

- 기소된 해적 5명 중 해군에 총격을 가한 해적은 2명뿐임[7)8)]
- 다른 해적들은 해군 살인미수에 대한 구성요건적 행위를 실행한 것이 없어서 과연 공범으로 책임을 지는지가 쟁점임

2. 검 토

(1) 공동실행 의사

• 검찰은 피고인들 모두에 대하여 "… **납치한 선박의 선원들이 해적들의 지시에 따르지 않거나 도주하는 경우, 선주가 인질 석방 대가를 지불하지 않는 경우, 외부 세력의 소탕 시도가 있는 경우 및 그 과정에서 동료 해적들이 다치거나 죽는 경우 등과 같이 본래 목적 달성에 차질이 생기는 상황이 발생할 때에는 총기 등으로 인질 등을 살상하기로 공모** …"하였다

7) 선원들은 해적들 대부분이 총격을 가하였다고 진술하였으나, 이들의 진술 및 피고인들의 자백으로 특정되는 해적은 3명뿐이었으므로 3명만을 특정하여 공소사실에 기재하고 나머지 피고인들은 공동정범으로 기소.

8) 특정된 총격행위 해적 3명에는 사망한 해적 두목이 포함되고, 기소된 피고인들 중에는 2명만 포함됨.

고 기소하였고 1심 법원과 배심원들은 위 공모관계를 그대로 인정하였음

- 외부세력의 소탕시도가 있어서 해군을 살상하려고 한 것이므로 이에 대한 공동실행의사는 있다고 할 것임

(2) 공동실행 행위

- 기소된 해적 3명은 이 부분 살인미수의 구성요건 행위를 실행하지는 아니하였으나 피고인들 3명의 당시 역할을 보면, 1명은 선원들에게 총을 겨누고 있었고(선원들의 반항을 제압하며 총알받이로 세워놓기 위한 행위), 1명은 조타실 내에서 위성통신장비를 지키고 있었으며(통신장비를 선원들에게 내줄 경우, 선원들이 해군 또는 선사와 연락을 취할 수 있어 이를 철저히 관리), 1명은 해적들의 요리를 담당하며 조리실에 있었던 것으로 장기적으로는 몸값을 받기위해, 단기적으로는 해군의 구출작전에 제압당하지 않기 위한 필수적인 역할을 분담한 것임
- 해군에 대한 살상행위가 사전 공모에 따라 수행된 이상, 다른 해적들의 사전 공모에 따른 역할 분담 또한 본질적 기여행위로 봄이 상당함

– 1심 법원은 이에 대하여 공모공동정범 성립요건을 미리 언급하고(98도30), 사전 공모에 따른 행위이므로 피고인들 모두에 대하여 공동정범의 책임이 인정된다고 판단하여 공모공동정범 이론에 따른 공범관계를 인정하는 듯한 판시를 하였음

Ⅵ. 검토2 – 가중범죄②의 공동정범 성부

가중범죄②: 해적 중 1명(특정)이 1. 19. 갑판장의 안면부를 팔꿈치로 구타하여 치아탈구의 4주 상해를 가한 부분

1. 쟁 점

– 기소되지 아니한 해적 1명(사망)이 한 상해 행위에 대하여 피고인들이 모

두 공동정범으로 책임을 지는지가 쟁점

2. 검 토

(1) 공동실행 의사

- 앞에서 살펴본 바와 같이 선원들의 저항행위가 있을 경우 해적들이 살상행위를 할 수 있다는 사전 공모가 있음이 인정됨
- 특히, 이 부분 상해 시점은 선장의 다양한 운항방해 행위에 의하여 1. 18. 해군 공격을 받고 해적들이 죽을 고비를 넘긴 직후로 선장을 격리하는 등 통제하였으나 갑판장이 다시 선장을 도우려다가 이를 본 해적에게 구타당한 것으로 공모에 따른 행동으로 볼 수 있음

유사 대법원 판례
강도의 공범자 중의 한 사람이 강도의 기회에 피해자에게 폭행을 가하여 상해를 입힌 경우, 다른 공범자도 재물강취의 수단으로 폭행을 가할 것이라는 점에 관하여 상호의사의 연락이 있었던 것이므로 구체적으로 상해에 관하여는 공모하지 않았다 하더라도 폭행으로 생긴 결과에 대하여 공범으로서의 책임을 진다.(90도2326, 88도1844)

(2) 공동실행 행위

- 기소된 해적 5명이 갑판장 구타에 직접 관여하여 구성요건 실행행위를 하지는 아니하였으나, 몸값을 받기위한 목적을 달성하기 위하여 사전공모에 따라 주어진 역할(조타실 밖 경계 업무, 통신장비 관리 업무, 요리 업무)을 이행한 것으로 구타행위를 한 해적 또한 자신의 행위 영역 내에서 사전공모에 따라 위 행위를 한 이상 이때 다른 공범들도 기능적 행위지배를 하고 있다고 봄이 상당함

– 1심 법원은 위와 마찬가지로 공모공동정범 성립요건을 미리 언급하고(98도30), 사전 공모에 따른 행위이므로 피고인들 모두에 대하여 공동정범의 책임이 인정된다고 판단하여 공모공동정범 이론에 따른 공범관계를 인정

하는 듯한 판시를 함

Ⅶ. 검토3 - 가중범죄③, ④의 공동정범 성부

가중범죄③: 해적 중 1명(불특정)이 1. 21. 해군 2차 구출작전시 선원들 4명을 총알이 빗발치는 우현 윙브릿지로 내몰아 총알받이로 써 살해하려다 미수에 그친 부분
가중범죄④: 해적 중 1명(특정)이 1. 21. 해군 2차 구출작전시 책임자인 선장에게 총격을 가하여 살해하려다 미수에 그친 부분

1. 쟁 점

- 해적 1명이 한 살인미수 행위에 대하여 피고인들이 모두 공동정범으로 책임을 지는지가 문제이나, 위 검토 1, 2에서 살핀 바와 같이 다른 해적들도 자신이 맡은 역할을 사전 공모에 따라 수행하고 있는 가운데 실행위자 또한 사전 공모에 따라 살인행위로 나아간 것이라면 다른 해적들도 본질적 기여행위를 통한 기능적 행위지배를 하고 있다고 봄이 상당함
- 그런데 가중범죄③,④의 경우, 해적들은 저항을 포기하고 선실로 숨어들었다고 변명하고 있어 이 경우에도 이들에게 공동정범 책임을 물을 수 있는지가 쟁점임
- 이 부분에 대하여는 과연 일부 해적들이 범행을 포기하였다고 볼 수 있는지를 간단히 살펴보고, 범행을 포기하였다고 하더라도 공동정범 책임을 지울수 있는가 하는 점을 살펴보고자 함

2. 선실로 도주한 해적들의 범행 포기 여부[9)]

- 일부 해적들이 해군의 공격을 피해 선실로 숨은 것은 자신들에게 닥친

9) 이 부분은 사실판단의 문제이나 1심 법원은 '해적들이 최소한 가중범죄④ 행위당시에는 범행을 포기하였기 때문에 공모 관계가 있다고 볼 수 없고, 책임도 없다'는 판시를 하였기에 간단히 살펴봄.

극도로 위험한 상황을 잠시 피하기 위한 것임

- 해적들이 모두 합의하여 범행을 포기하고 항복한 것이 아니라, 개별적으로 도주한 것에 불과하고 또한 장소적 특성상 범행 현장을 완전히 떠난 것이 아니라 선박의 선실에 숨어든 것에 불과하며 이들은 만약 해군이 철수한다면 언제든지 해적행위를 계속 이어나갔을 것이었기에 범행의 포기라고 보기는 어려움
- 그러나 범행 중도포기의 의사로 공범관계를 이탈한 것이라면 이들에게 기능적 행위지배가 없는 것인지를 아래에서 살펴보고자 함

1심 법원의 범행포기 인정, 공모관련 무죄선고

① 본건 1심 법원은 가중범죄④와 관련하여 공범들에게 무죄를 선고하였는데, 그 이유를 보면 '해적 두목이 일부 해적에게 무기를 조타실 밖으로 버리라고 지시하였고, 일부 해적들이 무기를 버리고 선실로 숨은 점에 비추어 저항을 포기한 사실이 인정되고 자신들의 생존 여부를 장담할 수 없는 상황에서 선장에게 보복하기 위하여 살해하는 것까지 공모한 것이라고는 보기 어렵다'며 무죄 선고(부산지법 2010고합93)

② 이는 공모 자체가 인정되지 않는다며 무죄를 선고한 것이어서 사실 판단의 문제라 할 것임

③ 그러나 저항세력에 대한 해적들의 살해 공모는 1심 법원도 인정하고 있는 바인데, 어떤 위험에 처한 순간부터는 공모관계가 없어진다고 보는 것이 납득하기 어렵고, 해적들의 의사는 공모를 종료한다기 보다는 해군의 공격을 임시적으로 피하려는 의도에 불과하다고 보는 것이 사실에 부합할 것으로 보이며, 법리적으로도 이를 공범관계 이탈로 보더라도 공범관계 이탈에 대한 대법원 판례 취지에 따라 공범들의 책임이 인정된다고 보아야 할 것으로 보이는데 무죄선고하였기에, 항소하고자 함

3. 공동실행 의사

- 앞에서 살펴본 바와 같이 외부세력의 소탕시도가 있는 경우 인질 등을 살해할 수 있다는 공모가 있다는 사실이 인정됨
- 또한 선원들을 총알받이로 내모는 것은 외부세력 공격을 인지한 자가 누구라도 먼저 실시하기로 해적들간 사전 협의된 것으로 공동실행 의사가

인정됨

- 선장에 대한 총격 또한 선장의 저항행위에 따른 불만으로 해적들 대부분이 수시로 선장을 살해하겠다고 의사표시해온 점에 비추어 공동실행의 의사는 인정된다고 할 것임

> **관련 대법원 판례**
>
> ① 수인이 합동하여 강도를 한 경우 1인이 강취하는 과정에서 간수자를 강타, 사망케 한 때에는 나머지 범인도 이를 예기하지 못한 것으로 볼 수 없는 경우에는 강도살인죄의 죄책을 면할 수 없다 할 것인바, 피고인들이 사전에 금품강취 범행을 모의하고 전원이 범행현장에 임하여 각자 범죄의 실행을 분담하였으며 그 과정에 피고인(갑)을 제외한 나머지 3명이 모두 과도 또는 쇠파이프등을 휴대하였고 쇠파이프를 휴대한 피고인(을)이 위 피해자를 감시하였던 상황에 비추어 피고인(을)이 피해자를 강타, 살해하리라는 점에 관하여 나머지 피고인들도 예기할 수 없었다고는 보여지지 아니하므로 피고인들을 모두 강도살인죄의 정범으로 처단함은 정당하다.(83도3162 판결)
>
> ② 수인이 합동하여 강도를 한 경우 그 중 1인이 사람을 살해하는 행위를 하였다면 그 범인은 강도살인죄의 기수 또는 미수의 죄책을 지는 것이고 다른 공범자도 살해행위에 관한 고의의 공동이 있었으면 그 또한 강도살인죄의 기수 또는 미수의 죄책을 지는 것이 당연하다 하겠으나, 고의의 공동이 없었으면 피해자가 사망한 경우에는 강도치사의, 강도살인이 미수에 그치고 피해자가 상해만 입은 경우에는 강도상해 또는 치상의, 피해자가 아무런 상해를 입지 아니한 경우에는 강도의 죄책만 진다고 보아야 할 것이다.(91도2156 판결)

4. 공동실행 행위

- 기소된 해적들은 1. 21. 해군 2차 작전이 시작되기 직전까지 자신들의 역할을 충실히 이행하고 있던 자들임
- 앞에서는 살상의 직접 행위를 부담하지 않았다고 하더라도 해적행위의 특성상 사전 공모에 따른 자신의 역할을 수행한 해적에 대하여는 다른 해적의 살상행위에 대하여도 본질적 기여행위가 있다고 보았는데, 이는 시간적 차이가 있다고 하여도 같게 보아야 함
- 즉, 해적1명이 선원들을 총알받이로 내몰아 살해하려고 하거나, 선원 1명에게 직접 총격을 가한 바로 그 시간에 다른 일부 해적이 자신의 목숨을

구하고자 선실로 숨은 상태라고 하더라도 실행위자인 살상행위 해적은 그러한 사실을 알지 못하고 사전 공모에 따라 자신의 역할을 수행한 것이고, 도주한 해적 또한 약속된 상황에서 누군가는 살상행위라 나아갈 것이라는 믿음을 갖고 그 전까지 맡은 역할을 수행해 온 것이기 때문에 그 전까지의 역할 분담만으로도 위 살상행위에 본질적으로 기여했다고 봄이 상당함

- 해적행위의 시간적 특성상, 선박에 올라타 이를 빼앗은 후 인질 석방 대가를 받기 까지의 과정은 하나의 범죄행위 단위처럼 되어, 그 과정에서 있었던 기여행위 유무에 따라 실행행위 분담 여부를 판단함이 타당함
- 이는 **공범관계 이탈의 문제로 접근하더라도 마찬가지임**
- 공범으로 일부 범죄를 실행한 후 임의로 공범관계로부터 이탈[10]하고 다른 공범들이 그 이후의 나머지 범행을 계속한 경우 피고인이 다른 공범들의 범죄실행을 저지하지 아니한 이상 그 이후 나머지 공범들이 행한 행위에 대하여 공동정범으로 책임을 부담한다고 보는 것이 대법원 판례의 태도임

관련 대법원 판례

① 피고인이 다른 공범들과 특정 회사 주식의 시세조정 주문을 내기로 공모한 다음 시세조정행위의 일부를 실행한 후 공범관계로부터 이탈하였고, 다른 공범들이 그 이후의 나머지 시세조정행위를 계속한 사안에서, 피고인이 다른 공범들의 범죄실행을 저지하지 않은 이상 그 이후 나머지 공범들이 행한 시세조정행위에 대하여도 공동정범으로서의 죄책을 부담한다고 한 사례(2010도9927)

② 피고인이 공범들과 다단계금융판매조직에 의한 사기범행을 공모하고 피해자들을 기망하여 그들로부터 투자금명목으로 피해금원의 대부분을 편취한 단계에서 위 조직의 관리이사직을 사임한 경우, 피고인의 사임 이후 피해자들이 납입한 나머지 투자금명목의 편취금원도 같은 기망상태가 계속된 가운데 같은 공범들에 의하여 같은 방법으로 수수됨으로써 피해자별로 포괄일죄의 관계에 있으므로 이에 대하여도 피고인은 공범으로서의 책임을 부담한다.(2001도513)

10) 해군에 체포되어 범행으로 나아지 못한 경우라면 이는 달리볼 여지가 있을 것임(관련판례 2009도2994).

- 이와같은 판례의 태도에 비추어 이탈한 해적들도 공범으로 책임을 지고, 그 근거는 그 전까지 해적행위에 기여한 기능적 행위지배에 따른 일반 공동정범의 책임이라고 할 것임

5. 공모공동정범 이론을 통한 구성(예비적 주장)

- 원칙적으로 가중범죄③,④의 행위에 대하여 구성요건 실행행위를 하지 아니한 해적들도 본질적 기여행위를 하였다고 보아야 할 것으로 보이나, 대법원 판례는 이와 유사한 사안에서 공모공동정범 이론으로 공범 관계를 구성하는 것으로 보임

> 관련 대법원 판례
>
> ① 몽둥이 등을 든 일부 조합원들이 집회 장소를 지키고 있던 용역경비원들을 폭행하거나 상해를 가한 사안에서 현장에 같이 있었던 조합 간부에게 공모공동정범의 죄책을 인정(2008도11138 판결)
>
> ② 노동조합 지부장 등 피고인들이 자동차공장 점거파업 과정에서 벌어진 노조원들의 폭행, 체포, 상해 등의 범죄행위들 중 일부에 대하여 구체적으로 모의하거나 이를 직접 분담 · 실행한바가 없었더라도 각 범행에 대한 암묵적인 공모는 물론 그 범행들에 대한 본질적 기여를 통한 기능적 행위지배를 한 자에 해당한다고 보아 폭처법위반 등의 공소사실을 유죄로 인정한 사례(2010도11030 판결)

- 공모공동정범이론에 따라 이 부분 공범관계를 구성해보면, 피고인들은 비록 선실로 숨어들어갔다고 하더라도 선원들의 저항 등 일정 요건 충족시 살인할 수 있다는 사전 공모가 인정되고 있고,
- 판례에 따르면 공모자 중 구성요건 행위 일부를 직접 분담하여 실행하지 않은 자라도 전체 범죄에 있어서 그가 차지하는 지위, 역할이나 범죄 경과에 대한 지배 내지 장악력 등을 종합해 볼 때, 단순한 공모자에 그치는 것이 아니라 범죄에 대한 본질적 기여를 통한 기능적 행위지배가 존재하는 경우에는 공동정범으로 책임을 부담한다고 봄이 상당한데, 기소된 해적들의 경우 **단순한 공모자가 아니라 자신이 맡은 역할 수행에 따라 해적행위의 본질적 기여를 하였고,** 살인행위의 실행위자 또한 공범들의

역할분담을 믿고 총알받이로 내몰거나, 선장에 대한 총격을 가한 것이기에 공범들 모두 이부분 행위의 공모공동정범으로 봄이 상당함

- 1심 법원은 여기에 대하여도 공모공동정범 성립요건을 미리 언급하고(98도30), 사전 공모에 따른 행위이므로 피고인들 모두에 대하여 공동정범의 책임이 인정된다고 판단하여 공모공동정범 이론에 따른 공범관계를 인정하는 듯한 판시를 함

Ⅷ. 결 론

1. 선박에서 발생한 가중범죄 사실에 대하여도 모두 공동정범 인정

- 해적들은 몸값 수령이라는 최종 범죄목적을 달성하기 위하여 결성되었고, 그 과정에서 선원들의 저항 등 일정 조건에 해당할 경우 살상행위도 불사하기로 공모하였음
- 납치 및 소말리아로 이동하는 과정에서 생겨난 부수적 범죄(해적행위에서는 살상 행위가 부수적 행위라 할 것임)에 대하여 해적 전체가 하나의 유기체처럼 각자의 역할을 수행하며 상호작용 하였다고 봄이 상당하고, 일반적인 상황에서는 통신장비 관리나 요리 담당이 살상행위에 대한 본질적 기여가 되기 어려울 것이나 몸값을 받기 위하여 각자의 역할을 수행하고 있는 해적행위에서는 그 과정에서 생겨난 위와같은 행위들도 모두 살상행위에 대한 본질적 기여행위라고 봄이 타당함
- 만약 사안을 단순화 하여 해상이 아닌 육상에서 몸값을 위한 납치가 있었고, 인질의 저항에는 칼을 사용할 수 있다는 납치범 3명의 공모가 있었으며, 납치범 1명은 지하실에서 인질을 관리하고, 다른 1명은 건물 밖에서 망을 보고, 나머지 1명은 2층에서 피해자에게 몸값을 요구하는 역할을 분담하고 있는 가운데 갑작스러운 인질의 저항으로 인질관리범 1명이 인질을 칼로 찌른 경우 납치범 3명이 기능적 행위지배에 따라 공동정범으로 책임을 진다고 할 것이지 이를 위해 공모공동정범 이론을 끌어들

일 것은 아니라고 판단됨

– 가중범죄 ③,④의 경우, 일부 해적이 해적행위를 포기하였다는 주장을 하고 있으나 해적행위의 경우에는 살상행위 전후의 기여행위도 그 기여행위가 선박에서 이루어지고 몸값 수령까지의 하나의 범죄단위에서 발생한 이상, 본질적 행위기여라고 봄이 상당하고, 범행을 일부가 포기하였다고 하더라도 공범 이탈에 대한 대법원 판례의 취지처럼 다른 공범들의 범행을 저지하는 노력을 하지 아니한 이상 책임이 있다고 보아야 할 것임[11)]

11) 그러나 본건 상고심에서 대법원은 원심을 그대로 확정하였음(대법원 2011. 12. 22. 선고 2011도12927 판결).

참고문헌

이재상, 형법총론, 박영사, 2009.
김성돈, 형법총론, 성균관대학교출판부, 2009.
김일수, 한국형법Ⅱ, 박영사, 1999.
최호진, 기능적 행위지배와 공동정범, 경북대학교 법학연구원 '법학논고', 2009.
이상돈, 합동범과 공동범의 해석정책, 저스티스 통권 제73호, 2004.
오재환, 공모공동정범이론의 필요성, 고시계 89년 12월, 1989.

06

배임행위의 거래상대방의 공범성립 형태*

강 우 예**

【대상판결】 대법원 2016. 10. 13. 선고 2014도17211 판결

【판결요지】

거래상대방의 대향적 행위의 존재를 필요로 하는 유형의 배임죄에서 거래상대방은 기본적으로 배임행위의 실행행위자와 별개의 이해관계를 가지고 반대편에서 독자적으로 거래에 임한다는 점을 고려하면, 업무상배임죄의 실행으로 이익을 얻게 되는 수익자는 배임죄의 공범이라고 볼 수 없는 것이 원칙이고, 실행행위자의 행위가 피해자 본인에 대한 배임행위에 해당한다는 점을 인식한 상태에서 배임의 의도가 전혀 없었던 실행행위자에게 배임행위를 교사하거나 또는 배임행위의 전 과정에 관여하는 등으로 배임행위에 적극 가담한 경우에 한하여 배임의 실행행위자에 대한 공동정범으로 인정할 수 있다.

【대법원 판시내용】

피고인2가 이 사건 특허권이 피고인1의 소유가 아니라는 사정을 알 수 있었던 상황

* 이 논문은 영남형사판례연구회(2017.9.11.)에서 발표되고 형사법연구 제29권 제4호(2017)에 게재되었음.

** 한국해양대학교 해사법학부 부교수, 법학박사.

에서 피고인1에게 특허권을 이전하라고 제의하였다고 하더라도, 배임행위의 실행행위자인 피고인1과는 별개의 이해관계를 가지고 대향적 지위에서 독자적으로 거래하면서 자신의 이익을 위하여 이 사건 특허권을 이전받은 것으로 보이고, 원심이 든 사정만으로 피고인2가 배임의 의사가 없었던 피고인1에게 배임의 결의를 하게 하여 교사하였다거나 배임행위의 전 과정에 관여하는 등 배임행위에 적극 가담하였다고 단정하기 어렵다.

【원심 판결요지】 서울동부지방법원 2014. 11. 21. 선고 2014노1080 판결

피고인2는 이 사건 특허권이 피고인1의 소유가 아니라는 것을 이미 잘 알고 있었거나 적어도 위 특허권이 피고인1의 소유가 아니라는 것을 충분히 알 수 있었음에도 피고인1의 앞에서 본 바와 같은 배임행위에 적극 가담하였을 뿐만 아니라 피고인1의 임무에 관하여 부정한 청탁을 하면서 특허권 이전 대가로 1,000만 원을 지급하였다고 봄이 타당하다.

【사실관계】

[1] 피고인 1 관련

A는 세탁업 및 관련 제조업에 종사하는 사람으로서 2000년 1월 5일 '주름방지용 옷걸이 보조대의 제조방법'이라는 발명에 관하여 특허등록을 마쳤다. A와 피고인1, B, E, F, G은 2003년 7월 14일 경 A 자신이 **이라는 상호로 해당 특허권을 이용한 종이 옷걸이의 생산을 전담하고 피고인1과 B, E, F, G가 판매를 담당하기로 하는 내용의 '공동생산 및 판매 약정'을 했다. 이 약정에는 '주주 모두는 특허 및 기계소유권을 공유한다'는 내용이 포함되어 있었다. 그러다, H 등이 위 공동사업에 추가로 참여하면서 2005년 4월 8일 경 '지분 양수・양도계약서'가 작성되었는데, 그 계약서에도 '주주 모두는 특허 및 기계소유권을 공유한다'는 내용이 포함되어 있었다. 피고인1 또한 검찰에서 조사를 받으면서 '위와 같은 내용은 A가 특허등록자로 되어 있지만 이 사건 특허권을 주주 8명이 모두 공유한다는 의미이고, A 가 특허권을 마음대로 처분하지 못한다는 의미이다.'라고 진술한 적이 있었다. 2007년경 A와 B는 서로 '공동생산 및 판매 약정' 및 '지분 양수・양도계약서'를 위반했음을 이유로 손해배상 또는 위약금 청구의 소를 제기하는 등 분쟁이 발생하였고, 이에 따라 A는 2008년 6월경 위와 같은 공동 사업에서 탈퇴했다.

A는 2008년 6월 25일 피고인1에게 자신의 해당 특허권을 양도했다. 이에 따라 해당 특허권은 피고인1이 대표이사로 있는 C주식회사로 이전되었다. A가 탈퇴할 당시 이 사건 특허권을 비롯하여 기계 등과 관련한 정산금에서 공금 등을 공제한 나머지 돈은 C주식회사 명의 계좌 등을 통해 A에게 지급되었으나, 그 이후 위 공동 사업에 추가로 참여한 사람들의 출자 등을 통해 그 금액 상당의 돈이 C주식회사로 지급되었다. 이후 피고인1과 B 등은 추가로 사람들을 참여시키고 '○○실업'이라는 상호로 위와 같은 공동 사

업을 계속 진행하였는데, 그 공동 사업자들 사이에 별도의 약정서 등이 작성되지는 않았다. 위 **는 2008년 3월 14일 폐업신고가 이루어졌으나 당초의 공동 사업자들 사이에 별도의 정산이 이루어졌다고 볼 만한 아무런 자료가 없었다. 새로 설립된 '○○실업'의 지분현황에는 A의 지분이 21%에서 0%로 감소되었다고 표시되는 등 위 **의 지분을 기초로 지분의 증감이 표시되어 있는 것으로 보이고 피고인1 또한 위 **의 공금을 '○○실업'으로 넘겼다. A가 공동 사업에서 탈퇴한 후 위와 같이 지분의 매각이라든지 추가 출자 등으로 공동 사업자들 사이에 지분의 변동이 있었는데, 이 사건 특허권이 C주식회사 명의로 이전된 다음에도 피고인1의 지분이 별도로 증가하지는 않았다. 이후 위 '○○실업'의 공동 사업자들은 2010년 1월경 D공소외 4가 대표로 있는 '△△사' 측과 '기업통합 약정'을 하였고, 그 약정에는 이전의 약정 등과 마찬가지로 '지적재산권을 공유한다.'라는 내용이 포함되어 있었다. 위와 같은 '기업통합 약정'에 따라 사업이 진행되다가 2010년 7월경 대표자를 피고인1로 하여 '□□□□'라는 상호의 사업자 등록이 새로 이루어졌고, 피고인1은 그 전인 2009년 1월경 C주식회사의 대표이사를 사임하였지만, 이 사건 특허권 명의를 상당한 기간 이전하지 않다가 위와 같은 새로운 사업자 등록 이후에서야 비로소 피고인1 앞으로 이전했다. 2011년 6월 25일 '○○실업'의 공동 사업자들은 대전에서 '편의상 피고인 1 명의로 된 특허권에 대한 공동명의건' 등을 안건으로 하여 모임을 가졌는데, 당시 의결 사항에는 '피고인1이 이 사건 특허권을 구성원 공동 명의로 하기로 약속하였다.'라는 내용이 포함되어 있고, 이와 관련하여 피고인1은 '○○으로 인한 모든 관련 업무를 위임한다.'는 취지의 위임장을 작성해 주었는데, 그 위임장의 항목 중 '관련 재산권의 표시'에 이 사건 특허권이 기재되어 있었다. 그 무렵을 전후하여 위 '기업통합 약정'당시 D측이 특허권을 보유하였는지 여부와 이에 따른 D측의 지분비율 조정 등의 문제로 '○○실업'측과 D측 사이에 다소 분쟁이 생겼는데, 그 과정에서 피고인1이 공동 사업자들에게 보낸 편지에는 '주주 공동의 최대자산인 특허권'이라는 문구와 '2011. 6. 25. 대전의 ○○ 모임에서 나온 바와 같이 피고인1 명의로 된 특허권을 지분 조정 후에 구 ○○ 주주들과 상의하여 조치를 취할 것'이라는 내용이 있었다. <u>그 후 피고인1은 '○○실업'의 다른 공동 사업자들로부터 이 사건 특허권의 이전을 요구받던 중 '다른 사업자들과 사이의 분쟁 등을 도와줄 테니 이 사건 특허권을 이전해 달라.'라는 피고인 2의 제의에 따라 2011년 12월 29일경 1,000만 원을 받고 피고인 2에게 위 특허권을 이전해 주었다.</u> 한편 피고인1을 제외한 '○○실업'의 공동 사업자들 대부분은 수사기관 또는 원심 법정에서 이 사건 특허권이 '○○실업' 공동 사업자들의 소유라는 취지로 일관되게 진술했다.

[2] 피고인2 관련

이 사건 특허권을 둘러싼 피고인1과 다른 공동 사업자들 사이의 분쟁은 당시 동종업계 종사자들에게는 널리 알려진 사실이었다. 피고인2 또한 동종 업계에서 일을 한 적이 있을 뿐만 아니라 위 '○○실업'의 지분을 매수하려고 한 적도 있었던 탓에, 이 사건 특허권이 피고인1 개인 소유가 아니고, 또 피고인1이 위 특허권과 관련하여 여러 법률적 분쟁에 휘말려 있음을 잘 알고 있었음에도(이러한 점에서 피고인2가 이 사건 특허권을 이전받으면서 변호사의 법률적인 검토를 거쳤다는 사정은 범죄 성립에 별다른 영향을 주지 않는다), '이 사건 특허권을 이전해 주면, 자신이 그러한 분쟁을 도와주고, 그 이후에 동업을 하자.'라는 취지로 적극적으로 제의했다. 한편 피고인2가 피고인1로부터 이 사건 특허권을 이전받으려고 할 무렵 '○○실업'의 공동 사업자들은 피고인2에게도 그 특허권이 자신들 소유라고 주장했다. 그런데도 피고인2는 피고인1에게 1,000만 원을 지급하고 이 사건 특허권을 이전받았고, 그 이후 '□□□□'에서 운용하던 기계를 찾은 다음, 피고인1은 그 기계를 이용하여 제품을 생산하고, 피고인2는 특허권 임대료 명목으로 매월 상당한 액수의 돈을 지급받는 형태로 동업을 하려고 했다. 이에 따라 피고인2는 실제로 피고인1과 함께 I주식회사('○○실업'의 공동 사업자들이 나중에 새로 설립한 회사이다)를 상대로 기계 등 인도 가처분을 신청하기도 했다.

연 구

Ⅰ. 문제의 제기

대상판결은 1975년 있었던 대법원 74도2455 판결 이래 배임행위자에 대하여 교사하거나 전 과정에 관여하는 등의 방식으로 적극 가담한 거래상대방을 공범으로 처벌한다는 판시사항을 그대로 계승했다. 그런데, 대법원은 대상판결에서 피고인1이 특허권의 명의수탁자라는 사실을 피고인2가 잘 알면서 피고인1에게 '이 사건 특허권을 이전해 주면 자신이 그러한 분쟁을 도와주고 그 이후에 동업을 하자'라는 취지로 적극 제의한 행위가 특허권의 명의수탁자인 피고인1의 명의신탁자들에 대한 배임행위와 결부된 공범에 해당하지 않는다고 판시했다. 이와 같이 피고인2가 능동적이고 적극적인 의사표시를 하며 피해자인 특허권 명의신탁자들의 권리주장에도 불구하고 피고인1에게 특허권의 매도를 제의하여 결국 거래를 성사시켰다는 사실이 '적극 가담'한 것이 아니라고 한 결론을 어떻게 이해해야 하는가? 그러면, 우리 대법원은 배임행위의 거래상대방의 어떠한 행위를 '적극 가담'하여 공범 성립이 가능한 경우로 보고 있는 것일까?

무엇보다, 대법원이 배임행위의 거래상대방에 대해서 '적극 가담'이라고 하는 별도의 불법요건를 적용하고 있다는데 주목할 필요가 있다. 사실상, 대법원은 명시적으로 인정하고 있지는 않지만 형법 제335조 제2항의 배임죄에 대해서는 새로운 공범형태를 창설한 것이다. 즉, 대법원은 배임행위에 거래상대방으로 가공한 행위에 대해서는 형법총칙 제30조(공동정범), 제31조(교사범), 제32조(방조범)이 적용되는 방식을 택하지 않고 있다. 대법원은 공모 이상의 적극성을 띈 행위가 있었을 때 비로소 배임행위에 가공한 거래상대방의 공동정범을 인정할 수 있다고 적시한다. 그러면, 단순 공모와 '적극 가담' 사이에 어느 정도의 간극이 있는지를 밝히는 작업이 반드시 필요하다.

먼저, 대법원이 배임행위의 거래상대방에 대하여 '적극 가담'이라는 새로운 공범성립 형태를 제시한 근거에 대해 살펴보아야 했다. 데법원이 '적극 가담' 요건과 관련하여 배임행위의 거래상대방에 대하여 상당부분 불가벌의 영역이 인정된다고 보기 위해 제시한 근거는 시기별로 점진적인 변화를 겪었다. 초기 대법원은 부동산 이중매매와 관련하여 '사법상 유효한 행위'이기 때문에 불가벌이라는 논거를 제시하다 2005년을 기점으로 '사회적 상당성' 개념 그리고 '대향적 행위' 개념 등을 제시하며 불가벌 영역을 보다 강고하게 구축하려는 시도를 했다. 결국, 대상판결에서는 배임행위의 거래상대방의 행위가 원칙적으로 허용된다고 판시하는 데까지 이르렀다.

본고를 작성하기 위하여 대상판결뿐만 아니라 과거 배임행위의 거래상대방의 공범성립과 관련된 대법원 판결문들을 폭넓게 분석할 필요가 있었다. 여기에는 부동산 명의신탁, 부동산 이중매매 등과 관련된 민사판결까지 포함된다. 왜냐하면, '적극 가담'이라는 요건이 실제 적용되는 양태를 가능한 한 세밀히 살펴보아야 이 특별한 공범형태의 진정한 면모가 드러날 것이라고 보았기 때문이다. 사실, 처벌불가의 영역을 요청하는 '사법상의 유효성' 개념 그리고 더 나아가 '사회적 상당성' 개념은 그 구체적인 모습과 범위를 알기 힘든 상태에 놓여져 있다. 여기서도 악마는 디테일에 살아 움직이고 있다. 본고는 '적극 가담'이 있었는지를 판단하기 위하여 판결문에서 고려된 사항들을 매우 분석적으로 고찰했다.

대상판결은 배임행위이외의 범죄와 결부된 거래상대방의 공범성립 기준에 대해서도 의문의 포석을 놓는 판결이다. 대상판결은 특허권의 명의수탁자의 배임행위에 통모하여 거래한 상대방의 행위와 관련되어 있다. 통상, 부동산의 명의수탁자가 횡령행위를 한 경우 역시 거의 동형의 거래상대방을 상정해 볼 수 있다. 과연 배임행위의 거래상대방의 공범성립 기준은 어떤 유형의 범죄에까지 확대해서 적용할 수 있을까? 이와 관련한 구체적 사례가 등장했을 때 다시 분석하고 논증하는 것이 적절하지만 사전에 대상판결로부터 이러한 의문을 끄집어 내 보는 것은 정당하다.

Ⅱ. 배임행위 거래상대방에 대한 판례 연혁

1. 대법원 74도2455 판결

대법원이 배임죄의 거래상대방의 공범성립을 현재의 형태로 포착하기 시작한 것은 1975년에 있었던 대법원 74도2455 판결부터이다. 대법원은 74도2455 판결에서 부동산 이중매매의 거래상대방인 제2양수인에 대해 이중양도를 인식하고 양수하는 것으로는 부족하고 "먼저 매수한 자를 해할 목적으로 양도를 교사하거나 기타 방법으로 양도행위에 적극가담한 경우에 한하여" 배임죄의 공범이 성립한다고 판시했다. 동 판결에서는 민법의 해석에 있어서도 부동산 이중매매의 거래상대방의 경우 "완전한 권리를 취득하고 있다고 해석"하고 있어 "범죄를 구성할 정도의 위법성이 없다고 해석"하는 것이 적절하다는 이유를 제시했다.[1)]

---

1) 대법원 1975. 6. 10. 선고 74도2455 판결(피고인은 을이 1961년 9월경 사망하자 자신이 위 을의 자라고 주장하면서 동 을의 장남인 원심공동 피고인 병를 상대로 신분관계의 쟁송와 아울러 상속재산의 분할을 구하는 민사상의 쟁송을 하여 오던 중, 피고인은 위 병이 위 을의 상속재산 중 경북 점촌읍 127소재 전 408평을 을 사망 후인 1962년 3월경 이미 정에게 매도하여 인도까지 하였으나 소유권이전등기를 경료하여 주지 않고 있는 사실을 잘 알면서, 1965년 4월

2. 대법원 99도1911 판결

대법원 99도1911 판결에서는 '적극 가담'의 의미를 현재와 같은 용어를 사용하여 "교사하거나 배임행위의 전 과정에 적극 관여"한 경우라고 판시했다. 동 판결은 부동산 이중매매의 제2매수인의 공범성립 문제에서 벗어나 본격적으로 그 외의 상황(법인에 대한 배임행위)에 있어 거래상대방에 대한 가벌성 판단 기준을 제시했다는 의미를 지닌다. 이와 같이 부동산 이중매매의 맥락을 벗어나게 되면 더 이상 사법상 유효한 행위라는 것이 무죄의 강력한 근거가 되지 못한다. 다만, 대법원 99도1911 판결의 사실관계에 따르면 사회적 관계를 이용하여 압박하는 등 위력을 행사하여 대출을 받은 자와 단지 소극적으로 이익을 취한 자가 각각 피고인으로 등장하여 선명하게 대비가 되었다. 따라서, 이 두 피고인에 대해 각각 유죄와 무죄를 선고하였기 때문에 '적극 가담'의 통상적인 의미 이외에 대법원이 추가적인 논거나 기준을 제시할 필요는 없어 보였다.[2)]

3. 대법원 2005도4915 판결

대법원은 2005도4915 판결에서 배임행위의 거래상대방의 가벌성 배제의 근

2일 피고인 등 간의 상속재산 쟁송의 항소심인 대구고등법원에서, 피고인이 위 병으로부터 위 토지 전체를 분할(분재)받기로 하는 내용의 법정화해를 하고, 이어 이 법정화해에 따라 1966년 2월경 위 부동산에 대한 병의 상속지분(이인제가 황순이에게 이전등기를 하여줄 임무가 있는 지분)까지 그 이전등기를 받았다. 대법원은 피고인이 제1매매에 대한 사실을 알면서 상속권 분쟁 중인 병과 법정화해하여 소유권이전등기를 마쳤다는 사실만으로 먼저 매수한 자를 해할 목적으로 양도인을 교사하거나 기타 방법으로 적극 가담하여 공범이 성립된다고 볼 수 없다고 판시했다).

2) 대법원 1999. 7. 23. 선고 99도1911 판결(피고인2는 금융회사A에 대하여 자금지원을 요청했는데, 피고인2로서는 자신이 요청한 지급보증이나 자금지원이 관련 법령이나 해당 금융기관의 업무처리규정에 위배된다는 것을 알고 있었고 일부 임원들이 자금지원에 반대한다는 사실을 알면서도 을, 병, 정 등에게 집요하게 자금지원을 하여 줄 것을 요구하는 한편으로 자신이 평소 알고 지내는 정치인이나 한국감정원의 간부들에게 자금지원을 청탁하고 정치인들과의 친분관계를 과시함으로써 결국 가능하게 했다. 한편, 피고인3은 피고인2의 형으로서 실질적인 이익을 얻기는 했지만 주된 업무는 모두 피고인2가 담당하였고 피고인2로부터 가끔 보고·협의만을 하여 대략적인 내용만을 알고 있었으며 타지역에 머물고 있는 등 업무에 직접 관여하지 않았다. 이에 대법원은 피고인2는 배임행위에 적극 가담했다고 보았으나 피고인3은 무죄로 판시했다).

거로 '사회적 상당성'과 '대향적 행위'라는 개념을 꺼내들었다. 대법원 2005도4915 판결은 대법원 99도1911 판결 이래 의문시 될 수 있었던 배임행위의 거래상대방의 불법판단 근거를 보다 명확히 한 의미가 있다. 대법원 2005도4915 판결에는 대법원 99도1911 판결과 마찬가지로 법인에 대한 배임행위가 결부되어 있었다. 대법원 2005도4915 판결이 제시한 사회적 상당성 개념은 실체적인 법원칙으로서의 성격을 지니는 것이지만, 역시 동판결에 나타난 대향적 행위 개념은 강한 형식성을 지향한다. 사실, 전체 법질서에 부합하는 행위라는 의미를 지니고 있는 사회적 상당성 개념은 대법원 74도2455 판결 이래 배임행위의 거래상대방의 불법판단의 근거였던 사법상 유효한 행위 개념이 확장된 것이다. 덧붙여, 대법원 2005도4915 판결은 배임행위 거래상대방의 행위의 가벌성 있는 불법형태에서 방조를 명시적으로 제외했다.[3)]

4. 대상판결: 대법원 2014도17211 판결

대상판결인 대법원 2014도17211 판결에서는 배임행위의 거래상대방은 "실행행위자와 별개의 이해관계를 가지고...... 독자적으로 거래에 임한다는 점을 고려하면...... 배임죄의 공범이라고 볼 수 없는 것이 원칙"이라고 판시했다. 사실, 과거 대법원 판결에서는 배임적 거래상대방과 관련하여 가벌성이 일정부분 배제되는 이유를 제시하는 것이 주된 접근법이었다. 반면, 대상판결에서는 배임행

---

3) 대법원 2005. 10. 28. 선고 2005도4915 판결(주식회사A의 1인 주주이자 실질적인 대표이사인 피고인1 등은 상속세 납부자금을 마련하기 위하여 1998년 5월 6일경 피고인2 등에게 위 주식회사A의 주식 전부를 매매대금 150억 원에 매도하기로 하는 주식매매계약을 체결한 후 공모하여, 위 주식매매계약이 해제될 경우 피고인1 등이 부담하게 될 매매대금반환채무를 담보하기 위하여 주식회사A의 유일한 재산인 지상 5층 건물에 관하여 1998년 1월 28일경 피고인2 등 명의로 소유권이전청구권 가등기를 마침으로써 위 부동산 시가 81억원 상당의 재산상 이득을 취득하고 피해자 주식회사A에게 동액 상당의 손해를 가하였다. 이에 대하여 원심법원에서는 피고인2의 배임행위에 대한 적극가담은 인정될 수 없지만 용이하게 한 방조에 해당한다고 판시했다(부산고법 2005. 6. 22. 선고 2004노889 판결). 반면, 대법원은 피고인1 등은 상속세 납부자금 마련을 주된 목적으로 하는 주식매매계약이라는 개인적 거래에 수반하여 독립된 법인 소유의 이 사건 부동산을 피고인2에게 담보로 제공하였고 피고인2는 이러한 사정을 알면서 이 사건 가등기의 설정을 요구하고 그 등기를 경료한 것에 불과하다면, 거래상대방의 지위에 있는 피고인2에게 배임행위의 교사범 또는 공동정범의 책임뿐만 아니라 방조범의 책임도 물을 수 없다 할 것이다고 판시했다).

위의 거래상대방의 행위가 허용됨을 원칙으로 하고 불법형태를 예외적으로 논하는 방식을 취했다. 나아가, 대상판결은 배임행위의 거래상대방을 처벌하려면 단순 적극 가담을 넘는 새로운 불법요건을 충족할 필요가 있다는 점을 보다 분명히 드러냈다.

Ⅲ. 배임행위 거래상대방에 대한 가벌성 근거

1. 형법총칙의 공범규정의 무력화

과거, 대법원은 부동산 이중매매에 있어 제1매수인을 배제하고 매도인과 공모하여 이중으로 매수한 경우 매도인의 배임죄에 가공한 행위로서 형법 제30조(공동정범), 제33조(공범과 신분)에 따라 공범이 성립한다고 보았다.[4] 이후, 대법원은 배임행위의 거래상대방이 "먼저 매수한 자를 해할 목적으로 양도를 교사하는 등 기타의 방법으로 양도행위에 적극 가담한 경우"에만 공범의 죄책을 진다고 입장을 바꾸었다.[5] 그럼에도 불구하고 한동안 대법원은 '적극 가담' 요건에 대하여 통상의 공범성립 기준을 크게 벗어나지 않는 해석을 했다.[6] 이재상 교수는 배임죄의 거래상대방의 공범성립은 배임행위자와 거래상대방이 공모하여 행위한 것으로 충분하다고 보고 있다.[7] 김성돈 교수는 대법원의 '적극 가담' 요건이 통상의 기능적 행위지배를 내용으로 하는 공동정범의 성립 기준과 크게

4) 대법원 1966. 1. 31. 선고 65도1095 판결.

5) 대법원 1975. 6. 10. 선고 74도2455 판결. 대법원은 동 판결에서 배임죄의 거래상대방의 공범성립에 대해 새로운 입장을 취하였음에도 불구하고 전원합의체판결로 이를 처리하지 않았다. 즉, 기존 요건에 추가적인 기준을 제시하는 방법을 취하여 이후 사실상 새로운 불법형태로 나아가는 출발점이 되었다.

6) 예를 들어, 대법원 1983. 7. 12. 선고 82도180 판결(임차인이 계약서에 기재된 자신의 우선 매수권를 적극적으로 행사하고 임의로 책정된 매수금액을 공탁하는 방식으로 임대인이 타인에게 이미 매도한 점포를 매수하여 소유권이전등기를 경료한 사건에서 공동정범을 인정했다); 대법원 1990. 2. 13. 선고 89도811 판결(택시공제조합 지부 보상과장에게 보상금이 많이 지급하도록 해 달라는 요청을 한 것 이외에 보상금지급이나 그 소요서류의 작성에 간여하거나 도로상황과 과실비율을 설정하는데 어떠한 역할을 한 바 없다고 하여 공동정범이 성립하지 않는다고 판시했다. 동 판결에서는 거래상대방의 '적극 가담' 요건이 검토되지 않은 채 공모공동정범의 성립 여부만 논해졌다).

7) 이재상 · 장영민 · 강동범, 형법각론 제10판, 박영사, 2017, 438－439면.

다르지 않다고 기술하고 있다.8) 신양균 교수는 비신분범인 거래상대방이 신분범인 배임행위자에 공동정범으로 가공했다는 측면을 강조한다. 다만, 거래상대방의 공동정범이 성립하는 요건은 통상의 행위지배에 있어 공동의 의사와 공동의 임무위배행위라고 기술하고 있다.9) 원형식 교수는 '적극 가담' 요건은 형법 총칙상의 교사범과 방조범을 가르는 기준과 사실상 동일하다고 주장했다.10)

그러나, 대법원은 2005도4195 판결에서 통상의 공범론이 배임죄의 거래상대방에 적용될 수 없음을 명확히 했다. 무엇보다, 동 판결에서 대법원은 배임죄의 거래상대방과 관련하여 "교사범과 공동정범"이 성립되는 것과는 별개로 "외견상 방조행위로 평가될 수 있는 행위가 있어도 범죄를 구성할 정도의 위법성이 없다"고 선언했다.11) 물론, 대법원 74도2455 판결부터 이미 "양도를 교사하거나 기타 방법으로"라는 용어를 사용함으로서 교사 이상의 불법이 확보되어야 하는 의미를 내비쳤다. 그런데, 지금까지의 대법원 판결을 살피면 배임행위의 거래상대방이 실제 교사행위로 관여한 경우에 교사범을 성립시킨 예를 찾기 힘들다. 대법원 판결문에서 교사행위는 마치 배임죄 거래상대방의 공동정범 성립을 위한 하나의 고려요소로 활용되는 외관을 보여왔다.12)

---

8) 김성돈, "대향범과 공범 - 대법원 2016. 10. 13. 선고 2014도17211 판결-", 법조-최신형사판례분석 제65권 제9호, 법조협회, 2016. 12., 564-565면 참조("이와 같은 예외인정을 위한 요건은 불가벌적 대향자가 구성요건의 실현에 요구되는 소극적 기여 또는 단순한 협력관계를 넘어서서 범행결의가 없는 상대방의 범행을 야기하거나 상대방과 공모하는 등과 같이 적극적인 가담을 한 경우를 의미한다. 이러한 경우는 불가벌적 대향자라도 정범으로는 처벌하는 규정이 없지만 형벌확장사유로 인정되는 공범규정을 적용할 수 있고, 그 기여정도가 기능적 행위지배성을 인정받을 수 있을 정도인 경우에는 임의적 공범에 해당하는 공동정범까지도 가능할 수 있다고 한다").

9) 신양균, "배임행위의 거래상대방의 형사책임", 형사판례연구[15], 한국형사판례연구회, 박영사, 2007, 235-236, 240-241면.

10) 원형식, "배임적 거래행위의 상대방의 형사책임", 형사법연구 제21권 제1호, 한국형사법학회, 2009, 528면. 또한 배종대 교수는 편면적 대향범의 처벌받지 않는 대향자의 가벌성과 관련하여 적극 관여한 경우 교사범 성립을 주장하고 있다. 배종대, 형법총론 제13개정판, 홍문사, 2017, 398면. 처벌받지 않는 대향자의 공범성립 형태와 관련한 논의로 아래 "4. 대향범론" 참조.

11) 대법원 2005. 10. 28. 선고 2005도4915 판결.

12) 대법원은 배임행위의 거래상대방의 행위가 "배임죄의 교사범 또는 공동정범이 될 수 있음"을 명시적으로 기술하기도 했다. 대법원 2005. 10. 28. 선고 2005도4915 판결; 대법원 2011. 10. 27. 선고 2010도7624 판결. 그러나, 대법원은 일관되게 "배임행위를 교사하거나 또는 배임행위의 전 과정에 관여하는 등으로 실행행위자의 배임행위에 적극 가담하는 경우"에는 공동정범이 된다고 판시했다. 대법원 2007. 2. 8. 선고 2006도483 판결; 대법원 2006. 10. 26. 선고 2006

대법원은 단순한 공모 이상의 별도의 반사회적 성격의 적극 가담이 있어야 배임죄의 거래상대방의 가벌성이 확보된다고 보는 경향이 있다. 때때로 하급심에서는 공모공동정범 정도의 참가면 배임죄 거래상대방의 형사적 불법형태로 충분하다고 본 경우가 있었다. 예를 들어, 광주지방법원은 2007노814 판결에서 거래상대방이 배임행위를 사전에 알고 있었으며 배임행위자와 공모했다는 점에 초점을 맞추어 공모공동정범이 성립한다고 판시했다.[13] 그러나, 대법원은 거래상대방이 배임행위자에 대한 교사 내지 전과정에 관여하는 부분에 대한 입증이 없었다고 하여 광주지법의 판결을 파기했다.[14] 인천지방법원은 2009노599 판결에서 수분양권의 매수인이 적극 관여하여 거래를 성사시킴으로서 매도인의 배임행위에 공모한 공모공동정범에 해당한다고 보았으나[15] 이에 대한 상고심에서 대법원은 매수인의 관여가 매수인으로서 권리를 행사하는 과정에서 발생한 것으로서 통상 사회적으로 용인할 수 있는 범위를 넘어섰다고 볼 수 없다고 판시했다.[16] 이뿐만 아니라, 대법원은 배임행위의 거래상대방이 먼저 가처분 신청을 취하해 달라고 요청하거나,[17] 먼저 보험금의 상향조정을 요구하는 의사표시를 한 경우[18]에도 가벌성을 인정하지 않았다. 심지어, 개인채무 변제를 위해 적극적인 검토 작업을 통하여 회사지분을 넘기라는 배임행위를 종용하고 재촉하며 고소하겠다고 압박을 가한 경우까지 '적극 가담'이 아니라고 판시했다.[19] 대법원은 대상판결과 같이 적극성을 보였다고 하더라도 자신의 권리실현을 위하여 배임행위자와의 거래를 성사시키기 위해 노력한 자는 대체로 처벌할 수 없다고 보았다.[20] 종합해 볼 때, 대법원은 배임행위의 거래상대방의 공범성립과 관련한

도5147 판결; 대법원 2008. 7. 24. 선고 2008도287 판결; 대법원 2009. 9. 10. 선고 2009도5630 판결; 대법원 2013. 7. 11. 선고 2011도5337 판결; 대법원 2016. 10. 13. 선고 2014도17211 판결.

13) 광주지법 2007. 12. 21. 선고 2007노814 판결.
14) 대법원 2008. 7. 24. 선고 2008도287 판결.
15) 인천지법 2009. 6. 5. 선고 2009노599 판결.
16) 대법원 2009. 9. 10. 선고 2009도5630 판결.
17) 대법원 2011. 10. 27. 선고 2010도7624 판결.
18) 대법원 1990. 2. 13. 선고 89도811 판결.
19) 대법원 2006. 10. 26. 선고 2006도5147 판결.
20) 대법원 2009. 9. 10. 선고 2009도5630 판결; 대법원 2005. 10. 28. 선고 2005도4915 판결; 대상판결인 대법원 2016. 10. 13. 선고 2014도17211 판결.

'적극 가담'요건이 단순 공모를 넘어 추가적인 불법형태가 있을 때 유죄로 보는 매우 좁은 해석을 지향한다.

2. 사법상 유효한 법률행위론

대법원은 애초 배임행위의 거래상대방과 관련하여 공범이 일부 성립하지 않는다고 한 근거를 사법상 유효한 법률행위에서 찾았다. 대법원은 74도2455 판결에서 배임죄에 해당하는 부동산 이중매매에 가담한 거래상대방이 "먼저 매수한 자를 해할 목적으로 양도인을 교사하거나 기타 방법으로 양도행위에 적극 가담한 경우"가 아니라면 "범죄를 구성할 정도의 위법성이 없다고 해석함이" 적절하다고 보았다. "우리 민법의 해석에 있어서도...... 이중매수자는 완전한 권리를 취득한다"는 점을 논거로 들고 있다. 이러한 대법원의 접근법은 법질서의 단일성 혹은 통일성의 원칙[21]에 기초한 것으로 보인다. 즉, 사법과 형사법의 위법성이 각기 다르지 않기 때문에 민법상의 적법한 권리행사로 평가되는 배임행위의 거래상대방의 행위를 형사적으로 굳이 처벌할 필요가 없다는 것이다.[22]

이와 같이 대법원이 부동산 이중매매 사건과 관련하여 수립한 배임죄의 법리는 실제 순환적인 구조 속에 놓여 있다. 김증한 교수는 1964년 일본의 민사판례를 소개하며 부동산 이중매매는 제2매수인이 악의이고 훨씬 可憎한 경우가 많으므로 민법 제103조의 선량한 풍속 기타 사회질서에 위반되는 것으로 보아 무효로 해야 한다고 주장했다. 또한, 김증한 교수는 우리 법원이 부동산 이중매매에 대하여 배임죄를 성립시켜 처벌하고 있는 만큼[23] 사법상 효력 또한 부인되는 것이 적절하다고 보았다. 즉, 부동산 이중매매에 대한 반사회성 판단의 주된 논거를 형사처벌 대상이라는 점에서 찾은 것이다.[24] 이 김증한 교수의 논문

21) 신동운, 형법총론 제10판, 법문사, 2017, 265－267면. 이 부분은 2005년 이후 대법원 판결문에 등장한 사회적 상당성 개념에서 다시 확인된다. 자세한 내용은 아래 "3. 사회적 상당성론" 부분 참조.

22) 원형식, 앞의 논문, 525－527면.

23) 김증한 교수는 논문에서 1963년 8월 31일 서울고등법원 상고심에서 부동산 이중매매에 대하여 배임죄를 성립시켰다는 점을 지목했다. 김증한, "이중매매의 반사회성 - 일본의 판례를 소개하면서－", 법정 19,9 (1964. 9.) 9면.

24) 김증한, 위의 논문, 9－11면.

이 발표된 후, 우리 대법원은 차례로 부동산 이중매매에 있어 제2매수인의 행위가 사회정의관념에 위배되어 반사회적 행위가 될 정도로 적극 가담한 경우 무효라고 판시했다.[25] 이러한 판시사항은 현재까지 대법원의 기본적인 입장으로 이어지고 있다.

그런데, 대법원은 74도2455판결부터 이번에는 반대로 부동산 이중매매의 민사적인 거래의 유효성을 기초로 배임죄의 거래상대방의 공범성립을 배제할 수 있다고 논증하기 시작했다. 이후 대법원은 부동산 이중매매 이외의 사례에서도 배임죄의 거래상대방의 행위의 가벌성이 상당부분 배제되는 이유를 제시하는데 있어 "사법상의 권리행사", "반사회성으로 인한 계약 무효"와 같은 용어를 사용하고 있다.[26] 이와 같이 배임행위의 거래상대방의 공범성립의 근거 제시는 사법상 유효성 개념과 연관되어 일종의 순환적 형태 속에 놓이게 되었다. 배임행위의 거래상대방의 행위에 대해 형법총칙의 공범 규정이 그대로 적용되지 않은 이유는 뫼비우스의 띠 같은 이미지로 남겨지게 된 것이다.

3. 사회적 상당성론

대법원은 2005년부터 배임행위의 거래상대방의 행위의 공범성립을 배제할 수 있는 개념으로 '사회적 상당성'을 기술하기 시작했다.[27] 본래, 사회적 상당성

---

25) 부동산 이중매매에 악의로 적극 가담한 경우 무효로 판시한 판례로, 대법원 1969. 11. 25. 선고 66다1565 판결(제2매수인이 제1매매를 알면서도 이중매매를 요구했고 매도인이 곧바로 응하지 않자 이중매도는 민·형사상 아무 문제가 없고 만일 문제가 되면 책임지겠다는 등의 감언이설을 했으므로 사회정의관념에 위배된 반사회적 행위로 판시했다); 대법원 1970. 10. 23. 선고 70다2038 판결(제2매수인이 이미 매수되어 공회당 건물(등기)이 지어져 그 부지로 사용되고 있던 토지(미등기)에 대하여 그 사정을 잘 알면서 이중매매를 적극 권유한 사실로 반사회적 행위에 해당하여 무효라 판시했다). 같은 맥락에서 부동산 이중매매에 악의지만 단순 가공한 제2매수인의 행위를 공서양속에 위배되지 않아 무효로 볼 수 없다는 판결로, 대법원 1965. 6. 15. 선고 65다596 판결; 같은 취지로 대법원 1967. 12. 5. 선고 66다2451 판결.

26) 대법원 2009. 9. 10. 선고 2009도5630 판결; 대법원 2011. 10. 27. 선고 2010도7624 판결.

27) 대법원 2005. 10. 28. 선고 2005도4915 판결; 대법원 2011. 10. 27. 선고 2010도7624 판결. 배임행위의 거래상대방의 공범성립의 맥락 이외에도 대법원이 사회적 상당성을 구성요건해당성을 배제할 수 있는 개념으로 사용한 경우로, 대법원 1986. 6. 10. 선고 85도2133 판결(사회적 상당성이 인정되는 의사의 통상적인 진료행위는 업무상 과실치상죄의 성립을 부정할 수 있다고 판시했다); 대법원 1994. 4. 26. 선고 93도212 판결(일반적인 편의치적에 의한 선박 수입 및 신고는 사회적 상당성이 있어 관세 포탈 행위에 해당하지 않을 수 있다는 기술했다); 대법

은 형법 제20조의 사회상규와 유사하게 정형없이 위법성 일반을 평가하는 개념이다.[28] 다만, 배임행위의 거래상대방의 가벌성과 관련된 사회적 상당성은 배임죄의 거래상대방의 구성요건해당성을 일정부분 삭감하는 역할을 한다는 점에서 주로 위법성을 배제하는 형법 제20조의 사회상규와는 차이가 난다.[29] 문제는

원 1995. 3. 3. 선고 93도3080 판결(범인도피행위가 그 자체로 직접 도피시키는 것을 목적으로 하지 않고 간접적으로 도피할 수 있도록 행위한 것은 사회적 상당성이 있어 범인도피죄의 구성요건에 해당하지 않는 것으로 판시했다); 대법원 1996. 12. 23. 선고 95도1120 판결(재단 직원이 변제기 이전에 채무이행을 한 것은 사회적 상당성이 있어 이자 상당액에 대하여 배임이 성립할 수 없다고 판시했다); 대법원 2013. 3. 14. 선고 2010도410 판결(전체 법질서상 용인될 수 없을 정도로 사회적 상당성을 갖추지 못할 때에는 업무방해죄의 위력 개념에 포섭된다고 판시했다); 대법원 2013. 4. 11. 선고 2010도13774 판결(전체 법질서상 용인될 수 없을 정도로 사회적 상당성을 갖추지 못한 때에는 그 행위 자체가 협박의 개념에 포섭된다고 판시했다). 반면, 대법원이 사회적 상당성 개념이 위법성 일반을 평가하는 기능을 할 수 있다고 적시한 예로, 대법원 1986. 10. 28. 선고 86도1784 판결(사회적 상당성이 사회상규와 같은 내용을 지닌다고 기술했다); 대법원 1999. 6. 14. 선고 96도405 판결(사회적 상당성을 공직선거법 위반행위의 위법성 판단 기준으로 적시했다); 대법원 1999. 10. 12. 선고 99도2309 판결. 일반적으로, 대법원은 사회적 상당성 내지 상당성 개념을 정당방위, 긴급피난, 정당행위의 성립과 관련하여 행위수단의 평가를 위한 세부기준으로 사용한다. 예를 들어, 대법원 1983. 3. 8. 선고 82도3248 판결; 대법원 1985. 6. 11. 선고 84도1958 판결; 대법원 1994. 11. 8. 선고 94도1657 판결; 대법원 1995. 9. 29. 선고 95도803 판결; 대법원 1999. 4. 23. 선고 99도636 판결; 대법원 2001. 2. 23. 선고 2000도4415 판결; 대법원 2003. 11. 13. 선고 2003도3606 판결; 대법원 2004. 6. 25. 선고 2003도4934 판결; 대법원 2017. 3. 15. 선고 2013도2168 판결 등 참조.

28) 우리 형법 제20조의 사회상규와 같은 규정이 없는 독일과 일본의 경우 사회적 상당성이 유사한 역할을 한다. 독일과 일본에서 사회적 상당성이 구성요건 단계에서 작용하는지 위법성 단계에서 활용되어야 하는지는 견해가 갈린다. 이와 관련하여, 손해목, "사회적 상당성이론", 고시계 통권 422호, 1992. 4., 양화식, "사회적 상당성론", 사회과학논집 제1집, 수원대학교 사회과학연구소, 1989; 우리 학계에서, 사회적 상당성이 구성요건해당성을 배제하는 개념이라는 주장으로, 이재상 외, 앞의 책, 296－297면; 김일수·서보학, 형법총론 제12판, 박영사, 2014, 165－166면("사회적 상당성은 범죄구성요건의 각 표지를 심사하는 데 중요한 해석의 보조수단"으로 기능한다); 그러나, 상당수 학자들은 우리 형법 제20조의 사회상규와 사회적 상당성이 큰 차이가 없다고 보고 있다. 김성돈, 형법총론 제5판, 성균관대학교 출판부, 2017, 340－341면; 오영근, 형법총론 제3판, 박영사, 2017, 85면. 유사한 맥락에서, 우리 형법에 있어 사회적 상당성 개념이 독자적인 법형상을 갖추지 못했다고 보는 견해로, 천진호, "사회적 상당성 이론에 대한 재고", 법학논고 제13권, 경북대학교 법학연구소, 1997, 145－146면, 150－151면; 배종대, 앞의 책, 222면. 한편, 과거 사회적 상당성을 위법성조각사유들에 대한 일반원리라고 제시한 견해들이 있었다. 손해목, "초법규적 정당화원리", 현대형사법론: 김기두교수 화갑기념논문집, 경문사, 1980, 97－98면. 김종원, "위법성조각사유의 일반원리에 관한 소고", 차용석박사 화갑기념논문집, 법문사, 1994, 181면.

29) 우리의 경우, 형법 제20조의 사회상규의 기능과 성질에 대해서도 견해가 일치하지 않는다. 천진호, 앞의 논문, 144면; 대법원은 주로 사회상규를 위법성조각사유로 활용하지만 또한 구성요건해당성을 배제하는 사유로 사용하는 경우도 있다. 예를 들어, 형법 제357조의 배임증재죄에 있어 사회상규나 신의성실의 원칙에 반하는 경우만이 구성요건인 부정한 청탁 또는 직무관련

이 사회적 상당성 가장자리에 놓여있는 배임행위의 거래상대방의 가벌성 있는 불법요건이 무엇인지를 밝혀야 한다는 점이다. 위법성 배제사유의 판단과는 달리, 구성요건해당성을 사안별로 가변적 판단에만 맡길 수 없기 때문이다.[30)]

대법원은 2005도4915 판결에서 배임행위에 가담한 거래상대방의 행위가 가벌성이 있기 위해서는 반사회적 법률행위에 해당하여야 하며 법질서 전체적인 관점에서 사회적 상당성을 갖추지 못해야 한다고 판시했다.[31)] 즉, 민사상 권리에 기초한 행위는 거래 자유의 영역에 놓인 것으로 사회적으로 상당하며 이에 따라 범죄 구성요건해당성을 배제하게 된다. 대법원 74도2455 판결부터 등장한 '민사상 거래질서'에 부합하는 행위를 처벌하지 않는다는 논법은 일면 대법원 2005도4915 판결에서 사회적 상당성이라는 형법적인 표현을 얻은 것으로 보인다. 이후, 대법원은 2009도5630 판결에서 배임행위의 거래상대방이 사법상의 "권리를 행사하는 과정에서" 배임행위에 비교적 적극 관여했다고 하더라도 "통상 사회적으로 용인할 수 있는 범위를 넘지 않았다면" 배임죄의 공범에 해당하지 않는다고 하여 이 점을 더욱 명확히 했다.[32)]

성이 있는 경우에 해당한다고 보고 있다. 대법원 1980. 8. 26. 선고 80도19 판결; 대법원 1991. 1. 15. 선고 90도2257 판결; 대법원 2011. 10. 27. 선고 2010도7624 판결.

30) 사회적 상당성 개념의 공허함, 막연함, 유동성으로 인하여 범죄 구성요건의 범위가 불명확하게 되며 따라서 형법의 보장적 기능을 해할 수 있다는 견해로, 천진호, 앞의 논문 123면; 같은 맥락에서 범죄성립요건이 사회상규로 인하여 모호함과 가변성을 지니게 되는데 대한 우려로, 김성돈, "한국 형법의 사회상규조항의 기능과 형법학의 과제", 성균관법학, 제24권, 성균관대학교 법학연구소, 2012. 12. 같은 취지로, 김영환, "형법 제20조 정당행위에 관한 비판적 고찰", 고시계, 1991. 5.. 60~61면. 유사한 맥락에서, 선량한 풍속 기타 사회질서라는 도덕관념에 가까운 불확정적이고 변화하는 개념으로 형사책임을 확정하는 것은 형법의 탈윤리화 요청과 죄형법정주의의 명확성 원칙에 반한다는 주장으로, 강동욱, "부동산 이중매매 매도인에 대한 형사책임의 인정에 관한 법정책적 검토 - 민사법상 효력과 비교를 통하여 -", 법학연구 제19집 제2호, 인하대학교 법학연구소, 2016. 6. 그러나, 범죄 구성요건의 경우에도 가변적, 유형적, 이익형량적 사고가 개입될 수밖에 없는 경우들이 있다. 이용식 교수는 형법 제243조의 음화의 해석, 모험거래와 관련된 배임죄 성립, 강제집행면탈죄의 성립, 해석과 유추의 구분 등의 문제에 있어 가변적인 이익형량적 접근법이 활용된다고 지적하고 있다. 이용식, "형법에 있어서의 이익형량", 서울대학교 법학 제48권 제2호, 서울대학교 법학연구소, 2007. 6. 11-16면. 이처럼 범죄 구성요건의 해석과 관련한 가변적 기준들이 불가피하게 개입될 수 없는 부분들이 있다고 하더라도 이를 최대한 객관화·구체화하는 것이 입법자와 해석자의 임무라고 하지 않을 수 없다.

31) 이와 유사하게, 가인 김병로에 따르면 위법성 일반의 평가와 관련된 사회상규 개념은 민법 제103조의 공서양속과 동일한 기초 하에 있다. 김병로, "범죄구성의 요건되는 위법성을 논함", 법학계 제3호, 1915. 3., 3면 이하; 신동운, 앞의 책, 266면에서 재인용.

주의할 것은 우리 대법원이 민사상의 거래질서의 기초인 '공서양속'에 위배되는 행위와 형사상 가벌성 있는 행위를 반드시 일치하는 것으로 보지는 않았다는 점이다. 우선, 대법원은 배임죄로 처벌되는 사례와는 달리 매도인이 중도금을 지불한 이후에 처분한 경우 반사회적이어서 사법상 무효라고 명시적으로 기술하지 않았다. 따라서, 형사적으로 처벌되는 배임행위와 사법상 무효인 부동산 이중매매가 성립하는 시점이 일치하는지 여부는 불명확한 상태이다.[33] 더욱이, 우리 법원은 부동산 이중매매에 있어 배임죄의 공범으로 처벌되는 때에도 민법 제103조의 반사회적 행위로서 무효인 법률행위가 아니라고 판시한 경우도 있다.[34] 또한, 부동산 명의수탁자가 명의신탁자를 배신하고 양수인에게 부동산을

---

32) 대법원 2009. 9. 10. 선고 2009도5630 판결; 이외에도 대법원 2011. 10. 27. 선고 2010도7624 판결("실행행위자와의 계약이 반사회적 법률행위에 해당하여 무효로 되는 경우 배임죄의 교사범 또는 공동정범이 될 수" 있다고 판시했다).

33) 이중매매의 민사판례들은 대부분 잔금지급 이후에 문제가 발행한 경우들이다. 예를 들어, 대법원 1972. 4. 28. 선고 72다343 판결; 대법원 1977. 2. 22. 선고 75다226, 227 판결; 대법원 1977. 1. 11. 선고 76다2083 판결; 대법원 1983. 4. 26. 선고 83다카57 판결. 이에 대하여 김홍일, "부동산 이중매매의 반사회성", 판례연구 제22집, 2011, 460면. 민사법학계의 상당수 학자들은 잔금 지급 이후에 이중매매의 반사회성이 성립한다고 보고 있다. 김증한, "이중매매의 반사회성: 일본의 판례를 소개하면서", 법정 19,9, 1964. 9., 10면; 김용한, "부동산 이중매매에 있어서 문제점", 고시연구, 고시연구사, 1987, 86면; 최민근, "부동산 이중매매와 반사회성의 기준시론", 현대민법학의 제문제: 김증한 박사 화갑기념논문집, 박영사, 1981, 106면; 손기식, "이중매매와 반사회질서의 법률행위", 대법원판례해설 제12호, 법원도서관, 1990, 183면; 윤진수, "부동산의 이중양도에 관한 연구", 서울대학교 박사학위논문, 1993, 18쪽; 김덕중, "이중매매에 따른 매도인의 형사책임", 법학논총 제19권 제2호, 조선대학교 법학연구원, 2012, 452쪽. 형법학계에도 부동산 이중매매에 있어 중도금 지급 이후에 곧바로 배임죄의 성립이 가능하다는 데 대해 비판하는 견해로, 김혜정, "배임죄의 행위주체인 '타인의 사무처리자' 판단에 관한 소고", 법과정책연구 제12권 제4호, 한국법정책학회, 2012, 1891쪽; 박찬걸, "부동산의 이중매매에 있어서 배임죄의 성립시기", 경희법학 제48권 제4호, 경희대학교 법학연구소, 2013, 304쪽. 이에 반하여, 부동산 매매에 있어 중도금을 수령한 경우 배임죄의 주체가 될 수 있다는 형사 판례와 다수설을 근거로 부동산 이중매매의 반사회성을 판단하는 견해로, 서현무, "부동산의 이중양도: 반사회성 판단의 기준과 제1양수인의 보호방안", 판례연구, 전주지방법원, 1998, 147면; 황경웅 · 유충호, "부동산 이중양도의 반사회성에 대한 판단 기준", 법학논문집 제34집 제2호, 중앙대학교 법학연구소, 2010, 102-103면 참조.

34) 대법원 1974. 2. 26. 선고 73다120 판결. 부동산 이중매매 가담자들에 대하여 형사처벌이 성립하지만 해당 거래가 민사상 유효하다는 부분은 원심판결에 적시되어 있다. 대법원은 원심판결을 그대로 받아들였다. 즉, 이중매매에 있어 배임죄의 공동정범의 성립에도 불구하고 해당 매매가 "사회정의에 위반되는 반사회적 법률행위에 해당하는 것으로 민법 제103조에 의하여 무효한 것이라고 인정"할 수 없다고 보았다. 서울고등법원 1972. 11. 30. 선고 72나958 판결(동 사건에서 종중 및 명의수탁자의 합의하에 종중이 명의신탁한 부동산을 명의신탁을 해제하고 매매하는 계약을 원고와 체결하고 원고로부터 대금을 수령한 뒤 소유권이전등기에 필요한 서류 일체를 넘겼으나 원고가 소유권이전등기를 경료하지 않았다. 그 사정을 모른 채 피고는 명

양도한 사례에서 양수인은 처벌받았지만 해당 거래는 유효하다고 판시한 바 있다.[35] 유사한 맥락에서, 대법원은 행정법령의 강행법규에 위반하고 이에 상응하는 벌칙규정에 해당하는 행위라고 할지라도 당연히 민법 제103조에 따라 반사회적이라고 보지는 않았다.[36] 또한, 대법원은 민법 제103조의 반사회적질서의 법률행위가 반드시 형사법규에 저촉되는 범죄행위에 국한되지 않는다고 판시한 바도 있다.[37] 사실, 대법원은 부동산 이중매매가 민법 제103조의 선량한 풍속 기타 사회질서에 위반하는 행위에 해당하기 위해서는 단지 객관적인 위법성을 징표를 넘어 제2매수인의 권리취득을 좌절시킬만한 책임귀속사유가 있어야 한다고 보고 있다.[38] 이는 무효인 법률행위의 법효과가 주로 귀속될 제2매수인에 초점을 맞추어 행위의 반사회성을 판단하는 민법에 고유한 접근법이다.[39] 게다가, 대법원은 대상판결의 특허권 명의신탁과 흡사한 부동산 명의신탁에 있어 명의신탁자의 배임행위에 대하여 거래상대방이 단순 적극 가담하여 체결한 계약은 반사회적 법률행위로 무효로 보았다.[40] 이는 대상판결에서 특허권 명의신탁

의수탁자로부터 상속받아 매매계약을 체결하고 계약금을 수령했으나 종중과의 명의신탁 및 원고와의 매매계약을 알게 되어 자신이 체결한 매매계약을 해지하려 했다. 그러나, 매수인을 대리한 부동산 중개업자들의 종용과 자신의 곤궁한 경제적 사정을 감안하여 계약을 존속시키고 중도금 및 잔금을 지급받은 뒤 소유권이전등기를 경료했다. 피고와 피고에 대한 매수인 그리고 부동산 중개업자들은 타 지방법원에서 형사처벌을 받았으나 서울고등법원에서는 피고에 대한 매수인의 가담행위가 민법 제103조에 해당하여 무효인 반사회적 법률행위에 해당될 정도는 안된다고 보았다).

35) 대법원 1965. 7. 6. 선고 65다935 판결.

36) 대법원 2010. 12. 9. 선고 2010다57626, 57633 판결(어업권의 임대차를 금지하며 이에 상응하는 벌칙규정을 두고 있는 구 수산업법에 대한 위반행위가 반드시 민법 제103조의 선량한 풍속 기타 사회질서에 반한다고 볼 수 없다고 판시했다). 민법학의 관점에서 반사회질서 해당 행위에 대해 분석한 논문으로, 박수곤, “계약의 하자에 관한 최근 대법원판결의 동향 - 적법성 및 사회적 타당성 요건의 충족여부를 중심으로 -”, 비교사법 제21권 제1호(통권64호), 한국비교사법학회, 2014.

37) 대법원 1972. 10. 31. 선고 72다1455 판결.

38) 대법원 2009. 9. 10. 선고 2009다23283 판결.

39) 부동산의 이중매매와 관련된 민법학회의 주된 관심은 민법 제103조가 제2양수인 및 전득자에게 가져올 구체적 법효과이다. 일반적으로, 민법 제103조의 반사회적 행위에 해당하게 되면 해당 행위는 절대적 무효가 된다. 이와 관련된 문제점을 분석한 논문으로, 윤진수, “반사회적 부동산 이중양도에 있어서 전득자의 지위”, 법조 제47권 제9호, 법조협회 (1998).

40) 대법원 1991. 4. 23. 선고 91다6221 판결; 대법원 1991. 10. 22. 선고 91다26072 판결; 대법원 1992. 6. 9. 선고 91다29842 판결; 대법원 1992. 3. 31. 선고 92다1148 판결; 대법원 2008. 3. 27. 선고 2007다82875 판결.

자에 대한 거래상대방의 악의의 적극적 거래 권유행위에도 불구하고 가벌성이 없다고 본 것과는 매우 대조된다. 결국, 우리 대법원이 사회적 상당성 개념을 바탕으로 행하는 배임행위의 거래상대방의 가벌성 판단은 사법상 유효한 거래행위에 대한 평가와 상대적으로 차이가 나는 부분이 있다고 보아야 한다.

사실, 사회적 상당성 개념은 민사적 권리나 사법상 유효한 법률행위 개념 보다 넓은 의미를 지닌다.[41] 무엇보다, 사회적으로 상당하다는 것은 자유의 영역에 속한다는 의미로 이해된다.[42] 즉, 배임죄의 거래상대방의 통상적인 거래행위는 배임행위에 일부 관여되는 바가 있다고 하더라도 자유로이 허용되는 영역에 속하는 것이다. 게다가, 현재 대법원이 사회적 상당성 개념을 사용하는 범위는 배임죄에 해당하는 부동산 이중매매의 제2양수인인 거래상대방의 맥락을 넘어선다. 예를 들어, 법인에 대한 배임행위가 있은 경우 그 거래상대방과 관련하여 부동산 이중매매의 맥락과 같은 사법상의 권리를 논하기는 힘들다. 거래상대방이 일정한 사법상의 권리를 보유했다고 특정하기 힘든 경우에도 사회적 상당성이 있다면[43] 공범성립이 배제되는 근거를 제시할 수 있게 된 것이다. 이와 같이 배임행위자와 상대하여 거래한 행위는 배임행위에 일반적으로 가공한 행위와도 구분되게 기본적으로 자유와 적법 영역에 속하게 되었다. 결론적으로, 대법원은 일부 위법과 비난의 여지가 있더라도 배임죄의 거래상대방의 형사적 불법성이 사적 자치의 원리에 원칙적으로 밀려나 있도록 디자인한 것이다.

---

41) 사회적 상당성 개념을 사용하기 전인 대법원 1990. 2. 13. 선고 89도811 판결과 같은 사건들 또한 민사적 권리 행사와는 관계없지만 처벌되지 않았다. 다만, 대법원 2005. 10. 28. 선고 2005도4915 판결부터 명시적으로 '사회적 상당성'이라는 개념을 사용하여 불가벌 영역이 존재함을 명확히 한 것이다.

42) H.Welzel, Das Deutsche Strafrecht, 11Aufl., S.57.; BGHSt 7, 268, 271 및 BGHSt 19, 152, 154 (천진호, 앞의 논문, 119, 122면에서 재인용); 양화식, 앞의 논문, 541면 참조. 우리 대법원 또한 소비자불매운동의 적법성을 논할 때 사회적 상당성을 자유권의 맥락에서 사용했다. 이에 대하여, 대법원 2013. 3. 14. 선고 2010도410 판결("다만 그 소비자불매운동이 헌법상 보장되는 정치적 표현의 자유나 일반적 행동의 자유 등의 점에서도 전체 법질서상 용인될 수 없을 정도로 사회적 상당성을 갖추지 못한 때에는 그 행위 자체가 위법한 세력의 행사로서 형법 제314조 제1항의 업무방해죄에서 말하는 위력의 개념에 포섭될 수 있고").

43) 대법원 2005. 10. 28. 선고 2005도4915 판결.

4. 대향범론

우리 대법원은 2005도4915 판결부터 배임죄의 거래상대방의 가벌성 판단과 관련하여 '대향적 행위'라는 개념을 사용하고 있다. 이후 대법원은 대상판결인 2014도17211 판결을 비롯하여 대법원 2006도5147 판결,[44] 대법원 2010도7624 판결,[45] 대법원 2011도5337 판결[46]에서 배임죄의 거래상대방의 행위를 '대향적 행위'로 포착하고 있다. 이에 대해서, 몇몇 학자들은 대법원이 배임죄의 거래상대방의 행위를 대향범의 일종으로 본 것으로 추론했다.[47] 즉, 대법원이 배임행위의 거래상대방의 공범성립을 상당부분 배제한 것은 편면적 대향범의 논리가 작동했기 때문이라는 것이다. 이러한 관점에 의하면, 비록 배임죄는 추상적 구성요건의 단계에서는 대향범으로 볼 수 없지만 구체적 적용 시에는 사정이 달라진다. 즉, 배임죄의 실행행위자가 처분행위를 하는 경우 반드시 거래상대방의 대향적 행위를 필요로 한다는 것이다.[48]

외견상, 대법원은 배임죄의 거래상대방의 가벌성 범위를 획정하는 문제에 있어 대향범 개념에 한 발을 들여 놓은 것으로 보인다.[49] 여기서, 대법원이 2005

---

44) 대법원 2006. 10. 26. 선고 2006도5147 판결.

45) 대법원 2011. 10. 27. 선고 2010도7624 판결.

46) 대법원 2013. 7. 11. 선고 2011도5337 판결.

47) 예를 들어, 김성돈, 앞의 각주 8)의 논문 참조; 원형식 앞의 논문 참조.

48) 김성돈, 위의 논문, 557－559면 참조.

49) 그것도 편면적 대향범의 처벌규정이 없는 대향자에 대하여 형법총칙 규정이 일부 적용가능하다는 소수설의 입장과 같은 방향성을 보이고 있다. 대표적으로, 김일수 교수는 대향범 중 편면적 대향범의 경우를 3가지 유형으로 나누어 처벌규정이 없는 대향자의 가벌성을 논하고 있다. 우선, 처벌규정이 없는 대향자가 당해 구성요건의 보호법익의 주체인 경우에는 불가벌이다. 예를 들어, 촉탁살인죄 또는 13세미만자 의제강간죄의 경우 보호법익 주체가 행위자의 범죄의사를 유발시켰다고 하더라도 교사범이 성립될 수 없다. 또한, 처벌규정이 없는 대향자가 특별한 동기 때문에 정범으로 처벌이 될 수 없는 경우는 공범 또한 성립할 수 없다. 예를 들어 범인은닉죄에서 은닉을 원하는 범인 자신은 국가형벌권의 집행으로부터 벗어나고자 하는 동기를 가진 것은 당연하기 때문에 정범으로 처벌하지 않는 것이므로 공범성립도 불가하다고 본다. 이와 같은 경우를 제외하고, 처벌규정이 없는 대향자가 구성요건실현에 필요최소한도를 넘어 적극가담한 경우 교사 및 방조범이 성립할 수 있다고 보고 있다. 김일수, 앞의 책, 481－482면. 이에 반하여, 독일과 달리, 우리의 소수설의 경우 쌍방 처벌의 대향범을 제외하고 편면적 대향범에만 최소관여원칙을 적용하는 이유를 명확히 설명하고 있지 못하므로 불가벌의 편면적 대향범에 대하여 임의적 공범을 성립시키는 데 반대하는 견해로, 이정원, "대향범인 필요적 공범에 대한 임의적 공범규정의 적용가능성", 형사법연구 제20권 제3호, 한국형사법학회, 2008. 편면적 대향범에 있어 정범으로 불가벌이므로 협의의 공범으로도 처벌할 수 없다는 견해로, 정성

도4915 판결 이후 '대향적 행위' 개념을 제한적으로만 사용하고 있다는 점을 눈여겨 볼 필요가 있다. 대법원이 '대향적 행위'라는 용어를 적시하고 있는 판례들은 예외없이 부동산 이중매매와 관련이 없는 사건들이다.[50] 분명, 대법원은 2005도4915 판결 이후에도 부동산 이중매매의 거래상대방의 가벌성이 문제된 사건들이 있었지만 '대향적 행위'라는 용어를 사용하지 않았다.[51] 전형적인 부동산 이중매매의 경우 사법상의 거래질서나 민법상의 권리로 배임죄 거래상대방의 공범 불성립의 이유를 보다 용이하게 설명할 수 있지만, 기타 배임행위의 거래상대방이 문제된 사건들은 이와 같은 논거 제시가 어려운 영역이다. 이 경우, 아마도 대법원에게 편면적 대향범의 형식성이 매력적으로 비춰졌을 수 있다. 대법원은 이 '대향적 행위'라는 개념으로 배임죄 거래상대방의 불가벌 영역의 판단기초에 관한 논의를 상당부분 실체(substance)중심에서 형태(form)중심으로 슬

근·박광민, 형법총론 제4판, 삼지원, 2009, 494면. 대향범의 처벌필요성에 대한 판단은 해석과정이 아닌 입법과정에서 이루어져야 한다는 주장으로, 조 국, "대향범 중 불가벌적 대향자에 대한 공범규정의 적용", 형사판례연구[11], 한국형사판례연구회, 박영사, 2003, 122－123면. 불가벌적 대향범에 가공한 공범 처벌을 긍정하는 입장에서 기초하는 최소관여의 원칙이 교사와 방조의 구별에서 그 기준을 찾는다는 점에서 지나치게 형식적·획일적어서 설득력이 떨어진다는 주장으로, 최정일, "불가벌적 대향범에 대한 총칙상의 공범 규정의 적용문제", 형사법연구 제26권 제3호, 한국형사법학회, 2014.

50) 대법원 2005. 10. 28. 선고 2005도4915 판결(법인의 1인주주이자 대표이사인 피고인이 공동피고인의 상속세 납부자금을 마련하기 위하여 거래상대방에게 주식전부를 매매하는 계약을 체결한 후 주식매매계약이 해제될 경우 매매대금반환채무를 담보하기 위하여 법인의 유일한 재산을 담보 목적으로 거래상대방 명의로 소유권이전청구권 가등기를 마친 배임행위가 있은 사건에서 공모한 거래상대방에 대하여 무죄를 선고했다); 대법원 2006. 10. 26. 선고 2006도5147 판결(법인이 가지고 있는 재산을 개인적 채무변제에 사용하는 배임행위를 종용한 채권자인 거래상대방에 대하여 무죄를 선고했다); 대법원 2011. 10. 27. 선고 2010도7624 판결(법인이 매수계약을 체결한 토지에 대하여 보유한 소유권이전등기청권을 피보전권리로 하여 해당 토지에 대한 매매 등의 처분을 일체 금지하는 내용의 가처분등기가 경료되어 있었는데 감사 및 관리자의 지위에 있는 자가 가처분등기를 말소하는 배임행위를 하는데 있어 해당 가처분신청을 취하해달라는 부탁을 먼저 하고 금품을 건넨 거래상대방에 대하여 무죄를 선고했다); 대법원 2013. 7. 11. 선고 2011도5337 판결(법인의 대표이사가 손해액을 과다 계산하여 지급하는 배임행위를 한 거래상대방이 배임행위자의 배우자인 사안에서 거래상대방에 대하여 유죄판결을 했다); 대상판결인 대법원 2016. 10. 13. 선고 2014도17211 판결.

51) 대법원 2009. 9. 10. 선고 2009도5630 판결(송도어민생활대책용지특별분양권을 이중매매 한 사건에서 제2양수인인 거래상대방이 사전에 이중매매임을 알지 못했다가 이후 이 사실을 알고 동 수분양권을 양도받기 위해 양도인을 사기죄로 고소하여 압박하는 등의 적극적 행위를 한 거래상대방에 대하여 무죄 판결을 했다). 한편, 배임행위의 거래상대방의 행위에 위력과 같이 불법이 비교적 뚜렷하게 나타나는 사건의 경우에도 '대향적 행위' 개념을 기술하지 않았다. 대법원 2007. 2. 8. 선고 2006도483 판결 참조.

쩍 전환하려 한 것처럼 보인다.

대법원이 배임죄의 거래상대방의 가벌성 판단을 위하여 편면적 대향범의 논리에 일부 기댄 시도는 성공하기 어려운 것으로 보인다. 무엇보다, 통상의 편면적 대향범과는 달리 배임죄는 필요적으로 대향적 행위를 예정하는 형태의 범죄구성요건을 지녔다고 할 수 없다. 종래, 대법원은 상호 반대방향에서 작용하는 행위가 필수적인 행위형태에 있어 한 방향의 범죄구성요건만을 법률에 규정한 입법자의 결단을 존중해야 한다고 판시해 왔다.[52] 배임죄의 거래상대방의 행위를 대향범으로 파악하는 입장처럼 법적용 시 행위의 대향성이 나타나는 경우를 모두 대향범으로 해석한다면 대향범의 범위가 지나치게 넓어질 가능성이 있다. 이 경우, 대향범 개념은 매우 개별화되고 실질화된다. 사실, 배임죄의 경우처럼 처분행위를 하는 경우인 횡령죄, 사기죄, 공갈죄의 경우 대향적 상대방이 필요한 경우들이 있다. 이뿐만 아니라 처분행위를 동반하지 않는 절도죄와 강도죄 또한 사건에 따라 재물이나 재산상 이득을 수취한 제3의 상대방이 나타날 수 있다.[53] 그러나, 대법원이 배임죄를 제외한 다른 범죄에 있어 공범성립에 특별히 예외를 둔 적은 없었다. 결국, 일정한 범죄행위의 거래상대방은 원칙적으로 대향범이 아니라고 보아야 한다. 대향범 개념의 형식적 합리성이 희석되면 오히려 대향범성을 잃게 될 우려가 있다.[54]

---

52) 예를 들어, 대법원 1985. 3. 12. 선고 84도2427 판결; 대법원 1988. 4.. 25. 선고 87도2451 판결; 대법원 2001. 12. 28. 선고 2001도5158 판결; 대법원 2002. 7. 22. 선고 2002도1696 판결; 대법원 2004. 10. 28. 선고 2004도3994 판결; 대법원 2007. 10. 25. 선고 2007도6712 판결; 대법원 2009. 6. 23. 선고 2009도544 판결; 대법원 2011. 4. 28. 선고 2009도3647 판결; 대법원 2011. 10. 13. 선고 2011도6287 판결; 2017. 6. 19. 선고 2017도4240 판결.

53) 김태명, “편면적 대향범에 가담한 자에 대한 형법총칙상 공범규정의 적용가부”, 형사판례연구 [21], 한국형사판례연구회, 2013, 박영사, 80-81면(“예컨대 명의수탁자가 명의신탁자의 부동산을 무단으로 처분하거나 부동산 매매계약으로 중도금까지 수령한 매도인이 그 부동산을 이중으로 매도하는 경우에는 각각 횡령죄와 배임죄가 성립하는데, 이처럼 대향범이 아닌 일반 범죄의 경우에도 2인 이상의 가담에 의해 성립하는 경우가 얼마든지 있을 수 있다. 이뿐만 아니라 강도죄, 사기죄, 공갈죄, 배임죄는 제3자로 하여금 재물의 교부를 받게 하거나 재산상 이익을 취득하게 함으로써 성립함을 명시적으로 규정하고 잇는데, 이와 같이 제3자의 가담에 의해 성립하는 범죄도 대향범의 일종으로 파악할 수 있다”).

54) 대법원에서는 “대향범은 대립적 범죄로서 2인 이상의 서로 대향된 행위의 존재를 필요로 하는 필요적 공범관계에 있는 범죄”로 정의하고 있다. 대법원 1985. 3. 12. 선고 84도2427 판결 참조. 이 경우, 대법원이 의미하는 대향범의 대향적 행위가 입법의 단계에 나타나는 경우에만 한정하는지 아니면 법적용 단계에 나타는 경우까지 확장할 수 있는지 불분명하다. 그러나, 필요

게다가, 대법원에서 제시한 배임죄의 거래상대방의 공범성립 범위는 일부 학설에서 제시하는 편면적 대향범에 있어 처벌규정이 없는 대향자에 대한 형법총칙 적용가능론에 따른 결론과 차이가 난다. 대법원은 배임죄 거래상대방의 불법형태로 교사와 공동정범을 포함하고 가담의 정도가 낮은 방조범을 제외한다.[55] 그러나, 편면적 대향범에 있어 처벌규정이 없는 대향자에 대한 형법총칙적용가능론은 "처벌규정이 없는 대향자가" 소극적인 최소관여를 넘어 "적극적인 가담"을 한 경우 교사 또는 방조범이 성립할 수 있다고 본다.[56] 동 학설에서는 처벌규정이 없는 대향자에 대해 공동정범이 성립되는지 여부는 논외이다. 대향범이 해석론상 필요적 공범으로 명명되지만 사실상 정범이라는 점이 고려된 것이다. 즉, 입법상 정범으로 처벌되지 않도록 디자인 된 대향자는 해석상으로도 정범이 될 수 없어야 한다. 그런데, 최근 편면적 대향범의 처벌규정이 없는 대향자와 관련해서도 공동정범이 성립할 수 있다는 견해가 등장했다.[57] 이 관점에 따르

적 공범은 구성요건 자체가 이미 2인 이상의 참가를 전제로 하여 성립하는 범죄를 의미한다. 따라서, 필요적 공범으로서 대향범은 구성요건의 형태에서 이미 2인 이상의 대향적 행위를 전제로 하여 성립하는 범죄라고 볼 수 있을 것이다. 이러한, 필요적 공범의 정의에 대하여 이재상 외, 앞의 책, 434면. 유사한 맥락에서, 대향범의 정의에 대향적 행위를 "예정"한다는 개념요소를 사용한 경우로, 이창섭, "대향범 개념과 불가벌적 대향자의 처벌연구", 법학연구 제55권 제4호, 부산대학교 법학연구소, 2014. 대향범 개념이 대향적 행위를 필요적으로 "예정"하는 경우를 의미한다고 정의하면, 범죄구성요건을 추상적·일반적으로 규정하는 입법단계에서 그 형태상 대향적 행위가 반드시 예정된 행위로 대향범의 범위를 한정할 수 있게 된다. 한편, 대향범이 입법에 의하여 성립한다는 점을 개념정의에 반영하여, "2인 이상의 참여형태가 대향적 협력에 의하여 이루어지도록 규정된 범죄"라고 정의한 견해로, 이정원, 형법총론 제3판, 법지사, 2004, 335면. 이러한 대향법의 입법적 형식성이 "죄형법정주의에 대한 존중"으로 표현되기도 한다. 조 국, 앞의 논문, 126면.

55) 대법원 2005. 10. 28. 선고 2005도4915 판결; 대법원 2011. 10. 27. 선고 2010도7624 판결; 이는 초기 김증한 교수가 부동산 이중매매의 사법상 무효론을 전개하며 제시한 형법상의 공범성립 범위와 일치하는 기술이다. 김증한, 앞의 논문, 9-11면.

56) 김일수, 앞의 책, 482면. 유사한 취지로, 김성돈, 앞의 책, 568-569면. 이진국, "대향범의 구조에 관한 일고", 비교형사법연구 제4권 제1호, 한국비교형사법학회, 2002, 104면. 처벌규정이 없는 대향자에게 방조범만이 성립한다는 견해로, 이정원, 앞의 책, 336면. 처벌규정이 없는 대향자가 적극 가담한 경우 교사범만이 성립한다는 견해로, 배종대, 앞의 책, 398면. 처벌규정이 없는 대향자와 관련된 적극 관여 요건은 방조범과 교사범을 가르는 기준으로 교사범이 성립한다는 견해로, 원형식, 앞의 논문, 91면.

57) 원형식, 앞의 논문 520면("대향범이 성립하기 위하여 요구되는 최소한의 행위와 그 범위를 초과한 행위의 구분은 통상 방조범과 교사범의 구분과 일치한다. 따라서 대향자가 단순히 소극적으로 배임적 거래행위에 응함으로써 정범의 배임행위를 가능케 한 행위는 배임방조로서 불가벌이며, 대향자가 그 정도를 초과하여 적극적으로 관여하여 정범으로 하여금 배임을 행하도록 교사하거나 공모한 행위는 배임교사죄나 배임죄의 공동정범을 구성한다.") 이는 불가벌적 대향

면, 편면적 대향범인 배임죄 거래상대방에 대해서 최소관여를 넘어 적극 가담한 경우 교사범과 공동정범이 성립하고 방조는 불가벌이라 본다. 이는 배임죄 거래상대방의 공범성립 문제를 편면적 대향범 법리와 단순 동치시킨 결과이다.[58] 여기서, 한발 더 나아가 사실상 배임죄의 거래상대방을 포함하여 편면적 대향범의 처벌규정이 없는 대향자에 대하여 임의적 공범규정이 모두 적용될 수 있다는 입장까지 나타났다.[59] 그러나, 법률상 편면적 대향범 규정에 따라 처벌되지 않는 정범형태의 대향자를 다시 형법 제30조를 적용하여 정범으로 해석하는 것은 허용될 수 없어야 한다.[60] 즉, 입법적으로 사전에 정범처벌이 배제된 편면적 대향범의 처벌규정이 없는 대향자가 일정한 요건을 갖추면 정범이 된다고 주장하는 것은 편면적 대향범 개념의 폐기이다.

만일 배종대 교수의 주장과 같이 처벌되지 않는 대향자가 최소관여의 정도를 넘어 적극 가담한 경우 교사범만으로 처벌할 수 있다는 접근법을 음미하면,[61] 배임행위 거래상대방이 교사 등의 형태로 적극 가담하면 공동정범이 성립한다는 대법원의 결론과 실질적으로 큰 차이가 없다고 볼 여지가 있다. 그러나,

---

범의 가벌범위와 관련된 소수설의 일반적 견해가 아니라 원형식 교수 개인의 시각으로 보인다. 반면, 이정원 교수는 "매도인과 제2매수인이 공동정범의 형식으로 이중매매를 한 경우에도 제2매수인은 배임죄의 방조범에 불과하게 된다"고 주장한 바 있다. 이정원, 형법각론 공개 제1판, 2008, 501면.

58) 원형식 교수도 자신의 다른 논문에서는 "편면적 대향범에서 처벌규정이 없는 편면적 대향자에 대하여는 정범은 성립할 여지가 없으며, 다만 협의의 공범이 성립할 수 있는 가능성만이 남는다"고 기술한 바 있다. 원형식, "불가벌적 필요적 공범", 형사법연구 제24권, 한국형사법학회, 2005, 80, 86면.

59) 배임죄 거래상대방의 문제를 편면적 대향범으로 파악하는 김성돈 교수는 대법원과 같이 배임적 거래상대방의 공범의 성립 형태에 대해서 교사와 공동정범에 한정되지 않고 방조범 또한 포함된다고 보는 듯 하다. 이는 통상의 편면적 대향범과 배임적 거래상대방의 공범형태를 가능한 한 상응시키려는 노력의 일환이다. 김성돈 교수도 대법원이 배임죄 거래상대방에 공동정범을 주로 성립시키고 있는 것을 의식하고 있으나 이를 편면적 대향범과 동치시키는 데 큰 장애가 없는 것으로 보고 있다. 결국, 김성돈 교수의 논리대로라면 통상의 편면적 대향범에 가공한 불가벌의 대향적 행위는 임의적 공범인 형법 제30조(공동정범), 제31조(교사범), 제32조(방조범)을 모두 성립시킬 가능성이 있다고 보아야 한다. 이렇게 되면 사실상 편면적 대향범의 불가벌 영역은 사라지게 된다. 앞에서도 살핀 바와 같이 김성돈 교수는 편면적 대향범인 배임죄의 거래상대방에 적극가담한 경우를 통상의 기능적 행위지배로 파악하고 있다. 공범성립에 있어 '적극가담' 표지의 특수성이 사라지면 임의적 공범규정의 전면 적용만이 남을 수밖에 없다. 이와 관련하여, 김성돈, 앞의 각주 8)의 논문, 563-564면.

60) 신동운, 앞의 책, 722면; 정성근 · 박광민, 앞의 책, 494면.

61) 배종대, 앞의 책, 398면.

대법원이 배임죄 거래상대방과 관련하여 단순 교사를 가벌성이 있다고 본 경우는 없었다. 이뿐만 아니라, 대법원이 최근 약 30년 동안 대상판결을 포함하여 먼저 제의하고 적극적으로 노력하는 데 그친 배임행위의 거래상대방을 처벌한 경우를 찾기 힘들다.[62] 음란물의 매수자가 먼저 판매를 제의하는 단순 교사로서의 '적극 가담'은 배임죄 거래상대방이 유죄가 되는 경우와는 실제로 상당한 거리가 있다. 대법원은 적극 가담 이외에 별도로 불법성이 두드러진 행위 혹은 행위상황에 결부되었을 때만이 배임죄 거래상대방에 대해서 공범성립을 인정했다.[63] 즉, 배임행위의 거래상대방의 공범성립 요건은 훨씬 더 세밀한 검토가 필요하지만, 편면적 대향범의 처벌규정이 없는 대향자의 실질적 가벌성에 관한 논리는 형법총칙상의 공범 형태 이상의 대안을 제시하지 못한다. 그러면, 배임행위의 거래상대방의 불법구조를 편면적 대향범과 동형이라고 보는 것은 설득력이 없다.

5. 위법한 권리행사론

배임죄의 거래상대방에 넓게 형성된 불가벌 영역에 결부된 불법형태을 이해하기 위해 권리남용론의 틀을 차용해 볼 필요가 있다. 대법원은 2009도5630 판결에서 배임행위에 관여한 행위가 "권리의 행사"로써 "통상 사회적으로 용인할 수 있는 범위"를 넘지 않았다면 배임죄의 공동정범이 될 수 없다고 판시했다. 또한 대상판결인 대법원 2014도17211 판결에서도 "배임행위의 실행으로 이익을 얻게 되는 수익자는 배임죄의 공범으로 볼 수 없는 것이 원칙"이라고 선언했다. 이렇게 되면, 배임행위의 거래상대방은 예외적인 불법지표를 만족하지 않는 한 자신의 사법상의 권리를 포함해서 자유권을 행사하는 불가벌의 영역에 머물 수 있게 된다.[64] 이제 배임행위에 가공한 거래상대방의 행위는 원칙적으로는 불가

62) 앞의 "1. 형법총칙의 공범규정의 무력화"과 아래 "Ⅳ. 배임행위 거래상대방의 불법 형태" 부분 참조.

63) 대법원 99도1911 판결; 대법원 2006도483 판결; 대법원 2011도5337 판결 참조.

64) 분명, 대법원은 배임죄 거래상대방의 가벌성 문제 이외의 영역에도 배임죄의 성립범위를 축소하고 사적 자치와 시민의 자유로운 활동 영역을 보다 넓게 확보하고는 방향으로 판례를 형성해왔다. 보다 근본적으로는 부동산 이중매매자체의 가벌성에 대한 회의적인 견해가 존재한다.

벌이지만 사회적 상당성, 즉 자유권의 범위를 벗어난 관여를 한 경우에만 공범을 성립시킨다.[65] 배임행위의 거래상대방의 행위가 사회적 상당성을 벗어난 경우란 다른 권리남용이 문제된 영역과 마찬가지로 행위의 불법성이 두드러진 때를 가리킨다. 통상 대법원은 특정 행위가 권리범위 내에서 행해지는 경우라도 목적의 정당성과 수단의 적합성이 확보되지 않으면 위법한 것으로 보고 있다. 즉, 정당한 재산권을 보호하는 목적이 있는 행위라고 할지라도 그 수단이 사회통념상 용인된 범위를 벗어나는 때에는 재산죄가 성립하는 것으로 본다.[66] 특히, 기본권과 사회적 상당성 등 일반적인 법원칙이 범죄성립요건의 일정영역을 불가벌로 만드는 압력으로 작용하는 경우 명백한 불법요소들이 나타날 경우에만 가벌성이 인정되어야 한다.[67]

다만, 위법한 권리행사론의 논리구조는 배임죄 거래상대방이 공범이라는 점을 포착하기 힘든 약점이 있다. 즉, 배임죄 거래상대방이 공범이기 위해서는 배임행위의 불법에 결부되는 형태로 범죄를 실현해야 한다. 그렇다고 하더라도, 앞에서 살핀대로 통상의 공범론이 무력하다는 점을 상기해야 한다. 대법원이 제시하는 판례들에 비추어 보면'적극 가담' 요건도 충분치 않아 보인다. 거래상대방이 위법의 영역으로 넘어오는 경우는 그 자체 불법성이 분명한 행위방법에

강동욱, 앞의 논문; 강수진, "부동산 이중매매를 배임죄로 처벌하는 것은 타당한가? -배임죄 불성립론에 대한 검토를 중심으로-", 형사법의 신동향 통권 제49호, 대검찰청 미래기획단, 2015. 12.; 허일태, "부동산 이중매매와 배임죄(대법원 1988. 12. 13. 선고 88도750 판결)", 형사법연구 제15권, 한국형사법학회, 2001. 이미 대법원은 동산의 이중매매나 부동산의 대물변제 예약 후 해당 부동산을 타인에 처분한 사건에 대해서는 배임죄가 성립되지 않는다고 판시하여 배임죄의 성립범위를 매우 축소시켰다. 대법원 2011. 1. 20. 선고 2008도104790 전원합의체 판결; 대법원 2014. 8. 21. 선고 2014도3363 판결.

65) 대법원 1990. 2. 13. 선고 89도811 판결과 같은 사건들은 민사적 권리 행사와는 관계없지만 처벌되지 않으므로 허용되는 거래행위로 분류될 수 있다.

66) 대법원 1996. 3. 22. 선고 95도2801 판결; 대법원 1990. 8. 14. 선고 90도114 판결(사회통념상 허용되는 범위를 넘은 권리실행의 수단 및 방법에 대하여 공갈죄가 성립한다고 판시했다); 대법원 1995. 12. 12. 선고 95도2385 판결(권리자의 폭행을 통한 재물 취득은 강도죄를 성립시킨다고 판시했다).

67) 헌법상 쟁의행위권의 맥락에서 업무방해죄의 위력 개념에 대한 분석으로 강우예, "노동쟁의행위의 업무방해죄 성립의 불법구조 -위력 요건에 대한 대법원 판결의 비판적 분석을 중심으로-", 비교형사법연구 제17권 제4호 한국비교형사법학회, 2015; 표현의 자유 맥락에서 협박죄 성립에 대한 분석으로 강우예, "권리·권한실행 의사표시의 협박죄 성립", 형사판례연구 [19], 한국형사판례연구회, 박영사, 2011, 202-203면 참조.

의한 관여가 있는 때일 것이다.

Ⅳ. 배임행위 거래상대방의 불법 형태

1. 민사판례와의 비교

지금까지, 배임행위의 '적극 가담' 표지의 의미내용으로 부동산 이중매매와 관련된 민사 판결에서 더 다양한 유형과 양태가 나타났다. 우선, 대법원은 배임행위에 가담한 거래상대방의 행위가 단지 악의인 것만으로는 부족하며 제1양수인을 해할 목적으로 '적극 가담'해야 한다고 보았다.[68] 또한, '적극 가담'요건의 의미를 구체화하기 위하여 "충분하고 명백한 이유"를 추가적인 지표로 제시했다.[69] 더 나아가, "제2매수인이 의도한 권리취득 자체의 좌절을 정당화할 만한 책임귀속사유"가 있는 경우 배임행위에 가담한 거래를 반사회적이라고 평가했다.[70] 이 반사회적이어서 무효인 적극 가담 여부 판단하기 위해 대법원은 유형적인 방법을 사용했다. 즉, 제1매수인이 목적물을 점유하고 있었는지 여부, 양도인과 제2양수인이 특수한 관계에 있는지 여부, 제2양도에 있어서의 대가관계, 제2양도의 목적이 제1양도인에 대한 의무이행을 면탈하기 위한 것이었는지 여부 등을 종합적으로 고려했다.[71]

구체적으로, 대법원은 제2양수인이 타인에게 이미 매도된 사실을 알고 매도를 권유하는 정도만으로는 적극 가담했다고 보기 힘들다고 보았다.[72] 물론 단순 악의의 경우 다수의 판결에서 적극 가담이 아니라고 보았다.[73] 우선 대법원은 적극 가담한 유형으로 배임행위의 거래상대방이 양도인을 기망한 경우,[74] 양도

68) 예를 들어, 대법원 1976. 4. .27. 선고 75다1783 판결.

69) 대법원 2008. 2. 28. 선고 2007다77101 판결; 대법원 1994. 3. 11. 선고, 93다55289 판결; 대법원 1969. 11. 25. 선고 66다1565 판결; 대법원 1967. 12. 5. 선고 66다2451 판결.

70) 대법원 2009. 9. 10. 선고 2009다23283 판결; 대법원 2013. 10. 11. 선고, 2013다52622 판결.

71) 윤진수, 앞의 논문, 97면. 대법원 2008. 2. 28. 선고, 2007다77101 판결; 대법원 2013. 10. 11. 선고, 2013다52622 판결 참조.

72) 대법원 1965. 6. 15 선고 65다596 판결; 대법원 1967. 12. 5. 선고 64다2451 판결; 대법원 1977. 4. 12. 선고 75다1780 판결.

73) 대법원 1965. 6. 15 선고 65다596 판결; 대법원 1994. 3. 11. 선고 93다55289 판결.

74) 대법원 1969. 11. 25 선고 66다1565 판결; 대법원 1975. 11. 25. 선고 75다1311 판결; 대법원

인의 궁박을 이용한 경우,[75] 양도인과 짜고 가장채권에 의한 채무명의를 만들어 경매받은 경우[76]와 같이 불법성이 명백한 경우를 포착하고 있다. 이뿐만 아니라, 대법원은 양도인과 제2양수인(배임행위의 거래상대방)이 특수한 관계에 있는 경우[77]를 반사회적인 적극 가담의 중요한 지표로 판단했다.

그러나, 정반대로 대법원은 제2양수인이 타인과의 양도사실을 알면서 양도를 요청하는데 그친 경우가 적극 가담에 해당한다고 보기에 넉넉하다고 판시한 경우도 있었다.[78] 또한, 제1매매 사실을 아는 제2매수인이 단순히 전매차익을 얻기 위해 매도인에게 토지의 매도를 요청한 경우에도 반사회적이어서 무효라 판시한 예도 있었다.[79] 이러한 판결들에 대해 윤진수 교수는 "어떤 경우에는 제2양수인이 가담 정도가 미약한데도 이중양도를 무효라고 판시하고 있는 반면, 다른 경우에는 비교적 적극적으로 가담하였다고 보이는데도 무효가 아니라고 하고 있다"고 지적한 바 있다. 나아가, 윤진수 교수는 민법의 관점에서 부동산 배임행위의 제2양수인과 관련한 '적극 가담' 지표가 양적인 것에 지나지 않아 관련된 위법성을 적절히 포착하기 어렵다는 입장을 표력한 바 있다.[80]

1980. 6. 10. 선고 80다569 판결.

75) 대법원 1977. 4. 26. 선고 76다2419 판결. 수표부도로 은신한 궁박한 매도인에게 사후 문제는 자신이 책임지겠다고 강권한 경우로 대법원 1979. 3. 27. 선고 78다2303 판결.

76) 대법원 1988. 9. 27. 선고 84다카2267 판결.

77) 제2양수인이 형제관계인 경우, 대법원 1978. 1. 24. 선고 77다1804 판결; 대법원 1978. 4. 11. 선고 78다274 판결; 대법원 1980. 5. 27. 선고 80다565 판결. 제2양수인이 아들인 경우, 대법원 1982. 2. 9. 선고 81다1134 판결; 대법원 1980. 5. 27. 선고 80다565 판결. 양도인인 합자회사의 대표사원과 증여를 받은 제2양수인인 학교법인의 이사장이 동일인인 경우, 대구고등법원 1972. 11. 8 선고 72나230 판결. 양도인이 자기가 대표이사로 있으며 자신의 일족이 실질적으로 지배하고 있는 회사에게 이중으로 양도한 경우, 서울고등법원 1979. 11. 13 선고 78나1073 판결. 제1양수인에 대한 소유권이전등기의무를 부담하는 양도인의 상속인들이 그들만을 주주로 하는 가족 회사를 만들어 목적물을 현물출자 한 경우, 광주고등법원 1989. 2. 15. 선고 88나1560 판결.

78) 대법원 1981. 12. 22. 선고 81타가197 판결. 그러나, 황경웅 교수는 본 판례의 사실관계를 살피면 단지 양도를 요청했다는 사항뿐만 아니라 매도인과 제2양수인이 목사로서 특정교회와 특수관계에 있었던 사실 및 제2양수인이 매매와 관련된 민형사상의 책임을 지기로 의사표시를 한 사실 등이 '적극 가담' 요건을 충족한다고 본 요인이 되었다고 추론했다. 황경웅 · 유충호, 앞의 논문.

79) 대법원 1996. 10. 25. 선고 96다29151 판결.

80) 윤진수, 앞의 논문, 107면 이하. 유사한 취지로, 김학동, "부동산 2중양도의 반사회성에 관한 판례 소고", 경희법학 제42권 제1호, 경희법학연구소, 2007(김학동 교수는 부동산 이중매매의 반사회성 판단의 모순과 복잡성을 해소하기 위해서는 제2매수인의 가담의 적극성 정도로 평가

형사판결에서 '적극 가담' 요건는 민사판결과 달리 취급되어야 하는 부분이 많다. 우선, 대법원은 민사사건에서 부동산 명의수탁자에 대한 거래상대방의 악의인 상태에서 적극적 요청에 따라 체결된 계약은 무효라고 판시했다.[81] 이는 형사판결인 대상판결에서 특허권의 거래상대방의 적극적 제의와 요청을 적극 가담이 아니라고 본 것과 선명하게 대비된다. 사실, 부동산 이중매매와 관련된 민사사건에서는 제2양수인의 귀책사유와 해당 법률행위의 무효처분에 주된 초점이 맞추어져 있다.[82] 심지어, 민사판례에는 상속인인 양도인이 제1양수인에 대한 양도 사실을 알지 못하여 배임행위가 존재하지 않는데도 제2양수인이 상속인의 부지를 이용하여 부동산을 양도받은 경우 반사회적 법률행위로서 무효

할 것이 아니라 매도인의 이중매매의 비난가능성 정도로도 평가할 수 있어야 한다고 주장했다). 일찍이 김증한 교수는 제2매수인의 악의와 적극가담 사이의 간극이 넓지 않을 것이라고 경고한 바 있다. 김증한, 앞의 논문, 12면.

81) 대법원 1992. 6. 9. 선고 91다29842 판결("원고는 제1심 피고들로부터 이 사건 토지를 매수하기 전에 이 사건 토지가 위 종중이 명의신탁한 종중재산임을 알고 위 종중과 매매교섭을 하다가 위 종중이 가격이 너무 낮다는 이유로 매매계약체결에 응하지 아니하자 명의수탁자들인 제1심 피고들과 위 매매계약을 체결"했다. "일반적으로 명의수탁자는 신탁재산을 유효하게 제3자에게 처분할 수 있고 제3자가 명의신탁사실을 알았다 하여도 그의 소유권취득에 영향이 없는 것이기는 하지만, 특별한 사정이 있는 경우, 즉 명의수탁자로부터 신탁재산을 매수한 제3자가 명의수탁자의 명의신탁자에 대한 배신행위에 적극 가담한 경우에는 명의수탁자와 제3자 사이의 계약은 반사회적인 법률행위로서 무효라고 할 것이고, 따라서 명의수탁받은 부동산에 관한 명의수탁자와 제3자 사이의 매매계약은 무효로 보아야 할 것이다"); 대법원 1992. 3. 31. 선고 92다1148 판결("적극 가담하는 행위란 수탁자가 단순히 등기명의만 수탁받았을 뿐 그 부동산을 처분할 권한이 없는 줄을 잘 알면서 수탁자에게 실질소유자 몰래 수탁재산을 불법처분하도록 적극적으로 요청하거나 유도하는 등의 행위를 의미한다"); 대법원 2008. 3. 27. 선고 2007다82875 판결("부동산 실권리자명의 등기에 관한 법률 제8조의 특례가 적용되는 종중 등의 명의신탁에 있어서 명의수탁자는 신탁재산을 유효하게 제3자에게 처분할 수 있고 제3자가 명의신탁사실을 알았다 하여도 그의 소유권취득에 영향이 없는 것이기는 하지만, 특별한 사정이 있는 경우, 즉 명의수탁자로부터 신탁재산을 매수한 제3자가 명의수탁자의 명의신탁자에 대한 배임행위에 적극 가담한 경우에는 명의수탁자와 제3자 사이의 계약은 반사회적인 법률행위로서 무효라고 할 것이고, 이때 제3자가 명의수탁자의 배임행위에 적극 가담하는 행위란 수탁자가 단순히 등기명의만 수탁받았을 뿐 그 부동산을 처분할 권한이 없는 줄을 잘 알면서 명의수탁자에게 실질소유자 몰래 신탁재산을 불법처분하도록 적극적으로 요청하거나 유도하는 등의 행위를 의미하는 것이다").

82) 민사판결에 나타난 제2양수인의 귀책사유에 주된 초점을 맞추는 접근법은 흥미롭다. 이를 응용하자면 형사사건에 배임행위의 거래상대방의 귀책사유가 더 큰 경우, 즉 배임죄라는 구성요건에 해당하기 위한 사태의 진행을 지배하여 진정 책임을 물을 수 있는 자는 거래상대방이라고 볼 수 있는 경우 공범 성립이 더 용이하다. 배임행위의 거래상대방의 귀책사유가 더 커야 하는 이유는 배임행위의 거래상대방은 사회적 상당성의 불가벌 영역을 넘어서는 부당한 행위로서 공범지표를 만족시켜야 해야 하기 때문이다. 그런데, 이렇게 되면 사실상 배임행위자가 보조자가 되고 거래상대방이 주도권을 행사하는 자가 될 가능성이 높아진다.

로 본 사례도 존재한다.[83] 나아가, 민사판결에서는 양도인과 제2양수인 즉 거래상대방이 특수한 관계에 있다는 사실이 부당한 이익에 대한 증명과 관련하여 중요한 고려사항이 될 수 있다. 반면, 형사판결에서는 가벌성이 있는 배임행위 자체의 위법성과 이에 가담한 거래상대방이라는 공범 구도에 초점이 맞추어져 있다. 또한, 형사사건에서는 민사사건[84]과는 달리 지나치게 넓은 정황적 요소가 고려되어서는 안되고 범죄성립요건과 직접 연관성이 있는 사항들에 무게중심을 두어야 한다. 따라서, 형사판결에서는 제1양수인을 해할 '목적'이나 양도인과의 인적 관계와 같은 요소는 특별한 경우가 아니라면 거래상대방의 형사불법 판단에 큰 역할을 하지 않아야 한다. 무엇보다. 형사사건에서 배임행위의 거래상대방의 불법을 판단하는 요소들에 대한 고려가 민사사건과 같이 무한대의 가변성에 기초하고 있을 수만은 없다. 배임행위의 거래상대방의 불법요건은 가능한 한 개념적으로 분명히 형태를 드러내는 것이 바람직하다.

2. 형사판례상 배임죄 거래상대방의 불법형태의 분석

(1) 명백한 불법요소

가. 위력

근래, 대법원은 배임행위의 거래상대방의 행위 수단 내지 방법이 명백한 불법성을 지닌 경우 배임죄의 공범을 인정하고 있다. 즉, 배임죄 이외의 범죄구성요건에 해당하는 정도의 행위를 통해 거래상대방이 가담한 경우 배임죄의 공동

83) 대법원 1975.11.25. 선고 75다1311 판결; 대법원 1994. 11. 18. 선고 94다37349 판결; 대법원 2002. 4. 26. 선고 2001다8097 판결. 이처럼 배임행위가 존재하지 않는데 제2양수인의 행위를 반사회적으로 평가하는 것은 형법상 공범론에서는 불가능한 것이다. 사실, 민법에서도 유사한 문제제기가 가능하다. 윤진수 교수는 이와 같은 판례는 민법 제103조를 적용하기 힘든 사례라고 보고 있다. 왜냐하면 계약의 쌍방 모두에게 선량한 풍속 위반이 존재하여야 반사회적이어서 무효라고 볼 수 있기 때문이다. 윤진수, 앞의 논문 참조.

84) 대법원 2009. 9. 10. 선고, 2009다37251 판결("민법 제103조에서 정하는 '반사회질서의 법률행위'는 법률행위의 목적인 권리의무의 내용이 선량한 풍속 기타 사회질서에 위반되는 경우뿐만 아니라, 그 내용 자체는 반사회질서적인 것이 아니라고 하여도 법적으로 이를 강제하거나 법률행위에 사회질서의 근간에 반하는 조건 또는 금전적인 대가가 결부됨으로써 그 법률행위가 반사회질서적 성질을 띠게 되는 경우 및 표시되거나 상대방에게 알려진 법률행위의 동기가 반사회질서적인 경우를 포함한다").

정범을 성립시키고 있다.

대표적으로, 대법원은 배임행위자에 대해 거래상대방이 위력에 해당하는 의사의 압박을 가한 경우 배임죄의 공동정범이 성립한다고 보았다. 대법원은 99도1911 판결에서 거래상대방이 정치인들과의 친분관계를 과시하고 실제 정치인이나 한국감정원의 간부들에게 자금지원을 청탁하여 결국 배임행위자로부터 내부규정을 위반되는 대출을 받은 사건에서 배임죄의 공범이 성립한다고 판시했다.[85]

나. 문서 위 · 변조

대법원은 2006도483 판결에서 사실상의 차기 대주주로서 대표이사와 회계담당자에게 회계관련 서류를 허위로 작성하게 하고 회사자금을 인출하도록 지시한 경우 적극 가담이 있다고 보았다.[86] 동 판결에서 회계관련 서류를 허위로 작성하도록 한 행위는 배임죄의 공범이 성립하는 것과는 별도로 주식회사 외부감사에 관한 법률 제20조에 따라 처벌대상이다. 물론, 동 판결에서는 배임행위자와 문제된 거래상대방 간에 사실상의 지시 · 복종이 가능한 특수한 관계라는 사항 또한 고려되었을 것이다.[87]

(2) 동기불법

대법원 2008도287 판결은 배임행위의 거래상대방과 관련되어 있지만 판결문의 표면적인 기술과는 달리 '적극 가담'이 주된 쟁점이 아닌 것으로 보인다. 거래상대방이 정당한 임대차라는 법률행위와 관련된 배임행위자의 동기의 불법에 적극 공모했는지가 쟁점이 된 특이한 사건이다. 이 사건에서는 거래상대방이 배임행위에 적극 가담했는지 여부를 판별하기 위하여 지나치게 확장된 불법지표를 찾고 있다는 혐의가 엿보인다. 이와 같은 접근방식은 배임행위의 거래상대방의 행위 자체의 주 · 객관적 불법을 넘어 그 이면의 불법의 의도, 동기, 목적, 혹은 불법의 배경을 찾는 방향으로 나아갈 가능성이 있다. 대법원은 2008도287

85) 대법원 1999. 7. 23. 선고 99도1911 판결.
86) 대법원 2007. 2. 8. 선고 2006도483 판결.
87) 대법원은 동 판결에서 위력이라는 사실관계에 기초하여 가벌성을 인정했던 대법원 1999. 7. 23. 선고 99도1911 판결을 선례로 기술하고 있다.

판결에서 해당 사안을 무죄로 판단했지만, 불법의 일정한 확장이라는 측면은 관계적 형사불법에서 보다 분명히 드러난다.[88)]

(3) 관계적 형사불법?

대법원은 배임행위 거래상대방의 '적극 가담' 지표와 관련된 형사적 불법성을 평가하는데 있어 배임행위자와 거래상대방 간의 관계적 측면을 자주 고려하고 있다. 앞서 살핀대로 대법원 99도1911 판결에서 배임행위의 거래상대방이 배임행위자에 대하여 위력의 형태로 부당한 의사압박을 가한 경우에 '적극 가담'이 있었다고 판시했다. 또한, 대법원은 2006도483 판결에서 배임행위자와 거래상대방이 사실상의 지시·복종 관계에 있는 경우 '적극 가담'의 반사회성을 판단하는데 중요한 요소로 고려했다. 흥미로운 것은 대법원 2006도438 판결은 대법원 2005도4915 판결 이후에 등장했지만 민사상 권리나 사회적 상당성이라는 용어를 사용하지 않는 것뿐만 아니라 '대향적 행위'라는 용어조차 적시하지 않았다는 점이다. 대법원 2006도438 판결은 시기적으로 보다 가까운 대법원 2005도4915 판결 대신 대법원 99도1911 판결을 참조판례로 제시하고 있다. 적어도, 대법원 2006도438 판결과 대법원 99도1911의 관계적 요소는 위력이나 허위문서작성과 같은 행위들이 개입되어 있어 불법하다고 보기 어렵지 않은 경우이다.[89)]

88) 대법원 2008. 7. 24. 선고 2008도287 판결("피고인2는 대영산업의 대표이사로 있으면서 대영산업의 직원인 공소외1, 공소외2에 의하여 임금체불 등의 이유로 고발당한 사실, 피고인2는 대영산업의 소유인 이 사건 건물 등을 피고인 1에게 보증금 3,000만 원에 임대하고 그 보증금 중 1,500만 원으로 공소외1, 공소외2에 대한 체불임금 중 일부를 지급한 사실을 알 수 있는바, 위 인정 사실에 의하면 대영산업의 대표이사인 피고인2가 대영산업 소유의 이 사건 건물 등을 임대하여 그 보증금으로 대영산업 직원에 대한 체불임금을 지급한 것은 대영산업 대표이사로서의 정당한 업무수행이라 할 것이고, 이 사건에서 피고인2의 업무상 배임이 인정되는 것은 위에서 살펴본 바와 같이 피고인2가 이 사건 건물 등을 임대하고 그 보증금 중 1,500만 원으로 자신의 체불임금에 충당한 일련의 행위라고 할 것이므로, 이와 같은 경우에 피고인1에게 피고인2의 업무상 배임죄에 대한 공모공동정범의 죄책을 인정하기 위해서는 피고인1이 피고인2의 배임행위, 즉 피고인2가 대영산업 소유인 이 사건 건물 등을 임대하여 받는 보증금 중 일부로 자신의 유덕산업에 대한 체불임금에 충당하려 한다는 사실을 알면서도 이 사건 임대차계약을 체결하였으며, 나아가 피고인2의 위와 같은 배임행위를 교사하거나 또는 배임행위의 전 과정에 관여하는 등으로 배임행위에 적극 가담하였음이 입증되어야 한다").

89) 대법원 2007. 2. 8. 선고 2006도483 판결("B주식회사의 사실상의 차기대주주인 피고인이 A주식회사(B주식회자 주식을 전량 소유) 사장인 을과 B주식회사 회계책임자 병에게 지시하여 약

그런데, 대법원 2011도5337 판결에서는 배우자 관계가 중요한 불법요소로 등장한다. 즉, 동 판결의 사실관계에서는 거래상대방의 행위에 있어 선제성과 적극성이 타 사례에 비하여 선명하게 나타나지 않았다. 단지, 배임행위자의 배우자가 거래상대방이라는 점이 매우 중요하게 고려되었다. 동 사건에서 배임행위자의 거래상대방은 배임행위자의 배우자라는 점만 제외하면 피해 회사와 추가 공사대금 협의에 관여하고 피해 회사에 손해배상을 청구하였으며 채권과 채무를 상계받는 등의 정상적인 거래활동에 관여했다. 더욱이, 앞에서 검토한 유죄사건들과는 달리 배임행위를 적극 권유하거나 배임행위자에 일정한 압력을 가했다는 사실관계도 보이지 않는다.[90] 이 경우 배우자가 아닌 타인인 경우에도 '적극 가담'했다고 보았을 것인가? 사실, 대법원은 매도인과 제2매수인간에 형제관계, 부모자식관계, 등 일정한 인적 관계 요소를 부동산 이중매매의 민사사건에 있어 적극 가담을 판단을 위해 중요하게 고려되는 한 바 있다.[91] 유사하게, 배임죄의 거래상대방과 관련된 형사사건에서도 가까운 인적관계를 불법성 판단의 지표로 사용한 것으로 보인다.[92]

우리 형법에는 위력이 범죄구성요건으로 포착되어 있다. 또한, 형법 제34조

3억 원의 재고자산 감모 손실이 추가로 발생한 것인 양 회계관련서류를 허위로 기재하게 하는 등의 방법으로 B주식회사의 자산가치를 손익가치보다 낮게 조작한 후 손익가치 평가액을 기준으로 산정한 가격인 2,159,986,400원에 매도함으로써 피고인에게 그 차액인 172,098,600원 상당의 재산상 이익을 취득하게 하고 A에 동액 상당의 재산상 손해를 가했다. 위와 같은 매매가격 결정 과정에서 피고인이 을 및 그의 지시를 받은 병과의 사이에 B주식회사의 자산가치를 낮추는 방식에 관하여 협의하고 병으로부터 그 결과를 보고받는 등의 방법으로 A의 배임행위에 적극 가담").

90) 대법원 2013. 7. 11. 선고 2011도5337 판결(남편인 피고인 1은 자신의 회사A가 자신의 처인 피고인 2에게 지급해야 하는 손해액을 통상의 경우 보다 5억원 이상 과다 계상하여 지급했다는 사실, 자신이 회사A에 대하여 21억원 이상의 채무를 지고 있었음에도 회사A에 대하여 자신에게 유리하게 작성된 임대차계약을 바탕으로 10억원의 손해배상을 청구하는 등의 과정을 거쳐 자신의 채무를 면제받고 8억원을 현실적으로 지급받았다는 사실이 중요하게 고려되었다).

91) 앞의 각주 77) 참조.

92) 우리 사회 같이 청탁이 만연한 사회에서 인적 관계는 청탁의 성공여부를 가늠하는 매우 중요한 요소가 될 수 있다. 가령, 형제, 부모자식, 배우자, 친족, 동창, 친구, 전직상사 등이 거래상대방이 되어 배임을 유도한 경우를 대표적 예로 들 수 있다. 이외에도 사회생활상의 사실상의 약자와 강자 사이의 배임행위와 결부된 거래행위, 혹은 대기업 집단에서 연결된 긴밀한 이해공유 관계에 있어 배임행위와 결부된 거래행위 등이 있을 수 있다. 어떠한 경우에 다른 추가적인 불법지표가 없어도 본고 아래에서 주장하는 바와 같은 '부당침해를 수반한 적극 관여'가 있은 것으로 평가할 수 있겠는가? 아니면, 배임행위자의 처벌과는 별도로 거래상대방의 자유의 영역으로 놓을 것인가?

제2항에는 "지휘, 감독"이라는 공범간의 특수한 관계적 요소가 가중적 불법의 근거가 되었으며, 폭력행위 등 처벌에 관한 법률 제4조에는 범죄단체를 구성하고 가입한 자가 형법상 특정범죄를 범한 경우 불법을 가중하도록 하고 있다. 그러나, 가족이나 친족이라는 관계가 공범의 가벌성을 성립시키거나 불법을 가중시키는 형태의 규정은 존재하지 않는다. 사실, 형법 제151조(범인은닉과 친족 간의 특례), 형법 제155조(증거인멸 등과 친족 간의 특례)에서 볼 수 있듯, 공범에 있어 가족 및 친족 관계는 처벌이 배제되는 방향으로 작용하는 입법규정이 있을 뿐이다.

(4) 기타

이외에도 배임행위의 거래상대방이 가담행위가 상대의 궁박한 상태를 이용한 경우, 허위사실 고지 및 유포를 포함한 위계에 해당하는 행위를 한 경우, 가장채무를 만들어 불법이득을 취득한 경우와 결부되어 있는 경우 가벌성이 있다고 보는 것도 적절할 것이다. 이러한 불법요소들은 앞에서 살피었다시피 민사판례에서 제시된 바 있다.

(5) 소결

아이러니 한 것은 공범으로서의 기여의 강도가 사회적 상당성의 불가벌 영역을 극복할 정도에 이를수록 배임행위의 거래상대방의 행위는 독자적 불법형태를 드러내게 된다는 점이다. 사실, 배임행위의 거래상대방의 불법은 공범으로서 배임행위와 결부된 한도에서 의미가 있다고 보는 것이 원칙적인 접근이다. 하지만, '적극 가담' 요건과 관련하여 최소관여를 넘은 적극성이라는 중립적 의미만으로는 부족하다는 점은 앞에서 이미 분명하게 분석되었다. 따라서, 배임임행위 거래상대방의 '가담'의 형태가 "교사하거나 배임행위의 전 과정에 적극 관여"하는 것을 넘어 배임행위자에 '부당한 관여'가 있는 경우 처벌가능하다고 보아야 한다. 위계, 위력, 궁박한 상태의 이용, 허위문서작성 등 대법원 판결에서 나타난 불법요소들은 이러한 점에서 의미가 있다. 이외에도 증수뢰, 배임수재, 기타 강행규정의 위반도 고려대상이 될 수 있을 것이다. 이렇게 되면 정범의 불

법에 종속되는 공범의 범위를 벗어나는 영역으로 접어들게 된다.[93)]

3. 기타 범죄의 거래상대방의 공범형태

대법원 판례에서 배임행위의 거래상대방의 공범성립 배제 법리와 매우 유사하게 보이는 것이 형법 제357조 제2항 배임증재죄의 불가벌 영역이다. 대법원은 증재자에게는 사회상규에 위배되지 않아 정당한 업무에 속하는 청탁일지라도 수재자에게는 부정한 청탁이 될 수 있다고 보고 있다.[94)] 대법원은 사회상규나 신의성실에 해당하는 지 여부를 판단하기 위해 별도의 개념적 기준을 설정하지 않고 제반사정을 고려하는 방식을 취하고 있다.[95)] 여기서, 대법원이 배임행위의 거래상대방에는 사회적 상당성이라는 개념을 사용한 반면 배임증재죄의 경우에는 사회상규를 사용하여 불가벌의 영역을 제시한 이유에 대하여 몇 가지

---

93) 법원에서도 공범형태에 있어 전형적 가담을 벗어나 추가적인 위법형태를 흡수하려는 시도가 있었다. 부산지방법원 항소부는 범죄자 자신의 범인도피 교사죄 성립기준을 "법질서에 적대적인 적극적 교사행위"라고 판시한 바 있다. 부산지법 2015. 12. 11. 선고 2015노2508 판결.

94) 대법원 2011. 10. 27. 선고 2010도7624 판결("갑 주식회사를 사실상 관리하는 을이 갑 회사가 사업용 부지로 매수한 토지에 관하여 처분금지가처분등기를 마쳐두었는데, 위 토지를 매수하려는 병에게서 가처분을 취하해 달라는 취지의 청탁을 받고 돈을 수수하였다는 내용으로 기소된 사안에서, 을이 받은 돈은 부정한 청탁의 대가임이 분명하고 을에게 부정한 청탁에 대한 인식이 없었다고 볼 수 없어 배임수재죄가 성립하나, 반면 병은 사업의 더 큰 손실을 피하기 위하여 가처분 취하의 대가로 을이 지정하는 계좌로 돈을 송금한 점, 병으로서는 위 돈이 궁극적으로 갑 회사에 귀속될 것인지 을에게 귀속될 것인지에 관한 분명한 인식이 있었다고 볼 수 없는 점 등 제반 사정에 비추어, 병이 가처분 취하의 대가로 돈을 교부한 행위는 사회상규에 위배되지 아니하여 배임증재죄를 구성할 정도의 위법성은 없다"); 대법원 1991. 1. 15. 선고 90도2257 판결("배임수재죄의 수재자에 대한 부정한 청탁이라 함은 업무상배임에 이르는 정도는 아니나 사회상규 또는 신의성실의 원칙에 반하는 것을 내용으로 하는 청탁을 의미하므로 방송국에서 프로그램의 제작연출 등의 사무를 처리하는 프로듀서가 특정 가수의 노래만을 편파적으로 선곡하여 계속 방송하여서는 아니되고 청취자들의 인기도, 호응도 등을 고려하여 여러 가수들의 노래를 공정성실하게 방송하여야 할 임무가 있음에도 담당 방송프로그램에 특정 가수의 노래만을 자주 방송하여 달라는 청탁은 사회상규나 신의성실의 원칙에 반하는 부정한 청탁이라 할 것이다"); 대법원 1980. 선고 80도19 판결("피고인이 자기소유로 믿고 있는 부동산을 제3자에게 처분하기 위하여 매매계약을 하였는데 피고인이 종중에서 그 부동산에 대한 권리를 주장하면서 처분금지가처분결정까지 받아 이를 집행하자 피고인이 계약위반으로 인한 손해배상문제를 염려하여 종중의 대표자에게 가처분의 부당성을 지적하면서 가처분 비용을 지급하고 그 신청을 취하하도록 하였다면 이는 피고인이 자기의 권리를 확보하기 위한 행위로서 사회상규나 신의성실의 원칙상 부정한 청탁을 한것이 아니므로 가사 종중대표자에게 부정한 점이 있다고 하더라도 피고인을 배임증여죄로 처벌할 수 없다").

95) 대법원 2011. 10. 27. 선고 2010도7624 판결.

갈래로 추론해 볼 수 있다. 첫째, 배임증재죄의 구성요건인 부정한 청탁은 이미 그 개념 자체에 위법성 판단을 뜻하는 "부정"이라는 수식어를 담고 있다. 따라서, 위법성 판단의 일반요건인 형법 제20조의 사회상규 규정에 기초하는 것이 어울리게 보였을 것이다. 반면, 배임증재죄의 "부정"과 같은 위법성 평가 요건이 구성요건에 명시적으로 규정되어 있지 않은 배임죄 거래상대방의 불법구조에 있어 불가벌 영역의 설정은 초법규적 법원칙에 기초하는 것이 더 적절해 보였을 것이다. 둘째, 배임행위의 거래상대방의 불법 요건으로 사용하려고 한 '적극 가담' 개념은 불법요건을 조각하는 형태가 아니라 구성하는 형태이다. 명문의 위법성조각사유에 해당하는 사회상규 개념을 사용하고 다시 불법형태를 구성하는 별도의 표지를 제시하는 것은 적절하게 보이지 않는다. 요컨대, 배임행위의 거래상대방의 공범성립 문제 이외에도 재산적 법익을 침해하는 범죄 중 거래상대방이 설정될 수 있는 범죄에 있어 사회상규나 사회적 상당성 개념들을 매개로 처벌배제의 영역이 성립될 여지가 있는 것이다.

대법원 또한 재산적 법익을 침해하는 범죄의 공범 성립 범위와 관련하여 배임행위의 거래상대방의 공범성립 법리가 확대될 수 있는 가능성을 내비친 바 있다. 대법원 2001도318 판결에서는 상법 제622조 납입가장죄와 관련하여 거래상대방이 회사의 임원 등에 "범의를 유발"하는 형태가 아니라 그 임원 등이 "납입가장을 하기 위해 돈을 빌린다는 것을 알고 돈을 빌려주었다는 사정만으로는" 그 거래상대방에게 공동정범이 성립하기에는 부족하다고 판시했다.[96] 물론 이는 통상의 공동정범 법리에 기초한 것이다. 하지만, 그 논리의 귀결상 방조범의 성립을 배제하는 듯하며 교사행위를 공동정범의 성립근거로 본다는 점에서 배임죄의 거래상대방의 공범성립과 관련된 대법원 2005도4915 판결과 대법원 74도2455판결과 상당히 닮아있다. 나아가, 대법원 2005도3045 판결에서는 법인에 대한 대표이사의 횡령행위를 주선하고 처분행위를 적극적으로 종용한 경우 횡령행위에 가담한 공동정범이 성립한다고 하여 배임죄 거래상대방 관련 '적극 가담' 요건과 유사한 표지가 제시된 바 있다.[97]

96) 대법원 2011. 7. 14. 선고 2011도3180 판결.

97) 대법원 2005. 8. 19. 선고 2005도3045 판결(동 판결에 나타난 사실관계는 회사에 횡령행위를

그러나, 현재까지 처분행위와 결부되어 거래상대방이 존재하는 어떠한 범죄에 있어서도 대법원은 배임죄의 거래상대방의 경우와 같이 명시적으로 불가벌의 영역을 설정하고 이를 정당화하기 위하여 여러 가지 개념을 활용한 논증을 시도한 적은 없었다. 대상판결과 매우 흡사한 부동산 명의신탁에 있어 명의수탁자가 명의신탁자를 배신하고 횡령행위를 하는 경우조차 그 거래상대방에 대하여 이와 같은 특별한 공범성립의 법리가 적용된 예를 발견하기 힘들다.[98] 다만, 대법원은 부동산 명의신탁과 관련된 민사사건에서 거래상대방이 단순 악의를 넘어 적극 가담한 경우 무효라고 일관되게 판시해왔다.[99] 이 '적극 가담' 요건의 의미는 "적극적으로 요청하거나 유도하는 행위"라고 함으로써 형사사건인 대상판결에서 보인 대법원의 접근법과는 분명한 차이가 난다. 대상판결에서는 거래상대방이 적극적으로 요청하고 유도하는 행위가 있었지만 가벌성은 없다고 판시했다. 향후, 부동산 명의수탁자의 횡령행위에 가공한 거래상대방의 처벌 여부가 문제된 사건에서 대법원이 어떠한 입장을 보일지 귀추가 주목된다. 나아가, 거래상대방에 대한 처분행위를 동반하는 다른 범죄에서도 대상판결 등과 유사한 사건들이 등장하여 논의가 보다 풍부하고 섬세해지기를 기대해 본다.

V. 결 론

대상판결에서 대법원이 배임행위의 거래상대방이 비록 특허권 이전을 적극적으로 권유하는 의사표시를 먼저 했다고 하더라도 특허권 명의수탁자의 배임죄

한 대표이사와 이를 매수하려는 매수인이 등장한다. 문제가 된 것은 매수를 주선하며 문제가 된 담보 목적의 양도성예금증서의 발행을 독촉하고 대표이사와 주주이자 이사인 자에게 법적으로 책임질 것이 없다는 취지로 말하며 강력히 거래를 권유한 자의 행위였다).

98) 대법원은 부동산 명의수탁자가 명의신탁자의 승낙없이 부동산을 제3자에게 매각하여 불법영득하려는 점을 알면서도 그 범행을 도와주기 위하여 수탁자에게 매수할 자를 소개하여 주는 등의 방법으로 그 횡령행위를 용이하게 하였다면 부동산소개업자의 행위는 횡령죄의 방조범에 해당한다고 판시한 바 있다. 대법원 1988. 3. 22. 선고 87도2585 판결. 동 판결은 비교적 오래되었기는 하지만 부동산 명의신탁자의 배임행위로서의 부동산 거래를 성사시키기 위한 부동산 중개인의 행위에 대해 통상의 공범론을 적용한 예로 볼 수 있다. 다만, 민사판결에서 명의수탁자로부터 악의든 선의든 부동산을 매수한 거래상대방의 행위는 "적극 가담"행위가 없는 한 유효하다고 판단한 경우는 있었다. 대법원 1992. 6. 9. 선고 91다29842 판결.

99) 앞의 각주 81) 참조.

에 가공한 공동정범이 성립되지 않는다고 판시한 것은 적절하다. 대법원이 배임행위 거래상대방에 별도의 명백한 불법지표가 발견되지 않을 경우 유죄 선고를 회피해 온 종래의 경향과 일치하는 것이다. 이는 사적 자치의 영역에서 자유로운 거래가 위축되는 것을 방지하기 위하여 배임죄의 외연을 축소하는 접근법으로 지지받아 마땅하다.

사실, 대법원은 배임죄 상대방의 거래행위의 형사적 불법을 평가하기 위한 요건인 '적극 가담' 개념을 매우 좁게 보는 차원을 넘어서고 있다. 대다수 판례에서는 배임행위의 거래상대방이 대상판결과 같이 배임행위자의 적극적으로 거래를 요청하거나 심지어 범의를 유발한다고 하더라도 좀처럼 '적극 가담'으로 평가하지 않는다. 대법원은 배임행위의 거래상대방이 위력을 행사하거나 허위문서작성을 지시하는 것과 같은 별도의 명백한 형사적 불법이 포착되어야 비로소 공범을 성립시키는 태도를 보여주고 있다. 따라서, 대법원이 '적극 가담' 요건을 문구 그대로 적용한다고 더 이상 보기 힘들며 새로운 불법형태를 창설하는 방향으로 나아가고 있다고 평가해도 무방할 듯하다. 이는 사실상 형법총칙의 공범규정의 적용을 회피하는 것이다.

대법원은 배임죄 거래상대방의 독특한 공범성립 요건을 정당화하기 위하여 여러 가지 개념들을 제시했다. 대법원은 민법상 유효한 권리의 영역에 속하는 행위에 대해서는 형사적으로도 처벌할 수 없다는 논리로 출발했다. 이 논리는 2005년 이후 법질서 통일의 원칙과 결부하여 보다 넓은 의미를 지니는 사회적 상당성으로 발전했다. 사회적 상당성 개념은 사회적으로 허용되는 자유라고 이해해도 무방하다. 무엇보다, 사회적 상당성은 범죄구성요건을 배제할 수 있는 형법적인 개념이다.

대법원은 역시 2005년부터 배임죄 거래상대방의 행위를 불가벌의 영역에 보다 확실히 두기 위하여 '대향적 행위'라는 대향범에 흡사한 개념을 제시했다. 특히, 편면적 대향범에 있어 처벌규정이 없는 대향자의 가벌성을 실질적으로 평가하자는 논리에 기초한다면, 대법원의 배임죄의 거래상대방의 공범형태는 편면적 대향범과 거의 동형으로 보이기까지 한다. 그러나, 배임죄 거래상대방 공범성립은 거의 전적으로 공동정범과 관련이 있는 반면 처벌규정이 없는 대향범의 경우 아무리 실질적 가벌성이 높다고 하더라도 정범으로 설정하는 것은 대향범 개념에 반하는 접근법이다. 게다가, 판례에서 배임죄 거래상대방은 단순히 적극 가담한 경우에 처벌되는 것이 아닌 것에 비추어 보면 소수설의 대향범의 최소 관여원칙과는 분명한 차이가 있다. 결론적으로, 배임죄의 거래상대방의 공범형태를 설명하기 위해 대향범 개념이 효과적이라고 보기 힘들다.

대상판결은 배임행위의 거래상대방의 행위는 원칙적으로 불가벌이며 처벌은 예외적이라고 선언했다. 그러나, 대상판결은 대법원이 반복해서 제시하는 "교사 또는 전 과정에 관여하는 등으로 적극 가담"이라는 불법지표에서 전혀 벗어나지 못했다. 이에 본고에서는 배임죄의 거래상대방의 공범성립 기준으로 권리남용론의 틀을 활용해 보았다. 일반적으로, 권리행사로 인정받아 통상 허용되는 행위가 권리범위를 벗어났는지를 판단하는 데에는 행위의 목적, 수단을 중심으로 다양한 요소가 고려된다. 다만, 배임행위의 거래상대방의 행위와 같이 사회적 상당성이라는 개념으로 폭넓게 불가벌의 영역에 대한 압박이 상존하는 경우에는 그 행위수단의 악성이 명백한 경우만이 가벌성이 있다고 해야 할 것이다. 이러한 접근법이라면 대법원이 그동안 '적극 가담' 요건을 왜 그토록 좁게 보려 했는지 이해가 쉬울 것이다.

예를 들어, 금융기관에 자신에게 매우 유리한 조건으로 금융기관 내부규정을 어겨서라도 대출해달라고 청탁한 경우 다른 조건이 없으면 불가벌의 영역에 속한다고 보아야 한다. 제1매수인에게 손해가 난다는 것을 명백히 알면서 매도인에게 접근하여 자신에게 해당 부동산을 매도하라고 적극적으로 요구하여 거래를 성사시킨 경우에도 불가벌이라고 보아야 한다. 명의수탁자에게 명의신탁자를 배신해서라도 해당 권리를 이전하라고 아무리 적극적으로 먼저 종용한다고 하더라도 자유의 영역이다. 내부적인 신임관계의 배신을 결정한 행위는 배임행위자의 책임일 뿐이다. 즉, 아무런 다른 요인이 없다고 가정하고 순수히 배임행위자에게 배임행위를 수반하는 거래를 상대방이 유인, 주지, 종용, 교사, 한다고 하더라도 이는 거래를 성사시키기 위한 활동으로서 허용되는 자유의 영역에 속한다. 다만, 이 과정에서 부당한 유인을 활용하게 되면 위법의 영역으로 넘어오게 된다.

대법원이 40이 넘는 기간 동안 마련해온 배임죄 거래상대방의 독특한 공범성립 기준은 시간에 따라 서서히 형성 되어가는 사법적 기준의 제시의 전범이라고 보아도 좋을 듯하다. 다만, 형법총칙에 명시된 규정을 상당부분 회피하고 특정 범죄에 새로운 공범성립 형태를 제시했다는 점은 분명 사법부에 가벼운 짐일 수 없어 보인다. 즉, 배임죄 거래상대방에 필요한 불법요건은 입법적으로 상세히 규정되는 것이 더 바람직해 보인다. 적어도, '적극 가담'과 같은 중립적인 표현을 벗어나야 한다. '부당한'과 같은 가치판단적인 개념이나 '침해' 개념과 같은 보다 불법성이 분명한 표현을 사용해야 한다. 위계, 위력, 궁박한 상태의 이용, 허위문서 작성, 가장채무 이용 등의 개별적 불법요소를 나열하는 접근법을 택할 수도 있을 것이다. 따라서, 예를 들어 '부당한 적극 관여', 조금 더 구체적으로는 '부당한 침해를 수반하는 등의 적극 관여'와 같은 새로운 개념표지를 제안해 본다. 덧붙여, 배임죄 거래상대방의 공범성립을 판단하기 위하여 고려되는 불법요소가 민사판례와 같이 지나치게 넓게 확대되는 것은 피해야 한다.

사회적 상당성 개념을 매개로 사적 자치와 거래 자유의 영역을 보다 넓히는 사법적 해석은 단지 배임죄만의 전유물은 아닐 듯하다. 이러한 대법원의 접근법은 상법상 납입가장행위 및 부동산 명의수탁자의 횡령행위를 비롯하여 기타 거래상대방에 처분행위가 결부되는 범죄영역을 중심으로 확대 적용될 가능성이 있어 보인다.

참고문헌

강우예, “권리 · 권한실행 의사표시의 협박죄 성립”, 형사판례연구 [19], 한국형사판례연구회, 박영사, 2011.

______, “노동쟁의행위의 업무방해죄 성립의 불법구조 - 위력 요건에 대한 대법원 판결의 비판적 분석을 중심으로-”, 비교형사법연구 제17권 제4호 한국비교형사법학회, 2015.

강수진, “부동산 이중매매를 배임죄로 처벌하는 것은 타당한가? -배임죄 불성립론에 대한 검토를 중심으로-”, 형사법의 신동향 통권 제49호, 대검찰청 미래기획단, 2015. 12.

강동욱, “부동산 이중매매 매도인에 대한 형사책임의 인정에 관한 법정책적 검토 - 민사법상 효력과 비교를 통하여-”, 법학연구 제19집 제2호, 인하대학교 법학연구소 2016. 6.

김덕중, “이중매매에 따른 매도인의 형사책임”, 법학논총 제19권 제2호, 조선대학교 법학연구원, 2012.

김병로, “범죄구성의 요건되는 위법성을 논함”, 법학계 제3호, 1915. 3.

김영환, “형법 제20조 정당행위에 관한 비판적 고찰”, 고시계, 1991. 5.

김일수 · 서보학, 형법총론 제12판, 박영사, 2014.

김성돈, 형법총론 제5판, 성균관대학교 출판부, 2017.

______, “한국 형법의 사회상규조항의 기능과 형법학의 과제”, 성균관법학 제24권, 성균관대학교 법학연구소, 2012. 12.

______, “대향범과 공범 -대법원 2016. 10. 13. 선고 2014도17211 판결-”, 법조-최신형사판례분석 제65권 제9호, 법조협회, 2016. 12.

김용한, “부동산 이중매매에 있어서 문제점”, 고시연구, 고시연구사, 1987.

김종원, “위법성조각사유의 일반원리에 관한 소고”, 차용석박사 화갑기념논문집, 법문사, 1994.

김증한, “이중매매의 반사회성: 일본의 판례를 소개하면서”, 법정 19,9, 1964. 9.

김태명, “편면적 대향범에 가담한 자에 대한 형법총칙상 공범규정의 적용가부”, 형사판례연구[21], 한국형사판례연구회, 박영사, 2013.

김학동, “부동산 2중양도의 반사회성에 관한 판례 소고”, 경희법학 제42권 제1호, 경희법학연구소, 2007.

김혜정, “배임죄의 행위주체인 ‘타인의 사무처리자’ 판단에 관한 소고”, 법과정책연구 제12권 제4호, 한국법정책학회, 2012.

박수곤, "계약의 하자에 관한 최근 대법원판결의 동향 - 적법성 및 사회적 타당성 요건의 충족여부를 중심으로-", 비교사법 제21권 제1호, 한국비교사법학회, 2014.
박찬걸, "부동산의 이중매매에 있어서 배임죄의 성립시기", 경희법학 제48권 제4호, 경희대학교 법학연구소, 2013.
배종대, 형법총론 제13개정판, 홍문사, 2017.
서현무, "부동산의 이중양도: 반사회성 판단의 기준과 제1양수인의 보호방안", 판례연구, 전주지방법원, 1998.
손해목, "초법규적 정당화원리", 현대형사법론: 김기두교수 화갑기념논문집, 경문사, 1980
______, "사회적 상당성이론", 고시계 통권 422호, 1992. 4.
손기식, "이중매매와 반사회질서의 법률행위", 대법원판례해설 제12호, 법원도서관, 1990
신동운, 형법총론 제10판, 법문사, 2017.
신양균, "배임행위의 거래상대방의 형사책임", 형사판례연구[15], 한국형사판례연구회, 박영사, 2007.
양화식, "사회적 상당성론", 사회과학논집 제1집, 수원대학교 사회과학연구소, 1989.
원형식, "배임적 거래행위의 상대방의 형사책임", 형사법연구 제21권 제1호, 한국형사법학회, 2009.
원형식, "불가벌적 필요적 공범", 형사법연구 제24권, 한국형사법학회, 2005,
오영근, 형법총론 제3판, 박영사, 2017.
윤진수, "부동산의 이중양도에 관한 연구", 서울대학교 박사학위논문, 1993.
______, "반사회적 부동산 이중양도에 있어서 전득자의 지위", 법조 제47권 제9호, 법조협회 (1998).
이용식, "형법에 있어서의 이익형량", 서울대학교 법학 제48권 제2호, 서울대학교 법학연구소, 2007. 6.
이재상·장영민·강동범, 형법각론 제10판, 박영사, 2017.
이정원, 형법총론 제3판, 법지사, 2004.
______, 형법각론 공개 제1판, 2008.
______, "대향범인 필요적 공범에 대한 임의적 공범규정의 적용가능성", 형사법연구 제20권 제3호, 한국형사법학회, 2008.
이진국, "대향범의 구조에 관한 일고", 비교형사법연구 제4권 제1호, 한국비교형사법학회, 2002.
이창섭, "대향범 개념과 불가벌적 대향자의 처벌연구", 법학연구 제55권 제4호, 부산대학교 법학연구소, 2014.
정성근·박광민, 형법총론 제4판, 삼지원, 2009.

조 국, "대향범 중 불가벌적 대향자에 대한 공범규정의 적용", 형사판례연구[11], 한국형사판례연구회, 박영사, 2003.

천진호, "사회적 상당성 이론에 대한 재고", 법학논고 제13권, 경북대학교 법학연구소, 1997.

최민근, "부동산 이중매매와 반사회성의 기준시론", 현대민법학의 제문제: 김증한박사 화갑기념논문집, 박영사, 1981.

최정일, "불가벌적 대향범에 대한 총칙상의 공범 규정의 적용문제", 형사법연구 제26권 제3호, 한국형사법학회, 2014.

황경웅·유충호, "부동산 이중양도의 반사회성에 대한 판단 기준", 법학논문집 제34집 제2호, 중앙대학교 법학연구소, 2010.

허일태, "부동산 이중매매와 배임죄(대법원 1988. 12. 13. 선고 88도750 판결)", 형사법연구 제15권, 한국형사법학회, 2001.

07

편면적 대향범에 대한 공범규정의 적용가능성*

- 공무상비밀누설죄에 관한 대법원 2011. 4. 28. 선고 2009도3642 판결을 중심으로

장 영 롱**

Ⅰ. 서 론

우리나라에서 필요적 공범 중 대향범과 관련된 논의는 아직까지 충분히 이루어지지 않은 듯 보인다. 특히 문제되는 것은 일방만이 처벌되는 대향범의 구성요건에서 처벌되지 않는 대향자가 처벌되는 대향자(정범)의 구성요건 실현에 가담한 경우, 대법원은 대향범의 내부자 간에는 총칙상의 임의적 공범에 관한 규정이 적용될 여지가 없다고 하는 태도를 견지하면서도 왜 그런가에 대하여는 만족할 만한 논리를 제공해주지 못하고 있다는 점이다. 대법원의 이러한 견해는 처벌되지 않는 대향

* 이 논문은 제154회 영남형사판례연구회(2014.4.21.)에서 발표되었음.
** 현 수원지검 평택지청 형사 2부.

자가 처벌되는 대향자의 구성요건 실현에 적극적으로 가담한 경우에도 불가벌로 보게 되어 평등원칙에 위배될 소지가 있을 뿐 아니라 일반적인 법감정에도 부합하지 않는 등 여러 가지 비판이 가능하다. 아래에서 살펴보게 될 대상판결 역시 정범의 공무상비밀누설죄에 가담한 피고인에 대해 공무상비밀누설죄의 교사범 성립을 긍정할 것인가에 관하여 1심과 2심, 대법원이 각각 그 입장을 서로 달리하고 있다.

아래에서는 먼저 대상판결의 판시내용, 대향범의 개념과 관련하여 필요적 공범의 개념과 그 하위개념으로서의 대향범에 관하여 알아보고, 일방만이 처벌되는 대향범의 구성요건에서 처벌되지 않는 대향자가 처벌되는 대향자(정범)의 구성요건 실현에 가담한 경우 총칙상의 공범규정이 적용될 수 있는지 여부에 관한 우리나라 학설과 판례의 태도에 대하여 간략히 살펴본 후, 전체적인 검토를 하는 순서로 논의를 개진하고자 한다.

Ⅱ. 대상판결의 내용

1. 공소사실 요약

피고인 1은 법원 공무원, 피고인 2는 변호사 사무실 직원이다.

(1) 피고인 2의 공무상비밀누설교사

피고인 2는 조직폭력단체인 ○○파의 조직원으로 수사대상자 중 한 명이었던 공소외 1의 부탁을 받고 피고인 1에게 전화하여 "○○파 조직폭력사건의 체포영장 발부자 명단을 구해 달라"라고 말하여 그에게 위 사건의 체포영장 발부자 명단을 누설할 것을 마음먹게 하고, 그로 하여금 법원 사무실에서 법원 재판사무시스템에 접속하여 ○○파 조직원 체포영장 명단을 알아낸 후 이를 피고인 2에게 이를 교부하게 하여, 피고인 1이 직무상 취득한 공무상 비밀인 ○○파 조직폭력사건의 체포영장 발부자 명단을 누설하도록 교사하였다.

(2) 피고인 1의 공무상비밀누설

피고인 1은 위 교사에 따라 법원 사무실에서 ○○파 조직원 체포영장 명단을 알아내어 피고인 2에게 이를 교부함으로써 직무상 취득한 공무상 비밀인 ○○파 조직폭력사건의 체포영장 발부자 명단을 누설하였다.

2. 1심 판결의 태도(수원지방법원 평택지원 2008. 9. 25. 선고 2008고단1201 판결) – 피고인 2에게 공무상비밀누설죄의 교사범 인정

(1) 피고인의 주장

피고인 2는, 공무상비밀누설죄의 주체는 공무원 또는 공무원이었던 자에 한정되는 대향범으로 형법총칙의 공범규정이 적용될 수 없으므로 이에 관하여 피고인 2의 교사행위가 있었다 하더라도 이는 무죄라는 취지로 주장한다.

(2) 법원의 판단

공범을 처벌하는 근거는 공범이 정범의 불법을 야기·촉진시키는 점에 있는바, 정범의 행위가 공범에 의하여 야기된 것으로 그 결과불법을 공범에게 귀속시킬 수 있다면, 설사 공범에게 구성요건상 일부 행위불법(특히 신분 등)이 결여되어 있다고 하더라도, 형법 제33조에 의하여 그 공범에게도 범죄가 성립될 수 있음은 부정할 수 없다.

왜냐하면 형법 제33조 본문은 "신분관계로 인하여 성립될 범죄에 가공한 행위는 신분관계가 없는 자에게도 전3조의 규정을 적용한다."고 규정하고 있으므로, 신분관계가 없는 자라 하더라도 위 규정에 따라 정범의 행위불법이 귀속된다고 해석할 수 있기 때문이다.

이 사건에 관하여 보건대, 피고인 2는 피고인 1로 하여금 체포영장이 발부된 폭력조직원이 누구인지에 대하여 알아봐 줄 것을 부탁하였고, 이러한 부탁을 받고 피고인 1이 그 발부자 명단을 파악하여 피고인 2에게 이를 건넨 것으로, 결국 피고인 2는 피고인 1에게 공무상비밀누설의 행위불법(범행실행의 고의)과 결과불법(누설행위라는 실제 범행실행의 결과)을 야기시켰고, 형법 제33조 본문에 따라 피고인 2에게 결여되어 있는 피고인 1의 '신분상 직무위반'이라는 행위불법도 귀속시킬 수 있다고 할 것이다.

따라서 피고인 2에게 공무상비밀누설죄의 교사범의 죄책을 부담시킬 수 있다 할 것이므로, 이에 관한 피고인 2의 주장은 받아들일 수 없다.

3. 2심 판결의 태도(수원지방법원 2009. 4. 14. 선고 2008노4500 판결)

– 피고인 2에게 공무상비밀누설죄의 교사범 인정

공무상비밀누설죄에 있어서는 비밀을 누설 받은 상대방의 존재가 반드시 필요하기 때문에 공무원 또는 공무원이었던 자가 법령에 의한 직무상 지득한 비밀을 누설하는 행위와 그러한 직무상 비밀을 누설 받는 행위는 이른바 대향범 관계에 있다고 할 것이고, 이와 같이 어떤 범죄가 성립함에 있어서 당연히 예상되고 오히려 그 때문에 결여되는 것이 불가능한 대향자의 관여행위에 관하여, 이것을 처벌하는 규정이 없는 이상, 이를 공동정범 혹은 방조범으로 처벌하는 것은, 원칙적으로 법이 의도하지 않는 것이라고 할 것이나(대법원 2007. 10. 25. 선고 2007도 6712 판결 등 참조), 대향자가 구성요건상 당연히 예상되고 필요로 되는 최소한도의 관여행위의 정도를 넘어, 적극적으로 본범을 교사하였거나 역할 내에서의 협력의 범위를 초과한 경우에는 교사범으로서의 죄책을 면할 수 없다고 할 것이다.

인정사실에 의하면, 피고인 2는 공소외 1의 부탁을 받고 적극적으로 공동피고인 1로 하여금 직무상 비밀에 해당하는 체포영장 발부자 명단을 누설하도록 교사함으로써, 공동피고인 1에게 공무상비밀누설의 범의와 행위를 적극적으로 촉발시켰다고 할 것이다. 이러한 피고인 2의 행위는 공무상비밀누설죄가 당연히 예상하는 정형적·통상적인 관여행위를 초과한 것이고, 입법자가 당연히 예상한 관여행위 정도를 벗어난 것이어서 이에 대하여 피고인 2는 공무상비밀누설교사죄의 죄책을 부담한다고 할 것이다

당심은 소극적·수동적으로 대향자의 입장에서 관여하는 경우와 달리, 적극적으로 본범을 교사하여 범의를 촉발시킨 행위자에 대하여는 예외적으로 공범으로 처벌이 가능하다는 입장을 취하기로 한다. 이 사건의 경우, 피고인 2가 단순히 공무상 비밀인 체포영장 발부자 명단을 교부받은 행위에만 초점을 맞춘다

면 대향범의 일반적인 논의가 적용되는 것이 타당하나, 피고인 2가 ○○파의 조직원으로 수사대상자 중 한 명이었던 공소외 1의 부탁을 받고, 공동피고인 1에게 위 체포영장 발부자 명단을 누설하게끔 범의를 촉발시킨 것에 중점을 둔다면 이와 같은 행위에 대하여 교사죄의 죄책을 묻는 것이 타당하다고 할 것이다.

논의의 궤를 조금 달리하긴 하지만, 이는 대법원이 "범인이 타인으로 하여금 허위의 자백을 하게 하여 범인도피죄를 범하게 하는 행위는 방어권의 남용으로 범인도피교사죄에 해당한다(대법원 2000. 3. 24. 선고 2000도20 판결 등 참조)", "스스로 본인을 무고하는 자기무고는 무고죄의 구성요건에 해당하지 아니하여 무고죄를 구성하지 아니하나, 피무고자의 교사·방조 하에 제3자가 피무고자에 대한 허위의 사실을 신고한 경우 제3자의 행위는 무고죄의 구성요건에 해당하여 무고죄를 구성하므로, 제3자를 교사·방조한 피무고자에 대하여도 교사·방조범으로서의 죄책을 부담케 함이 상당하다(대법원 2008. 10. 23. 선고 2008도4852 판결 참조)"고 보는 입장과도 일맥상통한다고 할 것이다.

4. 대법원의 태도(대법원 2011. 4. 28. 선고 2009도3642 판결)

- 대향범에 총칙상 공범규정이 적용될 수 없으므로 처벌규정이 없는 피고인 2는 불가벌

2인 이상의 서로 대향된 행위의 존재를 필요로 하는 대향범에 대하여는 공범에 관한 형법총칙 규정이 적용될 수 없다(대법원 2007. 10. 25. 선고 2007도6712 판결 등 참조).

원심이 인정한 사실에 의하면 공무원인 피고인 1이 직무상 비밀을 누설한 행위와 피고인 2가 그로부터 그 비밀을 누설 받은 행위는 대향범 관계에 있다고 할 것인데, 형법 제127조는 공무원 또는 공무원이었던 자가 법령에 의한 직무상 비밀을 누설하는 행위만을 처벌하고 있을 뿐 직무상 비밀을 누설 받은 상대방을 처벌하는 규정이 없는 점에 비추어, 직무상 비밀을 누설 받은 자에 대하여는 공범에 관한 형법총칙 규정이 적용될 수 없다고 봄이 상당하다(대법원 2009. 6. 23. 선고 2009도544 판결 참조).

그럼에도 원심은, 피고인 2가 피고인 1에게 부탁을 하여 이 사건 체포영장 발부자 명단을 누설받은 행위가 공무상비밀누설교사죄에 해당한다고 판단하였는바, 이러한 원심의 판단에는 공무상비밀누설죄에 있어 공범의 성립에 관한 법리를 오해한 위법이 있고, 이는 판결 결과에 영향을 미쳤음이 분명하다.

Ⅲ. 필요적 공범과 대향범의 개념

1. 개 념

필요적 공범은 형법총칙상의 임의적 공범에 대응되는 개념으로, '각칙상 개별 범죄들 가운데 어느 구성요건을 실현함에 있어서 반드시 2인 이상이 관여해야 하는 범죄유형', '구성요건의 내용상 범죄성립에 다수인이 필요한 범죄형태' 등으로 정의되고 있다.

대향범은 이렇게 필요적 공범의 하위개념으로 설명되고 있는데, 판례는 '2인 이상의 서로 대향된 행위의 존재를 필요로 하는 범죄'라고 정의하고 있다.

2. 유 형

필요적 공범은 다시 가담자들의 행위가 동일한 방향에서 행해지는 범죄인 집합범과 목표는 동일하지만 가담자들이 서로 다른 방향에서 행위하는 범죄인 대향범으로 구분된다.

필요적 공범 중 집합범의 예로는 내란죄, 범죄단체조직죄, 소요죄, 다중불해산죄를 들 수 있다. 집합범은 그 성립에 2인 이상의 관여가 필수적으로 요구되고 관여자는 가담의 정도나 역할에 상관없이 같은 범죄로 처벌되기 때문에 총칙상 공범규정이 적용되지 않는다.

이러한 집합범과 달리 대향범은 대향자 쌍방을 처벌대상으로 규정하고 있는 쌍방적 대향범, 대향자 중 일방만을 처벌대상으로 규정하고 있는 편면적 대향범으로 나뉜다.

쌍방적 대향범의 예로는 증뢰죄와 수뢰죄, 도주죄와 도주원조죄, 간통죄, 아동혹사죄, 부녀매매죄 등을 들 수 있다. 이 경우 법정형은 반드시 같은 것은 아니고 대향자 쌍방을 다른 죄명으로 처벌하기도 한다. 입법자가 쌍방적 대향범의 구성요건을 창설한 이유로는 공범의 종속성을 인정한 결과 각 대향자에게 발생할 가벌성의 흠결을 제거하고 특히 총칙상의 공범규정만으로 대향자들을 규율한다면 일방의 대향자에게 나타나는 방조범의 형감경을 회피하기 위한 것이라고 볼 수 있다.[1] 이러한 쌍방적 대향범의 경우에는 각자를 모두 해당범죄로 처벌하면 족하고 상대방의 범죄에 대한 공범성립을 검토하는 것은 불필요하다.

편면적 대향범의 예로는 외교상비밀누설죄, 공무상비밀누설죄, 범인은닉도피죄, 음화등반포죄, 업무상비밀누설죄, 강제집행면탈죄를 들 수 있는데, 이들은 대향자 중 일방만을 처벌하는 것으로 규정하고 있어 처벌대상으로 규정되어 있지 않은 대향자를 처벌할 수 있는지 여부가 문제된다.

Ⅳ. 편면적 대향범에 대한 총칙상 공범규정의 적용가능성

대향범에서 제기되는 문제는 크게 두 가지 유형으로 분류된다. 하나는 처벌되는 대향자에게 제3자가 외부에서 관여한 경우 외부관여자에게 총칙상의 공범규정을 적용할 수 있는가 여부이고, 다른 하나는 대향자 상호간에 총칙상의 공범규정을 적용할 수 있는가 여부이다.

대상판결과 관련하여서는 후자의 경우, 즉 일방만이 처벌되는 편면적 대향범의 구성요건에서 처벌되지 않는 대향자가 처벌되는 대향자(정범)의 구성요건 실현에 관여한 경우 총칙상의 공범규정이 적용될 수 있는가 여부에 대하여 살펴보기로 한다.

1. 학설의 태도

(1) 적용부정설

우리나라의 통설로 편면적 대향범의 내부에서는 총칙상의 공범규정의 적용이

1) 이진국, "대향범의 구조에 관한 일고", 비교형사법연구 제4권 제1호, 한국비교형사법학회, 2002

배제된다는 입장이다. 그 근거에 대하여는 다양하게 논의되고 있는데, 먼저 대향범에 있어서는 반드시 서로 대향적인 행위의 존재가 필요한데도 상대방 대향자를 처벌하는 규정이 없다는 것은 곧 입법자가 일방만을 처벌하겠다는 의사를 표명한 것으로 보아야 한다는 견해[2)]가 있다. 이는 입법자의사설이라고도 한다.

다음으로 정범으로 처벌될 수 없는 자는 공범으로도 처벌할 수 없기 때문에 공범규정의 적용이 배제되어야 한다는 견해[3)]가 있다. 즉 필요적 공범은 실질적으로 필요적 정범이며, 필요적 공범에서 불가벌적 대향자에 대해서는 불가벌의 취지를 규정한 것이라고 한다.[4)] 따라서 정범으로 처벌되지 아니하는 자를 공범으로 처벌할 수 없으며, 필요적 공범 내부에서 임의적 공범의 적용은 처음부터 문제가 되지 않는다는 것이다.

(2) 적용긍정설

우리나라의 소수설은 편면적 대향범의 처벌규정이 없는 대향자가 대향범의 구성요건 실현에 필요한 최소한의 정도를 초과하지 않은 관여행위를 한 경우에는 불가벌임이 분명하지만, 불가벌적 대향자가 본범을 교사하였거나 역할 내에서의 협력의 범위를 초과한 경우는 총칙상의 공범규정을 적용하여 처벌할 수 있다는 입장[5)]이다.

이는 독일에서는 최소협력의 원칙이라고 하는데, 독일의 통설로, 일방만 처벌하는 대향범에서 처벌되지 않는 대향자는 구성요건실현을 위한 필요성의 범위를 초과하지 아니하는 범위에서만 불가벌이라는 견해이다. 즉 일방만 처벌하는 대향범에서 입법자는 구성요건적으로 필요한 최소한의 가담에 한하여 대향자를 불가벌로 규정한 것이며, 그 이상의 협력까지 불가벌에 포함시킨 것은 아니라는 것이다.

2) 이재상, 형법총론, 박영사 2004, 411쪽
3) 정성근/박광민, 형법총론, 삼지원, 2001, 495쪽
4) 임웅, 형법총론, 382쪽; 정성근/박광민, 형법총론, 490쪽
5) 김성돈, 형법총론, 성균관대학교출판부, 2009, 545쪽; 김일수/서보학, 새로쓴 형법총론, 박영사, 2006, 635쪽

2. 우리나라 판례의 태도

우리 대법원은 쌍방적 대향범, 편면적 대향범 모두 형법총칙상의 공범규정이 적용되지 않는다는 입장을 견지하고 있다.

약사법과 관련한 대법원 2001. 12. 28. 선고 2001도5158 판결은 "매도, 매수와 같이 2인 이상의 서로 대향된 행위의 존재를 필요로 하는 관계에 있어서는 공범이나 방조범에 관한 형법총칙 규정의 적용이 있을 수 없고, 따라서 매도인에게 따로 처벌규정이 없는 이상 매도인의 매도행위는 그와 대향적 행위의 존재를 필요로 하는 상대방의 매수범행에 대하여 공범이나 방조범관계가 성립되지 아니한다. ...정범의 판매목적의 의약품 취득범행과 대향범 관계에 있는 정범에 대한 의약품 판매행위에 대하여는 형법총칙상 공범이나 방조범 규정의 적용이 있을 수 없어 정범의 범행에 대한 방조범으로 처벌할 수 없다."고 판시하고 있다.

특히 변호사법과 관련한 대법원 2004. 10. 28. 선고 2004도3994 판결은 "변호사 아닌 자가 변호사를 고용하여 법률사무소를 개설·운영하는 행위에 있어서는 변호사 아닌 자는 변호사를 고용하고 변호사는 변호사 아닌 자에게 고용된다는 서로 대향적인 행위의 존재가 반드시 필요하고, 나아가 변호사 아닌 자에게 고용된 변호사가 고용의 취지에 따라 법률사무소의 개설·운영에 어느 정도 관여할 것도 당연히 예상되는바, 이와 같이 변호사가 변호사 아닌 자에게 고용되어 법률사무소의 개설·운영에 관여하는 행위는 위 범죄가 성립하는 데 당연히 예상될 뿐만 아니라 범죄의 성립에 없어서는 아니 되는 것인데도 이를 처벌하는 규정이 없는 이상, 그 입법 취지에 비추어 볼 때 변호사 아닌 자에게 고용되어 법률사무소의 개설·운영에 관여한 변호사의 행위가 일반적인 형법총칙상의 공모, 교사 또는 방조에 해당된다고 하더라도 변호사를 변호사 아닌 자의 공범으로서 처벌할 수는 없다."고 판시하여 입법자의 의사를 고려한 총칙상의 공범규정 적용부정설을 취하였다.

대상판결의 대법원의 태도 역시 앞에서 살펴본 바와 같이 위 특별법과 관련한 판례와 같은 입장에서 형법각칙상 명시적으로 대향범임을 밝히고 형법총칙상의 공범규정을 적용할 수 없다고 판시하였다.

V. 검 토

앞서 살펴본 대상판결의 1심은 공무상비밀누설죄를 신분범으로 파악하면서 피고인 2에 대하여 형법 제33조에 따라 공무상비밀누설죄의 교사범의 죄책을 인정하였고, 2심은 1심과 결론을 같이 하면서도 그 근거에 대하여는 견해를 달리하여 일단 공무상비밀누설죄를 대향범으로 보고 대향범에 관한 기존 법리를 원칙으로 보면서 다만 적극적으로 본범을 교사하여 범의를 촉발시킨 행위자에 대하여는 예외적으로 공범으로 처벌이 가능하다는 입장을 취하였다.

그러나 대법원은 대향범에 관한 기존의 법리를 들어 피고인 2의 공무상비밀누설행위에 적극적으로 가담한 피고인 2에 대한 처벌을 부정하였는바, 이러한 대법원의 태도는 범죄의 개별적인 특성, 가담의 정도 등 실질적인 측면을 고려하지 않은 채 막연히 기존 법리를 일괄적으로 적용한 것이어서 형법의 규범력을 약화시키고 처벌의 공백을 초래하는 문제점을 야기하고 있다고 할 것이다. 또한 1심과 2심의 판단에 대하여는 아무런 언급도 하지 않고 기존의 입장만을 되풀이 하였을 뿐이다.

대법원의 태도를 비판하면서 그 해결방안으로, 애초에 공무상비밀누설죄를 대향범으로 볼 수 없다는 입장에서 실질적인 범죄가담자를 일반적인 공범론에 따라 처벌할 수 있다는 견해가 있다. 즉 편면적 대향범은 필요적 공범으로서 하나의 범죄완성을 위하여 필요적으로 2인 이상의 행위자가 필요하고, 이 행위자들은 서로 대립된 구조 하에서 범죄 실현을 위해 일정한 행위를 하여야 할 뿐만 아니라, 특히 이 중 일방만을 처벌하는 경우라는 3가지 요건을 모두 충족시켜야 편면적 대향범으로 볼 수 있을 것인데, 형법 제127조의 공무상비밀누설죄는 상대방인 대향자가 범죄 실현을 위한 행위를 하지 않더라도 정범이 공무상비밀을 누설하기만 하면 성립되는 범죄이므로 결국 '대립된 구조 하에서 범죄 실현에의 행위 기여' 요건이 결여되어 있어 편면적 대향범이 아니라고 하여야 한다는 것이다. 이러한 입장에서는 대상판결의 1심과 같이 일반적인 공범론을 적용하여 피고인 2와 같은 자를 처벌하면 된다고 본다.

그러나 공무상비밀누설죄에 있어서는 그 가담 또는 관여의 정도에 관계없이 비밀을 누설 받는 상대방의 존재가 반드시 필요하고 또 당연히 예상되기 때문에 본죄를 대향범의 범위에 포함시키지 않는 위 견해는 타당하지 않다고 생각한다. 일단 공무원 또는 공무원이었던 자가 법령에 의한 직무상 지득한 비밀을 누설하는 행위와 그러한 직무상 비밀을 누설 받는 행위는 이른바 대향범 관계에 있다고 할 것이고, 다만 정범에 가담한 대향자의 가벌성은 가담행위의 태양, 가담의 정도, 범죄의 특성 등을 종합적으로 고려하여 입법자가 당연히 예상한 전형적인 관여행위를 초과하는 경우에는 처벌이 가능하다고 보고 총칙상의 공범규정을 적용하는 것이 평등원칙과 법감정에 비추어 타당하다고 본다.

이에 대하여 법감정에 반한다는 이유로 처벌되지 않는 자를 처벌해야 한다고 주장하는 것은 형법의 보장적 기능에 반한다는 비판도 제기되고 있으나, 입법이 해결해 주지 않는 현 상황에서 실질적으로 정범의 불법에 견줄 만한 가담자의 불법을 외면하고 처벌할 수 없다고 보는 것은 정의의 관점에서 타당하지 않다. 이는 불법행위에 적극적으로 가담하는 행위를 사실상 방치하는 결과가 된다. 또한 편면적 대향범 규정은 일방에 대한 처벌을 규정한 것일 뿐 일방만의 처벌을 규정하였다고는 볼 수 없다고 할 것이다.

결국 대상판결의 대법원의 견해보다는, 공무상비밀누설죄를 대향범으로 파악하면서 대향범의 기존 법리를 원칙으로 하되 대향자가 구성요건상 당연히 예상되고 필요로 되는 최소한도의 관여행위의 정도를 넘어, 적극적으로 본범을 교사하였거나 역할 내에서의 협력의 범위를 초과한 경우에는 총칙상의 공범규정을 적용하여 교사범의 죄책을 인정한 2심의 태도가 타당하며, 이와 같이 보는 것이 처벌의 공백을 메우고 평등원칙에도 부합한다.

Ⅵ. 결　어

필요적 공범과 대향범, 특히 편면적 대향범에 관한 판결은 대상판결 이전에도 몇 차례 있어왔다. 이번 논의에서는 대상판결을 중심으로 논의하였으나 다른 몇몇 판결들에 대하여도 대법원의 태도에는 모순점이 발견되는 등 비판의 여지가 적지 않아 보인다. 앞으로도 계속하여 심도 있는 논의가 필요할 것이다. 다만 개별 사건마다 처벌에 있어서의 형평과 정의에 어긋나는 경우가 없는 방향으로 논의가 이루어져야 할 것이다.

이번 대상판결의 대법원의 태도에는 위에서 살펴본 바와 같은 문제점들이 있다. 오히려 대상판결의 2심의 태도와 같이 대향범의 기존 법리를 원칙으로 하면서 다만 당해 범죄의 특성, 가담행위의 태양, 가담의 정도 등을 종합적으로 고려하여 편면적 대향범에 가담한 자의 가벌성을 판단하여야 한다. 그리하여 정범에 소극적으로 관여하는 경우와 달리, 이 사건과 같이 적극적으로 정범을 교사하여 범의를 촉발시키는 등 대향범 규정에서 당연히 예정하고 있는 협력행위를 넘어서는 행위를 한 가담자에 대하여는 예외적으로 총칙상의 공범규정을 적용하여 처벌이 가능하도록 하여야 할 것이다.

참고문헌

김민이, 민만기, “공무상비밀누설죄와 편면적 대향범”, 홍익법학 제13권 제1호, 홍익대학교 법학연구소, 2012.

김태명, “편면적 대향범에 가담한 자에 대한 형법총칙상 공범규정의 적용가부”, 형사판례연구 21호, 박영사, 2013.

류화진, “필요적 공범의 개념과 대향범의 유형”, 법학논고 제30집, 경북대학교 법학연구원, 2009.

이진국, “대향범의 구조에 관한 일고”, 비교형사법연구 제4권 제1호, 한국비교형사법학회, 2002.

이정원, “대향범인 필요적 공범에 대한 임의적 공범규정의 적용가능성”, 형사법연구 제20권 제3호, 한국형사법학회, 2008.

조 국, “대향범 중 불가벌적 대향자에 대한 공범규정 적용”, 형사판례연구 제11호, 형사판례연구회, 2003.

08

형사법에 있어서 하이퍼링크를 둘러싼 제 문제*

– 정보 전달기능으로서의 하이퍼링크 기술을 중심으로 –

최 성 진**

【대상판결】 대법원 2017. 9. 7. 선고 2017다222757 판결

【판결요지】

이른바 인터넷 링크(Internet link)는 인터넷에서 링크하고자 하는 웹페이지나, 웹사이트 등의 서버에 저장된 개개의 저작물 등의 웹 위치 정보 내지 경로를 나타낸 것에 불과하여, 비록 인터넷 이용자가 링크 부분을 클릭함으로써 링크된 웹페이지나 개개의 저작물에 직접 연결된다 하더라도 위와 같은 링크를 하는 행위는 저작권법이 규정하는 전송에 해당하지 아니한다.

【사실관계】

갑은 인터넷 사이트를 개설한 후, 해외 동영상 공유 사이트에 게시된 각 방송 프로그램을 아무런 제한 없이 재생할 수 있도록 임베디드 링크(Embedded Link)를 설정한 게시물을 작성하였다.[1)]

---

* 이 논문은 제193회 영남형사판례연구회(2017.7.10.)에서 발표되고, 형사법연구 제29권 제4호(2017)에 게재되었음.

** 동의대학교 인문사회과학대학 법학과, 조교수

1) 자세한 사실관계는 다음과 같다.

① 원고 한국방송공사, 문화방송, 에스비에스는 각 방송프로그램을 직접 제작하였거나 이를 제작한 사람으로부터 저작재산권을 양수하였다.

【하급심의 판단】[2)]

갑이 게재한 링크는 해외 동영상 공유 사이트에서 게시된 방송 프로그램 복제물의 웹 위치 정보 내지 경로를 나타낸 것에 불과한 점 등에 비추어, 갑의 링크 행위는 을 방송사 등의 전송권을 직접 침해하는 행위로는 보기 어려우나, 저작권법 제102조 제1항 제4호의 해석상 우리 저작권법도 링크행위가 저작권법상의 권리 침해에 대한 방조가 성립될 수 있음을 당연한 전제로 하고 있다고 볼 수 있는 점, …링크행위는 침해된 저작물에 대하여 실질적으로 접근가능성을 증대시켜 이용에 제공하는 행위를 용이하게 하므로 다른 이용자에 의하여 실제 당해 링크를 통한 송신이 이루어지는지에 관계없이 이용자의 전송권 침해행위에 대한 방조가 성립할 수 있는 점, 링크행위를 전송권 침해행위에 대한 방조로 보지 않는다면 침해 저작물임을 명백히 알고 있는 정보로의 링크행위가 증가될 가능성이 높은 점, …갑의 링크행위는 이용자들로 하여금 편리하게 해외 동영상 공유 사이트에 게시된 방송 프로그램의 복제물을 전송받을 수 있도록 함으로써 해외 동영상 공유 사이트 게시자의 이용에 제공하는 행위를 용이하게 하는 행위를 하였다고 평가하기에 충분한 점 등을 종합하면, 갑의 링크행위는 실질적으로 해외 동영상 공유 사이트 게시자의 공중에의 이용제공의 여지를 더욱 확대시키는 행위로서 해외 동영상 공유 사이트 게시자의 공중송신권(전송권) 침해행위에 대한 방조에는 해당한다.

---

② 해외에 서버를 두고 있는 '해외 동영상 공유 사이트'의 운영자나 사용자 등은 원고들의 허락을 받지 아니하고 이 사건 각 방송 프로그램을 위 사이트에 게시하고 있었다.

③ 해외에 서버를 두고 있는 '해외 동영상 링크 사이트'는 해외 동영상 공유 사이트의 서버에 저장된 이 사건 각 방송 프로그램을 이른바 임베디드 링크방식으로 연결하고, 개개의 저작물에 대한 링크의 이름을 해당 프로그램의 제목과 방영일자 등으로 설정하여 이용자들이 원하는 프로그램을 쉽게 찾아 무료로 시청할 수 있도록 하고 있다.

④ 피고는 자신이 운영하는 각 사이트에 해외 동영상 링크 사이트에서 대량으로 수집한 해외 동영상 공유 사이트에 게시된 이 사건 각 방송 프로그램에 대한 임베디드 링크를 게재하여 이용자들이 무료로 시청할 수 있도록 하는 방법으로 이용자들을 각 사이트에 유인한 후, 이 사건 각 사이트에 게시된 배너광고의 클릭 수에 따라 주식회사 디엔에이소프트로부터 수익금을 지급받았다.

2) 서울고등법원 2017. 3. 30. 선고 2016나2087313 판결. 1심(서울중앙지법 2016. 11. 18. 선고 2016가합506330 판결)은 갑의 행위가 공중파 방송사의 공중송신권을 '직접 침해'한 것이라고 판단한 반면, 2심(서울고등법원 2017. 3. 30. 선고 2016나2087313 판결)은 공중송신권의 '직접 침해'에는 해당하지 않으나 갑이 개설한 사이트를 이용하는 이용자의 공중송신권 침해행위를 용이하게 한 '방조행위'에는 해당한다고 판단하였다. 대법원은 2심 판결을 그대로 받아들여 원심 판결을 확정하였다.

【참조판결1】 대법원 2015. 3. 12. 선고 2012도13748 판결[3)]

【판결요지】

이른바 인터넷 링크(Internet link)는 인터넷에서 링크하고자 하는 웹페이지나, 웹사이트 등의 서버에 저장된 개개의 저작물 등의 웹 위치 정보나 경로를 나타낸 것에 불과하여, 비록 인터넷 이용자가 링크 부분을 클릭함으로써 링크된 웹페이지나 개개의 저작물에 직접 연결된다 하더라도 링크를 하는 행위는 저작권법이 규정하는 복제 및 전송에 해당하지 아니한다. 피고인이 이 사건 ○○사이트를 관리·운영하면서 저작권법위반죄 또는 그 방조죄로 처벌할 수 없는 위와 같은 링크 행위의 공간을 제공하였다거나 그러한 링크를 삭제하지 않고 방치하였다고 하더라도 저작권법위반의 방조죄가 성립한다고 할 수 없다.

【사실관계】

일본만화 정보교환사이트의 운영자인 피고인은 사이트의 회원들 일부가 저작권자로부터 허락을 받지 아니한 일본 만화 등 디지털 컨텐츠가 게시되어 있는 외국 블로그에 연결되는 링크 글을 자신이 운영하는 사이트 게시판에 게재했음을 알고 있었음에도 이를 삭제하지 않고 방치하였다.

【참조판결2】 대법원 2003. 7. 8. 선고 2001도1335 판결

【판결요지】

舊 전기통신기본법 제48조의2 소정의 '공연히 전시'한다고 함은, 불특정·다수인이 실제로 음란한 부호·문언·음향 또는 영상을 인식할 수 있는 상태에 두는 것을 의미한다…음란한 부호 등으로 링크를 해 놓는 행위자의 의사의 내용, 그 행위자가 운영하는 웹사이트의 성격 및 사용된 링크기술의 구체적인 방식, 음란한 부호 등이 담겨져 있는 다른 웹사이트의 성격 및 다른 웹사이트 등이 음란한 부호 등을 실제로 전시한 방법 등 모든 사정을 종합하여 볼 때, 링크를 포함한 일련의 행위 및 범의가 다른 웹사이트 등을 단순히 소개·연결할 뿐이거나 또는 다른 웹사이트 운영자의 실행행위를 방조하는 정도를 넘어, 이미 음란한 부호 등이 불특정·다수인에 의하여 인식될 수 있는 상태에

---

3) 위 판결은 인터넷 링크행위가 저작권법상의 복제·전송행위에 해당되지 않는다는 이유로 민사상의 직접 책임을 부정한 종전의 대법원 입장(대법원 2009. 11. 26. 선고 2008다77405 판결; 대법원 2010. 3. 11. 선고 2009다4343 판결; 대법원 2010. 3. 11. 선고 2009다80637 판결 등)을 형사사건에도 그대로 견지하고 있다. 인터넷 링크행위만으로는 저작권법상의 복제·전송죄나 그 방조범도 성립하지 않는다는 것을 선언한 최초의 형사판결이라는 점에 의의가 있다. 모바일 애플리케이션(Mobile application)에서 인터넷 링크와 유사하게 제3자가 관리·운영하는 모바일 웹페이지로 이동하도록 연결하는 경우에도 마찬가지로 복제·전송·전시에 해당하지 않는다는 판결로는 대법원 2016. 5. 26. 선고 2015도16701 판결 참조.

놓여 있는 다른 웹사이트를 링크의 수법으로 사실상 지배·이용함으로써 그 실질에 있어서 음란한 부호 등을 직접 전시하는 것과 다를 바 없다고 평가되고, 이에 따라 불특정·다수인이 이러한 링크를 이용하여 별다른 제한 없이 음란한 부호 등에 바로 접할 수 있는 상태가 실제로 조성되었다면, 그러한 행위는 전체로 보아 음란한 부호 등을 공연히 전시한다는 구성요건을 충족한다고 봄이 상당하다.

【사실관계】

피고인은 1998. 5. 8.경부터 1998. 6. 23.경까지 인터넷 서비스업체인 아이뉴스(Inews)상에 개설한 인터넷 신문인 '팬티신문'에 갑, 을, 병이 개설한 (음란물)홈페이지들에 바로 연결될 수 있는 링크 사이트를 만들어 음란사진과 음란소설 사이트에 바로 접속되도록 하여 위 '팬티신문'에 접속한 불특정 다수의 인터넷 이용자들이 이를 컴퓨터 화면을 통해 볼 수 있도록 함으로써 전기통신역무를 이용하여 음란한 영상을 공연히 전시하였다고 사유로 기소되었다.[4)]

【참조판결3】 대법원 2017. 6. 8. 선고 2016도21389 판결

【판결요지】

성폭력처벌법 제13조에서 '성적 수치심을 일으키는 그림 등을 상대방에게 도달하게 한다'라는 것은 '상대방이 성적 수치심을 일으키는 그림 등을 직접 접하는 경우뿐만 아니라 상대방이 실제로 이를 인식할 수 있는 상태에 두는 것'을 의미한다. 따라서 행위자의 의사와 그 내용, 웹페이지의 성격과 사용된 링크기술의 구체적인 방식 등 모든 사정을 종합하여 볼 때 상대방에게 성적 수치심을 일으키는 그림 등이 담겨 있는 웹페이지 등에 대한 인터넷 링크(internet link)를 보내는 행위를 통해 그와 같은 그림 등이 상대방에 의하여 인식될 수 있는 상태에 놓이고 실질에 있어서 이를 직접 전달하는 것과 다를 바 없다고 평가되고, 이에 따라 상대방이 이러한 링크를 이용하여 별다른 제한 없이 성적 수치심을 일으키는 그림 등에 바로 접할 수 있는 상태가 실제로 조성되었다면, 그러한 행위는 전체로 보아 성적 수치심을 일으키는 그림 등을 상대방에게 도달하게 한다는 구성요건을 충족한다고 보아야 한다.

---

4) 이 사건 원심에서는 "음란한 부호 등을 공연히 전시하였다 함은 인터넷상에서는 음란한 내용의 파일들을 직접 게시하였거나 이와 동일시 할 수 있는 정도의 행위 즉 음란한 내용의 파일들을 직접 링크시키는 행위 등에 한정된다."고 하여 직접링크, 인라인링크, 프레임링크에 대해서는 음란한 부호의 전시를 인정하였지만 단순링크에 대해서는 음란한 부호의 전시를 부정하였다(수원지방법원 2001. 2. 15. 선고 99노4573 판결).

【사실관계】

피고인은 내연관계에 있던 피해자와 성관계를 하면서 찍은 피해자의 나체 사진 2장을 자신의 드롭박스(dropbox)[5]에 저장하였다. 피고인은 피해자의 나체 사진이 저장되어 있는 드롭박스 애플리케이션에 접속할 수 있는 인터넷 주소 링크를 휴대전화 카카오톡 메신저를 이용하여 피해자에게 전송하였다.

【참조판결4】 대법원 2015. 8. 19. 선고 2015도5789 판결

【판결요지】

이른바 인터넷 링크(Internet link)는 인터넷에서 링크하고자 하는 웹페이지나, 웹사이트 등의 서버에 저장된 개개의 게시물 등의 웹 위치 정보나 경로를 나타낸 것에 불과하여, 비록 인터넷 이용자가 링크 부분을 클릭함으로써 링크된 웹페이지나 개개의 게시물에 직접 연결된다 하더라도 위와 같은 링크를 하는 행위는 게시물의 전송에 해당하지 아니한다. 이러한 법리는 휴대전화 문자메시지에 링크 글을 기재함으로써 수신자가 링크 부분을 클릭하면 링크된 게시물에 연결되도록 하였다고 하더라도 마찬가지로 적용된다. 위 법리에 비추어 보면, 이 사건 문자메시지를 휴대전화기로 전송받은 사람들이 링크된 글을 클릭하면 피고인의 출판기념회 세미나 저자발표 동영상으로 연결되어 이를 시청할 수 있다고 하더라도 그러한 사정만으로는 피고인이 위 동영상을 첨부하여 전송한 것으로 보기는 어렵다. 따라서 원심이 그 판시와 같은 이유로 이 사건 문자메시지의 전송행위를 실질적으로 동영상을 첨부하여 전송한 것과 동일한 행위로 평가하여, 동영상이 링크된 이 사건 문자메시지가 공직선거법 제93조 제1항이 배부 등을 금지하는 탈법행위의 수단으로서 '그 밖에 이와 유사한 것'에 해당된다고 판단한 것은 잘못이다.

【사실관계】

○○△△구청장인 피고인은 제6회 전국동시지방선거에 후보자나 예비후보자로 등록하지 아니한 상태에서 선거에 영향을 미치기 위하여 자신의 출판기념회 강의 동영상을 링크할 수 있는 문자메시지를 자동 정보통신의 방법으로 910명에게 전송함으로써 탈법적인 방법에 의하여 문서 등을 배부하였다는 사실로 공직선거법 제93조 등 위반죄로 기소되었다.[6]

5) 인터넷으로 연결된 초대형 고성능 컴퓨터(데이터센터)에 소프트웨어와 컨텐츠를 저장해 두고 필요할 때마다 꺼내 쓸 수 있는 클라우드 서비스 중 하나이다.

6) 원심(대구고등법원 2015. 4. 16. 선고 2015노98 판결)은 피고인이 선거구민들에게 전송한 문자메시지는 그 내용이 "△△구청장피고인이 ○○의 새로운 부흥시대를 열기 위해 '역동하라 ○○경제'라는 책을 출간했습니다. 출판기념회세미나 저자 주제발표 동영상→http://youtu.be/(이하 생략)"인데, 위 문자메시지를 휴대전화로 전송받은 사람들은 링크된 주소를 클릭하기만 하면 곧바로 위 동영상으로 연결되어 이를 시청할 수 있다는 점에서 이러한 문자메시지의 전송

연 구

Ⅰ. 들어가는 글

인터넷에서 하이퍼링크(hyperlink) 또는 링크(link)란 연결시키고자 하는 문서의 웹 위치 정보 내지 경로를 나타낸 것 혹은 이용자들이 접속하고자 하는 웹 페이지로의 이동을 쉽게 해주는 기술을 의미한다.[7] 이러한 하이퍼링크의 기능 덕분에 이용자는 자신이 원하는 정보를 찾음에 있어 한 번 혹은 몇 번의 클릭만으로 하나의 웹사이트에서 다른 웹사이트로 손쉽게 이동할 수 있다. 하이퍼링크는 이와 같이 이용자를 다른 정보로 '연결'시켜주는 기능을 하고 있는데, 만약 최종적으로 연결된 정보가 저작권법의 보호대상이 되는 정보이거나 음란물과 같이 그 자체로서 처벌의 대상이 되는 정보일 경우에는 그러한 정보를 직접 업로드한 자의 책임과는 별개로 그러한 정보에 연결설정행위를 한 링크 설정자에게도 민·형사상의 책임을 물을 수 있는지가 문제된다.[8] 이것은 결국 법제정 당시에 생각지 못했던 기술의 발달을 구성요건의 해석과 관련하여 어느 정도까지 고려해야 하는 지의 문제와 직접적으로 관련을 맺고 있다. 즉 임베디드 링크[9]처럼 처음에는 권리 침해라고 보기 어렵다가도 기술 발전으로 인해 권리 침

행위는 실질적으로 동영상을 첨부하여 전송하는 것과 동일한 행위로 평가할 수 있다고 판시하였다.

7) 대법원 2015. 8. 19. 선고 2015도5789 판결; 대법원 2015. 3. 12. 선고 2012도13748 판결 등.

8) 형사상의 정범이 인정된다면 민사상의 직접 침해를 인정하기에 용이할 것이며 형사상의 공범성립이 긍정된다면 역시 민사상의 간접 침해를 인정하기에 용이할 것이다. 그러나 반대로 민사상의 직접 침해 인정이 형사상의 정범 책임을 그대로 인정하기에는 형법의 최후수단성의 원칙, 죄형법정주의 원칙 등에 비추어 전자에 비해 논증부담이 크다는 문제가 있다.

9) 링크의 종류로는 단순링크, 심층링크, 프레임링크, 임베디드 링크 등을 들 수 있다.
① 단순링크(surface link)란 이용자를 웹사이트의 첫 번째 페이지인 홈페이지로 이동시키는 링크를 말하며 이용자는 웹사이트의 홈페이지로 이동되기 때문에 해당웹사이트에서 찾고자 하는 정보를 홈페이지에서 찾아서 다시 이동해야 한다.
② 심층링크(deep link) 또는 직접링크(direct link)는 웹사이트의 서버에 저장된 저작물의 인터넷 주소(URL)와 하이퍼텍스트 태그(tag) 정보를 복사하여 이용자가 이를 자신의 블로그 게시물 등에 붙여두고 여기를 클릭함으로써 홈페이지를 거치지 않고 위 웹사이트 서버에 저장된

해 수준이 점점 높아져 실질적으로는 원래 규율 대상의 수준만큼 높아지는 사례가 벌어질 수 있다.

인터넷 하이퍼링크가 현대 사회에서 널리 이용되고 있는 것은 다음과 같은 이유에 근거한다. 우선 디지털 컨텐츠를 최종적으로 제공받는 이용자 입장에서는 링크 클릭 한 번만으로도 원본을 이용할 수 있어, 원본 보유자로부터 직접 전달받는 것과 비교해 볼 때 별다른 차이가 없다. 오히려 링크가 아니었다면 발견하지 못하였을 정보에 접근할 수 있게 되어 법익 침해의 가능성은 훨씬 더 증대된다. 아울러 컨텐츠 제공자 입장에서도 디지털 컨텐츠를 제공하기 위해서는 우선 원본을 복사한 뒤 자신의 사이트 서버에 저장하는 과정을 거쳐야 했으나 현재에는 인터넷 속도의 발달로 인해 단순히 타인의 원본을 링크로 매개하여 전달하는 경우가 훨씬 편리하다. 또한 원본을 직접 게재하지 않고 자신의 사이트로 링크를 설정해 둠으로써 저작권 침해의 가능성을 줄이려는 블로거들의 선호, 그리고 서비스의 전면에 나서지 않고 클릭행위를 통한 이용자의 자율에 어느 정도 위임함으로써 저작권을 직·간접으로 침해하었나는 비난을 비켜가려는 인터넷포털 서비스제공자의 의도가 합해져서 링크 기술에 대한 의존도가 점점 높아지고 있다.[10] 나아가 모바일 상에서도 대용량의 자료를 직접 전송하는

저작물을 직접 보거나 들을 수 있게 하는 것이다. 그러므로 이용자는 단순링크처럼 홈페이지에서 원하는 정보를 찾을 필요가 없다.(심층링크가 문제가 된 사안은 대법원 2009. 11. 26. 선고 2008다77405 판결 참조).

③ 인라인링크(inline link) 혹은 임베디드 링크(embedded link)는 다른 웹사이트에 존재하는 정보 중 링크 설정자가 선택한 특정한 정보를 링크 설정자가 지정한 웹사이트의 특정 위치로 옮기는 링크를 말한다. 이용자 입장에서는 링크된 정보가 다른 웹사이트가 아닌 링크 설정자의 웹사이트에 내장(embedded)된 것처럼 보이는 효과가 있다. 이런 이유로 인라인 링크를 임베디드 링크(embedded link)라고 부르기도 한다. 이 링크는 주로 이미지 파일에서 사용되는데, 이용자로서는 링크제공자가 이미지를 제공하는 것으로 생각하기 쉽다. 더욱이 이 링크를 아래의 프레임링크와 함께 사용한다면 링크제공자가 이미지를 제공하는 것으로 오인될 수밖에 없다.

④ 프레임링크(framing)란 링크제공자가 자신의 웹사이트의 프레임을 분할하여 그 중 하나의 프레임에 링크된 정보가 나타나도록 하는 링크를 말한다. 링크된 정보가 링크제공자의 웹사이트의 하나의 프레임에 나타난다는 점 외에는 링크제공자의 웹사이트의 형태를 그대로 유지하고, 브라우저의 주소창에도 여전히 링크제공자의 웹사이트의 URL만 표시되기 때문에 이용자로서는 링크에 의하여 제공되는 정보가 링크제공자에 의하여 제공되는 것으로 오인할 가능성이 높다.

10) 박준석, "이미지 검색엔진의 인라인링크 등에 따른 복제, 전시, 전송 관련 저작권침해 책임", 민사판례연구 33권(상) – 민사판례연구회편, 박영사, 2011, 642면 각주 30번 참조.

것보다 링크를 활용하는 것이 시간과 비용을 더 줄일 수 있어 컨텐츠 제공자뿐만 아니라 이용자에게도 많이 활용되고 있는 실정이다. 따라서 링크설정의 대상이 된 디지털 컨텐츠가 음란물이거나 저작권법의 대상이 되는 저작물인 경우에는 실질적으로 링크행위가 대상물을 직접 전송하는 것과 같이 취급될 여지가 있어 링크행위를 처벌할 필요성은 점점 더 증가한다고 할 수 있다. 그러나 링크는 행위자가 정보를 직접 전달하는 수단이 아니라 제3자(이용자)의 클릭행위라는 매개체가 필요하다는 점에서 오프라인상의 정범이론을 온라인상에서 수정 없이 그대로 적용할 경우 정범성을 판단하는 데 있어 난점이 있을 수밖에 없다. 또한 링크의 법적성격에 대해 다양한 견해가 제시되고 있는 것은 링크가 저작권법, 정보통신망 이용촉진 및 정보 보호 등에 관한 법률(이하, 정보통신망법), 부정경쟁방지법, 공직선거법 등에서의 '복제', '전송', '공연한 전시', '도달'등 다양한 구성요건과 관련이 있어 각 법 영역마다 입법 목적에 따른 다양한 해석이 가능하다는 점과, 구성요건해당성이 부정되는 경우에도 공범 성립을 검토할 필요가 있는데 오프라인상의 행위를 염두에 두고 구축된 공범이론을(특히 방조개념), 정범과 연관성을 인정하기 어려운 온라인상에 그대로 적용할 때 다양한 해석상의 문제를 야기할 수 있기 때문이다. 즉 오프라인 상에서 방조가 인정되기 위해서는 방조행위가 정범의 행위를 촉진시켰거나 정범에 의한 범죄 실현의 위험을 증대시켰거나 또는 보호법익에 대한 추상적 내지 구체적 위험을 야기했을 것이 요구되는데 온라인상에서 직접 침해자와 링크 설정자간에 그러한 연관성이 인정되는 지에 대해서는 방조행위의 무정형성이 온라인의 특성과 결합하여 훨씬 더 복잡한 문제를 야기하기 때문이다.[11]

더 나아가 그러한 링크가 개인 블로그가 아닌 이익을 목적으로 개설된 인터

11) 예를 들어 링크 설정자는 직접 침해자의 행위를 용이하게 하거나 강화하는 것이 아니라 링크를 이용하는 이용자의 행위를 보다 용이하게 하는 것이 아닌가라는 의문이 들 수 있다. 이에 대해 일부견해는 링크행위에 대해 '정범의 행위를 방조'하는 것이라기보다는 '이용자의 행위를 방조'한다는 표현을 사용하고 있다.(심의기, "온라인상의 범죄행위에 대한 오프라인상의 범죄이론 연장의 가부: 링크(link)를 포함한 일련의 연결수단부여행위와 공연전시", 고시연구, 2003. 12. 193면). 그러나 이 지적에는 동의할 수 없다. 왜냐하면 방조라는 개념 자체는 정범의 존재를 필요로 하는 바, 링크행위가 이용자의 행위를 유인, 또는 용이하게 할 수는 있어도 이용자가 정범이 아닌 한 방조는 성립할 수 없기 때문이다.

넷 사이트 등에 설정된 경우에는 인터넷 서비스제공자에 대한 형사책임과 관련하여 복잡한 문제가 제기될 수 있다. 즉 온라인서비스제공자의 정범성이 문제되는 경우는 보통 부작위의 경우인데 부작위범이 성립하기 위해서는 그러한 링크행위를 제거할 의무(보증인 지위), 유해정보통제의 기술적 가능성, 결과귀속의 가능성, 정보차단의 합리적 기대가능성 등이 인정되어야 하고 그러한 점들이 인정된다고 하더라도 최종적으로 작위와 부작위가 같이 평가될 수 있어야 하는데 복제, 전송, 공공연한 전시, 도달 등의 작위와 링크를 제거하지 않은 부작위가 동가치성을 가지고 있는지에 대해서는 검토해야 할 것이다. 나아가 정범성이 부정되는 경우에는 역시 공범성립가능성을 검토해야 하는데 링크행위자에 대한 정범성 인정여부에 따라 복잡한 논의 단계를 거칠 필요가 있다. 즉 ① 링크행위자에게 정범성이 인정되는 경우에는 공범성립의 일반이론에 따라 온라인서비스제공자에게 (대부분은) 방조범이 성립하는 지를 검토하면 족하다. 반면 ② 링크행위의 정범성은 부정되나 업로드자의 행위에 대한 방조가 성립한다고 할 경우에는 온라인서비스제공자에게, 이른바 '간접방조'[12]를 인정할 수 있을 것인지가 문제될 수 있으며, ③ 링크행위자에게 방조범조차 긍정되지 않는 경우에는 일반적으로 무죄가 될 것이나 경우에 따라 온라인서비스제공자의 부작위가 저작 침해물 또는 유해 정보물의 확산가능성에 기여한다는 점도 일견 긍정될 수 있으므로 (예를 들어 컴퓨터 공유프로그램을 불특정 다수인이 저작권 침해의 도구로 사용할 수 있다는 점을 인식하면서도 그러한 링크행위를 방치한 경우) '중립적 방조'[13] 인정여부를 부차적으로 검토해야할 경우도 있을 것이다.

즉 하이퍼링크는 여러 법 영역에서 다양한 법적 논점과 관련이 되어 있으며 하이퍼링크 자체도 단순링크, 직접링크(혹은 심층링크), 인라인링크, 프레임링크, 임베디드 링크 등 여러 가지 유형으로 분류할 수 있음에도 불구하고 대상판결과 참조판결에서 보듯이 대법원은 하이퍼링크의 유형과 관계없이 단 하나의 기

12) 간접 방조에 대해서는 이동임, "연쇄적 공범의 가벌성에 대한 일본과 우리나라의 비교", 강원법학, 2011, 398면 이하 참조.

13) 중립적 방조에 대해서는 문채규, "방조범의 불법과 중립적 행위에 의한 방조", 법학논총, 제31권 제4호, 2014, 115면 이하; 신양균, "중립적 행위에 의한 방조", 형사법연구 제26호, 2006, 1면 이하 참조.

준, 다시 말해 하이퍼링크를 형식적인 관점에서 파악할 것인지 아니면 실질적인 관점에서 바라볼 것인지를 유일한 논증도구로 삼아 논지를 전개하고 있다. 즉 하이퍼링크를 링크된 웹사이트나 파일의 인터넷 주소 또는 경로를 나타내는 것에 불과하여 그 링크에 의하여 연결된 웹사이트나 특정 파일의 내용 등을 전시하는 행위 자체에 해당하지 않는다고 보는 입장에서는(대상판결, 참조판결1, 참조판결4) 적어도 링크행위의 형사상 정범성과 민사상의 직접 침해를 부정 할 것이다. 반면 링크를 정보의 단순한 연결기능을 넘어 실질적으로 링크된 웹페이지의 내용을 이용자에게 직접 전달하는 것과 마찬가지의 기능을 수행하는 것으로 이해한다면(참조판결2, 참조판결3) 각 개별법규의 구성요건의 해석과 관련하여 실질적인 불법성을 띠게 될 것이다. 대법원도 링크의 법적성격을 형식적으로 파악할 것인지 아니면 실질적으로 파악해야 하는가라는 하나의 기준을 가지고 개별적인 법 영역에 따라 달리 판단하고 있다. 즉 음란물이 문제된 사안에서는 링크의 실질적인 면을 강조함으로써 단순링크 사안에서도 범죄성립을 긍정하고 있으며 저작권 침해, 공직선거법 위반 사안에서는 형식적인 면을 강조함으로써 직접링크 사안에서도 링크의 연결 기능만을 강조하여 무죄판결을 선고하는 등 각 법 영역마다 상이한 결론을 내리고 있어 언뜻 보기에는 판결끼리 서로 모순된 것이 아닌가라는 의문도 제기되고 있는 실정이다.[14] 그러나 위 사례들에서 보듯이 하이퍼링크가 문제된 사안은 여러 가지로 유형화 할 수 있으며 각각의 형태에 따라 다른 법적 논점이 문제가 될 수 있다. 예를 들어 ① 대상판결은 인터넷 사이트 운영자가 영리를 목적으로 저작권자의 허락을 받지 않고 방송 프로그램에 대해 임베디드 링크를 설정한 사안이며 ② 참조판결1은 저작물에 대한 직접링크가 자신이 운영하는 홈페이지에 게재되어 있음에도 불구하고 삭제 등의 조치를 취하지 않은 경우이며(이 경우는 온라인서비스제공자의 책임과 관련된 것으로 정범인지 여부와 더불어 소위 '간접방조'를 인정할 것인지도 문제된다)[15] ③

14) 일부 견해는 대법원이 저작권관련 판결(대법원 3. 12. 선고 2012도13748 판결)에서는 링크행위에 대해 정범성을 부정한 것에 반해, 정보통신망법상의 음란물과 관련된 판결(대법원 2003. 7. 8. 선고 2001도1335 판결)에서는 정범성을 긍정한 것을 들어 대법원 판결 간에 상호 모순성이 발견되므로 판결간의 모순을 해결하기 위해 전원합의체판결이 필요하다고 주장하고 있다. 이에 대해서는 박준석, "인터넷 링크행위자는 이제 정범은 물론 방조범조차 아닌 것인지?", 산업재산권 제48호, 2015, 73면 이하 참조.

참조판결 2는 단순링크를 통해 음란물에 대한 접근을 도운 것이며 ④ 참조판결 3은 피고인이 (피해자의 동의하에 직접 촬영한) 사진을 피해자에 링크의 형식으로 보낸 것이어서 일종의 표현범죄로서의 성격을 지니고 있는 반면 ⑤ 참조판결 4는 공직선거법상 금지되어 있는 광고 등을 링크설정을 통해 전송한 것이 문제가 되어, 소위 탈법행위에 대해 법적 규제의 필요성이 문제된 사안이다.

결국 위 판결들은 인터넷상 일종의 유해 내지 불법정보의 배포가 링크형태로 이루어진 사안(대상판결, 참조판결 1, 2, 3)이거나 합법적인 정보라 하더라도 탈법적인 수단을 통해 이루어진 사안(참조판결 4)들이어서 링크행위의 법적성격이 공통적으로 문제된 사안임에도 불구하고 서로 다른 결론에 도달하고 있으므로 각 사례들을 분석하여 유형화 한 다음 판결들 간에 모순점이 있는지를 살펴보기로 한다. 이와 관련해 순차적으로 검토해 보아야 할 것은 문제가 된 적용법률, 즉 저작권법, 정보통신망법, 성폭력처벌법, 공직선거법 상의 구성요건이 각각 '복제', '전송', '공공연한 전시', '전달'등으로 모두 상이하므로 링크행위가 각 구성요건에 해당하는 지, 구성요건에 해당하지 않아 정범성이 부정된다면 방조범 성립여부를 순차적으로 검토해 보아야 할 것이다.

Ⅱ. 링크와 관련된 대법원 판례의 분석 및 비판

1. 저작권침해가 문제된 사항

(1) 민사상 직접 침해 내지 형사상 정범성 인정 여부

링크가 설정되고 나면 개방과 공유를 특성으로 하는 인터넷의 특성상 수많은 인터넷 이용자들이 해당 링크를 클릭함으로써 링크대상 정보에 손쉽게 접근

15) 우선 익명의 인터넷이용자들이 저작 침해물을 업로드하고, 사이트의 회원들이 저작 침해물에 연결되는 링크를 설정한 경우 사이트 운영자가 이러한 링크를 제거하지 않은 사안이다. 이 경우 저작 침해물을 업로드 한 인터넷이용자들에게 저작권침해가 성립함은 별론이 없으나, 사이트 회원들의 링크행위가 ① 저작권법상 '복제' 내지는 '전송'에 해당하는가?(즉 정범인가) ② 정범이 아니라면 방조범은 성립할 수 있는지? ③ 링크 설정자에게 '정범' 내지 '방조'가 성립하는 경우에 최종적으로 사이트 운영자에게 '방조의 방조(간접방조)'책임을 물을 수 있는지를 순차적으로 검토해야 한다. 이러한 연결고리를 고려한다면 결국 링크설정 행위의 가벌성을 심사하는 것이 문제의 중심에 서게 된다.

할 수가 있다. 따라서 링크대상 정보가 저작권의 보호 대상이라면 그러한 정보에 링크를 설정하는 행위는 인터넷 사용자들이 해당 저작물을 제한 없이 접근 가능하도록 길을 열어줌으로써 결과적으로 저작권을 침해하는 것은 아닌지가 문제 된다. 대법원은 2009년에 민사판결을 통해 인터넷 링크에 의한 직접 침해를 부정한 이래로 형사판결에서도 저작권침해의 정범성을 부정하고 있다. 즉 인터넷 링크는 인터넷에서 링크하고자 하는 웹페이지나, 웹사이트 등의 서버에 저장된 개개의 저작물 등의 웹 위치 정보 내지 경로를 나타낸 것에 불과하여, 비록 인터넷 이용자가 링크 부분을 클릭함으로써 링크된 웹페이지나 개개의 저작물에 직접 연결한다 하더라도, '유형물에 고정하거나 유형물로 다시 제작하는 것(복제)'에 해당하지 아니하고, 또한 저작물의 전송의뢰를 하는 지시 또는 의뢰의 준비행위로 볼 수 있을지언정 '송신하거나 이용에 제공하는 것(전송)'에 해당하지 아니함은 물론, '유형물을 진열하거나 게시하는 것(전시)'에도 해당하지 않는다는 입장을 견지하고 있다.[16] 나아가 대법원은 형법상 방조는 정범의 실행을 용이하게 하는 직접, 간접의 모든 행위를 가리키는 것인데,[17] 링크를 하는 행위 자체는 위와 같이 인터넷에서 링크하고자 하는 웹페이지 등의 위치 정보나 경로를 나타낸 것에 불과하므로, 인터넷 이용자가 링크 부분을 클릭함으로써 저작권자의 복제권이나 전송권을 침해하는 웹페이지 등에 직접 연결된다고 하더라도 그 침해행위의 실행 자체를 용이하게 한다고 할 수는 없으므로, 방조도 성립하지 않는다고 판시하였다.[18] 그러나 최근에는 방조범 성립이 가능하다는 취지의 판결을 내린 바 있어 서로 모순된 입장을 보이고 있다.[19] 이 판결은 민사판결이었음에도 불구하고 형법상 방조에 대해 판단을 한 것은 형법상 방조책임이

---

16) 대법원 2017. 9. 7. 선고 2017다222757 판결; 대법원 2010. 3. 11. 선고 2009다4343 판결; 대법원 2010. 3. 11. 선고 2009다80637 판결; 대법원 2015. 3. 12. 선고 2012도13748 판결; 대법원 2009. 11. 26. 선고 2008다77405 판결(이 판결은 심층링크, 직접링크도 '복제' ,'전송'에 해당하지 않음을 명확히 밝히고 있다).

17) 대법원 2006. 4. 28. 선고 2003도4128 판결.

18) 대법원 2015. 3. 12. 선고 2012도13748 판결.

19) 대법원 2017. 9. 7. 선고 2017다222757 판결. 원심은(서울고등법원 2017. 3. 30. 선고 2016나2087313 판결) 링크행위가 '복제', '전송'에는 해당하지 않으나 전송권침해에 대한 방조는 성립한다고 판시하였다. 원고는(한국방송공사, 문화방송, 에스비에스) 링크행위가 전송권의 직접 침해에 해당한다는 이유로 상고를 하였으나 대법원에서 받아들여지지 않았다.

인정되는 경우에는 별다른 논리 구성없이 민사상 손해배상책임을 쉽게 이끌어 낼 수 있었기 때문이라고 판단된다. 원심에서도 이점을 분명히 하여 "…이 사건 링크행위를 전송권 침해행위에 대한 방조로 볼 수 없다 하더라도…민법상의 일반 불법행위가 성립한다고 보아야 하고…"라고 적시하고 있다.[20]

정리하면 저작권침해와 관련하여 대법원은 민사상 직접침해와 형사상 정범성 인정여부에 대해서는 확고하게 부정적인 입장을 취하고 있으며 형사상 방조책임과 민사상 간접침해, 즉 민법상 방조로 인한 공동불법행위책임에 대해서는 과거 책임을 부정하는 입장에서 최근 인정하는 경향을 띠고 있는 것으로 이해된다.[21] 민사상 직접침해 내지 형사상 정범성을 인정하기 위해서는 저작권침해의 유형, 즉 '복제', '전송', '전시'의 개념을 살펴볼 필요가 있다. 우선 '복제'는 그 개념상 유형물의 작성행위이고 저작권법 제2조 22호가 "인쇄・사진촬영・복사・녹음・녹화 그 밖의 방법으로 일시적 또는 영구적으로 유형물에 고정하거나 다시 제작하는 것을 말한다"라고 규정하고 있음에 비추어 본다면, 링크행위는 유형물에 고정하는 것이 아니라 이미 유형물에 고정된 제작물 등의 위치 정보만을 제공하는 것이므로 링크행위가 복제에 해당할 수 없음은 명문의 규정상 분명하다. 다음으로 '전시'의 경우에는 비록 저작권법 제2조에서 개념 정의가 되어 있지는 않으나 ① 저작권법 제19조에서 "저작자는 미술저작물 등의 원본이나 그 복제물을 전시할 권리를 가진다"고 규정하고 있으므로 그 성질상 유형물에 의해 이루어지는 표현방법, 즉 유형물의 게시와 진열을 의미한다고 보아야 하며 그 개념요소로 적극적으로 유형물을 보여주는 행위와 이렇게 보여주는 행위가 어느 정도 시간적으로 지속되는 것, 즉 시간적 계속성을 필요로 한다고 해

---

20) 서울고등법원 2017. 3. 30. 선고 2016나2087313 판결.

21) 비교법적으로 유럽사법재판소가 링크 설정자에게 저작권 침해의 직접 침해를 인정한 바가 있기는 하나 유럽연합 저작권 지침은 형사처벌을 규정하고 있지 않다는 점과 미국 법원의 주류적인 견해는 링크 설정자에게 저작권의 직접 침해는 인정하고 있지 않으나 이는 엄격하게 말하면 미국 저작권법이 해석론이라기보다는 정책적 관점에서의 법적인 장치 판단에 가까우므로 우리나라 저작권법의 해석에 그대로 적용하는 데에는 문제가 있다고 본다. 외국 판결에 대한 자세한 소개는 이해완, "인터넷 링크와 저작권 침해 책임", 성균관법학 제27권 제3호, 2015, 242－248면 참조. 비교법적인 분석에 대해서는 이해원, "하이퍼링크와 저작권 침해 문제의 재고찰", 인권과 정의 463호, 2016, 98면 이하; 김경숙, "링크사이트의 저작권 침해 방조책임", 계간 저작권 가을호, 2016, 5면 이하; 임규철, "독일과 한국에서의 링크 설정자의 링크행위의 법적 책임에 대한 비교법적 고찰", 인권과 정의 461호, 2016, 86면 이하 참조.

석된다.[22] 그런데 링크행위는 원본이나 복제물을 진열하거나 게시하는 적극적 행위가 아닐뿐더러 시간적 지속성도 인정하기 어렵고 링크 대상물이 유형물에 해당하지 않으므로 전시에 해당하지 않는다고 보아야 할 것이다. 또한 ② 전시권은, 현실공간에서 무형적으로 표현을 전달하는 방법에 대한 독점권이라는 공연권과 짝을 이루는 권리이므로 인터넷공간에서 공연이 불가능함을 우리 저작권법이 명문으로 확인하고 있는 이상, 저작권법상 전시권의 경우에도 인터넷공간에서 이루어지기가 불가능하다고 해석하여야 할 것이다.[23] 이처럼 복제 및 전시의 개념에 링크행위가 해당하지 않음에는 별다른 이견이 없는 것으로 보인다.

문제는 링크행위가 '전송'에 해당하는지의 여부인데 저작권법 제2조 제10호는 "전송이란 공중송신 중 공중의 구성원이 개별적으로 선택한 시간과 장소에서 접근할 수 있도록 저작물 등을 이용에 제공하는 것을 말하며, 그에 따라 이루어지는 송신을 포함한다."라고 규정하고 있다. 이 경우 링크 대상물을 이용자에게 직접 전달하는 것이 아니므로 '송신'에 해당하지 않음은 분명하다. 결국 문제는 '이용에 제공하는 것'(이하, 이용제공행위)의 의미가 무엇인지를 규명하는 것이 필요한데 아쉽게도 지금까지 이용제공행위를 별도로 언급한 문헌은 거의 찾아보기 힘들다.[24] 대법원도 단순히 "인터넷 링크는…저작권법이 규정하는 복제 및 전송에 해당하지 않는다"라고만 판시하고 있어 '전송'에 해당하는지를 판단함에 있어 '송신'과 '이용제공행위'를 별도로 분리하여 판단하고 있지 않다. 그러나 의미가 비교적 분명한 송신에 비해 이용제공행위는 그 의미의 폭이 넓으므로 별도로 분석할 필요가 있다. 이 때 만약 이용제공행위의 의미를 최대한 넓게 파악하여 '불특정 다수인이 저작물의 수신하거나 접근할 수 있는 상태'라고 의미한다면 링크의 기술적 유형에 따라 단순 링크는 전송권 침해에 해당하지 않으나 인라인 링크, 임베디드 링크의 경우에는 전송권의 직접 침해에 해당할 수 있을 것이다. 국내에서 링크의 기술적 유형에 따라 직접적 침해 여부를 결정

22) 이헌묵, "인터넷 하이퍼링크에 의한 전시와 명예훼손", 정보법학 제15권 제2호, 2011, 150면.
23) 박준석, "인터넷 링크행위자는 이제 정범은 물론 방조범조차 아닌 것인지?", 산업재산권 제48호, 2015, 133면 이하; 박성호, 저작권법, 박영사, 2014, 343면.
24) 이점과 관련해서는 이해원, "하이퍼링크와 저작권 침해 문제의 재고 – '이용에 제공하는 것'의 해석론을 중심으로", 인권과 정의, 2016, 463면 이하가 거의 유일하다.

해야 한다는 입장[25]은 이처럼 이용제공행위를 넓게 파악하는 입장에 서 있는 것으로 생각된다.

이용제공행위의 의미를 규명하기 위해서는 우선 해당조문의 입법연혁을 살펴볼 필요가 있다. 이용제공행위는 WCT 제8조의 공중전달권[26]을 입법화한 것인데 제8조의'making available to the public'은 중립적인 표현으로 공중전달권을 어떻게 구현할 것인지를 각국에 일임한 입법형태였다.[27] 2000년 저작권법을 개정하면서 문화관광부가 작성한 개정 저작권법 해설에 따르면 단순히 송신 설비만을 제공하는 부가통신사업자의 행위는 전송에서의 송신 또는 이용제공행위에서 제외되는 것으로 명시되어 있으며[28] 2000년 개정 저작권법안 국회 검토보고서는 전송을 '저작물을 파일 형태로 등록(upload)·송신·다운로드 받는 형태'로 표현하고 있는데, 이에 따르면 입법자는 이용제공행위의 대표적인 행위태양으로 업로드를 상정하고 있었던 것으로 보인다.[29] 이러한 점을 종합해보면, 전송권 신설 당시 입법자의 의도는 링크와 같이 단순히 저작물의 위치, 경로만을 제공하는 행위는 WCT 공중전달권 침해로 포섭할 생각이 아니었다는 추론이 가능하다.[30] 또한 우리나라 저작권법은 민사책임과 형사책임을 모두 규율하고 있는 바, 형사책임을 인정하기 위해서는 죄형법정주의 원칙상 구성요건의 명확성이 요구되고, 특히 표현의 자유와 관련이 있는 '이용에 제공하는 것'의 의미는 보다 더 엄격하게 해석할 필요가 있다. 따라서 ① 링크가 이용자로 하여금 편

25) 박준석, 위의 글, 680면 이하; 이해완, "인터넷 링크와 저작권 침해 책임", 성균관법학 제27권 제3호, 2015, 233면 이하; 홍승희, "인터넷링크행위와 저작권침해: 대법원 2015. 3. 12. 선고 2012도13748 판결", 형사판례연구 24권, 2016, 594-595면.

26) WCT는 '세계지적소유권기구 저작권조약(WIPO Copyright Treaty)'을 말한다.
Article 8 (Right of Communication to the Public)
Without prejudice to the provisions of Articles 11(1)(ii), 11bis(1)(i) and (ii), 11ter(1)(ii), 14(1)(ii) and 14bis(1) of the Berne Convention, authors of literary and artistic works shall enjoy the exclusive right of authorizing any communication to the public of their works, by wire or wireless means, including the <u>making available to the public</u> of their works in such a way that members of the public may access these works from a place and at a time individually chosen by them.

27) 이에 대한 자세한 내용은 조성훈, "개정 저작권법상 공중송신 및 디지털음성송신 개념 등에 대한 고찰", 창작과 권리 통권 49호, 2007, 118-120면.

28) 김태훈, "개정 저작권법 해설", 계간저작권 제49호, 저작권심의조정위원회, 2000, 2면.

29) 국회 문화관광위원회, "저작권법개정안 검토보고서", 1999. 12, 6면.

30) 이해원, 위의 글, 462면.

리하게 정보에 접근할 수 있게 함으로써 정당한 저작권자의 전송권 침해를 확대하는 것은 사실이나 연혁적 관점에서 볼 때 링크행위를 저작권을 직접 침해하는 행위(업로드 행위)와 동일하게 볼 수는 없으며 ② 실질적인 전송행위는 업로드가 되어 있는 사이트에서 발생하므로 링크행위자가 그 전송행위에 대해 실질적인 지배를 가지지 못하는 점을 고려할 때 링크행위는 저작 침해물의 위치정보 내지 경로를 지시한 것으로 보아야 한다. 따라서 링크행위는 저작권법상의 '복제', '전송', '전시'에 해당하지 않으므로 저작권침해에 대한 형사상의 정범성과 민사상의 직접 책임을 부정하는 것이 타당하다.

(2) 형사상 방조범의 성립 여부 및 민사상 간접 침해 인정 여부

형법상의 정범이 성립하지 않는다면 이제 링크행위가 저작권침해에 대한 공범성립, 특히 방조에 해당하는지 여부를 검토해보아야 한다. 대법원은 이에 대해 형법상 방조는 정범의 실행을 용이하게 하는 직접, 간접의 모든 행위를 가리키는 것인데,[31] 링크를 하는 행위 자체는 위와 같이 인터넷에서 링크하고자 하는 웹페이지 등의 위치 정보나 경로를 나타낸 것에 불과하고, 인터넷 이용자가 링크 부분을 클릭함으로써 저작권자의 복제권이나 전송권을 침해하는 웹페이지 등에 직접 연결된다고 하더라도 그 침해행위의 실행 자체를 용이하게 한다고 할 수는 없으므로, 방조도 성립하지 않는다고 판시하였다.[32] 이는 링크에 대한 법적 규제를 최소화하여 결과적으로 인터넷상 정보의 교환을 보다 보호하려는 입장으로 이해할 수 있다. 그러나 최근 "…링크행위는 침해된 저작물에 대하여 실질적으로 접근가능성을 증대시켜 이용에 제공하는 행위를 용이하게 하므로… 이용자의 전송권 침해행위에 대한 방조가 성립할 수 있다"라고 하여 이용자의 업로드행위에 대한 방조범 성립이 가능하다는 취지의 판결[33]을 내린 바 있으며 대상 판결의 원심은 "…이와 일부 배치되는 대법원 판결(2012도13748) 등의 견해도 변경되어야 한다…"고 지적함으로써 결과적으로 서로 모순된 내용의 판결이 혼재되고 있음을 인정한 바 있다.[34]

---

31) 대법원 2006. 4. 28. 선고 2003도4128 판결.
32) 대법원 2015. 3. 12. 선고 2012도13748 판결.
33) 대법원 2017. 9. 7. 선고 2017다222757 판결.

우선 이용자가 업로드행위를 함으로써 복제행위, 즉 서버에 고정하는 행위는 즉시 완성되는 일종의 상태범이므로 그 이후에 침해 저작물로의 링크행위가 있다하더라도 이미 완성된 복제행위를 용이하게 하였다고 볼 수 없다. 따라서 링크행위를 복제권 침해에 대한 방조로 볼 수 없음은 분명하다. 그러나 '전송권'침해와 관련해서는 방조범 성립을 긍정할 여지가 있다. 왜냐하면 전송은 다른 이들이 접근할 수 있도록 이용에 제공하는 행위가 본질이고 업로드 된 침해 저작물이 인터넷상에 존속하는 동안은 여전히 이용에 제공이 계속되어 있는 것이므로 구성요건 상 일정한 시간적 계속성을 예정하고 있을 뿐 아니라, 링크 설정자가 중단 조치를 취하지 않는 부작위는 저작권침해라는 불법성을 더욱 강화시키는 것이므로 계속범으로 이해된다.[35] 따라서 그러한 계속적 행위에 대하여서는 기수 이후에도 범죄가 실질적으로 종료할 때까지 타인이 이를 용이하게 할 여지가 충분이 있고, 링크행위는 침해된 저작물에 대해 실질적으로 접근가능성을 증대시켜 이용에 제공하는 행위를 용이하게 하므로, 결국 다른 이용자에 의하여 실제 당해 링크를 통한 송신이 이루어지는지에 관계없이 이용자의 전송권 침해행위에 대한 방조가 성립할 수 있다.[36] 이용자 입장에서는 링크가 아니었다면 발견하지 못하였을 정보에 접근할 수 있게 되고, 불법 저작물 제공자 입장에서도 자신이 원본을 확보한 뒤 직접 보유하면서 전달하는 경우보다 타인의 원본을 링크로 매개하여 전달하는 경우가 더 편리할 뿐만 아니라 링크행위는 불법저작물의 복제나 전송행위가 아니어서 적어도 직접적인 저작권 침해행위로 책임추궁을 당하지 않으므로 링크방식이 선호되는 바, 만약 링크행위를 전송권 침해행위에 대한 방조로 보지 않는다면, 침해 저작물임을 명백히 알고 있는 정보로의 링크행위가 증가될 가능성이 높다. 링크행위를 전송권 침해행위에 대한 방

---

34) 서울고등법원 2017. 3. 30. 선고 2016나2087313 판결.

35) 계속범과 상태범의 구별기준에 대해서 다수설은 구성요건이 시간적 계속성을 예정하고 있는지 여부로, 일부 견해는 불법성의 내적 강화를 그 기준으로 삼고 있으나 업로드 행위는 어느 기준에 의하더라도 계속범으로 평가되고 따라서 기수 이후에도 방조범 성립은 가능하다. 계속범과 상태범의 구별 기준에 대해서는 김혜경, "계속범의 본질 - 불법성의 내적 강화- 와 유형화", 형사판례연구 제22호, 2014, 15쪽 이하; 노수환·이진국, "계속범과 상태범의 구별기준에서 본 재산국외도피죄의 구성요건 고찰", 성균관법학 제28권 제3호, 2016, 603면 이하 참조.

36) 박준석, "인터넷 링크행위자는 이제 정범은 물론 방조범조차 아닌 것인지?", 산업재산권 제48호, 2015, 131면.

조로 보는 경우 인터넷 공간에서의 링크행위가 위축되어 링크를 통한 정보교환을 위축시킨다는 우려가 있을 수 있으나, 이는 링크행위자가 링크 당시 링크되는 게시물의 위법성을 인식하였는지, 이를 인식하지 못한 데 대한 과실이 있었는지, 링크행위가 공익적 기능을 수행하는 공정이용인지 등의 검토를 통해 저작권법상의 침해에 대한 책임을 제한할 수 있으므로 링크행위를 전송권 침해행위에 대한 방조로 본다 하더라도 그것이 링크행위의 자유를 심각하게 제한하는 것은 아니라고 보아야 한다.[37]

2. 정보통신망법상 음란부호 등의 공연전시

저작권침해가 문제된 상황과는 달리 대법원은 음란물에 링크를 설정한 행위에 대해서는 정보통신망법상 '공공연한 전시'에 해당한다는 입장을 취하고 있다(참조판결2).[38] 특히 이 판결에서 대법원이 판시 중 "다른 웹사이트 운영자의 실행행위를 방조하는 정도를 넘어"라고 적시하고 있는 점에 비추어 볼 때 직접적으로 밝히지는 않았지만 정범이 성립하지 않는 경우라도 다른 웹사이트 운영자의 행위를 방조할 수 있음을 간접적으로 밝히고 있음을 알 수 있다. 이 판결에 대해서는 우선 저작권침해에 대한 판례에서 대법원이 저작권법상의 '전송'에 해당하지 않는다는 이유로 정범성을 부정했음에 반해 정보통신망법상의 음란부호는 '공공연한 전시'에 해당한다고 한 것은 판결 상호간에 모순이 있으므로 전원합의체판결로 정리가 필요하다는 견해[39]와 정보통신망법 위반은 형사판결이므로 죄형법정주의와 관련하여 중요한 의미를 지니므로 저작권 분야에서 논의되어 온 법률적 평가와는 궤를 달리한다는 견해[40] 등으로 나누어져 있다. 우선

---

37) 서울고등법원 2017. 3. 30. 선고 2016나2087313 판결. 민사판결임에도 불구하고 방조책임을 세밀하게 검토한 것은 전송권침해에 대한 방조가 인정되는 경우 민법상 손해배상책임도 쉽게 인정할 수 있었기 때문이다. 물론 방조가 성립하지 않는다 하더라도(대법원 2015. 3. 12. 선고 2012도13748 판결) 링크행위는 사안에 따라 민법상의 일반 불법행위가 성립할 수 있을 것이다. 예를 들어 저작권 침해물에 대해 링크를 설정하고 그로 인해 수익을 얻은 경우라면 저작권자의 이익을 침해한 위법한 행위이므로 민법상의 일반 불법행위가 성립할 것이다.

38) 대법원 2003. 7. 8. 선고 2001도1335 판결.

39) 박준석, 위의 글, 93면 이하.

40) 김종호, "인터넷 링크에 의한 음란부호 등의 공연전시 - 대법원 2003. 7. 8. 선고 2001도1335 판결", 정보법학 제7권 제2호, 2003, 241면.

후자의 견해는 타당하지 않다. 왜냐하면 저작권법 위반 역시 민사적 책임뿐만 아니라 동법 제 136조 이하에서 형사적 책임도 함께 묻고 있으므로 두 경우 모두 죄형법정주의와 관련이 있기 때문이다. 오히려 문제가 되는 것은 두 판결이 모두 링크행위에 대한 법적 평가이고 저작권법상의 '전송'과 정보통신망법상의 '공공연한 전시'가 타인에게 정보를 전달하고 보여준다는 의미에서 비슷한 개념으로 보여 짐에도 불구하고 대법원이 어떤 이유에서 링크행위가 저작권법상의 전시에 해당하지는 않으나, 정보통신망법상의 공공연한 전시에는 해당한다고 판단하였는지에 대한 상세한 논증이 필요하다는 점이다.

우선 대법원은 "…형식적으로 보면 인터넷상의 링크는 링크된 웹사이트나 파일의 인터넷 주소 또는 경로를 나타내는 것에 불과하여 그 링크에 의하여 연결된 웹사이트나 파일의 음란한 부호 등을 전시하는 행위 자체에 해당하지 않는다고 볼 여지가 없지 아니하나…인터넷 이용자가 마우스 클릭(mouse click)이라는 간단한 방법만으로 다른 문서나 웹페이지에 손쉽게 접근 검색할 수 있게 해주는 것으로서 초고속정보통신망의 발달에 따라 그 마우스 클릭행위에 의하여 다른 웹사이트로부터 정보가 전송되어 오는 데 걸리는 시간이 매우 짧기 때문에, 인터넷 이용자로서는 자신이 클릭함에 의하여 접하게 되는 정보가 링크를 설정해 놓은 웹페이지가 아니라 링크된 다른 웹사이트로부터 전송되는 것임을 인식하기조차 어렵고, 점점 더 초고속화되어 가고 있는 인터넷의 사용 환경에서 링크는 다른 문서나 웹페이지들을 단순히 연결하여 주는 기능을 넘어 실질적으로 링크된 웹페이지의 내용을 이용자에게 직접 전달하는 것과 마찬가지의 기능을 수행하고 있다…음란한 부호등이 공연히 전시되어 있는 다른 웹사이트를 링크의 수법으로 사실상 지배 · 이용함으로서 그 실질에 있어서 음란한 부호 등을 직접 전시하는 것과 다를 바 없다고 평가되고…이러한 해석은 죄형법정주의에 반하는 것이 아니라, 오히려 링크기술의 활용과 효과를 극대화하는 초고속정보통신망 제도를 전제로 하여 신설된 舊 전기통신기본법 제48조의2[41] 규정의 입법 취지에 부합하는 것이라고 보아야 한다."라고 판시하고 있다.[42] 결국 대법원

41) 2001. 1. 16. 법률 제6360호 부칙 제5조 제1항에 의하여 삭제, 현행 정보통신망 이용촉진 및 정보 보호 등에 관한 법률 제65조 제1항 제2호 참조.

의 입장은 저작권침해와 관련해서는 링크행위를 형식적으로 판단하고 있음에 비하여 음란물과 관련해서는 링크의 실질적인 기능을 중시하여 정범성을 긍정하고 있음을 알 수 있다. 대법원의 이러한 입장에 대해 링크라는 특이한 인터넷 기술 방식을 정범 여부 및 방조범 여부에 관한 우리 형사법의 표준적 논의에 연결시키는 법적 판단에 있어 링크된 대상이 음란물인지, 침해저작물인지에 따른 차이는 위 논의의 향방에 큰 영향을 줄만한 요소가 되기 어렵다고 주장하는 견해가 있다.[43] 즉 링크대상인 컨텐츠의 종류에 따라 정범인지, 방조범인지 등의 형사법적 평가가 극명하게 갈린 대법원의 태도는 부당하다고 주장한다.[44] 그러나 이러한 주장에는 동의하기 어렵다. 물론 대법원이 사안에 따라 어느 경우에는 링크의 형식적 속성을 강조하고, 어느 경우에는 실질적 속성을 강조한 논증 방식은 비판받아야 하나 그렇다고 하여 정범성에 대한 인정여부가 다르다는 이유만으로 판결의 모순성을 지적하는 것은 타당하지 않다. 오히려 대법원의 입장이 비판 받아야 하는 점은 각 법률의 구성요건을 심사할 때 개별 법규의 입법목적 등을 고려해야 했음에도 불구하고 그러한 과정이 상세하게 적시되어 있지 않다는 점이다. 따라서 링크행위의 기술적 속성이 정범성을 인정하는 기준이 되어서는 안 되며 저작권법상의 '전시'와 정보통신망법상의 '공공연한 전시'에 어떤 차이점이 있는지를 고찰하는 작업이 논증과정에서 선행되어야 할 것이다.

생각건대 양 법률이 모두 '전시'라는 개념을 사용하고 있으나 그 의미는 각 법률의 입법목적에 따라 달라져야 한다고 생각한다. 저작권법에서 전시권 침해에 대해 형벌로 대응하고 있는 이유는 전시권의 보호법익이 저작권자의 경제적 이익을 보호하려는데 있다고 보아야 한다. 따라서 전시권 침해여부를 판단함에 있어서는 그 보호법익에 대한 침해가 있는지, 즉 저작권자가 자신의 저작물을 전시할 권리를 침해당하여 전시의 이익을 상실했는지가 기준이 될 것이다. 전시의 이익을 상실한다는 의미는 결국 원본이나 복제물의 '게시'와 '진열'이 어느 정도 시간적으로 계속되어 일반인이 실제 저작권자의 전시를 보지 않는 결과,

---

42) 대법원 2003. 7. 8. 선고 2001도1335 판결.
43) 박준석, 위의 글, 95면 이하.
44) 박준석, 위의 글, 95면 이하.

실제 저작권자가 경제적으로 손해를 보는 것을 말한다. 그런데 인터넷상의 링크행위로 인해 실제 저작권자의 전시권이 침해되는 것은 아니므로 링크행위는 단순히 경로를 표시한 것으로 보아야 하고 이는 저작권법상의 전시에 해당하지 않음을 의미한다. 반면 정보통신망법상 음란한 정보의 전시에 있어서는 그 보호법익이 정보통신망을 건전하고 안전하게 이용할 수 있는 환경조성과 관련이 있으므로 (저작물과는 달리) 음란물을 누가 만들어 냈는지는 중요하지 아니하며 이용자가 음란물 등에 접근할 수 있는 가능성을 높였는지를 실질적인 관점에서 검토해야 한다. 즉 음란한 부호를 인터넷에 게시하는 행위와 비교하여 실질적으로 얼마만큼 유사성을 띠고 있는 지의 여부가 중요한 의미를 갖는다. 이렇게 본다면 다른 웹사이트를 링크의 수법으로 사실상 지배·이용함으로써 실질적으로는 음란물을 게시한 것과 다름이 없다면 전시성을 긍정해야 한다고 본다. 또한 직접적인 쟁점은 정보통신망법상의 '공공연한 전시'에 해당하는지 여부이나 간접적으로는 온라인상의 행위를 평가할 때 오프라인상의 행위 분석에 활용되던 범죄이론을 그대로 연장하여 적용할 것인가, 아니면 오프라인상의 행위 분석에 활용되던 범죄이론의 수정가능성을 인정할 것인가 하는 커다란 문제와 연결되어 있다.[45] 정범성을 부정하는 견해[46]는 링크제공자에게는 사이트를 통제할 수 있는 전자적 공간, 즉 자기 컴퓨터에 저장되어 있지 않아 음란정보에 대한 실질적인 처분권이 없기 때문에 정범이 성립요건인 범행지배가 결여되어 정범성이 탈락한다고 보고 있으므로 온라인상에서도 오프라인의 이론을 수정 없이 그대로 적용하자는 입장에 서 있는 것으로 보인다. 일반적으로 오프라인상에서 음란물 등을 배포하는 행위는 유포범죄(Verbreitungsdelikte)로서 음란한 문서나 도화 기타 물건을 불특정 또는 다수인이 시청할 수 있는 상태에 두는 것을 말한다. 그러나 인터넷상에서 음란사이트를 운영하는 행위자의 관점에서 본다면 정보통신망기술의 놀라운 발전으로 인하여 음란정보를 복사한 후 자신의 웹페이지에

45) 심희기, "온라인상의 범죄행위에 대한 오프라인상의 범죄이론 연장의 가부: 링크를 포함한 일련의 연결수단부여행위와 공연전시", 고시연구, 2003. 12, 190면.

46) 박희영, "인터넷에서 링크제공자의 형사책임에 관한 연구", 인터넷법률 제21호, 2004, 143면 이하; 김학태, "인터넷상의 음란물에 대한 형사책임에 관한 연구 - 특히 음란물에 대한 인터넷 서비스제공자의 형사책임을 중심으로 -", 외법논집 제23집, 2006, 254면.

다시 게시하는 과정을 거칠 필요 없이, 다른 웹사이트에 있는 음란정보에 링크를 설정하면 음란정보의 공연전시에 대한 행위자의 목적이 충분히 달성될 수 있으므로 정보통신망법상의 공연전시는 인터넷의 특성을 고려하여 '위법한 내용을 유포시키거나 그에 대한 접근을 용이하게 하는 것만으로도 성립한다'고 이해되어져야 한다. 따라서 보호법익이 다른 만큼 다른 해석이 가능하며 결론적으로 대법원이 저작권법상의 '전시'와 정보통신망법상의 '공공연한 전시'를 다르게 취급하고 있는 것은 타당하다고 본다.[47] 이에 대해 일부 견해는 링크의 종류에 따라 법적 취급을 달리해야 한다고 주장한다. 이 견해는 이 사건 하급심 판결에서 볼 수 있듯이 직접링크, 인라인링크, 프레임링크의 경우에는 클릭만으로 바로 음란물이 게시되므로 정범성을 긍정하고 홈페이지만을 연결하는 단순링크의 경우에는 정범성을 부정하자는 입장이다.[48] 이러한 견해의 근저에는 단순링크의 경우에는 대부분 음란사이트의 홈페이지 화면으로 이동하는 것까지를 제공하고 실질적으로 음란물을 보기 위해서는 사이트 가입, 유료결제의 경우에는 카드번호의 입력 등 이용자의 추가적인 행위가 필요하다는 입장에 서 있는 것으로 판단된다. 물론 이러한 경우에는 정범성을 부정하는 것이 타당할 것이다. 다만 단순링크라 하더라도 홈페이지 자체에 음란물 등이 게재되어 있는 경우도 있으므로 링크의 기술적 성격에 따라 일률적으로 판단할 것이 아니라 실질적인 관점에서 '전시'와 유사한지를 살펴볼 필요가 있다.[49] 인터넷 기술 초기에는 타인의 웹사이트에서 음란파일을 복제하고 이를 자신의 웹사이트 서버에 저장하여 전시하는 형태를 취했으나 초고속통신망의 발전으로 인해 링크행위만으로 복제 및 저장을 거치지 않고도 이러한 목적을 충분히 달성할 수 있게 되었고 앞으로의 기술발달로 인해 지금 현재 예상치 못한 여러 가지 링크기술이 발달할 수 있다는 점도 링크의 기술적 특징에 따라 구분하는 것은 불필요하다고 판단된다. 이러한 의미에서 대법원이 PC방 운영자가 자신의 PC방 컴퓨터의 바탕화면 중앙에 음란한 영상을 전문적으로 제공하는 웹사이트로 연결되는 바로가기 아이

47) 이헌묵, 위의 글, 155면.

48) 수원지방법원 2001. 2. 15. 선고 99노4573 판결.

49) 최호진, "연결수단부여행위를 통한 음란정보유포죄의 성립", 비교형사법연구 제10권 제1호, 2008, 174면.

콘을 설치하고 접속에 필요한 성인인증까지 미리 받아둠으로써, PC 방을 이용하는 불특정·다수인이 아무런 제한 없이 위 웹사이트의 음란한 영상을 접할 수 있는 상태를 조성한 경우에 공공연한 전시에 해당한다고 판시한 것은 타당하다.[50)]

3. 성폭력처벌법에서 '도달'의 의미

(1) 표현범죄로서의 성격

그런데 지금까지 하이퍼링크가 문제된 사례들과 달리 참조판결3은 다음과 같은 점에서 특색을 지닌다. 우선 피고인은 피해자와의 동의하에 성관계 장면이 담긴 나체 사진을 촬영하였고 이를 자신의 드롭박스(dropbox)에 저장하였다. 이후 드롭박스의 파일에 링크를 설정한 주소를 카카오톡 메신저를 이용해 피해자에게 전송하였다. 이 경우 성폭력처벌법 위반여부를 검토해봐야 하는데 동법 제13조는 자기 또는 다른 사람의 성적 욕망을 유발하거나 만족시킬 목적으로 음란물을 상대방에게 도달케 한 경우에 성립하는 목적범으로서 이는 단순한 유포범죄가 아니라 특별한 주관적 불법요소를 필요로 하는 일종의 표현범죄(Äußerungsdelikte)[51)]라고 보아야 한다. 정보통신망법 위반죄와 저작권 침해와 같은 유포범죄에 있어서의 가벌성은 위법한 내용을 유포시키거나 그에 대한 접근을 용이하게 하는 것만으로 성립하므로 링크제공자에 대해서는 위법한 내용을 애초에 만들어 낸 자와의 관계에서 정범성 여부를 면밀히 고려해야 할 필요성이 있으나 표현범죄의 불법성은 유포된 내용에 대해 링크제공자가 이를 자신에 의해 생성된 것처럼 긍정적으로 받아들이고 동의해야 한다는 점에서 차이가 있다.[52)] 다시 말해 성폭력처벌법상의 통신매체이용음란죄는 목적범이므로 저작

50) 대법원 2008. 2. 1. 선고 2007도8286 판결.

51) 인터넷범죄는 유포범죄와 표현범죄로 나누어질 수 있다. 표현범죄의 경우에는 행위자가 행위의 상대방에게 심리적 영향을 끼치려 한다는데 특색이 있다. 독일에서 표현범죄의 예로는 독일형법 제90조, 제90a조, 제103조, 제111조, 제126조, 제130조 제1호, 제2호, 제140조 제1항 제2호, 제185조 등을 들 수 있다.

52) Veit Busse－Muskala, Strafrechtliche Verantwortlichkeit der Informationsvermittler im Netz - Eine Untersuchung zur Strafbarkeit der Anbieter von Hyperlinks und Suchmaschinen －, LIT Verlag Berlin, 2006, S. 49 f.

권법 침해죄나 정보통신망법 위반죄에서와는 달리 링크제공자에 대해 정범인가 공범인지를 검토할 필요성은 상대적으로 적다.[53)]

문제는 기존의 음란물 배포의 경우 정보통신망법이 적용된 결과 링크행위가 동조에서 말하는 공공연한 전시에 해당하는지가 문제된 반면 본 사안에서는 ① 동의를 받고 촬영한 나체사진을 보낸 것이 성폭력처벌법 제13조에 있어서의 자기 또는 다른 사람의 성적 욕망을 유발하거나 만족 시킬 목적이 인정되는지 여부와 ② 동 조항은 정보통신망법 위반죄에서와는 달리 공연성을 요구하지 않고 단순히 '도달'한 경우만을 구성요건으로 삼고 있으므로 링크를 설정한 문자를 보낸 것이 과연 동조의 도달에 해당하는지를 살펴보면 된다. 우선 대법원은 성폭력처벌법 제13조에서 정한 통신매체이용음란죄는 성적 자기결정권에 반하여 성적 수치심을 일으키는 그림 등을 개인의 의사에 반하여 접하지 않을 권리를 보장하기 위한 것으로 성적 자기결정권과 일반적 인격권의 보호, 사회의 건전한 성풍속 확립을 보호법익으로 하며 자기 또는 다른 사람의 성적 욕망을 유발하거나 만족시킬 목적이 있는지 여부는 피고인과 피해자의 관계, 행위의 동기와 경위, 행위의 수단과 방법, 행위의 내용과 태양, 상대방의 성격과 범위 등 여러 사정을 종합하여 사회통념에 비추어 합리적으로 판단하여야 한다고 판시한 바 있고 사실관계에 비추어 그러한 목적이 있음을 인정하였다.

(2) 하이퍼링크 설정행위가 음란물 '도달'에 해당하는지 여부

도달의 의미와 관련해서는 대법원은 상대방이 성적 수치심을 일으키는 그림 등을 직접 접하는 경우뿐만 아니라 상대방이 실제로 이를 인식할 수 있는 상태에 두는 것을 의미한다고 판시하여 정보통신망법 위반죄에서의 '공공연한 전시'에서 사용된 논증도구를 그대로 인용함으로써 성폭력처벌법상의 도달과 정보통신망법상의 전시를 동일하게 취급하고 있다. 생각건대 도달은 일반적으로 상대방의 지배영역 내에 들어가서 그 내용을 알 수 있는 상태가 생겼다고 인정되는 것을 말하는 것으로서 상대방이 현실적으로 수령할 것까지는 필요로 하지 않고

53) 우리나라의 경우 정보통신망법 위반죄는 유포범죄로, 성폭력처벌법상 통신매체이용음란죄는 표현범죄로 이해할 수 있다.

공연성을 요구하지 않으므로 정보통신망법상의 전시 개념보다는 명확성을 띤다. 죄형법정주의는 국가형벌권의 자의적인 행사로부터 개인의 자유와 권리를 보호하기 위하여 범죄와 형벌을 법률로 정할 것을 요구한다. 따라서 형벌법규의 해석은 엄격하여야 하고, 명문의 형벌법규의 의미를 피고인에게 불리한 방향으로 지나치게 확장해석하거나 유추해석하는 것은 죄형법정주의의 원칙에 어긋나는 것으로서 허용되어서는 안 된다. 그런 취지에서 본다면 대법원이 성폭력처벌법 제13조와 관련하여 통신매체를 이용하지 아니한 채 '직접' 상대방에게 말, 글, 물건 등을 도달하게 하는 행위는 처벌할 수 없다고 판시한 것은 타당하다.[54] 하지만 형벌법규의 해석에 있어서 법률문언의 통상적인 의미를 벗어나지 않는다면 그 법률의 입법취지와 목적, 입법연혁 등을 고려한 목적론적 해석은 가능하다. 대법원 판례의 입장은 결국 링크행위가 단순히 연결기능을 넘어 실질적으로 링크된 웹페이지의 음란정보를 이용자에게 직접 전달하는 것과 마찬가지의 기능을 수행하고 있는 것에 주목한 것으로 보인다. 생각건대 과거 음란파일을 특정인에게 전송하고사 하는 자는 타인의 웹사이트에서 음란파일을 복제하여 이를 자신의 웹사이트 서버에 저장하여 전시하거나 복제된 음란물을 직접 전송하는 형태를 이용할 수밖에 없었다. 그러나 현재에는 초고속통신망의 발전으로 인하여 복제 및 게시라는 과정을 생략하고 링크를 설정해 두는 것만으로도 이러한 목적을 충분히 달성할 수 있게 된 점을 고려할 때 링크행위를 '도달'에 해당하지 않는다고 보는 것은 성폭력처벌법 제13조의 입법 목적을 고려해 볼 때 지나친 문리해석으로 판단된다.

4. 공직선거법 사안

참조판결4에서는 링크행위가 (저작물이 아닌) 게시물의 전송에 해당하지 않으며, 아울러 휴대전화 문자메시지의 링크도 이와 마찬가지라는 취지로 판시하였다. 이 판결에서는 직접적으로 '전송'이라는 단어를 사용하고 있으나 공직선거법 93조[55]는 그 행위 태양으로 '배부', '첩부', '살포', '상영' 또는 '게시'를 금지하고

54) 대법원 2016. 3. 10. 선고 2015도17847 판결.

있고 전송은 그 행위태양이 아니다. 또한 배부 등은 원래 물건을 전제로 하고 있기 때문에 현실적인 교부가 이루어져야 하지만 동 규정의 입법목적이 부정한 선거운동을 금지하는데 있다고 한다면 유체물의 형식이 아닌 정보통신망을 통한 정보의 형태도 실질적으로 같은 내용을 담고 있는 경우에는 처벌의 대상으로 삼는 것이 입법 목적을 충분히 반영한 해석이라고 본다. 구성요건상의 '그밖에 이와 유사한 것'의 의미는 인터넷을 통한 선거운동이 점점 활발해지는 현실을 반영한 것으로 보아야 할 것이다. 따라서 그러한 문자를 받은 자의 구체적인 다운로드 행위가 없더라도 행위자의 적극적인 배부행위만 있다면 성립한다고 해석하는 것이 타당할 것이다.

Ⅲ. 온라인 서비스 제공자의 책임

저작 침해물, 유해 정보물을 직접 게시한 자, 그러한 대상에 링크를 설정한 자에 대한 법적 책임은 위에서 상론하였다. 마지막으로 문제가 되는 것은 그러한 저작 침해물, 유해 정보물 그리고 그러한 대상물에 링크가 설정된 사이트를 운영하는 온라인서비스제공자의 책임여부이다. 이에 대해 민사판결과 형사판결은 그 결론을 달리하고 있다. 즉 형사판결의 경우 온라인서비스제공자에게 적어도 방조책임을 긍정하기 위해서는 그 전제로 링크 설정자에게 정범 내지 방조범이 인정되어야 하는데, 링크를 하는 행위 자체는 인터넷에서 링크하고자 하는 웹페이지 등의 위치 정보나 경로를 나타낸 것에 불과하여 정범은 물론 방조범으로서의 책임도 지지 않으므로 온라인서비스제공자가 위와 같은 링크 행위의 공간을 제공하였다거나 그러한 링크를 삭제하지 않고 방치하였다고 하더라도 저작권법위반의 방조가 성립할 수 없다고 판시한 반면,[56] 민사상의 손해배상책

---

55) 공직선거법 제93조
① 누구든지 선거일전 180일부터 선거일까지 선거에 영향을 미치게 하기 위하여 이 법의 규정에 의하지 아니하고는 정당 또는 후보자를 지지·추천하거나 반대하는 내용이 포함되어 있거나 정당의 명칭 또는 후보자의 성명을 나타내는 광고, 인사장, 벽보, 사진, 문서·도화, 인쇄물이나 녹음·녹화테이프 그 밖에 이와 유사한 것을 배부·첩부·살포·상영 또는 게시할 수 없다.

56) 대법원 2015. 3. 12. 선고 2012도13748 판결.

임이 문제된 사안에서는 “인터넷 포털사이트를 운영하는 온라인서비스제공자가 제공한 인터넷 게시공간에 타인의 저작권을 침해하는 게시물이 게시되었고 그 검색 기능을 통하여 인터넷 이용자들이 위 게시물을 쉽게 찾을 수 있다 하더라도, 위와 같은 사정만으로 곧바로 위 서비스제공자에게 저작권 침해 게시물에 대한 불법행위책임을 지울 수는 없다. 다만 저작권 침해 게시물이 게시된 목적, 내용, 게시기간과 방법, 그로 인한 피해의 정도, 게시자와 피해자의 관계, 삭제 요구의 유무 등 게시에 관련한 쌍방의 대응태도, 관련 인터넷 기술의 발전 수준, 기술적 수단의 도입에 따른 경제적 비용 등에 비추어, 위 서비스제공자가 제공하는 인터넷 게시공간에 게시된 저작권 침해 게시물의 불법성이 명백하고, 위 서비스제공자가 위와 같은 게시물로 인하여 저작권을 침해당한 피해자로부터 구체적·개별적인 게시물의 삭제 및 차단 요구를 받은 경우는 물론, 피해자로부터 직접적인 요구를 받지 않은 경우라 하더라도 그 게시물이 게시된 사정을 구체적으로 인식하고 있었거나 그 게시물의 존재를 인식할 수 있었음이 외관상 명백히 드러나며, 또한 기술적, 경제적으로 그 게시물에 대한 관리·통제가 가능한 경우에는, 위 서비스제공자에게 그 게시물을 삭제하고 향후 같은 인터넷 게시공간에 유사한 내용의 게시물이 게시되지 않도록 차단하는 등의 적절한 조치를 취하여야 할 의무가 있다 할 것이므로[57]), 이에 위반하여 게시자의 저작권 침해를 용이하게 해주는 경우에는 위 게시물을 직접 게시한 자의 행위에 대하여 부작위에 의한 방조자로서 공동불법행위책임이 성립된다고 봄이 상당하다[58]”고 판시하였다. 특히 저작권법 제102조 제1항 제4호가 온라인서비스제공자의 “정보검색도구를 통하여 이용자에게 정보통신망상 저작물 등의 위치를 알 수 있게 하거나 연결하는 행위”가 저작권법상의 권리를 침해함을 전제로 일정한 요건 아래 온라인서비스제공자의 책임제한을 규정하고 있고, 위 규정은 온라인서비스제공자가 정보검색도구를 통하여 온라인상의 ‘저작물 등의 위치를 알 수 있게 하거나 연결하는 행위’, 즉 링크행위를 서비스이용자에 의한 직접적인 저작권 침해행위에 대한 일종의 방조로 보고 있는 것으로 해석되므로, 이와

57) 대법원 2009. 4. 16. 선고 2008다53812 판결.
58) 대법원 2010. 3. 11. 선고 2009다80637 판결.

같이 우리 저작권법도 링크행위가 저작권법상의 권리 침해에 대한 방조가 성립될 수 있음을 당연한 전제로 하고 있다고 볼 수 있다고 주장하는 견해가 있다.[59] 더 나아가 이 견해는 대법원이 "…위 각 조항의 입법 취지나 위 각 조항의 해당 문구상 별다른 제한이 없는 점 등에 비추어 보면, 위 각 조항은 형사상 책임에도 적용된다고 보아야 한다"[60]라고 판시하였음을 근거로 하여 저작권법 제102조 제1항의 책임면제가 민사책임 뿐만 아니라 형사책임도 포함하고 있다고 주장하고 있다.[61] 아울러 형사책임면제가 형법상 어떠한 의미를 지니는가에 대해서는 저작권법에서 책임을 지지 아니한다'라고 규정하고 있으므로 형법 제20조의 법령에 의한 행위로서 정당행위에 해당하여 위법성이 조각된다라고 주장한다.[62]

그러나 이러한 견해에는 동의할 수 없다. 저작권법은 제102조 제1항에서 "… 책임을 지지 아니한다"라고 규정하고 있으나 동조 제3호 나목은 "온라인서비스제공자가 침해행위를 통제할 권한과 능력이 있을 때에는 그 침해행위로부터 직접적인 금전적 이익을 얻지 아니한 경우"를 책임제한사유로 들고 있는 바, 이는 실손해의 전보를 목적으로 하는 민사책임의 정신을 반영한 조문이라고 보아야 하며 형사책임여부가 금전의 취득여부에 따라 달라진 다는 것은 받아들일 수 없다. 나아가 저작권법 제103조 제5항 단서는 "서비스제공자가 저작권법 등

59) 박준석, 위의 글, 95면.

60) 구 저작권법 제102조 제1항에서 "온라인서비스제공자가 저작물의 복제·전송과 관련된 서비스를 제공하는 것과 관련하여 다른 사람에 의한 저작물의 복제·전송으로 인하여 그 저작권이 침해된다는 사실을 알고 당해 복제·전송을 방지하거나 중단시킨 경우에는 다른 사람에 의한 저작권의 침해에 관한 온라인서비스제공자의 책임을 감경 또는 면제할 수 있다"고 규정하고, 같은 조 제2항에서 "온라인서비스제공자가 저작물의 복제·전송과 관련된 서비스를 제공하는 것과 관련하여 다른 사람에 의한 저작물의 복제·전송으로 인하여 그 저작권이 침해된다는 사실을 알고 당해 복제·전송을 방지하거나 중단시키고자 하였으나 기술적으로 불가능한 경우에는 그 다른 사람에 의한 저작권의 침해에 관한 온라인서비스제공자의 책임은 면제된다"고 규정하고, 같은 법 제103조 제5항에서 "온라인서비스제공자가 저작권자로부터 불법 저작물의 복제·전송을 중단시킬 것을 요구받고 즉시 그 저작물의 복제·전송을 중단시킨 경우에는 온라인서비스제공자의 책임을 감경 또는 면제할 수 있다"고 규정하고 있는데, 위 각 조항의 입법 취지나 위 각 조항의 해당 문구상 별다른 제한이 없는 점 등에 비추어 보면, 위 각 조항은 형사상 책임에도 적용된다고 보아야 한다(대법원 2013. 9. 26. 선고 2011도1435 판결).

61) 박성호, 저작권법, 박영사, 2014, 699면; 박준석, 위의 글, 99면 이하.

62) [2013년 분야별 중요판례분석] ⑧ 형법총론, 2014. 4. 10. 자 법률신문에서 신동운 교수의 견해이다; 박준석, 위의 글, 102-103면.

에 따라 보호되는 권리가 침해된다는 사실을 안 때부터 저작물 등의 복제, 전송을 중단하라고 요구받기 전까지 발생한 손해에 대해서는 책임을 진다"라고 규정하고 있는 바, 이 역시 실손해만큼만 책임을 지겠다는 민사책임의 정신이 반영된 것으로 보아야 한다. 따라서 저작권법 제102조의 책임면제는 민사책임만 해당하는 것으로 보아야 하고 형사책임의 경우에는 형법총칙상의 방조범 일반원리에 따라 '정범의 실행행위를 용이하게 하는가, 하지 않는가'라는 관점에서 해결하여야 한다. 연혁상 우리 저작권법 제102조가 영향을 받은 미국 DMCA 제512조가 온라인서비스제공자를 위한 책임제한조항(safe harbor)이 민사적 구제에만 적용되는 것임을 분명히 하고 있는 것도 하나의 근거가 될 수 있다.[63)]

Ⅳ. 나오는 글

이상에서 인터넷 링크와 관련된 법적 문제들을 살펴보았다. 링크는 처음부터 정보의 연결을 용이케 하기 위해 만든 인터넷 기술 중의 하나이다. 따라서 과거 파일을 직접 전송하는 것을 예상하여 만들어진 법규들은 정보 간 또는 웹사이트 간 '연결'을 목적으로 하는 링크행위를 직접적인 규제 대상으로 삼기에는 난점이 있다. 구성요건의 형식성을 강조한다면 연결기능은 정보의 직접적인 업로드 행위와는 분명한 차이가 있으며 정보의 최종 접근은 링크설정자가 아니라 최종 이용자의 클릭행위에 달려 있는 결과, 전통적인 형사법상의 공범이론으로는 정범성을 인정하는데 난점이 있는 것도 분명하다. 하지만 초고속 인터넷망의 발달로 인해 파일을 직접 업로드하는 것과 링크행위가 실질적으로는 큰 차이가 없으며 이용자로 하여금 정보에 접근하는 기회를 증대시킨다는 점에서 바라본다면 처벌의 필요성 또한 긍정할 수 있다. 특히 임베디드 링크처럼 처음에는 권리 침해라고 보기 어렵다가도 기술 발전으로 인해 권리 침해 수준이 입법당시에 예상한 것과 일치하는 사례의 경우에는 그러한 고민은 더욱 깊어질 수밖에

63) 디지털 밀레니엄 저작권법(Digital Millennium Copyright Act, DMCA)의 자세한 내용에 대해서는 신승남, "파일 호스팅 서비스의 DMCA 제 512(c)와 저작권법 102조 면책조항들에 관한 한미 법원 판례의 검토", 홍익법학 제17권 제1호, 2016, 703면 이하 참조.

없을 것이다. 대법원이 저작권법, 정보통신망법, 성폭력처벌법, 공직선거법 위반과 관련된 사안들에서 어떤 경우에는 "링크는 저작물 등의 웹 위치 정보나 경로를 나타낸 것에 불과하다"는 표현을 통해 형사상의 정범 내지는 민사상의 직접 침해를 부정하는 반면, 또 어떤 경우는 "링크를 이용하여 별다른 제한 없이 음란한 부호 등에 바로 접할 수 있는 상태가 실제로 조성되었다면 음란한 부호 등을 공연히 전시한다는 구성요건을 충족 한다"라고 하여 링크행위의 법적 성격을 각각 다르게 판단하고 있는 것도 이러한 배경에서 이해할만 한다. 이러한 대법원의 입장에 대해 일부 견해는 판결간의 모순이 있다고 결론을 내리고 있으나 본문에서 살펴본 것처럼 이는 판결 상호간의 모순이 아니라 개별 법규의 입법목적에 따른 해석상 초래되는 결과임을 지적하였다. 물론 대법원이 논증과정에서 각 법률의 입법목적 등을 해석에 있어서 고려하지 않고 단순히 실질적, 형식적 기준만을 제시한 것은 논증과정에서 문제가 있음도 아울러 지적하였다.

앞으로도 인터넷 기술의 발달로 인해 형사법에서 구성요건해당성과 관련하여 많은 문제가 야기될 것이다. 특히 유포범죄나 표현범죄의 경우에는 그 수단이 오프라인의 경우보다 더 다양화 복잡화 되고 있다. 예를 들어 인터넷 링크에 대해 법적 규제가 강화된다면 링크가 아니라 특정파일이 있는 곳의 주소를 워드로 표기한 경우에도 링크와 같이 다룰 수 있는 것인가의 문제 등은 끊임없이 제기될 것이다. 이 경우는 링크의 기능은 없으나 그 부분을 복사하여 주소창에 입력한다면 실질적으로는 링크와 동일한 결론을 가져올 수 있기 때문이다. 결국 오프라인을 전제로 성립된 형사법의 이론들이 온라인상에서는 예상치 못했던 문제들과 대면하는 경우, 이를 입법적으로 해결할 것인지 아니면 나날이 발전해 가는 인터넷기술을 감안해 볼 때 모든 사항을 정형화된 기술적 구성요건으로 포섭할 수 없음을 인정해 사회적 현상의 의미변화를 고려하는 탄력적인 해석을 할 것인지에 대해 보다 깊은 고민이 필요한 부분이라고 판단된다.

참고문헌

김경숙, “링크사이트의 저작권 침해 방조책임 - 미국법상 구글 사건의 분석을 통하여 -”, 2016, 계간 저작권 가을호, 2016.

김종호, “인터넷 링크에 의한 음란부호 등의 공연전시 - 대법원 2003. 7. 8. 선고 2001도1335 판결”, 정보법학 제7권 제2호, 2003.

김태훈, “개정 저작권법 해설”, 계간저작권 제49호, 저작권심의조정위원회, 2000.

김학태, “인터넷상의 음란물에 대한 형사책임에 관한 연구 - 특히 음란물에 대한 인터넷 서비스제공자의 형사책임을 중심으로 -”, 외법논집 제23집, 2006.

김혜경, “계속범의 본질 - 불법성의 내적 강화- 와 유형화”, 형사판례연구 제22호, 2014.

노수환・이진국, “계속범과 상태범의 구별기준에서 본 재산국외도피죄의 구성요건 고찰”, 성균관법학 제28권 제3호, 2016.

문채규, “방조범의 불법과 중립적 행위에 의한 방조”, 법학논총 제31권 제4호, 2014.

박광민, “인터넷 명예훼손의 기본법리와 위법성조각”, 성균관법학 제15권 제2호, 2003.

박성호, 저작권법, 박영사, 2014.

박준석, “이미지 검색엔진의 인라인링크 등에 따른 복제, 전시, 전송 관련 저작권침해 책임”, 민사판례연구 33권 (상) - 민사판례연구회편, 박영사, 2011.

_____, “인터넷 링크행위자는 이제 정범은 물론 방조범조차 아닌 것인지?”, 산업재산권 제48호, 2015.

박희영, “인터넷에서 링크제공자의 형사책임에 관한 연구”, 인터넷법률 제21호, 2004.

신승남, “파일 호스팅 서비스의 DMCA 제 512(c)와 저작권법 102조 면책조항들에 관한 한미 법원 판례의 검토”, 홍익법학 제17권 제1호, 2016.

신양균, “중립적 행위에 의한 방조”, 형사법연구 제26호, 2006.

심의기, “온라인상의 범죄행위에 대한 오프라인상의 범죄이론 연장의 가부: 링크(link)를 포함한 일련의 연결수단부여행위와 공연전시”, 고시연구, 2003.12.

이동임, “연쇄적 공범의 가벌성에 대한 일본과 우리나라의 비교”, 강원법학, 강원대, 2011.

이헌묵, “인터넷 하이퍼링크에 의한 전시와 명예훼손”, 정보법학 제15권 제2호, 2011.

이해완, “인터넷 링크와 저작권 침해 책임”, 성균관법학 제27권 제3호, 2015.

이해원, “하이퍼링크와 저작권 침해 문제의 재고찰: ‘이용에 제공하는 것’의 해석론을 중심으로”, 인권과 정의, 463호, 2016.

임규철, “독일과 한국에서의 링크 설정자의 링크행위의 법적 책임에 대한 비교법적 고찰

- 독일 연방대법원의 부정경쟁방지법과 한국의 저작권법, 명예훼손법, 음란물 관련죄, 부정경쟁방지법에서 발생한 판례를 중심으로 -", 인권과 정의 461호, 2016.

조성훈, "개정 저작권법상 공중송신 및 디지털음성송신 개념 등에 대한 고찰", 창작과 권리 통권 49호, 2007.

최호진, "연결수단부여행위를 통한 음란정보유포죄의 성립", 비교형사법연구 제10권 제1호, 2008.

홍승희, "인터넷링크행위와 저작권침해: 대법원 2015. 3. 12. 선고 2012도13748 판결", 형사판례연구 24권, 2016.

Veit Busse-Muskala, Strafrechtliche Verantwortlichkeit der Informationsvermittler im Netz - Eine Untersuchung zur Strafbarkeit der Anbieter von Hyperlinks und Suchmaschinen -, LIT Verlag Berlin, 2006.

09

인터넷을 통한 저작물 불법유통과 온라인서비스제공자(OSP)의 법적책임*

황 진 아**

Ⅰ. 서　　설

최근 인터넷 기술 등의 발달로 P2P(Peer to Peer) 사이트, 웹하드 사이트를 통한 저작권 침해가 광범위하게 확산되고 있다. P2P에 의한 파일교환은 정보처리나 전달의 최적화를 도모할 수 있는 반면, 익명성이 있는 콘텐츠의 거래를 위하여 저작권자의 허락을 얻지 않고 파일교환이 행하여지고 저작권 침해의 위험성이 높다는 것이 특징이다. 웹하드 사이트를 통한 서비스의 경우 기가급 단위의 영상물도 쉽게 업로드 행위와 다운로드 행위를 할 수 있게 됨에 따라 음악저작물 뿐만 아니라 영상저작물의 불법이용도 계속해서 증가하고 있다.

한편, OSP는 디지털 네트워크를 통해 저작물 등의 정보를 교환하는데 있어 정보의 검색, 송신 등의 핵심적인 역할을 담당하고 있다. 방대한 양의 정보가

* 이 논문은 제147회 영남형사판례연구회(2013.9.23.)에서 발표되었음.
** 현 대구지검 형사 2부.

유통되는 과정에서 OSP가 매번 불법저작물 등에 대하여 책임을 져야 한다면 OSP의 순기능이 제대로 발휘되기 어려울 것이다. 이에 저작권법은 OSP가 안정적으로 사업을 영위할 수 있도록 저작권 침해를 방지하거나 중단시키기 위한 일정한 역할을 담당하게 하고, 그에 상응하여 저작권침해에 대한 책임을 제한하도록 규정하고 있다.[1)] 결국 OSP가 저작권 침해행위가 가능한 場을 제공하였다는 점에서 일정한 법적 책임을 부담하는 것이 상당하나 책임의 범위, 한계를 어디까지 둘 수 있을 것인지가 집중적으로 논의되어야 할 부분일 것이다. 따라서 이하에서는 OSP의 책임 근거와 면책규정, 판례의 태도 등을 차례로 살펴보기로 한다.

Ⅱ. OSP의 책임근거와 면책

1. OSP의 책임근거

OSP는 이용자의 저작권 침해와 관련하여 간접적인 형태로 개입하게 되는데, OSP의 책임근거에 대해서 각 나라별로 차이가 있는 바, 이에 대해 간략히 살펴보도록 한다.

(1) 간접책임(기여책임 및 대위책임) – 미국

OSP, 그 중에서도 P2P서비스제공자의 책임 문제는 미국에서 가장 다양하게 다루어졌다고 할 수 있는데, 주로 판례법으로 발전한 기여책임과 대위책임으로 논리가 구성되어 왔다. '기여침해(Contributory Infringement)'란 저작권 침해행위를 알면서 타인의 저작권 침해행위를 발생케 하거나, 원인을 제공하거나 또는 실질적으로 관여하는 자에게 묻는 책임이다. '대위침해(Vicarious Infringement)'란 피고가 "이용자의 침해행위를 감독(혹은 통제)할 수 있는 권한과 능력이 있고", "그러한 침해행위로 인하여 직접적인 재정적 이익을 얻고 있다"면 인정된다. 대위책임이 기여책임과 다른 점은 이용자의 침해해위에 대한 인식 여부를

---

1) 국회 문화체육관광방송통신위원회, 저작권법 일부개정법률안 심사보고서(2011. 6.), 14–15면, 박준석, 인터넷서비스제공자의 책임, 박영사(2006), 28면.

문제삼지 않는다는 점이다. 결과적으로 기여책임은 고의적으로 직접침해를 야기하거나 조장함으로써 발생하고, 대위침해는 직접침해로부터 이익을 얻는 반면에 그러한 침해를 중지하거나 제한시킬 권리를 행사하기를 거절함으로써 발생한다고 할 수 있다.[2] 위와 같은 이론이 적용된 사례로 Religious Technology v. Netcom 사건,[3] A&M Records, ET al. v. Napster 사건 및 MGM Studios. Inc. v. Grokster 사건[4] 등을 예로 들 수 있다.

(2) 입법적 해결 – 영국

영국은 1977년 특허법에 간접침해 관련 규정을 명문화 하였는데 저작권법에도 이와 유사하게 간접침해에 관한 규정을 마련하였다. 위 법률은 저작권 침해의 수단을 제공하는 행위, 허락을 받지 않은 송신행위, 저작권을 침해하는 실연을 위한 장소의 제공 또는 기기의 제공행위, 복제방지장치 무력화 기기의 제조행위, 허락을 받지 않은 수신을 위한 장치의 제조행위 등을 언급하고 있다.[5]

(3) 직접침해책임 – 일본

일본의 법제는 우리나라와 마찬가지로 저작권법에 간접침해 그 자체에 관한 규정이 없는 것은 물론이고 민법의 불법행위 규정에도 기여책임이나 대위책임에 관한 규정도 없다. 그래서 일본에서는 저작권정보센터 산하에 '기여침해·간접침해위원회'를 설치하여 체계적이고 종합적인 연구를 수행하는 등 간접침해에 대한 많은 관심을 가지고 있다. 일본은 '저작물의 사용주체성'이라는 개념을 규범적으로 파악하여 간접침해자를 직접침해자로 볼 수 있는 이론 구성을 시도하

---

2) 최상필, 그록스터 사건에 대한 미 연방대법원의 최종 판단과 온라인서비스제공자의 불법행위책임, 재산법연구 제22권 제2호(2005), 331면.

3) 이 사건은 간접침해에 있어서 기여책임과 대위책임의 요건을 분명히 하고 그 경계선을 확정하였다는데 의미가 있다. 이 판결에서는 기여책임이 성립하기 위해서는 '침해행위에 대한 인식과 침해행위에 대한 실질적 관여'가 필요하며, 대위책임이 성립하기 위해서는 '침해행위에 대한 통제권한'과 침해행위로부터 직접적인 '금전적 이익을 얻을 것'을 필요로 한다고 판시하였다.

4) 미국 고등법원에서는, 냅스터 사건은 냅스터가 그록스터와 달리 중앙서버에서 사용자 컴퓨터에 콘텐츠 서비스를 제공하는 형태이므로 저작권침해 책임이 있으나 사용자와 사용자간의 통신방법을 제공해주는 그록스터는 저작권침해 책임이 없다는 것이었으나, 결국 대법원에서 P2P 소프트웨어를 제공하는 그록스터도 저작권침해 책임이 있다고 판결하였다.

5) 오승종·최진원, P2P 사업자의 필터링과 OSP책임제한, 홍익법학 제9권 제1호, 홍익대학교 법학연구소(2008), 239면.

였다. 즉, 간접침해자는 직접적으로 침해행위를 한 자는 아니지만, 규범적으로는 사실상의 직접침해자와 동일하게 평가할 수 있다는 점을 전제로 간접침해자를 직접침해자로 의제하여 책임을 인정하는 것이다.[6]

(4) 공동불법행위책임 - 우리나라

우리나라에서 OSP의 불법행위책임에 대하여 적용할 수 있는 법조문은 민법 제760조의 '공동불법행위자의 책임'에 관한 규정이라 할 수 있다. 그 동안 소리바다 사건을 비롯한 일련의 P2P 사건 판결에서 우리나라 법원[7]은 민법 제760조 제3항의 방조에 의한 공동불법행위 규정이 OSP 책임에 대한 성문법적 근거가 될 수 있음을 밝혀 왔고 형사적으로도 직접침해행위에 대한 '방조범'으로서 이론이 구성되었다.

2. OSP 책임의 면제

(1) 필요성

OSP가 콘텐츠의 매개자로서 저작물의 유통을 활성화하는 등 문화의 향상 발달에 상당한 기여를 하고 있는 것도 사실이므로 이들의 책임을 무한정 확대하는 것도 사회 전체 이익을 위해 바람직하지 않다는 인식하에 각 국은 OSP의 합법적 사업의 범위와 합리적인 책임의 범위를 확정하기 위해 일정한 경우에 이들의 책임을 제한하는 면책 규정을 두고 있다.

(2) 미국의 DMCA 면책 규정

전 세계의 OSP의 책임제한 입법을 선도했던 법률이 바로 미국의 1998년 DMCA(Digital Millennium Copyright Act)이다. 저작권 침해에 대한 OSP의 책임

---

6) 실제로 일본의 판례를 보면 다수의 사건들의 넓은 의미의 간접침해 당사자들을 '직접침해자'로 의제하여 접근하고 있다. 대표적으로 카바레나 노래방 등에서 저작권자의 허락을 받지 않고 이루어지는 음악저작물의 공연 등에 관하여 해당 업소를 경영하는 업주의 책임 여부가 직접주체성을 통해 다루어지고 있다. 오승종 · 최진원, 앞의 논문, 230면,

7) 대법원 2007. 1. 25. 선고 2005다11626, 서울중앙지법 2005. 10. 26. 선고 2005카합3179, 서울고법 2007. 10. 10. 선고 2006라1232 등.

에 관해 미국 법원들은 서로 상반되는 입장을 보였고, 이러한 혼동을 해소하고자 DMCA Title Ⅱ상에 네트워크를 통해서 일어난 저작권 침해에 관하여 OSP의 구체적이고 상세한 면책조건을 제시하는 입법을 하였다.

OSP가 책임제한 규정의 적용을 받기 위해서는 동 법이 규정 하고 있는 다음 4가지 침해유형의 서비스제공자에 해당하여야 한다. 즉 ① 정보전송을 위한 일시적 통신, ② 시스템 캐싱, ③ 이용자에 의한 시스템 또는 네트워크에 저장된 정보, ④ 정보검색도구 등에 해당하여야 한다. 또한 이 4가지 유형에서 특정한 선행조건을 만족시키는 경우에 한해 OSP의 저작권 간접침해에 대한 손해배상책임을 완전히 면제하고 있다.[8]

우선 DMCA가 부여하는 OSP에 대한 면책의 대상이 되기 위해서는 다음의 기본적 선행요건을 만족하여야 한다.[9] 첫째, OSP는 반복적인 저작권 침해행위를 하는 이용자 등에 관하여 저작권자라고 주장하는 자로부터 고지를 받은 경우 당해 내용물을 제거 또는 서비스를 중지하고 이를 당해 이용자에게 통보하는 시스템을 확립하고, 둘째 저작물을 식별하고, 보호할 목적으로 저작권자들에 의하여 사용되는 표준기술적 조치를 수용하는 등의 요건을 구비한 경우에는, 4가지 침해 유형에 따른 면책을 받게 된다. 주의할 것은 각각의 침해 유형에 대해서도 다시 세부적인 면책 요건을 두고 있으므로 OSP의 책임이 DMCA에 의해 면책이 되는지는 상당한 주의를 기울여 살펴보아야 한다.[10]

(3) 유럽 '전자상거래지침'의 면책 규정

EU의 회원국들의 온라인서비스제공자의 책임을 통일적으로 규율하기 위한 노력은 'EU 저작권 지침'과 '역내시장에서의 전자상거래를 포함한 정보사회서비스의 특정분야에 대한 지침'에 반영되어 있다.

전자상거래지침은 온라인서비스제공자의 책임제한을 광범위하게 규정하고 있다. 동지침은 제12조부터 제15조에서 온라인서비스제공자의 책임관련 규정을

8) DMCA 제512조 (a) 내지 (d)항.
9) DMCA 제512조 (i)항.
10) 김병일, 인터넷상 저작물 불법유통에 대한 규제방안, 법학논총, 단국대학교 법학연구소(2009), 211면.

두고 있다. 동규정들은 온라인서비스제공자가 정보전달과정에서 단순한 매개자로서 행위하는 경우에는 손해배상책임과 형사책임을 면제하기 위한 요건을 정하고 있다. 동지침은 온라인서비스의 유형을 '단순매개', '캐싱' 및 '호스팅'으로 각각 나누어 규정하고 있다. 온라인서비스제공자의 책임이 면제되기 위해서는 서비스제공자가 소위 '콘텐츠 프로바이더(content provider)'로서 행위해서는 아니되며, 단지 수동적인 매개자로 기능하여야 한다. 따라서 서비스제공자는 콘텐츠 제공을 직접 주도하거나, 그 콘텐츠의 수령자를 선택하거나 또는 그에 포함된 정보를 변경할 수 없다. 동지침에 의하면, 온라인서비스제공자가 단지 기술적인 서비스만을 제공할 뿐이고, 고객이 그 서비스를 이용하여 타인의 저작권을 침해하고 있다는 사실을 알지 못하는 경우에는, 그에 대해서 손해배상책임을 부담하지 않는다.

OSP의 면책에 관하여 유럽연합의 전자상거래지침이 미국이나 한미 FTA와 다른 점은 첫째, 저작권의 침해 외에 명예훼손 등에 대해서도 적용된다는 점에서 차이가 있다. 곧 미국이나 한국, 그리고 한미 FTA에서 규정하고 있는 OSP 면책은 저작권에 대해서만 규정하고 있고, 저작권 외에 대해서는 별도로 규정하고 있으나, 유럽연합 전자상거래지침은 OSP 가입자와 권리자(저작권자, 명예훼손으로 피해를 입는 자 등)의 관계에서 부담하게 될 OSP의 책임을 전반적으로 규정하고 있다.

둘째, 면책되는 유형을 mere conduit, cashing, hosting이라는 세가지 유형을 규정하고 있다.

셋째, 면책되는 각 유형에서 면책요건이 DMCA보다 훨씬 더 간단하게 규정되어 있다.

넷째, OSP에 대한 책임이 면제되더라도, 법원이나 행정당국은 OSP로 하여금 불법적인 정보를 제거하거나 불법적인 정보에 대한 접근을 불가능하게 하는 등 침해를 종료시키거나 예방할 것을 요구하는 명령을 발할 수 있다. OSP에 대한 명령을 발할 수 있는 주체를 법원에 한정시키고 있는 미국의 DMCA와 달리, 유럽연합의 전자상거래 지침은 법원 이외에 행정당국도 포함되어 있는 특징이 있다.

다섯째, OSP 면책규정은 제12조 내지 제15조까지 4개에 존재하고 있으나, Recital 부분에서 다음과 같이 OSP에게 금지명령이나 주의의무를 부과할 수 있다고 규정하고 있다. 곧 OSP에 대한 4가지 규정이 정하고 있는 내용 이외에, 각 회원국에게 금지명령이나 주의의무를 OSP에게 규정할 수 있는 재량을 부여하고 있다.[11)]

(4) 일본

일본에서는 NIFTY－Serve 판결[12)]을 계기로 하여 온라인서비스제공자의 책임범위에 관한 논의가 활발하게 이루어져 왔다. 그리고 인터넷 이용자의 권리침해로부터 일정부분 온라인서비스제공자를 보호하고 정보의 유통을 촉진시키기 위하여 "특정전기통신서비스제공자의 손해배상책임제한 및 발신자정보의 개시에 관한법률(이하, 「프로바이더 책임제한법」이라 한다)"[13)]이 제정되었다.

동법에서는 특정전기통신에 의한 정보의 유통으로 타인의 권리가 침해되었을 경우, 특정전기통신설비를 이용하는 특정전기통신서비스제공자는 일정한 요건하에 책임이 없다고 규정하고 있다. 다만, 이 규정에 의하더라도 정보의 발신자 즉, 침해자가 특정전기통신서비스제공자라면 면책이 인정되지 않는다.[14)]

동법에서 특정전기통신서비스제공자의 면책요건은 제3조 '손해배상책임의 제한'에 규정되어 있다. 그 내용을 간단히 살펴보자면, 권리를 침해한 정보의 불특정인에 대한 송신을 방지하는 조치를 강구하는 것이 기술적으로 가능하고,[15)] 당해 정보의 유통에 의해 타인의 권리가 침해되는 것을 알 수 없었을 때,[16)] 그

11) 김병일, 앞의 논문, 212면.

12) NIFTY－Serve 판결(1997. 5. 26. 東京地方法院)은 명예훼손에 대하여 온라인서비스제공자의 책임을 인정한 최초의 판결이다. 이 판결에서는, Sysop이 운영·관리하는 포럼에 타인의 명예를 훼손하는 발언이 기록된 것을 구체적으로 알고 있었다고 인정되는 경우에, 당해 Sysop은 그 지위와 권한에 비추어 타인의 명예가 부당하게 훼손되지 않도록 필요한 조치를 취할 조리상의 작위의무가 있는 것으로 해석하여야 한다고 판시하였으며, 더 나아가 NIFTY－Serve는 Sysop에 대해 지휘·감독관계가 있기 때문에 일본 민법 제751조에 규정되어 있는 '사용자책임'울 부담한다고 판시하였다.

13) 特定電氣通信役務提供者の損害賠償責任の制限及び發信者情報の開示に關する法律(2001年, 法律 第137號)

14) 앞의 법 제3조 제1항 후단.

15) 앞의 법 제3조 제1항 전단.

16) 앞의 법 제3조 제1항 제1호

리고 당해 정보의 유통을 알고 있었을 경우일지라도 당해 특정전기통신에 의한 정보의 유통에 의하여 타인의 권리가 침해되는 것을 알 수 있었다고 인정하기에 충분한 상당한 이유가 없을 때[17]는 면책된다.

이외에도 정보통신서비스제공자가 정보의 송신을 방지하는 조치를 강구하는 때에 해당조치로 인하여 송신이 방지된 정보의 발신자에게 발생된 손해도 일정한 요건 하에 손해배상책임을 면제시켜 주고 있다.[18] 또한 권리가 침해된 자의 구제를 원활히 하기 위하여, 일정한 경우에 발신자 정보의 개시를 청구할 수 있도록 규정하였다.[19] 그리고 정보통신서비스제공자가 이와 같은 발신자 정보의 공개 청구를 받아들이지 않음으로써 공개청구자에게 손해가 발생한 경우에도 고의나 중대한 과실이 아니면 배상책임이 없다고 규정하였다. 다만, 정보통신서비스제공자가 권리침해자인 경우에는 예외로 규정하고 있다.[20]

(5) 우리나라

2006년 개정 저작권법은 불법복제방지를 위하여 OSP의 책임강화(저작권법 제103조 제2항)와 특수한 유형의 OSP의 의무조항의 신설(동법 제104조), 불법복제물의 수거 · 폐기 및 삭제명령제도의 도입(저작권법 제133조)하였다. 지금까지 OSP들이 전송중단 요청을 받은 뒤에도 그 대응이 늦은 경우가 많아 이로 인해 불필요한 또 다른 분쟁이 야기되었던 점을 감안하여 요청을 받은 즉시 이에 대한 대응을 취하도록 명문화하였고, P2P 등과 같은 특수한 유형의 OSP에게도 권리자의 요청이 있을 경우 불법전송을 차단할 수 있는 기술적 조치(필터링) 등의 법적 의무도 명문화하였다.

2011년 개정된 저작권법은 온라인상 불법복제를 효과적으로 근절하기 위해 보다 강력한 규제를 할 수 있는 근거를 두고 있다(동법 제133조의2). 이에 따라 문화체육관광부장관은 일정한 경우 OSP에게 '불법복제물 전송자의 계정 정지' 및 '불법복제물 유통 게시판에 대한 서비스 정지'를 명령할 수 있게 되었다.

---

17) 앞의 법 제3조 제1항 제2호
18) 앞의 법 제3조 제2항
19) 앞의 법 제4조 제1항
20) 앞의 법 제4조 제4항, 김병일, 앞의 논문 (2009), 226면

한편, 한미 FTA는 온라인서비스제공자의 책임제한에 관하여, 미국 저작권법 제512조의 예를 따라, 서비스제공자를 단순한 도관 기능을 수행하는 서비스, 캐싱서비스, 호스트 서비스 및 온라인 위치 정보제공 서비스의 4가지 서비스 유형으로 나누어 각각 면책 요건을 규정하고 있다.[21] 또한 한미 FTA는 면책의 범위, OSP가 면책 받을 수 있는 요건을 보다 상세하게 규정하고 있을 뿐만 아니라, 저작권자가 소송의 제기를 위해 OSP로부터 온라인상 저작권을 침해한 자의 신원을 확인할 수 있는 정보를 획득할 수 있는 행정적 또는 사법적 절차를 규정하도록 하였다.[22]

Ⅲ. OSP 책임에 관한 법원 판결

1. '소리바다5' 사건(서울고법 2007. 10. 10.자 2006라1245 결정)

서울고등법원은 음반제작자들이 주식회사 소리바다를 상대로 제기한 음반복제등금지가처분신청에 대하여 『'소리바다 5 프로그램'이 종전의 소리바다 1, 2, 3에 비하여 저작인접권자 등의 권리보호를 위한 기술적 조치와 시스템을 갖추고 있기는 하나, 현재 '소리바다 5 서비스' 운영자가 취하고 있는 '소극적 필터링 방식{저작인접권자 등 권리자들로부터 필터링(공유금지)을 요청받거나 이미 위 운영자가 공유금지로 설정하여 놓은 음원 파일들에 대하여만 필터링을 실시하는 방식}'의 내재적 한계상 음반제작자들의 음원에 대한 저작인접권의 침해행위는 계속되어 왔고, 앞으로도 그와 같은 침해행위의 발생은 불가피할 것으로 보이며, 나아가 위 운영자가 그 보완책으로 들고 있는 '그린파일 시스템(저작인접권자 등 권리자들이 위 서비스 운영자에게 자신들의 음원 정보를 제공하여 필터링을 요청한 후, 위 운영자의 승인절차를 거쳐 파일공유를 금지하는 시스템)'만으로는 그와 같은 권리침해를 제때 방지하거나 중단시킬 수 있을 것으로도 보기 어렵고, '소리바다 5 프로그램'의 개발 경위 등에 비추어 위 운영자 역시 음반제작자들

---

21) 한미 FTA 협정 제18.10조 제30항 나호 2목 내지 5목

22) 이대희, 한미자유무역협정의 쟁점 및 전망, 계간저작권 제78호(2007), 15－16면

의 음원에 대한 저작인접권의 침해행위가 발생하고 있다는 사정을 적어도 미필적으로나마 인식하였다고 봄이 상당하므로, '소리바다 5 서비스'의 운영자는 그 이용자들의 저작인접권 침해행위에 대한 방조책임을 면할 수 없고,

P2P 서비스에 있어서 저작권 등의 보호를 위한 기술적 조치가 반드시 소극적 필터링 방식이어야 한다고는 보기 어려운데다{실제로 적극적 필터링 방식(권리자들로부터 이용허락을 받은 음원의 파일에 대하여만 파일공유를 허용하는 방식)에 의한 저작권 등 침해방지 조치를 취하고 있는 P2P 서비스가 이미 상용화되어 있다}, 저작인접권 등을 침해하는 파일공유 행위가 서비스제공자의 관여 없이 이용자들 사이에 이루어진다는 사정을 고려하여 저작권법에서 정하고 있는 바와 같이 일정한 요건하에 P2P 서비스제공자들의 책임을 감면해 주는 것은 별론으로 하고, P2P 서비스에 있어서 저작인접권 등 법에서 정하는 권리에 대한 보호의 정도를 달리할 것은 아니므로, P2P 서비스에 있어서는 개념논리적으로 저작권 등의 보호를 위한 기술적 조치로는 '소극적 필터링 방식'을 전제로 한다고 볼 수 없다』고 결정하여 음반제작자들의 가처분신청을 인용하였다.

2. '토토디스크' 사건 (인천지방법원 2011. 2. 11. 선고 2010가합9524 판결)

인천지방법원은 저작권신탁관리업체가 토토디스크를 상대로 저작권침해를 원인으로 제기한 손해배상청구소송에서 『이용자들이 정보통신망을 통하여 저작물 등을 복제 또는 전송할 수 있도록 하는 서비스를 제공하는 온라인서비스제공자의 경우, 이용자들 사이에 디지털 파일 형태의 저작물이 무단으로 유통함에 따른 저작물침해가 이루어질 가능성은 언제든지 존재하고 있어 모든 형태의 온라인서비스제공자가 획일적으로 이용자들의 저작권 침해행위에 대한 방조책임을 부담한다고 할 수는 없으나, 운영자가 그 서비스를 제공하는 과정에서 이용자들의 파일공유 및 교환행위에 관여할 수 있는지 여부와 그 방식 및 정도, 저작인접권의 침해행위에 대한 운영자의 인식 여부와 그에 따른 권리보호조치의 내용 및 정책, 그 서비스가 파일공유 기능 외에 이용자들의 저작권침해행위를 용이하게 하는 다른 기능을 제공하고 있는지 여부, 운영자가 이용자들의 저작권침해행

위로부터 이익을 얻을 목적이 있는지 여부 등 구체적 사정을 살펴보아, 운영자가 이용자들의 파일공유 등으로 인한 저작권 침해행위를 미필적으로나마 인식하고 있으면서 이를 용이하게 할 수 있도록 도와주거나 이러한 침해행위에 도움을 주지 않아야할 주의의무가 있음에도 이를 위반하는 경우 온라인서비스제공자의 방조책임이 인정된다고 할 것이다.

그런데 다음 사정, 즉 ① 이 사건 서비스가 제공하는 저장공간의 용량은 무제한이나 저장기간은 15일에 불과하므로 이 사건 서비스의 주된 목적은 피고의 주장과 같이 단순히 이용자들이 개인적인 용도로 파일을 장기간 보관할 수 있도록 대용량의 저장공간을 제공하는 데에 있는 것이 아니라 이용자들이 그러한 저장공간을 이용하여 파일을 대량으로 교환하도록 하는데 있는 것으로 보이는 점, ② 피고는 이 사건 서비스 이용자들이 자료를 다운로드받기 위해서는 '****'라는 사이버머니를 구입하여 이를 지불하도록 하고 있고, 자료를 업로드한 이용자에게는 '****'라는 사이버머니를 지급하는 방식으로 이 사건 사이트를 운영하고 있는바, 이는 이른바 '헤비 업로도'(Heavy Uploadcr, 대량의 저작권침해 파일을 업로드하는 행위를 하는 사람)들에게 경제적 이득을 주어 이 사건 사이트 안에 대량의 저작권 침해 파일을 축적하게 한 후 이를 다시 이용자들이 유료로 다운로드 받게 함으로써 수익을 얻는 것으로서, 피고는 영리를 목적으로 저작권 침해파일의 공유를 조장하는 사업 모델을 채택하고 있는 것으로 보이는 점, ③ 이 사건 서비스를 통하여 이용자들이 업로드, 다운로드하는 대용량의 자료 중 영화·TV방송·음악 등의 저작권 침해 파일이 상당부분을 차지하고 있는 점, ④ 피고는 이 사건 프로그램에서 검색기능을 제공하여 다른 이용자들이 공개로 업로드한 자료 전체를 검색하여 저작권침해의 음원파일을 손쉽게 찾을 수 있도록 하고 있는 점, ⑤ 피고는 이 사건 프로그램에 저작권침해 경고문구를 게시하고, 저작권 침해 적발시 제재하는 ****제도 및 실시간 모니터링을 시행하여 불법콘텐츠를 삭제하는 등 저작권 보호조치를 취하고 있다고 주장하나 이 사건 서비스의 이용실태 등에 비추어 볼 때 위와 같은 조치 등은 저작권침해에 대한 유효한 방지수단이 될 수 없음이 분명하며 보다 근본적인 기술적 통제수단이 요구되는 점, ⑥ 이 사건 서비스와 같은 웹스토리지 방식에 의한 파일공유 서비스는 온라인서비스제공자가 중앙 서버를 관리하고 있어 업로드된 파일에 대하여 저작권침해를 방지하기 위한 기술적 통제가 가능하다고 할 것인데, 피고가 저작권침해를 방지하기 위하여 시행하였다고 주장하는 기술적 수단들이 불완전한 상태인 점등을 종합하여 보면, 피고는 이 사건 서비스 이용자들에 의하여 저작권 침해행위가 발생하고 있다는 사정을 적어도 미필적으로 인식하고 있으면서도 이를 용이하게 할 수 있도록 도와준 것으로 보이므로, 특별한 사정이 없는 한 피고는 이 사건 서비스 이용자들의 저작권 침해행위에 대한 방조책임을 면할 수 없다』고 판시하였다.

3. '영화파일 공유형 웹스토리지' 사건 (서울고법 2011. 1. 11. 선고 2009노723 판결)

서울고등법원은 웹하드 사이트 운영자들이 저작권법위반죄로 기소된 사안에서 이들의 저작권법위반방조 책임을 인정하면서 피고인들의 '기술적 조치를 모두 취하였으므로 면책된다'는 주장에 대하여 다음과 같이 판시하였다.

『피고인들이 취한 기술적 보호조치는 소위 '금칙어 설정' 또는 '해쉬값 등록·비교'를 통한 필터링 방식으로, 위 방식은 비교적 적은 비용으로 많은 자료를 빠르게 처리할 수 있는 장점이 있으나, 다음과 같이 저작재산권 침해행위를 확실하게 방지할 수 없다는 단점이 있다.

먼저 금칙어 설정의 경우, ① 영화제목에 점(.)을 찍거나 영화제목의 일부분만 입력(예를 들어 '세븐데이즈'의 경우 '세븐데'만 입력)하는 것만으로도 대부분의 사이트에서 아무런 제한 없이 다운로드 가능하다(각 사이트별 금칙어 설정으로 인한 구체적인 필터링 현황은 아래에서 보는 바와 같다). ② 나아가 대부분의 피고인들은 웹스토리지 서비스 제공 사이트에 업로드 되어 있는 자료들 중 '게시판'에 업로드 되어 있는 자료들에만 국한하여 금칙어를 설정하여 두었다(즉 클럽, 블로그 등의 형태로 운영되고 있는 사이트들의 클럽, 블로그 등에는 금칙어 검색, 다운로드 제한기능이 전혀 설정되어 있지 않다). ③ 또한 위와 같은 조치는 이미 업로드되어 있는 자료를 대상으로 이루어진 것이므로, 이용자들이 자료를 업로드하는 과정에서는 금칙어로 인한 제한조치의 영향을 전혀 받지 않았다.

다음으로 해쉬값 등록·비교의 경우, ① 해쉬값은 해쉬함수[23]를 적용하는 입력데이터에 1bite의 차이만 있어도 해쉬값이 다르게 나오도록 고안되어 있는 관계로 동일한 영화 파일에 대한 수많은 변형파일이 존재할 수 있는바, 예를 들어 원본 영상파일을 화질의 높고 낮음을 다르게 설정하여 인코딩(재구성)할 경우 원본 영상파일과 인코딩된 파일의 해쉬값이 당연히 다르게 되고, 원본 영상파일의 앞이나 뒷부분을 조금(10초 분량 정도)만 삭제해도 그 파일은 원본 영상파일과 당연히 해쉬값이 다르게 되어 해쉬값을 통해 그 원본 영상파일과의 동일성 여부를 확인하는 것은 사실상 제 기능을 할 수 없다. ② 나아가 피고인들이 저작재산권자의 저작권 보호요청이 있는 파일을 삭제하더라도 동일한 해쉬값의 파일이 서버에 다시 저장이 되는 경우에는 사이트의 관리자가 직접 파일 검색을 하여 삭제하지 않으면 서버에 저장된 영화파일이 삭제되지 않고 그대로 검색과 다운로드가 가능하다.

피고인들이 사용한 기술적 보호조치에 위와 같이 많은 한계가 있는 점, 그리고 비록 비교적 많은 비용이 소요되기는 하나 '업로드 단계에서부터 이용자가 저작재산권을 보유한 것으로 확인되는 영화파일만 업로드할 수 있도록 통제하는 방식' 또는 '영화의 원본파일이 가지고 있는 고유한 특성(소위 '영상물 DNA '라고 함)을 이용하여 저작물을 인식·차단하는 기술을 이용하는 방식', '웹스토리지 업체에서 파일명, 확장자명, 파일용량 등을 직접 모니터링하는 방식' 등 저작재산권 침해행위를 보다 확실하게 방지할 수 있는 대안적인 방법이 있었던 점 등의 사정을 종합하면, 피고인들이 앞서 본 '금칙어 설정' 또는 '해쉬값 등록·비교'를 통한 필터링 방식의 기술적 보호조치를 취하였다는 사실만으로는 웹스토리지 서비스 이용자들의 저작재산권 침해행위를 방지하거나 중단시키기 위하여 필요한 노력을 다하였다거나 그 저작재산권 침해행위를 완전히 방지하거나 중단시키는 것이 기술적으로 불가능하였다고 보기 어렵고, 달리 이를 인정

23) Hash function, 컴퓨터 암호화 기술의 일종으로 요약함수(要約函數)·메시지다이제스트함수(message digest function)라고도 한다. 주어진 원문(原文)에서 고정된 길이의 의사난수(疑似亂數)를 생성하는 연산기법으로서 해쉬 수를 적용해서 생성된 값이 '해쉬값'이다.

할 만한 증거가 없다. 따라서 피고인들의 행위가 저작권법 제102조의 요건을 충족하였다고 인정하기 어렵다』

4. 판례의 태도

OSP의 민, 형사 책임에 대한 위 판결을 살펴보면, 법원은 '특수한 유형의 온라인서비스'에서는 단순히 저작물의 복제·전송이 가능한 정도에 그치는 보통의 온라인서비스에 비하여 저작권 침해행위가 발생할 위험성이 훨씬 높고, 운영자들도 이러한 사정을 충분히 인식하고 있다고 할 것이어서 이러한 유형의 OSP에게 서비스를 통해 이용자들에 의한 저작권 침해행위가 발생하거나 계속되지 않도록 하여야 할 법적인 작위의무를 인정하고 있다.

그리고 위 작위의무를 전제로 할 경우 현재의 기술 수준 및 사회통념 등에 비추어 기대 가능한 수준에서, 저작권 침해행위가 되는 복제·전송을 선별하여 방지하거나 중단할 수 있는 기술적 조치 등 필요한 조치를 하여야 하는 바 이를 위반하면 OSP의 방조책임을 인정하고 있다.

특수한 유형의 OSP에게도 저작권법 제102조의 일반적인 면책규정이 적용되지만 특수한 유형의 OSP에게 적용되는 저작권법 제104조는 책임을 경감해 주기 위한 규정이 아니라 일반적인 OSP에 비하여 위 유형의 OSP에게 가중된 의무를 추가로 부과한 것이므로 소극적 필터링 방식만으로는 면책이 인정되지 않는다고 판단하고 있다.

5. 참고판례 – OSP책임에 대한 최신 미국판결(Viacom v. Google 사건)[24)]

저작권자들과 인터넷기업들의 대리전으로 오랫동안 관심을 끌어오던 Viacom v. Google 사건의 판결이 2013. 6. 24. District Court of Southerrn Distirct of New York에서 선고되었다. 동영상 사이트 YouTube에 게시된 영화, 드라마 등에 대한 저작권 침해문제를 놓고 미국 굴지의 미디어 기업 Viacom(ABC－TV, Paramount 영화사 등 소유)은 YouTube의 모회사인 Google을 상대로 저작권침

---

24) OSP의 책임에 대한 최신 미국판결(Viacom v. Google 사건), 2010. 11. 12. 법무법인 세종

해 소송을 제기했고, 이에 미국 District Court of Southerrn Distirct of New York은 이를 기각하는 내용의 Summary Judgment를 내렸다. 미국 소송법에서 Summary Judgment는 사실관계에 대한 심리 없이 법원이 특정 쟁점 또는 전체 사건에 대한 법률적 견해를 밝히는 일종의 중간 판결을 의미하는데, 이것이 중요 쟁점에 관한 것일 경우에는 실질적으로 사건의 승패를 결정하게 된다.

위 판결에서 Viacom은 "Viacom의 승인없이 YouTube에 게시된 Viacom 저작물들의 조회수가 수억 이상에 달하고 있는 상황에서 YouTube는 저작권 침해 행위를 실제로 인지하고 있으며, 침해 행위가 명백히 벌어지고 있다는 사실 또는 정황을 인식하고 있음에도 불구하고 아무런 조치도 취하지 않고 있다"고 주장하였고, Google(YouTube)은 DCMA에 규정된 지정 대리인을 두어 그러한 게시물을 적법하게 처리하고 있다고 주장하였다. 이에 법원은, "저작권 침해행위가 만연하여 있다는 사실에 대한 일반적 인식으로는 부족하다"며, 실제 Viacom이 2007. 2. 2. 자신의 저작권을 침해하고 있다고 주장하며 100,000개의 게시물 삭제를 요구하자 바로 다음 영업일에 YouTube가 이를 모두 자신의 웹사이트에서 삭제하였다는 사실을 예로 들며 DMCA 상의 저작권 보호제도[25)]가 적절히 운용되고 있다고 판시하였다.

그동안 저작권자의 권리보호와 IT기업의 영업활동보호라는 긴장관계를 놓고 수없이 많은 논의가 있었으며, 이번 Viacom v. Google 사건 이전에도 비슷한 취지의 판례들이 다수 있었다. 물론 상급 법원의 판결을 기다려야 하겠지만, 이

---

25) 이 판결에서 Google(YouTube)의 방어수단이 된 DMCA의 Safe Harbor 조항이란, OSP들이 다음과 같은 조건을 갖춘 경우라면 원칙적으로 제3자의 법령위반행위에 대해서 책임이 없다는 내용이다.

(A) (i) OSP가 시스템의 게시물 등이 법령을 위반하고 있음을 실제로 인지하지 못하였거나, (ii) 그러한 법령위반행위가 명백히 일어나고 있다는 사실 또는 정황을 인식하지 못하였거나, 또는 (iii) 그러한 사실 또는 정황을 실제로 인지하거나 인식한 경우라도 해당 게시물을 신속히 삭제하거나 접근을 차단하여야 한다.

(B) OSP가 해당 법령위반행위를 통제할 권한과 능력이 있는 경우, 그러한 행위로 인해 직접적인 금전적 이익을 얻지 않아야 한다.

(C) 법령위반행위가 있다는 통지가 있는 경우, 이를 대응하여 법령위반으로 인정되거나 의심되는 해당 게시물을 신속히 삭제하거나 접근을 차단하여야 한다.

다만, OSP가 위와 같은 조항에 의해 보호받으려면 법령위반 통지업무 수행을 위한 지정대리인을 반드시 두어야 한다.

번 판결은 OSP가 법률상 규정된 저작권 보호조치 이상의 조치를 할 의무가 없음을 다시 한번 선언한 것이고, 이는 인터넷 업체들의 요구사항을 적극적으로 받아들인 결과라고 해석된다.

Ⅳ. 결 어

콘텐츠 산업의 발전토대로써 저작권 주장은 계속 확대되고 있으며, 결국 이것은 저작권 침해에 따른 위험과 비용을 누가 부담하는지의 법경제학적 문제로 귀결된다. 또한 계속 발전하는 인터넷 환경에서 OSP들이 부담해야 할 침해방지의 구체적인 의무는 그 서비스 형태별로 더욱 세분화될 수밖에 없고, 소송에 있어서는 최신기술을 반영한 권리침해방지 정책을 수립하여 집행하였는지에 대한 입증이 문제될 것이다.

현재 저작권법이 OSP에 대한 규제가 강화되는 방향으로 개정되고 있으나, OSP들이 '기술적 불가능'에 의한 면책을 받기 위한 '기술적 조치'의 범위가 어디까지인지는 저작권법 시행령 제46조와 같이 추상적인 분류를 해둔 것이 유일한 기준일 뿐 명확한 가이드라인이 없다. OSP에게 제3자의 위법행위에 대한 법적 책임을 과도하게 요구하는 것은 바람직하지 아니하고, 사전에 저작권 침해행위를 방지 또는 감소시키기 위해 OSP가 현실적으로 가능한 합리적인 수준의 기술적 조치를 할 의무를 이행할 수 있도록 보다 구체적인 규정을 마련하는 것이 바람직할 것으로 판단된다.

참고문헌

김병일, 기술적 보호조치와 부정경쟁, 디지털재산법연구, 제1권 제2호, 2002.

_____, 인터넷상 저작물 불법유통에 대한 규제방안, 법학논총, 단국대학교 법학연구소, 2009.

김현철, 2009년 4월 통과된 개정 저작권법의 주요 내용, 저작권문화, 제177호, 2009.

박준석, 인터넷서비스제공자의 책임, 박영사. 2006.

오승종·최진원, P2P 사업자의 필터링과 OSP책임제한, 홍익법학 제9권 제1호, 홍익대학교 법학연구소, 2008.

이대희, 한미자유무역협정의 쟁점 및 전망, 계간저작권 제78호, 2007.

_____, 한미자유무역협정의 쟁점 및 전망, 계간저작권 제78호, 2007.

이성우, OSP의 면책사유에 대한 검토, 경성대학교 법학연구소, 2009.

최상필, 그록스터 사건에 대한 미 연방대법원의 최종 판단과 온라인서비스제공자의 불법행위책임, 재산법연구 제22권 제2호. 2005.

OSP의 책임에 대한 최신 미국판결(Viacom v. Google 사건), 2010. 11. 12. 법무법인 세종.

10

업무상배임과 상호저축은행법위반의 죄수관계*

홍 완 희**

Ⅰ. 판결의 개요

1. 대상판결 1

가. 사실관계

○ 비둘기 상호저축은행 대표이사인 갑은 부동산시행사업을 하는 을을 알게 되어 친분을 쌓았다. 을은 자신이 시행하는 사업을 위하여 갑에게 비둘기 저축은행으로부터 대출을 받을 수 있게 도와달라고 하였다. 갑은 을이 시행하는 사업에 대하여 제대로 검토하지도 않은 채 을이 대표이사로 있는 사마귀 건설에 30억 원을 대출하여 주었다. 을은 사업을 진행하다 추가로 대출이 필요하게 되자 다시 갑에게 대출을 부탁하였다. 한편 비둘기 저축은행의 동일인 대출한도[1]는 30억 원으로, 사마귀건설의 명의로는 추

* 이 논문은 제128회 영남형사판례연구회(2011.12.26.)에서 발표되었음.
** 현 서울중앙지검 강력부.

1) 상호저축은행법 제12조(개별차주 등에 대한 신용공여의 한도) ① 상호저축은행은 개별차주에게

가로 대출을 받을 수 없게 된 을은 친구인 병의 명의를 빌려 병을 대표이사로 하는 메뚜기 건설을 설립하여 메뚜기건설 명의로 다시 30억 원을 대출받았다. 을은 2004.경부터 2008.경까지 사이에 위와 같은 방법으로 새로 법인을 설립하거나 지인들로부터 명의를 빌려 합계 900억 원을 대출받았다. 갑은 그 과정에서 을이 시행하는 사업에 대한 사업성 검토 등을 전혀 하지 않았다.

○ 한편 금융감독원은 비둘기 저축은행에 대하여 정기검사 과정에서 사마귀 건설, 메뚜기 건설, 쌍칼 건설, 일수꾼 건설에 대한 대출은 모두 사마귀 건설이 다른 회사들의 명의를 빌린 사실을 밝혀내고 검찰에 고발하였고, 검찰은 갑을 동일인 한도 초과 대출로 인한 상호저축은행법위반으로 기소하여 징역 6월에 집행유예 2년을 선고받아 확정 되었다. 금융감독원은 위 회사들이 동일인 관계에 있음을 밝혀내었으나 을이 사실상의 운영자임은 밝혀내지 못하였다. 금융감독원은 그 이후에도 비둘기 저축은행에 대한 검사 과정에서 을이 명의를 빌려 설립한 감수성 주식회사, 아메리카노 개발, 옹달샘 건축 등이 동일인 임을 밝혀내어 검찰에 고발, 벌금이 선고되어 확정되기도 하는 등 을과 관련된 동일인 대출한도 초과를 300억 원 가량 밝혀내어 고발하였고, 벌금이나 집행유예가 선고되어 확정되었다.

○ 을은 누적 대출금 900억 원을 갚지 못하였고, 비둘기 저축은행은 을에 대한 대출금 회수가 불능이 되는 등 경영상태가 악화되어 영업정지 처분을 받게 되었다. 그 과정에서 검찰은 비둘기 저축은행이 을을 포함한 여러 명에게 제대로 대출심사를 하지 않고 부실대출을 한 사실을 밝혀내어 을과 관련하여 모두 900억 원을 부실대출한 부분에 대하여 업무상배임죄, 600억 원 가량을 동일인 한도를 초과하여 대출한 부분에 대하여 상

해당 상호저축은행의 자기자본의 100분의 20 이내에서 대통령령으로 정하는 한도를 초과하는 신용공여를 할 수 없으며, 금융위원회가 정하는 바에 따라 연결 재무제표를 작성하여야 하는 계열관계에 있는 상호저축은행(이하 "동일계열상호저축은행"이라 한다)의 개별차주에 대한 신용공여 합계액은 연결 재무제표에 따른 자기자본의 100분의 20 이내에서 대통령령으로 정하는 한도를 초과할 수 없다.

호저축은행법위반죄로 기소하였다.

나. 원심법원 및 대법원의 판결내용

○ 판결이 확정된 위 상호저축은행법위반죄의 범죄사실(위 사례에서의 300억원 가량 부분)은 이 부분 업무상배임의 공소사실과 그 기초가 되는 사회적 사실관계가 기본적인 점에서 동일할 뿐 아니라 동일한 대출행위에 대한 서로 다른 법적평가로서 형법 제40조에 정해진 상상적 경합관계에 있다 할 것이다. 따라서 위 확정판결의 효력은 이 부분 공소사실에도 미친다 할 것이므로, 결국 피고인에 대한 이 부분 공소사실에 대하여는 확정판결이 있은 때에 해당하여 형사소송법 제326조 제1호에 의하여 면소판결을 선고하여야 할 것이다(부산고등법원 2010. 9. 30. 선고 2010노352 판결).

○ 동일인 대출한도 초과대출 행위로 인하여 상호저축은행에 손해를 가함으로써 상호저축은행법 위반죄와 업무상배임죄가 모두 성립한 경우, 그 두 죄는 형법 제40조 소정의 상상적 경합관계에 있다 할 것이고, 형법 제40조 소정의 상상적 경합관계의 경우에는 그 중 1죄에 대한 확정판결의 기판력은 다른 죄에 대하여도 미친다(대법원 2011. 2. 24. 선고 2010도13801 판결).

2. 대상판결 2

가. 사실관계

○ 봉숭아 상호신용금고(상호저축은행의 예전 명칭) 대표이사 겸 대주주 정은정이 위 금고의 주식을 인수하면서 생긴 채무를 변제하기 위하여 금고로부터 대출을 받기로 마음먹었다. 그런데 상호신용금고법에서는 출자자 등 특수 관계인에 대해서는 대출을 금지하고 있으므로,[2] 정은 주주가 아닌

2) 상호저축은행법(구 상호신용금고법도 같은 내용임) 제37조(대주주등에 대한 신용공여 등의 금지) ① 상호저축은행은 다음 각 호의 어느 하나에 해당하는 자(이하 "대주주등"이라 한다)에 대하여 신용공여 및 예금 등을 하거나 가지급금을 지급하지 못하며, 대주주등은 상호저축은행으로부터 신용공여 및 예금 등을 받거나 가지급금을 받지 못한다. 다만, 대주주등에 대한 자금지원의 목적이 없는 것으로서 대통령령으로 정하는 예금 등과 채권의 회수에 위험이 없거나

다른 사람의 이름을 빌려 대출을 받기로 하였다. 정은 정우성, 이지아, 서태지 등 다른 사람 명의로 대출을 신청하였고, 봉숭아 금고는 대출신청인들에 대하여 적절한 대출심사를 하지 않고 50억 원 가량을 대출해 주었다. 검찰은 정을 구 상호신용금고법위반죄, 업무상배임죄 등으로 기소하였다.

나. 대법원의 판결내용

○ 형법상의 업무상배임죄에 대한 가중처벌규정인 특정경제범죄가중처벌등에관한법률 제3조 제1항 제2호 위반죄는 업무상 임무에 위배하는 행위로서 재산상 이익을 취득하거나 제3자로 하여금 이를 취득하게 하고 본인에게 손해를 가한 것을 그 구성요건으로 하여 타인의 재산권을 그 보호법익으로 하고 있는데 반하여, 출자자대출에 의한 구 상호신용금고법 제39조 제4항 제6호 위반죄는 같은 법 제37조 소정의 출자자 등에 대한 대출 자체를 구성요건으로 하고 상호신용금고의 건전한 운영을 그 보호법익으로 하고 있어, 그 구성요건과 보호법익을 달리하므로, 특정경제범죄가중처벌등에관한법률 제3조 제1항 제2호, 형법 제356조 위반의 죄와 출자자대출에 의한 구 상호신용금고법 제39조 제4항 제6호, 제37조 위반의 죄는 법률상 1개의 행위로 평가되는 경우에 해당하지 않으므로 양 죄를 상상적 경합관계로 볼 것이 아니라 실체적 경합관계로 봄이 상당하다 할 것이다(대법원 2002. 4. 12. 선고 2001도6323 판결).

Ⅱ. 판례검토

1. 문제의 소재

○ 1개의 행위가 수개의 죄에 해당하는 경우를 상상적 경합이라고 한다. 형법은 상상적 경합에 대하여 "1개의 행위가 수개의 죄에 해당하는 경우에

직원의 복리후생을 위한 것으로서 대통령령으로 정하는 신용공여의 경우는 제외한다.

는 가장 중한 죄에 형으로 처벌한다."고 규정하고 있다(제40조). 상상적 경합이 일죄인가 수죄인가에 대해서는 견해가 대립되고 있는데, 상상적 경합은 실질적으로는 수죄이지만 과형상의 일죄라는 것이 지배적인 견해이다. 상상적 경합의 본질이 실질상의 수죄이지만 과형상의 일죄라는 점은 소송법적 효과에서 명백히 드러난다. 상상적 경합관계에 있는 수개의 죄 중에서 어느 죄에 관하여 확정판결이 있는 때에는 그 전부에 대하여 기판력이 미치고,[3] 그 일부에 대하여 공소의 제기가 있는 때에도 전체에 대하여 효력이 미친다고 한다.

○ 상호저축은행법 제12조는 개별차주에게 신용공여(대출)를 할 수 있는 한도를 정해놓은 후 그 한도를 넘는 대출을 금지하고 있고, 같은 법 제37조는 대주주에 대한 대출을 금지하고 있다. 실제로는 이를 회피하기 위하여 다른 사람의 명의를 빌려 법인을 설립하거나, 차명으로 대출을 신청한다. 이 경우 그러한 대출 자체만으로 상호저축은행법위반으로 처벌을 받게 되고,[4] 위와 같은 대출이 대출규정 위반, 담보미확보 등 부실한 대출심사를 거쳐 대출이 실행되는 경우 업무상배임이 인정되기도 한다. 동일인 한도초과 대출 또는 대주주등에 대한 대출에 대한 수사 단계에서는 대부분 변제기한이 도래하지 않은 상태로, 대출금 회수가 문제되는 경우가 거의 없어 부실 대출에 대한 수사가 진행되는 경우가 많지 않다. 그런데 업무상배임의 경우 이득액이 50억 원 이상이면 무기 또는 5년 이상의 징역, 이득액이 5억 원 이상 50억 원 미만인 때에는 3년 이상의 유기징역이 가능한 반면 동일인 한도초과 대출에 의한 상호저축은행법위반의 경우 1년 이하의 징역 또는 1,000만 원 이하의 벌금이, 대주주등에 대한 대출에 의한 상호저축은행법위반의 경우 5년 이하의 징역 또는 5,000만 원 이하의 벌금형이 규정되어 있다. 위 사례에서 갑이 300억 원을 을에게 부실대출하여 업무상배임죄를 범한 부분에 대해서 무기 또는 5년 이상의 징역에 해당하는 죄임에도 갑은 면소 판결을 받았다.

3) 대법원 2007. 2. 23. 선고 2005도10233 판결.
4) 보통 금융감독원의 정기 검사에서 이러한 사실이 적발되고, 검찰에 고발되어 처벌받게 된다.

○ 대법원은 유사한 위 두 사례에서 동일인 대출한도 초과 대출이 부실대출이 되어 업무상배임이 성립하는 경우 상호저축은행법위반죄와 업무상배임죄는 상상적 경합이 된다고 판시한 반면, 대주주 등에 대한 대출이 부실대출이 되어 업무상배임이 성립하는 경우 구 상호신용금고법위반죄와 업무상배임죄는 실체적 경합이 된다고 판시하였다. 동일인 대출한도 초과대출이나 대주주 등에 대한 대출 모두 실제로 대출을 받는 사람이 누구인지 숨기기 위하여 다른 사람의 명의를 빌려서 대출을 신청하는 점이나, 그 대출이 부실대출인지 별도로 따져보아야 한다는 점 등을 감안하면 위 두 판결의 결론은 서로 상충되는 면이 있다고 할 것이다.

○ 아래에서는 우선 동일인 대출한도를 초과한 대출에 의한 상호저축은행법위반죄와 업무상배임죄의 죄수 관계는 어떠한지를 살펴보고, 나아가 상상적 경합관계에 있는 수개의 죄 중에서 어느 죄에 관하여 확정판결이 있는 때에는 그 전부에 대하여 기판력이 미친다는 이유로 후행 기소에 대하여 면소 판결을 하는 것이 과연 정당한지에 대해서 살펴보고자 한다.

2. 상상적 경합의 요건에 대한 학설과 판례 검토

가. 전통적 견해

1) 행위의 단일성

○ 행위자는 1개의 행위에 의하여 수개의 죄를 범해야 한다. 1개의 행위는 법적인 개념으로, 구성요건적 행위가 하나임을 의미한다고 하는 견해[5]와 법적 평가를 떠나 사회 관념상 행위가 사물자연의 상태로서 1개로 평가되는 것을 의미한다는 견해가 있다. 대법원은 1개의 행위라 함은 법적 평가를 떠나 사회 관념상 행위가 사물자연의 상태로서 1개로 평가되는 것을 의미한다고 한다.[6]

○ 구성요건적 실행행위가 완전히 같은 때에는 행위의 완전동일성이 인정되

---

5) 이재상, 형법총론(신정판), 박영사, 1995, 477쪽.

6) 대법원 2007. 2. 23. 선고 2005도10233 판결 등.

어 1개의 행위라고 할 수 있다. 학설은 실행행위의 부분적 동일성이 인정되어도 1개의 행위가 된다고 한다.[7] 따라서 결합범 또는 결과적 가중범에 있어서 실행행위의 일부가 같으면 상상적 경합이 인정(현주건조물에 방화하여 사람을 살해하거나 상해한 때에는 현주건조물방화치사죄와 살인죄 또는 현주건조물방화치상죄와 상해죄의 상상적 경합)된다. 이 견해에 따르면 위조사문서행사죄와 사기죄는 문서의 행사가 사기죄의 구성요건적 행위의 일부분을 이루고 있으므로 상상적 경합이라고 해야 하나 대법원은 이를 경합범으로 보고 있다.[8]

2) 수개의 죄

○ 1개의 행위는 수개의 죄에 해당해야 한다. 즉 1개의 행위가 수개의 구성요건에 해당하여야 한다.

나. 최근의 견해

1) 죄수론과 경합론의 구별[9]

○ 우리나라의 전통적인 견해는 한 명의 행위자가 행한 범죄의 수가 1개인가 아니면 여러 개인가의 문제와 여러 개인 경우의 처벌문제를 구분하지 않고 죄수론으로 부르거나 경합론으로 불리기도 하지만 죄수를 판단하는 문제영역인 죄수론과 여러 개의 범죄가 성립한 경우의 처벌문제인 경합론은 구별하는 것이 타당하다고 한다. 죄수론은 인간의 행위가 형법이 보호하려고 하는 법익을 침해하고 있는지, 침해하고 있다면 그 형태는 어떠한지 등을 구성요건과의 해석학적 연관을 통해 밝히는 범죄론의 마지막 영역이고, 경합론은 수죄가 성립하는 경우에 그 행위가 하나인지 아니면 여러 개인지를 분명히 하여 선고형의 전제가 되는 합리적인 처단형을 정하기 위한 논의이므로, 형벌론의 영역에 속한다는 것이다.

○ 하나의 행위로 수죄를 저지른 사람과 다수의 행위로 수죄를 저지른 사람

---

7) 이재상, 위의 책, 478쪽.

8) 대법원 1981. 7. 28. 선고 81도529 판결; 대법원 1991. 9. 10. 선고 91도1722 판결 등. 위조사문서행사죄와 사기죄가 왜 경합범인지에 대한 이유는 기재되어 있지 않다.

9) 윤동호, “형법 제40조 ‘1개의 행위’의 의미와 범주”, 형사법연구 제26호, 2006, 302쪽, 민영성 · 차정인, “죄수론의 재검토”, 부산대학교 법학연구 제48권 제1호, 2007, 683쪽.

을 동일하게 처벌하는 것은 불합리한 것일 뿐만 아니라 형평에도 어긋나기 때문이고, 여기에는 동일한 양형요소를 중복해서 고려해서는 안 된다는 양형론의 이중평가금지원칙이 담겨있다. 경합판단은 죄수판단에서 중복하여 평가한 구성요건적 불법과 책임을 이중평가금지라는 양형원칙을 따라 사후적으로 제거하여 합리적으로 처벌하려는데 그 목적이 있다. 따라서 경합판단도 행위와 구성요건과의 해석학적 관점을 출발점으로 하지만, 이에 전적으로 구속되는 것은 아니며, 합목적적 관점을 개입시킬 수 있다고 한다.[10)]

2) 죄수의 선판단

○ 상상적경합의 요건을 검토하는 방식으로 먼저 행위단일성판단을 한 후에 죄수를 판단하는 것과, 죄수를 판단한 후에 수죄인 경우에만 행위단일성 여부를 검토하는 것이 있다. 죄수판단이든 경합판단이든 모두 인간의 행위를 대상으로 하므로, 그 대상을 먼저 확정해야하므로 행위단일성을 먼저 확정하는 것이 논리적일 수 있으나 행위단일성이 인정된 다수의 형벌법규 침해행위가 일죄로 평가되면 불필요한 행위단일성판단을 한 것이 될 수 있고, 죄수판단에 비해 행위단일성판단이 더 어려운 작업이므로 죄수판단을 우선하는 것이 더 합리적이라고 할 것이다.[11)]

3) 1개의 행위의 판단기준

○ 자연적 행위가 수죄의 구성요건 사이에서 완전히 공통되면, 구성요건적 관점에서 실행행위가 완전히 동일하여 행위단일성이 인정되고, 자연적 행위가 수죄의 구성요건 사이에서 부분적으로 공통되어 구성요건적 관점에서 실행행위가 부분적으로만 동일한 경우에도 행위단일성을 인정할 수 있겠다. 그러나 대법원은 공무원인 의사가 공무소명의로 허위진단서를 작성해 준 대가로 금품을 수수한 경우에 허위공문서작성죄와 부정처사후수뢰죄가 성립하고 두 죄는 실체적 경합관계에 있다고 하였다.[12)] 부정처

10) 아래에서 합목적적 관점의 개입 가능성을 토대로 상상적경합의 소송법적 효과에 대하여 살펴보고자 한다.
11) 같은 취지 윤동호, 위의 논문, 305쪽.
12) 대법원 2004. 4. 9. 선고 2003도7762 판결.

사의 내용이 허위공문서작성이라는 점에서 실행행위의 부분적 동일성이 인정된다고 할 수 있어 학설과 그 판단이 다르다.

○ 구성요건적 관점에서 실행행위의 단일성이 부정되는 다수의 자연적 행위가 시간적·장소적 밀접성 아래 내적으로 긴밀히 연관된 경우에는 합목적적 관점에서 이른바 '합목적적 행위단일성'을 인정할 수 있다고 한다.[13] 이 견해에 따르면 다수의 자연적 행위가 목적과 수단의 관계에 있지만 목적범의 형태로 구성요건화 하고 있지 않은 경우에는 수죄가 성립하지만 합목적적 행위단일성이 인정되어 그 수죄는 상상적 경합관계에 선다고 본다.

다. 판례의 판단기준

1) 일관된 원칙의 부재

○ 대법원 판례들을 살펴보면, 특정 사례의 경우에 적용되는 원칙들은 있지만, 죄수론 내지 경합론에 대한 근본적인 고민이나 성찰을 한 판례들을 찾아보기는 어렵다.[14] 이는 위에서 살펴본 '하나의 행위로 수죄를 저지른 사람과 다수의 행위로 수죄를 저지른 사람을 동일하게 처벌하는 것은 불합리한 것일 뿐만 아니라 형평에도 어긋나기 때문이고, 여기에는 동일한 양형요소를 중복해서 고려해서는 안 된다는 양형론의 이중평가금지원칙'이 선고 단계에서는 적용될 필요성이 거의 없기 때문이라고 생각한다. 우리나라 선고형의 대부분은 법정형의 하한(이나 그 1/2[15])에 몰려있고, 법정형의 상한(또는 상한의 1/2까지 가중된 형)이 선고되는 경우가 거의 없기 때문에 선고 단계에서 굳이 법관이 진지하게 이를 고민할 필요가 없기 때문일 것이다.

○ 그런데 이러한 원칙의 부재에서 오는 죄수 판단은 법관의 자의적인 양형을 허용하는 결과를 낳게 된다. 이는 국가 형벌권의 행사에 제약을 가져

13) 윤동호, 위의 논문, 314쪽.
14) 같은 취지 오영근, "죄수론에 관한 연구", 법학논총 제18집, 2001.
15) 작량감경의 문제점에 대해서는 허일태, "현행법상 작량감경제도의 문제점과 개선방안", 형사법연구 제22권 제2호, 2010.

오는 측면과 피고인의 인권을 침해하는 양면성을 띠고 있기도 한다.

2) 구체적 사례의 검토

○ 문서위조죄와 위조문서행사죄에 대해서 판례는 공문서, 사문서 모두에 대하여 실체적 경합 관계에 있다고 한다.[16] 이에 대하여 학설은 실체적 경합 관계에 있다는 견해, 목적과 수단의 관계에 있으므로 상상적 경합 관계에 있다는 견해, 위조는 행사에 대하여 필수적인 준비단계에 불과한 것으로 불가벌적 사전행위에 해당하므로 위조죄만 성립한다는 견해 등이 있다. 이 논의는 통화위조죄와 위조통화행사죄에도 공통된다.

○ 위조문서 또는 위조통화를 진정한 것으로 행사하여 사기죄를 범하는 경우 판례는 실체적 경합 관계에 있다고 한다.[17] 이에 대하여 학설은 행위의 부분적 동일성이 있으므로 상상적 경합 관계에 있다고 보는 견해와 실체적 경합 관계에 있다고 보는 견해가 있다.

○ 판례는 사기의 수단으로 발행한 수표가 지급거절 된 경우 부정수표단속법위반죄와 사기죄는 그 행위의 태양과 보호법익을 달리하므로 실체적 경합범의 관계에 있다고 보았다.[18] 이에 대하여 판례는 죄수판단과 경합판단을 구별하지 않으면서 경합판단을 죄수판단으로 대체한 것이거나 경합판단을 하지 않은 것으로서, 자연적 행위가 수죄의 구성요건 사이에서 전혀 공통되지 않는다고 보아서 실행행위의 동일성이 부정된다고 볼지라도, 수표발행이 사기의 수단으로 사용되었으므로 합목적적 행위단일성이 인정되어 두 죄는 상상적 경합 관계에 있다는 견해[19]가 있다.

○ 타인의 사무를 처리하는 자가 본인을 기망하여 재산상의 이익을 취득한 경우에는 종래에는 배임죄의 구성요건이 충족되어도 별도로 배임죄를 구성하는 것이 아니라고 해석하였으나,[20] 신용협동조합의 전무인 피고인이 조합의 담당직원을 기망하여 예금인출금 또는 대출금 명목으로 금원을

16) 대법원 1991. 9. 10. 선고 91도 1772 판결; 대법원 1983. 7. 26. 선고 83도1378 판결 등.
17) 위 판례들.
18) 대법원 2004. 6. 25. 선고 2004도1751 판결; 대법원 1983. 11. 22. 선고 83도2495 판결.
19) 윤동호, 위의 논문, 317쪽.
20) 대법원 1983. 7. 12. 선고 82도1910 판결.

교부받은 행위에 대하여 업무상배임행위에 사기행위가 수반된 때의 죄수 관계에 관하여, 사기죄는 사람을 기망하여 재물의 교부를 받거나 재산상의 이익을 취득하는 것을 구성요건으로 하는 범죄로서 임무위배를 그 구성요소로 하지 아니하고 사기죄의 관념에 임무위배 행위가 당연히 포함된다고 할 수도 없으며, 업무상배임죄는 업무상 타인의 사무를 처리하는 자가 그 업무상의 임무에 위배하는 행위로써 재산상의 이익을 취득하거나 제3자로 하여금 이를 취득하게 하여 본인에게 손해를 가하는 것을 구성요건으로 하는 범죄로서 기망적 요소를 구성요건의 일부로 하는 것이 아니어서 양 죄는 그 구성요건을 달리하는 별개의 범죄이고 형법상으로도 각각 별개의 장(장)에 규정되어 있어, 1개의 행위에 관하여 사기죄와 업무상배임죄의 각 구성요건이 모두 구비된 때에는 양 죄를 법조경합 관계로 볼 것이 아니라 상상적 경합관계로 봄이 상당하다고 하였다.[21)]

○ 강간의 목적으로 부녀를 감금한 후 부녀를 강간한 경우 감금죄와 강간죄는 일개의 행위에 의하여 실현된 경우로서 상상적 경합이라고 한다.[22)] 학설은 행위의 부분적 동일성이 인정되는 경우이므로 상상적 경합 관계라는 견해와 감금행위는 강간행위의 수단인 폭행 또는 협박에 해당되지 않기 때문에 실체적 경합 관계라는 견해[23)]가 있다.

○ 판례는 등록을 하지 않은 다단계업체를 이용하면서, 금전거래행위만을 한 사안에서 방문판매등에관한법률 제45조 제2항 제1호는 "누구든지 다단계 판매조직 또는 이와 유사하게 순차적·단계적으로 가입한 가입자로 구성된 다단계조직을 이용하여 상품 또는 용역의 거래없이 금전거래만을 하거나 상품 또는 용역의 거래를 가장하여 사실상 금전거래만을 하는 행위를 하여서는 아니된다."고 규정하고 있어서 그 행위 자체를 사기행위라고 볼 수는 없고, 그러한 금전거래를 통한 형법 제347조 제1항의 사기죄와

---

21) 대법원 2002. 7. 18. 선고 2002도669 전원합의체 판결. 그런데 이 판결에서는 법조경합과 상상적 경합을 나누는 죄수 판단은 하였지만, 피고인의 행위에 대하여 1개의 행위라고 하면서 경합 판단은 하지 않았다.

22) 대법원 1983. 4. 26. 선고 83도323 판결.

23) 백형구, "수죄의 실체적 경합과 상상적 경합", 인권과 정의 제361호, 2006.

방문판매등에관한법률 제45조 제2항 제1호의 위반죄(무등록영업)는 법률상 1개의 행위로 평가되는 경우에 해당하지 않으며, 또 각 그 구성요건을 달리하는 별개의 범죄로서, 서로 보호법익을 달리하고 있어 양죄를 상상적 경합관계나 법조경합관계로 볼 것이 아니라 실체적 경합관계로 봄이 상당하다고 하였다.[24] 등록되지 않은 다단계조직을 이용해서 금전거래행위만을 하였다면 실행행위의 부분적 동일성이 인정되며, 나아가 그 행위가 사기죄의 구성요건에도 해당된다면 사기행위 사이에도 부분적 동일성이 인정되어, 이들 범죄는 모두 상상적 경합관계에 선다는 견해[25]가 있다. 판례는 다단계판매조직 등을 이용하여 금전거래를 하는 행위만으로는 유사수신행위라고 볼 수 없고 나아가 장래에 출자금의 전액 또는 이를 초과하는 금액을 지급할 것을 약정할 때에 비로소 방문판매 등에 관한 법률 제23조 제2항 위반죄와 별개의 구 유사수신행위의 규제에 관한 법률 제3조, 제2조 제1호 위반죄를 구성하므로 위 각 죄는 법률상 1개의 행위로 평가되는 경우에 해당하지 않고, 그 각 구성요건과 보호법익을 달리하고 있으므로 실체적 경합관계로 봄이 상당[26]하다고 판결하고, 사기죄와 유사수신핸위의 규제에 관한 법률위반죄에 대하여는, 유사수신행위의 규제에 관한 법률 제3조에서 금지하고 있는 유사수신행위 그 자체에는 기망행위가 포함되어 있지 않고, 이러한 위 법률 위반죄와 특정경제범죄 가중처벌 등에 관한 법률 위반(사기)죄는 각 그 구성요건을 달리하는 별개의 범죄로서, 서로 행위의 태양이나 보호법익을 달리하고 있어 양 죄는 상상적 경합관계가 아니라 실체적 경합관계로 봄이 상당할 뿐만 아니라, 그 기본적 사실관계에 있어서도 동일하다고 볼 수 없다[27]고 판시하였는데, 행위의 부분동일성이 인정된다는 비판이 유효할 것이다.

3) 판례의 기준에 대한 검토

○ 대법원 판례는 죄수론과 경합론을 명확히 구분하여 판단을 하고 있지 않

24) 대법원 2000. 7. 7. 선고 2000도1899 판결.
25) 윤동호, 위의 논문, 313쪽.
26) 대법원 2010. 5. 27. 선고 2009도14725 판결.
27) 대법원 2008. 2. 29. 선고 2007도10414 판결.

지만 죄수론의 판단기준으로는 구성요건적 평가와 보호법익의 측면을 사용하고 있는 듯하다.[28] 상상적 경합 관계에서 말하는 1개의 행위의 의미에 대해서는 법적 평가를 떠나 사회 관념상 행위가 사물자연의 상태로서 1개로 평가되는 것을 의미한다고 판시하였다.[29]

○ 죄수의 판단기준에 대한 학설으로는 행위표준설, 법익표준설, 구성요건표준설, 의사표준설 등이 있으나 각각 장단점을 가지고 있다. 그런데 죄수란 범죄의 수를 의미하고 범죄는 구성요건의 내용에 의해 결정되기 때문에 범죄의 수는 기본적으로 구성요건을 기준으로 결정해야 한다[30]는 점에서, 죄수를 구성요건적 평가와 보호법익의 측면에서 판단하여야 한다는 판례의 태도는 일응 타당하다.

○ 1개의 행위를 평가하는 점에 있어서는 사회 통념은 행위의 수를 결정하는 기준이 될 수 없고, 1개의 행위의 범위를 무제한하게 확대할 따름으로 법적 개념으로 적용될 수 있는 전법률적인 사회적 행위단일성이란 있을 수 없다[31]는 면에서 판례의 태도는 받아들이기 어렵다. 결국 행위의 단일성 판단에 있어서도 구성요건적 평가와 보호법익의 측면을 고려하여야 한다.

○ 한편 판례의 기준대로 1개의 행위를 사회 관념상 행위가 사물자연의 상태로서 1개로 평가되는 것을 의미한다고 한다면 위에서 검토한 많은 사례들은 상상적 경합 관계로 판결하여야 했을 것이다. 문서행사죄와 사기죄에 있어서 사기죄의 실행행위에 위조된 문서의 행사가 포함될 것이며, 무등록다단계영업 – 금전거래행위 – 유사수신행위 – 사기 역시 사물자연의 상태에서는 1개의 행위(금전의 수취)가 부분적으로 동일하지 않다

28) 위 배임죄와 사기죄의 관계에 대한 판례는 "상상적 경합은 1개의 행위가 실질적으로 수개의 구성요건을 충족하는 경우를 말하고 법조경합은 1개의 행위가 외관상 수개의 죄의 구성요건에 해당하는 것처럼 보이나 실질적으로 1죄만을 구성하는 경우를 말하며, 실질적으로 1죄인가 또는 수죄인가는 구성요건적 평가와 보호법익의 측면에서 고찰하여 판단하여야 한다"고 판시하였는바, 이는 실체적 경합과 법조경합의 판단 기준으로도 유효할 것이다.

29) 대법원 2007. 2. 23. 선고 2005도10233 판결; 대법원 1987. 2. 24. 선고 86도2731 판결.

30) 오영근, 위의 논문, 127쪽.

31) 이재상, 위의 책, 478쪽.

고 하기 어려울 것이다. 부도수표발행과 사기죄에 있어서도 수표발행이 사기의 수단인 이상 사물자연의 상태로서 수표발행이라는 1개의 행위가 부분적으로 동일하다고 볼 수도 있겠다.

3. 업무상배임과 상호저축은행법위반 행위의 죄수 검토

가. 죄수판단

○ 구성요건적 평가와 보호법익의 측면에서 판단해 보면, 위 두 사례 모두 피고인의 행위가 업무상배임죄와 상호저축은행법위반죄에 각각 해당한다고 할 것이다.

나. 행위의 단일성

○ 부실대출에 의한 업무상배임과 상호저축은행법위반의 경우 피고인의 대출신청 – 대출결정 – 대출실행이라는 행위를 사회 관념상 1개의 행위가 부분적으로 동일하다고 평가할 수 있다.

○ 그런데 위에서 살펴본 대법원 2001도6323 판결은 업무상배임죄는 업무상 임무에 위배하는 행위로서 재산상 이익을 취득하거나 제3자로 하여금 이를 취득하게 하고 본인에게 손해를 가한 것을 그 구성요건으로 하여 타인의 재산권을 그 보호법익으로 하고 있고, 대주주 대출에 의한 상호저축은행법위반죄는 대주주 등에 대한 대출 자체를 구성요건으로 하고 상호저축은행의 건전한 운영을 그 보호법익으로 하고 있어, 그 구성요건과 보호법익을 달리하고 있다고 판시하고 있는바, 이는 다른 대법원 판례와 달리 1개의 행위를 법적인 개념으로 구성요건적 행위가 하나여야 함을 판단기준으로 하고 있는 것으로 보인다. 실제로 위 판결은 두 죄는 법률상 1개의 행위로 평가되는 경우에 해당하지 않는다고 판시하였다.

○ 그렇다면 동일인 한도초과 대출에 의한 상호저축은행법위반의 구성요건과 보호법익은 어떠한지 살펴보면, 이 죄도 개별차주에 대한 한도를 초과한 대출 자체를 구성요건으로 하고 상호저축은행의 건전한 운영을 그

보호법익으로 하고 있다고 할 수 있다.[32)]

다. 소결

○ 업무상배임죄와 상호저축은행법위반죄의 경우, 동일차주(또는 대주주)에 대한 대출이 필연적으로 부실대출로 연결되지 않는 등 구성요건과 보호법익을 서로 달리하므로 두 죄의 관계는 상상적 경합이 아닌 실체적 경합 관례로 봄이 타당하다.

4. 상상적 경합 이론에 대한 비판

가. 새로운 고찰의 필요성

○ 상상적 경합을 실체적 경합과 달리 가장 중한 형으로 처벌하는 이유는 무엇인가, 그리고 이러한 입법태도는 타당한가에 관하여 논란이 있을 수는 있지만 이에 대하여 의문을 제기하거나 입법론을 제안하는 경우는 우리나라에서 거의 없다고 한다.[33)] 실제로 상상적 경합에 관련한 규정을

32) 대법원은 "새마을금고의 동일인 대출한도 제한규정은 새마을금고 자체의 적정한 운영을 위하여 마련된 것이지 대출채무자의 신용도를 평가해서 대출채권의 회수가능성을 직접적으로 고려하여 만들어진 것은 아니므로 동일인 대출한도를 초과하였다는 사실만으로 곧바로 대출채권을 회수하지 못하게 될 위험이 생겼다고 볼 수 없다. 그리고 구 새마을금고법상 비회원에 대한 대출도 가능하고(법 제27조), 새마을금고연합회장의 승인을 얻은 경우에는 동일인에 대하여 대출한도를 초과하여 대출하는 것도 가능한 점(법 제26조의2)에 비추어 보면 동일인 대출한도를 초과하였다는 사정만으로는 다른 회원들에 대한 대출을 곤란하게 하여 새마을금고의 적정한 자산운용에 장애를 초래한다는 등 어떠한 위험이 발생하였다고 단정할 수도 없다.
　따라서 동일인 대출한도를 초과하여 대출함으로써 구 새마을금고법을 위반하였다고 하더라도, 대출한도 제한규정 위반으로 처벌함은 별론으로 하고, 그 사실만으로 특별한 사정이 없는 한 업무상배임죄가 성립한다고 할 수 없고, 일반적으로 이러한 동일인 대출한도 초과대출이라는 임무위배의 점에 더하여 대출 당시의 대출채무자의 재무상태, 다른 금융기관으로부터의 차입금, 기타 채무를 포함한 전반적인 금융거래상황, 사업현황 및 전망과 대출금의 용도, 소요기간 등에 비추어 볼 때 채무상환능력이 부족하거나 제공된 담보의 경제적 가치가 부실해서 대출채권의 회수에 문제가 있는 것으로 판단되는 경우에 재산상 손해가 발생하였다고 보아 업무상배임죄가 성립한다고 하여야 할 것이다.(대법원 2008. 6. 19. 선고 2006도4876 전원합의체 판결)"라고 하였다. 위 전원합의체 판결 전까지는 새마을금고의 동일인 대출한도를 초과한 대출에 대해서는 당연히 업무상배임죄가 성립한다고 하였다. 새마을금고법의 규정과 상호저축은행법 규정의 유사성 등을 감안하면, 상호저축은행법에서 규율하는 동일인 한도초과 대출 금지의 보호법익도 상호저축은행 자체의 적정한 운영이라고 할 수 있겠다.

33) 한상훈, "상상적 경합의 유형, 효과에 대한 재검토와 형법 제40조의 입법론", 형사법연구 제22권 제1호, 2010, 228쪽.

두고 있는 나라는 독일, 일본, 우리나라 정도이다.

○ 영미법상의 이중위험금지원칙도 재판의 최종성을 전제하여 피고인보호를 도모하는 것이므로 기판력과의 개념적 분리가 불가능하다고 한다.[34] 실체법적인 관점에서 상상적 경합의 경우 가장 중한 죄에 정한 형으로 처벌하는 것의 당위에 대한 평가는 별론으로 하고, 상상적 경합이 과형상의 일죄이므로 상상적 경합관계에 있는 수개의 죄 중에서 어느 죄에 관하여 확정판결이 있는 때에 그 전부에 대하여 기판력이 미친다는 결론이 당연하다고 무조건적으로 순응할 수 없는 이유이기도 하다. 우리나라의 상상적 경합 이론 하에서 기판력이 미치는 하나의 행위로 평가되어 면소 판결을 받을 수 밖에 없는 행위에 대하여 상상적 경합 관련 규정이 없는 영미법의 이론으로는 처벌이 가능하거나, 이중위험금지원칙에 의하여 처벌이 불가능한 경우가 모두 존재할 수 있기 때문이다.

나. 독일의 보충소송 이론

○ 독일에서는 확정판결에서 한 사건의 불법내용이 모두 판단되지 않은 경우에 일사부재리효력을 제한하는 이론으로 보충소송 또는 수정소송의 이론이 전개된다. 이 이론은 판결이 한 행위의 불법내용을 모두 판단하지 않은 경우에, 확정판결에서 이미 선고된 형벌을 산입하는 전제로 탈루된 불법내용에 상응하는 형벌을 추가하여 유죄판결의 내용을 새롭게 정하자는 주장이다. 이에 대해서 보충소송이론은 1) 공소불가분원칙에 반하고, 2) 판결확정 후 출현하나 새로운 증거에 의한 재심은 피고인에게 불리한 경우에는 허용되지 않는다는 제420조에 어긋난다는 이유로 반대하는 견해가 있다.[35]

○ 불법무기소지죄와 그 도중에 행해진 살인죄가 상상적 경합에 해당해도 불법무기소지죄에 관한 확정판결의 효력은 살인죄의 공소제기의 효력에 영향을 미치지 않는다는 독일 판례가 있다.[36] 보충소송 이론에 따른 판

34) 배종대 · 이상돈, 형사소송법(제6판), 홍문사, 2004, 736쪽.
35) 배종대 · 이상돈, 위의 책, 742쪽.
36) OLG Hamm, NStZ 1986, 278, 윤동호, “공소사실의 동일성 개념의 재고찰”, 비교형사법연구

례라고 생각한다. 한편 불법무기소지죄와 이 도중에 행해진 살인죄가 실체적 경합관계에 선다고 보고 공소사실의 동일성을 부정하는 판례도 있다고 한다.[37]

다. 소결

○ 피고인의 행위에 대한 이중평가를 방지하기 위해서 상상적 경합을 가장 중한 죄로 처벌하는 실체법적 효과가 가져오는 부작용은 그리 크지 않다. 실무적인 관점에서는 선의의 효과도 그리 크지 않다고 생각한다. 그러나 상상적 경합을 과형상의 일죄로 보아 기판력이 미친다고 단정짓는 것은 형사정의의 실현의 관점에서 큰 문제가 있다.

○ 독일의 보충소송 이론에 따른 추가 기소 허용, 영미법의 이중위험금지원칙에 의한 재소금지의 범위를 벗어나는 경우 기소 허용 등 합리적인 해결 방안의 모색이 필요하다.

Ⅲ. 결 론

○ 실체적 경합인지 상상적 경합인지 여부를 판단함에 있어 전통적인 죄수론에 의해 이를 결정하는 것보다는, 이를 죄수론에 입각한 죄수판단과 경합론에 입각한 경합판단으로 나누어 결정함이 더 타당하다. 그리고 죄수판단이나 행위단일성 판단에 있어 그 기준은 구성요건과 보호법익으로 삼아야 할 것이다. 업무상배임과 상호저축은행법위반죄는 구성요건과 보호법익을 서로 달리하므로 두 죄의 관계는 상상적 경합이 아닌 실체적 경합 관례로 봄이 타당하다.

○ 상상적 경합 여부 등 죄수 관계에 대한 법원의 논리적으로 일관되지 못한 판단은 형사정의 실현의 불가능, 피고인의 인권 보장에 위험, 법관의 자의적인 양형 등 많은 문제점이 있다. 앞으로 판례의 연구와 발전을 기

제8권 제2호, 2006, 313쪽에서 재인용.

37) OLG Zweibrücken NJW 1986, 2841, 윤동호, 위의 논문, 313쪽에서 재인용.

대해 본다.

○ 한편 상상적 경합 이론 자체에 대해서 그 존재 의의를 훼손시키지 않으면서도 형사정의의 실현도 가능하게 하는 방안이 필요하다. 독일의 보충소송 이론에 따른 기소, 영미법의 이중위험금지원칙의 미적용 사안에서의 기소 허용 등 새로운 고찰이 필요하다.

참고문헌

배종대 · 이상돈, 형사소송법(제6판), 홍문사, 2004.
이재상, 형법총론(신정판), 박영사, 1995.

민영성 · 차정인, "죄수론의 재검토", 부산대학교 법학연구 제48권 제1호, 2007.
백형구, "수죄의 실체적 경합과 상상적 경합", 인권과 정의 제361호, 2006.
윤동호, "공소사실의 동일성 개념의 재고찰", 비교형사법연구 제8권 제2호, 2006.
______, "형법 제40조 '1개의 행위'의 의미와 범주", 형사법연구 제26호, 2006.
한상훈, "상상적 경합의 유형, 효과에 대한 재검토와 형법 제40조의 입법론", 형사법연구 제22권 제1호, 2010.

OLG Hamm, NStZ 1986, 278.

11

사형폐지를 위한 입법론의 방향*

이 덕 인**

【대상판결】 대법원 2016. 2. 19. 선고 2015도12980 판결

【사안의 개요 및 경과】

학창시절, 동급생에게 괴롭힘을 당했던 피고인은 자신을 괴롭혔던 학생에 대한 살해를 상상을 해 왔으며, 군에 입대한 이후에는 자신이 저지른 실수나 임무수행 미숙에 대하여 간부와 선임병들로부터 지적을 받고 이들이 자신에 대하여 별명을 부르는 것을 괴롭힘과 무시라고 여겼으며, 후임들조차 자신에게 경례를 하지 않는 것도 무시당한다고 생각해 왔다. 이러한 와중에 GOP ○○－△초소 내에서 자신의 외모를 비하하고 모욕하는 표현이 들어 있는 그림과 글이 기재된 순찰일지를 발견하자 충격을 받게 되어 학창시절 이후부터 비롯된 괴롭힘과 무시당한 사실이 떠올라 분노하다가 소초근무 인원 전원의 살해를 결심하게 되었다.

피고인은 소초의 근무형태 등을 볼 때 실제 총격상황이 발생하더라도 신속한 대응이 어려울 것이라고 판단하고 교통통제소에 모인 무장병력만 살해한다면 범행 목적을 달성할 수 있을 것이라고 생각한 후, GOP초소 근처 교통통제소에서 무장 대기 중이던 상관

* 이 논문은 제187회 영남형사판례연구회(2017.1.9.)에서 발표되고, 비교형사법연구 제19권 제4호(2018)에 게재되었음.

** 부산과학기술대학교 경찰경호과 교수, 법학박사.

을 포함한 동료 병사·등 7명을 먼저 살해하고자 수류탄을 던져 폭발시켰다. 그러나 이들이 상해만 입었을 뿐 사망하지 아니하자, K-2 소총에 장전된 공포탄을 제거하고 탄창을 결합한 다음 막사 방향으로 도주하던 피해자들 가운데 먼저 상관인 A를 향하여 실탄을 발사하여 그 자리에서 살해하였다. 연이어 탄창을 교체한 후 동료들의 구조요청을 듣고 달려오던 B와 C에 대해 총격을 가하여 살해하였고, 그 후에 소초의 막사로 들어가 D에게도 실탄을 발사하여 살해하였으며, 교통통제소의 인근에 이르러 수류탄 폭발로 쓰러져 있던 E에게도 총격을 가하여 살해하였다.

이 사건에 대하여 제1심 군사법원은 사형을 선고하였고(제1야전군사령부 보통군사법원 2015. 2. 3. 선고 2014고10 판결), 양형부당을 이유로 제기된 피고인의 항소에 대하여 고등군사법원은 이유 없다며 기각하였다(국방부 고등군사법원 2015. 8. 17. 선고 2015노84 판결). 피고인은 이에 불복하여 상고하였으나 대법원은 원심이 이 사건 범행 전후의 사정에 대하여 광범위하고 상세한 증거조사를 통해 양형의 전제사실을 철저히 심리하였으며, 피고인에 대한 치료감호소의 정신감정에 따른 법정신의학 전문가의 견해를 신중히 검토하였고, 양형의 전제사실과 양형조건에 관하여 변론할 기회도 충분히 부여했다는 사실을 지적하면서 원심의 조치에 형의 양정에 심히 부당함을 인정할 현저한 사유나 양형의 전제사실에 관한 심리 미진의 위법이 있다고 할 수 없다며 상고를 기각하였다.

【판결요지】

1. 다수의견

대상판결의 다수의견은 원심을 인용하면서 사형선고의 불가피성에 대하여 "범행동기와 경위, 범행계획의 내용과 대상, 범행의 준비 정도와 수단, 범행의 잔혹성, 피고인이 내보인 극단적인 인명 경시 태도, 피해자들과의 관계, 피해자의 수와 피해결과의 중대함, 피해자들과 유가족들이 입은 고통과 슬픔, 국토방위와 국민의 생명, 재산의 보호를 사명으로 하는 군대에서 발생한 범행으로 인하여 성실하게 병역의무를 수행하고 있는 장병들과 가족들, 일반 국민이 입은 불안과 충격 등을 종합적으로 고려"하면서 피고인에게 일부 참작해야 할 정상이 있고 예외적이고도 신중하게 사형선고가 이루어져야 한다는 전제에서 보더라도, "범행에 상응하는 책임의 정도, 범죄와 형벌 사이의 균형, 유사한 범죄 발생을 예방하여 잠재적 피해자를 보호하고 사회를 방위할 필요성"이 있다고 판단하였다.

2. 대법관 이상훈, 조희대, 이기택의 반대의견

그러나 세 명의 대법관은 "범행수단과 방법의 잔인함과 포악함이 피고인 본성의 발현이라고 여겨질 정도로 범행동기에 참작할 사정이 없음이 명백하다고 볼 수 없고, 생명을 박탈하여 피고인을 사회에서 영원히 격리시키는 것만이 유일한 선택임을 누구라도 납득할 수 있을 정도로 피고인에 대한 사형의 선고를 긍정하는 요건에 대해 합리적 의심의 여지없는 증명이 이뤄지지 않았다."고 지적한 뒤, "범행 결과가 매우 중하다고, 그 사회적 파장과 형벌의 일반예방적인 목적 등을 내세워 피고인에게 사형을 선고하는 것은 정당하지 않으며, 범행책임을 오로지 피고인에게 돌려 피고인의 생명을 영원히 박탈하는 것이 합당한지 의문이므로, 형의 양정에 심히 부당함을 인정할 현저한 사유에 해당한다."고 하는 반대의견을 제시하였다.

3. 대법관 김창석의 반대의견

또 다른 반대의견은"피고인의 범행으로 5명이 사망하고 7명이 부상을 당하는 등 결과가 너무도 중대하다는 점에 의문의 여지는 없으나, 사형이라는 극형을 선택할 수밖에 없는 예외적이고도 특별한 사정이 있는지 여부, 즉 피고인의 생명권을 박탈하는 결과를 감수하면서 까지 막아야 하는 일반 국민의 생명 보호나 이에 준하는 매우 중대한 공익에 대한 현재의 급박하고도 실질적인 위협이 있는지, 중대한 결과의 발생을 피고인만의 책임으로 돌릴 수 있는지 등에 대해서 심리를 다하지 아니한 채 사형을 선고한 제1심을 유지한 원심판결에는 사형의 양정에 관한 법리를 오해하고 필요한 심리를 다하지 아니한 위법이 있다."는 입장을 취하였다.

연 구

Ⅰ. 문제의 제기

1998년 이후부터 2017년 12월, 현재까지 20년간 사형집행이 정지되고 있는 우리나라는 61명의 사형확정자(민간인 57명, 군인 4명)를 전국의 교정시설과 군교도소 등에 분산 수감하고 있다. 1996년과 2010년, 헌법재판소에 의한 사형의 위헌성 심사에서는 각 7대2, 5대4로 합헌의 결정이 있었고, 1999년, 15대 국회 이래로 지난 19대 국회에 이르기까지 여러 차례에 걸쳐 사형폐지특별법(안)의 발의를 거듭해 왔으나 임기만료로 폐기되는 일을 반복해 오는 과정에서 사형은 엄연히 국가형벌의 최고정점에 위치해 있으며, 이에 따라 극소수에 불과하지만 사형선고가 내려지고 있다.

그런데 사형폐지에 대한 대다수의 국민정서는 호의적이지 않으며, 여전히 사형의 필요성에 공감하는 목소리가 연쇄살인이나 흉악범죄가 발생할 때마다 부각되고 있다. 이를 반영하듯 특정시기마다 관련 여론조사가 있었는데 2003년 국가인권위원회가 실시한 의식조사에서 일반 국민의 86.8%가 사형제도의 폐지에 반대한 이래로 2015년 8월, 한국갤럽의 조사 결과 역시 63%가 유지에 찬성한다고 응답하였고, 한국법제연구원이 2016년 2월에 발표한 2015 국민 법의식 조사에서도 사형제도에 찬성하는 의견은 65.2%로 나타났다. 비교적 최근인 2017년 11월의 조사 또한 사형제도 부활 의견이 52.8%를 차지하고 있어서 국민 10명 가운데 과반이 넘는 의견은 사형을 지지하고 있다는 것으로 추정된다.

이러한 사정 아래 이미 다양한 연구문헌에서 사형제도의 위헌성이 논의된 바 있으며, 판례평석 역시 일정한 회귀적 경향을 보여 왔다는 점에서 재론의 실익은 크지 않지만 사형확정자 가운데 최연소자이자 잠정적으로 가장 마지막 사형확정자인 이 사건 피고인의 대법원 판결을 토대로 다수의견과 소수의견의 논거를 다시 점검해 보면서 그 한계점을 파악하고, 박근혜 정부 이후 사형제도의 현황을 일별한 뒤 결론에 도달하게 되는 사형폐지입법 추진에 있어서의 관건이 되는 부분을 살펴보고자 한다.

Ⅱ. 대상판결에 나타난 다수의견과 소수의견의 논거

1. 다수의견

가. 사형이라는 형벌제도 자체의 정당성

대상판결에서 대법관 9명의 다수의견은 먼저 사형을 인간의 생명을 박탈하는 냉엄한 궁극의 형벌이라고 전제한 뒤 헌법 제110조 제4항에 따라 법률에 의하여 사형제도가 인정되고, 우리의 사법제도에서 극히 예외적으로 상정할 수 있는 형벌이기에 그 선고는 범행에 대한 책임 정도와 형벌 목적에 비추어 정당하다고 인정할 수 있는 특별한 사정이 있는 경우에만 허용되어야 한다고 선언하였다.

더불어 사형선고 여부를 결정하는 과정에 있어서는 형법 제51조의 규정은 물론이고 양형의 조건이 되는 제반 사항을 철저히 심리한 뒤 이를 정당화할 수 있는 경우로 제한해야 하며, 이를 통하여 의문의 여지가 없을 정도라야 한다는 기존의 입장을 재확인하고 있다.[1)]

나. 사형선고의 정당성

또한 다수의견은 이 사건 범행 당시 피고인의 연령(만 21세 7개월)과 별다른 비행이나 형사처벌의 전력이 없는 점, 학창시절의 괴롭힘을 당한 사실과 군입대 이후 범행 무렵까지 간부와 선임 및 후임병으로부터 부당한 처우를 당하여 특정 불능의 인격 장애를 겪고 있었다는 점, 범행을 결심하게 된 배경으로 인격 장애와 군생활에서의 스트레스가 결합되었던 점 등을 인정하면서 수사와 재판 과정에서 범행을 자백한 사실, 자신의 잘못을 반성하는 취지의 진술을 한 점 등을 양형상 피고인에게 유리하게 고려해야 할 부분으로 보았다.

그러나 평균 수준의 지적 능력이 있고, 정신감정 결과에 의하면 범행 당시 특정 불능의 인격 장애 증상은 있었으나 그로 인하여 심신상실이나 심신미약 상태에 이르지 않았다는 점, 특히 범행 당시 사물변별능력과 의사결정능력은 정상범주 내에 있었고, 자신을 괴롭히거나 따돌렸다고 지목한 소초원 뿐만 아니라 친밀하게 따르던 후임병을 비롯한 전원을 가리지 않고 살해할 의도로 이 사건 범행을 시작한 점, 우발적 범행이 아니라 효과적으로 제압하고 많이 살해할 수 있는 순서, 방법 등을 계획한 다음 지능적이고 냉혹하게 그 계획에 따라 범행을 저지른 사실에 대해 높은 비난 가능성이 있으므로 엄벌이 불가피하다고 판단하였다.

더욱이 범행 후 투항하지 않은 채 도주하였던 점, 수사와 재판과정에서 자신의 잘못을 반성하고 사망자들과 유가족에게 죄송하다는 말을 하면서도, 한편으로는 사건의 발생 원인이 국방부와 군대의 구조적인 불합리와 모순에 있으며 자신은 불합리한 제도의 희생자이고 소초원들의 괴롭힘과 따돌림이 이 사건의

1) 대법원 2006. 3. 24. 선고 2006도354 판결; 대법원 2013. 1. 24. 선고 2012도8980 판결 등 참조.

핵심적인 원인이라는 취지의 주장을 반복하면서 억울함을 토로하는 등 책임을 전가하는 태도를 보였던 점, 그리고 이 사건으로 사망하거나 부상당한 피해자들과 유족들이 엄벌을 탄원하고 있다는 점, 피해자들 및 유족들에 대한 피해회복이나 사죄를 위한 진지한 노력을 하지 않았다는 점 등을 종합적으로 고려하면 특별히 사형의 선고를 정당화할 수 있다고 보았다.

2. 소수의견

가. 합리적 의심의 여지없는 사형요건의 증명 결여

그러나 이상훈, 조희대, 이기택 대법관이 제시한 소수의견을 살펴보면 사형 선고는 국가가 마땅히 보호해야 할 책무를 지는 최고가치인 인간의 귀중한 생명을 오히려 빼앗는 극단적인 조치이며, 그것이 정당화되려면 누구라도 인정할 수 있는 객관적 사정이 분명히 밝혀져야 한다는 점을 지적하였다. 즉 범행의 결과가 매우 중할 뿐만 아니라 그 수단과 방법의 잔인성과 포악성이 피고인의 본성의 발현이라고 여겨질 정도로 그 범행에 이르게 된 동기에 참작할 사정이 없음이 명백하고, 그에 따라 생명 박탈을 통하여 피고인을 사회에서 영원히 격리시키는 것 이외에 다른 방책이 없음을 누구라도 납득할 수 있을 경우라야 사형을 선고할 수 있다는 입장이다. 이에 따라 사형을 선고하려면 양형의 조건이 되는 모든 사항에 대한 합리적 의심의 여지없는 증명이 이뤄져야 하는데, 대상판결은 그 요건의 존재에 관하여 의심이 가며 범행의 결과가 매우 중하다고 하여 사회에 미치는 파장과 일반예방의 형벌 목적 등을 내세워 사형을 선고하는 것은 인간의 생명을 너무 가벼이 여기는 것이라고 판단한다. 아울러 피고인이 이 사건 범행을 저지른 범행 동기와 관련하여 수사과정에서의 심리학적 평가보고서와 공판과정에서의 정신감정 결과, 그리고 입대 전 성장과정에 비추어 볼 때, 그것이 과거의 성장과정에서부터 형성된 인격 장애의 발로일 가능성을 배제하기 어렵고, 피고인의 본성의 발현이라고 여겨질 정도로 명백한 것으로 단정할 수 없다고 보았다.

또한 범행의 계획성을 인정한 원심에 대해서는 객관적인 근거가 없음을 지적하고, 나아가 자신에 대한 부당한 따돌림이나 괴롭힘 등이 범행의 원인이라고 호소하는 피고인의 주장을 문제 삼을 수 없는 것이므로, 피고인의 이러한 호소를 근거로 수사기관에서의 조사 때부터 원심에 이르기까지 범행을 자백하고 있는 피고인에 대하여 범행을 뉘우치지 아니하고 피해자들과 그 유족들에게 사죄하는 태도를 보이지 않았다고 부정적인 평가를 내릴 수 없다고 판단하였다. 체포 직전 피고인이 자살을 시도한 것은 범행을 후회하거나 자책하고 있다는 징표가 되는 것이므로 범행 후의 심정과 태도 등을 사형선고를 긍정하는 양형요소로 고려해서는 안 된다는 사실도 지적하고 있다. 더불어 이 사건 범행 당시 피고인의 연령, 직업과 경력, 교육 정도, 성장과정, 가족관계, 전과 유무 등에서 사형선고를 긍정할 만한 양형요소는 없으며, 재범의 위험성을 긍정할 분명한 사유도 없는 이상, 단지 공판과정에 제출된 피고인에 대한 정신감정에서 범행의 계기가 된 것으로 추정되는 피고인의 인격성향과 치료기법에 특이한 것이 없고 정신과적 전문치료 등으로 큰 치료 효과를 기대할 수 없다는 점 등을 들어 재범의 위험성을 긍정할 수 없다고 하면서 사형의 선고를 정당하지 않나고 하였다.

나. 사형의 위헌성과 형벌 기능에 대한 고려

대법관 김창석의 소수의견은 형법 제41조에 규정되어 있는 형의 종류 가운데 사형은 다른 형벌과는 달리 헌법이 규정한 기본권 조항과 쉽사리 조화를 이룰 수 없다는 점에서 다음과 같은 헌법적 문제가 제기된다고 보았다. 즉, 헌법 제10조에 의하여 국가는 불가침적인 기본적 인권의 확인과 이를 보장해야 할 의무가 있으므로 사형이라는 궁극의 형벌을 선택하여 개인의 생명권을 박탈하는 것은 원칙적으로 헌법에 위반되며, 헌법 제37조 제2항에 근거하여 국민의 모든 자유와 권리에 대한 제한은 국가안전보장이나 질서유지, 공공복리를 위하여 필요한 경우에만 기능하지만 그 제한은 법률에 의해야 하며 제한을 가하더라도 본질적인 내용의 침해는 할 수 없다고 지적하고 생명권은 법률에 근거하여 일반적으로 제한될 수 있는 성질의 기본권이 아니라고 판단하였다.

나아가 형벌의 기능적 측면을 고려할 때 사형은 특별예방이나 일반예방에 기여한다는 점이 명백하게 밝혀진 바 없고, 단지 응보기능과 당해 범죄인을 사회로부터 영구히 격리하는 기능 정도가 있을 뿐이라고 파악하였다. 형벌을 통한 응보란 동해보복을 의미하는 것은 아니므로 다른 사람의 생명이나 그에 준하는 중대한 법익 침해에 대한 응분의 보복으로서 반드시 침해자의 생명박탈을 해야 한다는 논리는 성립할 수 없으며, 재범위험성 있는 범죄인을 사회에서 영구히 격리하는 것은 다른 형벌을 통해서도 가능하다는 점을 주장한다. 더욱이 장기간의 미집행으로 사형이 우리나라에서는 사실상의 효력을 상실하고 있으며, 형벌은 책임에 기초하고 비례해야 한다는 책임주의 원칙에서 볼 때 극악한 범죄의 원인을 범죄인 개인의 악성에서만 찾는 것은 국가와 사회의 환경적 요인에 의한 책임을 국가가 범죄인 개인에게 궁극의 형벌인 사형으로써 범죄인에게 모두 전가하는 것은 바람직하지 않다고 보았다.

따라서 5명이 사망하고 7명이 부상을 당하는 등 그 결과가 너무도 중대하다는 점만을 주목한 원심판결은 사형 양정에 관한 법리오해와 심리를 다하지 아니한 위법이 있다고 하였다.

3. 비 판

대상판결의 다수의견은 사형의 제도적 정당성과 이 사건 사형선고의 정당성을 인정하고, 소수의견 가운데 첫 번째 역시 명시적으로 밝힌 것은 아니지만 사형이 제도적으로는 정당하다는 전제 아래 대상사건의 경우는 사형선고에 이르기까지의 과정에서 그 요건을 증명해 내지 못했다고 보았다.[2)] 따라서 13명의 대법관 가운데 12명이 사형제도의 정당성을 인정하고 있다고 할 수 있다. 비록 1명의 대법관이 위헌성 여부를 검토하고 있으나 엄밀하게 판단하면 대상사건의 상고심은 양형 부당의 문제와 사형 허용의 기준이 어떻게 이 사안에서 정당화되는지를 들여다 볼 수 있게 한다. 따라서 대상판결이 직접 거론하지 않았으나 이를 통하여 최근 하급심에서의 사형선고가 줄어들고 있는 경향도 과거에 비하여 엄격한 증명의 정도에 도달하지 않는다면 사형의 선택은 회피될 수밖에 없

2) 대상판결의 다수의견을 부득이 한 선택이라고 판단하고 있는 것으로는 이창현, “2016년 형법 중요판례”, 인권과 정의 제464호, 2017. 3, 97면.

다는 사실을 확인할 수 있다. 그러나 대상판결도 결국 사형의 제도적 정당성을 지지하고 있다는 점에서 보면 선행 판결을 답습하는 수준에 머물러 있는 것이고 추후로 사형의 양정이 문제되는 재판에서도 그 결론은 반복될 것이 쉽게 예견된다. 따라서 법리적인 측면에서 사형회피를 가능하게 하려면 첫 번째 소수의견이 논증하고 있는 사실을 토대로 원심의 파기를 주장하는 것이 가장 합리적인 방향이 될 것이지만,[3] 종국에 도달해야 할 지점이 최종적인 사형의 폐지라야 한다면 결국 사법적 판단을 통한 수단은 적합하지 않다는 한계상황을 발견하게 된다.

Ⅲ. 박근혜 정부 이후 사형을 둘러싼 국내적 현황

1. 사형선고의 동향

사형의 미집행이 시작된 1998년 이래로 다섯 차례 정부의 교체가 있었으나 과거와 달리 하급심에서 사형이 선고된 사례들은 간첩이나 국가보안법 위반 등 공안사건의 경우는 전무하며 모두 고의적 생명침해범들이다.[4] 아래에서는 특히 박근혜 정부 이후 하급심과 대법원의 판결 동향을 살펴보기로 한다.

가. 하급심

박근혜 정부의 첫 해인 2013년에는 제1심에서 2건의 사형선고가 있었는데,[5] 그 첫 번째 판결의 요지에서는 계획적, 의도적 범행에 대한 사회적 비난가능성이 극도로 높다는 점, 피해자들의 생명 침해와 유족들에게 치유 불가능한 상처를 남긴 점, 오판의 가능성이 전혀 없는 점, 현행법상 사형을 대체하는 형벌인 이른바 '절대적 종신형'이 존재하지 않는 점 등에 근거하여 일반예방적인 측면에서 범행동기와 살해경위, 그리고 범행 후 정황 등을 종합해 볼 때 피고인을

3) 김한균, "사형의 양형기준", 형사법의 신동향 통권 제54호, 2017. 3, 272-273면.
4) 이와 관련하여 이덕인, "사형제도의 어제와 오늘, 그리고 미래 전망", 입법과 정책 제7권 제2호, 2015, 247면 이하 참조.
5) 사법연감, 2014, 894, 906면 각 참조.

사회로부터 영원히 격리시키는 것은 불가피하다고 판단하였다.[6] 이 사건은 항소심에서 범행의 주도면밀한 계획성이 부정되고 다른 범죄전력이 전무하며 극도의 흥분상태에서 저질러진데다가 범행을 자백하고 있으므로 교화개선의 가능성이 전혀 없는 것은 아니라며 무기징역이 선고되었고,[7] 양형부당을 이유로 검찰이 제기한 상고에 대하여 대법원은 사형이나 무기징역 또는 10년 이상의 징역형이 선고된 경우 검사가 형이 가볍다는 이유로 상고할 수 없다며 원심의 무기징역을 확정하였다.[8]

두 번째는 비록 온전한 형태는 아니지만 우리 사법사상 처음으로 국민 참여재판에 의하여 사형이 선고된 사안이다.[9] 존속살해와 살인 등의 혐의로 기소된 피고인에게 제1심은 9명의 배심원 전원이 모든 혐의에 대한 유죄를 인정한 후 양형에 있어서는 8명의 배심원이 낸 사형 의견을 받아들여 사형을 선고했으나 이 사건의 항소심 역시 2014년 7월 24일, 원심을 파기한 후 무기징역으로 변경되었다.

그러나 2014년에 들어서는 동일하게 살해된 피해자의 수가 2명이었던 사건에서 2013년과 달리 제1심이 선고한 사형을 항소심은 그대로 유지하였다.[10] 2015년의 경우 일반법원 제1심에서의 사형선고는 없었으나 대상판결의 제1심인 보통군사법원이 사형을 선고하였고, 항소심인 고등군사법원도 원심결과를 유지하였다. 그러나 2016년과 2017년 12월 현재까지 일반법원과 군사법원 제1심과 항소심의 사형선고는 없었다. 이와 같이 2013년부터 제1심 형사공판에서 사형선고가 줄어든 것과 대조적으로 무기징역을 선고하는 경우는 늘어나고 있는데, 이러한 추세는 하급심 법원이 가급적 사형선고를 자제하고 있다는 사실을 반증하는 것으로 이해될 수 있다.[11]

항소심의 경우를 보면 2013년, 2016년에는 사형선고가 없었으나 2014년, 제

6) 울산지법 2013. 1. 25. 선고 2012고합404 판결.
7) 부산고법 2013. 5. 15. 선고 2013노94 판결.
8) 대법원 2013. 7. 26. 선고 2013도6219 판결.
9) 인천지법 2013. 12. 18. 선고 .2013고합658 판결.
10) 대구지법 서부지원 2014. 9. 18. 선고 2014고합73 판결; 대구고법 2015. 4. 9. 선고 2014노566 판결 각 참조.
11) 사법연감, 2015, 659-660면; 사법연감, 2017, 691-692면.

1심이 무기징역을 선고한 1건의 사건이 사형으로 변경되었고, 2015년에는 제1심 판결을 유지한 1건의 판결이 있었을 뿐이다.[12)]

나. 대법원

2013년 1월 24일, 대법원은 2011년 7월, K－2 소총을 난사하여 동료 부대원 4명을 살해한 혐의로 기소된 피고인에 대한 상고심에서 범행 당시 적응장애와 급성 알코올중독에 있었을 것으로 추정되고 사물변별능력이나 의사결정능력이 저하된 상태에 있을 것으로 사료된다고 했지만 피고인의 출생 및 성장과정에서 신체적 이상이나 발달상 문제는 없었던 것으로 보인다고 판단하면서 정신감정의 결과와 그에 대한 감정인의 법정진술에 의하더라도 특이한 정신병적 사고내용이 발견되지 않는다며 피고인의 상고를 물리치고 사형을 확정한 바 있다.[13)]

2014년의 경우는 상고심에서 사형이 확정된 사례가 없었으나 2015년과 2016년에는 각 1건씩 사형이 확정되었다. 2015년의 사례는 앞에서 살펴본 대구고법 2015. 4. 9. 선고 2014노566 판결의 상고심으로 이 사건에서 사형의 선고가 허용되는 경우 및 사형의 선고 여부를 결정하는 방법과 관련하여 범행책임의 정도와 형벌의 목적에 비추어서 누구라도 정당성을 인정할 수 있는 특별한 사정이 있는 경우에 허용되는 것으로 판단하고, 그 선고 여부에 대한 결정에 있어서는 대상판결에서와 같이"형법 제51조에 규정된 내용을 중심으로 양형의 조건이 되는 모든 사항을 철저히 심리하여야 하고, 이를 통하여 사형의 선고가 정당화될 수 있는 사정이 있음이 밝혀진 경우에 한하여 비로소 사형을 선고할 수 있다."는 기존 입장을 되풀이하였다.[14)]

3. 사형과 관련된 재심사건의 무죄 확정

과거 권위주의시대에 날조된 공안사건으로 무고하게 사형을 당한 희생자들의

12) 사법연감, 2015, 941면; 사법연감, 2016, 953면.
13) 대법원 2014. 1. 24. 선고 2012도8980 판결.
14) 대법원 2015. 8. 27. 선고 2015도5785 판결.

재심청구에 대해 대법원은 무죄를 확정해 왔는데, 2015년에는 '울릉도 간첩단사건' 연루자들의 재심에서 무죄를 선고한 원심을 최종 확정하여 억울하게 사형이 선고된 후 집행된 사람의 신원을 가능하게 하였다.[15] 이 사건은 1974년 당시 국가정보기관인 중앙정보부가 울릉도 주민 47명에게 고문과 가혹행위를 하여 허위자백을 받아내고, 이에 근거하여 북한을 왕래하며 간첩 활동을 했다는 혐의를 조작한 후 처벌한 대표적인 공안사건이었다. 국가보안법과 반공법 위반 등으로 1969년 기소되어 1970년 7월, 사형이 확정된 후 1972년 7월, 형이 집행되었던 '유럽 간첩단사건'또한 고문에 의한 임의성 없는 허위자백, 위법수집증거 등에 의하여 사형이 선고된 것으로 상고심은 원심의 무죄를 확정하면서 "과거 권위주의 시절 법원의 형식적인 법 적용으로 피고인과 유족에게 크나큰 고통과 슬픔을 드렸다"며 공개 사과를 한 바 있다.[16]

2016년에도 대법원은 1977년, 국가보안법 위반 혐의로 사형이 선고된 재일교포의 재심사건,[17] 이승만 정권시기 국가의 사법살인으로 처형당한 최능진에 대한 국방경비법 위반 재심사건,[18] 그리고 1979년, 고정간첩으로 조작되어 국가보안법상 간첩죄 등으로 사형선고 후 집행된 '삼척 고정간첩단사건'의 연루자에 대한 재심사건,[19] 등 세 차례 재심무죄가 선고된 하급심을 확정했으며, 2017년에는 1975년, '한신대 간첩조작사건'에 대한 재심청구에서 무죄를 선고한 원심을 확정한 바 있다.[20] 이와 같이 조작된 공안사건들에 대한 재심무죄의 확정은 그것이 과거사정리 차원의 문제와 결부된 일이기는 하지만 사법부 스스로가 사형제도가 드러내는 숙명적인 딜레마와 모순을 인정하게 되는 역설적인 결과라고 할 것이다.

---

15) 대법원 2015. 1. 15. 선고 2014도9695 판결.
16) http://news.donga.com/3/all/20151229/75636499/1.
17) 대법원 2016. 6. 19. 선고 2015도620 판결.
18) http://ccnews.lawissue.co.kr/view.php?ud=AG04142051354386201_12.
19) http://www.pressian.com/news/article.html?no=141785&ref=nav_search.
20) http://www.newsnjoy.or.kr/news/articleView.html?idxno=211695.

Ⅳ. 사형제도에 대한 헌법재판의 한계

1. 헌법재판의 경과

가. 대법원

(1) 1960년대

헌법재판소가 창설되기 전까지 그 역할의 일부를 수행했던 대법원은 1963년 2월, 사형제도에 대하여 최초의 헌법적 판단을 내린 이래 여러 차례 위헌성 심사를 한 바 있다. 그러나 그것은 헌법철학이나 헌법정신에 기반을 둔 것이라기보다 이미 합헌이라는 대전제를 깔고 연역적으로 근거를 나열하는 형식재판에 그쳤다. 1960년대의 판례를 일별해보면 생명의 불가역성이라든가 존엄성에 대해 설시하면서도 사형이라는 형벌의 합헌성에 대한 구체적인 논증은 결여되어 있었다.[21] 일보 진전된 대법원 판결에서는 형사정책과 인도주의적 측면을 고려하되 장래의 국민적 정서 등을 따져 입법적으로 존폐를 고려해야 한 것이라고 판단하였으나 당시의 관점에서는 질서유지와 공공복리를 위하여 사형이 존재하는 것이므로 헌법 위반이 아니라는 구태의연한 태도를 취하였다.[22] 이러한 형식적 헌법재판조차 1970년대에 와서는 전무했는데, 그 이유는 장기집권을 기도한 유신체제의 지배구조와 이를 지탱하는 권위주의세력의 묵시적인 결탁에 따라 일체의 위헌심판은 허용될 여지가 없었을 것이기 때문이다.

(2) 1983년 이후 헌법재판소 창설 이전

이후로 1983년, 사형제도가 국민의 총의이며 공익을 위해서라면 개인의 생명권도 희생될 수 있다는 사법적 판단을 필두로,[23] 1985년, 판결에서는 부득이한 경우로 사형이 제한되어야 한다면서도 중대한 범죄와 죄형의 균형, 범죄에 대한 일반적 예방의 차원에서 불가피하다고 인정되는 경우라면 사형의 선택이 허용된다고 하는 다소 포괄적 기준을 제시하였고,[24] 이러한 입장은 1987년 판결에

21) 대법원 1963. 2. 28. 선고 62도241 판결.
22) 대법원 1967. 9. 19. 선고 67도988 판결.
23) 대법원 1983. 3. 8. 선고 82도3248 판결.
24) 대법원 1985. 6. 11. 선고 85도926 판결.

서도 이어졌다.[25)]

다만 1980년대 후반의 이 두 판결은 합헌을 유지하면서도 사형선택의 허용기준을 면밀하게 검토하여 결과적으로는 원심의 사형선고를 파기하였다. 1991년에도 사형제도에 대한 대법원의 심사가 이루어졌으나 이 또한 헌법적 근거를 토대로 하거나 헌법정신에 부합하는 심도 있는 논의에 이르지 못한 채 앞선 판례들이 설시한 종전의 태도를 복기하는 수준에 머물렀다.[26)]

이처럼 사형제도와 관련된 대법원 판결들은 일관되게 제도 자체를 정당한 것으로 간주하지만, 헌법윤리를 바탕으로 한 규범적 성찰의 흔적은 발견할 수 없고, 단순히 국민의 법 감정이 하락하고 사형에 대한 위하적 효과나 일반예방 등의 기능을 다할 수 없을 때 비로소 사형폐지가 가능하다는 소극적 입장에서 탈피하지 못하였다.

나. 헌법재판소

실질적인 헌법재판이 가능한 헌법재판소가 출범한 이래 1989년 2월 28일, 그 첫 위헌심판이 청구되었고(89헌마36), 이듬해인 1990년 5월 1일, 또 다른 위헌심판이 별도로 제기되었다(90헌마13). 그러나 이 두 사건은 방치된 채 구체적인 절차로 이행되지 못하다가 1993년 11월 25일, 첫 번째 사건은 청구기간이 지났음을 이유로 각하되었고, 두 번째 사건의 결정은 재판기일 추후지정을 이유로 유보되다가 1994년 12월 30일, 청구인에게 사형이 집행되자 소송 종결되었다. 해를 넘겨 1995년 1월 4일, 미집행 상태의 사형확정자 42명이 세 번째로 위헌심판을 청구하였으나 합헌으로 그 결과는 매듭지어졌고, 이후로 10여 년 동안 관련 헌법재판이 없다가 2008년 10월 4일, 항소심 법원의 위헌법률 심판이 제청되었다. 따라서 사형제도의 헌법적 정당성을 제대로 따져본 것은 1996년의 헌법소원과 2010년의 위헌심판제청 등 두 차례에 불과했는데, 그 내용의 대강을 살펴보면 아래와 같다.

---

25) 대법원 1987. 9. 8. 선고 87도1458 판결.
26) 대법원 1991. 2. 26. 선고 90도2906 판결.

(1) 헌법소원에 의한 심판청구

1996년 11월 28일, 헌법재판소는 사형제도가 필요악이지만 불가피한 것이고 형벌로써의 제 기능을 수행하고 있으므로 정당화되고 우리의 문화수준이나 사회현실 등을 고려 할 때 완전 무효화시키는 것이 타당하지 않다는 합헌의견을 제시하였다. 그러나 시대상황이 바뀌어 사형을 통한 범죄예방의 필요성이나 국민적 정서가 사형의 필요성이 없다고 인식하는 시기가 되면 사형을 곧바로 폐지해야 한다는 입장을 부언하였다.[27] 그런데 당시의 헌법재판에서 다수의 합헌의견(7명)과 소수의 위헌의견(2명)이 충돌한 지점은 헌법 제37조 제2항 단서규정에 대한 해석에 있었다. 즉 합헌을 선언한 입장은 비례원칙에 입각하여 사형이 예외적으로－공공의 이익을 보호하고자 하는 불가피성이 충족되어야 한다는 전제 아래－생명을 빼앗는 형벌이더라도 헌법 제37조 제2항 단서에 저촉되지 않는다고 판단하였으나 위헌의 입장은 생명권의 본질적인 침해를 가하고 이를 제한하고 있다는 사실에 주목하여 헌법 제37조 제2항 단서를 위반하는 것이라고 이해하였다.

(2) 위헌심판제청에 의한 심판청구

위헌심판제청에 의한 이 사건은 헌재가 1996년 헌법재판에서 피력한 시기상조론 내지 단계적 사형폐지론에 대한 형사법원의 비판으로 볼 수 있는데, 2010년 2월 25일, 재판관 5대4의 의견으로 사형제도의 합헌성은 그대로 고수되었다.[28]

합헌결정의 핵심근거는 사형을 현행 헌법 스스로가 예상하고 있는 형벌의 한 종류라고 규정하고, 그것이 헌법 제37조 제2항의 생명권 제한에 의한 한계를 벗어났다고 할 수 없으며, 헌법 제10조에 규정된 인간의 존엄과 가치에도 위배되는 것이 아니라고 하였다. 다만 이 사건을 통하여 과거와는 달리 형벌 그 자체로서 사형이 현행 헌법상 근거를 가질 수 있는지에 대하여 재판관 전원의

27) 당시 헌법재판관 9명 가운데 7인이 합헌을 선언하였으며, 구체적으로는 헌법재판소 1996. 11. 28. 선고 95헌바1 결정(위헌소원).
28) 헌재 2010. 2. 25. 선고 2003헌가23 결정(위헌제청).

심도 있는 논증이 이루어지게 되었다는 점에서 종전의 헌법재판에서 일보진전을 이루게 되었다. 이에 따라 헌법적 근거조항으로 제시된 것이 헌법 제110조 제4항인데, 군사재판을 규정하고 있는 헌법 제110조는 제1항에서 군사법원을 특별법원으로 둘 수 있다고 하고, 제2항은 대법원을 군사법원의 상고심 관할로 규정하고 있다. 그런데 제4항은 비상계엄 하에서 일정한 범죄를 단심으로 재판할 수 있으나 사형을 선고하는 경우에는 단심을 불허하는 규정이다.

(3) 사형을 규정한 범죄구성요건에 대한 개별적 위헌 판단

헌법재판소는 이와 같이 사형제도에 대해 총론적으로는 합헌성을 유지하면서도 과도하게 사형을 규정한 형사법령의 개별조문에 있어서는 유연한 입장을 취하고 있다. 다시 말해 형법상 구성요건과 비교할 때 가중 처벌을 해야만 하는 특단의 사정이 존재하지 않으면서 과도하게 무거운 법정형이 규정된 범죄구성요건들, 예컨대 국가보안법을 위반한 사람이 다시 범한 죄가 경미한 경우라도 사형을 선택할 수 있도록 되어 있는 규정(국가보안법 제13조),[29] 단순히 매수나 판매하기 위하여 마약을 소지한 사람에 대해서도 사형·무기 또는 10년 이상 징역에 처하도록 되어 있는 특정범죄가중처벌법 제11조 제1항,[30] 사형만을 유일한 법정형으로 규정하고 있는 군형법 제53조 제1항,[31] 마약류관리에 관한 법률 제58조 제1항 제6호 가운데'수입'의 규정과 관련된 특정범죄가중처벌법 제11조 제1항,[32] 특정범죄가중처벌법 제10조에서 통용되는 대한민국의 화폐, 지폐 또는 은행권을 행사할 목적으로 위조, 변조하는 행위 및 위조, 변조통화를 행사하거나 행사할 목적으로 수입 또는 수출하는 행위에 대하여 사형, 무기 또는 5년 이상의 징역으로 가중 처벌하도록 규정한 형법 제207조 제1항 및 제4항[33] 등을 각 위헌이라고 판단하여 과도하게 사형으로 규정된 범죄구성요건을 정비하도록 한 바 있다.

---

29) 헌재 2002. 11. 28. 선고 2002헌가5 결정.
30) 헌재 2003. 11. 27. 선고 2002헌가24 결정.
31) 헌재 2007. 11. 29. 선고 2006헌가13 결정.
32) 헌재 2014. 4. 24. 선고 2011헌바2 결정.
33) 헌재 2014. 11. 27. 선고 2014헌바224 결정.

(4) 여론(餘論)

2010년의 헌법재판에서 합헌의견을 제시했던 재판관 가운데 두 분[민형기, 송두환]은 합헌의 전제로서 전면적 폐지 또는 전면적 존치와 같은 극단적인 방법을 지양하고 대상범죄를 축소하는 입법개선과 그 범위를 반인륜적 극악범죄의 경우로 한정해야 한다는 입장이었다. 그러나 이 결정 이후 8년에 가까운 시간이 경과했지만 앞서 살펴본 바와 같이 부분적으로 헌법재판을 통하여 일부 범죄구성요건에 대한 위헌 선언을 한 것을 제외하면 정부를 대표해서 1차적으로 관련 책임이 있는 법무부는 입법적 개선에 적극성을 보이지 않았고, 입법기관인 국회 역시 '입법 포퓰리즘'을 통한 범죄의 가중처벌에만 관심을 기울일 뿐이다.

또한 2010년의 결정을 자세히 들여다보면 외관상으로는 사형제도의 합헌성을 유지하고 있으나 합헌을 전제한 입법개선 의견은 사형제도가 헌법해석의 범위 안에 있는 것이 아니라 입법적 폐지의 대상이라는 점을 함의하고 있다. 물론 사형을 완전히 폐지한 국가들 가운데 헝가리와 남아프리카공화국 등 5개 정도의 나라들이 헌법재판을 통하여 사형을 즉각적으로 폐지한 바 있으나,[34] 대다수의 사형폐지국가들은 입법적 조치를 통한 방법을 취하였던 점에 주목할 필요가 있다. 따라서 2010년의 결정 이후 현재 시점에서 헌법재판관 전원이 교체되었고, 이들이 임명 전 인사 청문절차에서 표명한 사형제도에 대한 개인적 견해 등을 토대로 향후 헌법재판에 의한 사형폐지가 전혀 불가능한 것은 아니지만 현실적인 상황을 고려할 때 그 폐지는 입법에 의한 형식으로 해결해야 할 것이라고 판단된다.

---

34) 이와 관련하여 허일태, "사형제도의 세계적 추세와 위헌성", 동아법학 제45호, 2009, 284면 이하 참조.

Ⅴ. 사형폐지를 위한 입법정책의 전환

1. 의원입법의 한계

사형폐지특별법(안)은 15대 국회를 시작으로 19대 국회에 이르기까지 일곱 차례나 공동발의 형식으로 제안되었으나 모두 구체적인 심사조차 거치지 못한 채 임기만료로 자동 폐기되는 결과를 거듭하였다.

20대 국회에 들어서도 2017년 6월 22일, 사형폐지를 위한 의원간담회가 개최되었는데, 이 자리에서 향후 대표발의를 할 것으로 예상되는 이상민 의원은 본회의에 상정되기 전 법제사법위원회 통과가 어렵다는 점을 언급하면서 의원입법은 전체 국회의원의 의사를 묻는 방향(법사위 가결이 어렵다면 이를 부결시키고 국회법 제87조 제1항 단서규정에 따라 국회의장에 의해 30인 이상의 발의로 본회의에 직접 상정하는 형식)으로 가겠다는 입장을 밝힌 바 있다.[35]

그러나 의원입법의 과정이 그리 순탄할 것으로 보이지는 않는다. 지난 9월 6일, 최근 심각해지고 있는 소년범죄의 흉포화에 대해 여당 소속 의원들이 주도로 형법, 소년법, 특정강력범죄의 처벌에 관한 특례법 등 3개 법안의 개정안이 발의된 바 있다.[36] 개정안의 핵심은 형법 제9조의 형사미성년자연령을 만 12세로 낮추고, 소년법 제4조 제1항 제2호의 소년부 보호사건 심리 대상 범위 또한 만 10~12세로 낮추면서 현행 소년 범죄자에 대한 법정형의 상한을 징역 20년 또는 장기 15년, 단기 7년으로 제한하고 있는 특정강력범죄법 제4조 제1항의 개정과 같은 법 제4조 제2항 후단의 신설을 통하여 잔혹 범죄를 저지른 소년범에게는 적용하지 않는다는 것이다. 이들 개정안이 만일 통과되면 법리상으로는 초등학생에 해당하는 만 12세가 강력범죄를 저질렀을 때 최고 사형까지 선고할

---

35) 현재, 국회 법사위의 구성원을 보면 사형폐지에 명시적으로 동의한 의원은 여당인 더불어민주당 소속 3명(금태섭, 박주민, 백혜련)이고, 입장을 밝히지는 않았으나 과거 사형폐지특별법(안)에 공동 발의를 했던 바 있는 여당 소속 3명, 자유한국당, 국민의당, 정의당 소속 각 1명씩을 추가하면 모두 9명으로 위원장을 포함한 17명 가운데 절반 정도가 사형폐지에 동의하고 있는 것으로 판단된다.

36) [2009207] 특정강력범죄의 처벌에 관한 특례법 일부개정 법률안; [2009212] 소년법 일부개정 법률안; [2009221] 형법 일부개정 법률안.

수 있게 된다. 그런데 이들 개정 법률안의 발의의원 명단에는 사형폐지법특별(안)을 주도할 것으로 예상되는 이상민의원과 사형폐지 의사를 명시적으로 밝힌 바 있는 법사위 소속 백혜련의원이 포함되어 있다.

더구나 2016년, 한국법제연구원이 실시한'법 전문가의 법의식 조사연구'를 살펴보면 설문에 참여한 국회의원 50명 가운데 사형집행에 찬성하는 의원이 60%(매우 찬성 14%, 찬성하는 편 46%)를 점하고 있다는 사실은 표본이 전체 국회의원 정원(300명)의 6분의 1에 불과하다는 점을 감안하더라도 의원입법에 의한 사형폐지가 현실적으로 어려워 보이는 이유를 설명해 주는 근거라고 할 수 있다.[37]

2. 정부입법의 추진

대선기간이었던 2017년 4월 25일, 한 종편방송에 출연한 당시 문재인 대통령 후보는 사형제도가 합헌이라는 사실을 인정하면서도 사형을 폐지해야 된다는 견해를 피력한 바 있다.[38] 따라서 정부입법을 통한 사형폐지특별법(안)의 마련이 전혀 불가능하지 않으며, 이와 관련된 여건을 살펴볼 필요가 있을 것이다.

현 정부에 기용된 두 분의 형사법학자 가운데 한 분은 국가의 법무행정을 총괄하는 법무부 장관으로, 다른 한 분은 대통령에게 법률문제를 자문하고 보좌할 수 있는 민정수석비서관에 임명되었다. 그런데 법무부 장관은 그 존폐문제를 직접 언급하지 않았으나 과거 학계에 있을 때 흉악범죄를 제외한 일체의 범죄에 대해서 사형규정을 삭제해야 한다고 하였다.[39] 구체적으로는 단계를 설정하여 한편으로 오판과 정치적 탄압 도구로 악용될 수 있는 가능성을 제거해야 하며, 다른 한편으로는 사형규정의 대폭적인 축소와 사형선고의 기준을 구체적으로 명시하고 재심청구사유를 확대할 것을 주장한 바 있다.[40] 그러나 형사정책연구원장으로 재임할 때에는 사형제도의 형사정책적인 중요성을 토대로 폐지에

37) 연구보고 2016-11, 김명아, 법전문가의 법의식 조사연구, 한국법제연구원, 2016, 244-247면.
38) http://news.joins.com/article/21522010.
39) 박상기, "한국에서의 사형제도, 이상과 현실", 형사법연구 제16호, 2001, 76면.
40) 박상기, 제5판 형법총론, 박영사, 2002, 508면.

대한 반대의사를 분명히 하였다.[41] 다만 일관된 점은 불필요한 사형규정을 속히 삭제하고 최소한으로 하되 집행을 해야 한다는 것이다.

이와 대조적으로 민정수석의 경우는 사형폐지를 지지하는 입장을 취하고 있는데 이에 선행하여 사문화된 형사소송법 제465조의 규범적 효력을 살려 사형의 집행명령은 판결확정일로부터 10년 이후에 하도록 개정하고 현행 중국형법상 운용되고 있는 '사형집행유예제도'의 도입을 고려하도록 하고, 정부와 국회에 법정형으로 사형이 규정된 범죄의 수를 대폭 축소하는 작업을 촉구한 바 있다.[42] 또한 사실상 사형폐지국의 지위를 유지해야 한다는 점에서 그 집행에 반대하며 대체형벌의 마련을 제안하기도 하였다.[43]

정리해 본다면 사형제도에 대한 대통령의 폐지의사는 분명해 보이며 관련 정부 요직의 인사들도 기본적으로 사형을 규정한 범죄구성요건의 축소에는 동의하고 있는 것으로 보인다. 그렇다면 먼저 법무부 소속 형사법개정 특별 분과위원회(법정형 소위원회)를 통하여 각종 형사법령들에 사형을 범죄구성요건으로 설정한 범죄유형을 재정비하고 이에 따라 법정형이 과도하게 사형으로 규정된 부분을 축소해야 하며, 그 결과를 일방적으로 제시하기 보다는 대법원 산하의 양형정책 연구기관인 양형위원회의 의견을 반영하여 합리적이면서 납득 가능한 차원에서의 조정이 이루어져야 한다.

아울러 사형의 대체형벌에 대한 구체적인 논의도 동시에 시작되어야 하는데, 그 형태는 가석방의 기회를 전혀 부여하지 않는 절대적 종신형제도로 일률 규정하는 것은 타당하지 않으므로 법정형 조정과정과 병행하여 1급과 2급의 형태로 분류된 범죄구성요건을 기준으로 삼아 1급 유형의 범죄에 대해서는 절대적 종신형을 규정하되, 2급 유형의 범죄에 대해서는 현재와 같이 가석방의 여지가 있는 상대적 종신형으로 이원화되어야 할 것이다.

---

41) 박상기, "사형제도 폐지론을 폐하라", 시사IN 제29호, 2008년 4월 1일.
42) 조국, "사형폐지 소론", 형사정책 제20권 제1호, 2008, 320－321면.
43) 조국, "사형폐지의 정당성과 19대 국회의 과제", 19대 국회 사형제도폐지특별법안 마련을 위한 토론회 자료집, 2014. 11. 17, 24－26면.

3. 여론(餘論)

사형폐지를 가로막는 사람들은 흉악범죄자에 대하여 혈세를 지출하는 것이 타당하지 않다는 논리를 내세워서 국민정서를 자극한다. 예컨대 여야 172명의 의원들이 사형폐지에 관한 특별법(안)을 발의한 날인 2012년 9월 6일, 당시 검사출신의 여당 소속 한 의원은 대정부질문에서 미집행 사형확정자들에게 연간 소요되는 국민혈세 예산이 1인당 2천5백만원, 총 255억이라고 주장한 바 있다. 그러나 2013년 1월 17일, 법무부가 제시한 자료에 따르면 급량, 피복, 의료, 연료비 등 수형자에게 연간 직접 소요되는 비용은 1인당 201만5000원(사형확정자 65명 기준 1억3천여만원)에 불과했는데, 해당 의원은 교정공무원의 급여, 관리비 등 교정행정에 소요되는 제반 비용의 합산금액을 마치 사형확정자들 때문에 발생한 것처럼 공표하였다.

예외적인 경우를 제외하면 교정시설에서 사형확정자를 반드시 독방에 수감해야 하는 것은 아니며 이들을 별도 계호하기 위한 감호시설을 새롭게 만들지도 않았는데 사실을 지나치게 호도한 것이다. 사실 경제적인 부분, 특히 세금이라는 민감한 내용을 거론하고 있지만 이 지점에서 생각해 볼 문제는 전국에 분산수용된 사형확정자들에게 연간 소요되는 직접비용과 그동안 국가의 사법살인에 의하여 사형이 집행된 뒤 무고함이 밝혀져 국가가 지출해야 했던 형사보상금액을 비교해 본다면 어떤 것이 더 국민의 혈세를 낭비한 것인지는 자명하다.[44] 지금과 달리 과거 권위주의정권에서 재심사유를 제한한 것도 결국은 국가불법에 의해 피해를 당한 사람들이 국가에 형사보상을 요구하는 길을 원천적으로 봉쇄하기 위한 것이다. 만일 정부를 수립하는 과정과 한국전쟁이라는 대혼란의 시기에 국가가 사형이라는 형벌로 단죄한 모든 원죄(冤罪)의 피해자들에 대한 재심을 가능하게 하고 재심 무죄에 뒤이은 국가배상소송에 따라 피해자 유족들에게 보상해야 할 금액이 산정되면 그 결과는 국가재정에 큰 부담을 줄 천문학

44) 가장 최근의 사례만 보더라도 대표적인 공안조작사건인 유럽간첩단 사건으로 사형선고를 받은 후 집행된 사람에게 그로부터 43년만인 2013년 10월, 서울고법이 재심 무죄를 선고하였고, 뒤이은 국가배상소송에서 법원은 국가가 유족들에게 총 23억4700여만원을 지급하라는 판결을 내린 바 있다.

적 수치에 이를 것이다.

4. 제 안

현 정부에서 사형제도가 반드시 폐지되기를 희망하면서 그와 관련된 정부입법이 조속히 마련되기를 기대한다. 그런데 이와 별도로 대통령은 시급한 문제부터 먼저 처리해야 한다. 과거 이승만 정권시기에 일어난 한국전쟁 동안 적 치하에 협력한 부역혐의자로 지목된 사람들이 대거 사법 학살되었는데 그 법적 근거가 '비상사태하의 범죄처벌에 관한 특별조치령(이하 비상사태특조령)'이었다. 그런데 이와 유사한'전시대기법령(戰時待機法令)'이 박정희정권시기에 다시 만들어졌고,[45] 전가의 보도와 같은 이 유령법령이 현존하고 있다는 사실은 공공연한 비밀에 속한다. 사형이라는 형벌이 우리의 법체계에서 완전히 일소되어야 하는 가장 중요한 이유는 그 폐해가 평화로운 시기에는 그다지 문제되지 않지만 국가가 위기와 변란에 처했을 때 추악한 야누스의 얼굴을 드러내기 때문이다.

전시라고 하더라도 충분히 기존의 형벌규범으로 대처할 수 있음에도 사형을 무기로 국민의 정신과 육체를 통제하려는 것은 사형이라는 형벌의 극단적인 정치적 성향을 여실히 보여주는 것이다. 따라서 문재인 정부에서는 국가기밀사항으로 포장해 놓은 이 법살(法殺)의 도구를 조속히 국무회의를 거쳐 폐기처분할 것을 제안한다.

또한 사형제도의 합헌성을 주장하는 입장이 취하는 주된 논거 가운데 하나는 헌법상 간접적이나마 제도의 법적 근거(헌법 제110조 제4항)가 마련되어 있다는 점이다. 그러나 우리 헌법 어디에도 사형을 직접적으로 허용하는 규범적 근

---

45) 이 법령은 박정희정권시기인 1975년 5월 21일, '비상사태하의 범죄처벌에 관한 임시특례법(안)'과 '전시법원조직 및 사법운영에 관한 임시특례법(안)'등 두 가지 대통령 긴급조치(안)으로 마련된 후(제38회 국무회의 회의록[BA0085272], 1975), 노태우정권인 1989년 6월 8일, 제3급 비밀로 지정된 이래로 현재에는 '전시법원 검찰조직 및 사법운영에 관한 임시특례법' 및 '전시범죄처벌에 관한 임시특례법'이라는 명칭의 대통령 긴급명령으로 변경되어 존재하고 있다(제23회 국무회의 회의록[BA0085303], 1989), 국가기록원에 의해 공개된 가장 최근의 국무회의록에 의하면 김대중 정부시기인 2001년 7월 16일, 제29회 국무회의 회의록[BA0673879], 2001)에도 확인되었는데, 이 법령의 내용은 대통령과 국무위원들에게만 알려져 있고, 전시상황에서 즉시 효력을 발휘하도록 되어 있다.

거는 존재하지 않으며, 이러한 합헌의견을 봉인하는 방법은 결국 개헌을 통하여 사형이라는 형벌을 정면으로 부정하는 생명권 존중 조항을 헌법규정으로 마련하는 일이다.

아울러 합헌의견은 오판 가능성의 문제를 사법제도의 숙명적 한계라고 쉽게 말하고 있으나 그와 같은 한계라도 그것이 되돌릴 수 있는 최소한의 회복 가능성이라는 장치와 결합되어야 하지만 사형은 말 그대로 당사자에 대한 사후적(事後的) 복원을 차단하여 원래의 상태로 되돌리지 못하게 하며, 설령 그것이 남겨진 유족들에 대해서는 금전적인 측면에서 어떤 혜택을 가져다준다고 하더라도 엄밀하게는 제3자에 대한 사후적(死後的)인 보상에 그치게 할 뿐이다. 따라서 오판 가능성의 문제 역시 사형이 극복할 수 없는 내재적 한계라는 점에서 폐지 이외에 다른 대안이 모색될 수 없는 것이다.

Ⅵ. 결론에 갈음하여

현행 법질서의 체계내재적인 측면에서 판단하자면 대상판결과 같이 다수의견의 방향이 소수의견의 외침에 전도될 가능성은 희박해 보인다. 오히려 대상판결을 통하여 확인할 수 있었던 사실을 솔직히 고백한다면 사형폐지를 논의하는 것이 더 이상 법리문제나 헌법해석의 방법으로 접근하기 어렵다는 점이었다.

더욱이 특정 사회의 형벌 수준을 그 사회 문명화의 척도라고 간주할 때 아직 우리 사회의 문명화는 여전히 발전의 도상에 위치해 있는 것으로 생각된다. 다른 어떤 가치보다 우선순위에 놓여 있는 국민감정의 딜레마는 사형제도의 폐지에 우호적이지 않은 상태이며, 이러한 현실은 헌법을 굳이 변경하지 않더라도 우리의 헌법적 가치에 비추어 사형제도가 드러내는 자명한 위헌성을 희석시키기에 충분해 보인다.

강력사건이 빈발할 때마다 사형집행을 요청하는 여론의 근원도 응보적인 정의에 기반을 둔 국민정서이기는 하지만 그 이면에 남아 있는 우리의 인권감수성과 인간존엄에 기반을 둔 생명권 존중의 지표는 그에 반비례하는 수준에 머물러 있음 역시 부인할 수 없는 일이다. 사형제도에 대하여 일정한 형벌의 기능과 역할이 있을 것이라는 검증되지 아니한 믿음이 국민일반의 법감정 속에 녹아내려 있지만 그러한 가설에 대한 검증도 결코 쉽지 않은 일이다. 따라서 사형폐지를 막아서는 걸림돌이 곧 일반국민의 법감정 내지 정서임을 부인할 수 없으며, 이를 개선하기 위해서는 근대적 사법이 정착된 이래로 사형제도가 어떻게 남용되고 오용되었는지를 규명하고 계몽하는 것이 중요한 과제일 수 있다. 그러나 그 과정을 거치는 일은 어렵기도 하지만 사형을 형벌의 목록에서 이미 삭제한 지구상의 모든 문명국가에서 이루어진 사형의 종식이 이에 근거한 것은 아니었다는 점을 기억할 필요가 있다.

사형을 폐지해야 하는 이유는 흉악한 범죄를 저지른 사형확정자 본인을 위한 것이 아니라 우리 스스로의 인권의식의 강화와 생명존중의 가치를 고양하고 그 실현을 도모하는 데에 있다. 그러므로 우리 사회의 생명권 존중의식과 인권감수성을 공고히 하는 출발점이 사회적 공감대를 형성하게 될 때 응보적인 정의가 곧 형벌이 지향하는 최고이자 최선의 가치라는 국민정서도 사회적 여론을 주도하는 자리에서 퇴장할 수 있을 것이다. 국민의 여론과 정치적 결단은 결국 사형폐지에 대한 책임을 누가 부담할 것인지의 문제와 결부된 것이므로 그 책임을 전가한다거나 회피하는 것은 그만큼 우리 사회의 인권 수준을 퇴행시키는 일이 된다.

이와 같은 사정 아래에서 취할 수 있는 최선의 방책이 무엇인지를 고민해 볼 때 도달하게 되는 유일한 결론은 입법에 의한 폐지일 것이다. 이에 따라 20대 국회에도 어김없이 의원입법에 의한 사형폐지법(안)의 발의가 준비되고는 있으나 의원입법은 과거에도 여러 차례 시도되다가 번번이 무산된 경험이 있고, 이에 의한 사형폐지는 입법자들의 행동양식에 비추어 볼 때 국민여론의 변화를 기다리는 것만큼 지난한 해 보인다. 그런데 입법추진의 방식은 정부입법으로도 가능하다는 점에서 사형폐지 의사를 분명히 하고 있는 현 정부에서는 법정형 정비를 통한 사형대상 범죄구성요건을 축소 정비하는 선결과제를 처리해야 하고 이와 병행하여 사형폐지의 입법정책은 정부안으로 먼저 법안을 상정한 뒤 국회가 검토하는 절차를 거치는 방식으로 변경되어야 할 것이다.

12

형집행 종료일에 관한 제문제 및 개선방안*

김 치 훈**

Ⅰ. 검토 배경

형의 집행 종료일[1]은 ① 누범기간 산정의 기산점이 되고, ② 집행유예 결격

---

* 이 논문은 제155회 영남형사판례연구회(2014.5.19.)에서 발표되었음.

** 현 수원지검 특별수사부.

1) **형법**

제35조(누범) ① 금고 이상의 형을 받어 그 집행을 종료하거나 면제를 받은 후 3년내에 금고 이상에 해당하는 죄를 범한 자는 누범으로 처벌한다.

제62조(집행유예의 요건) ① 3년 이하의 징역 또는 금고의 형을 선고할 경우에 제51조의 사항을 참작하여 그 정상에 참작할 만한 사유가 있는 때에는 1년 이상 5년 이하의 기간 형의 집행을 유예할 수 있다. 다만, 금고 이상의 형을 선고한 판결이 확정된 때부터 그 집행을 종료하거나 면제된 후 3년까지의 기간에 범한 죄에 대하여 형을 선고하는 경우에는 그러하지 아니하다.

특정범죄 가중처벌 등의 관한 법률

제5조의5(강도상해 등 재범자의 가중처벌) 「형법」 제337조 · 제339조의 죄 또는 그 미수죄로 형을 선고받고 그 집행이 끝나거나 면제된 후 3년 내에 다시 이들 죄를 범한 사람은 사형, 무기 또는 10년 이상의 징역에 처한다.

을 결정하는 기준점이 되는 등 형사사법절차에서 실무적으로 매우 중요한 의미를 가진다. 최근 법원에서는 피고인이 1심에서 징역형의 실형을 선고받고 항소(상고)를 제기한 경우, 미결구금일수를 감안하여 1심에서 선고받은 형기를 초과하기 전에 항소(상고)심 계속 중 보석 등으로 석방하는 사례가 많은 바, 이러한 경우 판결이 확정된 후 미결구금일수를 산입하면 3일 이내의 잔형기가 남는 경우가 다수이다.

통계에 비추어 보더라도, 2012. 4. 2.부터 4. 6.까지 1주일간 대법원에서 확정된 사건 중 재판 계속 중 구속취소되어 미리 석방된 사건은 총 11건이었는바, 이 중 약 64%에 해당하는 7건의 사건이 1~3일의 잔형기가 발생하였고, 18%에 해당하는 2건의 사건만 형기와 미결구금일수가 일치하였으며, 나머지 18%에 해당하는 2건의 사건은 형기가 1일 초과된 것으로 나타났다.

그런데, 검찰에서는 3일 이내의 잔형기를 집행하지 않고 있고(미결구금일수가 형기와 같거나 초과하는 경우도 별도의 집행하지 않음), 이에 따라 '형의 집행종료일'을 특정하기 곤란하여 피고인이 재범하였음에도 누범 또는 집행유예 결격을 적용하기 어려운 사례가 다수 발생하고 있다.

범죄전력

- 구속피의자 김00은 2007. 6. 5. 강릉지원에서 징역 10월을 선고받고, 항소, 상고하였으나 각 기각되어 2007. 8. 24. 판결확정된 전과 있음
- 피의자는 2006. 9. 11. 체포된 후 구속상태에서 상고심 계속 중 2007. 7. 9. 대법원의 보석 결정으로 석방(미결구금일수 303일)

범죄사실

- 피의자는 2010. 10.경 피해자로부터 1억원을 편취하여 사기

실제로 위와 같은 내용의 춘천지방검찰청 2011형제12121호 사건의 경우, 위 사건의 피의자에 대하여 최종 확정된 징역 10월의 형기 중 2일의 형기가 미집행 된 것으로 확인되어 피의자의 전과에 대한 형집행종료일을 특정할 수 없고, 결국 피의자의 위 사기 범행이 누범에 해당하는지, 집행유예 결격에 해당하는지

판단할 수 없게 되었다.

결국 위 사례와 같은 잔형기 미집행이 발생하는 이유를 확인하고, 형의 집행 종료일 특정을 위한 방안을 마련할 필요가 있다고 판단되므로, 미집행 배경 및 집행 실무에 관하여 간략히 살펴본 후 해결 방안을 검토하는 순서로 논의를 개진하고자 한다.

Ⅱ. 잔형기 발생 원인

1. 형집행 원칙

형법

제57조(판결선고전구금일수의 통산) ① 판결선고전의 구금일수는 그 전부 또는 일부[2)]를 유기징역, 유기금고, 벌금이나 과료에 관한 유치 또는 구류에 산입한다.

제84조(형기의 기산) ① 형기는 판결이 확정된 날로부터 기산한다.

형사소송법

제459조(재판의 확정과 집행) 재판은 이 법률에 특별한 규정이 없으면 확정한 후에 집행한다.

위 현행 형법과 형사소송법의 해석상 최종형기는 판결이 확정된 날로부터 기산하여 **월**로 특정[3)]하게 되고, 특정된 형기에 미결구금**일수**를 산입하여 남은 형기가 있는지 여부를 판단하게 된다. 따라서 위 사례에서 2007. 8. 24. 징역 10월의 형이 확정되었으므로, 피고인의 형기는 2007. 8. 24.부터 10개월 후인 2008. 6. 23.까지가 되어 일수로 환산하면 305일이 되고, 여기에서 미결구금일수 303일을 공제하면 피고인의 실제 미집행 형기는 2007. 8. 24.부터 같은 달 25.까지(2일)가 된다.

---

2) 헌법재판소는 형법 제57조 제1항의 '또는 일부'부분을 헌법불합치 결정하였는바(2009. 6. 25. 결정, 헌재2007헌바25 결정례 참조, 상세한 내용은 후술) 미결구금일수는 전부산입 하여야 함

3) 법원에서 형기를 '월'로 선고하기 때문

2. 잔형기 발생 원인

위 사례에서와 같이 형기는 판결확정일로부터 **월**로 계산하고, 미결구금일수는 **일수**로 계산하는데, 매월의 일수가 다르므로(이를테면, 2월은 28일까지 있고, 3월은 31일까지 있으므로, 판결확정일이 언제이냐에 따라 실제 구금되어야 할 일수가 달라짐) 법원이 피고인을 석방할 시점에서는 판결확정일을 알 수 없어 최종형기를 특정할 수 없으므로, 미결구금일수를 정확하게 계산하여 피고인을 석방할 수 없고, 결국 이로 인해 구조적으로 잔형기의 문제가 발생하게 된다.

위 사례의 경우, **미결구금일수**(**실제 구금된 일수**)는 303일[4]이고,

06. 9. 11. (체포일)	10. 10.	11. 10.	12. 10.	1. 10.	2. 10.	3. 10.	4. 10.	5. 10.	6. 10.	07. 7. 9. (석방일)
30일	31일	30일	31일	31일	28일	31일	30일	31일	29일	
										합계: 302일

최종 확정 형기(**판결 확정일로부터 월로 계산, 일로 환산**)하면 305일인 바,

07. 8. 24. (확정일)	9. 23.	10. 23.	11. 23.	12. 23.	1. 23.	2. 23.	3. 23.	4. 23.	5. 23.	08. 6. 23. (형종료)
31일	30일	31일	30일	31일	31일	29일	31일	30일	31일	
										합계: 305일

즉, 2007. 8. 24. 법원에서 징역 10월의 형기가 확정되면, 그 형기는 판결확정일로부터 기산되고, 형기 종료일은 그로부터 **월**로 산정하여 10개월 후인 2008. 6. 23.으로 결정되고, 그 형기를 일수로 환산하면 305일이 되는바, 미결

4) 계산된 표의 미결구금일수 합은 302일이나, 실제 사건의 피의자는 2006. 4. 25. 같은 사건으로 체포되었다가 석방된바 있어, 미결구금일수의 총합은 303일임

구금일수인 303일을 산입하게 되면, 2일의 미집행 형기가 발생하게 된다.

Ⅲ. 문제 빈발 배경

헌법재판소는 2009. 6. 25. 판결선고 전 구금일수 중 일부를 산입하지 않을 수 있도록 규정한 형법 제57조 제1항에 대하여 헌법불합치결정(헌재 2007헌바25 결정 참조)내렸고, 이후 법원에서는 판결선고 전 구금일수를 징역형에 전부 산입하도록 하고, 판결문에 미결구금일수를 표시하지 않고 있다.

위 헌법재판소 결정이전에는 항소(상고)심법원에서 판결을 하면서 재량에 따라 본 형기에 산입할 미결구금일수를 결정하였으므로 3일 이내의 잔형기가 발생하는 경우가 극히 드물었다. 그러나 **위 헌법재판소 결정 이후**에는 미결구금일수를 자동적으로 본형기에 전부 산입하게 되므로 법원에서 항소(상고)심 계속 중 미결구금일수가 원심의 선고형에 근접할 경우, 판결 확정 이전에 보석 등 구속취소결정으로 피고인을 석방하고 있는바, 판결확정 이후의 최종형기에 비추어 3일 이내의 잔형기가 발생하는 경우가 다수 발생하고 있는 현실이다.

Ⅳ. 집행 실무

자유형등에 관한 검찰집행사무규칙

제17조(자유형집행지휘시의 유의사항) ① 본형에 산입된 판결선고전의 구금일수가 본형의 형기를 초과하여 실제로 집행할 형이 없는 경우에도 형집행지휘를 하여야 한다

⑥ 형미집행자 또는 잔형집행대상자로서 집행할 형기가 1일인 경우 형집행장에 의하여 구인되거나 자진출석한 때에는 형을 집행한 것으로 보며, 집행원부등에 구인 또는 자진출석하였다는 뜻을 기재하여야 한다.

1. 미결구금일수가 형기를 초과하거나 같을 경우

현재 대검에서는 자유형집행이 완료된 것으로 보고 별도로 형집행지휘를 하지 않고 있으며, 위 자유형등에 관한 검찰집행사무규칙 제17조 제1항은 구금된 피의자에 대하여만 적용되는 것으로 해석[5]하고 있다.

2. 미결구금일수가 형기에 미달하거나, 그 차이가 3일 이내인 경우

현재 대검에서는 별건 등으로 구속되어 있는 피고인에 대하여는 집행지휘를 하나, 이미 구속취소 등으로 석방되어 있는 피고인에 대하여는 집행지휘를 하지 않고 있다. 그러나 '재판의 집행은 그 재판을 한 법원에 대응한 검찰청 검사가 지휘한다'(형사소송법 제460조 제1항)고 규정되어 있는바, 대법원에서 판결이 확정될 경우, 대검찰청에서 집행지휘를 하는 것이 원칙이고, 일선 지검에 집행촉탁을 하여 집행하도록 하여야 한다.

대검에서는 2010. 6. '자유형집행 업무 편람'을 편찬하였는바, 잔형기가 3일 이내일 경우에도 집행을 하는 것이 타당하다는 결론[6]을 내렸으나, 이후에도 ① 피고인에 대하여 2회에 걸친 집행을 하는 것이 지나치게 가혹하고, ② 현실적으로 검찰에 지나친 업무부담이 된다는 등의 이유로 **3일 이내의 잔형기는 집행하지 않고 있다.**

Ⅴ. 문제의 소재(논의의 실익)

1. 미결구금일수가 형기를 초과하거나 같을 경우

현재 실무에 따르면 별도로 형집행지휘를 하지 않으므로, 재판받은 피고인에 대하여 미결구금만이 계속되었을 뿐, 형집행을 한 바 없어, 형집행을 종료했다고 보아야 할 것인지, 형집행 종료일자를 언제로 보아야 할지 확정할 수 없다.

---

5) 대검 자유형 집행업무 관련 질의 회신, 문서번호 공판 61160－4616).

6) 자유형집행 업무 편람, 대검찰청, 20면 이하.

2. 미결구금일수가 형기에 미달하거나, 그 차이가 3일 이내인 경우

잔여형기에 대한 집행을 하지 않아 집행이 종료되지 않았으므로, 이러한 경우 형의 집행이 종료되었다고 해석하기 곤란하고, 이론상으로는 판결이 확정된 후 형의 시효가 도과하는 날이 형집행 종료일이 될 것이다.

3년 미만의 징역형에 대한 시효는 재판이 확정된 후 5년(형법 제78조 제5호)이므로, 위 사례에서 피의자 전과의 형집행 종료일은 판결확정일인 2007. 8. 24.부터 5년이 경과한 2012. 8. 23.이 되고, 이론상 누범기간은 2012. 8. 24.부터 2015. 8. 23.까지, 집행유예결격기간은 2007. 8. 24.부터 2015. 8. 23.까지의 8년간의 기간이 된다.

그러나 이는 ① 일반 법감정에 맞지 않고, ② 집행유예 제도, 누범가중 제도를 두어 재범을 방지하고자 하는 취지에도 부합하지 않으며, ③ 제도상의 문제, 검찰의 형집행의무 해태에 대한 불이익을 피고인에게 전가하는 것으로서 부당하므로 이를 근거로 검찰에서 누범이나 집행유예 결격을 주장하기 곤란하고, 법원에서도 받아들여줄 가능성이 매우 낮다는 문제점이 있다.[7)]

즉, 현재의 법규 및 집행실무에서는 3일 이내의 잔형기를 미집행하는 경우가 다수 발생할 수밖에 없고, 위 잔형기를 집행하지 않을 경우, 누범전과를 적용할 수 없고, 집행유예 결격 사유도 성립하지 않는다. ① 형법은 '형의 집행종료일'을 분명하게 확정할 수 있다는 전제 하에 누범 및 집행유예 결격을 판단하는 기준점으로 삼고 있으나, **현재 법규**의 해석으로는 위와 같은 경우 **형집행 종료일 특정이 불가능**하고, ② **누범가중제도와 집행유예 제도를 둔 취지**인 피고인에 대한 경고를 통한 범죄 예방효과를 **몰각**시키며, ③ 항소하지 않아 1심에서 판결이 확정된 피고인은 형집행종료일이 분명하여 누범의 적용을 받고, 집행유예 결격의 적용을 받게 되는 점에서, **형평성의 문제**도 발생한다.

---

7) 이에 대하여 형집행 종료일을 실제 구속취소일(보석석방일시)로 본다거나, 판결확정일로 해석해야 한다는 주장도 있을 수 있으나, 미결구금은 형의 집행이 아니라 구속영장에 의한 구속일 뿐인 점, 형 확정이후에도 잔형기가 남아 있다면 형의 집행이 종료되었다고 볼 수는 없는 점에 비추어 아무런 법적 근거가 없다.

Ⅵ. 해결 방안

1. 잔형기를 확실하게 집행하는 방안

(1) 의의

3일 이내의 잔형기라 하더라도 이를 집행하면 잔형기가 발생한 사건과 관련하여서는 최소한 '형집행종료일' 특정의 문제는 발생하지 않는다는 점에서 해결책 중 하나로 검토 가능하다.

(2) 장점

잔형기를 확실히 집행하는 것은 ① 검찰은 확정된 형을 집행할 의무가 있다는 점에서 **당연한 의무**이고, ② **별도의 입법에 의하지 않더라도 실행가능**하다는 장점이 있다.

(3) 단점

그러나 ① 3일 이내의 잔형기를 집행하는 것은 실무상 지나치게 부담을 주고, ② 이미 형집행이 완료된 것으로 판단하고 있는 피고인들에게 2차로 형집행을 하는 것은 가혹하며, ③ 특히 **3일 이내 잔형기가 발생하는 것은 형집행종료시를 기준으로 확정될 형기를 법원에서 사전에 정확하게 예견할 수 없는 구조적 문제에 기인**하는바, 이에 대한 부담을 **피고인에게 전가하는 것은 부당**하다는 단점이 있다.

2. 형기와 미결구금일수의 불일치를 해소하는 방안

(1) 의의

법원은 형기를 월 단위로 선고하고 있는데, 그 형기는 판결확정일로부터 **월**로 기산되게 하고, 판결확정 전 실제 구금된 **일수**를 공제하는 현행법제는 ① 미결구금일수를 일부만 산입하는 것을 전제로 하는 것으로서 미결구금일수 일부 산입이 위헌 결정된 이후에는 위와 같이 잔형기의 문제가 필연적으로 발생하므로 법 개정의 필요성이 있고, ② 피고인의 입장에서 형이 확정된 시기에 따라 실제 수형기간이 달라진다는 것은 형평성의 문제가 있으며(예를 들어, 2월에 형이 확정된 사람은 28일이 지나면 1개월의 형기가 만료되나, 3월에 형이 확정된 사람은 31일이 지나야 1개월의 형기가 만료됨) ③ 형기 산정의 방식이 지나치게 복잡하여 피고인 등 일반인이 형기 계산방식을 이해하기 어려운 실정이다.

따라서 형법과 형사소송법을 개정하여 ① 법원이 그 형기를 일수로 판결하게 하여 형집행기간을 미결구금일수와 일치시키거나, ② **미결구금일수를 월로 환산할 수 있도록 하되, 피고인에게 유리하게 해석하도록 형법을 개정**하여 미결구금일수를 형집행기간에 일치시키는 방안(이를테면 '미결구금일수를 단순 산입하였을 경우'와 '미결구금일수를 30으로 나누었을 때 그 몫에 해당하는 만큼의 개월 수를 형기에 산입하였을 경우'를 비교하여 피고인에게 유리하도록 산입하는 방안[8] 등)을 검토할 필요성이 있다.

(2) 장점

먼저, ① 미결구금일수를 월로 환산하여 피고인에게 유리한 방법으로 형기에 산입할 수 있도록 하면 **잔형기의 발생 자체를 근본적으로 막을 수 있고**, ② 현재의 징역형은 피고인에 대하여 월단위로 선고되고 있는바, **피고인에 대한 형이 언제 확정되느냐** 하는 우연적인 요소에 따라 실제 **구금일수가 달라지게 되는 문제점**이 있는바, 이를 **개선**할 수 있는 방안이라는 점에서 장점이 있다. 또한 ③ 피고인의 미결구금일수를 월로 환산하여 산입하도록 하는 방안은 미결구금일수의 문제를 피고인에게 유리하게 해석하는 것으로서 피고인의 **인권보호에 충실**하고, ④ **법원**의 입장에서도 피고인에 대하여 산입될 **미결구금일(월)수를 정확히 예측**할 수 있고, 집행하는 검찰의 입장에서도 미결구금일수 계산에 따른 업무의 부담을 줄여준다는 점에서도 유의미한 방안이다.

---

8) 현재 실무상 3개월 이내의 유기징역형은 매우 드문 바, 미결구금 기간에 2월이 포함되어 있다고 하여도, 그 형기가 4개월 이상이기만 하면 월 평균 형기가 30일을 초과하게 되므로 잔형기 집행의 문제는 거의 발생하지 않고, 법원의 입장에서도 미결구금일수를 30일로 나누었을 때 나오는 몫의 개월 수만을 생각하면 되므로 형 확정 이전에 석방시기를 정확하게 결정할 수 있게 됨

(3) 단점

그러나 ① 본 제도를 시행하기 위하여는 **형법의 개정이 필수적**이고, ② 잔형기의 문제는 발생하지 않으나, **형집행종료일의 문제에 관한 한 별도의 규정을 두어야** 해결할 수 있으며, ③ 잔형기 문제를 해결하기 위하여 미결구금일수 산입제도 자체를 바꾸는 것으로서 주객이 전도된 방안이라는 비판이 가능하다.

3. 형집행 면제 간주 규정 신설 방안

(1) 의의

형사소송법 제5편 '재판의 집행' 편에, '판결 확정이후 미결구금일수를 산입한 결과, **잔여 집행 형기가 3일 이내**인 경우 **판결 확정시 그 형집행을 면제**한 것으로 **간주**'하도록 규정하는 방안에 대하여 검토할 필요성이 있다.

(2) 장점

형법상 누범규정과 집행유예 결격규정은 '그 집행을 종료하거나 **면제를 받은 후**'라고 규정하고 있는바, 3일 이내 잔형기가 발생할 경우, 형집행을 면제한 것으로 규정하면 형집행종료일의 문제는 발생하지 않으므로, 잔형기, 형집행종료일에 관한 문제를 해결하는 데 **가장 직접적이고 간명한 방안**에 해당한다.

(3) 단점

그러나 ① 3일 이내의 형기라고 하여도 그 집행을 일률적으로 면제하는 것은 부당하고, ② 벌금 미납자의 노역장 유치제도 등에 비추어 형평성의 문제가 있고, ③ 3일 이내의 잔형기와 4일 이상의 잔형기 사이에 본질적인 차이를 인정할 근거가 있는지 의문(3일 이외의 다른 기준을 설정하여도 마찬가지)이며, ④ 잔형기 발생원인 자체를 개선하지 못한다는 점에서 한계가 있다.

4. 잔형 집행 포기(면제) 제도 신설 방안

(1) 의의

역시 형사소송법 제5편 '재판의 집행' 편에, 검찰이 판결이 확정된 후 사안의 경중, 집행의 실익을 판단하여 일정한 요건(이를테면, '징역 00일 이하, 특정 범죄 제외' 등)하에 **형의 집행을 포기**할 수 있도록 하고, '**그 형의 집행종료일은 판결 확정일로 본다**[9]'는 규정을 두는 것도 하나의 방안이 될 수 있다.

(2) 장점

① 일률적인 규정을 두어 잔형기의 집행 여부 등을 결정하는 것보다는 집행기관에 재량을 인정하여 구체적으로 판단할 수 있는 여지를 두는 것이 오히려 정의에 부합하고, ② 잔형기 문제 이외에도 형집행의 실익이 없거나 피고인에게 가혹한 경우에도 활용할 수 있다는 점에서 장점이 있다.

(3) 단점

그러나 ① 확정된 판결의 집행여부를 집행기관의 자의에 맡겨두는 것은 부당하고, ② 형의 집행 여부를 둘러싼 형평성 시비가 발생할 소지가 크며, ③ 역시 잔형기 발생 문제를 근본적으로 해결하지 못한다는 점에서 한계가 있다.

Ⅶ. 결론 및 제언

이상 논의한 문제를 해결하기 위해서는, ① 재판계속 중 석방된 피고인의 **형 집행 종료일**(남은 형기가 없는 경우, 3일 이내의 잔형기가 남게 되는 경우 포함)을 **명확히 특정**할 수 있도록 하고, ② 아울러 **3일 이내의 잔형기 문제**를 합리적으로 **해결**하며, ③ 나아가 **미결구금일수 산입 제도의 불합리**로 인한 문제도 **함께 개선**하는 방안이 가장 바람직하다고 판단된다.

9) 형집행 종료일을 집행포기(면제)결정시로 두게 되면, 검찰이 결정하는 시점에 따라 형 집행종료일이 달라지게 되므로, 법적 안정성에 문제가 있다고 판단된다.

따라서 위 개선방안 중에서 **미결구금일수를 월로 환산할 수 있도록 하되, 피고인에게 유리하게 해석하도록 형법을 개정**하여 형기는 월로, 미결구금일수는 일수로 산정하는 데서 오는 차이점을 근본적으로 시정하되, 형집행종료일의 문제를 해결하기 위하여 아울러 '**판결 확정 후 미결구금일(월)수를 산입한 결과, 집행할 형이 남아있지 않은 경우, 그 형의 집행 종료일은 판결확정일로 본다**'[10]는 내용의 규정도 함께 규정하는 것이 상당하다고 판단된다.

한편, 최근 법원은 대법원의 상고이유서 미제출로 인한 상고기각 '결정'의 경우, '판결'과 달리 『그 '결정일'이 아니라, 피고인에 대하여 그 '결정이 통지된 날' 형이 확정된 것으로 보아야 한다』고 결정하였는바(법률신문 2012. 3. 29.자 3면 이하 참조, 현재 항고심까지 이와 같이 결정한 상황으로서 검찰은 대법원에 재항고할 예정), 상고기각 '결정'도 결정일에 형이 확정되는 것임을 아울러 분명하게 규정할 필요 있다.

10) 앞에서 살펴본 바와 같이, 미결구금일수를 월로 환산할 수 있는 제도를 두면 잔형기가 발생하는 경우는 거의 없을 것으로 판단되므로, 이와 같이 규정하는 것으로 충분하다고 판단된다.

13

증언거부권의 불고지와 위증죄의 성부*

최 한 나**

형법각칙 분야

Ⅰ. 위증죄와 증언거부권

위증죄는 법률에 의하여 선서한 증인이 허위의 진술을 함으로써 성립하는 죄로서(형법 제152조 제1항),[1] 그 보호법익은 국가의 사법기능, 즉, 심판권의 적정한 행사 및 진실발견이다. 선서에 의하여 담보된 증인 진술의 정확성을 확보함으로써 법원 또는 심판기관의 진실 발견을 위한 심리를 해하여 정당한 판단이 위태롭게 되는 것을 방지하는 기능을 수행하는 것이다. 증인에게는 선서와 증언의 의무가 있는 바, 형사재판에서 증인이 정당한 이유 없이 선서나 증언을 거부한 때에는 과태료에 처해질 수 있다(형사소송법 제156조, 제161조 제1항).[2]

* 이 논문은 제146회 영남형사판례연구회(2013.9.23.)에서 발표되었음.
** 현 수원지검 성남지청 형사 4부.
1) 제152조 (위증, 모해위증) ① 법률에 의하여 선서한 증인이 허위의 진술을 한 때에는 5년 이하의 징역 또는 1천만원 이하의 벌금에 처한다.

한편, 증인의 진술이 증인 자신이나 친족 등에게 형사책임의 단서를 제공하는 경우 및 업무상 비밀에 관한 것은 그 증언을 거부할 수 있다(형사소송법 제148조, 제149조).[3] 이 중 '자기의 형사책임을 면하기 위한 증언거부권'은 헌법 제12조 제2항[4]의 불이익한 진술의 강요금지 및 영미법상의 자기부죄거부특권을 고려하여, '근친자를 위한 증언거부권'은 신분관계에 기한 정의를 고려하여 이들 경우에는 진실한 증언을 기대하기 어렵다는 것에 근거한다.

위와 같은 증언거부권자에게 증언을 거부할 수 있는 권리를 보장하고 증언거부권의 실효성을 확보하기 위해 형사소송법 제160조에서는 "증인이 제148조나 제149조에 해당하는 경우에 재판장은 신문전에 증언을 거부할 수 있음을 설명하여야 한다."라고 하여 '증언거부권 고지'에 관한 규정을 두고 있다.

위증죄의 주체는 '법률에 의하여 선서한 증인'이므로, 위증죄는 신분범이다. '선서'는 유효하게 이루어져야 한다. 선서가 유효하게 이루어지려면 법령에 정하여진 절차에 따라 이루어져야 한다.

이 때, 재판장이 증언거부권을 가진 증인에게 증언거부권을 고지하지 아니한 채 선서를 시키고 증인신문을 하는 과정에서 증인이 허위진술을 하였다는 이유로 위증죄로 처벌하는 것이 가능한지가 문제된다. 증언거부권을 고지하지 아니하는 경우, 위증죄가 성립하지 아니한다는 견해와 그 정도의 절차상의 흠만으로 선서를 무효라고 볼 수 없으므로 위증죄가 성립할 수 있다는 견해가 대립하는

---

2) 제156조 (증인의 선서) 증인에게는 신문전에 선서하게 하여야 한다. 단 법률에 다른 규정이 있는 경우에는 예외로 한다.
제161조 (선서, 증언의 거부와 과태료) ① 증인이 정당한 이유없이 선서나 증언을 거부한 때에는 결정으로 50만원이하의 과태료에 처할 수 있다.

3) 제148조 (근친자의 형사책임과 증언거부) 누구든지 자기나 다음 각호의 1에 해당한 관계있는 자가 형사소추 또는 공소제기를 당하거나 유죄판결을 받을 사실이 발로될 염려있는 증언을 거부할 수 있다.
1. 친족 또는 친족관계가 있었던 자
2. 법정대리인, 후견감독인
제149조 (업무상비밀과 증언거부) 변호사, 변리사, 공증인, 공인회계사, 세무사, 대서업자, 의사, 한의사, 치과의사, 약사, 약종상, 조산사, 간호사, 종교의 직에 있는 자 또는 이러한 직에 있던 자가 그 업무상 위탁을 받은 관계로 알게 된 사실로서 타인의 비밀에 관한 것은 증언을 거부할 수 있다. 단, 본인의 승낙이 있거나 중대한 공익상 필요있는 때에는 예외로 한다.

4) 제12조 ② 모든 국민은 고문을 받지 아니하며, 형사상 자기에게 불리한 진술을 강요당하지 아니한다.

바, 아래에서는 대법원 및 하급심 판결을 중심으로 증언거부권을 고지 받지 못한 증인이 위증죄의 주체가 될 수 있는지, 증언거부권의 불고지 상태에서 피고인에게 적법행위의 기대가능성이 존재하는지에 대해 살펴보고자 한다.

Ⅱ. 판례의 태도

1. 대법원 1961. 7. 13. 선고 4294형상194 판결 - 증언거부권자의 위증죄 성립을 부정

【판결요지】

증언거부권이 있는 자가 자신에 대한 형사소추를 모면하기 위하여 자신에게 불이익한 사항에 관하여 허위증언을 한 경우에는 적법행위에 대한 기대가능성이 없기 때문에 위증죄가 성립하지 않는다.

【판결의 의의】

위 판결은 증언거부권자가 증언거부권을 포기하고 허위진술을 하는 경우 **적법행위에 대한 기대가능성이 없기 때문에** 위증죄가 성립하지 않는다는 것이고, 증언거부권 고지여부에 대하여는 언급하지 아니하였다.

2. 대법원 1987. 7. 7. 선고 86도1724 전원합의체 판결 - 증언거부권자의 위증죄 성립을 인정

【판결요지】

증인으로 선서한 이상 진실대로 진술한다고 하면 자신의 범죄를 시인하는 진술을 하는 것이 되고 증언을 거부하는 것은 자기의 범죄를 암시하는 것이 되어 증인에게 사실대로의 진술을 기대할 수 없다고 하더라도 형사소송법상 이러한 처지의 증인에게는 증언을 거부할 수 있는 권리를 인정하여 위증죄로부터의 탈출구를 마련하고 있는 만큼 적법행위의 기대 가능성이 없다고 할 수 없으므로 선서한 증인이 증언거부권을 포기하고 허위의 진술을 하였다면 위증죄의 처벌을 면할 수 없다.

【판결의 의의】

위 판결은 사실대로 진술하면 자신의 범죄를 시인하게 되는 경우라도 증언거부권이라는 위증죄로부터의 탈출구를 마련하고 있는 만큼 적법행위의 **기대가능성이 없다고 할**

수 없고, 헌법 제12조 제2항에서 규정하는 자기에게 형사상 불리한 진술을 강요당하지 아니할 권리는 적극적으로 허위의 진술을 할 권리를 보장한 취지는 아니므로 선서한 증인이 증언거부권을 포기하고 허위의 진술을 한 이상 위증죄의 처벌을 면할 수는 없다는 것이고, 증언거부권 고지여부에 대하여는 언급하지 아니하였으나, 후술할 전원합의체 판결이 나오기 전까지 증언거부권 고지여부와 상관없이 위증죄가 성립한다는 것이 판례의 입장이었다. 위 판결로 1961. 7. 13 선고 4294형상194 판결을 폐기하였다.

3. 대법원 2010. 1. 21. 선고 2008도942 전원합의체 판결 – 증언거부권 불고지시 위증죄의 성립을 제한

【사실관계】

피고인은 A와 쌍방 상해 사건으로 공소 제기되어 공동피고인으로 함께 재판을 받으면서 자신은 폭행한 사실이 없다고 주장하며 다투고 있었다. 그러던 중 A에 대한 상해사건이 변론분리되었고, A의 상해죄 피고사건에 대한 재판에서 피해자인 증인으로 채택되어 검사로부터 신문을 받게 되었다. A에 대한 폭행 여부에 관한 신문에서 피고인은 “나는 A에게 폭행을 가한 일이 없다”고 진술했다. 이 공판에서 피고인의 증언 전에 증언거부권이 고지되지 않았다. 피고인은 위증죄로 기소되었다. 항소심은 재판장으로부터 증언거부권을 고지받지 못하여 위증을 한 경우에는 위증죄가 성립하지 않는다는 이유로 피고인에게 무죄를 선고하였고, 검사가 상고하였으나 대법원은 검사의 상고를 기각하였다.

【판결요지】

① 위증죄와 형사소송법의 취지, 정신과 기능을 고려하여 볼 때, 형법 제152조 제1항에서 정한 ‘법률에 의하여 선서한 증인’이라 함은 ‘법률에 근거하여 법률이 정한 절차에 따라 유효한 선서를 한 증인’이라는 의미이고, 그 증인신문은 법률이 정한 절차 조항을 준수하여 적법하게 이루어진 경우여야 한다고 볼 것이다.

② 위증죄의 의의 및 보호법익, 형사소송법에 규정된 증인신문절차의 내용, 증언거부권의 취지 등을 종합적으로 살펴보면, **증인신문절차에서 법률에 규정된 증인 보호를 위한 규정이 지켜진 것으로 인정되지 않은 경우에는 증인이 허위의 진술을 하였다고 하더라도 위증죄의 구성요건인 “법률에 의하여 선서한 증인”에 해당하지 아니한다고 보아 이를 위증죄로 처벌할 수 없는 것이 원칙**이다. 다만, 법률에 규정된 증인 보호 절차라 하더라도 개별 보호절차 규정들의 내용과 취지가 같지 아니하고, 당해 신문 과정에서 지키지 못한 절차 규정과 그 경위 및 위반의 정도 등 제반 사정이 개별 사건마다 각기 상이하므로, 이러한 사정을 전체적·종합적으로 고려하여 볼 때, **당해 사건에서 증인 보**

호에 사실상 장애가 초래되었다고 볼 수 없는 경우에까지 예외 없이 위증죄의 성립을 부정할 것은 아니라고 할 것이다.

③ 증언거부권 제도는 증인에게 증언의무의 이행을 거절할 수 있는 권리를 부여한 것이고, 형사소송법상 증언거부권의 고지 제도는 증인에게 그러한 권리의 존재를 확인시켜 침묵할 것인지 아니면 진술할 것인지에 관하여 심사숙고할 기회를 충분히 부여함으로써 침묵할 수 있는 권리를 보장하기 위한 것임을 감안할 때, 재판장이 신문 전에 증인에게 증언거부권을 고지하지 않은 경우에도 **당해 사건에서 증언 당시 증인이 처한 구체적인 상황**, **증언거부사유의 내용**, **증인이 증언거부사유 또는 증언거부권의 존재를 이미 알고 있었는지 여부**, **증언거부권을 고지 받았더라도 허위진술을 하였을 것이라고 볼 만한 정황이 있는지** 등을 전체적·종합적으로 고려하여 증인이 침묵하지 아니하고 진술한 것이 자신의 진정한 의사에 의한 것인지 여부를 기준으로 위증죄의 성립 여부를 판단하여야 한다. 그러므로 헌법 제12조 제2항에 정한 불이익 진술의 강요금지 원칙을 구체화한 자기부죄거부특권에 관한 것이거나 기타 증언거부사유가 있음에도 증인이 증언거부권을 고지받지 못함으로 인하여 그 증언거부권을 행사하는 데 사실상 장애가 초래되었다고 볼 수 있는 경우에는 위증죄의 성립을 부정하여야 할 것이다.

【판결의 의의】

위 전원합의체 판결은 증언거부권이 고지되지 않은 경우에는 위증죄의 구성요건인 "법률에 의하여 선서한 증인"에 해당하지 아니하므로 위증죄로 처벌할 수 없는 것이 원칙이라는 내용으로, **증언거부권의 고지를 위증죄 성립의 구성요건**으로 보고 있다. 다만 예외적으로 증언거부권을 고지받았더라도 이를 포기하고 허위진술을 하였을 것이라고 인정될 경우, 즉 증언거부권을 행사하는데 '사실상 장애'가 초래되었다고 볼 수 없는 경우에는 위증죄가 성립한다고 하였다.

위 판결은 "선서한 증인이 허위의 진술을 한 이상 증언거부권 고지 여부를 고려하지 아니한 채 위증죄가 바로 성립한다는 취지로 대법원 1987. 7. 7. 선고 86도1724 전원합의체 판결에서 판시한 대법원의 의견은 위 견해에 저촉되는 범위 내에서 이를 변경하기로 한다"고 판시하면서, 증언거부권을 고지받지 못한 증인이 허위진술을 한 경우에 일정한 범위에서 위증죄의 성립을 제한하였다.

4. 대법원 2011. 7. 28. 선고 2009도14928 판결
– 민사재판에서 증언거부권 불고지시 위증죄 성립

【사실관계】

피고인은 농약 판매업체인 甲사에 근무하면서 원고 甲사가 피고 농협을 상대로 낸 물품대금 청구소송 재판에 증인으로 출석하여 원고가 피고로부터 받아야 할 돈을 피고인이 대신 받은 것이 명백함에도 김모씨로부터 개인적으로 차용한 것이라고 진술하였고, 이후 피고로부터 사기 등으로 고소를 당하여 기소되었다. 이 재판에서 피고인의 증언 전에 증언거부권이 고지되지 않았다. 피고인은 위증죄로 기소되었다. 항소심은 재판장으로부터 증언거부권을 고지받지 못하여 위증을 한 경우에는 위증죄가 성립하지 않는다는 이유로 피고인에게 무죄를 선고하였으나, 검사가 상고하여 상고 인용되었고, 파기 환송심에서 피고인에게 유죄가 선고되어[5] 확정되었다.

【판결요지】

① 형사소송법은 증언거부권에 관한 규정(제148조, 제149조)과 함께 재판장의 증언거부권 고지의무에 관하여도 규정하고 있는 반면(제160조), 민사소송법은 증언거부권제도를 두면서도(제314조 내지 제316조) 증언거부권 고지에 관한 규정을 따로 두고 있지 않다. <u>우리 입법자는 1954. 9. 23. 제정 당시부터 증언거부권 및 그 고지 규정을 둔 형사소송법과는 달리 그 후인 1960. 4. 4. 민사소송법을 제정할 때 증언거부권 제도를 두면서도 그 고지 규정을 두지 아니하였고</u>, 2002. 1. 26. 민사소송법을 전부 개정하면서도 같은 입장을 유지하였다. 이러한 입법 경위 및 규정 내용에 비추어 볼 때, 이는 양 절차에 존재하는 목적·적용원리 등의 차이를 염두에 둔 입법적 선택으로 보인다. 더구나 <u>민사소송법은 형사소송법과 달리, '선서거부권 제도'(제324조), '선서면제제도'(제323조) 등 증인으로 하여금 위증죄의 위험에서 벗어날 수 있도록 하는 이중의 장치를 마련하고 있어</u> 증언거부권 고지 규정을 두지 아니한 것이 입법의 불비라거나 증언거부권 있는 증인의 침묵할 수 있는 권리를 부당하게 침해하는 입법이라고 볼 수도 없다. 그렇다면 민사소송절차에서 재판장이 증인에게 증언거부권을 고지하지 아니하였다 하여 절차위반의 위법이 있다고 할 수 없고, 따라서 적법한 선서절차를 마쳤는데도 허위진술을 한 증인에 대해서는 달리 특별한 사정이 없는 한 위증죄가 성립한다고 보아야 한다.

② 민사소송절차에 증인으로 출석한 피고인이 민사소송법 제314조에 따라 증언거부권이 있는데도 재판장으로부터 증언거부권을 고지받지 않은 상태에서 허위의 증언을 한 사안에서, 민사소송법이 정하는 절차에 따라 증인으로서 적법하게 선서를 마치고도 허위진술을 한 피고인의 행위는 위증죄에 해당하고 기록상 달리 특별한 사정이 보이지 아니하는데도, 법적 근거가 없는 증언거부권의 고지절차가 없었다는 이유로 무죄를 인정한 원심판단에 민사소송절차의 증언거부권 고지에 관한 법리오해의 위법이 있다.

【판결의 분석】

위 판결은 형사소송법과 달리 민사소송법은 증언거부권 고지에 관한 규정이 없으므로

5) 춘천지방법원 2012. 2. 1. 선고 2011노582 판결.

증언거부권이 고지되지 않은 경우에도 위증죄의 구성요건인 "법률에 의하여 선서한 증인"에 해당된다는 내용으로, 형사재판과는 달리 민사재판에서는 선서한 증인이 허위의 진술을 한 이상 증언거부권 고지 여부를 고려하지 아니한 채 위증죄가 바로 성립한다는 것이다.

Ⅲ. 증언거부권 행사의 '사실상 장애' 여부 판단

1. 판단기준

증언거부권 제도는 증인에게 증언의무의 이행을 거절할 수 있는 권리를 부여한 것이고, 형사소송법상 증언거부권의 고지 제도는 증인에게 그러한 권리의 존재를 확인시켜 침묵할 것인지 아니면 진술할 것인지에 관하여 심사숙고할 기회를 충분히 부여함으로써 침묵할 수 있는 권리를 보장하기 위한 것임을 감안할 때, 재판장이 신문 전에 증인에게 증언거부권을 고지하지 않은 경우에도 ① **당해 사건에서 증언 당시 증인이 처한 구체적인 상황**, ②**증언거부사유의 내용**, ③**증인이 증언거부사유 또는 증언거부권의 존재를 이미 알고 있었는지 여부**, ④**증언거부권을 고지받았더라도 허위 진술을 하였을 것이라고 볼 만한 정황이 있는지** 등을 전체적·종합적으로 고려하여 증인이 침묵하지 아니하고 진술한 것이 자신의 진정한 의사에 의한 것인지 여부를 기준으로 위증죄의 성립 여부를 판단하여야 한다. 그러므로 헌법 제12조 제2항에 정한 불이익 진술의 강요금지 원칙을 구체화한 자기부죄거부특권에 관한 것이거나 기타 증언거부사유가 있음에도 증인이 증언거부권을 고지받지 못함으로 인하여 그 증언거부권을 행사하는 데 사실상 장애가 초래되었다고 볼 수 있는 경우에는 위증죄의 성립을 부정하여야 할 것이다(대법원 2010. 2. 25. 선고 2009도13257 판결; 대법원 2010. 2. 25. 선고 2007도6273 판결; 대법원 2012. 12. 13. 선고 2010도10028 판결 등).

2. 위증죄의 성립을 부정한 사례
– 대법원 2010. 2. 25. 선고 2009도13257 판결

【사실관계】

피고인은 사촌형제인 B 외 1명에 대한 관광진흥법 위반 사건의 증인으로 출석하였으나, B는 법정에 출석하지 않았고, 피고인은 위증의 벌을 경고 받고 선서를 한 뒤 검사의 신문에 답하게 되었다. B와의 관계에 대한 검사의 질문에 대하여 피고인은 사촌관계라고 답하였음에도 증언거부권이 고지되지 않았다. 피고인은 거짓임을 알면서도 B가 도박행위를 한 사실이 없다는 취지로 진술했다. 피고인은 위증죄로 기소되었다. 항소심은 이 사건 선서는 적법한 증언거부권의 고지 없이 이루어진 것으로서 무효이므로, 피고인은 위증죄의 주체가 될 수 없다는 이유로 무죄를 선고하였고,[6] 검사가 상고하였으나 대법원은 검사의 상고를 기각하였다.

【판결요지】

<u>피고인이 한 증언의 대부분은 B가 위 카지노에서 도박을 한 사실이 있었는지 여부에 관한 것으로서 향후 사촌형제인 B가 도박죄로 형사소추 또는 공소제기를 당할 염려가 있는 내용인 점</u>, <u>B가 증인으로 출석하지 아니하여 검사의 증인신청 및 신문에 따라 피고인이 부득이 먼저 이 사건 증언을 하게 된 것인 점</u>, <u>증언 첫머리에서 피고인이 B와 사촌관계에 있다고 진술함으로써 B의 도박 사실에 관하여 증언거부사유가 발생하게 되었는데도 재판장으로부터 증언거부권을 고지받지 못한 상태에서 이 사건 허위 진술을 하게 된 점</u> 등을 종합하여 보면, 이 사건 증언 당시 증언거부권을 고지받지 못함으로 인하여 피고인이 그 증언거부권을 행사하는 데 사실상 장애가 초래되었다고 볼 수 있다.

2. 위증죄의 성립을 인정한 사례

가. 대법원 2010. 2. 25. 선고 2007도6273 판결

【사실관계】

피고인은 전 남편 C의 도로교통법위반(음주운전) 피고사건의 공판에 증인으로 출석하여 증언하면서 C의 음주운전사실에 관한 판사의 질문에 "사고 당시 운전하고 있었던 사람은 C가 아니라 나고, 내가 조수석에 앉아 있다가 C와 자리를 교체하여 운전석으로 이동한 것이 아니라 내가 줄곧 운전했다"고 진술하였다. 이 공판에서 피고인의 증언 전에 증언거부권이 고지되지 않았다. 피고인은 위증죄로 기소되었다. 1심은 증언거부권의 고

6) 제주지방법원 2009. 11. 5. 선고 2009노404 판결.

지 없이 증인 선서가 이루어진 이상, 법률에 의한 유효한 증인 선서가 있다 할 수 없어 구성요건 해당성을 결하게 된다는 이유로 무죄를 선고하였고,[7] 검사의 항소는 기각되었으나, 상고는 인용되었고, 파기 환송심에서 피고인에게 유죄가 선고되어 확정되었다.[8]

【판결요지】

피고인은 C에 대한 도로교통법 위반(음주운전)사건에서 자신은 음주운전한 사실이 없고 그의 처였던 피고인이 운전하던 차에 타고 있었을 뿐이라고 공소사실을 적극적으로 부인하던 C의 증인으로 법정에 출석하여 증언을 하기에 이르렀던 사실, 당시 피고인은 C의 변호인의 신문에 대하여 술에 만취한 C를 집으로 돌려보내기 위해 피고인 자신이 C를 차에 태우고 운전하였다고 C의 변명에 부합하는 내용을 적극적으로 진술하였던 사실, 피고인은 이 사건 제1심 제8회 공판기일에 재판장이 증언을 하지 않을 수 있다는 사실을 알았다면 증언을 거부했을 것이냐는 신문에 대하여 그렇다 하더라도 증언을 하였을 것이라는 취지로 답변을 하였던 사실 등을 알 수 있는바, 피고인이 위 형사사건의 증인으로 출석하여 증언을 한 경위와 그 증언 내용, 피고인의 이 사건 제1심 제8회 공판기일에서의 진술 내용 등을 전체적·종합적으로 고려하여 보면 피고인이 선서 전에 재판장으로부터 증언거부권을 고지받지 아니하였다 하더라도 이로 인하여 피고인의 증언거부권이 사실상 침해당한 것으로 평가할 수는 없다.

나. 대법원 2012. 12. 13. 선고 2010도10028 판결

【사실관계】

피고인은 D와 살인 사건의 공범으로 공소제기되어 공동피고인으로 함께 재판을 받던 중 D에 대한 사건이 변론분리되었고 증인으로 채택되어 선서한 후 검사로부터 신문을 받게 되었다. 피고인은 D로부터 청산가리를 사달라는 부탁을 받아 이를 구입하여 D에게 건네주었다는 취지로 진술했다. 이 공판에서 피고인의 증언 전에 증언거부권이 고지되지 않았다. 피고인은 위증죄로 기소되었다. 1심은 증언거부권의 고지 없이 증인 선서가 이루어진 이상, 법률에 의한 유효한 증인 선서가 있다 할 수 없어 구성요건 해당성을 결하게 된다는 이유로 무죄를 선고하였으나,[9] 검사가 항소하여 피고인에게 유죄의 판결이 선고되었고,[10] 피고인이 상고하였으나 상고기각되어 확정되었다.

【판결요지】

형사소송법에서 증언거부권의 대상으로 규정한 ‘공소제기를 당하거나 유죄판결을 받

7) 서울북부지방법원 2007. 4. 3. 선고 2006고단1590 판결
8) 서울북부지방법원 2010. 11. 17. 선고 2010노458 판결
9) 의정부지방법원 고양지원 2010. 1. 14. 선고 2009고단24 판결
10) 의정부지방법원 2010. 7. 16. 선고 2010노301 판결.

을 사실이 발로될 염려 있는 증언'에는 자신이 범행을 한 사실뿐 아니라 범행을 한 것으로 오인되어 유죄판결을 받을 우려가 있는 사실 등도 포함된다고 할 것이다. 따라서 범행을 하지 아니한 자가 범인으로 공소제기가 되어 피고인의 지위에서 범행사실을 허위자백하고, 나아가 공범에 대한 증인의 자격에서 증언을 하면서 그 공범과 함께 범행하였다고 허위의 진술을 한 경우에도 그 증언은 자신에 대한 유죄판결의 우려를 증대시키는 것이므로 증언거부권의 대상은 된다고 볼 것이다. 다만 그 경우는 자신이 하지 아니한 범행을 오히려 했다고 진술하는 것으로서 자기부죄거부의 특권이 인정되는 본래 모습과는 상당한 차이가 있으므로, 이는 증언거부권을 고지받았으면 증언을 거부하였을지 여부, 즉 증언거부권의 행사에 사실상 장애가 초래되었다고 볼 수 있는지를 판단함에 있어 중요한 요소로 고려함이 마땅하다

① 피고인은 살인 사건으로 수사기관에서 조사받을 당시 수차례에 걸쳐 조사받을 때마다 진술거부권을 고지받았음에도 이 사건 증언 내용과 동일한 내용으로 허위자백하였고, 구속영장이 청구되기 전 영장실질심사를 받을 수 있는 권리도 포기하였던 점, ② 피고인은 증언을 하였던 살인 사건의 제1심 제4회 공판기일 이전에도 법정에서 위 증언 내용과 동일한 내용으로 피고인으로서 진술하였고, 증언을 하고 난 이후의 공판기일에서도 계속하여 일관되게 동일한 내용으로 진술하였던 점, ③ 피고인은 수사기관에서부터 원심에 이르기까지 당시 증언 내용이 허위였음을 인정하면서, 살인 사건 당시 허위자백을 하였던 이유는 수사기관의 위협 및 강압 때문이었고 이후에는 진술을 번복하더라도 믿어줄 것 같지 않아서 법정에서도 계속하여 허위진술을 한 것이라고 주장하나, 당시 피고인이 수사기관으로부터 위협이나 강압을 받았다는 증거가 없고, 오히려 당시 피고인을 수사하였던 경찰인 공소외 1, 2는 피고인에게 협박이나 폭행을 가하는 등의 강압수사를 한 적이 없다고 진술하였으며, 특히 피고인은 살인 사건 당시 수사기관이나 1심 재판 중에 피고인의 허위자백과 모순되는 객관적인 증거들이 발견되었음에도 불구하고 그에 맞추어 진술을 일부 변경하면서까지 허위자백의 기본적인 내용을 유지해 나갔던 점, ④ 피고인은 원심에서도 여전히 당시 허위진술을 한 이유에 대하여 위 주장 외에는 납득할 만한 설명을 하고 있지 못한 점 등을 종합하여 볼 때, 피고인이 살인 사건의 공판과정에서 선서 전에 재판장으로부터 증언거부권을 고지받지 아니하였다 하더라도 이로 인하여 피고인의 증언거부권 행사에 사실상 장애가 초래되었다고 볼 수는 없다.

다. 하급심 판례

피고인들이 E의 알선으로 필로폰을 매매하였음에도 서로 상대방에 대한 사건의 증인으로 출석하여 선서한 후 필로폰을 매매한 사실이 없다고 허위 증언한 사안에서 피고인들에게 유죄가 인정되었고,[11] 피고인이 F가 절취한 유모씨

의 약속어음과 관련하여 유모씨와 통화한 사실이 있음에도 F에 대한 절도 피고사건에서 증인으로 출석하여 선서한 후 위와 같은 내용으로 유모씨와 통화한 사실이 없다고 허위 증언한 사안에서 피고인에게 유죄가 인정되었다.[12)]

위 사안들에서는 증언거부권을 고지받았더라도 허위진술을 하였을 것이라고 인정하는 사유에 공히 '피고인이 증언거부권을 고지받았더라도 판사, 검사가 신문하면 아는 데까지 답하였을 것이라고 진술한 점'이 포함되는 바, 위 사유를 증언거부권의 '사실상 장애' 여부를 판단하는 데 중요고려사유로 삼고 있는 것으로 보인다.

Ⅳ. 증언거부권의 불고지와 위증죄의 주체

앞에서 본 바와 같이 증언거부권 불고지시 위증죄 성립을 제한한 전원합의체 판결(대법원 2010. 1. 21. 선고 2008도942 판결)은 "'증인신문절차'에서 법률에 규정된 증인보호를 위한 규정이 지켜지지 않은 경우에는 증인이 허위의 진술을 하였더라도 위증죄의 구성요건인 '법률에 의하여 선서한 증인'에 해당하지 아니하여 위증죄로 처벌할 수 없는 것이 원칙"이라고 하였다. 반면 선서나 증언절차에 사소한 결함이 있다는 이유만으로 선서가 효력을 잃는 것은 아니므로 '증인신문절차'가 부적법한 경우에도 위증죄의 주체가 될 수 있다는 견해도 있다.

증언거부권의 고지는 '증인신문절차'의 일부이지 '증인선서절차'의 일부라고 보기 어렵다. 형사소송법에 의하면, 재판장은 증인이 선서무능력자에 해당하지 아니하는 한 신문 전에 선서하게 하여야 하며(제156조, 제159조), 선서할 증인에 대하여 선서 전에 위증의 벌을 경고하여야 하고(제158조), 증인으로 하여금 기립하여 엄숙하게 "양심에 따라 숨김과 보탬이 없이 사실 그대로 말하고 만일 거짓말이 있으면 위증의 벌을 받기로 맹세합니다"라고 기재된 선서서를 원칙적으로 직접 낭독하고 기명날인 또는 서명하는 방식으로 선서하도록 하고 있다(제157조).

11) 부산지방법원 2013. 7. 12. 선고 2013고합255, 330(병합) 판결.
12) 대전지방법원 2012. 5. 9. 선고 2012노196 판결.

그리고 형사소송법 제160조는 "증인이 제148조, 제149조에 해당하는 경우에는 재판장은 신문 전에 증언을 거부할 수 있음을 설명하여야 한다"고 규정하고 있다. 즉, 형사소송법은 재판장의 증언거부에 대한 고지 내지 설명 시기를 '**선서 전**'이 아닌 '**신문 전**'이라고 규정하고 있는 것이다.

위와 같은 형사소송법의 규정을 종합하여 볼 때, 증언거부권의 고지가 증인선서절차의 한 내용이라고 보기는 어렵다.

따라서 피고인이 증언거부권을 고지받지 못하였더라도 증인선서절차 자체가 적법한 경우에는 '법률에 의해 선서한 증인'으로서 위증죄의 주체가 된다고 해야 할 것이다. 그리고 위증죄의 주체성이 인정된다면 그 전후 이루어진 증인신문절차가 위법하더라도 이것이 위증죄의 주체성 여부에 영향을 미칠 수는 없다고 해야 할 것이다. 이러한 의미에서 위 대법원 판결이 "**증인신문절차**에서 법률에 규정된 증인 보호를 위한 규정이 지켜진 것으로 인정되지 않은 경우에는 증인이 허위의 진술을 하였다고 하더라도 위증죄의 구성요건인 '**법률에 의하여 선서한 증인**'에 해당하지 아니한다"고 한 부분은 논리적으로 타당하다고 하기 어렵다.[13] 증언거부권을 고지 받지 못하고 선서 후 증언을 한 증인은 '적법한 절차에 의해 신문받지 못한 증인'이라고 할 수 있을 뿐, '법률에 의하여 선서한 증인'이 아니라고 할 수는 없기 때문이다.

Ⅴ. 증언거부권의 불고지와 기대가능성

앞에서 본 바와 같이 증언거부권 불고지의 경우에도 위증죄의 주체성 인정에는 문제가 없으므로 위증죄 성립여부의 문제는 적법행위에 대한 기대가능성의 인정 여부에 따라 결론을 달리한다.

이에 대하여 ① 증언거부권을 고지 받지 못하였다는 사정뿐만 아니라 허위진술의 내용, 허위진술을 하여 피고인들이 얻을 수 있는 이익과 허위진술을 하지 않을 경우 피고인에게 미치는 손해 등을 종합적으로 고려하여 허위진술을

---

13) 오영근, 증언거부권의 불고지와 위증죄의 성립여부, 고시계, 2010. 5, 162면.

하지 않을 기대가능성 유무를 따져야 한다고 하며, 이전 재판에 사소한 절차의 위법이 있다 하더라도 피고인의 위증재판에서 문제되는 것은 피고인의 허위진술에서 나타난 불법과 비난가능성이므로 이것이 이전 재판절차에서의 사소한 절차의 위법보다 훨씬 무거운 경우에는 위증죄를 인정할 수 있다는 견해,[14] ② 증언거부권의 불고지는 현실적으로 적법행위를 기대하기 어려운 일정한 경우에 적법행위로 나아갈 수 있도록 마련된 유일한 길을 법률의 규정에 반하여 차단하는 것으로서 증인보호에 대한 중대한 절차적 하자이므로 증언거부권 불고지 상태에서의 증인의 허위증언에 대해서는 위증죄의 성립을 부정하여야 한다는 견해[15] 및 ③ 증언거부권이 고지되지 아니하였다는 객관적 사실 그 자체로서 절차상의 흠결에 해당하여 선서의 효력이 무효화되어야 하고, 증인의 진실한 증언에 대한 기대가능성도 존재하지 않는 것으로 보아 위증죄가 성립하지 않는 것으로 평가하여야 한다는 견해[16]가 있다.

그러나 증언거부권이 고지되지 아니하였더라도 증언거부권 및 증언거부사유의 존재를 아는 경우와 같이 허위 진술을 하지 않을 기대가능성이 있는 경우가 존재한다. 따라서 위 대법원 2007도6273 판결에서 판시한 바와 같이 개별적, 구체적으로 증인이 침묵하지 아니하고 진술한 것이 자신의 진정한 의사에 의한 것인지 여부를 검토하여 증언거부권을 행사하는 데 사실상 장애가 초래되어 적법행위의 기대 가능성이 없는지 유무를 판단하는 것이 타당하다고 본다.

Ⅵ. 결　　어

위증 등 사법질서 저해범죄는 실체진실 발견을 어렵게 하고 국가 사법질서의 신뢰를 떨어뜨리는 중대한 범죄이다. 최근 공판중심주의 강화 추세에 따라 법정진술의 중요성이 날로 커지고 있는 반면, 의리나 정을 내세워 허위증언을 하는 사례가 여전히 빈번하게 발생하고 있어 그 폐해가 심각하다.

---

14) 오영근, 증언거부권의 불고지와 위증죄의 성립여부, 165면.
15) 이세화, 증언거부권불고지와 허위증언에 대한 위증죄, 영남법학 제31호, 2010. 10, 388면.
16) 권오걸, 증언거부권의 불고지와 위증죄, 형사법연구 제22권 제3호, 2010, 386면.

그런데, 증인신문 시 증언거부권 고지 대상에 대한 증언거부권 고지가 재판장의 실수로 간과되는 사례가 자주 있고, 증언거부권을 고지했더라도 공판조서에 고지사실이 누락되는 경우가 있고, 이 경우 증언거부권을 고지했다는 점에 대한 입증이 곤란하다.

증언거부권을 고지하지 아니한 상태에서 허위 증언이 이루어진 경우, 그 자체로서 무조건 위증죄의 주체가 될 수 없다고는 볼 수 없다. 위증죄의 주체는 법률에 의하여 선서한 증인이라고 규정되어 있기 때문에 증언거부권의 존재나 행사여부는 위증죄의 주체의 성립요소가 아니기 때문이다. 증언거부권 고지와 위증죄의 성부는 기대가능성의 문제로 파악하여야 한다. 증언거부권이 고지되지 않았다고 하여 적법행위의 기대가능성이 없다고 볼 수는 없다. 증언거부권을 고지받았더라도 허위 진술을 하였을 가능성의 정도, 증언 당시 증언거부권을 알고 있었는지 여부, 허위 증언을 하게 된 경위 등을 종합하여 당해 증인이 허위 증언을 하지 아니하는 것에 대한 기대가능성의 유무 및 그 정도를 판단하여 유무죄의 판단자료 또는 양형고려사유로 삼아야 할 것이다.

참고문헌

권오걸, 증언거부권의 불고지와 위증죄, 형사법연구 제22권 제3호, 2010.
오영근, 증언거부권의 불고지와 위증죄의 성립여부, 고시계, 2010.
이세화, 증언거부권불고지와 허위증언에 대한 위증죄, 영남법학 제31호, 2010.

14

참고인의 허위진술에 대한 규제방안*

이 수 창**

형법각칙 분야

Ⅰ. 서 론

1. 참고인의 허위진술 관련 최근 판례 소개 – 대법원 2013. 12. 26. 선고 2013도8085 판결[1)]

최근 대법원은 참고인의 허위진술 규제와 관련하여 기존의 소극적이던 입장

* 이 논문은 제161회 영남형사판례연구회(2014.11.10.)에서 발표되었음.

** 현 대전지검 천안지청 형사 2부.

1) 위 사건은 피고인이 증거위조교사죄로 기소된 사안인데, 공소사실은 다음과 같다.

『피고인은 2012. 7. 14.경부터 2012. 10. 4.경까지 사이에 친딸인 김△△를 강제추행하거나 강간한 사실로 2012. 10. 17. 전주지방법원 군산지원에 성폭력범죄의처벌등에관한특례법위반(친족관계에의한강간)죄 등으로 구속기소되어 재판을 받게 되었다.

이에 피고인은 2012. 11. 말경 군산시 옥구읍 옥정리 65에 있는 군산교도소에서 누나인 김○○에게 편지로 '김△△가 그동안 거짓말을 한 것으로 녹음이 되어서 재판부에 제출되어야 내가 무죄를 받을 수 있으니 녹취를 하여 증거로 제출하여 달라'는 취지로 부탁하였다.

그러자 김○○는 이에 응하여 2012. 12. 13. 15:30경 익산시 성당면 갈산리에 있는 그녀의 집에서 김△△에게 "시키는 대로 녹음을 해주면 너희 아빠가 친권을 포기하게 하고 네가 원하

과는 다소 다른 새로운 유형의 판시를 한 바 있어 소개하면 다음과 같다.

【판시사항】

참고인이 타인의 형사사건 등에 관하여 제3자와 대화를 하면서 허위로 진술하고 그 진술이 담긴 대화 내용을 녹음한 녹음파일 또는 이를 녹취한 녹취록을 만들어 수사기관 등에 제출하는 행위가 증거위조죄를 구성하는지 여부(적극)

【판결요지】

참고인이 타인의 형사사건 등에 관하여 제3자와 대화를 하면서 허위로 진술하고 위와 같은 허위 진술이 담긴 대화 내용을 녹음한 녹음파일 또는 이를 녹취한 녹취록은 **참고인의 허위진술 자체 또는 참고인 작성의 허위 사실확인서 등과는 달리 그 진술내용만이 증거자료로 되는 것이 아니고 녹음 당시의 현장음향 및 제3자의 진술 등이 포함**되어 있어 그 일체가 증거자료가 된다고 할 것이므로, 이는 증거위조죄에서 말하는 '증거'에 해당한다.

또한 위와 같이 참고인의 허위 진술이 담긴 대화 내용을 녹음한 녹음파일 또는 이를 녹취한 녹취록을 만들어 내는 행위는 무엇보다도 그 녹음의 자연스러움을 뒷받침하는 **현장성이 강하여 단순한 허위진술 또는 허위의 사실확인서 등에 비하여 수사기관 등을 그 증거가치를 판단함에 있어 오도할 위험성을 현저히 증대**시킨다고 할 것이므로, 이러한 행위는 허위의 증거를 새로이 작출하는 행위로서 증거위조죄에서 말하는 '위조'에도 해당한다고 봄이 상당하다.

따라서 참고인이 타인의 형사사건 등에 관하여 제3자와 대화를 하면서 허위로 진술하고 위와 같은 허위 진술이 담긴 대화 내용을 녹음한 녹음파일 또는 이를 녹취한 녹취록을 만들어 수사기관 등에 제출하는 것은, 참고인이 타인의 형사사건 등에 관하여 수사기관에 허위의 진술을 하거나 이와 다를 바 없는 것으로서 허위의 사실확인서나 진술서를 작성하여 수사기관 등에 제출하는 것과는 달리, 증거위조죄를 구성한다.

2. 판례가 가지는 의미

참고인의 허위진술을 어떻게 처벌할 것인가의 문제와 관련하여 기존 대법원

는 대로 해주겠다. 시키는 대로 녹음해주지 않으면 할머니도 앞으로 너를 안보겠다고 한다."고 말하여 김△△로 하여금 김○○의 딸 김□□에게 미리 연습한대로 "아무한테도 말하지마. 아빠가 때려서 그것 때문에 화나서 아빠가 몸에다 손댔다고 거짓말해서 진술 받은 거야."라고 말하는 것을 김○○의 휴대폰에 녹음하게 한 후 이를 녹취록으로 작성하고, 피고인의 변호인을 통하여 2012. 12. 14. 전주지방법원 군산지원 형사합의부에 증거로 제출하였다.

이로써 피고인은 김○○로 하여금 타인의 형사사건에 관한 증거를 위조하도록 교사하였다.』

판례는 위계에 의한 공무집행방해, 범인도피, 증거위조 등의 성립 여부에 대하여 뒤에서 살펴보는 바와 같이 매우 소극적이었던 것이 사실이다.

참고인의 허위진술에 대한 현실적인 처벌 필요성은 별론으로 하고 증거위조죄의 증거에는 참고인의 허위진술이 포함되지 않는다고 보는 것이 기존 판례의 태도[1)]였다. 심지어 판례는 여기서 한 걸음 더 나아가 '참고인이 타인의 형사사건 등에서 직접 진술 또는 증언하는 것을 대신하거나 그 진술 등에 앞서서 허위의 사실확인서나 진술서를 작성하여 수사기관 등에 제출하거나 또는 제3자에게 교부하여 제3자가 이를 제출한 것은 존재하지 않는 문서를 이전부터 존재하고 있는 것처럼 작출하는 등의 방법으로 새로운 증거를 창조한 것이 아닐뿐더러, 참고인이 수사기관에서 허위의 진술을 하는 것과 차이가 없으므로, 증거위조죄를 구성하지 않는다는 입장[2)]이었다.

그러나 대법원은 위 2013. 12. 26. 선고 2013도8085 판결에서 '참고인이 타인의 형사사건 등에 관하여 제3자와 대화를 하면서 허위로 진술하고 그 진술이 담긴 대화 내용을 녹음한 녹음파일 또는 이를 녹취한 녹취록을 만들어 수사기관 등에 제출'한 경우에는 참고인의 진술내용만이 증거로 되는 것이 아니라 그 녹음파일 또는 녹취록은 녹음 당시의 현장음향 및 제3자의 진술 등이 포함되어 있어 그 일체가 증거자료가 되는 것이므로 증거위조죄에서 말하는 '증거'에 해당하고 이러한 행위는 허위의 증거를 새로이 작출하는 행위로서 증거위조죄에서 말하는 '위조'에도 해당한다는 입장을 표명함으로써 참고인의 허위진술도 그것이 현출되는 형태에 따라 증거위조죄가 성립할 수 있음을 밝히고 있다.

즉 **대법원 판례의 입장을 정리하면** (i) **참고인의 수사기관에서의 허위진술은 증거위조죄가 성립하지 않고,** (ii) **나아가 참고인이 허위의 사실확인서나 진술서를 작성하여 수사기관에 제출하는 것 또한 참고인이 수사기관에서 허위의 진술**

1) 주류적인 대법원 판례는 "단순히 타인의 형사사건에 관하여 수사기관에서 허위의 진술을 하거나 허위의 진술을 하도록 교사하는 정도의 행위로서는 타인의 형사사건에 관한 증인을 은닉 또는 도피하게 한 것에 해당하지 아니함은 물론 증거의 현출을 방해하여 증거로서의 효과를 멸실 또는 감소시키는 증거인멸 등의 적극적 행위에 나선 것으로 볼 수 없다 할 것이므로 위와 같은 행위가 증거를 위조하고 또는 그 위조를 교사한 죄를 구성한다고 볼 수 없다"는 입장이었다(대법원 1977. 9. 13. 선고 77도997 판결 등).

2) 대법원 2011. 7. 28. 선고 2010도2244 판결.

을 하는 것과 차이가 없으므로 증거위조죄를 구성하지 않지만, (iii) 참고인이 제3자로 하여금 허위진술하게 하고 녹음한 후 녹음파일 또는 녹취록을 수사기관에 제출한 행위는 증거위조죄에 해당한다는 것이다.

3. 비판적 문제 제기

위 판례에 따르면 참고인의 허위진술도 그것이 현출되는 형태에 따라 증거위조죄가 성립할 수 있다. 즉 자신이 스스로 허위진술을 하거나 사실확인서 또는 진술서 형태로 수사기관에 제출하는 경우에는 증거위조가 성립되지 않지만, 제3자를 이용하여 허위진술을 하게 하고 이를 녹음하여 녹취록을 제출한 경우에는 기존 판례와 달리 증거위조죄로 처벌할 수 있는 것이다.

이러한 판례의 태도에 대하여는 (i) 참고인의 허위진술이 녹음파일 또는 녹취록 등과 같은 우회적인 형태로 나타날 때 이를 증거위조죄로 처벌할 수 있다는 문제가 있고, (ii) 증거위조죄에서 말하는 '증거'는 '국가의 형벌권 또는 징계권의 유무를 확인하는 데 관계있다고 인정되는 일체의 자료'를 의미하는 포괄적인 증거를 의미[3]하는데 참고인의 허위진술이 녹음파일 또는 녹취록의 형태로 나타날 때 그것이 어느 범위의 외부요소를 포함하는 것이어야 참고인의 허위진술 내용만이 증거로 되는 경우와 구별되는 것인지 명확한 기준을 제시하지 못하며, (iii) 이에 **참고인의 허위진술에 대한 처벌범위를 넓어지게 할 우려가 있다는 비판**[4]이 있다.

그러나 위 판례에 대하여는 참고인의 허위진술에 대한 처벌범위를 넓히게 하였다는 비판이 아니라, 오히려 사실상 법원이 **(i) 참고인의 허위진술, (ii) 참고인의 허위진술이 기재된 사실확인서 또는 진술서, (iii) 참고인이 제3자로 하여금 허위진술하게 하고 이를 녹음한 녹음파일 또는 녹취록에 대한 처벌 기준을 명확한 기준 없이 달리 보고 있다는 비판이 가능**하다. 특히 (ii)와 (iii)의 경우 본질적으로 그 가벌성에 있어서 큰 차이가 있다고 보기 어렵다.

---

3) 대법원 2007. 6. 28. 선고 2002도3600 판결 등.
4) 김재환 변호사, 2014. 6. 2. 대한변협신문 참조.

물론 판례가 설시하는 바와 같이 "참고인의 허위 진술이 담긴 대화 내용을 녹음한 녹음파일 또는 이를 녹취한 녹취록을 만들어 내는 행위는 무엇보다도 그 녹음의 자연스러움을 뒷받침하는 **현장성이 강하여** 단순한 허위진술 또는 허위의 사실확인서 등에 비하여 수사기관 등을 그 증거가치를 판단함에 있어 오도할 위험성을 현저히 증대시킨다"는 점에서는 허위의 증거를 새로이 작출하는 행위로서 증거위조죄에서 말하는 '위조'에도 해당한다고 볼 여지도 있다.[5)]

그러나 근본적으로 참고인이 스스로 수사기관에서 허위진술을 하거나, 허위의 사실확인서 등을 제시하는 행위와 제3자를 통하여 동일한 허위진술을 만들어내는 행위 간에 가벌성의 차이를 두어야 하는지에 대하여는 의문이다. 특히 **위 판례 사안의 경우와 같이 만약 참고인이 제3자의 진술을 녹음한 것이 아니라 제3자로 하여금 허위의 사실확인서를 작성하여 수사기관에 제출하게 하였다면 과연 참고인 또는 제3자를 처벌할 수 있었을 것이라는 의문이 제기**된다. 기존 대법원 판례 입장에 의하면 제3자가 허위의 사실확인서를 제출하더라도 증거위조죄로 처벌될 수는 없어, 이를 이용한 참고인 또한 처벌하기 어렵기 때문이다. 그렇다면 단순히 '음성녹음'과 '사실확인서 작성'이라는 행위 태양만으로 가벌성을 구별할 수 있는가의 문제도 남아 있다.

결국 **위 판례는 우리에게 다시 한 번 '참고인의 허위진술을 어느 범위까지 처벌할 수 있는가'라는 화두를 던져주고 있다**. 변화된 수사환경에서 참고인의 무차별적인 허위진술을 규제할 필요성은 더욱 절실해진 반면, 이를 단순히 수사기관의 편의라고만 몰아세우는 비판적 입장은 여전하다. 반면 위 대법원 판례와 같이 실제적인 처벌 및 규제의 필요성 등이 고려되어 기존의 미온적인 입장에서 한발 나아간 대법원의 입장 변화 또한 엿보이고 있다.

5) 또한 대법원은 "참고인이 타인의 형사사건 등에 관하여 제3자와 대화를 하면서 허위로 진술하고 위와 같은 허위 진술이 담긴 대화 내용을 녹음한 녹음파일 또는 이를 녹취한 녹취록은 참고인의 허위진술 자체 또는 참고인 작성의 허위 사실확인서 등과는 달리 그 진술내용만이 증거자료로 되는 것이 아니고 녹음 당시의 현장음향 및 **제3자의 진술** 등이 포함되어 있어 그 일체가 증거자료가 된다고 할 것이므로, 이는 증거위조죄에서 말하는 '증거'에 해당한다"는 근거를 제시한다.

Ⅱ. 현행법상 수사단계에서의 허위진술에 대한 처벌

1. 문제의 제기

수사개입에 대한 불편을 피하기 위하여 혹은 자신의 진술로 불리한 결정을 받을 수 있는 자의 보복을 두려워한 나머지 참고인이 수사기관의 출석요구에 불응하고, 출석하여 진술을 하는 경우에도 쟁점에 대한 진술을 거부하거나 심지어는 적극적인 허위진술을 통해 수사를 방해하는 현상은 검찰 수사과정에서 낯선 모습이 아니다. 이는 수사기능의 효율성을 저해하는 것은 물론 실체적 진실을 추구하는 수사기관의 업무를 가중시키는 요인이 되고 있다.[6)]

사건관계인을 조사한 결과 고소인과 피의자의 주장이 상반되는데 고소인 또는 피의자가 자기 진술의 진실성을 확인할 방법으로 제3자인 참고인을 내세우고 있는 경우 혹은 다투어지는 사실관계를 객관적으로 확인해 줄 수 있는 참고인이 있는 경우에는 해당 참고인을 조사해 보아야만 사건의 진상을 파악할 수 있는데, 그 참고인이 소환에 불응하거나 출석하여 허위로 진술한다면 실체적 진실발견에 장애요소가 될 수밖에 없다. 그 가운데 참고인의 소환불응이 소극적으로 실체적 진실발견에 장해를 주는 것이라면 허위진술은 적극적으로 사실관계

---

6) 2013. 6. 24. 시민일보 보도내용은 다음과 같다.

『지난 해 우리나라 국민의 약 1.4%에 달하는 67만7000여명이 고소·고발을 당한 것으로 나타나 고소·고발 남용으로 인한 폐해가 심각하다는 지적이 나왔다.

국회 안전행정위원회 소속 새누리당 김영주 의원이 분석한 통계청의 '고소·고발 사건 처리 현황자료'에 따르면 고소·고발을 당한 인원은 2009년 80만7239명, 2010년 66만8482명, 2011년 62만3350명, 2012년 67만7039명으로 한 해 평균 약 69만명이 고소·고발을 당한 것으로 나타났다.

김영주 의원이 경찰청으로부터 받은 '최근 5년간 무고로 인한 고소·고발건수'에 따르면 2007년 1831건, 2008년 1924건, 2009년 2130건, 2010년 2141건, 2011년 2325건으로, 2007년 대비 약 27%나 증가했고, '위증으로 인한 고소·고발 건수'도 2009년 2229건, 2010년 2025건, 2011년 2151건, 2012년 2282건에 달해 매년 2000건 이상이 위증으로 인해 다시 고소·고발하는 것으로 조사됐다.

김 의원은 "우리보다 인구가 2배 이상 많은 일본의 경우 2011년 고소·고발당한 총 인원이 6928명 뿐이고, 이중 무고로 인한 피해 인원이 33명에 불과한 것으로 나타났다"며 "**우리나라의 경우 2011년 고소·고발당한 인원이 인구대비 약 1.3%로 일본의 0.005%에 비해 무려 260배나 많아** 대한민국에 '고소·고발공화국'이라는 신조어가 생겨날 지경에 이르렀다"고 지적했다.』

를 왜곡한다는 점에서 그 폐해는 더욱 심각할 수 있다.[7)]

이에 대한 문제의식이 검찰을 중심으로 꾸준히 제기되어 왔고, 이러한 이유로 참고인의 허위진술에 대한 처벌문제는 사법방해죄의 도입론을 중심으로 뜨거운 쟁점이 되어 왔다.[8)] 특히 우리 형법에서는 이를 직접적으로 다루는 규정을 두지 않을 뿐만 아니라 실무상으로 위계에 의한 공무집행방해죄, 범인도피죄, 증거인멸·은닉죄 등으로 기소하더라도 법원이 이에 대한 처벌 범위를 매우 좁게 보고 있다는 점은 사법방해죄 도입론의 현실적인 근거가 되어 왔다.

이하에서는 먼저 수사단계에서의 허위진술과 관련한 현행법의 규정과 이를 해석, 적용하는 판례의 태도를 분석하고 사법방해죄 등 입법론도 검토함으로써 수사단계에서 참고인의 허위진술에 대한 처벌가능성을 모색해 보도록 한다.

다만 이 자리가 영남판례연구회라는 점에서 기존의 논의와 같이 사법방해죄 도입론을 중점적으로 살펴보기보다는 수사단계에서 참고인의 허위진술 처벌방안에 대한 현행법 및 판례의 태도를 중심으로 살펴보고, 이러한 실무상황에서 사법방해죄가 어떠한 의미를 가질 수 있는지를 부언하도록 한다.

2. 위계에 의한 공무집행방해죄[9)]

(1) 판례의 태도

1) 판결 1 – 대법원 1977. 2. 8. 선고 76도3685 판결[10)]

【판시사항】

피의자나 참고인이 아닌 자가 자발적이고 계획적으로 피의자를 가장하여 수사기관에서 허위진술을 한 경우 위계에 의한 공무집행방해죄를 구성하는지 여부

---

7) 박승환, "사법방해죄도입론·수사절차에서의 허위진술을 중심으로", 법조 제58권 제2호 통권 제629호, 124~125면.

8) 피의자의 경우 헌법 제12조 제2항에 의하여 진술거부권 내지 묵비권이 보장되어 있고, 당사자주의 관점에서 보더라도 허위진술에 대한 처벌논의가 참고인에 비하여 약할 수밖에 없다.

9) 형법 제137조(위계에 의한 공무집행방해)
위계로써 공무원의 직무집행을 방해한 자는 5년 이하의 징역 또는 1천만원 이하의 벌금에 처한다. <개정 1995. 12. 29.>

10) 우리나라의 법률에서 행정기관, 수사기관 및 인·허가권을 가지고 있는 행정청에 대한허위진술, 허위자료 제출에 대한 제재규정을 두고 있는 경우는 극히 드물다. 대다수 법률에서 이러한 행위를 처벌하는 규정을 두고 있지 않기 때문에 형법상 범인은닉죄, 증거인멸, 증인은닉죄,

【판결요지】

형사 피의자와 수사기관이 대립적 위치에서 서로 공격방어를 할 수 있는 취지의 형사소송법의 규정과 법률에 의한 선서를 한 증인이 허위로 진술을 한 경우에 한하여 위증죄가 성립된다는 형법의 규정 취지에 비추어 수사기관이 범죄사건을 수사함에 있어서는 피의자나 피의자로 자처하는 자 또는 참고인의 진술여하에 불구하고 피의자를 확정하고 그 피의사실을 인정할 만한 객관적인 제반증거를 수집 조사하여야 할 권리와 의무가 있는 것이라고 할 것이므로 **피의자나 참고인이 아닌 자가 자발적이고 계획적으로 피의자를 가장하여 수사기관에 대하여 허위사실을 진술하였다 하여 바로 이를 위계에 의한 공무집행방해죄가 성립된다고 할 수 없다.**

2) 판결 2 – 대법원 2003. 7. 25. 선고 2003도1609 판결

【판시사항】

[1] 피의자나 참고인이 수사기관에 대하여 조작된 증거를 제출함으로써 수사기관의 수사활동을 방해한 경우, 위계에 의한 공무집행방해죄의 성립여부(적극)

[2] **음주운전을 하다가 교통사고를 야기한 후 그 형사처벌을 면하기 위하여타인의 혈액을 자신의 혈액인 것처럼 교통사고 조사 경찰관에게 제출하여 감정하도록 한 경우, 위계에 의한 공무집행방해죄가 성립**한다고 한 사례

【판결요지】

[1] **수사기관이 범죄사건을 수사함에 있어서는 피의자나 참고인의 진술 여하에 불구하고 피의자를 확정하고 그 피의사실을 인정할 만한 객관적인 제반 증거를 수집·조사하여야 할 권리와 의무**가 있는 것이고, 한편, 피의자는 진술거부권과 자기에게 유리한 진술을 할 권리와 유리한 증거를 제출할 권리가 있지만 수사기관에 대하여 진실만을 진술하여야 할 의무가 있는 것은 아니며, 또한 수사기관에서의 참고인은 형사소송절차에서 **선서를 한 증인이 허위로 공술을 한 경우에 위증죄가 성립하는 것과 달리** 반드시 진실만을 말하도록 법률상의 의무가 부과되어 있는 것은 아니므로, 피의자나 참고인이 피의자의 무고함을 입증하는 등의 목적으로 수사기관에 대하여 허위사실을 진술하거나 허위

무고죄 등에 해당되지 않는 한 공무방해의 일반규정으로서의 의미를 갖는 위계에 의한 공무집행방해죄로 의율할 수밖에 없으나 판례는 이를 인정하는데 대체로 소극적이었다.
관세법 제276조에서 허위신고죄 등을 규정하고 있는데, 제3항 제1호에서는 '세관공무원의 질문에 대하여 허위의 진술을 하거나 그 직무의 집행을 거부 또는 기피한 자'를 1,000만원 이하의 벌금에 처하고 있고, 그밖에 독점규제및공정거래에관한법률 제69조의2(공정거래위원회가 동법 위반 행위를 조사하는 절차에 있어서 참고인들이 허위의 보고나 허위의 자료 또는 물건을 제출하는 경우, 1,000만원 이하의 과태료), 하도급거래공정화에관한법률 제30조의2(같은 행위에 대하여 3,000만원 이하의 과태료), 건축법 제82조(건축법위반 사실에 관한 행정조사절차에서 허위진술하는 경우, 30만원 이하의 과태료)에서는 행정질서벌인 과태료에 처하고 있다.

의 증거를 제출하였다 하더라도, 수사기관이 충분한 수사를 하지 아니한 채 이와 같은 허위의 진술과 증거만으로 잘못된 결론을 내렸다면, 이는 수사기관의 불충분한 수사에 의한 것으로서 피의자 등의 위계에 의하여 수사가 방해되었다고 볼 수 없어 위계에 의한 공무집행방해죄가 성립된다고 할 수 없을 것이나, 피의자나 참고인이 피의자의 무고함을 입증하는 등의 목적으로 적극적으로 허위의 증거를 조작하여 제출하였고 그 증거 조작의 결과 수사기관이 그 진위에 관하여 나름대로 충실한 수사를 하더라도 제출된 증거가 허위임을 발견하지 못하여 잘못된 결론을 내리게 될 정도에 이르렀다면, 이는 위계에 의하여 수사기관의 수사행위를 적극적으로 방해한 것으로서 위계에 의한 공무집행방해죄가 성립된다.

[2] 음주운전을 하다가 교통사고를 야기한 후 그 형사처벌을 면하기 위하여 타인의 혈액을 자신의 혈액인 것처럼 교통사고 조사 경찰관에게 제출하여 감정하도록 한 행위는, 단순히 피의자가 수사기관에 대하여 허위사실을 진술하거나 자신에게 불리한 증거를 은닉하는 데 그친 것이 아니라 수사기관의 착오를 이용하여 적극적으로 피의사실에 관한 증거를 조작한 것으로서 위계에 의한 공무집행방해죄가 성립한다고 한 사례

3) 판결 3 – 대법원 1971. 3. 9. 선고 71도186 판결

【판결요지】

수사기관에 대하여 피의자가 허위자백을 하거나 참고인이 허위의 진술을 한 것만으로는 위계에 의한 공무집행방해죄가 성립된다고 할 수 없다.[11]

(2) 판례의 논거 분석

대상판결 ①에서는 피의자나 참고인이 아닌 자가 자발적이고 계획적으로 피의자를 가장하여 수사기관에 대하여 허위사실을 진술하였다 하여 바로 이를 위계에 의한 공무집행방해죄가 성립된다고 할 수 없다고 하였다.

---

11) 위 판결의 판결이유를 살펴보면 다음과 같다.
『형사피의자는 진술거부권, 묵비권이 있고, 또 진실을 진술하여야 할 법률상의 의무가 없으며, 허위로 그 피의사실을 자백하였다 하더라도 수사기관은 그 자백유무에 불구하고 진실을 발견할 수 있는 증거를 조사 수집하여야 할 권리의무가 있을 뿐 아니라 자백이 그 진실에 부합되는 자백이라 하더라도 그 자백이 객관적으로 진실에 부합되는 것임을 인정할 수 있는 보강증거가 없는 이상, 그 범죄사실을 인정할 유일한 증거가 되지 못한다.
(중략) 수사기관에서 참고인으로서 진술하면서 그 공소장 기재와 같은 허위사실을 진술하였다 하더라도 법률에 의하여 선서를 한 증인이 허위로 공술을 한 경우에 한하여 위증죄가 성립된다는 점과를 대비할 때에 선서를 시키고 진술을 하게 할 수 없는 참고인이 수사기관에게 대하여 허위진술을 하였다 하더라도 이를 곧 공무집행방해에 해당된다고는 해석할 수 없다.』

반면, 대상판결 ②에서는 피의자나 참고인이 피의자의 무고함을 입증하는 등의 목적으로 수사기관에 대하여 허위사실을 진술하거나 허위의 증거를 제출하였다 하더라도, 수사기관이 충분한 수사를 하지 아니한 채 이와 같은 허위의 진술과 증거만으로 잘못된 결론을 내렸다면, 이는 수사기관의 불충분한 수사에 의한 것으로서 피의자 등의 위계에 의하여 수사가 방해되었다고 볼 수 없어 위계에 의한 공무집행방해죄가 성립된다고 할 수 없을 것이나, 피의자나 참고인이 피의자의 무고함을 입증하는 등의 목적으로 적극적으로 허위의 증거를 조작하여 제출하였고 그 증거조작의 결과 수사기관이 그 진위에 관하여 나름대로 충실한 수사를 하더라도 제출된 증거가 허위임을 발견하지 못하여 잘못된 결론을 내리게 될 정도에 이르렀다면, 이는 위계에 의하여 수사기관의 수사행위를 적극적으로 방해한 것으로서 위계에 의한 공무집행방해죄가 성립된다고 판시하고 있다.

따라서 위의 두 대상판결을 비교해 보면, **적극적으로 허위의 증거를 조작하여 제출하였고 그 증거 조작의 결과 수사기관이 그 진위에 관하여 나름대로 충실한 수사를 하더라도 제출된 증거가 허위임을 발견하지 못하여 잘못된 결론을 내리게 될 정도에 이르렀는가 여부에 따라 위계에 의한 공무집행방해죄를 인정**하고 있는 것으로 보인다.

또한 판례는 참고인에 대한 위계에 의한 공무집행방해죄의 불성립의 근거로서 ① 참고인은 항상 수사기관에 대하여 진실만을 진술하여야 할 법률상의 의무를 부담하여서는 아니 되고, 범인에게 유리한 허위진술을 하는 경우에 처벌받아서는 아니 되며, ② 수사기관에서 참고인으로서 진술하면서 그 공소장 기재와 같은 허위사실을 진술하였다 하더라도 법률에 의하여 선서를 한 증인이 허위로 공술을 한 경우에 한하여 위증죄가 성립된다는 점과를 대비할 때에 선서를 시키고 진술을 하게 할 수 없는 참고인이 수사기관에게 대하여 허위진술을 하였다 하더라도 이를 곧 공무집행방해에 해당된다고는 해석할 수 없다는 점을 들고 있다.[12)]

---

12) 정웅석, “수사상 허위진술과 위계에 의한 공무집행방해죄의 성립여부”, 형사법의 신동향 통권 제16호(2008. 10.), 163~164면.

이러한 판례의 입장은 뒤에서 살펴볼 외국의 입법례와 많은 차이를 보이고 있으며, 수사상 허위진술에 대하여 위계에 의한 공무집행방해죄의 성립을 부정하는 판례의 논거가 타당한 것인지 각각의 논거에 대하여는 추가적인 검토가 필요하다.

(3) 판례에 대한 비판적 검토

1) 진실을 진술할 법률상 의무의 인정 여부

수사기관이 참고인에게 그 출석과 진술을 강요할 수는 없지만, 그럼에도 불구하고 출석하여 참고인조사에 응하여 진술한다면 참고인이라고 하더라도 사법정의를 실현하기 위하여 진실을 찾아내려는 수사기관에 대하여 거짓진술을 하여서는 안 된다고 보아야 한다. 더욱이 **범인이 아닌 자를 범인이라고 하는 경우(적극적인 허위진술의 경우)와 범인인 자를 범인이 아니라고 하는 경우(소극적인 허위진술의 경우)**에 있어서 판례는 전자의 경우에 한하여 범인도피죄가 성립한다는 입장이지만, **양자의 경우 본질적인 차이가 있다고 보기 어렵다**. 범인에게 유리한 허위진술을 하여 진범을 놓아주게 하는 경우나 진범이 아닌 피의자를 범인이라고 허위의 진술을 하여 억울하게 타인의 인권을 침해하는 경우 모두를 처벌하는 것이 타당하다.[13)]

결국 판례의 태도와 같이 참고인의 허위진술을 방치한다면 이는 실체적 진실의 발견을 지향해야 할 당사자주의의 이념에도 반할 뿐만 아니라 오히려 참고인들의 교묘한 허위진술을 조장하는 원인이 될 수 있다.

2) 위증죄와의 관계

우리 형법상 위증죄의 법정형은 '5년 이하의 징역 또는 1천만원 이하의 벌금'(제152조 제1항)이고, 위계에 의한 공무집행방해죄의 법정형(제137조)도 이와 동일하다. 반면에 증거위조죄의 경우는 '5년 이하의 징역 또는 700만원 이하의 벌금'(제155조 제1항)이며, 범인도피죄의 경우는 '3년 이하의 징역 또는 500만원 이하의 벌금'(제151조 제1항)이다. 따라서 위 각 죄들을 형이 무거운 순서대로 열거해 보면, '위증죄 및 위계에 의한 공무집행방해죄 → 증거위조죄 → 범인도

13) 정웅석, 앞의 논문, 189면.

피죄'의 순서가 될 것이다.

따라서 앞에서 언급한 것처럼 "수사기관에서 참고인으로서 진술하면서 그 공소장 기재와 같은 허위사실을 진술하였다 하더라도 법률에 의하여 선서를 한 증인이 허위로 공술을 한 경우에 한하여 위증죄가 성립된다는 점과를 대비할 때에 선서를 시키고 진술을 하게 할 수 없는 참고인이 수사기관에게 대하여 허위진술을 하였다 하더라도 이를 곧 공무집행방해에 해당된다고는 해석할 수 없다"는 점을 논거로 하고, 더 나아가 진범을 진범이 아니라고 하여 진범이 풀려나는 경우에도 범인도피죄로 처벌되지 않는다는 판례[14]의 입장은 형의 불균형, 증인과 참고인의 차등, 법원과 수사기관의 차등을 고려하여 같은 허위진술이라고 하더라도 법률에 의하여 선서까지 하고서 법원에 대하여 한 경우와 그러한 선서 없이 수사기관에 대하여 한 경우를 구분하여 그 형벌에 있어서 차등을 둘 필요성까지 고려하고 있는 것으로 보인다.

그러나 **보호법익이나 구성요건 등을 달리하고 있는 위증죄와 비교하여 수사기관에서는 선서할 수 없다는 이유로 참고인에 대한 위계공무집행방해죄의 성립을 부정하는 논거는 설득력이 부족**하다고 할 수 있다. 왜냐하면 현행 형법이 선서한 증인이 위증으로 처벌받은 것과 별도로 위계에 의한 공무집행방해죄나 범인도피죄를 규정하고 있고, 그 각 죄는 선서를 필요로 하지 않는 것으로 규정되어 있으며, 이는 후술하는 바와 같이 미국에서도 허위진술죄는 선서를 필요로 하지 않는 입법규정을 고려해 볼 때, 타당하다고 볼 수 없기 때문이다.[15]

---

14) 참고인이 범인 아닌 다른 자를 진범이라고 내세우는 경우 등과 같이 적극적으로 허위의 사실을 진술하여 수사관을 기만, 착오에 빠지게 함으로써 범인의 발견 체포에 지장을 초래케 하는 경우와 달리 참고인이 수사기관에서 진술을 함에 있어 단순히 범인으로 체포된 사람과 동인이 목격한 범인이 동일함에도 불구하고 동일한 사람이 아니라고 허위진술을 한 정도의 것만으로는 참고인의 그 허위진술로 말미암아 증거가 불충분하게 되어 범인을 석방하게 되는 결과가 되었다 하더라도 바로 범인도피죄를 구성한다고는 할 수 없다(대판 1987. 2. 10. 선고 85도897 판결).

15) 안성수, "피의자나 참고인 등의 허위진술, 증거조작 등 사법정의실현을 저해하는 죄", 저스티스 통권 제88호, 231면.

3. 범인도피죄

(1) 판례의 태도

1) 판결 1 – 대법원 1987. 2. 10. 선고 85도897 판결

【판시사항】

[1] 수사기관에서의 참고인의 허위진술과 범인도피죄

【판결요지】

[1] 참고인이 범인 아닌 다른 자를 진범이라고 내세우는 경우 등과 같이 적극적으로 허위의 사실을 진술하여 수사관을 기만, 착오에 빠지게 함으로써 범인의 발견 체포에 지장을 초래케 하는 경우와 달리 **참고인이 수사기관에서 진술을 함에 있어 단순히 범인으로 체포된 사람과 동인이 목격한 범인이 동일함에도 불구하고 동일한 사람이 아니라고 허위진술**을 한 정도의 것만으로는 참고인의 그 허위진술로 말미암아 증거가 불충분하게 되어 범인을 석방하게 되는 결과가 되었다 하더라도 바로 **범인도피죄를 구성한다고는 할 수 없다**.[16)17)]

16) 위 판결은 참고인이 자신이 목격한 사람과 범인이 동일한 사람이 아니라고 허위진술을 하는 경우이나, 참고인이 범인을 허위로 지목을 하는 진술을 한 경우에도 마찬가지로 법원은 범인도피, 은닉죄를 인정하고 있지 아니한다(대법원 1984. 4. 10. 선고 83도3288 판결; 대법원 1995. 12. 26. 선고 93도904 판결 등 다수).
특히 참고인이 실제범인이 누구인지로 정확하게 모르는 상태에서 수사기관에서 실제범인이 아닌 어떤 사람을 범인이 아닐지도 모른다고 생각하면서도 그를 범인이라고 지목하는 허위의 진술을 한 경우에 참고인의 허위진술에 의하여 범인으로 지목된 사람이 구속기소됨으로써 실제의 범인이 용이하게 도피하는 결과를 초래한다고 하더라도 그것만으로는 참고인에게 적극적으로 실제의 범인을 도피시켜 국가의 형사사법의 작용을 곤란하게 할 의사가 있었다고 볼 수 없어 범인도피죄로 처벌할 수 없다는 판례도 있다(대법원 1997. 9. 9. 선고 97도1596 판결).

17) 위 판결의 상세한 판결이유를 살펴보면 다음과 같다.
『원래 수사기관은 범죄사건을 수사함에 있어서 피의자나 참고인의 진술 여하에 불구하고 피의자를 확정하고 그 피의사실을 인정할 만한 객관적인 제반증거를 수집 조사하여야 할 권리와 의무가 있는 것이므로 참고인이 범인 아닌 다른 자를 진범이라고 내세우는 경우 등과 같이 적극적으로 허위의 사실을 진술하여 수사관을 기만, 착오에 빠지게 함으로써 범인의 발견 체포에 지장을 초래케 하는 경우와는 달리 참고인이 수사기관에서 진술을 함에 있어 단순히 범인으로 체포된 사람과 동인이 목격한 범인이 동일함에도 불구하고 동일한 사람이 아니라고 허위진술을 한 정도의 것만으로는 참고인의 그 허위진술로 말미암아 증거가 불충분하게 되어 범인을 석방하게 되는 결과가 되었다 하더라도 바로 범인도피죄를 구성한다고 할 수는 없다고 봄이 상당하다 할 것이다.
위와 같이 보지 않는다면 참고인은 항상 수사기관에 대하여 진실만을 진술하여야 할 법률상의 의무를 부담하게 되고, 추호라도 범인에게 유리한 허위진술을 하면 모두 처벌받게 되는 결과가 되어 법률에 의한 선서를 한 증인이 허위의 진술을 한 경우에 한하여 위증죄가 성립된다는 형법의 규정취지와 어긋나기 때문이다(당원 1971. 3. 9. 선고 71도186 판결; 1977. 2. 22. 선고

2) 판결 2 – 대법원 2008. 12. 24. 선고 2007도11137 판결

【판시사항】

[1] 범인도피죄에서 '도피하게 하는 행위'의 의미

[2] 피의자가 수사기관에서 공범에 관하여 허위진술한 경우 범인도피죄의 성립 여부(원칙적 소극)

[3] **사행행위 등 규제 및 처벌특례법 위반죄의 피의자가 수사기관에서 조사받으며 오락실을 단독 운영하였다고 허위진술하여 오락실 공동운영자인 공범의 존재를 숨긴 것이 범인도피죄에 해당하지 않는다**고 한 사례

【판결요지】

[1] 형법 제151조의 범인도피죄에서 '도피하게 하는 행위'는 은닉 이외의 방법으로 범인에 대한 수사, 재판 및 형의 집행 등 형사사법의 작용을 곤란 또는 불가능하게 하는 일체의 행위를 말하는 것으로서 그 수단과 방법에는 어떠한 제한이 없다. 또한, 위 죄는 위험범으로서 현실적으로 형사사법의 작용을 방해하는 결과를 초래할 것이 요구되지 아니하지만, 같은 조에 함께 규정되어 있는 은닉행위에 비견될 정도로 수사기관의 발견・체포를 곤란하게 하는 행위, 즉 직접 범인을 도피시키는 행위 또는 도피를 직접적으로 용이하게 하는 행위에 한정된다. 그 자체로는 도피시키는 것을 직접적인 목적으로 하였다고 보기 어려운 어떤 행위의 결과 간접적으로 범인이 안심하고 도피할 수 있게 한 경우까지 포함하는 것은 아니다.

[2] 수사기관은 범죄사건을 수사함에 있어서 피의자나 참고인의 진술 여하에 불구하고 피의자를 확정하고 그 피의사실을 인정할 만한 객관적인 제반 증거를 수집・조사하여야 할 권리와 의무가 있다. 따라서 참고인이 수사기관에서 범인에 관하여 조사를 받으면서 그가 알고 있는 사실을 묵비하거나 허위로 진술하였다고 하더라도, 그것이 적극적으로 수사기관을 기만하여 착오에 빠지게 함으로써 범인의 발견 또는 체포를 곤란 내지 불가능하게 할 정도가 아닌 한 범인도피죄를 구성하지 않는다. 이러한 법리는 피의자가 수사기관에서 공범에 관하여 묵비하거나 허위로 진술한 경우에도 그대로 적용된다.

[3] 사행행위 등 규제 및 처벌특례법 위반죄의 피의자가 수사기관에서 조사받으며 오락실을 단독 운영하였다고 허위진술하여 오락실 공동운영자인 공범의 존재를 숨긴 것이 범인도피죄에 해당하지 않는다고 한 사례

76도3685 판결 등 참조, 위 판결들은 위계에 의한 공무집행방해죄에 관한 것이나 이 사건에서도 참고가 된다).』

3) 판결 3 – 대법원 2010. 1. 28. 선고 2009도10709 판결

【판시사항】

[1] 수사기관에서 조사받는 피의자가 사실은 게임장·오락실·피씨방의 실제 업주가 아니라 종업원임에도 불구하고 자신이 실제 업주라고 허위로 진술하는 행위가 범인도피죄를 구성하는지 여부(원칙적 소극)

【판결요지】

게임산업진흥에 관한 법률 위반, 도박개장 등의 혐의로 수사기관에서 조사받는 피의자가 사실은 게임장·오락실·피씨방 등의 실제 업주가 아니라 그 종업원임에도 불구하고 자신이 실제 업주라고 허위로 진술하였다고 하더라도, 그 자체만으로 범인도피죄를 구성하는 것은 아니다. 다만, 그 **피의자가 실제 업주로부터 금전적 이익 등을 제공받기로 하고 단속이 되면 실제 업주를 숨기고 자신이 대신하여 처벌받기로 하는 역할(이른바 '바지사장')을 맡기로 하는 등 수사기관을 착오에 빠뜨리기로 하고, 단순히 실제 업주라고 진술하는 것에서 나아가 게임장 등의 운영 경위, 자금 출처, 게임기 등의 구입 경위, 점포의 임대차계약 체결 경위 등에 관해서까지 적극적으로 허위로 진술하거나 허위 자료를 제시**하여 그 결과 수사기관이 실제 업주를 발견 또는 체포하는 것이 곤란 내지 불가능하게 될 정도에까지 이른 것으로 평가되는 경우 등에는 **범인도피죄**를 구성할 수 있다.

(2) 판례에 대한 검토

참고인의 허위진술을 범인도피죄로 처벌하기 위해서는 그 진술로 인하여 수사기관으로 하여금 범인의 체포·발견을 곤란하게 하거나 객관적으로 그러한 위험을 초래해야만 한다. 즉 위계에 의한 공무집행방해죄에서 요구하는 것보다는 구체적으로 범인의 체포·발견이 곤란하게 되어야 하고 그에 대한 고의가 있어야 하므로 참고인의 허위진술로 인한 본죄의 성립범위는 위계에 의한 공무집행방해죄보다 좁을 수밖에 없다.

앞서 본 2개의 판례에서 본죄의 성립을 부정한 이유는 허위진술과 범인도피 사이에 인과관계가 인정되지 않는다거나 또는 범인도피 의사(고의)가 부족하다고 판단했기 때문인 것으로 보인다. 참고인이 범인으로 체포된 사람과 목격한 범인이 동일함에도 불구하고 동일한 사람이 아니라고 허위진술한 경우에는 그로 인해 진범의 발견이 곤란하게 될 것은 당연히 인식했다고 보는 것이 상당하

고 실제로 위와 같은 허위진술의 결과 진범이 석방되었다면 더더욱 범인도피죄를 인정해야할 것이다. 한편, 범인을 정확히 알지 못함에도 어떤 사람을 범인이라고 지목한 경우 진범의 발견을 곤란하게 한다는 인식이 있었다고 단정하기는 어렵다고 하더라도, 그로 인해 무고한 사람이 구속기소된 것에 대하여는 위계에 의한 공무집행죄 등을 인정할 수 있을 것이다.[18)]

또한 대법원은 대상판결 2에서 사행행위 등 규제 및 처벌특례법 위반죄의 피의자가 수사기관에서 조사받으며 오락실을 단독 운영하였다고 허위진술하여 오락실 공동운영자인 공범의 존재를 숨긴 것이 범인도피죄에 해당하지 않는다고 하면서도, 대상판결 3에서 업주로부터 금전적 이익 등을 제공받기로 하고 단속이 되면 실제 업주를 숨기고 자신이 대신하여 처벌받기로 하는 역할을 맡기로 하고 단순히 실제 업주라고 진술하는 것에서 나아가 게임장 등의 운영 경위, 자금 출처, 게임기 등의 구입 경위, 점포의 임대차계약 체결 경위 등에 관해서까지 적극적으로 허위로 진술하거나 허위 자료를 제시하였다면 이는 "수사기관이 실제 업주를 발견 또는 체포하는 것이 곤란 내지 불가능하게 될 정도에까지 이른 것으로 평가되는 경우"에 해당한다고 하여 범인도피죄를 인정하였다.

결국 대법원은 단순히 참고인이 수사기관에서 진범을 묵비하거나 진범에 대하여 허위진술하는 경우는 "수사기관으로 하여금 범인의 체포·발견을 곤란하게 하거나 객관적으로 그러한 위험을 초래하는 경우"에 해당하지 않으나, 나아가 자신이 실제 업주임을 진술하면서 이를 뒷받침하기 위한 세부 허위 진술을 하고 허위 자료까지 제출하는 경우는 "수사기관으로 하여금 범인의 체포·발견을 곤란하게 하거나 객관적으로 그러한 위험을 초래하는 경우"로 보고 있는 것으로 <u>허위진술의 구체성 및 허위진술에 이르게 된 경위, 허위진술을 뒷받침하는 자료의 제출 여부 등이 "수사기관으로 하여금 범인의 체포·발견을 곤란하게 하거나 객관적으로 그러한 위험을 초래하는 경우"를 판단하는 일응의 기준</u>이 된다고 할 것이다.

그러나 <u>이미 피의자가 확정된 경우 피의자를 위하여 허위진술을 하는 경우에는 참고인의 허위진술에 의한 범인도피죄 성립은 더욱 제한적</u>[19)]일 수 밖에

18) 박승환, 앞의 논문, 131면.

없다. 피의자의 부탁을 받고 피의자의 형사처벌을 면하게 할 목적의 참고인 허위진술, 특히 **허위의 자료를 제출하지는 아니하고 허위진술로 수사기관의 범인 체포·발견을 곤란하게 하는 참고인의 허위진술에 대하여는 여전히 범인도피죄 적용이 어려운 한계**[20]가 있다.

4. 증거위조죄

(1) 판례의 태도

1) 판결 1 – 대법원 1995. 4. 7. 선고 94도3412 판결

【판시사항】

참고인이 수사기관에서 허위진술을 하는 것이 형법 제155조 제1항의 증거위조에 해당하는지 여부

---

19) 변필건, "참고인 진술확보 및 허위진술 방지 관련 선진제도에 관한 비교법적 고찰", 법학논집 제31권 제1호(2009. 5.), 179면

20) 참고인의 허위진술을 범인은닉죄나 범인도피죄로 인정하는데 반대하는 입장에 박기석, "참고인 허위진술의 사법방해죄 성립여부", 청주법학 제33권 제1호(2011. 5.), 190면

박기석 교수는 행위와 고의라는 두 가지 측면에서 범인은닉죄, 범인도피죄 성립을 부정하고 있는바, 그 논거를 소개하면 다음과 같다.

"첫째 행위 면에서, 참고인이 허위진술을 하는 것은 수사기관의 협조요청에 응하지 않았다는 점일뿐, 자신이 이행해야 할 법적인 의무를 해태한 것은 아니다. 수사기관은 협조요청을 하였지만 순조롭게 되지 못했다고 생각할 문제일 뿐이다. 또한 참고인의 허위진술 하나가 진범을 도피시키거나 은닉시키는 행위라고 볼 수 없다. 진범을 찾고 기소하는 것은 수사기관의 책임이자 의무로서 이에 대한 협조요청에 응하지 않은 자를 범죄로 삼아 형벌을 부과하는 방법으로 자신들의 의무를 메꾸어 나가려는 태도는 수사편의주의요, 책임의 전가일 뿐이다. 즉 참고인의 허위진술은 범인의 은닉과 도피에 연결되는 행위라고 보기 어렵다. 범인도피나 은닉 행위는 직접적으로 범인을 은닉시키는 직접적이고 명확한 행위에 한정하여야 한다.

둘째 고의의 면에서 판례에서 설시한 바와 같이 참고인은 허위진술을 한다는 고의일 뿐이고 범인을 도피시키거나 은닉시키고자 하는 고의는 아니라고 보아야 한다. 간접적이고 상관관계가 먼 행위에 대한 고의를 쉽게 인정하는 것은 바른 태도라고 보기 어렵다"

그러나, (i) 진범을 찾고 증거자료를 수집하여 기소하는 것이 수사기관의 책임이자 의무임과는 별개로 적극적인 허위진술, 허위자료 제출 등의 방식으로 이러한 수사행위 나아가 사법질서를 저해하는 참고인을 처벌하는 것은 또다른 수사기관의 책임이자 의무라고 볼 수 있고, (ii) 통상 참고인이 허위진술을 하는 경위는 피의자로부터 허위 진술 요청을 받는 경우가 대부분이고, 그 참고인 또한 사건의 경위 및 자신의 허위진술이 사건에 있어서 어떠한 의미를 지니는 가에 대하여는 피의자로부터 설명을 듣거나 사건관계인으로서 인식하고 경우가 대부분이므로, 실무상 참고인이 허위진술을 하는 경우 자신의 허위진술을 통하여 허위진술을 부탁한 피의자가 처벌되지 않을 수 있다는 점에 대하여는 대부분 인지하고 있다는 점에서 이를 '간접적이고 상관관계가 먼 행위에 대한 고의'로 폄하할 수는 없다는 비판이 가능하다.

【판결요지】

형법 제155조 제1항에서 타인의 형사사건에 관한 **증거를 위조한다 함은 증거 자체를 위조함을 말하는 것이고, 참고인이 수사기관에서 허위의 진술을 하는 것은 이에 포함되지 아니한다**.[21)]

2) 판결 2 – 대법원 1998. 2. 10. 선고 97도2961 판결

【판시사항】

위증죄로 처벌되지 아니하는 선서무능력자로서 사고 현장을 목격한 일이 없는 사람에게 부탁하여 타인의 형사사건을 재판하는 법정에서 현장을 목격한 것처럼 허위의 진술을 하게 하는 것이 형법 제155조 제1항의 증거위조죄에 해당하는지 여부(소극)

【판결요지】

형법 제155조 제1항에서 타인의 형사사건에 관하여 증거를 위조한다 함은 증거 자체를 위조함을 말하는 것으로서, 선서무능력자로서 **범죄 현장을 목격하지도 못한 사람으로 하여금 형사법정에서 범죄 현장을 목격한 양 허위의 증언을 하도록 하는 것은 위 조항이 규정하는 증거위조죄를 구성하지 아니한다**.

(2) 판례에 대한 검토

대법원은 형법 제155조 제1항의 증거위조 등은 증거 자체를 위조하는 것이고 참고인이 수사기관에서 허위진술을 하는 것은 이에 포함되지 않는다는 일관된 입장을 취하고 있다. 그러므로 참고인이 수사기관에서 허위진술을 하는 행위를 두고 자기 자신을 은닉 또는 도피한 것이라고 볼 수는 없다.[22)] 즉 이러한 **증거위조 등은 적용범위를 물증에 한정하는 경우에는 실무상 참고인의 허위진**

21) 위 판결의 판결 이유는 다음과 같다.
『이 사건 공소사실은, 공소외 김옥자가 공소외 김석철을 고소함에 따라 위 김석철에 대하여 수사가 시작되자, 피고인은 위 사건에 관하여 아는 바가 없음에도 불구하고 위 김옥자의 부탁을 받아 경찰서에서 참고인으로 조사를 받으면서 그 부탁에 따라 위 김석철이 위 김옥자를 강간하려고 하는 것을 목격하였다는 요지의 진술을 함으로써 타인의 형사사건에 관한 증거를 위조하였다는 취지이다. 그러나, 형법 제155조 제1항에서 타인의 형사사건에 관한 증거를 위조한다 함은 증거 자체를 위조함을 말하는 것이고, 참고인이 수사기관에서 허위의 진술을 하는 것은 이에 포함되지 아니한다 할 것이다. 원심이 피고인의 위 행위는 위 법조에 규정된 증거위조죄를 구성하지 아니한다고 판단하여 무죄를 선고한 제1심판결을 유지한 조치는 정당하고, 거기에 소론과 같이 증거위조죄에 관한 법리를 오해한 위법이 있다고 할 수 없다.』

22) 다만 참고인이 자발적으로 진술서, 자술서, 진정서 등의 형태로 허위의 진술을 기재한 서면을 수사기관에 제출한 것은 허위의 서증을 작출한 경우에 해당하므로 증거위조죄가 성립한다는 견해에 박승환, 앞의 논문, 136~137면.

술을 제재할 방법이 되기 어렵다.[23)]

5. 소결 – 현행규정에 의한 참고인 허위진술 규제의 한계

앞에서 살펴본 위계에 의한 공무집행방해죄, 범인도피죄, 증거위조죄를 포함하여 무고죄, 위증죄 등은 본질상 사법방해죄에 해당한다. 수사기관에서의 참고인의 허위진술, 허위자료제출에 대하여 사안에 따라 위 범죄들을 적용할 수 있고, 그 중 위계에 의한 공무집행방해죄는 사법방해 행위에 포괄적으로 적용할 수 있는 일반조항으로 볼 수 있다.[24)] 다만, **현행 형법상 수사절차에서의 허위진술을 직접적인 대상으로 하는 처벌규정이 없기 때문에 실제상의 처벌 필요성에 근거하여 적극적인 해석론을 펼쳐야 하는 것인데, 이에 대하여는 반론의 여지가 있을 뿐 아니라 무엇보다 판례의 입장이 소극적**인 것이 현실이다.

이러한 해석론의 한계를 고려할 때 참고인 허위진술을 방지할 수 있는 제도의 도입은 불가피 할 것이다. 이는 사안의 규명을 위해 중요한 사실을 알고 있는 참고인이 수사기관에 출석하여 실제 범인을 비호하는 등 허위진술을 하는 등의 악용 사례를 근본적으로 차단하기 위함이다.[25)]

23) 앞에서 살펴본 바와 같이 최근 대법원 2013. 12. 26. 선고 2013도8085 판결에서, 참고인이 타인의 형사사건 등에 관하여 제3자와 대화를 하면서 허위로 진술하고 그 진술이 담긴 대화 내용을 녹음한 녹음파일 또는 이를 녹취한 녹취록을 만들어 수사기관 등에 제출하는 행위가 증거위조죄에 해당한다고 판시한바 있다.

24) 박승환, 앞의 논문 137면.

25) 변필건, 앞의 논문 180면.

25) 사법방해죄 관련 해외 입법례에 대하여는 안성수, "피의자나 참고인 등의 허위진술, 증거조작 등 사법정의실현을 저해하는 죄", 저스티스 통권 제88호(2005. 12.), 211~228면; 김석우, "사법정의방해죄에 대한 고찰", 형사법의 신동향 제19호(2009. 4.), 4~43면; 박승환, "사법방해죄 도입론–수사기관에서의 허위진술을 중심으로–", 법조 제58권 제2호(2008. 2.), 114~123면; 유인창, "수사절차에서 참고인의 허위진술에 대한 형사법적 규제방안", 디지털정책연구 제10권 제4호(2012. 5.), 168~169면; 변필건, "참고인 진술확보 및 허위진술 방지 관련 선진제도에 관

Ⅲ. 해외의 입법례

1. 미 국

(1) 사법방해죄(Obstruction of Justice)

사법방해죄는 미국연방법률 제18절의 73장에 약 20조에 걸쳐 규정되어 있다. 그 중 대표적인 것이 <u>제18절 제1503조</u>[26][27][28]이다. 본 죄가 성립하기 위해

한 비교법적 고찰", 법학논집 제31권 제1호(2009. 5.), 180~193면; 노명선/조재호 "새로운 진술증거를 확보하기 위한 입법적 개선", 형사법의 신동향 통권 제29호(2010. 12.), 102면; 태지영, "수사절차상 참고인 진술의 확보방안", 이화여자대학교 석사학위 논문(2013. 2.), 70~75면; 이갑수, "수사절차상 참고인의 허위진술에 관한 형사법적 규제방안 －허위진술죄 도입을 중심으로－", 연세대학교 법무대학원 석사논문(2009. 12.), 31~52면, 고재엽, "참고인조사에 수반된 사법방해 논의에 관한 연구", 전남대학교 박사논문(2009. 2.), 60~91면; 정웅석, "수사상 허위진술과 위계에 의한 공무집행방해죄의 성립여부", 형사법의 신동향 통권 제16호(2008. 10.), 164~180면; 도중진, "사법방해죄의 입법화 방안", 형사정책 제20권 제2호(2009), 177~186면; 박광섭, "사법방해죄에 관한 연구", 법학연구 제21권 제2호, 184~200면 등의 문헌 참조.

27) [원문] "§ 1503. Influencing or injuring officer or juror generally

(a) Whoever corruptly, or by threats or force, or by any threatening letter or communication, endeavors to influence, intimidate, or impede any grand or petit juror, or officer in or of any court of the United States, or officer who may be serving at any examination or other proceeding before any United States magistrate judge or other committing magistrate, in the discharge of his duty, or injures any such grand or petit juror in his person or property on account of any verdict or indictment assented to by him, or on account of his being or having been such juror, or injures any such officer, magistrate judge, or other committing magistrate in his person or property on account of the performance of his official duties, or corruptly or by threats or force, or by any threatening letter or communication, influences, obstructs, or impedes, or endeavors to influence, obstruct, or impede, the due administration of justice, shall be punished as provided in subsection (b). If the offense under this section occurs in connection with a trial of a criminal case, and the act in violation of this section involves the threat of physical force or physical force, the maximum term of imprisonment which may be imposed for the offense shall be the higher of that otherwise provided by law or the maximum term that could have been imposed for any offense charged in such case.

(b) The punishment for an offense under this section is－－

(1) in the case of a killing, the punishment provided in sections 1111 and 1112

(2) in the case of an attempted killing, or a case in which the offense was committed against a petit juror and in which a class A or B felony was charged, imprisonment for not more than 20 years, a fine under this title, or both; and

(3) in any other case, imprisonment for not more than 10 years, a fine under this

서는 피고인은 ① **부정한 방법으로**, 혹은 협박이나 유형력의 행사, 편지나 다른 통신수단에 의한 협박으로(Corruptly, Or by threats or force, or by any threatening letter or communication) ② 사법정의의 실현을 방해하려고 노력하고(endeavored to interfere) ③ 계속 중인 사건에 관하여(with a pending), ④ 사법 절차에 관한 것을 방해하여야 하고(judicial proceeding), ⑤ 그 절차가 계속 중이라는 것을 알고 있어야(knew such proceeding was pending) 한다는 구성요건이 필요하다.

대배심에 회부되는 상태에 이르기 전에는 사건이 계속 중이라고 보지 않는 것이 일반적이다. 따라서 미연방대법원은 대배심에 소환되어 증언을 할지 안할지 모르는 수사관에 대한 거짓진술만으로는 이 죄에 해당하지 않는다고 판시하였다.[29] 실제로 사법방해의 결과에 이르지 않더라도 위와 같은 행위만 있으면 사법방해죄가 성립함은 물론이다.

---

title, or both.

[한글 번역] "§ 1503. Influencing or injuring officer or juror generally

(a) 누구든지 아래 행위 중 하나를 저지른 자는 (b)항에 규정된 대로 처벌된다.

부정하게 혹은 협박, 위력을 사용하거나, 협박 내용의 편지나 통신에 의해, 대배심 혹은 소배심의 배심원, 미 연방 법원의 공무원, 치안판사나 다른 예비심문 담당 판사 앞에서 이루어지는 심문 혹은 다른 절차에 종사하는 공무원에 대해 그 직무와 관련하여 영향력을 행사하거나 위협 혹은 저지를 하도록 노력하는 행위

대배심 혹은 소배심의 배심원에 대해 그가 내린 평결 혹은 그가 동의한 기소를 이유로 하거나 그가 그러한 배심원이라거나 배심원이었다는 것을 이유로 하여 신체재산에 해를 가하는 행위,

상기 공무원, 치안판사 혹은 다른 예비심문 담당 판사에 대해 그의 공적인 직무수행을 이유로 신체나 재산에 해를 가하는 행위,

부정하게 혹은 협박, 위력을 사용하거나, 협박 내용의 편지나 통신에 의해, 사법의 정당한 집행에 대해 영향력 행사를 하거나 방해 혹은 저지를 하는 행위 혹은 이와 같이 영향력 행사, 방해 혹은 저지를 하도록 노력하는 행위(이하 생략)

(b) 이 조항에 의한 범죄의 처벌은 아래에 의한다.

(1) 살인의 경우에는 §1111 및 §1112에 규정된 처벌

(2) 살인미수의 경우, 혹은 A나 B 등급의 중죄를 대상으로 한 사건의 소배심 배심원에 대한 범죄의 경우에는 20년 이하의 징역이나 벌금 혹은 양자의 병과

(3) 그 밖의 다른 경우에는 10년 이하의 징역이나 벌금 혹은 양자의 병과

28) 이 조항은 사법방해에 관한 §1501부터 §1518까지의 조항 중 가장 일반적인 사법방해 조항으로, 일명 '옴니버스 사법정의방해 조항(Omnibus Obstruction Provision)'으로 불리우는바, 특히 위 조항 중 (a)의 맨 마지막에 규정된 부정한 방법 등에 의한 사법의 정당한 집행 방해 행위 규정은 사법방해에 관한 여러 가지 행태를 포괄적으로 포섭할 수 있다.

29) U.S. v. Aguilar, 515 U.S. 593, 600(1995)

(2) 법정모독죄(Contempt)

미연방법률 제18절 제401조[30]에 따르면 미연방법원은 법원의 권한에 대한 모욕행위에 대하여 벌금이나 구금형에 처할 수 있게 되어 있다. "판사의 면전이나 혹은 그에 근접한 상황에서 사법작용을 방해하기 위한 어느 누구의 행위"나 "적법한 영장, 소송절차, 명령, 법률, 규칙에 불복종하거나 저항하는 행위"도 위 모욕행위에 해당한다. 이 조항에 따라 검찰 측 증인을 법원관할지 밖으로 떠나도록 하는 행위,[31] 증인에게 금품을 제공하는 등 부적절한 방법으로 자신에게 유리하게 영향을 주려고 하는 행위[32] 등은 처벌을 받는다.

(3) 위증죄(Perjury and False Declaration)[33]

피의자를 포함한 누구라도 선서를 하고 수사기관 등에서 거짓진술을 할 경우에는 미국 연방법률 제18절 1621조[34]와 제1623조[35]의 위증으로 처벌받는다.

---

30) [원문] § 401. Power of court
A court of the United States shall have power to punish by fine or imprisonment, or both, at its discretion, such contempt of its authority, and none other, as--
(1) Misbehavior of any person in its presence or so near thereto as to obstruct the administration of justice;
(2) Misbehavior of any of its officers in their official transactions;
(3) Disobedience or resistance to its lawful writ, process, order, rule, decree, or command.

31) State v. Jones, 226 P. 433, 434~435(Or. 1924)

32) State v Weinberg, 92 S.E.2d 842,846(S.C.1942)

33) <u>False Declaration(위증죄)과 False statement(후술하는 허위진술죄)의 차이는 기본적으로 선서의 유무에 있다. 전자는 선서를 요함에 반하여, 후자를 이를 요하지 아니한다</u>.

34) [원문] 18§ 1621. "Perjury generally
Whoever--
(1) having taken an oath before a competent tribunal, officer, or person, in any case in which a law of the United States authorizes an oath to be administered, that he will testify, declare, depose, or certify truly, or that any written testimony, declaration, deposition, or certificate by him subscribed, is true, willfully and contrary to such oath states or subscribes any material matter which he does not believe to be true; or
(2) in any declaration, certificate, verification, or statement under penalty of perjury as permitted under section 1746 of title 28, United States Code, willfully subscribes as true any material matter which he does not believe to be true; is guilty of perjury and shall, except as otherwise expressly provided by law, be fined under this title or imprisoned not more than five years, or both. This section is applicable whether

이 경우 전자의 위증은 선서를 받을 수 있는 권한이 있는 위원회, 공무원, 개인 앞에서 선서를 한 후 행한 허위의 진술을 대상으로 함에 반하여, 후자의 위증은 법원이나 대배심의 절차 혹은 그 이전의 관련된 절차에 있어서의 선서 후 행한 허위의 진술을 대상으로 한다는 점에 차이가 있는데, 검사는 구성요건에 해당되면 제1621조와 제1623조의 위증죄 중 하나를 선택하여 기소를 할 수 있다.

구성요건상으로도 제1621조의 위증죄가 성립하려면 ① 선서를 하여야 하고,

---

the statement or subscription is made within or without the United States."

35) [원문] § 1623. "False declarations before grand jury or court

(a) Whoever under oath (or in any declaration, certificate, verification, or statement under penalty of perjury as permitted under section 1746 of title 28, United States Code) in any proceeding before or ancillary to any court or grand jury of the United States knowingly makes any false material declaration or makes or uses any other information, including any book, paper, document, record, recording, or other material, knowing the same to contain any false material declaration, shall be fined under this title or imprisoned not more than five years, or both.

(b) This section is applicable whether the conduct occurred within or without the United States.

(c) An indictment or information for violation of this section alleging that, in any proceedings before or ancillary to any court or grand jury of the United States, the defendant underoath has knowingly made two or more declarations, which are inconsistent to the degree that one of them is necessarily false, need not specify which declaration is false

if－－

(1) each declaration was material to the point in question, and

(2) each declaration was made within the period of the statute of limitations for the offense charged under this section.

In any prosecution under this section, the falsity of a declaration set forth in the indictment or information shall be established sufficient for conviction by proof that the defendant while under oath made irreconcilably contradictory declarations material to the point in question in any proceeding before or ancillary to any court or grand jury. It shall be a defense to an indictment or information made pursuant to the first sentence of this subsection that the defendant at the time he made each declaration believed the declaration was true.

(d) Where, in the same continuous court or grand jury proceeding in which a declaration is made, the person making the declaration admits such declaration to be false, such admission shall bar prosecution under this section if, at the time the admission is made, the declaration has not substantially affected the proceeding, or it has not become manifest that such falsity has been or will be exposed.

(e) Proof beyond a reasonable doubt under this section is sufficient for conviction. It shall not be necessary that such proof be made by any particular number of witnesses or by documentary or other type of evidence."

② 의도적(willfully)으로 허위의 진술을 하여야 하며, ③ 허위의 진술은 중요한 것(material)이어야 하는 반면, 제1623조의 위증죄는 의도적일 필요는 없어 단지 허위인 것을 알면서(mere knowledge) 허위의 진술을 하면 족하며, 그로 인하여 사법정의를 해한다는 구체적인 의도까지는 필요하지 않다. 이와 관련하여 미국 연방대법원[36]은 위증죄의 주된 처벌목적은 수사기관 등으로 하여금 피의자 등의 사적 이익에 따른 거짓말 등으로 인하여 수사를 방해받지 않고 수사를 하도록 하는데 있다는 입장이다.

한편 제1621조 (2)에 따르면 **피의자 등이 실제로 선서를 하지 않은 경우라고 해도 미국 연방법률 제28장 제1746조에 따라 거짓진술시 위증의 처벌을 받는다는 내용의 기재 하에 작성된 진술서, 확인서 등에 서명을 한 경우도 그 내용이 거짓이면 위증으로 처벌을 받는다**.

(4) 허위진술죄(False statement)

미국 연방법률 제18절 제1001조[37]는 미국 입법부, 행정부, 사법부 등 정부에

36) United States v. Williams, 341 U.S. 58, 68 (1951).
37) [원문] § 1001. Statements or entries generally.
(a) Except as otherwise provided in this section, whoever, in any matter within the jurisdiction of the executive, legislative, or judicial branch of the Government of the United States, knowingly and willfully－
(1) falsifies, conceals, or covers up by any trick, scheme, or device a material fact;
(2) makes any materially false, fictitious, or fraudulent statement or representation; or
(3) makes or uses any false writing or document knowing the same to contain any materially false, fictitious, or fraudulent statement or entry; shall be fined under this title, imprisoned not more than 5 years or, if the offense involves international or domestic terrorism (as defined in section 2331), imprisoned not more than 8 years, or both.
(b) Subsection (a) does not apply to a party to a judicial proceeding, or that party's counsel, for statements, representations, writings or documents submitted by such party or counsel to a judge or magistrate in that proceeding.
(c) With respect to any matter within the jurisdiction of the legislative branch, subsection(a) shall apply only to－
(1) administrative matters, including a claim for payment, a matter related to the procurement of property or services, personnel or employment practices, or support services, or a document required by law, rule, or regulation to be submitted to the Congress or any office or officer within the legislative branch; or

대하여 허위진술을 한 경우에 적용되는 포괄규정으로서, 피의자를 포함한 누구라도 정부의 권한 있는 기관에 대하여 알면서 의도적으로 거짓진술을 한 경우에는 허위진술죄로 처벌받는데, 피의자 등이 위 조항에 따라 처벌받기 위해서는 ① 피의자 등이 진술(statement)을 하였을 것, ② 진술이 허위일 것, ③ 그 진술이 중요한 것일 것(material), ④ 위 진술을 알면서 의도적으로 (Knowingly and willfully) 하였을 것, ⑤ 정부기관이 위와 같은 진술을 받을 권한이 있을 것(government agency jurisdiction) 등을 요한다.

단순한 침묵은 피의자 등이 진술을 해야 하는 의무가 있는 경우 등에는 허위진술에 해당하기도 한다. 정부기관이 질문을 먼저 시작한 경우 피의자 등이 단순 부인을 한 때에는 많은 법원에서는 허위진술죄에 해당하지 않는다고 판결한 바 있었다. 범죄에 대한 단순 부인은 정부기관의 기본적 기능을 훼손하지는 않는 것이며, 수사기관이 먼저 질문을 시작한 경우 "무죄변명의 부인(exculpatory no)"을 하는 것은 처벌하지 않는 것이 입법자의 의도였고, 또한 "무죄변명의 부인(exculpatory no)"과 자신에 대한 유죄의 진술을 선택하도록 강요하는 것은 미 연방 수정헌법 제5조의 자기부죄금지의 특권을 침해하는 것이라는 것이 법

---

(2) any investigation or review, conducted pursuant to the authority of any committee, subcommittee, commission or office of the Congress, consistent with applicable rules of the House or Senate.

[해석] 제1001조(허위진술죄).

(a) 이 조항에 달리 규정된 경우를 제외하고는 미 연방행정부, 입법부, 사법부의 관할권에 속하는 어떠한 사항에 대하여 알면서 그리고 의도적으로 다음 각 호의 행위를 하는 자는 이 장에서 정한 벌금형이나 5년 이하의 징역 혹은 병과한다.
  (1) 위계, 계략, 계책에 의하여 중요한 사실을 위조, 은닉, 은폐하는 행위,
  (2) 중요한 사실에 관하여 허위, 가공, 사기의 진술이나 표시를 하는 행위,
  (3) 중요한 사실에 관하여 허위, 가공, 사기의 진술이나 기재를 포함한 허위 문서 혹은 자료를 알면서 작성하거나 사용하는 행위

(b) 위 (a)항은 사법절차에 있어서 소송의 당사자나 대리인이 그 절차 내에서 판사나 치안판사에게 진술, 표시, 서류나 문서를 제출한 경우 그 당사자나 대리인에 대해서는 적용하지 않는다.

(c) 입법부의 관할에 속한 사항에 관하여 전 (a)항은 오직 다음과 같은 경우에만 적용된다.
  (1) 지급청구를 포함한 행정적인 문제, 재산과 용역의 확보, 인사 혹은 고용 관행, 조달한 정, 혹은 법률, 명령이나 규칙에 의하여 의회나 입법부의 공무원에게 제출하도록 되어 있는 서류
  (2) 위원회, 소위원회 기타 의회 공무원의 권한 내에서 상하 양원의 규정에 맞추어 실시되는 수사 혹은 재심리

리적 근거였다.

2. 독 일

독일의 경우 미국과 달리 피의자나 참고인의 허위 진술 행위 일반을 처벌하는 규정은 존재하지 아니하나, 우리나라의 무고죄, 범인도피죄 외의 다양한 구성요건 등을 통해 허위 진술 행위를 광범위하게 처벌하고 있다.

(1) 무고죄(Falsche Verdächtigung)

독일 형법 제164조 제1항[38)]은 "타인에 대한 관청의 절차 혹은 관청의 다른 조치를 유발하거나 유지하게 할 목적으로, 관청이나 신고를 수리할 권한 있는 직무담당자 또는 군 상급자에게 혹은 공공연하게 확실한 인식에 반하여 위법한 행위 혹은 직무위반 사실에 관하여 무고한 자는 5년 이하의 징역 혹은 벌금에 처한다"고 규정하고 있다.

우리나라는 무고죄의 목적으로 '형사처분 또는 징계처분을 받게 할 목적으로'라고 규정되어 있고, 수단으로 '신고'를 규정하고 있음에 따라 이를 엄격히 해석하여 예컨대 신고를 하면서 적극적으로 진술한 것이 아니라 참고인으로 진술함에 있어 타인의 범행 등에 관한 허위 진술을 하는 경우, 이미 타인에 대한 형사처분 절차 등이 진행 중에 있는 경우 등에 있어서는 무고죄가 성립하지 아니하는 것으로 보고 있다.

이에 반하여 **독일은 형사절차 등을 유발하는 경우뿐만 아니라 '유지'하기 위한 목적에서 허위 진술을 하는 경우도 무고죄로 처벌하도록 하고, '신고'라는 요건을 규정하지 아니하고 있어 참고인으로서 피의자의 범행에 대해 허위 진술을 하는 경우 무고죄로 처벌할 수 있음이 우리나라와 중요한 차이점**이다.[39)]

---

38) [원문]

① Wer einen anderen bei einer Behörde oder einem zur Entgegennahme von Anzeigen zuständigen Amtsträger oder militärischen Vorgesetzten oder öffentlich wider besseres Wissen einer rechtswidrigen Tat oder der Verletzung einer Dienstpflicht in der Absicht verdächtigt, ein behördliches Verfahren oder andere behördliche Maßnahmen gegen ihn herbeizuführen oder fortdauern zu lassen, wird mit Freiheitsstrafe bis zu fünf Jahren oder mit Geldstrafe bestraft.'

(2) 범죄가장죄(Vortäuschen einer Straftat)

독일 형법 제145조 제1항[40]은 “확실한 인식에 반하여 관청이나 신고를 수리할 권한 있는 관서에 대해 아래 사항을 가장한 자는 3년 이하의 징역 혹은 벌금에 처한다. 1. 위법한 행위가 저질러졌었다는 점 2. 형법 제126조 제1항에 규정된 위법한 행위의 실현이 임박해 있다는 점”이라고 규정[41]하고 있다.

위 규정은 무고죄의 규정을 보충하는 규정으로, 실제 범행이 저질러지지 아니하였음에도 불구하고(일정한 범죄의 발생에 대한 불고지를 처벌하는 유형에 있어서는 일정한 범죄의 발생이 임박해 있지 아니하였음에도 불구하고), 마치 범행이 저질러진 것처럼 허위 신고하는 행위를 처벌하는 규정이다.

무고죄의 경우 형벌기능의 적정한 행사라는 국가적 법익을 주로 보호함과 아울러 무고하게 처벌받지 아니하는 개인의 권리를 보장하는 측면도 있으나, **이 규정은 허위 신고를 통한 수사권의 부당한 행사에 따른 수사력 약화를 방지하기 위한 국가적 법익만을 보호하는 범죄**로서, 무고죄 및 후술하는 형벌방해죄 등이 적용되지 아니하는 경우에 보충적으로 적용되는 규정으로서의 성격을 지니고 있다.

‘타인’에 대한 허위 진술을 요건으로 하는 무고죄와 달리 이 규정은 이러한 제한이 없어 자신이 범행을 저지른 바가 없음에도 자기 무고를 하는 경우, 피의자가 특정되지 아니한 무고를 하는 경우도 이 규정에 의하여 처벌이 가능하고, 반드시 진술을 하여야만 이 규정에 해당하는 것이 아니므로, 진술 외에 의심스러운 행동을 하는 경우에도 이에 해당할 수 있다고 해석된다.

따라서 예를 들어 음주운전으로 사고를 낸 후 형사처벌을 피하고자 자신의

---

39) 김석우, 앞의 논문, 19~20면.

40) [원문]

① Wer wider besseres Wissen einer Behörde oder einer zur Entgegennahme von Anzeigen zuständigen Stelle vortäuscht,

1. daß eine rechtswidrige Tat begangen worden sei oder
2. daß die Verwirklichung der in §126 Abs. 1 genannten rechtswidrigen Taten bevorstehe, wird mit Freiheitsstrafe bis zu drei Jahren oder mit Geldstrafe bestraft, wenn die Tat nicht in §164, §258 oder §258a mit Strafe bedroht ist.’

41) 위 규정을 위계에 의한 공무집행방해죄에 관한 규정이라고 해석하는 견해도 있다.

차량을 누군가에 의해 도난당하였다고 허위 신고를 하는 경우, 사실은 상해죄의 피해를 입은 것에 불과함에도 불구하고 강도죄의 피해를 당하였다고 허위 진술하는 경우 등이 이에 해당하나, 절도를 강도로, 미수를 기수로 일부 허위 진술한다고 하는 경우와 같이 비록 일부 허위 부분이 있다고 하더라도 당해 사건에 대한 수사기관의 수사력 투여가 본질적으로 높아지지 아니하는 이상 이 규정에 해당하지 아니하는 것으로 해석하고 있다.[42]

(3) 형벌방해죄(Strafvereitelung)

독일 형법 제258조 제1항[43]은 "의도적 혹은 고의적으로, 타인이 위법한 행위로 인하여 형법에 따라 처벌되거나 형법 제11조 제1항 제8호 소정의 조치에 처해지게 되는 것을 완전히 혹은 부분적으로 방해한 자는 5년 이하의 징역 혹은 벌금에 처한다"고 규정하고 있다.

<u>**이 규정은 우리나라의 『범인은닉죄』 및 『증거인멸죄』를 모두 포괄하는 넓은 유형의 범죄에 대한 규정**</u>인바, 독일은 별도로 증거인멸죄가 존재하지 아니하고, 단지 형법 제257조에 따라 범행으로 발생한 이익을 확보하도록 도움을 주는 행위를 '비호죄(Begünstigung)'로 처벌하고, 형법 제259조에 따라 '장물죄(Hehlerei)'를 처벌하고 있는 것 외에 이와 같은 '형벌방해죄'를 두어 범인에 대한 사후적인 각종 방조행위를 규율하고 있다.

우리나라의 형법상 범인은닉·도피죄는 '은닉 또는 도피하게 한 자'라는 규정으로 인하여 행위 태양이 매우 제한되어 있는바, 이에 따라 자신이 범인이라고 허위 진술함으로써 수사기관으로 하여금 진범을 석방하게 하는 경우 등은 범인도피죄에 해당하지만, 단지 진범에 대해 소극적으로 부인 진술을 허위로 함으로써 수사기관으로 하여금 진범을 석방하게 하는 경우 등은 이에 해당하지 아니한다고 보고 있다.

---

42) 김석우, 앞의 논문 21~22면.

43) [원문]

① Wer absichtlich oder wissentlich ganz oder zum Teil vereitelt, daß ein anderer dem Strafgesetz gemäß wegen einer rechtswidrigen Tat bestraft oder einer Maßnahme (§11 Abs. 1 Nr 8) unterworfen wird, wird mit Freiheitsstrafe bis zu fünf Jahren oder mit Geldstrafe bestraft.'

그러나 독일 형법상 형벌방해죄는 구체적인 행위 태양을 제한하지 않아 광범위한 적용이 가능하므로, 범인을 보호해 주거나 교통수단 제공을 통해 도피하게 하는 행위, 증거의 인멸, 수사서류의 폐기 뿐만 아니라, 참고인이 피의자에게 유리한 허위 진술을 하거나 부당한 증언거부권을 행사하는 경우, 경찰에 대해 아무것도 모른다고 허위 진술을 하는 경우 등도 이를 통해 피의자에 대한 형벌 부과가 방해가 된 때에는 이 규정이 적용된다고 보고 있다.

3. 일 본

일본은 일본 형법 제7장에 범인은닉 및 증거인멸에 관한 죄의 장에서 우리 법과 같은 규정을 두고 있다. 일본 형법은 제103조(범인은닉등)에서 "벌금 이상의 형에 해당하는 죄를 범한 자 혹은 구금 중에 도주한 자를 은닉하거나 도주시킨 자는 2년 이하의 징역 또는 20만엔 이하의 벌금에 처한다.", 제104조(증거인멸등)에서 "타인의 형사사건에 관한 증거를 인멸, 위조 혹은 변조하거나 또는 위조 내지 변조한 증거를 사용한 자는 2년 이하의 징역 또는 20만엔 이하의 벌금에 처한다."고 규정하고 있다.

그런데, 우리 형법과 다른 규정이 있다. 즉 일본 형법 제105조의2(증인등위협)에서 "자기 또는 타인의 형사사건의 수사 혹은 심판에 필요한 지식을 갖고 있다고 인정되는 자 또는 그의 친족에게 당해 사건에 관해 정당한 이유가 없이 면회를 강요하거나 强談威迫(강제로 대화를 하고, 위협하는 행위)의 행위를 한 자는 1년 이하의 징역 또는 20만원 이하의 벌금에 처한다."라고 규정한다. 동 규정은 앞에서 본 미국의 사법방해죄 등에 유사한 규정이라고 볼 수 있다.

본죄는 일본에서 형사폭력사범의 피의자, 피고인 또는 이들과 관계된 자가 피해자나 목격자 등 사건 관계자에 대해 범인에게 불리한 진술, 증언을 했다고 해서 원한을 품고, 혹은 범인에게 유리한 진술, 증언을 하게 하기 위하여 면회를 강요하고, 혹은 범인에게 유리한 진술, 증언을 하도록 압박하는 등의 사건이 다수 발생하였다. 그러나 그러한 행위가 폭행·협박의 정도에 달하지 않는 경우에는 이것을 검거 처벌할 규정이 없었기 때문에 사건 관계자 등이 유형, 무형의 손해를 입게 되었고, 이들이 형사사건의 수사 및 심판에의 협력을 회피하는 경향이 보이게 됨에 따라 본조를 신설하여 사건 관계자를 보호함과 동시에 형사 사법의 적정한 운영을 기하고자 하는데 목적이 있었다고 한다.[44)]

Ⅳ. 입법적 대안 – '사법방해죄[45)]' 도입을 중심으로

1. 문제의 제기

구체적 사례[46)]

【사례 1】

절도범으로 체포된 피의자가 범행을 부인하는 상황에서 범행을 목격한 자가 수사기관에서 참고인으로 조사받으면서 사실은 피의자의 범행을 목격하였음에도 **피의자가 범인이 아니라는 허위 진술을 하여 수사기관으로 하여금 피의자를 석방하도록 하여 도피**하게 함

【사례 2】

뇌물을 수수한 혐의로 구속될 위기에 처한 A는 B의 처를 통해, 자신에게 뇌물을 공여하였다고 진술한 B에게 **2,000만 원을 제공하면서 뇌물 공여 진술을 번복해**

---

44) 안성수, 앞의 논문, 222~223면.

45) 그 동안은 일반적으로 '사법방해죄'라는 용어가 사용되어 왔고, 이는 미국의 'Obstruction of Justice'를 그대로 번역하여 사용하였기 때문이다.
그러나 이러한 용어는 사법절차를 방해하는 행위 일반을 처벌하는 것으로 오인될 수 있는데, 진술의 허위 여부 등을 수사기관이 규명할 임무가 있음에 비추어 볼 때 수사기관 편의주의적인 발상이라는 비판이 가능하고, '사법' 방해를 일반적으로 처벌한다면 '행정'이나 '입법' 작용 등을 방해하는 행위 유형도 유사하게 처벌하는 규정을 두어야 한다는 반론 제기도 가능하다.
미국의 'Obstruction of Justice'에서 말하는 'Justice'는 단순히 우리나라의 '사법'이라는 의미만을 가지고 있는 것이 아니라 '법의 공정하고 적정한 집행(The fair and proper administration of justice)' 의미도 아울러 가지고 있으므로, 이를 단순히 '사법방해죄'로 해석하는 것은 원래의 의미 전달이 충분하지 아니하여 '사법정의방해죄'로 함으로써 사법절차 방해행위 중 '정의' 실현을 방해하는 행위에 한하여 처벌한다는 의미 전달이 가능하므로 '사법방해죄' 보다는 '사법정의방해죄'라는 용어의 사용이 보다 적정하다는 견해에 김석우, 앞의 논문, 3면
'Obstruction of Justice'에 대한 정확한 개념 이해, 위 제도 도입에 대한 오해를 불식시키기 위하여 '사법정의방해죄'라는 명명행위가 타당하나, 본 발표문에서는 발표 및 토론과정에서의 개념 혼란을 줄이기 위하여 편의상 기존에 일반적으로 해석되어 온 '사법방해죄'로 표기하도록 한다.

줄 것을 요구

【사례 3】
광고중단 협박 혐의로 네티즌들이 기소된 사건에서 피해 업체 직원이 증인으로 출석하였으나, **법정 밖에서 기다리던 중 네티즌들에 동조하는 일부 세력들로부터 폭언과 협박 뿐만 아니라 폭행**까지 당하는 등으로 보복을 당함

위 사례는 **대검찰청의** 2009. 1. '**선진 형사사법 제도 개선방안 관련 설명자료**' 중 ① 형사사법절차에서 참고인이 허위 진술을 하는 행위, ② 이와 같이 허위 진술을 하게 하거나 진술 자체를 하지 않도록 배후에서 회유하거나 폭행, 협박하는 행위 등 위 두 가지 유형을 사법정의를 방해하는 대표적인 범죄로 보아 형사처벌하고자 입법을 추진하는 과정에서 **대표적인 처벌 공백이 발생하는 사례 3가지**로 예시한 경우이다.

즉 앞에서 살펴본 바와 같이 위계에 의한 공무집행방해죄, 범인도피죄, 증거위조죄 등은 그 본질상 사법정의를 방해하는 행위를 처벌하기 위한 현행규정, 보다 좁게는 참고인의 허위진술 등을 방지하기 위한 규정으로 볼 여지도 있으나 대법원 판례의 위 규정에 대한 입장 등을 고려하면 여전히 위와 같은 사례에서 처벌의 공백이 발생하고 있는 것이 현실이다.

즉 법정에서 증인이 허위 진술을 하면 위증죄로 처벌되는 것과 달리 수사기관에서 참고인이 악의적인 거짓말로 무고한 사람을 괴롭히거나 범인을 비호하는 등 허위 진술을 하더라도 처벌할 수가 없어 이를 악용하는 사례들이 존재함에도 참고인이 허위 진술을 하더라도 처벌할 수 없는 것이 현 실정이다. 또한 참고인이나 증인이 허위 진술을 하는 것은 배후에서 이를 조종하는 자들이 있는 경우가 대부분이므로, 참고인이나 증인의 허위 진술 행위를 효과적으로 규제하기 위해서는 배후에서 각종 불법적인 수단으로 이러한 행위를 사주하는 자들도 아울러 처벌할 필요가 있다.[47]

46) 위 3가지 사례는 대검찰청, 선진 형사사법 제도 개선방안 관련 설명자료(2009. 1.)에서 인용.
47) 대검찰청, 선진 형사사법 제도 개선방안 관련 설명자료(2009. 1.), 5면.

2. 사법방해죄를 둘러싼 논의의 현주소

(1) 문제의 제기

사법방해죄의 도입 여부에 관하여는 지금까지 수많은 논문을 통하여 찬반 입장이 전개되어 왔다. 다만 논의의 전개상황에서 한 가지 흥미로운 사실은 미국의 사법방해죄를 소개하거나 미국의 사법방해죄의 도입을 적극적으로 주장하는 입장은 대부분 수사과정에서 실체적 진실을 규명하고 공판정에서 그것을 입증해야 할 위치에 있는 검사들이었다는 점이다.

사법방해죄의 도입 여부에 대한 기존 논의 과정을 살펴보는 것은 '사법방해죄'의 도입 및 이를 둘러싼 각 기관들의 입장을 이해할 수 있다는 점에서 의미가 있다 할 것이다.

(2) 2002년 사법방해죄의 도입 논의

1) 사법방해죄 도입 추진

2002년 12월 법무부는 형법 제137조의2 제1항에 "타인의 형사사건을 수사하는 공무원에게 허위의 진술을 하거나 허위의 자료를 제출한 자 또는 타인의 형사사건을 재판하는 법원에 허위의 자료를 제출한 자는 3년 이하의 징역 또는 500만원 이하의 벌금에 처한다"는 것을 내용으로 한 '허위진술 등에 의한 공무집행방해죄'(소위 사법방해죄 또는 참고인의 허위진술죄)의 도입을 추진하였다. 그러나 대법원, 대한변호사협회, 형사법학회, 시민단체 등의 강력한 반대에 부딪쳐 무산된 바 있다.

2) 각 기관들의 반대에 따른 무산

당시 대법원은 형법 및 형사소송법 개정초안에 대해 '수사편의주의적 발상'에 치우쳐 있어 '인권침해 소지'가 많으며, 특히 참고인 구인제와 사법방해죄를 동시에 시행하게 되면 '공판중심주의를 형해화'시켜 법정공방이 극도로 위축될 우려가 있다는 이유로 반대의사를 분명히 하였다.

대한변호사협회도 피의자의 허위진술은 범죄가 성립하지 않는데 반해 참고인의 허위진술을 범죄로 규정하는 것은 불합리하다는 점, 형법 제137조의2에 규정된 참고인의 허위진술죄가 참고인의 진술강요를 위한 도구로 악용될 우려가 있다는 점, 참고인의 허위진술은 위계에 의한 공무집행방해죄, 무고죄, 증거인멸죄, 증인도피죄 등으로 처벌할 수 있다는 점 등을 이유로 반대의견을 분명히 하였다.

(3) 2010년 사법방해죄의 도입 논의

1) 사법방해죄 도입 추진

그 후 8여년이 시간이 지난 2010년 12월 법무부는 다시 현행법상 참고인은 수사기관에 진실을 말할 의무가 없어 참고인의 허위진술로 인해 수사절차의 지연, 수사인력, 비용낭비 등의 문제가 심각하게 발생하고 있으므로 참고인 진술의 진실성을 담보하여 실체적 진실발견을 위한 수사권행사가 왜곡되는 일이 없도록 하고, 수사기관에서 참고인 등을 동원한 거짓말을 통해 처벌을 회피하려는 자들을 엄중히 처벌하여 사법 불신을 해소하기 위해 사법방해죄의 도입 필요성을 역설하였다.

이에 형법 제152조의2 제1항에 “타인으로 하여금 형사처분을 받게 하거나 면하게 하여 줄 목적으로 수사하는 공무원에게 범죄를 구성하는 사실에 관하여 허위의 진술을 한 자는 5년 이하의 징역 또는 1천만원 이하의 벌금에 처한다”는 것을 내용으로 한 사법방해죄의 신설을 추진하였으나, 이 역시 대법원을 비롯한 각종 단체의 강력한 반대에 부딪쳐 무산된 바 있다.

2) 각 기관들의 반대에 따른 무산

당시 대한변호사협회는 사법제도와 이와 관련된 국민의식은 각 나라의 역사적, 문화적 전통에 따라 다르고 서양 국가에 비해 온정주의적 성향이 강하고 편을 가르는 성향이 남아 있는 우리나라에서 참고인이 한 쪽 편을 들어 허위진술하는 경우가 많은 것은 부인할 수 없는 현실이지만, 이는 사법영역에서만 제도를 도입한다고 해서 해결될 수 없고, 국민 전체의 의식수준 향상과 함께 서서히 해소될 수밖에 없는 난제임에도 국민 전체의 의식수준 향상은 도외시한 채 수사기관의 일방적인 편의를 위하여 성급하게 사법방해죄를 도입할 경우 사법정의의 효과는 거두지 못한 채 결국 전과자만 양산하는 결과를 초래할 우려가 있다는 점, 여기에다 수사단계에서 참고인이 수사공무원에게 허위진술하는 것을 처벌하는 것은 과잉금지원칙에도 위배될 수 있다는 점을 들어 반대의사를 밝혔다.

국가인권위원회 또한 허위진술죄는 수사상 편의를 위해 수사기관의 실체적 진실발견의무를 참고인에게 전가하여 참고인에게 과도한 부담을 지운다는 점, 헌법 제12조 제2항 등에서 보장하고 있는 '형사상 자신에게 불리한 진술을 강요당하지 않을 권리', 즉 '진술거부권'과 헌법 제13조 제1항에 근거한 '죄형법정주의(법률의 명확성원칙)'를 침해할 우려가 있다는 점, 중요참고인 출석의무제와 결부될 경우 문제의 소지가 더욱 커질 수 있다는 점을 들어 반대의사를 분명히 했다.

2002년 개정안과 마찬가지로 법무부는 참고인의 허위진술죄를 포함한 형법 개정안을 국회에 상정하지 못하였다.

3. 사법방해죄 도입에 대한 비판 및 이에 대한 검토[48)]

(1) 공판중심주의의 훼손 또는 형해화 문제

1) 비판

공판중심주의는 형사소송법이 정한 절차에 따라 증거를 공개된 법정에서 조사한 다음 이를 바탕으로 형성된 법관의 심증을 토대로 피고인의 유・무죄 및 양형에 관한 판단을 해야 한다는 원칙으로 공개주의, 직접주의, 구두변론주의

---

48) 우리나라가 가입한 각종 국제협약 등은 증인 회유・협박 등에 의한 사법방해죄 규정을 두도록 의무지우고 있는바 국제연합 부패방지협약(United Nations Convention against Corruption, 2003. 12. 10. 서명, 2008. 2. 29. 비준동의, 2008. 4. 26. 발효)의 세부 내용은 아래와 같다.
[원문] Article 25 Obstruction of Justice
Each State Party shall adopt such legislative and other measures as may be necessary to establish as criminal offences, when committed intentionally,
(a) The use of physical force, threats or intimidation or the promise, offering or giving of an undue advantage to induce false testimony or to interfere in the giving of testimony or the production of evidence in a proceeding in relation to the commission of offences established in accordance with this Convention;
(b) The use of physical force, threats or intimidation to interfere with the exercise of official duties by a judge or law enforcement official in relation to the commission of offences established in accordance with this Convention. Nothing in this subparagraph shall prejudice the right of States Parties to have legislation that protects other categories of public official.

원칙에 의하여 실현된다고 할 수 있다.

그런데 허위진술죄와 같은 사법방해행위 처벌제도를 도입한다면 애써 정착시키고자 한 공판중심주의적 법정심리가 자칫 형식화되거나 형해화될 수 있다는 우려가 제기[49]되고 있다. 왜냐하면 참고인이 수사기관에서 한 진술과 증인으로 공판정에 출석하여 한 진술이 서로 다른 경우 수사기관에서의 진술을 허위진술죄로 처벌한다면 **법정에서 수사기관에서의 진술번복은 사실상 봉쇄**되어 공판중심주의라는 명분은 붕괴되고 만다는 생각 때문이다. 참고인과 증인의 그 지위적 성격이 완전히 다른데 증언과정에서 수사기관에서 한 진술을 번복할 수 없도록 한다면 사실상 재판과정조차 필요 없이 수사기관이 확보한 진술을 기초로 재판하는 것과 다를 바 없다는 논리이다.[50]

2) 비판에 대한 검토

허위진술죄를 도입한다는 것은 수사기관에서 '허위'의 진술을 한 경우 이를 처벌한다는 것일 뿐이지, 수사기관에서의 진술과 공판정에서의 진술이 차이가 나는 경우와 같이 진술이 번복되는 경우에 있어 수사기관에서의 진술을 무조건 허위라고 보아 이를 처벌하겠다는 것은 아니라 할 것이다. 따라서 **진술이 번복되는 경우 발생하는 허위진술죄 및 위증죄의 성부에 대한 궁극적인 판단권은 법원에 있는 것이므로, 허위진술죄 남용에 의한 폐해는 지나친 기우**라 할 수 있다.

무엇보다 수사절차상에서 허위 진술을 한 경우 이를 처벌할 가치가 있는 것인지가 문제의 핵심인데, 참고인의 법정 증언시 진술 번복의 어려움을 반론의 근거로 드는 것은, 추후 진술 번복을 전제로 하고 수사기관에서 허위의 진술을

[번역] <국제연합 부패방지협약 제25조(사법방해)>
각 당사국은 다음의 사항을 고의로 범한 경우 이를 범죄로 구성하기 위하여 필요한 입법 및 그 밖의 다른 조치를 채택한다.
가. 이 협약에 따라 규정된 범죄의 실행과 관련된 소송절차에서의 허위 증언·감정을 유도하거나, 증언·감정 또는 증거의 제출을 방해하기 위하여 물리력의 행사, 협박이나 위협을 하거나 또는 부정한 이익을 약속·제의 또는 제공하는 행위
나. 이 협약에 따라 규정된 범죄의 실행과 관련하여 법관 또는 법집행공무원의 공무수행을 방해하기 위하여 물리력의 행사, 협박이나 위협을 하는 행위. 이 호의 규정은 당사국이 그 밖의 범주의 공무원을 보호하는 입법을 행할 권리를 저해하지 아니한다.

49) 황만성, "사법방해행위의 형사법적 규제방안 -참고인의 허위진술을 중심으로-", 원광법학 제25권 제1호(2009. 3.), 256면

50) 박광섭, "사법방해죄에 관한 연구", 충남대학교 법학연구 제21권 제2호(2010. 2.), 207~208면

한 후 법정 증언시 이를 번복함으로써 수사기관을 농락하면서도 위증의 벌을 면하려는 악의적인 자에게까지 면죄부를 주는 것으로 부당하다. 공판중심주의라는 것도 실체적 진실 발견을 위해 실질적인 공판이 이루어지도록 한다는 데에 취지가 있는바, 허위 진술을 규제하는 것은 실체적 진실 발견을 위해서도 중요하다.[51)]

또한 **공판절차는 당해 피고인의 유·무죄를 밝히기 위한 것**이므로 실체적 진실에 따라 피고인의 유·무죄를 판단하면 되는 것이고, **참고인(증인)으로 출석하여 진술한 자의 수사단계에서의 허위진술을 처벌하는 것은 별개의 문제**로 볼 수 있다. 즉 재판을 통해 사실관계가 확정된 경우 그에 배치되는 수사단계의 허위진술에 대해 처벌하는 것은 전혀 문제가 없고, 나아가 재판과정에서 사실관계가 확정되기 전이라도 다른 증거들에 의해 허위로 인정된 수사단계에서의 진술을 공판중심주의의 훼손을 이유로 처벌할 수 없다고 보는 것은 재판권 행사를 위해 국가의 수사 및 소추기능에 대한 방해행위를 방치하는 결과가 되어 부당하다는 것이다.

(2) 수사의 편의성만을 추구한다는 문제

1) 비판

형사절차에서 수사기관의 진실확보에 대한 부담이 큰 것은 사실이지만 진실발견의 책임은 참고인에게 있는 것이 아니라 수사기관에 있다. 따라서 **참고인의 허위진술에 제재를 가하여 진실한 진술을 확보하려는 것은 수사의 편의적 발상에 다름 아니다라는 비판**[52)]이 있다. 이는 곧 진실발견책임을 참고인에게 전환하려는 발상이라는 것이다. 또한 이 제도의 도입은 수사의 편의성을 위하여 피의자 자백 중심 수사관행의 또 다른 이면을 만들어 내는 것과 다를 바 없다는 것이다.

2) 비판에 대한 검토

형사사법 절차는 국민의 인권을 보호하고 정의를 실현하기 위한 절차로서

---

51) 김석우, 앞의 논문 54~55면.
52) 황만성, 앞의 논문, 267면.

진실발견을 위한 과정은 국민이 수사기관에 그 권한과 책임을 위임한 것이다. 위임자인 국민이 수사절차에 적극적인 협력을 하여야 할 의무까지는 없다고 하더라도 적어도 수사절차에 개입하여 허위의 진술을 함으로써 수사절차를 방해할 권리와 자유까지 가진다라고 하는 것은 부당하다. 또한 형사소송법상 자백법칙, 자기부죄금지 특권을 규정한 인권보장논리가 피의자 특히 **참고인에게 거짓말을 할 권리를 보장하는 것은 아니다**.[53)]

허위진술죄를 도입하더라도 수사기관이 참고인의 진술이 무조건 진실임을 믿고 수사를 한다는 것이 아니라, **참고인 진술에 대한 신빙성 판단 및 각종 증거수집, 제출에 대한 책임은 여전히 검찰에 남아 있는 것인바, 허위진술죄를 도입한다고 하여 진실 발견에 대한 책임이 전환되는 것으로 볼 수 없다**.

(3) 선서하지 않은 증인과의 형평성 문제

1) 비판

현행법상 증인은 선서 후 증언을 하여야 하고, 선서 후 증언이 허위인 경우 위증죄의 책임을 부담한다. 따라서 증인이 법정에서 선서를 하지 않았다면 어떠한 경우에도 위증죄의 성부를 논의할 수 없다. 선서 없는 위증은 처벌받지 않는 반면에 선서 요건자체를 요구하지 않는 참고인의 허위진술을 처벌한다면 처벌의 균형이 상실될 수밖에 없다는 것이다. 즉 수사기관에 대하여 출석 또는 진술을 거부할 자유를 가지는 참고인의 허위진술을 처벌하는 것은 균형에 맞지 않는다는 시각이다.[54)]

2) 비판에 대한 검토

이러한 반론은 위증죄의 구성요건으로 '선서'가 규정되어 있기에 비롯하는 것이다. 선서를 위증죄의 구성요건으로 보는 것은 신에 대한 맹세를 위반한 자를 위증죄로 처벌한 전통이 남아 있기 때문인바, **외국의 입법례[55)]를 살펴보면, 위**

53) 이현철, "미국의 사법방해행위 규제제도에 관한 연구 – 참고인 진술 확보 방안 연구", 대검찰청 미래기획단 연구총서Ⅲ(2007. 2.), 168면.

54) 박광섭, 앞의 논문, 209면.

55) 독일, 오스트리아, 스위스는 선서를 하지 아니한 채 이루어지는 위증을 기본적인 구성요건으로 하고, 선서를 한 경우에는 이를 가중처벌하고 있다(독일 형법 제153조, 제154조, 오스트리아 형법 제288조 제1항, 제2항, 스위스 형법 제307조 제1항, 제2항). 이탈리아의 경우 선서를 위

증죄에서 선서를 절대적인 구성요건에서 배제하는 것이 일반적인 추세이다.

이와 같이 위증죄의 구성요건에서 선서를 절대적인 구성요건으로 하지 아니하고 이를 가중적 구성요건으로 하거나 아예 배제하는 방향으로 가는 것이 외국의 추세인바, 선서를 하지 아니하는 자를 처벌하지 아니하는 것과의 균형상 허위진술죄 처벌을 반대하는 것은 이와 같이 '선서'라는 것이 가지는 법적 의미가 현대 사회에서 상당 정도 퇴색되고 있는 추세 등을 고려할 때 '선서'라는 형식적 절차에 지나치게 집착하는 것이어서 부당하다.

'선서'를 위증죄의 절대적인 구성요건으로 하는 규정을 변경하는 방안을 검토할 필요가 있고, 현행과 같이 '선서'를 위증죄의 절대적 구성요건으로 하는 것을 유지한다면, '선서'를 하지 아니한 채 허위 증언을 하더라도 형사처벌이 되지 아니하는 우리나라 법제도와의 균형상, 형사사법 절차를 방해할 어떠한 목적을 가지고 수사기관에서의 허위 진술을 하는 경우를 선별하여 처벌하는 방안과 같이 일정한 유형에 한하여 처벌하는 방안을 검토할 수 있을 것이다.[56]

Ⅴ. 결 론

'참고인의 허위진술에 대한 규제 및 처벌의 필요성'이라는 주제만큼 검찰 및 학계에서 오랫동안 논쟁이 되어 온 쟁점도 그리 많지는 않다. 특히 플리바게닝 제도, 참고인 강제구인 제도 등과 결합되면서 검찰의 일방적인 수사편의를 위한 제도로 폄하되었고, 비판의 십자포화를 맞아온 것 또한 사실이다.

앞에서 소개하였던 바와 같이 대법원은 최근 판결에서 참고인이 제3자로

증죄의 가중 요건에서도 배제하였는바, 이탈리아 소송절차상의 선서(giuramento)라는 절차와 관련하여 이는 재판장이 증인에게 선서의 종교적 및 도덕적 중요성 및 위증시 결과에 대해 훈계를 하고, 증인이 진실을 말할 것을 신 및 인간에게 맹세할 것을 재판장이 먼저 말하면 증인이 서서 이에 대해 다짐하는 맹세를 하는 것을 그 절차로 하고 있었으나, 이에 대해 신에 대한 맹세 등에 의한 종교의 자유 침해라는 논란이 있어 이탈리아 헌법재판소가 1995년 위헌 선언을 하여 그 후 종래와 같은 선서 절차가 수정되었는바, 현행 규정은 재판장이 증인에게 진실을 말하여야 할 의무 및 위증시 부과되는 형벌에 대해 경고를 하고, 종래와 달리 증인으로 하여금 숨기는 것이 없이 진실을 말할 의무가 있음을 진술하도록 '권유' (invita) 하는 것에 그치고 있다.

56) 김석우, 앞의 논문 55~58면.

하여금 허위진술하게 하고 이를 녹음하여 녹취록을 제출한 행위에 대하여 증거위조죄로 처벌하는 진일보한 판시를 한 바 있다. 그러나 위 판례는 (i) 참고인이 제3자를 이용하여 허위진술하게 하고 이를 녹음한 경우, (ii) 참고인이 제3자로 하여금 허위의 사실확인서를 작성한 후 이를 제출하게 한 경우, (iii) 참고인 스스로 허위의 사실확인서를 작성하여 제출한 경우 이 3가지 사안에서, 어느 범위까지 참고인을 처벌할 수 있는지, 나아가 어느 범위까지 처벌의 필요성이 있는 행위라고 볼 수 있는지에 대한 명확한 기준을 제시하지 못하고 있다. 오히려 이러한 판례의 명쾌하지 못한 태도가 역설적으로 참고인의 허위진술 처벌에 대한 별도의 입법 필요성을 방증한다고 해도 과언이 아닐 것이다.

참고인의 허위진술 규제와 관련한 대법원 판결문의 서두 및 사법방해죄 도입을 비판하는 견해의 기본적인 논거는 "수사기관은 범죄사건을 수사함에 있어서 피의자나 참고인의 진술 여하에 불구하고 피의사실을 인정할 만한 객관적인 제반 증거를 수집·조사하여야 할 권리와 의무가 있다"는 것이다. 결국 수사기관이 입증책임이 있으니 참고인의 허위진술 여부에 관계없이 다른 증거를 통하여 피의사실을 입증하면 되는 것이고, 그렇지 못하다면 그것은 '수사기관의 책임'이고 이를 '참고인의 허위진술 탓으로는 돌리지 말라'라는 의식이 근저에 깔려있는 것으로 볼 수 있다.

그러나 피의사실을 객관적인 제반 증거를 통하여 입증하는 책무가 수사기관에 있다는 사실을 부인하는 사람은 그 누구도 없을 것이다. 그러나 마치 참고인은 으레 허위진술을 할 것으로 기대되고, 나아가 마치 참고인에게는 '허위진술권'이 있음을 전제로 하여, 객관적인 증거자료를 통하여 이러한 참고인의 허위진술의 신빙성을 반박하는 것이 수사과정이라고 보는 것 또한 타당하지 않다.

과거와 달리 다양한 방식으로 검찰의 수사환경이 변화하고 있는 상황에서 참고인의 허위진술 규제를 단순히 수사기관의 권한 강화와 수사편의주의적 발상이라고 폄하하기 보다는 전체 형사사법 및 실체적 진실발견의 필요성이라는 보다 균형적인 접근이 요구되는 시점이다.

참고문헌

■ 논문

고재엽, “참고인조사에 수반된 사법방해 논의에 관한 연구”, 전남대학교 박사논문, 2009.
김석우, “사법정의방해죄에 대한 고찰”, 형사법의 신동향 제19호, 2009.
김종구, “미국 연방법상 허위진술죄에 대한 고찰 －우리 법체계에 도입 방안과 관련하여－”, 법조, 2007.
김행선, “검찰의 외국사법제도 도입방안에 대한 비판적 고찰”, 민주법학 제43호, 2010.
노명선 · 조재호 “새로운 진술증거를 확보하기 위한 입법적 개선”, 형사법의 신동향 통권 제29호, 2010.
도중진, “사법방해죄의 입법화 방안”, 형사정책 제20권 제2호, 2009.
박광섭, “사법방해죄에 관한 연구”, 법학연구 제21권 제2호, 2010.
박기석, “참고인 허위진술의 사법방해죄 성립여부”, 청주법학 제33권 제1호, 2011.
박달현, “사법방해죄 도입가능성과 그 필요성 검토”, 형사정책연구 제23권 제3호, 2012.
박미숙, “미국의 사법방해죄에 관한 연구”, 형사정책연구원, 1999.
박승환, “사법방해죄도입론 － 수사절차에서의 허위진술을 중심으로”, 법조 제58권 제2호 통권 제629호, 2008.
박흥모, “참고인의 허위 진술과 증거위조”, 법학연구 제49권 제1호, 2008.
변필건, “참고인 진술확보 및 허위진술 방지 관련 선진제도에 관한 비교법적 고찰”, 법학논집 제31권 제1호, 2009.
안성수, “피의자나 참고인 등의 허위진술, 증거조작 등 사법정의실현을 저해하는 죄”, 저스티스 통권 제88호, 2005.
유인창, “수사절차에서 참고인의 허위진술에 대한 형사법적 규제방안”, 디지털정책연구 제10권 제4호 ,2012.
이갑수, “수사절차상 참고인의 허위진술에 관한 형사법적 규제방안 －허위진술죄 도입을 중심으로－”, 연세대학교 법무대학원 석사논문, 2009.
이현철, “미국의 사법방해행위 규제제도에 관한 연구 － 참고인 진술 확보 방안 연구”, 대검찰청 미래기획단 연구총서Ⅲ, 2007.
정웅석, “수사상 허위진술과 위계에 의한 공무집행방해죄의 성립여부”, 형사법의 신동향 통권 제16호, 2008.
조상준, “허위진술에 의한 형사사법 부실에 대한 대책”, 비교형사법연구 제8권 제1호 특집호, 2006.
최병천, “미국에 있어서 수사기관에 대한 허위진술의 법적 규제”, 형사정책 제15권 제2

호, 2003.
태지영, “수사절차상 참고인 진술의 확보방안”, 이화여자대학교 석사학위 논문, 2013.
황만성, “사법방해행위의 형사법적 규제방안 –참고인의 허위진술을 중심으로–”, 원광법학 제25권 제1호, 2009.

■ 기타

대검찰청, “선진 형사사법 제도 개선방안 관련 설명자료”, 2009. 1.
대검찰청 미래기획단, “비상임연구관 기초자료집 Ⅰ – 허위진술죄”, 2006. 4.
대검찰청 미래기획단, “연구보고서 7 – 허위진술죄·면책조건부증언에 관한 연구”, 2006. 8.
법무부, “우리나라 형사사법제도 이렇게 바뀝니다: 선진형사사법제도 입법 관련 Q&A”, 2010.

■ 언론보도

2013. 6. 24. 시민일보 ‘허위고소’ 관련 보도내용
2014. 6. 2. 대한변협신문 ‘최신판례’ 소개

15

특정범죄가중법의 운전자폭행죄의 보호법익과 적용범위*

형법각칙 분야

최 호 진**

【대상 판례】 대법원 2015. 3. 26. 선고 2014도13345 판결

【사건의 개요】

피고인은 2013. 3. 20. 23:10 경 대리기사인 이모(60 · 여)씨가 운전하는 자신의 그랜저 승용차 뒷좌석에 술에 취해 누워있었다. 피해자가 서울 송파구 신천동7 소재 교통회관 앞 도로에서 신호대기를 위하여 정차중이었는데, 승용차가 공사구간에서 흔들리고 신호대기로 정지한다는 이유로 '운전 똑바로 하라'며 주먹으로 이씨의 얼굴을 2회 때리고 목을 졸랐다. 이씨는 각막염 등 14일간의 치료를 요하는 상해를 입었고 피고인은 특정범죄 가중처벌 등에 관한 법률(운전자 폭행 등) 위반 혐의로 기소됐다.

【사건의 경과】

제1심은 피고인에게 징역 1년 6월에 집행유예 3년, 80시간의 사회봉사를 명하는 판결을 선고하였다. 이에 대하여 피고인은 항소하였고, 원심은 형벌법규의 해석원칙에 관

---

* 이 논문은 제188회 영남형사판례연구회(2017.2.13.)에서 발표되고, 법조 최신판례분석(2017)에 게재되었음.

** 단국대학교 법학과 교수.

한 법리, 특정범죄 가중처벌 등에 관한 법률(이하 '특정범죄가중법'이라 한다) 제5조의10의 입법취지, 보호법익, 입법연혁, 특정범죄가중법 제5조의10 위반죄의 본질 등을 검토한 다음, 특정범죄가중법 제5조의10 제2항은 '운행 중인 자동차의 운전자에 대한 폭행・협박의 행사로 인하여 교통사고 등 교통안전 및 시민의 안전에 직접적이고 구체적인 위험이 발생하고 이를 통해 사람의 사상이라는 결과가 발생한 경우'에 한정하여 적용된다고 보아 제1심판결을 파기하고 피고인에게 무죄를 선고하였다.[1)]

검사는 특정범죄가중법 제5조의10 제2항은 운행 중인 자동차의 운전자에 대한 폭행・협박으로 운전자가 직접 상해를 입은 경우에도 적용된다고 보아야 한다는 이유로 상고를 제기하였다.

【참조조문】

특정범죄 가중처벌 등에 관한 법률 제5조의10(운행 중인 자동차 운전자에 대한 폭행 등의 가중처벌)

① 운행 중인 자동차의 운전자를 폭행하거나 협박한 사람은 5년 이하의 징역 또는 2천만원 이하의 벌금에 처한다.[2)]

② 제1항의 죄를 범하여 사람을 상해에 이르게 한 경우에는 3년 이상의 유기징역에 처하고, 사망에 이르게 한 경우에는 무기 또는 5년 이상의 징역에 처한다.

【판결요지】

특정범죄 가중처벌 등에 관한 법률(이하 '특정범죄가중법'이라 한다) 제5조의10 제1항, 제2항은 운행 중인 자동차의 운전자를 폭행하거나 협박하여 운전자나 승객 또는 보행자 등의 안전을 위협하는 행위를 엄중하게 처벌함으로써 교통질서를 확립하고 시민의 안전을 도모하려는 목적에서 특정범죄가중법이 2007. 1. 3. 법률 제8169호로 개정되면서 신설된 것이다.

법 해석의 법리에 따라 법률에 사용된 문언의 통상적인 의미에 기초를 두고 입법 취지와 목적, 보호법익 등을 함께 고려하여 살펴보면, 특정범죄가중법 제5조의10의 죄는 제1항, 제2항 모두 운행 중인 자동차의 운전자를 대상으로 하는 범행이 교통질서와 시민의 안전 등 공공의 안전에 대한 위험을 초래할 수 있다고 보아 이를 가중처벌하는 이른바 추상적 위험범에 해당하고, 그중 제2항은 제1항의 죄를 범하여 사람을 상해나 사

---

1) 서울고등법원 2014. 9. 25. 선고 2013노3316 판결.

2) 동 법률은 평석대상 판결이후 2015.6.22. 개정되었다. 이에 대한 설명은 후술한다. 제5조의10(운행 중인 자동차 운전자에 대한 폭행 등의 가중처벌) ① 운행 중(「여객자동차 운수사업법」 제2조 제3호에 따른 여객자동차운송사업을 위하여 사용되는 자동차를 운행하는 중 운전자가 여객의 승차・하차 등을 위하여 일시 정차한 경우를 포함한다)인 자동차의 운전자를 폭행하거나 협박한 사람은 5년 이하의 징역 또는 2천만원 이하의 벌금에 처한다. <개정 2015. 6. 22>

망이라는 중한 결과에 이르게 한 경우 제1항에 정한 형보다 중한 형으로 처벌하는 결과적 가중범 규정으로 해석할 수 있다. 따라서 운행 중인 자동차의 운전자를 폭행하거나 협박하여 운전자나 승객 또는 보행자 등을 상해나 사망에 이르게 하였다면 이로써 특정범죄가중법 제5조의10 제2항의 구성요건을 충족한다(대법원 2015. 3. 26. 선고 2014도13345 판결).

연 구

Ⅰ. 쟁 점

과거 버스나 택시와 같은 대중교통에 있어서 일부 승객이 만취한 상태에서 버스운전자 등에게 폭행 또는 협박을 함으로 인하여 교통사고를 유발할 가능성이 있게 되자 이러한 범죄행위에 대하여 단순폭행이나 상해죄보다 더 엄하게 처벌하자는 여론이 증가하였다. 이에 2007년 특정범죄가중법 제5조의10 운전자폭행에 대한 가중처벌규정을 두어 단순폭행죄나 협박죄에 비하여 가중처벌하는 입법을 하게 되었다. 예를 들면 폭행으로 인하여 운전자가 제동장치와 조향장치를 잘못 조작하는 바람에 자동차가 인도로 돌진하여 운전자에게 상해를 가하고, 행인을 사망케 한 경우에 대하여 본죄를 적용한 것이 전형적인 사안이다.[3)]

운전자폭행에 대한 가중처벌규정, 즉 운전자폭행죄의 입법목적은 교통질서를 확립하고 시민의 안전을 도모하려는 것으로 입법적 정당성은 인정된다. 하지만 본죄는 몇 가지 문제점을 가지고 있다. 첫째, 본죄의 보호법익이 무엇인지가 불명확하다. 처벌규정에 나타난 법문언을 중심으로 본다면 본죄의 보호법익은 '운전자의 신체와 의사결정의 자유'라고 볼 수 있지만 본죄의 입법취지를 고려한다면 교통질서, 시민의 안전에 대한 '공공의 위험'이라고 볼 수 있다. 본죄의 보호

3) 대법원 2013. 8. 14. 선고 2011도13279 판결.

법익이 무엇인가에 대한 논의는 형법해석에 있어서 중요한 의미를 가진다. 법익은 학문으로서의 형법학 전체의 체계구성에 관하여 빼놓을 수 없는 기초를 제공해주며, 형법의 목적론적 해석을 지도하는 이념으로서 형법해석에 대하여 방법론적 기능을[4] 가지고 있기 때문이다. 보호법익을 어떻게 파악할 것인가에 따라 본죄의 처벌범위가 달라질 수 있다. 예를 들면 주변에 차량이 없는 광장에서 차량이 주정차를 한 경우와 같이 공공의 위험이 발생할 여지가 없는 공간에서 운전자에게 경미한 폭행한 경우에도 본죄가 성립할 수 있는 지는 보호법익이 무엇인가에 따라 달라질 수 있다고 생각한다.

둘째, 본죄의 행위객체는 '운행 중인 자동차의 운전자'이다. '운행 중' 개념을 어떻게 볼 것인가에 따라 일시적으로 주차나 정차한 차량의 운전자에 대하여 본죄가 성립할 수 있는지 문제된다. 본죄의 입법취지를 고려한다면 공공의 위험이 발생할 가능성이 없는 주차나 정차상태에 있는 경우에는 본죄의 성립이 부정될 가능성이 있기 때문이다. 또한 '자동차' 개념을 어떻게 볼 것인가에 따라 자가용승용차의 운전자 또는 대리운전자에 대한 폭행·협박죄 성립여부가 문제된다. 본죄의 입법취지를 고려한다면 여객자동차만이 포함되고 자가용승용차는 포함되지 않는다고 해석할 여지가 있기 때문이다.

셋째, 본죄의 제2항은 결과적 가중범이다. 여기에서 운행 중인 운전자를 폭행하여 상해를 입혔으나 교통사고 발생으로 인한 승객 또는 행인 등 제3자의 사상이 없는 경우에도 제2항을 적용하여 가중처벌할 수 있는지가 문제된다. 즉 제2항의 사람에 운전자도 포함되는지가 문제된다.

이상의 문제점에 대하여 각각 항목을 나누어 고찰해보기로 한다. 이에 대한 본격적 논의를 전개하기 전에 본죄에 대한 입법과정 등 살펴본 뒤에 본죄의 보호법익과 보호의 정도는 무엇인지 검토한다. 이후에 동 조항의 제1항과 제2항을 나누어 구성요건을 검토하고자 한다.

---

4) 이용식, "위험사회에서의 법익보호와 적극적 일반예방", 형사정책(제13권 제1호), 한국형사정책학회(2001), 35면.

Ⅱ. 입법연혁

1. 입법과정

특정범죄가중법 제5조의10 제1항, 제2항은 운행 중인 자동차의 운전자를 폭행하거나 협박하여 운전자나 승객 또는 보행자 등의 안전을 위협하는 행위를 엄중하게 처벌함으로써 교통질서를 확립하고 시민의 안전을 도모하려는 목적에서 특정범죄가중법이 2007. 1. 3. 법률 제8169호로 개정되면서 신설된 것이다.[5)]

2004년 당시 운전 중인 시내버스 운전기사에 대한 폭행사건이 빈발하였는데 그것이 언론의 보도로 알려지면서 우려의 목소리가 높아지게 되었다. 이에 2004. 7. 27. 안상수 의원 등 33인은 형법 중 개정법률안을 제안하였다. 제안이유는 "운행 중인 기차, 전차, 자동차 또는 선박의 운전자를 상대로 폭력 또는 협박을 행사하여 운전자나 승객 또는 보행자의 안전을 위협하는 행위를 엄중히 처벌함으로써 교통질서를 확립하고 시민의 안전을 도모하려는 것"이고, "운행 중인 기차, 전차, 자동차 또는 선박의 운전자에게 폭행 또는 협박을 가하여 교통사고 등 공공의 위험을 발생하게 한 자는 5년 이하의 징역 또는 1천만원 이하의 벌금에 처한다"는 내용의 형법 제187조의2(운전자에 대한 폭행 등)를 신설하고, 제188조 전단과 제190조를 개정하는 것을 내용으로 하였다.

이러한 형법 개정안에 대하여 국회 법제사법위원회에서는 그 취지에 대하여 공감하였으나 형사법의 전체적인 체계를 고려할 때 형법에 규정하는 것보다는 특정범죄가중법에 규정하는 것이 적절하다고 판단하여 법제사법위원장이 특정범죄가중법 일부개정법률을 제안하였다. 위 형법 중 개정법률안은 2006. 12. 30. 폐기되었다.

2006. 12. 6. 국회 법제사법위원장은 "운행 중인 자동차의 운전자를 상대로 폭력 또는 협박을 행사하여 운전자나 승객 또는 보행자 등의 안전을 위협하는 행위를 엄중하게 처벌함으로써 교통질서를 확립하고 시민의 안전을 도모하"기 위하여 특정범죄가중법 일부개정법률안을 제안하였다. 이에 운행 중인 자동차의

5) 국회 의안정보시스템 http://likms.assembly.go.kr/bill/billDetail.do?billId= 038360

운전자를 폭행 또는 협박한 자는 5년 이하의 징역 또는 2천만원 이하의 벌금에(안 제5조의10 제1항), 운행 중인 자동차의 운전자를 폭행 또는 협박하여 사람을 상해에 이르게 한 때에는 3년 이상의 유기징역에 처하고, 사망에 이르게 한 때에는 무기 또는 5년 이상의 징역에 처하도록(안 제5조의10 제2항) 개정제안을 하였다. 2006. 12. 7. 본회의에서 원안대로 통과되어 2007. 1. 3. 공포되었고 3개월 후부터 시행되었다.

2. 평 가

폐기된 형법개정안과 신설된 특정범죄가중법을 비교할 때 차이점은 다음과 같다. 형법개정안은 운전자폭행으로 인하여 공공의 위험을 발생시킨 경우에 범죄가 성립하는 것으로 보아 '구체적 위험범'으로 입법하고자 하였으나, 특정범죄가중법에서는 '공공의 위험발생'을 구성요건으로 하지 않았다. 구성요건적 행위를 '폭행'과 '협박'으로 설정한 점을 본다면 추상적 위험범으로 보지 않았는가라는 생각이 든다. 또한 형법개정안에서는 결과적가중범에 대한 규정을 두고 있지 않았지만 특정범죄가중법에서는 제2항에 결과적가중범에 대한 처벌규정을 두고 있다.

Ⅲ. 보호법익과 법률의 해석

1. 본죄의 보호법익

(1) 대법원 판례의 견해

본죄의 보호법익이 무엇인가에 대하여 논의할 필요가 있다. 법문언상이나 구성요건의 형식으로 보면 운전자에 대한 폭행·협박을 처벌하고 있기 때문에 운전자의 신체나 의사의 자유와 같은 개인적 법익을 보호법익으로 하고 있음은 분명하다. 하지만 본죄의 입법취지를 고려할 경우 다르게 볼 여지가 있다. 법률개정안에 나타난 개정이유를 보면 본죄는 운행 중인 자동차의 운전자를 폭행·

협박하는 경우 교통사고 등 공공의 안전에 위험을 초래할 가능성이 높기 때문에 이에 대한 처벌규정을 둔 것으로 보인다. 따라서 교통안전 및 시민의 안전과 평온과 같은 사회적 법익을 보호법익으로 하고 있다. 공공의 안전을 보호법익이라고 평가할 수 있는 것은 자동차의 운전자에 대한 폭행·협박이 있는 경우 이는 단순히 운전자의 신체 내지 의사의 자유에 대한 침해에 머무르지 않고, 공공의 교통안전에 중대한 영향을 끼칠 가능성이 있기 때문이다.

대법원 판례는 "운행 중인 자동차의 운전자를 대상으로 하는 범행이 교통질서와 시민의 안전 등 공공의 안전에 대한 위험을 초래할 수 있다고 보아 이를 가중처벌"한다고 하였다. 대법원 판례는 본죄의 보호법익을 공공의 안전과 같은 사회적 법익으로 본다.

(2) 소결

생각건대, 입법목적을 고려할 경우 보호법익은 교통의 안전이라는 공공의 안전이지만 법문언 등을 고려할 경우 운전자의 신체나 의사의 자유 등 개인적 법익이다. 평석대상 판결의 경우에는 보호법익을 '공공의 안전'이라는 사회적 법익으로 보고 있지만, 다른 대법원 판결에서는 신체와 의사에 대한 개인적 법익도 포함되는 것으로 보고 있다.[6]

운전자폭행죄는 양자의 보호법익을 모두 포함하는 것으로 해석하는 것이 타당하다.[7] 그러나 본죄의 보호법익에 운전자의 신체와 같은 개인적 법익을 포함시키는 것에 대해서는 보다 신중할 필요가 있다. 본죄의 법정형은 5년 이하의 징역 또는 2천만원 이하의 벌금형으로 형법상의 폭행·협박죄에 비하여 상당히 높게 가중되어 있다. 이러한 입법은 운전자라는 신분에 대한 특별한 보호라기보다는 운전자폭행등으로 인하여 공공의 위험이 발생할 위험성이 높기 때문일 것이다. 운전자에 대한 폭행을 가중처벌하는 것은 행위반가치적 측면보다는 결과

6) 대법원 2008. 12. 11. 선고 2008도4375 판결; 판결이유에 보면 "교통질서를 확립하고 시민의 안전을 도모하는 것을 그 보호법익의 하나로 삼고 있으므로"라는 표현에서 공공의 안전을 유일한 보호법익으로 보고 있지 않다는 것을 알 수 있다.

7) 김영훈, "특정범죄 가중처벌 등에 관한 법률 제5조의10 제2항의 적용범위", 대법원판례해설 (2015년 상반기), 517면.

반가치를 고려한 것이다.

결국 본죄의 주된 보호법익은 공공의 안전이라는 사회적 법익으로 보는 것이 타당하며, 운전자의 신체 등 개인적 법익은 부수적 보호법익이 될 뿐이다. 따라서 운전자에 대한 폭행·협박이 있었다고 하더라도 공공의 안전에 대한 위험이 발생하지 않았을 경우에는 본죄의 성립을 제한하는 것이 타당하다.

2. 보호의 정도

(1) 추상적 위험범

대법원 판례는 본죄에 대한 보호의 정도에 대하여 추상적 위험범으로 본다. 추상적 위험범은 현실적인 법익침해의 위험성보다 앞선 전단계에서 일정한 행위 그 자체를 처벌함으로써 가벌성의 영역을 확대시킬 때 활용된다. 법익에 대한 위험성 그 자체는 구성요건에 명시되어 있지 않고 입법자의 숨은 동기로 되어 있다.[8)]

입법과정을 보면 형법 개정법률안은 교통사고 등 공공의 위험을 발생하게 한 경우에 처벌하도록 제안하여 구체적 위험범으로 법개정할 것을 제안하였다. 하지만 특정범죄 가중법률은 본죄의 객체를 자동차의 운전자로 한정하였고,[9)] '교통사고 등 공공의 위험을 발생하게 한 자'라는 구체적 위험범으로서 요건을 삭제하였기 때문에 본죄를 추상적 위험범으로 해석할 수 있다.[10)]

(2) 소결

입법자의 동기를 고려하면 대법원 판례의 해석과 같이 추상적 위험범으로 보는 것이 옳다. 하지만 폭행죄는 일정한 행위만 있으면 성립하는 거동범이며, 폭행·협박의 개념이 상대적으로 광범위하다는 점, 협박죄는 미수범 처벌규정

8) 최호진, 형법총론강의, 준커뮤니케이션즈(2016), 107면; 김성규, "추상적 위험범의 가벌성에 관한 해석론", 한양대 법학논총(제32집 제2호), (2015), 3면.

9) 기차, 전차, 선박 등 다른 교통수단의 경우 운전자에 대한 폭행·협박이 자주 발생하지 않는 점과 당시 사회적으로 문제된 사안이 버스나 택시와 같은 대중교통의 운전자에 대한 폭행·협박이었다는 점이 고려된 것으로 보인다.

10) 본죄에 대한 입법과정에서 '공공의 위험발생'이라는 구성요건을 왜 삭제하였는지 이에 대한 구체적 논의는 찾기 어려워 입법자의 의도는 명확히 확인되지 않는다.

이 있지만 대법원 판례에 의하여 협박의 의미를 비교적 광범위하게 인정할 수 있다는 점을 고려한다면 특정범죄가중법의 입법방식은 다소 문제가 있다. 예를 들면 운전자의 어깨를 가볍게 치는 경우, 인적이 없는 광장에서 일시 주·정차된 차량 내에서 행위자가 운전자를 폭행한 경우에도 본죄가 성립할 여지가 있다는 점에서 본죄의 적용범위가 넓어지는 문제점이 있다. 따라서 본죄의 법적 성격을 추상적 위험범으로 이해할 경우 적용범위에 대하여 목적론적 관점에서 제한적 해석을 할 필요가 있다.

3. 목적론적 제한적 해석의 필요성

법해석에 대한 대법원의 입장은 원칙적으로 문언적 해석방법, 보충적으로 체계적·논리적 해석방법을 취하고 있다. 이른바 과수원실화사건에서[11] 대법원은 체계적·논리적 해석방법의 허용성에 대해서도 인정한 바 있다.

본죄의 보호법익을 '교통질서와 시민의 안전 등 공공의 안전'이라고 본다면 비록 운전자에 대하여 폭행·협박을 하였지만, 공공의 안전에 대한 위험이 발생하지 않았다면 본죄의 성립하지 않을 것이다. 반대로 본죄의 보호법익을 '운전자에 대한 신체나 의사의 자유'로 본다면 공공의 안전에 대한 위험발생여부와 상관없이 운전자에 대한 폭행·협박만이 있으면 본죄가 성립한다고 보아야 한다.

또한 본죄의 법적 성격을 추상적 위험범으로 본다면 일정한 행위 즉, 폭행·협박행위만으로도 운전자폭행죄의 성립가능성이 있다.[12] 폭행의 경우 사람의 신체에 대한 일체의 유형력의 행사를 의미하며, 사람의 신체에 대한 유형력의 행사가 있는 한 신체적 접촉이 있을 필요가 없다. 그렇다면 행위자가 운전자의 어깨를 가볍게 밀치는 정도에 불과하여 운전자의 운전에 방해를 주었다고 보기

11) 대법원 1994. 12. 20 선고 94모32 전원합의체 결정.

12) 추상적 위험범은 현대 위험사회에서 법익침해의 위험을 가져올 수 있는 행위를 미연에 방지하고자 하는 입법자의 목적에 부합하는 입법형식이다. 현행 법률에서 입법형식이 많아짐에 따라 시민생활의 자유가 과도하게 제한되는 비판을 받게 된다. 따라서 추상적 위험범의 도입에 신중을 기해야 하며, 그러한 범죄구성요건에 대한 해석도 엄격히 할 필요가 있다{김성규, 앞의 논문, 1면; 김혜경, "개인적 법익의 추상적 위험범적 해석의 타당성", 형사정책(제22권 제2호), (2010. 12), 233면; 김태명, "위험범의 문제점과 제한적 해석·적용", 동아법학(제51호), (2011. 5), 103면}.

어려운 경우임에도 불구하고 본죄가 성립할 수 있다는 것은 지나친 법적용이라고 생각한다. 협박의 경우에도 마찬가지이다. 협박의 정도에 대한 대법원 판례에 따르면[13] 해악의 고지에 의하여 상대방이 현실적으로 공포심을 일으킬 필요가 없고, 단지 상대방이 그 의미를 인식하였다면 구성요건이 충족되어 협박죄의 기수가 된다. 행위자가 운전자에 대하여 해악고지를 하였지만 운전자의 운전에 방해를 주었다고 보기 어려운 경우에는 본죄의 성립을 부정하는 것이 합리적이다. 따라서 "공중의 교통안전과 질서를 저해할 우려가 없는 장소에서 계속적인 운행의 의사 없이 자동차를 주·정차한 상태에 있는 운전자에 대한 폭행과 같이 위 보호법익의 침해가 예상되지 아니하는 경우"[14]에는 본죄의 성립을 인정할 수 없다고 볼 수 있다.

Ⅳ. 특정범죄 가중처벌법 제5조의10 제1항

특정범죄 가중처벌법 제5조의10 운전자폭행죄의 구성요건적 행위는 "운행 중인 자동차의 운전자를 폭행하거나 협박하는 행위"이며 이 경우 5년 이하의 징역 또는 2천만원 이하의 벌금에 처한다.[15] 본죄의 보호법익과 관련된 목적론적 제한해석의 관점에서 본죄의 적용범위에 있어서 자동차의 의미, 운행 중의 의미, 폭행·협박의 의미를 해석한 후 목적론적 관점에서 제한적 해석이 가능한지를 다루고자 한다.

1. 자동차 개념에 대한 제한적 해석 가능성

(1) 법률상 자동차의 개념범위

운전자에 대한 폭행·협박은 '자동차'의 운전자만을 대상으로 한다.[16] 여기에

13) 대법원 2007. 9. 28. 선고 2007도606 전원합의체 판결.
14) 대법원 2008. 12. 11. 선고 2008도4375 판결.
15) 평석대상 판례가 선고되는 시점에서 대상조문은 위와 같다. 그런데 2015. 6. 22. 동법을 일부 개정하여 '운행 중'이라는 구성요건에 '여객자동차 운수사업법 제2조제3호에 따른 여객자동차운송사업을 위하여 사용되는 자동차를 운행하는 중 운전자가 여객의 승차·하차 등을 위하여 일시 정한 경우를 포함'하는 것으로 개정되었다.

서 '자동차'는 무엇을 의미하는지에 대하여 살펴볼 필요가 있다. 현행법상 자동차에 대한 정의는 입법목적에 따라 「자동차관리법」, 「여객자동차운수사업법」, 「도로교통법」 등 여러 법률에서 정의하고 있다.

먼저 「자동차관리법」 제2조에 따르면 자동차란 원동기에 의하여 육상에서 이동할 목적으로 제작한 용구 또는 이에 견인되어 육상을 이동할 목적으로 제작한 용구를 말하지만 대통령령에 의하여[17] 건설기계, 농업기계 등은 자동차관리법의 적용이 제외된다. 「여객자동차운수사업법」 제2조에 따르면 자동차는 자동차관리법 제3조에 따른 승용자동차와 승합자동차를 말한다. 동법은 여객자동차 운수사업[18]에 관한 질서를 확립하기 위하여 제정된 법률이므로 동법에서 말하는 자동차는 버스와 택시와 같이 여객운수사업을 위한 자동차를 의미한다고 볼 수 있다.

「도로교통법」 제2조 제18호에 따르면 자동차란 철길이나 가설된 선을 이용하지 아니하고 원동기를 사용하여 운전되는 차(견인되는 자동차도 자동차의 일부로 본다)로서 자동차관리법에 따른 자동차, 건설기계관리법 제26조 제1항 단서에 따른 건설기계를[19] 의미한다. 다만 원동기장치자전거는 제외한다.

(2) 자동차 개념에 대한 제한적 해석가능성

생각건대 자동차에 대한 해당 법률의 개념정의를 정리하면 개념범위가 가장

---

16) 참고로 지하철과 같은 철도종사자에 대하여 폭행·협박으로 철도종사자의 직무집행을 방해한 경우에는 철도안전법의 적용을 받으며, 항공기의 경우 항공보안법의 적용을 받는다.

17) 「자동차관리법」 제2조 제1호 단서에서 "대통령령으로 정하는 것"이라 함은 「건설기계관리법」에 따른 건설기계, 「농업기계화 촉진법」에 따른 농업기계, 「군수품관리법」에 따른 차량, 궤도 또는 공중선에 의하여 운행되는 차량, 「의료기기법」에 따른 의료기기를 말한다.

18) "여객자동차 운수사업"이란 여객자동차운송사업, 자동차대여사업, 여객자동차터미널사업 및 여객자동차운송가맹사업을 말한다. 여기에서 "여객자동차운송사업"이란 다른 사람의 수요에 응하여 자동차를 사용하여 유상으로 여객을 운송하는 사업을 말한다. 여객자동차운송사업의 종류에는 노선여객자동차운송사업, 구역여객자동차운송사업, 수요응답형 여객자동차운송사업이 있다. 대표적인 것이 시내버스, 마을버스, 시외버스, 전세버스, 학교버스, 일반택시나 개인택시가 이에 해당한다.

19) 건설기계관리법 제26조 제1항 단서의 규정에 의하여 「도로교통법」 제80조의 규정에 의한 운전면허를 받아 조종하여야 하는 건설기계의 종류는 다음 각호와 같다. 1. 덤프트럭, 2. 아스팔트살포기, 3. 노상안정기, 4. 콘크리트믹서트럭, 5. 콘크리트펌프, 6. 천공기(트럭적재식을 말한다) 등을 말한다.

넓은 것은 자동차관리법, 도로교통법이며, 가장 좁은 것은 여객자동차운수사업법이다. 여기에서 대중교통수단인 버스나 택시와 같은 자동차는 입법이 예정하고 있는 전형적인 적용대상이다.

문제는 '개인용 차량'의 경우이다. 평석대상 판례와 같이 자신의 차량을 대리운전기사로 하여금 운행하게 한 경우 또는 친구나 가족의 차량에 동승한 경우이다. 법문언상 본법의 자동차에 대하여 특별히 제한하고 있지 않다. 또한 본법의 자동차운전자는 운전을 반드시 영업으로 하는 자에 한정되지 않는다. 따라서 운전을 영업으로 하지 않는 운전자를 폭행·협박한 경우에도 이에 해당한다.[20] 예를 들면 친구나 가족의 차량에 동승하여 가던 중 말다툼을 하여 그를 폭행·협박한 경우에도 본법의 적용대상이 될 수 있다.

입법취지와 그 과정을 고려한다면 '자동차'는 여객자동차운수사업법에 따라 여객운수사업을 위한 승용자동차와 승합자동차를 의미하는 것으로 보는 것이 타당하지만 이는 입법론으로 주장될 수 있는 것이며, 해석론으로는 본죄의 자동차는 도로교통법의 자동차를 의미한다고 해석할 수밖에 없다.

2. '운행 중' 개념에 대한 제한적 해석

(1) 법률상 운행개념

본죄의 객체는 단순한 운전기사를 의미하는 것이 아니라 '운행 중인 상태에 있는 운전자'를 의미한다.[21] 여기에서 '운행'개념과 '운전'개념을 비교할 필요가 있다. '운행'이라는 개념을 사용하고 있는 법률로는 「자동차손해배상보장법」과 「자동차관리법」이 있다. 자동차손해배상보장법 제2조에 따르면 '운행'이란 사람 또는 물건의 운송 여부와 관계없이 자동차를 그 용법에 따라 사용하거나 관리하는 것을 말한다. 자동차관리법 또한 '운행'개념에 대하여 거의 유사하게 정의

---

20) 울산지방법원 2015. 4. 23. 선고 2015고단579 판결; 피고인은 2014. 11. 15.경 울산 ○○구 ○○동 도로상을 운행하는 피해자 운전의 소렌토 승용차 안에서 피해자가 어음부도를 고의적으로 방치하였다고 추궁하며 휴대전화기로 운전 중인 피해자의 머리 부위를 수회 내리찍어 피해자를 폭행하였다.

21) 박상기/전지연/한상훈, 『형사특별법』, 집현재(2013), 112면; 이주원, 『특별형법』, 홍문사(2011), 261면.

하고 있다. 이에 대하여 도로교통법은 '운행'개념대신에 '운전'개념을 사용하고 있다.[22] 도로교통법 제2조에 따르면 '운전'이란 도로에서 차마를 그 본래의 사용방법에 따라 사용하는 것을 말한다.

(2) 운행개념에 대한 견해

운행의 개념에 관하여 원동기설, 주행장치설, 고유장치설, 차고출입설 등이 있다.[23] 원동기설에 따르면 자동차의 원동기가 작동되지 않는 상태는 당해 자동차가 도로상에 있더라도 운행 중이라고 보지 않는다. 주행장치설에 따르면 원동기에만 한정하지 않고 버스나 승용차의 문 등 사회통념상 운송에 필요한 장치는 장치에 포함시키지만, 주행 또는 운송과는 관계없는 덤프, 크레인 등 조작중 발생하는 것은 운행 중 사고로 보지 않는다. 고유장치설은 당해 자동차에 필요한 전장치를 의미한다는 견해이다. 이에 따르면 원동기뿐만 아니라 주행장치, 조종장치, 제동장치, 전기장치 등 모든 장치를 의미한다는 견해로 현재 일본의 통설과 판례이다. 차고출입설은 자동차가 차고에서 나가 다시 차고로 돌아올 때까지를 의미한다는 견해이다.

우리나라 대법원에 따르면 운행은 사람 또는 물건의 운송 여부에 관계없이 자동차를 당해 장치의 용법에 따라 사용하는 것으로 당해장치란 운전자나 동승자 및 화물과는 구별되는 당해 자동차에 계속적으로 고정되어 있는 장치로서 자동차의 구조상 설비되어 있는 당해 자동차 고유의 장치를 말하므로, 이와 같은 각종 장치의 전부 또는 일부를 각각의 사용목적에 따라 사용하는 경우를 운행 중이라고 한다.[24] 우리나라 대법원 판례는 고유장치설을 취하고 있다.

생각건대, 본법의 운행의 개념에 대하여 자동차손해배상보장법의 운행개념과 동일한 것으로 보기는 어렵다. 자동차손해배상보장법과 같이 민사나 상사 등의

22) 도로교통법이외에도 교통사고처리특례법과 특정범죄 가중처벌법 제5조의11(위험운전치사상)의 경우에도 운전개념을 사용하고 있다.

23) 이하의 내용은 이광범, "화물화차작업중 화물고정용 밧줄에 오토바이가 걸려 넘어진 경우, 자동차손해배상보장법 제3조에서 말하는 '자동차의 운행으로 말미암은' 사고에 해당하는지 여부", 대법원판례해설(통권 제25호), (1996년 상반기), 313면~315면.

24) 대법원 1996. 5. 28. 선고 96다7359 판결; 이충상, "도로교통법의 운전에 해당하기 위한 요건 및 자동차손해배상보장법의 운행과의 차이", 법조 (통권 제523권), (2000. 4), 179면.

영역에서 당사자의 경제적 권리구제를 위해 그 의미를 확장해 나가고 있는 운행의 개념을 그대로 적용하는 것은 죄형법정주의관점이나 형벌법규의 엄격해석의 원칙에 어긋나는 것이기 때문이다.[25] 대법원 판례도 운행과 운전개념의 관계에 대하여 자동차손해배상보장법상의 운행은 도로교통법상의 운전보다 넓은 개념이지 동일한 개념을 아니라고 한다. 본법의 입법취지를 고려한다면 운행 중이라는 개념은 도로교통법의 운전과 동일한 의미로 해석하는 것이 타당하다. 운전의 개념은 도로교통법 규정의 내용에 비추어 목적적 요소를 포함하는 것이므로 고의의 운전행위만을 의미하고 자동차 안에 있는 사람의 의지나 관여 없이 자동차가 움직인 경우에는 운전에 해당하지 않는다.[26]

(3) 차량을 정차 또는 주차한 경우

자동차가 주행상태에 있는 경우는 운행 중인 상태에 해당함은 분명하다. 그런데 운전자가 여객의 승차·하차 등을 위하여 일시 정차한 경우 또는 주행의 전후단계로서 주차상태에 있는 경우도 운행 중이라고 볼 수 있는지가 문제된다.

도로교통법상 '정차'란 운전자가 5분을 초과하지 아니하고 차를 정지시키는 것으로서 주차 외의 정지상태를 말한다. '정차'개념은 차량의 주행을 개시한 상태에서 차량을 일시적으로 정지 상태에 두는 것을 의미한다. 대부분 신호대기를 하거나 승객의 승·하차를 위하여 일시적으로 정지하는 경우이다. 차량이 정차한 상태에서 차량의 운전자를 폭행·협박하였다면 교통의 안전에 대한 위험을 초래할 가능성이 있으므로 정차는 '운행 중' 개념에 포함되는 것으로 보는 것이 타당하다. 일시 정차한 경우에 대하여 2015. 6. 22. 법개정을 통하여 구성요건에 명시적으로 '운행 중'개념에 포함을 시켰다.[27]

도로교통법상 '주차'란 운전자가 승객을 기다리거나 화물을 싣거나 차가 고장나거나 그 밖의 사유로 차를 계속[28] 정지 상태에 두는 것 또는 운전자가 차에

25) 김영훈, 앞의 논문, 518면.

26) 대법원 2004. 4. 23. 선고 2004도1109 판결.

27) 하지만 개정된 법 제5조의10 제1항에 '여객자동차 운수사업법 제2조 제3호에 따른 여객자동차 운송사업을 위하여 사용되는 자동차'의 경우에 한정하였으므로 여객자동차가 아닌 개인용 자동차의 경우에도 이에 포함될 수 있는지는 여전히 논의의 대상이 된다.

28) 주차는 차량을 '계속 정지상태'에 두는 것이므로 운행 중 신호대기 등을 위하여 '일시' 정차한

서 떠나서 즉시 그 차를 운전할 수 없는 상태에 두는 것을 말한다. 차량을 '주차'한 경우에는 원칙적으로 운전으로 볼 수 없으며, 차량을 주차한 상태에서 운전자에 대한 폭행이나 협박을 하였다고 하더라도 교통의 안전이라는 공공의 위험이 발생할 수 있는 가능성은 없다고 보는 것이 합리적이다. 따라서 '주차'는 '운행 중' 개념에서 제외되는 것이 타당하며, 엄격해석의 원칙에도 부합한다.

3. 폭행 · 협박에 대한 제한적 해석

특정범죄가중법 제5조의10 제1항의 구성요건적 행위는 '운행 중인 자동차의 운전자를 폭행하거나 협박하는 행위'이다. 본죄의 폭행 · 협박은 형법상 폭행과 협박의 의미와 동일하다고 볼 수 있는지 문제된다.

대법원 판례는 본죄의 폭행 · 협박의 정도에 대하여 폭행죄와 동일한 것으로 본다. 따라서 본죄의 폭행은 운전자의 신체에 대한 일체의 유형력의 행사를 의미한다고 이해할 수 있다. 이러한 점이 본죄의 법적 성질을 추상적 위험범으로 보는 중요한 근거가 되기도 한다.

그런데 대법원뿐만 아니라 하급심에 나타난 사례를 보면 욕을 하며 주먹으로 피해자의 뒤통수와 어깨 부위를 수회 때려 피해자로 하여금 뒤통수와 어깨 부위 등에 약 1주 동안의 치료가 필요한 다발성 타박상을 입게 한 경우,[29] 주먹으로 피해자의 머리 부위를 수회 때리고, 발로 피해자의 오른쪽 팔을 걷어차는 등 하여 피해자에게 약 2주의 치료를 요하는 경추부 염좌상 등을 가한 경우,[30] 손바닥으로 피해자의 뒤통수를 때리고 발로 피해자의 오른쪽 허벅지를 걷어 찬 경우,[31] 주먹으로 피해자의 얼굴을 3회 때리고, 손바닥으로 피해자의 머리를 수회 때리는 경우[32] 등 상대적으로 경미한 폭행을 한 경우가 대부분이다. 또한 형법의 폭행죄의 폭행을 이해함에 있어서 반드시 신체의 접촉이 있을 필요가 없다는 점을 고려할 때 본죄의 적용범위는 상당히 넓다고 볼 수 있다. 경

경우는 본죄의 운행 중에 해당한다.

29) 대전지방법원 2007. 6. 29. 선고 2007고합175 판결.
30) 대구지방법원 2007. 11. 1. 선고 2007고합91 판결.
31) 부산지방법원 2009. 6. 25. 선고 2009고단2421, 2008고단2561(병합) 판결.
32) 부산지방법원 2009. 11. 3. 선고 2009고단2442, 2683(병합) 판결.

우에 따라서는 운행 중인 자동차의 운전자에 대하여 옷을 약간 잡아당기거나 어깨를 치는 행위 등의 경우에도 폭행으로 포섭될 위험이 있다.[33]

본죄의 입법취지는 운전자뿐만 아니라 승객이나 보행자에 대한 생명이나 신체의 위험성을 방지하여 교통질서 확립 및 공공의 안전을 보호하자는 것에 있다는 점, 본죄는 형법의 폭행죄나 협박죄의 법정형보다[34] 5년 이하의 징역 또는 2천만원 이하의 벌금으로 가중되어 있다는 점을 고려할 필요가 있다. 또한 일부 택시기사들이 술 취한 승객들에게 합의금을 받아내는 수단으로 악용되는 부작용이 있다는 점을 고려한다면[35] 본죄의 폭행이나 협박의 의미를 제한적으로 해석할 필요가 있다. 단순히 운행 중인 자동차의 운전자를 폭행・협박한 경우보다는 '운행 중인 자동차의 운전자를 폭행・협박하여 정상적인 운영을 방해한 경우'로 본죄의 적용범위를 제한할 필요가 있다.[36] 이런 의미에서 공중의 교통안전과 질서를 저해할 우려가 없는 장소에서 계속적인 운행의 의사 없이 자동차를 주・정차한 상태에 있는 운전자에 대한 폭행과 같이 보호법익의 침해가 예상되지 아니한 경우에는 본죄의 성립을 인정할 수 없다는 취지의 또 다른 대법원 판례는 타당하다.[37]

33) 전지연, 형사특별법정비방안(3) 특정범죄가중처벌등에관한법률, 한국형사정책연구원(2008), 164면; 허일태, "형사특별법의 형법 편입방향", 형법개정 및 양벌규정 개선 공청회 자료집(2008. 6. 20), 91면.

34) 형법의 폭행죄의 법정형이 2년 이하의 징역, 500만원 이하의 벌금, 구류 또는 과료이며, 협박죄의 법정형이 3년 이하의 징역, 500만원 이하의 벌금, 구류 또는 과료이다.

35) 대한변협신문, 국민참여재판이야기, 범죄유형별 변론사례, 특가법위반(운전자폭행등)죄 유형 2014. 5. 4. (http://news.koreanbar.or.kr/news/articleView. html ?idxno=10801)

36) 박상기・전지연・한상훈, 앞의 책, 113면; 이에 대하여 폭행의 개념을 제한하기 보다는 본법 제2항의 적용범위를 제한하는 것이 바람직하다는 견해로는 김영훈, 앞의 논문, 518면.

37) 사실관계는 다음과 같다. 피해자가 택시를 세운 장소가 일반 공중의 교통에 제공되지 아니하는 경찰서 구내인데다가 그곳에 택시를 세운 피해자의 의도가 자신을 폭행한 피고인의 신병을 경찰에 넘겨 처벌을 받게 하기 위한 것으로 보일 뿐 일시 정차 후 계속 운행의 의도는 아닌 사례이다(대법원 2008. 12. 11. 선고 2008도4375 판결).

Ⅴ. 특정범죄 가중처벌법 제5조의10 제2항

특정범죄 가중법 제5조의10 제2항의 구성요건은 '제1항의 죄를 범하여 사람을 상해나 사망에 이르게 할 것'이다. 제1항의 성립을 전제로 하고 있다는 점에서 형법의 폭행치사상죄와 같은 결과적가중범이다. 제2항은 상해죄, 중상해죄, 폭행치사상죄보다 형이 무겁고, 상해치사죄와 동일한 법정형을 규정하고 있어 형이 가중되어 있다.

제2항의 구성요건과 관련하여 논의가 필요한 것은 제2항의 '사람'에 운전자도 포함되는지 여부이다. 예를 들면 행위자가 운전자를 폭행하여 운전자에게만 상해를 입히고 행인이나 탑승자와 같은 다른 제3자에게는 상해를 입히지 않는 경우에도 본 조항이 적용되는지가 문제된다. 또한 본죄가 진정 결과적가중범인지 부진정 결과적가중범인지 여부도 문제된다.

1. 부진정 결과적가중범 여부

결과적가중범은 고의의 기본범죄와 중한 결과에 대한 과실범이므로 수죄인 실체적 경합범이나 상상적 경합범으로 처벌하는 것이 원칙이다. 하지만 이를 수죄로 처리하지 않고 양자를 결합하여 일죄로 처벌하는 것은 수죄로 처벌하는 것보다 높은 형벌을 부과하기 위하여 만들어진 개념이다. 특히 부진정 결과적가중범은 고의에 의한 기본범죄와 중한 결과 사이에 과실이 있는 경우뿐만 아니라 중한 결과에 대하여 고의가 있는 경우에도 성립하는 결과적가중범을 말한다. 현주건조물방화치사죄(제164조 제2항), 특수공무방해치상죄(제144조 제2항), 교통방해치상죄(제188조), 중상해죄(제258조)[38]등이 이에 해당한다. 기본범죄에 대해서는 고의와 중한 결과에 대해서는 과실뿐만 아니라 고의도 결합된 경우이다.

본죄 제2항을 진정 결과적가중범으로 해석하게 되면 이 사건 제1항의 죄를 범하여 고의로 상해의 결과를 발생시킨 때에는 제2항을 적용할 수 없게 된다.

---

38) 종래에는 강간치상죄(제301조)를 부진정 결과적가중범으로 이해하였으나, 현행 형법은 중한 결과에 대하여 고의가 있는 경우를 강간상해죄(제301조)와 강간살인죄(제301조의2)로 구성요건을 신설하였으므로 강간치사상죄는 진정 결과적가중범으로 보는 것이 타당하다.

이때에는 제1항과 상해죄의 경합범으로 처리하고 그 경우 형이 더 무거운 상해죄에 정한 형에 경합범 가중하여 10년 6월 이하의 형에 처하게 된다. 이는 과실로 제2항의 범행을 저지른 경우보다 형벌이 가벼워 부당하므로 제2항을 부진정 결과적가중범으로 해석하는 것이 타당하다.[39]

2. '사람'의 범위

제2항은 제1항의 죄를 범하여 '사람'을 상해나 사망에 이르게 한 경우이다. 운전자를 폭행함으로써 자동차가 보행하던 행인이나 동승한 다른 탑승객을 상해나 사망에 이르게 한 경우가 전형적인 예이다. 여기에서 '사람'의 범위에 운전자를 포함시킬 수 있는지 문제된다. 예를 들면 행위자가 운전자를 폭행하였으나 다른 사람에게는 상해의 결과가 발생하지 않고 오로지 운전자에 대해서만 상해를 입힌 경우에도 본죄에 포섭될 수 있는지 문제된다.

생각건대 본죄의 보호법익에 대하여 오로지 교통의 안전이나 다른 교통관여자의 생명이나 신체보호에 둔다면 본죄의 사람에 운전자는 포함되지 않는 것으로 보는 것이 타당할 것이다. 하지만 살펴본바와 같이 본죄의 보호법익은 교통의 안전뿐만 아니라 운전자의 생명·신체도 포함되는 것으로 보는 것이 타당하다. 또한 본죄의 사람의 범위에 운전자를 제외해야 할 합리적인 근거는 찾기 어렵다. 따라서 본죄의 사람에는 제3자뿐만 아니라 운전자도 포함되는 것으로 해석하는 것이 합리적이다.

3. 대법원 판례

원심법원은 제2항의 성립을 검토함에 있어서 '운행 중인 자동차의 운전자에 대한 폭행·협박의 행사로 인하여 교통사고 등 교통안전 및 시민의 안전에 직접적이고 구체적인 위험이 발생하고 이를 통해 사람의 사상이라는 결과가 발생한 경우'에 한정하여 적용된다고 하였다. 원심은 폭행 등으로 인하여 교통사고 발생 등과 같은 구체적 위험을 초래하는 중간 매개원인이 유발되고 그 결과 불

39) 김영훈, 앞의 논문, 523면.

특정 다중에게 상해나 사망의 결과를 발생시킨 경우에만 적용된다고 본 것이다. 하지만 대법원은 제2항을 결과적가중범으로 보면서 운전자를 폭행하거나 협박하여 운전자나 승객 또는 보행자 등을 상해나 사망에 이르게 하였다면 본죄가 성립한다고 판시하면서 원심법원의 제한적 해석을 인정하지 않았다.

Ⅵ. 결 론

특정범죄가중법의 운전자폭행죄는 교통질서를 확립하고 시민의 안전을 도모하려는 입법목적을 가지고 있다. 2007년에 신설된 본죄는 입법적 정당성을 가지고 있지만 몇 가지 문제점을 가지고 있다. 첫째, 본죄의 보호법익과 법적 성격이 무엇인가라는 것이다. 본죄의 보호법익을 어떻게 보느냐에 따라 처벌범위가 달라지기 때문이다. 보호법익을 공공의 안전이라고 볼 경우에는 공중의 위험이 발생할 가능성이 없는 경우는 본죄가 성립하지 않지만, 보호법익을 운전자의 신체인 개인적 법익이라고 볼 경우에는 단순히 운전자에 대한 폭행·협박만 있으면 본죄가 성립하기 때문이다. 판례는 본죄의 보호법익을 공공의 안전이라고 한다. 그렇다면 법리적으로 운전자에 대한 폭행·협박이 있었다고 하더라도 공공의 위험이 발생하지 않는다면 본죄의 성립을 부정하는 것이 타당하다. 그럼에도 불구하고 판례는 단순히 운전자에 대한 폭행·협박이 있으면 본죄의 성립을 인정하고 있다. 이러한 법리구성이 가능한 것은 추상적 위험범으로 보기 때문이다.

하지만 본죄는 목적론적 관점에서 제한적 해석을 할 필요가 있다. 법정형이 형법상 폭행·협박죄보다 상당히 가중되어 있으며, 입법취지는 교통질서 등 공공의 안전이며, 폭행·협박개념이 상대적으로 광범위하기 때문이다. 예를 들면 운전자에 대하여 어깨를 가볍게 치는 경우 자동차의 운행에 전혀 장애가 없음에도 불구하고 본죄의 성립을 인정하는 것은 타당하지 않다.

또한 운행 개념은 자동차손해배상보장법의 운행개념과는 다르게 보아야 하며 도로교통법에서 정한 운전 개념으로 보는 것이 타당하다. 차량을 일시 정차한 경우에는 운행 중에 해당할 수 있지만 주차한 경우에는 원칙적으로 운전으로 볼 수 없으며, 차량을 주차한 상태에서 폭행·협박이 있었다고 하더라도 공공의 위험이 발생할 가능성이 없기 때문에 운행 중에 해당하지 않는 것으로 해석하는 것이 형법의 엄격해석의 원칙에도 부합한다.

본죄의 보호객체인 자동차에 대한 해석상 도로교통법의 자동차를 의미한다고 해석할 수 밖에 없지만 본죄의 입법취지에 따라 여객자동차운수사업법에 따라 여객운수사업을 위한 승용자동차와 승합자동차로 개정하는 것이 바람직하다.

참고문헌

■ 단행본

박상기 · 전지연 · 한상훈, 형사특별법, 집현재, 2013.
이주원, 특별형법, 홍문사, 2011.
전지연, 형사특별법정비방안(3) 특정범죄가중처벌등에관한법률, 한국형사정책연구원, 2008.
최호진, 형법총론강의, 준커뮤니케이션즈, 2016.

■ 논 문

김성규, "추상적 위험범의 가벌성에 관한 해석론", 한양대 법학논총(제32집 제2호), 한양대학교 법학연구소, 2015.
김영훈, "특정범죄 가중처벌 등에 관한 법률 제5조의10 제2항의 적용범위", 대법원판례해설(104호), 법원도서관, 2015년 상반기.
김태명, "위험범의 문제점과 제한적 해석 · 적용", 동아법학(제51호), 동아대 법학연구소, 2011. 5.
김혜경, "개인적 법익의 추상적 위험범적 해석의 타당성", 형사정책(제22권 제2호), 한국형사정책연구원, 2010.12.
이광범, "화물화차작업중 화물고정용 밧줄에 오토바이가 걸려 넘어진 경우, 자동차손해배상보장법 제3조에서 말하는 '자동차의 운행으로 말미암은' 사고에 해당하는지 여부", 대법원판례해설, 법원도서관, 1996년 상반기.
이용식, "위험사회에서의 법익보호와 적극적 일반예방", 형사정책(제13권 제1호), 한국형사정책학회, 2001.
이충상, "도로교통법의 운전에 해당하기 위한 요건 및 자동차손해배상보장법의 운행과의 차이", 법조(통권 제523권), 법조협회, 2000. 4.
허일태, "형사특별법의 형법 편입방향", 형법개정 및 양별규정 개선 공청회 자료집, 2008.

16

교통사고처리 특례법에서 교통사고의 의미와 운전자의 범위*

최 석 윤**

Ⅰ. 시작하는 말

대상판례의 판결요지에서 밝히고 있는 바와 같이, 교통사고처리 특례법[이하 '특례법'이라 한다] 제1조는 "업무상과실 또는 중대한 과실로 교통사고를 일으킨 운전자에 관한 형사처벌 등의 특례를 정함으로써 교통사고로 인한 피해의 신속한 회복을 촉진하고 국민생활의 편익을 증진함을 목적으로 한다."고 규정하고 있다. 그리고 특례법 제4조 제1항 본문은 차의 교통으로 업무상과실치상죄 등을 범하였을 때 "교통사고를 일으킨 차가 특례법 제4조 제1항에서 정한 보험 또는 공제에 가입된 경우에는 그 차의 운전자에 대하여 공소를 제기할 수 없다."고 규정하고 있다. 따라서 특례법 제4조 제1항 본문은 차의 운전자에 대한

* 이 논문은 제196회 영남형사판례연구회(2017.10.16.)에서 발표되고, 비교형사법연구 제19권 제3호(2017)에 게재되었음.
** 한국해양대학교 교수, 법학박사.

공소제기의 조건을 정한 것이다. 그리고 특례법 제2조 제2호는 '교통사고'란 차의 교통으로 인하여 사람을 사상하거나 물건을 손괴하는 것을 말한다고 규정하고 있는데, 여기서 '차의 교통'은 차량을 운전하는 행위 및 그와 동일하게 평가할 수 있을 정도로 밀접하게 관련된 행위를 모두 포함한다.

이와 관련하여 트럭의 운전자(피고인 2)와 그 트럭에 오리를 상차하던 작업팀장(피고인 1)의 과실로 오리케이지가 떨어져 피해자에게 상해를 입힌 사건에 대해 검사는 피고인 1과 피고인 2를 업무상과실치상죄(형법 제268조)의 공동정범으로 기소하였다.[1] 그러나 제1심법원은 "공소제기의 절차가 법률의 규정에 위반하여 무효인 때에 해당하므로 형사소송법 제327조 제2호에 따라 피고인들에 대한 공소를 기각한다."고 판결하였다. 왜냐하면 제1심법원은 "피고인 1은 피고인 2와 '공동하여' '교통사고로 인하여' 형법 제268조의 죄를 범하였으므로 공소사실은 특례법 제3조 제1항, 형법 제268조와 제30조에 해당하는 죄로서 특례법 제4조 제1항에 의하여 '교통사고를 일으킨 차'가 특례법 제4조 제1항에서 정한 보험에 가입된 경우 공소를 제기할 수 없는데도 검사가 공소를 제기하였다."고 판단하였기 때문이다. 이에 대해 검사는 "피해자가 상해를 입을 때 트럭은 정차하여 어떤 움직임도 없었고 오리를 상차하기로 한 상태에서 이를 준비

1) 이해를 돕기 위해 사실관계를 좀 더 자세히 소개하자면 다음과 같다. 피고인 김○○는 전북 ○○사○○○○ 4.5톤 현대 메가트럭의 운전업무에 종사하는 사람이고, 피고인 서○○은 주식회사 ■■의 작업팀장으로 오리의 상하차 업무를 담당하는 사람이다. 피고인들은 작업인부 5명과 함께 2015. 5. 12. 04:15경 전남 ○○군 ○○면 ○○로 ○○－○○에 있는 피해자 김▲▲가 운영하는 ○○농장 내 공터에서 피해자가 사육한 오리를 위 트럭 적재함의 오리케이지에 상차하는 작업을 하게 되었다. 그곳은 경사진 공터이었으므로, 트럭을 정차하고 오리의 상차 작업을 진행함에 있어서는 오리케이지를 고정하는 줄을 제대로 고정하고, 오리케이지가 넘어지는 경우를 대비하여 주변에 사람이 가까이 오지 않도록 하는 등 안전하게 작업을 진행하여야 할 업무상 주의의무가 있었다. 피고인 김○○는 오리농장 축사 5동 앞에서 위 트럭 적재함에 고박된 케이지에 오리를 상차한 후 다시 추가로 오리를 상차하기 위하여 차량을 축사 4동 앞으로 10m 정도 이동하여 경사진 곳에 정차함으로써 오리케이지가 기울어지게 한 상태에서 아직 차량의 시동을 끄지 아니한 채 운전석에 앉아 있었는데, 피고인 서○○은 트럭이 경사진 곳에 정차하였음에도 트럭을 안전한 장소로 이동하게 하거나 오리케이지를 고정하는 줄이 풀어지지 않도록 필요한 조치를 하지 아니한 채 오리 상차 작업을 진행하게 하였다. 피고인들은 공동하여 위와 같은 업무상 과실로 차량의 좌우가 경사진 곳에 정차한 것이 원인이 되어 오리케이지를 고정하는 줄이 하중을 이기지 못하고 풀어지면서 정차 후 10초 정도 후에 오리가 떨어졌고 1~2분 내에 트럭 왼쪽에서 오리를 수거하고 있던 피해자의 하반신 위로 오리케이지를 떨어지게 하여 피해자에게 약 8주간의 치료가 필요한 다발성 갈비뼈 골절 등의 상해를 입게 하였다.

하는 과정에서 케이지가 넘어진 것이므로 이는 '차가 사람이나 물건의 이동 또는 운송을 하는 상태'라고 보기 어려운 만큼 특례법 소정의 교통사고에 해당하지 아니한다."는 이유로 항소하였다. 그러나 항소심법원은 제1심법원과 마찬가지로 "교통사고로 보는 것이 타당하다."는 취지로 판단하여 검사의 항소이유를 받아들이지 않고 기각하였다. 그런데 대법원은 트럭의 운전자인 피고인 2에 대해서만 "교통사고에 해당한다."고 보아 제1심법원과 항소심법원의 결론을 유지하면서 검사의 상고를 기각하였다. 대법원은 피고인 1에 대해서는 "트럭을 운전하지도 않았을 뿐만 아니라 피고인 2와 소속이 다른 회사의 작업팀장으로서 담당업무 및 그에 따른 주의의무와 과실의 내용이 피고인 2의 경우와 달라 특례법이 적용되는 운전자라 할 수 없고 형법 제268조에서 정한 업무상과실치상의 죄책을 진다."고 판단하여 원심판결 및 제1심판결을 파기하고 사건을 광주지방법원 목포지원에 환송하였다.

요컨대 검사는 "트럭이 정차상태에 있었고 오리를 상차하기 위해 준비하는 과정에서 발생한 사건은 특례법의 교통사고에 해당하지 않기 때문에 피고인들은 형법 제268조 업무상과실치상죄의 공동정범에 해당한다."고 주장하였다. 그에 반해 제1심법원과 항소심법원은 "피고인들이 공동하여 야기한 업무상과실치상죄는 교통사고에 해당하기 때문에 특례법 제4조 제1항에 따라 공소를 제기할 수 없다."고 판단하였다. 그런데 대법원은 "피고인 2에 대해서는 교통사고에 해당한다."고 보아 원심판결과 제1심판결을 유지하였지만, "피고인 1에 대해서는 특례법이 적용되는 운전자라 할 수 없기 때문에 형법 제268조 업무상과실치상죄가 성립한다."는 것이다. 따라서 대상판례에서 쟁점은 특례법에서 '교통사고의 의미'와 '운전자의 범위'라고 할 수 있기 때문에, 여기서는 교통사고와 운전자(Ⅱ)에 관해 간략히 살펴보고 대상판례에 대한 평석(Ⅲ)을 시도하고자 한다.

Ⅱ. 교통사고와 운전자

검사의 항소이유와 상고이유에서 쟁점은 특례법에서 교통사고의 의미에 관한 것이라고 할 수 있다. 그리고 제1심판결 및 항소심판결과 대법원판결에서 쟁점은 특례법에서 운전자의 범위에 관한 것이라고 할 수 있다.

1. 교통사고의 의미

대상판례는 "특례법 제2조 제2호는 '교통사고'란 차의 교통으로 인하여 사람을 사상하거나 물건을 손괴하는 것을 말한다고 규정하고 있는데, 여기서 '차의 교통'은 차량을 운전하는 행위 및 그와 동일하게 평가할 수 있을 정도로 밀접하게 관련된 행위를 모두 포함한다."고 하였다.

이와 같은 특례법의 교통사고는 도로교통법 제54조 제1항의 교통사고와 외형상으로 유사하며, '차의 교통'으로 인한 사고일 것과 피해의 내용이 인적 피해 또는 물적 피해를 포함한다는 점에서도 동일하다.[2] 그러나 내용상으로는 전자가 후자와 달리 '도로'상 사고에 국한되지 않는다는 점에서 차이가 있다.[3] 이것은 특례법의 입법목적이 도로교통법과 다른 것에서 연유한다. 즉, '도로에서 안전하고 원활한 교통을 확보함'을 목적으로 하는 도로교통법과 달리, 특례법은 교통사고로 인한 '피해의 신속한 회복을 촉진하고 국민생활의 편익을 증진함'을 목적으로 한다.[4] 이러한 특례법의 입법목적에 비추어볼 때, 사고가 교통에 이용되는 장소에서 발생한 것인 한, 그 장소를 엄격한 의미에서 도로교통법상 도로

---

2) 특례법 제2조 제2호는 '차의 교통으로'라고 규정하고 있는 반면에 도로교통법 제54조 제1항은 '차의 운전 등 교통으로'라고 규정하여 표현상 차이가 있지만, 차의 운전은 차의 교통에 대한 대표적 예시에 해당하기 때문에 내용상 동일한 것으로 볼 수 있다. 참조판례인 대법원 2016. 11. 24. 선고 2016도12407 판결도 "'운전'과 '차의 교통'의 해석에 관한 법리는 '차의 운전 등 교통으로 인하여' 사람을 사상하거나 물건을 손괴한 경우 운전자 등이 취하여야 할 조치에 관한 의무를 규정한 도로교통법 제54조 제1항에서의 '차의 운전 등 교통'의 해석에 관하여도 마찬가지로 적용된다."는 입장이다.

3) 도로교통법의 교통사고에 대한 자세한 내용에 대해서는 예컨대 문채규, "교통사고 관련 형사법규들의 체계적 해석", 전북대학교 법학연구, 통권 제33집, 2011, 122면 이하 참조.

4) 이와 같은 특례법에 대해 형벌에서 벗어날 수 있다는 해방감을 조장하여 사고가 급증하고 인명을 가볍게 여기고 교통질서의식을 저하시킨다는 비판이 있을 뿐만 아니라 과실범처벌규정과 불균형 등 형법이론적 측면에서 문제가 있기 때문에 개선 내지 폐지되어야 한다는 주장도 있다. 예컨대 박미숙, "교통사고처리특례법의 문제점과 개선방향", 형사정책연구 제15권 제3호(통권 제59호), 2004, 242면이하; 박상민, "교통사고와 형법", 비교형사법연구, 제19권 제1호, 2017, 87면; 손기식, "교통형법의 체계정립을 위한 시론", 법조 제35권 제5호, 1986, 38면 이하; 정광정, "교통사고처리특례법에 나타난 문제점", 오선주교수정년기념논문집, 2001, 671면 이하; 정신교, "교통사고처리특례법의 개선방안에 대한 검토", 치안정책연구 제22호, 2008, 12면 이하 참조.

에 한정해야 할 합리적인 이유가 없다.[5] 왜냐하면 교통사고에 의한 업무상과실치상죄에 대해 반의사불벌죄로 처리하거나 보험에 가입한 경우 공소를 제기하지 못하도록 처리하는 것은 '피해의 신속한 회복을 촉진하고 국민생활의 편익을 증진'하기 위한 특례이며, 그러한 특례를 도로상 교통사고에 대해서만 적용하고 도로 외의 교통사고에 대해서는 적용하지 않는 것은 특례법의 입법목적에 반하기 때문이다.

그런데 특례법의 교통사고를 좀 더 명확히 이해하기 위해서는 먼저 '차'의 의미와 '차량을 운전하는 행위' 및 '차량을 운전하는 행위와 동일하게 평가할 수 있을 정도로 밀접하게 관련된 행위'의 의미를 분명하게 파악할 필요가 있는 것으로 보인다.

첫째, 도로교통법 제2조 제17호 가목에 따르면 '차'는 자동차, 건설기계, 원동기장치자전거, 자전거, 사람 또는 가축의 힘이나 그 밖의 동력으로 도로에서 운전되는 것을 말하며, 다만 철길이나 가설된 선을 이용하여 운전되는 것이나 유모차와 행정안전부령으로 정하는 보행보조용 의자차는 제외된다. 그리고 도로교통법 제2조 제18호에 따르면 '자동차'는 철길이나 가설된 선을 이용하지 아니하고 원동기를 사용하여 운전되는 차(견인되는 자동차도 자동차의 일부로 본다)로서 원동기장치자전거를 제외한 자동차관리법 제3조에 따른 승용자동차, 승합자동차, 화물자동차, 특수자동차, 이륜자동차 또는 건설기계관리법 제26조 제1항 단서에 따른 건설기계를 의미한다. 따라서 대상판례에서 사고차량이 화물자동차이기 때문에 '차' 내지 '자동차'에 해당한다는 점에서는 의문의 여지가 없다.

둘째, 도로교통법 제2조 제26호에 따르면 '운전'이란 도로(제44조 · 제45조 · 제54조 제1항 · 제148조 및 제148조의2의 경우에는 도로 외의 곳을 포함한다)에서 차마를 그 본래의 사용방법에 따라 사용하는 것(조종을 포함한다)을 말한다. 그런데 특례법의 교통사고는 도로상 사고에 국한되지 않기 때문에 '운전'도 도로상 운전에 국한되지 않는다. 그러므로 '차량을 운전하는 행위'는 도로뿐만 아니라 교통에 이용되는 도로 이외의 장소에서 차량을 그 본래의 사용방법에 따라 사용

5) 예컨대 문채규, 앞의 논문, 125면; 박동률, "교통사고처리 특례법상의 '교통'의 의미와 그 범위", 경북대학교 법학논고, 제34집, 2010, 180면; 정신교, 앞의 논문, 3면.

내지 조종하는 것을 의미한다. 이와 관련하여 대법원은 "도로교통법상 '운전'은 '그 본래의 사용방법에 따라 사용하는 것'이기 때문에 주관적으로 자동차의 원동기를 사용하는 고의의 운전행위여야 하고, 객관적으로[6] 엔진을 시동시켰다는 것만으로 부족하고 이른바 발진조작의 완료를 요하며 또한 그로써 족하다."는 입장이다.[7] 따라서 대법원은 "내리막길에 주차되어 있는 자동차의 핸드 브레이크를 풀어 타력주행을 하는 행위는 도로교통법상의 운전에 해당하지 아니한다(다만 통상의 운전 중에 내리막길에 이르러 원동기를 일시적으로 정지하여 타력으로 주행시키는 것은 별론으로 한다)."라고 하여 타력주행은 원칙적으로 운전에서 제외하고 있다.[8] 그리고 대법원은 "자동차운전은 자동차의 원동기를 사용하는 고의의 운전행위로서, 엔진의 시동뿐만 아니라 발진조작의 완료까지 요하는 것이므로, 이는 주행 상태가 아닌 주행의 전후 단계로서 주·정차 상태에서 각종 부수적인 장치를 사용하는 것도 포함하는 자동차손해배상 보장법상 '운행'[9]의 개념보다는 좁은 개념으로 해석되고 있다."라고 하여 '운전'과 '운행'을 구분하고 있다.[10]

이러한 의미의 '운전'은 '주행 상태와 관련된 것'으로서 도로교통법 제2조 제28호 내지 제30호에 규정된 '서행',[11] '앞지르기',[12] 그리고 '일시정지'[13]뿐만 아

6) 운전의 객관적 요건 내지 운전의 착수시기와 관련하여 원동기시동설, 발진설 내지 차체이동설, 발진조작완료설 등이 있는데, 우리나라 대법원과 일본 최고재판소는 발진조작완료설을 취하고 있다. 자세한 내용은 예컨대 박동률, 앞의 논문, 163면 참조.

7) 대법원 1999. 11. 12. 선고 98다30834 판결; 대법원 2004. 4. 23. 선고 2004도1109 판결; 대법원 2009. 5. 28. 선고 2009다9294 판결.

8) 대법원 1999. 11. 12. 선고 98다30834 판결.

9) 대법원은 "자동차의 운행으로 인한 손해배상을 보장하는 자동차보험에 관하여 규정하고 있는 자동차손해배상 보장법에서 말하는 자동차의 '운행'이라 함은 사람 또는 화물의 운송 여부에 관계없이 자동차를 그 용법에 따라 사용하거나 관리하는 것을 말하는데(제2조 제2호), 이때 '자동차를 그 용법에 따라 사용한다는 것'은 자동차의 용도에 따라 그 구조상 설비되어 있는 각종의 장치를 각각의 장치목적에 따라 사용하는 것을 말하는 것으로서, 자동차가 주행 상태에 있지 아니한 상태에서 각종 부수적인 장치를 사용하는 것도 이에 포함되고, 또한 자동차의 당해 장치의 용법에 따른 사용 이외에 그 사고의 다른 직접적인 원인이 존재하거나 그 용법에 따른 사용의 도중에 일시적으로 본래의 용법 이외의 용도로 사용한 경우에도 전체적으로 위 용법에 따른 사용이 사고발생의 원인이 된 것으로 평가될 수 있다면 역시 이에 포함된다."는 입장이다. 자세한 내용은 대법원 2004. 7. 9. 선고 2004다20340, 20357 판결; 대법원 2005. 3. 25. 선고 2004다71232 판결; 대법원 2009. 5. 28. 선고 2009다9294 판결 참조.

10) 대법원 1999. 11. 12. 선고 98다30834 판결; 대법원 2004. 4. 23. 선고 2004도1109 판결; 대법원 2009. 5. 28. 선고 2009다9294 판결.

니라 제24호와 제25호에 규정된 '주차'[14]와 '정차'[15]도 포함하는 것으로 볼 수 있다. 이와 같이 이해할 경우에는 '차량을 운전하는 행위'는 '서행', '앞지르기', '일시정지', '주차', '정차' 등을 모두 포함하고, '차량을 운전하는 행위와 동일하게 평가할 수 있을 정도로 밀접하게 관련된 행위'는 주정차하는 행위가 종료된 이후의 정지 상태로서 '주정차'와 관련된 것으로 구별할 수 있다. 따라서 '차량을 운전하는 행위'와 관련된 교통사고는 비교적 명확하게 파악될 수 있으며, 논란의 여지도 거의 없을 것으로 보인다. 그러나 '차량을 운전하는 행위와 동일하게 평가할 수 있을 정도로 밀접하게 관련된 행위'는 명확하게 파악될 수 없으며, 이와 관련된 교통사고에 대해서도 논란의 여지가 있는 것으로 보인다. 그런데 대법원은 불법적이거나 불량한 주정차가 사고의 원인이 되거나 주정차 후 주정차와 관련된 부주의가 사고의 원인이 된 경우만 '차량을 운전하는 행위와 동일하게 평가할 수 있을 정도로 밀접하게 관련된 행위'로 파악하여 교통사고에 포함시키는 것으로 보인다. 예컨대 대법원은 불법주차가 사고의 원인이 된 경우,[16] 경사진 곳에 정차한 것이 사고의 원인이 된 경우,[17] 도로변에 자동차를 주차한 후 운전석 문을 열다가 후방에서 진행하여 오던 자전거의 핸들 부분을 충격하여 상해를 입힌 경우[18] 등에 대해서는 특례법의 교통사고로 인정하고 있

11) 도로교통법 제2조 제28호에 따르면 '서행'이란 운전자가 차를 즉시 정지시킬 수 있는 정도의 느린 속도로 진행하는 것을 말한다.

12) 도로교통법 제2조 제29호에 따르면 '앞지르기'란 차의 운전자가 앞서가는 다른 차의 옆을 지나서 그 차의 앞으로 나가는 것을 말한다.

13) 도로교통법 제2조 제30호에 따르면 '일시정지'란 차의 운전자가 그 차의 바퀴를 일시적으로 완전히 정지시키는 것을 말한다.

14) 도로교통법 제2조 제24호에 따르면 '주차'란 운전자가 승객을 기다리거나 화물을 싣거나 차가 고장 나거나 그 밖의 사유로 차를 계속 정지 상태에 두는 것 또는 운전자가 차에서 떠나서 즉시 그 차를 운전할 수 없는 상태에 두는 것을 말한다.

15) 도로교통법 제2조 제25호에 따르면 '정차'란 운전자가 5분을 초과하지 아니하고 차를 정지시키는 것으로서 주차 외의 정지 상태를 말한다.

16) 참조판례인 대법원 2007. 1. 11. 선고 2006도7272 판결은 대상판례와 마찬가지로 '교통사고'의 개념을 정의하면서, 트랙터(추레라)를 운전하여 가던 피고인이 피곤하고 잠이 온다는 이유로 편도 2차로의 도로에서 2차로의 대부분을 차지하고 '불법주차한 채 아무런 안전조치 없이' 운전석 뒤 칸에서 잠을 자고 있던 잘못으로 통닭 배달을 다녀오던 피해자 운전의 50cc 오토바이 앞 타이어 부분을 피고인 차량 뒤 적재함 부분에 추돌케 하여 피해자로 하여금 경골상단골절 등으로 약 10주간의 치료를 요하는 상해를 입게 하였다는 공소사실에 대하여 "교통사고특례법상의 교통사고로 인하여 업무상과실치상죄를 범한 경우에 해당한다."고 판시하였다.

17) 대상판례인 대법원 2017. 5. 31. 선고 2016도21034 판결.

다. 그에 반해서 대법원은 화물차를 주차하고 적재함에 적재된 토마토 상자를 운반하던 중 적재된 상자 일부가 떨어지면서 지나가던 피해자에게 상해를 입힌 경우,[19] 피고인의 처가 피고인을 조수석에 태우고 승용차를 운전하여 고속도로를 진행하다가 갓길에 정차하고 승용차에서 내린 다음 17분 후 피고인이 휴대폰을 찾으려고 움직이는 과정에서 승용차가 좌측 1차로 방향으로 후진하여 마침 1차로에서 진행하던 피해차량의 전면을 충격한 경우[20] 등에 대해서는 특례법의 교통사고로 인정하지 않는다.

요컨대 특례법의 교통사고는 도로를 포함한 교통에 이용되는 장소에서 차량을 운전하는 행위 및 그와 동일하게 평가할 수 있을 정도로 밀접하게 관련된 행위로 인하여 사람을 사상하거나 물건을 손괴하는 것을 의미한다. 따라서 특례법의 교통사고는 원칙적으로 사람 또는 물건의 이동이나 운송을 전제로 하지만,[21] 주행상태의 사고뿐만 아니라 불법적이거나 불량한 주정차가 사고의 원인이 되거나 주정차 후 주정차와 관련된 부주의가 사고의 원인이 된 경우에는 주정차 후 정지상태의 사고도 포함한다.

2. 운전자

특례법은 '교통사고'에 대해서는 명시적으로 개념을 정의하고 있는 반면, '운전자'라는 용어를 사용하고 있기는 하지만 그것의 개념을 명시적으로 정의하지 않고 있다. 이러한 사정은 도로교통법에서도 마찬가지이다. 그리고 사전적 의미

---

18) 대법원 2010. 4. 29. 선고 2010도1920 판결.

19) 대법원은 사고가 화물차를 피고인의 가게 입구 앞 노상에 주차하고 하역작업을 시작한 후 약 1시간이 지나서야 발생한 점, 사고 발생 당시 화물차의 운전석은 비어 있었고 시동이 꺼져 있었으며 차의 열쇠는 다른 사람이 가지고 있었던 점 등에 비추어 특례법의 교통사고에 해당하지 않는다고 판단하였다. 자세한 내용은 대법원 2009. 7. 9. 선고 2009도2390 판결 참조.

20) 참조판례인 대법원 2016. 11. 24. 선고 2016도12407 판결은 대상판례와 마찬가지로 '교통사고'의 개념을 정의하면서, 운전은 고의의 운전행위만을 의미하고 자동차 안에 있는 사람의 의지나 관여 없이 자동차가 움직인 경우에는 운전에 해당하지 않기 때문에, 피고인의 처가 승용차에서 내린 다음 사이드브레이크가 걸린 상태에서 승용차가 정지하여 있다가 피고인이 휴대폰을 찾으려고 움직이는 과정에서 사이드브레이크가 풀려 승용차가 후진하게 된 것은 "도로교통법 제54조 제1항에 규정된 '차의 운전 등 교통'에 해당한다고 보기 어렵다."고 판시하였다.

21) 대법원 2009. 7. 9. 선고 2009도2390 판결.

에서 운전자는 자동차를 운전하는 사람을 의미한다. 그러므로 특례법과 도로교통법에서 운전자는 차의 운전석에 앉아서 운전하는 사람을 의미한다고 보는 것이 일반적이다. 그런데 자동차를 직접 주행한 사람이 특례법의 운전자임에는 의문의 여지가 없으나, 자동차를 직접 주행하지 아니한 사람이라도 운전자가 될 수 있다는 견해도 있다.[22] 그러나 자동차를 직접 주행하지 아니한 사람이라도 특례법의 운전자가 될 수 있는 사례로 운전자가 차량열쇠를 잘못 관리한 경우나[23] 운전자가 다른 차량의 사고원인을 야기한 경우를[24] 들고 있는 것으로 보아 여기서도 여전히 운전자는 차의 운전석에 앉아서 운전하는 사람을 의미한다. 그런데 대법원은 특례법 제3조 제1항의 운전자가 아닌 사람에 대하여 일정한 요건 하에 과실범의 공동정범을 인정할 수 있는 가능성을 열어두고 있는 것으로 보인다.[25] 그리고 대법원은 운전자가 아닌 동승자에 대하여 특정범죄 가중처벌 등에 관한 법률 제5조의3(도주차량 운전자의 가중처벌) 위반죄의 공동정범으로 처벌할 수 있는 가능성을 열어두고 있다.[26] 그러나 운전자가 아닌 동승자 등이

22) 예컨대 박동률, 앞의 논문, 180면.

23) 운전자가 차를 세워 시동을 끄고 1단 기어가 들어가 있는 상태에서 시동열쇠를 끼워놓은 채 11세 남짓한 어린이를 조수석에 남겨두고 차에서 내려온 동안 그 어린이가 시동을 걸고 가속기 페달을 밟아 차량이 진행하여 발생한 사고는 특례법의 교통사고에 해당한다고 보고 있다. 박동률, 앞의 논문, 180면.

24) 자동차를 운전하던 중 갑자기 옆 차로로 진입하여 옆 차로에서 주행하던 자동차가 충돌을 피하려고 중앙선을 넘어서 마주오던 자동차와 충돌하여 발생한 사고는 특례법의 교통사고에 해당한다고 보고 있다. 박동률, 앞의 논문, 181면.

25) 대법원 1984. 3. 13. 선고 82도3136 판결은 "피고인이 운전자의 부탁으로 차량의 조수석에 동승한 후, 운전자의 차량운전행위를 살펴보고 잘못된 점이 있으면 이를 지적하여 교정해 주려했던 것에 그치고 전문적인 운전교습자가 피교습자에 대하여 차량운행에 관해 모든 지시를 하는 경우와 같이 주도적 지위에서 동 차량을 운행할 의도가 있었다거나 실제로 그 같은 운행을 하였다고 보기 어렵다면 그 같은 운행 중에 야기된 사고에 대하여 과실범의 공동정범의 책임을 물을 수 없다."고 하였다. 따라서 전문적인 운전교습자와 같이 주도적 지위에서 차량을 운행할 의도가 있었다거나 그 같은 운행을 하였다면 운전자가 아니더라도 운전자와 함께 과실범의 공동정범의 책임을 물을 수 있다는 것이 대법원의 입장이라고 할 수 있다.

26) 대법원 2007. 7. 26. 선고 2007도2919 판결은 "운전자가 아닌 동승자가 교통사고 후 운전자와 공모하여 운전자의 도주행위에 가담하였다 하더라도, 동승자에게 과실범의 공동정범의 책임을 물을 수 있는 특별한 경우가 아닌 한, 특정범죄 가중처벌 등에 관한 법률위반(도주차량)죄의 공동정범으로 처벌할 수는 없다."고 하였다. 따라서 동승자에게 과실범의 공동정범의 책임을 물을 수 있는 특별한 경우에는 운전자가 아닌 동승자가 교통사고 후 운전자와 공모하여 운전자의 도주행위에 가담하였다면 특정범죄 가중처벌 등에 관한 법률위반(도주차량)죄의 공동정범으로 처벌할 수 있다는 것이 대법원의 입장이라고 할 수 있다. 그리고 대법원 1984. 3. 13. 선고 82도3136 판결은 대법원 2007. 7. 26. 선고 2007도2919 판결의 참조판결이기 때문에 '동승

특례법 제3조 제1항의 운전자와 공동정범의 책임을 지는 경우에도 반드시 제3조 제2항 반의사불벌죄와 제4조 제1항 공소제기불가라는 특례의 대상이 된다는 것은 아니다. 왜냐하면 특례법 제3조 제2항은 차의 교통으로 업무상과실치상 등의 죄를 범한 '운전자'에 대해서만 적용되고, 제4조 제1항은 교통사고를 일으킨 차가 보험 또는 공제에 가입된 경우 차의 '운전자'에 대해서만 적용되기 때문이다. 따라서 운전자가 아닌 동승자 등이 특례법 제3조 제1항의 운전자와 공동정범인[27] 경우에도 제3조 제2항과 제4조 제1항의 '운전자'에 해당할 경우에만 특례의 대상이 될 수 있다.

그에 반해서 자동차손해배상 보장법 제2조 제4호는 "'운전자'란 '다른 사람을 위하여 자동차를 운전하거나 운전을 보조하는 일에 종사하는 자'를 말한다."라고 규정하고 있다. 그러므로 자동차손해배상 보장법에서 운전자는 자동차의 운전석에 앉아서 운전하는 사람뿐만 아니라 운전을 보조하는 일에 종사하는 사람도 포함하기 때문에 특례법의 운전자보다 범위가 넓다. 물론 자동차손해배상 보장법의 입법목적은[28] 특례법과 다르기 때문에 자동차손해배상 보장법의 운전자 개념을 특례법에 직접 적용하는 것은 무리가 있다. 그러나 자동차손해배상 보장법은 자동차사고 내지 교통사고와 관련하여 피해배상, 피해자보호, 사회적 손실방지, 자동차운송의 건전한 발전 등을 목적으로 하고 있다는 점에서 특례법과 매우 밀접한 관련성이 있는 것으로 볼 수 있다. 따라서 특례법에서 자동차손해배상 보장법의 운전자개념을 참고하여 활용하는 것도 전혀 엉뚱한 발상이라고 할 수는 없을 것으로 보인다.

생각건대 문리적 해석을 통해서는 운전자가 아닌 사람을 운전자와 공동정범

자에게 과실범의 공동정범의 책임을 물을 수 있는 특별한 경우'는 '전문적인 운전교습자와 같이 주도적 지위에서 차량을 운행할 의도가 있었다거나 그 같은 운행을 하였던 경우'를 의미하는 것으로 보인다.

27) 공동정범이론에 대한 자세한 내용은 예컨대 김성룡, "존재론적 공동정범표지", 비교형사법연구, 제17권 제2호, 2015, 73면 이하; 류전철, "공동정범의 이론구성에 관한 비교법적 연구", 비교형사법연구, 제18권 제2호, 2016, 230면 이하; 이창섭, "공모공동정범이론 유감", 비교형사법연구, 제9권 제2호, 2007, 337면 이하 참조.

28) 자동차손해배상 보장법 제1조는 "이 법은 자동차의 운행으로 사람이 사망 또는 부상하거나 재물이 멸실 또는 훼손된 경우에 손해배상을 보장하는 제도를 확립하여 피해자를 보호하고, 자동차사고로 인한 사회적 손실을 방지함으로써 자동차운송의 건전한 발전을 촉진함을 목적으로 하고 있다."고 규정하고 있다.

이라고 해서 특례법 제3조 제2항과 제4조 제1항의 '운전자'에 해당한다고 주장할 수는 없는 것으로 보인다. 그런데 논리적 해석 내지 체계적 해석이나 목적론적 해석에 따른다면 운전자는 아니지만 운전자와 공동정범인 사람은 특례법 제3조 제2항과 제4조 제1항의 '운전자'에 해당할 여지가 있다고 주장할 수 있는 것으로 보인다. 왜냐하면 특례법과 매우 밀접한 관련성을 가지고 있는 자동차손해배상 보장법은 운전하는 사람뿐만 아니라 운전을 보조하는 사람도 운전자로 보고 있고, 특례법의 입법목적에 비추어보더라도 운전자의 공동정범도 운전자로 볼 여지가 있기 때문이다. 앞에서 살펴본 바와 같이 특례법은 '교통사고를 일으킨 운전자에 관한 형사처벌 등의 특례'를 정함으로써 '교통사고로 인한 피해의 신속한 회복을 촉진하고 국민생활의 편익을 증진하는 것'을 목적으로 하고 있다. 따라서 교통사고를 일으킨 운전자에 관한 특례를 정하는 것은 수단이고 궁극적인 목적은 신속한 피해회복과 국민생활의 편익증진이라고 할 수 있으며, 목적달성에 적합하다면 그 수단은 상당한 범위에서 폭넓게 투입될 수 있는 것으로 보인다. 이와 같이 자동차손해배상 보장법을 참조하거나 특례법의 입법목적에 따라 운전자는 아니지만 운전자와 공동정범인 사람도 특례법 제3조 제2항과 제4조 제1항의 '운전자'에 해당한다고 해석할 수 있는 것으로 보인다. 특히 이와 같은 해석은 죄형법정주의, 보충성원칙,[29] 비범죄화, 피해자보호 등과 같은 형법의 규범원칙이나 형사정책의 원리에 부합할 뿐만 아니라 일반인의 상식적 판단과 형평성의 고려에도 부합하는 것으로 보인다.

Ⅲ. 대상판례에 대한 평석

앞에서 살펴본 바와 같이 대상판례에서 쟁점은 특례법에서 '교통사고의 의미'와 '운전자의 범위'라고 할 수 있다. 즉 검사는 "피고인들이 공동하여 야기한 업무상과실치상은 특례법의 교통사고에 해당하지 않기 때문에 형법 제268조의 공동정범이다."고 주장한 반면에, 제1심법원과 항소심법원은 "피고인들이 공동하

29) 자세한 내용은 예컨대 박달현, "보충성의 원칙과 친고죄의 본질", 비교형사법연구, 제3권 제1호, 2001, 233면 이하 참조.

여 야기한 업무상과실치상죄는 교통사고에 해당하기 때문에 특례법 제4조 제1항에 따라 공소를 제기할 수 없다."고 판단하였다. 그런데 대법원은 "피고인 2에 대해서는 교통사고에 해당한다."고 보아 원심판결과 제1심판결을 유지하였지만, "피고인 1에 대해서는 특례법이 적용되는 운전자라 할 수 없기 때문에 형법 제268조 업무상과실치상죄가 성립한다."고 판단하였다. 따라서 여기서는 먼저 검사의 항소이유와 상고이유에 대해 간략히 살펴보고, 제1심판결과 항소심법판결을 평석한 다음에 마지막으로 대상판례를 평석하고자 한다.

1. 검사의 항소이유와 상고이유

공소사실과 항소이유 및 상고이유에서 검사의 핵심주장은 "피해자가 상해를 입을 때 트럭은 정차상태에 있었고 오리를 상차하기 위해 준비하는 과정에서 케이지가 넘어진 것이므로 이는 '차가 사람이나 물건의 이동 또는 운송을 하는 상태'라고 보기 어려운 만큼 특례법의 교통사고에 해당하지 않기 때문에 피고인들은 형법 제268조 업무상과실치상죄의 공동정범에 해당한다."는 것이다.[30] 이러한 주장은 차가 주행상태에서 사람을 사상하거나 물건을 손괴하는 경우만 특례법의 교통사고에 해당한다고 보는 견지에서 나온 것으로 보인다.

그러나 앞에서 살펴본 바와 같이 특례법의 교통사고는 도로를 포함한 교통에 이용되는 장소에서 차량을 운전하는 행위 및 그와 동일하게 평가할 수 있을 정도로 밀접하게 관련된 행위로 인하여 사람을 사상하거나 물건을 손괴하는 것을 의미한다. 그리고 피고인 2는 차량의 시동을 아직 끄지 않은 상태에서 차량에 머물러 있었고 이동 후 1~2분 내에 사고가 발생했기 때문에 아직 운전 중

30) 검사는 "'교통'이란 원칙적으로 사람 또는 물건의 이동이나 운송을 전제로 하는 용어인 점 등에 비추어 보면, 교통사고처리 특례법 제2조 제2호에 정한 '교통'은 자동차손해배상 보장법 제2조 제2호에 정한 '운행'보다 제한적으로 해석하여야 한다."고 판시한 대법원 2009. 7. 9. 선고 2009도2390 판결을 참조한 것으로 보인다. 그러나 대법원 2009. 7. 9. 선고 2009도2390 판결은 교통사고를 주행상태의 사고에 국한시킨 것은 아닐 뿐만 아니라, 사고가 주차하고 하역작업을 시작한 후 약 1시간이 지나서야 발생한 점, 사고 발생 당시 화물차의 운전석은 비어 있었고 시동이 꺼져 있었으며 차의 열쇠는 다른 사람이 가지고 있었던 점, 사고의 원인으로 불법주차 내지 불량주차가 문제된 것이 아니었던 점 등에 비추어 특례법의 교통사고로 볼 수 없다고 판단하였기 때문에 대상판례의 사건에 참조하기 어려운 것으로 보인다.

에 있었다거나 정차과정에 있었다고 볼 여지도 있다. 더 나아가 특례법의 교통사고는 원칙적으로 사람 또는 물건의 이동이나 운송을 전제로 하지만, 주행상태의 사고뿐만 아니라 불법적이거나 불량한 주정차가 사고의 원인이 되거나 주정차 후 주정차와 관련된 부주의가 사고의 원인이 된 경우에는 주정차 후 정지상태의 사고도 포함한다.

이와 같은 관점에서 볼 때 검사의 주장은 특례법의 교통사고를 지나치게 좁게 파악한 것으로 보인다. 그리고 대상판례나 참조판례와 같이 주행상태의 사고뿐만 아니라 일정한 경우에 주정차 후 정지상태의 사고도 특례법의 교통사고에 포함되는 것으로 이해하는 것이 특례법의 입법목적에도 부합하는 것으로 보인다.

2. 제1심판결과 항소심판결

제1심법원과 항소심법원은 "피고인들이 공동하여 야기한 업무상과실치상죄는 교통사고에 해당하기 때문에 특례법 제4조 제1항에 따라 공소를 제기할 수 없다."고 판단하였다. 이와 같이 제1심판결과 항소심판결이 경사진 곳에 정차한 불량정차가 원인이 되어 사고가 발생한 것으로 보고 특례법의 교통사고라고 인정한 것은 앞에서 살펴본 판례의 일관된 태도나 특례법의 입법목적에 부합하는 것으로 보인다. 그리고 제1심법원과 항소심법원이 피고인들을 특례법 제3조 제1항의 공동정범으로 인정한 것도 수긍할 만하지만,[31] 명쾌한 논증이 결여된 것은 아쉽다. 특히 "전문적인 운전교습자와 같이 주도적 지위에서 차량을 운행할 의도가 있었다거나 그 같은 운행을 하였다."는 특별한 사정이 있는 경우에 한하여 운전자가 아니더라도 운전자와 함께 특례법 제3조 제1항의 공동정범으로 인정할 수 있다는 것이 대법원의 태도이기 때문에,[32] 운전자가 아닌 사람을 특례법 제3조 제1항의 공동정범으로 인정할 경우에는 면밀한 논증이 필요한 것으로

31) 제1심법원은 "피고인들이 '공동하여', '교통사고로 인하여' 형법 제268조의 죄를 범하였으므로 공소사실은 특례법 제3조 제1항, 형법 제268조와 제30조에 해당한다."고 판단하고 있기 때문에 피고인들을 특례법 제3조 제1항의 공동정범으로 인정한 것으로 볼 수 있다. 그리고 항소심법원도 제1심판결을 그대로 인정하여 검사의 항소를 기각하였기 때문에 피고인들을 특례법 제3조 제1항의 공동정범으로 인정한 것으로 볼 수 있다.

32) 대법원 1984. 3. 13. 선고 82도3136 판결; 대법원 2007. 7. 26. 선고 2007도2919 판결.

보인다. 그리고 특례법 제3조 제1항은 행위주체를 '차의 운전자'로 한정하고 있기 때문에 일종의 신분범으로 볼 수 있으며, 따라서 운전자가 아닌 피고인 1을 특례법 제3조 제1항의 공동정범으로 인정하기 위해서는 형법 제33조를 참조하여야 한다. 그런데 제1심판결과 항소심판결이 참조조문으로 형법 제33조를 기재하지 않은 것은 결정적인 결함이라고 할 수 있다.

더 나아가 제1심법원과 항소심법원이 피고인들을 특례법 제3조 제1항의 공동정범으로 인정하고 특례법 제4조 제1항에 의하여 '교통사고를 일으킨 차'가 특례법 제4조 제1항에서 정한 보험에 가입된 경우 공소를 제기할 수 없는데도 검사가 공소를 제기하였다."고 판단하고 피고인들에 대한 공소를 기각한 것은 납득할 만한 것으로 보인다. 그런데 피고인들이 특례법 제3조 제1항의 공동정범이라 하더라도 제4조 제1항은 교통사고를 일으킨 차가 보험 또는 공제에 가입된 경우 차의 '운전자'에 대해서만 적용되기 때문에 운전자가 아닌 공동정범이 반드시 특례의 대상이 되는 것은 아니다. 따라서 제1심판결과 항소심판결에서 운전을 하지 않은 공동정범도 특례법 제4조 제1항의 운전자에 해당한다는 점에 대한 논증이 결여된 것은 매우 아쉬운 대목이라고 할 수 있다.

3. 대상판례

대법원은 "피고인 2에 대해서는 교통사고에 해당한다."고 보아 원심판결과 제1심판결을 유지하였지만, "피고인 1에 대해서는 특례법이 적용되는 운전자라 할 수 없기 때문에 형법 제268조 업무상과실치상죄가 성립한다."고 판단하였다. 우선 피고인 2에 대해서 특례법의 교통사고에 해당한다고 보고 원심판결과 제1심판결을 유지하면서 검사의 상고를 기각한 것은 판례의 일관된 태도나 특례법의 입법목적에 부합하는 것으로 보인다. 그런데 대법원은 피고인 1에 대해서는 "트럭을 운전하지도 않았을 뿐만 아니라 피고인 2와 소속이 다른 회사의 작업팀장으로서 담당업무 및 그에 따른 주의의무와 과실의 내용이 피고인 2의 경우와 달라 특례법이 적용되는 운전자라 할 수 없고 형법 제268조에서 정한 업무상과실치상의 죄책을 진다."고 판단하였다. 따라서 대법원은 제1심판결이나 항소심판결과 달리 피고인 1은 특례법 제3조 제1항의 공동정범도 아니고, 제4조 제1항의 특례대상자에 해당하지도 않는 것으로 판단하였다. 이와 같은 대법원의 판단에 대해서는 좀 더 자세한 검토가 필요한 것으로 보인다.

첫째, 과실범의 공동정범에 대해 부정설과[33] 긍정설이[34] 대립하고 있지만,[35] 판례는 일관되게 긍정설의 입장을 취하고 있다는 점에 비추어볼 때,[36] 대법원이 피고인 1은 특례법 제3조 제1항의 공동정범이 아니라고 판단한 것은[37] 적절하지 않은 것으로 보인다. 대법원은 피고인 1이 트럭을 운전하지도 않았을 뿐만

---

33) 예컨대 김성돈, 형법총론 제4판, 2015, 522면; 김성천・김형준, 형법총론 제6판, 2014, 510면; 박상기, 형법학, 2013, 268; 배종대, 형법총론 제13판, 2017, 414면; 서거석, "과실의 공동정범", 사법행정, 1991, 19면; 이보영, "과실의 공동정범의 이론", 형사법연구, 제4호, 1991, 99면; 임웅, 형법총론 제7판, 2015, 410면; 전지연, "과실범의 공동정범", 형사법연구, 제13호, 2000, 29면; 정승환, "인식 있는 과실과 과실범의 공동정범", 비교형사법연구, 제11권 제1호, 2009, 406면; 허일태, "과실범의 공동정범에 대한 대법원판례의 변천", 동아법학, 제25호, 1999, 201면.

34) 예컨대 김성룡, "고의론에서 접근한 과실범에 있어서 공동정범", 형사법연구, 제16호, 2001, 149면; 김일수・서보학, 형법총론 제12판, 2014, 609면 이하; 문채규, "과실범의 공동정범에 대한 논증도구로서의 기능적 범행지배표지", 법치국가와 형법, 1998, 381면; 유지영, "과실범의 공동정범", 중앙법학, 제5집 제3호, 2003, 257면; 안성조, "과실범의 공동정범", 형사법연구, 제19권 제3호, 2007, 615면; 이용식, "과실범의 공동정범", 형사판례연구 제7권, 1999, 99면; 정성근・박광민, 형법총론 제2판, 2015, 556면; 정진연, "과실범의 공동정범", 숭실대 법학논총 제8집, 1995, 133면.

35) 과실범의 공동정범에 대해 범죄공동설이나 행위공동설의 관점에서 접근하여 전자의 입장에서는 부정하고 후자의 입장에서는 긍정하는 것이 전통적인 견해라고 할 수 있다. 그런데 최근 들어 공동정범의 본질을 기능적 행위지배로 파악하는 것이 일반적인 경향이며, 이와 같은 기능적 행위지배설의 관점에서도 과실범의 공동정범을 긍정하는 견해와 부정하는 견해가 대립하고 있다. 이러한 견해의 대립은 기능적 행위지배설의 관점에서 과실범의 공동정범을 부정하는 견해는 기능적 행위지배개념을 주관적 요소와 객관적 요소의 합일체로 파악하는 반면, 기능적 행위지배설의 관점에서 과실범의 공동정범을 긍정하는 견해는 기능적 행위지배개념을 순수한 객관적 요소로 파악하는 것에서 비롯된다. 자세한 내용은 예컨대 문채규, 각주 32)의 논문, 360면 이하 참조.

36) 대법원은 과거 범죄공동설에 입각하여 과실범의 공동정범을 부정하다가, 1960년대에 들어서 행위공동설에 근거하여 과실범의 공동정범을 인정하기 시작하여 지금까지 행위공동설 내지 공동행위주체설에 근거하여 이 입장을 유지하고 있다. 예컨대 대법원 1962. 3. 29. 선고 4294형상598 판결; 대법원 1978. 9. 26. 선고 78도2082 판결; 대법원 1979. 8. 21. 선고 79도1249 판결; 대법원 1982. 6. 8. 선고 82도781 판결; 대법원 1994. 3. 22. 선고 94도35 판결; 대법원 1994. 5. 24. 선고 94도660 판결; 대법원 1996. 8. 23. 선고 96도1231 판결; 대법원 1997. 11. 28. 선고 97도1740 판결 참조.

37) 대법원이 피고인 1에 대해 특례법 제3조 제1항의 공동정범이 아니라고 직접 언급하고 있지 않지만, 대법원의 판단은 참조조문에 형법 제30조와 제33조가 기재되어 있지 않은 점과 "피고인 2와 소속이 다른 회사의 작업팀장으로서 담당업무 및 그에 따른 주의의무와 과실의 내용이 피고인 2의 경우와 다르다."고 한 부분에서 추론할 수 있다.

아니라 그의 담당업무 및 그에 따른 주의의무와 과실의 내용이 피고인 2와 다르다는 점에서 공동정범이 될 수 없다고 판단하였다. 그런데 운전자가 아닌 사람도 운전자와 과실범의 공동정범으로 인정한 판례도 있을 뿐만 아니라[38] 사건과 관련된 피고인들의 주의의무와 과실의 내용이 동일한 것으로 볼 수 있다. 즉 피고인들이 경사진 곳에 트럭을 정차하고 오리를 상차하는 작업을 할 때에는 오리케이지를 고정하는 줄을 제대로 고정하고, 오리케이지가 넘어지는 경우를 대비하여 주변에 사람이 가까이 오지 않도록 하는 등 안전하게 작업을 진행하여야 할 업무상 주의의무가 있다. 그런데 피고인들은 트럭이 경사진 곳에 정차하였음에도 트럭을 안전한 장소로 이동하거나 오리케이지를 고정하는 줄이 풀어지지 않도록 필요한 조치를 하지 않은 것이 과실의 내용이다. 더 나아가 통상적으로 화주 내지 상하차 작업팀장은 화물차의 운전자와 관계에서 주도적 지위에 있거나 최소한 협력적 지위에 있는 것으로 볼 수 있으며, 이 사건에서도 피고인 1은 피고인 2에게 정차장소를 지정하여 차의 이동을 지시하였다. 따라서 피고인 1과 피고인 2의 일반적인 담당업무와 그에 따른 주의의무의 내용이 다른 것은 맞지만, 사고와 관련된 피고인들의 주의의무와 과실의 내용은 동일하다고 할 수 있다. 이처럼 사고와 관련된 피고인들의 주의의무와 과실의 내용이 동일하다고 볼 수 있는 근거는 피고인들을 업무상과실치상죄의 공동정범으로 기소한 검사의 주장뿐만 아니라 피고인들을 특례법 제3조 제1항의 공동정범으로 인정한 제1심판결과 항소심판결에서도 찾을 수 있다. 요컨대 사건과 관련된 피고인들의 주의의무와 과실의 내용이 동일하고 피고인 1은 피고인 2에 대해 주도적인 지위 내지 협력적 지위에 있는 것으로 볼 수 있기 때문에 특례법 제3조 제1항의 죄를 일종의 신분범으로 볼 경우에도 형법 제33조에 의해 운전자가 아닌 피고인 1은 공동정범이 될 수 있는 것으로 보인다.

둘째, 피고인들이 특례법 제3조 제1항의 공동정범이라 하더라도 제4조 제1항의 특례는 차의 '운전자'에 대해서만 적용되기 때문에 대법원이 "피고인 1은 특

38) 예컨대 대법원 1962. 3. 29. 선고 4294형상598 판결; 대법원 1979. 8. 21. 선고 79도1249 판결. 이러한 판례에 대한 자세한 내용은 예컨대 안성조, 앞의 논문, 609면 이하; 유지영, 앞의 논문, 246면 이하 참조.

례법이 적용되는 운전자라 할 수 없기 때문에 형법 제268조의 업무상과실치상죄가 성립한다."고 판단한 것은 일단 설득력이 있는 것으로 볼 수 있다. 왜냐하면 특례법의 운전자에 대한 문리적 해석에 따를 경우 운전자가 아닌 사람을 운전자로 해석하기는 어렵기 때문이다. 그러나 자동차손해배상 보장법을 참조하거나 특례법의 입법목적을 고려한다면 운전자가 아닌 사람도 특례법의 운전자에 해당하는 것으로 해석할 여지가 있는 것으로 보인다. 특히 운전자가 아닌 사람이 특례법 제3조 제1항의 운전자와 공동정범인 경우에는 제4조 제1항의 운전자에 해당한다고 해석하는 것이 죄형법정주의, 보충성원칙, 비범죄화, 피해자보호 등과 같은 형법의 규범원칙이나 형사정책의 원리에 부합할 뿐만 아니라 일반인의 상식적 판단과 형평성의 고려에도 부합하는 것으로 보인다. 왜냐하면 국가형벌권의 남용으로부터 시민의 자유와 권리를 보호하고 형법 이전의 사회규범이나 법규범으로 피해자를 보호하면서 사회적 갈등을 원만히 해결할 수 있는 경우에는 형법의 투입을 자제해야 한다는 것이 죄형법정주의, 보충성원칙, 비범죄화, 피해자보호 등과 같은 형법의 규범원칙 내지 형사정책의 원리이기 때문이다. 그리고 법률전문가로 구성된 제1심법원과 항소심법원이 피고인들을 특례법 제3조 제1항의 공동정범으로 인정하고 운전을 하지 않은 공동정범도 제4조 제1항의 운전자로 인정한 것에 비추어보면, 일반인은 피고인들을 당연히 같은 사건에 관련된 같은 범죄인으로 인식하고 같은 처우를 받아야 할 사람으로 인식할 것이다. 그럼에도 불구하고 피고인들을 달리 처우한다면 일반인은 형평성에 반하는 것으로 판단할 것이다.

요컨대 "피고인 1은 특례법 제3조 제1항의 공동정범도 아니고 제4조 제1항의 특례대상자도 아니다."고 한 대법원의 판단은 개념법학 내지 형식논리에 매몰되어 현실적인 맥락을 고려하지 못함으로써 이론적 타당성이나 형평성을 담보하지 못할 뿐만 아니라 일반인의 상식적 판단과도 배치되는 것으로 보인다.

Ⅳ. 맺는말

지금까지 특례법의 교통사고와 운전자에 관련된 대상판례의 쟁점을 정리하고 쟁점에 대해 검토하였다. 앞에서 검토한 내용을 간략히 정리하면서 결론을 맺자면 다음과 같다.

첫째, 특례법의 교통사고는 도로를 포함한 교통에 이용되는 장소에서 차량을 운전하는 행위 및 그와 동일하게 평가할 수 있을 정도로 밀접하게 관련된 행위로 인하여 사람을 사상하거나 물건을 손괴하는 것을 의미한다. 따라서 특례법의 교통사고는 원칙적으로 사람 또는 물건의 이동이나 운송을 전제로 하지만, 주행상태의 사고뿐만 아니라 불법적이거나 불량한 주정차가 사고의 원인이 되거나 주정차 후 주정차와 관련된 부주의가 사고의 원인이 된 경우에는 주정차 후 정지상태의 사고도 포함한다. 이러한 관점에서 볼 때 주행상태의 차량이 사람을 사상하거나 물건을 손괴한 경우만 특례법의 교통사고에 해당한다고 이해하는 검사의 주장은 특례법의 교통사고를 지나치게 좁게 파악한 것으로 보인다.

둘째, 제1심판결과 항소심판결이 경사진 곳에 정차한 불량정차가 원인이 되어 사고가 발생한 것으로 보고 특례법의 교통사고라고 인정한 것은 판례의 일관된 태도나 특례법의 입법목적에 부합하는 것으로 보인다. 그리고 제1심법원과 항소심법원이 피고인들을 특례법 제3조 제1항의 공동정범으로 인정한 것도 수긍할 만하지만, 명쾌한 논증이 결여된 것은 아쉽다. 그리고 특례법 제3조 제1항은 행위주체를 '차의 운전자'로 한정하고 있기 때문에 일종의 신분범으로 볼 수 있으며, 따라서 운전자가 아닌 피고인 1을 특례법 제3조 제1항의 공동정범으로 인정하기 위해서는 형법 제33조를 참조하여야 한다. 그런데 제1심판결과 항소심판결이 참조조문으로 형법 제33조를 기재하지 않은 것은 결정적인 결함이라고 할 수 있다. 더 나아가 제1심법원과 항소심법원이 피고인들을 특례법 제3조 제1항의 공동정범으로 인정하고 공소를 기각한 것은 납득할 만한 것으로 보인다. 그런데 피고인들이 특례법 제3조 제1항의 공동정범이라 하더라도 제4조 제1항은 교통사고를 일으킨 차가 보험 또는 공제에 가입된 경우 차의 '운전자'에 대해서만 적용되기 때문에 운전자가 아닌 공동정범이 반드시 특례의 대상이 되는 것은 아니다. 따라서 제1심판결과 항소심판결에서 운전을 하지 않은 공동정범도 특례법 제4조 제1항의 운전자에 해당한다는 점에 대한 논증이 결여된 것은 매우 아쉬운 대목이라고 할 수 있다.

셋째, 대법원이 피고인 2에 대해서 특례법의 교통사고에 해당한다고 보고 원심판결과 제1심판결을 유지하면서 검사의 상고를 기각한 것은 판례의 일관된 태도나 특례법의 입법목적에 부합하는 것으로 보인다. 그런데 대법원이 제1심판결이나 항소심판결과 달리 피고인 1은 특례법 제3조 제1항의 공동정범도 아니고, 제4조 제1항의 특례대상자에 해당하지도 않는다고 판단한 것은 잘못된 것으로 보인다. 우선 사건과 관련된 피고인들의 주의의무와 과실의 내용이 동일하고 피고인 1은 피고인 2에 대해 주도적인 지위 내지 협력적 지위에 있는 것으로 볼 수 있기 때문에 특례법 제3조 제1항의 죄를 일종의 신분범으로 볼 경우에도 형법 제33조에 의해 피고인 1은 공동정범이 될 수 있는 것으로 보인다. 그리고 자동차손해배상 보장법을 참조하거나 특례법의 입법목적을 고려한다면 운전자가 아닌 사람도 특례법의 운전자에 해당하는 것으로 해석할 여지가 있는 것으로 보인다.

결론적으로 운전을 하지 않은 사람도 특례법 제3조 제1항의 운전자와 공동정범이 될 수 있으며, 이러한 경우에는 운전을 하지 않은 사람도 제4조 제1항의 운전자에 해당한다고 해석할 수 있다. 이와 같은 해석은 죄형법정주의, 보충성원칙, 비범죄화, 피해자보호 등과 같은 형법의 규범원칙이나 형사정책의 원리에 부합할 뿐만 아니라 일반인의 상식적 판단과 형평성의 고려에도 부합하는 것이다.

참고문헌

김성돈, 형법총론 제4판, 2015.
김성룡, "고의론에서 접근한 과실범에 있어서 공동정범", 형사법연구, 제16호, 2001.
_____, "존재론적 공동정범표지", 비교형사법연구, 제17권 제2호, 2015.
김성천 · 김형준, 형법총론 제6판, 2014.
김일수 · 서보학, 형법총론 제12판, 2014.
류전철, "공동정범의 이론구성에 관한 비교법적 연구", 비교형사법연구, 제18권 제2호, 2016.
문채규, "과실범의 공동정범에 대한 논증도구로서의 기능적 범행지배표지", 법치국가와 형법, 1998.
_____, "교통사고 관련 형사법규들의 체계적 해석", 전북대학교 법학연구, 통권 제33집, 2011.
박달현, "보충성의 원칙과 친고죄의 본질", 비교형사법연구, 제3권 제1호, 2001.
박동률, "교통사고처리 특례법상의 '교통'의 의미와 그 범위", 경북대학교 법학논고, 재34집, 2010.
박미숙, "교통사고처리특례법의 문제점과 개선방향", 형사정책연구 제15권 제3호(통권 제59호), 2004.
박상기, 형법학, 2013.
박상민, "교통사고와 형법", 비교형사법연구, 제19권 제1호, 2017.
배종대, 형법총론 제13판, 2017.
서거석, "과실의 공동정범", 사법행정, 1991.
손기식, "교통형법의 체계정립을 위한 시론", 법조 제35권 제5호, 1986.
안성조, "과실범의 공동정범", 형사법연구, 제19권 제3호, 2007.
유지영, "과실범의 공동정범", 중앙법학, 제5집 제3호, 2003.
이보영, "과실의 공동정범의 이론", 형사법연구, 제4호, 1991.
이용식, "과실범의 공동정범", 형사판례연구 제7권, 1999.
이창섭, "공모공동정범이론 유감", 비교형사법연구, 제9권 제2호, 2007.
임 웅, 형법총론 제7판, 2015.
전지연, "과실범의 공동정범", 형사법연구, 제13호, 2000.
정광정, "교통사고처리특례법에 나타난 문제점", 오선주교수정년기념논문집, 2001.
정성근 · 박광민, 형법총론 제2판, 2015.
정승환, "인식 있는 과실과 과실범의 공동정범", 비교형사법연구, 제11권 제1호, 2009.

정신교, “교통사고처리특례법의 개선방안에 대한 검토”, 치안정책연구 제22호, 2008.
정진연, “과실범의 공동정범”, 숭실대 법학논총 제8집, 1995.
허일태, “과실범의 공동정범에 대한 대법원판례의 변천”, 동아법학, 제25호, 1999.

【대상판례】 대법원 2017. 5. 31. 선고 2016도21034 판결 [업무상과실치상][공2017하,1440]

【판시사항】

교통사고처리 특례법 제4조 제1항 본문이 차의 운전자에 대한 공소제기의 조건을 정한 것인지 여부(적극) 및 같은 법 제2조 제2호에서 정한 '교통사고'의 정의 중 '차의 교통'의 의미

【판결요지】

교통사고처리 특례법(이하 '특례법'이라 한다) 제1조는 업무상과실 또는 중대한 과실로 교통사고를 일으킨 운전자에 관한 형사처벌 등의 특례를 정함으로써 교통사고로 인한 피해의 신속한 회복을 촉진하고 국민생활의 편익을 증진함을 목적으로 한다고 규정하고 있고, 제4조 제1항 본문은 차의 교통으로 업무상과실치상죄 등을 범하였을 때 교통사고를 일으킨 차가 특례법 제4조 제1항에서 정한 보험 또는 공제에 가입된 경우에는 그 차의 운전자에 대하여 공소를 제기할 수 없다고 규정하고 있다. 따라서 특례법 제4조 제1항 본문은 차의 운전자에 대한 공소제기의 조건을 정한 것이다.

그리고 특례법 제2조 제2호는 '교통사고'란 차의 교통으로 인하여 사람을 사상하거나 물건을 손괴하는 것을 말한다고 규정하고 있는데, 여기서 '차의 교통'은 차량을 운전하는 행위 및 그와 동일하게 평가할 수 있을 정도로 밀접하게 관련된 행위를 모두 포함한다.

【참조조문】

교통사고처리 특례법 제1조, 제2조 제2호, 제3조 제1항, 제4조 제1항, 형법 제268조, 형사소송법 제327조 제2호

【참조판례】

대법원 2007. 1. 11. 선고 2006도7272 판결

대법원 2016. 11. 24. 선고 2016도12407 판결

【전 문】

【피 고 인】 피고인 1 외 1인

【상 고 인】 검사

【원심판결】 광주지법 2016. 11. 29. 선고 2016노741 판결

【주 문】

원심판결 및 제1심판결 중 피고인 1에 대한 부분을 파기하고, 이 부분 사건을 광주지방법원 목포지원에 환송한다. 나머지 상고를 기각한다.

【이 유】

상고이유를 판단한다.

1. 교통사고처리 특례법(이하 '특례법'이라 한다) 제1조는 업무상과실 또는 중대한 과실로 교통사고를 일으킨 운전자에 관한 형사처벌 등의 특례를 정함으로써 교통사고로 인한 피해의 신속한 회복을 촉진하고 국민생활의 편익을 증진함을 목적으로 한다고 규정하고 있고, 제4조 제1항 본문은 차의 교통으로 업무상과실치상죄 등을 범하였을 때 교통사고를 일으킨 차가 특례법 제4조 제1항에서 정한 보험 또는 공제에 가입된 경우에는 그 차의 운전자에 대하여 공소를 제기할 수 없다고 규정하고 있다. 따라서 특례법 제4조 제1항 본문은 차의 운전자에 대한 공소제기의 조건을 정한 것이다.

그리고 특례법 제2조 제2호는 '교통사고'란 차의 교통으로 인하여 사람을 사상하거나 물건을 손괴하는 것을 말한다고 규정하고 있는데, 여기서 '차의 교통'은 차량을 운전하는 행위 및 그와 동일하게 평가할 수 있을 정도로 밀접하게 관련된 행위를 모두 포함한다(대법원 2007. 1. 11. 선고 2006도7272 판결 참조).

2. 가. 제1심은 판시와 같은 이유를 들어, (1) 이 사건 사고 당시 트럭이 완전히 정차되어 있었다 하더라도 이 사건 사고는 트럭의 이동과 정차 과정에서 발생한 것으로 특례법 제2조 제2호에서 정한 교통사고에 해당하며, 피고인 2는 위 트럭의 운전자로서, 피고인 1은 피고인 2와 공동하여, 교통사고로 인하여 형법 제268조의 죄를 범하였다고 인정한 다음, (2) 결국 이 사건 공소사실은 특례법 제3조 제1항에 해당하는 죄로서 특례법 제4조 제1항에 의하여 교통사고를 일으킨 차가 같은 항에서 정한 보험에 가입한 경우에 공소를 제기할 수 없는데, 위 트럭이 특례법 제4조 제1항에서 정한 보험에 가입한 사실이 인정되므로 이 사건 공소는 공소제기의 절차가 법률의 규정에 따라 무효인 때에 해당한다고 보아, 피고인들에 대한 공소를 각 기각하는 판결을 선고하였다.

나. 그리고 원심은 판시와 같은 이유를 들어, 이 사건 사고가 제1심 인정과 같이 교통사고로 봄이 타당하다는 취지로 판단하여, 이를 다투는 검사의 항소이유를 받아들이지 아니하고 피고인들에 대하여 원심의 결론을 유지하였다.

3. 제1심 및 원심의 각 판결 이유를 앞에서 본 법리와 적법하게 채택된 증거들에 비추어 살펴보면, 위 트럭의 운전자인 피고인 2에 대하여 이 사건 사고가 특례법 제2조

제2호에서 정한 교통사고에 해당한다고 보아 특례법 제4조 제1항을 적용하여 공소를 기각한 제1심판결 및 이를 유지한 원심의 결론은 수긍할 수 있고, 이 부분 원심의 판단에 상고이유 주장과 같이 특례법의 '교통사고'에 관한 법리를 오해한 위법이 없다.

4. 그러나 피고인 1에 대한 원심의 판단을 앞에서 본 법리에 비추어 살펴보면 아래와 같은 이유로 수긍할 수 없다.

가. 피고인 1에 대한 이 사건 공소사실은, 피고인 1이 공소외 주식회사의 작업팀장으로서 오리의 상하차 업무를 담당하면서, ○○오리농장 내 공터에서 피해자가 사육한 오리를 피고인 2가 운전한 트럭 적재함의 오리케이지에 상차하는 작업을 하였는데, 트럭이 경사진 곳에 정차하였음에도 트럭을 안전한 장소로 이동하게 하거나 오리케이지를 고정하는 줄이 풀어지지 않도록 필요한 조치를 하지 아니한 채 작업을 진행하게 한 업무상의 과실로 이 사건 사고가 발생하였다는 것이다.

즉 피고인 1은 트럭을 운전하지 아니하였을 뿐 아니라 피고인 2가 속하지 아니한 회사의 작업팀장으로서 위 트럭의 이동·정차를 비롯한 오리의 상하차 업무 전반을 담당하면서 상하차 작업 과정에서 사고가 발생하지 않도록 필요한 조치를 제대로 하지 아니한 업무상의 과실을 이유로 기소되었으므로, 이러한 공소사실이 인정된다면 피고인 1이 담당하는 업무 및 그에 따른 주의의무와 과실의 내용이 피고인 2의 경우와 달라 피고인 1은 특례법이 적용되는 운전자라 할 수 없고 형법 제268조에서 정한 업무상과실치상의 죄책을 진다.

나. 그럼에도 이와 달리 제1심은 위와 같은 사정을 제대로 심리하지 아니하고 피고인 2와 마찬가지로 피고인 1에 대하여도 특례법이 적용된다는 전제에서 공소를 기각하였고, 원심은 이러한 제1심의 판단을 그대로 유지하였으니, 이 부분 제1심 및 원심의 판단에는 특례법 제4조 제1항 및 형법 제268조에 관한 법리를 오해하여 판결에 영향을 미친 위법이 있다.

5. 그러므로 원심판결 및 제1심판결 중 피고인 1에 대한 부분을 파기하고, 이 부분 사건을 다시 심리·판단하게 하기 위하여 형사소송법 제393조에 의하여 제1심법원에 환송하며, 검사의 나머지 상고를 기각하기로 하여, 관여 대법관의 일치된 의견으로 주문과 같이 판결한다.

대법관 김소영(재판장)
김용덕(주심)
김 신
이기택

17

산업안전보건법상 도급인의 책임*

- 대법원 2008도7030, 2010도1448 판결 등과 관련하여 -

형법각칙 분야

장 세 진**

Ⅰ. 서 론

최근 인건비 절감은 물론 인력운용의 탄력성을 목적으로 업무위탁·도급관계, 근로자파견 등 기업업무의 외주화가 산업현장에서 광범위하게 나타나고 있다. 복잡한 계약관계에서도 산업안전사고는 끊임없이 발생하고 있고, 특히 하도급근로자의 산재발생율이 직접 고용된 정규직근로자보다 상대적으로 높다[1]는 점에서 도급인의 책임을 명확히 할 필요가 있다. 산업안전보건법상 도급인의 책임과 관련하여 수회에 걸쳐 법개정이 이루어졌으나 도급관계에서 수급인의 근로자가 사망하는 사건은 여전히 빈번하게 발생하고 있고 실무상으로도 도급인

* 이 논문은 제189회 영남형사판례연구회(2017.3.13.)에서 발표되었음.
** 현 부산지검 형사 1부.
1) 강선희, "산업안전보건법상 사내하도급근로자의 산업안전과 도급사업주의 책임", 『노동법포럼』 제8호, 2012.

의 책임을 묻기 어려운 경우가 많다.

그리하여 산업안전사고에서 도급인의 책임에 관한 대법원 판례를 검토하고, 산업안전보건법의 특수성과 문제점을 살펴보고자 한다.

Ⅱ. 산업안전사고에서 도급인의 책임에 관한 기존 대법원 주요 판결

1. 대법원 2009. 5. 28. 선고 2008도7030 판결

(1) 사실관계

종합건설업체인 A는 비계구조물해체와 철근콘크리트 전문건설업체인 B에 비계구조물해체 작업전체를 하도급하였다. 甲은 A의 현장소장으로서 산업안전보건법 제13조의 안전보건관리책임자였고, 乙은 B의 비계팀장으로서 사고현장의 안전관리자였다. 乙은 사고현장의 비계해체작업을 근로자에게 지시하면서 해체작업의 편의성과 효율성을 위해 3m 간격으로 설치되어 있던 추락방지망을 제거하고 해체작업을 하도록 하였고, 해체작업 도중 B소속 근로자가 추락하여 사망하는 사고가 발생하였다.

(2) 검사의 기소

검사는 A에 대하여 산업안전보건법 제68조 제2호, 제29조 제2항 위반죄를 적용하고, B에 대해서 산업안전보건법 제66조의2, 제23조 제3항을 적용하고, 甲과 乙에 대해서는 형법 제268조 업무상과실치상죄를 적용하여 기소하였다.

> 구 산업안전보건법 제23조 (안전조치)
> ③ <u>사업주는 작업 중 근로자가 추락할 위험이 있는 장소, 토사·구축물 등이 붕괴할 우려가 있는 장소, 물체가 떨어지거나 날아올 위험이 있는 장소, 그 밖에 작업 시 천재지변으로 인한 위험이 발생할 우려가 있는 장소에는 그 위험을 방지하기 위하여 필요한 조치를 하여야 한다.</u>

구 산업안전보건법 제29조 (도급사업 시의 안전·보건조치)

① 같은 장소에서 행하여지는 사업의 일부를 도급을 주어 하는 사업으로서 대통령령으로 정하는 사업의 사업주는 그가 사용하는 근로자와 그의 수급인이 사용하는 근로자가 같은 장소에서 작업을 할 때에 생기는 산업재해를 예방하기 위하여 다음 각 호의 조치를 하여야 한다.

1. 안전·보건에 관한 협의체의 구성 및 운영
2. 작업장의 순회점검 등 안전·보건관리
3. 수급인이 근로자에게 하는 안전·보건교육에 대한 지도와 지원
4. 그 밖에 산업재해 예방을 위하여 노동부령으로 정하는 사항

② 제1항에 따른 사업주는 그의 수급인이 사용하는 근로자가 노동부령으로 정하는 산업재해 발생위험이 있는 장소에서 작업을 할 때에는 노동부령으로 정하는 산업재해 예방을 위한 조치를 하여야 한다.

구 산업안전보건법 제66조의2 (벌칙) 제23조 제1항부터 제3항까지 또는 제24조 제1항을 위반하여 근로자를 사망에 이르게 한 자는 7년 이하의 징역 또는 1억원 이하의 벌금에 처한다.

구 산업안전보건법 제68조 (벌칙) 다음 각 호의 어느 하나에 해당하는 자는 1년 이하의 징역 또는 1천만원 이하의 벌금에 처한다.

2. 제29조 제2항, 제34조의2 제2항·제3항, 제35조의4 제1항, 제52조의6 또는 제63조를 위반한 자

(3) 법원의 판단

항소심은 도급인측인 A, 甲에 대하여 무죄, 수급인측인 B, 乙에 대하여 유죄 판결을 하였으나 대법원은 사업주인 A, B의 산업안전보건법위반죄에 대하여 무죄, 각 소속 근로자인 甲, 乙의 업무상과실치사죄에 대해서 모두 유죄 취지의 파기환송 판결을 선고하였다.

도급인 A의 산업안전보건법위반죄에 관해서는 공사현장에서 행하여지는 사업의 일부가 아닌 전부를 도급하였으므로 사업의 일부도급을 전제로 규정한 산업안전보건법 제29조 제2항이 적용되지 않는다고 판단하였다.[2)]

수급인 B의 산업안전보건법위반죄에 대해서는 乙이 작업의 편리성에 치중하여 3m 간격으로 설치되어 있던 추락방지망을 제거하고 매트리스를 설치하는 등의 추가적인 위험방지조치를 강구하지 않았다고 하더라도, 안전규칙에서 그와 같은 추락방지망 등을 설치할 의무에 관하여 따로 규정하고 있지 아니한 이상, 산업안전보건법 제23조 제3항의 안전조치의무를 위반한 경우에 해당한다고 볼 수는 없다고 판단하였다.

한편, 대법원은 도급인의 안전관리를 담당하는 근로자 甲의 업무상과실치사죄에 대하여 판단하면서 기존의 대법원 입장을 다음과 같이 재확인하였다. 즉, "원칙적으로 도급인에게는 수급인의 업무와 관련하여 사고방지에 필요한 안전조치를 취할 주의의무가 없으나, 법령에 의하여 도급인에게 수급인의 업무에 관하여 구체적인 관리·감독의무 등이 부여되어 있거나 도급인이 공사의 시공이나 개별 작업에 관하여 구체적으로 지시·감독하였다는 등의 특별한 사정이 있는 경우에는 도급인에게도 수급인의 업무와 관련하여 사고방지에 필요한 안전조치를 취할 주의의무가 있다."(대법원 1996. 1. 26. 선고 95도2263 판결)는 것이다. 그러면서 위와 같은 기준에 따라 甲은 공사현장의 소장으로 산업안전보건법 제13조의 안전보건관리책임자로 지정되어 안전보건 및 관리업무를 총괄적으로 지휘·감독하는 자로서 공사현장소장인 甲은 비계해체 작업과 관련하여 B의 근로자들에 대하여 구체적으로 작업을 지시·감독하였다고 할 것이므로 위 작업과 관련하여 사고방지에 필요한 안전조치를 취할 주의의무가 있다고 보았다.

2. 대법원 2010. 12. 23. 선고 2010도1488 판결

(1) 사실관계

D는 종합건설회사 C로부터 건축, 토목 공사 부문을 수급한 수급인이자 해당

---

2) 구 산업안전보건법(2011. 7. 25. 개정 전)에서는 도급사업주를 '같은 장소에서 행하여지는 사업의 일부를 도급에 의하여 행하는 사업'으로 규정하여 동일한 장소에서 행하여지는 사업의 '전부'를 도급에 의하여 행하는 사업의 사업주는 도급사업주의 안전·보건조치 의무위반으로 처벌할 수 없었으나 2011. 7. 25. 제29조에 '사업이 전문분야의 공사로 이루어져 시행되는 경우 각 전문분야에 대한 공사의 전부를 도급을 주어 하는 사업의 사업주'를 포함하도록 개정되면서 사업의 '전부'를 도급에 의해 행하는 사업주도 도급 사업주로서의 책임을 부과할 수 있도록 하였다.

공사 부문 중 기계설비 공사를 E에 하도급한 도급인 회사이고, 丙은 D의 건축부 차장으로서 공사현장의 소장이자 현장대리인으로서 산업안전보건법상 안전보건총괄책임자로 지정되어 있었다. 사망한 근로자는 기계설비 공사의 수급인 회사 E의 대표이사였다(즉 수급인 소속 근로자는 아니나 수급인 소속으로 노무를 제공한 자에 해당함). 사망한 근로자는 공사현장 5층 옥상에서 사다리에 올라가 하수관 배관공사 작업을 하다가 파이프 연결이 잘 되지 않자 파이프를 만지던 중 중심을 잃어 위 5층 옥상 개구부를 통해 2.9m 아래 5층 바닥으로 추락하였다.

(2) 검사의 기소

검사는 丙에 대하여만 형법상 업무상과실치사죄로 기소하였다.[3)]

(3) 법원의 판단

1심, 2심, 대법원 모두 丙의 업무상과실치사죄를 인정하였다. 대법원은 "공사도급계약의 경우 원칙적으로 도급인에게는 수급인의 업무와 관련하여 사고방지에 필요한 안전조치를 취할 주의의무가 없으나, 법령에 의하여 도급인에게 수급인의 업무에 관하여 구체적인 관리·감독의무 등이 부여되어 있거나 도급인이 공사의 시공이나 개별 작업에 관하여 구체적으로 지시·감독하였다는 등의 특별한 사정이 있는 경우에는 도급인에게도 수급인의 업무와 관련하여 사고방지에 필요한 안전조치를 취할 주의의무가 있다고 할 것이다(대법원 2009. 5. 28. 선고 2008도7030 판결 등 참조)"는 위 가항 판결을 근거로 들면서 다음과 같이 판단하였다.

대법원은 "피고인(丙)은 이 사건 공사현장의 소장 및 현장대리인으로서 안전보건총괄책임자로 지정되어 이 사건 공사현장의 안전보건 등을 총괄적으로 지휘·감독한 사실, 피고인은 이 사건 공사현장에서 피해자 등을 상대로 안전에 관한 정기교육을 실시하기도 한 사실, 피해자는 이 사건 공사현장 5층 옥상에서 사다리에 올라가 하수관 배관공사 작업을 하다가 파이프 연결이 잘 되지 않자 파이프를 만지던 중 중심을 잃어 위 5층 옥상 개구부를 통해 2.9m 아래 5

3) 이 건에서 D 등 법인은 입건되지 않은 것으로 보임.

층 바닥으로 추락하는 이 사건 사고를 당한 사실, 도급인 회사가 작성한 이 사건 공사현장에 관한 안전관리계획서에는 추락방지를 위해 개구부에 덮개 등을 설치하도록 하고 있는 사실, 위 5층 옥상 개구부에는 원래 안전덮개가 설치되어 있었으나 이 사건 사고 며칠 전에 제거되었고, 피고인은 이를 알고 안전덮개를 다시 설치하려던 중 이 사건 사고가 발생한 사실 등을 알 수 있고, 나아가 이 사건 사고는 피해자의 배관파이프 연결 작업 그 자체의 위험에 기인하여 발생한 것이라기보다는 위 개구부의 보호덮개 미비 등 이 사건 공사현장의 안전시설 미비로 발생한 것이고 이 사건 공사현장에 대한 안전보건 등의 책임은 위에서 본 바와 같이 피고인에게 있는 점, 피고인으로서는 이 사건 사고일 당시 피해자가 위 개구부에 인접하여 일을 한다는 것을 알 수 있었던 것으로 보이는 점 등을 고려하면, 위 법리에 비추어 피고인에게는 피해자의 업무와 관련하여 이 사건 사고의 방지에 필요한 안전조치를 취할 주의의무가 있다고 할 것이다." 라며 丙의 업무상과실치사죄를 인정하였다.

3. 대법원 판례에 대한 검토

위 대법원 판례에 대하여 아래와 같은 이유로 비판하는 견해가 있다.[4)]

대법원 판례는 모두 "법령에 의하여 도급인에게 수급인의 업무에 관하여 구체적인 관리·감독의무가 부여되어 있거나 도급인이 공사의 시공이나 개별 작업에 관하여 구체적으로 지시·감독하였다는 등의 특별한 사정이 없는 한 도급인에게는 수급인의 업무와 관련하여 사고방지에 필요한 안전조치를 할 주의의무가 없다"는 기본 법리를 제시하고 있다. 그러나 정작 위 판례 법리는 도급인 회사와 수급인 회사 사이에서가 아닌 도급인 또는 수급인의 근로자의 안전관리 담당 근로자에 대하여 적용되고 있다. 즉, 위 2008도7030호, 2010도1448호 판결에서 도급인 회사가 아닌 그 소속 근로자인 甲, 丙의 책임을 인정할 때 위 기준을 근거로 주의의무를 판단한 것이다.

4) 전형배, "산업안전보건상 도급인 사업주의 책임구조: 영국법제와의 비교 연구"『사내하도급과 산업안전-제조업을 중심으로』, 한국노동연구원, 2015

그런데 엄밀히 말하면, 기업의 도급관계에서는 도급인과 수급인의 지위는 해당 기업인 회사가 갖는 것이지 회사 내에서 해당 업무를 처리하는 개인이 갖는 것이 아니다. 甲이나 丙은 해당 업무를 처리하는 행위자일 뿐 도급인이 아니다. 그럼에도 대법원은 甲, 丙의 책임을 논하면서 위와 같이 도급인과 수급인의 법률관계에 대하여 따져보고 있는 것이다.

기업의 중간관리자가 형법상 형사책임을 부담하는 것은 자신의 행위에 대한 개인적인 책임을 추궁받는 것이지 도급인과 수급인의 법률관계로 인하여 형사책임을 부담하는 것은 아니다. 도급인이나 수급인의 근로자 지위에 상관없이 그 업무에 수반되는 주의의무를 위반하여 형법이 규정한 피해를 야기하였다면 그 책임을 물으면 되는 것이지 굳이 도급인의 책임을 원칙적으로 부정하는 식의 논의를 할 필요가 없는 것이다. 이를 산업안전보건법 영역에 적용하면 도급인이나 수급인의 근로자 등이 부담하는 산업안전보건법상의 주의의무를 위반하고 그것이 형법이 규정하는 업무상과실로 평가될 수 있다면 형법상 처벌을 고려할 수 있게 된다는 것이다. 그러므로 도급인의 책임을 원칙적으로 부정하고 예외적으로 인정하는 위와 같은 대법원의 논리는 개인 책임을 묻는데 불필요하다고 볼 수 있다.

위와 같은 비판에도 불구하고 산업안전사고 발생시 도급인의 책임을 묻는 사례에서 대법원은 위 기본 논리를 계속 유지하고 있는 것으로 보이고, 이는 "원칙적으로 도급인에게는 수급인의 업무와 관련하여 사고방지에 필요한 안전조치를 취할 주의의무가 없다"고 보고 있고, 예외적인 경우만 그 주의의무를 인정하므로 실무상 도급인의 책임을 인정하기 어렵게 한다.

Ⅲ. 산업안전보건법상 도급인의 책임

1. 산업안전보건법의 도급인 책임과 관련한 규정

산업안전보건법에서 도급인의 책임을 묻는 규정은 법 제29조이다.

산업안전보건법 제29조 (도급사업 시의 안전 · 보건조치)
① 같은 장소에서 행하여지는 사업으로서 다음 각 호의 어느 하나에 해당하는 사업 중 대통령령으로 정하는 사업의 사업주는 그가 사용하는 근로자와 그의 수급인이 사용하는 근로자가 같은 장소에서 작업을 할 때에 생기는 산업재해를 예방하기 위한 조치를 하여야 한다. <개정 2010. 6. 4., 2011. 7. 25.>
1. 사업의 일부를 분리하여 도급을 주어 하는 사업
2. 사업이 전문분야의 공사로 이루어져 시행되는 경우 각 전문분야에 대한 공사의 전부를 도급을 주어 하는 사업

② 제1항 각 호 외의 부분에 따른 산업재해를 예방하기 위한 조치는 다음 각 호의 조치로 한다. <신설 2011. 7. 25.>
1. 안전 · 보건에 관한 협의체의 구성 및 운영
2. 작업장의 순회점검 등 안전 · 보건관리
3. 수급인이 근로자에게 하는 안전 · 보건교육에 대한 지도와 지원
4. 제42조제1항에 따른 작업환경측정
5. 다음 각 목의 어느 하나의 경우에 대비한 경보의 운영과 수급인 및 수급인의 근로자에 대한 경보운영 사항의 통보
   가. 작업 장소에서 발파작업을 하는 경우
   나. 작업 장소에서 화재가 발생하거나 토석 붕괴 사고가 발생하는 경우

③ 제1항에 따른 사업주는 그의 수급인이 사용하는 근로자가 토사 등의 붕괴, 화재, 폭발, 추락 또는 낙하 위험이 있는 장소 등 고용노동부령으로 정하는 산업재해 발생위험이 있는 장소에서 작업을 할 때에는 안전 · 보건시설의 설치 등 고용노동부령으로 정하는 산업재해 예방을 위한 조치를 하여야 한다. <개정 2010. 6. 4., 2011. 7. 25., 2013. 6. 12.>

④ 제1항에 따른 사업주는 고용노동부령으로 정하는 바에 따라 그가 사용하는 근로자, 그의 수급인 및 그의 수급인이 사용하는 근로자와 함께 정기적으로 또는 수시로 작업장에 대한 안전 · 보건점검을 하여야 한다. <개정 2010. 6. 4., 2011. 7. 25.>

<이하 생략>

산업안전보건법 제29조의 입법취지는 도급인의 사업장에서 도급인과 수급인의 근로자가 혼재하여 작업을 행하는 경우에 수급인의 자기 근로자 재해예방을

위한 안전보건조치범위가 불명확함으로 인한 안전보건조치 공백을 보완하기 위하여 특정 재해발생 위험장소에 한하여 도급인이 수급인의 근로자를 포함하여 도급인의 사업장에서 일하는 근로자 전체를 대상으로 안전보건조치를 하도록 하기 위한 것이다. 특히 법 제29조 제3항은 도급사업에 있어서 수급인인 사업주의 재해예방조치 능력이 미약한 점을 감안하여 특히 산업재해 발생위험 장소에 있어서는 도급인인 사업주에게도 이를 보완할 책임을 부여토록 한 것으로 이해할 수 있다. 도급사업주에게 수급사업주의 근로자에 대한 안전조치의무를 부과하여 산업안전보건법의 실효성을 강화하여 산업재해를 예방하고자 하는 것이다.[5)]

산업안전보건법상의 '사업주'는 '근로자를 사용하여 사업을 하는 자'(법 제2조 제3호)이므로 자기가 직접 사용하지 않는 근로자에 대한 위험예방조치 책임을 부과하고 있는 법 제29조는 예외적인 규정이라고 할 수 있다. 다시 말해 산업안전보건법 제2조의 정의 규정에 의하면, '근로자'는 '근로기준법 제2조 제1항 제1호에 따른 근로자'를 말하므로 사업주는 근로기준법상 근로자를 사용하는 자이고 따라서 근로자와 근로계약관계를 맺고 있는 자를 의미하게 된다. 그렇다면 산업안전보건법에서 규정하고 있는 사업주의 여러 의무는 모두 사업주가 고용한 근로자에 대하여 부담하는 의무로 제한될 수 있게 된다.

위 대법원 2008도7030 판결의 기본 법리는 위와 같은 산업안전보건법 규정에서 비롯된 것으로 볼 수 있다. 즉, 도급인의 경우 근로자를 직접 고용한 자가 아니므로 원칙적으로 수급인의 업무와 관련하여 사고방지에 필요한 안전조치를 취할 의무가 없다고 보는 것이다. 또한, 대법원은 "산업안전보건법 제66조의2, 제23조 제1항 위반죄는, 단순히 사용자의 소속 근로자에 대한 관리감독 소홀에 대한 책임을 묻는 것이 아니라, 사업주가 자신이 운영하는 사업장에서 산업안전기준에 관한 규칙이 정하고 있는 바에 따른 안전조치를 취하지 않은 채 안전상의 위험성이 있는 작업을 하도록 지시하거나 안전조치가 취해지지 않은 상태에서 위와 같은 작업이 이루어졌다고 인정되는 경우에 성립하는 범죄로서, 사업주가 소속 근로자를 보호하기 위하여 안전조치를 취하여야 할 의무를 전제로 하

5) 노상헌, "산업안전보건법상 사내하도급에 관한 사업주 책임", 2012.

는 것이므로, 사업주와 근로자 사이에 실질적인 고용관계가 있어야 한다"라고 판시하여(대법원 2010. 6. 24. 선고 2010도2615 판결) 산업안전보건법상 처벌규정의 적용대상을 피해 근로자와 실질적 고용관계를 맺고 있는 자로 한정한다.

그리하여 산업안전보건법 제29조와 같이 직접 도급인의 의무를 명시적으로 규정하고 책임을 묻는 예외적인 조문이 없는 한 실무상 도급인이 수급인의 근로자에게 발생한 안전사고에 일반적으로 책임을 부담하게 하기는 매우 어렵다.

그런데 최근 대법원에서 피해 근로자와 실질적인 고용관계가 없음에도 도급인에게 산업안전보건법 책임을 인정한 사례가 있다.

2. 안전사고에 대한 도급인의 책임을 인정한 판례(대법원 2014. 5. 29. 선고 2014도3542 판결)

(1) 사실관계

대림산업 주식회사는 유한기술 주식회사에 여수공장 고밀도 폴리에틸렌 공정의 중간 저장조인 사일로 하부에 맨홀을 설치하는 작업을 도급을 주었고, 丁은 대림산업 여수공장 공장장으로서 위 공장 소속 근로자들의 안전보건관리책임자였다. 여수공장에서 사일로 폭발사고가 발생하여 유한기술 소속 작업자 6명을 사망에 이르게 하고, 10명에게 상해를 입게 하였다.

(2) 1심, 2심

1심과 2심은 대림산업 주식회사와 丁에 대한 폭발사고 관련 산업안전보건법 위반의 점에 대하여 무죄로 판단하였고, 그 외 안전 및 보건조치를 이행하지 아니하는 등 429건의 기타 산업안전보건법위반의 점은 유죄로 인정하였다. 폭발사고 관련 산업안전보건법위반의 점에 대하여는 사업주가 소속 근로자로 하여금 직접 위험성이 있는 작업을 하도록 지시한 것이 아니라, 위 작업을 도급 준 다음 수급업체에서 수행하는 작업을 지시·감독하도록 한 것에 불과한 경우에는 사업주에게 그 근로자에 대하여 산업안전보건법 제67조 제1호, 제23조 제1항에서 정한 안전조치의무가 있다고 볼 수 없다는 전제 아래에서 사업주인 대림산업의 여수공장에서 발생된 위 폭발사고 당일에 용접작업을 비롯하여 인화성 물질 등에 의한 화재 및 폭발의 위험이 있는 맨홀설치작업 등의 작업은 하청업체의 근로자들이 수행하였고, 대림산업 소속 직원들은 맨홀설치 작업에 앞서 사일로 내부의 가스체크를 하거나 가용접 상태를 검수하는 등의 감시·감독 업무만을 담당하는데 그쳤기 때문에 대림산업과 丁으로서는 산업안전보건법 제23조 제1항에 따른 안전조치를 할 의무가 보기 어렵다는 것이다.

한편, 1심과 2심은 하청업체인 유한기술과 유한기술 현장소장 戊의 폭발사고 관련 산업안전보건법위반의 점을 모두 유죄로 판단하면서 산업안전보건법 제66조의2, 제23조 제1항 2호를 적용하여 안전조치 불이행으로 인한 근로자 사망의 점을 인정하였다.

(3) 대법원 및 파기환송 항소심

그러나, 대법원은 "사업주가 자신이 운영하는 사업장에서 기계·기구, 그 밖의 설비에 의한 위험(산업안전보건법 제23조 제1항 제1호), 폭발성, 발화성 및 인화성 물질 등에 의한 위험(같은 항 제2호), 전기, 열, 그 밖의 에너지에 의한 위험(같은 항 제3호)을 예방하기 위하여 필요한 조치로서 산업안전보건기준에 관한 규칙에 따른 안전조치를 하지 않은 채, 근로자에게 안전상의 위험성이 있는 작업을 하도록 지시한 경우에는, 산업안전보건법 제67조 제1호, 제23조 제1항 위반죄가 성립하며, 이러한 법리는 사업주가 소속 근로자로 하여금 사업주로부터 도급을 받은 제3자가 수행하는 작업을 현장에서 감시·감독하도록 지시한 경우에도 그 감시·감독 작업에 위와 같은 안전상의 위험성이 있는 때에는 마찬가지로 적용된다."라고 판단하여 도급인인 대림산업과 그 소속 근로자 丁의 산업안전보건법상 책임을 인정하였다.

파기환송된 항소심에서는 丁이 비록 대림산업 소속 직원들에게 직접 사일로 맨홀설치작업을 하도록 지시한 것은 아니라고 하더라도 맨홀설치작업 현장에 위 직원들을 배치하여 그 작업을 감시·감독하게 한 이상, 위 직원들이 그 감시·감독 과정에서 처할 수 있는 위험을 예방하기 위하여 필요한 안전조치를 할 의무가 있음에도 이를 이행하지 않았다고 보아 유죄로 판단하였다.

(4) 검토

위 대법원 판례에서 대림산업과 丁에게 적용한 산업안전보건법 규정은 직접 도급인의 책임을 예외적으로 규정한 제29조가 아닌 법 제67조 제1호, 제23조 제1항으로 피해근로자와 실질적 고용관계가 아닌 도급인에게도 산업안전보건법의 책임을 인정하였다는데 의의가 있다. 한편, 하청업체인 유한기술과 그 근로자 戊에게는 산업안전보건법 제66조의2, 제23조 제1항 2호를 적용하여 '안전조치 불이행으로 인한 근로자 사망의 점'을 인정한 것과 달리 대림산업과 丁에게는 폭발사고 관련 산업안전보건법상 안전조치 불이행을 인정하면서도 '안전조치 불이행으로 인한 근로자 사망의 점'까지 인정한 것은 아니다.[6)]

3. 소결론

위에서 살펴본 바와 같이 산업안전보건법의 정의규정과 규범 체계를 통해 도급인 책임에 관한 예외규정인 법 제29조를 제외한 각종 사업주의 의무규정은 도급인이 아닌 피해 근로자와 실질적 고용관계를 맺고 있는 사업주에 한정하여 해석하는 것이 대법원의 일반적인 입장이고, 대림산업 여수공장 사일로 폭발사고에서 도급인에게 법 제67조 제1항의 사업주 책임을 인정한 것은 예외적인 사례로 보고 있다.

법 제29조는 요건 중 일부를 하위 법규에 위임하는 경우가 많고, 시행령 및 시행규칙 등에서 규정하는 기타 요건을 충족하지 못하여 도급인의 책임을 묻지 못하는 사례가 있는데, 산업재해 발생위험이 있는 장소에 해당하지 않는다는 이유로 도급인의 안전조치의무를 부정한 사례 역시 그러하다(대법원 2009도9648).

일부 학계에서는 산업안전보건법의 규정상 문제점을 들면서, 산업재해의 책임을 1차적으로 기업에게 묻도록 하여야 하며 도급인 등 법인사업주의 의무규정과 관련하여 제한적 열거 형식이 아닌 예시적 규정 등 책임을 확대하고, 처벌

6) 이는 기소할 당시부터 법 제66조의2를 적용하지 않은 것으로, 이는 법 제66조의2에서 "제23조 제1항부터 제3항까지 또는 제24조 제1항을 위반하여 근로자를 사망에 이르게 한 자"라고 규정하고 있고, 산업안전보건법의 정의규정에 따른 해석과 대법원 2010도2615 판결에 따른 것으로 보인다.

역시 강화해야 한다고 한다. 현행 산업안전보건법 아래에서는 산업안전보건법의 일반 규정을 도급인에게 적용하는 것에 대해 법원에서 합리적인 범위 내에서의 적극적인 해석 역시 필요할 것으로 보인다.

Ⅳ. 결 론

산업안전보건법은 근로자들의 안전과 보건을 위하여 최근 수회에 걸쳐 개정이 이루어졌다. 그러나 여전히 입법의 미비가 존재하고 있고 법원의 태도 역시 산업재해현장에서 근로자들을 보호하기에는 부족하다. 산업재해발생의 위험이 있는 근로현장에서 일하는 근로자를 보호하기 위해서는 사업주 소속 안전보건관리 담당자 등 행위자를 처벌하는데 그쳐서는 아니되고 사업주인 법인에게 1차적인 책임을 물어야 할 것이다.

대체로 영세한 규모의 하청업체 소속 근로자들은 위험한 작업환경에 노출되어 있고 사망사고 통계는 줄어들지 않고 있다. 물론 산업구조와 안전에 관한 인식, 문화 등도 산업안전사고에 영향을 미치겠지만 법규정과 이에 대한 해석이 도급인 등 사업주에게 적극적으로 의무를 부과하고 이에 대한 책임을 요구한다면 근로자들이 더 안전한 현장에서 근무할 수 있을 것이다.

참고문헌

강선희, "산업안전보건법상 사내하도급근로자의 산업안전과 도급사업주의 책임", 노동법 포럼 제8호, 2012.

노상헌, "산업안전보건법상 사내하도급에 관한 사업주 책임", 2012.

전형배, "산업안전보건상 도급인 사업주의 책임구조: 영국법제와의 비교 연구" –사내하도급과 산업안전–제조업을 중심으로–, 한국노동연구원, 2015.

18

부부강간죄 성립여부에 대한 고찰*

– 대법원 2013. 5. 16. 선고 2012도14788 전원합의체 판결을 중심으로 –

형법각칙 분야

이 수 창**

Ⅰ. 문제의 제기

2013. 6. 15. 대법원은 부인을 흉기로 위협해 강제로 성관계를 맺은 혐의로 기소된 40대 남성에게 유죄를 선고한 원심을 확정했다.[1] 이는 정상적인 부부관계에서 강간죄가 성립됨을 인정한 첫 대법원 판결이고, '부부간에는 강간죄가 성립할 수 없다'는 1970년대 판결 이후 43년간 유지되어 오던 판례가 변경되면서 사회적으로 적지 않은 파장이 예상된다. 특히 이와 더불어 2013. 6. 19.부터 개정 형법의 시행으로 인하여 강간죄의 객체가 기존의 "부녀"에서 "사람"으로 변경되고, 친고죄가 폐지되는 등 성폭력범죄를 둘러싼 일련의 법률 개정은 위

* 이 논문은 제161회 영남형사판례연구회(2014.11.10.)에서 발표되었음.

** 현 대전지검 천안지청 형사 2부.

1) 대법원 2013. 5. 16. 선고 2012도14788 판결【폭력행위등처벌에관한법률위반(집단.흉기등폭행), 준강간, 폭력행위등처벌에관한법률위반(집단.흉기등상해), 성폭력범죄의처벌등에관한특례법위반(특수강간), 감금】

대법원 전원합의체 판결의 선고와 맞물려 그 영향력이 더욱 크다 할 것이다.

위 대법원 전원합의체 판결에 대한 국민적 공감도와 관련한 설문조사 결과를 보면 흥미로운 점을 발견할 수 있다. 한국갤럽은 2013. 5. 20.부터 4일단 전국 만 19세 이상 남녀 1,270명을 대상으로 설문조사를 실시했다. 그 결과 '부부 사이 강간죄가 성립한다고 보느냐'는 질문에 응답자의 66%가 '성립한다'고 답했다. '성립하지 않는다'고 답한 응답자는 23%에 그쳤다. 대법원의 판결에 국민 10명 중 7명이 공감하고 있는 것으로 나타났다.

[그림 1] 부부강간죄 성립 여부에 대한 한국갤럽 여론조사결과 (2013. 5.)

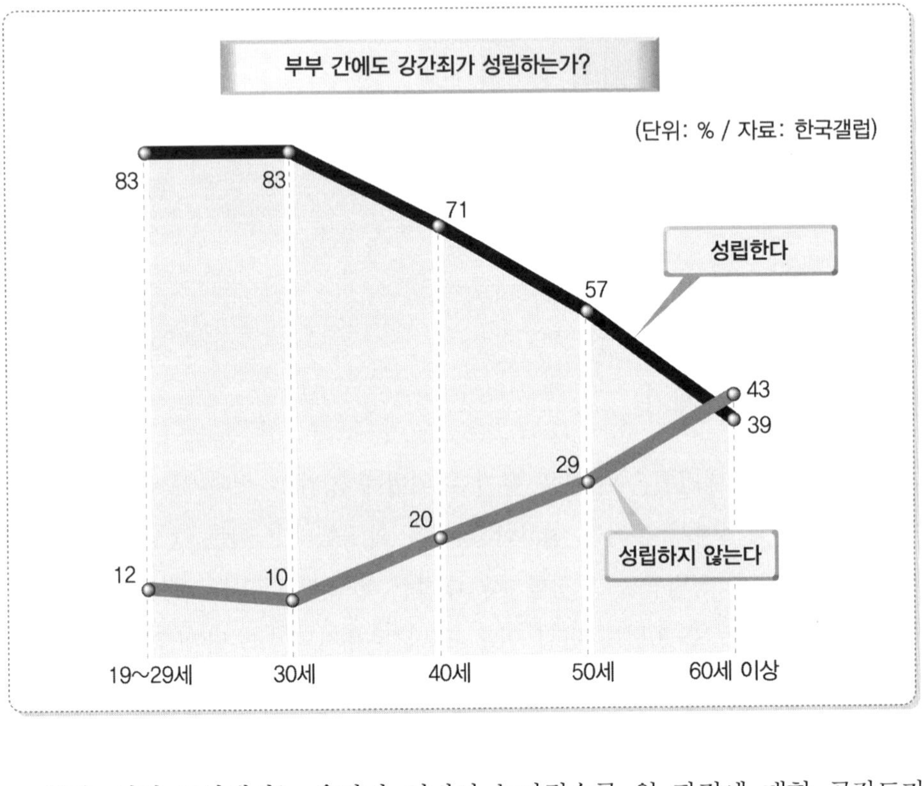

한편, 이번 조사에서는 응답자 연령이 높아질수록 위 판결에 대한 공감도가 떨어지는 것으로 집계됐다. '19~29세'와 '30대' 응답자는 각각 83%가 '부부강간죄가 성립한다'고 답했지만 연령이 높아질수록 '성립한다'는 의견은 적었고, '60세 이상' 응답자 중에는 '성립하지 않는다'고 답한 응답자가 43%에 달했다.[2)]

한국갤럽은 위 설문조사 결과에 대하여 “이번 대법원의 판결에 대하여 성적 자기결정권이 지켜져야 한다는 의견과 더불어 불필요한 소송을 유발하게 될 것이라는 우려가 동시에 제기되고 있어 귀추가 주목된다”고 논평한 바 있다.[3)]

결국 부부강간죄를 인정한 대법원의 판결 결과에는 기본적으로 공감하면서도 위 판결로 인하여 예상되는 불필요한 법적 분쟁의 증가 등 부작용을 우려하는 목소리가 적지 않은 것이고, 부부간의 내밀한 관계에 대하여 국가가 개입하는 것에 대하여 연령대별로 다소 의견을 달리한다는 점이 확인된 것이다.

이하에서는 부부강간죄 성립 여부에 대한 판례의 변천을 살펴보고, 이를 둘러싼 이론적 논쟁, 외국의 입법례를 살펴본 다음, 부부강간죄 인정으로 인하여 파생될 수 있는 추가적인 쟁점들을 검토하도록 하겠다.

Ⅱ. 부부강간죄 성립 여부에 대한 판례의 변천[4)]

1. 기존 판례의 태도

(1) 부부강간죄에 대한 원칙적 부정

종래 대법원의 기본적인 입장은 부부 사이에서는 폭행, 협박 하에 간음행위가 있다고 하더라도 강간죄를 부정하는 것이었다. 대법원은 1970. 3. 10. 선고 70도29 판결에서 다음과 같이 판시한 바 있다.

> 『처가 다른 여자와 동거하고 있는 남편을 상대로 간통죄 고소와 이혼소송을 제기하였으나 그 후 부부간에 다시 새 출발을 하기로 약정하고 간통죄 고소를 취하한 경우에는, 설령 <u>남편이 폭력으로서 강제로 처를 간음하였다 하더라도 강간죄는 성립되지 아니한다.</u>[5)]』

2) 성별로 살펴보면 여성 응답자의 70%가 ‘성립한다’고 답해 남성 응답자(62%)보다 더 판결에 공감하는 것으로 집계됐다.

3) 2013. 6. 3.자 부산일보 신문기사, “부부사이 강간죄 성립, 연령대 높을수록 공감대 낮아”

4) 통상 논문에서는 “외국의 입법례 – 국내 학계의 논의 – 판례의 태도” 순으로 검토하는 것이 일반적이나, 이 글이 영남판례연구회 발표문이라는 점을 고려하여, 먼저 판례의 입장을 중점적으로 살펴본 후 국내 학계의 논의, 외국의 입법례 순서로 검토하였음을 미리 밝혀둔다.

5) 대법원 1970. 3. 10. 선고 70도29 판결.

위 판결에 대하여는 두 가지 해석이 있다. 첫째, 부부사이에서는 강간죄가 성립할 수 없다는 해석이다. 이 견해는 간통고소를 취하하고 부부관계를 회복한 이상 민법상의 부부이고, 부부사이에는 강간죄를 생각할 수 없다는 입장이다. 둘째, 이 판례의 의미가 형식적인 부부사이라고 하여 강간죄가 무조건 성립할 수 없는 것은 아니고 실질적인 부부관계가 있으면 강간죄는 성립할 수 없지만 실질적인 부부관계가 형성되어 있지 않으면 강간죄가 성립될 여지는 있다는 판시라는 주장[6]이다. 이 견해는 처가 간통고소를 취하하고 새 출발을 하기로 하여 부부사이에 실질적인 부부관계가 형성되었기 때문에 강간죄가 성립될 수 없을 뿐, 만일 실질적인 부부관계가 형성되어 있지 않은 상황이라면 강간죄가 성립될 수 있다는 여지를 남긴 판례라는 것이다.[7] 위 판시내용만 가지고는 대법원이 어느 하나의 입장을 취한 것이라 단정 짓기는 다소 어렵다고 할 것이나, 통상은 위 판례를 전자의 입장으로 이해하는 것이 통설이다.

(2) 일부 판결에서 부부강간죄를 인정한 사례

1) 필리핀 아내 강간 사건(부산지방법원 2009. 1. 16. 선고 2008고합808판결)[8]

【사실관계】

피해자는 필리핀 여성으로 결혼정보회사를 통해 피고인과 혼인한 후 국내로 들어와 4개월 동안 피고인과 동거하였다. 피고인은 피해자에게 생활비를 주지 않고 술을 마시면 폭행 등 학대를 계속하였으므로 피해자는 가출 후 약 1년 6개월 정도 공장 등에서 노동에 종사하면서 생활하였다. 이후 피해자는 불법체류자로 당국에 붙들려 다시 피고인에게 인계되었다. 그 때부터 약 5일 정도는 합의에 의한 성관계를 가지는 등 별 문제가 없었지만, 피해자는 생리가 시작되면서 이를 이유로 성관계를 거부하였다. 이에 성욕을 참지 못한 피고인은 가스분사기와 12cm 가량의 과도를 피해자의 머리와 가슴에 겨누고 죽여버리겠다고 협박하면서 피해자의 유두와 음부를 자르는 시늉을 하면서 피해자의 반항을 억압한 후 피해자의 옷을 모두 벗게 하고 1회 간음하여 피해자를 강간하였다.

【법원의 판결】

법원은 "피고인이 판시 범죄사실과 같이 그 처를 강간한 점에 대하여 검사는 형법상

---

6) 조국, "형사법의 성편향", 박영사, 2004, 26~27면.

7) 박기석, "부부강간죄의 판례 및 입법안에 대한 고찰", 한양법학 제20권 제3집, 2009. 8., 258면

8) 부산지법 2009. 1. 16. 선고 2008고합808 판결 [성폭력범죄의처벌및피해자보호등에관한법률위반(특수강간)]

강간죄의 성립을 전제로 특별법상의 특수강간죄로 기소하였다. 이에 대하여 **피고인은 범행을 모두 자백하고 변호인 또한 법리 등에 대하여 특별한 의견을 제시하지 않았다**. 그러나 부부 사이의 강제적 성관계를 형법상 강간죄로 인정할 것인지의 여부에 관하여는 의견이 나뉘므로, 당원은 이 사건에 대한 법률적용에 임하여, 논점에 관한 그간의 자료를 검토 및 숙고한 다음 별지와 같이 부부강간에 대한 견해를 제시하고자 한다"고 판시하였다.

【위 판례에 대한 평가】

위 판결은 우리나라에서 부부강간을 인정한 최초의 판례로써 의의를 가진다. 1심에서 피고인은 징역 2년 6월, 집행유예 3년의 형을 선고받고 항소하였으나, 항소 직후인 2009. 1. 20. 피고인은 자살을 함으로써 항소심은 피고인의 사망을 이유로 공소기각 결정을 하였다(부산고법 2009. 3. 4. 선고 2009노51 결정). 이에 사건은 종결됨으로써 추가적으로 항소심, 나아가 대법원의 법률적 판단을 받을 수 없게 되었다.

또한 위 1심 판결에서 피고인에 대한 강간죄가 인정된 직후 피고인은 자살로써 생을 마감함으로써 이후 부부강간죄 성립 반대론자들로부터 결국 가정의 문제에 국가가 개입함으로써 가정파탄을 초래하였다는 비판을 받는 상황에 직면하게 되었다.

그러나 위 판례가 비록 하급심 판결이기는 하지만 부부강간죄의 성립을 정면으로 인정하고, 이에 대하여 법률적으로 논증하면서 '법률상 처를 강간죄의 객체로 인정한 이유'라는 제목으로 별지에서 8장의 분량으로 법원이 부부강간에 관한 견해를 제시하였다는 점에서 주목할 만하다. 특히 **법원은 별지의 판시에 대하여 "당원이 종래의 법해석을 따르지 아니하고 새로운 태도를 취한 이유" 라고 밝힘으로써 부부강간의 성립에 대한 기존의 대법원 판결을 정면으로 반박하는 하급심 판례**라는 점에서도 의의가 있다.

법원이 밝힌 부부강간의 인정 이유를 요약하면 다음과 같다.[9)]

① 민법상의 혼인의 효력이 강간죄를 정당화시킬 수 없다. 부부는 혼인과 동시에 동거의무를 부담하므로 특별한 사정이 없는 한 처는 남편의 성적 요구에 응할 의무가 있다. 그러나 이 의무가 곧바로 처의 성적 자기결정권 전부가 포기되거나 상실되는 것으로 볼 수는 없다. 부부 사이에서는 성적 자기결정권이 완화되는 것에 불과하다. 따라서 남편이 상당한 성적 요구를 할 수는 있지만 처가 최종적이고 물러설 수 없는 선에서 성관계를 거부하는 경우에는 남편은 성적 요구를 멈추어야 한다. 남편의 성적 요구를 계속 거부하는 경우 이혼청구의 사유는 될 수 있지만 폭력과 협박을 통해 성관계를 강행할 권리를 남편은 가지고 있지 않다.

② 부부사이의 문제에 국가가 관여할 수 있겠느냐의 문제에 대해 부부 사이의 강간

9) 박기석, 전게논문, 259~260면 참조.

행위에 대해 국가가 개입하는 것은 정상적인 부부사이의 문제에 개입하는 것이 아니라 이미 파탄 난 부부 사이의 범죄행위에 관여하는 것이다. 혼인관계가 파탄되어 부부라고 볼만한 실질이 존재하지 아니하는데 형식적인 혼인관계만을 이유로 강간죄를 인정하지 않을 이유는 없다.

헌법의 규정으로도 국민의 사생활의 비밀과 자유에 관한 규정(헌법 제17조)도 있지만 혼인과 가족생활은 개인의 존엄과 양성의 평등을 기초로 성립되고 유지되어야 하고(헌법 제36조 제1항), 국가는 모성의 보호를 위해 노력하여야 하며(헌법 제36조 제2항), 모든 국민은 인간으로서 존엄과 가치를 가지며 행복을 추구할 권리를 가지고 국가는 개인이 가지는 불가침의 기본적 인권을 확인하고 보장할 의무를 지닌다(헌법 제10조).

③ 부부사이라 하더라도 폭력과 협박에 의해 간음행위를 당한 처는 성적 쾌락이나 행복을 느끼는 것이 아니라 성의 도구나 노예로 전락하였다는 피해의식을 느낀다. 남자들은 성행위를 통해 갈등이 해소되는 것으로 착각하지만 여자는 참을 수 없는 수치심, 모멸감, 자괴감 등을 느끼게 되고 이러한 감정은 급기야 남편에 대한 분노와 적개심, 복수심 등의 부정적인 생각에 사로잡혀 부부관계는 끝내 파국으로 치닫게 된다. 결국 부부사이에 폭행, 협박이 있더라도 쾌감을 주는 성행위가 있으면 모든 문제가 해결된다는 사고는 잘못된 것이다.

④ 구체적으로 부부사이에 강간죄가 성립하기 위한 폭행, 협박의 정도가 어느 정도 되어야 하는가에 대하여, 부부 사이의 강간행위가 강간죄로 인정되기 위한 요건으로 폭행, 협박의 정도는 처의 거부의사에 명백히 반하는 것으로서 그 의사를 강력하게 억압하는 등의 방법으로 저항을 사실상 곤란하게 하는 것이면 족하다. 부부 사이라고 하여 저항이 불가능하거나 현저히 곤란하게 할 정도의 것을 요하는 것은 아니다. '저항을 사실상 곤란하게 할 정도의 폭행과 협박'이 있었다고 하기 위해서는 범행 당시 남편의 의도, 처의 태도, 남편이 사용한 폭행과 협박의 태양, 수단, 정도, 쌍방의 연령과 정신상태, 남편과 처의 성행, 가족 구성과 현장의 실태 등 모든 구체적인 사정 등을 종합적으로 고려하여 합리적으로 판단하여야 한다.

⑤ 부부 사이의 다른 범죄(폭행, 상해 등)는 처벌하면서 더 중한 범죄인 강간죄를 국가가 눈감아준다는 것은 인간다운 생활과 행복추구권을 보장한 헌법원리와 정의관념에 현저히 반하는 것으로 타당하지 않다.

⑥ 부부강간죄 성립이 처에 의하여 오용되거나 남용될 가능성이 있거나 입증곤란의 문제가 있다는 비판은 있지만, 이는 수사와 재판 등 형사사법절차에서의 사실인정의 문제로서 이를 내세워 폭력을 수단으로 부부강간행위를 부정하는 구실로 삼는 것은 타당하지 않다.

2) 실질적으로 혼인관계가 파탄된 경우(대법원 2009. 2. 12. 선고 2008도8601판결)

【사실관계】

피고인은 본 사건 발생 이전에 수차례 이미 아내인 피해자를 변태적이고 반인륜적인 방법으로 강간하고 감금 및 폭행 하였으며, 2004. 7.경에는 다른 사람을 시켜 피해자를 강간하게 하였다는 등의 범죄사실로 2005. 1. 26. 서울고등법원에서 징역 3년의 형을 선고받고 복역하던 중 2007. 4. 30. 가석방되어 출소한 바 있다.

또한 2005. 5.경 피해자와 피고인은 재판상 이혼을 하였으며, 피고인이 자식 등을 내세워 피해자와 재결합을 요구하자 피해자가 이를 받아들여 다시 혼인신고를 하여 일시적으로 재결합하였다. 그러나 피고인의 잦은 폭행 및 계속된 협박 등으로 인하여 아내인 피해자는 더 이상 혼인관계를 지속할 수 없다고 생각하여 피고인에게 협의이혼을 요구하였고, 다시 협의이혼을 하기 위해 2008. 2. 14.경부터 피고인과 별거를 하였다. 본 사건 발생일인 2008. 2. 19.에는 피해자와 피고인가 의정부지법 고양지원에 방문하여 협의이혼신청서를 제출하였다.

그러나 피고인이 마지막으로 하룻밤만 같이 지내자고 요구하여 피해자는 그러라고 하였는데, 피해자와 같이 있던 피해자의 형부가 자신의 집으로 돌아가자 피고인이 갑자기 태도를 돌변하여 피해자에게 성관계를 요구하였고, 피해자가 이를 거절하자 피고인이 부엌칼로 피해자를 찌를 듯이 위협하였고, 피고인이 강제로 피해자의 옷을 벗기고 가위와 면도기를 이용하여 피해자의 음모를 깎고 강제적이고 비정상적이며 변태적인 성관계를 가졌으며 피해자의 나체 등을 사진으로 촬영까지 하였다.

【법원의 판결】

대법원은 위 사건에서 "혼인관계가 존속하는 상태에서 남편이 처의 의사에 반하여 폭행 또는 협박으로 성교행위를 한 경우 강간죄가 성립하는지 여부는 별론으로 하더라도, 적어도 **당사자 사이에 혼인관계가 파탄되었을 뿐만 아니라 더 이상 혼인관계를 지속할 의사가 없고 이혼의사의 합치가 있어 실질적인 부부관계가 인정될 수 없는 상태에 이르렀다면, 법률상의 배우자인 처도 강간죄의 객체가 된다**"고 판시하였다.

즉 대법원은 피고인과 피해자는 서로 별거 하다가 이 사건 발생 전날 의정부지방법원 고양지원에 협의이혼신청서를 제출한 사실 등을 인정한 다음, 피고인과 피해자가 아직 법률상 혼인관계에 있기는 하나 실질적으로는 혼인관계가 파탄에 이르렀다는 이유로, 그와 같은 상황에서 피고인이 피해자의 의사에 반하여 강제로 성관계를 가졌으므로 강간죄가 성립한다고 판시한 것이다.

【위 판례에 대한 평가】

위 판례로 인해 대법원이 부부 사이의 강간행위를 강간죄로 인정하지 않는다고 단정할 수는 없게 되었다. 대법원이 부부간에도 강간죄의 성립가능성을 열어 놓은 것은 일단 진일보 한 것으로 평가할 수 있다. 그렇다면 우리나라 판례의 태도는 부부강간죄 전면 부정이 아닌 '형식이 아닌 실질적인 부부관계의 존재여부를 강간죄 인정의 중요기준으로 삼아, 실질적으로 부부관계가 단절된 경우에는 강간죄도 성립할 수 있다"는 입장으로 정리할 수 있다.[10)]

3) 강제추행치상을 인정한 경우(서울중앙지법 2004. 8. 20. 선고 2003고합1178판결)

【사실관계】

본 사건은 아내가 이혼을 요구한다는 이유로 딸의 방에서 자고 있는 피해자를 안방으로 끌고 가서 억지로 옷을 벗기고 반항을 억압한 다음 강제로 성관계를 맺고 성추행을 하여 상해를 입혔을 뿐만 아니라 같은 날 새벽 같은 장소에서 칼을 휘두르는 등 피해자의 신체에 어떠한 위해를 가할 것 같은 태도를 보이며 이혼을 할 수 없다는 식으로 협박을 하였기에 아내가 남편을 고소한 사안[11)]이다.

【법원의 판결】

법원은 "혼인한 부인에게 상대방의 성적 요구에 응할 의무는 있지만 각자의 성적 자기결정권을 포기한 것으로는 볼 수 없으므로 부부간의 관계에 있어서도 성적 자기결정권은 여전히 보호되어야 하는데 부부 중 일방이 폭력을 행사하여 성폭행을 한 행위는 타방의 성적 자기결정권을 침해하는 행위로서 처벌의 대상이 되며, 특히 부부간의 관계는 타인이 간섭하기 어려운 특성이 있어 그 범행이 반복될 수 있다는 점에서 엄한 처벌이 필요하다."고 판시하면서 부부간에도 강제추행죄가 성립한다고 판시하였다.

---

10) 다만, 법원이 강간죄 성립 여부를 판단하는 기준으로 제시한 '실질적 부부관계를 유지하고 있는지 여부'가 지나치게 형식적이라는 비판에 박기석, 전게논문 262면.
박기석 교수의 비판 요지는 다음과 같다.
"협의이혼신청이나 이혼소송을 제기한 경우, 오래 별거 중인 경우 등이 외부적으로 드러나는 실질적인 부부관계 단절이라고 할 수 있다. 그러나 한 집에 살면서도 실질적으로 부부관계가 단절된 경우가 얼마든지 있을 수 있고, 또 행위 전후로는 사이가 좋은 부부이지만 강간행위 당시에는 실질적 부부관계가 단절되고 비인간적인 범죄의 피고인과 피해자가 될 수도 있다. 따라서 대법원이 말하는 '실질적 부부관계' 개념을 부부사이에서 허용할 수 있는 완력이나 억압으로 이해하여 국가형벌권이 개입하지 않는 것이 좋을 범위라고 한다면 일응 수긍할 수 있다. 결국 폭행, 협박에 의한 간음행위가 발생한 행위 당시의 피고인과 피해자의 관계, 피고인과 피해자의 신체적 심리적 상태, 폭행 협박의 정도, 간음행위의 태양, 장소, 시간 등을 종합하여 강제적 간음행위인지 여부를 가려야 한다"

11) 피고인인 남편은 당초 아내에 의하여 강간과 강제추행치상 혐의로 고소되었지만, 검찰 수사단계에서 강간부분은 증거불충분으로 무혐의처분을 받았다. 이후 남편은 법정에서 강제추행치상 부분도 부인하였으나, 강제추행치상에 대하여 유죄판결을 받게 되자 남편이 항소를 포기하여 위 판결은 확정되었다.

【위 판례에 대한 평가】

위 판례는 부산지방법원 2009. 1. 16. 선고 2008고합808판결과 같이 부부간에 강제추행죄가 성립하는지 여부라는 쟁점에 대하여 정면으로 상세한 판시이유를 밝히지는 않았다. 그러나 당초 강간 및 강제추행치상 혐의로 고소되었고, 정황상 폭력을 동반한 강제적 성행위가 이루어진 바 있음에도 불구하고 검찰 수사단계에서 강간 부분이 증거불충분으로 무혐의처분을 받은 상황에서 부부 사이에서도 성적 자기결정권이 존중되어야 한다는 이유에서 가해자의 행위에 대해 강제추행치상죄를 인정한 것은 주목할 만한 의의가 있다.

또한 법원은 "**위 사안이 부부간 강제추행의 경우로 대법원 판결에 저촉된다고 볼 수 없고, 대법원 판례가 강제추행까지 부정한다는 취지라고 하더라도 위 판결시부터 30년 넘게 경과한 현 시점에서는 이를 재검토할 여지가 있다**"고 덧붙였다. 또한 법원은 피고인이 술에 취해서 우발적으로 범행에 이르렀고, 피해자가 피고인과의 가사사건 임의조정에서 500만원을 지급받은 뒤 즉시 피고인에 대해 형사고소를 취하한 점 등을 참작해 집행유예 형을 선고하였으며, 이 부부는 2004년 7월 서울가정법원에서 임의조정으로 재산 중 일부인 2억 2천만원을 아내에게 양도하는 조건으로 이혼이 성립된 바 있다.[12)]

4) 관련판례 – 성전환자에 대한 판례(대법원 2009. 9. 10. 선고 2009도3580 판결)

최근 대법원은 성전환자를 여성으로 인식하여 강간한 사안에서, 강간죄의 객체는 부녀로서 여자를 가리키는 것이므로, 강간죄의 성립을 인정하기 위하여는 피해자를 법률상 여자로 인정할 수 있어야 하는데, 피해자가 성장기부터 남성에 대한 불일치감과 여성으로의 성귀속감을 나타냈고, 성전환 수술로 인하여 여성으로서의 신체와 외관을 갖추었으며, 수술 이후 30여 년간 개인적・사회적으로 여성으로서의 생활을 영위해 가고 있는 점 등을 고려할 때, 피해자는 사회통념상 여성으로 평가되는 성전환자로서 강간죄의 객체인 '부녀'에 해당한다고 판시[13)]한 바 있다.

위 판결에서 법원은 여성으로 성전환한 사람을 강간죄의 객체인 '부녀'에 해당한다고 판시하였는데, 강간죄의 객체인 '부녀'에 성전환자를 포함시킴으로써, 강간죄의 객체 범위를 보다 넓혔다는 점에서 의의가 있다.

---

12) 김은애, "아내의 강간죄 객체성에 대한 소고", 이화여자대학교 법학논집 제15권 제4호(2011. 6.), 70면 각주 33 참조.

13) 대법원 2009. 9. 10. 선고 2009도3580 판결【특수강도(인정된죄명:절도)・성폭력범죄의처벌및피해자보호등에관한법률위반(주거침입강간등)】

2. 최근 대법원 전원합의체 판례(대법원 2013. 5. 16. 선고 2012도14788 판결)[14)]

(1) 대법원의 다수의견

① 국가가 은밀하게 이루어지는 부부 사이의 성생활에 개입하는 것을 극도로 자제하여야 한다. 종래 대법원은 혼인관계가 실질적으로 유지되는 한 아내에 대하여 강제적인 성관계를 한 남편을 강간죄로 처벌할 수 없다고 해석하였다. 이는 가정 내의 폭력을 추방하여야 한다는 요청을 대법원이 외면하거나 가볍게 여기는 것이 아니라 혼인생활에서 부부 사이에 은밀히 이루어지는 성관계에 대한 국가의 개입을 자제하여 조금이라도 가정이 유지되도록 하기 위한 배려라고 새길 것이다.

② 아내에 대한 성폭력이 가정 내부에서 자율적으로 해결되지 못하고 아내의 성적 자기결정권이 심각하게 유린되는 상황이 지속되고 있음에도 국가가 부부 사이의 내밀한 성생활에 관한 문제라는 이유만으로 그 개입을 자제한다면, 헌법이 천명한 개인의 존엄과 양성의 평등에 기초한 혼인생활을 보장할 국가의 책무를 소홀히 하는 것이다. 혼인관계가 파탄에 이른 경우는 물론 혼인관계가 실질적으로 유지되고 있는 경우에도 남편의 성폭력이 아내의 성적 자기결정권을 본질적으로 침해하는 정도에 이르렀다면, 국가가 이에 개입하여 더 이상의 피해를 방지하고 건강한 부부관계가 회복될 수 있도록 적절한 조치를 취해야 하며, 필요한 경우 국가형벌권의 행사도 고려하지 않을 수 없다.

③ 형법 제297조는 부녀를 강간한 자를 처벌한다고 규정하고 있는데, 형법이 강간죄의 객체로 규정하고 있는 부녀란 성년이든 미성년이든, 기혼이든 미혼이든 불문하며 곧 여자를 가리키는 것이다(대법원 1996. 6. 11. 선고 96도791 판결; 대법원 2009. 9. 10. 선고 2009도3580 판결 참조). 이와 같이 형법은 법률상 처를 강간죄의 객체에서 제외하는 명문의 규정을 두고 있지 않으므로, 문언 해석

---

14) 대법원 2013. 5. 16. 선고 2012도14788 판결【폭력행위등처벌에관한법률위반(집단・흉기등폭행), 준강간, 폭력행위등처벌에관한법률위반(집단・흉기등상해), 성폭력범죄의처벌등에관한특례법위반(특수강간), 감금】

상으로도 법률상 처가 강간죄의 객체에 포함된다고 새기는 것에 아무런 제한이 없다.

④ 부부 사이에 민법상의 동거의무가 인정된다고 하더라도 거기에 폭행, 협박에 의하여 강요된 성관계를 감내할 의무가 내포되어 있다고 할 수 없다. 혼인이 개인의 성적 자기결정권에 대한 포기를 의미한다고 할 수 없고, 성적으로 억압된 삶을 인내하는 과정일 수도 없기 때문이다.

⑤ 결론적으로, 위와 같은 헌법이 보장하는 혼인과 가족생활의 내용, 가정에서의 성폭력에 대한 인식의 변화, 형법의 체계와 그 개정 경과, 강간죄의 보호법익과 부부의 동거의무의 내용 등에 비추어 보면, 형법 제297조가 정한 강간죄의 객체인 '부녀'에는 법률상 처가 포함되고, 혼인관계가 파탄된 경우 뿐만 아니라 혼인관계가 실질적으로 유지되고 있는 경우에도 남편이 반항을 불가능하게 하거나 현저히 곤란하게 할 정도의 폭행이나 협박을 가하여 아내를 간음한 경우에는 강간죄가 성립한다고 보아야 한다.

⑥ 아울러 혼인관계가 실질적으로 유지되고 있는 부부 사이에서 발생하는 강간죄의 수사와 재판에는 특별한 고려가 필요하다는 점을 지적하여 둔다.

가정폭력범죄의 처벌 등에 관한 특례법(이하 '가정폭력특례법'이라 한다)이 2012. 1. 17. 법률 제11150호로 개정되면서 형법 제297조의 강간죄 및 이에 대하여 다른 법률에 따라 가중처벌되는 죄도 가정폭력범죄에 해당하게 되었다. 가정폭력특례법은 가정폭력범죄에 대하여는 가정폭력특례법을 다른 법률에 우선하여 적용하고(제3조), 남편의 아내에 대한 강제적인 성행위가 형법상 강간죄의 구성요건을 충족하더라도 형사처벌보다 가정폭력특례법에 따른 보호처분이 적절한 경우에는 이를 가정보호사건으로 처리할 수 있도록 규정하고 있다(제9조 제1항, 제12조, 제40조 제1항 등 참조). 이와 같이 남편의 아내에 대한 강간죄는 형사공판절차가 아니라 가정보호사건으로 처리될 수 있으므로, 검사 또는 법원으로서는 아내에 대한 강간죄를 가정폭력특례법에 따라 가정보호사건으로 처리할 것인지, 아니면 피고사건으로 처리할 것인지를 결정함에 있어 부부 사이에서 발생한 성폭력범죄라는 특수성과 함께 이를 피고사건으로 처리할 경우 적용될 강간죄의 법정형을 아울러 고려하여 신중히 판단하여야 할 것이다.

(2) 대법원의 소수의견(대법관 이상훈, 김용덕 – 2인)

① 실질적인 혼인관계가 유지되고 있는 경우에 이루어진 부부 사이의 성관계(이하반대의견의 범위 내에서는 이를 '부부관계'라고 줄여서 쓴다)라고 하더라도 폭행이나 협박을 가하여 강제적으로 이루어졌다면 이를 형사처벌 대상으로 삼아야 한다는 점에서는 다수의견의 견해에 찬성한다. 그렇지만 강간죄에 대하여 규정한 형법 제297조가 개정 형법(2012. 12. 18. 법률 제11574호로 개정되어 2013. 6. 19. 시행 예정인 것, 이하 '개정 형법'이라 한다)에 의하여 개정되기 전에, 강제적인 부부관계에 대하여 행사된 폭행이나 협박을 처벌 대상으로 삼는 것을 넘어서서 강간죄의 성립을 부정하였던 종전의 판례를 변경하여 강간죄로 처벌하여야 한다는 다수의견에 대하여는 다음과 같은 이유로 찬성할 수 없다.

② '간음'의 사전적 의미는 '부부 아닌 남녀가 성적 관계를 맺음'이다. 강간은 '강제적인 간음'을 의미하므로 강간죄는 폭행 또는 협박으로 부부 아닌 남녀 사이에서 성관계를 맺는 것이라 할 것이다. 그리고 강간죄는 '부녀'를 대상으로 삼고 있으므로, 결국 강간죄는 그 문언상 '폭행 또는 협박으로 부인이 아닌 부녀에 대하여 성관계를 맺는 죄'라고 해석된다. 이는 위와 같은 법의 문언에 따른 해석으로서, 형법 제297조를 비롯하여 관련 규정들이 개정되지 아니한 상태에서는 섣불리 이와 다른 견해를 취할 것은 아니라고 할 것이다.

③ 형법을 제정하여 강간죄를 규정하면서 '성관계'라는 용어 대신에 위와 같이 '간음'이라는 용어를 사용한 것은 부부 사이의 동거의무 내지는 부부관계의 특수성을 고려하여 강간죄의 처벌대상에서 부부관계를 제외하려고 한 것으로 보인다.

④ 강제적인 부부관계와 정상적인 부부관계의 차이는 강제성에 있으며, 이는 폭행 또는 협박에 의하여 자기결정권이 침해되는 것에서 비롯되므로, 그 침해를 낳는 폭행 또는 협박을 처벌함으로써 자기결정권을 보호할 수 있다. 그런데 부부관계에 대하여 강간죄가 성립되려면, 일반적인 강간죄의 경우와 마찬가지로 그 폭행 또는 협박이 반항을 억압하거나 현저히 곤란하게 할 정도에 이르러야 하며, 나아가 부부관계의 특수성을 고려하여 일반적인 경우보다 더 신중하게 판

단되어야 하고 더 증명력을 갖춘 엄격한 증거에 의하여 인정되어야 한다는 해석론을 취하게 되면 강간죄로 처벌될 수 있는 영역은 더 줄어들게 될 것이다.

⑤ 40여년간 유지되어 온 종전 대법원 판결을 변경하여 부부관계를 강간죄의 적용 대상으로 보아 형사처벌을 확대하는 것에는 신중을 기하여야 한다. 장기간 유지되면서 강간죄의 구성요건 해석에 관하여 실질적인 규범력을 형성하였던 종전 대법원 판결을 변경하면 그 변경 전에 이루어졌던 행위가 모두 처벌대상에서 벗어날 수 없게 된다(대법원 1999. 7. 15. 선고 95도2870 전원합의체 판결 참조). 이는 종전 대법원 판결을 규범으로 삼아 행위를 하였던 사람들의 예측가능성에서 벗어나는 결과에 이르게 되고, 이미 오래전에 이루어진 행위에 대하여 사회적 평가의 변경을 근거로 사후적으로 처벌하는 것과 마찬가지라고 할 수도 있으므로, 실질적으로 죄형법정주의나 형벌불소급의 원칙에 어긋나는 것은 아닌지 심각히 살펴보아야 할 것이다.

⑥ 개정 형법은 제297조 등을 개정하여 곧 그 시행을 앞두고 있다. 개정 형법은 제297조의 강간죄의 객체를 '부녀'에서 모든 '사람'으로 변경하고 친고죄에 관한 형법 제306조를 삭제하는 등 강간과 추행의 죄를 일부 개정하였다. 종전과는 달리 강간죄의 객체에 배우자도 포함된다는 해석이 충분히 가능하게 되었다고 보인다. 이러한 입법이 이루어지기 전에 위와 같은 문제를 안고 있는 해석론을 택하여 판례를 변경하는 것이 형사정책적으로 옳다고 할 수 없다. 오히려 이와 같이 강제적인 부부관계에 대하여 강간죄를 인정할 수 있는 법률 개정이 이루어졌고 곧 그 시행을 앞두고 있다면, 종전 대법원 판결을 변경하여 그 전에 이루어진 강제적인 부부관계에 대하여 강간죄로 처벌하여 혼란이나 문제를 낳는 것보다, 개정 법률의 시행을 기다려 그 시행 이후에 이루어진 강제적인 부부관계에 대하여 강간죄로 처벌하는 것이 형사법제 및 형사정책의 기본 원칙인 죄형법정주의 및 형벌불소급의 정신에 더 적합하다고 할 것이다.

(3) 검토

대법원의 소수의견은 실질적인 혼인관계가 유지되고 있는 경우에 이루어진 부부 사이의 성관계라고 하더라도 폭행, 협박을 가하여 강제적으로 이루어졌다면 이를 형사처벌 대상으로 삼아야 한다는 점에서는 다수의견의 견해에 찬성하면서도, 그 폭행, 협박을 처벌대상으로 삼는 것을 넘어서서 이를 강간죄로 처벌하는 것에 대하여는 반대하고 있다.

그 논거로써는 크게 (i) 형법 제297조에서 '간음'이라고 규정한 것은 부부관계의 특수성을 고려하여 부부강간을 강간죄의 처벌대상에서 제외하려고 한 것이 입법자의 의사라는 점, (ii) 굳이 강간죄가 아니라 그 과정에서 수반되는 폭행, 협박 행위에 대한 처벌로 배우자의 성적 자기결정권을 보호할 수 있다는 점, (iii) 형법 제297조의 강간죄의 객체 등에 대한 법률 개정이 이루어질 것이라는 점에서 굳이 현재의 시점에서 판례를 변경하면서까지 여러 사회적 혼란을 야기하는 것보다는 개정 법률의 시행을 기다려 그 이후의 강제적인 부부관계에 대하여 강간죄로 처벌하는 것이 형사법제 및 형사정책의 기본원칙인 죄형법정주의 및 형벌불소급원칙의 정신에 부합한다는 점 등이다.

결국 대법원 소수의견이 제시한 마지막 논거, 즉 개정 형법이 곧 시행될 예정이고, 위 개정 형법에 의할 때 배우자도 강간죄의 객체에 포함될 가능성이 크다는 점에서 새로운 법률이 시행되고 난 후부터 부부강간죄로 처벌하는 것이 사회적 혼란을 줄일 수 있다는 사회정책적인 고려가 소수의견의 주된 고려사항이 아닐까 생각한다.

즉, 결국 2013. 6. 19.부터는 형법개정으로 배우자도 강간죄의 객체에 포함된다고 해석할 여지가 크므로, 그 이전에 판례를 변경하게 되면 그 이전에 이루어진 강제적인 부부관계도 강간죄로 처벌해야 하는 혼란이 발생할 수 있으니, 굳이 지금 시점에서 판례를 변경하는 것은 타당하지 않다는 것이다.

결국 대법원 소수의견 또한 부부강간죄의 처벌 필요성에 대하여는 일응 긍정하고 있는 것으로 볼 수 있다. 특히나 아래에서 보는 바와 같이 외국의 입법례, 친고죄 폐지 및 일련의 성범죄에 대한 처벌 강화 등의 상황을 고려해 볼 때 부부강간죄의 처벌은 거스를 수 없는 시대적 흐름으로 볼 수 있고, 다만 이를 실무적으로 어떻게 운용할 것인지 여부의 문제가 오히려 더욱 중요한 화두라고 할 수 있다.

3. 보론 – 공개변론에서의 논의[15]

(1) 2013. 4. 22. 공개변론의 개최

대법원은 2013. 4. 22. 서울 서초동 대법원 대법정에서 부인을 흉기로 협박해 강제로 성관계한 혐의로 기소된 피고인에 대한 상고심(2012도14788)의 공개변론을 열었다. 이날 대법정에서는 피고인의 변호인인 신용석(55 · 사법연수원 20기) 변호사와 이건리(50 · 16기) 대검 공판송무부장이 출석하여 진술하였다. 참고인으로는 피고인 측에서 윤용규 강원대 교수가, 검찰 측에서는 김혜정 영남대 로스쿨 교수가 나와 전문가 의견을 진술했다.

(2) 부부강간죄 성립을 긍정하는 측의 변론

피고인에게 유죄를 인정한 1 · 2심은 "형법은 강간죄 대상을 '부녀'로 규정하고 있을 뿐 다른 제한을 두고 있지 않고, 부부 사이에 성관계를 요구할 권리가 있다고 해도 강제로 성관계를 요구할 권리가 있다고 볼 수는 없다"는 점을 근거로 들었다.

이날 공개변론에 출석한 이건리 대검 공판송무부장도 "처를 강간죄 대상에서 제외해야 한다는 주장은 민법상 동거의무를 근거로 주장되는데, 민법상 동거의무는 항거가 불가능한 상태에서 강간을 수인해야 할 것까지 포함하지는 않는다"고 강조했다. 또 "강간죄 대상에서 처를 제외한다면 헌법상 보장되는 인간의 존엄과 행복추구권, 양성평등의 원칙을 침해할 수 있다"며 "강간죄는 어떤 이유로든 용납할 수 없는 범죄로, 부부관계를 이유로 처를 강간죄 대상에서 제외한다면 사회가 보호의무를 져버리는 것"이라고 주장했다.

검찰 측 참고인으로 나선 김혜정 교수도 "결혼한 여성은 처 이전에 성적 결정권을 가지는 한 사람이고, 여성이 결혼과 동시에 성적 자기결정권을 포기한다고 볼 수도 없다"고 설명했다. 그는 "부부사이의 강간도 사회적으로 용납될 수 없다는 의식이 정착될 필요가 있고, 강간죄의 대상에 법률상의 처를 인정하는

15) 이하 공개변론에서의 논의 내용은 2013. 4. 22.자 법률신문 기사 "대법원 '부부강간죄' 공개변론 갑론을박" 참조.

것은 여성의 인권을 보호하고 부부관계를 자유로운 선택행위로 전환하는 제도적 출발점이 될 것"이라고 주장하였다.

(3) 부부강간죄 성립을 부정하는 측의 변론

이에 대하여 신용석 변호사는 배우자를 강간죄 대상으로 삼을 경우 생길 수 있는 부작용을 강조하며 반론을 펼쳤다. 그는 "강간죄 구성요건 중 '부녀' 개념에 법률상 처가 포함되느냐의 문제는 형법 해석의 문제이지 입법 정책의 문제는 아니다"라며 "부부강간이 인정된다면 대부분의 이혼사건에서 강간이 주장될 것이고, 은밀하게 이뤄지는 부부강간의 특성상 남녀 진술증거만 있는 상황에서 실체적 발견이 어려워질 것"이라고 말했다.

또한 신용석 변호사는 "우리나라 형사통계에서 사기죄가 높은 비중을 차지하는 것은 민사의 형사화를 보여주는 것인데, 이런 맥락에서 부부강간죄가 인정되면 형사통계 수위를 강간죄가 차지할 것"이고, "대법원이 부부간 강간죄 인정을 위해 실질적 혼인관계를 요구한 것은 이러한 고민에 의한 것인데, 60년간 법률조항 변경이 없는 상태에서 갑자기 부부강간을 인정할 수는 없다"고 주장했다.

피고인 측 참고인인 윤용규 교수는 2009년 부산지법에서 부부강간을 인정하자 자살한 피고인의 사례를 예로 들며 "이 사안은 구성요건을 확장할 문제가 아니라 치료와 교육의 문제로 접근해야 한다"며 "초기에 사건을 해결해 줄 수 있는 길을 열어주지 않고 있다가 형법이 모든 걸 떠맡게 된다면 형법 이전에 사회정책을 찾는 노력없이 처벌이 강화돼 신 응보형주의라는 비판이 있을 것"이라고 지적했다.

(4) 공개변론에서의 질의 · 문답 내용[16)]

○ 신영철 대법관

이 사건 주심인 신영철 대법관은 "남편으로부터 야만적인 성행위를 당한 부

---

16) 이하 대법관들의 질의 내용을 살펴보는 이유는 통상 공개변론과정에서 대법관들은 해당 쟁점과 관련하여 의문을 가지고 있는 부분들을 한번 더 확인하기 위하여 질문을 한다는 점에서 질문 내용을 통하여 대법관들이 본 사안의 쟁점에 대하여 어떠한 의문을 가지고 있는지 알 수 있고, 이를 통해서 본 사건의 핵심적인 쟁점이 무엇인지를 유추할 수도 있다.

인이 수사기관에 신고한 다음, 자식들이나 자기 장래를 생각해 가정을 유지해야 하겠다고 생각이 바뀌어서 가정을 돌려달라고 하는 경우에도 남편을 처벌해야 하느냐"고 질문했다.

이에 이건리 대검 공판송무부장은 "가정폭력 사건을 일반 형사사건이 아닌 가정보호사건[17]으로 다루는 방법이 있으므로, 반드시 피고인을 구속하거나 가정을 해체하는 쪽으로 강간죄를 인정하지는 않을 것"이라고 답변했다.

○ 이상훈 대법관

이상훈 대법관도 "그릇이 금간 경우 새로 떼워서 쓸 것인지, 버리고 새로 사서 써야 할 것인지 고려할 필요가 있지 않겠느냐"고 하며 "폭력있는 가정은 회복할 필요가 없다고 주장하는 것은 좀 위험한 생각일 수 있다"고 지적했다.

이에 대해 김혜정 교수는 "개별사안에서 신중히 판단할 필요는 있고, 배우자를 강간하는 가정이 실질적으로 건강한 가정으로 볼 수 있느냐에 대해서는 의문이지만, 그럼에도 불구하고 당사자들이 가정유지를 원한다면 보호조치사건으로 처리할 수 있으므로 원칙적으로 강간죄의 객체에서 배우자를 배세할 이유가 되지는 않는다"고 답변했다.

하지만 신용석 변호사는 "현재 우리나라 이혼율이 높은데, 국가에게는 혼인파탄을 막아야 할 의무도 있다"며 "부부강간의 현상이 존재한다고 해서 형벌이 부부 침실에 들어가 시시비비를 가려야 한다고 볼 수 없다"고 반박했다.

○ 양창수 대법관

양창수 대법관이 "부부강간죄가 인정되면 형사사건을 통해 가사나 민사 사건에서 유리하게 활용될 것이라는 이야기를 많이 한다"고 하자 김혜정 교수는 "이혼을 원하는 부부가 있다면 강간 성립 이전에 폭행·협박만으로도 이혼이 가능하기 때문에 이혼이 증가하지는 않을 것이고, 위자료나 재산분할에서 유리한 위치를 점하기 위해 악용될 소지가 있겠지만 강간죄는 강압적인 성교에 불법성이 있기 때문에 이런 민사상 문제가 불거진다고 하더라도 이것을 부작용이

17) '가정폭력범죄의 처벌 등에 관한 특례법'은 가정폭력 사건에서 사건의 성질과 동기, 행위자의 성향 등을 고려해 형사처벌이 아닌 접근제한, 친권제한, 사회봉사와 수강명령 등의 보호처분을 통해 가정을 유지할 수 있도록 하는 '가정보호사건' 제도를 두고 있다.

라고 보는 시각은 부당하다"고 말했다.

○ 민일영, 양승태 대법관

민일영 대법관은 부부강간죄를 인정할 경우 처벌의 불균형이 생긴다는 점을 지적하며, "아내도 성적 자기결정권이 있고 이것이 침해되면 일반인과 마찬가지로 처벌돼야 한다는 것이 부부강간을 인정하자는 입장인데, 친족간 성폭력은 가중처벌하도록 돼 있어 처를 강간하면 일반 형법조항이 아닌 성폭력특례법이 적용돼 양형상 심한 불균형이 생길 것 같다"고 언급했다.

김혜정 교수가 이 부분에 대해 답변을 머뭇거리자 재판장인 양승태 대법원장은 "국회에서 할 일을 참고인에게 물을 수는 없다"며 질의 응답 순서를 마쳤다.

Ⅲ. 부부강간죄 성립 여부에 대한 이론적 검토

1. 문제의 제기

위에서 살펴본 바와 같이 대법원의 전원합의체 판결에 의하여 부부강간죄가 성립된 것은 사실이다. 아직 위 판결 이후 이에 대한 구체적인 판례 평석이나 논문이 발표되지는 않아, 위 판결의 의미 및 이에 대한 학계의 입장 등을 확인하지는 못하였다. 이하에서는 위 대법원 전원합의체 판결이 내려지기 전까지 부부강간죄 성립 여부에 대한 학계에 대한 논의를 살펴보도록 한다. 비록 대법원 판결에 의하여 논쟁이 일단락되고, 형법상 강간죄의 객체가 부녀에서 사람으로 확대됨으로써 논의의 실익은 반감되었지만, 향후 부부강간죄의 인정 범위 및 그 실무적 운용을 고민하는데 그 이론적 배경으로써 여전히 의의를 가진다 할 것이다.

2. 부부강간죄 성립을 긍정하는 입장

부부강간죄의 성립을 긍정하는 견해의 논거는 다음과 같다.

① 강간죄의 보호법익을 성적 자기결정권이라고 본다면 부부간의 강간행위를 강간죄에서 제외할 아무런 이유가 없다. 성적 자기결정권은 헌법상의 인격권과 행복추구권의 핵심내용이므로 아내에게도 인정된다는 점에 대해서는 이론이 있을 수 없다.[18]

② 강간죄를 규정하고 있는 형법 제297조가 강간죄의 대상을 부녀로만 한정하고 있어 부녀에서 아내를 제외할 아무런 이유가 없다.[19]

③ 부부 사이의 동거의무가 폭행, 협박에 의한 강제적 간음행위를 정당화시켜주는 근거가 될 수 없다. 부부상의 동거의무가 성관계에 응할 의무를 포함하고 있지만, 성관계를 지속적으로 거절할 경우 이혼사유는 될 지언정 형법상의 강간행위까지 정당화시켜 주는 것은 아니다.[20]

④ 최협의의 폭행, 협박에 이를 정도면 정상적인 부부사이로 보기 어렵다. 부부 사이의 허용될 수 있는 종용이나 강요를 넘어서서 저항할 수 없는 폭력에 의한 경우에는 부부관계라는 의미는 사라진다고 보아야 한다.

⑤ 아내에 대한 강간행위를 강간죄로 처벌하지 않는 것은 가부장적 구태에 근거한 것을 뿐이다. 즉 아내는 남편에게 종속되어 있는 존재로서 이와 같은 학대나 강제성행위는 수인되어야 한다는 사고에 기해 강간죄를 부정하고 있는 것이다.

⑥ 피해자의 관점에서 보면 일반강간이나 부부강간이나 다를 바가 없으므로 강간죄 성립에 어려움이 없다. 피해자학의 입장에서 강간죄의 보호법익을 성적 자기결정권이라고 본다면 부부강간행위도 강간죄 성립을 부인할 이유는 없다.

3. 부부강간죄 성립을 부정하는 입장[21]

부부강간죄의 성립을 부정하는 견해의 논거는 다음과 같다.

---

18) 박선영, "부부강간과 성적자기결정권", 시민과 변호사, 2002. 4., 72면.

19) 장영민/손지선, "처의 성적 자기결정권 보호", 법학논집 제6권 제1호, 이화여대 법학연구소, 176면.

20) 조국, "아내강간의 성부와 강간죄에서의 폭행 협박의 정도에 대한 재검토", 형사정책 제13권 제1호, 2001, 18면.

21) 김일수, 형법각론(제3판), 박영사, 1999, 140면, 이재상, 형법각론. 2003, 박영사,155면, 임웅, 형법각론, 법문사, 2005, 162면, 이정원, 형법각론, 법지사, 2003, 201면.

① 부부관계의 특수성은 부부강간죄 성립의 핵심적인 근거라 할 수 있다. 성관계를 적법, 정당하게 행하고 요구할 수 있는 사이에서 간음행위 자체가 범죄가 된다는 것이 이상하다는 것이다. 그 이전의 행위가 별도의 범죄에 해당하는 것은 몰라도 간음행위 만큼은 부부간에는 당연한 것으로 범죄를 성립시킬 수 없다. 이 말을 법적인 의미에서 설명한다면 민법상의 부부간 동거의무 속에는 성교의 의무와 권리가 있으므로 부부간 성교 그 자체가 범죄로 성립할 수 없다는 것이다.

② 가정의 해체와 정상적인 부부의 갈등조장 우려 등 사회문제 발생을 우려하여 부정하는 입장[22]도 있다. 이 견해는 입증의 어려움 또한 고려되어야 한다는 입장이다.

③ 부부강간죄의 인정은 '과잉처벌'이라는 입장이다. 극히 사적 영역인 부부간의 성행위에까지 형벌권을 동원하여 문제를 해결하고자 하는 것은 형벌권의 남용이다.[23]

④ 부부간에 강간죄를 인정하는 것은 어렵지만 폭력에 의한 간음행위를 방치할 수만은 없으므로 다른 범죄로 성립시켜 처벌하자는 견해도 있다. 즉 폭행, 협박을 통해 원하지 않는 행위를 하게 만들었으므로 강요죄를 성립[24]시킨다는 것이다. 간음행위 자체를 범죄로 성립시키는 것은 도저히 이해할 수 없으므로 간음행위라는 성적인 의미를 삭제하고 일의 강요로 문제를 해소하자는 입장이다. 위 견해는 성행위라는 특수한 의미는 부부사이에서는 당연히 공유하는 것이므로 이 부분을 범죄성립에서 제거하고 무색적인 의무없는 일이라는 의미로 변

---

22) 윤용규, "부부간에도 강간죄가 성립될 수 있는가? - 부산지법 판결(2009. 1. 16. 2008고합808)을 중심으로-", 고시계 2009. 3., 84면, 윤용규 교수는 부부강간을 최초로 인정한 위 부산지법 판결에 대한 평석에서 다음과 같이 일갈한다.
"부산지법 판결 후 피고인의 안타까운 결말(자살)은 사법심사의 한계를 통감하게 한다. 그에게는 정작 사법의 엄중한 심판보다는 가정의 회복이 무망해진 점에 절망했을 것 같다. 형법은 입법 뿐만 아니라 해석과 적용에서도 겸억(謙抑)적이어야 한다는 명제가 이 경우에도 적용될 여지는 없었을까, 이 판결은 부부간의 강제적 성관계를 해소하기 위한 최후의 유일한 방법이었을까, 형법은 질서유지수단의 하나에 불과하므로 여타의 사회정책과 복지적 수단들을 함께 하지 않을 때에는 문제 해결은커녕 사람 잡는 흉기로 전락할 수도 있다는 생각도 든다. 형법(刑法)이 모든 문제를 앞장서 해결해 주는 형법(兄法)은 아니기 때문이다."

23) 배종대, "부부강간죄 도입은 불필요한 과잉입법이다", 대한변협신문 제40호(2002. 1. 17.)

24) 김일수, 형법각론(제3판), 박영사, 1999, 140면.

경시켜 범죄성립을 인정하고 처벌함으로써 합리적인 문제해결이 가능하다고 보는 것이다.[25)]

4. 검 토

부부강간죄의 성립 여부에 대한 이론적인 논쟁은 사실 2013. 5. 16. 대법원 전원합의체 판결 및 2013. 6. 19. 형법 개정 전에 첨예한 대립이 있었고, 특히 부부강간죄의 성립을 주장하는 측에서 대법원의 판례변경을 촉구하는 측면이 컸다고 할 수 있다. 그러나 대법원이 전원합의체 판결로 판례를 변경하고, 형법 또한 강간죄의 객체를 '부녀'에서 '사람'으로 확대함으로써 사실상 판례 및 법률이 모두 법률상의 처 또한 강간죄의 객체로 판례 및 법률로써 모두 인정하게 되었다는 점에서 그 논의의 실익이 반감된 것은 사실이다.

그럼에도 불구하고 여전히 위 논의가 의미를 갖는 것은 향후 부부강간죄를 기소하고 이를 처벌하는데 있어서 과연 국가가 어느 정도까지 개입할 것인지 여부를 결정하는데 의의가 있다고 하겠다. 대법원의 소수의견 또한 부부강간죄 성립을 정면으로 부정하는 입장이라기 보다는 이제 개정 형법의 시행 등 입법의 결단으로 인하여 강간죄의 객체가 확대되었다는 점에서 현 시점에서 판례변경을 통하여 강제적인 부부관계를 강간죄로 처벌하는 것이 형사법제 및 형사정책적인 측면에서 바람직한 것인지 보다 면밀히 검토할 필요가 있다는 것이라는 점은 시사하는 바가 크다.

25) 강간죄는 성립할 수 없지만 행위의 일부이면서 범죄성립이 명백한 폭행, 협박행위를 따로 떼어내서 폭행죄 및 협박죄로 처벌하고자 하는 주장도 있다. 간음행위 부분은 부부간에 범죄로 인정할 수 없으므로 이 경우만큼은 일죄의 일부를 처벌할 수 있도록 하자는 것이다.

Ⅳ. 외국의 입법례[26)]

1. 미 국

과거 미국의 경우 기본적으로는 혼인계약에 남편이 원할 때에는 아내가 언제나 성교에 응한다는 동의가 포함되어 있다고 판단되었다(혼인의 철회할 수 없는 암묵적 동의 이론, irrevocable and implied consent theory).

또한 나아가 남편과 아내는 법적으로 단일체이므로 혼인관계에 있는 동안에는 여성이라는 법적실체가 정지된다거나 아내는 남편에게 복종해야 하는 남편의 부속물로서의 가치를 갖는다는 식의 인식(부부단일체이론, marital unity theory)이 팽배해 있었다. 그리고 이러한 보통법상의 이론이 폐기된 이후에는 현대적 이론으로 '부부 강간 면책이론(spousal or marital exemption theory)'과 '혼인상의 화해이론(marital reconciliation theory)'이 제기되었다. 전자는 '혼인의 프라이버시 이론'으로 혼인 중의 성행위는 가장 근원적인 프라이버시 영역에 속하는 것으로 그에 대해 외부의 법체계가 개입할 수 없거나 법적인 판단을 내려서는 안된다는 것(혼인의 프라이버시 이론, marital privacy theory[27)])이고, 후자는 부부간의 문제에 형법이 개입을 하면 부부간의 불화를 조장하고, 화해를 방해한다는 것이다.

그러나 전자에 대하여는 프라이버시가 부부간의 동의에 의한 경우에만 보장될 수 있다는 비판, 후자에 대해서는 강간이 발생할 정도라면 화해의 가능성은

---

26) 권오걸, "강간죄의 객체 대한 해석론과 형법정책론 – 법률상의 처를 중심으로 –", 경북대학교 법학연구원 '법학논고', 2010. 2., 156~157면, 김은애, "아내의 강간죄 객체성 인정에 대한 소고", 이화여자대학교 법학논집 제15권 제4호, 70~77면, 김혜정, "시대의 변화에 따른 강간죄의 객체 및 행위태양에 관한 재구성", 2006년 한국비교형사법학회 동계학술논문발표자료 196~197면, 윤영철, "형법의 법익론 관점에서 본 부부강간의 문제", 형사정책연구 제18권 제1호, 2007년 봄호, 18~19면, 박광현, "부부강간에 관한 고찰", 전남대학교 대학원 석사논문, 21~39면 참조.

27) 이러한 입장에 있었던 대표적인 인물은 Michael Gray Hilf를 들 수 있다. 이의 논문인 "Marital Privacy and Spousal Rape"(16 New Eng. L. Rev. 31,1980~1981)라는 논문은 이러한 입장에 대한 설명을 위해 가장 많이 인용되는 논문 중 하나이다. 이에 의하면 혼인의 프라이버시는 마치 부부 밖으로 커튼을 쳐서 커튼 안쪽 부분의 문제는 사적인 문제로 보고 공적인 영역에 노출되지 않도록 하여야 하는 것이라고 비유하고 있으며, 만약 커튼 안쪽 부분의 문제를 공적인 영역에서 다루고자 한다면 이는 관음증적인 것이어서 문제가 된다고 보고 있다.

이미 사라진 것이라고 볼 수 있을 뿐만 아니라 화해의 가능성은 이미 강간행위 그 자체에 의해 파괴되는 것이지 형법의 개입으로 인해 사라지는 것이 아니라는 비판[28]이 제기되었다.

그리고 1970년대부터는 부부강간의 면책에 대한 이론적 비판과 함께 이를 폐지하기 위한 강간죄 개혁운동이 일어나기도 했다.[29] 그리고 **부부강간의 면책을 폐기한 최초의 판결인** 'People v. Liberta' **판결**이 1984년에 뉴욕주에서 내려진 것을 기점으로 아내강간을 강간죄로 인정하자는 견해들이 전개되기 시작하였다. 법원에 의해 별거명령을 받은 상태에서 남편이 아내를 강간한 혐의로 기소된 사건에 대한 판결에서 뉴욕주 항소법원은 "**강간은 단순히 당사자가 동의하지 않은 성행위가 아니다. 강간은 피해자의 신체적 통합성**(bodily integrity)**을 침해하고 장기간의 심각한 육체적, 정신적 피해를 초래하는 행위이다. (중략) 혼인증명서가 남편이 형사면책을 갖고서 아내를 강간할 수 있는 자격증으로 파악되어서는 안 된다. 기혼여성도 미혼여성과 똑같이 자신의 신체를 통제할 수 있는 권리를 갖는다**."[30]라고 하면서 남편이 자신의 아내를 구타한 책임을 피하기 위하여 혼인의 프라이버시에 호소할 수 없는 것과 마찬가지로 남편은 프라이버시의 구실 아래 자신의 아내를 강간하는 것을 정당화할 수 없다는 이유를 제시하면서 별거명령을 받은 상태에서 아내를 강간한 남편의 행위에 대해 강간죄를 인정하였다.[31]

현재 **미국에는 오랫동안 부부강간을 처벌하는데 장애가 되어 왔던 부부강간의 면책을 전면적으로 인정하는 주는 하나도 없어 부부강간을 인정하는 추세**이며, 다만 별거 중이거나 이혼소송을 제기한 경우에 부부강간의 면책을 인정하지

28) 조국, "아내강간의 성부와 강간죄에서의 폭행, 협박의 정도에 대한 재검토", 형사정책 제13권 제1호, 2001년, 11~14면.

29) 윤영철, 전게논문, 18면.

30) 위 판결문의 원문 중 일부를 인용하면 다음과 같다. "Rape is not simply a sexual act to which one party does not consent. Rather, it is a degrading, violent act which violates the bodily integrity of the victim and frequently causes severe, long-lasting physical and psychic harm. (중략) Certainly, then, a marriage license should not be viewed as a license for a husband to forcibly rape his wife with impunity. A married woman has the same right to control her own body as does an unmarried woman"

31) 조국, "아내강간 불인정은 남성편향의 과소범죄화", 시민과 변호사(서울지방변호사회) 129호, 2004, 19~20면.

않는 주(켄터키 주 등 4개주)와, 폭행이나 협박이 행사되지 않는 비동의 부부간음의 경우에만 면책을 인정하는 주(캘리포니아주 등 16개주)는 제한적으로 잔존하고 있다.

2. 영 국

영국에서는 원래 남편은 자신의 부인에 대한 강간으로 인해서 처벌되지 않았다. 다만 부인과 법적으로 별거 중에 있거나 이혼한 경우, 강간의 행위 시에 남편이 자신의 처에 대하여 학대금지 또는 접근금지명령이 내려진 경우에는 예외적으로 처벌되었다.

법적인 별거의 명령 또는 약속이 없는 경우에는 만약 남편이 육체적인 폭력을 사용하였다면, 남편이 단지 일방적 또는 중대한 신체손상으로 처벌될 수 있었다. 만약 다른 사람이 자신의 부인을 강간하는 것을 남편이 도와준 경우에는 남편은 강간죄의 공동정범, 방조 또는 교사 등으로 처벌될 수 있었다. 따라서 결혼한 부인은 남편과의 성적 관계에 있어서 사실상 법적으로 거의 보호를 받지 못하는 상태에 있었으며 한번 동의하게 되면 결혼 기간 동안 계속하여 동의한 것으로 추정되었다. 비록 그 추정이 합리적이지 못하다고 하더라도 이러한 사상은 부인은 결혼선서에 의해서 어떠한 경우에라도 성교에 대하여 취소할 수 없는 동의를 한 것으로 보아야 한다고 주장한 법학자 Hale의 글에 기초하고 있다. 또한 보다 근대적인 주장은 아내에 대한 강간(marital rape)은 형법의 적용에 적합하지 않으며 따라서 가정의 법적 문제로 남겨두어야 한다는 것이었다.

그러나 **1992년 귀족원**(House of Lord)은 보통법(common law)도 시대에 맞게 발전되어야 한다고 언급하고 **남편도 부인의 동의 없이 자신의 부인과 성교한 경우에는 처벌될 수 있다**고 하였다. 이 결정은 형사사법 및 공중법(Criminal Justice and Public Act 1994) 1994에 법률적 영향을 주었다. 하지만 여전히 자신의 부인을 강간하였다고 혐의를 받고 있는 남편에 대해서는 예외가 존재하고 있었다. 이러한 사건들에서는 남편은 자신의 처가 아닌 여자에 대한 성교에서와 달리 처가 성교한 것에 동의한 것으로 생각하였다는 것을 배심원들에게 설득함으로써 쉽게 처벌을 면할 수 있다.

한편 **형사사법 및 공중법(Criminal Justice and Public Act 1994) 1994에 도입된 또 하나의 중대한 변화는 강간은 이제 항문과 질에 대한 성교를 포함**하게 되었다. 이에 따라 남성도 이제는 강간죄의 피해자가 될 수 있게 되었고, 부녀의 동의없이 항문에 삽입한 자도 강간죄가 성립하게 되었다. 그리고 더 나아가서 성범죄법(The Sexual Offence) 2003은 '다른 사람의 동의없이 자신의 성기를 질, 항문, 구강에 삽입한 자는 강간죄로 처벌한다'고 규정함으로서 강간의 범위를 전면적으로 확대하고 있다.[32)]

3. 프랑스

프랑스에서는 1970년대까지 부부강간죄를 인정하지 않았다. 그러나 제3자를 동원하여 아내를 바닥에 눕힌 뒤 강제로 간음행위를 한 사건에 대하여 **1981년 법원이 강간죄를 인정하는 판결을 내린 것을 시작으로 부부강간죄가 인정**되고 있다.

프랑스 형법에서는 '폭행, 강제, 협박 또는 기망에 의해서 사람에게 성적 삽입행위를 하는 것은 종류를 불문하고 강간죄에 해당하고(제222~223조 제1항), 강간죄는 15년의 유기징역에 처한다(제2항)'라고 규정하고 있다. 따라서 **프랑스 형법에서는 아내에 대해서는 당연히 강간죄가 성립**한다. 나아가 프랑스 형사법에서는 '피해자의 배우자 또는 동거인 또는 피해자와 결합된 동반자에 의한 경우에는 20년의 징역에 처한다(제222조~224조 제11호)'고 규정하여 **남편에 의한 부부강간의 경우에는 가중처벌**하고 있다.

4. 독 일

1997년에 개정되기 전 독일 구 형법 제177조는 "폭행 또는 협박으로 여성에게 혼인 이외의 성교를 강요한 행위"를 강간죄로 규정함으로써 부부 사이에서는 강간죄가 성립하지 않음을 명백히 하고 있었다. 이때에도 부부강간죄가 성립

32) 권오걸, 전게논문, 156~157면.

될수 있다는 입장이 지배적이었고, 부부강간의 심각한 해악을 인지한 정신과 의사들을 중심으로 한 개정론자들은 강간죄 규정에서 '혼인 이외의'라는 문구를 삭제할 것을 주장하였지만 부부의 문제에 형법이 개입하는 것에 따른 효과가 의문시되고, 부부 강간의 입증이 곤란할 수 있으며 부부 강간죄의 처벌이 오히려 혼인관계를 회복하지 못하도록 할 수 있다는 등의 이유로 개정이 미루어져 왔다.[33)]

독일은 1997년 형법개정을 통하여 강간죄(제177조)의 구성요건에서 '혼인 외의 성교'라는 부분을 삭제하는 동시에 객체를 부녀(eine Frau)에서 '타인(eine andere Person)'으로 개정함으로써 부부강간의 성립을 가능하게 하였다. 이로써 독일은 아내강간은 물론 남성을 대상으로 한 강간행위와 유사성교행위를 한 경우에도 법적으로 강간죄로 성립되어 2년 이상의 금고형 처벌이 이루어질 수 있도록 하였다. 이에 현재 독일에서는 부부 강간행위를 강간죄로 처벌하는데 아무런 제한이나 조건이 부가되어 있지 않다.

5. 일 본

일본의 경우 부부강간을 부인하는 특별한 규정은 없으나, 통설은 계속적인 성관계를 전제로 하는 혼인관계가 유지되고 있는 보통의 경우 즉 혼인관계가 실질적으로 파탄되지 않은 경우 강간죄가 성립하지 않는다고 보고 있으며, 아직까지 정상적인 혼인관계에 있는 부부간에 폭행이나 협박으로 배우자를 간음한 경우에 대해 부부강간죄를 인정한 판례는 없다.

그러나 부부간의 성폭력에 대한 관용적인 인식을 비판하면서 혼인관계가 계속적인 성관계를 수인하는 제도라고 하더라도 부부 상호간의 성적 자기결정권은 그대로 유지되는 것이므로 파탄에 이르지 않은 혼인관계 내에서 폭력이나 협박을 사용하여 발생한 간음행위에 대해 부부강간죄를 인정하여야 한다는 소수설이 계속적으로 제시되고 있는 상황이다. 이러한 소수설의 논거는 혼인관계가 계속적인 성적관계를 시인하는 제도라고 하여도 그 성적 교섭을 언제나 할

---

33) 박기석, 전게논문, 84면.

수 있는가에 대해서는 상호 성적 자기결정권의 문제가 있다는 것을 주요 내용으로 한다.

다만, **혼인관계가 실질적으로 파탄된 경우에 있어서 부부강간을 인정한 하급심 판례**[34]는 있다. 남편의 폭력이 두려워 도망간 아내를 남편이 붙잡아다가 자신의 친구와 함께 폭력을 사용하여 간음한 사건에 대해 일본 법원은 혼인이 파탄되어 부부로서의 실질이 없고, 명목상 부부에 불과한 상태에서 남편이 폭력이나 협박을 사용하여 간음한 것은 강간죄를 성립시킨다고 보았으며, 남편이 제3자인 친구와 공동으로 아내를 윤간하였으므로 남편 및 친구에게 강간죄의 공동정범이 인정된다고 보았다.

본 판결문에서는 "혼인 중이라는 것은 실질적으로도 혼인이 계속되고 있음을 가리키는 것이고, **법률상으로는 부부이더라도 혼인이 파탄되어 부부로서의 실질이 없어져 명목상의 부부에 불과한 경우 남편이 폭력 또는 협박을 사용하여 처를 간음한 것은 강간죄가 성립**하고, 남편과 제3자가 폭력을 사용하여 공동으로 처를 윤간하기에 이르렀다는 것은 남편에 대해서도 당연히 강간죄의 공동정범이 성립한다"라고 설시되어 있다. 그러나 이 판결은 보편적인 경우가 아니라 혼인이 파탄된 경우를 상정하고 있어 일본 판례의 입장을 명확히 알기는 힘들다고 보이며, 오히려 우리 판례와 마찬가지로 보편적인 경우에는 아내 강간을 인정하지 않는다는 식으로의 유추도 가능하다는 의견이 있다.[35]

V. 관련 문제

1. 부부강간죄의 가중처벌 – 성폭법상의 '동거친족' 해당여부

(1) 문제의 제기

2013. 6. 19.부터 시행되고 있는 개정 성폭력범죄의처벌등에관한특례법(이하 '성폭법'이라 한다)은 가중처벌되는 '친족관계에 의한 강간' 처벌 대상에 '동거하

34) 廣島高松江 地判, 昭和 62년 6월 18일, 高刑集 40권 1호, 71면.
35) 이종갑, "아내강간의 성립에 대한 소고", 한양법학 제23집, 2008, 404면 참조.

는 친족'을 추가하였다. 일반 강간죄의 법정형은 3년 이상의 유기징역이지만 성폭법상 친족강간죄는 법정형이 7년 이상으로 훨씬 올라간다. 7년 이상의 법정형은 작량 감경을 하더라도 3년 6월의 형을 선고받게 되므로, 집행유예가 불가능하다. 동거하는 친족에 배우자가 포함된다면 배우자 강간이 일반 강간죄보다 훨씬 무겁게 처벌되는 불균형이 생기는 셈이다.

(2) 부부강간죄의 가중처벌에 찬성하는 입장[36)]

부부강간죄가 일반 강간에 비하여 가중처벌 하는 것은 친족 관계로 인하여 그 피해가 지속적, 반복적으로 나타날 가능성이 높기 때문이다. 또 애정과 신뢰가 기본이 되야 할 관계에서 발생하는 폭력이란 점에서 그 심리적, 신체적 피해가 더욱 심각하기 때문이다. 아내 강간 피해자들은 다른 성폭력 피해자들보다 지속적, 장기적으로 강간의 피해를 당한다. 2010년 여성가족부의 가정폭력 실태조사에 따르면 가정폭력 피해자들이 성폭력을 경험하고 있음을 알 수 있다. 1년에 20회 이상 성관계를 강요하는 경우가 19.7%, 1년에 20회 이상 원치 않는 성행동을 강요한 경우가 14.7%로 나타났다. 성적 학대가 한 번에 그치는 것이 아니라 지속적으로 반복됨을 보여주는 것이다.

이렇게 지속적으로 성폭력이 이루어진다면 한번 발생한 성폭력보다 더 가중처벌하는 것은 당연한 일이다.

(3) 부부강간죄의 가중처벌에 반대하는 입장[37)]

성폭법은 성폭력 범죄 피해자의 생명과 안전을 보장하고 건강한 사회 질서의 확립에 이바지하기 위해 제정된 것으로 일반 형법보다 가중 처벌하기 위한 법이다. 이 법은 성적 자기결정권 보호와 가정의 안정, 혼인의 존중이란 이념, 즉 혼인과 가정의 특수성을 전혀 고려하지 않는다.

가정을 회복시키는 역할이 아닌 가중처벌의 목적으로 국가형벌권이 개입할

---

36) 2013. 5. 25.자 중앙일보 기사, "[논쟁] 부부 강간 가중처벌, 어떻게 봐야 하나", 한국 여성의 전화 상임대표 정춘숙.

37) 2013. 5. 25.자 중앙일보 기사, "[논쟁] 부부 강간 가중처벌, 어떻게 봐야 하나", 강릉원주대 교수 오경식(한국비교형사법학회 회장).

경우 자녀의 미래를 위한 기반인 가정이 해체되는 결과를 낳을 수 있다. 장기간의 수감생활과 신상정보 공개 및 전자발찌 부탁 등으로 정신적, 문화적, 경제적 어려움과 충격을 가족 모두가 함께 안고 가면서 혼인관계를 계속 유지할 수는 없고 그럴 경우 그 가정은 파탄에 이를 가능성이 크다.

대법원이 부부강간죄를 인정한 논거는 '법률상 처의 성적 자기결정권 보호'이다. 성적 자기결정권은 혼인 유무와 관계없이 보호되어야 하나, 우리 형법은 법률상 배우자가 있는 자에 대해 배우자가 아닌 사람과의 성관계를 금지하고 있다. 이를 위반할 경우 간통죄로 처벌한다. 대법원도 "성적 자기결정권이 혼인으로 인해 제한된다"고 하면서 그 이유를 혼인에서의 동거의무에서 찾고 있다. 대법원이 부부강간죄와 간통죄에서 모순된 입장을 보이고 있으며, 대법원 판결은 이러한 부작용을 염두에 두지 않은 채 나온 성급한 판결이다.

실질적 혼인관계 여부를 판단할 때 실질적 혼인관계가 깨어진 경우 부부강간을 인정하고 실질적 혼인관계가 지속 중인 때에는 부부 강간을 가정폭력 범죄의 일종으로 취급하는 보완입법이 필요하고, 그것이 가정의 평화와 안정을 회복하고 건강한 가정을 만드는 길이다.

(4) 소결

대법원의 소수의견도 부부강간죄의 인정에 따라 성폭법 규정에 의한 가중처벌 가능성을 지적한 바 있다.[38] 즉 현행법의 해석으로는 성폭법 제5조 제4항은 친족의 범위를 "4촌 이내의 혈족, 인척과 동거하는 친족"으로 규정하고 있고, 민법 제767조는 친족의 범위를 "배우자, 혈족, 인척"으로 규정하고 있다는 점에서 배우자를 위 동거하는 친족에서 제외할 특별한 명문의 근거는 없다. 따라서 부부강간죄의 경우 형법 제297조에 의하여 3년 이상의 유기징역형이 아니라 항

38) 대법원 2013. 5. 16. 선고 2012도14788 판결 소수의견은 다음과 같이 판시하였다
"강간죄의 확대는 강간죄를 기초로 한 다른 성폭력 관련 범죄의 해석, 적용에도 영향을 미칠 수 있다. 예를 들어 2013. 6. 19. 시행 예정인 성폭력범죄의 처벌에 관한 특례법(2012. 12. 18. 법률 제11556호로 전부 개정된 것) 제5조 제4항은 '친족관계에 의한 강간 등 죄'의 주체인 '친족관계에 있는 사람'에서의 '친족'의 범위에 '동거하는 친족'을 추가하였는데, 강간죄를 배우자에게까지 확대한 결과 여기의 '동거하는 친족'에 배우자도 포함하게 된다면 죄형균형의 원칙을 깨뜨릴 우려가 있으므로 일반적인 경우와 달리 '친족'이라는 문언을 제한적으로 해석하여야 한다는 문제가 제기되기도 한다"

상 성폭법 제5조 제1항에 의하여 7년 이상의 유기징역으로 가중처벌되는 문제가 발생하게 되는 것이다.

그러나 **별도의 입법적 조치가 없는 상황에서 현행 법률 규정에 의할 때 이러한 가중처벌은 불가피**한 것으로 볼 수 있다. 특히 대법원 소수의견도 이러한 가중처벌 가능성에 대하여 "**강간죄에서의 객체의 확대가 강간 및 강제추행을 비롯한 성폭력에 관한 여러 범죄에서의 해석, 운영에 문제를 낳을 수 있다 하더라도, 이는 강간죄의 객체를 확대한 입법에 의한 결단이므로 이를 감내하는 것은 당연**하다"고 지적한 바 있다.[39)]

2. 폭행, 협박의 정도

강간죄의 폭행, 협박은 상대방의 반항을 '불가능'하게 하는 경우 뿐만 아니라 상대방의 반항을 '현저히 곤란'하게 할 정도의 폭행이면 충분하다는 것이 대법원[40)]과 다수설의 입장이다. 그러나 강간죄의 객체로서 아내를 인정한다고 하더라도 그 수단인 폭행과 협박은 일반 강간죄에 적용되는 폭행과 협박의 개념에 비하여 더 엄격하게 해석할 필요가 있다. 즉 남편의 정당한 성적 요구를 부인이 거부한 경우에 남편의 폭언 등은 배우자가 아닌 다른 부녀에 대한 폭행과는 다르지 않을 수 없다. 남편은 결혼하였기 때문에 당연히 잠자리를 요구한다고 생각할 것이고, 경우에 따라서는 다소의 실력을 행사하는 것이 위법하지 않다고 생각할 수도 있다. 따라서 남편의 처에 대한 강간이 성립하기 위해서는 처의 반항

39) 대법원 소수의견은 이러한 해석상의 혼란이 있을 것을 우려해 "이러한 입법이 이루어지기 전에 위와 같은 문제를 안고 있는 해석론을 택하여 판례를 변경하는 것이 형사정책적으로 옳다고 할 수 없다. 오히려 이와 같이 강제적인 부부관계에 대하여 강간죄를 인정할 수 있는 법률 개정이 이루어졌고 곧 그 시행을 앞두고 있다면, 종전 대법원 판결을 변경하여 그 전에 이루어진 강제적인 부부관계에 대하여 강간죄로 처벌하여 혼란이나 문제를 낳는 것보다, 개정 법률의 시행을 기다려 그 시행 이후에 이루어진 강제적인 부부관계에 대하여 강간죄로 처벌하는 것이 형사법제 및 형사정책의 기본 원칙인 죄형법정주의 및 형벌불소급의 정신에 더 적합하다고 할 것이다"라고 지적한 바 있다.

40) 대법원 2004. 6. 25. 선고 2004도2611 판결; 강간죄가 성립하려면 가해자의 폭행·협박은 피해자의 항거를 불가능하게 하거나 현저히 곤란하게 할 정도의 것이어야 하고, 그 폭행·협박이 피해자의 항거를 불가능하게 하거나 현저히 곤란하게 할 정도의 것이었는지 여부는 그 폭행·협박의 내용과 정도는 물론 유형력을 행사하게 된 경위, 피해자와의 관계, 성교 당시와 그 후의 정황 등 모든 사정을 종합하여 판단하여야 한다.

을 불가능하게 하는 정도의 폭행 또는 협박을 행사한 경우로 제한되어야 한다.[41]

구체적으로는 ① 남편이 부인에게 특수한 폭력을 행사하는 경우 예컨대 손발을 묶거나 흉기를 휴대하고 성행위를 하는 경우 ② 부인이 합리적인 이유에서 – 예컨대 임신 중, 생리 중, 과도한 육체적 활동 직후, 과도한 스트레스 등으로 치료를 받고 있는 중 – 성행위를 거부한 경우 등의 경우에만 원칙적으로 폭행, 협박을 인정하여야 하고, 사용된 폭행, 협박으로 인하여 부인이 사실상의 항거불능의 상태에 빠졌다고 볼 수 있는 경우에만 강간죄를 인정하여야 할 것이다. 이를 위해서는 남편이 유형력을 행사하게 된 경위, 폭력이 사용된 장소와 시각, 성교 당시와 그 후의 정황 등 모든 사정을 종합하여 판단하여야 할 것이다.[42]

특히 **우리나라 및 외국의 판례에서 부부강간죄를 인정한 사례들은 대부분 흉기 등을 휴대하고 아내를 위협하며 성행위를 하였거나, 타인과 함께 아내를 강간하는 등 그 폭행, 협박의 정도가 통상적인 강간사건에 비하여 훨씬 중대한 경우였다**는 점은 주목할만하다.

3. 가사, 민사 사건에의 영향

그 동안 배우자 강간이 사법심사의 대상이 된 것은 1970년대 판결을 포함에 총 5건에 불과했다. 그만큼 드러나지 않은 범죄가 많았다는 것을 의미한다. 위 대법원 판결은 가사, 민사 분야에도 많은 영향을 미칠 것으로 전망된다. 이혼가정이 증가하고, 민사사건에서 유리하게 활용하려는 사례가 많아질 것으로 예상된다. 특히 부부강간죄가 인정되지 않더라도 폭행, 협박 등의 행위가 있다면 이혼사유가 됐지만 폭행이나 협박보다 중범죄인 강간죄가 인정된다면 이혼소송은 물론 위자료를 청구하는 면에서도 피해자인 여성 배우자가 한층 유리해 질 수밖에 없을 것이다. 부부강간이 인정된다면 일반적인 사례보다는 위자료 액수가 올라갈 수밖에 없다면서도 다만 우리나라는 위자료 지급 상한이 있기 때문에 그 한계는 있을 것이라는 견해도 있다.[43]

---

41) 권오걸, 전게논문, 174면.

42) 권오걸, 전게논문, 174면.

43) 2013. 5. 20.자 법률신문 기사, “부부강간죄 대법원 판례 변경 의미와 파장은”, 이혼사건 전문

4. 남자의 강간객체성

우리 형법에서 지금까지 강간죄의 객체를 부녀로 제한하는 것이 남녀의 생리적, 육체적 차이에 근거하여 사회적, 도덕적 견지에서 부녀를 보호하려는 것으로 일반 사회관념상 근거없는 특권을 부녀에게만 부여하고 남성에게 불이익을 주었다고는 할 수 없다는 관점에서 학설과 판례는 그 객체의 범위를 타당한 것으로 인정하고 있었다. 물론 대부분의 강간죄가 남성에 의하여 여성에 대해 이루어지고 있지만, 그렇다고 여성에 의한 남성에 대한 강간을 전혀 예상할 수 없을 것도 아니며, 무엇보다도 최근에 심각한 문제로 등장하고 있는 것이 남성에 의한 남성에 대한 강간의 문제라고 할 것인데, 그렇다면 종래 '남성에 의하여 감행됨을 보통으로 하는 실정에 비추어 사회적, 도덕적 견지'에서 그 객체를 여성으로 제한했던 판단은 이제 시대의 변화에 따른 행위상황의 변화에 근거하여 달라질 필요가 있다.

즉 타인에 의하여 자신의 성적 자기결정권이 침해될 수 있는 문제를 판단함에 있어서 종래 남성만이 여성에 대한 우월적 물리력을 행사할 수 있다는 생각은 성폭행의 구체적인 행위유형을 바라보는 시각의 변화와 함께 변화될 필요가 있다는 것이다. 강간죄를 범죄로 구성하고 처벌하는 근거가 원치 않는 임신을 하게 될 위험에 있는 것이 아니라 피해자에 대한 잔인하고 야만적인 행위를 통해 피해자의 성적 자기결정권을 현저히 침해하는 행위에서 찾는다면 폭행과 협박을 통한 강요된 성행위가 비단 여성에게만 발생하는 문제가 아니고 남성에게도 발생할 수 있다는 점을 부정할 수 없기 때문이다.

외국의 입법례를 살펴보아도 최근 많은 나라들에서 강간죄의 객체를 과거 여성으로 제한하던 모습에서 남성과 여성을 모두 포함하는 입장으로 전환하는 모습을 발견할 수 있다. **독일의 경우에도 종래 구 형법 제177조에서 강간죄의 객체를 '부녀(Frau)'로 제한**하였던 것에서 성적 자기결정권에 대하여 가능한 포괄적으로 보호하기 위해서는 강간죄의 객체에 남성까지도 포함하는 중립적인 개념을 사용하는 것이 필요하다는 주장과 함께 **1997년 형법개정을 통하여 '타**

변호사 조인섭의 인터뷰 내용 참조.

인(eine andere Person)'**으로 수정**함으로써 현재는 여성 뿐만 아니라 남성도 강간죄의 객체성이 인정되고 있음은 앞에서 이미 살펴본 바와 같다.

우리 형법 또한 2012. 12. 18. 형법개정으로 인하여[법률 제11574호, 2012. 12. 18. 개정, 2013. 6. 19. 시행] 2013. 6. 19.부터 강간의 객체를 "부녀"에서 "사람"으로 확대함으로써 남성 또한 강간죄의 객체에 포함되게 되었다.

2012. 11. 법제사법위원장의 형법 일부개정법률안(대안) 제안이유는 다음과 같다.

○ 사회가 다층화되고 복잡하게 발달함에 따라 성범죄도 역시 다양한 양상을 띠고 변화하고 있으나 현행 「형법」에서는 이러한 변화의 양상을 미처 담아내지 못하고 있고, 특히 강간죄의 객체를 "부녀"로 한정하는 문제점이 있음
○ 따라서 **변화된 시대상황을 반영하여 다양화된 성범죄에 효과적으로 대처하기 위하여 성범죄의 객체를 "부녀"에서 "사람"으로 확대**함[44]

또한 위 의안에 대하여 2012. 11. 22. 국회 전문위원 이한규는 '성폭력범죄의 객체 관련 검토'에서 다음과 같이 언급하였다.

○ 현행 「형법」은 강간죄의 객체를 부녀로 한정하고 있어 남성은 객체가 될 수 없음
○ 이처럼 강간죄의 객체를 여자로 한정한 취지는 남녀 간의 생리적·육체적 차이로 인해 강간이 남성에 의해 감행되는 것이 보통인 실정에 비추어 사회적·도덕적 견지에서 피해자인 여성을 특별히 보호하고자 하는 것이었음
○ 그러나 ① **강간죄의 보호법익이 '여성의 정조'가 아닌 '성적자기결정권'**에 있다는 점, ② **여성의 사회진출 기회 증대와 사회적 지위 향상 등 사회구조 변화에 따라 여성이 남성보다 우월한 지위에 있을 수 있다**는 점, ③ **영국·독일 등 외국 입법례에서도 객체를 '타인 또는 사람'으로 중성화하고 있는 추세**인 점 등을 고려할 때 강간죄의 객체를 '사람'으로 확대하려는 개정안은 타당하다고 생각됨[45]

44) 법제사법위원장, 형법 일부개정법률안(대안), 2012. 11.
45) 2012. 11. 22. 법제사법위원회 형법 일부개정법률안 심사보고서 5~6면

결국 입법자의 의도 또한 2013. 6. 19.부터 시행되는 형법 제297조 개정에서 강간죄의 객체를 "부녀"에서 "사람"으로 변경함으로써 남자 또한 강간죄의 객체에 포섭한 것으로 볼 수 있다.

5. 유사강간의 경우

강간죄의 행위태양과 관련하여 일반적인 성교에 대하여 '항문성교' 내지 '구강성교'가 가볍게 처벌되어야 한다는 사고의 바탕에는 임신가능성 있는 강간이 더 많이 보호되어야 한다는 생각이 자리잡고 있는 것으로 판단할 수 있다.

그러나 강간죄의 보호법익은 여성의 순결을 지키거나 모성을 보호하기 위한 것이 아니라 인간의 성적 자기결정권을 보호하기 위한 것이라면 강간죄의 객체에 대한 성적 자유를 침해하는 것은 그것이 성기 대 성기의 방식에 의한 성교의 경우에서만 문제삼을 것이 아니라 구강성교, 항문성교 등도 성적 자유의 침해행위로써 일반적인 간음행위와 같은 정도, 어떤 경우에는 더욱 더 중한 침해를 가져올 수 있다는 점에서 달리 취급할 이유가 없다.

독일에서도 항문성교 혹은 구강성교 등과 같은 유사강간행위가 피해자의 입장에서는 상당한 침해임에도 불구하고 종래의 법 규정에 의해서는 강간이 아닌 강제추행 정도의 가벼운 처벌만이 가능하다는 점에서 성적 자기결정권에 대한 보호가 충실하지 않다는 문제제기와 함께 1997년 제33차 형법 개정 법률을 통해 유사강간 처벌 규정이 신설되었다. 즉 **독일 개정 형법 제177조 제2항은 "피해자를 간음하거나 또는 피해자에게 유사한 성적행위를 행한 자"라고 규정**하여 성적 자기결정권에 대한 중대한 침해로써 유사강간유형의 성적 행위를 강간죄의 구성요건에 규정하여 구강성교 및 항문성교와 같은 행위도 중하게 처벌할 수 있게 되었다. 이러한 변화의 바탕에는 유사강간행위도 피해자의 성적 자유에 대한 중대한 침해로써 강간에 상응하는 피해를 가져온다는 점에 대한 공감이 형성된 것으로 볼 수 있다.

우리 형법 또한 2012. 12. 18. 형법개정으로 인하여[법률 제11574호, 2012. 12. 18. 개정, 2013. 6. 19. 시행] 2013. 6. 19.부터 유사강간죄를 신설하였다.

즉 형법 제297조의2(유사강간)는 “폭행 또는 협박으로 사람에 대하여 구강, 항문 등 신체(성기는 제외한다)의 내부에 성기를 넣거나 성기, 항문에 손가락 등 신체(성기는 제외한다)의 일부 또는 도구를 넣는 행위를 한 사람은 2년 이상의 유기징역에 처한다”고 규정하여 강간죄와 별도로 유사강간죄를 처벌하는 규정을 신설하였다.

유사강간죄의 처벌에 대한 2012. 11. 법제사법위원장의 형법 일부개정법률안(대안) 제안이유는 다음과 같다.

> ○ 사회가 다층화되고 복잡하게 발달함에 따라 성범죄도 역시 다양한 양상을 띠고 변화하고 있으나 현행 「형법」에서는 이러한 변화의 양상을 미처 담아내지 못하고 있음.
>
> ○ 유사성교행위만 하더라도 **독일, 프랑스 등 선진 외국에서는 강간의 기준을 “신체에의 삽입”에 두고 강간죄에 포섭하여 엄하게 처벌하고 있는 것에 반하여 우리나라는 “성기간의 삽입”만을 강간죄로 처벌하고 이와 유사한 성교행위는 강제추행죄로 처벌**하고 있음.
>
> ○ 따라서 **변화된 시대상황을 반영하여 다양화된 성범죄에 효과적으로 대처하기 위하여 유사강간죄를 신설**함[46)]

또한 위 의안에 대하여 2012. 11. 22. 국회 전문위원 이한규는 ‘유사강간죄 신설 관련 검토’에서 다음과 같이 언급하였다.

> ○ 성폭력범죄의 처벌 등에 관한 특례법」 제7조 및 「아동・청소년의 성보호에 관한 법률」 제7조에서 강제 유사성교행위에 대해 처벌하고 있는 국회의 입법 정책에 따라 강제 유사성교행위에 대한 처벌 규정을 신설하여 성폭력범죄에 엄정히 대처하려는 개정안은 타당함[47)]

46) 법제사법위원장, 형법 일부개정법률안(대안), 2012. 11., 2면.
47) 2012. 11. 22. 법제사법위원회 형법 일부개정법률안 심사보고서 6면.

다만, 강제 유사성교행위 처벌규정 도입과 관련하여서는 강간죄와 동일한 법정형으로 처벌하는 것보다 별도의 조문으로 규율함이 타당하는 의견을 아래와 같이 제시한 바 있다.

○ 동 개정안에서 성교행위(간음행위)와 강제 유사성교행위의 강요행위를 강간행위로서 동일한 법정형으로 처벌하도록 한 것은 성폭력범죄에 엄정히 대처하려는 취지로 입법 취지는 타당함.

○ 하지만 **간음과 강제 유사성교행위는 그 행위 태양 및 죄질에 차이가 있으므로 개정안과 같이 강간의 개념에 강제 유사성교행위를 포함시켜 같은 법정형으로 처벌하는 것은 신중한 검토가 요망**됨.

○ 참고로 **현행 「성폭력범죄의 처벌 등에 관한 특례법」 및 「아동·청소년의 성보호에 관한 법률」 등 특별법 규정과 같이 강간과 강제 유사성교행위를 그 행위 태양에 근거하여 별도의 조문으로 구분하여 규정하는 것이 타당**할 것으로 판단됨.[48)49)]

---

48) 「성폭력범죄의 처벌 등에 관한 특례법」
제7조(13세 미만의 미성년자에 대한 강간, 강제추행 등)
① 13세 미만의 여자에 대하여 「형법」 제297조(강간)의 죄를 범한 사람은 무기 또는 10년 이상의 징역에 처한다.
② 13세 미만의 사람에 대하여 폭행이나 협박으로 다음 각 호의 어느 하나에 해당하는 행위를 한 사람은 7년 이상의 유기징역에 처한다.
1. 구강, 항문 등 신체(성기는 제외한다)의 내부에 성기를 넣는 행위
2. 성기, 항문에 손가락 등 신체(성기는 제외한다)의 일부나 도구를 넣는 행위
③ 13세 미만의 사람에 대하여 「형법」 제298조(강제추행)의 죄를 범한 사람은 5년 이상의 유기징역 또는 3천만원 이상 5천만원 이하의 벌금에 처한다.
「아동·청소년의 성보호에 관한 법률」
제7조(아동·청소년에 대한 강간·강제추행 등)
① 폭행 또는 협박으로 아동·청소년을 강간한 사람은 5년 이상의 유기징역에 처한다.
② 아동·청소년에 대하여 폭행이나 협박으로 다음 각 호의 어느 하나에 해당하는 행위를 한 자는 3년 이상의 유기징역에 처한다.
1. 구강·항문 등 신체(성기는 제외한다)의 내부에 성기를 넣는 행위
2. 성기·항문에 손가락 등 신체(성기는 제외한다)의 일부나 도구를 넣는 행위
③ 아동·청소년에 대하여 「형법」 제298조의 죄를 범한 자는 1년 이상의 유기징역 또는 500만원 이상 2천만원 이하의 벌금에 처한다.

49) 법제사법위원회 형법 일부개정법률안 심사보고서, 2012. 11. 22., 6~7면.

6. 입법론

(1) 감경적 구성요건의 필요성 여부

아내강간을 인정하는 경우 실제로 남편의 사소한 성적요구에 대하여도 강간죄로 고소할 가능성이 있다. 그리고 이를 이혼의 수단으로 악용할 가능성도 있다. 그러나 이것이 형법상의 부부강간을 부인할 이유는 되지 않는다. 다만 해석론의 문제가 아니라 형법정책적 관점에서 수사단계나 재판단계에서의 신중한 접근을 필요로 한다. 수사기관이나 재판부는 적극적인 합의를 유도하고 가능한 한 감정적인 대립을 지향하는 방향으로 절차를 진행하는 것이 필요하다. 구체적으로는 부부간의 성적충실의무의 관점에서 독일 형법 제177조 제2항과 같이 감경적 구성요건의 신설도 검토할 필요가 있다.

독일형법에서는 예를 들면 강간의 피해자와 과거부터 성관계를 가져왔던 경우이거나 피해자와 진심으로 사귀고 싶은 마음에서 성관계를 강요한 경우 혹은 피해자가 가해자의 승용차에 스스로 올라타고 범행 현장에 도착하였거나 여관에 따라 들어간 경우 등에는 강간죄를 인정하되 통상의 강간죄가 2년 이상의 자유형인데 비해 6월 이상 5년 이하의 자유형에 처한다고 규정하고 있다. 반면에 우리 형법에는 이러한 감경적 구성요건이 없기 때문에 처는 합의를 하거나 또는 고소를 하여야 하는 사실상 양자택일적 선택을 하여야 한다. 실정법적으로 탈출구가 거의 마련되어 있지 않는 실정이다.[50]

특히, 부부의 경우 앞에서 살펴본 바와 같이 현재 시행되고 있는 성폭법 제5조 제4항에 의하여 동거하는 친족에 해당하여 위 성폭법 규정에 의하여 일반강간죄에 비하여 가중처벌될 수 있는 상황이라는 점에서 부부강간행위를 위 성폭법 규정에 의하여 가중처벌하는 것이 바람직한지, 아니면 별도의 입법적 조치에 의하여 감경처벌하는 것이 바람직한지에 대하여는 보다 깊은 논의가 이루어져야 하며, 신중하게 접근할 필요가 있다.

50) 권오걸, 전게논문, 175면.

(2) 이혼소송 전치주의 여부

헌법 제36조 제1항이 규정하고 있는 혼인과 가족생활에서의 개인의 존중과 양성의 평등이라는 혼인존중주의는 간통의 범죄화를 통해서 부정행위를 한 배우자 및 그 상간자를 형사처벌 할 수 있도록 하는 한편, 민사상으로도 중혼을 금지하는 등의 여러 가지 제도들을 구체화하고 있다. 앞에서 언급한 것처럼 아내에 대한 폭행, 협박에 의한 간음행위를 혼인존중주의의 관점에서 처벌한다면 간통죄에서 규정된 절차적 전제조건들[51)]을 아내강간의 경우에도 준용할 수 있다. 즉 남편에 대한 강간죄를 이유로 하는 고소가 남용되는 것을 억제하기 위하여 간통죄와 마찬가지로 혼인의 해소를 그 전제조건으로 하는 것도 고려할만한다. 즉 부부강간의 경우에도 혼인이 해소되거나 이혼소송을 제기한 후가 아니면 고소할 수 없다는 규정을 신설하는 것이다.

배우자인 부인에게는 사실 남편으로부터 강간을 당하였다는 것보다 남편이 다른 여자와 외도를 하였다는 것이 더 참기 어려운 사건일 수 있다. 따라서 간통의 경우에 부부관계의 해소를 전제로 하는 것이 사실상 고소를 억제하는 효과를 위하여 마련된 조치라면 남편으로부터의 강간의 경우에도 고소의 억제를 위해서 이러한 법적 전제가 필요하다. 물론 부부관계의 형식적인 유지가 자유로운 성적 자기결정권을 침해하는 역기능도 나타날 수 있지만 다른 범죄로 고소하는 것이 가능하기 때문에 그 실효성이 전혀 없지는 아니하다. 특히 부부강간은 상습화될 가능성이 있기 때문에 남편으로서는 강간범인으로서 고소를 당하는 것과 동시에 이혼이라는 이중의 고통을 겪어야 하기 때문에 아내에 대한 강간을 자제하는 억제력으로 작용할 수도 있다.[52)]

---

51) 형사소송법 제229조(배우자의 고소)
  ① 「형법」 제241조의 경우에는 혼인이 해소되거나 이혼소송을 제기한 후가 아니면 고소할 수 없다.
  ② 전항의 경우에 다시 혼인을 하거나 이혼소송을 취하한 때에는 고소는 취소된 것으로 간주한다.

52) 권오걸, 전게논문, 175~176면.

(3) 가정폭력범죄의처벌등에관한특례법 적용 여부

부부강간행위를 규율하는 가장 이상적인 것은 가정의 자율적 통제시스템으로 문제를 해결하는 것이다. 부부간의 통제 시스템이라면 부부간의 양성평등을 깨닫고 폭력이나 억압이 아닌 상호 권리를 존중해 주는 관계의 회복이라고 할 것이다. 지금까지 대법원이 부부강간을 인정하지 않은 것도 가정의 자율적 통제시스템을 믿었던 이유도 있을 것이다. 그러나 최협의의 폭행, 협박 등을 통해 강제로 간음행위를 하는 상황이라면 이러한 가정의 자율적 통제시스템은 존재하지 않거나 극히 미약하다고 보아야 할 것이고, 그러한 상황에 대해서는 국가의 개입이 필요할 수밖에 없다.

만일 그럼에도 굳이 가정의 자율성을 강조한다면 절차적인 타협은 가능하고 그것이 가정폭력범죄의처벌등에관한특례법 등에서 나타나고 있는 임시조치 등이나 행위자에 대한 일방적 처벌이 아닌 치료나 보안처분 등을 함께 실시하는 것이다. 우리나라 형사특별법 중 비교적 합리적이고 현실적 대안을 포함시키고 있는 법이 가정폭력특례법이다. 이 법은 중형주의에 입각하여 과중처벌만을 내세우는 다른 형사특별법과는 달리 당장의 가정폭력을 일단 막고, 일정기간 냉각기를 갖게 하며, 치료 등을 포함한 장기적인 대책도 생각하고 있다. 따라서 가정폭력특례법에 부부간의 강간이나 강제추행 행위를 포함시켜 아내에 대한 접근금지, 퇴거명령, 격리, 의료기관이나 요양소에의 위탁, 유치장이나 구치소에서의 유치 등을 임시로 실시하고, 기존 형벌의 부과와 동시에 사회봉사명령, 수강명령, 감호위탁, 치료위탁, 상담위탁 등 다양한 보안처분을 겸하는 것이 필요할 것이다.[53)]

Ⅵ. 결　　론

2013. 5. 16. 위 전원합의체 판결이 선고되고 난 후 약 두 달이라는 시간이

53) 박기석, "부부강간행위의 강간죄 성립여부", 형사정책연구 제15권 제4호(2004 겨울호), 95~96면.

흐른 지금 시점에서 위 판결의 의미 및 그 영향력을 전면으로 다룬 판례평석 또는 논문이 등장하지는 않은 것으로 보인다. 또한 2013. 6. 19. 법률개정으로 인하여 강간죄의 객체가 "부녀"에서 "사람"으로 변경되었다는 점에서 기존 논의의 함의는 다소 시의성을 상실하였다고 볼 수 있다. 법률 개정 이전에는 강간죄의 객체가 "부녀"로 제한되었고, 위 부녀의 개념에 법률상의 처가 포함되는지 여부에 대한 논의가 있을 수 있으나, 2013. 6. 19.형법 개정으로 인하여 강간죄의 객체가 "사람"으로 확대되었다는 점에서 현행 법률의 해석에 의할 때도 강간죄의 객체인 "사람"에서 배우자를 제외할 근거는 더욱 빈약할 수밖에 없다.

다만, 판례 및 법률의 변경이라는 일련의 흐름에서 향후 논의가 되어야 할 부분은 대법원 전원합의체 다수의견과 소수의견에서 공통적으로 지적하고 우려한 바와 같이 폭행, 협박의 의미와 관련하여 과연 어느 선까지 부부강간죄를 인정할 것인지, 이에 대한 처벌 수위를 어떻게 결정할 것인지 여부 등이 실무적 차원에서 정립될 필요가 있다. 성폭력범죄의 처벌에 관한 특례법 제5조 제4항 규정에 의하여 "친족관계에 의한 강간 등" 규정에 의하여 부부강간을 일반강간에 비하여 가중처벌하는 것이 바람직한지, 아니면 대법원 다수의견의 지적과 마찬가지로 가정폭력특례법에 의한 보호처분을 적극적으로 활용하여 부부사이에 발생한 성폭력범죄라는 특수성을 고려할지 여부는 향후 남겨진 과제라고 할 수 있다.

외국의 입법례 등에 비추어 볼 때 판례 변경에 의한 부부강간죄의 인정이 거스를 수 없는 시대적인 흐름이라는 점에는 의문이 없다. 하지만 "가정 내의 폭력을 추방하여야 한다는 요청을 대법원이 외면하거나 가볍게 여기는 것이 아니라 혼인생활에서 부부 사이에 은밀히 이루어지는 성관계에 대한 국가의 개입을 자제하여 조금이라도 가정이 유지되도록 하기 위한 배려"를 위해 계속적으로 부부강간죄의 성립을 자제하였다는 대법원의 판시내용과 같이 국가가 과연 어느 선까지 개입을 하는 것이 적정하고, 국가의 개입으로 인하여 과연 어떠한 사회적 파장이 생길지에 대한 보다 실증적이고 면밀한 연구가 필요하게 된 것은 2013. 5. 16. 대법원 판례변경 및 2013. 6. 19. 개정 형법의 적용이 남긴 숙제라고 할 것이다.

참고문헌

■ 단행본

김일수, 형법각론(제3판), 박영사, 1999.
이재상, 형법각론, 박영사, 2003.
이정원, 형법각론, 법지사, 2003.
임웅, 형법각론, 법문사, 2005.
조 국, "형사법의 성편향", 박영사, 2004.

■ 논 문

권오걸, "강간죄의 객체 대한 해석론과 형법정책론 – 법률상의 처를 중심으로 –", 경북대학교 법학연구원 '법학논고', 2010. 2.
김은애, "아내의 강간죄 객체성에 대한 소고", 이화여자대학교 법학논집 제15권 제4호, 2011.
김혜정, "시대의 변화에 따른 강간죄의 객체 및 행위태양에 관한 재구성", 비교형사법연구 제9권 제1호, 2007.
류화진, "우리 형법상 아내강간의 강간죄 성립여부", 여성연구 제67호, 2004.
박광현, "부부강간에 관한 고찰", 전남대학교 대학원 석사논문
박기석, "부부강간행위의 강간죄 성립여부", 형사정책연구 제15권 제4호, 2004.
———, "부부강간죄의 판례 및 입법안에 대한 고찰", 한양법학 제20권 제3집, 2009.
박선영, "부부강간과 성적자기결정권", 시민과 변호사, 2002.
박혜진, "형법상 성적 자기결정권 개념에 대한 성찰", 형사법연구 제21권 제3호, 한국형사법학회, 2009.
배종대, "부부강간죄 도입은 불필요한 과잉입법이다", 대한변협신문 제40호, 2002.
윤영철, "형법의 법익론 관점에서 본 부부강간의 문제", 형사정책연구 제18권 제1호, 2007.
윤용규, "부부간에도 강간죄가 성립될 수 있는가? – 부산지법 판결(2009. 1. 16. 2008고합808)을 중심으로–", 고시계, 2009.
이종갑, "아내강간의 성립에 대한 소고", 한양법학 제23집, 2008.
이현정, "강간죄의 구성요건에 대한 비판적 고찰", 법학연구 제21권 제1호, 2011.
장영민 · 손지선, "처의 성적 자기결정권 보호", 법학논집 제6권 제1호, 이화여대 법학연구소

정자영, “가정폭력범죄로서 배우자강간에 대한 연구”, 이화여대 석사학위논문, 2004.
정혜욱, “강간죄의 행위객체에 관한 연구”, 중앙대학교 석사학위논문, 2005.
조 국, “아내강간의 성부와 강간죄에서의 폭행 협박의 정도에 대한 재검토”, 형사정책 제13권 제1호, 2001.
_____, “아내강간 불인정은 남성편향의 과소범죄화”, 시민과 변호사(서울지방변호사회) 129호, 2004.
조현욱, “부부강간의 성립여부에 관한 소고”, 영남법학 제28호, 2009.

■ 신문기사

2013. 4. 22.자 법률신문 기사, “대법원 ‘부부강간죄’ 공개변론 갑론을박”
2013. 5. 20.자 법률신문 기사, “부부강간죄 대법원 판례 변경 의미와 파장은”
2013. 5. 25.자 중앙일보 기사, “[논쟁] 부부 강간 가중처벌, 어떻게 봐야 하나”
2013. 6. 3.자 부산일보 기사, “부부사이 강간죄 성립, 연령대 높을수록 공감대 낮아”

■ 기타

2012. 11. 형법 일부개정법률안(대안), 법제사법위원장
2012. 11. 22. 형법 일부개정법률안 심사보고서, 법제사법위원회

19

강간죄 성립의 판단기준으로서 피해자의 동의와 저항*

– 대법원 2015. 8. 27. 선고 2014도8722 판결 –

형법각칙 분야

유 주 성**

【대상판결】 대법원 2015. 8. 27.선고 2014도8722 판결

【사실관계】

전역을 얼마 남겨 놓고 있지 않은 군인인 피고인 A는 피해자 B와 과거에 교제한 사실은 있지만 당시 성관계를 한 적은 없다. C는 피해자 B의 친구로서 피고인 A와는 서로 연락을 주고받던 사이이다.

A는 2012.1.23. 호프집에서 C를 포함한 5명과 술을 마신 뒤 다음날 새벽 5시경 C를 집에 태워준다며 차에 태워 가던 중 주택가 골목에 차를 세운 후 차안에서 C의 손을 잡아 눌러 반항하지 못하게 한 다음 강간한 사실로 기소되었다.

그리고 1년 후인 2013.1.14. 새벽 2시경 피고인 A는 옛 연인인 B를 우연히 만나 술을 마신 뒤 B에게 방을 잡아주고 아침 8시경 B와 함께 모텔에 들어간 뒤 방안에서 피

* 이 논문은 제176회 영남형사판례연구회(2016.2.15.)에서 발표되고, 비교형사법연구 제18권 제1호(2016)에 게재되었음.

** 경남대학교 법정대학 법학과 조교수, 법학박사.

해자의 몸을 손으로 눌러 반항하지 못하게 한 다음 강간한 사실로도 기소되었다. 이 두 번째 사건에서 피해자인 B가 삽입도중 "이건 강간이야"라는 취지의 말을 하였고, A는 삽입을 중단하였다.

B는 강간을 당한 2013.1.14. 저녁 친구인 C를 만나 피해사실을 고백하였는데 C도 A로부터 강간을 다하였다는 말을 듣게 되어 같은 날 밤 10시경 수사기관을 찾아가 신고하였다.

본 사건 제1심에서는 B와 CC에 대한 강간 모두 유죄로 인정되어 A에게 징역 2년 6개월 및 성폭력 치료프로그램 이수명령이 선고되었으나, 항소심에서는 C에 대하나 강간 부분이 무죄로 판단되어 징역 1년 6월, 치료프로그램 이수명령이 선고되었다.

항소심 판결에 대해 검찰이 상고하지 않아 대법원에서는 C에 대한 강간부분은 판단의 대상이 되지 않았고, B가 항소한 대한 강간부분에 대해서는 무죄 취지로 파기 환송한 것이다.

【사건경과】

가. 제1심 판결의 요지

제1심 법원 재판부는 ① 강간 경위에 대한 피해자의 진술이 일관되고 상당히 구체적인 점, ② 피고인도 "B에게 뽀뽀를 할 때 B가 피고인의 혀와 입술을 깨물었다. B의 밑으로 피고인의 손이 내려갔을 때 B가 '밑에는 안돼.'라고 했으나 남녀 사이에 '안돼.'라고 하면서 내숭을 떠는 것인 줄 알고 괜찮다고 했다. 그래서 성관계를 하였는데 B가 '하지마라. 이러면 강간이다.'라고 하여 놀라서 성기를 뺐다."는 취지로 진술하여 피해자가 피고인과의 성관계를 거부한 것으로 보이는 정황을 일부 자인하고 있는 점, ③ 피고인이 피해자와 성관계를 한 직후에 "미안하다. 기회되면 연락 한 번 줄래? 미안해 많이.. 오빠의 진심이 도를 지나쳐서 결과가 이렇게 만들어져서 니 마음에 너무 큰 상처를 입혀버렸네.. 너무 미안하게 생각해 정말이야.."라는 내용의 문자메세지를 보내고, 피해자들이 신고한 이후 친구에게 "나 너무 병신 같다. 그래도 못 잊고 좋아하던 앤데... 술먹고 자제를 못해서 결국 이꼴이네... 그냥 그렇게 될 것 벌써 끝난 것 같은데... 말출 두 달 남기고 이번엔 감옥 같은 군대가 아닌 진짜 감옥에 가겠다."라며 범행을 시인하는 듯한 내용의 문자메세지를 보낸 점, ④ 피해자는 피고인과 교제 당시에도 성관계를 한 적이 없는데 오랜만에 만난 피고인과 선뜻 성관계를 동의하였을 것으로 보이지 않는 점, ⑤ B는 C와 이야기를 나누다가 C도 강간을 당한 사실을 알게 되어 경찰에 신고하였는데 피고인이 친구사이인 피해자들과 성관계를 한 사실을 알게 되었다는 이유만으로 허위 사실을 신고하였을 것으로 보이지 않고, 허위 진술을 할 만한 사정도 발견되지 않는 점 등을 근거로 피고인의 유죄를 인정하였다.

나. 항소심 판결

피해자는 사건 당일 피고인을 우연히 만나 호프집 등에서 대화를 나누다가 같은 날 아침 무렵 피해자의 요구로 모텔 객실에 함께 들어갔고, 객실 내에서 맥주를 마시며 대화를 하였으며, 피고인이 객실을 떠나려고 현관 쪽으로 가자 피해자가 피고인을 불러 다시 들어오게 한 사실이 있다.

그러나 ① 피고인이 그와 같이 다시 모텔 객실에 들어온 이후 침대에 누워있던 피해자에게 키스를 하였고, 이때 피해자가 피고인의 입술을 깨물면서 몸을 밀치고 '밑에 손으로 하는 건 싫다'는 등으로 이야기 하여 거부의사를 표시하였는데 피고인은 피해자의 손을 잡아 누르며 옷을 벗긴 사실, ② 피고인이 처음에 성기를 삽입하려고 했을 때에는 피해자가 몸부림을 치는 바람에 삽입하지 못한 사실, ③ 두 번째에 삽입하여 조금 움직이다가 피해자가 '오빠 이건 강간이야'라고 소리질러 피고인이 행동을 멈춘 사실, ④ 위 성관계 도중 피해자가 울었던 사실, ⑤ 이후 피해자가 피고인에게 화를 내며 사과를 요구한 사실에 관하여 피고인의 수사기관 진술과 피해자의 진술이 상당부분 일치하고 있어, 피해자 진술의 신비성은 높다고 할 것이다.

그리고 ① 피해 이후의 심경에 대한 피해자의 수시기관 진술("제가 피해자 입장이지만 제가 몸관리를 잘못한 거고 남자 하나인데 일대일인데 술을 먹자고 했을 때 아무리 옛날에 이런 사람이 아니었다고 해도 따라가면 안 되는 거였는데 따라간 제가 너무 바보 같고 제 주변사람 보기가 민망해서 친구한테 연락해서 주변사람들 얼굴 보고 그냥 죽어야겠다고 생각했어요. 예전에는 피고인 집에 자주 놀러가서 단둘이 있어도 한 번도 그런 일 없었는데 배신당한 기분이었어요.")로 보아 피해자는 교제할 당시에도 성관계한 적이 없었던 피고인이 갑작스럽게 성계관를 시도하리라는 것을 예상하지 못했던 것으로 보이고, 피해자가 피고인과 함께 모텔에 들어간 것만으로는 피해자가 피고인과의 성관계에 묵시적으로 동의하였다고 보기는 어렸다고 보아, 피고인이 피해자의 손을 잡아 누르는 방법으로 항거를 제압하여 피해자를 강간하였다는 사실을 인정한 제1심판결을 그대로 유지하였다.

【판결요지】

대법원은 피해자의 진술에 그 합리성과 신빙성을 선뜻 인정하기 어려운 사정들이 있다고 판시하면서 아래와 같은 5가지 사항을 제시하고 있다.

[1] 피고인 피고인은 피해자의 요구로 모텔객실에 함께 들어가게 되었다. 피고인은 객실내에서 피해자와 대화를 하다가 집에 가겠다며 피해자를 두고 먼저 객실을 떠나려고 현관 쪽으로 갔는데, 피해자가 피고인을 불러 다시 들어오게 하였다.

[2] 피해자는 수사기관과 제1심법정에서, 다시 들어 온 피고인이 피해자와 입을 맞추어 거부의사로 피고인의 입술과 혀를 꽉 깨물고 계속하면 혀가 잘릴 때까지 깨물겠다고

말을 하면서 발버둥을 쳤으나 피고인이 피해자의 애원과 반항에도 아랑곳없이 강제로 옷을 벗기고 간음하였다고 진술하였다. 이에 대하여 피고인은, 모텔 객실에 들어가기 전에 주차한 차량 안에서는 물론 객실 안에서도 피해자에게 입을 맞추자 피해자도 장난스럽게 피고인의 입술을 살짝 깨물곤 하였고, 손으로 피해자의 가슴과 음부를 만지거나 피고인의 성기를 피해자의 체내에 삽입할 때까지 이를 거부하는 의사를 표시하거나 반항을 한 적이 없다고 변소하였다.

[3] 그런데 피고인은 피해자와 만나서 성교에까지 이른 과정을 매우 구체적으로 진술하고 있는 반면, 피해자는 ①수사기관에서는, 자신이 모텔을 나가려는 피고인을 불러서 다시 들어오게 한 사실을 진술하지 아니하다가, ②제1심법정에서는, 모텔 객실에서 나가려는 피고인을 나가지 말라고 부른 사실이 있음을 인정하면서도 왜 불렀는지 모르겠다고 진술하는 한편, 주점에서 함께 나온 시각과 실제로 모텔 객실에 들어간 시각 사이에 상당한 시간적 간격이 있음에 비추어 보면 모텔 객실로 들어가기 전에 주차장의 피고인 차량 안에서 피고인과 장시간을 함께 보낸 것으로 보임에도, 피고인이 객실에 들어가기 전 차량 안에서 피해자와 대화를 나누던 중 입을 맞추자 피해자도 장난스럽게 피고인의 입술을 살짝 깨문 적이 없느냐는 변호인의 신문에 기억이 나지 않는다고 진술하였고, 피고인이 피해자의 레깅스 치마와 속옷을 한꺼번에 벗길 당시 피해자가 엉덩이를 들어 주어 편하게 해주지 않았냐는 변호인의 신문에 대하여는 자신이 몸부림을 쳤으니까 엉덩이를 든 것처럼 느껴졌을 수는 있었을 것이라고 진술하여, ③자신의 주장과 부합하지 않는 사정들에 대하여는 구체적이고 명확한 진술을 회피하는 듯한 태도를 보였다. 나아가 피해자도 피고인이 성행위 과정에서 별도로 피해자를 폭행하거나 협박한 적은 없었다고 진술하였다.

[4] 원심판결 이유와 피해자의 진술에 의하더라도, 피고인이 자신의 성기를 피해자의 체내에 삽입하여 몸을 움직이던 중 피해자로부터 "오빠 이건 강간이야."라는 말을 듣자 곧바로 행동을 멈추고 성기를 빼내고는 미안하다고 사과하였다는 것이고, 피고인 스스로도 위 말을 듣고 성행위를 중단하였다고 하여 이를 인정하고 있다. 그런데 피고인이 위 성행위 과정에서 피해자를 폭행하였거나 협박하지는 아니하였고 또한 피해자의 진술과 같이 '강간'이라는 말만으로 즉시 성행위를 멈출 정도였다면, 피고인이 피해자의 의사를 오해하였을 가능성은 충분히 있다고 할 수 있지만 과연 이를 넘어서서 피고인이 피해자의 의사에 반하여 피해자를 제압하고 강제로 성교에 이르렀다고 볼 수 있을지 상당한 의문이 들며, 이에 관한 피고인의 변소를 쉽게 배척하기 어렵다.

[5] 한편 피해자는 피고인과 아침 8시경 모텔 객실에 들어가 나올 때까지 약 4시간 가량 모텔 객실에서 함께 있었는데, 그 동안 객실 외부로 고성이나 몸싸움 소리가 들렸던 사정은 나타나있지 않다. 그리고 피해자와 피고인의 진술에 의하며, 피고인이 성행위를 중단한 후에 피해자는 휴대전화로 친구들고, '카카오톡'을 이용한 메시지를 주고받고

있다가, 집에 데려다 주겠다는 피고인의 말에 자신의 남자친구가 기다리는 장소에 데려다 달라고 부탁하여 함께 모텔을 나와 피고인의 차량에 동승하였고, 피해자가 요청하는 장소에 이르자 먼저 하차하여 그곳에서 기다리던 남자친구를 만났다. 이에 의하면 성행위 중단 후 피해자는 피고인의 제지 없이 친구들과 자유로이 연락할 수 있는 상태였고 모텔의 직원 등에게 도움을 요청하는 것도 가능하였던 것으로 보이는데, 피해자는 이러한 구조나 도움을 요청하지 아니하였고, 오히려 성행위를 중단 후에도 상당한 시간을 모텔 객실에서 피고인과 함께 보내다 나왔고 더욱이 그 후에도 피고인의 차량을 이용하여 피해자가 요청하는 목적 장소로 이동하였다는 것이어서, 피해자는 피고인의 성행위에 불구하고 피고인과 함께 시간을 보내고 행동함에 대하여 강한 반감이나 거부감을 가지고 있지는 아니하였던 것으로 보인다.

결국 위와 같은 사정들을 종합해 보면, 피고인이 피해자의 반항을 억압하거나 현저히 곤란하게 할 정도의 유형력을 행사하여 강간하였다는 취지의 피해자의 진술은 그 신빙성이 의심스럽고, 검사가 제출한 증거만으로는 피고인이 피해자와의 성행위를 스스로 중단하기 전까지 피해자에게 가한 폭행·협박이 피해자의 반항을 현저히 곤란하게 할 정도에 이르렀음이 합리적인 의심을 할 여지가 없을 정도로 증명되었다고는 보기는 어렵다.

연 구

Ⅰ. 문제제기

강간이 인류의 가장 오래된 범죄 중 하나라면, 그동안 시대와 사회적 환경에 따라 무수한 법들이 강간죄를 다르게 정의하고 처벌하였을 것이다. 특히 근세기에 들어 서양에서는 강간죄를 여성의 '정조(貞操)'를 보호하기 위한 죄로 두고 있었다는 점이 특징이다. 사전적 의미로 정조라 함은 '여자의 곧은 절개'를 의미한다. 정조를 지킨다 함은 자신(여자)을 소유하고 있는 상대방(남자)에 대한 절개를 지킨다는 것이고, 정조를 지킬 의지가 있는 여자만이 강간죄의 객체가 될 수 있었다. 강간은 정조를 지키려는 여자에 대해 외부의 남자가 동의 없이 강제로 간음을 하는 것이었다. 따라서 강간당하는 부녀는 처음부터 끝까지 필사적으로 저항해야만 하며 이를 제압하기 위해선 남자의 유형력 행사(폭행 협박)가 반드시 필요하다고 여겼던 것이다.[1)] 우리나라의 구(舊) 형법에서 강간죄를 "폭행 또는 협박으로 부녀를 강간하는 행위" 라고 규정하여 여성의 정조에 관한 범죄로 두고 있었던 것은 근세기 우리나라의 법에 미친 서양법의 영향과 무관하지 않을 것이다.

하지만 최근 강간죄에 대한 정의가 급변하고 있다고 해도 과언이 아닌데, 이는 강간죄의 보호법익에 관해 정조가 아닌 '성적자기결정권'으로 그 관점이 바뀌고 있기 때문이다. 성적자기결정권이란 성행위를 할지 여부, 언제, 어디서, 누구와 어떻게 성행위를 할 것인지를 결정할 수 있는 자유를 의미한다. 성적자기결정권은 개인의 자유로운 합의와 선택을 중요시하는 근대적 합리주의에 기반한 개념이면서, 헌법 10조에서 보장되는 개인의 인격권·행복추권에 기반한다. 개인의 인격권·행복추구권에는 개인의 자기운명결정권이 전제가 되는 것이고, 자기운명결정권에는 성행위 여부 및 그 상대방을 결정할 수 있는 성적자기결정권도 포함되기 때문이다.[2)]

최근에 강간죄의 형법상 보호법익이 성적자기결정권이라는 것은 우리 사회에서도 받아들여지고 있지만,[3)] 과연 강간죄가 실제적으로 성적자기결정권을 보호하는 범죄로서 자리매김되고 있는가에 대해서는 여전히 의문이 든다. 이는 무엇보다 현재 우리 형법상 보호되는 성적자기결정권의 특성에 기인한다. 실질적으로 강간죄 성립을 판단하는데 있어, 성교에 관한 피해자(여성)의 결정, 즉 동의가 유효한지 여부가 중요한 것이 아니라, 가해자의 폭력적 강제와 이에 대한 피해자의 저항이 필요한 만큼 있었는지가 법적용에 있어 더 중요한 문제로 다루

---

1) 김희균, 성폭력범처벌의이론; 강간죄의 구성요건 해당성, 형사정책연구 제16권 제4호, 2005, 105－113면.

2) 헌재 1990. 9. 10. 선고 89헌마82 결정.

3) 1953. 9. 18. 법률 제293호로 제정된 형법은 강간죄를 규정한 제297조를 담고 있는 제2편 제32장의 제목을 '정조에 한 죄'라고 정하고 있었는데, 1995. 12. 29. 법률 제5057호로 형법이 개정되면서 그 제목이 '강간과 추행의 죄'로 바뀌게 되었다. 이는 강간죄의 보호법익의 보호법익에 대해 '여성의 정조' 또는 '성 순결'이 아니라, 자유롭고 독립된 개인으로서 여성이 가지는 성적 자기결정권이라는 사회 일반의 보편 인식과 법감정을 반영한 것으로 볼 수 있다. 오영근, 형법총론, 박영사, 2014, 136면.

어지고 있다는 점 때문이다. 이로 인해 피해자가 처음부터 성행위에 동의하지 않은 경우라도, 피해자 저항의 정도에 따라 강간죄의 성립이 부정되는 경우가 종종 나타나게 되는 것이다.

사례는 모텔에서 여자와 남자가 성교 중 여자가 '이건 강간이야'라고 외치자 남자가 성교를 멈추고 미안하다고 사과한 것에 대해 대법원에서 강간죄가 성립되지 않는다고 판결하여 언론에 회자가 된 사안이다.[4] 이는 흡사 2003년에 미국 캘리포니아주 법원에서 화간(합의에 의한 성교) 중 여자가 '그만하라'고 하였음에도 불구하고 계속 성교를 한 남성에 대해, '동의의 철회'의 효력을 인정하여 강간죄의 유죄를 인정한 John 판결을 연상시키기도 한다.[5] 그렇다면 과연 본 사례에서 화간 중의 남성이 여성의 동의철회를 존중하여 바로 성행위를 중단하고 바로 사과할 정도로 여성에 대한 대단한 이해심과 배려심이 있는 사람이었기 때문에 처벌받지 않은 것일까? 그렇다면 왜 그녀는 배려심 많은 그 남성을 강간으로 수사기관에 고소를 하였고, 이후 제1심과 항소심 재판을 통해서 유죄까지 인정된 것일까? 무죄 치지로 원심판결을 파기한 대법원의 판결은 배려심 많은 그 남성을 억울하게 강간범으로 몰아세운 하급심 법원의 과오를 제대로 바로 잡은 것일까?

요컨대, 본 사례는 John판결에서 나타나는 "NO means NO"로 상징되는 미국의 성적자기결정권 보호수준과는 거리가 먼, 현재 우리 형법에서 지지(支持)되고 있는 "No means Yes"라는 '가해자 (남성) 중심적 시각' 혹은 '강간신화'[6]

---

4) 홍세미, '오빠 이건 강간이야' 말 듣고 중지 땐 '성폭행 아냐', 법률신문, 2015. 9. 17.

5) 피해자가 피고인과 최초 성관계에 동의를 하여 삽입을 하고 있던 도중이라도 그 동의를 철회하면 동의는 무효가 되고, 그럼에도 불구하고 피고인이 피해자의 동의 철회를 무시하고 강제적으로 삽입을 지속하였다면 이는 강간죄의 유죄로 인정된다고 판단하였다. The People v. John Z(128 Cal Rptr 2d 783).

6) 비버리 로스(Beverly J. Ross)가 강간에 대한 잘못된 17가지 관념에 대해 소위 '강간신화(Rape myth)'라고 명칭하며 다음과 같이 정리하였다. ① 여성은 강간당하고 싶은 환상이 있다. ② 여성이 성교에 대하여 "안 돼"라고 말할 때, 그녀가 진정으로 뜻하는 것은 "돼"이다. ③ 여성이 강간을 당할 것이라면, 그녀는 그것을 즐기는 편이 낫다. ④ 여성은 종종 성폭행과 강간을 도발, 유혹한다. ⑤ 고상한 여성은 강간당하지 않는다. ⑥ 혼외 성교에 동의한 적이 있는 여성은 난잡한 사람이며, 성교를 요하는 어떤 남성에 대해서도 동의를 할 개연성이 있다. ⑦ 흑인여성은 난잡하다. ⑧ 여성이 진정 강간당하지 않으려고 한다면 강간을 막을 수 있다. ⑨ 강간당한 여성의 자연스러운 반응은 즉각 경찰관서에 신고하는 것이다. ⑩ 강간하는 남성은 정신병이 있거나 정서적으로 질병이 있는 사람이며, 보통남성은 강간하지 않는다. ⑪ 여성은 자신이 잘 알

를 재확인한 것에 지나지 않는다. 본 논문 이하에서는 위의 대법원 판시사항에 대한 비판적 입장을 견주어, 제Ⅲ장에서 사례에 나타난 피해자의 동의와 그 형법적 효력문제, 제Ⅳ장에서 강간죄 성립의 결정적 판단기준이 되는 피해자의 저항의 의미와 문제점에 대해 살펴보고, 제Ⅴ장에서는 성적자기결정권 보호라는 형법목적 달성을 위해 필요한 피해자 동의의 형법적 효력을 제고할 수 있는 방안에 대해 살펴본다.

Ⅱ. 강간 피해자의 동의와 형법적 효력

1. 사례에서 피해자의 동의가 있었는가?

사례에서 피해자는 '키스부터 성기 삽입 시까지 계속하여 거부의사를 표시하였으나, 피고인의 힘에 눌려 강간을 당한 사건'이라고 주장하고, 가해자는 피해자가 성교에 대해 당시 가해자는 피해자가 내심으로 동의를 하였던 것 같고, 설령 동의하지 않았더라도 겉으론 잘 표현하지 않아서 몰랐고, 피해자가 거부의사(이건 강간이야)를 밝혔을 때 즉시 중단했다고 하여, '(묵시적) 동의에 의한 간음' 혹은 '착오에 의한 간음'을 주장하고 있다.

이에 대해 1심에서는, ④ 피해자는 피고인과 교제 당시에도 성관계를 한 적이 없는데 오랜만에 만난 피고인과 선뜻 성관계의 동의하였을 것으로 보이지 않고, 항소심에서는 ① 피고인이 그와 같이 다시 모텔 객실에 들어온 이후 침대에 누워있던 피해자에게 키스를 하였고, 이때 피해자가 피고인의 입술을 깨물면

지 못하는 사람에 의해서만 강간당한다. ⑫ 혼외 성교에 동의한 적이 있는 여성은 진실을 말할 것이라고 믿을 수 없다. ⑬ "나쁜 성격"을 가진 여성은 기꺼이 무차별적 혼외 성교를 맺을 가능성이 있고, 따라서 진실을 말할 것이라고 믿을 수 없다. ⑭ 여성, 적어도 일정부류의 여성은 강간당해 마땅하다. ⑮ 강간을 신고하는 여성은 피고인, 남성 일반, 남편 또는 과거의 연인에 대한 악의로 가득 차 있거나, 또는 자신이 성교에 동의하였기에 부모, 남편, 연인으로부터 징벌을 받는 것을 두려워하기에 종종 허위고소를 한다. ⑯ 여성이 강간당하였다고 의식적으로 거짓말을 하지 않는 경우에도 강간은 그녀의 환상 속에서만 존재할 수 있다. ⑰ 극단의 강제력이 사용되지 않는 한 동의 없는 성교는 단지 성교행위일 뿐이다. Beverly J. Ross, "Does Diversity in Legal Scholarship Make Difference?: A Look at the law of Rape.",100 Dick.L.REV.795, pp.808-810; 조국, 형사법의 성편향, 박영사, 2004 77-78면 재인용.

서 몸을 밀치고 '밑에 손으로 하는 건 싫다'는 등으로 이야기 하여 거부의사를 표시하였고, ② 피고인이 처음에 성기를 삽입하려고 했을 때에는 피해자가 몸부림을 치는 바람에 삽입하지 못한 사실, ③ 두 번째에 삽입하여 조금 움직이다가 피해자가 '오빠 이건 강간이야'라고 소리질러 피고인이 행동을 멈춘 사실, ④ 위 성관계 도중 피해자가 울었던 사실, ⑤ 이후 피해자가 피고인에게 화를 내며 사과를 요구한 사실 등으로 미루어 볼 때 명시적 동의뿐만 아니라 묵시적 동의가 있다고 보기는 힘들다고 판단하였다.

해당사건의 맥락(脈絡)을 통해 살펴보더라도, 만약 가해자의 주장대로 만약 피해자 키스할 때 장난스럽게 살짝 깨물기도 하면서 가해자와 성교까지 하고 있는 상황이었다면, 갑자기 피해자가 이건 '강간이야'라고 외치는 것은 합리적으로 이해하기 힘들다. 그러한 경우라면 오히려 '그만해', '더 이상 하고 싶지 않아'라고 표현하는 것이 타당하다. 마찬가지로 가해자 입장에서도 '동의에 의한 간음(화간)'이라고 인식했더라면, 피해자가 이건 '강간이야'라고 외쳤을 때 곧바로 '성기를 빼고 미안하다고 사과하는 것'이 합리적인 반응이라고 볼 수 없을 것 같다. 화간이라고 생각했다면 가해자의 입장에서는 오히려 '갑자기 왜 그래?' 내지 '내가 뭘 잘못했어?'라는 정도의 반응이 나오는 것이 더 정상적일 것이다.[7] 이러한 점들을 종합해 볼 때 해당 간음 행위에 대해 피해자의 (묵시적 혹은 명시적) 동의는 없었다는 점은 재확인된다.

이에 대해 대법원에서는 "피해자의 진술과 같이 '강간'이라는 말만으로 즉시 성행위를 멈출 정도였다면, 피고인이 피해자의 의사를 오해하였을 가능성은 충분히 있다고 할 수 있지만 과연 이를 넘어서서 피해자의 의사에 반하여 피해자를 제압하고 강제로 성교에 이르렀다고 볼 수 있을지 상당한 의문이 들며, 이에 관한 피고인의 변소를 쉽게 배척하기는 어렵다."고 판시하였다. 이를 살펴보면, 대법원에서는 가해자가 피해자의 거절의사에 대해 착오(錯誤)를 하였을 가능성을 지적하면서서도, 적어도 간음행위에 대해 피해자의 명시적 혹은 묵시적 동의는 없었다는 점은 인정하는 것으로 보인다.

---

7) 이경환, "이건 강간이야"라는 외침의 맥락적 이해와 가해자의 착각에 대한 비판적 검토, 2015 성평등한 사회를 위한 성폭력 판례뒤집기 대토론회, 55－58면.

2. 피해자 동의의 형법적 효력

우리나라에서 강간죄 성립에 있어 피해자의 동의는 형법상 어떠한 효력인 인정되는가? 형법상 강간은 '강제로 간음한다'는 것으로 해석되는데, 이러한 강제적 간음은 상간자의 '동의 없는 간음', '의사에 반하는 간음'을 전제하기 때문에, 피해자의 동의는 강간죄의 구성요소로서 작용한다고 보아야 할 것이다. 그러므로 만약 강간 피해자의 명시적 혹은 묵시적 동의가 있었다는 것이 확인된다면, 이는 강간죄 '구성요건해당성조각사유'가 될 것이다.[8] 사례에서는 법원의 재판 과정에서 들어난 여러 가지 정황과 범행상황에 대한 맥락적 이해 등을 통해 살펴볼 때, 적어도 피해자 동의가 있었다고 보기는 힘들기 때문기 때문에, 피해자 동의에 의한 구성요건해당성조각사유가 있었다고 볼 수는 없다.

다음으로, 사례에서 피고인은 피해자가 설령 성교에 동의하지 않았더라도 겉으론 잘 표현하지 않아서 몰랐고, 피해자가 거부의사(이건 강간이야)를 밝혔을 때 즉시 중단하였다고 주장하였다.[9] '피해자의 의사에 반하여 간음한다'라는 의욕 또는 인용이 인정되어야만 강간행위에 대한 고의가 인정되지만, 피해자의 동의가 없었음도 있다고 오인한 것으로 강제로 간음할 의사가 없었다고 주장한 것이다. 피해자 동의에 관한 착오, 즉 피해자의 "안 돼"라는 거부의사를 여러 정황상 '내숭' 정도로 받아들였다는 것이다. '강제로 간음한다'는 것에 대한 고의가 인정되기 위해서는 우선 가해자가 피해자의 동의 없음(거부의사)을 인식하였음에도 불구하고 그에 반하여 행위를 하려는 의사가 함께 인정되어야 할 것이다. 여기서 문제가 되는 것은, 피해자는 거절의사를 표시하였음에도, 이를 '착각 혹은 오해(착오)'하였거나 아니면, '무시'한 경우이다. 피해자 동의에 관한 '착각

---

8) 오영근, 형법각론, 박영사, 2015, 141면.

9) 이와 같은 내용은 "모텔 객실에 들어가기 전에 주차한 차량 안에서는 물론 객실 안에서도 피해자에게 입을 맞추자 피해자도 장난스럽게 피고인의 입술을 살짝 깨물곤 하였고, 손으로 피해자의 가슴과 음부를 만지거나 피고인의 성기를 피해자의 체내에 삽입할 때까지 이를 거부하는 의사를 표시하거나 반항을 한 적이 없다"; "B에게 뽀뽀를 할 때 B가 피고인의 혀와 입술을 깨물었다. B의 밑으로 피고인의 손이 내려갔을 때 B가 '밑에는 안 돼.'라고 했으나 남녀 사이에 '안 돼.'라고 하면서 내숭을 떠는 것인 줄 알고 괜찮다고 생각했다고 하였다."는 등의 가해자의 진술에서 일관되게 나타난다.

혹은 오해(착오)'가 인정되는 경우는 가해자에게 고의책임을 묻기는 힘들 것이다. 하지만 반대로 피해자 동의를 '무시'한 것일 경우, 다시 말해 가해자가 피해자의 거절의사를 인식하였으나, 이를 '무시'하고 그 결과를 '인용'하여 강간행위로 나아간 경우에는 일종의 '미필적 고의'의 법리가 적용될 수 있을 것이라고 생각된다.[10] 이에 대해, 대법원은 피해자의 요구로 모텔 객실에 들어간 사실 등을 언급하며, 여성이 남성이 착오에 빠질만한 행동을 한 것으로 보고 있다. 그러나 이와 같은 논리는'남녀가 모텔에 함께 들어가면 이미 암묵적으로 성행위까지 동의한 것이다'라는 잘못된 사회적 편견에 기댄 것이 아닌가 생각된다. 또한 대법원의 판결은 1심과 항소심에서 들어난 범행 당시 성교에 대한 피해자의 거절의사표시 및 저항을 확인할 수 있는 사실들, 예를 들어 피해자가 몸부림쳐서 삽입하지 못하고 두 번째 삽입한 사실, 피해자가 운 사실, 피해자가 가해자에게 화를 내며 사과를 요구한 사실 등에 대해서는 언급조차하지 않고 있다는 점에서 비판을 면할 수 없을 것으로 생각된다.

한편, 절차법적으로 강간죄는 주로 사적이고 은밀한 영역에서 발생하므로 실질적인 목격자를 발견하거나 명확한 물질적 증거가 없는 경우가 많아 사실인정을 위해 피고인과 피해자의 진술에 의존하는 특성을 가지고 있어, 입증이 어려운 경우가 대부분이다. 특히, 피고인(가해자)의 범의 등 내심의사를 객관적으로 증명해 내기란 여간 어려운 일이 아니라는 점을 감안하면, 가해자의 내심의사 즉, 피고인의 착오나 미필적 고의에 관한 입증책임을 누가 질 것인가가 중요해지게 된다. 이에 대해 본 사례에서 대법원은 "피고인이 피해자의 의사를 오해하였을 가능성이 충분히 있다."고 하여 피고인의 착오 가능성이 인정되므로 (혹은 그 가능성 완전히 배제되지 않았음으로) 피고인은 무죄라는 입장이다. 이는 법관이 착오에 대한 합리적인 의심 없는 내적확신이 완전히 서 있는 상태가 아닐 때에는 피고인에게 유리하게 해석하여야 한다는 입장을 밝히고 있는 것으로,'무죄추정의 원칙' 혹은 '의심스러울 때는 피고인에 대한 이익으로'라는 피고인의 권리(혹은 법원칙) 보호를 충실히 고려한 결과로 보인다.

나아가 피해자의 동의든, 동의에 관한 착오든 사람의 내심의사로서 이를 증

10) 이경환, 위의 글, 61－62면.

명 내기란 쉽지 않다는 점에서, 가해자의 폭행과 협박 내지 피해자의 몸부림, 소리지르기, 때리기, 발로차기 등 명시적인 저항은 피해자와 가해자의 내심의사를 증명하는 요소로 작용하게 된다. 따라서 입증책임을 진 검사(수사기관)는 강간의 고의를 입증하기 위해, 가해자의 폭행협박과 피해자의 저항이 있었다는 것을 밝히는 것에 주력하게 된다. 더욱이 우리형법에서는 강간죄를 '폭행 또는 협박으로 사람을 강간하는 행위'라고 규정하여, 가해자가 피해자에 대한 '폭행·협박'이 있었을 때야 비로소 강간죄가 성립하는 것으로 규정하고 있고, 이는 상대방의 항거가 불가능하게 할 정도의 최협의 폭행·협박으로 해석함으로써, 피해자의 저항을 강간죄 성립의 '필요요건'으로 하고 있다. 따라서 피해자의 동의 여부보다는, 피해자의 저항과 이를 제지할 만한 가해자의 폭행·협박 있었느냐가 강간죄의 성립에 있어 중요한 판단기준으로 등장하게 되는 것이다. 현재의 형법규정과 해석 내에서는, 피해자의 동의 여부가 강간죄 성립의 판단요소로서 그 효력을 상실할 수밖에 없었던 결정적인 이유가 바로 여기에 있다.

Ⅲ. 강간 피해자의 저항과 가해자의 폭력적 강제

1. 피해자의 저항과 가해자의 폭력적 강제의 관계

현재 우리 형법의 근간인 서양의 근대 형법에서 강간죄의 구성요건으로 피해자의 저항과 가해자의 폭력적 강제를 구성요건요소로 규정해 놓은 이유는, 피해자(정조 있는 여성)가 동의하지 않으면 간음이 불가능하다는 것을 전제로 하기 때문이다. 즉 정조 있는 여성이 마음먹고 결사적인 저항을 제대로 하면 간음을 당하지 않을 수 있는데 간음이 일어났다면, 피해자 여성이 원해서 그렇게 된 것이라는 의미이다. 이에 대해 계몽주의 철학자 볼테르가 든 예는 다음과 같다.

> "강간을 당했다고 하소연하는 처녀나 부인들에게는, 옛날 한 여왕이 강간을 당했다고 호소하는 부인을 어떻게 논박했는지 이야기해 주는 것만으로 충분할 것이라고 나는 생각한다. 여왕은 칼집을 잡고는 그것을 계속 움직이면서 그 상태로 칼을 칼집에 넣은 것이 불가능하다는 것을 부인에게 보여주었다."[11]

만약 피해자가 동의하지 않아 필사적인 저항 했는데도 간음이 가능했다면 유형력 행사에 의한 폭력적 강제가 있기 때문이다.[12] 그리고 그 유형력 행사는 저항 자체를 근본적으로 불가능하게 하는 엄청난 강도의 것이어야 한다고 믿었다. 이와 같은 생각들을 바탕으로 프랑스 형법에서는 강간죄를 "저항을 제압하기에 충분한 유형력을 행사하여, 피해자와의 합의 없이 간음하는 것"으로 정의하고 있었던 것이다. 이와 같이 서양에서 규정한 '전통적' 강간죄 해석에 있어, 피해자의 동의여부보다는 피해자의 저항과 가해자의 폭력적 강제를 강간죄 성립의 결정적 판단기준으로 작용하였다는 것을 알 수 있다.

서양법의 영향을 받은 우리형법의 역사를 고려해볼 때, 피해자의 저항과 가해자의 폭행·협박을 연결하여 해석하는 것이 자연스럽다. 최협의의 폭행·협박 개념, 즉 가해자가 피해자에게 "항거를 현저히 곤란하게 할 정도의 폭행협박을 사용하지 않았다면, 강간죄가 성립하지 않는다."고 보는 통설의 입장은 '전통적' 강간죄 해석의 연장으로 이해될 수 있다. 성교에 대하여 동의하지 않고 저항하는 피해자에게 최협의의 폭행·협박을 사용하지 않았나면, "피해자의 의사에 반하는 정도로의 유형력을 행사하여 피해자를 간음하려 하였음에도 불구하고, 그 유형력의 행사가 피해자의 반항을 현저히 곤란케 할 정도에 까지 이른 것은 아니므로" 강간죄는 성립하지 아니한다는 대법원의 판시도 마찬가지로 이와 같은 전통적 강간죄를 지지하는 입장이다. 이와 같이 '전통적' 강간죄 해석에서 가해자가 피해자의 저항과 피해자의 폭행협박은 강간죄 성립을 판단하는데 핵심요소로 작용하고 있는 것이다.

2. 피해자 저항의 정도(程度)

'항거를 현저히 곤란하게 할 정도의 폭행·협박'을 사용하지 않았다면 강간죄가 성립하지 않는다는 입장(최협의 폭행·협박설)에서는, 피해자의 저항을 통하여 폭행 또는 협박이 있었음을 확인할 수 있으며 동시에 피해자 저항의 정도

11) Francois M. AROUET(Voltaire), Prix de la justice de l'humanite 567, 김희균 앞의 논문, 111면에서 재인용.
12) 김희균, 앞의 논문, 112면.

를 통해 폭행 협박의 강도를 측정할 수 있다고 보게 된다.[13] 이는 통설과 판례의 입장으로, 과거에는 피해자의 '극도의 저항'의 요구하던 입장에서 현재에는 '합리적 저항'만 인정되면 강간죄가 성립하는 것으로 변화되어 왔다는 점이 특징이다.

가. 극도의 저항

'극도의 저항(Utmost resistance)'은 범행 당시 강간 피해자가 자신이 지쳐 떨어질 때까지 모든 육체적 힘을 다하여 가해자와 싸우는 극도의 저항을 하였을 때만 비로소 피해자의 동의가 없다고 인정되어 강간죄 성립이 부정되는 개념이다. 이는 미국에서 1962년 모형형법전(Model of Penal Code)을 따르는 주(State)법들에서 강간죄를 성립하는 기준으로 작용한 것으로, '강간이 인정되기 위해서 가해자는 실체적으로 육체적 강요 또는 위협을 행사했어야 하며, 피해자는 반드시 부동의가 있었다는 것을 증명하기 위하여 육체적 저항을 행하여야 한다.'는 것이다. 강간죄 성립요건으로 피해자의 저항과 관련하여 기존에 우리 판례도 극도의 저항을 요구하는 입장이었다. 설령 피해자가 성교에 동의하지 않았다고 하더라도, 피해자의 극도의 저항이 없으면 강간죄 성립이 부정되었던 것은 기존의 여러 판례들을 통해 확인된다.[14] 대법원은 폭행 또는 협박이 피해자의 항거를 불가능하게 하거나 현저히 곤란하게 할 정도의 것이었는지 여부를 "유형력을 행사한 당해 폭행 및 협박의 정도는 물론이고, 유형력을 행사하게 된 경위, 피해자와의 관계, 성교 당시의 정황 등 제반사정을 종합하여 판단"하여야 한다는 '종합판단설'의 입장을 치하고 있다. 하지만 조국 교수의 지적과 같이 "감경적 구성요건이 없는 상태에서 3년 이상의 중형이 부과되는 강간죄의 성립을 인정

---

13) 박상기, 형법학, 박영사, 2015, 513면.

14) 이와 관련하여 대표적인 판결로, 피고인이 피해자의 몸을 누르고 피해자의 옷을 벗기고 성교하려고 하자 피해자는 몸을 좌·우로 흔드는 등 거부하였으나 성교를 감행하여 피해자에게 질열상(膣裂傷)입힌 사건에서, 피해자가 몸을 일으켜 그 장소에서 탈출하려고 하거나 소리를 질러 구조를 요청하지 않았다는 점을 들어 강간치상죄 성립을 부정한 경우(대판 1999.9.21. 99도2608)나 피고인과 같이 술을 먹다가 만취한 피해자를 여관으로 강제로 데리고 간 후 피해자가 화장실에서 정신을 차리고 여관 1층 복도까지 도망하자 다시 끌고 2층으로 와 제대로 저항하지 못하는 피해자를 간음한 행위 대하여 "여관방에 투숙하여 별다른 저항이나 마찰 없이 성행위"를 하였다고 판단(대판 1985.10.8., 85도1537)한 바 있다.

하여야 하므로, 이 종합판단은 강간죄의 성립을 축소하는 방향"으로 이루어져 왔다. 따라서 피해자가 격렬한 육체적 반항을 한 것과 이를 저지하기위한 가해자의 폭행·협박을 입증해 내지 못하는 한, 강간죄의 성립은 부정되는 것이다.

그러나 이와 같은 강간죄의 '전통적' 해석에 관해, 이는 여성이 극도의 육체적 저항을 하면 강간에서 벗어날 수도 있다는 왜곡된 관념의 소산이면, 모든 여성에게 단일한 그리고 가부장제가 요구하는 방식으로 강간에 대응하기를 요구하는 것이라고 강력히 비판받게 된다. 또한, 육체적 저항이 상해의 위협을 증가시킬 수 있는 상황에서, 피해자들이 극대화된 두려움, 무능력 또는 지식의 결여 등으로 언어적 저항으로 그치는 경우가 다수 있다는 사실도 지적되었다. "강간 범행 현장에서의 피해자의 저항은 죽음이나 심각한 신체적 해악을 초래할 수 있고, 피해자의 상황에 청해 있는 합리적 인간에게 법원이 기대할 수 있는 헌신과 강도로, 피해자가 자신을 방어하는 데 실패하였다는 점을 근거로 하여 남성 공격자를 용서하는 것은 잘못이다."라는 것이다.[15] 따라서 피해자의 육체적 저항을 요구하고 있는 법률은 그 저항의 적정한 법적 기준을 제시하는데 실패하고 있으며, 나아가 방대하게 발생하고 있는 강간사건에서 피해자의 성적자기결정권을 제대로 보호해 주지 못하는 결과를 낳게 된 것이다. 또한 강간의 범의가 확고한 강간범에 대한 저항은 자칫 피해자의 생명·신체에 대한 위험을 발생하게 할 가능성도 높음에도 불구하고, 법이 여성에게 죽을 때까지 또는 중대한 신체적 피해를 입을 때까지 저항하라고 요구하는 한다면 이는 전형적인 가부장적 정조관념의 강요라는 비판이다.[16]

나. 합리적 저항

'합리적 저항(Reasonable resistance)'이란 가해자의 폭력적 강제가 있을 경우, 피해자의 극도의 저항이 아닌 합리적 저항, 다시 말해 피해자가 범행 당시의 여러 정황을 고려하여 완강한 육체적 저항을 하지 않았더라도 가해자의 폭력적 강제가 인정되면 강간죄가 성립하게 되는 것이다.[17][18] 최근 우리 대법원 판례에

15) Model Penal Code, §213.1 Commentaries at 305(American Law Institute, 1980)
16) 조국, 앞의 책, 45면.
17) 미국 사회에서 '강간죄 개혁운동(Rape Law reform movement)'이 본격화되자 1974년 미시간

서, 극도의 저항을 요구하던 기존의 입장에 대한 비판을 수용하여, "사후적으로 보아 피해자가 성교이전에 벗어날 수 있었다거나 피해자가 사력을 다하여 반항하지 않았다는 사항만으로 가해자의 폭행협박이 피해자의 항거를 현저히 곤란하게 할 정도에 이르지 않았다고 섣불리 단정하여서는 않된다."고 판시한 바 있다.[19] 이는 여전히 강간죄 성립에 있어서 가해자의 폭행협박과 피해자의 저항 등을 종합하여 판단하여야 한다는 입장에는 변화가 없지만, 피해자가 극도의 저항이 아닌 합리적인 저항에 그쳤더라도, 강간죄는 성립할 수 있다는 입장을 확인하였다는 점에서 중요한 의미가 있다.[20]

한편, 강간죄를 규정한 형법조문과 최협의 폭행·협박 개념을 지지하는 통설과 판례를 통해 '폭력적 강제'는 강간죄 성립 요건으로 여전히 존속해 있다. 다만, 해당 폭행·협박에 대해 어느 정도를 강간죄의 폭행·협박으로 볼 것인가에 대해 대법원은 "강간죄에서 폭행·협박은 피해자의 반항을 억압하거나 반항을 현저하게 곤란하게 할 정도의 것"이어야 한다는 일관된 입장을 유지하고 있다. 다만 이에 대해 비슷한 행위라도, 과거 "피해자의 몸을 누르면서 한번 하게 해달라고 애원한 경우"[21]에는 강간죄의 폭행으로 보지 않았던 반면, 최근에는

주를 필두로 미국 내 다수의 주 형법에서 '피해자의 저항' 조건이 폐기됐다. 피해자가 모든 육체적 힘을 다해 저항했을 때만 인정됐던 강간죄가 그 조건의 폐기와 더불어 가해자의 폭력적 강요로 인해 피해자의 의사에 반하는 성관계는 피해자의 '완강한 육체적 저항여부'에 관계없이 강간죄로 인정한 것이다. 예를 들어 아이오와 주 형법의 문언에 따르면, '성적학대 행위가 폭력에 의하여 당사자의 의지에 반하여 범해졌다는 것을 입증하기 위하여 당사자의 육체적 저항을 입증할 필요는 없다. 그렇지만 그 행위가 폭력에 의하여 또는 타인의 의지에 반하여 행해졌는지 여부를 판단하는 데 있어서 그 행위가 범해졌던 상황은 고려요소가 된다.'

18) 예를 들어, Lime 판결의 경우 피해자가 도주를 시도하지 않았고 두려움 때문에 필사의 저항도 하지 않았으나 계속 울면서 그만두라고 호소하였는데 이에 대해 법원 피해자의 '진지한 저항'이 있었고 강간에 필요한 '폭력적 강제'가 있다고 보았다. 또한 1994년 Marlow 판결의 경우 피해자는 야간에 침입한 남편의 니구의 공격에 계속적으로 거부 의사를 밝히며 피고인을 손으로 밀고 발로 찼으나 소용이 없자 포기하고 피고인의 "끝내기만을 희망하고" 누웠었는데 법원은 이 경우 피해자의 '합리적 저항'이 존재하였고 '폭력적 강제'요건이 충족되었다고 판시하였다.

19) 대법원 2012. 7. 12. 선고 2012도 4031 판결; 대법원 2005. 7. 28. 선고 2005도3071 판결.

20) 피고인과 피해자는 동호회 회원인바, 2010. 12. 23. 02:30경 양주시 덕계동 노상에 주차된 피고인 운전의 소울 승용차 안에서, 동호회 회식 후 귀가하기 위해 위 승용차의 뒷좌석에 앉아 있던 피해자를 간음하기로 마음먹고, 손으로 피해자의 온몸을 만지며 입맞춤을 하고, 피해자가 이에 저항하자 양손으로 피해자의 어깨를 눌러 옆으로 눕혀 항거 불능케 한 다음 피해자의 바지와 속옷을 벗기고 1회 간음한 것에 대해 강간죄를 인정(대법원 2012. 7. 12. 선고 2012도 4031 판결).

21) 대법원 1999. 9. 21. 선고 99도2608 판결.

"피해자를 소파에 밀어 붙이고 양쪽 어깨를 눌러 일어나지 못하게 한 경우"[22) 등에 대해, 반항을 현저하게 곤란하게 하는 폭행으로 보아 강간죄의 성립을 인정한 바 있다.

요컨대, 판례는 과거보다 피해자의 저항과 폭력적 강제 등 강간죄 성립의 판단기준을 완화하여 그 성립을 넓게 인정하는 추세이다. 그러나 강간죄 성립판단에 있어 여전히 피해자의 저항과 폭력적 강제에 초점이 맞추어져 있다 보니, 피해자의 동의는 법률적 효력을 인정받지 못하지 있다고 해도 과언이 아니다. 그간 대법원의 판단 살펴보더라도 성교에 대하여 피해자의 동의여부에 상관없이, 최협의의 폭행·협박을 사용하지 않았거나, 피해자의 저항이 없으면 강간죄 성립이 힘들다는 입장이 여러 차례에 걸쳐 확인된다.[23)

3. 사례에서 피해자의 저항과 가해자의 폭력적 강제가 있었는가?

1심과 항소심 판결에서는 피고인인 성교를 동의하지 않는 피해자에게 키스를 하자 "피고인의 입술을 깨물면서 몸을 밀치고 '밑에 손으로 하는 건 싫다'는 등으로 이야기하며 거부의사를 표시하였는데, 피고인은 피해자의 손을 잡아 누르며 옷을 벗기고 간음 행위로 나아간 사실" 등을 확인하며 이를 피의자의 유죄를 인정한다. 이때 확인되는 피해자의 저항은 거부의사로 피고인의 입술을 깨문 행위, '밑에 손으로 하는 건 싫다'고 한 언어적 저항 등이 있었고, 이를 제압하기 위한 피고인의 유형력 행사로는 피해자의 손을 잡아 누르고 저항을 못하게 한 체 옷을 벗기고 간음 행위로 나아간 행위라고 보았다. 이를 토대로 성교행위에 대한 피해자의 동의가 없었고 합리적 저항이 인정되며, 피해자의 저항을 곤란하게 하는 가해자의 유형력 행사(폭행)이 있었다는 것을 인정되어 강간죄 성립을 인정하였다는 점에서 판결의 치지에 공감하며, 이는 최근 강간죄 성립을 넓게 인정하는 쪽으로 변화하고 있는 강간죄 성립에 관한 법원의 입장과도 일치한다고 생각된다.

---

22) 대법원 2005. 7. 28. 선고 2005도3071 판결.
23) 대법원 1990. 12. 11. 선고 90도2224 판결.

반면 대법원은 피고인 피해자의 동의여부에 대해 착오에 빠졌을 가능성이 있으므로 반드시 강제로 간음을 할 고의가 있었다고 보기는 힘들고, 더욱이 피고인의 간음 행위 시 피해자가 저항한 사실이 없으며(혹은 이에 대한 피해자의 주장에 신빙성이 없으며), 또한 저항을 곤란케 할 만한 가해자의 폭행이 없었다고 하여, 1심과 항소심의 판결을 파기하고 강간죄 성립을 부정하였다. 그러나 대법원 판결에서는 피해자가 저항의 의사로 키스하려는 피고인의 혀 등을 깨문 사실, 피고인이 피해자를 못 움직이게 손을 붙든 상황에서 피해자를 만지자 "밑에는 안 돼."라고 말을 한 사실, 피해자가 몸부림을 쳐서 삽입하지 못하고 두 번째 삽입한 사실, 성관계 도중 피해자가 울었던 사실 등이 일제히 피해자의 '앙탈' 혹은 '내숭' 정도로 무시되었다. 또한 대법원은 "피해자가 피고인과 모텔에 들어가 나올 때까지 4시간가량 객실 외부로 고성이나 몸싸움 소리가 들렸던 사전은 없다"는 점 등을 근거로 들고 있는데, 이는 마치 법원이 강간죄 성립을 위해서는 피해자의 극도의 육체적 저항을 요구하던 과거로의 퇴보가 아닌지가 의심스럽다. 한편, 대법원에서 가해자의 폭행과 관련하여서는 "피고인이 성행위 과정에서 피해자를 폭행하거나 협박을 가한 사실이 증명되었다고 보기 어렵다"고 판시하고 있으며, 이에 대한 근거로 "피해자도 피고인이 성행위 과정에서 별도로 피해자를 폭행하거나 협박한 적은 없었다고 한 진술"을 들고 있다. 그러나 1심과 항소심에서 확인되었듯이 피고인이 저항하는 피해자의 손 등을 잡아 누르며 못 움직이게 하여 옷을 벗기고 간음을 한 사실이 있다면, 이는 분명히 최협의 폭행에 해당한다고 보인다. "폭행이 없었다."는 피해자의 진술은 성교과정 중에 피고인이 자신을 때리지는 않고, 단순히 못 움직이게 결박한 정도이기 때문에 폭행이 아니라고 판단했을 수 도 있다. 법을 모르는 일반인이 받아들이는 폭행의 개념과 법률전문가가 받아들이는 폭행개념은 다를 수 있기 때문이다. "폭행이 없었다."는 피해자의 진술은 그토록 신뢰하면서 "이건 강간이야."라는 피해자의 외침은 왜 외면하는가!

Ⅳ. 강간 피해자 동의의 법률적 효력 제고(提高)방안

성적자기결정권을 보호법익으로 하는 '강간의 죄'는 상간자(여성)의 의사가 그 성립판단의 핵심기준이 되어야 한다. 그러나 이상에서 살펴 본바와 같이, 강간죄 성립 판단 시 '동의의 착오에 관한 손쉬운 인정', '피해자의 저항 및 폭력적 강제의 과도한 요구'를 함으로써, 정작 성적결정권의 행사주체인 피해자의 의사, 즉 피해자의 의사(동의)는 그 법률적 효력이 경시되는 결과를 낳고 있다. 상간자(여성)의 성적자기결정권을 현재의 형법규정과 판례를 통해 충분히 보호해 주지 못하고 있는 실정이므로, 강간 피해자 동의의 법률적 효력을 제고하기 위한 방안들이 마련되어야 할 것으로 생각된다.

1. 동의의 착오에 관한 엄격한 해석

우선 '피해자의 동의에 관한 가해자의 착가 또는 오해'라는 것이 실상은 피해자가 지속적으로 거부의사를 표현하였음에도 불구하고 가해자는 이를 알면서도 아무런 근거 없이 이를 '내숭' 정도로 치부해버리는 '일방적 무시'에 가까운 경우가 대부분이다. 피해자의 동의가 있다고 잘못 생각하는 것이 아니라 애초부터 피해자의 동의 여부는 고려의 대상이 되지 않고 뿐이며, 단지 사후적으로 가해자의 행위가 문제될 경우 '착각'이나 '오해'를 정당화 논리로 주장하는 것이다. 본 사건에서 가해자는 "밑에는 안 돼."라는 피해자의 말을 듣고는 이를 무시했지만, "이건 강간이야."라는 말을 듣고 중단한 이유는 피해자의 의사를 자발적으로 존중했다기보다는 강간이라는 법적인 책임이 문제될 수 있는 말을 듣게 되자 처벌이나 그로 인한 문제발생이 두려워 비로소 행위를 중단하였다고 보는 것이 더 현실적으로 타당하다고 생각된다. 또한 가해자가 "이건 강간이야"라는 말을 듣자마자 행위를 중단하고 사과를 한 것은 이미 그 말을 듣기 이전부터 자신의 행동이 잘못된 것임을 인식하고 있었음을 의미한다는 점에서 위의 해석(No라고 알았지만 무시)은 뒷받침된다. 가해자가 실질적으로는 피해자의 동의가 없다는 것을 인지하였지만 이를 무시하고 '내숭'일 뿐이라고 자기합리화를 하면서 자신이 원하는 행동으로 나아간 것이라면 이는 원칙적으로 강간행위에 대한 가해자의 미필적 고의를 적용하는 것이 바람직하다고 생각한다. 가해자가 주장하는 착오가 곧바로 강간행위에 대한 고의의 부존재를 의미하는 것이 아니라, 가해자가 피해자의 동의 없음을 알았음에도 이를 의도적으로 무시한 것이라면 고의의 한 형태로 고려되어야 할 것이다.[24)]

한편, 절차법 측면에서 피해자가 거부의사를 명백히 밝힌 사안에서 피고인의 착오가 문제될 때에는 착오에 정당한 이유가 있음에 대한 입증책임을 피고인에게 부담시키는 방향을 생각해 볼 수 있다. 현재 우리법원에서 가해자의 범의에 대한 입증책임을 피해자(검사)에게 부담토록 하고 있다. 사례에서도 확인 된 바와 같이, 대법원은 "피고인이 피해자의 의사를 오해하였을 가능성이 충분히 있다."고 하여 착오에 대한 가능성이 인정되므로 (혹은 완전히 배제되지 않았음으로) 이를 피고인에게 유리하게 해석하여야 한다는 입장을 내비치고 있다. 이는 법관이 가해자의 고의 즉, 착오 가능성에 대한 합리적인 의심 없는 내적확신이 완전히 서 있는 상태가 아닐 때는 피고인에 대한 '무죄추정의 원칙' 혹은 '의심스러울 때는 피고인에 대한 이익으로'라는 법리를 충실히 적용한 결과로 보인다. 그러나 원점에서 다시 생각해 보았을 때, 진지한 거절의사를 표시하였음이 입증된 피해자에게, 피고인의 착오가 없었다는 것까지 증명토록 부담지우는 것이 과연 바람직한 것인가에 대한 합리적인 의심이 든다. 따라서 피해자가 "NO"라고 진지한 거절의사표시나 저항을 한 것이 인정된다면, 피고인이 "YES"라고 받아들인 것에 대해 피고인이 해당착오에 정당한 이유가 있었음을 스스로 입증할 책임을 지우도록 재판실무를 운영하는 방안도 고려해 볼 수 있으리라 생각된다. 참고로 프랑스의 사례를 보면, 프랑스 형법에 따라 강간죄 성립을 위해서는 가해자가 성관계를 원치 않은 피해자에게 이를 강요한다는 고의가 있었다는 점이 인정되어야 하고 이는 검사가 입증책임을 부담한다.[25)] 그러나 가해자가 행위 중

24) 이경한, 앞의 글, 61－62면; 최근 강간죄 성립에 있어 미필적 고의를 인정한 예로, 최근 서울고등법원은 피해자가 피곤하고 술에 취한 상태에서 가해자들이 3대1의 집단 성교를 시도하자 사실상 적극적인 저항을 포기한 사안에서 "피고인들은 피해자의 성적 자기결정권을 침해당하여 저항이 현저히 곤란한 상태에 놓여 있음을 알고 있거나 적어도 미필적으로나마 이를 알고 있었다고 봄이 타당하다."고 하여 성관계에 대한 피해자의 묵시적 동의가 있었거나 이에 대한 오해했다는 가해자의 주장을 배척한 바 있다.(서울고법 2014. 7. 24. 선고 2014노242 판결)

피해자의 (묵시적)동의가 있다고 오해했을 때 가해자의 강간의 고의가 인정되는 것이냐가 문제가 되었는데, 이는 판사가 가해자가 선의로 해당 행위를 했거나, 저항의 진정한 의미를 오해한 경우라고 확신을 얻을 때에는 고의범인 강간죄 성립을 부정할 수 있기 때문이다. 이에 대해 무죄추정의 원칙에 따라 가해자의 범의를 검사가 입증하도록 하는 것이 원칙으로 내세우긴 하였으나, 최근에는 피해자의 동의가 없었다는 것이 확인될 경우, 피고인은 강간의 범의가 없었다는 선의를 스스로 입증하도록 할 뿐만 아니라, 해당 착오를 엄격하게 인정하는 방향으로 판례의 경향이 변화 된 것이 확인된다.[26]

2. 비동의 간음의 처벌

강간죄 성립에 있어 피해자의 동의여부와는 별개로 피해자의 극도의 저항 및 강력한 폭력적 강제의 요구하는 것은 "피해자 여성으로 하여금 강간시도에 대하여 강하게 저항하였음을 입증하여야 하는 책임을 부담시키고, 그 결과 자칫 강간의 피해자에게 자기방어에 소홀한 점을 들어 책임을 전가하는 결과를 낳을 가능성이 높고", "문제의 중점을 여성을 피해자로서가 아니라, 범죄의 원인제공자 혹은 무책임한 방조자로 보게 할 가능성을 내포"하고 있다.[27] 그리고 피해자 여성의 성격에 따라 적극적으로 저항하는 여성도 있겠으나, 두려움이나 가해자의 보복이 두려워 저항을 포기하거나 또는 공포와 몸을 마비시키는 두려움으로 무력해지는 여성이 존재하는 경우를 무시하는 것이다. 그리고 비면식범에 의한 강간과는 달리, 면식범에 의한 강간에서는 피해자의 저항이 격렬한 육체적 저항보다는 비교적 가벼운 의사표시를 통해 상대방의 이해를 구하는 정도로 그치게 되는 경우가 많다는 점 등 강간의 실질적인 모습을 간과하고 있다는 측면에서 비판 받을 수 있다. 이러한 점들을 고려하여, 최근 대법원이 해석을 통해 극도의 저항 개념을 포기하고 합리적 저항의 개념을 판례를 통해 받아들인 것은 고

25) 프랑스 형법 제222－23조 "폭행, 강제, 협박 또는 기망에 의하여 사람에게 성적삽입을 하는 행위는 종류를 불문하고 모두 강간에 해당한다."
26) Michele－Laure Rassat, Droit penal special(Infractions du Code Penal), 6ed, Dalloz, 2011, pp.649－650.
27) 한인섭, "형법상 폭행개념에 대한 이론(異論)", 한국형사법학회, 형사법연구 제10호, 1998.

무적인 일이다. 합리적 저항이라는 개념을 통해 기존에 피해자의 격렬한 육체적 저항이 없으면 처벌하지 못하던 강간죄를 이제 처벌할 수 있게 되었기 때문이다.

그러나 앞서 살펴보았듯이, 합리적 저항 개념은 여전히 피해자의 저항과 가행자의 폭행·협박을 전제하고 있기 때문에 피해자의 동의여부는 법률적 효력이 제대로 인정받지 못하는 경우가 많다. 강간죄를 생각하면 전형적으로 떠올리게 되는 낯선 남자가 한밤중에 갑자기 나타나 흉기로 여성을 위협하고, 저항하는 피해자에게 심한 폭행을 가한 후 강간하는 유형을 처벌하는 것에 있어서는 현재의 강간죄 성립 판단 기준은 문제가 없다. 그러나 실질적으로 강간은 가해자가 이미 피해자를 알며(심지어 친분관계가 있는 경우), 주로 혼자이며 흉기나 심각한 폭행을 사용하지 않은 상태에서 발생하는 경우가 많다. 미국에서 처음으로 강간을 비면식범강간과 실질적 (면식범)강간을 연구한 Susan Estrich에 따르면, "이런 실질적 강간 유형은 기존의 전통적인 강간범죄를 기초로 한 법률과 형사법체계에서는 피해자는 그 누구로부터 동정심을 받을 수도 없을 뿐만 아니라, 그 사건자체가 형사사건화 되는 것조차 어려우며, 설사 형사소추가 이루어진다고 해도 강간의 유죄가 인정되기에는 더욱 어렵다는 것이다. 따라서 강간개념은 이러 실제강간을 기준으로 재정립죄어야 하며, 특히 저항의 요소를 삭제하고 동의의 여부에 의해서만 강간을 판단해야 한다."고 주장한다.[28)] 이와 같은 주장은 서구사회를 중심으로 성적자기결정권에 기반하여 비동의간음을 처벌하는 곳이 늘어남으로서 점차 받아들여지고 있다고 할 수 있다.[29)] 대표적인 예로 미국 일리노이 주에서는 2003년 형법을 개정하여, "처음에 성교 혹은 성적 접촉에 동의한 사람이 성교 혹은 접촉 도중 동의를 철회하면, 어떠한 성교난 성행위에도 동의하지 않은 것으로 간주한다."라는 규정을 추가하였는데, 이와 같은 개정은 앞서 캘리포니아 주의 John 판결의 영향을 받은 것으로 'No means No'의 주장이 법률적으로 반영된 것으로 볼 수 있다.

---

28) Susan Estrich, Real Rape, Havard University Press, 1987, pp.10－11; 류병관, "미국 강간죄에 있어 '저항'과 동의'에 관한 연구", 비교형사법연구 제9권 제2호, 비교형사법학회, 2007, 436면 재인용.

29) 외국에서의 비동의간음죄 입법례는 조국, 앞의 책, 60－71면 참조.

우리나라에서도 이와 관련하여 그간 피해자의 동의여부를 존중하여 동의 없는 간음을 강간죄로 인정하거나 비동의간음죄를 신설하여 처벌하자는 주장이 있다. 우선 동의없는 간음을 강간죄로 처벌하자는 입장은 피해자의 진지한 거부의사 표시와 가해자의 피해자의 신체에 대한 유형력 행사만 있으면 강간죄가 성립한다는 '협의의 폭행 · 협박설'을 기초로 제기되었다. 협의의 폭행·협박설을 치하는 입장에서는 우리 형법에서 강간죄의 구성요건으로서 폭행 · 협박 개념에 대한 어떠한 한정적 수식어가 없기 때문에 폭행 · 협박을 반드시 피해자의 저항을 전제로 한 최협의의 폭행·협박으로 파악할 필요가 없다는 것이다. 이에 따르면 피해자의 육체적 저항은 성교에 대한 여성의 부동의를 입증하는 분명한 증거이기에, 이것이 입증되면 즉각 강간죄는 성립한다. 그러나 피해자의 육체적 저항이 없다고 해서 강간죄의 성립이 결코 부정되는 것은 아니고, 유형력을 행사하게 된 경위, 정신적 육체적 능력, 피고인과 피해자와 관계, 성교당시의 정황 등 제반 사정을 종합적으로 판단하여 강간죄 성립여부를 인정할 필요가 있다는 것이다. 예를 들어 피해자가 가해자에 대한 두려움으로 저항할 수 없다거나, 피해자와 가해자의 관계로 인해 적극적인 육체적 저항을 하는 것이 힘들었다고 판단될 경우에도 강간죄 성립을 인정할 수 있도록 하자는 것이다.[30)]

한편, 입법적 대안으로 형법상 강간죄와는 구별되는 비동의 간음죄 신설을 주장하는 견해가 있다. 이 입장에서는 기존의 강간죄는 죄질이 지나치게 무거워 폭행협박과 저항을 전제로 한 강간죄 외, 폭행협박 등이 없더라도 피해자의 동의를 받지 않은 것을 처벌하는 비동의 간음죄 신설하여 이를 강간죄와 구분해서 처벌하자는 입장이다. 비동의 간음죄를 찬성하는 입장에서는 인간간의 의사소통에 있어서 성적 욕망에 대한 자신의 생각을 상대방이 진지하게 받아들일 수 있는 민주적 의사소통구조가 정착되지 않는 한 성적자기결정권의 진정한 보장이 어렵다고 본다. 따라서 개인 간의 의사소통과 자율적 갈등해결이 민주적

30) 박상기, 형법각론, 박영사, 2015, 146면, 한인섭, "성폭력의 법적 문제와 대책", 한국인간발달학회, 인간발달연구, 제3권 제1호, 1996, 181면; 협의의 폭행협박설에 대해 ① 육체적 심리적 항거불능한 상태가 아닌 경우 강간이 불가능하고 ② 모든 성행위는 유형력의 행사를 포함하는데, 협의설에 의하면 강간죄의 성립범위가 너무 넓어지고 ③ 합의에 의한 성교인지 여부는 주로 가해자와 피해자의 진술에 의존하게 된다는 등의 이유로 반대하는 것이 최협의 폭행협박 개념을 지지하는 다수설의 입장이다.

의사소통 속에서 이루어 질 때 보충성원칙을 주장할 수 있는 것이며, 현재 우리나라의 사회적 상황에서는 보충성원칙에 반하는 것이 아니라고 보아야 한다는 것이다. 또한 비동의간음죄를 친고죄로 규정한다면 보충성의 원칙에 반한다는 비판을 다소간 해소할 수 있다는 것이다.[31] 이 입장에 의하면 동의 없는 강제에서부터 폭력에 의한 강간에 이르기까지 일련의 연속선에 존재하는 성폭력으로부터 성적자기결정권을 보호의 공백을 메우려는 의도가 있고, 성적자기결정권이 "상호동의와 이해해 기초한 민주적 토대" 위에 구축되도록 하려는데 있다. 또한 다른 보호법익과의 관계에서 예컨대 사유재산권에 대해서 형법은 폭행협박에 의한 공갈이나 강도는 물론이고 사소한 절취행위와 점유이탈물횡령행위에 이르기까지 매우 빈틈없이 형벌권의 보호범위에 포섭시키고 있는 반면에 성적자기결정권에 관한 침해는 폭행·협박과 같은 강제수단이 행사되지 않았다는 이유만으로 형법의 보호를 포기하는 것은 정당하지 않다는 지적도 신설안을 지지하는 주장이다.[32] 반면, 비동의간음죄 신설을 반대하는 입장에서는 여성들이 경험하는 모든 비동의적 성을 범죄화하는 것은 형법의 보충성의 원칙에 반한다고 본다. 그것은 여성을 과잉보호하는 것이며, 개념이 불명확하고 범죄의 처벌여부를 전적으로 피해자의 의사에 따라 좌우되도록 하는 것은 불합리한 결과를 초래한다는 것이 지적된다.[33] 또한 행위태양이 다양하고 외연이 불분명하기 때문에 명확성의 원칙에 반할 수 있는 점,[34] 모든 성적자기결정권의 침해에 형법을 동원하는 것은 과잉범죄화하는 것이고, 이러한 논리는 여성의 의지와 능력을 폄하하는 것이라는 비판을 받고 있다.[35]

생각건대 강간죄와 차별화 하여 여성이 동의하지 않은 모든 간음을 처벌하는 형태의 비동의간음죄의 신설은 피해자 동의의 법률적 효력을 극대화하여 어떠한 성적자기결정권 침해도 막아주는 방안이 될 수 있긴 하지만 현재로서는

---

31) 이호중, "성폭력 처벌규정에 대한 비판적 성찰 및 재구성", 형사정책 제7권제 2호 한국형사정책학회, 2005, 110면.

32) 형법개정연구회, 형사법개정연구(Ⅳ) 형법각칙개정안, 한국형사정책연구원, 2009, 145면.

33) 이영란, "성폭력 특별법의 형법적 고찰", 한국피해자학회, 피해자학 연구 제3호, 1994, 28면.

34) 서보학, "성폭력 범죄와 형법정책", 현상과 인식, 제22권 제1·2호, 1998, 22면.

35) 윤덕경, 형사법상 성적 자기결정권 본질 및 성적 자기결정권 보호증진을 위한 입법과제 검토, 이화젠더법학 제4권 제1호, 이화여자대학교, 2012, 28－30면.

너무 급진적인 주장으로 보인다. 우리사회에서 성적 욕망에 대한 자신의 생각을 상대방이 진지하게 받아들일 수 있는 민주적 의사소통구조가 아직까지는 정착되지는 않은 상태로 생각되고, 형법의 보충성 원칙이나 과잉형벌화 비판에서도 자유로울 수 없기 때문이다. 한편 협의의 폭행·협박설에 대해선 새로운 해석을 통해 피해자를 의사를 중심으로 강간죄 성립을 인정하려는 치지에는 공감하나, 강간죄의 전통적인 개념에 기반한 현재의 형법규정에 대한 일종의 유추해석해석을 인정함으로써 죄형법정주의에 위반할 수 있다는 점, 간음행위 자체가 사람의 신체에 대한 직접적인 유형력 행사라 볼 것 같으면, 오히려 비동의간음죄를 신설하는 것에 비해 과잉형벌화, 형법의 보충성 원칙에 관한 비판에서 자유로울 수 없을 것이다. 따라서 현재 단계에서 가장 합리적인 방안은 강간죄와 죄질에서 차별화 되는 비동의 간음죄를 신설하되, 그 성립요건을 강화하여 '상대방의 동의 없이, 그 부동의를 인식하고 성교를 한자를 처벌'하는 정도가 적정하리라 생각된다.

V. 마치며

피해자의 동의가 없었음에도 이는 무시되고, 가해자가 착오에 빠졌을 가능성이 있다는 이유로, 피해자의 육체적인 저항과 가해자의 심각한 유형력 행사가 없었다는 이유로 무죄를 선고한 대법원의 판결은 그동안 우리사회에서 용인되어 왔던 'No means Yes'라는 '강간신화'가 재확인된 또 하나의 사례라는 점에서 우려스럽다. 강간죄의 보호법익인 성적자기결정권을 좀 더 효과적으로 보호하기 위해서는 무엇보다 우선 강간 피해자의 동의여부를 좀 더 무겁게 받아들이는 재판부의 전향적인 태도가 필요하리라 생각된다. 나아가 성적자기결정권 보호를 위한 형법규정을 피해자 중심적 관점으로 바꿔나가기 위해서는 궁극적으로 비동의간음죄 신설 등 입법적 대안이 마련되어야 할 것이다. 이와 같은 사법적 패러다임 전격적인 변화와 성적자기결정권, 성폭력의 개념 변화 등과 함께, 이에 대한 대국민 교육 및 홍보 등을 통해 일반 시민들의 인식변화를 이끌어내야 할 필요성은 두말할 나위가 없을 것이다.

최근 미국에서는 여성의 소극적인 거부의사를 동의 없음으로 보아 이에 대한 법률적 효력을 인정되어야한다는 'NO Means NO'를 넘어서서 여성의 적극적인 동의만을 동의로 보아야 한다는 'YES means YES'의 캠페인이 진행되고 있다고 한다. Obama 대통령이 2014년 1월 주례 연설에서 대학 내 성폭행 문제를 언급하면서 대학 내 성폭력 문제 해결을 위한 여러 가지 흐름이 만들어졌고, 그러한 흐름의 연속선상에서 2014년 캘리포니아 주 교육법이 개정되었다. 이에 따르면 캘리포니아 주 소재 대학이 주정부의 기금 지원을 받기 위해서는 성폭력, 가정폭력, 데이트 폭력, 스토킹과 관련하여 '적극적 동의 기준'을 채택하여야 하는데, '적극적 동의'란 성적 행위에 대한 적극적이고, 의식적이며, 자발적인 동의를 의미하는 바, 저항이나 거부의 의사표시의 부재나 침묵은 동의에 해당되지 않고, 동의는 성적 행위의 진행 중에 존재하여야 할 뿐만 아니라 언제든 철회 가능하여야 하며 연인관계 또는 과거의 성관계의 존재는 동의를 구성하지 않는다고 설명하고 있다.[36)]현재 이와 같은 '적극적 동의 기준'은 대학 내의 징계 등 판단 시 적용되는 기준에 불과하지만, 향후 형사재판에서도 일정한 영향을 미칠 것으로 예상된다. 성적 자유와 평등 구현을 위한 선진국들의 이와 같은 변화양상을 참고하여, 우리 사회에서도 성적 자유와 평등을 실현하기 위해, 강간 피해자의 동의에 관한 법률적 효력을 제고하는 노력이 지속될 필요가 있으리라 생각된다.

36) 박지원, "대학내 성방지를 위한 미국캘리포니아 주 Yes Means Yes 법", 국회이야기, 국회, 2015.

참고문헌

김희균, "성폭력범처벌의이론 강간죄의구성요건 해당성", 형사정책연구 제16권 제4호, 2005.

류병관,"미국 강간죄에 있어 '저항'과 동의'에 관한 연구", 비교형사법연구 제9권 제2호, 비교형사법학회, 2007.

박상기, 형법각론, 박영사, 2015.

———, 형법학, 박영사, 2015.

박지원, "대학내 성방지를 위한 미국캘리포니아 주 Yes Means Yes 법", 국회이야기, 국회, 2015.

서보학, "성폭력 범죄와 형법정책", 현상과 인식, 제22권 제1·2호, 1998.

오영근, 형법각론, 박영사, 2015.

윤덕경, "형사법상 성적 자기결정권 본질 및 성적 자기결정권 보호증진을 위한 입법과제 검토", 이화젠더법학 제4권 제1호, 이화여자대학교.

이경환, "'이건 강간이야'라는 외침의 맥락적 이해와 가해자의 착각에 대한 비판적 검토", 2015 성평등한 사회를 위한 성폭력 판례뒤집기 대토론회.

이영란, "성폭력 특별법의 형법적 고찰", 한국피해자학회, 피해자학 연구 제3호, 1994.

이호중, "성폭력 처벌규정에 대한 비판적 성찰 및 재구성", 형사정책 제7권제 2호 한국형사정책학회, 2005.

조국, 형사법의 성편향, 박영사, 2004.

한인섭, "성폭력의 법적 문제와 대책", 한국인간발달학회, 인간발달연구, 제3권 제1호, 1996.

———, "형법상 폭행개념에 대한 이론(異論)", 한국형사법학회, 형사법연구 제10호, 1998.

형법개정연구회, 형사법개정연구(Ⅳ) 형법각칙개정안, 한국형사정책연구원, 2009.

홍세미, '오빠 이건 강간이야' 말 듣고 중지 땐 '성폭행 아냐', 법률신문, 2015. 9. 17.

Michele-Laure Rassat, Droit penal special(Infractions du Code Penal), 6ed, Dalloz, 2011.

Susan Estrich, Real Rape, Havard University Press, 1987.

20

명예훼손죄의 위법성조각사유*

– 대법원 및 미국 연방대법원 판례분석 –

최 형 규**

Ⅰ. 머 리 말

헌법은 인간의 존엄과 가치를 인격권으로 보호하고 있고, 헌법 제17조는 사생활의 비밀과 자유를 보장하고 있다. 인격권 및 사생활의 비밀과 자유를 보호하기 위하여 형법 제307조 제1항은 공연히 진실한 사실을 적시하여 명예를 훼손한 자를 처벌을 하고 있어 진실한 사실이라고 하더라도 그 사실적시로 명예가 훼손되는 피해자를 보호하고 있다.

다만 헌법 제21조 제1항의 표현의 자유, 언론의 자유와의 조화를 위하여 형법 제310조가 적시한 내용이 진실한 사실로 오로지 공공의 이익에 관한 경우를

---

* 이 논문은 영남형사판례연구회(2013.6.17.)에서 발표되었음.
** 현 서울중앙지검 검사.

명예훼손죄의 특수한 위법성조각사유로 규정하여 위법성이 조각된다고 판단하여 처벌하지 않고 있다.

공직선거법도 이와 유사한 구조의 특수한 위법성조각사유를 규정하고 있다. 공직선거법 제251조는 당선되거나 되게 하거나 되지 못하게 할 목적으로 공연히 진실한 사실을 적시하여 후보자(후보자가 되고자 하는 자를 포함한다), 그의 배우자 또는 직계존·비속이나 형제자매를 비방한 자를 처벌하고[1] 다만, 진실한 사실로서 공공의 이익에 관한 경우를 위법성이 조각된다고 판단하여 처벌하지 않는다.[2]

이러한 특수한 위법성조각사유 조항은 '진실한 사실', '공공의 이익', '오로지 공공의 이익에 관한 경우' 등의 추상적인 개념으로 구성되어 있고, 가치판단을 필요로 하는 측면이 있으므로 위 개념에 대한 해석이 정립되지 않는다면 허용되는 사실적시와 처벌되는 명예훼손간의 경계가 불분명하여 법적 안정성을 침해할 우려가 있다.

그러므로 개인의 명예, 인격권과 언론의 자유, 공공의 이익을 조화롭게 해석할 수 있는 위법성조각사유의 기준을 정립할 필요가 있다. 대법원은 명예훼손죄의 위법성조각사유에 대하여 비교적 일관된 해석을 유지하고 있으므로, 누적된 대법원의 판례의 입장을 검토하고 미국 연방대법원의 판례와 비교하여 타당한

---

1) 형법 제307조 명예훼손죄와 상상적 경합의 관계이다(2007. 3. 15. 2006도8368).

2) 후보자의 명예를 보호하고 선거의 공정을 기함과 동시에 선거에 출마한 자는 공인으로서 사생활에 관하여도 비판과 검증을 거칠 필요가 있기 때문이다. (정병욱 '공직선거법', 2006년 507쪽) 선거운동의 방법에 대하여도 진실한 사실로 공공의 이익에 관한 사실은 공연히 유포가능하도록 허용하고 있다.

공직선거법 제82조의4 (정보통신망을 이용한 선거운동)

② 누구든지 「정보통신망 이용촉진 및 정보보호 등에 관한 법률」 제2조제1항제1호에 따른 정보통신망(이하 "정보통신망"이라 한다)을 이용하여 후보자(후보자가 되려는 사람을 포함한다. 이하 이 조에서 같다), 그의 배우자 또는 직계존·비속이나 형제자매에 관하여 허위의 사실을 유포하여서는 아니되며, 공연히 사실을 적시하여 이들을 비방하여서는 아니된다. 다만, 진실한 사실로서 공공의 이익에 관한 때에는 그러하지 아니하다. [개정 2012.2.29]

공직선거법 제110조 (후보자 등의 비방금지)

누구든지 선거운동을 위하여 후보자(후보자가 되고자 하는 자를 포함한다. 이하 이 조에서 같다), 후보자의 배우자와 직계존·비속이나 형제자매의 출생지·신분·직업·경력 등·재산·인격·행위·소속단체 등에 관하여 허위의 사실을 공표할 수 없으며, 공연히 사실을 적시하여 사생활을 비방할 수 없다. 다만, 진실한 사실로서 공공의 이익에 관한 때에는 그러하지 아니하다.[전문개정 2000·2·16]

기준을 검토하고자 한다.

Ⅱ. 위법성조각사유 기준에 대한 우리나라 대법원 판례의 입장

1. '오로지 공공의 이익에 관한 것'의 의미

'공공의 이익'은 널리 국가·사회 기타 일반 다수인의 이익에 관한 것뿐만 아니라 특정한 사회집단이나 그 구성원 전체의 이익에 관한 것도 포함된다(대법원 1997. 4. 11. 선고 97도88 판결; 대법원 2007. 12. 14. 선고 2006도2074 판결; 대법원 2008. 11. 13. 선고 2008도6342 판결 등).

적시된 사실이 '공공의 이익'에 관한 것인지 여부는 적시된 사실 자체의 내용과 성질, 당해 사실의 공표가 이루어진 상대방의 범위, 그 표현의 방법 등 그 표현 자체에 관한 여러 사정을 감안함과 동시에 그 표현에 의하여 훼손되거나 훼손될 수 있는 명예의 침해 정도 등을 비교·고려하여 결정하여야 한다(대법원 2007. 12. 14. 선고 2006도2074 판결; 대법원 2008. 11. 13. 선고 2008도6342 판결 등).

'오로지 공공의 이익에 관한 때'라 함은 적시된 사실이 객관적으로 볼 때 공공의 이익에 관한 것으로서 행위자도 주관적으로 공공의 이익을 위하여 그 사실을 적시한 것이어야 한다(대법원 1997. 4. 11. 선고 97도88 판결; 대법원 1998. 10. 9. 선고 97도158 판결; 대법원 2001. 10. 9. 선고 2001도3594 판결 등).

행위자의 주요한 동기 내지 목적이 공공의 이익을 위한 것이라면 부수적으로 다른 개인적인 목적 또는 동기가 내포되어 있거나 그 표현에 있어서 다소 모욕적인 표현이 들어 있다 하더라도 형법 제310조의 적용을 배제할 수 없다(대법원 1997. 4. 11. 선고 97도88 판결; 대법원 2007. 12. 14. 선고 2006도2074 판결; 대법원 2008. 11. 13. 선고 2008도6342 판결 등).

2. '진실한 사실'의 의미

'진실한 사실'은 그 내용 전체의 취지를 살펴볼 때 중요한 부분이 객관적 사실과 합치되는 사실이라는 의미로서 세부에 있어 진실과 약간 차이가 나거나 다소 과장된 표현이 있더라도 무방하다(대법원 1997. 4. 11. 선고 97도88 판결; 대법원 1998. 10. 9. 선고 97도158 판결; 대법원 2001. 10. 9. 선고 2001도3594 판결; 대법원 2008. 11. 13. 선고 2008도6342 판결 등).

형법 제310조의 규정은 인격권으로서의 개인의 명예의 보호와 헌법 제21조에 의한 정당한 표현의 자유의 보장이라는 상충되는 두 법익의 조화를 꾀한 것이라고 보아야 할 것이므로, 두 법익간의 조화와 균형을 고려한다면 적시된 사실이 진실한 것이라는 증명이 없더라도 행위자가 진실한 것으로 믿었고 또 그렇게 믿을 만한 상당한 이유가 있는 경우에는 위법성이 없다고 보아야 할 것이다(대법원 2008. 11. 13. 선고 2008도6342 판결; 대법원 2007. 12. 14. 선고 2006도2074 판결 등).

3. 공직선거법상 위법성조각사유에 대한 판례

공직선거법 제251조 본문에 해당하는 후보자비방 행위라 하더라도 적시된 사실이 진실에 부합하고 공공의 이익에 관한 때에는 같은 조 단서에 의하여 위법성이 조각되는바, 여기서 적시된 사실이 진실에 부합한다 함은 그 내용 전체의 취지를 살펴볼 때 중요한 부분이 객관적 사실과 합치되면 족한 것이고 세부에 있어 약간의 상위가 있거나 다소 과장된 표현이 있더라도 무방하고, 공공의 이익에 관한 때라 함은 반드시 공공의 이익이 사적 이익보다 우월한 동기가 된 것이 아니더라도 양자가 동시에 존재하고 거기에 상당성이 인정된다면 이에 해당한다(대법원 1996. 6. 28. 선고 96도977 판결; 대법원 2004. 6. 25. 선고 2003도7423 판결 등).

민주주의 정치제도하에서 언론의 자유는 가장 기초적인 기본권이고 그것이 선거과정에서도 충분히 보장되어야 함은 말할 나위가 없다. 공직선거에서 후보자의 공직담당 적격을 검증하는 것은 필요하고도 중요한 일이므로 적격검증을 위한 언론의 자유도 보장되어야 하고, 이를 위하여 후보자에게 위법이나 부도덕함을 의심하게 하는 사정이 있는 경우에는 이에 대한 문제 제기가 허용되어야 하며, 공적 판단이 내려지기 전이라 하여 그에 대한 의혹 제기가 쉽게 봉쇄되어서는 아니 된다. 그러나 한편, 근거가 박약한 의혹의 제기를 광범위하게 허용할 경우 비록 나중에 의혹이 사실무근으로 밝혀지더라도 잠시나마 후보자의 명예가 훼손됨은 물론 임박한 선거에서 유권자들의 선택을 오도하는 중대한 결과가 야기되고 이는 오히려 공익에 현저히 반하는 결과가 되므로, 후보자의 비리 등에 관한 의혹의 제기는 비록 그것이 공직 적격 여부의 검증을 위한 것이라도 무제한 허용될 수는 없고 그러한 의혹이 진실인 것으로 믿을 만한 상당한 이유가 있는 경우에 한하여 허용되어야 하며, 그러한 상당한 이유가 있는 경우에는 비록 사후에 그 의혹이 진실이 아닌 것으로 밝혀지더라도 표현의 자유 보장을 위하여 이를 벌할 수 없다(대법원 2011. 12. 22. 선고 2008도11847 판결 등).

허위사실공표죄에서 의혹을 받을 일을 한 사실이 없다고 주장하는 사람에 대하여 의혹을 받을 사실이 존재한다고 적극적으로 주장하는 자는 그러한 사실이 존재한다고 수긍할 만한 소명자료를 제시할 부담을 지고, 검사는 제시된 자료의 신빙성을 탄핵하는 방법으로 허위성의 증명을 할 수 있다. 이때 제시하여야 할 소명자료는 단순히 소문을 제시하는 것만으로는 부족하고, 적어도 허위성에 관한 검사의 증명활동이 현실적으로 가능할 정도의 구체성은 갖추어야 하며, 이러한 소명자료의 제시가 없거나 제시된 소명자료의 신빙성이 탄핵된 때에는 허위사실 공표로서 책임을 져야 한다(대법원 2011. 12. 22. 선고 2008도11847 판결).

4. 판례의 기준

명예훼손죄의 위법성조각사유의 해석에 대하여 누적된 위 판례들을 살펴보면 기본적으로 '공공의 이익'에 관한 것인지의 판단을 위하여 '적시된 사실 자체의 내용과 성질, 당해 사실의 공표가 이루어진 상대방의 범위, 그 표현의 방법 등 그 표현 자체에 관한 여러 사정을 감안함과 동시에 그 표현에 의하여 훼손되거나 훼손될 수 있는 명예의 침해 정도 등을 비교·고려하여 결정하여야'한다는 입장으로, 특정된 기준에 의하는 것이 아니라 사건을 둘러싼 여러 가지 요소를 종합적, 다각적으로 고려하여 개개의 사안의 성질에 따라 다르게 판단하는 입장이다.

구체적으로는 '공공의 이익'에는 특정한 사회집단의 이익에 관한 것도 포함되고, 부수적으로 다른 개인적인 목적 또는 동기가 내포되어 있거나 그 표현에 있어서 다소 모욕적인 표현이 들어 있다 하더라도 '공공의 이익'에 해당하며, 공적 관심사안에 관하여는 폭넓게 해석하여 악의적이거나 현저히 상당성을 잃은 공격에 해당하지 않는 한 '공공의 이익'에 해당한다고 보고 있다.[3)]

그리고 '진실한 사실'인지 여부에 대하여도, 세부에 있어 진실과 약간 차이가 나거나 다소 과장된 표현이 있더라도 '진실한 사실'에 해당하고, 진실한 것이라는 증명이 없더라도 행위자가 진실한 것으로 믿었고 또 그렇게 믿을 만한 상당한 이유가 있는 경우 위법성이 조각되며, 반드시 공공의 이익이 사적 이익보다 우월한 동기가 된 것이 아니더라도 상당성이 인정된다면 위법성이 조각된다고 판단하고 있다.

위와 같이 판례는 개개의 사안마다 구체적 타당성있는 결론을 위하여 '공공의 이익', '진실한 사실'을 탄력적으로 폭넓게 인정하는 기준을 정립하고 있다고 볼 수 있다. 이와 같은 대법원의 해석기준은 개개의 사건마다 구체적인 타당성 있는 결론을 제시할 수 있다는 장점이 있으나, 기준이 모호하여 법적 안정성을 해칠 우려가 있다는 문제점이 있다.

이에 실질적인 기준을 제시하기 위하여 미국 연방대법원의 명예훼손에 대한 판례를 살펴보겠다.

Ⅲ. 미국 연방대법원의 판례

1. 미국 명예훼손 법리의 발전

미국의 16개주에는 명예훼손행위에 대한 형사처벌 조항이 남아있으나 실제 기소하는 경우는 매우 드물기 때문에 명예훼손행위에 대해 형사처벌 보다는 주로 민사상 손해배상으로 문제를 해결하고 있다.[4)] 미국에서 명예훼손으로 기소

---

3) 형법 제310조는 '오로지 공공의 이익에 관련된 경우'라고 규정되어 있음에도, 법원은 이를 완화하여 해석하고 있으므로, 공직선거법 제251조 단서('오로지' 라는 문구가 없음)의 규정과 해석상 차이가 없다고 볼 수 있다.

되는 경우는 많지 않기 때문에 미국의 명예훼손 법리는 민사상 손해배상 재판을 중심으로 발전해 왔으며, 그 중에서도 언론보도에 의한 명예훼손 판례가 주축을 이루고 있다.[5)]

전통적으로 미국은 영미법계의 원칙에 따라 명예훼손행위에 대하여 다른 형태의 불법행위보다 엄격한 책임을 지우는 보통법(common law)상의 엄격책임주의(strict liability rule)를 적용하여 왔으며, 명예훼손적인 발언은 미국 헌법 수정 제1조에 의하여 보호받지 못한다는 입장을 견지해 왔다.[6)] 그러나 아래의 판결로 국민의 알 권리를 중요시하고 언론보도에 상당히 관용을 베푸는 입장으로 변경되었다.[7)]

2. New York Times VS Sullivan 사건과 Actual Malice Rule(현실적 악의 원칙)의 확립

미국연방대법원은 1964년 New York Times VS Sullivan 사건[8)]에서 최초로

4) 정신교 '사이버명예훼손의 표현의 한계와 입법론적 개선방안' 법학연구 제46호, 301쪽 이하

5) 우리나라도 명예훼손에 의한 민사상 손해배상 판결과 명예훼손죄의 처벌에 관한 형사판결의 입장이 거의 유사하므로 사실상 처벌되는 명예훼손의 경우 손해배상의 대상이 된다고 볼 수 있고, 판시 문구도 유사하며, 민・형사판결의 상호 인용도 다수 발견된다.

6) 박선영 '언론에 의한 명예훼손에서의 '공익성'과 '진실성' 및 '현실적 악의" 언론중재 69, 38쪽 이하.

7) 영국은 오늘날도 common law 상의 엄격책임원칙을 유지하고 있으며 다른 국가의 사법제도에 비해 명예훼손에 대해 엄격한 책임을 추궁한다. 영국의 명예훼손 법리는 미국과는 달리 개인의 명예와 인격권에 좀더 무게를 둔다고 볼 수 있다. 명예훼손과 관련한 소송에 대해서는 영국에서 계승된 보통법에 의하여 규율되어 왔다. 보통법이랑 언론사에 엄격한 책임원칙(strict)을 묻고 단지 원고는 피고가 사회적 평가를 해하는 사실을 공표했다는 사실만은 입증하기만 하면 된다. (김태선 '국가의 명예쉐손 소송에 대한 영미법적 고찰' 중앙법학 제13집 제2호 70쪽 이하)

독일은 형법 제185조에 모욕죄를 규정하고, 제186조에 사실적시에 의한 명예훼손죄를 규정하고 있다. 그리고 타인을 비방하거나 세평을 저하시키기에 충분한 사실을 주장하거나 전파한 경우, 공연성이 있거나 문서에 의한 경우와 그렇지 않은 경우를 구분하여 후자의 경우는 진실성의 증명이 있으면 면책되도록 규율하고 있어, 우리나라의 명예훼손죄 위법성조각사유와 유사한 규정을 가지고 있으면서도, 위법성조각사유를 구체적으로 열거하고 있으며, 면책되는 경우도 모욕죄의 구성요건을 충족시키는 경우는 처벌된다는 점에서 개인의 명예보호에 치중하고 있는 특징이 있다. (윤종행 '사이버명예훼손죄에 있어서 비방의 목적과 공익 관련성' 296쪽 이하)

8) New York Times VS Sullivan 사건: 알라바마 주의 수도 몽고메리시에서 마틴 루터 킹(Martin Luther King) 목사가 비폭력시위를 주도하였는데, 그에 가담한 흑인들에 대해 자행된 테러위협과 경찰의 가혹한 진압 방법을 비난하는 전면광고를 뉴욕타임즈(New York Times)의 광고 중

'현실적 악의 원칙'을 적용하여 common law 상의 엄격책임원칙을 포기하고 개인의 프라이버시권 및 인격권보다 국민의 알 권리를 우위에 두는 원칙을 수립하였다.[9)]

미국 연방대법원은 명예훼손적 표현은 수정 헌법 제1조 – 종교, 언론 및 출판의 집회 및 청원의 권리(연방의회는 국교를 정하거나 또는 자유로운 신교행위를 금지하는 법률을 제정할 수 없다. 또한 언론, 출판의 자유나 국민이 평화로이 집회할 수 있는 권리 및 불만 사항의 교정을 위하여 정부에게 청원할 수 있는 권리를 제한하는 법률을 제정할 수 없다[10)])의 보호범위 밖에 있다고 하는 종전의 판례를 변경하여, 고위 공무원(public official)이 명예훼손 보도의 피해자인 경우는 표현 행위자인 언론에 "현실적 악의(actual malice)"가 있는 경우, "그 내용이 허위임을 알았거나 또는 허위인지의 여부에 대해 전혀 고려하지 않는 등 무분별한 무시가 있는 경우(with knowledge or leckless disregard of its falsity)"에만 명예훼손의 책임을 추궁할 수 있다고 판결하여 공공의 지위에 있는 자가 그 직무행위에 관한 명예 훼손적 어휘표현에 대해서는 그 진술이 현실적 악의를 가지고 행하여졌음을 증명하여야만 손해배상이 인정될 수 있게 되었다. '현실적 악의'는 단순한 부주의가 있다거나 과실이 있다고 하는 사실만으로는 충분하지 않고, 악의에 준할 정도의 무시의 정도에 이르러야 한다.

Brennan 대법관이 집필한 다수의견의 요지는 다음과 같다.[11)]

에 알라바마주에서 학생운동에 대한 경찰의 가혹한 대응과 킹 목사에 대한 폭행이나 괴롭힘 등을 기술한 부분에 허위가 있고 그에 의해 명예를 훼손당하였음을 이유로 당해 경찰을 감독하는 위치에 있던 경찰국장이 New York Times에 대하여 명예훼손으로 인한 손해의 배상을 청구한 사건으로, 이 사건에서 미국 연방대법원은 공직자는 그 직무행위에 관한 명예 훼손적 어휘표현에 대해서는 그 진술이 현실적 악의를 가지고 행하여졌음을 증명하지 않으면 손해배상이 인정될 수 없다는 기준을 확립했다. (윤기택 '영연방국가의 인격권 보호 및 명예훼손에 관한 연구', 제8쪽 이하)

9) 윤종행 '사이버명예훼손죄에 있어서 비방의 목적과 공익 관련성', 제291쪽 이하.

10) The Constitution of the United States of America
Amendment I
Congress shall make no law respecting an establishment of religion, or prohibiting the free exercise thereof; or abridging the freedom of speech, or of the press; or the right of the people peaceably to assemble, and to petition the government for a redress of grievances.
미국 연방 수정헌법은 언론, 출판의 자유를 제한하는 법률을 제정할 수 없도록 규정하고 있어 헌법상으로도 언론, 출판의 자유를 다른 법제보다 우위에 두고 있는 형태라고 볼 수 있다.

'정부에 대한 국민의 자유로운 비판의 보장으로써만 시민자치가 이룩될 수 있으므로 공공의 문제에 관한 토론은 제한 없이, 활발하고 널리 개방되어야 한다. 이는 정부나 공직자에 대한 격렬하고, 따갑고 때로는 불유쾌한 날카로운 공격을 포함할 수도 있다는 원칙에 비추어 위 광고는 현재의 주요한 공공의 문제에 대한 불만 및 항의의 표시로서 헌법적 보호를 받을 자격이 있다. 그리고 허위사실의 발표는 자유로운 토론에 있어 불가피하다. 언론의 자유가 생존할 수 있는 숨쉬는 공간을 확보하기 위해서는 허위사실의 발표도 어느 정도 보호되어야 한다. 피고가 그 발표내용의 진실성을 증명하여야만 면책되게 하는 것은 말일 어떤 사실이 진실이라고 믿고 또한 그것이 객관적으로 진실이라고 하더라도 법정에서 그것을 증명할 수 없다거나 비용이 많이 들 것이라는 염려 때문에 이를 발표하지 못하는 자기검열로 이끌어 공공의 토론에 대한 활력과 다양성을 제한하므로 이는 헌법상 언론자유의 보장원칙에 반한다. 또한, 언론자유에 관한 연방헌법 수정 제1조는 공직자의 공적 행위에 관한 잘못된 보도에 대하여 명예훼손으로 인한 손해를 배상 받기 위해서는 그 보도가 현실적 악의에 의하여, 즉 그 내용이 허위임을 알았거나 또는 허위인지의 여부에 대하여 무분별하게 무시하고서 이루어졌다는 증명을 하여야 한다.'

위 판결은 명예훼손법 분야에 처음으로 헌법적 제한을 가하여 언론자유의 범위를 획기적으로 확대시킨 것으로 언론의 자유를 확대하려는 미국법제의 특수성이 반영된 것으로 평가받고 있다.[12] 이 판결은 다른 나라의 판결에서 언론의 자유와 명예훼손의 관계를 설정하는데 중요한 참고사항이 되었고 아래에서 보는 바와 같이 우리나라의 판례도 일부 이와 유사한 입장을 취하고 있다.

이어서 미연방대법원은 이러한 '현실적 악의원칙'이 민사소송뿐만 아니라 형사상 명예훼손소송에서도 그대로 적용된다고 판시하였고,[13] 현실적 악의 원칙은

---

11) 배병화, '공익보도에 의한 명예훼손과 면책사유', 민사법연구 제13권 제1호, 제35쪽 다수의견 요지 정리된 내용 인용.

12) 이희경, '정치인에 대한 명예훼손죄' 형사정책 제21권 제1호 제147쪽.

13) Garrison v. Louisiana, 379 U.S. 64, 75 (1964), 배병화 '공익보도에 의한 명예훼손과 면책사유' 36쪽 이하 인용
현실적 악의가 증명되면 형사처벌도 가능하다는 취지로 판시하였으나, 위 사건 이후 실제로 명예훼손법 위반으로 형사처벌된 경우는 없었으며, 현실적 악의 원칙은 민사상 손해배상사례에

공적 인물, 공공의 관심사로 적용이 확대되어야 한다는 판결들이 이어서 선고되어 공적 부분에 대한 명예훼손의 법리가 확립되었다.[14)]

3. '현실적 악의 원칙'과 유사한 우리나라 판례

위에서 검토한 바와 같이 미연방 대법원은 대상이 공무원, 공적 인물, 공공의 관심사인지에 따라 차등적인 기준으로 명예훼손의 성립여부를 판단하며, 대상이 공적 인물인 경우는 현실적 악의가 있는 경우에 한하여 명예훼손이 성립한다는 입장이다. 이는 우리나라 형사상 명예훼손죄의 위법성조각사유의 기준에도 적용될 수 있다고 판단된다.

우리나라 대법원은 미국의 현실적 악의 원칙과 유사하게 보도에 의한 명예훼손의 경우 '악의적이거나 현저히 상당성이 없는지'를 기준으로 제시하고 있어 미국 연방대법원의 공인에 대한 명예훼손의 법리를 일부 받아들인 것으로 볼 여지가 있다.[15)]

의존하여 발전하게 되었다.

14) Curtis Publishing Co. v. Butts, 388 U. S. 130, Rosenbloom v. Metromedia, Inc., 403 U. S. 29 (1971), Gertz v. Robert Welch, Inc., 418 U.S. 323 (1974).
배병화 '공익보도에 의한 명예훼손과 면책사유' 37쪽 이하, 윤종행 '사이버명예훼손죄에 있어서 비방의 목적과 공익 관련성' 292쪽 이하 인용.

15) 위 New York Times VS Sullivan 판결은 '공적 인물'에 대한 명예훼손죄 처벌기준을 일반적인 경우와 다르게 설정하여야 한다는 취지이므로 '공인이론'을 설정한 판례로 평가된다(배병화 '공익보도에 의한 명예훼손과 면책사유', 민사법연구 제13권 제1호 34쪽 이하).
헌법재판소와 대법원은 '악의적이거나 현저히 상당성이 없는지'를 기준으로 하는 판결을 하기 전, 공적 인물, 공적 관심사인지 여부에 따라 심사기준에 차이가 있어야 한다는 취지로 설시하여 미국 연방대법원의 '공인이론'을 받아들이는 취지의 판결을 반복하고 있다.
'신문보도의 명예훼손적 표현의 피해자가 공적 인물인지 아니면 사인인지, 그 표현이 공적인 관심 사안에 관한 것인지 순수한 사적인 영역에 속하는 사안인지의 여부에 따라 헌법적 심사기준에는 차이가 있어야 한다'라고 설시하고 있고, 대법원 2002. 1. 22. 선고 2000다37524 판결에서 '언론・출판의 자유와 명예보호 사이의 한계를 설정함에 있어서 표현된 내용이 사적(私的) 관계에 관한 것인가 공적(公的) 관계에 관한 것인가에 따라 차이가 있는바, 즉 당해 표현으로 인한 피해자가 공적인 존재인지 사적인 존재인지, 그 표현이 공적인 관심사안에 관한 것인지 순수한 사적인 영역에 속하는 사안에 관한 것인지, 그 표현이 객관적으로 국민이 알아야 할 공공성, 사회성을 갖춘 사안에 관한 것으로 여론형성이나 공개토론에 기여하는 것인지 아닌지 등을 따져보아 공적 존재에 대한 공적 관심사안과 사적인 영역에 속하는 사안 간에는 심사기준에 차이를 두어야 하며, 당해 표현이 사적인 영역에 속하는 사안에 관한 것인 경우에는 언론의 자유보다 명예의 보호라는 인격권이 우선할 수 있으나, 공공적・사회적인 의미를 가진 사안에 관한 것인 경우에는 그 평가를 달리하여야 하고 언론의 자유에 대한 제한이 완화되어야

'언론보도로 인한 명예훼손이 문제되는 경우에는 그 보도로 인한 피해자가 공적인 존재인지 사적인 존재인지, 그 보도가 공적인 관심사안에 관한 것인지 순수한 사적인 영역에 속하는 사안에 관한 것인지, 그 보도가 객관적으로 국민이 알아야 할 공공성, 사회성을 갖춘 사안에 관한 것으로 여론형성이나 공개토론에 기여하는 것인지 아닌지 등을 따져보아 공적 존재에 대한 공적 관심사안과 사적인 영역에 속하는 사안 간 심사기준에 차이를 두어야 하는데, 당해 표현이 사적인 영역에 속하는 사안에 관한 것인 경우에는 언론의 자유보다 명예의 보호라는 인격권이 우선할 수 있으나, 공공적·사회적인 의미를 가진 사안에 관한 것인 경우에는 그 평가를 달리하여야 하고 언론의 자유에 대한 제한이 완화되어야 한다. 특히 정부 또는 국가기관의 정책결정이나 업무수행과 관련된 사항은 항상 국민의 감시와 비판의 대상이 되어야 하고, 이러한 감시와 비판은 이를 주요 임무로 하는 언론보도의 자유가 충분히 보장될 때 비로소 정상적으로 수행될 수 있으며, 정부 또는 국가기관은 형법상 명예훼손죄의 피해자가 될 수 없으므로, 정부 또는 국가기관의 정책결성 또는 업무수행과 관련된 사항을 주된 내용으로 하는 언론보도로 인하여 그 정책결정이나 업무수행에 관여한 공직자에 대한 사회적 평가가 다소 저하될 수 있더라도, 그 보도의 내용이 공직자 개인에 대한 악의적이거나 심히 경솔한 공격으로서 현저히 상당성을 잃은 것으로 평가되지 않는 한, 그 보도로 인하여 곧바로 공직자 개인에 대한 명예훼손이 된다고 할 수 없다(대법원 2008. 11. 13. 선고 2006도7915 판결; 대법원 2008. 11. 27. 선고 2007도5312 판결; 대법원 2011. 9. 2. 선고 2010도17237 판결[공2011하, 2152]).[16]

하며, 피해자가 당해 명예훼손적 표현의 위험을 자초한 것인지의 여부도 또한 고려되어야 한다'(헌법재판소 1999. 6. 24. 자 97헌마265 결정).

16) 대법원의 위와 같은 '악의적이거나 심히 경솔한 공격으로서 현저히 상당성을 잃은 것으로 평가되는지 여부'를 기준으로 한 판단은 형사재판에서는 2008. 11. 처음 언급되었음에 반하여, 명예훼손 손해배상 민사사건에서는 2002. 1.부터 수회 언급되었다.
민사판결인 대법원 2002. 1. 22. 선고 2000다37524,37531 판결【손해배상(기)】, 대법원 2003. 7. 22. 선고 2002다62494 판결【손해배상(기)】, 대법원 2006. 5. 12. 선고 2004다35199 판결【손해배상(기)등】 참조.

Ⅳ. 위법성조각사유의 기준으로 '현실적 악의'의 고려

우리나라 판례의 입장에 의하면 개개의 사안에 따라 일관된 원칙 없이 위법성 조각여부가 판단되는 것으로 보일 수도 있으나, 위법성조각사유의 핵심개념인 '공공의 이익'이라는 개념 자체가 추상적인 개념이므로, 언론, 표현의 자유를 폭넓게 인정하고, 개별적 사안마다의 타당성있는 결론을 도출하기 위하여는 개별적 요소들의 해석을 통해 결론을 도출하는 대법원의 입장에 일응 타당한 측면이 있다고 판단된다.

다만 우리나라 명예훼손죄의 위법성조각사유를 해석함에 있어 위에서 검토한 미국의 연방대법원의 판단기준인 '현실적 악의 원칙'을 참고할 가치가 있을 것이다. 우리나라 판례는 '악의적이거나 심히 경솔한 공격으로서 현저히 상당성을 잃은 것으로 평가되는지 여부'를 위법성조각사유 판단기준으로 설시하여 미국 연방대법원의 입장을 일부 수용하고 있는 것으로 볼 수 있다.

헌법상 가치인 언론의 자유, 표현의 자유를 보호하기 위하여 위법성조각사유를 폭넓게 해석할 필요가 있으므로, 판례의 입장과 같이 '진실한 사실', '오로지 공공의 이익에 관한 것'의 범위를 폭넓게 인정할 필요성이 있으나, 특정한 목적을 가지고 악의적으로 사실 확인 없이 또는 무엇이 진실인지 확인하려는 노력이 전혀 없이, 명예훼손행위를 하는 자는 엄벌에 처할 필요가 있다. 그러므로 현실적으로 허위사실임을 알지 못하였더라도 그 내용이 허위임을 알았거나 또는 허위인지의 여부에 대해 전혀 고려하지 않는 등 무분별한 무시가 있는지 여부를 위법성조각사유를 판단하는 중요한 기준으로 삼을 수 있을 것이다. 그러므로 실질적으로 명예훼손을 한 사람이 정보를 수집하고 이를 적시하는 시점에 어떤 의도와 방법으로 정보를 수집하였고, 이에 대한 최소한의 사실확인을 한 것인지 여부가 실질적인 판단기준이 될 것이다.

V. 결 어

형법상 명예훼손죄, 공직선거법상 후보자비방죄는 종종 사회에 상당한 파장을 일으키는 이슈가 되기도 하므로 처벌에 있어 우리사회가 납득할 수 있는 합리적인 기준을 마련할 필요가 있다. 형법상 명예훼손죄, 공직선거법상 후보자비방죄는 한편으로는 표현의 자유와 공공의 이익이라는 가치와 다른 한편으로는 개인의 인격권, 명예라는 중요한 상반되는 가치가 충돌하는 분야로 위법성조각사유를 합리적으로 해석하여 충돌하는 양가치를 조화롭게 보호할 필요가 있다.

누군가 명예훼손행위를 하는 경우 개인의 인격권, 명예가 침해되는 것은 비교적 명백하므로 주로 해석의 쟁점이 되는 것은 표현의 자유와 공공의 이익을 어디까지 보호해줄 것인가이다. 이에 대하여 우리나라의 누적된 판례는 모든 요소들을 종합하여 개별적 사안에 따라 판단하는 입장이라고 볼 수 있다. 그렇기 때문에 명예훼손죄의 수사를 할 때는 특정한 쟁점이 부각되기보다는 사건을 둘러싼 모든 요소들이 쟁점이 되는 경향이 있고 비교적 다각도의 충분한 수사가 필요한 경우가 많다.

우리나라에서도 공인에 대한 명예훼손죄의 구체적인 처벌기준을 정립할 때 미국의 '현저한 악의성 원칙'이 일응의 기준이 될 수 있을 것이다. "현실적 악의(actual malice)"가 있는 경우, "그 내용이 허위임을 알았거나 또는 허위인지의 여부에 대해 전혀 고려하지 않는 등 무분별한 무시가 있는 경우(with knowledge or leckless disregard of its falsity)"를 실질적인 기준으로 하여 보호될 수 있는 표현인 공익적인 발언과 처벌받아야 하는 명예훼손 발언을 구분할 수 있을 것이다. 이로써 사회에 필요한 공익적 발언은 보호하고, 악의적인 명예훼손자는 엄벌하여야 기본적으로 표현의 자유를 보장하면서도 개인의 명예와 사회질서를 현저히 어지럽히는 악의적인 명예훼손행위에 대해서는 엄벌에 처하여 억울하게 개인의 인격과 명예가 침해되는 것을 방지할 수 있을 것이다.

참고문헌

이재상, '형법각론', 2006.
정종섭, '헌법학원론', 2006.

손형섭, '프라이버시권, 명예권, 언론의 자유의 법적관계', 언론과 법 제7권 제1호.
정신교, '사이버명예훼손의 표현의 한계와 입법론적 개선방안', 법학연구 제46권.
박현경, '모델영화의 명예훼손책임 인정여부에 관한 판단기준', 강원법학 제35권.
김태선, '국가의 명예훼손 소송에 대한 영미법적 고찰', 중앙법학 제13집 제2호.
이희경, '정치인에 대한 명예훼손죄', 형사정책 제21권 제1호.
윤종행, '사이버명예훼손죄에 있어서 비방의 목적과 공익 관련성', 형사정책, 2006.
윤기택, '영연방국가의 인격권 보호 및 명예훼손에 관한 연구', 법학논집, 2006.
배병화, '공익보도에 의한 명예훼손과 면책사유', 민사법연구 제13권 제1호.
전광백, '프라이버시의 침해', 법학연구 제14권 제1호.

21

위력에 의한 공무집행방해의 처벌필요성 및 업무방해죄에서의 '업무'의 범위*

이 세 원**

Ⅰ. 서 론

우리 형법은 제136조 제1항에서 "직무를 집행하는 공무원에 대하여 폭행 또는 협박한 자"를 5년 이하의 징역 또는 1천만원 이하의 벌금에 처하도록 규정하여 공무원에 의하여 구체적으로 행하여지는 국가 또는 공공기관의 기능이 침해되는 것을 방지하고 있다.

위 조항은 '폭행 또는 협박'의 방법으로 공무원의 직무집행을 방해하는 자만을 처벌할 수 있도록 되어 있으나, 현실적으로는 폭행 또는 협박의 정도에 이르지 아니하는 물리력 행사 또는 폭행·협박 이외의 방법에 의한 공무집행방해가 얼마든지 있을 수 있으며, 실제로도 이러한 일은 매우 흔히 발생한다.

최근까지 실무에서는 이와 같은 폭행·협박에 의하지 아니한 공무집행방해

---

* 이 논문은 제148회 영남형사판례연구회(2013.10.26.)에서 발표되었음.

** 현 서울동부지검 검사.

행위에 대하여 형법 제313조 제1항 소정의 업무방해죄로 처벌하여 왔으나 업무방해죄의 '업무'에는 공무가 포함되지 아니한다는 취지의 대법원 전원합의체 판결[1)]에 의해 더 이상 공무집행방해죄를 업무방해죄로 의율, 기소할 수 없게 되어 처벌의 공백이 발생하게 되었다.[2)]

이러한 문제점에도 불구하고 위 전원합의체 판결의 결론은 타당하여 유지되어야 하는 것인지, 이러한 해석이 유지된다는 전제 하에서 처벌의 공백을 메울 다른 해결방법은 있는지를 검토해 보고자 한다.

Ⅱ. 본 론

1. 전원합의체 판결

(1) 전원합의체 판결 이전의 학계 및 법원의 입장

1) 적극설

적극설은 공무가 업무의 개념에 포함되기 때문에 공무에 대한 허위사실 유포 기타 위력에 의한 방해 행위는 바로 업무방해죄가 성립한다고 하는 견해이다. 공무를 업무방해죄의 업무에서 제외된다고 해석하면 위력에 의한 공무방해의 경우에는 형법상 공무집행방해죄뿐만 아니라 업무방해죄로도 처벌이 되지 않을 우려가 생긴다는 이유로 업무방해죄의 업무에 공무·사무를 구별하지 않고 공무도 업무에 포함된다고 한다.

2) 소극설

소극설은 공무는 업무에 포함되지 아니하며 양 개념은 구별된다고 보는 견해이다. 이에 의하면 개인의 사회경제적 활동의 자유와 안전을 보호법익으로 하는 업무방해죄와 국가적 법익을 보호하기 위한 공무집행방해죄는 서로 구별되어야 한다고 한다. 또 형법이 업무방해죄 이외에 공무집행방해죄를 별도로 규정

---

1) 대법원 2009. 11. 19. 선고 2009도4166 전원합의체 판결.

2) 실무상 업무방해죄 소정의 '위력'에는 명백히 해당하는 심한 욕설, 행패, 공무원의 신체를 향하지 아니하는 물리력의 행사가 반복되어 처벌의 필요성이 현저한 경우에는 공무집행방해죄의 '폭행·협박'을 다소 넓게 해석하여 공무집행방해죄로 기소하려는 검토가 있으나 한계가 있음

하여 그 행위태양을 제한하는 취지는 ‘공무집행방해는 공무원에 대한 폭행·협박·위계의 경우에 한하여 처벌하겠다’는 뜻으로 해석해야 한다고 한다.

3) 절충설

절충설은 공무를 권력적 공무관계와 비권력적 공무관계로 나누어 전자에 대한 방해행위에 대해서는 방해행위를 스스로 제거할 수 있는 공권력의 행사가 가능하므로 업무방해죄를 인정할 필요가 없으나, 후자에 대한 방해행위에 대해서는 공무집행방해죄가 성립하지 않을 경우에 보충적으로 업무방해죄를 인정할 필요가 있다는 견해이다.

4) 전원합의체 이전 판례의 태도

기존에 대법원은, ‘업무방해죄에서의 업무는 직업 또는 사회생활상의 지위에 기하여 계속적으로 종사하는 사무나 사업의 일체를 의미하고, 그 업무가 주된 것이든 부수적인 것이든 가리지 아니한다’(대법원 2005. 4. 15. 선고 2004도8701 판결 등)며 특별히 공무 여부를 구별하지 아니하였고, 대전기관차사무소 농성사건,[3] 철도청파업사건[4] 등에서 공무에 대한 업무방해의 성립이 가능한지에 관한 논의 없이 이를 당연하게 인정하였다.

(2) 전원합의체 판결

판결의 요지는 아래와 같다.

『헌법상 업무방해죄는 허위의 사실을 유포하거나 기타 위계 또는 위력으로써 사람의 업무를 방해하여거나, 컴퓨터 등 정보처리장치 또는 전자기록 등 특수매체기록을 손괴하거나 정보처리장치에 허위의 정보 또는 부정한 명령을 입력하거나 기타 방법으로 정보처리에 장애를 발생하게 하여 사람의 업무를 방해한 때에 성립하는 범죄이다. 업무방해죄의 보호법익은 업무를 통한 사람의 사회적·경제적 활동을 보호하려는 데 있으므로, 그 보호대상이 되는 ‘업무’라 함은 직업 또는 계속적으로 종사하는 사무나 사업을 말하고, 여기서 ‘사무’ 또는 ‘사업’은 단순히 경제적 활동만을 의미하는 것이 아니라 널리 사람이 그 사회생

3) 대법원 1996. 1. 26. 선고 95도1959 판결.
4) 대법원 2003. 3. 14. 선고 2002도5883 판결.

활상의 지위에서 계속적으로 행하는 일체의 사회적 활동을 의미한다고 보아야 한다.

그런데 형법은 업무방해죄와는 별도로 '공무방해에 관한 죄'의 하나로서 폭행, 협박 또는 위계로써 공무원의 직무집행을 방해하는 행위를 공무집행방해죄로 규정하고 있다. 공무집행방해죄에서의 '직무의 집행'이란 널리 공무원이 직무상 취급할 수 있는 사무를 행하는 것을 의미하는데, 이 죄의 보호법익이 공무원에 의하여 구체적으로 행하여지는 국가 또는 공공기관의 기능을 보호하고자 하는 데 있는 점을 감안할 때, 공무원의 직무집행이 적법한 경우에 한하여 공무집행방해죄가 성립하고, 여기에서 적법한 공무집행이라고 함은 그 행위가 공무원의 추상적 권한에 속할 뿐 아니라 구체적 직무집행에 관한 법률상 요건과 방식을 갖춘 경우를 가리키는 것으로 보아야 한다.

이와 같이 업무방해죄와 공무집행방해죄는 그 보호법익과 보호대상이 상이할 뿐만 아니라 업무방해죄의 행위유형에 비하여 공무집행방해죄의 행위유형은 보다 제한되어 있다. 즉 공무집행방해죄는 폭행, 협박에 이른 경우를 구성요건으로 삼고 있을 뿐 이에 이르지 아니하는 위력 등에 의한 경우는 그 구성요건의 대상으로 삼고 있지 않다. 또한 형법은 공무집행방해죄 외에도 직무강요죄, 법정 또는 국회회의장모욕죄, 인권옹호직무방해죄, 공무상 비밀표시무효죄, 부동산강제집행효용침해죄, 공용서류등 무효죄, 공용물파괴죄, 공무상 보관물무효죄 및 특수공무집행방해죄 등과 같이 여러 가지 유형의 공무방해행위를 처벌하는 규정을 개별적·구체적으로 마련하여 두고 있으므로, 이러한 처벌조항 이외에 공무의 집행을 업무방해죄에 의하여 보호받도록 하여야 할 현실적 필요가 적다는 측면도 있다.

그러므로 형법이 업무방해죄와는 별도로 공무집행방해죄를 규정하고 있는 것은 사적 업무와 공무를 구별하여 공무에 관해서는 공무원에 대한 폭행·협박 또는 위계의 방법으로 그 집행을 방해하는 경우에 한하여 처벌하겠다는 취지라고 보아야 할 것이고, 따라서 공무원이 직무상 수행하는 공무를 방해하는 행위에 대해서는 업무방해죄로 의율할 수는 없다고 해석함이 상당하다.』

2. 비 판

(1) 업무방해죄의 해석상 공무를 제외할 근거가 없음

형법상 업무방해죄의 보호법익이 되는 '업무'라 함은 직업 또는 계속적으로 종사하는 사무나 사업을 말하는 것이고, 여기서 '사무' 또는 '사업'은 단순히 사인의 경제적 활동만을 의미하는 것이 아니라 널리 사람이 그 사회생활상의 지위에서 계속적으로 행하는 일체의 사회적 행동을 의미하는 것으로 해석함이 타당하다. 따라서 공무원의 사무, 즉 '공무'(公務)도 사람이 그 사회생활상의 지위에서 계속적으로 행하는 사무에 해당함이 명백하고, 달리 공무라는 이유만으로 이를 '업무'에서 제외시킬 합리적 근거를 찾아볼 수가 없다.

(2) 공무집행은 강제력을 수반하므로 위력에 의한 강제집행은 수인하도록 하는 것이 입법의도라는 주장에 대한 비판

형법이 공무집행방해죄의 행위 유형을 폭행·협박 또는 위계로 제한한 것은 공무 집행에 있어서 적법하게 강제력을 동원할 수 있는 경우에는 그 집행을 방해하기 위한 위력 등에 의한 저항에 대하여 강제력을 행사하여 그 저항행위를 배제하고 공무를 집행할 수 있다는 사고가 전제되어 있는 것으로 보인다. 그러나 민주주의의 발달로 인하여 국민의 권리의식이 향상되었을 뿐 아니라 국가가 국민의 복리후생의 향상을 도모하는 오늘날에는 국가 또는 공공기관이 국민에 대하여 강제력을 행사하기 위한 적법 요건을 갖추었다고 하더라도 강제력의 행사를 되도록 자제할 뿐만 아니라 국민에게 강제력의 행사가 아닌 복리 후생적인 급부를 제공하거나 사회생활에 있어서 필요한 편의를 제공하는 공무의 범위를 확대시키고 있다.

그런데 이렇게 공무의 성질상 그 집행을 방해하는 자를 배제할 수 있는 강제력을 가지지 않은 공무원에 대하여 폭행, 협박에 이르지 않는 위력 등에 의한 저항 행위가 있는 경우에는 그 공무원이 강제력을 동원하여 그 저항 행위를 배제하여 공무를 현실적으로 집행할 수 없을 것이므로[5] 그러한 저항 행위로 인한

5) 동원할 수 있는 강제력을 가진 공무원이라도 언제나 강제력을 동원할 수 있는 것은 아니다. 가

공무방해행위는 일반 개인에 대한 업무방해행위와 아무런 차이가 없다. 이러한 공무에 대해서는 그 방해 행위가 폭행, 협박에 이르지 않아 공무집행방해죄의 보호를 받지 못한다고 하더라도 위력에 해당할 경우에는 업무방해죄로 처벌되어야 할 것이다.

(3) 입법자가 특정한 형태의 공무집행방해에 대하여 처벌의 공백을 의도하였다고 보기 어렵다는 비판

전원합의체 판결처럼 공무에 대하여는 업무방해죄가 성립하지 아니한다고 보게 되면 납득하기 어려운 형벌의 불균형이 생기게 된다. 즉, 민간기관과 동일하거나 유사한 기능을 수행하는 공공기관[6]에서는 위력에 의한 소란을 피워도 민간기관에서와는 달리 처벌되지 아니한다. 이는 입법자가 예상하지 아니한 형벌의 불균형을 초래하고 현실적으로 공공기관에서 많은 민원인들의 감정적인 소란행위를 조장하는 결과를 초래하게 될 위험이 있다. 즉, 일반 영업장소 등에서의 소란행위에 대하여는 현행범의 체포나 긴급체포 등 적법한 대응조치를 할 수 있지만 공공기관의 민원실에서 발생한 같은 행위에 대하여는 이러한 대응방법이 불가능하여 그대로 방치될 수밖에 없는 결과를 초래하게 된다.

령 경찰관의 경우라도 법규정의 요건과 절차에 따라 강제력을 행사할 수 없는 경우가 얼마든지 있다.

예컨대 대구지방법원 2007. 4. 5. 선고 2007노43 판결은 『피고인이 공용물건을 손상하였다는 등의 이유로 경찰서 지구대에서 조사를 받게 된 것에 불만을 품고, 그날 밤 약 2시간 30분 동안 위 지구대 출입문 앞에 이불을 깔고 누워 있는 방법으로 위 지구대 소속 경찰관들의 출입을 곤란하게 함으로써 위력으로 위 지구대 소속 경찰관들의 순찰업무 등을 방해』한 사건에서 '권력적 공무(公務)는 업무방해죄의 보호대상으로 삼기 어렵다는 전제하에 피고인에 대하여 무죄를 선고한 원심판결'을 파기하고 '경찰관이 법규정의 요건과 절차에 따라 강제력을 행사할 수 없는 경우, 다시 말하자면 경찰관이 강제력을 행사할 수 있는 위 법규정의 요건과 절차를 갖추지 않은 경우라면 그 직무집행이 강제력 행사로 뒷받침된다고 볼 수 없고, 결국 이러한 강제력 행사가 뒷받침되지 않는 경찰관의 직무집행에 대한 폭행, 협박에 이르지 않는 위력 등에 의한 저항 행위는 업무방해죄를 구성한다고 봄이 상당하다'며 유죄를 선고하였다.

6) 예컨대, 국립대학교, 연구소 등 학술기관 내지 서비스 업무 위주의 민원상담 부서 등.

3. 다른 해결책이 있는지

(1) 경범죄처벌법에 의한 해결

경범죄처벌법은 "못된 장난 등으로 다른 사람, 단체 또는 공무수행 중인 자의 업무를 방해한 사람은 20만원 이하의 벌금, 구류 또는 과료의 형으로 처벌한다.",[7] "술에 취한 채로 관공서에서 몹시 거친 말과 행동으로 주정하거나 시끄럽게 한 사람은 60만원 이하의 벌금, 구류 또는 과료의 형으로 처벌한다."고 규정[8]하고 있어 이러한 규정으로 위력에 의한 공무집행방해에 대처하면 된다는 주장이 있다.[9] 그러나 실무상 다액 20만원 내지 60만원 정도의 벌금형에 처해질 수 있다는 점이 악성 민원인 등 상습공무집행방해자의 행동을 제지하기에 충분하지 아니할 뿐만 아니라, 현행법상 다액 50만원 이하의 벌금, 구류 또는 과료에 해당하는 죄의 현행범인에 대해서는 주거불명의 경우가 아니면 현행범인 체포를 할 수 없도록 되어 있어,[10] 공무집행 현장에서 계속되는 방해행위를 물리적으로 제지할 아무런 방법이 없게 된다.

(2) 퇴거불응죄에 의한 해결

실무상 공무소 등에서 공무집행 중인 공무원에 대하여 고함을 치고, 심하게 소란을 피우는 민원인들에 대하여 퇴거 요구를 하고, 이에 불응하면 퇴거불응죄로 처벌할 수 있는지 여부에 대한 논의가 있으나, 건조물 이외의 장소에서의 공무집행방해는 해당되지 않고, 또 공공기관 내부라 하더라도 예컨대 민원실에서 소란을 피우는 민원인에게 퇴거요구를 하고 이에 불응하였다고 하여 퇴거불응죄로 처벌하기는 어려운 점이 있다.

(3) 공무집행방해죄의 '폭행 · 협박'의 해석에 의한 해결

학설과 판례는 공무집행방해죄의 폭행을 '사람에 대한 유형력의 행사를 의미

---

7) 경범죄 처벌법 제3조 제2항 제3호.
8) 경범죄 처벌법 제3조 제3항.
9) 류화진, "공무에 대한 업무방해죄의 성립에 관하여", 충남대학교 법학연구 제24권 제1호, 2013. 제247면.
10) 형사소송법 제214조.

하지만 반드시 사람의 신체에 대하여 유형력이 가하여질 것을 요하지 않고 물건에 대한 것이라 할지라도 간접적으로 사람에 대한 것이라고 볼 수 있으면 족하다.'고 하여 폭행죄에서의 폭행보다 넓은 의미로 해석하고 있다. 그러나 이러한 해석에 의하더라도 사람에 대한 직·간접적 유형력의 행사는 필수적인 것이어서 다양한 유형의 공무집행방해 행위를 포섭할 수 없을 뿐만 아니라 처벌 필요성만을 들어 공무집행방해죄의 폭행·협박을 무리하게 확장해석한다면 오히려 법적 안정성만을 해치게 될 우려가 높다.

3. 결　　론

이상의 논의를 종합하면 위력에 의한 공무집행방해행위에 대처하여야 할 형사정책적 필요성이 분명함에도 이에 대한 처벌 조항이 명확하지 않아 학계와 실무의 해석상의 논란이 있으므로, 근본적으로는 공무집행방해죄의 행위 태양에 위력을 추가하는 입법적 해결이 바람직하나 단시일 내에 해결하기 어렵고, 경범죄처벌법 등 다른 법률을 통한 우회적 접근도 근본적인 해결책이 되기는 어렵다.

따라서, 전원합의체 판결 이전의 기존 대법원의 해석에 따라 업무방해죄에서의 '업무'에 공무집행을 포함하는 것으로 해석하되, 다만 공무집행에 대한 시민의 권리행사가 지나치게 위축되지 아니하도록 '위력'을 다소 엄격하게 해석하면 충분할 것이다.

22

행위의 상대방과 양해의 실체법적 · 절차법적 효력*

권 오 걸**

【대상판결】 대법원 2010. 3. 25. 선고 2009도8506 판결

【주 문】

원심판결을 파기하고, 사건을 부산지방법원 본원 합의부에 환송한다.

【이 유】

원심의 판단은 다음과 같은 이유로 수긍하기 어렵다.

위계에 의한 업무방해죄에 있어서 위계란 행위자가 행위목적을 달성하기 위하여 상대방에게 오인·착각 또는 부지를 일으키게 하여 이를 이용하는 것을 말하고, 업무방해죄의 성립에는 업무방해의 결과가 실제로 발생함을 요하지 않고 업무방해의 결과를 초래할 위험이 발생하면 족하며, 업무수행 자체가 아니라 업무의 적정성 내지 공정성이 방해된 경우에도 업무방해죄가 성립한다(대법원 2008. 1. 17. 선고 2006도1721 판결 등 참조). 원심판결의 이유에 의하면, 이 사건 조합의 신규직원 채용에 응시한 공소외 1,

* 이 논문은 제156회 영남형사판례연구회(2014.6.9.)에서 발표되고, 법학연구 제55집(2014)에 게재되었음.

** 경북대학교 법학전문대학원 교수, 법학박사.

공소외 2가 필기시험에서 합격선에 미치지 못하는 점수를 받게 되자, 피고인의 지시에 따라 이 사건 채점업무 담당자들이 이 사건 점수조작행위를 통하여 공소외 1, 공소외 2를 필기시험에 합격시킴으로써 필기시험 합격자를 대상으로 하는 면접시험에 응시할 수 있도록 하였다는 것인바, 이와 같이 조작되지 않은 필기시험 점수에 의할 경우 면접시험에 응시할 자격이 없는 공소외 1, 공소외 2를 이 사건 점수조작행위에 의하여 면접시험에 응시할 수 있게 하였다면, 이 사건 점수조작행위는 면접위원으로 하여금 면접시험 응시자의 정당한 자격 유무에 관하여 오인·착각 또는 부지를 일으키게 하는 위계에 해당하고, 면접위원이 이 사건 점수조작행위에 관하여 공모 또는 양해하였다는 등의 특별한 사정이 없는 한 그 위계에 의하여 면접위원이 수행하는 면접업무의 적정성 또는 공정성이 저해되었다고 보아야 한다. 그리고 면접업무가 최종합격의 가부만을 가리는 소극적 성격의 것이고 또 형식적으로 수행된 면이 있다 하더라도, 이를 이 사건 조합에 대한 관계에서 보호할 가치가 없는 업무라고 할 수 없다. 또 이 사건 점수조작행위에 의하여 면접위원이 응시무자격자를 상대로 면접에 임하게 하고 그에 상응하는 응시자격자를 면접할 수 없게 하였다는 그 자체로 면접업무의 적정성 또는 공정성이 저해되는 것이고 이러한 결과는 면접업무의 수행이 소극적·형식적이었는지 여부와 무관하게 발생하는 것이므로, 면접업무에 대한 방해가 없다고 할 수 없다. 그렇다면 기록상 일부 면접위원들이 이 사건 점수조작행위에 관하여 공모 또는 양해하였다고 볼 자료가 없는 이 사건에서, 이들이 이 사건 조합의 신규직원 채용업무로서 수행한 면접업무는 이 사건 점수조작행위에 의하여 방해되었다고 보아야 한다.

【대상판결】 부산지방법원 2009. 8. 13. 선고 2009노1440 판결(항소심)

【주 문】

검사의 항소를 기각한다.

【이 유】

1. 항소이유의 요지

피고인이 시험업무 담당자들과 공모하여 성적을 조작하고 신규직원을 채용한 행위는 위계에 의하여 타인의 업무인 ○○ 수협의 신규직원 채용업무를 방해한 것인 점, 위계에 의한 업무방해죄에 있어 위계행위의 상대방의 범위를 해당 업무를 현실적으로 담당한 자에 한정하는 것은 부당하고, 오히려 ○○ 수협과 같은 법인의 경우도 총회나 이사회 등을 통해 법인 의사를 형성할 수 있고, 현대사회에서는 법인 등의 업무를 보호할 필요성도 훨씬 커졌기 때문에 법인 등을 위계행위의 상대방에 포함시킬 필요가 있는 점, ○○ 수협이 신규직원을 채용함에 있어 내부결재자 중 상임이사 공소외 3, 상무 공소외 4는 시험성적이 조작되었음을 알지 못한 채 결재를 하였고, 면접위원 가운데 위 공소외 3, 4는 물론, 신용상무 공소외 5 역시 위와 같은 시험성적 조작 사실을 알지 못하고 면접에 임하였으므로 피고인과 시험업무 담당자들의 이 사건 시험성적 조작행위는 위와 같은 결재 업무 또는 면접 업무를 담당한 공소외 3, 4, 5에 대하여 오인·착각을 일으키는 위계행위에 해당하는 점 등을 감안하면, 원심이 이 사건 공소사실에 대하여 무죄를 선고한 것은 법리를 오해하여 판결에 영향을 미친 위법을 저지른 것이다.

4. 항소심의 판단

위계행위의 상대방의 범위와 관련하여 보건대, 업무방해죄에 있어 위계라 함은 행위자의 행위목적을 달성하기 위하여 상대방에게 오인·착각 또는 부지를 일으키게 하여 이를 이용하는 것을 말하는데, ① 원칙적으로 위계행위로 인하여 발생되는 오인·착각 또는 부지와 같은 지적 현상은 자연인 고유의 지적활동의 결과인 점, ② 법률에 의한 의제적인 인격체인 법인 등은 결국 자연인인 기관(이사, 감사 등)을 통해 실제적인 활동을 하게 되므로, 위계에 의한 법인 등의 업무에 대한 방해행위는 현실적으로 해당 업무를 담당하는 자연인에 대한 위계행위에 의할 수밖에 없는 점, ③ 업무보호의 필요성만을 앞세워 위계행위의 상대방의 범위에 법인 등을 포함시키는 것은 업무방해죄에 있어 구성요건적 표지로서 기능하는 위계행위의 포섭범위를 지나치게 확대하여 자칫 죄형법정주의에 반하는 결과를 초래할 수도 있는 점 등에 비추어 검사 주장과 같이 현실적인 업무담당자 뿐만 아니라 법인 등도 위계행위의 상대방에 포함된다고 보기는 어렵다고 할 것인바, 이 사건에 있어 피고인과 신규직원 채용업무 담당자들이 이 사건 시험조작행위에 관하여 서로 공모 내지 양해를 한 이상 채용업무 담당자들이 위계를 당한 것으로 볼 수도 없고, 앞서 본 바와 같이 이를 두고 이 사건 조합이 위계를 당한 것으로 볼 수도 없으므로 피고인 등의 위와 같은 부정행위가 업무방해죄에 있어 '위계'에 해당하지 않는다고 본 원심의 판단은 충분히 수긍할 수 있고, 이점에 관한 검사의 주장은 이유 없다.

끝으로, 피고인과 피고인의 지시를 받은 시험업무 담당자들이 이 사건 시험조작행위를 함으로써 그와 같은 사정을 알지 못하는 내부 결재자들이나 일부 면접위원들의 결재업무나 면접업무를 방해한 것인지에 관하여 보건대, 기록에 나타나는 다음의 각 사정, 즉 ① 이 사건 조합의 신규직원 채용업무에 있어 그 내부결재 과정에 있는 공소외 3, 4의 결재 업무는 위와 같은 신규직원 채용업무에 수반하는 종속적인 업무일 뿐 이와 독립된 별개의 업무라고 볼 수 없고, 설령 별개의 업무라고 하더라도 공소외 3 등은 피고인에 대한 보조자의 지위에 있어 이 사건 시험조작행위를 통하여 보조자인 공소외 3 등의 결재 업무가 방해되었다고 할 수는 없는 점, ② 신규직원 채용업무에 있어 필기시험에 합격한 지원자들을 대상으로 면접시험이 치러지기는 하나, 면접시험 과정에서 필기시험 점수를 확인하거나 필기시험의 평가내용을 재확인하는 절차가 없는 점, ③ 특히, 이 사건 시험 조작행위로 필기시험이 합격 처리된 공소외 1, 2의 경우는 일반적인 신규직원 채용과 별도로 조합원 자녀들만을 대상으로 하는 제한경쟁 채용에 응시한 자들로서 면접대상자들은 특별한 사정이 없는 이상 모두 채용이 되므로(실제로 이 사건에서 필기시험을 합격한 면접대상자들 7명은 전원 채용되었다) 위와 같은 면접시험은 형식적으로 이루어진 것으로 보이는 점 등을 종합하면, 피고인의 지시를 받은 시험업무 담당자들의 시험조작 행위로 인하여 위와 같은 내부결재자들이나 일부 면접위원들의 업무가 방해된 것으로 볼 수도 없다.

【대상판결】 부산지방법원 2009. 4. 17. 선고 2009고단377 판결

【주 문】
피고인은 무죄.

【이 유】

【공소사실의 요지】
피고인은 2007. 10. 2.경 ○○ 수협 조합장보궐선거에 당선되어 2007. 10. 4.경부터 ○○ 수협의 조합장으로 근무하고 있다. 피고인은 위와 같이 조합장으로 근무하던 중 2008. 2. 12. 09:30경 ○○ 서구 ○○동(이하지번 생략)에 있는 ○○ 수협 3층 조합장실에서 '2008년도 신규직원 채용'과 관련하여 보고를 하러 온 검사실장 공소외 6에게 "이번에 □□어촌계장공소외 7의 딸과 ◎◎어촌계장공소외 8의 딸이 시험에 응시를 할 것인데 잘 살펴서 합격을 시켜라, 점수가 안 되어도 어찌하겠나, 선거 때 도와주었는데 그때 내가 약속을 했다"라는 취지로 지시하였다. 그 후 피고인은 2008. 3. 16. 16:34경 불상의 장소에서 위 공소외 6으로부터 공소외 7의 딸인 공소외 1과 공소외 8의 딸인 공소외 2의 시험 점수가 낮아 합격이 어려울 것 같다는 전화 보고를 받자 위 공소외 6에게 "살펴봐라, 살펴보고 합격을 시켜라"라고 재차 지시를 하였다. 그러자 공소외 6은 그즈음 위 수협 3층 소회의실에서 채점 업무를 담당하고 있던 공소외 9, 10, 11, 12에게 위 공소외 1과 공소외 2를 합격시키라는 피고인의 지시를 전달하고, 같은 날 22:00경 위 공소외 9, 10, 11, 12는 피고인의 지시에 따라 공소외 1과 공소외 2의 기존 답안지를 폐기하고 새로 답안지를 작성하여 점수를 높여주는 방법으로 위 공소외 1, 2를 수협의 채용시험에 합격시킴으로써 피고인은 위와 같이 위 공소외 6, 9, 10, 11, 12로 하여금 위계로서 위 공소외 1과 공소외 2를 수협 채용시험에 합격시키도록 하여 업무방해를 교사하였다.

【판단】
1. 인정사실
검사가 제출한 증거들에 의하면, 다음과 같은 사실이 인정된다.

가. 피고인은 2008. 2. 12. 09:30경 ○○ 서구 ○○동(이하지번 생략)에 있는 ○○수협 3층 조합장실에서 '2008년도 신규직원 채용'과 관련하여 보고를 하러 온 검사실장 공소외 6에게 " □□어촌계장공소외 7의 딸 공소외 1과 ◎◎어촌계장공소외 8의 딸 공소외 2가 응시할 것인데, 잘 살펴서 합격을 시켜라, 점수가 안 되어도 어찌하겠나, 선거때 도와주고 했는데 그때 내가 약속을 했다"라는 취지로 지시하였다.

라. 2008. 3. 16. 시행된 객관식 시험에서 공소외 1과 공소외 2의 점수는 커트라인에 미치지 못하였고, 이에 공소외 13은 피고인에게 "점수가 너무 떨어져서 안 된다"는 취지로 보고하였으나, 피고인은 "살펴봐라, 살펴보고 합격을 시켜라"라고 재차 지시하였다.

나. 이에 공소외 13은 ○○수협 기획과장 공소외 9와 의논한 뒤 채점직원들인 기획과 대리 공소외 10, 11, 기획계장 공소외 12에게 피고인의 지시를 설명하였고, 공소외 9, 11, 12, 10은 공소외 2, 1의 답안지(OMR카드 답안지)를 확인하여 공소외 2의 필기시험점수가 28점, 공소외 1의 점수가 46점으로 합격선에 미달하자 답안지를 교체하여 면접대상자에 포함시키기로 하였다.

다. 공소외 10과 공소외 11은 2008. 3. 16. 23:00경 ○○ 수협 서고 맞은 편 회의실에서 각 공소외 1과 공소외 2의 답안지를 커트라인을 넘어서는 50점이 되도록 다시 작성하고, 그 다음날 아침 시험 및 채점감독관인 총무과장 공소외 14의 확인도장을 받았다.

라. 피고인은 면접이 끝난 후인 2008. 3. 25.경 조합원 자녀 2명과 일반직원 13명을 추가로 채용할 것을 지시하였고, 이에 따라 위 공소외 1과 공소외 2를 비롯하여 1차 시험을 합격한 조합원 자녀는 면접을 거쳐 전부 합격되었다.

2. 판단

○○수협의 신규직원 채용시험업무 담당자들인 기획과장 공소외 9, 채점직원들인 기획과 대리 공소외 10, 11, 기획계장 공소외 12가 공소외 1과 공소외 2의 답안지를 교체함으로써 ○○수협 채용시험에 합격시킨 것은 검사실장 공소외 6을 통한 피고인의 부정한 지시에 따른 결과일 뿐이지 피고인의 행위에 의해 위 시험업무 담당자들이 오인·착각 또는 부지를 일으킨 결과가 아니고, 이와 같이 신규직원 채용권한을 갖고 있는 피고인이 위 시험업무 담당자들을 교사하고, **위 시험업무 담당자들이 모두 공모 내지 양해하여 위와 같은 부정한 행위를 하였다면** 법인인 ○○수협에게 위 신규직원 채용업무와 관련하여 오인·착각 또는 부지를 일으키게 하였다고 볼 수는 없다. 그렇다면 이 사건에서는 피고인의 위 시험업무담당자들에 대한 부정한 지시나 이에 따른 업무 담당자들의 부정행위로 말미암아 ○○수협의 신규직원 채용업무와 관련하여 오인·착각 또는 부지를 일으킨 상대방이 있다고 할 수 없으므로, 피고인 등의 위 부정행위가 곧 위계에 의한 업무방해죄에 있어서의 '위계'에 해당한다고 할 수 없다. 따라서 이 사건 공소사실은 범죄의 증명이 없는 경우에 해당하므로 형사소송법 제325조 후단에 의하여 무죄를 선고한다.

연 구

Ⅰ. 문제의 제기

이 사건은 수협의 조합장(피고인)이 특정인을 신규직원채용에 있어서 합격시키기 위하여 채용담당 직원에게 지시하여 필기시험 답안지를 조작하는 방법으로 특정인을 합격시킴으로서 직원채용의 공정성을 침해한 것으로 인정되어 위계에 의한 업무방해죄의 교사범으로 공소제기 된 사건이다.

이 대상판결과 관련해서 본인이 관심을 가진 부분은 다음 두 가지 점이다

1) 위계에 의한 업무방해죄에 있어서 위계의 상대방은 자연인뿐만 아니라 법인도 해당되는 가의 문제이다.

2) 전통적으로 피해자의 승낙과 양해를 구별하지 아니하는 대법원이 이 판결에서 공모 또는 양해가 인정되지 않기 때문에 신규채용에 관한 면접업무가 방해되었다고 판시하고 있는 점이다. 바꾸어 말하면 공모 또는 양해가 있었다면 면접업무가 방해되지 않았다고 보고 있는 점이다. 이와 관련해서 대법원이 이 판결에서 사용한 '양해'라는 용어가 학설이 인정하고 있는 구성요건해당성을 배제하는 효력을 가지는 양해인지의 여부를 살펴보고자 한다. 즉 과연 대법원이 피해자의 승낙과 달리 구성요건배제의 효력을 가지는 양해를 인정하고 있는 것인지, 그리고 그 절차법적 효과로서 구성요건해당성이 없음을 무죄 선고의 이유로 제시하고 있는지 여부를 검토하고자 한다.

논의를 위해서 각 심급별 판단의 내용을 간단히 요약하면 다음과 같다.

	판단	근거	이유
1심	무죄	범죄의 증명이 없슴	채점관련담당자들에 대한 공모 또는 양해사실이 인정되므로 오인·착각 또는 부지를 일으킨 상대방이 있다고 할 수 없으므로, '위계'에 해당한다고 할 수 없다.

검사	항소이유	법인도 위계의 상대방이 됨/ 결재 또는 면접업무에 대한 위계행위	현대사회에서 법인업무의보호 필요성 증대
항소심	항소기각	법인은 위계의 상대방이 될 수 없음/결재 또는 면접업무에 대한 위계행위 없음	위계행위의 포섭범위확대는 죄형법정주의 위반/피고인과 신규직원 채용업무 담당자들이 시험조작 행위에 관하여 서로 공모 내지 양해를 하였음/결재업무는 독립적업무아님/면접행위는 형식적임
대법원	유죄취지로 환송	면접업무의 적정성과 공정성이 방해됨	면접위원들의 점수조작에 대한 공모 또는 양해 사실이 발견되지 않음

Ⅱ. 위계의 상대방과 법인

위계란 상대방의 오인·착각 또는 부지를 일으키게 하여 이를 이용하는 것을 말하며,[1] 위계의 상대방은 원칙석으로 자연인이다. 그렇다면 법인도[2] 위계라는 행위[3]의 상대방이 될 수 있는가? 이 문제는 사기죄에 있어서 기망의 상대방에 법인이 포함될 수 있는 지에 관해서도 동일하게 제기된다.

대상판결에서 항소심에서는 비록 자연인인 담당자들은 공모 내지 양해하였기 때문에 위계가 존재하지 않지만, 만약 법인이 위계의 상대방에 해당될 수 있다고 보았다면 법인을 상대방으로 하는 위계에 의한 업무방해죄의 유죄를 선고하였을 것이다.

이와 관련해서 검사가 처음부터 피고인을 채용시험 담당자들에 대한 업무방해의 교사로 공소제기 하였기 때문에 1심에서는 이에 대한 언급이 없다. 1심 판결 후에 검사는 항소를 통해서 비로소 법인－ 즉 수협－에 대한 업무방해를 주장하게 되었다. 검사는 법인의 구조와 법인 보호의 필요성을 근거로 법인이 위계의 상대방이 된다고 주장하였다. 수협과 같은 법인은 총회나 이사회 등을

1) 대법원 2007. 12. 27. 선고 2005도6404 판결.
2) 법인도 원칙적으로 자연인과 마찬가지로 행위의 주체는 당연히 될 수 있다.
3) 행위는 구성요건의 객관적 요소이며, 행위는 법익관련성을 지닌 결과반가치를 구성하는 것이 아니라 행위자의 주관적 태도와 관련된 행위반가치를 구성한다; 김일수, 앞의 책, 321면.

통해 법인 의사를 형성할 수 있고, 현대사회에서는 법인 등의 업무를 보호할 필요성이 증대되었다는 것이다. 이에 대해서 항소심은 업무방해죄의 타인에는 자연인과 법인이 모두 포함되지만, 실제로 위계의 상대방이 되는 것은 자연인에 한한다고 판시하였다. 하지만 아쉽게도 이 사건에서 대법원은 법인이 위계의 상대방이 되는 지에 대해 언급함이 없다.[4)]

생각건대 행위의 객체(Handlungsobjekt)는 실행행위가 직접 가해지는 대상을 의미한다. 즉 구성요건적 행위수행의 구체적인 대상으로서 공격객체(Angriffobjekt)라고도 한다. 이것은 대부분 외부적으로 감지할 수 있는 물적 대상으로 기술되어 있기 때문에 객관적 구성요건요소가 된다.[5)] 행위의 객체는 보호의 객체(Schutzobjekt)와는 구별된다. 보호의 객체란 구성요건에 의하여 보호되는 가치적·관념적 대상, 즉 법익을 말한다. 법익이란 형법에 의하여 그 침해가 금지되는 개인과 공동체의 이익 또는 가치를 의미한다.[6)] 또한 행위의 객체는 행위의 상대방과도 구별하여야 한다. 행위의 객체는 공격이 직접 가해지는 대상을 의미한다면, 상대방은 그 대상에 대하여 일정한 지배력을 가진 자를 의미한다.

법인이 실행행위의 상대방이 될 수 있는지의 문제는 개별구성요건에 따라서 달리 검토되어야 한다. 즉 경우에 따라서는 법인이나 법인격 없는 단체도 실행행위의 상대방이 될 수 있는 구성요건이 있는지를 검토하여야 한다.

도표를 이용하여 개별 범죄별로 살펴보면 다음과 같다.

	행위	행위의 객체	법익 주체	행위의 상대방
살인죄	살인	사람	사람	자연인
강간죄	강간	사람	사람	자연인

4) 아마도 그 이유는 법인이 위계의 상대방이 될 수 없다는 항소심의 판결의 부분에 대해서는 검사가 상고를 하지 않았기 때문인 것으로 보인다.

5) 행위객체는 범행에 의해 직접 침해되거나 위태화될 수 있다. 행위객체에 대한 위험의 강도에 따라 구성요건은 침해범(Verletzungsdelikt)과 위험범(Gefährdungdelikt)으로 분류된다; 김일수, 앞의 책, 311면.

6) 범죄의 본질은 법익의 침해를 떠나서는 생각할 수 없다. 따라서 보호법익이 없는 범죄는 예상할 수 있으나, 행위의 객체가 없는 범죄는 있을 수 있다(예컨대, 단순도주죄, 퇴거불응죄 등); 이재상, 「형법총론」, 박영사, 2011, 101면.

명예훼손죄	적시 · 유포	사실 · 허위사실	사람 또는 법인	자연인
절도죄	절취	재물	사람 또는 법인	자연인 또는 법인
강도죄	폭행 · 협박 + 취거	재물 또는 재산상의 이익	사람 또는 법인	자연인
사기죄	기망	재산상의 이익	사람 또는 법인	자연인
컴퓨터 사용사기죄	입력 · 변경	정보	사람 또는 법인	컴퓨터
권리행사 방해죄	취거 · 은닉 · 손괴	물건 · 특수매체 기록	사람 또는 법인	자연인 또는 법인
주거침입죄	침입	주거	사람 또는 법인	자연인 또는 법인
비밀침해죄 (제316조 제1항)	개봉	편지, 문서 도화	사람 또는 법인	자연인 또는 법인
비밀침해죄 (제316조 제2항)	내용인지	편지 · 문서 · 도화 · 전자기록	사람 또는 법인	자연인 또는 법인
위증죄	위증	진술	국가	자연인(법관)
수뢰죄	수수	뇌물	직무행위의 불가매수성	자연인
공여죄	제공	뇌물	직무행위의 불가매수성	자연인

결국 행위의 객체와 상대방은 일치하는 경우도 있고, 그렇지 않는 경우도 있다. 예컨대 갑이 을 녀를 강간하는 경우에 을은 행위의 객체인 동시에 상대방이 된다. 그러나 갑이 을의 시계를 절취하는 경우에 절취 행위의 객체(대상)은 시계이며, 그 상대방은 을이 된다. 즉 을이 점유하고 있는 시계를 갑이 절취하는 것이다.

그렇다면 법인은 위계의 상대방이 될 수 있는가?

법인이 범죄의 주체가 될 수 있는 가에 대해서는 종래부터 많은 논의가 있어왔다.[7] 그리고 대부분의 교과서에서는 업무방해죄의 객체에는 자연인 뿐만 아니라 법인도 포함된다고 기술하고 있을 뿐, 법인이 위계의 상대방이 되는 지에 대해서 이를 구체적으로 설명하고 있지는 않는다.[8] 판례가 자연인이 아닌 컴퓨터와 같은 물체의 경우도 자연인의 기망을 위한 수단으로는 될 수 있다는 입장이다.

생각건대 실행행위의 상대방은 자연인인 경우도 있고, 법인인 경우도 있을 수 있다. 이 때 자연인만이 상대방이 될 수 있는 경우는 실행행위가 자연인의 신체적 또는 정신적 반응을 요구하는 경우라고 할 수 있다. 이에는 살인죄, 강간죄 등의 일신전속적 법익을 침해하는 범죄와 기망이 필요한 사기죄, 그리고 뇌물에 대한 수수와 제공이 필요한 수뢰죄와 공여죄, 허위의 진술이 필요한 위증죄 등이다.

기망을 행위수단으로하는 사기죄에 있어서 법인은 사기죄의 객체는 될 수 있다. 그러나 기망의 상대방이 되지는 않는다. 소송사기에 있어서 자연인인 법관이 기망의 상대방이 되며, 법원 또는 재판부 그 자체가 상대방이 되지는 않는다. 이러한 점은 위계에 있어서도 마찬가지이다.

왜냐하면 ① 원칙적으로 위계행위로 인하여 발생되는 오인·착각 또는 부지

7) 대륙법계에서는 로마법상의 "단체는 죄를 범할 수 없다"(societas delinquere non potest)는 法諺에 따라, 비록 중세 게르만법과 이탈리아법에서의 예외는 있었으나 오늘날까지 지배적인 견해는 법인 및 비사단법인 등의 행위능력을 부정하고 있다. 이것은 私法的 관점에서 Savigny의 법인의제설에 입각한 법인의 행위능력부인의 입장과도 일맥상통하는 결론이다. 반면 영미법계에서는 초기 common law상으로는 법인은 심신을 갖고 있지 않기 때문에 범죄의 주체가 될 수 없다고 보았다. 그러나 1842년 Rex v. Birmingham and Gloucester Rly. Co. 사건에서 법인의 형사책임이 인정된 이래 법인의 기관이나 피용자의 심신활동이 법인 자체의 그와 같은 능력을 보충시키는 것으로 간주하여 법인의 형사책임을 인정하고 있다; 김일수, 한국형법 Ⅰ, 박영사, 1996, 304면.

8) 대법원 2013. 11. 28. 선고 2013도5117 판결(판례는 자연인이 아닌 경우라도 위계의 상대방이 된다고 판시한 경우가 있다. 즉 '○○○○당의 제19대 국회의원 비례대표 후보를 추천하기 위한 이 사건 당내 경선에 직접·평등·비밀투표의 원칙이 모두 적용된다는 전제 아래, 이 사건 당내 경선과정에서 피고인들이 선거권자들로부터 인증번호만을 전달받은 뒤 그들 명의로 자신들이 지지하는 후보자인 공소외인에게 전자투표를 한 행위는 이 사건 당내 경선업무에 참여하거나 관여한 여러 ○○○○당 관계자들로 하여금 비례대표 후보자의 지지율 등에 관한 사실관계를 오인, 착각하도록 하여 경선업무의 적정성이나 공정성을 방해한 경우에 해당하고, 위와 같은 범행에 컴퓨터를 이용한 것은 단지 그 범행 수단에 불과하다. 따라서 위계에 의한 업무방해죄에서 컴퓨터 등 정보처리장치에 정보를 입력하는 등의 행위가 그 입력된 정보 등을 바탕으로 업무를 담당하는 사람의 오인, 착각 또는 부지를 일으킬 목적으로 행해진 경우에는 그 행위가 업무를 담당하는 사람을 직접적인 대상으로 이루어진 것이 아니라고 하여 위계가 아니라고 할 수는 없다).

와 같은 지적 현상은 자연인 고유의 지적활동의 결과인 점, ② 법률에 의한 의제적인 인격체인 법인 등은 결국 자연인인 기관(이사, 감사 등)을 통해 실제적인 활동을 하게 되므로, 위계에 의한 법인 등의 업무에 대한 방해 행위는 현실적으로 해당 업무를 담당하는 자연인에 대한 위계행위에 의할 수밖에 없는 점, ③ 업무보호의 필요성만을 앞세워 위계행위의 상대방의 범위에 법인 등을 포함시키는 것은 업무방해죄에 있어 구성요건적 표지로서 기능하는 위계행위의 포섭범위를 지나치게 확대하여 자칫 죄형법정주의에 반하는 결과를 초래할 수도 있는 점 등에 비추어 볼 때 법인은 위계행위의 상대방에 포함된다고 보기는 어렵다고 하겠다.[9)10)] 특히 법인을 위계나 기망의 상대방에 포함할 경우에는 가벌성이 지나치게 확대되어 형법의 법치국가적 한계를 일탈할 가능성도 있다. 또한 법인 보호라는 합목적성을 강조하여 법인에 대한 위법행위를 직접 금지하는 경우에는 절차법적으로도 입증의 문제와 증인적격 등의 문제가 동시에 발생할 수도 있다. 따라서 법인을 위계로부터 보호하는 것은 법인을 구성하고 있는 기관인 자연인에 대한 위계행위를 구성요건화 함으로서 충분하다고 본다.

Ⅲ. 양해의 실체법적 효력

1심 법원의 인정사실을 보면 피고인의 지시를 공소외 6이 채점업무를 담당하던 공소외 9,10.11.12에게 전달하였고, 공소외 9,10.11.12는 그 지시를 이행한 것이다. 따라서 공소외 9,10.11.12는 피교자자, 공소외 6은 직접교사자이며, 피

9) 부산지방법원 2009. 8. 13. 선고 2009노1440 판결(동 사건의 항소심 판결).

10) 대법원은 '고객의 의뢰에 따라 항공속달에 의하여 서류를 배달하는 것을 업무로 하는 피해자 회사가 그 업무를 수행함에 있어 고객이 배달을 의뢰하지 않은 이 사건 전단이 서류와 함께 전달이 됨으로써 이를 배달받은 사람으로서는 위 서류뿐 아니라 이 사건 전단도 배달을 의뢰한 고객이 보낸 것으로 오인하게 되고 더구나 이 사건 전단의 내용이 특정 종교를 심하게 비방하는 것으로서 사회통념상 용인되기 어렵다고 할 것이므로 결국 피해자가 배달을 의뢰한 고객의 위탁취지에 어긋나게 업무를 처리한 결과가 되었다고 할 것이고, 배달을 의뢰받은 서류 자체가 훼손되지 않고 배달되었다고 하여 피해자의 업무가 방해되지 않았다고 할 수 없다고 할 것이다. 뿐만 아니라 위와 같이 배달을 의뢰한 고객의 위탁취지에 어긋나게 배달이 이루어짐으로써 종국에는 피해자의 업무의 경영이 저해될 위험이 발행하였다고 하지 아니할 수 없다"(대법원 1999. 5. 14. 선고 98도3767 판결)라고 하여 피해자는 회사이지만, 위계의 상대방은 고객(자연인)이라고 판시하여 같은 취지로 해석할 수 있다.

고인은 간접교사자로서 전체적으로 간접교사(mittellbare Anstifung)의 형태를 이루게 된다. 따라서 1심 법원은 전체적으로 피고인이 교사를 하고, 공소외 6,9.10.11.12가 모두 채점점수를 조작하고 이를 면접에 반영하는데 공모 내지 양해하였다고 표현한 것으로 보인다. 그렇다면 1심의 판결문에서의 '양해'는 위계의 상대방으로서의 양해가 아니라 행위자들의 공모에 가까운 의사표시로 보아야 한다. 따라서 구성요건해당성을 배제하는 양해의 의미로 해석할 여지는 없어 보인다. 결국 1심은 피고인의 지시를 이행한 참여자 모두가 시험의 부정행위에 관여한 정범이자, 상대방이 필요한 위계행위가 아니라고 보았다.

그러나 1심의 판결에 대해서 검사는 결제업무와 면접업무를 담당한 공소외 3,4,5[11)]를 위계의 상대방으로 보고 피고인과 시험업무 담당자들이 공소외 3,4,5에게 오인,착각을 불러일으켰다고 항소하였다. 즉 공소외 3,4,5를 피해자로 본 것이다.

항소심에서는 1심과 마찬가지로 공소외 9,10.11.12는 행위자로서 행위의 주체이며 위계의 상대방이 아니라고 보았고, 결제업무의 종속성과 면접업무의 형식성을 이유로 피해의 대상이 되는 업무로 보지 않았다. 따라서 검사의 항소이유와 달리 공소외 3,4,5를 피해자로 보지 않은 것이다.

상고심은 항소심의 판단을 배척하고 공소외 3,4,5의 면접업무가 위계로서 방해되었다고 판단하였다. 즉 검사의 항소이유와 마찬가지로 공소외 3,4,5를 피해자로 본 것이다.

이러한 과정에서 다음과 같은 점이 논의될 수 있다. 하나는 실행행위자와 상대방의 구별은 무엇인가의 문제이다. 물론 대부분의 범죄에서 행위자와 상대방은 쉽게 구별할 수 있다. 예컨대 갑이 을을 살해하는 경우에 갑은 행위자이고 을은 피해자로서 행위의 상대방이다. 그러나 주거침입죄에 있어서는 다소 다르다. 갑이 주거권자인 을의 동의를 얻고서 을과 병의 공동 주거에 들어가는 경우에 을은 주거침입의 상대방인가 아니면 을의 동의가 있었기 때문에 주거침입의

11) 내부결재자 중 상임이사 공소외 3, 상무 공소외 4는 시험성적이 조작되었음을 알지 못한 채 결재를 하였고, 면접위원 가운데 위 공소외 3, 4는 물론, 신용상무 공소외 5 역시 위와 같은 시험성적 조작 사실을 알지 못하고 면접에 임하였으므로...(검사의 항소이유)

행위자로 보아야 할 것인가이다. 사기죄에 있어서 갑이 을을 기망하여 을로부터 재물을 교부받는 경우에 을이 동의하였다면 을은 행위자인가 상대방으로서 피해자인가?

대상사건에서도 검찰과 법원 판단에서의 가장 큰 차이는 검찰은 피고인을 제외한 공소외 9,10.11.12와 공소외 3,4,5를 위계의 상대방 즉 피해자로 본 반면에, 법원은- 1심, 2심- 행위자로 본 것이다. 검찰은 공소외 9,10.11.12와 공소외 3,4,5는 위계를 당한 것-즉, 속임을 당한 것-으로 본 반면에, 법원은 공모 내지 양해를 하였기 때문에 속임을 당한 자가 아니라 함께 속인 자들로 본 것이다. 그리고 모두 행위자- 즉 속인자 -들이기 때문에 피해자는 없다는 것이다.

그러나 공모 내지 양해의 의사표시만으로 실행행위의 상대방이 아니라 행위자가 되는 것이 가능한가? 오히려 대상판결에서의 양해는 공모의 의미 보다는 구성요건해당성을 배제하는 양해의 의미를 가지는 것은 아닐까? 법익주체의 법익침해에 대한 승낙을 위법성조각사유로 보고, 법익 주체의 법익 침해에 대한 양해를 구성요건해당성 배제사유로 보는 이원론이나,[12] 양해를 처음부터 구성요건해당성배제 사유로 보는 견해에 의하면[13][14][15] 본 사안에서의 양해는 구성요

12) 피해자의 승낙과 양해를 구별하는 것은 독일 형법상의 해석론에서 출발하였다. 즉 1953년 독일의 Geerds가 자신의 학위 논문인 '피해자의 승낙과 양해(Einwillung und Einverständnis der Verlerzten)'에서 피해자의 동의를 구성요건해당성을 배제하는 양해(諒解, Einverständnis)와 위법성을 조각하는 승낙(承諾, Einwillung)으로 구별하면서, 피해자의 동의가 위법성 단계뿐만 아니라 구성요건의 단계에서도 문제되며 서로 상이한 법적 효과를 가져온다는 이원론적 견해를 주장한 이래, Geerds의 견해는 이후 독일 학계에서 통설적인 지위를 차지하고 있다. 이러한 독일 형법학계의 입장은 우리 형법학계에도 전달되어 현재 국내에서도 이원론을 주장하는 견해가 유력하다(김성돈, 형법총론, 296면; 성낙현, 형법총론, 280면; 신동운, 형법총론, 292면; 이재상 . 형법총론, 20/3; 이정원, 형법총론, 201면; 임웅, 형법총론, 227면; 정성근・박광민, 형법총론, 274면; 진계호, 형법총론, 216면; 정영일, 형법총론, 249면)

13) 이 견해는 특히 피해자의 동의(양해, 승낙)에 관한 형법총칙 규정이 없는 독일에서 유력하게 대두되는 견해이며(특히 Roxin, 「Strafrecht AT Ⅰ」, C. H. BECK, 2006, § 13 Rn.12; 손동권, "양해・승낙의 구분에 따른 법효과 차이의 문제", 형사법연구제23권 3호, 2011, 90면), 피해자의 승낙을 구성요건해당성의 배제사유로 해석하는 견해의 이론적 근거는 ① 처분권의 침해가 없다면 법익침해도 없다는 자유주의적 법익론, ② 피해자의 승낙는 결과반가치의 상쇄의 효과를 가져오며, ③ 피해자의 승낙은 위법성조각사유로서는 이질체이며, ④ 양해와 승낙의 구별 자체가 명확한 것은 아니라는 점 등이다; 김일수・서보학, 형법총론, 박영사, 2006, 257면.

14) 몇몇의 형법적 법익은 법익 주체의 처분에 맡겨진 경우가 있다. 이 때 법익 주체의 동의는 이미 구성요건실현을 배제하게 된다; Günther Jakobs, 「Strafrecht AT」, Walter de Gruyter,

건배제사유로 볼 여지는 없는 것일까?

동 사건에서 재판부는 공모 내지 양해— 상고심에서는 공모 또는 양해라고 표현하고 있음—가 존재하기 때문에 위계가 없었다고 보고 있다. 바꾸어 말하면 공모 내지 양해가 없었다면 위계가 존재하는 것으로 해석할 수 있다.

공모는 특정의 행위를 할 것을 다수인이 서로 의사를 교환하는 것을 말한다. 공모의 방법에는 제한이 없다. 비록 전체의 모의과정이 없었다고 하더라도 수인 사이에 순차적으로 또는 암묵적으로라도 상통하여 그 의사의 결합이 이루어지면 공모가 성립하고, 의사의 교환은 명시적으로는 물론 묵시적인 방법으로도 가능하다.[16)]

대상사건에서 채용업무담당자들 사이의 의사의 연락을 공모로 본다면, 이들은 모두 부정한 채용업무에 공동으로 참여한 것으로서 부정행위의 행위자로 봄이 타당하다. 따라서 위계를 당한 자가 아니라, 공모 행위자로서의 의사표시라고 할 수 있다. 이에 반하여 양해는 '남의 사정을 잘 헤아려 너그러이 받아들임'을 그 사전적 의미로 한다. 양해는 특정한 행위를 함께 할 것에 대한 동의의 의사표시라기보다는 특정한 불이익을 감수하거나 특정한 침해 또는 위험을 받아들인다는 의미를 내포하고 있다. 승낙의 경우에는 말이나 행동 또는 문서에 의해서 의사가 상대방에게 전달되어 인식되어야 하지만, 양해의 성질에 관한 사실적 성질설을 취하는 경우에는 양해자의 의사표시로서 충분하므로 외부에 전달되는 의사표시가 필요 없다.[17)]

대상사건에서는 비록 채용업무담당자들이 그들이 의사를 적극적으로 표시하지는 않았지만, 조합장의 부정채용의 뜻을 받아들인 것으로 해석할 수 있고, 이

1993, 239면.

15) 한편 우리나라 형법에서는 일단 형법 제24조의 피해자의 승낙을 위법성조각사유로 해석하고, 구성요건배제사유로서의 양해도 구성요건 해석을 통해 인정하는 구분설이 이론적으로 가장 타당하다고 하면서, 양자의 체계적 차이가 구체적 법효과의 차이로 연결될 것인가의 문제가 중요하다는 설명은, 손동권, "양해·승낙의 구분에 따른 법효과 차이의 문제", 형사법연구제23권 3호, 2011, 110면.

16) 대법원 2008. 4. 24. 선고 2007도11258 판결.

17) 따라서 누군가를 도둑으로 몰아 혼을 내줄 목적으로 그 사림이 발견하기 좋은 장소에 물건을 일부러 방기한 경우에는 절취행위가 이루어졌더라도 점유침탈이 부정되므로 불능미수에 해당할 뿐이다(BayObLG NJW 1979, 729; OLG Düsseldorf, NStZ 1992, 237): 성낙현, 형법총론, 280면.

는 채용업무담당자들 사이에 양해가 있었다고 판단할 수 있다. 즉 이들은 자신들이 담당하고 있는 채용업무의 공정성이 침해되거나 침해될 위험성을 감수하겠다는 의미로 해석될 수 있다. 그렇다면 채용업무담당자들의 양해는 위계의 상대방으로서 법익 침해에 대한 동의의 의사표시로서, 이때의 양해는 실행행위의 상대방으로서의 의사표시라고 할 수 있다.

즉 채점업무, 결제업무, 면접업무를 모두 신규직원 채용에 관한 중요한 업무로 본다면 그 업무의 담당자들은 채용업무의 공정성이라는 중요한 법익의 주체가 된다. 따라서 이들의 양해는 법익 주체의 동의의 의사표시로서 위법성을 조각하는 승낙의 의미 또는 위계행위의 구성요건해당성을 조각하는 양해의 의미를 가지게 된다.

판례도 피해자의 승낙에 의해서 구성요건해당성이 배제되는 것으로 판시한 경우가 있다. '카메라 등 이용 촬영죄를 정한 구 성폭력범죄의 처벌 및 피해자보호 등에 관한 법률 제14조의2 제1항 규정의 문언과 그 입법 취지 및 연혁, 보호법익 등에 비추어, 위 규정에서 말하는 '그 촬영물'이란 성적 욕망 또는 수치심을 유발할 수 있는 타인의 신체를 그 의사에 반하여 촬영한 영상물을 의미하고, 타인의 승낙을 받아 촬영한 영상물은 포함되지 않는다고 해석된다(대법원 2009. 10. 29. 선고 2009도7973 판결 참조). 원심이 이러한 법리를 전제로, 앞서 본 바와 같이 피고인이 피해자의 의사에 반하여 그 하반신을 촬영하였음이 인정되지 않는 이상 피고인이 그 촬영한 사진을 반포하였다 하더라도 위 법률 제14조의2 제1항 후단이 규정하는 '그 촬영물을 반포한 자'에 해당하지 않는다고 판단하여 그에 관한 판시 공소사실에 대하여도 무죄를 선고한 것은 정당하고, 거기에 상고이유의 주장과 같이 관련 법리를 오해한 위법이 없다.[18] 이 판결에

18) 대법원 2010. 10. 28. 선고 2010도6668 판결(...원심은 '피고인이 피해자의 바지와 속옷을 내린 후 피해자의 의사에 반하여 그 하반신을 휴대전화기로 촬영하였다'는 구 성폭력범죄의 처벌 및 피해자보호 등에 관한 법률 위반의 공소사실에 대하여, 피해자의 의사에 반하여 그와 같은 촬영이 이루어졌다는 점에 부합하는 피해자 진술의 신빙성을 그 촬영 당시의 정황, 피고인과 피해자의 친분관계, 피해자의 고소 경위, 피해자의 진술번복 내용 등 판시와 같은 여러 사정에 비추어 배척하고 그 범죄의 증명이 없다는 이유로 무죄를 선고하였다. 원심판결의 이유를 관련 증거와 기록에 비추어 살펴보면 원심의 판단은 정당하고, 상고이유의 주장과 같이 증거의 증명력 판단에 있어 자유심증주의의 한계를 벗어나거나 위 법률 제14조의2 제1항에 규정된 '그 의사에 반하여'의 구성요건 해석을 그르친 잘못이 없다)

서 재판부는 피해자의 승낙을 얻고서 촬영한 사진을 반포한 경우는 반포한 자에 해당하지 않는다는 것을 인정하고 있다. 사실상 구성요건해당성이 조각됨을 인정하고 있는 것이다. 결국 피해자의 승낙이 사실상 구성요건해당성배제사유에 해당한다는 것을 인정한 것으로 볼 수 있다.

Ⅳ. 양해의 절차법적 효력

1심과 2심 재판부는 범죄의 증명이 없다는 이유로 무죄를 선고하였다. 무죄판결은 피고사건에 대해 형벌권이 없음을 확인하는 판결이다. 이에는 피고사건이 범죄로 되지 않는 경우와 범죄사실의 증명이 없는 경우가 있다(형사소송법 제325호). 피고사건이 범죄로 되지 않는 때라 함은 실체심리를 거친 후[19] 공소사실 자체는 인정되지만 법률상 범죄를 구성하지 않거나 위법성 조각사유 또는 책임조각사유가 존재하여 범죄가 성립하지 않는 경우를 말한다. 그러나 범죄의 증명이 없는 것은 공소사실의 부존재가 적극적으로 증명된 경우와 공소사실의 존부에 대하여 법관이 유죄의 확신을 하지 못한 경우를 의미한다.[20] 논리적으로 본다면 범죄는 인정되지만 증거를 통하여 법관에게 유죄의 확신에 이르게 하지 못하였다는 것이다.

그렇다면 법원의 판결과정에 대해서는 다음의 점이 지적될 수 있다. 1심과 항소심은 양해가 있었기 때문에 위계행위가 존재하지 않는다고 보았다. 위계행위가 없다면 '위계'라는 위계에 의한 업무방해죄의 수단이 존재하지 않는 것이다. 따라서 범죄가 성립하지 않는 것이다. 이러한 실체적 판단과 다르게 재판부의 절차적 판단은 범죄의 증명이 없기 때문에 무죄를 선고하였다.

상고심도 '기록상 일부 면접위원들이 이 사건 점수조작행위에 관하여 공모 또는 양해하였다고 볼 자료가 없는 이 사건에서, 이들이 이 사건 조합의 신규직

---

19) 이 점에서 실체심리를 거치지 않고 "공소장에 기재된 사실이 진실하다 하더라도 범죄가 될 만한 사실이 포함되지 아니하는 때'에 내리는 공소기각판결(형사소송법 제328조 제1항 4호)와 구별된다; 배종대 · 이상돈 · 정승환 · 이주원, 신형사소송법, 홍문사, 2012, 66/32.

20) 피고인의 자백에 의하여 법관이 유죄의 심증을 얻는 경우에도 그 보강증거가 없는 경우에도 범죄사실의 증명이 없는 때에 해당한다; 임동규, 형사소송법, 법문사, 2012, 661면.

원 채용업무로서 수행한 면접업무는 이 사건 점수조작행위에 의하여 방해되었다고 보아야 한다'라고 하여 양해가 있었다면 방해가 되지 않았으므로 무죄가 선고될 수 있다는 입장이다.

그러나 만약 구성요건해당성이 배제된다면 무죄의 이유는 검사의 공소사실이 범죄를 구성하지 않기 때문이어야 한다. 그러나 재판부는 범죄의 증명이 없기 때문에 무죄를 선고한 원심(항소심)의 판단을 그대로 수용하고 있다. 결국 재판부는 실체법적 관점에서는 구성요건해당성이 조각되는 것으로 판단하였으나, 절차법적 관점에서는 증명이 없다는 하여 실체법적 판단과의 논리일관성을 결여하고 있다.

V. 결 론

이상에서 대상판결과 관련하여 법인이 위계의 상대방이 될 수 있는지, 판결문에서의 양해가 구성요건해당성을 배제하는 의사표시로서의 의미를 가지고 있는지, 만약 구성요건해당성을 배제하는 양해로 본다면 무죄판결의 이유는 무엇이어야 하는지에 관하여 살펴보았다. 결론에서는 지금까지의 연구결과를 요약하기로 한다.

1. 자연인이 아닌 법인이나 법인 아닌 단체는 범죄의 객체 또는 보호의 객체는 될 수 있지만 행위의 상대방이 되지는 않는다. 법인 또는 단체를 위계로부터 보호하기 위해서는 법인을 구성하고 있는 기관인 자연인에 대한 위계행위를 구성요건화 함으로서 충분하다고 본다. 법인을 위계나 기망의 상대방에 포함할 경우에는 지나친 가벌성의 확대로 인해서 형법의 법치국가적 한계를 일탈할 가능성도 있다.

2. 대상사건에서 채용업무담당자들의 양해는 실행행위의 상대방으로서의 의사표시이다. 채점업무, 결제업무, 면접업무를 모두 신규직원 채용에 관한 중요한 업무로 본다면 그 업무의 담당자들은 채용업무의 공정성이라는 중요한 법익의 주체가 된다. 따라서 이들의 양해는 법익 주체의 동의의 의사표시로서 위법

성을 조각하는 승낙의 의미 또는 위계행위의 구성요건해당성을 조각하는 양해의 의미를 가지게 된다. 위법성이 조각되건 또는 구성요건해당성이 조각되건 결국 범죄가 성립되지 않게 된다. 따라서 재판부는 무죄를 선고하여야 한다.

3. 양해를 구성요건해당성을 배제하는 의사표시로 본다면, 재판부는 범죄가 성립되지 않음을 이유로 무죄를 선고하여야 하는 것이 논리적이다. 그러나 재판부는 범죄의 증명이 없기 때문에 무죄를 선고하였다. 재판부는 실체법적 관점에서는 구성요건해당성이 조각되는 것으로 판단하였으나, 절차법적 관점에서는 증명이 없다고 판단하여 실체법적 판단과 절차법적 판단의 일관성이 결여되어 있다고 하지 않을 수 없다.

참고문헌

김일수, 한국형법 Ⅰ, 박영사, 1996.
김성돈,형법총론, 성균관대출판부, 2009.
성낙현, 형법총론, 동방문화사, 2010.
신동운,형법총론, 법문사, 2001.
이재상 . 형법총론, 박영사, 2012.
이정원, 형법총론, 법지사, 2004.
임웅, 형법총론, 법문사, 1999.
정성근 · 박광민, 형법총론.
진계호, 형법총론, 대왕사, 2000.
정영일, 형법총론, 박영사, 2010.
배종대 · 이상돈 · 정승환 · 이주원, 신형사소송법, 홍문사, 2012.
임동규, 형사소송법, 법문사, 2012.
손동권, “양해 · 승낙의 구분에 따른 법효과 차이의 문제”, 형사법연구 제23권 3호, 2011.

Günther Jakobs, Strafrecht AT, Walter de Gruyter, 1993.
Roxin, 「Strafrecht AT Ⅰ」, C. H. BECK, 2006.

23

위장취업의 업무방해죄 성립여부에 관한 고찰*

김 종 덕**

【대상판결】 대법원 1992. 6. 9. 선고 91도2221 판결[1)]

【사건개요】

피고인은 노동운동을 할 생각으로 노동현장에 취업하기 위하여 고려상사주식회사가 공원모집을 하자, 자신이 서울대 정치학과에 입학한 학력과 국가보안법위반죄의 처벌전력 때문에 쉽사리 입사할 수 없음을 알고, 공소 외 ○○○ 명의로 허위의 학력과 경력을 기재한 이력서를 작성하고, 위 ○○○의 고등학교 생활기록부 등을 작성 · 제출한 다음, 중학교 2 · 3학년 수준의 객관식 문제와 '노사분규를 어떻게 생각하는가'라는 주관식 문제를 출제한 시험에 합격하여 입사하였다. 대법원은 이에 대하여 원심판결과 같이 위계에 의한 업무방해죄를 인정하고 피고인의 상고를 기각하였다.[2)]

---

* 이 논문은 제108회 영남형사판례연구회(2010.2.22.)에서 발표되고, 법학연구 제47집(2012)에 게재되었음.

** 계명대학교 법학과 교수, 법학박사.

1) 원심판결은 부산지방법원 1991. 8. 2. 선고 90노257 판결.

2) 이 개요 부분은 박상기, "업무방해죄에서의 '업무방해'의 의미", 형사판례연구 (2), 형사판례연

【판결요지】

위계에 의한 업무방해죄에 있어서 위계라 함은 행위자의 행위목적을 달성하기 위하여 상대방에게 오인·착각 또는 부지를 일으키게 하여 이를 이용하는 것을 말하며, 상대방이 이에 따라 그릇된 행위나 처분을 하였다면 위계에 의한 업무방해죄가 성립된다.

회사가 공원모집을 함에 있어 학력·경력을 기재한 이력서와 주민등록등본, 생활기록부 및 각서 등 서류를 교부받고, 응모자를 상대로 문제를 출제하여 시험을 보게 한 것은 단순히 응모자의 노동력을 평가하기 위한 것만이 아니라 노사 간의 신뢰형성 및 기업질서유지를 위한 응모자의 지능과 경험, 교육정도, 정직성 및 직장에 대한 적응도 등을 감안하여 위 회사의 근로자로서 고용할 만한 적격자인지 여부를 결정하기 위한 자료를 얻기 위함인 것으로 인정되는데, 피고인이 노동운동을 하기 위하여 노동현장에 취업하고자 하나 자신이 대학교에 입학한 학력과 국가보안법위반죄의 처벌 전력 때문에 쉽사리 입사할 수 없음을 알고, 타인명의로 허위의 학력과 경력을 기재한 이력서를 작성하고, 동인의 고등학교 생활기록부 등 서류를 작성·제출하여 시험에 합격하였다면, 피고인은 위계에 의하여 위 회사의 근로자로서의 적격자를 채용하는 업무를 방해하였다. 업무방해죄는 업무를 방해할 우려있는 상태가 발생하면 족한 위험범일 뿐더러 위와 같이 위 회사의 근로자 채용을 위한 업무는 피고인의 행위로 방해된 것이다.

연 구

Ⅰ. 논 점

본 사안은 위계에 의한 업무방해죄에 있어서 위계의 의미와 이와 관련해 노동운동을 할 목적으로 자신의 신분을 숨긴 채 타인 명의로 허위의 학력·경력을 기재한 이력서와 생활기록부 등을 제출하여 채용시험에 합격한 것 자체에 있어서 위계에 의한 업무방해죄가 성립할 것인가 문제이다.

위 대상판례의 쟁점은 위장취업을 위해 타인의 명의로 허위의 학력과 경력

구회 편, 박영사, 1999, 211면을 인용한 것임.

을 기재한 이력서를 작성·제출하여 입사시험에 합격한 행위가 일반 업무방해죄를 구성하는가에 있다. 이에 대해 우리나라 대법원 판례는 위장취업행위 자체를 업무방해죄로 처벌함으로써 노동운동가의 사업체 침투를 초기단계에서 봉쇄하고 궁극적으로 산업현장의 노사분규를 막겠다는 취지로 보인다.[3)]

그런데 우선 문제되는 것은 노동운동의 목적으로 취업하였다고 하여 회사의 채용업무가 방해되었다고 할 수 있는가 여부인데, 대법원 판례는 '취업 후 노동운동 여부와는 상관없이' 학력·경력의 사칭행위를 통해 취업한 그 자체로서 바로 회사의 채용업무를 방해한 것으로 판시하고 있다. 즉 본 사안의 경우에는 채용업무에 대한 방해의 위험 발생 정도에 그친 것이 아니라 현실적으로 회사의 업무가 방해 내지 침해되었다고 보고 있는 듯하다.

그런데 이에 대한 판단은 후술하는 바와 같이 회사의 채용업무의 내용 및 성격 그리고 채용절차와 방법 등에 따라 각각 달리 판단해야 할 문제라고 생각된다. 이를 위 판례에 나타난 바대로 도출하여 보면 회사 측에서는 학력·경력을 기재한 이력서와 주민등록등본·생활기록부 및 각서 등 서류를 교부받아 응모자의 노동력을 평가할 뿐만 아니라, 노사 간의 신뢰형성 및 기업질서유지를 위한 응모자의 지능과 경험·교육정도·정직성 및 직장에 대한 적응도 등을 감안하여 근로자로서 고용할 만한 적격자인지 여부를 결정하기 위한 '자료'를 얻기 위한 것이라고 볼 수 있다. 그렇다면 본 판례의 사안과 관련하여서 볼 때, 첫째는 피고인이 취업 시 자신 또는 타인의 경력과 학력사칭을 위한 지원서류의 제출로 지원자가 노사 간의 신뢰형성 및 기업질서유지를 위한 적임자인가의 여부에 대한 회사 측의 채용업무에 대한 판단을 형사처벌을 할 정도로 방해하였는가 하는 점이고, 둘째는 회사의 채용업무의 성격에 비추어 볼 때 이 업무가 형법적 보호의 대상인가 하는 점이다.[4)] 즉 단지 산업체의 노사분규를 막기 위한 수단으로 형벌적 수단을 사용하는 것은 과잉처벌이 아닌가 하는 점이다.

3) 박상기, 위의 논문, 217면.
4) 박상기, 위의 논문, 217면.

Ⅱ. 업무방해죄의 성격과 해석론

노동쟁의행위와 관련된 업무방해죄의 해석에 있어서는, "쟁의행위의 위력에 의한 업무방해죄의 형사처벌은 쟁의행위의 목적을 관철시키기 위한 위력의 행사나 위협이 비난가능한 경우에 비로소 가능한 것으로 보아야 하고,[5] 단체행동권의 헌법적 한계를 일탈한 쟁의행위라고 하더라도 바로 업무방해죄의 비난가능성의 요건을 충족하였다고 볼 수 없다는 주장도 제기되고 있다.[6] 이는 업무방해죄의 구성요건의 추상성으로 인하여 법관의 해석에 있어서 처벌의 범위가 지나치게 확대될 소지가 있으므로 노동쟁의행위에 대한 업무방해죄의 적용은 신중을 기할 필요가 있음을 나타내고 있다. 때문에 구성요건해당성 단계의 검토에서부터 제한적으로 해석할 필요성이 있고,[7] 또한 외형상 업무방해죄의 구성요건을 갖춘 것으로 나타난 경우에도 행위당시의 모든 정황을 고려하여 업무방해죄로서 처벌해야 할 정도의 불법성(행위반가치와 결과반가치)을 인정할 수 있는가를 검토한 후 신중하게 판단하여야 한다.[8]

그리고 판례와 다수설처럼 업무방해죄를 추상적 위험범으로 파악하는 것은 본죄의 가벌성이 지나치게 확대되고, 헌법이 보장하는 근로자의 정당한 권리행사가 필요 이상으로 제한될 염려가 크므로 본죄를 구체적 위험범으로 보아야 한다는 견해[9]도 같은 취지라고 볼 수 있다. 노동법학자 중에는 쟁의행위의 수반행위가 '경미하지 않는 경우에만' 형법을 적용해야 한다는 주장[10]도 업무방해죄 적용의 신중성 내지 제한적 적용의 필요성을 강조하는 입장이다.

이상의 입장들은 모두 업무방해죄의 현행 규정은 죄형법정주의의 명확성 원

---

5) 박홍규, "대법원의 업무방해죄 해석에 대한 헌법재판소의 위헌성 판단", 노동법률, 제102호, 1999. 11, 63면도 노동쟁의행위에 비난가능성이 있는지를 검토하여 위력에 의한 업무방해죄를 인정하는 것이 단체행동권의 보장취지에 맞는다는 주장이다.

6) 김영문, "쟁의행위의 위력에 의한 업무방해죄 규정의 위헌성", 노동법학, 제8호, 1998, 474면.

7) 윤종행, "업무방해죄의 입법론적 검토", 형사법연구, 제22호, 한국형사법학회, 2004, 764-765면.

8) 이형국, "업무방해죄", 고시연구, 1995, 80면.; 이형국, 형법각론연구 1, 법문사, 1997, 336면.

9) 배종대, 형법각론(제5판), 홍문사, 2003, 288면. ; 私見도 업무방해의 결과가 발생할 가능성은 위험이라는 형태의 일종의 결과가 발생함을 요하는 구체적 위험범이라고 함이 타당하다고 생각된다.

10) 박홍규, 앞의 논문, 29면 이하.

칙이나 과잉금지의 원칙에 비추어 볼 때 바람직하지 않은 입법이므로 가능한 한 구성요건해당성이나 그 이후의 위법성과 책임단계에서도 제한적으로 인정할 필요가 있다는 것이다.[11] 이와 같은 취지에서 업무방해죄의 구성요건이 지나치게 모호하고 개괄적이어서 죄형법정주의에 비추어 문제가 있으므로 구성요건의 보장기능·범죄개별화기능을 살린다는 의미에서 특히 위계에 의한 업무방해죄가 성립하는 경우를 가능한 제한하는 방향으로 해석하는 것이 바람직하다.[12]

요컨대 이와 같은 업무방해죄의 구성요건 규정상의 특성과 그 성질상의 특징 등을 고려한다면 구성요건해당성 단계에서는 물론이고 위법성과 책임단계에서도 가능한 한 제한해석을 할 필요가 있다고 생각된다.[13] 이러한 관점에서 이하에서는 위장취업의 업무방해죄 성립여부에 대한 구체적인 판단요소와 기준들을 고찰해 보고자 한다.

Ⅲ. '노동운동목적 취업'의 업무방해 행위성 인정여부

노동운동을 목적으로 하면서도 이를 감추고 취업한다면 언제나 위계에 의한 업무방해인가?

만일 긍정한다면 고학력도 아니고 범죄전과도 없기 때문에 학력이나 경력을 감출 것이 없어서 이를 그대로 밝히고 취업하였으나 내심으로는 취업 후 노동운동을 할 目的이 있었던 경우에도 위계에 의한 업무방해를 인정하여야 할 것이다. 이에 대하여 본 판례에서는 "위계에 의한 업무방해죄에 있어서 위계라 함은 행위자의 행위목적을 달성하기 위하여 상대방에게 오인·착각 또는 부지를 일으키게 하여 이를 이용하는 것을 말하며, 상대방이 이에 따라 그릇된 행위나 처분을 하였다면 위계에 의한 업무방해죄가 성립된다"라고 하고 있다. 이러한 논지는 노동운동의 목적을 가진 사실을 곧 노동자로서의 적정한 업무수행의사

11) 이에 대한 보다 구체적인 고찰내용은 윤종행, 앞의 논문, 765면 참조.
12) 이근우, "업무방해죄", 인권과 정의, 제251호, 대한변호사협회, 1997.7, 121면.
13) 이러한 제한을 입법론적으로 해결하는 방법으로서 윤종행 교수는 허위사실의 유포, 기망행위, 폭행·협박, '기타 불법적 방법'등 행위태양의 제한과 목적범화를 통해서 입법적으로 해결하는 방안을 제시하고 있다(윤종행, 앞의 논문, 768면 이하).

를 갖고 있지 않았다는 결론으로 바로 연결시켜 판단하고 있는 것으로 보인다.[14)]

그러나 노동조건의 개선이나 기타 근로자의 정당한 이익의 주장을 목적으로 자주적 단체를 조직하고, 단체의 이름으로 사용자와 교섭을 하고, 소기의 목적을 달성하기 위해서 집단적으로 시위행동을 할 수 있는 소위 노동3권을 내용으로 하는 노동운동은 헌법(제33조 제1항)과 노동조합법·노동쟁의조정법 등 관계 법령에 의하여 인정되어 있는 바이다. 따라서 회사취업 시 헌법과 법률에 의해 인정되고 있는 노동운동의 목적을 회사 측에 알리지 않았다고 하여 처벌하는 것은 알릴 의무를 사실상 강요하는 것으로서 헌법상 보장된 양심의 자유(제19조)까지도 침해한다. 왜냐하면 양심의 자유는 인간의 내면세계에서 형성·결정된 양심의 표명을 직접·간접으로 강요당하지 않는 양심을 지키는 자유를 포함하기 때문이다.[15)]

이와 같이 노동 3권은 헌법(제33조 1항)과 노동관계법령이 보장하고 있는 법적 권리이다. 따라서 노동운동의 목적은 불법하지도 않거니와 이를 감추고 취업했다고 해서 형사처벌의 대상이 되는 업무방해죄에서의 위계가 될 수도 없다고 해야 한다. 왜냐하면 위장취업 시 노동운동 목적을 감춘 것은 일반적인 관념에서의 위계에는 해당한다고 하더라도 이때의 위계는 형법적 처벌의 대상이 될 정도의 불법성을 지닌 위계로 인정하기 어려우며, 또 이때의 위계는 직접적으로는 단지 취업수단으로만 사용된 것이고 업무방해 부분에 대해서는 간접적인 관계에 있을 뿐이기 때문이다.

그리고 노동운동의 목적을 회사에 알릴 의무가 있다고도 할 수 없다. 따라서 피고인(지원자)의 경력·학력의 사칭과 취업의 동기(내심의 의사)를 회사 측에 밝히지 아니한 것으로는 업무방해행위가 될 수 없다고 해야 한다. 왜냐하면 만일 취업을 원하는 사람에게 전과사실을 포함하여 자기의 과거 행적을 회사 측에 낱낱이 알리지 않은 점이 문제가 된다면 특히 전과자의 취업은 사실상 원천

---

14) 박상기, "업무방해죄에서의 '업무방해'의 의미", 형사판례연구 (2), 형사판례연구회 편, 박영사, 1999, 218면.

15) 허영, 한국헌법론, 박영사, 1998, 378면 이하 참조; 박상기, 형법각론, 박영사, 2008, 210－211면; 박상기, 앞의 논문, 218면.

봉쇄될 것이기 때문이다.

나아가서 일정 수준 이상의 학력을 요구하는 회사의 지원조건에 저학력인 자가 고학력인 것처럼 사칭한 것도 아니고, 하물며 대졸학력이 필요없는 업무에 고학력인 사실을 숨긴 것만으로는 회사의 업무가 실질적으로 방해되거나 업무가 방해될 위험성조차도 거의 없다고 해야 한다. 왜냐하면 일반적으로 볼 때 고학력자는 저학력자가 할 수 있는 업무를 충분히 수행할 수 있는 능력이 있다고 할 수 있기 때문이다. 만약 이러한 경우까지 업무방해행위로 본다면 오늘날과 같이 대졸자의 취업이 극히 어려운 현실에서 대졸자가 취업을 위해 고졸자로 속이고 취업한 경우 업무방해죄로 처벌되어야 하는데, 이는 매우 불합리한 과잉처벌이라고 할 수 있기 때문이다. 따라서 이러한 경우에는 단지 고용계약 위반의 문제로 해결함이 타당하다 할 것이다.[16)]

결론적으로 이 판례는 형법을 산업평화달성의 수단으로 인정한 매우 정치적인 판결로서 위장취업은 (계약위반, 입사 후의 노동운동의 적법성 등) 형법이 개입할 경우 형법의 보충성 원칙에 어긋나기 때문에 노동법적으로 해석·처리되어야 한다는 입장[17)]이 타당하다고 생각된다.

Ⅳ. '학력·경력사칭'의 업무방해 행위성 인정여부

공원으로서의 업무를 수행하는 데에 대졸학력이 불필요한 것은 사실이다. 그러나 업무수행에 고학력이 필요한 것이 아닌 것이지 저학력자가 담당할 업무의 수행에 고학력자가 부적격한 것은 아니므로 학력사칭행위가 업무방해행위가 될 수 없다는 지적[18)]은 전적으로 타당하다. 왜냐하면 학력·경력을 사칭하여 취업

16) 최근 이에 대한 대법원 민사판례는 저자의 입장과 유사한 것으로 생각된다. 즉 대학졸업 학력을 숨기고 고졸 생산직 공채에 응시해 취업했다는 이유로 근로자를 해고한 것은 부당하며, 학력 위조뿐 아니라 고용사정이나 업무지장 초래 등을 종합적으로 판단해 정당성이 인정되지 않으면 부당해고라는 것이 대법원 판결의 최신 입장(2009두16763)이다. 이는 과거 노동운동을 위한 위장취업이 한창일 때에는 학력위조가 중대한 해고사유에 해당한다고 한 판결(2003두5198)과 달리 대법원이 학력위조 취업자에 대한 해고사유를 완화하는 방향으로 사실상 판례를 변경한 것으로 보인다(법률신문 2012. 7. 19. 5면 참조).

17) 배종대, 앞의 책, 285면.

18) 박상기, 앞의 논문, 219면.

을 한 후 사내에서 불법적인 노동운동을 하지 않았다면 어떠한 업무방해행위도 인정할 수 없을 것이기 때문이다. 이는 업무방해죄를 다수설 및 판례와 같이 추상적 위험범으로 볼 경우에도 고학력자가 저학력・무경력으로의 사칭을 통해 취업한 경우에는 업무방해(업무의 집행 자체 또는 경영의 저해)의 위험이 발생할 가능성(추상적 위험)조차도 인정하기 곤란하지만 비록 인정한다 하더라도 이때의 위계행위는 형법상 처벌이 필요한 정도의 불법성에 이르지 아니하는 것으로 봄이 타당하다. 더구나 앞에서 지적한 바와 같이 업무방해죄의 구성요건상의 애매모호함과 추상성 등으로 인해 죄형법정주의에 위반한다는 지적이 있다는 점과 업무방해죄의 해석・적용에 있어서 엄격한 제한이 필요하다는 점을 고려한다면 단순한 학력・경력을 사칭하는 정도의 위계로는 업무방해죄로 처벌하여서는 안 될 것이다.

그러나 이와 반대로 만일 행위자가 일정수준 이상의 학력을 요구하는 회사에 취업하기 위하여 저학력자임에도 불구하고 회사에서 요구하는 고학력자임을 사칭하였다면 직접적으로 회사의 업무처리 능력미달이라는 문제가 발생할 수 있고, 이 때 위계의 불법성은 전자의 경우보다 중하다고 보아 (즉 정상적인 업무수행곤란의 위험성 존재) 원칙적으로 업무방해죄의 성립을 인정할 수 있을 것이다. 따라서 이러한 경우를 고용계약체결 시 계약위반의 문제로만 파악하여 업무방해죄의 성립을 부정하는 견해[19]는 타당하지 않다고 생각된다.(이에 대해서는 후술하는 위장취업 시 업무방해죄의 성립의 판단요소 부분 참조 요)

이와 유사한 사례에서 대법원은 "출원에 의한 행정관청의 일반적인 인・허가처분과 마찬가지로… 허위의 사실로서 출원하여 이를 오신한 행정관청으로부터 인・허가를 받더라도 그 인・허가는 행정관청의 불충분한 심사에 기인한 것이고 출원자의 위계로 인하여 공무집행이 방해되었다고 할 수는 없다"[20]고 판시하고 있다. 예컨대 수사과정이나 관청의 인・허가처분과 관련하여서는 허위진술・허위기재・허위신고 또는 허위 자료제출 등의 행위가 있더라도 그 자체로서는 공무집행방해죄에 해당하지 않는다는 것이다.[21] 이의 연장선상에서 회사

19) 박상기, 앞의 논문, 219면.
20) 대법원 1988. 9. 27. 선고 87도2174 판결; 배종대, 앞의 책, 285면.

의 채용업무에 있어서 학력이나 경력의 사칭은 원칙적으로 고용계약 체결 시 계약위반의 문제는 제기될 수 있으나 이러한 행위만을 이유로 업무방해죄가 성립한다고 볼 수는 없다고 해야 할 것이다. 왜냐하면 취업희망자는 지원서류의 접수만으로 당연히 취업이 결정되는 것이 아니라 회사 측이 갖고 있는 전형권에 의해 실질적으로 심사되기 때문이다. 여기서 회사의 불충분한 심사와 취업지원자의 경력·학력의 사칭행위를 비교할 때 근로자 측에도 귀책사유가 있지만 회사 측의 불충분한 심사라는 귀책사유도 함께 존재하고 있는 것이다. 다만 행정관청과는 달리 회사에서는 지원자에 대한 정보를 파악할 수 있는 법적 권한이나 다양한 수단과 방법이 없거나 매우 제한적이라는 점에서는 행정관청과 다르므로 이 부분에서 달리 취급하여 처벌의 필요성이 주장될 수도 있을 것이다. 그러나 사기업에서의 이러한 위계는 노동법이나 민사상 고용계약 위반의 불법성이나 책임성이 인정되는 정도에 그친다고 함이 타당하다. 다만 그러한 위계의 수단으로 사용된 방법이 직접적으로는 다른 죄, 즉 사문서위조죄 및 동 행사죄 등의 죄책을 져야 할 불법성일 수는 있지만 업무방해죄의 성립에 필요한 불법성은 아니라고 해야 한다. 요컨대 위장취업에 관한 본 사안에서의 피고인의 위계는 업무방해죄의 성립을 인정할만한 정도의 불법성을 인정하기 어려우므로 학력사칭에 의한 위장취업 형태의 위계인 경우 업무방해죄가 성립하지 않는다고 봄이 타당하다고 하겠다.

따라서 일반 사기업에의 입사를 위해 고학력자가 저학력으로 사칭한 자체가 취업 후의 구체적인 업무수행에 있어서 회사의 업무에 지장을 초래하거나 초래할 위험성이 있는 것은 아니므로 업무방해죄로 인정함은 타당하지 않다. 그러나 이와 반대의 경우, 즉 저학력자가 고학력자로 속이고 위장취업을 한 경우에는 고학력 자체가 채용의 중요요건으로서 위장취업 그 자체로서 채용 당시 일반적으로 기대하고 있는 업무를 제대로 수행하지 못할 위험성이 존재한다고 할 수 있고, 또 불법의 정도 면에서도 고학력자가 저학력자로 사칭한 경우보다는 크다고 볼 수 있으므로 (업무방해죄가 추상적 위험범임을 고려한다면) 위장취업 그 자체로서 위계에 의한 업무방해죄의 성립을 인정할 여지는 있다고 하겠다.

---

21) 이근우, 앞의 논문, 121면 참조.

위와 같이 판례는 행정관청의 경우에는 위계에 의한 공무집행방해죄의 성립을 부정하고 있으나, 평석대상인 이 판례와 같이 기업체에 대한 학력사칭 등의 경우에는 업무방해죄의 성립을 인정하고 있는데, 이는 공무집행방해죄와 업무방해죄의 구성요건 및 그 성격상 후자의 성립을 보다 완화하여 적용하려는 면과 아울러, 주로 공권력 행사의 주체로서의 지위를 가진 관청과 일반 사기업체를 구분하여 파악하려는 태도가 아닌가 생각된다. 즉 행정관청이나 사법기관은 국민들이 제출한 서류 등에 대해 실질적으로 심사할 수 있는 직·간접적인 각종 권한이나 조직 그리고 각종 수단과 방법이 갖추어져 있거나 그러한 제반 인적·물적 여건이 마련되어 있다. 따라서 우월적 지위에 있는 관청의 공무집행에 있어서는 관청의 불충분한 심사로 인한 책임을 관청에게 돌리고, 사기업체의 경우에는 이러한 권한이나 여건의 불비를 이유로 하여 위계로 인한 업무방해의 처벌조건들을 완화하려는 것이 어닌가 하는 생각이 든다. 요컨대 행정관청과는 달리 기업체의 경우에는 회사 측의 불충분한 채용심사에 대한 책임을 기업체에 귀속시키지 아니하고 위계행위를 한 위장취업자에게 그 책임을 확대 귀속시켜 위계에 의한 업무방해죄로 처벌하고자 하는 것으로 보인다.

생각건대 취업지원자의 학력·경력의 사칭이 있더라도 이러한 사칭에 대한 전형권 내지 심사권을 갖고 있는 회사가 실질적으로 심사하여 해결하거나 노동법상의 해고 등의 문제로 해결함이 타당하며, 위장취업에 대해 당사자를 획일적으로 업무방해죄로 형사처벌할 문제는 아니라고 해석하는 것이 허위서류 제출에 대한 위계에 의한 공무집행방해죄의 성립을 부정하는 해석론과의 논리일관성 측면에서도 타당하다고 할 수 있다. 요컨대 동일인이 공무원채용시험이나 입사시험에서 자신의 학력·경력 일부를 높인 것이 아니라 낮춰서 속이고 입사한 것만 가지고 곧바로 공무집행방해 또는 업무방해가 되는 것은 아니라고 보는 것이 형법의 보충성에 비추어 타당하다. 이러한 경우의 위장취업자는 계약위반에 대한 책임, 즉 사법상의 책임(계약위반에 따른 해고나 손해배상 등)만 부담하면 되는 것이지, 판례와 같이 사적 업무를 공무보다 너무 엄격하게 해석하여 과도하게 보호하는 것은 타당하지 않다고 생각된다. 그리고 위 회사가 이른바 위장취업자를 가려내기 위해서 행한 선발행위는 형법이 보호할 가치가 있는 정당한 업무로 보기도 힘들다. 헌법상의 기본권을 정면으로 제한하기 때문이다.

이러한 논리에 대하여는 국가 또는 공공단체(공무집행방해죄)는 개인행위자에 비하여 월등히 우월한 지위에 있으나, 사기업(일반 업무방해죄)의 경우에는 개인행위자(위장취업자)와 동등한 지위에 있으므로 양자를 구별하여 처우하여야 한다고 주장할 수 있을 것이다. 그러나 오늘날 기업조직체와 한 개인의 지위는 형식적으로는 동등하다고 할 수 있을지 몰라도 실질적으로는 엄청난 인적·물적인 조직 등에서 차이가 있으므로 국가와 개인의 관계와 유사하게 취급할 필요가 있을 것이다. 그러므로 설령 고학력자이면서도 저학력자인 체 위장하여 취업을 하였더라도 업무방해죄에 해당된다고 볼 수 없으며, 위장취업의 문제는 취업 당시의 목적의 불순성을 추적할 것이 아니라 취업 후 근로자로서의 정당한 노동3권의 행사인가의 여부를 중심으로 판단하는 것[22]이 타당하다. 또한 채용분야의 업무가 직원의 학력이나 경력과 직접적 관련이 있는 경우와 같이 학력이나 경력을 속인 것 자체가 회사의 전문적 업무를 방해한 것으로 볼 수 있는 특수한 경우가 아닌 한 그 자체만으로 업무방해죄의 위계에 해당되지 않는다[23]고 함이 타당하다.

이상에서 검토한 바와 같이 '취업을 위하여 경력을 사칭한 사실이나 노동운동의 목적 자체는 위계에 의한 업무방해행위로 볼 수 없으며, 일단 채용한 이상 채용 당시의 근로자의 내심의 목적이나 학력·경력사칭이 아니라 취업 후 근로자의 노동운동이 적법성이나 정당성을 유지하였는가에 따라 판단되어야 할 것이다.'[24] 요컨대 위장취업에 있어서 위계에 의한 업무방해죄의 성립여부를 판단하는 시점과 기준은 회사 취업 후 구체적인 업무수행 시에 업무를 올바로 수행하지 못할 일반적 위험성이 큰 경우로서, 실질적 전형권을 침해하거나 침해할 위험성이 존재하느냐에 따라 결정되어야 하고, 이에 대한 구체적인 판단은 후술하는 바와 같이 전형방법과 절차 및 내용 등에 따라 구별하여 논할 필요가 있다고 생각된다.

---

22) 박상기, 형법각론, 박영사, 2008, 211면.
23) 정영일, 형법각론, 박영사, 2008, 205면.
24) 박상기, 앞의 논문, 219-220면.

Ⅴ. 사원채용업무의 형법상 보호대상 여부

형법상 업무를 보호대상으로 하는 경우에 보호되는 업무는 형법상 보호할 가치가 있는 업무이어야 한다는데 견해가 일치하고 있다. 이러한 제한은 특히 업무가 갖는 광의성 때문에도 필요하다. 그러면 회사의 사원채용업무는 이에 해당하는 업무인가 하는 점이다.

만일 회사의 채용업무 자체가 출입구 봉쇄나 위력 등에 의한 방해행위로[25] 인하여 불가능한 경우가 아니고 단지 회사가 필요로 하는 적격자인가의 여부를 판단하는 內部的 審査行爲 自體를 방해받았다면 이는 형법상의 보호를 필요로 하는 업무라고 할 수 있을 것이다.

그러나 본 대상 판례의 경우는 내부적 심사행위(서류심사, 면접시험, 필기시험 등) 자체가 직접적으로 방해받은 것이 아니라, 채용심사는 하였지만 회사 측의 부실한 심사로 인하여 허위여부를 밝혀내지 못한 경우이다. 이러한 경우 위장취업자의 책임도 부정할 수는 없겠지만 이 경우는 적격근로자 채용심사 상 진실발견의 주도적 권한을 가진 회사 측의 과실 또한 부정할 수 없다. 이때 위장취업자의 책임은 형사처벌을 할 정도로 회사나 타인의 법익을 침해한 형법적 불법성을 지닌 것으로 볼 수는 없으므로 위장취업자에게 형사처벌을 하는 것은 보충성의 원칙에 반할 뿐만 아니라 과잉처벌에 해당된다고 할 수 있다. 업무방해죄의 보호법익이 회사 측과 근로자 간의 신뢰성 보호에 있는 것도 아니므로 이 경우는 해고나 징계 등으로 해결하는 것이 타당하다고 생각된다.

Ⅵ. 학력·경력 사칭의 업무방해죄 고의성 인정여부

업무방해죄가 성립하기 위해서는 행위자에게 허위사실을 유포하거나 위계 또

25) 위계에 의한 업무방해의 예를 들면 노동조합 인천지부 대의원회가 회사와 협의없이 일방적으로 휴무를 결정한 후 유인물을 배포하여 유급휴일로 오인한 근로자들이 출근하지 아니하여 공장의 가동을 불가능하게 한 경우(대법원 1992. 3. 31. 선고 92도58 판결)가 있다(박상기, 앞의 논문, 220면.).

는 위력으로서 사람의 업무집행을 방해한다는 고의가 있어야 한다. 그리고 이러한 고의가 사전적이 아니라 행위 당시에 있어야 함은 주지의 사실이다. 문제는 학력이나 경력을 사칭하고 '취업할 당시에' 행위자가 갖는 의사를 업무방해죄의 고의로 인정할 수 있는가이다.

생각건대 학력사칭 그 자체만으로는 취업할 당시 업무방해죄의 고의를 인정하기 어려우나, 단지 저학력자가 고학력을 사칭한 경우에는 취업 후 업무수행시 해당 업무를 제대로 수행하지 못할 가능성(위험성)에 대한 인식은 존재한다고 할 수 있고, 그로 인해 업무방해에 대한 소극적 인용은 인정할 수 있을 것이므로 미필적 고의를 인정할 여지가 있다고 할 것이다.

또한 취업을 원하는 사람에게 자신에게 불이익한 사실을 자술하게 하는 것은 기대가능성도 없을 뿐만 아니라 이를 감추는 태도를 범죄적 고의의 표출이라고 하는 것은 타당하지 않다는 견해[26]가 옳다고 생각된다.

Ⅶ. 맺는말

위장취업의 업무방해죄 성립을 인정하고 있는 위 대법원 판례의 입장은 다른 업무방해 관련판결에서의 논거 제시와 일관성은 유지하고 있는 것으로 보인다. 그러한 판례를 보면 다음과 같다. "상대방으로부터 신청을 받아 상대방이 일정한 자격요건 등을 갖춘 경우에 한하여 그에 대한 수용 여부를 결정하는 업무에 있어서는, 신청서에 기재된 사유가 사실과 부합하지 않을 수 있음을 전제로 그 자격요건 등을 심사·판단하는 것이므로, 그 업무담당자가 사실을 충분히 확인하지 아니한 채 신청인이 제출한 허위의 신청사유나 허위의 소명자료를 가볍게 믿고 이를 수용하였다면 이는 업무담당자의 불충분한 심사에 기인한 것으로서 신청인의 위계가 업무방해의 위험성을 발생시켰다고 할 수 없어 위계에 의한 업무방해죄를 구성하지 않지만, 신청인이 업무담당자에게 (적극적으로) 허위의 주장을 하면서 이에 부합하는 허위의 소명자료를 첨부하여 제출한

26) 박상기, 앞의 논문, 221면.

경우 그 수리여부를 결정하는 업무담당자가 관계 규정이 정한 바에 따라 그 요건의 존부에 관하여 (나름대로) 충분히 심사를 하였음에도 신청사유 및 소명자료가 허위임을 발견하지 못하여 그 신청을 수리하게 될 정도에 이르렀다면, 이는 업무담당자의 불충분한 심사가 아니라 신청인의 위계행위에 의하여 업무방해의 위험성이 발생한 것이어서 위계에 의한 업무방해죄가 성립한다"[27]라고 하고 있다.

이러한 대법원의 태도는 업무방해죄의 성립요건으로는 원칙적으로 위장취업자의 단순한 허위주장 정도로는 부족할 뿐만 아니라 더 나아가 허위의 소명자료 제출이라는 ① 적극적 위계행위가 있더라도 ② 업무담당자의 채용심사상의 중과실이 있는 경우에는 업무방해죄의 성립이 부정되고, 다만 예외적으로 위장취업자의 적극적 위계행위가 있고, 업무담당자의 충분한 심사가 이루어진 경우 또는 경과실로 허위임을 알지 못한 경우에만 제한적으로 업무방해죄가 성립하는 것으로 보고 있는 듯하다.

위에서 언급한 바와 같이 학력·경력의 사칭행위 자체를 업무방해행위라고 하지 않는다면, 그리고 학력·경력의 사칭행위에 업무방해의 고의를 부정한다면, 이와 같은 요건을 갖춘 경우라도 현행법상으로 업무방해죄는 성립할 수 없게 된다. 그러나 설령 학력·경력의 사칭행위에 업무방해의 고의를 인정하더라도 또 다시 아래와 같은 검토가 필요하다.

동일인이 입사시험에서 자신의 학력·경력 일부를 속이고 입사한 것만 가지고 곧바로 업무방해가 되지 않으나, 타인 명의의 허위학력과 경력을 기재한 이력서를 작성·제출한 후 회사에 입사(이른바 위장취업) 함으로써 회사의 사원채용업무를 방해한 경우에 판례는 위계에 의한 업무방해죄를 인정하고 있다.[28] 이 견해에서는 이 경우 회사 측의 내부적 심사행위에 타격을 입힌 것이라고 가정하더라도 채용시험을 통해 사용자가 의도했던 전 과정이 실패로 돌아간다는 점에서 업무방해가 된다고 한다. 또한 형법은 '기타 위계'라고 하고 있어 이는 넓은 의미의 위계개념에 속하며, 채용업무에서 중요한 것은 지원서에 표시된 사람

27) 대법원 2007. 12. 27. 선고 2007도5030 판결.
28) 대법원 1992. 6. 9. 선고 91도2221 판결.

이 고용할 만한 사람인지를 판정·선별하는 일이므로 자신의 이름으로 학력과 경력을 속이는 것과 달리 他人의 이름으로 하는 위장취업은 가벌적 행위수단으로 위계에 해당한다는 것이다.[29]

생각건대 위에서 검토한 바와 같이 학력·경력 사칭 자체(특히 고학력자가 저학력자를 사칭한 경우)는 업무방해행위가 될 수 없다고 보는 견해[30]가 타당하다고 생각된다. 다만 위장취업과 관련하여 업무방해죄의 성립여부를 판단함에 있어서는 타인명의로 취업함을 전제로 다음과 같은 요소들이 검토되어야 한다. 즉 ① 일정한 학력·경력이 중요한 채용요건인지의 여부, ② 구체적인 전형절차·방법 및 형태가 어떠한가 여부, 즉 채용심사업무를 실질적으로 봉쇄하는 채용시험 형태이냐 여부, ③ 위장의 형태(위장으로 인한 업무방해의 위험성 존재여부), 즉 저학력이나 무경력을 고학력이나 유경력 등으로 높인 경우인가 그 반대의 경우인가 여부, ④ 시험응시자가 누구인가 여부, 즉 취업자의 능력을 파악할 수 있는 시험에 위장취업자 本人이 응하였느냐 아니면 타인이 응하였느냐 여부, ⑤ 회사 등에게 허위여부를 조사·심사할 수 있는 실질적 권한이 존재하느냐 여부, ⑥ 판례에서 간접적으로 나타나고 있는 바와 같이 허위에 대한 적극적 위계행위(허위주장, 허위의 소명자료 제출 등)의 존재여부와 심사업무담당자의 과실 유무 및 그 정도(예컨대 충분하고도 신중한 심사여부 등)를 종합적으로 고려하여 결정해야 할 것이다.

이러한 판단요소를 기준으로 고찰해 본다면, 예컨대 모든 경우에 있어서 일정한 수준 이상의 학력·경력 등이 채용의 핵심요건인데 저학력자 등이 허위학력 등의 서류를 제출한 경우에는 그 자체로서 업무방해의 일반적·구체적 위험성이 존재한다고 할 수 있을 것이다. 왜냐하면 일반적으로는 물론 구체적으로도 저학력자나 무경력자가 고학력자나 유경력자여야 수행할 수 있는 업무에 대해 같은 수준의 업무처리를 하리라 기대하기 어렵기 때문이다.

위에서 언급한 '출원에 의한 행정관청의 인·허가처분 시에 허위사실을 제출

29) 김일수·서보학, 형법각론(제6판), 박영사, 2004, 212면.
30) 박상기, "소위 위장취업과 업무방해죄", 법률신문, 1993. 11. 29, 15면; 박상기, 형법각론, 박영사, 2008. 2, 210-211면; 배종대, 형법각론(제5판), 285면; 백형구, 형법각론, 청림출판, 1999, 367면; 진계호, 형법각론(제4판), 대왕사, 2000, 241면.

하여 인·허가를 받더라도 위계에 의한 공무집행방해죄가 아니다'라는 판례의 연장선에서 본다면, 채용에 있어서 회사 측의 전형권에 의해 실질적으로 심사되는 경우에는 원칙적으로 업무방해죄가 성립하지 않는다고 해야 하고, 단지 민사법이나 노동법상의 징계나 해고 등의 조치만이 가능할 것이다. 왜냐하면 위 사안의 경우는 타인명의로 허위학력과 경력 등을 기재한 서류를 제출한 후, 회사에서 필요로 하는 업무수행능력을 갖춘 적격근로자인지를 판단하는 필기시험이나 면접시험 등은 위장취업자 본인이 응한 것이므로, 그리고 근로자의 허위서류 제출이 원인이 되었지만 허위서류인지에 대한 심사기회가 회사 측의 전형권 행사를 통해 행사되었기 때문이다. 또한 전적으로 허위서류 제출에 의해 형사처벌할 정도의 업무방해가 이루어진 것이 아니라 회사의 부실한 채용심사도 매우 큰 원인을 제공한 것이므로 이 경우는 회사 측의 실질적인 전형권(채용심사권)을 침해한 것으로 보기는 어렵다. 여기서 허위서류 제출행위로 업무방해성(적격근로자 채용 침해)을 인정할 수 없다고 보아 처벌하지 않더라도 위장취업자는 문서위조 및 동 행사죄 등 다른 죄로 처벌될 가능성은 있다. 따라서 위장취업의 경우 업무방해죄의 성립여부는 채용심사업무의 실질적인 방해책임 또는 과실이 누구에게 있느냐가 중요하며, 이는 다시 아래와 같이 구체적인 전형절차와 방법(형태)이 어떠하냐가 중요한 판단요소로 작용할 수 있다고 생각된다.

첫째, 전형방법에 따라 고찰해 보면, 우선 전형절차가 서류심사만으로 채용되는 형태에서는 원칙적으로 제출한 서류(허위학력/경력)의 진실성 여부에 대해 형식적인 채용심사권만 행사할 수 있을 뿐인 사기업으로서는 통상 신중하고도 충분한 심사를 하더라도 서류의 허위 여부를 밝혀내기가 어려우므로 사실상 혹은 실질적으로 적격근로자 채용심사권이 봉쇄된 것과 마찬가지로서 적격근로자 채용업무를 방해한 것으로 볼 수 있을 것이다. 다음으로 서류심사 뿐만 아니라 필기 및 면접시험을 통해 채용되는 형태에서 위장취업자 본인이 시험에 응시하였다면 회사 측의 전형권은 실질적으로 보장되므로 원칙적으로 업무방해죄로 의율하기는 어렵다고 생각된다. 왜냐하면 위장취업자 본인이 이러한 시험에 응하였다면 회사 측의 채용심사권이 행사될 수 있는 기회가 부여되었을 뿐만 아니라 회사는 위장취업자가 자기 회사에 적절한 능력을 가지고 있는지 여부를 충분히 심사한 후에 채용할 기회를 갖고 있으며, 이 경우에 적격근로자인지에 대한 채용심사의 부실로 무능력자를 채용한 것은 회사 측의 과실로 인한 것이라고 해야 하기 때문이다. 이러한 관점에서 본다면 위장취업자의 업무방해죄 성립여부, 즉 적격근로자 채용업무의 방해여부의 판단에는 전형의 절차와 방법 및 내용이 고려되어야 한다.

둘째, 실질적 조사·심사권한의 존재여부를 판단요소로 고려할 때에도 행정관청 또는 사법기관과 일반기업체의 경우는 구별하여 판단할 필요가 있다고 생각된다. 따라서 행정관청 등 공권력을 가진 국가기관의 경우는 실질적으로 조사·심사할 수 있는 법적 권한이나 인적·물적 조직 또는 각종 수단이나 방법이 존재한다. 또한 사실상 일반국민들보다 우월적 지위에 있고, 조사·심사에 관한 전문가나 경험자들을 보유하고 있는 점 등의 제반 여건을 고려하여 위에서 언급했던 우리 판례입장이 행정관청에는 허위서류를 제출하여 인·허가를 받았더라도 위계에 의한 공무집행방해죄의 성립을 부정하고 있는 것이 아닌가 생각된다.

그러나 일반회사의 경우는 행정관청이나 사법기관과는 달리 근로자 채용심사에 있어서 제출서류의 허위여부를 실질적으로 조사할 수 있는 법적 권한이나 각종 수단·방법이 제한되어 있고, 또 사실상으로도 조사(진실 규명)하기가 어렵다는 등 행정관청이나 사법기관과는 다소 다른 여건 하에 있다고 보여지는 바, 이 양자를 동일하게 취급할 것인가가 문제이다.

이에 대해 위장취업과 관련된 우리 대법원 판례는 이러한 권한이나 여건상의 차이점을 고려하여 행정관청에 대해서는 위계에 의한 공무집행방해죄를 부정하고, 본 판례에서와 같이 일반회사의 위장취업자에 대해서는 위계에 의한 업무방해죄를 인정하고 있는 것으로 생각된다.

그러나 일반적으로 오늘날의 대기업은 개인에 비해서 훨씬 우월한 인적·물적인 조직을 지니고 있기에(그러나 중소기업은 그렇지 못한 경우가 많음) 행정관청에 준하여 취급할 필요가 있으며, 강제적인 심사·조사권은 없다고 하더라도 형식적·실질적으로 조사할 수 있는 각종 방법과 수단이 없는 것은 아니라고 생각된다. 또한 앞에서 고찰한 헌법상 보장된 양심의 자유 보호, 과잉처벌의 금지 등을 고려할 때 회사에의 위장취업 문제도 원칙적으로는 노동법 또는 민사법적으로 해결하고 극히 예외적으로 형사처벌하는 것이 타당하다고 생각된다.

이상에서 고찰한 내용을 유형별로 나누어 판단요소 내지 판단기준을 요약해 보면 다음과 같다.

첫째 유형은 고학력·유경력자가 저학력·무경력자로 허위서류를 제출한 경우이다. 이 유형의 경우에도 ① 타인의 성명을 사용하되 서류심사만으로 채용하는 경우에는 회사 측의 진실발견을 위한 기회자체 내지 실질적 채용심사권 자체가 사실상 봉쇄되고, 또 회사 측은 일반적으로 볼 때 위장취업자의 그러한 허위서류를 실질적으로 심사·조사할 수 있는 법적 권한은 물론 그러한 여건도 마련되어 있지 아니한 관계로 이 경우는 적격근로자 채용업무를 방해한 경우로서 업무방해죄가 성립할 수 있을 것이다. ② 타인의 성명을 사용했더라도 서류심사 외에 필기시험이나 면접시험 등을 응시자(위장취업자)가 직접 치렀다면 업무방해죄가 성립할 수 없다고 해야 할 것이다. 왜냐하면 위장취업자의 업무수행능력을 직접 테스트할 수 있는 기회가 주어졌고, 그러한 기회를 회사 측이 부실하게 심사하여 채용한 결과인데도 위장취업자에게 형사처벌을 부과하는 것은 타당하지 않기 때문이다.[31] ③ 자기성명을 사용하되 허위학력·경력 등을 기재하고 자신이 시험에 응시한 경우이다. 이 경우도 마찬가지로 필기시험이나 면접시험 등을 위장취업자가 직접 응시한 경우에는 당연히 형사처벌할 수 없다고 함이 타당하다. 왜냐하면 전형은 회사에서 필요로 하는 능력의 소유자인지를 심사하는 절차인데, 이러한 절차를 통해 근로자의 능력을 파악할 수 있는 실질적인 기회가 박탈되지 않기 때문이다. ④ 타인의 성명을 사용하든 자기의 성명을 사용하든 허위서류를 제출한 후, 실제 필기 및 면접시험을 타인이 응시하여 합격한 후, 본인이 취업한 경우에는 그 타인 및 위장취업자 본인 모두 업무방해죄가 성립한다 할 것이다.

---

31) 타인의 신분·학력과 경력을 차용한 위장취업은 업무방해가 된다(김일수·서보학, 형법각론, 212면.)고 한다. 형법은 '기타 위계'라고 하고 있어 이는 넓은 의미의 위계개념에 속하며, 채용업무에서 중요한 것은 지원서에 표시된 사람이 고용할 만한 사람인지를 판정·선별하는 일이므로 자신의 이름으로 학력과 경력을 속이는 것과 달리 타인의 이름으로 하는 위장취업은 가벌적 행위수단으로 위계에 해당한다는 것이다(김일수·서보학, 형법각론(제6판), 212면.).

둘째 유형은 위 판례의 사안과는 달리 일정한 학력이나 경력을 요구하고 있는데 저학력 또는 무경력의 소유자가 고학력 또는 유경력자로 허위기재한 서류로 필기시험이나 면접시험을 직접 치룬 경우이다. 생각건대 이 경우에는 일정한 학력 또는 경력은 그 회사의 업무수행에 있어서 필요한 기본조건으로 제시하는 것이므로 비록 필기시험이나 면접시험을 거쳐서 채용되었더라도 업무방해죄로 처벌할 수 있다고 함이 타당할 것이다. 왜냐하면 필기나 면접시험은 근로자의 능력을 평가하는 중요한 하나의 방법일 뿐이고 일정 수준 이상의 학력·경력 등의 자격요건 또한 이러한 시험과 동등 이상의 중요한 채용요소로 볼 수 있기 때문이다.

참고문헌

김영문, "쟁의행위의 위력에 의한 업무방해죄 규정의 위헌성", 노동법학, 제8호, 1998.
김일수 · 서보학, 형법각론(제6판), 박영사, 2004.
박상기, "업무방해죄에서의 '업무방해'의 의미", 형사판례연구 (2), 형사판례연구회 편, 박영사, 1999.
______, "소위 위장취업과 업무방해죄", 법률신문 1993. 11. 29.
______, 형법각론, 박영사, 2008.
박홍규, "대법원의 업무방해죄 해석에 대한 헌법재판소의 위헌성 판단", 노동법률, 제102호, 1999. 11.
배종대, 형법각론(제5판), 홍문사, 2003.
백형구, 형법각론, 청림출판, 1999.
윤종행, "업무방해죄의 입법론적 검토", 형사법연구, 제22호, 한국형사법학회, 2004.
이근우, "업무방해죄", 인권과 정의, 제251호, 대한변호사협회, 1997.
이형국, "업무방해죄", 고시연구, 고시연구사, 1995.
______, 형법각론연구 1, 법문사, 1997.
정영일, 형법각론, 박영사, 2008.
진계호, 형법각론(제4판), 대왕사, 2000.
허 영, 한국헌법론, 박영사, 1998.

24

직장점거 및 직장폐쇄의 정당성과 퇴거불응죄*

- 대법원 2007. 12. 28. 선고 2007도5204 판결 -

형법각칙 분야

강 정 석**

Ⅰ. 사건개요

[1] 서울시건축사협회(이하 '협회'라고 한다) 소속 근로자인 피고인 甲은 2005. 7. 11. 협회 소속 근로자 10여명과 함께 산별노조인 전국건설엔지니어링노동조합(이하 '노조'라고 함)에 가입하여 전국건설엔지니어링노동조합 건축사협회지부(이하 '노조지부'라고 한다)를 설립하고, 협회측에 임금협약 및 단체협약의 체결을 요구하였다.

피고인 乙은 산별노조인 위 노조의 위원장이고, 피고인 甲은 위 노조지부의 지부장이다.

[2] 협회는 2005. 8. 22. 경영이 악화되어 신문발간사업을 유지하기 어렵다는 사유로 신문사업국을 폐쇄조치하였고, 2005. 9. 7. 신문사업국 소속 근로자

* 이 논문은 제102회 영남형사판례연구회(2009.7.20.)에서 발표되었음.

** 현 춘천지검 영월지청장.

로서 위 노조지부의 노조원 2명에 대하여 각 직위해제 및 대기발령 조치를 한 다음, 위 노조지부와 고용조정에 관한 내용을 포함한 단체교섭을 계속 진행하였는데, 피고인 乙은 산별노조인 위 노조의 위원장으로서 단체교섭의 당사자 자격으로 위 단체교섭에 참가해 왔다.

[3]위와 같은 단체교섭이 노사간의 입장차이로 서로 합의에 이르지 못하자, 노조지부는 2005. 9. 13. 서울지방노동위원회에 노동쟁의 조정신청을 하였으나 그 조정이 결렬되었고, 이에 2005. 9. 24. 그 노조원들에 대하여 쟁의행위 찬반투표를 실시하여 전원 일치의 찬성을 얻은 다음, 2005. 10. 5.부터 같은 달 7.까지는 부분파업을 진행하였으며, 그 후 2005. 10. 26.부터는 전면파업에 돌입하였다.

[4] 협회는 노조지부가 전면파업에 돌입한 날인 2005. 10. 26. 파업개시 후 4시간 가량이 경과한 시점에서 직장폐쇄 조치를 취하였다.

[5] 위와 같은 파업 등에도 불구하고 협회와 노조 및 노조지부는 단체교섭을 계속 진행하여, 2005. 11. 29. 협회 회의실에서 제6차 단체교섭을 진행하게 되었는데, 협회장은 단체교섭 도중에 별다른 합의 없이 그 교섭 장소를 이탈하여 위 단체교섭이 결렬되었다.

[6] 이에 피고인들을 중심으로 한 노조 및 노조지부의 노조원 20여 명은 그 무렵부터 2005. 12. 22.경까지, 단체교섭 장소인 협회 회의실 안에 있던 협회장의 책상과 회의탁자 등을 한 곳으로 민 다음, 바닥에 매트를 깔아두고 상주하는 방법으로 위 회의실을 점거하였고, 사무실 앞 복도 벽면에 벽보를 붙여 놓기도 하였다.

그런데 위 회의실은, 전체 약 40평의 협회 사무실 내부에 칸막이로 구분되어 있는 약 15평의 공간으로서, 협회장이 자신이 업무를 처리하고, 협회의 임원들이 개인 사물함을 보관해 두었으며, 협회장과 임원들이 임원회의를 하는 공간으로 활용되던 장소였다.

[7] 위와 같이 노조 및 노조지부가 협회 회의실을 점거함에 따라, 비노조원들 및 협회가 고용한 대체근로자들이 사무실에서 통상의 업무를 처리하는 데에는 별다른 지장이 없었으나, 협회장과 임원들은 위 회의실을 사용할 수 없게 되

었고, 이에 음식점 등에서 임원회의를 진행하기도 하였다.

[8] 한편, 협회측은 2005. 11. 30.경부터 2005. 12. 19.경까지 사이에 팩스를 이용하여 4회에 걸쳐 "협회 회의실을 무단 점거하여 협회의 업무를 방해하고 있으니, 즉시 회의실에서 퇴거하라"는 취지의 공문을 발송하였고, 이에 위 노조측은 2005. 12. 5.경 노조 위원장인 피고인 乙 명의로 퇴거를 거부하는 취지의 답변 공문을 발송하였다.

Ⅱ. 판결내용

1. 제1심 판결요지

피고인 甲, 乙은 공모하여, 2005. 11. 29. 협회 사무실에서 단체교섭이 결렬되자 협회장과의 면담을 요구하며 노조원 20여 명과 함께 회의실을 점거하여 2005. 11. 30. 협회로부터 퇴거요청을 받았음에도 이에 응하지 아니하고 2005. 12. 22.까지 계속 점거함으로써 퇴거요구에 불응하고, 위력으로써 협회의 업무를 방해하였다는 공소사실에 대하여, 전부 유죄로 인정하고 피고인 甲에게 벌금 100만원, 피고인 乙에게 벌금 150만원을 각 선고하였다.[1)]

2. 제2심 판결요지

(1) 업무방해의 점과 관련하여, 형법 제314조의 업무방해죄는 실제로 업무방해의 결과가 발생하지 아니한 채 그 업무방해의 결과를 초래할 위험성만 있는 경우에도 성립한다고 전제한 다음, 피고인들이 조합원 20여 명과 함께 단체교섭이 결렬된 2005. 11. 29.부터 2005. 12. 22.까지 협회 회의실 안에 있던 협회장의 책상과 회의탁자 등을 한 곳으로 민 다음 바닥에 매트를 깔아두고 상주하는 방법으로 위 회의실을 점거하였던 점, 이로 인하여 위 회의실에서 임원회의를 개최해 오던 협회장과 임원들은 협회의 임원회의를 위 회의실에서 진행하지 못하고 음식점 등에서 진행하기도 하였던 점 등에 비추어 보면, 피고인들의 위

1) 서울중앙지방법원 2006. 10. 12. 선고 2006고정3030 판결.

와 같은 회의실 점거로 인하여 협회의 업무가 실제로 방해되었거나 또는 적어도 그 업무방해의 결과를 초래할 위험성이 발생하였다고 봄이 상당하다며 유죄로 인정하였다.

(2) 퇴거불응의 점과 관련하여, 협회 회의실은 협회장이 자신의 업무를 처리하고, 임원들과 함께 임원회의를 개최하던 장소였던 점, 이에 협회는 노조 및 노조지부측이 협회 회의실을 점거하자 4회에 걸쳐 퇴거를 요구하는 공문을 팩스로 전송하였음에도 노조에서 이를 거부한 점, 피고인들을 중심으로 한 노조 및 노조지부의 노조원들이 협회 사무실에 있던 협회장의 책상과 회의탁자 등을 한 곳으로 민 다음 바닥에 매트를 깔고 상주하는 방법으로 위 사무실을 24일간 점거하였던 점, 이로 인하여 위 회의실에서 임원회의를 개최해 오던 협회장과 임원들이 위 회의실에 출입하지 못하여 음식점에서 협회의 임원회의를 개최하기도 하였던 점 등에 비추어 보면, 피고인들이 위 회의실에 관한 사용자측의 출입이나 관리지배를 배제한 채 이를 전면적·배타적으로 점거하였다고 할 것이므로 협회측의 퇴거요구에 불응함으로써 이 사건 범행은 모두 성립하는 것이고, 가사 협회측의 직장폐쇄 조치가 위법하다고 하더라도 그 책임자에게 노동조합및노동관계조정법위반죄가 성립될 수 있음은 별론으로 하고, 위와 같은 사정이 피고인들의 이 사건 범행 성립여부에 영향을 미치는 것은 아니라는 이유로 유죄를 인정하였다.[2)]

3. 제3심 판결요지

(1) 업무방해의 점과 관련하여, 피고인들이 점거하였던 이 사건 회의실은 전체 약 40평의 협회 사무실 내부에 칸막이로 구분되어 있는 약 15평의 공간으로서, 협회 직원들이나 임원들이 통상적인 업무를 수행하는 공간이 아니라, 비상근으로서 가끔씩 출근하는 협회장이 자신의 업무를 처리하고, 협회의 임원들이 개인 사물함을 보관해 두며, 협회장과 임원들이 임원회의를 하는 공간으로 활용되던 장소인데, 피고인들을 비롯한 노조원들이 위 회의실을 점거하고 있는 동안

---

2) 서울중앙지방법원 2007. 6. 20. 선고 2006노2979 판결.

비노조원들 및 협회가 고용한 대체근로자들이 사무실에서 통상의 업무를 처리하는 데에는 별다른 지장이 없었고, 다만 협회장과 임원들은 위 회의실을 사용할 수 없게 되어 음식점 등에서 임원회의를 진행하기도 하였는바, 피고인들의 이 사건 회의실 점거행위는 협회의 사업장시설을 전면적·배타적으로 점거한 것이라고 보기 어렵고, 오히려 그 점거의 범위가 협회의 사업장시설의 일부분이고 사용자측의 출입이나 관리지배를 배제하지 않는 부분적·병존적인 점거에 지나지 않으며, 그 수단과 방법이 사용자의 재산권과 조화를 이루면서 폭력의 행사에 해당되지 아니하는 것으로 봄이 상당하고, 쟁의행위의 본질상 사용자의 정상업무가 일부 저해되는 경우가 있음은 부득이한 것으로서 이 사건의 경우 이 사건 회의실 점거행위로 인하여 위와 같이 1달에 1, 2회 정도 개최되는 임원회의를 이 사건 회의실이 아닌 음식점 등에서 개최하게 된 사정 정도는 사용자가 이를 수인하여야 할 범위 내라고 봄이 상당하고, 그 외에는 실질적으로 협회의 업무의 중단 또는 혼란을 초래한 바도 없어, 협회의 업무가 실제로 방해되었거나 또는 적어도 그 업무방해의 결과를 초래할 위험성이 발생하였나고 보이지도 아니한다며, 무죄 취지로 판시하였다.

(2) 퇴거불응의 점과 관련하여, 사용자의 직장폐쇄는 노사간의 교섭태도, 경과, 근로자측 쟁의행위의 태양, 그로 인하여 사용자측이 받는 타격의 정도 등에 관한 구체적 사정에 비추어 형평의 견지에서 근로자측의 쟁의행위에 대한 대항·방위 수단으로서 상당성이 인정되는 경우에 한하여 정당한 쟁의행위로 평가받을 수 있는 것이고, 사용자의 직장폐쇄가 정당한 쟁의행위로 인정되지 아니하는 때에는 적법한 쟁의행위로서 사업장을 점거 중인 근로자들이 직장폐쇄를 단행한 사용자로부터 퇴거 요구를 받고 이에 불응한 채 직장점거를 계속하더라도 퇴거불응죄가 성립하지 아니한다고 전제한 다음,[3] 협회측은 노사간 교섭에 있어서 소극적이었던 점, 협회 직원들인 노조원들이 파업을 하더라도 즉각적으로 노사간 교섭력의 균형이 깨진다거나 협회의 업무수행에 현저한 지장을 초래하거나 회복할 수 없는 손해가 발생할 염려가 있다는 등의 사정을 찾아 볼 수

3) 대법원 2007. 3. 29. 선고 2006도9307 판결; 대법원 2002. 9. 24. 선고 2002도2243 판결 등 참조.

없는 점 및 기타 제반 사정에 비추어 볼 때, 이 사건 노조지부가 파업에 돌입한 지 불과 4시간 만에 협회가 바로 직장폐쇄 조치를 취한 것은 근로자측의 쟁의행위에 대한 대항·방위 수단으로서의 상당성이 인정될 수 없어 위 직장폐쇄는 정당한 쟁의행위로 인정되지 아니하고, 따라서 협회가 위와 같은 직장폐쇄를 이유로 근로자들인 피고인들에게 퇴거요구를 한 것이라면, 피고인들이 협회로부터 그와 같은 퇴거요구를 받고 이에 불응하였다고 하더라도 퇴거불응죄가 성립하지 아니한다고 판시하였다.[4)]

Ⅲ. 판례평석

1. 문제의 제기

노조가 파업 등 쟁의행위에 돌입하는 경우 비노조원이나 파업이탈자의 취로(就勞)를 저지함으로써 파업의 실효성을 확보하고, 다른 한편으로 사용자에 의한 파업 무력화나 단결력의 약화 시도를 방지하고 투쟁의욕을 고취하여 단결력을 유지·강화하기 위하여 직장 또는 사업장시설을 점거하는 형태의 쟁의행위(이하 '직장점거'라고 한다)를 하는 것이 일반적인 현상이다. 이에 대하여 사용자는 임금지급의무의 면제뿐만 아니라 직장점거를 배제하여 조업을 계속하거나 파업근로자에 대하여 심리적 압박을 가함으로써 단결력을 약화시킬 목적으로 파업참가 근로자들을 사업장 밖으로 축출하기 위하여 직장폐쇄를 단행하는 경우가 많다. 이와 같이 직장점거와 직장폐쇄는 서로 충돌하는 경우가 많으므로 그 정당성의 한계가 어디까지인지 살펴 볼 필요가 있다.

2. 직장점거의 정당성

(1) '직장점거'를 근로자의 쟁의권에서 유래하는 쟁의행위의 한 형태로 보는 것이 통설, 판례이나, 근로자들의 언론의 자유의 성질을 가지는 집단행위로 보

4) 2007. 12. 28. 선고 2007도5204호 판결.

는 견해도 있다.[5)]

(2) '직장점거'의 정당성 요건과 관련하여, '직장점거'도 쟁의행위의 한 형태이므로, 일반적으로 쟁의행위가 정당한 것으로 인정받기 위한 요건을 갖추어야 할 것이다. 쟁의행위의 정당성 요건과 관련하여 판례는 ① 그 주체가 단체교섭의 주체로 될 수 있는 자이어야 하고, ② 그 목적이 근로조건의 향상을 위한 노사간의 자치적 교섭을 조성하는 데에 있어야 하며, ③ 사용자가 근로자의 근로조건 개선에 관한 구체적인 요구에 대하여 단체교섭을 거부하였을 때 개시하되 특별한 사정이 없는 한 조합원의 찬성결정 및 노동쟁의 발생신고 등 절차를 거쳐야 하는 한편, ④ 그 수단과 방법이 사용자의 재산권과 조화를 이루어야 함은 물론 폭력의 행사에 해당되지 아니하여야 한다고 판시하고 있다.[6)]

(3) 특히 '직장점거'의 정당성과 관련하여, 대법원 1990. 5. 15. 선고 90도357 판례가 "직장점거는 사용자측의 점유를 배제하지 아니하고 그 조업도 방해하지 않는 부분적·병존적 점거일 경우에 한하여 정당하다고 보아야 할 것"이라고 판시한 후부터 다수의 판례들이 위 판례의 취지를 따르고 있고,[7)] 학설도 '직장점거'를 '부분적·병존적 점거' 및 '전면적·배타적 점거'로 이분하여, 전자는 정당한 것으로, 후자는 위법한 것으로 보는 위 판례의 취지를 그대로 따르고 있는 것으로 보인다.[8)][9)] 이와 같은 정당성 기준은 앞서 본 일반적인 쟁의행위 정당성 요건 중 "그 수단과 방법이 사용자의 재산권과 조화를 이루어야 한다"는 요건을 구체화한 것으로 이해할 수 있다.

(4) 판례에서 직장점거의 정당성이 부정된 사례로는 ① 서울지하철공사 노조

---

5) 송강직, 직장점거와 언론의 자유, 동아법학 제37호, 2005, 220－224쪽.

6) 대법원 1998. 1. 20. 선고 97도588 판결; 대법원 2006. 5. 25. 선고 2002도5577 판결 등 참조.

7) 1990. 6. 12. 선고 90도672 판결; 1990. 10. 12. 선고 90도1431 판결; 1992. 7. 13. 선고 91다43800 판결 등.

8) 최홍엽, 연좌농성에 관한 연구, 노동법연구 제1호, 서울대학교노동법연구회, 관악사, 1991, 143－145쪽.

9) 직장점거를 근로자의 언론의 자유의 성질을 가지는 집단행위로 이해하는 견해에서는 부분적·병존적 직장점거, 전면적·배타적 직장점거로 구분하여 정당성을 판단하되, 구체적인 사건에 있어서는 직장점거가 언론의 자유 행사로서의 성격을 지니고 있다는 관점에서 그 정당성 판단에 있어 신중함이 요구되고, 경우에 따라서는 배타적인 점거 형태의 언론도 허용될 수 있는 경우가 있을 것이라고 주장한다(송강직, 직장점거와 언론의 자유, 동아법학 제37호, 2005, 225－226쪽).

가 노조원 660여 명을 동원하여 근무 중이던 직원들을 몰아내고 지하철공사 사무실을 점거한 경우,[10] ② 회사의 공장 내에서 노조원들이 농성장소로 모일 수 있는 건물로는 본관 건물이 아닌 노조사무실, 복지관, 식당건물 등도 있는데 이를 놓아두고 회사 공장구역내의 핵심이라고 할 수 있는 행정건물의 출입구 현관 및 여기에서 공장장실, 부공장장실, 총무부, 실험실 등으로 통하는 복도 등 공장업무 수행에 가장 중요한 장소들을 택하여 일주일 이상 전면적으로 점거한 경우,[11] ③ 일요일을 제외한 1주일 동안 매일 약 1,500명 내지 약 2,000명의 노조원들을 동원하여 회사건물에서 복도를 점거하고 꽹과리 등에 의한 소음발생 등의 방법으로 점거농성한 경우[12] 등이 있다.

이에 반하여, 쟁의행위의 일환으로 근무처인 회사의 구내 장소로서 평소 출입이 통제되지 아니한 로비를 점거하는 경우,[13] 쟁의행위의 일환으로 임시총회 개최나 단식농성을 하는 과정에서 직장 일부를 점거하는 경우[14] 등은 정당성을 결여한 것으로 볼 수 없다는 취지로 판시하고 있다.

3. 직장폐쇄의 정당성

(1) 직장폐쇄라 함은 사용자가 노조의 쟁의행위에 대항하여 근로자측이 제공하는 노무의 수령을 집단적으로 거부하겠다는 의사표시를 하여, 근로자측에게 경제적인 압력을 가하고 노조와의 교섭력의 균형을 도모하려는 행위를 말한다.[15]

이와 같은 사용자의 직장폐쇄 인정근거와 관련하여 대법원은 "우리 헌법과

---

10) 대법원 1990. 5. 15. 선고 90도357 판결.
11) 대법원 1991. 1. 15. 선고 90누6620 판결.
12) 대법원 1991. 6. 11. 선고 91도383 판결.
13) 대법원 2007. 3. 29. 선고 2006도9307 판결.
14) 대법원 1991. 5. 14. 선고 90누4006 판결.
15) 사용자가 노무수령을 거부하는 의사표시만으로 직장폐쇄가 이루어졌다고 볼 것인지 여부에 대하여 학설상 이를 긍정하는 견해와 사업장의 출입문을 폐쇄하거나 전원을 차단하는 등 근로자의 취로를 저지할 수 있는 사실행위까지 있어야 비로소 직장폐쇄가 있다고 볼 수 있다는 견해가 있으나, 사실행위는 노무수령을 거부하는 의사표시의 한 형태로 보아야 하고 사업장폐쇄가 있어야 직장폐쇄가 이루어졌다고 보기보다는 정당한 직장폐쇄의 효과로서 사업장폐쇄 등을 할 수 있는 관계로 보아야 할 것이므로 전자의 견해가 타당하다고 생각한다.

노동관계법은 근로자의 쟁의권에 관하여는 이를 적극적으로 보장하는 명문의 규정을 두고 있는 반면 사용자의 쟁의권에 관하여는 이에 관한 명문의 규정을 두고 있지 않은바, 이것은 일반 시민법에 의하여 압력행사 수단을 크게 제약받고 있어 사용자에 대한 관계에서 현저히 불리할 수밖에 없는 입장에 있는 근로자를 그러한 제약으로부터 해방시켜 노사대등을 촉진하고 확보하기 위함이므로, 일반적으로는 힘에서 우위에 있는 사용자에게 쟁의권을 인정할 필요는 없다 할 것이나, 개개의 구체적인 노동쟁의의 장에서 근로자측의 쟁의행위로 노사간에 힘의 균형이 깨지고 오히려 사용자측이 현저히 불리한 압력을 받는 경우에는 사용자측에게 그 압력을 저지하고 힘의 균형을 회복하기 위한 대항·방위 수단으로 쟁의권을 인정하는 것이 형평의 원칙에 맞는다 할 것이고, 우리 법도 바로 이 같은 경우를 상정하여 구 노동쟁의조정법(1996. 12. 31. 법률 제5244호 노동조합및노동관계조정법 부칙 제3조로 폐지) 제3조에서 사용자의 직장폐쇄를 노동조합의 동맹파업이나 태업 등과 나란히 쟁의행위의 한 유형으로서 규정하고 있는 것으로 보인다"고 판시하고 있고,[16] 학설도 대법원과 마찬가지로 '노사균형' 또는 '형평의 원칙'에서 직장폐쇄의 인정근거를 찾고 있다.[17]

(2) 사용자는 노조가 쟁의행위를 개시한 이후에만 직장폐쇄를 할 수 있다(노동조합및노동관계조정법 제46조 제1항). 이를 직장폐쇄의 대항성(對抗性) 요건이라고 한다. 즉 직장폐쇄는 노조의 쟁의행위에 대항하는 수단으로서 인정되고, 노조가 쟁의행위를 개시하기 이전에 하는 이른바 선제적(先制的) 직장폐쇄는 어떠한 경우에도 허용되지 않는다.

노조의 쟁의행위가 정당한 경우에만 직장폐쇄가 허용되는지 여부와 관련하여, 노조의 쟁의행위의 위법성이 명백한 경우에는 사법적 구제수단(가처분신청 등)으로 대응할 수 있을 뿐 직장폐쇄로 대항할 수 없다고 보는 견해가 있으나,[18] 단체교섭 과정에서 주장이 대립되어 여전히 해결되지 않은 사항이 있다면 쟁의행위의 정당성 여부와 관계없이 노사관계 당사자 사이에 교섭력의 균형성

16) 대법원 2000. 5. 26. 선고 98다34331 판결.
17) 김형배, 노동법, 박영사, 2006, 880쪽; 임종률, 노동법, 박영사, 2003, 231쪽 등.
18) 김형배, 노동법, 박영사, 2006, 884-885쪽.

은 계속 유지되어야 할 필요가 있다고 할 것이므로 정당성 없는 쟁의행위에 대하여도 직장폐쇄가 허용된다고 보아야 할 것이다.

또한 직장폐쇄는 노동조합의 쟁의행위로 인하여 노사간의 교섭력의 균형이 깨지고 오히려 사용자측에서 현저히 불리한 압력이 가해지는 상황에서 회사를 보호하기 위하여 수동적·방어적인 수단으로 상당성이 인정되는 범위 안에서 부득이하게 개시되는 경우에 한하여 이를 할 수 있다고 보는 것이 통설 및 판례[19]의 입장이다. 이를 직장폐쇄의 방어적 요건이라고 하는데, 이와 관련하여 대법원은 "사용자의 직장폐쇄는 사용자와 근로자의 교섭태도와 교섭과정, 근로자의 쟁의행위의 목적과 방법 및 그로 인하여 사용자가 받는 타격의 정도 등 구체적인 사정에 비추어 근로자의 쟁의행위에 대한 방어수단으로서 상당성이 있어야만 사용자의 정당한 쟁의행위로 인정될 수 있다"고 판시하고 있는데, 실무상 직장폐쇄의 정당성이 문제되는 것은 대부분 직장폐쇄가 방어적 요건을 갖추었는지 여부이다.

(3) 판례에서 직장폐쇄의 정당성이 부정된 사례로는 ① 택시회사 노조의 임금인상 요구가 회사가 전혀 수용할 수 없을 정도로 터무니없는 것은 아니고, 노조의 준법투쟁에 차량의 운행에 관한 제반 법규나 단체협약상의 근로시간을 준수하는 정도를 넘어서서 사납금을 일정 수준으로 정하거나 빈차로 운행하게 하는 등 불법적이고 파행적인 운행의 정도에까지 이르지는 않았으며, 노조가 준법투쟁을 한 기간이 3일에 불과하여 이와 같은 단기간의 준법투쟁으로 인한 회사의 수입금 감소가 경영에 심각한 타격을 끼칠 정도에 이르렀다고 단정할 수 없음에도 대화를 통한 교섭을 시도하지 아니한 채 준법투쟁 3일만에 전격적으로 직장폐쇄를 단행한 경우,[20] 노조가 시한부파업을 종료하고 회사에 대하여 직장복귀의사를 명백히 하면서 협상을 요청하였음에도 불구하고 파업기간에 비하여 지나치게 장기간(28일간) 직장폐쇄를 유지하면서 노조원과 비노조원을 분리하여 비노조원들의 근무만을 허용하고 직장폐쇄 기간 동안 파업에 참가한 노조원을 개별적으로 노조에서 탈퇴하도록 유도하며, 노조원들에게 인사상의 불이익을 주

19) 대법원 2000. 5. 26. 선고 98다34331 판결; 2003. 6. 13. 선고 2003두1097 판결.
20) 대법원 2000. 5. 26. 선고 98다34331 판결.

는 등 노조에 심한 타격을 주어 이들을 굴복시키고 노조파괴 등 근로자의 단결권 자체를 위협하기 위하여 직장폐쇄를 한 것으로 인정되는 경우,[21] 상호저축은행 노조의 쟁의행위는 집단휴가 7일 실시, 정시출근, 집단중식실시, 투쟁복착용, 근무시간 전후 사무실내 노동가 및 구호 제창, 출근 전 사무실 앞 인도에서 약 6분간 투쟁구호 제창, 대주주 회사 앞에서 2시간 동안 집회 개최 등으로 불법적·파행적인 정도에까지 이르지 아니하였고, 노조원 9명이 7일간 집단휴가를 실시하였을 때에도 나머지 노조원 및 비노조원이 업무를 대신하여 정상적으로 처리되었으며 수신감소가 노조의 쟁의행위 때문이라고 보기 어려움에도 불구하고 79일간 장기적으로 직장폐쇄를 계속하면서 집단휴가 실시 노조원에 대한 징계강화 등을 요구하며 교섭에 적극적으로 임하지 않은 경우,[22] 대학교직원 노조의 요구사항이 대학교측에서 수용할 수 없을 정도의 무리한 요구가 아니고, 파업에 참가한 노조원은 33명으로서 전임교수 및 직원 등을 포함한 대학교 전체 근무인원 412명을 기준으로 볼 때 소수에 불과함에도 불구하고 좀 더 교섭을 시도하려는 노력을 하지 아니한 채 파업개시 하루만에 파업참가 노조원들만을 상대로 전격적으로 직장폐쇄를 단행한 경우[23] 등이 있다.

(4) 직장폐쇄가 정당성의 요건을 갖추어 행하여지면 그 효과로서 사용자는 직장폐쇄의 대상으로 삼은 근로자가 직장폐쇄가 없었더라면 지급받을 수 있는 임금의 지급의무를 면제받게 된다. 그런데 사용자는 쟁의행위에 참가하여 근로를 제공하지 아니한 근로자에게는 그 기간 중 임금 지급 의무를 부담하지 않는 것이 원칙이고, 쟁의행위시 임금 지급에 관하여 단체협약, 취업규칙 등에서 이를 규정하거나 그 지급에 관한 당사자의 약정이나 관행이 있는 경우에 한하여 예외적으로 임금을 지급받을 수 있으므로, 파업에 참가한 노조원에게 파업기간 중에도 임금을 지급하여야 하는 예외적인 사유가 있고 그로 인하여 임금지급에 따른 사용자의 경제적 손실이 현저할 것으로 인정될 때에 비로소 파업 참가 노조원을 대상으로 한 직장폐쇄의 방어성이 있다고 볼 것이다. 그러나 노조원 일

21) 대전지법 1995. 2. 9. 선고 93가합566 판결.
22) 부산지법 2006. 9. 1. 선고 2006나2343 판결.
23) 대법원 2002. 9. 24. 선고 2002도2243 판결.

부만이 참가하는 부분파업・지명파업 또는 파업과 조업재개를 반복하는 이른바 '파상(波狀)파업'을 하였으나 그러한 쟁의행위가 사실상 전면파업과 동일한 조업중단의 효과가 있으면서도 그로 인하여 사용자가 임금지급의무를 부담하게 된 경우에는 노조원 전원을 대상으로 직장폐쇄를 할 수 있다고 할 것이다.

직장폐쇄의 효과로서 방해배제・출입금지의 효과를 인정할 것인지 여부와 관련하여, 이를 부정하는 견해[24)]는 직장폐쇄의 본질은 노무수령의 거부에 있으므로 직장폐쇄는 단순히 근로계약의 효과의 일부인 지휘명령관계를 배제함에 지나지 않는 것이며, 그 결과 근로자를 평상시에 취로하고 있던 '생산수단으로부터 배제'하는데 한정되는 것이며, 논리필연적으로 '사업장으로부터 배제'를 개념 내용으로 하는 것이 아니며, 생산시설의 점거는 노동조합및노동관계조정법 제42조 제1항에 의해서 금지되고 있으므로, 이의 배제를 위하여 직장폐쇄의 방해배제효력을 다시 인정할 필요가 없다거나, 직장폐쇄는 '형평의 원칙'상 인정되는 것이고, 사용자는 이미 소유권・점유권 등 물권적지배권에 기한 방해배제・출입금지 청구권이 있으므로, 직장폐쇄에 방해배제・출입금지의 효과를 인정하지 않더라도 '형평'을 상실하지 않는다고 주장하고, 이를 긍정하는 견해[25)]는 사용자가 적법하게 직장폐쇄를 하게 되면 사용자의 사업장에 대한 물권적 지배권이 전면적으로 회복되는 결과 사용자는 점거중인 근로자들에 대하여 정당하게 사업장으로부터의 퇴거를 요구할 수 있다고 주장한다. 판례는 긍정설을 취하고 있다.[26)] 근로자의 쟁의권과 달리 사용자의 직장폐쇄는 '형평의 원칙'을 근거로 대항성・방어성이 인정되는 경우에 한하여 예외적으로 인정되는 것이고, 사용자에게는 이미 물권적지배권에 기한 방해배제・출입금지 등 청구권이 인정되므로, 직장폐쇄에 이와 별도로 방해배제・출입금지 효력을 인정할 필요가 없다고 할 것이므로 부정설이 타당하다고 생각된다.

---

24) 김유성, 노동법Ⅱ, 법문사, 2000, 297－298쪽; 박홍규, 노동단체법, 삼영사, 2000, 424쪽; 이병태, 최신노동법, 중앙경제, 2003, 333쪽; 조임영, 직장폐쇄의 법적 개념 및 성질, 노동법연구 제17호, 2004, 213－214쪽 등 다수설.

25) 김형배, 노동법, 박영사, 2006, 887쪽.

26) 대법원 1991. 8. 13. 선고 91도1324 판결.

4. 직장점거 및 직장폐쇄와 퇴거불응죄

(1) 노조의 직장점거가 전면적·배타적 점거로 그 정당성을 상실한 경우에는 직장폐쇄 실시 여부, 직장폐쇄의 정당성 여부에 상관없이 주거침입, 퇴거불응, 업무방해 등 범죄가 성립한다는 데에는 별다른 이견이 없는 것으로 보인다. 그러나 노조의 직장점거가 부분적·병존적 점거로서 그 정당성이 인정되는 경우 정당한 직장폐쇄[27]를 이유로 퇴거를 요구받으면 퇴거할 의무가 있는지 여부에 대하여는 학설의 대립이 있다. 직장폐쇄의 효과로서 방해배제·출입금지의 효과를 인정할 것인지 여부에 대하여 앞서 본바와 같이, 이를 부정하는 견해는 대체로 정당한 직장점거의 경우에는 직장폐쇄(정당성 불문)를 이유로 한 퇴거요구에 응할 의무가 없다고 보고 있고, 이를 긍정하는 견해는 정당한 직장점거에 대하여도 직장폐쇄가 정당하면 퇴거요구를 할 수 있으며, 위 퇴거요구에 응하지 않으면 퇴거불응죄가 성립한다는 것이다.[28]

(2) 그러나 직장점거가 사용자의 재산권과 조화를 이루는 '부분적·병존적' 점거로서 그 정당성이 인정되는 것이라면 그로 인하여 일부 조업차질이 발생하더라도 이는 사용자가 당연히 수인해야 하고, 그와 같이 수인하여야 할 '부분적·병존적' 점거에 대하여 직장폐쇄 및 퇴거요구를 계기로 위법화 한다는 것은 사용자의 수인의무를 실질적으로 부정하고 사용자로 하여금 참지 않고 대응에 나서도록 하는 상황을 유발할 수 있어, 직장폐쇄의 '방어적 요건'과도 조화되기 어렵다 할 것이므로, 결국 정당한 직장점거에 대하여는 정당한 직장폐쇄를 이유로도 퇴거불응죄의 성립을 인정하여서는 안 될 것으로 생각한다.

---

27) 노조의 직장점거가 부분적·병존적 점거로서 그 정당성이 인정되는 경우, 대항적 요건, 방어적 요건을 갖추지 못하여 정당하지 못한 직장폐쇄를 이유로 퇴거를 요구하더라도 이에 응할 의무가 없다는 것에도 이론이 없는 것으로 보인다.

28) 김형배, 노동법, 박영사, 2006, 887쪽; 대법원 1991. 8. 13. 선고 91도1324 판결은 "근로자들의 직장점거가 개시 당시 적법한 것이었다 하더라도 사용자가 이에 대응하여 적법하게 직장폐쇄를 하게 되면 사용자의 사업장에 대한 물권적지배권이 전면적으로 회복되는 결과 사용자는 점거 중인 근로자들에 대하여 정당하게 사업장으로부터의 퇴거 요구를 할 수 있고, 퇴거를 요구받은 이후의 직장점거는 위법하게 되므로, 적법히 직장폐쇄를 단행한 사용자로부터 퇴거요구를 받고도 불응한 채 직장점거를 계속한 행위는 퇴거불응죄를 구성한다"고 판시하고 있다.

5. 대상판결의 태도

(1) 대상판결은 직장점거의 정당성과 관련하여, "직장 또는 사업장시설의 점거는 적극적인 쟁의행위의 한 형태로서 그 점거의 범위가 직장 또는 사업장시설의 일부분이고 사용자측의 출입이나 관리지배를 배제하지 않는 병존적인 점거에 지나지 않을 때에는 정당한 쟁의행위로 볼 수 있으나, 이와 달리 직장 또는 사업장시설을 전면적, 배타적으로 점거하여 조합원 이외의 자의 출입을 저지하거나 사용자측의 관리지배를 배제하여 업무의 중단 또는 혼란을 야기케 하는 것과 같은 행위는 이미 정당성의 한계를 벗어난 것이라고 볼 수밖에 없다"고 판시하고 있어, 대법원 1990. 5. 15. 선고 90도357 판례 이후 확립된 법리에 따라 부분적·병존적 직장점거는 정당한 것으로, 전면적·배타적 직장점거는 위법한 것으로 보고 있다.

(2) 또한 직장폐쇄의 정당성과 관련하여서도 "사용자의 직장폐쇄는 노사간의 교섭태도, 경과, 근로자측 쟁의행위의 태양, 그로 인하여 사용자측이 받는 타격의 정도 등에 관한 구체적 사정에 비추어 형평의 견지에서 근로자측의 쟁의행위에 대한 대항·방위 수단으로서 상당성이 인정되는 경우에 한하여 정당한 쟁의행위로 평가받을 수 있는 것이다"라고 판시하고 있어, 대항성·방어성이 인정되어야 직장폐쇄의 정당성을 인정할 수 있는 것으로 보고 있다.

(3) 그러나 대상판결은 정당한 직장점거에 대한 퇴거불응죄 성립 여부와 관련하여, "사용자의 직장폐쇄가 정당한 쟁의행위로 인정되지 아니하는 때에는 적법한 쟁의행위로서 사업장을 점거 중인 근로자들이 직장폐쇄를 단행한 사용자로부터 퇴거 요구를 받고 이에 불응한 채 직장점거를 계속하더라도 퇴거불응죄가 성립하지 아니한다"고 판시하고 있어, 반대해석상 "근로자들의 직장점거가 개시 당시 적법한 것이었다 하더라도 사용자가 이에 대응하여 적법하게 직장폐쇄를 하게 되면 사용자의 사업장에 대한 물권적지배권이 전면적으로 회복되는 결과, 사용자는 점거 중인 근로자들에 대하여 정당하게 사업장으로부터의 퇴거를 요구할 수 있고, 퇴거를 요구받은 이후의 직장점거는 위법하게 되므로, 적법히 직장폐쇄를 단행한 사용자로부터 퇴거요구를 받고도 불응한 채 직장점거를

계속한 행위는 퇴거불응죄를 구성한다"고 판시한 대법원 1991. 8. 13. 91도1324 판결의 법리를 그대로 따른 것으로 보인다.[29]

(4) 대상판결이 문제된 사안에 대한 결론으로 "정당한 쟁의행위로서 이 사건 회의실을 부분적·병존적으로 점거하고 있던 피고인들로서는 협회측의 퇴거요구(위 직장폐쇄를 이유로 하는 것인지 여부와 상관없다)에 응하여야 할 의무가 인정되지 아니한다고 할 것"이라고 판시하고 있는 것과 관련하여, "괄호 안에 설시한 '직장폐쇄를 이유로 한 것인지 여부와 상관없다'라는 판단이 바로 (정당한) 직장점거에 대하여 퇴거불응죄를 인정하는 문제에 관한 대법원 1991. 8. 13. 91도1324 판결의 실질적인 폐기를 의도한 부분으로 이해하는 것이 타당할 것이다"라는 견해가 있다.[30] 그러나 대상판결에서 문제된 사안에 대하여 대법원은 노조의 직장점거는 부분적·병존적 점거로서 정당한 것으로, 사용자의 직장폐쇄는 공격적 직장폐쇄로서 부당한 것으로 판단하였고, 괄호에서도 단순히 "직장폐쇄를 이유로 하는 것인지 여부와 상관없다"고 설시하고 있는 것이 아니라, "'위' 직장폐쇄를 이유로 하는 것인지 여부와 상관없다"고 설시하고 있으므로, 이는 "'부당한' 직장폐쇄를 이유로 하는 것인지 여부와 상관없다"는 의미로 이해하여야 할 것이다. 따라서 대상판결이 종전 판례의 태도를 변경한 것으로 보기는 어렵다고 생각된다.

Ⅳ. 결　론

(1) 대상판결은 원심과 달리 노조측의 직장점거를 부분적·병존적 점거로서 적법한 것으로, 협회측의 직장폐쇄를 공격적 직장폐쇄로서 부당한 것으로 각 판단하고, 부당한 직장폐쇄에 근거한 협회측의 퇴거요구에 불응하더라도 퇴거불응죄가 성립하지 않는 것으로 보았다. 그러나 실무상으로는 정당한 직장점거 및

---

29) 그러나 위 판결에서 문제된 사안은 직장점거가 정당한 것으로 평가되는 경우에 대한 것이 아니라, "직장점거 자체가 위력으로 업무를 방해하는 등 그 적법성에 의심이 가는 경우"에 대한 것이다.

30) 정인섭, 직장점거, 직장폐쇄 그리고 퇴거불응, 산업관계연구 제18권 제1호, 한국노사관계학회, 2008, 130쪽.

부당한 직장폐쇄, 부당한 직장점거 및 정당한 직장폐쇄 등 어느 한쪽이 부당한 것으로 평가되는 경우가 대부분일 것이고, 직장점거 및 직장폐쇄가 모두 정당한 것으로 인정되는 사안이 문제되는 경우은 거의 없을 것으로 보인다. 왜냐하면 직장점거의 정당성이 부정되는 경우에는 직장폐쇄의 실시 여부, 그 정당성 여부가 거의 문제되지 않을 것이고, 직장점거의 정당성이 인정되는 경우에는 직장폐쇄의 방어적 요건상 그 정당성을 인정하기 어려운 경우가 대부분일 것이기 때문이다. 실제 판례에서 정당한 직장점거 및 정당한 직장폐쇄의 경우 퇴거불응죄 성립 여부가 문제된 사안은 거의 없다. 따라서 대법원 1991. 8. 13. 91도1324 판결이 정당한 직장점거의 경우에도 정당한 직장폐쇄를 이유로 한 퇴거요구에 불응하는 경우 퇴거불응죄가 성립한다고 판시한 바 있으나, 실제 위와 같은 사안이 문제될 경우 대법원이 위와 같은 태도를 그대로 유지할지 여부에 대하여는 좀 더 지켜볼 필요가 있다고 생각된다.

(2) 국내 대표적 완성차 업체이던 쌍용자동차가 작년 하반기부터 시작된 전 세계적 경제위기로 인한 극심한 영업부진으로 2009. 2. 6. 회생절차 개시결정을 받았고, 이에 회사측이 구조조정의 일환으로, 2009. 5. 8. 노동부에 2,400여 명에 대한 해고계획신고서를 제출하자, 이에 반발하여 쌍용자동차 노조원 1,000여 명이 2009. 5. 22.부터 평택공장을 점거한 채 쇠파이프, 화염병, 폐타이어 등을 이용하여 회사측 및 경찰과 대치하면서 일명 '옥쇄파업'을 진행하자, 회사측도 2009. 5. 31. 직장폐쇄 조치를 단행하였다. 위와 같은 사태가 직장점거 및 직장폐쇄의 정당성을 주제로 삼아 대상판결을 검토하게 된 계기가 되었다. 하지만 일명 '옥쇄파업'과 직장폐쇄라는 극단적인 방법을 동원하기 전에 대화와 타협을 통하여 합리적인 방안을 도출하는 것은 과연 불가능 하였던 것인지, 법과 제도 외에 평화적 노사관계를 구현하는데 필요한 것이 과연 무엇인지에 대하여 다시 한 번 생각해 보게 한다.

참고문헌

김유성, 노동법Ⅱ, 법문사, 2000.

김형배, 노동법, 박영사, 2006.

송강직, 직장점거와 언론의 자유, 동아법학 제37호, 2005.

정인섭, 직장점거, 직장폐쇄 그리고 퇴거불응, 산업관계연구 제18권 제1호, 한국노사관계학회, 2008.

최홍엽, 연좌농성에 관한 연구, 노동법연구 제1호, 서울대학교노동법연구회, 관악사, 1991.

25

통신사기피해환급법 제15조의2 제1항 위반죄에 관한 고찰*

이 창 섭**

Ⅰ. 문제의 소재

검찰은 2015년 6월부터 보이스피싱(Voice Phishing) 사범에 대한 강화된 구형기준을 마련·시행해 왔음에도 불구하고 피해규모가 증가하자, 최근 보이스피싱 범죄 관련자에 대해서는 구속수사를 원칙으로 하고, 범죄가담정도에 따라 범행주도자에게는 징역 10년, 중간가담자에게는 징역 7년, 통장모집 등 단순가담자에게는 징역 5년을 기본으로 양형요소에 따른 가중범위까지 차등해서 구형하되, 자수하거나 공범검거에 협조한 경우 구형량을 줄여주기로 하는 등 사건처

---

* 이 논문은 제183회 영남형사판례연구회(2016.9.12.)에서 발표한 글을 수정·보완한 것이며, 법학연구 제57권 제4호(2016)에 게재되었음.

** 제주대학교 법학전문대학원 부교수, 법학박사.

리기준을 강화했다.[1] 이른바 보이스피싱 범죄의 폐해는 익히 알려져 있는 것이지만, 범행방식이 진화를 거듭하고 있고, 그에 따라 시민의 피해도 지속적으로 증가하고 있기 때문에, 검찰도 엄벌의지를 밝힘으로써 그에 대처하려는 것이다. 그런데 피기망자가 처분의사[2] 없이 자금을 이체하도록 하는 경우와 같이 사기죄의 구성요건에 해당하지 않는 보이스피싱도 존재하기 때문에,[3] 형법규정만으로 모든 보이스피싱 범죄자를 처벌하기 어려운 것도 사실이다. 전기통신금융사기 피해 방지 및 피해금 환급에 관한 특별법(이하 '통신사기피해환급법') 제15조의2는 이런 난점을 극복하고자 신설된 규정이다. 이 글에서 다루고자 하는 '대법원 2016. 2. 19. 선고 2015도15101 전원합의체 판결'의 사안에서는 甲은 전기통신금융사기로 피해자들의 자금이 사기이용계좌로 송금·이체된 후 계좌에서 현금을 인출하기 위하여 정보처리장치인 현금인출기에 사기이용계좌 명의인인 Q의 정보 등을 입력하는 행위를 하였다. 이것이 통신사기피해환급법 제15조의2 제1항 제2호, 즉 처벌조항 제2호의 구성요건에 해당하는지가 문제되었다.

1) 국민일보, "보이스피싱, 통장만 빌려줘도 징역 5년 구형", 2016. 10. 4.자, 12면.

2) 사기죄의 성립요건인 처분행위에 처분의사가 필요한가에 대하여는 견해의 대립이 있고(자세히는 김재봉, "사기죄와 처분의사", 형사판례연구[11], 2003, 171-178면), 대법원은 처분의사 필요설의 입장이다(대법원 2012. 6. 28. 선고 2012도4773 판결 등). 이 글은 처분의사 필요설을 전제한다.

3) 보이스피싱은 '전화금융사기'로 불리기도 한다. 금융감독원은 '전화금융사기 주요 유형'을 개인정보유출로부터 보호해 준다는 등의 방식으로 유인하는 '보호형', 세금을 환급해 준다는 등의 방식으로 유인하는 '보상제공형', 가족을 상해하겠다고 협박하는 등의 방식으로 유인하는 '협박형', 동창회비를 납부해야 한다는 등의 방식으로 유인하는 '의무부과형'으로 나눈바 있다(금융감독원 서민금융지원실 사이버금융감시반, "전화금융사기 피해예방 현황 및 보완대책", 정례브리핑 자료, 2009. 6. 9.자, 1, 5면. 금융감독원(http://www.fss.or.kr) → 알림·소식 → 보도자료 → 보도자료). 이 중 '보상제공형'이나 '보호형'의 경우 기망당한 피해자는 계좌이체를 한다고 인식하는 것이 아니라 환급 또는 보호를 받기 위해 범인이 요구하는 인증번호와 보안코드 등을 입력한다고 인식할 뿐이다(김성규, "전기통신금융사기의 현상과 그 가벌성", 법학논총 제32권 제2호, 전남대학교 법학연구소, 2012, 351면. 홍승희, "차명계좌를 중심으로 한 전화금융사기의 법적 쟁점", 비교형사법연구 제11권 제2호, 2009, 33면도 같은 취지이다). 여기에서 범인이 인증번호와 보안코드라고 말하는 것은 실제로는 범죄계좌 번호와 입금액수이다(윤해성, "보이스피싱 사기범죄의 국제적 동향과 법제도적 방향 모색", 형사정책 제25권 제2호, 2013, 254면). 현재 금융감독원과 경찰청이 공동운영하는 '보이스피싱 지킴이'에서는 "기망행위로 타인의 재산을 편취하는 사기범죄의 하나로 전기통신수단을 이용한 비대면거래를 통해 금융분야에서 발생하는 일종의 특수사기범죄"를 '피싱사기'로 명명하고, 그 주요유형을 10가지로 세분화하고 있다. 보이스피싱 지킴이(http://phishing-keeper.fss.or.kr) → 피싱사기 개요 → 피싱사기 정의, 주요특징). 또한 피싱의 유형에 대한 자세한 고찰은 김성룡, "피싱(Phishing)의 가벌성", IT와 법연구 제4집, 경북대학교 IT와 법연구소, 2010, 254면 이하.

처벌조항 제1호는 전기통신금융사기를 목적으로 "타인으로 하여금 컴퓨터 등 정보처리장치에 정보 또는 명령을 입력하게 하는 행위"를 한 자, 처벌조항 제2호는 전기통신금융사기를 목적으로 "취득한 타인의 정보를 이용하여 컴퓨터 등 정보처리장치에 정보 또는 명령을 입력하는 행위"를 한 자에 대한 처벌을 규정한다. 甲은 사기이용계좌인 Q의 계좌에서 현금을 인출하기 위하여 현금인출기에 명의인인 Q 명의 체크카드를 넣고 비밀번호를 입력하였으므로, 제2호 행위, 즉 취득한 타인 [Q]의 정보를 이용하여 컴퓨터 등 정보처리장치[현금인출기]에 정보 등을 입력하는 행위에 해당하는 것으로 보인다. 그런데 이미 乙과 丙은 전기통신금융사기로 피해자들로 하여금 자금을 사기이용계좌로 송금·이체하도록 하였고, 이는 제1호 행위, 즉 타인[피해자]으로 하여금 컴퓨터 등 정보처리장치[현금인출기]에 정보 등을 입력하게 하는 행위에 해당한다. 다수의견은 甲의 행위는 '전기통신금융사기를 목적으로 하는 행위'도 '전기통신금융사기의 대상이 된 사람의 정보를 이용한 행위'도 아니어서 처벌조항 제2호의 구성요건에 해당하지 않는다고 보았고, 반대의견은 제3자 명의 사기이용계좌 명의인의 정보를 이용하여 정보처리장치에 정보 등을 입력하는 행위도 처벌조항 제2호의 구성요건에 해당한다고 보아 甲의 행위는 처벌조항 제2호의 구성요건에 해당한다고 보았다.

이는 乙과 丙의 전기통신금융사기로 피해자들이 자금을 사기이용계좌로 송금·이체함으로써 전기통신금융사기의 목적이 달성되었다고 할 것인지에 대한 관점의 차이에서 비롯한다. 다수의견과 반대의견 모두 문언해석의 측면에서 나름의 타당성을 가지고 있는 만큼, 형벌법규 해석의 원칙으로 돌아가 이 문제를 바라보아야 할 것으로 본다. 반대의견이 지적하듯이, "가능한 문언의 의미 내에서 해당 규정의 입법 취지와 목적 등을 고려한 법률 체계적 연관성에 따라 그 문언의 논리적 의미를 분명히 밝히는 체계적·논리적 해석방법"[4)]을 동원할 필

4) 대법원 2007. 6. 14. 선고 2007도2162 판결 등. 체계적 해석방법은 법률 전체의 체계적 연관성을 고려하는 해석방법이다(Wessels · Beulke · Satzer, Strafrecht, Allgemeiner Teil, 45. Aufl. 2015, Rn.76). 문리적 해석방법은 체계적 해석방법을 통하여 보완되고, 체계적 해석방법에 의하여 법률의 의미가 해석되어야 하는 규정의 위치로부터 체계적 연관성에 따라 도출된다(Jescheck · Weigend, Lehrbuch des Strafrechts, Allgemeiner Teil, 5. Aufl. 1996, S.155).

요가 있다. 어떤 입장이 더 큰 설득력을 갖는가? 먼저 대상판결을 소개하고, 처벌조항의 입법취지부터 확인하기로 한다.

Ⅱ. 대상판결: 대법원 2016. 2. 19. 선고 2015도15101 전원합의체 판결

1. 사건의 경과

(1) 甲, 乙, 丙은 대출회사 직원을 사칭하여 정부에서 시행하는 저리 대출을 해준다면서 이에 필요한 수수료 등을 입금하라고 권유하여 송금을 받은 뒤 이를 가로채는 방식의 '보이스피싱' 범행을 저지르기로 마음먹고, 이에 따라 乙, 丙은 타인 명의의 체크카드를 甲에게 전달하고, '보이스피싱'에 속은 피해자들이 금원을 송금하면 그 직후 이를 인출하도록 연락하여 甲이 인출하고, 甲은 다시 인출한 금원 중 자신의 수수료 3%를 공제한 나머지 금원을 乙이 지정한 계좌로 송금하기로 모의하였다.

乙, 丙은 2015. 4. 1. 경 피해자 A에게 전화하여 "△△캐피탈 P 대리인데 정부에서 저금리 대출을 받게 해 주겠다. 대출승인이 나려면 인지세가 필요하다. 법무사 계좌를 이용한 비용과 수수료가 필요하다."는 취지로 거짓말하여, 이에 속은 A로부터 Q 명의 ○○은행 계좌로 2,120,000원을 이체 받는 등 피해자 5명으로부터 합계 11,300,000원을 송금 받았다. 甲은 乙, 丙과 공모하여 같은 날 10:40 경 서울 영등포구 소재 ○○은행 지점의 현금인출기에 乙의 지시에 따라 보관하고 있던 Q 명의 체크카드를 넣고 비밀번호를 입력하는 등 총 11회에 걸쳐 각 은행의 현금인출기에 비밀번호를 입력하여 위 금원을 인출하고 이를 乙에게 송금하였다.

검사는 甲을 사기죄, 통신사기피해환급법 위반죄, 전자금융거래법 위반죄로 기소하였다.

(2) 제1심은 ① 이 사건 특별법 구성요건은 '전기통신금융사기'를 목적으로 하는 목적범으로 이 사건 특별법 제2조 제2호의 '전기통신금융사기'의 정의개념

에 비추어 볼 때, '전기통신을 이용하여 타인을 기망 · 공갈함으로써 재산상의 이익을 취하거나 제3자에게 재산상의 이익을 취하게 하는 행위로서, 자금을 송금 · 이체하도록 하는 행위 내지 개인정보를 알아내어 자금을 송금 · 이체하는 행위'를 목적으로 하여야만 구성요건에 해당한다고 볼 수 있고, 이 사건과 같은 인출행위는 타인으로 하여금 자금을 송금 · 이체하도록 한 이후에 위 자금을 인출한 행위로서, 이미 이 사건 특별법 구성요건에서 정하는 목적이 실현된 이후에 이루어진 행위에 불과한 점, ② 이 사건 특별법 구성요건상 "취득한 타인의 정보를 이용하여 컴퓨터 등 정보처리장치에 정보 또는 명령을 입력하는 행위"에서의 '타인'은 역시 위 정의규정에 의할 때, 위 제2조 제2호에서 기망 · 공갈의 상대방인 '타인'에 한정되는 것으로 해석하여야 하는 점, ③ 이 사건 특별법 제15조의2의 신설 이유는 '변종 보이스피싱 행위도 처벌될 수 있도록 전기통신금융사기죄를 신설'하는 데 있는 점 등을 종합하여 보면, 검사가 제출하는 증거만으로는 피고인의 현금인출 행위가 이 사건 특별법 구성요건에 해당한다고 단정하기 어렵다고 보아 피고인에게 이 부분 공소사실에 대하여 형사소송법 제325조 후단에 의하여 무죄를 선고하였다.[5] 이에 피고인 및 검사가 항소하였다.

(3) 항소심은 피고인 및 검사의 항소를 모두 기각하여 제1심판결을 유지하였다.[6] 이에 검사가 상고하였고, 통신사기피해환급법 제15조의2 제1항은 '피해자의 송금 · 이체행위에 해당하는 정보 등 입력행위'뿐만 아니라 '대포통장에서의 현금 인출행위에 해당하는 정보 등 입력행위'도 처벌하는 규정으로 해석함이 타당하므로, 이와 달리 판단한 원심판결에는 위 처벌조항의 해석에 관한 법리를 오해한 위법이 있다는 상고이유를 제시하였다.[7]

---

5) 서울중앙지방법원 2015. 6. 12. 선고 2015고단2039 판결. 사기죄와 전자금융거래법위반죄에 대하여는 유죄를 인정하였다.

6) 서울중앙지방법원 2015. 9. 10. 선고 2015노2516 판결.

7) 고제성, "통신사기피해환급법 제15조의2 제1항에서 말하는 '정보 또는 명령의 입력행위'의 의미", 사법 제36호, 사법발전재단, 2016, 374-375면.

2. 대법원의 판단

(1) 다수의견

다수의견은 먼저 "통신사기피해환급법 제15조의2 제1항(이하 '처벌조항')은 통신사기피해환급법 제2조 제2호에서 정한 전기통신금융사기(이하 '전기통신금융사기')를 목적으로 하는 행위를 처벌하기 위한 규정으로서, 전기통신금융사기가 (가)목 행위와 (나)목 행위로 정의되는 것에 대응하여 그에 해당하는 정보 등의 입력 행위로 나누어 각각 처벌대상으로 삼고 있다"라고 전제한다. 다수의견이 제시하는 논거는 다음과 같다.

① 처벌조항이 처벌대상으로 삼고 있는 '전기통신금융사기를 목적으로 하는 정보 또는 명령의 입력'이란 '타인에 대한 전기통신금융사기 행위에 의하여 자금을 다른 계좌(이하 '사기이용계좌'라고 한다)로 송금·이체하는 것을 목적으로 하는 정보 또는 명령의 입력'을 의미한다고 해석되며, 이러한 해석은 이른바 변종 보이스피싱 행위도 처벌할 수 있도록 하기 위하여 처벌조항을 신설하였다는 통신사기피해환급법의 개정이유에 의하여서도 뒷받침된다.

② 전기통신금융사기를 목적으로 타인으로 하여금 컴퓨터 등 정보처리장치에 정보 또는 명령을 입력하게 하는 행위(처벌조항 제1호, 이하 '제1호 행위')나 전기통신금융사기를 목적으로 취득한 타인의 정보를 이용하여 컴퓨터 등 정보처리장치에 정보 또는 명령을 입력하는 행위(처벌조항 제2호, 이하 '제2호 행위')에 의한 정보 또는 명령의 입력으로 자금이 사기이용계좌로 송금·이체되면 전기통신금융사기 행위는 종료되고 처벌조항 위반죄는 이미 기수에 이른 것이므로, 그 후에 사기이용계좌에서 현금을 인출하거나 다시 송금하는 행위는 범인들 내부 영역에서 그들이 관리하는 계좌를 이용하여 이루어지는 행위이어서, 이를 두고 새로 전기통신금융사기를 목적으로 하는 행위라고 할 수 없다.

③ 통신사기피해환급법 제2조 제2호에서 정한 '타인'은 '기망의 상대방으로서 전기통신금융사기의 대상이 된 사람'을 의미하고, 제1호 행위에서 정하고 있는 정보 또는 명령을 입력하는 주체인 '타인' 역시 위와 같은 의미임이 분명하다. 이에 비추어 보면 제2호 행위에서 정하고 있는 정보 취득의 대상인 '타인' 역시

위와 마찬가지로 '전기통신금융사기의 대상이 된 사람'을 의미한다고 해석함이 타당하고, 제2호 행위에 관하여서만 이와 달리 해석하여 '타인'에 사기이용계좌 명의인까지 포함된다고 볼 수는 없다.

이에 따라 다수의견은 다음과 같은 결론을 내린다.

"구 전기통신금융사기 피해금 환급에 관한 특별법(2014. 1. 28. 법률 제12384호 통신사기피해환급법으로 개정되기 전의 것) 제2조 제2호 본문 (가)목, (나)목, 통신사기피해환급법 제2조 제2호 본문, 처벌조항의 문언과 내용 및 처벌조항의 신설 취지 등을 종합하면, 전기통신금융사기로 인하여 피해자의 자금이 사기이용계좌로 송금·이체된 후 계좌에서 현금을 인출하기 위하여 정보처리장치에 사기이용계좌 명의인의 정보 등을 입력하는 행위는 '전기통신금융사기를 목적으로 하는 행위'가 아닐 뿐만 아니라 '전기통신금융사기의 대상이 된 사람의 정보를 이용한 행위'가 아니라서, 처벌조항이 정한 구성요건에 해당하지 않는다."

(2) 반대의견

반대의견은 다음과 같은 논거를 제시한다.

① 처벌조항 위반죄는 '전기통신금융사기의 목적'이라는 초과 주관적 구성요건요소를 가지고 있는 목적범에 해당한다. 처벌조항의 객관적 구성요건은 '타인으로 하여금 정보나 명령을 입력하게 하거나, 취득한 타인의 정보를 이용하여 정보나 명령을 입력하는 행위'이고, 구성요건적 행위가 '전기통신금융사기를 목적'으로 이루어진 것이라면 불법성이 인정되는데, 여기서 '전기통신금융사기'는 초과 주관적 구성요건인 목적의 대상일 뿐 처벌조항의 객관적 구성요건요소는 아니다.

② 전기통신금융사기의 목적을 달성하기 위해서는 피해자의 자금을 제3자 명의의 차명계좌인 이른바 대포통장 계좌(이하 '제3자 명의 사기이용계좌')로 송금·이체받는 것만으로는 부족하고, 적어도 통신사기피해환급법에 따른 지급정지 조치를 회피하여 자금을 자유롭게 처분하거나 사용할 수 있는 상태에 이르러야 한다. 따라서 제3자 명의 사기이용계좌에서 자금을 인출하는 행위는 전기통신금융사기를 목적으로 하는 행위로 보아야 하고, 전기통신금융사기의 목적을

달성한 이후의 행위라고 볼 것은 아니다.

③ 통신사기피해환급법은 제2조 제3호에서 따로 "피해자란 전기통신금융사기로 인하여 재산상의 피해를 입은 자를 말한다."라고 정의하고 있다. 그럼에도 처벌조항에 '피해자'라는 용어 대신 굳이 '타인'이라는 용어를 사용한 것은 문언 그대로 '범인 이외의 다른 사람'을 대상으로 삼겠다는 입법자의 의사로 볼 수 있다. 따라서 제3자 명의 사기이용계좌의 명의인도 처벌조항에서 말하는 '타인'에 해당한다.

④ 전기통신금융사기 조직의 인출책이 범행 목적을 달성하기 위하여 피해자의 자금을 찾고자 제3자 명의 사기이용계좌의 명의인으로부터 취득한 정보 등을 정보처리장치에 입력하는 행위는 처벌조항의 문언을 굳이 확장하거나 유추하지 않더라도 문언에 그대로 들어맞는 행위이다. 이와 같이 처벌조항을 해석한다고 하여 죄형법정주의 원칙상 금지되는 확장해석이나 유추해석이라고 할 수 없다.

그리고 반대의견은 다수의견과 반대되는 결론을 내린다.

"피해자의 자금이 제3자 명의 사기이용계좌로 송금·이체된 후 계좌에서 현금을 인출하기 위하여 계좌 명의인의 정보를 이용하여 정보처리장치에 정보 등을 입력하는 행위는 처벌조항 제2호의 구성요건에 해당한다."

Ⅲ. 통신사기피해환급법 제15조의2의 입법취지

처벌조항은 법률 제12384호로 2014. 1. 28. 개정, 2014. 7. 29. 시행된 통신사기피해환급법에서 신설되었다. 여기에서의 논의와 관계되는 범위에서 통신사기피해환급법의 개정내용을 살펴보면 다음과 같다.

1. 법률의 제명과 목적

2011. 3. 29. 제정 통신사기피해환급법	2014. 1. 28. 개정 통신사기피해환급법
전기통신금융사기 피해금 환급에 관한 특별법	전기통신금융사기 피해 방지 및 피해금 환급에 관한 특별법
제1조(목적) 이 법은 전기통신금융사기의 피해자에 대한 피해금 환급을 위하여 사기이용계좌의 채권소멸절차와 피해금환급절차 등을 정함으로써 피해자의 재산상 피해를 신속하게 회복하는 데 이바지하는 것을 목적으로 한다.	제1조(목적) 이 법은 전기통신금융사기를 방지하기 위하여 정부의 피해 방지 대책 및 금융회사의 피해 방지 책임 등을 정하고, 전기통신금융사기의 피해자에 대한 피해금 환급을 위하여 사기이용계좌의 채권소멸절차와 피해금환급절차 등을 정함으로써 전기통신금융사기를 예방하고 피해자의 재산상 피해를 신속하게 회복하는 데 이바지하는 것을 목적으로 한다.

2011. 3. 29. 제정된 통신사기피해환급법은 피해금 환급 절차위주로 구성되어 있어 적극적인 전기통신금융사기 피해 방지를 위한 제도적 조치가 미흡하여 그 보완이 필요한 실정이었고, 이를 감안하여 이러한 제도적 조치를 보완한 개정법에서는 법률 제명이 "전기통신금융사기 피해 방지 및 피해금 환급에 관한 특별법"으로 변경되었다.[8] 제정법의 목적과 내용은 처벌이 아닌 피해자 구제에 초점이 맞추어져 있기 때문에, 사기범들을 처벌하기 위한 처벌조항을 본 법에 규정하게 되면 법 목적 및 체계상 모순이라는 지적[9]이 이미 있었다.

이러한 맥락에서 법률의 목적에도 "전기통신금융사기를 방지하기 위하여 정부의 피해 방지 대책 및 금융회사의 피해 방지 책임 등을 정"함으로써 "전기통

8) 2013. 12. 30. 정무위원장이 제안한 "전기통신금융사기 피해금 환급에 관한 특별법 일부개정법률안(대안)", 2면.
이 글에서 인용되는 법률안 및 법률안에 대한 검토보고(서)의 출처는 국회 의안정보시스템이다. (http://likms.assembly.go.kr/bill)

9) 윤해성, 앞의 글, 260－261면과 "전자금융 피해자 보호를 위한 전기통신금융사기 피해금 환급에 관한 특별법의 바람직한 개정 방안 － 국제적 동향과 법제도적 방향을 중심으로 －", 국회의원 김영주 2013년 제6회 정책세미나 전자금융 피해자 보호를 위한 전기통신금융사기 피해금 환급 특별법의 바람직한 개정 방안, 2013. 12. 20., 11면(국회전자도서관(http://dl.nanet.go.kr)).

신금융사기를 예방"하는 데 이바지하는 것을 목적으로 한다는 내용이 새롭게 규정된 것으로 보인다. 이러한 목적에서 통신사기피해환급법은 전기통신금융사기의 예방을 위한 법이자 전기통신금융사기의 피해자의 재산상 피해 회복을 위한 법, 다시 말하면 전기통신금융사기의 전후를 모두 규율하는 법이라는 것을 분명히 나타내게 되었다. 다만 목적의 내용에서 처벌조항의 존재이유를 설명하는 부분은 보이지 않는다. 처벌조항은 전기통신금융사기 예방이나 피해자의 재산상 피해 회복이라는 목적과 직접적으로 연결되지 않기 때문이다.

2. '전기통신금융사기'의 정의

2011. 3. 29. 제정 통신사기피해환급법	2014. 1. 28. 개정 통신사기피해환급법
제2조(정의) 이 법에서 사용하는 용어의 뜻은 다음과 같다. 2. "전기통신금융사기"란 「전기통신기본법」 제2조제1호에 따른 전기통신을 이용하여 불특정 다수인을 기망(欺罔)·공갈(恐喝)함으로써 재산상의 이익을 취하거나 제3자에게 재산상의 이익을 취하게 하는 다음 각 목의 행위를 말한다. 다만, 재화의 공급 또는 용역의 제공 등을 가장한 행위는 제외한다. 가. 자금을 송금·이체하도록 하는 행위 나. 개인정보를 알아내어 자금을 송금·이체하는 행위 3. "피해자"란 전기통신금융사기로 인하여 재산상의 피해를 입은 자를 말한다. 4. "사기이용계좌"란 피해자의 자금이 송금·이체된 계좌 및 해당 계좌로부터 자금의 이전에 이용된 계좌를 말한다.	제2조(정의) 이 법에서 사용하는 용어의 뜻은 다음과 같다. 2. "전기통신금융사기"란 「전기통신기본법」 제2조제1호에 따른 전기통신을 이용하여 <u>타인</u>을 기망(欺罔)·공갈(恐喝)함으로써 재산상의 이익을 취하거나 제3자에게 재산상의 이익을 취하게 하는 다음 각 목의 행위를 말한다. 다만, 재화의 공급 또는 용역의 제공 등을 가장한 행위는 제외하되, <u>대출의 제공·알선·중개를 가장한 행위는 포함한다</u>. 가. 자금을 송금·이체하도록 하는 행위 나. 개인정보를 알아내어 자금을 송금·이체하는 행위 3. "피해자"란 전기통신금융사기로 인하여 재산상의 피해를 입은 자를 말한다. 4. "사기이용계좌"란 피해자의 자금이 송금·이체된 계좌 및 해당 계좌로부터 자금의 이전에 이용된 계좌를 말한다.

개정법에서는 전기통신금융사기 범죄에 효과적으로 대응하기 위하여 전기통신금융사기의 범위를 확대하였다. 즉 전기통신금융사기 수법이 정보통신기술의 발전으로 빠르게 변화함에 따라 범죄 대상을 '불특정 다수인'에서 '타인'으로 변

경하여 불특정인 및 특정인 모두를 포함하도록 확대하였고, 대출의 제공·알선·중개를 가장한 행위를 전기통신금융사기의 범위에 포함시켰다.[10)]

제정법에 규정된 '전기통신금융사기'의 정의는 정무위원회 대안에서 제시된 '전기통신금융사기'의 정의를 법제사법위원회 심의과정에서 이해하기 쉽게 수정한 것이다. 위원회안 제2조 제2호는 다음과 같았다.

"전기통신금융사기"란 불특정 다수인을 대상으로 「전기통신기본법」 제2조 제1호에 따른 전기통신을 이용하여 사람을 기망·공갈함으로써 계좌로 자금을 송금·이체하도록 하거나 개인정보를 알아내어 자금을 송금·이체하는 등의 방법으로 재산상의 이익을 취하거나 제3자로 하여금 재산상의 이익을 취하게 하는 행위를 말한다. 다만, 재화의 공급 또는 용역의 제공 등을 가장하여 재산상의 이익을 취하거나 제3자로 하여금 재산상의 이익을 취하게 하는 행위는 제외한다.[11)]

즉 "전기통신을 이용하여 사람을 기망·공갈함으로써 계좌로 자금을 송금·이체하도록 하는 방법으로 재산상의 이익을 취하서나 제3자로 하여금 재산상의 이익을 취하게 하는 행위"가 "전기통신을 이용하여 타인을 기망·공갈함으로써 재산상의 이익을 취하거나 제3자에게 재산상의 이익을 취하게 하는 자금을 송금·이체하도록 하는 행위"로, "전기통신을 이용하여 사람을 기망·공갈함으로써 개인정보를 알아내어 자금을 송금·이체하는 방법으로 재산상의 이익을 취하거나 제3자로 하여금 재산상의 이익을 취하게 하는 행위"가 "전기통신을 이용하여 타인을 기망·공갈함으로써 재산상의 이익을 취하거나 제3자에게 재산상의 이익을 취하게 하는 개인정보를 알아내어 자금을 송금·이체하는 행위"로 다듬어졌다. 그러나 위원회안의 '전기통신금융사기'의 정의가 문장의 흐름이 보다 자연스러운 것으로 느껴진다. 아무튼 '전기통신금융사기'는 「전기통신을 이용하여 타인을 기망·공갈하는 행위」, 「기망·공갈당한 타인이 자금을 송금·이체하는 행위」 또는 「기망·공갈당한 타인이 개인정보를 알려주어 행위자가 자

10) 2013. 12. 30. 정무위원장이 제안한 "전기통신금융사기 피해금 환급에 관한 특별법 일부개정법률안(대안)", 2-3면.

11) 이한규 법제사법위원회 수석전문위원의 "전기통신금융사기 피해금 환급에 관한 특별법안(대안) 검토보고", 2면.

금을 송금·이체하는 행위」로 구성되고, 「자금을 송금·이체하는 행위」로 행위자 또는 제3자가 재산상의 이익을 취해야 한다.

3. 통신사기피해환급법 제15조의2의 신설

2011. 3. 29. 제정 통신사기피해환급법	2014. 1. 28. 개정 통신사기피해환급법
	제15조의2(벌칙) ① 전기통신금융사기를 목적으로 다음 각 호의 어느 하나에 해당하는 행위를 한 자는 10년 이하의 징역 또는 1억 원 이하의 벌금에 처한다. 1. 타인으로 하여금 컴퓨터 등 정보처리장치에 정보 또는 명령을 입력하게 하는 행위 2. 취득한 타인의 정보를 이용하여 컴퓨터 등 정보처리장치에 정보 또는 명령을 입력하는 행위 ② 제1항의 미수범은 처벌한다. ③ 상습적으로 제1항의 죄를 범한 자는 그 죄에 대하여 정하는 형의 2분의 1까지 가중한다.

개정법에서는 변종 보이스피싱 행위도 처벌할 수 있도록 처벌조항이 신설되었다.[12] 보이스피싱 범죄는 그 유형에 따라 형법상 사기죄(제347조), 컴퓨터 등 사용사기죄(제347조의2), 공갈죄(제350조)를 적용할 수 있다.[13] 그런데 앞에서 보았듯이 일부 보이스피싱 범죄의 경우, 가령 세금환급을 해준다고 기망하여 피해자로 하여금 피해자의 계좌에서 사기이용계좌로 송금·이체하도록 한 경우, 피해자는 세금환급절차를 진행하는 것으로 오인하였기 때문에 피해자가 자신의 재산을 처분한다는 의사가 있는지가 불명확하여, 사기죄 등을 적용할 수 있는지가 문제되었다.[14][15] 진실한 용도를 속이고 피해자로부터 교부받은 인감증명서

12) 2013. 12. 30. 정무위원장이 제안한 "전기통신금융사기 피해금 환급에 관한 특별법 일부개정법률안(대안)", 3면.

13) 전윤경, "일명 '보이스피싱' 범죄에 가담한 대포통장 양도인의 방조범의 인정여부 – 대법원 2008. 6. 26. 선고 2008도1239 판결 –", 형사법의 신동향 제52호, 2016, 84면.

14) 금융위원회, "전기통신금융사기 피해금 환급에 관한 특별법 개정 추진", 보도자료, 2013. 2. 5. 자, 1–2면. 금융위원회(http://www.fsc.go.kr) → 알림마당 → 보도자료. 또한 각주 3 참조.

등으로 피해자의 부동산에 관하여 피고인 등 명의로 소유권이전등기를 마친 경우, 피해자의 부동산에 관한 처분행위가 없다는 이유로 사기죄의 성립을 부정한 판례[16]가 그 척도가 되었다. 2013. 7. 16. 국무회의에서 의결된 "전기통신금융사기 피해금 환급에 관한 특별법 일부 개정법률안"(정부안)에서는 법의 사각지대에 놓여 있어 형법상 사기죄의 적용이 불분명했던 일부 보이스피싱 범죄까지 처벌하기 위해 사기죄의 법정형과 동일한 법정형(10년 이하의 징역 또는 2천만 원 이하의 벌금)을 가진 전기통신금융사기죄를 신설하였고, 미수범처벌규정과 상습범가중처벌규정도 함께 두었다.[17] 당시 김영주 의원의 개정안에서는 법정형을 10년 이하의 징역 또는 5천만 원 이하의 벌금으로 정하고 있었다. 이에 대해 구기성 정무위원회 수석전문위원은 2013년 9월 국회의장이 제시한 '법정형정비 관련 권고의견'[18]에 따라 법정형을 '10년 이하의 징역 또는 1억 원 이하의 벌금'으로 규정하는 방안도 검토될 필요가 있다는 의견을 피력하였다.[19] 국회 본회의에 부의된 위원회 대안에는 이러한 검토의견이 받아들여졌다.

현재 형법상 사기죄, 컴퓨터 등 사용사기죄, 공갈죄의 법정형은 '10년 이하의 징역 또는 2천만 원 이하의 벌금'으로 동일하다. 처벌조항은 이들 형벌법규로 처벌하기 곤란한 변종 보이스피싱 범죄까지 처벌하기 위해서 신설된 것이기 때

15) 이러한 경우 피기망자인 피해자를 일종의 도구로 이용하여 ATM에 권한 없이 정보를 입력함으로써 예금채권을 취득하는, 즉 구성요건에 해당하지 않는 행위를 이용한 컴퓨터 등 사용사기죄의 간접정범이 성립한다는 견해로는 김성규, 앞의 글, 352면; 윤해성, 앞의 글(각주 3), 256면과 앞의 글(각주 9), 10면.

16) 대법원 2001. 7. 13. 선고 2001도1289 판결: 사기죄는 타인을 기망하여 착오에 빠뜨리고 그로 인한 처분행위로 재물의 교부를 받거나 재산상의 이익을 취득한 때에 성립하는 것이므로, 피고인이 피해자에게 부동산매도용인감증명 및 등기의무자본인확인서면의 진실한 용도를 속이고 그 서류들을 교부받아 피고인 등 명의로 위 부동산에 관한 소유권이전등기를 경료하였다 하여도 피해자의 위 부동산에 관한 처분행위가 있었다고 할 수 없을 것이고 따라서 사기죄를 구성하지 않는다.

17) 금융위원회, "「전기통신금융사기 피해금 환급에 관한 특별법 일부 개정법률안」 국무회의 의결", 보도자료, 2013. 7. 16.자, 1-2면. 금융위원회(http://www.fsc.go.kr/) → 알림마당 → 보도자료.

18) 일반기준으로 징역형 1년당 1천만 원을 적정 벌금액으로, 특별기준으로 중대한 법익을 침해하거나 공공의 생명·안전을 위협하게 되는 파급효과가 있는 경우에 일반기준보다 강화된 기준을 적용할 것을 제시하였다.

19) 구기성 정무위원회 수석전문위원의 "전기통신금융사기 피해금 환급에 관한 특별법 일부개정법률안 검토보고서", 17면.

문에, 그 성격은 사기죄, 컴퓨터 등 사용사기죄, 공갈죄의 보충적 규정으로 보아야 한다. 즉 사기죄, 컴퓨터 등 사용사기죄, 공갈죄가 성립하지 않는 경우에 처벌조항이 적용되어야 한다. 그런데 처벌조항의 법정형 중 벌금의 상한을 1억원으로 정하는 바람에 처벌조항의 성격을 보충적 규정으로 보기가 어려워졌다. 보충적 규정의 법정형이 주된 규정의 법정형보다 높을 수는 없기 때문이다. 더욱이 보이스피싱 범죄의 불법이 사기죄, 컴퓨터 등 사용사기죄, 공갈죄의 불법보다 크다고 할 수도 없다. 결국 처벌조항의 성격을 이들 범죄와는 독립된 특별규정으로 파악할 수밖에 없다.

Ⅳ. 통신사기피해환급법 제15조의2 제1항의 해석론

1. 처벌조항의 구성요건적 행위

처벌조항은 ㉠ "전기통신금융사기를 목적으로 타인으로 하여금 컴퓨터 등 정보처리장치에 정보 또는 명령을 입력하게 하는 행위"와 ㉡ "전기통신금융사기를 목적으로 취득한 타인의 정보를 이용하여 컴퓨터 등 정보처리장치에 정보 또는 명령을 입력하는 행위"를 구성요건적 행위로 정하고 있다. 앞서 보았듯이 '전기통신금융사기'는 ⓐ "전기통신을 이용하여 타인을 기망・공갈함으로써 재산상의 이익을 취하거나 제3자에게 재산상의 이익을 취하게 하는 자금을 송금・이체하도록 하는 행위"와 ⓑ "전기통신을 이용하여 타인을 기망・공갈함으로써 재산상의 이익을 취하거나 제3자에게 재산상의 이익을 취하게 하는 개인정보를 알아내어 자금을 송금・이체하는 행위"를 말한다. 내용적으로 ㉠은 ⓐ에, ㉡은 ⓑ에 대응하고 있다.

처벌조항의 구성요건에는 행위자 또는 제3자의 재산상의 이익 취득에 관한 내용이 없다. 그러나 '전기통신금융사기'의 정의에서 ⓐ의 "자금을 송금・이체하도록 하는 행위"와 ⓑ의 "개인정보를 알아내어 자금을 송금・이체하는 행위"는 그 자체가 행위자가 재산상의 이익을 취하거나 제3자에게 재산상의 이익을 취하게 하는 행위라고 말하고 있고, ⓐ, ⓑ에 대응하는 ㉠, ㉡은 "전기통신금융사기를 목적으로" 하는 행위이므로, ㉠, ㉡ 그 자체가 행위자가 재산상의 이익을 취하거나 제3자에게 재산상의 이익을 취하게 하는 행위라고 해야 한다. 이런 의미에서 처벌조항 위반죄는 행위자나 제3자가 재물의 교부를 받거나 재산상의 이익을 취득함으로써 기수에 이르는 사기죄나 행위자나 제3자가 재산상의 이익을 취득함으로써 기수에 이르는 컴퓨터 등 사용사기죄와 같은 맥락의 범죄임을 알 수 있다. 구체적으로 처벌조항의 "전기통신금융사기를 목적으로"는 '전기통신금융사기'의 정의 중 "「전기통신기본법」 제2조 제1호에 따른 전기통신을 이용하여 타인을 기망·공갈함으로써 재산상의 이익을 취하거나 제3자에게 재산상의 이익을 취하게 하는"에 대응한다. 그리고 '전기통신금융사기'는 "… 행위"이다. 따라서 "전기통신금융사기를 목적으로 … 하는 행위"는 "「전기통신기본법」 제2조 제1호에 따른 전기통신을 이용하여 타인을 기망·공갈함으로써 재산상의 이익을 취하거나 제3자에게 재산상의 이익을 취하게 하는 행위를 목적으로 … 하는 행위"라는 뜻이 된다.

2. 처벌조항의 규정형식과 목적범

처벌조항은 "전기통신금융사기를 목적으로 … 하는 행위"를 처벌대상으로 하고 있기 때문에, 목적범의 규정형식을 띠고 있다. 이를 문언 그대로 이해하면, 처벌조항의 구성요건적 행위는 전기통신금융사기의 예비행위로 볼 여지가 있다. 통신사기피해환급법 개정안이 국회 본회의에 부의되기 전 열린 정책세미나에서도 처벌조항을 목적범의 형태로 구성하여 예비행위를 처벌하는 방안이 제안되었다. 즉 재산처분행위가 없어도 사기범을 처단하겠다는 의지의 실현으로 처벌조항을 목적범 또는 위험범의 형태로 제정하여 현금을 입금하도록 유도하는 행위 또는 재물의 교부나 재산처분행위가 없더라도 "전화금융사기 범죄의 목적으로" "전화금융사기로 인하여 재산상의 손해를 야기할 목적으로" 등 목적범의 규정으로 처벌하는 방안을 모색하고, 이를 위하여 "재산상의 편취를 목적으로"라는 목적을 바탕으로 이에 대한 예비적 행위 등을 각호에 예시 또는 열거하여 사기죄에 준하여 처벌하는 방법을 고려하는 것이 그것이다.[20)]

그러나 처벌조항의 구성요건적 행위인 ㉠, ㉡은 전기통신금융사기를 목적으로 하는 예비행위가 아니라 이미 전기통신금융사기를 구성하는 행위에 해당한다. 따라서 입법자가 전기통신금융사기를 목적으로 하는 예비행위도 처벌조항의 구성요건적 행위로 규정하려 의도했다면, 이러한 의도는 실현되지 않았다. 입법자의 의도가 전기통신금융사기 그 자체를 처벌하는 데 있다면, "전기통신금융사기를 목적으로"는 "「전기통신기본법」 제2조 제1호에 따른 전기통신을 이용하여 타인을 기망·공갈함으로써 재산상의 이익을 취하거나 제3자에게 재산상의 이익을 취하게 하는"을 입법기술에 의하여 압축한 표현이 된다. 변종 보이스피싱 범죄까지도 처벌하고자 하는 것이 처벌조항의 입법취지이므로, 후자의 관점에서 입법자의 의도를 파악해야 할 것이다.[21] 그러나 처벌조항은 "전기통신금융사기를 목적으로 하는" "전기통신금융사기를 구성하는 행위"를 구성요건적 행위로 정하고 있어, 목적범의 규정형식으로는 생소하고, 무리하게 문언을 압축하는 바람에 구성요건의 내용도 매끄럽지 못하게 되었다.

입법자의 의도를 고려하여 처벌조항의 구성요건을 풀어보면, 다음과 같을 것이다.

> "「전기통신기본법」 제2조제1호에 따른 전기통신을 이용하여 타인을 기망·공갈함으로써 재산상의 이익을 취하거나 제3자에게 재산상의 이익을 취하게 할 목적으로 다음 각 호의 어느 하나에 해당하는 행위를 한 자는 10년 이하의 징역 또는 1억 원 이하의 벌금에 처한다.
>
> 1. 타인으로 하여금 컴퓨터 등 정보처리장치에 정보 또는 명령을 입력하게 하는 행위
> 2. 취득한 타인의 정보를 이용하여 컴퓨터 등 정보처리장치에 정보 또는 명령을 입력하는 행위"

---

20) 윤해성, 앞의 글(각주 9), 11면. 같은 내용은 윤해성, 앞의 글(각주 3), 261면.

21) 이런 의미에서 전기통신금융사기의 예비행위로 볼 수 있는 "전기통신을 이용하여 타인을 기망·공갈하는 행위" 및 "전기통신을 이용하여 타인을 기망·공갈함으로써 타인의 정보를 취득하는 행위"는 다른 죄에 해당하는 경우는 별론으로 하고 처벌조항 위반죄로는 처벌하지 않겠다는 것이 입법자의 의사라고 이해할 수 있다.

V. 대상판결의 분석

1. 다수의견과 반대의견의 비판적 검토

대상판결의 사안에서 문제된 것은 乙, 丙이 ㉠에 해당하는 행위를 하여 처벌조항 제1호 위반죄가 성립한 후에, 甲이 제3자 명의 사기이용계좌인 대포통장 계좌에서 현금을 인출하기 위하여 대포통장 명의인인 Q의 정보 등을 입력하는 행위가 ㉡에 해당하여 처벌조항 제2호 위반죄가 성립하는가이다.

(1) 처벌조항 위반죄의 기수시기

甲에 대하여 처벌조항 제2호 위반죄의 성립을 부정하는 다수의견은 ① 제2호 행위는 “타인에 대한 전기통신금융사기 행위에 의하여 자금을 사기이용계좌로 송금·이체하는 것을 목적으로 하는 정보 또는 명령의 입력”을 의미하고, ② 제1호 행위나 제2호 행위로 자금이 사기이용계좌로 송금·이체되면 전기통신금융사기 행위는 종료되고 처벌조항 위반죄는 이미 기수에 이른다고 한다. 앞에서 살펴본 처벌조항의 구성요건적 행위의 내용과 구성요건적 행위를 완료함으로써 범죄는 기수에 이른다는 원칙에 의하면, 다수의견의 논거 ①, ②는 타당하다.

여기에 대해 甲에 대하여 처벌조항 제2호 위반죄의 성립을 긍정하는 반대의견은 ① 처벌조항 위반죄는 목적범으로 ‘전기통신금융사기’는 초과 주관적 구성요건인 목적의 대상일 뿐 처벌조항의 객관적 구성요건요소는 아니고, ② 전기통신금융사기의 목적을 달성하기 위해서는 피해자의 자금을 제3자 명의 사기이용계좌로 송금·이체받는 것만으로는 부족하고, 적어도 통신사기피해환급법에 따른 지급정지 조치를 회피하여 자금을 자유롭게 처분하거나 사용할 수 있는 상태에 이르러야 하므로, 제3자 명의 사기이용계좌에서 자금을 인출하는 행위는 전기통신금융사기를 목적으로 하는 행위로 보아야 한다는 반론을 제기한다. 그러나 처벌조항은 목적범의 규정형식을 취하고 있지만, ‘전기통신금융사기’의 정의와 처벌조항의 입법과정을 보면, 처벌조항의 “전기통신금융사기를 목적으로”

라는 문언에는 "「전기통신기본법」 제2조 제1호에 따른 전기통신을 이용하여 타인을 기망·공갈함"과 "재산상의 이익을 취하거나 제3자에게 재산상의 이익을 취하게 할 목적"이 함축되어 있다. 타인에 대한 전기통신을 이용한 기망·공갈행위가 요구된다는 것이 "전기통신금융사기를 목적으로"라는 문언에서 도출되므로, '전기통신금융사기'가 목적의 대상일 뿐이라고 보기는 어려우므로, 반대의견의 논거 ①은 타당하지 않다. 또한 제1호 행위와 제2호 행위는 서로 독립된 행위이므로, 처벌조항 2호 위반죄에도 타인에 대한 전기통신을 이용한 기망·공갈행위와 재산상의 이익 취득 목적이 필요하다. 따라서 이를 따지지 않고 제3자 명의 사기이용계좌에서 자금을 인출하는 행위를 전기통신금융사기를 목적으로 하는 행위라고 보는 반대의견의 논거 ②도 타당하지 않다.

(2) 처벌조항의 '타인'의 의미

다수의견은 ③ 통신사기피해환급법 제2조 제2호의 '타인', 제1호 행위와 제2호 행위의 '타인'은 모두 "기망의 상대방으로서 전기통신금융사기의 대상이 된 사람"을 의미한다고 보고 있음에 반해, 반대의견은 ③ 통신사기피해환급법은 제2조 제3호에서 '피해자'의 정의를 하고 있음에도 처벌조항에 '피해자'라는 용어 대신 '타인'이라는 용어를 사용한 것은 문언 그대로 '범인 이외의 다른 사람'을 대상으로 삼겠다는 입법자의 의사로 볼 수 있다고 한다. 다수의견은 처벌조항이 전기통신금융사기를 목적으로 하는 행위를 처벌하기 위한 규정이므로 전기통신금융사기의 '타인'과 처벌조항의 '타인'이 동일한 의미라고 보는 것이다. 통신사기피해환급법 제2조 제2호와 처벌조항 제1호의 '타인'이 기망·공갈의 상대방인 사람을 의미하는 것은 문언에서 명확하다. 처벌조항 제2호의 '타인'이 피해자를 의미한다는 것도 마찬가지이다. 그런데 기망·공갈의 상대방인 사람과 피해자는 동일인일 수도 있고 그렇지 않을 수도 있다. 다수의견에 의하면 기망·공갈의 상대방인 사람과 피해자가 동일인이 아닐 경우에는[22] 처벌조항 제2호 위반죄는 성립할 수 없다는 결론에 이른다. 이때 피해자는 기망·공갈의 상대방이

22) 예를 들어 기망·공갈의 상대방인 사람이 피해자의 재산을 처분할 수 있는 지위에 있는 사람인 경우를 생각해 볼 수 있다.

아니기 때문이다.

한편 통신사기피해환급법 제2조 제4호는 '사기이용계좌'의 명의인이 누구인가를 따지지 않고 있기 때문에, 사기이용계좌의 명의인이 피해자인 경우도 상정할 수 있다. 보이스피싱 조직이 미리 입수한 전화번호로 70, 80대 노인들에게 전화를 걸어 "우체국 직원인데 개인정보가 유출됐으니 돈을 찾아 냉장고 안에 넣어 두라"고 말한 뒤, 다시 전화를 걸어 피해자가 돈을 찾아 냉장고에 보관했다는 사실을 확인하면, "범인이 검거됐으니 우체국으로 가서 확인해보라"며 피해자를 밖으로 유인한 후 냉장고에 든 돈을 훔치는 사건[23]은 생소한 일이 아니다. 이를 조금 변형하여, 가령 예금계좌를 여러 개 가지고 있는 사람에게 전화하여 국세청 직원을 사칭하며 피해자의 계좌 중 하나에 예금을 모두 모아두어야 세금을 많이 환급받을 수 있다고 속이고, 피해자가 이에 따라 예금을 이체하면, 피해자에게 현금인출기 화면에 나타나는 것은 무시하고 자신이 불러주는 대로 입력하라고 하여 피해자로 하여금 예금을 이체하게 하거나, 도와준다는 미명으로 피해자로부터 현금카드와 비밀번호를 건네받아 예금을 인출·이체하는 경우를 가정해 볼 수 있다. 이때에는 사기이용계좌의 명의인이 피해자가 된다. 또한 여기에서 다른 상황의 변경 없이 사기이용계좌만 피해자의 차명계좌로 하면, 사기이용계좌의 명의인은 제3자가 된다. 처벌조항의 '타인'에 해당하는 사람은 전자에서는 기망의 상대방인 사람이자 사기이용계좌의 명의인이고, 후자에서는 기망의 상대방인 사람이 아닌 차명계좌의 명의인이다. 이런 의미에서 처벌조항 제2호의 '타인'에 사기이용계좌 명의인까지 포함된다고 볼 수는 없다는 다수의견은 처벌조항 제2호의 '타인'의 의미를 좁게 파악하여 처벌조항 제2호의 적용영역을 축소하고 있다. 이는 변종 보이스피싱 행위도 처벌될 수 있도록 한다는 처벌조항의 입법취지에 부합한다고 보기 어렵다.

따라서 다수의견의 논거 ③은 타당하지 않다. 반대의견의 논거 ③처럼, 처벌조항의 '타인'은 '범인 이외의 다른 사람'을 의미한다고 해야 한다.

---

23) 국제신문, ""돈, 냉장고 보관" 노인 상대 절도형 보이스피싱", 2016. 8. 28.자, 10면.

2. 대상판결의 사안의 검토

甲은 피해자로부터 사기이용계좌로 자금이 송금·이체된 후 이를 인출하는 행위를 하였다. 그렇다고 반대의견의 논거 ④에 따라서 甲의 행위가 처벌조항 제2호의 문언에 그대로 들어맞는 행위라고 볼 수는 없다. 처벌조항 위반죄는 모두 타인에 대한 전기통신을 이용한 기망·공갈행위를 전제하기 때문이다. 즉 처벌조항 제2호의 '타인의 정보'는 전기통신을 이용하여 타인을 기망·공갈함으로써 취득한 것이어야 한다. 甲은 Q의 정보를 기망·공갈행위를 통해서 취득하지 않았기 때문에, 甲의 행위는 처벌조항 제2호의 구성요건에 해당하지 않는다. 이는 甲의 행위가 처벌조항 제2호의 구성요건에 해당하지 않는다는 다수의견과 결론은 같지만, 그 논거가 다르다. 다수의견은 처벌조항 제2호의 '타인'에 사기이용계좌 명의인이 포함되지 않는다고 하지만, 필자는 이에 동의하지 않는다.

요컨대 전기통신금융사기의 정의와 처벌조항의 규정을 종합하면, 처벌조항이 규율하는 행위는 "전기통신을 이용하여 타인을 기망·공갈함으로써 재산상의 이익을 취하거나 제3자에게 재산상의 이익을 취하게 할 목적으로 타인으로 하여금 컴퓨터 등 정보처리장치에 정보 또는 명령을 입력하게 하는 행위"와 "전기통신을 이용하여 타인을 기망·공갈함으로써 재산상의 이익을 취하거나 제3자에게 재산상의 이익을 취하게 할 목적으로 취득한 타인의 정보를 이용하여 컴퓨터 등 정보처리장치에 정보 또는 명령을 입력하는 행위"이다. 어느 경우든 타인에 대한 전기통신을 이용한 기망·공갈행위가 필요하다. 사안에서 甲은 사기이용계좌 명의인인 Q의 정보를 아무런 기망·공갈행위에 기인함이 없이 취득하였기 때문에, 처벌조항 제2호 위반죄의 형사책임을 지지 않는다. 다만 甲, 乙, 丙에게 처벌조항 제1호 위반죄에 대한 공모와 기능적 행위지배가 인정되고, 따라서 甲이 처벌조항 제1호 위반죄의 공동정범의 형사책임을 질 여지가 있다고 생각된다.[24] 그러나 甲이 처벌조항 제2호 위반죄로 기소되었기 때문에, 이

24) 따라서 대법원 2015. 7. 23. 선고 2014도13397 판결이 "'보이스피싱' 범죄는 피해자가 총책 등이 지정하는 특정한 계좌에 돈을 입금함으로써 기수에 이르렀다고 할 것이므로 현금 인출 내지 이를 약속하는 행위는 범죄성립 이후의 행위로 구성요건 행위 일부는 아니다. 그러나 피고인들의 현금 인출 내지 이를 약속하는 행위는 '보이스피싱'이라는 범행의 목적 달성에 필수불

문제는 처음부터 다루어지지 않은 것으로 보인다.

Ⅵ. 맺음말에 갈음하여

처벌조항은 다양하게 진화하는 보이스피싱 범죄에 효과적으로 대처하여 변종 보이스피싱 범죄에 대하여도 형벌법규를 적용하려는 의도에서 신설된 규정이다. 규정형식상 처벌조항에서 정하는 일정한 행위를 함으로써 처벌조항 위반죄는 기수에 이른다. 대상판결의 다수의견은 처벌조항 제2호의 '타인'에 사기이용계좌 명의인이 포함되지 않는다는 이유로 현금인출기에 사기이용계좌 명의인 Q의 정보 등을 입력한 甲의 행위는 처벌조항 제2호의 구성요건에 해당하지 않는다는 결론을 도출하지만, 처벌조항 제2호의 '타인'은 반대의견과 같이 '범인 이외의 다른 사람'을 의미한다고 보아야 하고, 또한 행위자가 사기이용계좌에 타인의 정보 등을 입력하는 행위가 처벌조항 제2호 위반죄를 구성하려면, 타인의 정보를 취득하기 위한 기망·공갈행위가 존재해야 함을 간과해서는 안 될 것이다. 甲은 사기이용계좌 명의인인 Q의 정보를 기망·공갈행위 없이 취득하였으므로, 甲의 행위는 처벌조항 제2호의 구성요건에 해당하지 않는다고 보아야 한다.

처벌조항을 신설한 취지는 충분히 이해되지만, 처벌조항의 의미가 보다 명확히 나타날 수 있도록 그 규정내용은 좀 더 다듬어져야 할 것으로 보인다. 입법론으로 다음과 같은 사항을 제안하고자 한다.

(1) 통신사기피해환급법 제1조의 목적에 처벌조항의 존재를 설명하는 내용이 들어가는 것이 적절할 것으로 생각한다.

(2) 처벌조항의 "전기통신금융사기의 목적으로"는 그 내용을 풀어서 타인에

가결한 부분으로 범행의 본질적 기여라고 할 것이므로, 피고인들이 성명불상자 총책 등과 순차 공모하여 현금을 인출한 이상 비록 기망행위에 직접 관여하지는 않았더라도 다른 공범들의 행위에 대하여 공동정범으로서의 형사책임을 진다"라고 한 것을 이해할 수 있다(이 판결은 대한민국 법원 종합법률정보(http://glaw.scourt.go.kr)와 로앤비(http://www.lawnb.com)에서 검색되지 않는다(2016. 11. 20. 최종 확인). 여기에서는 전윤경, 앞의 글, 106－107면에 소개된 내용을 재인용하였다). 홍승희, 앞의 글, 46면은 전화금융사기의 현금인출책은 차명계좌에 들어온 돈의 유입과정을 어느 정도 인식할 수 있으므로 전화금융사기의 내용을 알고 있고, 처음부터 전화금융사기를 공모했을 가능성이 높다는 이유로, 전화금융사기의 유형에 따라 현금인출책에 대하여 사기죄 또는 공갈죄에 대한 공동정범의 성립을 긍정할 수 있다고 한다.

대한 전기통신을 이용한 기망·공갈행위를 구성요건적 행위로 명시하는 등 처벌조항이 전기통신금융사기의 예비행위가 아니라 전기통신금융사기 그 자체를 처벌하는 규정임을 분명히 하는 것이 요청된다.

(3) '전기통신금융사기'를 구성하는 행위에는 기망행위뿐만 아니라 공갈행위도 있는데, '전기통신금융사기'라고 표현하면, 이는 공갈행위는 관계없는 것 같은 뉘앙스를 준다. 다른 용어를 검토해 보는 것은 어떨까 생각한다.

(4) 처벌조항의 법정형 중 벌금형의 상한을 1억 원으로 정함으로써 처벌조항의 성격을 사기죄나 컴퓨터 등 사용사기죄, 공갈죄와는 독립된 특별규정으로 볼 수밖에 없게 되었다. 그러나 처벌조항은 애초 이들 범죄의 보충적 규정으로 입법된 것이다. 보이스피싱 범죄의 폐해가 크기는 하지만, 그 불법이 사기죄나 컴퓨터 등 사용사기죄, 공갈죄의 불법보다 크다고 볼 수 없는 이상, 처벌조항을 사기죄, 컴퓨터 등 사용사기죄, 공갈죄의 보충적 규정으로 파악할 수 있도록 사기죄·컴퓨터 등 사용사기죄·공갈죄 또는 처벌조항의 법정형을 조정할 필요가 있다고 본다.

참고문헌

고제성, "통신사기피해환급법 제15조의2 제1항에서 말하는 '정보 또는 명령의 입력행위'의 의미", 사법 제36호, 2016.

김성규, "전기통신금융사기의 현상과 그 가벌성", 법학논총 제32권 제2호, 2012.

김재봉, "사기죄와 처분의사", 형사판례연구[11], 2003.

김성룡, "피싱(Phishing)의 가벌성", IT와 법연구 제4집, 2010.

윤해성, "보이스피싱 사기범죄의 국제적 동향과 법제도적 방향 모색", 형사정책 제25권 제2호, 2013.

______, "전자금융 피해자 보호를 위한 전기통신금융사기 피해금 환급에 관한 특별법의 바람직한 개정 방안 – 국제적 동향과 법제도적 방향을 중심으로 –", 국회의원 김영주 2013년 제6회 정책세미나 전자금융 피해자 보호를 위한 전기통신금융사기 피해금 환급 특별법의 바람직한 개정 방안, 2013. 12. 20.

전윤경, "일명 '보이스피싱' 범죄에 가담한 대포통장 양도인의 방조범의 인정여부 – 대법원 2008. 6. 26. 선고 2008도1239 판결 –", 형사법의 신동향 제52호, 2016.

홍승희, "차명계좌를 중심으로 한 전화금융사기의 법적 쟁점", 비교형사법연구 제11권 제2호, 2009.

국민일보, "보이스피싱, 통장만 빌려줘도 징역 5년 구형", 2016. 10. 4.자.

국제신문, ""돈, 냉장고 보관" 노인 상대 절도형 보이스피싱", 2016. 8. 28.자.

금융감독원 서민금융지원실 사이버금융감시반, "전화금융사기 피해예방 현황 및 보완대책", 정례브리핑 자료, 2009. 6. 9.자.

금융위원회, "전기통신금융사기 피해금 환급에 관한 특별법 개정 추진", 보도자료, 2013. 2. 5.자.

금융위원회, "「전기통신금융사기 피해금 환급에 관한 특별법 일부 개정법률안」 국무회의 의결", 보도자료, 2013. 7. 16.자.

구기성 정무위원회 수석전문위원의 "전기통신금융사기 피해금 환급에 관한 특별법 일부개정법률안 검토보고서".

이한규 법제사법위원회 수석전문위원의 "전기통신금융사기 피해금 환급에 관한 특별법안(대안) 검토보고".

2013. 12. 30. 정무위원장이 제안한 "전기통신금융사기 피해금 환급에 관한 특별법 일부개정법률안(대안).

Jescheck · Weigend, Lehrbuch des Strafrechts, Allgemeiner Teil, 5. Aufl. 1996.
Wessels · Beulke · Satzer, Strafrecht, Allgemeiner Teil, 45. Aufl. 2015.

국회 의안정보시스템(http://likms.assembly.go.kr/bill).
국회전자도서관(http://dl.nanet.go.kr).
금융감독원(http://www.fss.or.kr).
금융위원회(http://www.fsc.go.kr).
대한민국 법원 종합법률정보(http://glaw.scourt.go.kr).
로앤비(http://www.lawnb.com).
법제처 국가법령정보센터(http://www.law.go.kr).
보이스피싱 지킴이(http://phishing-keeper.fss.or.kr).

26

형법에서 동산양도담보의 법리*

하 태 인**

Ⅰ. 들어가며

동산양도담보란 채권자가 금전채권의 담보로 채무자 동산의 소유권을 점유개정의 방식으로 취득하고, 채무자의 변제가 없으면 그 소유권이 종국적으로 채권자에게 귀속되는 형태로서 담보권을 사적 실행하기로 하는 당사자간의 약정이다.[1] 동산양도담보는 처분이나 이동이 원칙적으로 자유롭고 담보권의 공시가 어려운 동산을 전적으로 담보설정자가 점유하게 된다는 점에서 법적 분쟁이 발생할 위험성을 안고 있다 그럼에도 불구하고 중소기업이나 자영업자의 자금확보의 통로로서 중요한 재산가치인 각종 기계, 설비, 유통재고품이나 가축 등 동

* 이 논문은 제186회 영남형사판례연구회(2016.12.12.)에서 발표되고, 비교형사법연구 제19권 제1호(2017)에 게재되었음.

** 경남대학교 법정대학 경찰학과 조교수, 법학박사.

1) 강구욱, 동산담보법의 동산담보권에 관한 소고, 경희법학 제48권 제2호, 2013, 102면.

산의 담보가치의 활용이 꾸준히 이루어지고 있다.[2)]

동산양도담보의 법적 성격과 관련하여 '가등기담보 등에 관한 법률(이하 가담법)'은 부동산의 소유권, 지상권, 지역권, 임차권과 공시·등록이 있는 동산, 즉 입목, 자동차, 항공기, 건설기계, 선박의 소유권 등이 그 객체가 되기[3)] 때문에 그 외의 등기·등록이 없는 동산에 대한 양도담보에 대하여는 가담법이 적용되지 않게 된다. 또한 2010년 '동산·채권 등의 담보에 관한 법률(이하 동산담보법)'이 제정되어 동산양도담보의 적용대상은 가담법이 아니라 동산담보법으로 이해할 수도 있다.[4)] 그러나 판례는 동산양도담보와 공시·등록의 대상이 되는 동산을 포함한 동산양도담보에 대하여 가담법을 적용하지 아니하고 있으며, 이와 관련하여 민법학계는 대체로 신탁적 소유권이전설과 담보물권설로 나뉘고 있다. 이처럼 동산양도담보의 법적 성격에 관해 민법학계에서는 일치되지 아니하고 있으며, 이러한 영향이 형법학에서도 발생하고 있다.

동산양도담보는 그 형식을 소비대차와 점유개정을 취하기 때문에 특별한 사정이 없는 한, 즉 채권자가 목적물을 점유하고 있지 않는 이상, 채무자가 점유하고 있으며 이때 채권자 또는 채무자가 임의로 처분한 경우에 형사책임문제가 발생한다. 결국 동산양도담보의 법적 성격 문제는 목적물의 소유권이 누구에게 있느냐라는 것이다.

소유권이란 물건을 배타적으로 사용·수익·처분할 수 있는 권리를 의미하고,[5)] 형법만의 특수한 소유권개념 또는 경제적 소유권개념이란 있을 수 없기 때문에 재물이 누구의 소유에 속하는가는 오로지 민법의 물권법이론에 의하여 결정되어야 한다.[6)] 즉 소유권이란 민법상의 소유권을 말하는 것이며 형법에 특수한 소유권 개념이 있는 것이 아니기 때문에 소유권이란 민법상 소유권을 의미한다.[7)] 따라서 동산양도담보는 소유권자가 누구인가와 관련되기 때문에 이에

2) 김동훈, 동산양도담보에 관한 판례의 법리의 개관, 현대법학의 발자취와 새 지평, 평광조성국박사 정년기념논문집, 2006, 187면.
3) 곽윤직·김재형, 물권법 제8판, 2015, 572면; 송덕수, 신민법강의 제7판, 2014, 880면; 지원림, 민법강의 제10판, 2012, 834면 등.
4) 김성돈, 형법각론 제3판, 2015, 422면.
5) 이재상, 형법각론 제9판, 2013, 253면.
6) 배종대, 형법각론 제8전정판, 2013, 356면; 이재상, 앞의 책, 257면.

대한 형법적 법리를 검토하기 위하여 그 전제로 민법학을 기반으로 할 수밖에 없다. 따라서 민법학에서의 동산양도담보의 법적 성격을 먼저 살펴보고, 또한 동산담보법의 적용여부를 검토한 후에 이를 근거로 민법학에서의 법리가 형법에서도 그대로 통용될 수 있는지를 연구하고자 한다. 이 연구의 목적은 동산양도담보에서 목적물은 누구의 소유인가를 밝히고 채권자의 담보권의 성격을 알아보고자 하는 것이 될 것이다.

Ⅱ. 민법학에서의 동산양도담보의 법적 성격

광의의 양도담보에는 채무자가 채권자에게 담보목적물을 매매하고 약정기간 내에 매매대금 상당액을 반환하고 소유권을 회복하는 형태인 이른바 매도담보와 채무자가 담보목적물의 소유권을 채무자에게 이전 한 후 약정기간 내에 채무를 변제함으로써 소유권을 회복하는 형태인 협의의 양도담보가 있고, 협의의 양도담보에는 담보목적물의 소유권이 제3자에 대한 관계에 있어서만 이선되는 이른바 약한 의미의 양도담보(청산형 양도담보)와 제3자에 대한 관계에서만이 아니라 채권자・채무자간의 관계에 있어서도 소유권이 이전되는 이른바 강한 의미의 양도담보(유담보형 양도담보)의 두 종류가 있다. 그러나 현행 민법은 제607조 및 제608조의 규정[8]을 두었고, 가담법이 시행되어 부동산 양도담보에 관하여는 위 법이 적용되어 매도담보를 비롯한 모든 양도담보에 있어서 청산절차를 밟아야 하므로, 현행법에서 양도담보라 함은 약한 의미의 양도담보만을 의미한다.[9] 민법상 동산양도담보의 법적 성격에 관하여 신탁적 소유권이전설과 담보물권설로 나뉘고 있다.

---

7) 배종대, 앞의 책, 356면; 이재상, 앞의 책, 253면.

8) 민법 제607조 (대물반환의 예약) 차용물의 반환에 관하여 차주가 차용물에 갈음하여 다른 재산권을 이전할 것을 예약한 경우에는 그 재산의 예약당시의 가액이 차용액 및 이에 붙인 이자의 합산액을 넘지 못한다.
제608조 (차주에 불이익한 약정의 금지) 전2조의 규정에 위반한 당사자의 약정으로서 차주에 불리한 것은 환매 기타 여하한 명목이라도 그 효력이 없다.

9) 지원림, 앞의 책, 863면.

1. 신탁적 소유권이전설

신탁적 소유권이전설에 의하면 양도담보권자는 채무자에 대하여 채권담보의 목적을 넘어서 그의 소유권을 행사하지 아니할 의무를 부담하지만, 대외적인 관계에서는 소유자이므로 채무의 변제기전에 양도담보목적물을 제3자에게 양도하면 양수인은 선의·악의를 불문하고 목적물의 소유권을 취득한다.[10] 판례 역시 "금전채무를 담보하기 위하여 채무자가 그 소유의 동산을 채권자에게 양도하되 점유개정의 방법으로 인도하고 채무자가 이를 계속 점유하기로 한 경우, 특별한 사정이 없는 한 동산의 소유권은 신탁적으로 이전됨에 불과하여 채권자와 채무자 사이의 대내적 관계에서 채무자는 의연히 소유권을 보유하나 대외적인 관계에 있어서 채무자는 동산의 소유권을 이미 채권자에게 양도한 무권리자가 되는 것이어서 채무자가 다시 다른 채권자와 사이에 양도담보설정계약을 체결하고 점유개정의 방법으로 인도를 하더라도 현실의 인도가 아닌 점유개정으로는 선의취득이 인정되지 아니하므로 나중에 설정계약을 체결한 채권자는 양도담보권을 취득할 수 없다"[11]고 하여 동산 양도담보에 관하여 가담법의 제정과 상관없이 여전히 신탁적 소유권이전설을 따르고 있다고 한다.[12]

신탁적 소유권이전설의 근거는 다음과 같다. 담보물권설이 근거로 하는 가담법 제4조 제2항은 적용대상을 부동산양도담보에 한정하고 있으므로 이를 동산양도담보에까지 확장 적용함에는 문제가 있으며,[13] 동산양도담보의 경우 공시방

10) 김상용, 양도담보에 관한 한·독 비교, 연세대법학연구 제19권 제3호, 2009, 7면.

11) 대법원 2004. 10. 28. 선고 2003다30463 판결; 대법원 2004.12.24. 선고 2004다45943 판결; 대법원 2005. 2. 18. 선고 2004다37430 판결 등.

12) 강태성, 물권법 개정5판, 2015, 1347면; 곽윤직·김재형, 앞의 책, 570면; 김동훈, 앞의 논문, 192면; 김상용, 물권법 제3판, 2016, 809면; 김준호, 물권법 제9판, 2016, 519면; 박홍래, 동산의 양도담보, 법조 제591호, 2005, 266면; 이덕환, 물권법, 2011, 908면 등. 그러나 담보물권으로 해석될 수 있는 판례가 있어 이를 소개하고자 한다. 즉 "동산에 대하여 점유개정의 방법으로 양도담보를 일단 설정한 후에는 양도담보권자나 양도담보설정자가 그 동산에 대한 점유를 상실하였다고 하더라도 그 양도담보의 효력에는 아무런 영향이 없다 할 것이고, 양도담보권 실행을 위한 환가절차에 있어서는 환가로 인한 매득금에서 환가비용을 공제한 잔액 전부를 양도담보권자의 채권변제에 우선 충당하여야 하고 양도담보설정자의 다른 채권자들은 양도담보권자에 대한 관계에 있어서 안분배당을 요구할 수 없다(대법원 2000.06.23. 선고 99다65066 판결)"는 것이다. 이는 동산양도담보권자는 일반채권자의 지위가 아니라 담보물권의 효력인 우선변제권을 요구할 수 있다는 담보권을 의미하는 것으로 해석될 여지가 있다.

법이 점유개정이므로 채무자보다는 채권자의 목적물 상실 위험이 높기 때문에 그 법적 지위가 불안정하므로 이를 보호해야 한다는 의미에서 신탁적 소유권이 전설로 그 법리를 구성하고 있는 것이라고 한다.[14] 또 양도담보는 담보의 목적으로 소유권을 이전하는 방식을 취한 점에 특색이 있으므로 이것을 제한물권으로서의 담보물권으로 파악하는 것은 양도담보를 설정하는 당사자의 의사와 맞지 않는다고 한다.[15]

2. 담보물권설

담보물권설은 양도담보에 있어서 당사자가 소유권을 이전하는 법률적 형식을 취하는 것은 어디까지나 채권의 담보라는 목적을 위한 것이므로, 이용된 법적 형식보다는 담보라는 실질을 중요시해야 한다는 견해이다. 따라서 채권자는 진정한 의미의 소유권을 취득하는 것이 아니라, 소유권은 여전히 양도담보 설정자에게 있고, 채권자는 양도담보권이라는 특수한 제한물권을 취득할 뿐이라는 것이다. 이 견해는 현재 민법학계의 다수설이다.[16] 담보물권설의 근거는 다음과 같다. 양도담보는 당사자가 달성하려는 채권의 담보라는 경제적 목적과 이를 이용하는 소유권의 이전이라는 법적 형식과의 사이에 괴리가 있는 제도라고 할 수 있다는 것이다. 또 비록 양도담보가 소유권 이전이라는 형식을 취하고 있기는 하지만, 이는 채권의 담보를 위한 것에 불과하므로 그 형식보다는 실질을 중시하여 담보권적 이론으로 법적 구성을 해야 한다는 것이다.[17] 동일한 양도담보를 그 목적물이 부동산이냐 동산이냐에 따라서 그 각각의 실행방법을 달리할 것이 아니라, 동일한 방법으로 실행함이 공평하고 이치에 맞기 때문에 가등기담보법의 청산방법을 유추적용하는 것이 타당하다고 한다.[18] 또한 신탁적 소유권이전설의 입장은 채권자의 지위보호 문제(공시방법이 점유개정이므로 채무자보다는

13) 신봉근, 동산양도담보의 법리적 이론, 법학연구 제20호, 한국법학회, 2005, 279면.
14) 신봉근, 앞의 논문, 284면.
15) 김준호, 앞의 책, 519면.
16) 신봉근, 앞의 논문, 279면.
17) 고형석, 앞의 논문, 113면.
18) 김상용, 앞의 논문, 21면.

채권자의 목적물 상실 위험이 높다는 점) 때문에 양도담보를 담보물권이 아닌 소유권으로 보는 것은 양도담보의 본질을 무시한 법적 판단이라는 것이다. 특히 집합동산의 경우에는 담보로 제공할 부동산이 없는 경제적으로 열악한 경우가 많으므로 오히려 채무자의 법적 지위를 보호하는 방향으로 법리를 구성하는 것이 타당한 법정책적 도출이라고 한다.[19] 즉 현행법의 체계에 얽매여 지나치게 형식성에 치우친 해석론을 펼칠 것이 아니라 보다 더 실질관계에 부합하는 합리적 해석을 하여야 한다는 점에서 양도담보를 일종의 관습법상의 담보물권으로 파악하여야 한다고 한다.[20]

동산양도담보의 법적 성격과 관련하여 현재 동산담보법이 제정되어 있기 때문에 동산담보법에 기존의 동산양도담보가 포섭될 여지가 있는지가 문제되며, 동산담보법의 법적 성격이 담보권인지가 문제된다.

3. 동산담보법의 동산양도담보에 대한 적용여부

동산의 경우에는 동산·채권 등의 담보에 관한 법률의 적용을 받는다는 견해[21]가 있다. 이에 동산담보법의 내용을 살펴보고, 그 법적 성격에 대하여 논하고자 한다.

2010년 제정된 동산담보법에 의하면 “담보약정은 양도담보 등 명목을 묻지 아니하고 동법에 따라 동산·채권·지적재산권을 담보로 제공하기로 하는 약정을 말한다.”[22]고 하여 동산양도담보의 경우에도 동산담보법이 적용되는 여지를 주고 있으나, “동산담보권은 그러한 담보약정에 따라 동산(여러 개의 동산 또는 장래에 취득할 동산을 포함)을 목적으로 등기한 담보권을 말한다.”[23]고 명시하고 있어 동산양도담보의 경우에도 동산담보법이 규정한 동산담보권은 등기를 요함을 보여 준다는 것이다. 종래 동산양도담보에 대하여 가담법의 유추적용을 주장해왔던 담보물권설의 입장에서는 이제 동산담보법의 적용을 주장하여 동산양도

19) 신봉근, 앞의 논문, 285면.
20) 이명환, 양도담보의 법리적 고찰, 법학연구 제26권 제2호, 1983, 부산대 법학연구소, 346면.
21) 김성돈, 형법각론 제3판, 2015, 422면.
22) 동산담보법 제2조 제1호.
23) 동산담보법 제2조 제2호.

담보의 경우에 공시방법만 다를 뿐 그 형태는 유사하므로 담보물권이라는 주장을 펼칠 수도 있는 것으로 생각된다. 또한 동산담보법의 법적 성격은 그 명칭과 동산담보등기를 전제로 하기 때문에 신탁적 소유관계가 아니라 담보권으로 규정하고 있는 담보물권으로 이해될 수 있다. 즉 동산담보법 제2조 제2호에 의하면 "동산담보권은 담보약정에 따라 동산(여러 개의 동산 또는 장래에 취득할 동산을 포함한다)을 목적으로 등기한 담보권을 말한다."고 규정하여 등기한 동산의 법적 성질을 담보권이라고 규정하고 있다. 이러한 동산담보법에 의하면 종전의 동산양도담보에서와는 달리 담보권설정자는 무권리자가 아니라 소유권자로서 처분하는 것이므로 민법 제249조의 선의취득의 문제는 발생하지 않는다고 하여 담보물권설이 통설의 입장으로 판단된다.[24] 그러나 몇몇 규정들에 의하면 동산담보법에서는 등기된 비점유담보권인 동산담보권에 관해서도 여전히 신탁적 소유권이전설을 전제로 하는 입법태도들이 발견된다고 한다. 그 대표적인 예로 동산담보물의 선의취득에 관한 동산담보법 제32조이며, "동산담보권자는 동산담보등기부에 의하여 동산담보권을 취득하는데 불과하다는 점에서 담보권설정사는 여전히 동산담보물의 소유자이므로 담보설정자로부터의 선의취득은 부정되어야 한다."[25]는 점을 근거로 든다.

그러나 동산담보법이 담보권으로 인정하고 있다고 하더라도 현재의 동산양도담보는 공시, 즉 등기하지 않는 이상 동산담보법을 적용할 수 없는 것이고, 담보설정자를 법인 또는 상업등기법에 따라 상호등기를 한 사람으로 한정하고 있다.[26] 따라서 동산담보권은 동산에 대한 비점유담보권이라는 점에서 동산양도담

24) 고형석, 동산 및 채권 등의 담보에 관한 법률상 동산담보제도에 관한 연구, 외법논집 제35권 제3호, 2011, 111면; 김인유, 「동산·채권 등의 담보에 관한 법률」에 관한 소고, 원광법학 제27권 제4호, 2006, 16면; 지원림, 앞의 책, 851면.

25) 류창호, 동산·채권 등의 담보에 관한 법률상 동산담보제도의 문제점과 입법적 개선방안, 아주법학 제6권 제2호, 2012,148면.

26) 동산·채권 등의 담보에 관한 법률 제3조 (동산담보권의 목적물)

① 법인 또는 「상업등기법」에 따라 상호등기를 한 사람(이하 "법인 등"이라 한다)이 담보약정에 따라 동산을 담보로 제공하는 경우에는 담보등기를 할 수 있다.

② 여러 개의 동산(장래에 취득할 동산을 포함한다)이더라도 목적물의 종류, 보관장소, 수량을 정하거나 그 밖에 이와 유사한 방법으로 특정할 수 있는 경우에는 이를 목적으로 담보등기를 할 수 있다.

③ 제1항 및 제2항에도 불구하고 다음 각 호의 어느 하나에 해당하는 경우에는 이를 목적으로

보와 유사하지만, 공시방법이나 담보권 실행방법 등 대부분의 권리에 내용에 있어 차이가 있다. 동산담보권은 동산양도담보권을 흡수하는 형태가 아니라 각각 별개의 선택대상으로 될 것으로 보인다는 것이다.[27] 그러므로 동산담보법에 따라 창설되는 새로운 등기담보권은 기존에 활용되던 질권이나 양도담보에는 영향을 주는 것은 아니고, 동산담보법에 의해 질권이나 양도담보가 폐지되는 것은 아니어서 모두 병존한다는 것이다.[28] 또한 법률 규정의 엄격성으로 인하여 동산양도담보권 제도가 위축될 우려가 있으므로, 동산담보법 제31조 제1항에서는 담보권자와 담보권설정자는 이 법에서 정한 실행절차와 다른 내용의 약정을 할 수 있다고 하고 있다.[29] 그렇기 때문에 동산담보법의 동산양도담보에 대한 적용여부는 별도의 요건을 갖추어야 하며, 더욱이 등기를 하지 않은 동산양도담보에 대하여는 기존의 해석에 의하는 수밖에 없다.

또한 가담법 시행 이후의 부동산양도담보의 경우에 민법학계의 통설은 담보물권설이나, 판례는 담보물권설에 따르기도 하고, 신탁적 소유권이전설을 따르기도 하여 통일적이지 못하다.[30] 따라서 동산의 경우에도 동산담보법의 정한 요건을 갖춘 경우에도 이론상 담보물권으로 해석할 수는 있어도 대법원이 이를 따를지에 대하여는 의문이다. 또 동산양도담보에 있어서 등기를 하지 않는다고 하여 이를 무효로 하지 않는 이상 실효성에 대하여도 의문이다. 그러므로 동산담보법의 영향력 하에서도 여전히 동산양도담보에 대한 법적 성격은 문제된다.

4. 소 결

생각건대 민사사건에서 신탁적 소유권이전설이 주류적 입장인 이유는 동산양

하여 담보등기를 할 수 없다.

1. 「선박등기법」에 따라 등기된 선박, 「자동차 등 특정동산 저당법」에 따라 등록된 건설기계 · 자동차 · 항공기 · 소형선박, 「공장 및 광업재단 저당법」에 따라 등기된 기업재산, 그 밖에 다른 법률에 따라 등기되거나 등록된 동산
2. 화물상환증, 선하증권, 창고증권이 작성된 동산
3. 무기명채권증서 등 대통령령으로 정하는 증권

27) 류창호, 앞의 논문, 124면.
28) 김형석, 앞의 논문, 195면.
29) 주해 민법 물권(4), 2011, 529면.
30) 곽윤직 · 김재형, 앞의 책, 809면.

도담보가 가지는 공시효과의 불완전성과 양도담보권자의 불완전성이라는 문제점[31] 때문인 것으로 파악된다. 이러한 문제점을 보완하고자 민사사건에서는 채권자의 재산권보호를 위하여 부득이 하게도 신탁적 소유권이전설을 따를 수밖에 없는 것이다. 판례 역시 "…채권자와 채무자 사이의 대내적 관계에서 채무자는 의연히 소유권을 보유하나 대외적인 관계에 있어서 채무자는 동산의 소유권을 이미 채권자에게 양도한 무권리자가 되는 것이어서 채무자가 다시 다른 채권자와 사이에 양도담보설정계약을 체결하고 점유개정의 방법으로 인도를 하더라도 현실의 인도가 아닌 점유개정으로는 선의취득이 인정되지 아니하므로 나중에 설정계약을 체결한 채권자는 양도담보권을 취득할 수 없다"[32]고 하는 이유는 채무자로부터 채권자의 재산권을 보호하고자 하는 것으로 판단된다.

그러나 공시효과 불완전성 해결과 양도담보권자 보호를 통한 거래활성화는 형법이 추구하는 목적과는 거리가 있다. 형사판결[33]에서 알 수 있듯이 채권자의 신뢰관계 및 재산권 보호도 중요하지만 채무자의 재산권과 신뢰관계도 보호받아야할 법익에 해당한다. 따라서 거래의 안전을 위하여 채권자를 특별히 보호할 이유가 없는 것이다. 그러므로 동산양도담보에서 민법상 법률관계에 신탁적 소유권이전설과 담보물권설이 대립하며, 형법에서의 법률관계도 그에 따른다는 견해[34]는 타당하지 않는 것이다. 그렇다면 동산양도담보에서 목적물의 소유권은 누구에게 있는 것인지가 중요하며, 이는 동산양도담보의 형법적 성격을 결정짓

31) 동산양도담보의 문제점은 다음과 같다. 첫째 공시효과의 불완전성이다. 동산양도담보는 점유개정의 방식에 의한 인도를 공시방법으로 하고 있기 때문에 실질적으로 공시력이 없다고 하여도 과언이 아니다. 공시력을 갖춘 등기·등록의 방법이 있는 동산은 가등기담보등에관한법률의 적용을 받지만, 그렇지 못한 동산은 관습에 의할 수밖에 없다. 둘째 동산양도담보는 목적물의 소유권이 점유개정의 방식으로 채권자에게 인도되므로, 물건의 현실적 점유는 여전히 담보설정자인 채무자에게 있다. 더욱이 유동집합동산의 경우 담보설정자가 목적물을 자신의 영업활동을 위하여 처분할 수 있기 때문에 물건을 부당하게 반출하여 제3자에게 양도한 경우, 제3자가 목적물을 선의취득하게 될 가능성이 높다. 따라서 채권자의 담보물 상실 위험은 매우 높다고 할 수 있다(신봉근, 앞의 논문, 2005, 269~270면)

32) 대법원 2004. 10. 28. 선고 2003다30463 판결; 대법원 2004. 12. 24. 선고 2004다45943 판결; 대법원 2005. 2. 18. 선고 2004다37430 판결 등.

33) 대법원의 주요 결론은 채무자가 이중양도담보설정을 한 경우에는 이중의 양도담보만으로는 재산권 및 채권자에 대한 신뢰에 대한 위배가 아니므로 배임죄가 성립하지 아니하고, 이를 처분하는 경우에는 채권자의 담보가치 및 신뢰관계를 저버리는 행위로서 배임죄가 성립하고, 채권자의 경우에는 횡령죄가 성립한다는 것이다. 이에 대하여는 후술하기로 한다.

34) 김일수·서보학, 앞의 책, 366면.

는 것이다.

Ⅲ. 동산양도담보의 목적물의 소유자는 누구인가?

1. 신탁적 소유권이전설에 대한 비판

점유개정이란 동산물권을 양도하면서 양도인이 양수인과 점유매개관계를 설정하여, 양수인에게 간접점유를 취득시키고 스스로는 양수인의 점유매개자로서 점유를 계속하는 것을 말한다. 예컨대, 매도인이 물건을 매각한 후 임차인 또는 수치인으로서 그 물건을 계속 점유하는 경우이다.[35] 이처럼 점유개정이란 목적물에 대한 소유권을 이전하여야 하고 그 점유만 계속하고 있는 것이기 때문에, 대내적으로만 소유권을 가진다는 신탁적 소유권이전설의 입장과는 그 개념상 서로 배치된다.

또한 신탁적으로 소유권이 이전된다고 보는 신탁적 소유권이전설은 그 개념상 다른 법률행위와도 맞지 않는다. 동산명의신탁과 관련하여 “자동차나 중기(또는 건설기계)의 소유권의 득실변경은 등록을 함으로써 그 효력이 생기고 그와 같은 등록이 없는 한 대외적 관계에서는 물론 당사자의 대내적 관계에 있어서도 그 소유권을 취득할 수 없는 것이 원칙이지만, 당사자 사이에 그 소유권을 그 등록 명의자 아닌 자가 보유하기로 약정하였다는 등의 특별한 사정이 있는 경우에는 그 내부관계에 있어서는 그 등록 명의자 아닌 자가 소유권을 보유하게 된다”[36]고 한다. 대외적 관계에서는 등록된 명의자가 소유자이고, 특별한 사정이 있는 경우에 내부적 관계에서는 명의자 아닌 자가 소유권을 보유하게 된다는 것이다.

이를 등기 또는 등록되지 않는 동산양도담보의 법리에 적용시키면 다음과 같다. 등기 및 등록은 공시방법으로서 등기 또는 등록되지 않은 동산의 경우에는 현실의 점유를 공신의 원칙으로 삼아야 할 것이다. 따라서 현실의 점유를 가

35) 지원림, 앞의 책, 521면.
36) 대법원 2007. 1. 11. 선고 2006도4498 판결.

진 자가 소유권을 보유하여야 하고, 특별한 사정이 있는 한 점유를 하지 않은 자가 내부적으로 소유권을 가진다고 하여야 할 것이다. 따라서 신탁적 소유권이전이라는 용어는 혼란을 야기하며 동산양도담보에 관한 법리적 측면에서도 타당하지 않은 것이다.

소유권은 물건을 사용, 수익, 처분할 권리를 포함하는 개념(민법 제211조)으로서, 소유권을 사용, 수익할 권리와 처분할 권리를 나누는 것은 소유권의 개념에도 어긋난 것이며, 1개의 소유권을 구분할 수 있는가도 의문이다. 비록 1개의 소유권을 대외적 · 대내적인 관계로 나누는 실익이 민사사건에서는 유용할 수도 있으나, 형법학에서는 소유권뿐만 아니라 그 외에 다른 법익도 보호 대상이기 때문에 학설의 실익은 없다는 것이다.

2. 누구의 소유인가?

동산양도담보를 거래사회에서 사용하게 된 이유는 다음과 같다. 첫째 동산을 질권의 목적으로 담보할 수 있으나 질권을 설정하려면 목적물을 인도하여야 하기 때문에, 설정자가 사용 · 수익하지 못하기 때문에 중소기업자가 그의 기업시설인 동산을 스스로 점유하고 이용하면서 이를 담보에 제공하고 자금을 얻는 수단이라는 것이다. 둘째 양도담보는 목적물의 환가방법이 질권이나 저당권과 같은 경매절차가 아니기 때문에 경매절차의 단점도 피할 수 있고, 담보물의 값도 높게 평가되어 좀 더 많은 자금을 융통할 수 있다[37]는 것이다. 실질적으로 동산양도담보의 대상은 '수출 예정인 수하물운반기구류',[38] '제강회사가 제품생산에 필요하여 반입하는 열연코일 등 원자재',[39] '채무자의 양만장 내에 있던 뱀장어 전부',[40] '보세창고에 보관되어 반입 · 반출되는 의류상품',[41] '농장 내에서 사육하면서 번식 · 판매 · 구입 등에 의하여 증감 · 변동하는 것이 예상되는 돼지',[42] '어업용으로 사용되는 통발어구',[43] '공장에서 가동 중인 기계설비'[44] 등이

37) 곽윤직 · 김재형, 앞의 책, 568면.
38) 대법원 1983. 3. 8. 선고 82도1829 판결.
39) 대법원 1988. 10. 25. 선고 85누941 판결.
40) 대법원 1990. 12. 26. 선고 88다카20224 판결.
41) 대법원 1999. 9. 7. 선고 98다47283 판결.

다. 이처럼 동산양도담보의 목적물은 대개 채무자가 지속적으로 사용하여 수익을 창출하여야 하거나, 수출 예정인 물건들이다.

따라서 동산양도담보에 제공되는 목적물은 실질적으로 채무자가 채권자에게 소유권을 이전한 것이라고 보기 힘들다. 그러므로 대내적 관계에서 '채권자가 소유권을 보유한다'라는 의미는 공시방법이 없는 동산양도담보에서 채권자의 담보권을 보장하려는 의미로서 채권자와 채무자 사이의 계약내용일 뿐 사실적인 측면에서 소유권을 처분한다는 것으로 이해할 수 없다. 또한 이러한 물건에 관하여 업무의 경험이 전혀 없는 채권자를 양도담보에 의하여 위 목적물에 대한 소유자로 인정하는 것은 양도담보계약의 실질적 내용과는 배치된다는 것이다. 그러므로 채무자로서는 이러한 양도담보의 목적물을 사용, 수익, 처분[45]하여 궁극적으로 양도담보권자의 금전채무를 이행하기 위한 것으로 보아야 한다. 따라서 동산 양도담보에서 담보로 제공할 물건의 소유권 즉 사용·수익·처분권을 이전한다는 것이 아니라 물건에 대한 담보제공이라고 해석하는 것이 현실적이고 실질적인 의사에 합치된다. 그러므로 동산양도담보에서의 권리이전은 담보로 제공할 동산의 소유권, 즉 물건에 대한 사용·수익·처분권을 이전하는 것이 아니라 채무를 담보로 제공된 것이라고 해석하는 것이 현실적이고 실질적인 의사에 합치된다. 즉 매도담보[46]가 아닌 이상 동산양도담보의 경우 목적물의 소유자는 양도담보설정자이다. 이는 질권이 설정된 것과 마찬가지의 형태로서, 원래 채권자가 질물을 점유하고 있는 것이나, 동산양도담보에서는 목적물의 점유를 양도담보설정자가 하고 있다는 것이다. 그러나 민법 제332조에서 점유개정에

---

42) 대법원 2004. 10. 28. 선고 2003다30463 판결; 대법원 2004. 12. 24. 선고 2004다45943 판결 등.

43) 대법원 2008. 11. 27. 선고 2006도4263 판결.

44) 대법원 2009. 2. 12. 선고 2008도10971 판결.

45) 처분의 경우는 양도담보의 목적물이 돼지 등 축산물인 경우에 양도담보설정자는 그 중 일부를 처분한다. 이러한 의미는 경제적용법에 따라 채무자로서는 실질적으로 자기 소유물을 처분하는 것이다. 그러므로 소유권의 권한 중 하나인 처분의 경우에도 채무자에게 귀속된다.

46) 소비대차가 아닌 매매의 형식으로 당사자 사이에 따로 채권·채무관계를 남기지 않는 방식으로, 정산형을 요하지 않는 유담보형이든 매도담보이든 정산의무는 있어야 한다(이덕환, 앞의 책, 863·864면). 매도담보의 형사책임은 소유권이 채권자에게 이전되기 때문에 변제기 전에 매도담보물을 채권자가 점유하다가 제3자에게 임의로 처분하더라도 채권자는 횡령죄가 성립하지 않는다. 반대로 채무자가 점유하다가 임의로 처분한 경우에는 횡령죄가 성립한다.

의한 질권설정을 금지하고 있으며,[47] 이는 강행규정이다. 따라서 민법학에서는 점유개정의 형태를 가진 동산양도담보를 담보권으로 해석할 수 없으며, 담보권자에게 소유권은 이전되고 담보설정자는 점유만 하고 있는 것으로 이해하여야 민법의 규정과 조화를 이룰 수 있다. 이러한 이유에서 민사사건에서는 신탁적 소유권이전설이 대법원의 주류적 입장으로 형성될 수밖에 없을 것으로 판단된다. 그러나 민사상 질물의 점유개정이 강행규정이라고 하더라도 이는 당사자가 그 적용을 부정할 수 없다는 의미, 즉 이에 위반한 경우에는 무효라는 것이다. 그러나 사법상 무효가 형법적으로 유의미한 것은 아니다.

이처럼 형사상 동산양도담보는 목적물의 소유권은 여전히 양도담보권설정자에게 있다고 보아야 한다.

Ⅳ. 동산양도담보의 임의처분에 대한 형사책임

형법에서도 신탁적 소유권이전설과 담보물권설의 입장으로 나누어 신탁적 소유권이전설의 경우에 채무자가 임의로 처분한 경우에 대내적 관계에서 채무자가 소유권을 보유하므로 채권자가 처분한 경우에는 횡령죄가 성립하나, 채무자가 처분하는 경우에는 배임죄가 성립한다고 한다.[48] 즉 형법에서의 학설은 동산양도담보에서 양도담보설정자가 목적물을 임의로 처분한 경우의 형사책임과 관련하여 채무자의 목적물 임의처분행위는 배임죄가 성립하고, 횡령이 될 수 없고, 다만 채권자가 변제기 전에 처분한 경우에 횡령죄가 성립한다고 하며, 변제기 후 임의처분은 무죄가 된다는 것이 주류적 견해[49]이다. 그러나 신탁적 소유

47) 민법 제332조 (설정자에 의한 대리점유의 금지) 질권자는 설정자로 하여금 질물의 점유를 하게 하지 못한다.

48) 김일수・서보학, 앞의 책, 366면; 배종대, 앞의 책, 526면; 변제기 후에는 무죄가 된다고 한다.

49) 김일수・서보학, 새로 쓴 형법각론 제7판, 2009, 366면; 배종대, 앞의 책, 526면; 손동권, 양도담보물을 임의 처분한 경우의 형사책임, 형사정책연구 제20권 1호, 한국형사정책연구원, 2009, 559면; 이에 대하여 양도담보권자가 이를 부당하게 염가로 처분한 경우에 담보물권설에 따르면 배임죄가 성립하며, 신탁적 소유권이전설에 따르면 배임죄의 주체가 될 수 없다는 견해(김일수・서보학, 앞의 책, 367면)가 있다. 그러나 변제기 전에는 이를 부당하게 염가로 처분하든 정당한 대가로 처분하든 형사책임여부가 발생한다는 사실은 변함이 없으며, 또 담보물권설에 의하면 채무자의 소유권을 침해하기 때문에 절도죄 내지 횡령죄가 성립한다고 하여야 한다. 자

권이전설에 의할 때 채무자가 이를 처분한 경우에 타인의 물건을 횡령한 것이고, 담보물권설의 경우에는 동산은 채무자 소유로서 이를 처분한 경우에는 횡령죄가 아니라 배임죄가 성립한다는 견해도 있다.[50] 이러한 이유는 신탁적 소유권이전설의 이해가 서로 달라서 비롯되는 것으로 판단된다. 이에 대하여는 후술하기로 한다. 또 변제기 후 청산금에 대한 정산의무는 자신의 사무로서 배임죄도 성립하지 않는다는 것이 통설이라고 한다.[51] 동산양도담보는 소비대차의 형식을 이용하기 때문에 변제기가 정해져 있으며, 변제기 후에는 채권자가 담보권실행을 위하여 이를 처분하고 정산하지 않는다고 하더라도 민사법에서는 허용되는 행위로서 이를 형법상 금지할 수는 없기[52]때문에 타당하다고 생각한다. 판례 역시 동일한 입장이다.[53] 결국 동산양도담보와 관련된 형사책임여부는 변제기 전 채권자 또는 채무자가 동산양도담보에서 목적물을 임의로 처분하거나, 이중으로 양도담보로 제공하는 경우를 상정할 수 있다.

이중으로 양도담보만 제공한 경우는 채권자에게 어떠한 재산상의 손해 내지 손해의 위험조차 있다고 할 수 없다. 판례도 "동산을 양도담보로 제공하고 점유개정의 방법으로 점유하고 있다가 이를 다시 제3자에게 역시 점유개정의 방법으로 양도하는 경우에는, 제3자가 그 동산을 선의취득할 수가 없으므로, 최초의 양도담보권자에게 어떠한 재산상 손해의 위험이 발생한다고 할 수 없고, 따라서 배임죄가 성립하지 않는다"[54]고 한다. 따라서 문제되는 것은 양도담보설정자 또는 양도담보권자가 담보목적물을 임의로 처분한 경우에 한정된다.

세한 것은 후술하기로 한다.

50) 박상기, 형법각론 제8판, 2011, 374면.

51) 김성돈, 앞의 책, 423면.

52) 손동권, 앞의 논문, 559면.

53) 담보권자가 변제기 경과 후에 담보권을 실행하기 위하여 담보목적물을 처분하는 행위는 담보계약에 따라 담보권자에게 주어진 권능이어서 자기의 사무처리에 속하는 것이지 타인인 채무자의 사무처리에 속하는 것이라고 할 수 없으므로, 담보권자가 담보권을 실행하기 위하여 담보목적물을 처분함에 있어 시가에 따른 적절한 처분을 하여야 할 의무는 담보계약상의 민사채무일 뿐 그와 같은 형법상의 의무가 있는 것은 아니므로 그에 위반한 경우 배임죄가 성립된다고 할 수 없다(대법원 1997.12.23. 선고 97도2430 판결).

54) 대법원 1990. 2. 13. 선고 89도1931 판결; 대법원 2007. 2. 22. 선고 2006도6686 판결.

1. 채무자가 임의로 처분한 경우

가. 횡령죄 성립여부

동산양도담보에서 양도담보설정자가 목적물을 임의로 처분한 경우에 대법원의 입장은 모호하다. "금전채무를 담보하기 위하여 채무자가 그 소유의 동산을 채권자에게 점유개정에 의하여 양도한 경우에는 이른바 약한 양도담보가 설정된 것이라고 볼 것이므로, 채무자는 채권자(양도담보권자)가 담보의 목적을 달성할 수 있도록 이를 보관할 의무를 지게 되어 채권자에 대하여 그의 사무를 처리하는 자의 지위에 있게 된다 할 것이니, 채무자가 양도담보된 동산을 처분하는 등 부당히 그 담보가치를 감소시키는 행위를 한 경우에는 배임죄가 성립된다"[55]고 하여 담보물권설의 입장이라고도 할 수 있으나, 신탁적 소유권이전설에 의하더라도 대내적으로는 채무자가 소유권을 가지기 때문에 이를 담보물권설이든 신탁적 소유권이전설이든 채무자의 소유라는 점에서 동일하게 배임죄가 성립한다. 또 "채무자가 채권자에게 동산을 양도담보로 제공하고 점유개정의 방법으로 점유하고 있는 경우에는 그 동산의 소유권은 여전히 채무자에게 유보되어 있는 것이어서 채무자는 자기의 물건을 보관하고 있는 셈이 되므로, 양도담보의 목적물을 제3자에게 처분하거나 담보로 제공하였다 하더라도 횡령죄를 구성하지 아니한다."[56]는 판결 역시 그 입장이 모호하다. 그러나 "횡령죄의 주체는 타인소유의 물건을 보관하고 있는 자라 할 것인 바, 채무자가 채무이행을 담보하기 위하여 동산에 관한 양도담보계약을 체결하고 점유개정의 방법으로 여전히

---

55) 대법원 1983. 3. 8. 선고 82도1829 판결; 대법원 1989. 7. 25. 선고 89도350 판결; 대법원 2010. 11. 25. 선고 2010도11293 판결 등.

56) 대법원 2009. 2. 12. 선고 2008도10971 판결; 피고인과 피해자 주식회사는 대물변제의 형식을 빌려 실질적으로 이 사건 기계들 중 순번 2, 3, 4, 기계들에 관하여 양도담보권을 설정한 것으로 봄이 상당하다. 따라서 이 사건 기계들 중 순번 2, 3, 4 기계들에 관한 소유권은 여전히 피고인에게 유보되어 있는 것이어서, 피고인이 위 기계들을 부산은행에 공장근저당권의 목적으로 제공하였다고 하더라도 피고인을 횡령죄로 처벌할 수는 없다고 할 것이다. 나아가 양도담보로 제공된 동산에 관하여 공장근저당권이 설정된다고 하더라도 공장저당법에 의한 저당권의 효력이 미칠 수는 없으므로(대법원 2003. 1. 10. 선고 2002다33663 판결 등 참조), <u>양도담보권자인 피해자 주식회사에게 담보권의 상실이나 담보가치의 감소 등 손해가 발생할 수도 없으니</u>, 피고인을 배임죄로도 처벌할 수 없다고 할 것이다.

그 동산을 점유하고 있는 경우라도, 위 양도담보계약의 내용이 차용금의 담보를 위하여 매매의 형식을 빌렸을 뿐이고 그 실질은 차용금의 담보와 담보권실행시의 정산절차를 그 주된 내용으로 하는 것이라면 별단의 사정이 없는 한 그 소유권은 채무자에게 유보되어 있고 채권자에게는 그 채무불이행시의 목적물에 대한 담보권 및 환가권만이 귀속된다고 보아야 할 것이므로 이 때 채무자는 자기의 물건을 보관하고 있는 셈이 되어 횡령죄의 주체가 될 수 없다"[57]고 하는 것은 채권자가 목적물을 소유하는 아니라 담보권 및 환가권만 가지는 것으로 보기 때문에 담보물권설의 입장이라고 할 수 있다. 그러나 동산양도담보에서 신탁적 소유권이전설이든 담보물권설이든 채권자와의 관계에서 소유권은 채무자가 보유하기 때문에 배임죄가 성립할 수 있어도 횡령죄가 성립할 수는 없다는 점에서 동일한 결론이다.[58] 따라서 동산양도담보에 관한 민법에서의 학설 대립은 형사책임과는 무관한 것이다.

나. 배임죄의 성립여부

배임죄가 성립하기 위하여는 행위주체가 '타인의 사무를 처리하는 자'이어야 한다. 판례에 의하면 '타인의 사무를 처리하는 자'는 '타인의 재산관리에 관한 사무를 대행하는 자'와 '타인의 재산 보전에 협력하는 자'라는 두 가지 유형으로 나뉜다. 전자가 배임죄의 주체가 된다는 것에는 이의가 없으나, 문제되는 것은 후자의 경우이다.[59] 최근 대물변제예약 사건에서 대법원은 다음과 판시하였다.

"채무자가 대물변제예약에 따라 부동산에 관한 소유권을 이전해 줄 의무는 그 예약 당시에 확정적으로 발생하는 것이 아니라 채무자가 차용금을 제때에 반환하지 못하여 채권자가 예약완결권을 행사한 후에야 비로소 문제가 되는 것이고, 채무자는 예약완결권 행사 이후라도 얼마든지 금전채무를 변제하여 당해 부동산에 관한 소유권이전등기절차를 이행할 의무를 소멸시키고 그 의무에서 벗어날 수 있다. 한편 채권자는 당해 부동산을 특정물 그 자체보다는 담보물로

57) 대법원 1980. 11. 11. 선고 80도2097 판결.
58) 뒤의 두 판례는 손해의 발생 위험이 없다고 보아 배임죄를 부정한 것으로 판단된다.
59) 문채규, 배임죄의 주체에 관한 판례이론의 분석과 검토, 법학연구 제57권 제4호, 부산대학교 법학연구소, 2016, 108면.

서의 가치를 평가하고 이로써 기존의 금전채권을 변제받는 데 주된 관심이 있으므로, 채무자의 채무불이행으로 인하여 대물변제예약에 따른 소유권등기를 이전받는 것이 불가능하게 되는 상황이 초래되어도 채권자는 채무자로부터 금전적 손해배상을 받음으로써 대물변제예약을 통해 달성하고자 한 목적을 사실상 이룰 수 있는 것이다. 이러한 점에서 대물변제예약의 궁극적 목적은 차용금반환채무의 이행 확보에 있고, 채무자가 대물변제예약에 따라 부동산에 관한 소유권이전등기절차를 이행할 의무는 그 궁극적 목적을 달성하기 위해 채무자에게 요구되는 부수적 내용이어서 이를 가지고 배임죄에서 말하는 신임관계에 기초하여 채권자의 재산을 보호 또는 관리하여야 하는 '타인의 사무'에 해당한다고 볼 수는 없다."[60]

또 동산이중매매에서 계약금 및 중도금을 수령하였음에도 목적 동산을 타인에게 매도한 사건에서는 "매매의 목적물이 동산일 경우, 매도인은 매수인에게 계약에 정한 바에 따라 그 목적물인 동산을 인도함으로써 계약의 이행을 완료하게 되고 그때 메수인은 매매목적물에 대한 권리를 취득하게 되는 것이므로, 매도인에게 자기의 사무인 동산인도채무 외에 별도로 매수인의 재산의 보호 내지 관리 행위에 협력할 의무가 있다고 할 수 없다. 동산매매계약에서의 매도인은 매수인에 대하여 그의 사무를 처리하는 지위에 있지 아니하므로, 매도인이 목적물을 매수인에게 인도하지 아니하고 이를 타에 처분하였다 하더라도 형법상 배임죄가 성립하는 것은 아니"[61]라고 하였다.

그렇다면 동산 이중양도담보에서 채무자가 '타인의 사무를 처리하는 자'에 해당하는가를 검토하여야 할 것이다. 동산양도담보의 대상은 '수출 예정인 수하물 운반기구류', '제강회사가 제품생산에 필요하여 반입하는 열연코일 등 원자재', '채무자의 양만장 내에 있던 뱀장어 전부', '보세창고에 보관되어 반입·반출되는 의류상품', '농장 내에서 사육하면서 번식·판매·구입 등에 의하여 증감·

60) 대법원 2014. 8. 21. 선고 2014도3363 전원합의체 판결.

61) 매매와 같이 당사자 일방이 재산권을 상대방에게 이전할 것을 약정하고 상대방이 그 대금을 지급할 것을 약정함으로써 그 효력이 생기는 계약의 경우(민법 제563조), 쌍방이 그 계약의 내용에 좇은 이행을 하여야 할 채무는 특별한 사정이 없는 한 '자기의 사무'에 해당하는 것이 원칙이다.

변동하는 것이 예상되는 돼지', '어업용으로 사용되는 통발어구', '공장에서 가동 중인 기계설비' 등으로 채무자는 담보가치를 해하지 않을 보관·유지의무가 있으며, 이는 타인의 사무에 해당한다. 그러나 다른 한편 이러한 물건들은 채무자의 업무(어업, 축산, 공장가동 등)에 반드시 필요한 것들로서 이를 사용하여 수익을 창출하려는 채무자 '자신의 사무'이기도 하다. 즉 목적물의 사용·수익에 관한 사무는 채무자 '자신의 사무'이고, 담보가치를 해하지 않을 사무는 '타인을 위한 사무'에 속한다. 이처럼 동산양도담보는 목적물에 대한 보관·사용 등은 자신의 사무이면서 동시에 타인을 위한 사무의 성격을 가지고 있다.

타인의 사무를 대행하는 사무가 아닌 일반 거래관계에서 전적으로 타인을 위한 사무에 해당한다는 경우는 드물고, 타인의 사무와 자신의 사무가 공존하는 것이 대부분이다. 타인의 사무와 자신의 사무가 공존하는 경우에 이를 타인을 위한 사무에 해당하는지가 문제된다. 이는 배임죄의 주체에 관한 문제로서 타인을 위한 사무의 범위가 중요하다. 이에 대하여 대법원은 "배임죄에 있어서 '타인의 사무를 처리하는 자'라 함은 타인과의 내부적인 관계에서 신의성실의 원칙에 비추어 타인의 사무를 처리할 신임관계에 있게 되어 그 관계에 기하여 타인의 재산적 이익 등을 보호·관리하는 것이 신임관계의 전형적·본질적 내용이 되는 지위에 있는 사람을 말한다. 그러나 그 사무의 처리가 오로지 타인의 이익을 보호·관리하는 것만을 내용으로 하여야 할 필요는 없고, 자신의 이익을 도모하는 성질도 아울러 가진다고 하더라도 타인을 위한 사무로서의 성질이 부수적·주변적인 의미를 넘어서 중요한 내용을 이루는 경우에는 여기서 말하는'타인의 사무를 처리하는 자'에 해당한다"[62]고 한다. 따라서 타인을 위한 사무로서의 성질이 주된 것이 아니라면 배임죄의 주체가 될 수 없다고 하여야 하며, 위 판례는 그러한 의미에서 타당하다. 그러므로 동산양도담보로 제공된 목적물과 관련된 업무는 주로 자신의 사무에 해당하고, 담보로 제공된 물건은 담보로서 가지는 가치보다는 채무변제의 수단에 지나지 않는다. 따라서 "채무자가 투자금 반환채무의 변제를 위하여 담보로 제공한 임차권 등의 권리를 그대로 유지할

62) 대법원 2012. 5. 10. 선고 2010도3532 판결(대법원 2011. 1. 20. 선고 2008도10479 전원합의체 판결).

계약상 의무가 있다고 하더라도, 이는 기본적으로 투자금반환채무의 변제의 방법에 관한 것이고, 성실한 이행에 의하여 채권자가 계약상 권리의 만족이라는 이익을 얻는다고 하여도 이를 가지고 통상의 계약에서의 이익대립관계를 넘어서 배임죄에서 말하는 신임관계에 기초하여 채권자의 재산을 보호 또는 관리하여야 하는 '타인의 사무'에 해당한다고 볼 수 없다"[63]고 한 대법원의 입장은 타당하다. 또한 타인의 사무를 처리하는 자라 함은 "당사자 관계의 본질적 내용이 단순한 채권채무관계를 넘어서 신임관계에 기초하여 타인의 재산을 보호 내지 관리하는 관계"[64]에 있어야 하며 "양자간의 신임관계에 기초를 둔 타인의 재산의 보호 내지 관리의무가 있음을 그 본질적 내용으로 하는 경우라 할 것이므로, 그 사무가 타인의 사무가 아니고 자기의 사무의 경우라면 그 사무를 타인을 위하여 처리하는 경우라 하더라도 이는 타인의 사무를 처리하는 자라고는 볼 수 없다"[65]는 것이다. 또 동산양도담보에서의 채권자와 채무자는 그러한 신임관계가 있다고 볼 수 없으며, 나아가 "어떠한 사무의 처리가 타인에게 이익이 되거나 타인에 대하여 이를 처리할 의무를 부담하는 경우라도 그것이 타인의 사무가 아니고 자기의 사무라면 그로 인하여 타인의 사무를 처리하는 지위에 있다고는 말할 수 없다."[66] 결국 동산양도담보에서 목적물에 대한 가치보호는 타인의 재산보호 내지 관리의무라기 보다는 자신의 사무로부터 파생된 것으로 보아야 하기 때문에[67] 타인의 사무라 할 수 없으며, 채무자는 타인의 사무를 처리

63) 피고인이 아울렛 의류매장의 운영과 관련하여 공소외인으로부터 투자를 받으면서 투자금반환채무의 변제를 위하여 의류매장에 관한 임차인 명의와 판매대금의 입금계좌 명의를 공소외인 앞으로 변경해 주었음에도 제3자에게 의류매장에 관한 임차인의 지위 등 권리 일체를 양도한 행위가 배임죄에 해당하는지가 쟁점인 이 사건에서, 증거에 의하여 판시와 같은 사실을 인정한 다음, 피고인이 의류매장에 관한 임차인 명의와 판매대금의 입금계좌 명의를 공소외인 앞으로 그대로 유지하여야 할 의무는 단순한 민사상의 채무로서 자기의 사무에 불과하여 타인의 사무에 해당하지 않는다고 보아 배임죄에 관한 공소사실을 무죄로 판단하였다(대법원 2015. 3. 26. 선고 2015도1301 판결).

64) 대법원 1987. 4. 28. 선고 86도2490 판결; 대법원 2009. 2. 26. 선고 2008도11722 판결; 대법원 2013. 10. 31. 선고 2011도10025 판결 등.

65) 대법원 1987. 4. 28. 선고 86도2490 판결.

66) 대법원 1976. 5. 11. 선고 75도2245 판결; 대법원 1987. 4. 28. 선고 86도2490 판결; 대법원 2009. 2. 26. 선고 2008도11722 판결; 대법원 2013. 10. 31. 선고 2011도10025 판결 등.

67) 타인의 사무를 처리하는 자"라 함은 양자간의 신임관계에 기초를 둔 타인의 재산의 보호 내지 관리의무가 있음을 그 본질적 내용으로 하는 경우라 할 것이므로, 그 사무가 타인의 사무가 아니고 자기의 사무의 경우라면 그 사무를 타인을 위하여 처리하는 경우라 하더라도 이는 타인

하는 자라고 할 수 없다. 따라서 동산양도담보에서 변제기 전이든 후이든[68] 채무자의 임의처분행위는 배임죄가 성립하지 않는다.[69]

2. 채권자가 임의로 처분한 경우

판례는 “금전을 대여하면서 채무자로부터 그 담보로 동산을 교부받은 담보권자는 그 담보권의 범위 내에서 담보권을 행사할 수 있을 것인데, 담보권자가 담보목적물을 보관하고 있음을 기화로 실제의 피담보채권 이외에 자신의 제3자에 대한 기존의 채권까지 변제받을 의도로, 채무자인 담보제공자와의 소비대차 및 담보설정관계를 부정하고 그 담보목적물이 자신과 제3자 사이의 소비대차 및 담보설정계약에 따라 제공된 것으로서 실제의 피담보채권 외에 제3자에 대한 기존의 채권까지도 피담보채권에 포함되는 것이라고 주장하면서 그것까지 포함하여 변제가 이루어지지 아니할 경우 반환하지 않을 것임을 표명하다가 타인에게 담보목적물을 매각하거나 담보로 제공하여 피담보채무 이외의 채권까지도 변제충당한 경우에는 정당한 담보권의 행사라고 볼 수 없고, 위탁의 취지에 반하여 자기 또는 제3자의 이익을 위하여 권한 없이 그 재물을 자기의 소유인 것 같이 처분하는 것으로서 불법영득의 의사가 인정된다”[70]고 하거나 “채무자가 채무이행의 담보를 위하여 동산에 관한 양도담보계약을 체결하고 점유개정의 방법으로 여전히 그 동산을 점유하는 경우 그 계약이 채무의 담보를 위하여 양도의 형식을 취하였을 뿐이고 실질은 채무의 담보와 담보권실행의 청산절차를 주된 내용으로 하는 것이라면 별단의 사정이 없는 한 그 동산의 소유권은 여전히 채무자에게 남아 있고, 채권자는 단지 양도담보물권을 취득하는 데 지나지 않으므로 그 동산을 다른 사유에 의하여 보관하게 된 채권자는 타인 소유의 물

의 사무를 처리하는 자라고는 볼 수 없다(대법원 1987.04.28. 선고 86도2490 판결).

68) 양도담보가 처분정산형의 경우이건 귀속정산형의 경우이건 간에, 담보권자가 변제기 경과 후에 담보권을 실행하여 그 환가대금 또는 평가액을 채권원리금과 담보권 실행비용 등의 변제에 충당하고 환가대금 또는 평가액의 나머지가 있어 이를 담보제공자에게 반환할 의무는 담보계약에 따라 부담하는 자신의 정산의무이므로 그 의무를 이행하는 사무는 곧 자기의 사무처리에 속하는 것이라 할 것이고...(대법원 1985. 11. 26. 선고 85도1493 전원합의체판결).

69) 나아가 처분행위보다 약한 이중담보 역시 배임죄가 성립하지 않는다.

70) 대법원 2007. 6. 14. 선고 2005도7880 판결.

건을 보관하는 자로서 횡령죄의 주체가 될 수 있다"[71]고 하여 채권자는 타인 소유 물건을 점유한 것으로서 담보물권설의 입장으로 풀이된다.

그러나 다른 판례는 "양도담보권자인 채권자가 제3자에게 담보목적물인 동산을 매각한 경우, 제3자는 채권자와 채무자 사이의 정산절차 종결 여부와 관계없이 양도담보 목적물을 인도받음으로써 소유권을 취득하게 되고, 양도담보의 설정자가 담보목적물을 점유하고 있는 경우에는 그 목적물의 인도는 채권자로부터 목적물반환청구권을 양도받는 방법으로도 가능하다. 채권자가 양도담보 목적물을 위와 같은 방법으로 제3자에게 처분하여 그 목적물의 소유권을 취득하게 한 다음 그 제3자로 하여금 그 목적물을 취거하게 한 경우, 그 제3자로서는 자기의 소유물을 취거한 것에 불과하므로, 채권자의 이 같은 행위는 절도죄를 구성하지 않는다"[72]는 것으로 대외적으로는 채권자가 소유자이기 때문에 제3자에 대한 유효한 처분으로서 담보물권설이 아니라 신탁적 소유권이전설의 입장이라고 이해할 수도 있다.

그러나 신탁적 소유권이전설에 의하더라도 위의 판결은 타당하다고 할 수 없다. 왜냐하면 이 학설은 대내적 관계에서는 채무자의 소유에 속한다는 것으로서, 비록 제3자가 유효한 소유권을 취득하는 것과는 별개로 대내적 관계에서는 채무자의 소유이므로 채권자는 타인의 소유권을 침해하는 것으로 절도죄가 성립한다고 하여야 한다.

다만 채권자에게 모든 소유권이 이전된다는 오늘날 독일·스위스 등에서 판례 및 통설이 취하는 신탁적 양도설에 의할 때는 이해가 가능하다.[73] 대외·대내적으로 소유권이 채권자에게 이전되기 때문에 채권자는 언제든지 이를 처분할 수 있기 때문이다. 그러나 동산양도담보는 그 태생이 우리의 관습에 의하여 생성된 비전형담보물권이기 때문에 이를 신탁적 양도설에 따른 것이라고 해석하기에는 무리가 있으며, 신탁적 양도설에 따른 것이라고 하여도 앞의 판례와는

71) 대법원 1989. 4. 11. 선고 88도906 판결.
72) 대법원 2008. 11. 27. 선고 2006도4263 판결.
73) 대내·대외의 모든 관계에서 목적물의 소유권은 채권자에게 완전히 이전하고, 다만 채권자는 목적물을 채권담보의 목적을 넘어서 행사해서는 안 될 채무를 부담할 뿐이라는 입장이다(곽윤직·김재형, 앞의 책, 571면 이하 참조).

배치되어 결국 대법원의 입장은 일관된 것이 아니다.

3. 형법에서의 담보물권설과 신탁적 소유권이전설의 의미

동산양도담보에서 민사사건과 달리 형사사건에서 대법원의 입장은 일관되지 않고 있으나, 다만 채무자가 임의로 처분한 경우에 신탁적 소유권이전설이나 담보물권설이나 채무자의 소유에 해당하기 때문에 횡령죄가 성립하지 않는다는 결론은 동일하다는 것을 검토하였다. 같은 이유로 채권자가 목적물을 임의로 처분한 경우 역시 담보물권설에 의하든 신탁적 소유권이전설에 따르든 채무자의 소유권이 침해되는 경우로서 횡령죄가 성립한다는 것도 살펴보았다. 그러나 절도죄가 성립하지 않는다는 앞의 판례[74]는 어떠한 입장인지 불분명하다. 따라서 이를 대상으로 평석하면서 동산양도담보에서의 형법적 의미를 살펴보고자 한다.

민법상 동산물권의 양도는 인도하여야 효력이 발생한다. 여기에 인도는 점유의 이전을 말한다. 여기에는 현실의 인도(민법 제188조 제1항), 간이인도(민법 제188조 제2항), 점유개정(민법 제189조), 목적물 반환청구권의 양도에 의한 인도(민법 제190조)에 의한 이전이 포함된다.[75] 그렇다면 동산양도담보에서 채권자가 임의로 처분한 경우에 그 처분의 형식을 현실의 인도와 목적물반환청구권의 양도에 의한 인도는 동일한 의미를 가진다. 따라서 채권자가 임의로 처분하는 경우에는 횡령죄가 성립한다고 하면서, 채권자가 제3자에게 목적물의 반환청구권의 양도에 의한 인도는 타인의 물건이 아니라는 점은 타당하지 않는 것이다.

그러므로 위 판례에서 만일 담보물권설의 입장이라면 채권자는 담보권만을 가지는 것으로 채무자의 소유권을 침해한 것이 되어 절도죄가 성립하며, 신탁적 소유권이전설에 따른 것이라도 대내적으로는 채무자의 소유이기 때문에 절도죄가 성립한다. 그러므로 대법원의 이러한 입장은 타당하지 않다.

여기에서 신탁적 소유권이전설이 주장하는 대외적 관계의 범위가 문제된다. 만일 양도담보권자와 양도담보설정자 이외의 모든 이해관계를 가진 자를 대외

---

74) 대법원 2008. 11. 27. 선고 2006도4263 판결.
75) 지원림, 앞의 책, 520면.

적 관계로 설정하고, 이에 대하여 양도담보권자가 소유자라고 한다면 위의 판결과 같은 모순점이 발생한다. 왜냐하면 채무자가 점유개정으로 점유하고 있는 동산을 채권자가 처분하는 경우에 제3자는 선의취득이 아니라 유효한 법률행위로서 소유권을 취득하게 되며, 채무자는 동산양도담보에서 무권리자가 된다. 그러나 대내적 관계에서 소유자를 채무자로 한다면 채무자의 소유권을 침해하는 것으로서 절도죄가 성립하며, 이는 담보물권설에 의할 경우에도 같은 결론이다. 따라서 신탁적 소유권이전설에서 대외적 관계란 모든 제3자가 아니라 채무자와 이해관계를 맺은 제3자에 한정된다는 의미로 해석될 수밖에 없다. 그렇다면 형사책임과 관련하여 견해의 대립은 별 의미가 없다는 결론에 도달하게 된다. 이러한 점에서 형사판결에서 앞에서의 대법원의 모호한 입장은 오히려 이해할 수 있다.

Ⅴ. 나오며

이처럼 동산양도담보에서 채권자 또는 채무자의 임의처분행위는 학설의 대립은 의미가 없으며, 채무자는 변제기 전이든 후이든 자신의 사무로서 배임죄가 성립하지 않는다. 동산 양도담보란 채권자가 금전채권의 담보로 채무자로부터 동산의 소유권을 점유개정의 방식으로 취득하고, 채무자의 변제가 없으면 그 소유권이 종국적으로 채권자에게 귀속되는 형태로 담보권을 사적 실행하기로 하는 당사자간의 약정이다. 민사사건에서 판례는 동산양도담보에 관하여 가등기담보등에관한법률의 제정과 상관없이 여전히 신탁적 소유권이전설을 따르고 있으나, 형사사건에서는 일관되지 아니하다. 신탁적 소유권이전설은 대외적으로는 채권자가 소유권을 가지나, 대내적으로는 채무자가 소유권을 보유한다는 것이다. 담보물권설은 채무자가 소유권을 보유하며 채권자는 단지 양도담보권이라는 제한물권을 가지는 것으로 이해한다.

형법학에서는 동산양도담보설정자가 목적물을 임의로 처분한 경우의 형사책임과 관련하여 채무자의 목적물 임의처분행위는 배임죄가 성립하고, 횡령이 될 수 없고, 다만 채권자가 변제기 전에 처분한 경우에 횡령죄가 성립한다고 하며,

변제기 후 임의처분은 무죄가 된다는 것이 주류적 견해이다. 청산금에 대한 정산의무는 자신의 사무로서 배임죄도 성립하지 않는다는 것이 통설이며 타당하다. 따라서 동산양도담보와 관련된 형사책임여부는 변제기 전 채권자 또는 채무자가 동산양도담보에서 목적물을 임의로 처분한 경우에 한정된다.

채무자가 임의로 처분한 경우에 동산양도담보에서 신탁적 소유권이전설이나 담보물권설에 따르던 채권자와의 관계에서 소유권은 채무자가 보유하기 때문에 횡령죄가 성립할 수는 없다는 점에서 동일한 결론이다. 또한 채권자가 임의로 처분한 경우에는 채무자의 소유권을 침해하는 행위로서 횡령죄 내지 절도죄가 성립한다.

점유개정이란 동산물권을 양도하면서 양도인이 양수인과 점유매개관계를 설정하여, 양수인에게 간접점유를 취득시키고 스스로는 양수인의 점유매개자로서 점유를 계속하는 것을 말한다. 예컨대 매도인이 물건을 매각한 후 임차인 또는 수치인으로서 그 물건을 계속 점유하는 경우이다. 이처럼 점유개정이란 목적물의 소유권을 이전하여야 하고 그 점유만 계속하고 있는 것이기 때문에, 대내적으로만 소유권을 가진다는 신탁적 소유권이전설의 입장과는 그 개념상 서로 배치된다.

소유권은 물건을 사용·수익·처분할 권리를 포함하는 개념으로서, 소유권을 사용·수익할 권리와 처분할 권리를 나누는 것은 소유권의 개념에도 어긋난 것이며, 또 1개의 소유권을 구분할 수 있는가도 의문이다. 이는 1개의 소유권을 대외적·대내적인 관계로 나누는 실익이 민법학에서는 유용할 수도 있으나, 형법학에서는 소유권뿐만 아니라 그 외에 다른 법익도 보호하여야 하기 때문에 학설의 실익은 없다는 것이다.

실질적으로 동산양도담보는 중소기업자가 그의 기업시설인 동산을 스스로 점유하고 이용하면서 이를 담보에 제공하고 자금을 얻는 수단으로서 그 대상은 대개 채무자가 지속적으로 사용하여 수익을 창출하여야 하는 물건이다. 따라서 동산양도담보에 제공되는 목적물은 실질적으로 채무자가 채권자에게 소유권을 이전한 것이라고 보기 힘들다. 그러므로 "대내적 관계에서 채권자가 소유권을 보유한다."라는 의미는 공시방법이 없는 동산양도담보에서 채권자의 담보권을 보장하려는 의미로서 채권자와 채무자 사이의 계약내용일 뿐 사실적인 측면에서 소유권을 처분한다는 것으로 이해할 수 없다. 그러므로 동산양도담보에서의 권리이전은 담보로 제공할 동산의 소유권을 이전한다는 것이 아니라 물건에 대한 담보제공이라고 해석하는 것이 현실적이고 실질적인 의사에 합치되기 때문에 담보물권설이 타당하다. 결국 동산양도담보의 경우 목적물은 채무자가 소유하며 채권자는 담보권만을 가지는 것이기 때문에 채무자가 이를 처분한 경우에 횡령죄가 성립할 수 없으며, 채권자가 이를 처분하거나 임의로 가져가면 절도죄가 성립한다고 하여야 타당하다.

참고문헌

강구욱, 동산담보법의 동산담보권에 관한 소고, 경희법학 제48권 제2호, 2013.
강태성, 물권법 개정5판, 2015.
고형석, 동산 및 채권 등의 담보에 관한 법률상 동산담보제도에 관한 연구, 외법논집 제35권 제3호, 2011.
곽윤직 · 김재형, 물권법 제8판, 2015.
김동훈, 동산양도담보에 관한 판례의 법리의 개관, 현대법학의 발자취와 새 지평, 평광 조성국박사 정년기념논문집, 2006.
김인유, 「동산 · 채권 등의 담보에 관한 법률」에 관한 소고, 원광법학 제27권 제4호, 2006.
김일수 · 서보학, 새로쓴 형법각론 제7판, 2009.
김상용, 양도담보에 관한 한 · 독 비교, 연세대법학연구 제19권 제3호, 2009.
______, 물권법 제3판, 2016.
김성돈, 형법각론 제3판, 2013.
김준호, 물권법 제9판, 2016.
류창호, 동산 · 채권 등의 담보에 관한 법률상 동산담보제도의 문제점과 입법적 개선방안, 아주법학 제6권 제2호, 2012.
문채규, 배임죄의 주체에 관한 판례이론의 분석과 검토, 법학연구 제57권 제4호, 부산대학교 법학연구소, 2016.
박홍래, 동산의 양도담보, 법조 제591호, 2005.
배종대, 형법각론 제8전정판, 2013.
손동권, 양도담보물을 임의 처분한 경우의 형사책임, 형사정책연구 제20권 1호, 한국형사정책연구원, 2009.
송덕수, 신민법강의 제7판, 2014.
신봉근, 동산양도담보의 법리적 이론, 법학연구 제20호, 한국법학회, 2005.
이덕환, 물권법, 2011.
이명환, 양도담보의 법리적 고찰, 법학연구 제26권 제2호, 부산대 법학연구소, 1983.
이재상, 형법각론 제9판, 2013.
지원림, 민법강의 제10판, 2012.
주해 민법 물권(4), 2011.

27

배임죄의 행위주체인 '타인의 사무처리자' 판단에 관한 소고*

김 혜 정**

【대상판결】 대법원 2011. 1. 20. 선고 2008도10479 전원합의체 판결

【사실관계】

甲(피고인)은 서울 금천구에서 A업체를 운영하면서 도시바 운전기 1대 및 현상기, 소부기, 판꺽기(이하 '인쇄기'라 한다)를 소유하고 있었고, 위 인쇄기를 고양시 덕양구에 있는 乙 운영의 인쇄업체에 보관하여 두고 있었다.

甲은 2005. 4. 1.경 위 A사무실에서, 丙(피해자)에게 위 인쇄기를 1억 3,500만 원에 양도하고, 2005. 4. 30.경 1차 계약금으로 17,026,007원 상당의 원단, 2005. 6. 2.경 2차 계약금 명목으로 14,313,215원 상당의 원단을 각 지급받는 한편 2005. 6. 28.경 위 인쇄기를 인도하여 주기로 약정하였고, 2005. 7. 8.경 중도금 명목으로 12,270,860원 상당의 원단까지 지급받았다.

그럼에도 불구하고 甲은 사업자금이 필요하자 乙에게 위 인쇄기를 양도하겠다는 의

* 이 논문은 제129회 영남형사판례연구회(2012.1.16.)에서 발표되고, 법과 정책연구 제12집 제4호(2012)에 게재되었음.

** 영남대학교 법학전문대학원 교수, 법학박사.

사를 표시하였고, 乙도 甲의 제안에 동의하여 대금 8,000만 원에 위 인쇄기에 대한 매매계약을 체결하되, 甲의 乙에 대한 기존 채무 8,400만 원을 매매대금으로 갈음하기로 하여 2005. 12. 20.경 乙에게 위 인쇄기를 양도함으로써 8,400만 원 상당의 재산상 이익을 취득하고 丙에게 동액 상당의 손해를 가하였다.

【소송의 경과】

검사는 위 사실관계를 공소사실로 하여 배임죄로 기소하였고, 1심법원은 乙과 매매계약을 체결한 것만 가지고 바로 甲에게 배임의 고의가 있었다고 볼 수 없다는 이유에서 甲에게 무죄를 선고하였다.

이에 검사는 항소하였고, 항소심은 동산에 대한 인도의무는 양도계약에 따른 민사상의 채무에 불과할 뿐 타인의 사무가 아니라는 점에서 甲에게 타인의 사무처리자라는 지위가 인정되지 않는다는 이유에서 무죄를 선고하였다.

【대법원 재판요지】

[다수의견]

(가) 매매와 같이 당사자 일방이 재산권을 상대방에게 이전할 것을 약정하고 상대방이 그 대금을 지급할 것을 약정함으로써 그 효력이 생기는 계약의 경우(민법 제563조), 쌍방이 그 계약의 내용에 좇은 이행을 하여야 할 채무는 특별한 사정이 없는 한 '자기의 사무'에 해당하는 것이 원칙이다.

(나) 매매의 목적물이 동산일 경우, 매도인은 매수인에게 계약에 정한 바에 따라 그 목적물인 동산을 인도함으로써 계약의 이행을 완료하게 되고 그때 매수인은 매매목적물에 대한 권리를 취득하게 되는 것이므로, 매도인에게 자기의 사무인 동산인도채무 외에 별도로 매수인의 재산의 보호 내지 관리 행위에 협력할 의무가 있다고 할 수 없다. 동산매매계약에서의 매도인은 매수인에 대하여 그의 사무를 처리하는 지위에 있지 아니하므로, 매도인이 목적물을 매수인에게 인도하지 아니하고 이를 타에 처분하였다 하더라도 형법상 배임죄가 성립하는 것은 아니다.

[반대의견]

(가) 매매계약의 당사자 사이에 중도금을 수수하는 등으로 계약의 이행이 진행되어 다른 특별한 사정이 없는 한 임의로 계약을 해제할 수 없는 단계에 이른 때에는 그 계약의 내용에 좇은 채무의 이행은 채무자로서의 자기 사무의 처리라는 측면과 아울러 상대방의 재산보전에 협력하는 타인 사무의 처리라는 성격을 동시에 가지게 되므로, 이러한 경우 그 채무자는 배임죄의 주체인 '타인의 사무를 처리하는 자'의 지위에 있고, 이러한 지위에 있는 자가 그 의무의 이행을 통하여 상대방으로 하여금 그 재산에 관한 완전한 권리를 취득하게 하기 전에 이를 다시 제3자에게 처분하는 등 상대방의 재산 취득

혹은 보전에 지장을 초래하는 행위는 상대방의 정당한 신뢰를 저버리는 것으로 비난가능성이 매우 높은 전형적인 임무위배행위에 해당한다.

(나) 동산매매의 경우에도 당사자 사이에 중도금이 수수되는 등으로 계약의 이행이 일정한 단계를 넘어선 때에는 매도인이 매매목적물을 타에 처분하는 행위는 배임죄로 처벌하는 것이 논리적으로 일관되고, 그와 달리 유독 동산을 다른 재산과 달리 취급할 아무런 이유를 찾아볼 수 없다. 다수의견은 본질적으로 유사한 사안을 합리적 근거 없이 달리 취급하는 것으로서 형평의 이념에 반하며, 재산권의 이중매매 또는 이중양도의 전반에 걸쳐 배임죄의 성립을 인정함으로써 거래상 신뢰관계의 보호에 기여하여 온 대법원판례의 의미를 크게 퇴색시키는 것이다(이하 보충의견 등은 생략).

연 구

Ⅰ. 들어가는 말

형법은 헌법상 보장된 국민의 기본권으로서 재산권을 보호하기 위하여 절도죄를 비롯하여 9가지의 재산범죄를 규정하고 있다. 그 중 배임죄는 타인의 사무를 처리하는 자가 그 임무에 위배하는 행위로써 재산상의 이익을 취득하거나 제3자로 하여금 이를 취득하게 하여 본인에게 손해를 가함으로써 성립되는 범죄이다.

이러한 배임죄의 역사는 그리 오래되지 않았다. 로마법이나 게르만법에서는 배임죄에 대한 명시적인 규정을 두고 있지 않다가, 1532년 카롤리나형법에 '위탁물 횡령'으로 횡령과 배임이 구별되지 않은 채 규율되어, 1810년 나폴레옹법전 제408조 이하의 신용남용죄에까지 계속되다가, 1813년에 제정된 바이에른형법에서 처음으로 특별한 신뢰 및 성실의무와 연계된 독자적인 배임죄구성요건이 만들어졌고, 1851년 프로이센형법에서 후견인·중매인과 같이 특별한 업무상 신뢰관계에 있는 자의 배신(배임죄)을 사기죄의 한 유형으로 규정하였다.[1)]

이를 기초로 1870년에 제정된 독일북부연방형법에서 배임죄의 범위가 확대되었으며, 이 규정은 1871년에 독일제국형법으로 도입되었다. 이 형법전은 일본의 1907년 형법에 영향을 주었고, 이는 다시 1953년 제정된 한국형법의 근거가 되었다.[2)]

배임죄는 타인의 사무를 처리하는 자가 그 임무에 위배되는 행위를 함으로써 성립하므로 배임죄를 논함에 있어 배임죄의 본질과 관련하여 배임죄 행위주체의 판단이 주요한 논점으로 제기되고 있다. 이러한 배임죄의 행위주체인 '타인의 사무를 처리하는 자'에 대해 대법원은 "양자 간의 신임관계에 기초를 두고 타인의 재산관리에 관한 사무를 대행하거나 타인 재산의 보전행위에 협력하는 자"[3)]로 해석하고 있다. 더불어 타인의 사무를 처리하는 자의 "임무위배행위"를 그 자의 "배신행위"로 이해하여 배임죄에 있어서 임무에 위배하는 행위를 "처리하는 사무의 내용, 성질 등 구체적 상황에 비추어 법령의 규정, 계약의 내용 또는 신의칙상 당연히 하여야 할 것으로 기대되는 행위를 하지 않거나 당연히 하지 않아야 할 것으로 기대되는 행위를 함으로써 본인과의 신임관계를 저버리는 일체의 행위"[4)]로 판단하고 있다. 이 경우 배임죄의 행위주체가 본인에 대한 배신행위를 하기만 하면 배임죄가 성립한다. 결국 '타인의 사무처리자'의 구체적 범위에 따라 배임죄의 성립범위가 확장될 수도 있고, 제한될 수도 있다.

문제는 배임죄의 행위주체인 '타인의 사무처리자'의 판단이 그렇게 쉬운 문제는 아니라는 것이다.[5)] 본 대상판결에서도 동산의 이중매매에 있어서 매도인의

1) 배종대, 『형법각론』, 제7전정판, 홍문사, 2010, 547면 참조; 주지홍, "부동산이중매매에 있어서 배임죄 적용 결과 민사법질서에 미치는 부정적 영향", 「법학연구」, 제51권 제2호(부산대학교, 2010), 324면 참조.

2) 허일태, "배임죄에서의 행위주체와 손해의 개념", 「비교형사법연구」, 제6권 제2호(2004), 139면.

3) 대법원 2003. 9. 26. 선고 2003도763 판결.

4) 대법원 2004. 7. 9. 선고 2004도810 판결.

5) 이는 그와 관련된 다양한 전원합의체 판결을 통한 대법원의 입장변화를 통해서도 알 수 있다. 예컨대 대법원 1985. 11. 26. 선고 85도1493 전원합의체 판결에서는 "양도담보가 처분정산형의 경우이건 귀속정산형의 경우이건 간에 담보권자가 변제기 경과 후에 담보권을 실행하여 그 환가대금 또는 평가액을 채권원리금과 담보권 실행비용 등의 변제에 충당하고 환가대금 또는 평가액의 나머지가 있어 이를 담보제공자에게 반환할 의무는 담보계약에 따라 부담하는 자신의 정산의무이므로 그 의무를 이행하는 사무는 곧 자기의 사무처리에 속하는 것이라 할 것이고 이를 부동산매매에 있어서의 매도인의 등기의무와 같이 타인인 채무자의 사무처리에 속하

행위주체성, 즉 매도인을 타인의 사무처리자로 인정할 것인지에 대하여 팽팽한 논쟁을 벌이고 있다. 그런데 이러한 논쟁의 배경에는 그동안 배임죄의 행위주체에 대한 판단이 법규정의 해석에 입각하기보다는 처벌의 사회적 필요성이라는 정책적 판단에 무게를 두고 이루어져 왔던 것은 아닌지 자문해볼 여지가 있다.[6)]

그런 점에서 본 대상판결이 채무는 특별한 사정이 없는 한 '자기의 사무'에 해당하기 때문에 동산이중매매에서 동산인도채무를 이행하지 않은 매도인에게 '타인의 사무처리자'라는 배임죄의 행위주체성이 인정되지 않아 배임죄가 성립하지 않는다고 판시한 내용에 대하여는 결론적으로 동의한다. 그러나 그 논거로 동산의 이중매매와 부동산의 이중매매를 달리보아야 한다는 점은 배임죄의 본질과 관련하여 검토해 볼 여지가 있다. 이는 본 대상판결에서 부동산의 경우와 마찬가지로 동산의 이중매매에서도 배임죄를 인정해야 한다는 반대견해에 대하여 "부동산 이중매매를 배임죄로 인정한 기존 판례가 안고 있는 내재적 한계를 외면하고 형법상 배임죄의 본질에 관한 법리적 오류를 동산의 경우에까지 그대로 답습"하는 것이라고 반론을 제기한 다수의견과 관련하여 더욱 그러하다. 더불어 이러한 부동산 혹은 동산의 이중매도인에게 '타인의 사무처리자'라는 배임죄의 행위주체성이 인정될 수 있는 것인지도 의문이다.

이에 본 논문에서 이러한 문제의식을 갖고 대상판결의 문제점을 살펴보기에 앞서 그 판단의 기초가 될 수 있는 배임죄의 본질(II)과 배임죄의 행위주체성, 즉 '타인의 사무처리자'의 개념과 그 범위에 대한 검토(III)를 하고, 이를 바탕으로 본 대상판결에 나타난 문제(IV)를 살펴보도록 한다.

는 것이라고 볼 수는 없어 그 정산의무를 이행하지 아니한 소위는 배임죄를 구성하지 않는다" 고 하여 종전에 배임죄에 해당된다고 보았던 대법원의 입장을 전환하였다.

6) 대법원 1985. 11. 26. 선고 85도1493 전원합의체 판결의 소수견해도 "형법해석의 원칙적인 입장에서 살펴볼 때 위 정산의무나 등기협력의무가 단순한 채무불이행에 그친다함은 당연한 것임에도 불구하고 이들 민사상 의무위반행위자를 형법 배임죄의 구성요건의 하나인 타인의 사무를 처리하는 자에 포함시켜 처벌대상으로 하게 된 대법원판례가 오래전부터 형성되고 그것이 유지되어온 근간적인 이유나 배경 중 몇 가지를 촌탁해본다면 사회, 경제생활의 복잡화 다양화를 틈타 계약자치원칙이 탈법적으로 악용되고 그 결과 경제평등원칙이 한편으로 기울어지고 나아가 법적안정성이 침해를 받게 됨에 이르러 이를 사법자치원칙에만 의지하게 하여 방치할 수 없게 된 상황에 놓여진 독특한 사회적 여건과, 형사적 의미의 고의 내지 가벌성 검토 및 처벌필요성을 인정하기에 이른 것"이라고 보고 있다.

Ⅱ. 배임죄의 본질에 관한 논의

형법 제355조 제2항에 "타인의 사무를 처리하는 자가 그 임무에 위배하는 행위로써 재산상의 이익을 취득하거나 제3자로 하여금 이를 취득하게 하여 본인에게 손해를 가한 때에도 전항의 형과 같다"고 배임죄를 규정하고 있다. 이에 의하면 배임죄의 성립에 있어 가장 중요한 조건은 '타인의 사무처리자에 의한 타인의 사무처리라는 임무에 대한 위반'이라 할 것이다. 이러한 배임죄의 성립요건을 확정하기 위해서는 결국 배임죄의 본질을 어떻게 이해할 것인가에 관한 검토가 요구된다.

1. 권한남용설

먼저 권한남용설은 대외관계에서 신임관계를 위배하는 행위, 즉 법적 대리권의 남용행위에 배임죄의 본질이 있다고 한다.[7] 권한남용설은 독일의 구형법 제266조 제2호에 배임죄의 주체에 '대리인'이라는 규정을 삽입하게 됨에 따라 배신설의 '신뢰관계'라는 불명확한 개념을 회피함과 동시에 횡령, 절도, 사기 등에 대하여 배임죄의 독자적인 해석을 기하기 위해 제시된 견해로, 대외관계에서 대리권을 가진 자가 그 대외적 권한을 행사함에 있어서 대내적 의무를 위배한 경우에 성립한다는 것이다. 이처럼 대리권을 전제로 하는 배임행위는 그 권한의 행사에 의하여 본인에게 손해를 가하여야 하므로 법률행위에 국한하게 된다.[8] 이처럼 권한남용설에 따를 경우, 배임죄의 성립범위를 명확하게 할 수 있다는 장점이 있는 반면, 배임죄 주체의 범위가 지나치게 협소해질 우려가 있어 처벌이 필요한 사안을 처벌하기 어려울 수 있다는 단점이 있다.[9]

---

7) 오영근, 「형법각론」, 제2판, 박영사, 2009, 499면; 임웅, 「형법각론」, 제3정판, 법문사, 2011, 463면.

8) 원혜욱, "배임죄의 개정방안 －배임죄의 본질에 대한 논쟁을 중심으로－", 「형사법연구」, 제22호 특집호(2004), 810면.

9) 임웅, 앞의 책, 463면.

2. 배신설

배신설은 대내관계에서 신의성실의 의무에 대한 위배 내지 신임관계의 위배에 배임죄의 본질이 있다고 한다. 즉 대내의 신임관계에서 발생한 타인의 재산상의 이익을 보호할 의무의 침해행위에 배임죄의 본질이 있다는 것으로 우리나라 다수설[10]과 판례[11]의 입장이다. 따라서 배임죄는 대외관계에 있어서 대리권의 존재를 요하지 않을 뿐 아니라 그 사무가 포괄적 위탁사무일 것을 요하지도 아니하며, 배임행위도 반드시 법률행위에 제한되지 않는다.[12]

문제는 배신설을 취하는 경우 '타인의 사무'를 법문에 명시된 것에 반하여 '타인을 위한 사무'까지도 포함하는 것으로 해석하게 되어 배임죄의 적용범위가 넓어지게 됨으로써 민사문제의 형사화를 촉진할 수 있다는 것이다.[13] 예컨대 모든 채무불이행이 본인의 재산을 보호해야 할 대내적 신의성실의무에 대한 위배를 의미하므로 배임죄를 구성한다고 볼 여지가 있어, 신의성실원칙에 입각한 일반적 행위임무까지도 배임죄의 근거로 삼을 수 있다는 단점이 있다. 특히 신의성실원칙이 타인의 사무처리를 인정하는 근거로 작용할 때, 그 내용은 적용자의 윤리의식 내지 정치적·정책적 목표에 따라 상이하게 나타날 수 있는 가능성을 통해 배임죄의 확대위험성도 존재하게 된다.[14] 따라서 이러한 배신설은 처벌의 필요에는 부응할 수 있으나 그 범위가 막연하여 배신설을 극단적으로 적용할 때에는 배임죄의 구성요건이 무제한하게 확대되어 자칫 단순한 채무불이행까지도 처벌하게 되는 위험이 있는 문제가 발생하게 될 것이다.

---

10) 배종대, 앞의 책, 549면; 오영근, 앞의 책, 499면; 임웅, 앞의 책, 463면.

11) 대법원 2011. 4. 28. 선고 2011도3247 판결; 대법원 2004. 7. 9. 선고 2004도810 판결; 대법원 2003. 9. 26. 선고 2003도763 판결; 대법원 2001. 9. 28. 선고 99도2639 판결 등.

12) 원혜욱, 앞의 논문, 811면.

13) 문형섭, "채무불이행과 배임죄(재론)", 「법학논총」, 제27집 제2호(전남대학교 법률행정연구소, 2007), 319면; 주지홍, 앞의 논문, 319면 이하; 허일태, "부동산 이중매매와 배임죄", 「형사법연구」, 제15호(2001), 333면.

14) 배종대, 앞의 책, 549면.

3. 사무처리설

사무처리설은 타인의 재산을 관리하는 자가 법률상의 의무를 위배하여 타인에게 재산상의 손해를 가하는 점을 배임죄의 본질로 보고 있다. 이러한 사무처리설은 배신설의 근본관념을 유지하면서 배신설에 있어서의 성실의무라는 개념이 막연하다는 비난을 회피하기 위하여 그 의무를 민법상의 재산보호의무에 한정하고 있다. 사무처리설은 법령이나 계약이 원인이 된 재산관리의무자만이 배임죄의 주체가 되는 것으로 보기 때문에 권한남용설에 비해서는 배임죄 성립의 범위가 넓다. 또 행위자가 대내적 의무위반을 배임죄로 보고 있다는 점에서 배신설과 동일하지만, 그 의무를 법률상의 재산보호의무에 한정하는 점에서 배신설과 다르다.[15] 그러나 사무처리설에 대해서는 행위자의 의무를 법률상의 의무에 한정하고 있다는 점에서 권한남용설과 동일한 문제점을 안고 있다는 비판이 제기되고 있다.[16]

4. 이득행위설

이득행위설은 우리 형법상 배임죄의 내용은 자기 또는 제3자가 재산상의 이익을 취득함을 통해 본인에게 손해를 가하는 경우에 성립하기 때문에 본인에게 재산상의 손해를 가하는 것만으로는 배임죄가 성립할 수 없고, 자기 또는 제3자의 재산상의 이익 취득에 배임죄의 본질이 있다고 한다.[17] 동 견해는 권한남용설도 위탁자의 신뢰를 배신하고 대리권을 남용하는 배신성을 지니고 있기 때문에 배신설과 구별이 모호해질 수 있다는 점에서, 오히려 횡령죄에서의 영득행위설과 마찬가지로 배임죄에서는 이득행위설이라고 해야 한다고 한다. 형법에서 횡령죄와 배임죄를 같은 성격의 범죄로 규정한 것은 두 범죄 모두 위탁자의 신뢰를 배신하여 재물을 취득하거나 재산상의 이익을 취득하는 것이라는 점에서 찾고 있다.[18]

---

15) 원혜욱, 앞의 논문, 813면.
16) 배종대, 앞의 책, 548면.
17) 오영근, 앞의 책, 499면 이하.

5. 사무처리의무위반설

사무처리의무위반설은 행위주체의 "사무처리의무위반", 즉 타인의 재산을 보호해야 할 법률상의 의무위반에 의한 재산침해행위에 배임죄의 본질이 있다고 한다. 배임죄는 단순히 대내적 신임관계의 배신을 그 본질로 하는 배신설을 당연한 전제로 하고 있는 것이 아니라, 타인의 사무를 처리하는 자의 "사무처리의무위반"에서 그 본질을 찾을 수 있다는 것인데, 그 이유는 우리 형법규정을 볼 때, 배임죄의 주체는 "타인의 사무를 처리하는 자"라고만 명시되어 있어, 독일 형법의 배신구성요건과 같이 "신뢰관계"를 요구하지 않고 있으며, "임무에 위배하는 행위"라는 구성요건의 문언은 "배임행위"라고 읽어야지 "배신행위"라고 새겨야 할 아무런 근거가 없기 때문이라고 한다.[19]

동 견해는 행위자가 대내적 의무위반을 배임죄로 보고 있다는 점에서 배신설과 동일하지만, 그 의무를 법률상의 재산보호의무에 한정하는 점에서 배신설과 다르다.[20]

6. 소 결

이상의 견해들을 검토해 볼 때, 배임죄의 본질은 "사무처리의무위반"에서 찾는 것이 타당하다고 본다. 그 이유는 독일 형법이 그 주체를 "신뢰관계에 기하여 부담하는 재산보호의무자"라고 배신설에 입각하여 규정[21]하고 있고, 일본 형법이 "타인을 위하여"라는 문언으로 그 주체에 신뢰관계의 존재를 요구[22]하는

18) 오영근, 앞의 책, 500면.

19) 허일태, 앞의 논문(2004), 142면; 문형섭, "배임죄의 본질과 주체의 범위", 「법조」, 통권 제544호(2002), 18면.

20) 허일태, 앞의 논문(2001), 330면 이하.

21) 배임죄라는 범죄를 만들어낸 독일에서는 배임죄의 본질에 관해 권한남용설과 배신설이 다투어져 왔다. 그것이 나치정부에 의해 배임죄의 구성요건을 "타인의 재산을 처분하거나 의무를 부과하는 권한을 남용하여, 또는 신뢰관계에 의하여 부과되는 타인의 재산상 이익을 보호할 의무에 위배하여 손해를 가하는" 범죄로 규정함으로써 권한남용설과 배신설을 입법적으로 병용하여 이론상의 대립을 해소하였다. 그런데 재산상 이익을 보호할 의무에 위배한다는 배신구성요건은 너무나 막연하여 단순한 채무불이행까지도 처벌할 수 있게 되므로 戰後에는 그 해석·운용에 있어 많은 제한을 가하는 노력이 행해지고 있다(문형섭, 앞의 논문(2007), 319면).

22) 일본에서도 1901년의 형법개정초안에서 처음으로 현행규정에 가까운 배임죄가 마련되었고 그

것과는 달리, 우리 형법상 배임죄 규정은 "타인의 사무를 처리하는 자가 그 임무에 위배하는 행위", 즉 "사무처리임무위반"으로 규정하고 있어 반드시 배신설로 이해되어야 할 근거는 없다고 보기 때문이다.[23] 무엇보다도 현재의 다수설과 판례가 취하는 배신설에 따를 경우, 배임죄의 구성요건이 무제한 확대될 위험을 배제하기 쉽지 않고, 이를 통해 민사상 사적 자치를 근본적으로 파괴할 가능성을 열어두게 된다고 보기 때문이다.

문제는 사무처리의무위반이 법률상의 의무에 국한되어야 하는지, 아니면 사실상 맡은 임부를 포함하는지가 명백하지 않고, 만일 법률상의 의무에 국한한다면 독일에서 실정법상 인정되고 있는 권한남용설과 다를 바가 없다는 비판이 제기될 수 있다는 것이다. 그러나 이러한 문제는 형법 제355조 제2항에서 말하는 "타인의 사무를 처리하는 자의 맡은 임무"에 대한 형법상의 성격을 규명함으로써 해결될 수 있을 것으로 본다. 즉 형법상의 규범은 민법상의 규범을 가급적 보호하고 있지만, 전제하고 있지는 않다는 점에서 타인의 사무를 처리하는 자가 그 임무에 위배되는 행위로서 형법상 보호하고자 하는 법익을 침해하였다면, 그 임무에 위배되는 행위는 반드시 법률행위에 국한할 필요가 없고, 이런 점에서 사무처리의무위반에서 말하는 의무는 법률상의 의무뿐만 아니라, 신임관계에서 현실적으로 맡은 임무도 포함된다고 함으로써 해결될 수 있을 것으로 본다.[24]

이러한 배임죄의 본질에 대한 이해를 바탕으로 배임죄의 주체인 '타인의 사

후 1907년의 초안 내용이 입법화되어 오늘날까지 그대로 유지되고 있다. 일본에서는 배임죄 주체의 요건과 관련하여 "타인을 위하여 그 사무를 처리하는 자"라고 규정함으로써 독일과 같이 특별히 권한남용구성요건으로 제한을 두고 있지 않다는 이유에서 배신설이 통설이 되었다. 그러나 역시 일본에서도 전후에 넓은 배신설에 대한 반성이 시작되면서 비록 배신설이 통설이지만, 배신설을 수정하거나 배신설을 부정하는 견해도 제시되고 있다. 배임죄 본질의 변화에 대한 보다 구체적인 내용은 문형섭, 앞의 논문(2002), 7면 이하 참조.

23) 같은 견해로 문형섭, 앞의 논문(2002), 18면; 허일태, 앞의 논문(2001), 331면; 김종덕, "배임죄 주체의 해석상 몇 가지 문제", 「저스티스」, 통권 제112호(2009), 10면 이하.

24) 허일태, 앞의 논문(2004), 143면. 이에 조국교수도 배임죄의 과잉적용의 문제 또는 "포괄구성요건"으로서의 문제점을 해소하기 위하여 배임죄의 본질을 타인의 사무를 처리하는 자의 '사무처리의무위반'에서 구하는 것이 바람직하다고 한다. 더 나아가 중대한 사무처리의무위반은 형법으로 규율하고 그렇지 않은 사무처리의무위반은 민법 등 비형법적 방식으로 규율할 것을 제안하고 있다(조국, "기업범죄 통제에 있어서 형법의 역할과 한계 －업무상 배임죄 배제론에 대한 응답－ ", 「형사법연구」, 제19권 제3호(2007), 172면 이하 참조).

무처리자'의 개념과 범위를 검토해 보아야 할 것이다.

Ⅲ. 배임죄의 행위주체 및 그 범위에 관한 검토

1. '타인의 사무처리자' 개념

배임죄로 처벌되는 행위주체는 '타인의 사무를 처리하는 자'이다. 여기에서 타인의 사무란 본래 그 타인이 처리해야 할 사무라는 의미이다. 따라서 '타인의 사무를 처리하는 자'란 본래 타인이 처리해야 할 사무를 '타인을 위하여 타인의 사무를 대행하는 자' 또는 '타인으로부터 위탁된 사무를 그 타인의 이익을 위하여 처리하는 자'이다.

따라서 타인을 위한 사무라고 하더라도 그 사무가 행위자 '자신의 사무'라면 그 사무의 주체는 배임죄의 주체가 될 수 없다.[25] 따라서 포괄적으로 타인의 재산을 관리·감독하는 의무가 있거나, 타인의 재산을 처분하고 타인에게 의무를 부과하는 권한을 갖는 경우, 타인을 위한 법률행위를 할 권한을 갖는 경우, 타인의 이익을 위하여 금전출납과 같은 직접적인 재산관리를 하는 경우 등과 같이 타인의 사무를 처리하는 권한이나 지위가 존재하는 경우에 배임죄의 주체에 해당할 것이다.[26]

그런데 앞에서 언급한 바와 같이, 판례나 다수설은 배임죄의 본질을 배신설로 파악하고, 그 입장에서 '타인의 사무'의 의미를 법문에 명시된 의미보다 확대하여, 예컨대 위임, 고용 등의 계약상 타인의 재산의 관리보전의 임무를 부담하는데 본인을 위하여 일정한 권한을 행사하는 경우, 등기협력의무와 같이 매매, 담보권설정 등 자기의 거래를 완성하기 위한 자기의 사무인 동시에 상대방의

25) 예컨대 음식점 임대차계약에 의한 임차인의 지위를 양도한 자는 양도사실을 임대인에게 통지하고 양수인이 갖는 임차인의 지위를 상실하지 않게 할 의무가 있다고 하여도, 이러한 임무는 임차권 양도인으로서 부담하는 채무로서 양도인자신의 의무일 뿐이지 자기의 사무임과 동시에 양수인의 권리취득을 위한 사무의 일부를 이룬다고 볼 수 없으므로 양도인을 배임죄의 주체인 타인의 사무를 처리하는 자로 볼 수 없어 배임죄가 성립되지 않는다고 한다(대법원 1991. 12. 10. 선고 91도2184 판결).

26) 문형섭, 앞의 논문(2007), 322면.

재산보전에 협력할 의무가 있는 경우와 같이 '타인을 위한 사무'까지도 포함하는 것으로 해석하고 있다.[27)]

이처럼 '타인의 사무'를 '타인을 위한 사무'라고 해석하게 되면, 배임죄의 적용범위는 법문에 규율된 어의 내지 문맥의 한계를 넘어서 지나치게 넓어지는 문제가 발생할 수 있다. 물론 이러한 문제점을 해결하기 위해 예컨대 타인의 사무를 '타인의 재산적 이익에 본질적으로 연결되는 사무'라든지, '타인의 재산보호가 신임관계의 전형적·본질적인 내용이어야 한다'고 하여 타인을 위한 사무의 범위를 제한하려고 하고 있다.[28)]

그러나 타인의 사무라는 개념과 타인을 위한 사무라는 개념은 명백히 다르다고 해야 할 것인데, 타인의 사무에 타인을 위한 사무를 포함하다보니, 예컨대 타인 소유의 건축물을 시공하는 모든 행위는 타인인 '건축주를 위한' 사무임에도 건축주의 위임을 받아 건물신축공사를 시공하는 행위는 타인의 사무가 되고, 정액도급을 받아 시공하는 행위는 시공자 자신의 사무가 되기도 한다.[29)] 이처럼 배신설에 의하여 타인의 사무처리자를 판단하는 경우 그 범위에 관하여 많은 논란이 발생하게 된다.

2. '타인의 사무처리자'의 범위에 관한 논란

부동산 매매계약을 통해 매도인이 매수인으로부터 중도금까지 받은 경우에 매도인에게 매수인에 대하여 등기이전협력의무가 존재한다고 보고, 이러한 등기이전협력의무는 매도인 자신의 사무이면서 동시에 매수인, 즉 타인의 사무로 보아, 만약 매도인이 선순위 매수인으로부터 중도금까지 받은 상태에서 후순위 매수인에게 동 부동산을 이중매매하여 등기까지 이전해주었다면, 매도인의 선순위 매수인에 대한 배임죄의 행위주체성을 인정하고 있다.[30)]

---

27) 허일태, 앞의 논문(2004), 144면; 문형섭, 앞의 논문, 322면.

28) 즉 다수설은 단지 부수적인 의무를 위반하는 것만으로는 배임죄의 성립을 부정하여야 한다고 하고 있고, 판례는 "양자간의 신임관계에 기초를 둔 타인의 재산보호 내지 관리의무가 있음을 그 본질적 내용으로 하는 경우라 할 것"이라고 하여 사무의 범위에 대하여 제한을 가하고 있다.

29) 문형섭, 앞의 논문(2007), 323면.

30) 우리 구민법에서는 부동산이중매매의 경우에 물권변동에 관하여 의사주의를 취하고 있으므로 횡령죄의 성립이 문제되었지만, 형식주의를 취하고 있는 현행 민법아래에서는 소유권 변동시점

그러나 매도인의 등기이전협력의무는 매수인으로부터 잔액을 지급받은 후에 비로소 발생한다고 보는 것이 적절할 것이다. 사실 계약금일 때는 물론이고, 중도금까지 지급받아도 아직 매도인의 매수인에 대한 등기이전협력의무는 발생하지 않고, 기껏해야 단지 등기이전협력의무를 기대할 수 있는 기대권 정도가 가능할 수 있을 뿐이다. 설사 매도인이 매수인으로부터 잔금을 전액 지급받은 경우에도 매도인의 선순위 매수인에 대한 등기이전협력의무는 우리의 언어관행으로 볼 때 타인을 위한 사무는 될 수 있을지언정 타인의 사무와 동일시된다고 보기 어렵다고 보아야 할 것이다.[31] 그 이유는 타인의 사무가 되려면, 사무처리자가 원래 타인, 즉 본인이 처리하여야 할 사무를 대신하여 처리한다는 관계가 성립해야 하는 것이고, 그렇지 않은 경우는 타인의 사무라고 할 수 없다고 보기 때문이다. 또 매도인의 선순위 매수인에 대한 등기이전협력의무는 기본적으로 매도인 자신의 사무이지, 매수인의 본질적 사무라고 할 수 없다는 점에서 본인을 위하여 처리해야 될 사무는 될 수 있어도 본인이 처리해야 할 사무는 아니기 때문에 등기이전협력의무를 타인의 사무와 동일시 할 수는 없다고 보기 때문이다.[32]

그런데 부동산의 경우와는 달리, 동산에 대한 이중의 양도담보설정자에 대해서 대법원은 "금전채무를 담보하기 위하여 채무자가 그 소유의 동산을 채권자에게 양도하되 점유개정에 의하여 채무자가 이를 계속 점유하기로 한 경우 특별한 사정이 없는 한 동산의 소유권은 신탁적으로 이전됨에 불과하여 채권자와 채무자 사이의 대내적 관계에서 채무자는 의연히 소유권을 보유하나 대외적인 관계에 있어서 채무자는 동산의 소유권을 이미 채권자에게 양도한 무권리자가 되는 것이어서 다시 다른 채권자와 사이에 양도담보 설정계약을 체결하고 점유개정의 방법으로 인도를 하더라도 선의취득이 인정되지 않는 한 나중에 설정계약을 체결한 채권자는 양도담보권을 취득할 수 없는데, 현실의 인도가 아닌 점

을 기준으로 볼 때 횡령죄가 성립할 여지가 없다. 형식주의로 현행민법이 변경되면서 형식주의의 원칙에 충실하여 부동산이중매매의 경우를 처벌하지 않을 것인지 아니면 과거와 같이 처벌하도록 할 것인지 고민하다가, 처벌하는 것으로 판례와 다수설이 기울어지게 되었다고 한다(주지홍, 앞의 논문, 325면).

31) 문형섭, 앞의 논문, 327면; 주지홍, 앞의 논문, 329면.

32) 허일태, 앞의 논문(2004), 146면 참조.

유개정으로는 선의취득이 인정되지 아니하므로, 결국 뒤의 채권자는 양도담보권을 취득할 수 없고, 따라서 이와 같이 채무자가 그 소유의 동산에 대하여 점유개정의 방식으로 채권자들에게 이중의 양도담보 설정계약을 체결한 후 양도담보 설정자가 목적물을 임의로 제3자에게 처분하였다면 양도담보권자라 할 수 없는 뒤의 채권자에 대한 관계에서는, 설정자인 채무자가 타인의 사무를 처리하는 자에 해당한다고 할 수 없어 배임죄가 성립하지 않는다"[33]는 점에서 배임죄의 행위주체인 타인의 사무를 처리하는 자로 인정하지 않고 있다.

그렇지만 대법원의 이러한 입장은 오히려 대법원이 취하는 배신설과 부합한다고 보기 어렵다. 왜냐하면 형법상 행위주체는 각 범죄의 개별구성요건에 해당할 수 있는 범죄행위능력자이면 족한 것이고, 2차의 양도담보를 설정한 채무자는 신임관계에 있는 2차의 양도담보설정계약을 체결한 채권자에 대해 배신행위를 감행하였으므로 배임죄의 행위주체가 될 수 있다고 하는 것이 논리적이기 때문이다. 더구나 2차의 담보채권자가 채무자나 담보된 동산에 대해 법률상 어떤 권리가 존재하느냐의 여부는 배임죄의 행위주체와는 아무런 관련이 없다는 점에서 굳이 부동산의 등기이전협력의무와 달리 타인재산의 보전에 협력해야 할 의무를 인정하지 않을 이유가 없기 때문이다.

오히려 이 경우 이중양도담보설정자는 자신의 사무를 처리한 자일뿐 타인의 사무처리자일 수 없기 때문에 배임죄의 행위주체가 될 수 없다고 해야 할 것이다.[34] 그런데 대법원이 배임죄의 주체를 '타인의 사무처리자'에 국한하지 않고, '타인재산의 보전에 협력하는 자'에까지 그 범위를 확대함으로써 이러한 문제가 발생한다고 본다.[35]

33) 대법원 2004. 6. 25. 선고 2004도1751 판결.
34) 허일태, 앞의 논문(2004), 147면.
35) 오히려 점유개정에 의한 동산의 이중매매는 이미 소유권이 타인에게 넘어간 동산의 경우 점유개정으로 그 동산을 점유하고 있는 상황에서 그 동산을 타인에게 점유개정에 의한 담보설정을 하여 소유권자에게 손해를 야기했다면, 실재 점유하고 있는 타인의 재물에 대한 횡령죄를 구성할 수 있다고 보는 견해도 있다(허일태, 앞의 논문(2004), 147면).

3. 배임죄의 행위주체에 대한 범위제한

앞에서도 언급한 바와 같이, 배임죄의 행위주체인 '타인의 사무처리자'에 대한 해석을 확대하게 되는 경우, 배임죄의 성립범위가 넓어지게 되면서 자칫 개인의 사적 자치를 침해하는 문제가 발생할 수 있다. 무엇보다도 형법이 사적 경제질서에 개입하는 것은 – 물론 이러한 문제가 비단 배임죄에만 해당된다고 할 수는 없겠지만 – 민법 등 다른 법률을 통해 경제질서의 혼란을 극복하기 어려운 경우로 제한될 필요가 있다. 이러한 제한을 통해 민사에 대한 형사법의 지나친 개입을 차단하여 민사의 형사화를 방지할 필요가 있는 것이고, 이것이 형법의 보충성원칙에도 부합하는 일이다.[36)]

사실 배임죄의 본질을 어떻게 이해할 것인가, 그리고 배임죄 행위주체의 범위를 어떻게 판단할 것인가는 법규정의 해석문제이다. 그런 점에서 우리 형법상 배임죄 규정은 "사무처리임무위반"으로 규정하고 있어 반드시 배신설로 이해되어야 할 근거는 없다. 그런 점에서 다수설과 판례가 배신실에 입각하여 타인의 재산을 보호할 사무임과 동시에 자기의 사무로서의 성질을 가지고 있을 때에도 "타인을 위한 사무가 본질적 내용을 이룬 때에는 타인의 사무"라는 입장을 취하고 있음으로써 배임죄의 행위주체성을 확대해석하는 경향이 있는 것은 문제가 있다고 본다.

물론 앞에서 살펴본 바와 같이, "타인의 사무"를 "타인이 처리해야 할 사무를 그를 위하여 처리하는 것" 또는 "타인으로부터 위탁된 임무를 그 타인의 이익을 위하여 행하는 것"이라고 이해한다면 배신설의 입장이라고 하더라도 사무처리자가 본래 타인(본인)이 처리해야 할 사무를 "대신하여 처리한다는 관계"가 있을 때에만 타인의 사무로 되기 때문에 문제가 없을 수도 있을 것이다.[37)]

그러나 이러한 타인의 사무는 타인을 위한 사무가 될 것이다. 문제는 이러한 타인을 위한 사무가 모두 타인의 사무라고 할 수는 없다는 것이다. 왜냐하면 이

36) 이와 관련하여 이미 몇몇 학자들에 의해 부동산의 이중매매에서 배임죄의 행위주체를 인정하는 부분에 대한 비판이 제기되고 있다(허일태, 앞의 논문(2001); 문형섭, 앞의 논문(2007); 주지홍, 앞의 논문 참조).

37) 문형섭, 앞의 논문(2002), 21면 참조.

경우 모든 계약상의 의무이행이 타인의 사무라고 할 수 있고, 그에 따라 의무불이행은 모두 배임죄가 성립될 수 있기 때문이다. 사실 이러한 문제는 이미 다수설과 판례에서도 어느 정도 인식하여 그 범위를 제한하려는 노력을 시도하고 있는 것으로 안다.[38]

그런데 자기의 사무인가 타인의 사무인가는 그 사무의 고유한 성질과 내용에 따라 결정되는 것이지 상황에 따라 예컨대 부동산매매에서 계약단계에서는 본래 자기의 사무였던 등기협력의무가 중도금수령단계에 이르면 신뢰관계에 의해 타인의 사무로 변절되는 것은 아니라고 보아야 할 것이다.[39] 따라서 '타인을 위한 타인의 사무'와 '타인을 위한 자기사무'를 구별할 필요가 있고, 후자의 경우는 배임죄의 행위주체성을 인정하지 않는 것이 타당할 것이다.

그런 점에서 배임죄의 본질을 법규정에 입각하여 배신설이 아닌 사무처리의 무위반설의 관점에서 '타인을 위한 타인의 사무처리자'로 해석하는 것이 적절하다고 생각되며, 이러한 관점에서 본 대상판결을 바라보았을 때 몇 가지 아쉬운 점이 있다.

Ⅳ. 대상판결에 대한 검토

1. 부동산과 동산의 이중매매에 있어 배임죄의 판단

본 대상판결에서 대법원은 동산에 대한 이중매도자의 경우에는 부동산의 경우와는 달리 배임죄의 주체성을 인정하지 않고 있다. 그 이유로 본 대상판결에서 밝히고 있는 바와 같이, ① 민법 제188조 제1항에서 동산에 관한 물권의 양도는 그 동산을 인도하여야 효력이 생긴다고 규정하고 있는 데에 비하여, 동법 제186조에서 부동산에 관한 법률행위로 인한 물권의 득실변경은 등기하여야 그 효력이 생긴다고 규정하여 공시방법을 달리하고 있고, ② 연역적으로 부동산이

38) 다수설과 판례가 '타인의 사무'를 '타인을 위한 사무'로까지 넓혀서 해석하는 것은 일본의 해석에 영향을 받고, 그로 인해 넓어지는 주체의 범위를 "전형적 · 본질적 내용" 등의 기준으로 제한하여 해석하는 것은 독일에서 배임죄의 판단기준에 영향을 받은 것으로 보기도 한다(문형섭, 앞의 논문(2002), 25면 참조).

39) 문형섭, 앞의 논문(2002), 32면 참조.

동산에 비하여 경제적 가치가 훨씬 크므로 특별한 보호 내지 관리가 필요하다고 인식되어 왔고, ③ 부동산은 동산과 달리 장소의 이동 없이 특정한 위치에 고정되어 있다는 특징 때문에 공적 장부에 의한 권리관계의 공시가 용이하다는 점에서 동산과 부동산을 달리보아야 한다고 하고 있다.

물론 동산에 성립하는 물권과 부동산에 성립하는 물권이 구별되고, 그 공시방법도 부동산의 경우는 등기, 동산의 경우는 점유 또는 인도라는 점에서 다르다. 그렇다고 하더라도 동산과 부동산 모두 물권의 객체인 물건에 해당하므로 물권의 객체로서의 물건이라는 조건은 구별되지 않는다.[40] 무엇보다도 매매계약에서 그 목적물이 부동산이든 동산이든 매매목적물에 대한 권리의 변동은 당사자 간의 합의와 공시방법의 구비에 의하여 발생한다는 점에서 그 법적 구조가 동일하다. 다만, 그 공시방법이 부동산의 경우 등기이므로 이 경우 등기협력의무가 발생하고, 동산의 경우 인도이므로 인도의무가 발생할 뿐이다. 즉 물권변동에 있어서 부동산의 경우에 등기이전 이전에 매수인이 가지는 등기청구권이라는 채권이 매수인에게 발생한다면, 동산의 경우에는 인도 이전에 매수인에게는 인도청구권이라는 채권이 발생한다.[41] 그런데 등기의무를 포함한 채무불이행은 배임죄가 성립되고, 그렇지 않은 채무불이행은 민사상의 채무불이행에 불과하므로 배임죄가 성립되지 않는다고 하여 실질적 내용이 비슷한 채무불이행 사안들 사이에 배임죄 성립여부를 달리 보는 것은 형평성에 부합하지도 않고 적절하다고 보기도 어렵다. 또 과거와 달리 현대에는 동산도 부동산 못지않게 경제적 가치가 큰 경우도 존재한다는 점에서 부동산의 경우만 특별한 보호 내지 관리가 필요하다고 보기도 어렵다.

오히려 본 대상판결에서 매도인이 동산을 선순위 매수인에게 매도하기로 계약하고 아직 현실의 인도 또는 간이인도를 하기 전에 또다시 후순위 매수인에게 이중으로 매도하여 그 목적물을 후순위 매수인에게 현실의 인도 또는 간이인도하였다면, 후순위 매수인은 소유권을 완전히 취득한다. 이 때 동산의 경우

40) 지원림, 「민법강의」, 제5판, 홍문사, 2007, 385면 이하.

41) 권오걸, "동산의 이중매매와 배임죄 －부동산 이중매매와의 비교를 통해서－", 「비교형사법연구」, 제13권 제2호(2011), 412면 이하.

도 매도인이 선순위 매수인으로부터 '중도금을 수령한 단계'에서는 선순위 매수인이 계약의 이행에 착수한 것이 되어 매도인은 계약을 일방적으로 해제할 수 없는 효과가 발생하므로, 매도인은 선매수인의 소유권취득에 협력해야 할 신의칙상의 신임관계에 서게 되고, 이 시점으로부터 매도인은 선순위 매수인에 대하여 '자기의 사무'이면서 '타인의 사무'를 처리하는 자의 지위에 서기 때문에 부동산 이중매매의 경우와 같이 배임죄가 성립한다고 해야 할 것이다.[42] 따라서 이중매매에 대한 배임죄의 성립은 부동산과 동산을 구별하여 판단할 일은 아니라고 본다.

그렇다면 본 대상판결의 다수의견에서 밝힌 바와 같이, 매매계약에서 쌍방이 그 계약에 따라 이행해야 할 채무는 특별한 사정이 없는 한 '자기의 사무'에 해당하는 것이 원칙이라는 점에서, 비록 본 대상판결의 사안이 동산의 이중매매에 관한 것이라고 하더라도, 오히려 종래 이중매매사안에서 행위주체에 대한 대법원의 판단이 적절한 것이었는가에 대한 종합적인 검토가 이루어졌어야 했던 것이 아닌가 생각된다.

2. 이중매도인에 대한 배임죄 주체성의 성부

대법원은 '타인의 사무'를 신임관계에 기초하여 타인의 재산보호 내지 관리의무가 있을 것을 그 본질적 내용으로 한다고 한다. 또 재산보전에 협력할 의무인 경우에는 그 의무에 중요성이 있다는 사실을 요구한다. 즉 대법원은 재산보호·관리의무가 신임관계의 본질적 내용인가, 협력의무의 이행이 거래의 완성에 중요한가를 배임죄 주체요소의 판단기준으로 삼고 있다. 이러한 해석론을 통해 배신설에 입각한 배임죄 적용범위의 확대 위험을 제한하고 있다고 본다.

문제는 부동산 매매계약에서 중도금을 지급한 상태에서 등기협력의무가 타인의 재산을 관리·보전하는 의무로 인정할 수 있을 것인가 하는 것이다.[43] 설사

42) 임웅, 앞의 책, 481면; 김성돈, 「형법각론」, 현암사, 2008, 420면 참조.

43) 등기협력의무를 근거로 배임죄를 인정하는 것은 법논리적으로 필연적인 결과가 아니라, 중도금을 지급한 1차 매수인을 보호하기 위한 정책적 고려의 결과로 보고 있다(주지홍, 앞의 논문, 330면 참조).

이러한 협력의무를 타인의 재산을 관리・보전하는 의무라고 인정하더라도 이 기준만으로 배임죄의 주체범위를 정할 수 없다는 것이다. 예컨대 대법원은 상표권양도약정을 체결하고 이를 이행하지 않는 행위는 등기협력의 경우와 달리 그 의무의 이행을 거부하는 행위는 자기 채무의 불이행에 불과한 것이라고 하여 배임죄의 성립을 부정하였다.[44] 또 양도담보권자의 정산의무불이행에 대하여도 종전 배임죄를 인정하던 것에서 그 성립을 부정하였다.[45]

그럼에도 부동산의 등기이전협력의무는 단순한 채무불이행이 아니라고 하여 동산의 경우와 달리보고 있는데, 부동산의 등기이전협력의무는 단순한 채무불이행이 아니고 동산의 소유권이전의무는 단순한 채무불이행이라고 할 수 있는 법리적 논거가 무엇인지 의문이다.[46] 계약을 자유롭게 해제할 수 없다고 하여 타인의 사무를 처리하는 자에 해당한다고 말할 수는 없는 것이다. 만약 민사상 구제수단이 부족하다거나 그에 관한 입법이 불완전하여 발생하는 문제가 있다고 하여도 이를 보완하기 위해 형법을 적용하는 것은 형법의 보충적 성격과 부합하지 않는다.[47]

이에 대해 이미 본 대상판결의 다수의견이 "매매거래 일반에 있어 매도인이 제1매수인으로부터 중도금을 수령한 이후에 매매목적물을 이중으로 매도하는 행위가 널리 배임죄를 구성한다는 것을 전제로 하여 동산 이중매매의 경우에도 배임죄가 성립한다고 인정하는 것은 부동산 이중매매를 배임죄로 인정한 기존 판례가 안고 있는 내재적 한계를 외면하고 형법상 배임죄의 본질에 관한 법리적 오류를 동산의 경우에까지 그대로 답습"하는 문제가 있다고 판단하고 있다. 즉 부동산의 이중매매에 관한 기존 판례가 처음부터 민사법의 기본원리와 어긋나게 기본적으로 자기의 사무에 불과한 계약상 채무의 이행을 등기협력의무와 같은 작위적 개념을 이용하여 타인의 사무로 변질시킴으로써 배임죄에 관한 형벌법규를 부당히 확대 해석한 것이라는 문제점을 인정하고 있는 것이다. 다만,

44) 대법원 1984. 5. 29. 선고 83도2930 판결.
45) 대법원 1985. 11. 26. 선고 85도1493 전원합의체 판결.
46) 이러한 대법원의 태도에 대하여 타인의 사무에 대한 해석이 일관되지 않다는 비판이 제기된다(문형섭, 앞의 논문, 327면 참조).
47) 임정호, "배임죄의 행위주체", 「형사법연구」, 제20권 제2호(2008), 54면 이하.

"이에 관한 판례법리가 오랫동안 판례법으로 굳어진 마당에 이를 정면으로 부정하는 입장을 택하기 어려운 측면"이 있기 때문에 그 판단을 유보하였다고 한다.

그런데, 어차피 본 대상판결에서처럼 이중매도인의 배임죄 주체성에 관하여 심도 있게 논의한 상황이라면 오히려 종래 부동산 이중매도인에 대한 배임죄 인정의 당부에 대한 판단을 유보할 것이 아니라 이중매매사안에서 매도인의 배임죄 주체성을 인정할 수 있을 것인지에 대하여 근본적인 검토를 통해 지금까지의 오류를 바로잡는 것이 필요했던 것은 아닌가 하는 아쉬움이 남는다.

그런 점에서 매도인이 매수인으로부터 잔금지급 없이 단순히 계약금과 중도금만을 받은 경우에 형식주의를 취하는 현행 법제상 매수인은 아직 완전한 소유권가 아니므로 매도인이 다른 매수인(후순위 매수인)과 계약을 맺고 해당 부동산에 대한 소유권을 후순위 매수인에게 이전하더라도 선순위 매수인에 대해서는 채무불이행책임을 지게 될 뿐이고,[48] 이러한 채무불이행책임은 '타인의 사무'가 아닌 '자기의 사무'가 되므로 배임죄의 주체가 될 수 없다고 판단하는 것이 적절할 것으로 본다. 형식주의를 취하는 현행 법제상 채권자에 불과한 선순위 매수인은 물권자인 후순위 매수인에게 대항할 수 없게 된다. 이 경우 매도인은 채무불이행책임을 지게 되면, 선순위 매수인에게 손해배상책임을 지게 된다.[49] 중도금을 지급받고도 이중매도하는 매도인의 도덕적으로 비난받을 만한 행위를 처벌할 사회적 필요성 때문에 민사문제의 형사화를 추구하는 것은 형법의 최후수단성, 보충성에 부합한다고 보기 어렵다. 오히려 이 경우 형법의 개입보다는 민사제재의 효율성을 담보함으로써 문제를 해결하는 것이 바람직하다고 할 수 있을 것이다.

본 대상판결의 다수의견에서 밝히고 있는 바와 같이, 부동산 이중매매의 배임죄 인정에 법리적 오류가 있다고 한다면, 이를 과감하게 배임죄를 부정하는 방향으로 결론을 도출하는 것이 본 대상판결의 다수의견의 의미를 담는 것으로

---

48) 이에 대해 부동산 이중매매에서 잔금 지급 후의 소유권은 형식적으로는 등기명의인인 매도인에게 존재하지만, 사실상 내지 실질적으로는 타인(매수인)에게 귀속한다고 볼 수 있으므로 이때의 매도인의 등기협력사무는 형식적으로는 타인을 위한 자기사무에 해당하지만, 실질적으로는 타인의 사무에 포함시키는 것이 타당하다는 견해도 있다(김종덕, 앞의 논문, 19면 이하 참조).

49) 주지홍, 앞의 논문, 320면 참조.

볼 수 있을 것이다. 즉 다수의견의 논지는 법리적 설득력은 있으나, 기존의 배임죄 인정에 대한 판례의 변경 논지로 그 의미가 있는 것이지, 종래의 판례의 태도는 유지하면서 동 사안에서만 배임죄의 성립을 부정하는 논거로는 적절하지 않다고 해야 할 것이다.[50)]

V. 맺음말

본 대상판결이 동산이중매매에 있어서 매도인에게 배임죄가 성립되지 않는다는 결론을 내린 것은 의미가 있다. 이를 통해 동산이중매매에 있어서 매도인의 의무는 자기의 사무라는 결론도 도출될 수 있을 것으로 보기 때문이다.[51)] 다만, 동 대상판결에서 부동산이중매매의 문제점도 함께 검토되면서 종래 판례의 문제가 – 판례변경 내지 폐지를 통해 – 해결되는데 까지 나아가지 못한 것에는 아쉬움이 있다.

본 대상판결에서 밝히고 있는 바와 같이, 형벌법규의 해석은 엄격하여야 한다. 나아가 사적 자치의 원칙이 지배하는 경제활동의 영역에서 민사적 수단에 의한 분쟁의 해결 이전에 형벌법규에 의한 규율을 강제하는 것은 형벌권의 과도한 개입과 비대화로 개인의 자유를 침해할 위험이 있을 뿐만 아니라 사적 영역에서 합리적이고 자율적인 이해관계 조정을 왜곡하는 부정적 효과를 낳을 수 있으므로 자제되어야 한다. 따라서 배임죄의 행위주체인 '타인의 사무처리자'의 의미는 형사범죄인 배임죄의 본질에 충실하게 해석함으로써 개인의 사적 자치의 핵심을 침해하지 않도록 할 필요가 있다는 점에서 '타인의 사무'에 대하여 엄격하게 해석하는 방향으로 지나친 민사문제의 형사화는 제한하는 정책으로 나아갈 필요가 있다.

사실 비형사적 통제방안이 완비된다면, 배임죄의 존재가 굳이 필요 없을 수도 있을 것이다. 그러나 현재와 같이 비형사적 통제방안이 부적절한 상황에서는

50) 본 대상판결이 동산이중매매에 있어 매도인의 의무는 자기의 사무라는 사실적 결론은 있으나, 그 결론이 함축하는 법률적 의미는 확립하지 못했다고 본다(송희식, "배임죄의 불법과 치역", 「한양법학」, 제22권 제3집(2011), 331면 이하 참조).

51) 같은 견해로 송희식, 앞의 논문, 356면.

배임죄의 배제를 주장하는데 한계가 있는 것도 부정하기 어려운 면이 있다. 따라서 차제에 민사제재의 합리적인 확립에 대한 고민도 함께 이루어질 필요가 있을 것으로 본다.[52)]

52) 같은 견해로 조국, 앞의 논문, 179면 도해 참조.

참고문헌

권오걸, "동산의 이중매매와 배임죄 – 부동산 이중매매와의 비교를 통해서 –", 「비교형사법연구」, 제13권 제2호(2011).

김성돈, 「형법각론」, 현암사, 2008.

김종덕, "배임죄 주체의 해석상 몇 가지 문제", 「저스티스」, 통권 제112호(2009).

문형섭, "배임죄의 본질과 주체의 범위", 「법조」, 통권 제544호(2002).

배종대, 「형법각론」, 제7전정판, 홍문사, 2010.

송희식, "배임죄의 불법과 치역", 「한양법학」, 제22권 제3집(2011).

오영근, 「형법각론」, 제2판, 박영사, 2009.

원혜욱, "배임죄의 개정방안 –배임죄의 본질에 대한 논쟁을 중심으로–", 「형사법연구」, 제22호 특집호(2004).

임 웅, 「형법각론」, 제3정판, 법문사, 2011.

임정호, "배임죄의 행위주체", 「형사법연구」, 제20권 제2호(2008).

조 국, "기업범죄 통제에 있어서 형법의 역할과 한계 –업무상 배임죄 배제론에 대한 응답–", 「형사법연구」, 제19권 제3호(2007).

주지홍, "부동산이중매매에 있어서 배임죄 적용 결과 민사법질서에 미치는 부정적 영향", 「법학연구」, 제51권 제2호(부산대학교 법학연구소, 2010).

지원림, "채무불이행과 배임죄(재론)", 「법학논총」, 제27집 제2호(전남대학교 법률행정연구소, 2007).

______, 「민법강의」, 제5판, 홍문사, 2007.

허일태, "배임죄에서의 행위주체와 손해의 개념", 「비교형사법연구」, 제6권 제2호(2004).

______, "부동산 이중매매와 배임죄", 「형사법연구」, 제15호(2001).

28

배임죄에서 재산상 손해발생과 손해액의 의미*

선 종 수**

【대상판결】 대법원 2013. 4. 26. 선고 2011도6798 판결

【판결요지】

[1] 업무상배임죄에서 재산상 손해의 유무에 관한 판단은 법률적 판단에 의하지 아니하고 경제적 관점에서 실질적으로 판단하여야 하는데, 여기에는 재산의 처분 등 직접적인 재산의 감소, 보증이나 담보제공 등 채무 부담으로 인한 재산의 감소와 같은 적극적 손해를 야기한 경우는 물론, 객관적으로 보아 취득할 것이 충분히 기대되는데도 임무위배행위로 말미암아 이익을 얻지 못한 경우, 즉 소극적 손해를 야기한 경우도 포함된다. 이러한 소극적 손해는 재산증가를 객관적·개연적으로 기대할 수 있음에도 임무위배행위로 이러한 재산증가가 이루어지지 않은 경우를 의미하므로 임무위배행위가 없었다면 실현되었을 재산 상태와 임무위배행위로 말미암아 현실적으로 실현된 재산 상태를 비교하여 그 유무 및 범위를 산정하여야 한다.

[2] 피고인이 갑이 운영하는 을 주식회사의 부사장으로 대외 영업활동을 하여 그 활동 및 계약을 을 회사에 귀속시키기로 갑과 약정하고도 을 회사에 알리지 않고 피고인

---

* 이 논문은 제167회 영남형사판례연구회(2015.6.9.)에서 발표되고, 비교형사법연구 제17권 제2호(2015)에 게재되었음.

** 중국 서남정법대학 응용법학원 방문교수, 법학박사.

자신이 을 회사 대표인 것처럼 가장하거나 피고인이 별도로 설립한 병 주식회사 명의로 금형제작·납품계약을 체결함으로써 을 회사에 손해를 가하였다고 하여 업무상배임으로 기소된 사안에서, 을 회사의 재산상 손해는 피고인의 임무위배행위로 을 회사의 금형제작·납품계약 체결기회가 박탈됨으로써 발생하므로, 원칙적으로 계약을 체결한 때를 기준으로 금형제작·납품계약 대금에 기초하여 산정하여야 하며, 계약대금 중에서 사후적으로 발생되는 미수금이나 계약 해지로 받지 못하게 되는 나머지 계약대금 등은 특별한 사정이 없는 한 계약 대금에서 공제할 것이 아닌데도, 이와 달리 금형제작·납품계약 대금 중 미수금 및 계약 해지로 받지 못하게 된 부분은 피고인의 배임행위로 인한 재산상 손해로 인정할 수 없다고 본 원심판결에 업무상배임죄의 재산상 손해에 관한 법리를 오해한 잘못이 있다고 한 사례.

【사실관계】

피고인은 인천 부평구 청천동에서 '공소외 1 주식회사'라는 상호로 금형제작업체를 운영하다가 재정난에 빠졌던 차에, 2007. 12. 초순경 금형·사출업체인 피해자 '공소외 4 주식회사'(이하 '피해자 회사'로 약칭한다)를 운영하는 공소외 3이 공장을 확장이전하면서 수주물량을 늘이고자 고심하고 있는 사실을 알고, 공소외 3에게 '피해자 회사의 공장입지가 좋으니, 내가 피해자 회사의 간판으로 영업을 하면 2년 내에 200억원 상당의 매출을 올려줄 수 있다'고 제의하여, 이에 응한 공소외 3과 '피고인이 피해자 회사의 부사장으로 일하며 영업을 전담하고 그 대가로 피해자 회사로부터 영업수익금의 50%를 지급받는다'는 내용으로 합의하였다.

그리고 피고인은 2008. 1. 2.경 위 피해자 회사의 공장에서, 공소외 3과 '피해자 회사와 공소외 1 주식회사 간에 다음과 같이 기본 합의한다. 1. 대외적인 영업활동 및 계약은 피해자 회사에 귀속한다. 2. 대외활동을 위한 직책은 부사장으로 하고 …… 3. 총 계약 중 금형계약에 해당하는 50%는 공소외 1 주식회사에서 제작하고, 정산방식은 모업체의 지급기준에 의해 정산한다. 4. 부품(사출포함)에 대한 수수료를 개별협의를 원칙으로 하되, 일반적인 기준은 3% …… 5. 임대료는 6개월은 무상으로 추진하되 ……'는 등의 내용으로 합의서도 작성하였다.

그러므로 피해자 회사를 위해 영업담당 부사장으로 근무하고 있는 피고인으로서는 금형·사출 납품 건을 수주하고 이를 피해자 회사의 주문실적으로 처리하여 피해자 회사로 하여금 주문자에게 납품하게 하고 그 영업이익이 피해자 회사에 귀속되도록 해야 하는 의무가 있었다.

이에 따라 피고인은 2008. 6.경 공소외 5 주식회사로부터 3,460만원 상당의 2008. 9.경 공소외 6 주식회사와 8,000만원 상당의 각 금형제작납품 건을 피해자 회사 명의로 수주하여 피해자 회사로 하여금 주문제품을 제작, 납품하게 하였고, 피해자 회사로부터 그 2건의 계약으로부터 발생한 순이익의 50%를 지급받기도 하였다.

그런데 피고인은 2008. 6.경 공소외 1 주식회사를 폐업하고 처남인 공소외 10 명의로 공소외 1 주식회사와 동종업종을 목적으로 하는 '공소외 2 주식회사'(이하 '공소외 2 회사'로 약칭한다)라는 상호의 사업체를 설립한 다음, 이를 기화로 위와 같은 의무에 위반하여, 그동안 축적한 거래처정보를 이용해 공소외 3 몰래 '공소외 2 회사' 명의로 금형·사출 납품 건을 수주하고 외주하청을 통해 주문제품을 제작, 납품하여 자신이 납품대금을 수령하는 방법으로 피해자 회사를 배제하고 영업이익을 독점하기로 마음먹었다.

그리하여 피고인은 2008. 11. 17.경 '공소외 11 주식회사'로부터 금형제작을 의뢰받자, '공소외 2 회사' 명의로 주문받아 외주제작 후 '공소외 11 주식회사'에 납품하고 그 대금으로 1,160만원 상당의 재산상 이익을 취득함과 동시에 피해자 회사에게 같은 금액 상당의 재산상 손해를 가하였다.

피고인은 이를 비롯하여 그때부터 2009. 7. 초순경까지 별지 범죄일람표 기재와 같이 5회에 걸쳐 합계 1억 6,360만원 상당의 재산상 이익을 취득하고 피해자 회사에게 같은 금액 상당의 재산상 손해를 가하였다.

순번	범죄일시	거래업체	피해자	범행방법	계약금 (만원)
1	2008. 11. 17.경	주식회사 ○ (공소외 11 주식회사)	피해자 회사	피해자 몰래 피고인 혹은 피고인이 설립한 '처남인 공소외 10'명의로 수주하여 납품, 납품 대금 상당의 이득을 취함	1,160
2	2009. 2.경	마○	〃	〃	1,150
3	2009. 3. 28.경	주식회사 마○○	〃	〃	9,000
4	2009. 4. 13.경	마○		〃	1,600
5	2009. 7. 초순경	주식회사 주○		〃	3,800
이득액 합계 1억 6,360만 원					

연 구

Ⅰ. 문제의 제기

형법 제355조 제2항의 배임죄는 "타인의 사무를 처리하는 자가 그 임무에 위배하는 행위로써 재산상의 이익을 취득하거나 제3자로 하여금 이를 취득하게 하여 본인에게 손해를 가한 때"에 성립하는 범죄이며, 그 미수범(형법 제359조)도 처벌하고 있다. 여기에서 배임죄는 다른 재산범죄, 즉 사기죄, 공갈죄, 강도죄 등과는 달리 '재산상 손해'를 구성요건요소로 명확하게 규정하여 요구하고 있다. 우리 입법자는 형법 제355조 제2항에서 신중하고 엄격하게 어떤 배신적 행위가 형사처벌의 대상일 수 있는가를 규정하고 있다고 할 수 있다. 즉 행위주체의 측면에서 '타인이 사무를 처리하는 자'라는 한정과 행위측면에서 '임무에 위배'한다는 행위 그리고 결과측면에서 '재산상 이익의 취득으로 인한 본인의 손해발생'을 요구하고 미수범 처벌규정을 두고 있다. 배임죄에서 행위주체를 사무처리자로 한정하고 실행행위를 임무위배행위로 한정하여 배임죄 성립을 제한하는 기능을 수행한다면 '재산상 이익의 취득으로 인한 본인의 손해발생'을 요구하는 것은 배임죄의 기수와 미수를 구분하는 기능을 한다.[1] 여기서 '본인에게 재산상의 손해를 가한다'함은 총체적으로 보아 본인의 재산상태에 손해를 가하는 경우, 즉 본인의 전체적 재산가치의 감소를 가져오는 것을 말하고,[2] 이러한 손해를 가하여 이익을 취득한다는 의미는 통상적으로 손해의 발생을 의미하는 것이지 위험을 말하는 것은 아니다.[3]

이러함에도 불구하고 대법원은 "현실적 손해를 가한 경우뿐만 아니라 손해발

1) 류전철, 배임죄에서 재산상 손해발생의 위험, 법학논총 제30권 제1호, 전남대학교 법학연구소, 2010, 113쪽.
2) 대법원 1981. 6. 23. 선고 80도2934 판결; 대법원 2005. 4. 15. 선고 2004도7063 판결.
3) 허일태, 배임죄에서 행위주체와 손해의 개념, 비교형사법연구 제6권 제2호, 한국비교형사법학회, 2004, 151쪽.

생의 위험을 초래한 경우도 포함된다"는 입장을 일관되게 유지하고 있으며, 【대상판례】도 대법원의 종래의 견해를 재확인시켜주고 있다. 그러나 대법원의 이러한 해석은 배임죄 구성요건을 확대해석하는 것으로 기수범의 성립시기를 상당히 앞당길 수 있으며, 현행법상 배임죄의 미수범 처벌 규정을 무력화하는 결과를 초래하게 되는 것이다. 이와 같이 '재산상 손해를 가한 때'와 관련한 견해의 대립은 단순히 배임죄의 기수와 미수를 구분하는 것에 그치는 것이 아니라 『특정경제범죄 가중처벌 등에 관한 법률(이하 '특경법'이라 함)』 제3조의 적용 여부를 결정하는 기준이 된다는 의미가 있다. 즉 특경법 제3조는 형법 제355조(배임) 또는 제356조(업무상 배임)의 죄를 범한 경우에 적용하고 있으므로 침해범설과 위험범설의 결론에 따라 그 적용 여부가 결정된다.

이하에서는 배임죄의 구성요건요소인 '재산상 손해발생'을 인정하려면 무엇이 배임죄의 보호대상이 되는 재산인지 검토할 필요가 있다. 그러므로 지금까지 논의되어 온 '재산'개념의 검토를 시작으로 하여 '재산상 손해'의 의미를 찾고자 한다. 그리고 이에 기초하여 대법원이 일관되게 유지하고 있는 '재산상 손해발생의 위험'의 의미를 살펴보고자 한다. 이에 더하여 재산상 손해 산정의 방법은 어떠한지 고찰하고자 한다. 이 문제는 통상적으로 소요되는 비용을 공제하여야 하는지, 미수금이 발생하였다면 고려하여야 하는지, 계약이 해지되어 받지 못한 금액을 고려하여야 하는지 그리고 피고인에게 귀속될 이익 부분은 공제해야 하는가 등의 문제를 확인할 필요가 있다.

Ⅱ. 재산상 손해에서 '재산'의 개념

배임죄는 재산상 손해 발생을 그 요건으로 하고 있으므로 재산상 손해를 인정하려면 무엇이 재산인가, 즉 배임죄의 보호대상이 되는 재산에 대한 개념이 먼저 정립되어야 한다. 재산이라고 인정할 수 없다면 이에 대한 침해가 있다고 하더라도 재산상 손해가 발생하였다고 볼 수 없는 것이다. 재산에 관한 개념정의와 관련하여 법률적 재산개념, 경제적 재산개념설, 법률적·경제적 재산개념설 그리고 개인적 재산개념설 등으로 대립하여 발전해 왔다.

1. 법률적 재산개념설

법률적 재산개념설은 재산을 재산상의 권리와 의무의 총체로 이해하여 한 개인에게 법적으로 인정된 재화만이 재산에 속하고 그 경제적 가치는 문제 삼지 않는다. 따라서 법률적 재산개념에 의할 경우 권리의 상실이나 의무의 부담이 있을 때만 재산상 손해가 발생하였다고 보는 것이어서 일면에 있어서는 법적으로 승인된 재화만을 재산으로 보는 점에서 경제적 가치가 있는 노동력 등을 재산에 포함시키지 않음으로써 재산개념의 범위를 지나치게 축소함으로써 경제 현실에 부합하지 않는다는 비판이 있다.[4)]

2. 경제적 재산개념설

경제적 재산개념설은 개인에 속한 경제적 이익의 총체가 재산상의 이익으로서 사법상 권리가 아니더라도 경제적 가치가 있으면 재산이 된다고 하는 견해이다.[5)] 이 견해에 의하면 법적인 권리라 할지라도 그 자체만으로 재산이 되는 것이 아니라 그것이 경제생활에 있어서 가치가 있을 때에만 재산이 되고, 반대로 사실상 경제적 가치 있는 지위는 권리가 아닐지라도 재산에 포함된다고 본다. 따라서 노동력, 기대권, 기업의 정보뿐만 아니라 법률상 무효인 청구권 등도 재산이 될 수 있다고 한다. 그리고 그것이 재산에 속하는지 여부는 객관적인 경제적 척도에 의하여 판단되며, 재산상의 손해여부는 산정의 방법을 통하여 하게 된다.[6)]

경제적 재산개념에 따를 경우 재산개념을 한없이 넓히게 된다. 다시 말해 보호가치와 관계없이 거의 모든 형태의 재산을 형법상의 재산으로서 보호하게 된

---

4) 유헌종, 동일인 대출한도 초과대출과 배임죄의 성부, BFL 제36호, 서울대학교 금융법센터, 2009, 83쪽.

5) 김성돈, 형법각론, 성균관대학교출판부, 2013, 353쪽, 443쪽; 손동권, 형법각론, 율곡출판사, 2010, 316쪽; 오영근, 형법각론, 박영사, 2014, 227쪽; 이재상, 형법각론, 박영사, 347쪽; 임웅, 형법각론, 법문사, 2013, 288쪽; 정성근/박광민, 형법각론, 성균관대학교출판부, 2015, 286쪽; 정영일, 형법강의[각론], 학림, 2013, 300쪽; 임웅, 형법각론, 법문사, 2013, 288쪽; 문형섭, 배임죄에 관한 연구, 박사학위논문, 호남대학교 대학원, 2001, 71쪽.

6) 박영규, 배임죄에 있어서 재산상의 손해, 판례월보 제310호, 판례월보사, 1996, 67쪽.

다는 것이다.[7] 이 견해가 현실적인 경제적 이익을 철저히 보호하는 점을 특징으로 하지만 명백하게 위법한 이익까지도 형법적으로 보호되는 이익이라고 보는 점에서 사회질서의 유지라는 형법의 기본적 기능과 모순된다.

대법원은 경제적 재산개념설의 입장에서 재산상 손해의 유무에 대한 판단을 하고 있다. 즉 본인의 전 재산 상태와의 관계에서 경제적 관점에 따라 판단되어야 하므로 법률적 판단에 의하여 당해 배임행위가 무효라 하더라도 경제적 관점에서 파악하여 본인에게 현실적인 손해를 가하였거나 재산상 실해 발생의 위험을 초래한 경우에는 재산상 손해를 가한 때에 해당한다는 입장이다.[8]

이러한 경제적 재산개념에 따르면서도 특정 정책목표의 달성을 위하여 조성된 자금의 대출이나 정부가 수급을 조절하는 양곡이나 비료의 공급과 관련하여 설정된 자금운용규제에 위반하거나 경제정책목표의 달성을 저해하는 대출이나 공급이 이루어진 경우에 그 자금운용규제나 정책목표달성이 저해되었다는 점 그 자체를 재산상 손해가 초래된 것으로 보아 배임죄의 성립을 인정하였다.[9]

그러나 대법원 2008. 6. 19. 선고 2006도4876 전원합의체 판결[10]은 기존의 위와 같은 태도에서 벗어나 새마을금고의 임직원이 동일인 대출한도를 초과하여 대출하였다고 하더라도 그것만으로 새마을 금고에 재산상 손해를 입혔다고 볼 수 없다고 하여 배임죄의 성립을 부정하였다.[11] 이 판결은 동일인 대출한도

7) 임정호, 형법상 재산 개념에 관한 연구, 형사정책연구 제20권 제1호(통권 제77호), 한국형사정책연구원, 2009, 507쪽.

8) 대법원 1992. 5. 26. 선고 91도2963 판결; 대법원 2004. 3. 26. 선고 2003도7878 판결; 대법원 2004. 5. 14. 선고 2001도4857 판결; 대법원 2004. 6. 24. 선고 2004도520 판결; 대법원 2005. 10. 28. 선고 2005도4915 판결.

9) 대법원 2007. 4. 27. 선고 2007도1038 판결; 대법원 1997. 10. 24. 선고 97도2042 판결; 대법원 1975. 11. 25. 선고 73도1881 판결; 대법원 1965. 10. 15. 선고 65도742 판결.

10) 이 판결에 대한 평석은 유헌종, 앞의 논문, 80－90쪽; 최준혁, 배임죄에서의 재산생 손해, 사회과학논집 제17권 제1호, 울산대학교, 2009, 121－134쪽 참조.

11) 대법원은 동일인 대출한도 초과대출의 경우에 재산상 손해가 발생한 것으로 인정할 수 없다는 논거로 두 가지를 제시하고 있다. 첫째, 새마을금고의 동일인 대출한도 제한규정은 새마을금고 자체의 적정한 운영을 위하여 마련된 것이지 대출채무자의 신용도를 평가해서 대출채권의 회수가능성을 직접적으로 고려하여 만들어진 것은 아니므로 동일인 대출한도를 초과하였다는 사실만으로 곧바로 대출채권을 회수하지 못하게 될 위험이 생겼다고 볼 수 없다. 둘째, 새마을금고법상 비회원에 대한 대출도 가능하고(법 제27조), 새마을금고연합회장의 승인을 얻은 경우에는 동일인에 대하여 대출한도를 초과하여 대출하는 것도 가능한 점(법 제26조의2)에 비추어 보면 동일인 대출한도를 초과하였다는 사정만으로는 다른 회원들에 대한 대출을 곤란하게 하

를 초과하여 대출하였다는 사실만으로 다른 사정들을 고려하지 아니하고 곧바로 위험의 발생을 인정하여서는 아니 된다는 것을 밝힌 것이기 때문에 배임죄가 위태범이라는 전제하에 특정 경제정책목표를 달성하기 위한 규정 등에 위반한 행위가 있으면 곧바로 특정 경제정책목표의 저해라는 재산상 손해가 발생한 것이라고 보았던 기존 대법원 판결의 견해를 변경한 것이기 때문에 이 판결이 가지는 의미는 적지 않다.[12)]

3. 법률적 · 경제적 재산개념설

법률적 · 경제적 재산개념설은 법률적 재산개념과 경제적 재산개념 사이의 절충을 시도한 것으로 법질서의 승인된 범위 내에서 개인이 가지고 있는 경제적 가치 있는 모든 재화가 재산이라는 견해이다.[13)] 이 견해는 경제적 가치가 재산이라는 점에서 재산개념을 일차적으로 경제적 관점에서 파악하고 있다. 다만 법질서 통일의 관점에서 법질서가 명백히 인정되지 아니하는 지위까지 형법의 재산개념에 포함시킬 수 없다고 한다.[14)] 그러나 이 견해에 대하여는 형법과 민법은 그 이념을 같이 하는 것이 아니므로 형법의 보호의 대상이 되는가는 형법 독자의 입장에서 판단되어야 하며, 법질서의 통일이 반드시 절대적으로 요구되는 것은 아니라는 비판이 있다.[15)]

4. 개인적 재산개념설

개인적 재산개념설은 법적이거나 경제적인 판단기준만으로 재산개념을 확정한다는 것이 비현실적이라는 판단 아래 재산을 추상적으로 파악하는 것을 거부

여 새마을금고의 적정한 자산운용에 장애를 초래한다는 등 어떠한 위험이 발생하였다고 단정할 수도 없다.

12) 유헌종, 앞의 논문, 87쪽.

13) 강구진, 형법강의(각론 I), 박영사, 1983, 250쪽; 김성천/김형준, 형법각론, 소진, 2014, 365쪽; 김일수/서보학, 형법각론, 박영사, 2007, 319쪽; 박상기, 형법각론, 박영사, 2008, 324쪽; 배종대, 형법각론, 홍문사, 2013, 474쪽; 박영규, 앞의 논문, 70쪽; 임정호, 앞의 논문, 513쪽.

14) 이정원, 형법각론, 신론사, 2012, 322쪽.

15) 박영규, 앞의 논문, 68쪽.

하고 대신에 그 소유권에 대한 개인적, 질적인 가치범위와 관련하여 파악하고자 하는 견해이다.[16] 이 견해는 객관적인 가치상실의 관점보다 재산이전을 통해서 나타나는 재산주체에 대한 경제력 침해의 관점에서 재산의 손실을 판단한다. 손해의 산정에서 우선적으로 '재산주체에 대한 경제력의 감소'와 '재산의 처분에 의하여 달성하려는 목적'의 관점에서 재산개념을 정립하는 이론이다. 따라서 객관적인 가치감소가 없는 경우에도 재산주체에 대한 경제력의 감소가 인정되는 경우와 재산의 처분이 재산주체의 목적에 반하는 경우에도 재산의 손실이 인정하게 된다.[17] 개인적 재산개념설은 소위 개인적 특징을 가지는 사례에 있어서 손익산정을 쉽게 할 수 있다는 점에서 장점을 가지지만 재산범죄를 처분의 자유에 대한 범죄로 만들어 버릴 위험을 안고 있고, 법적 안정성의 척도가 보증될 수 있을 만큼 완성된 개념은 아니라는 비판이 있다.[18]

5. 검 토

재산에 관한 개념정의 대한 학설대립의 초점은 두 가지로 모아진다. 즉 첫째, 형법상 재산개념을 권리 이외에 '경제적 가치 있는 사실상의 이익과 노동력' 등으로 확장할 것인가 하는 점, 둘째, 사법(私法)상 불법이거나 승인되지 않는 재산은 법질서의 통일을 기하기 위하여 형법상으로 재산개념에서 제외시켜 보호하지 않을 것인가 하는 점이다.[19]

법률적 재산개념설은 민사법상의 권리관계와 의무관계를 기초로 한 것이므로 이와 무관한 재산의 침해라면 재산상의 이익을 취득하였더라도 재산죄를 인정하지 않는 불합리성이 있다.[20] 따라서 이 견해를 취할 경우 피해자에 대한 고려는 무시되고, 지나치게 행위자를 보호하게 될 우려가 있다.[21] 그리고 개인적 재산개념설은 재산개념 그 자체라기보다는 재산상의 손해개념 내지는 재산상의

16) 박상기, 앞의 책, 322－323쪽.
17) 이정원, 형법각론, 신론사, 2012, 323쪽.
18) 박영규, 앞의 논문, 69쪽.
19) 임웅, 앞의 책, 287－288쪽.
20) 박상기, 앞의 책, 321쪽.
21) 임정호, 앞의 논문, 504쪽.

손해산정의 기준이다. 원래 재산개념이라는 것이 경제적 측면을 완전히 배제하지 않는 한 똑같은 내용의 재산이라 할지라도 언제 어느 경우에나 어디에서나 누구에게나 항상 똑같은 가치를 가지는 것은 아니라는 점을 포용하고 있는 것이기 때문에 단지 같은 내용의 재산이라도 개인적으로 각기 다른 의미를 가질 수 있다는 점만을 이유로 굳이 개인적 재산개념과 같은 별도의 재산개념을 만들어 낼 필요는 없다.[22)]

경제적 재산개념설과 법률적·경제적 재산개념설의 논쟁은 형법적 보호의 대상을 어떻게 보는가 하는 점에 실익이 있다. 예를 들어 성매매여성의 성매매 행위는 보통여자의 정조와 달라 경제적 가치로 평가되므로 경제적 재산개념설의 입장에서는 성매매여성에게 화대를 지불할 의사와 능력이 없음에도 지불할 것처럼 가장하여 성매매행위를 제공받는 행위는 사기죄에 해당한다고 하는 것이 자연스러운 결론이다. 그러나 법률적·경제적 재산개념설의 입장에서는 성매매여성의 성매매행위는 불법적인 것이어서 형법이 보호하는 재산이 아니므로 그에 대한 사기죄의 성립은 이론상으로는 불가능하게 된다.[23)]

오늘날 모든 종류의 법적 권리·의무는 경제적 이익과 직접·간접으로 관련이 있고 개인이 누리는 거의 모든 종류의 경제적 이익은 법적 권리·의무로 파악될 수 있다.[24)] 형법과 민법의 이념은 동일한 것으로 판단할 수 없다. 그러므로 형법의 보호 대상이 되는가는 형법 독자적으로 판단되어야 하며, 민법과의 법질서 통일성을 반드시 요구되는 것은 아니다. 사법상의 권리가 아니라 하더라도 사실상 구체적으로 경제적 이익을 가져오는 범위 내에서는 불법한 이익도 보호받아야 할 이유가 충분히 있고 형법적 보호의 필요성이 있는 이익에 대한 보호를 보호범위의 확대라고 하여 비난하는 것은 옳지 못하다. 따라서 실제적으로 경제적 이익을 얻을 수 있는 이익에 대해서는 형법상 재산개념에 포함시켜 그 침해로부터 보호할 필요가 있다.[25)] 다만 경제적 재산개념설을 취하게 되면

22) 김성천/김형준, 앞의 책, 363쪽.
23) 문형섭, 재산범죄론의 이해, 전남대학교출판부, 2006, 30쪽.
24) 배종대, 앞의 책, 473－474쪽.
25) 임웅, 앞의 책, 288쪽; 배미란, 사기죄에 있어서 재산상 손해, 석사학위논문, 부산대학교 대학원, 2007, 68쪽.

경제적인 가치판단을 어떻게 할 것인가가 문제된다. 경제적 이익이라는 개념은 모호 개념인 까닭에 그 범위가 지나치게 확장될 우려가 있다는 점에 유의할 필요가 있다.[26)]

Ⅲ. 배임죄에서의 재산상 손해와 손해발생의 위험

1. 배임죄에서의 재산상 손해의 의미

배임죄는 배임행위로 인하여 재산상의 손해가 발생함으로써 기수가 되며, 배임행위와 재산상 손해사이에 인과관계가 있어야 한다. 여기에서 손해의 의미에는 본인의 기존재산의 감소를 의미하는 적극적 손해와 장래 얻을 수 있는 이익의 상실을 의미하는 소극적 손해로 구분할 수 있다. 이와 관련하여 통설[27)]과 판례[28)]는 경제적 관점에서 기존재산의 감소이건 장래에 취득할 이익의 상실이건 묻지 않고, 재산가치의 감소가 있는가를 판단하고 있다. 따라서 재산상 손해는 본인의 전체재산가치의 감소, 즉 총체적으로 본인의 재산상태에 손해를 가한 경우를 의미한다고 할 수 있다. 그리고 손해에 상응하는 반대급부로 재산상의 이익을 주어서 전체재산에 감소가 없으면 재산상의 손해는 인정되지 않는다. 그렇지만 반대급부가 손해배상청구권이나 원상회복청구권은 재산상 이익이라고 할 수 없다. 여기까지는 배임죄의 해석에 있어서 별 다른 이견 없이 받아들여지고 있다.[29)]

여기에서 어떠한 범위에서 소극적 손해를 인정해야 하는 것인가 하는 문제는 현재의 경제적 거래의 관념상 장래에 취득할 수 있는 재산적 이익을 어떠한

26) 문형섭, 앞의 논문, 72쪽.

27) 김성돈, 앞의 책, 442쪽; 김성천/김형준, 앞의 책, 515쪽; 김일수/서보학, 앞의 책, 2007, 492쪽; 배종대, 앞의 책, 567쪽; 손동권, 앞의 책, 458쪽; 오영근, 앞의 책, 387쪽; 이재상, 앞의 책, 429쪽; 이정원, 앞의 책, 449쪽; 임웅, 앞의 책, 499쪽; 정영일, 앞의 책, 300쪽; 류전철, 앞의 논문, 114쪽.

28) 대법원 2004. 6. 24. 선고 2004도520 판결; 대법원 2004. 7. 9. 선고 2004도810 판결; 대법원 2006. 11. 10. 2004도5167 판결; 대법원 2008. 5. 29. 선고 2005도4640 판결; 대법원 2008. 6. 19. 선고 2006도4876 전원합의체 판결; 대법원 2009. 5. 29. 선고 2007도4949 전원합의체 판결.

29) 류전철, 앞의 논문, 114쪽.

관계에 있어서의 장래의 재산으로서 평가할 수 있는가 하는 문제에 귀착한다. 만약 법률상의 청구권이 존재하는 이익만을 장래재산이라고 해석할 때는 장래재산의 개념이 법률관계의 범위에 국한되어서 실제의 경제거래상의 관념과 일치하지 않을 뿐 아니라, 소극적 손해의 관념을 정립하는 것은 무의미하게 된다. 왜냐하면 어떤 재산적 이익에 대하여 법률상의 청구권이 현존하는 경우는 그 청구권의 실행이 가능한 한, 그것은 장래의 재산이라고 하기보다는 오히려 기존재산으로 평가될 수 있는 것이다. 따라서 이러한 이득의 상실은 기존재산의 증가방해, 즉 소극적 손해로서가 아니라 오히려 기존재산의 감소, 즉 적극적 손해로 평가되어야 하기 때문이다.[30)]

[그림-1] 계약체결에 있어서 재산상 손해[31)]

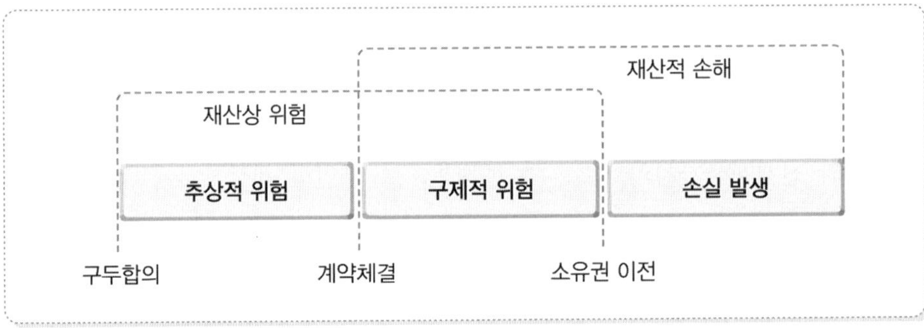

2. 재산상 손해발생의 위험의 의미

손해발생의 위험이란 행위시점 현재 아직 현실적인 손해발생은 없으나 장차 손해발생의 가능성만이 있는 경우를 의미한다. 배임죄의 구성요건인 '재산상의 손해를 가한 때'에 손해발생의 '위험'을 포함시킬 수 있는가 하는 문제는 배임죄를 침해범으로 보는지, 위험범으로 보는지와 관련된다. 이에 대하여 침해범이라는 견해[32)]와 위험범이라는 견해[33)]가 대립하고 있다.[34)] 배임죄를 위험범으로 보

30) 문형섭, 앞의 논문, 77쪽.
31) 김성천/김형준, 앞의 책, 518쪽.
32) 김성돈, 앞의 책, 430쪽; 김성천/김형준, 앞의 책, 495쪽; 김일수/서보학, 앞의 책, 481쪽; 손동권, 앞의 책, 447쪽; 오영근, 앞의 책, 377쪽; 이정원, 앞의 책, 434쪽; 임웅, 앞의 책, 486쪽;

는 견해는 재산상의 손해와 침해의 위험을 동일시함으로써 임무위배행위가 있으면 곧 손해의 위험이 있다고 하는 것이다. 이는 경제적 재산개념설의 영향이 아닐까 추측되지만 구체적으로 어떤 논거를 가지고 있는지는 명확하지 않다.[35)]

대법원은 '손해를 가한 때'의 의미를 '재산상 손해를 가한 때' 뿐만 아니라 '손해발생의 위험'이 있는 경우에도 계속적으로 인정하여 왔으며, 이러한 태도를 위태범이라고 칭하고 있다.[36)] 그리고 대법원은 손해발생 위험의 인정기준에 대하여 "재산상 실해 발생의 위험, 즉 경제적 관점에서 재산상 손해가 발생한 것과 사실상 같다고 평가될 정도의 위험"[37)]으로 판시하고 있지만, 재산상 실해발

김현우, 배임죄의 성립범위에 관한 연구, 박사학위논문, 한양대학교 대학원, 2010, 80쪽 이하; 류전철, 앞의 논문, 115쪽; 박영규, 배임죄에 있어서 재산상의 손해, 판례월보 제310호, 판례월보사, 1996, 73-74쪽; 이재진, 배임죄에 관한 연구-타인의 사무를 처리하는 자를 중심으로-, 박사학위논문, 한양대학교 대학원, 2010, 33쪽; 이주원, 특정경제범죄 가중처벌 등에 관한 법률위반(배임)죄에서 이득액 개념의 합리적 재해석 -과연 손해발생의 위험액이 곧 이득액인가?-, 인권과정의 제436호, 대한변호사협회, 2013, 56쪽; 안경옥, 배임죄에 있어서 실해발생의 위험-대법원 1999. 6. 22. 선고 99도1095 판결등-, 비교형사법연구 제2권 제1호, 한국비교형사법학회, 2000, 230쪽; 최준혁, 앞의 논문, 127-128쪽; 허일태, 배임죄에서 행위주체와 손해의 개념, 비교형사법연구 제6권 제1호, 한국비교형사법학회, 2004, 151쪽.

33) 박상기, 앞의 책, 397쪽; 이재상, 앞의 책, 418쪽; 정영일, 앞의 책 281쪽; 우인성, 형법상 배임죄에 있어서 재산상 손해의 산정, 대법원 판례해설 제96호, 법원도서관, 2013, 593쪽; 임정호, 앞의 논문, 50-55쪽.

34) 이러한 견해대립은 '형법'에만 국한할 경우 실익은 크지 않다. 배임죄는 미수범이 처벌되므로 '기수로 처벌되는 배임'과 '미수로 처벌되는 배임'은 양자 모두 처벌된다는 점에서 차이가 없다. 미수범은 원칙적으로 임의적 감경사유에 불과한데다가 형법상 배임죄는 법정형의 상한만 있을 뿐 그 하한이 없으므로 실제 처벌에서는 그리 크지는 않은 셈이다. 그러나 특경법 제3조의 규정을 보면 형법 제355조(배임) 또는 제356조(업무상 배임)의 죄를 범한 사람으로 그 적용대상을 규정하고 있어 배임죄의 미수범(제359조)은 포함되지 않는다. 단지 '손해발생의 위험'만 있다면 침해범설과 위험범설은 특경법 제3조의 적용 여부에 대해 결론을 달리할 수밖에 없다. 침해범설에 의하면 미수범에 불과하여 특경법 제3조가 적용될 수 없지만, 위험범설에 의하면 기수범에 해당하여 특경법 제3조가 적용될 여지가 있기 때문이다(이주원, 앞의 논문, 56쪽).

35) 문형섭, 앞의 논문, 78쪽.

36) 대법원 2000. 4. 11. 선고 99도334 판결; 대법원 2004. 7. 22. 선고 2002도4229 판결.

37) 대법원 2008. 6. 19. 선고 2006도4876 판결; 대법원 2008. 6. 19. 선고 2006도4876 전원합의체 판결은 손해의 발생과 손해발생의 위험은 구별되어야 한다는 대법원의 인식의 변화를 보여주고 있다는 점에 의미가 판결이다. 이 전원합의체 판결은 동일인 대출한도 초과대출에 관한 사건으로 대법원은 "금융기관의 임·직원의 대출규정을 위반하여 대출함으로써 그 임무에 위배되는 행위를 하였다고 하더라도 그 대출행위를 업무상배임죄로 처벌하려면 그로 인하여 금융기관에 현실적인 손해가 발생하였거나 재산상 실해 발생의 위험, 즉 경제적 관점에서 재산상 손해가 발생한 것과 사실상 같다고 평가될 정도의 위험이 발생하였다고 판단되어야 한다"고 하여 손해의 발생과 동일시한 손해발생의 위험을 '경제적 관점에서 재산상 손해가 발생한 것과 사실상 같다고 평가될 정도의 위험'으로 구체적인 위험으로 한정하였다는 것이다(김현우, 앞의

생의 위험을 재산상 손해로 파악하면서도 그 재산상 실해발생의 위험이 무엇을 의미하는지, '손해와 동등한 위험'의 평가에 대하여 구체적인 기준을 전혀 제시하지 않고 있다. 이는 결과적으로 손해가 발생해야 성립하는 배임죄를 그 이전의 단계인 배임행위의 단계에서 인정하는 결과를 가져오는 것이며,[38] 그 결과 배임죄는 손해발생의 위험을 이유로 거의 대부분 기수범으로 처벌되는 것이 현실이다.[39]

〈표-1〉 배임죄의 구조[40]

	(본인의) 손해	(자기/제3자의) 취득	재산이동여부	이득액
침해범설	현실적 손해	현실적 취득	재산의 현실적 이동	현실적 이득액
위험범설	손해의 위험	가능성만 취득	재산의 잠재적 이동 (이동가능성만 있음)	가능성의 크기 전부

3. 재산상 손해발생과 재산상 손해발생의 위험의 구별

가. '위험'을 손해발생개념에 포함하는 근원적 이유

대법원이 손해발생개념에 실해발생의 위험을 포함하는 이유는 손해발생의 위험이 손해 자체가 아니라면 배임행위를 하여 손해가 발생한 후 그 손해를 보전했다면 기수범으로 처벌할 수 없으며 이는 부당한 결과라는 판단에서이다.[41] 이러한 판단은 재산상의 손해의 개념에 실해발생의 위험을 포함시키려는 사고는 법률적 재산개념설의 결함을 시정하기 위한 것이다. 경제적 가치에 의해 그 개념을 정립한다면 법률적 평가에 있어서는 단순한 재산상의 위험에 지나지 않는 경우에도 경제적으로는 재산적 가치의 감소, 즉 재산상의 손해가 있다고 볼 수 있게 된다. 따라서 배임행위와 동시에 기수범이 성립하게 되는 것이므로 아무런 의문의 여지가 없는 것이다.[42]

논문, 204-205쪽).

38) 안경옥, 앞의 논문, 219쪽.

39) 이주원, 앞의 논문, 56쪽.

40) 이주원, 앞의 논문, 58쪽.

41) 허일태, 앞의 논문, 152쪽.

그리고 개별사건에서 손해발생과 임무위반행위의 인과관계를 밝히기 어렵다는 문제를 해결하기 위해서일 수도 있다.[43] 그러나 임무위반행위를 통하여 아직 재산상 손해가 발생하지 않았고 손해발생의 위험이 존재할 뿐이라면 배임죄의 미수범이 존재할 뿐이며 손해배상과 임무위반 사이의 인과관계를 밝히기 어렵다는 문제는 처벌의 장애가 되는 사유일 수 없다.[44] 또한 대법원은 배임죄를 위험범으로 보지 아니할 경우 실제로 배임의 결과가 발생하지 아니하였다면 이를 미수범으로 처벌하여야 하는데 현실적으로 이를 미수로 의율할 경우 장애미수, 중지미수, 불능미수 어느 것에 해당하는지 여부를 가리기 어렵다는 현실적인 이유에서 출발한 것으로 추측되기도 한다. 하지만 이러한 현실적인 이유를 앞세워 기수와 미수의 경계선을 허무는 것은 죄형법정주의를 무너뜨리는 것으로 부당하다.[45] 그리고 배임죄가 위험범이라는 전제에서 재산상 손해발생의 위험이 발생한 경우에도 기수가 된다는 해석론은 형법의 규정해석이라기 보다는 다분히 형사정책적 발상에 근거하여 처벌의 수위를 높이는 것이라고 할 수 있다.[46]

형법상 재산범죄의 배치형식에서 배임죄는 횡령죄와 함께 규정되어 있을 뿐만 아니라 '재산상 손해'에 대해서는 명문으로 규정되어 있지도 않은 사기죄의 '재산상 손해'를 끌어들여 배임죄의 '재산상 손해'에 대한 해석에 차용하고 있다. 이러한 해석의 방식은 다수의 이해이며 재산이나 손해의 개념을 사기죄와 같다는 인식에 근거하는 것으로 보인다. 이와 같은 해석은 우리 형법 해석론에 많은 영향을 준 독일의 해석론에 기인한 것이다. 구체적으로 살펴보면 독일 왕정재판소는 이른바 흠집이론(Makeltheorie)을 통해 재산상의 구체적 위험을 사기죄의 재산상 손해에 포함시켰다. 이러한 왕정재판소의 흠집이론을 독일 연방재판소는 '손해와 동일시 할 수 있는 구체적인 재산상 위험'의 관점에서 수정하여 지지하

42) 문형섭, 앞의 논문, 80쪽.
43) 박미숙, 경영판단과 배임죄의 성부, 형사판례연구 제15권, 한국형사판례연구회, 박영사, 2007, 223쪽.
44) 최준혁, 앞의 논문, 128쪽.
45) 이종상, 회사와 관련된 배임죄 적용상 문제점에 대한 연구, 박사학위논문, 서울대학교 대학원, 2010, 284쪽.
46) 류전철, 앞의 논문, 115쪽.

면서 구체적이고 개별적인 경우의 특성과 순수한 경제적 고려를 통하여 구체적인 재산상 위험이 재산상 손해와 동일시 할 수 있는지를 판단하였다.[47] 이에 의하면 사기죄는 본질적으로 정범이 자기 또는 제3자에게 위법한 방법으로 재산상의 이익을 얻도록 하는 재산범죄이다. 그러므로 사기죄의 실질은 이익의 취득이 있으면 범죄는 종료하지만, 기수시점은 피해자에게 재산손해가 발생한 때이다. 그러나 경우에 따라서 재산에 대한 단순한 손해의 위험이 이미 해당 재산의 실질적인 가치감소로 나타남으로써 사기죄의 재산상 손해라고 인정된다면 이미 이 시점에서 구성요건의 기수가 인정된다는 것이다. 이러한 사기죄의 기수시점이 앞당겨지는 것은 일정 범위에서는 받아들여질 수 있는 것이었다. 그러나 독일 형법에서 배임죄는 재산이동범죄가 아니며, 더 나아가 불법한 이익을 추구하는 것을 전제로 하지 않는다. 사기죄와 달리 배임죄는 이동성과 불법이득추구를 전제하지 않음으로 인해서 한편으로는 배임죄의 구성요건 적용범위가 현저히 확대되고, 다른 한편으로 독일 형법에서 배임죄의 미수범 처벌규정을 입법자가 둘 수 없는 결과를 가져왔다. 이러한 상황에서 재산상 손해발생의 위험만으로 사기죄와 마찬가지로 배임죄의 기수를 인정할 수 있게 된다는 것은 사기죄처럼 처벌의 수위만 달라지는 것이 아니라 가벌과 불가벌의 경계가 변하게 된다.[48]

‘위험’을 손해발생개념에 포함함으로써 법원은 배임죄로 처벌하면서 배임으로 얻은 이익과 손해를 구체적으로 산정하는 수고를 덜 수 있는 장점이 있다. 구체적으로 발생하지 않은 (재산상 이익과 밀접한 관련이 있는) 재산손해 대신에 ‘위험’액수를 추정하는 것이 그것이다. 배임으로 인해 얻은 재산상 이익과 손해를 산정하지 않고도 배임죄의 기수를 인정할 수 있는 ‘재산상 손해발생의 위험’이라는 개념의 매력은 바로 여기에 있는 것이지, 배임죄의 성격에 따라 가능한 논리의 개념이라고 하기는 어렵다.[49]

---

47) 이정원, 사기죄에서 재산상 손해의 개념에 관한 연구, 비교형사법연구 제2호, 한국비교형사법학회, 2000, 132쪽.
48) 류전철, 앞의 논문, 117-118쪽.
49) 류전철, 앞의 논문, 123쪽.

나. '위험'을 손해발생개념에 포함함에 따른 문제점

형법 제355조 제2항은 '이익을 취득하여' '손해를 가한 때'에 범죄가 성립하도록 명시적으로 규정하고 있으며, 그 미수범을 처벌하는 규정(형법 제359조)을 두고 있다. 대법원의 입장처럼 배임죄를 위험범으로 규정하고 재산상 손해발생에 위험을 포함하여 해석하는 것은 법률의 명시적 규정에 반하는 것이다. 그리고 배임죄에서 위험손해를 긍정하면 가벌적인 기수와 불가벌적인 미수의 경계가 유동적이게 된다. 뿐만 아니라 재산상의 손해발생여부가 노련한 실무가조차도 구체적 사례에서 법원이 어떻게 판단할지를 예상할 수 없을 정도로 불확실한 잠재적 진행에 의해 결정되게 된다.[50] 특히 배임죄의 주체인 '타인의 사무처리자'는 오늘날과 같이 복잡한 사회에서 소유자 내지는 자본가를 대신하여 법인화된 조직의 경제주체로 활동하는 자가 대부분이며 언제든지 배임을 행할 유력한 후보군에 속해 있다. 특정한 경제영역에서 발생한 재산상의 손해에 대한 문제가 발생한 경우에 형사소추기관과 법원은 너무나도 쉽게 배임죄라는 모호한 범죄로 포섭하려고 한다. 이러한 현실은 배임죄의 적용범위를 무리하게 확장하게 된다.[51] 다시 말해 배임죄에서는 현실적인 손해보다는 손해발생의 개연성, 위험의 형태가 일반적으로 나타난다는 점을 주목할 필요가 있다. 그런데 경제거래에서 위험은 항상 수반되고 있다는 점을 보면 손해발생과 위험을 동일시할 경우 배임죄의 성립범위가 매우 넓어질 가능성이 있다. 그리고 재산상 손해를 손해발생의 위험과 동일하게 볼 경우 배임행위 그 자체만 있을 때 가해여부와 관계없이 배임죄를 인정하게 될 가능성이 있다.[52]

그리고 만약 실제로는 손해가 발생하지 아니하였지만 손해의 위험이 50억원 이상 발생한 경우를 놓고 보면 일반적인 업무상배임의 경우 10년 이하의 징역 또는 3천만 원 이하의 벌금, 그것도 미수범 처리를 규정한 형법 제25조 제2항에 의하여 기수범보다 이를 감경할 수도 있을 것이다. 그럼에도 불구하고 손

---

50) Walter Perron/안동준(역), 배임죄구성요건의 문제점과 전망, 법학논총 제30집 제1호, 전남대학교 법학연구소, 2010, 50쪽.
51) 류전철, 앞의 논문, 116쪽.
52) 최준혁, 앞의 논문, 128쪽.

해의 위험만으로도 손해가 발생한 것이며 손해가 발생하였으면 이익이 발생한 것으로 본다는 논리에 따르면 이러한 행위는 무기징역 또는 5년 이상의 유기징역에 처하게 되는 동시에 실제로는 위험만 발생하였음에도 위험액 상당의 벌금까지도 병과할 수도 있는 모순이 발생하게 된다.[53)]

다. 재산상 손해발생과 재산상 손해발생의 위험의 구별 필요성

배임죄에서 '재산상 손해의 발생'은 구성요건요소로서 배임행위를 제한할 뿐만 아니라 기수와 미수의 경계가 되는 중요한 구성요건 표지이다. 이는 입법자가 형법 제355조 제2항의 규정을 해석함에 있어서 행위의 주체를 제한하고 손해발생을 야기할 수 있는 배임행위로 한정하고 재산상 이익취득과 연관된 재산상 손해발생을 배임죄의 구성요건요소로 두어 배임죄 성립의 가능성을 제한하려는 의도인 것이다.[54)] 손해와 위험은 구별되어야 하며, 경제적 재산개념설에 입각하면서 실해 발생의 위험을 배임죄의 구성요건인 손해에 포함하는 견해는 사실상 두 개념을 동일시하는 것이다.[55)] 이러한 경우 결국 배임행위 그 자체만 있을 때 가해여부와 관계없이 배임죄를 인정하여 배임죄의 미수를 부정하게 되며, 처벌의 범위를 무한으로 확장할 가능성뿐만 아니라 명문의 규정에 반하는 유추해석인 것이다.

Ⅳ. 배임죄에서의 손해액 산정

1. 손해액 판단(산정)의 원칙

배임죄의 보호법익은 전체로서의 재산이므로 손해의 발생 여부와 손해액의 산정은 배임행위의 전후를 비교하여 배임행위 이전의 본인의 전체재산가액이 배임행위 이후의 본인의 전체재산가액보다 감소된 경우 재산상의 손해가 발생하였다고 할 수 있다.[56)] 손해산정은 전체계산의 원칙에 따라 객관적이고 개별적

53) 이종상, 앞의 논문, 286쪽.
54) 류전철, 앞의 논문, 115쪽.
55) 이재진, 앞의 논문, 34쪽.

인 평가기준에 의한다. 손해산정이 객관적이라 함은 개개의 구체적 사정을 고려하는 것이 아니라 객관적 평가자가 경제거래의 관점에서 판단하는 것을 의미한다. 거래시에 개별적이라 함은 손해산정시에 피해자의 경제적 관점에서 보아 의도한 목적을 달성할 수가 없거나 미달할 경우에는 객관적 가치는 동등할지라도 손해가 발생하였다고 보는 것이다.[57)]

2. 재산상 손해 산정시기와 통상적인 소요 경비 공제의 문제

재산상 손해 산정시기는 배임행위의 기수 시점에 손해발생 여부를 판단하는 것이 일반적일 것이다. 여기에서 배임죄의 기수시기와 관련하여 계약체결시설과 이행시설이라는 두 가지 견해의 대립이 있다. 계약체결시설은 배임죄의 속성을 위험범으로 보고 재산상 실해 발생이 있어야 기수가 아니므로 행위자가 계약이 체결되도록 하여야 할 임무를 위배하여 행위자와 제3자 사이에 계약을 체결하여 그 계약으로부터 이익을 취득할 수 있는 지위를 얻게 된 때 기수에 이른다는 견해이다. 이에 반하여 이행시설은 계약체결만으로 과연 현실적인 손해가 발생한 것이라고 볼 수 없으며, 손해의 현실화는 제3자가 행위자에게 금원을 지급할 때라고 보는 견해이다. 【대상판결】의 경우에도 "재산상 손해는 피고인이 위와 같은 임무위배행위로 금형제작·납품계약을 체결한 때에 발생하는 것이므로 원칙적으로 그 임무위배행위로 위 금형제적·납품계약을 체결한 때를 기준으로 위 금형제작·납품계약 대금에 기초하여 산정하여 할 것이며"라고 판시하고 있다.[58)]

계약체결시설에 의할 경우 재산상 손해를 산정함에 있어서 실제로 거래 상대방이 계약을 모두 이행하였는지 여부, 미수금이 발생하였는지 여부 그리고 그 계약이 해지되었는지 여부는 재산상 손해액 산정에 있어 문제 되지 않는다고 보게 된다. 이와 같이 보는 논거로 배임죄는 위험범으로 예상되는 기대이익을 기수 시점에 산정하면 족하고 우연한 사정에 의해 행위자가 기대이익 이상의

56) 대법원 1999. 4. 13. 선고 98도4022 판결.
57) 박상기, 앞의 책, 327쪽.
58) 대법원 2013. 4. 26. 선고 2011도6798 판결.

실수익이 생겼다고 하더라도 행위자가 이러한 우연한 사정까지 배임행위의 기수 시점에 예견할 수 있었다고 볼 수는 없기 때문이라고 한다.[59]

그러나 배임죄의 성격은 위험범이 아니라 침해범으로 보아야 하며, 본인의 전체적 재산가치의 감소 및 자기 또는 제3자의 전체적 재산가치의 증가를 통하여 '본인의' 재산가치가 '자기 또는 제3자에게' '이전'되는 시점인 행위자에게 금원을 지급한 때를 기수 시점으로 보아야 할 것이다. 그리고 배임죄는 배임행위의 전후를 총체적으로 비교하여 재산상의 손해를 산정해야 한다면 피해자가 실제로 취득할 수 있었던 이익을 재산상 손해라고 해야 하므로 통상적인 소요 경비를 공제한 금액을 재산상 손해라고 해야 할 것이다.

3. 재산상 손해액 산정시 고려사항

배임죄에서 재산상 손해액은 배임행위에 의해 침해되는 재산권의 종류(물권인가, 채권인가), 채권일 경우 반대급부의 이행의무가 존재하는지, 쌍무계약에 기한 채권이라면 반대급부의 이행이 어느 정도 되었는지, 재산상 이익 취득에 대한 기대인지, 재산권의 성립 내지 행사를 위하여 비용을 필요적으로 소요되는지 등에 따라 달라질 것이다.

행위자가 본인의 재산권 중 물권을 침해하는 행위, 예를 들어 본인 소유 물건을 담보로 제공하는 행위를 한 경우에는 물권의 목적인 재산의 가치를 평가하여야 할 것이다. 물권에 아무런 부담이 없다면 물권의 대상인 물건의 시가 상당액이 될 것이지만, 물권에 부담이 있다면 이를 공제한 금액이 재산상 손해액일 것이다.[60] 본인의 재산권 침해행위에 반대급부가 결부되어 있다면 반대급부의 성질에 따라서 이를 재산상 손해에서 공제하여야 할 경우가 있을 수 있다. 그리고 행위자가 본인의 금전채권을 제3자에게 양도하거나 담보로 제공하는 방식으로 임무위배행위를 하였다면 금전채권 가액 전체가 재산상 손해가 될 수 있을 것이다. 쌍무계약에 있어 상대방에 대한 채무이행의 정도에 따라 채권의

59) 우인성, 앞의 논문, 594-595쪽.
60) 대법원 2002. 2. 26. 선고 2001도6522 판결.

가치가 달라지는 경우에는 임무위배행위가 언제 있었는가에 따라서 재산상 손해는 달라질 수 있을 것이다. 계약 체결로 인한 기대이익이 '0' 또는 '음의 수'인 경우도 있을 수 있다. 예를 들어 출혈, 즉 손해를 감수하고 도급계약을 체결한 경우 그 계약을 가로채었을 때 침해되는 재산상 이익은 차후 매출실적을 올림으로써 얻을 수 있는 기대이지 계약대금 전체로 볼 수는 없다.[61]

【대상판례】와 같이 계약을 가로채는 형태의 배임행위가 있는 경우 피해자 회사가 취득할 수 있었던 금액을 도급계약 전체로 볼 것인지, 그렇지 않으면 예상 필요 경비를 제외한 도급계약 금액인지가 문제될 수 있다. 이 경우 도급계약을 체결할 수 있도록 해야 하는 임무를 위배하여 본인의 도급계약 체결 가능성을 배제시키는 배임행위를 하였다면 그 도급계약이 모두 이행되어 상대방에게 금전의 지급을 청구할 수 있을 때까지 소요되는 경비를 공제하는 것이 타당하다.[62] 따라서 도급계약 체결 금액에서 예상 필요 경비를 제외한 도급계약 금액이 피해자 회사의 재산상 손해로 보아야 한다. 그리고 행위자가 실질적으로 취하지 아니한 이익까지 계산할 수 없으므로 미수금 부분이 있다면 도급계약 금액에서 차감하여 계산하여야 한다.[63]

【대상판례】에서 피고인은 피해자 회사의 부사장으로 일하며 영업을 전담하고 그 대가로 피해자 회사로부터 영업수익금의 50%를 지급받는다는 내용으로 합의를 하였다. 이 경우 행위자가 취득하기로 한 50% 비율의 이익은 재산상 손해 계산에서 고려되어야 하는가의 문제가 있다. 재산상 손해는 경제적 관점에서 접근하여야 하며, 행위자에게 귀속될 부분은 피해자의 재산상 손해에서 공제하여야 하는 것이 타당하다.

61) 우인성, 앞의 논문, 601－602쪽.
62) 우인성, 앞의 논문, 603쪽.
63) 이에 반하여 계약체결을 할 경우 배임행위는 기수에 이르게 된다는 견해에 의하면 계약체결 이후 행위자의 상대방이 실제로 계약을 이행하였는지 여부는 고려할 사항이 아니므로 예견되는 손해가 실해의 발생으로 연결될 필요가 없다고 하여 미수금을 고려하지 않는다.

V. 결　론

형법 제355조 제2하의 배임죄는 "타인의 사무를 처리하는 자가 그 임무에 위배는 행위로써 재산상의 이익을 취득하거나 제3자로 하여금 이를 취득하게 하여 본인에게 손해를 가한 때"에 성립하는 범죄이며, 그 미수범(형법 제359조)도 처벌하고 있다. 이와 같이 규정된 배임죄는 규정의 추상성으로 인하여 배임죄의 처벌범위가 지나치게 확대되어 단순한 계약관계나 회사내부의 경영문제에 형사법의 개입을 초래할 뿐만 아니라 민·형사책임의 분화라는 근대법의 원칙을 흔들리게 할 우려가 있기 때문에 이에 대한 제한해석의 필요성이 있다.[64]

배임죄에서 행위주체를 사무처리자로 한정하고 배신행위를 임무위배행위로 한정하여 배임죄 성립을 제한하는 기능을 수행한다면 '재산상 이익의 취득으로 인한 본인의 손해발생'을 요구하는 것은 배임죄의 기수와 미수를 구분하는 기능을 한다. 여기에서 본인의 재산상 손해발생은 위험을 포함한 개념으로 이해할 수 없다. 그러나 대법원은 '현실적 손해를 가한 경우뿐만 아니라 손해발생의 위험을 초래한 경우도 포함된다'라는 입장을 일관되게 유지하고 있다. 이처럼 '위험'을 손해발생개념에 포함시키고 있는 근원적 이유는 무엇인지 확인할 필요가 있지만 명확한 근거를 제시하는 것은 상당히 어렵다. 지금까지 논의되고 있는 여러 상황들을 종합하여 추측해 보면 첫째, 손해발생의 위험이 손해 자체가 아니라면 배임행위를 하여 손해가 발생한 후 그 손해를 보전했다면 기수범으로 처벌할 수 없으며 이는 부당한 결과라는 판단, 둘째, 개별사건에서 손해발생과 임무위반행위의 인과관계를 밝히기 어렵다는 문제, 셋째, 실제로 배임의 결과가 발생하지 않아 미수로 의율할 경우 장애미수, 중지미수, 불능미수 어느 것에 해당하는지 여부의 불명확, 넷째, 배임죄 해석론에 있어서 독일에서 논의되고 정립되어 온 사기죄에서의 재산상 손해에 관한 해석론을 배임죄에 적용하는 문제 등을 지적할 수 있다.

배임죄를 위험범으로 규정하고 재산상 손해발생에 위험을 포함하는 해석은

---

64) 김현우, 앞의 논문, 196쪽.

재산상 손해를 손해발생의 위험과 동일하게 보는 것으로 배임행위 그 자체만 있으면 가해여부와 관계없이 배임죄를 인정하게 된다. 이러한 모습은 법률의 명시적 규정에 반할 뿐만 아니라 배임죄 적용범위를 무리하게 확장하게 되며, 현행법상 배임죄의 미수범 처벌 규정을 무력화하는 결과를 초래하는 것이다. 따라서 배임죄에서 손해를 가하여 이익을 취득한다는 의미는 통상적으로 손해의 발생을 의미하는 것이지 위험을 말하는 것이 아니라고 보아야 한다. 그리고 배임죄의 성격은 위험범이 아니라 침해범으로 보아야 하며, 본인의 전체적 재산가치의 감소 및 자기 또는 제3자의 전체적 재산가치의 증가를 통하여 '본인의' 재산가치가 '자기 또는 제3자에게' '이전'되는 시점인 행위자에게 금원을 지급한 때를 기수 시점으로 보아야 한다. 이에 더하여 배임죄는 배임행위의 전후를 총체적으로 비교하여 재산상의 손해를 산정해야 한다면 피해자가 실제로 취득할 수 있었던 이익을 재산상 손해라고 해야 하므로 통상적인 소요 경비를 공제한 금액을 재산상 손해라고 해야 할 것이다.

참고문헌

강구진, 형법강의(각론Ⅰ), 박영사, 1983.

김성돈, 형법각론, 성균관대학교출판부, 2013.

김성천/김형준, 형법각론, 소진, 2014.

김일수/서보학, 형법각론, 박영사, 2007.

김현우, 배임죄의 성립범위에 관한 연구, 박사학위논문, 한양대학교 대학원, 2010.

류전철, 배임죄에서 재산상 손해발생의 위험, 법학논총 제30권 제1호, 전남대학교 법학연구소, 2010.

문형섭, 배임죄에 관한 연구, 박사학위논문, 호남대학교 대학원, 2001.

______, 재산범죄론의 이해, 전남대학교출판부, 2006.

박미숙, 경영판단과 배임죄의 성부, 형사판례연구 제15권, 한국형사판례연구회, 박영사, 2007.

박상기, 형법각론, 박영사, 2008.

박영규, 배임죄에 있어서 재산상의 손해, 판례월보 제310호, 판례월보사, 1996.

배미란, 사기죄에 있어서 재산상 손해, 석사학위논문, 부산대학교 대학원, 2007.

배종대, 형법각론, 홍문사, 2013.

손동권, 형법각론, 율곡출판사, 2010.

안경옥, 배임죄에 있어서 실해발생의 위험－대법원 1996. 6. 22. 선고 99도1095 판결등－, 비교형사법연구 제2권 제1호, 한국비교형사법학회, 2000.

오영근, 형법각론, 박영사, 2014.

우인성, 형법상 배임죄에 있어서 재산상 손해의 산정, 대법원 판례해설 제96호, 법원도서관, 2013.

유헌종, 동일인 대출한도 초과대출과 배임죄의 성부, BFL 제36호, 서울대학교 금융법센터, 2009.

이재상, 형법각론, 박영사, 2013.

이재진, 배임죄에 관한 연구－타인의 사무를 처리하는 자를 중심으로－, 박사학위논문, 한양대학교 대학원, 2010.

이정원, 사기죄에서 재산상 손해의 개념에 관한 연구, 비교형사법연구 제2호, 한국비교형사법학회, 2000.

______, 형법각론, 신론사, 2012.

이종상, 회사와 관련된 배임죄 적용상 문제점에 대한 연구, 박사학위논문, 서울대학교 대학원, 2010.

이주원, 특정경제범죄 가중처벌 등에 관한 법률위반(배임)죄에서 이득액 개념의 합리적 재해석 －과연 손해발생의 위험액이 곧 이득액인가?－, 인권과정의 제436호, 대한변호사협회, 2013.

임 웅, 형법각론, 법문사, 2013.

임정호, 배임죄에서 임무위배행위에 관한 연구, 박사학위논문, 연세대학교 대학원, 2008.

_____, 형법상 재산 개념에 관한 연구, 형사정책연구 제20권 제1호(통권 제77호), 한국형사정책연구원, 2009.

정성근/박광민, 형법각론, 성균관대학교출판부, 2015.

정영일, 형법강의[각론], 학림, 2013.

최준혁, 배임죄에서의 재산상 손해, 사회과학논집 제17권 제1호, 울산대학교, 2009.

허일태, 배임죄에서 행위주체와 손해의 개념, 비교형사법연구 제6권 제2호, 한국비교형사법학회, 2004.

Walter Perron/안동준(역), 배임죄구성요건의 문제점과 전망, 법학논총 제30집 제1호, 전남대학교 법학연구소, 2010.

29

성폭력범죄의 구속기준*

김 병 수**

Ⅰ. 문제의 제기

여성을 성폭행하려고 뒤에서 껴안고 가슴 부위를 만지는 장면이 폐쇄회로(CC)TV에 포착되었음에도 불구하고 청구된 구속영장이 기각되자, 많은 사람들이 영장을 기각한 담당 판사의 결정에 의문을 표시하고 있다. 담당 판사가 구속영장을 기각한 이유가 "피해 여성이 술을 마셔 체온이 올라 더워서 옷을 벗었을 가능성도 배제할 수 없고, 강간을 하려면 하의를 벗겨야 하는데, 이 여성은 윗옷만 벗고 있었다"는 것이다. 이 사건을 접한 시민들은 "아무리 술에 취해 몸에 체온이 올랐다 해도 여성이, 그것도 한 겨울 새벽(2015년 2월 6일 새벽 3시경)에, 아무데서나 윗옷을 벗을 수 있을까"하고 납득하기 어렵다는 표정이다.[1)]

---

* 이 논문은 제150회 영남형사판례연구회(2013.12.30.)에서 발표되고, 비교형사법연구 제17권 제4호(2015)에 게재되었음.

** 부산대학교 법학연구소 전임연구원, 법학박사.

1) 6일 오전 2시 50분경 경기 지역의 한 식당에 윗옷이 벗겨진 채 속옷만 입은 A씨(20 · 여)가 "살려 달라"고 외치며 맨발로 뛰어 들었다. 속옷 끈 한쪽은 팔까지 내려와 있었고, 양쪽 무릎은 피로 물들어 있었다. 온몸에는 크고 작은 생채기가 가득했다. 식당 주인은 곧바로 112에 신

이처럼 법원이 구속영장을 기각한 이유를 일반 국민들이 쉽게 납득할 수 없는 지경을 넘어서 법원이 영장을 기각한 피의자가 풀려나자마자 강력범죄를 저지르는 일이 최근 심심치 않게 발생하고 있다. 법원이 성폭행 혐의에 대한 구속영장을 기각하자 풀려난 피의자가 자신을 고소한 여성을 흉기로 잔인하게 살해한 사건이 발생하였다. 이 사건과 관련하여 애초 문제가 됐던 성폭행 사건 수사기록에 가해남성이 보복 범행을 암시하며 보낸 휴대폰 문자메시지가 여러 통 포함되어 있었던 것이 밝혀졌다. 법원이 수사기록을 제대로 검토하지 않은 채 영장기각 결론을 내려, 결과적으로 참혹한 보복 범죄를 부른 것이 아니냐는 지적이 일고 있다.[2)]

이처럼 법원이 구속영장을 기각한 이유를 국민들이 수긍하기 어렵고 또한 법원의 구속영장기각으로 풀려난 피의자가 피해자를 살해하는 사건이 발생하는 원인에는 구속영장 기각과 발부에 관한 우리 사회의 공통된 기준이 없다는 것이다. 법원은 구속여부에 관한 명확한 자체기준이 없으며 검찰과 국민들과 공감할 수 있는 구속기준을 제시하지 못하고 있다. 검찰도 명확한 기준이 없기는 매한가지여서 영장 청구와 재청구를 반복하고 있는 것이다. 법률전문가인 법원과 검찰도 모르는 구속기준을 일반 국민들은 어떻게 알 수 있겠는가? 상황이 이렇다보니 국민들은 어떤 경우에 구속이 되는지를 몰라 인신구속의 두려움을 해소하기 위하여 비싼 수임료를 부담해서라도 전관출신의 변호사를 찾고 있는 것이 현실이다. 또한 재벌총수와 정치인 등 돈 있는 사람과 힘없고 돈 없는 서민의

고했다. A씨는 전날 저녁 초등학교 동창(20), 동창의 직장 상사 김모씨(37)와 함께 술을 마셨다. A씨는 이날 김 씨를 처음 만났다. 밤 12시를 넘겨 술자리가 이어지면서 모두 만취 상태가 됐다. 술자리가 파하고 A씨는 집으로 가려고 식당을 나섰다. 하지만 오전 2시 17분 식당 앞 폐쇄회로(CC)TV에 찍힌 영상에는 김 씨가 길거리에서 A씨를 뒤에서 껴안으며 배와 가슴을 주무르고, A씨가 이를 뿌리치고 도망가는 모습이 담겨 있었다. 경찰은 김 씨가 성폭행을 시도하는 과정에서 A씨에게 상처를 입혔다고 보고 강간치상 혐의로 구속영장을 신청했다. 하지만 법원은 김 씨의 구속영장을 기각했다. 당시 영장 담당 판사는 본보와의 통화에서 "강간을 위한 상해인지 본인이 돌아다니다가 넘어져서 다친 것인지 명확하지 않았다"며 "강간을 하려면 하의가 탈의돼야 하는데 그런 이야기는 없었다"고 기각 사유를 설명했다. 또 "강간을 위해 옷을 벗겼는지 피해자가 취해 더워서 벗은 건지 불분명한 상황에서 피의자의 방어권도 보호해야 했다"고 덧붙였다. 동아일보, 2015. 2. 24., "피해자가 더워서 옷 벗었을수도"… 성폭행 미수범 영장 기각, <http://news.donga.com/3/all/20150224/69767954/1>

2) 조선일보, 2012. 4. 28., A1면, "영장 기각에 풀려나 '조선족 보복 살인' '도주우려 없다' 풀어준 판사 수사기록도 제대로 안봤다".

구속기준이 다르다고 생각하여 '유전불구속 무전구속'이란 말까지 하여 왔다. 따라서 추상적이고 모호한 이전의 구속기준과 달리 재정립될 구속기준은 국민들이 이해할 수 있고 쉽게 공감이 갈 수 있도록 구체화되고 계량화될 필요성이 있다.[3] 따라서 본 논문에서는 구속기준의 계량화가 실무에서 적용될 수 있는 방법으로서 성폭력범죄의 구속기준을 검토하고자 한다. 이를 위해서 먼저 성폭력범죄의 구속기준의 문제점을 살펴보고(Ⅱ), 개선방안으로서 성폭력범죄의 구속기준을 계량화하는 방법을 검토하여 보기로 한다(Ⅲ).

Ⅱ. 성폭력범죄의 구속기준의 문제점

1. 국민의 법감정과 괴리

국내 성폭력범죄의 발생추세는 날로 가속화되고 있다. 대검찰청이 내놓은 '2014 범죄분석'에 따르면, 살인·강도 등 다른 강력범죄는 감소한 반면, 성폭행과 강제추행 등 성폭력범죄는 2012년 21,346건에서 2013년 26,919건으로 26.1%나 증가했다. 이는 전체 범죄 증가율 3.2%의 8배에 해당하는 것이고 최근 5년 동안 가장 높은 증가율을 보이고 있다. 2013년 한 해 강간 발생 건수는 25,471건으로 피해자의 연령을 살펴보면, 20세 이하 강간 피해자는 7,003명으로 전체 강간 피해자의 30%에 해당되며, 이중 15세 이하 강간피해자는 2,019명으로 전체의 10%에 해당되었으며, 이 중 6세 이하의 아동 강간피해자도 142명에 달했다.[4] 이러한 통계지표들은 그 동안 우리 사회가 성폭력범죄의 재범률 억제와 지역사회 안전을 도모하기 위한 방안들이 제 기능을 하고 있는지 의구심을 갖게 한다. 특히 조두순 사건, 김수철 사건, 김길태 사건 등과 같은 아동에 대한 성폭력사건이 잇따라 발생하면서 날로 흉포화되는 성폭력사건에 대한

3) 金炳秀, "구속요소의 계량화를 통한 구속기준 정립", 형사법연구 제24권 제2호, 2012, 272면.

4) 2013년 수사기관이 파악한 발생 범죄는 모두 200만6682건으로, 2012년 194만4906건에 견주어 6만1776건(3.2%) 늘었다. 성폭행과 강제추행 등 성범죄는 2012년 2만1346건에서 2013년 2만6919건으로 26.1%나 증가했다. 반면 다른 강력범죄는 대체로 감소했다. 살인은 2012년 1029건에서 2013년 966건(−6.1%)으로, 강도도 2643건에서 2013건(−23.8%)으로 줄었다. 대검찰청, 2014 범죄분석, 2015.

대응책으로 2007년 도입한 성폭력범죄자 신상공개제도, 2008년 9월부터 시행된 「특정 성폭력범죄자에 대한 위치추적 전자장치부착에 관한 법률」, 2011년 7월부터 시행된 「성폭력범죄자의 성충동 약물 치료에 관한 법률」 등을 도입하고 시행하여 왔으나 이러한 대응책이 무색할 정도로 오히려 성폭력범죄사건은 증가하였다.

일반 국민들이 성폭력범죄를 살인범죄와 비슷하거나 더 중하게 인식하는 경우가 적지 않고,[5] 살인범죄에 비하여 성폭력범죄로 인해 자신이나 주변의 가까운 친족이나 지인이 잠재적 범죄의 피해자가 될 수 있다는 생각에 성폭력범죄자에 대한 엄정한 처벌을 요구하는 목소리를 높이고 있다.[6] 그런데 법원이 영장을 기각한 피의자가 풀려나자마자 강력범죄를 저지르는 일이 최근 심심치 않게 발생하고 있다. 수원에서 고시원을 하는 여주인과 말다툼 끝에 고시원에 불을 지른 문모씨(52세)가 9일만에 다시 찾아가 흉기로 찌르고 달아났다. 이 사건에서 경찰은 문씨가 전과 3범이어서 재범의 우려가 높다고 보고 영장을 신청했지만 법원은 "도주의 우려가 없다"고 기각했다.[7] 또한 성폭행 피해여성이 가해남성에 대한 구속영장이 법원에서 기각되자 엄중한 처벌을 호소하는 유서를 남기고 투신자살한 사건도 발생하였다.[8]

상황이 이런데도 성폭력피의자는 아무런 제지도 받지 않고 거리를 활보하고 다니고 있다. 성폭력범죄 피의자 중에 1명만이 구속된 상태로 재판을 받고 나머지 9명은 불구속상태에서 재판을 받는다는 것이다.[9] 이러한 상황에서 국민들

---

5) 양형위원회에서는 2011. 11. 14.~12. 9. 일반인과 전문가를 대상으로 양형기준 및 양형정책에 관한 설문조사를 시행하였는데, 당시 양형기준상 권고형량범위가 동일하게 설정(9년~13년)되어 있던 13세 미만 아동 대상 강간범죄와 보통 동기에 의한 살인범죄 중 어느 것이 더 중하게 처벌되어야 하는지 여부를 묻는 설문에 대하여 일반 국민들은 전문가들보다 성범죄에 대하여 더 중하거나 살인범죄와 같은 수준의 형이 선고되어야 한다는 의견이 다수였음에 비하여, 전문가들은 살인범죄가 더 중하게 처벌되어야 한다는 의견이 압도적으로 다수로 조사되어 일반 국민들과 전문가들 상에 상당한 인식의 차이가 있음이 확인되었다(양형위원회 2012. 1. 30. 제39차 전체회의 자료 참조).

6) 최형표, "양형실무의 변호와 과제", 저스티스 통권 제146-3호(특집호 Ⅱ), 2015, 21면.

7) 조선일보, 2012. 10. 3. "성폭행 혐의자 영장 기각되자, 60대 여성 투신자살".

8) 조선일보, 2012. 10. 3. A면, "성폭행 혐의자 영장 기각되자, 60대 여성 투신자살".

9) 형사 사건의 피고인 10명 가운데 1명만 구속 재판을 받은 것으로 나타났다. 대법원이 발간한 '2014 사법연감'을 보면 한 해 동안 구속된 상태로 1심 재판을 받은 사람은 2만 7천여 명으로, 전체 형사공판 접수인원 대비 구속율은 10%에 불과하다. 이러한 구속율은 성폭력범죄의 경우

은 재범의 위험성이나 피해자에 대한 보복의 우려 등 막연한 두려움을 표시하고 있다. 그와 함께 법원이 성폭력피의자에 대한 구속영장을 기각할 때 그 이유를 국민들이 수긍할 수 있도록 명확하게 밝혀 줄 것을 요구하고 있다.

2. 성폭력범죄에서 재범의 위험성은 구속사유인가?

최근 우리 사회에서 성폭력범죄로부터 지역사회의 안전을 도모하기 위하여 「성폭력범죄자 신상공개제도」, 「특정 성폭력범죄자에 대한 위치추적 전자장치 부착에 관한 법률」, 「성폭력범죄자의 성충동 약물 치료에 관한 법률」등을 도입하게 된 가장 큰 이유는 성폭력범죄자가 또 다시 범죄를 범할 가능성에 대한 두려움 즉 재범의 위험성 때문이다. 그런데 만약 성폭력범죄 피의자가 증거를 인멸할 염려가 없고 도망할 염려가 없으나 재범의 위험성이 있다면 구속할 수 있는가? 이를 검토하기 위해서는 먼저, 현행법상 성폭력범죄의 구속기준이 별도로 있는지 여부를 살펴보아야 하는데, 현행 형사소송법은 성폭력범죄와 같은 개별 범죄마다 별도의 구속기준을 설시하고 있지 않고, 모든 범죄에 일반적으로 적용되는 구속사유로서 제70조를 규정하고 있다. 그렇다면 구속사유를 규정하고 있는 형소법 제70조에서 재범의 위험성은 독립된 구속사유인가를 살펴보아야 한다. 이를 위해서는 '도주우려'나 '증거인멸의 염려' 등과 같은 일반적인 구속사유를 규정하고 있는 제70조 제1항과 '재범의 위험성', '범죄의 중요성' 그리고 '피해자 등에 대한 보복우려' 등을 규정하고 있는 제2항의 관계를 검토해 볼 필요가 있다. 즉 형사소송법 제70조 제1항은 죄를 범하였다고 의심할 만한 상당한 이유가 있고 ① 피의자가 일정한 주거가 없는 때, ② 피의자가 증거를 인멸할 염려가 있는 때, ③ 도망 또는 도망할 염려가 있는 때를 구속사유로 규정하고 있는데, 이들 구속사유 그 자체가 추상적이다. 이러한 추상적인 구속사유만으로는 특정 피의자에 대하여 과연 구속영장이 발부될 것인지를 법률전문가들 조차 예측하는 것이 결코 쉽지 않다.[10] 그래서 2007년 형사소송법 일부개정

도 마찬가지이다. 대법원, 2014 사법연감, 2015, 952면.

10) 구본진, "현행 피의자 구속제도의 위헌적 요소", 저스티스 통권 제125호(2011. 8.), 174-176면.

을 통해서 "법원은 제1항의 구속사유를 심사함에 있어서 범죄의 중대성, 재범의 위험성, 피해자 및 중요 참고인 등에 대한 위해우려 등을 고려해야 한다"라고 제70조 제2항을 신설하여 구속사유 판단시 범죄와 관련된 중요한 형사정책적 요소를 의무적으로 고려하도록 명시하여 제70조 1항의 구속사유만으로 구속여부를 판단하는데 어려움을 덜어주고자 하였다.[11] 하지만 개정 형사소송법은 제70조 2항을 추가했더라도 구속여부 판단에 어려움을 덜어주지는 못했다. 왜냐하면 제70조 1항과 2항의 관계를 어떻게 해석할 것인지에 관한 논쟁만 야기하였기 때문이다. 제70조 1항과 2항의 관계에 대한 논쟁은 제70조 2항을 어떻게 해석하느냐에 따라 크게 다음의 두 가지 해석으로 나누어진다.

(1) 준(準)구속사유설

종래의 수사 및 재판실무 관행에서도 구속여부를 판단할 때 사안의 중대성이나 재범의 위험성 등을 고려하여 왔으나,[12] 이러한 실무 관행에 대해서는 명문 규정이 없었고, 개정 전 법의 구속사유만으로는 구속여부 판단의 기준이 구체화되지 아니하여 결과적으로 검사나 법관의 해석재량의 폭이 지나치게 넓어지며 결과적으로 구속여부에 대한 예측가능성이 없기 때문에 국민의 불신을 초래할 우려가 있었다. 이에 따라 지금까지의 실무관행을 형사소송법에 반영함으로써 선진각국에서 인정하는 예방적 구금과 유사한 개념을 도입하고 법규정과 실무 사이의 괴리를 해소하기 위하여 범죄의 중대성, 재범의 위험성, 피해자 및 중요 참고인 등에 대한 위해우려 등을 단순 고려사항이 아니라 구속사유에 준할 정도의 사유로 보아야 한다는 것이다. 이렇게 함으로써 구속제도의 운영과 관련된 국민들의 신뢰를 회복할 수 있다는 것이다.[13]

---

11) 법원행정처, 형사소송법 개정법률 해설, 2007, 1면 이하 참조; 제70조 2항의 신설의 일차적인 계기는 사회적 영향력이 있는 피의자가 법률 외적인 이유로 방면되는 것을 막으려는 데에 있었지만, 이러한 표면상의 이유 외에도 기존에 명문의 규정이 없음에도 불구하고 범죄의 중대성, 재범의 위험성, 사회적 파급효과 등의 실체적 요소 및 형사정책적 요소를 구속사유 판단의 보조요소로 고려해 왔던 영장실무를 형사소송법에 반영토록 하여 법과 현실과의 간격을 해소하려는 것 또한 배경이 되었다. 헌법재판소 2010. 11. 25. 결정 2009헌바8.

12) 종전까지 구속실무에서는 재범의 위험성이 있는 중대한 범죄에 대해서는 도망의 염려가 있는 것으로 추정해 왔기 때문이다. 조성용・신태용, "예방구속 도입의 정당성 여부와 입법론적 대안", 저스티스 통권 제109호, 한국법학원, 2009, 234면.

(2) 구속고려요소설 또는 구속요소설

제70조 2항의 사유들을 제70조 1항의 구속사유에 준해서 판단하여야 한다는 견해에 반해서 단순히 구속사유를 심사함에 있어서 고려해야 할 사항의 하나일 뿐이라고 보는 견해가 있다. 이를 구속고려요소설 또는 구속요소설이라고 하고 이 견해에 따르면, 새로 요건으로 추가된 범죄의 중대성, 재범의 위험성, 피해자 및 중요 참고인 등에 대한 위해 우려는 독립적인 구속영장 발부요건이 아니라 구속영장 발부 심사시 고려할 사항에 불과하다는 것이다. 2007년 형사소송법 개정과정에서 일부 법사위원들은 '사안의 중대성'을 구속사유에 포함시켜야 한다는 입장을 보였으나, 구속을 예외적인 강제처분으로 보고 있는 헌법과 형소법 태도에 어긋나고 헌법상 무죄추정의 원칙과 충돌할 우려가 있다는 지적 등을 감안해 별도의 구속사유로 인정하지 않는 대신 필요적 고려사항으로 규정했다는 것이다. 또한 구속사유로 재범의 위험성을 규정하고 있는 법제에서는 구속이 형사소송의 확보라는 목적 이외에 예방구금의 성질을 가지게 되지만, 우리 형사소송법에서는 이러한 구속사유가 인정되지 않는다. 형사소송에는 무죄추정의 법리가 적용되어 모든 형사피고인은 유죄의 판결이 확정될 때까지는 무죄를 추정받는다(헌법 제27조 4항). 무죄의 추정을 받는 자에게 형벌을 과할 수는 없으므로 구속이 사전형벌의 성질을 가질 수 없다는 것은 당연하다.[14]

(3) 소결

재범의 위험성을 구속사유로 명시적으로 규정하고 있는 독일 형사소송법 제112조의a, 프랑스 형사소송법 제144조, 미국 18. U.S.C. § 3142(e, g)의 경우와 달리 우리 형사소송법은 재범의 위험성을 제70조 1항의 구속사유를 판단할 때 필요적으로 고려할 요소라고만 규정하였기 때문에 제70조 2항의 재범의 위험성, 범죄의 중대성, 피해자 등의 보복 우려 등은 독립된 구속사유로 볼 수 없다. 헌법재판소도 구속사유에 관한 제70조 1항과 2항의 관계에 대하여 "제70조 1항이 주거부정, 증거인멸의 우려, 도주우려 등의 구속사유를 규정하고 있는데,

13) 이경재, "개정 형사소송법상 인신구속제도에 관한 고찰", 형사법연구 제19권 제4호, 2007, 9면.
14) 이재상, 신형사소송법(제9판), 박영사, 2012, 254면.

법 제70조 제2항은 여기에 새로운 '구속사유'를 신설하거나 추가한 것이 아니라, 이러한 '구속사유를 심사할 때 고려해야 할 사항'을 명시한 것이다. 범죄의 중대성, 재범의 위험성이나 피해자·중요 참고인 등에 대한 위해우려는 구속사유를 판단함에 있어 고려해야 할 구체적이고 전형적인 사례를 거시한 것이다. 따라서 구속사유가 없거나 구속의 필요성이 적은데도 이 같은 의무적 고려사항만을 고려하여 구속하는 것은 허용되지 않으며, 반면에 구속사유가 존재한다고 하여 바로 구속이 결정되는 것이 아니라 거기에 더하여 의무적 고려사항인 범죄의 중대성, 재범의 위험성, 중요 참고인 등에 대한 위해우려를 종합적으로 판단하여 구속 여부를 결정하여야 한다"는 입장을 밝힌 바 있다.[15)]

3. 형소법 제70조 1항과 2항에 대한 검찰과 법원의 시각의 차이

현행법상 형사소송법 제70조 2항의 재범의 위험성 등은 독립된 구속사유가 아니고 구속사유 판단에 고려하여야 할 요소를 구속고려요소 또는 구속요소로 보아야 하고(이하에서는 제70조 2항의 재범의 위험성, 범죄의 중대성, 피해자 등에 보복의 우려 등을 '구속요소'로 함), 제70조 1항의 구속사유와 제70조 2항의 구속요소를 전체적으로 종합적으로 판단하여야 한다. 그런데 실무에서는 구속여부 판단에 검찰과 법원의 시각차이가 존재한다. 즉, 법원은 제70조 1항의 '증거인멸이나 도주의 염려가 있는지'여부를 중점적으로 검토하는 것으로 보이고, 실제 대부분의 구속영장 기각사유에도 도주 및 증거인멸의 우려가 없다는 것이 주요 이유가 된다. 필요적 고려사항으로 되어 있는 제70조 2항은 참고사항으로만 운영하고 있거나 거의 고려하지 않고 있다.[16)] 이에 비하여 검찰은 범죄의 중대성과 재범의 위험성, 피해자 및 참고인에 대한 위해 가능성 등을 감안한다는 것이다(구속수사 기준에 관한 지침 제8조~제10조).[17)] 이와 같은 경향은 2014년 철도노조 파업에 대한 구속영장 청구와 기각에 관한 검찰과 법원의 판단에서도 나타

---

15) 헌법재판소 2010. 11. 25. 자 2009헌바8 결정.
16) 신의기·이민식·우영기, 구속영장 기각사건의 문제점과 개선방안, 한국형사정책연구원, 2009, 45-50면.
17) 안승진, "현행 구속영장 기각기준에 관한 실무연구", 형사법의 신동향 통권 제44호(2014.9), 170면.

난다. 철도노조의 파업에 대해서 검찰은 구속영장을 청구한 이유가 "이번 파업은 22일이나 계속됐고 코레일이 본 직접 피해만 150억 원이고 경제에 미친 피해는 훨씬 막대하다"라고 하여 구속할 사유가 충분하다고 본 반면에, 법원은 "이미 파업은 끝났고 노조간부들이 자진 출두해 경찰에서 성실히 진술을 마쳤으며 직업이나 가족관계가 안정적인 점으로 볼 때 증거를 없애거나 도주할 우려가 없다"라고 하면서 구속될 이유가 없다고 판단하여 구속영장의 청구를 기각하였다.[18] 분명 동일한 사건에 검찰과 법원은 서로 다른 시각을 가진 것이 분명하다. 즉 법원은 형사소송법 제70조 1항의 구속사유인 '증거인멸의 염려'와 '도주의 우려'를 근거로 영장기각을 한 것이고, 반면에 검찰은 제70조 1항의 '증거인멸의 염려'와 '도주의 우려'보다는 제70조 2항의 구속요소인 '범죄의 중요성'을 더 염두에 두고 영장을 청구한 것이다. 이는 구속사유를 규정하고 있는 형사소송법 제70조 제1항과 제2항을 보는 두 기관의 시각 차이를 확인할 수 있다.

4. 검찰과 법원의 각각 개별구속기준의 문제점

(1) 검찰과 법원의 개별기준의 타당성

앞에서 살펴본 것처럼 법원이 구속여부를 판단할 때 '도주나 증거인멸의 염려'를 주로 염두에 두는데 반해, 검찰은 '범죄의 중대성이나 재범의 위험성' 등을 고려한다는 것이다. 이와 같은 법원과 검찰의 구속에 대한 시각의 차이는 법원과 검찰이 각각 개별 구속기준을 가지는 것으로 나타난다. 법원의 '인신구속사무의 처리에 관한 예규(재형 2003-4)'[19]와 검찰의 '구속수사기준에 관한 지침(대검찰청예규 제584호)'[20]이 그것이다. 이들의 가장 큰 차이점으로는 법원의 '인신구속사무의 처리에 관한 예규'의 경우에는 제52조(증거를 인멸할 염려)와 제53조(도망할 염려)와 같이 전체범죄의 구속사무에서 적용할 일반적인 구속요소만을 열거하고 있는데 반해, 검찰의 '구속수사기준에 관한 지침'의 경우에는 전체범죄뿐만 아니라 중요한 개별범죄에 대해서도 구속수사시 고려요소를 준별하고 있

18) 조선일보, 2014. 1. 9., A35면.
19) 인신구속사무의 처리에 관한 예규(재형 2003-4), 재판예규 제1095호 제정 2006. 9. 4.
20) 구속수사기준에 관한 지침, [시행 2012.1.2], [대검찰청예규 제584호, 2011. 12. 26. 일부개정]

어 좀더 세부적이다는 점이다. 즉, 전체범죄에 대한 구속시 일반적인 고려요소를 규정한 제6조(증거인멸의 염려)와 제7조(도망 또는 도망할 염려)외에도 제15조(교통사범)에서 제36조(마약 사범)까지 교통, 폭력, 절도, 성폭력, 마약 등 22개의 개별범죄에 대한 구속시 고려요소를 규정하고 있다. 특히 제21조에서는 성폭력 사범에 대한 구속여부를 판단할 때 고려하여야 할 요소들을 다음과 같이 열거하고 있다. 성폭력의 정도, 정신적 · 육체적 피해 결과 등 사안의 중대성, 범행의 동기, 수단 및 경위, 범죄의 태양(주거침입, 납치, 강 · 절도 수반 여부 등), 피해자의 성행, 재범 가능성, 피해자와의 관계(친족, 업무 · 고용 관계 등), 피해자의 연령, 상황 및 피해자에 대한 위해 가능성, 피해자나 사건 관계인에 대한 부정한 영향력 행사 가능성, 범죄 전력 및 범행 후의 정황, 양형위원회의 양형기준이 적용되는 경우 양형위원회의 실형권고사유(집행유예 부정적 참작 사유) 등을 고려하여야 한다고 규정하고 있다.[21)]

그런데 이와 같이 각 기관들이 구속에 대한 각각의 개별기준을 가지고 판단을 하는 것은 타당한가? 이를 위해 구속의 본질과 관련하여 각 기관이 형사소송절차에서 가지는 역할과 전체 형사절차에서 소송경제 즉 소송효율성의 측면에서 검토하고 마지막으로 국민의 예측가능성에 근거하여 살펴보고자 한다.

1) 구속의 본질과 관련하여

각 기관들이 개별기준을 가지는 것은 각 당사자의 형사소송 절차에 있어서의 역할에 비추어 당연한 일로 받아들여져야 하는가? 즉, 형사소송절차에서 검찰은 수사기관으로서, 그리고 법원은 재판기관으로서 역할에 비추어 개별 구속기준을 운영하는 것이 타당한가? 형사소송절차에서 있어서 검찰과 법원의 역할은 구속의 본질과 관련된 문제이므로 검찰과 법원이 개별기준을 가지는 것에 대한 문제는 구속의 본질과 함께 검토되어야 한다.

구속은 형사소송의 진행과 형벌의 집행을 확보함을 목적으로 한다. 즉 구속은 피고인 또는 피의자의 자유를 제한함에 의하여 형사소송에의 출석을 보장하고, 증거인멸에 의한 수사와 심리의 방해를 제거하며, 확정된 형벌의 집행을 확

21) 구속수사기준에 관한 지침 제21조 ①항.

보하기 위한 제도이다. 그런데 수사기관은 기본적으로 범죄를 확인하고, 범인을 수사하여 처벌함으로써 사회를 보호할 책무가 있다. 체포와 구속은 피의자의 인권을 제한하는 것인 만큼 최소한의 정도에 머물러야 하지만, 체포와 구속은 수사와 재판 그리고 형벌 집행을 위하여 현실적으로 반드시 필요하다는 점을 외면할 수 없다. 이러한 현실적인 필요성을 외면하고, 구속이 재판이나 형벌 집행만을 위한 것이고, 수사상 필요에 의한 체포·구속은 절대로 인정될 수 없다고 하거나, 체포 혹은 구속 수사를 죄악시 하는 것은 지나친 이상론에 불과할 수 있으며,[22] 따라서 수사기관으로서 검찰은 재판기관으로서의 법원과 다른 구속기준을 운용할 수 있다고 주장할 수는 있다. 그러나 구속은 형사소송의 진행을 확보하기 위한 것이며, 단순히 수사를 용이하게 하기 위한 제도는 아닌 것이다.[23] 따라서 수사기관이 구속기준을 자의적으로 해석하거나 적용하여 수사의 편의를 위하여 구속하는 것은 결코 허용되어서는 안 되는 것이다. 또한 검사는 준사법기관으로서 법원에 준하는 적법절차의 준수가 요청되기 때문에 형사소송에서 역할의 차이로 인하여 검찰과 법원의 구속기준이 달라야 한다는 것은 타당하지 않다.[24]

2) 사법의 효율성의 측면에서

검찰과 법원이 형사절차에서 각각 담당하는 역할을 효과적으로 수행하기 위해서는 개별기준을 가지는 것이 효율적일 수도 있다. 과거 영장심사가 형식심사에 불과하게 운용된다면 준사법기관인 검찰과 사법기관인 법원이 개별기준을 가지고 형식적인 영장심사를 보완할 필요가 있을 것이다. 하지만, 구속영장실질심사제도가 전면적으로 시행되는 이상 검찰과 법원이 개별적인 구속기준을 가지고 있는 것은 불필요한 사법행정적 업무를 발생시키는 한 요인이라고 할 수 있다. 이것은 한정된 인적·물적 자원의 효율적 활용을 저해하는 요인이 되고 있다. 구속업무에 구속영장의 기각률이 높아지고 있는데 법원과 검찰간에 영장발부기준과 관련하여 의견이 일치되지 않아 불필요한 인력과 시간의 낭비요인

22) 형사법연구회편, 구속제도와 영장항고, 법문사, 2007, 132-133면.
23) 이재상, 앞의 책, 254면.
24) 신동운, 신형사소송법, 법문사, 2008, 40면.

이 되고 있는 것이다.[25] 법원과 검찰간에 구속기준이 공유되었다면 검찰은 구속영장이 기각될 것이 예상되는 사안에서는 신청을 하지 않음으로써 불필요한 인력과 시간의 낭비를 막을 수 있을 것이고 인권보호에도 기여할 수 있을 것이다.

3) 국민의 예측가능성의 측면에서

국민들의 입장에서도 현행법상 구속사유의 추상성 때문에 구체적 판단이 어려운 현실에서 각 기관마다 다른 기준을 적용하여 더 혼란을 가중시키고 있다. 또한 법원과 검찰의 개별 기준이라는 것이 일반 국민들이 접근하기 어려운 예규나 지침의 형식으로 존재하기 때문에 국민들에게는 더더욱 수용하기가 힘들다. 물론 형사소송법상에 구속사유에 관한 모든 것을 명시할 수 없는 입법기술상 한계가 있을 수 있다는 것은 인정할 수 있으나, 국민의 중요한 신체의 자유를 제한하는 구속사유를 판단하는데 있어 일반 국민들이 접근하기 어려운 예규 등의 형식으로 존재하게 한다는 것은 죄형법정주의와 국민의 법적 생활의 안정성과 예측가능성을 위해서도 지양되어야 한다.

(2) 개별 구속기준의 운영상 문제점

1) 개별 구속기준의 형식적이고 자의적인 적용

창원지방검찰청 진주지청에서의 2006, 2007, 2008년 3년에 걸친 총 1973건의 자료를 통해서 각 죄명별로 7개의 범주로 나누어 구속영장발부에 영향을 미치는 요소가 구속여부에 기여하는 정도를 통계적으로 살펴본 연구에 따르면, 우리나라 영장실무에서 빈번하게 기재되고 있는 '도주우려나 증거인멸의 위험'이라는 기각사유가 구속영장의 발부여부를 결정하는 요소가 아니라는 것을 확인할 수 있다. 도주우려나 증거인멸 위험의 기각 사유 이외에도 다른 요인들이 구속영장 기각여부에 영향을 미치는 것으로 보인다. 증거인멸의 염려와 관련성이 있을 것으로 보이는 자백여부는 일부범죄에 국한되어 구속영장발부여부를 결정

25) 법원의 "인신구속사무의 처리에 관한 예규"와 검찰의 "체포·구속 업무처리지침" 등 이들 기준을 적용한 결과를 비교해 보면 양 기관들의 일치율에서 10% 이상 차이가 나며 이는 법원과 검찰의 인신구속에 대한 인식에 있어서 간과할 수 없는 차이가 있음을 징표한다고 할 수 있을 것이다. 한국형사정책연구원, 21세기 형사사법개혁의 방향과 대국민 법률서비스 개선방안(Ⅳ) -수사절차상 인권보호와 효율성제고-, 2004, 274-277면.

하는 요소로 확인되었고, 전반적으로 구속영장 기각에 영향을 주는 요인으로는 동종전과 또는 동종전과 중 집행유예 이상의 여부와 사전영장여부로 나타난다. 이 결과는 오히려 재범의 위험성이 구속영장발부여부를 결정짓는 데 더 중요한 고려요소임을 의미한다.[26)]

그러나 형사소송절차는 과거의 범죄행위에 대한 정당한 처벌을 과할 것을 목적으로 하고 있는 것일 뿐, 장래에 발생할지도 모르는 범죄적 위험성으로부터 사회를 방위할 것을 목적으로 하는 것은 아니라는 점에서 구속여부를 결정하는 데 재범의 위험성을 더 중요하게 고려했다는 것은 형사소송절차의 목적에 부합하지 못하는 것이다.[27)] 그럼에도 불구하고, 법관이 '재범의 위험성이나 범죄의 중대성'으로 구속여부를 판단하면서 '도주우려나 증거인멸의 염려'로 구속여부를 판단한 것처럼 구속영장에 기재하는 위장된 구속관행[28)]은 현행법상 구속기준 자체를 형식화시켜버렸다. 그리고 수사기관들이 피의자나 피고인의 자백을 빨리 받는 것이 수사에 편하기 때문에 그동안 인신구속을 남용하여 왔다는 것이 사실이다. 수사기관인 검사는 수사의 편의를 위해서 구속을 사용할 필요가 생길 때마다 현행법상 구속기준을 자의적으로 적용하였다. 검사는 피의자에게 가해지고 있는 범죄혐의의 경중과 입증가능성을 사실상 인신구속의 척도로 삼고 있었다. 즉 검사는 형사소송법상 구속사유로 ① 피의자가 증거를 인멸할 염려가 있는 때와 ② 도망 또는 도망할 염려가 있는 때를 ① 범죄의 경중과 ② 입증의 용이성으로 대체하여 사용하였던 것이다. 또한 법원도 검사가 제출한 서면, 즉 범죄사실의 기재와 "도주 및 증거인멸의 우려가 있는 자임"이라는 어구로 말미가 장식된 영장청구서의 부본을 법관이 고민의 흔적도 없이 영장발부시에 그대로 사용하였던 관행이 있었던 것이다.[29)]

---

26) 김정훈 · 이나래 · 이계민, "일반응용논문: 구속영장발부 여부에 관한 통계모형", 응용통계연구, Vol.23, No.6, 2010, 1225 – 1234.

27) 정준섭, "한국의 구속관련 결정례 분석 및 바람직한 구속기준 정립방안", 형사법의 신동향 통권 제30호(2011.3.), 26 – 27면.

28) 이처럼 그동안 구속실무자들이 법에도 없는 재범의 위험성이라는 사유로 예방적 구속을 하면서 마치 도망의 염려에 의한 것처럼 구속영장을 꾸며왔던 것이다. 즉 사실상 인정되지 않는 도망의 염려의 구속사유를 구실(근거)로 삼고 실제로는 재범의 위험성에 기초하여 피의자를 구속하였던 것이다. 이를 "위장된 구속실무관행"이라고 하고 있다. 조성용 · 신태용, "예방구속 도입의 정당성 여부와 입법론적 대안", 저스티스, 통권 제109호, 2009, 234면.

2) 구속요소의 동등 취급의 문제와 평가방법의 부재

'주거부정', '증거인멸의 우려', '도망의 위험'의 구속사유가 존재하는지 여부를 판단하는데 고려하여야 할 구속요소들에는 제70조 2항에서 열거하고 있는 '범죄의 중대성', '재범의 위험성', '피해자 및 중요 참고인 등에 대한 위해우려' 등이 있다. 그리고 법원과 검찰의 개별 기준인 '인신구속사무의 처리에 관한 예규'와 '구속수사기준에 관한 지침'에도 구속요소들을 열거하고 있는데 종합하여 정리하면 다음과 같다. 증거를 인멸할 염려에서는 사안의 성격과 경중, 증거의 수집정도(인멸의 대상이 되는 증거가 존재 여부, 인멸의 물리적·사회적 가능성), 물적 증거의 존재 여부와 현재 상태(사건에 결정적 증거인지 여부), 피의자의 성행, 지능과 환경, 범죄 전력, 수사 협조 등 범행 후의 정황, 피해자, 공범의 존재 여부와 현재 상태, 참고인 등 사건 관계인과 피의자와의 관계(피의자측이 피해자 등 증인에 대하여 어느 정도의 압력이나 영향력을 행사할 수 있는지 여부 등 검토)등을 열거하고 있다. 그리고 도망할 염려에는 사안의 경중, 범행의 동기, 수단과 결과(피해규모), 전문적·영업적 범죄여부(범행의 횟수), 피의자의 성행, 연령, 건강(약물 복용 경력, 질병 치료) 및 가족관계(가족간의 결속력, 가족 중에 보호자가 있는지 여부, 배우자 또는 나이가 어리거나 학생인 자녀가 있는지 여부, 연로한 부모와 함께 거주하거나 부모를 부양하고 있는지 검토, 피의자에 대한 가족들의 의존정도, 가족들이 피의자에게 양심에 호소하는 권고나 충고를 하여 피의자를 선행으로 이끌만한 능력과 의사가 있는지 여부, 여성의 경우 출산을 앞두고 있는지 여부), 피의자의 직업(직업을 쉽게 포기할 수 있는지 여부, 그 동안의 생계 수단 변천 등), 재산, 교우, 조직·지역 사회정착성, 사회적 환경, 주거의 형태 및 안정성(피의자의 지역사회에서의 거주기간 및 지역사회에서의 정착성의 정도, 피의자 가족의 지역사회와의 유대의 정도), 국외 근거지의 존재 여부(외국과의 연결점이 있는지), 출국 행태 및 가능성(해외여행의 빈도), 수사 협조 등 범행 후의 정황, 자수 여부(자수 경위), 피해자와의 관계, 피해 회복 및 합의 여부 등을 열거하고 있다.

그런데 문제는 검찰과 법원이 구속사유를 판단하는데 고려하는 개별 구속

29) 신동운, "인신구속제도를 둘러싼 법적용의 왜곡과 그 해결방안", 서울대학교 법학, 1999, 20－21면.

요소들을 단순히 나열만 하고 있다는 것이다. 범죄의 유형에 따라서는 다른 구속요소보다 상대적으로 더 중요하게 취급되어야 할 구속요소가 있을 수도 있는데, 각 요소별 특성을 고려하지 않고 모두 동등한 비중으로 고려되도록 구속기준이 설정된 것이 문제이다. 또한 주관적 판단여지가 많은 요소에 그 평가방법을 구체화하지 않고 단순히 고려만 하도록 한 것도 문제이다. 즉, 구속요소들을 어떻게 얼마나 어떤 방법으로 고려하여야 하는지 구체적으로 명시하고 있지 않다. 어느 정도가 중대한 범죄인지, 재범의 위험성은 어떠한 경우에 인정할 것인지, 참고인의 범위와 위해의 우려는 어느 정도까지 인정할 것인지에 대한 어떠한 기준제시가 없다는 것이다. 이들 구속요소도 역시 법원의 판단 여하에 맡겨져 있을 뿐 국민에게 어떤 구체적인 기준의 제시도 없다. 또한 제70조 2항은 "고려하여야 한다"고 규정되어 있어 '고려' 자체는 법원의 의무사항에 해당한다. 따라서 영장발부여부를 담당하는 법관으로서는 위 고려요소들을 필수적으로 고려하여야 할 것인데, 실제 고려하였는지 여부에 관하여는 외부에서 전혀 알 수도 없다는데 문제의 심각성이 있다. 왜냐하면 현행 구속영장에는 형사소송법 제70조 제1항의 사유만 표시하게 되어 있기 때문이다(형사소송규칙 제46조).[30]

Ⅲ. 구속요소의 계량화 방법으로서 성폭력범죄의 구속기준

1. 법원과 검찰이 공유하는 구속기준

검찰과 법원이 개별기준을 운용하는 것은 각 기관이 형사소송절차에서 가지는 역할과 전체 형사절차에서 소송경제 즉 소송효율성의 측면 그리고 국민의 예측가능성에 비추어 볼 때, 구속의 본질에 반하고 비효율적이며 국민의 예측가능성을 침해하여 법적 안정성에도 지장을 준다. 따라서 검찰과 법원의 각기 다른 영장기준들을 통일화하는 것이 중요하다. 각 기관마다 각기 다른 영장기준을 적용하고 있는 것은 국민들에게 혼란을 가중하는 것이다. 법원의 경우에는 검찰의 구체적 기준을 참고하여야 할 것이고 검찰도 법원의 구체적 기준을 참작하

30) 김병수, 앞의 글, 275면.

여야 할 것이다. 궁극적으로는 이들 기관들이 동일한 기준을 적용하여 국민들에게 혼란을 주어서는 안 될 것이다. 그리고 동일한 기준을 각 기관의 개별적인 법규에 규정하는 것보다 형사소송법에 규정하는 것이 타당할 것이다. 그러나 법률에 규정하는 것도 한계가 있기 때문에 형사소송규칙에 규정하는 것이 타당할 것이다.

검찰과 법원이 개별기준을 가지고 구속제도를 운영하는 것은 불필요한 사법행정적 업무를 발생시켜 제도의 효율적 운용을 저해하는 요인이 되어 왔다. 지금처럼 구속영장의 기각률이 높다는 것은 법원측에서는 불필요한 구속영장을 검찰이 신청한 것이 된다. 이는 법원과 검찰간에 구속기준이 공유되었다면 검찰은 구속영장이 기각될 것이 예상되는 사안에서는 신청을 하지 않음으로써 불필요한 인력과 시간의 낭비를 막을 수 있다는 것을 의미한다. 그러므로 법원과 검찰 그리고 국민의 합의에 의해 계량화된 구속기준이 확립될 경우 수사기관에서도 이 기준에 따라 구속영장을 신청할 것이기 때문에 구속영장의 발부와 관련하여 발생할 수 있는 인력의 낭비와 불필요한 신경전 등의 문제가 크게 줄어들 수 있다. 이를 통하여 불필요한 구속영장의 신청 및 청구에 따른 사법행정업무를 줄이고, 피의자에 대한 실질적인 심문이 가능하게 되며, 피의자의 인권보호에도 기여하게 될 것이다. 또한 이 기준에 따라 구속이 되지 않을 것으로 예상되는 사람에 대한 구속영장의 신청을 하지 않을 가능성이 높아지면서 자연히 영장의 청구 자체가 신중해질 것으로 예상된다.[31] 그렇게 된다면 현재와 같은 검찰과 법원간의 구속영장청구와 기각을 둘러싼 갈등을 해소하는데 기여할 수 있다.

2. 범죄유형별 구속기준

구속기준이 적용되는 범죄의 범위는, 모든 범죄 또는 대부분의 범죄에 통일적으로 적용되는 하나의 구속기준을 만들 것인지, 아니면 개별 범죄유형별로 각

31) 신의기, “검찰과 법원의 구속영장신청 및 발부기준 차이의 해결방안”, 형사법의 신동향 제26호(2010.6), 138-139면.

각의 구속기준을 만들 것인지에 대해서도 검토가 되어야 할 것이다. 망라적 구속기준방식과 개별적 구속기준방식으로 구분할 수 있다. 그리고 개별적 구속기준방식도 개별범죄별 구속기준방식과 범죄유형별 구속기준방식으로 나눌 수 있을 것이다. 망라적 구속기준방식은 모든 범죄에 대하여 공통된 일반적인 구속기준을 정립하는 방법으로서 통일적인 기준을 마련할 수 있다는 점에서는 긍정적이나 구체적인 타당성을 결여할 수 있어서 각 범죄마다 또는 몇 개의 범죄군을 정하여 동일한 범죄군들에 대한 개별적 구속기준방식을 적용하는 것이 구체적 타당성을 기여할 수 있다. 그런데 개별적 구속기준방식은 개별 범죄마다 구속기준을 달리하는 개별범죄별 구속기준방식보다는 범죄의 종류에 따라 구속영장 기각여부를 판단하는 기준이 다를 수 있으므로 유사한 성격을 띠는 범죄들을 묶는 범죄유형별 구속기준방식이 선호될 것이다. 범죄유형별 구속기준방식은 구속기준의 단순성을 추구하면서도 개별범죄의 특성을 구속기준에 반영시킬 수 있기 때문이다. 또한 구속기준을 합리적인 범위로 세분화함으로써 구속의 예측가능성을 높이고 구속기준의 지침적 기능을 보장할 수 있을 것이다. 범죄유형별로 나누는 방법은 여러 가지가 있을 수 있는데, 재산범죄, 폭력범죄, 공공침해범죄, 교통사고범죄, 성범죄, 마약범죄 등으로 나누는 방법이 그 예일 것이다. 이러한 죄명의 분류는 형법전과 양형위원회의 양형기준의 분류를 참고하면 될 것이다. 예를 들어 제5기 양형위원회가 2015년 4월에 제시한 살인, 뇌물, 성범죄, 강도, 횡령·배임, 위증, 무고 등 20개의 범죄군이 하나의 예시가 될 수 있을 것이다.

3. 계량화의 대상으로서 성폭력범죄의 구속요소

각 구속사유가 존재하는지 여부를 결정하는데 고려하는 개별 구속요소들, 예를 들면 피해액, 공범의 수, 범행횟수, 합의가 되었는지 여부, 피의자의 나이, 동종전과·이종전과가 있었는지 여부, 누범인지 여부, 집행유예 중이거나 결격인지 여부, 초범인지 여부, 주거가 일정한지 여부, 직업의 유무, 체포된 상태에서 구속영장이 청구되었는지 여부, 범행을 자백하는지 여부, 실제 재판에서의 선고형 등 다양할 것이다. 이들 중 무엇을 개별 범죄의 구속사유를 판단하는데 고려할 구속요소로 할 것인가에 대하여는 법원과 검찰 그리고 사회 일반인의 합의가 있어야 할 것이다. 범죄별로 범죄의 특성부분이 반영되어서 구속영장의 기각여부를 결정하는 요소들이 다르기 때문이며,[32] 법원이나 검찰 같은 국가기관과 일반 국민들간의 구속에 대한 인식의 차이를 좁히기 위하여서도 구속기준의 계량화 대상인 구속요소를 선정하는데 합의가 필요할 것이다. 그러나 본 논문에서는 검찰과 법원이 구속사유를 판단하는데 고려하는 일반적인 구속요소들[33]과 범죄유형별 구속요소들[34]을 종합하여 다음과 같은 성폭력범죄의 구속요소들을 선정하였다. 먼저, 증거인멸의 염려를 판단하는 요소들로는, 사안이 중대한가? 증거인멸의 대상이 되는 결정적 증거가 존재하는가? 피의자의 성행, 지능과 환경으로 보아 증거인멸의 가능성이 있는가? 증거를 인멸할 공범이 존재하는가? 피해자 및 참고인 등에 대한 위해의 우려가 있는가? 피의자측이 피해자 등 증인에 대하여 어느 정도의 압력이나 영향력을 행사할 수 있는가? 수사 협조 등 범행 후의 정황으로 보아 증거인멸의 가능성 있는가? 범죄의 전력을 통해 증거인멸의 가능성이 있는가? 등을 선정하였다. 그리고 도망의 위험을 판단하는 요소들로는, 사안이 중요한가? 재범의 위험성이 있는가? 범행의 동기, 수단과 결과로 보아 도망의 가능성이 있는가? 피의자의 직업, 재산, 교우, 조직·지역 사회정착성, 사회적 환경으로 보아 도망의 가능성이 있는가? 주거가 부정한가? 국외 근거지의 존재 여부, 출국 행태로 보아 도망의 가능성이 있는가? 수사협조 등 범행 후의 정황으로 보아 도망의 위험성이 있는가? 범죄 전력으로 보아 도망의 가능성이 있는가? 자수를 했는가? 피해자와의 관계, 피해 회복 및 합의를 했는가? 등을 선정하였다.

---

32) 김정훈·이나래·이계민, 앞의 글, 1232-1233면.

33) 구속 수사 기준에 관한 지침 제6조 및 제7조, 인신구속사무의 처리에 관한 예규 제52조와 제53조.

34) 구속 수사 기준에 관한 지침 제21조(성폭력 사범)

4. 개별 구속요소들의 평가방식: 차등점수 부여방식

(1) 단순나열 방식

구속사유를 판단할 때에 고려한 구속요소를 구속영장에 적시하여 어떤 근거로 구속영장이 발부되거나 기각되었는지를 추론할 수 있는 방식이다. 단순나열 방식은 구속사유가 존재하는지 여부를 판단할 때 구체적으로 어떠한 구속요소가 참작이 되었는지를 구속영장에 나타내는 것만으로도 과거 아무런 구속요소에 대한 판단 없이 일률적으로 '증거인멸 또는 도망의 위험'이라는 획일적인 구속사유를 기재하는 방식보다는 진보된 방식임에는 틀림이 없다. 즉 앞에서 언급한 것처럼 법관이 구속여부를 판단할 때 구속요소들을 실제로 고려하였는지 여부를 외부에서는 전혀 알 수가 없었다는 문제가 있었는데, 단순나열방식에서는 구속여부를 판단하는데 어떤 구속요소들이 고려되었는지를 적시할 수 있기 때문에 이전보다는 진일보되었다는 것이다.

그러나 이러한 방식은 구체적 사건에서 구속여부를 판단하는데 참고자료이상의 의미를 부여하지 못하고 실질적인 준거를 제시할 수 없다는 점에서 문제가 있다. 구속요소를 단순히 나열하여 고려한 요소들을 체크만 하고 이에 대한 평가는 전적으로 법관에게 맡기는 것은 기존의 구속관행과 별다른 것이 없기 때문이다. 구속에서 중요한 것은 구속요소를 단순히 나열하고 적시하는 것이 아니라 구속요소를 구체적으로 어떻게 평가하고 구속요소 사이의 경중이나 우선순위를 판단하고 이것이 어떻게 작용하여 구속여부를 결정하는가에 있다. 그러므로 구속요소의 단순나열방식은 구속여부를 결정하는데 있어서 법관이 어떤 구속요소를 얼마만큼 고려하였는지를 나타낼 수 없기 때문에 구속여부에 대한 명확한 근거를 제시하는 것에는 한계가 있을 수밖에 없다.

【단순나열 방식-증거인멸의 염려】

번호	증거인멸의 염려를 판단하는 요소들	O, X
1	사안이 중요한가(사건의 중대성)?	
2	증거인멸의 대상이 되는 결정적 증거가 존재하는가?	
3	피의자의 성행, 지능과 환경으로 보아 증거인멸의 가능성이 있는가?	
4	증거를 인멸할 공범이 존재하는가?	
5	피해자 및 중요 참고인 등에 대한 위해의 우려가 있는가?	
6	피의자측이 피해자 등 증인에 대하여 어느 정도의 압력이나 영향력을 행사할 수 있는가?	
7	수사 협조 등 범행 후의 정황으로 보아 증거인멸의 가능성 있는가?	
8	범죄의 전력을 통해 증거인멸의 가능성이 있는가?	
종합	구속사유를 판단하는데 고려한 구속요소들의 번호:	

【단순나열 방식-도망의 위험】

번호	도망의 위험을 판단하는 요소들	O, X
1	사안이 중요한가(사건의 중대성)?	
2	재범의 위험성이 있는가(재범의 위험성)?	
3	범행의 동기, 수단과 결과로 보아 도망의 가능성이 있는가?	
4	피의자의 직업, 재산, 교우, 조직·지역 사회정착성, 사회적 환경으로 보아 도망의 가능성이 있는가?	
5	주거가 부정한가?	
6	국외 근거지의 존재 여부, 출국 행태로 보아 도망의 가능성이 있는가?	
7	수사 협조 등 범행 후의 정황으로 보아 도망의 위험성이 있는가?	
8	범죄 전력으로 보아 도망의 가능성이 있는가?	
9	자수를 했는가?	
10	피해자와의 관계, 피해 회복 및 합의를 했는가?	
종합	구속사유를 판단하는데 고려한 구속요소들의 번호:	

(2) 개별 구속요소에 점수 부여방식

개별 구속요소들에게 점수를 부여하여 일정 점수 이상이면 구속여부를 결정하는 준거로 사용하는 방법이 있는데, 이 방법은 구속요소를 단순히 나열하는 것보다 구속여부를 결정하는데 구체적으로 어떠한 구속요소들이 고려되었다는 것을 보여줄 수 있으며 또한 일정 점수 이상의 경우에 구속여부를 결정하였기 때문에 구속결정에 정당성을 부여할 수도 있다. 여기에는 모든 구속요소들에게 동일한 점수를 부여하는 방법과 개별 구속요소들간의 우열을 인정하여 차등 점수를 부여하는 방법이 있다.

1) 개별 구속요소들에게 동일한 점수 부여방식

먼저, 개별 구속요소들에게 동일한 점수를 부여하는 방안은 구체적 사건에서 개별 구속사유의 구속요소의 점수의 합계가 일정점수 이상이면 필요적 구속으로 판단하는 방법이다. 이를 위해서는 개별 구속요소들에게 동일하게 점수를 부여하는 것이 타당한지를 검토하여야 하고, 또한 개별 구속요소의 점수의 합계가 어느 정도의 점수가 되면 필요적 구속으로 간주할 것인지를 결정하여야 할 것이다.

【동일점수부여방식–증거인멸의 염려】

번호	증거인멸의 염려를 판단하는 요소들	O(1점)	X(0점)
1	사안이 중요한가(사건의 중대성)?		
2	증거인멸의 대상이 되는 결정적 증거가 존재하는가?		
3	증거를 인멸할 공범이 존재하는가?		
4	피의자의 성행, 지능과 환경으로 보아 증거인멸의 가능성이 있는가?		
5	피해자 및 중요 참고인 등에 대한 위해의 우려가 있는가?		
6	피의자측이 피해자 등 증인에 대하여 어느 정도의 압력이나 영향력을 행사할 수 있는가?		
7	수사 협조 등 범행 후의 정황으로 보아 증거인멸의 가능성 있는가?		

8	범죄의 전력을 통해 증거인멸의 가능성이 있는가?		
총점	1~3점: 증거인멸의 가능성 미약– 필요적 불구속 4~6점: 증거인멸의 가능성 있음– 구속여부 재량판단 가능함. 7점 이상: 증거인멸가능성 높음– 필요적 구속		

【동일점수부여방식–도망의 위험】

번호	도망의 위험을 판단하는 요소들	O(1점)	X(0점)
1	사안이 중요한가(사건의 중대성)?		
2	재범의 위험성이 있는가(재범의 위험성)?		
3	범행의 동기, 수단과 결과로 보아 도망의 가능성이 있는가?		
4	피의자의 직업, 재산, 교우, 조직·지역 사회정착성, 사회적 환경으로 보아 도망의 가능성이 있는가?		
5	주거가 부정한가(주거의 부정성)?		
6	국외 근거지의 존재 여부, 출국 행태로 보아 도망의 가능성이 있는가?		
7	수사 협조 등 범행 후의 정황으로 보아 도망의 위험성이 있는가?		
8	범죄 전력으로 보아 도망의 가능성이 있는가?		
9	자수를 했는가?	−1점	1점
10	피해자와의 관계, 피해 회복 및 합의를 했는가?	−1점	1점
총점	1~3점: 도망의 가능성 미약– 필요적 불구속 4~6점: 도망의 위험성 있음– 구속여부 재량판단 가능함. 7점 이상: 도망의 위험성 높음– 필요적 구속		

개별 구속요소의 총점이 1~3점이면 도망의 가능성이 미약한 것으로 필요적 불구속이다. 그러나 총점이 4~6점인 경우는 도망의 위험성이 있으나 법관의 재량 판단이 가능한 부분이어서 구속여부 결정은 법관의 법적 양심에 맡겨두는 것이 타당할 것이다. 그러나 총점이 7점 이상인 경우에는 도망의 위험성이 높아 필요적으로 구속을 하여야 할 경우이다.

2) 개별 구속요소들에게 차등점수 부여방식

개별 구속요소들 중에 구속사유를 결정하는데 중요도에 따라 가중치를 두어 차등적인 점수를 부여하여 방법이다. 이 경우도 고려된 구속요소들 점수의 합이 일정 점수 이상이면 필요적 구속으로 결정하는 방법이다. 이것은 개별 범죄의 구속여부를 결정하는데 개별 구속요소들이 상대적으로 중요도가 다르다는 것을 의미한다. 즉, 증거인멸의 염려와 관련성이 있을 것으로 보이는 자백여부는 일부범죄에 국한되어 구속영장발부여부를 결정하는 요소로 확인되었고, 전반적으로 구속영장 기각에 영향을 주는 요인으로는 동종전과 또는 동종전과 중 집행유예 이상의 여부와 사전영장여부로 나타난다. 이 결과는 오히려 재범의 위험성이 구속영장발부여부를 결정짓는데 더 중요한 고려요소임을 의미한다.[35)]

이러한 방법을 채택하기 위하여서는 각 개별 구속요소들에게 점수를 어느 정도 부여할 것인지를 결정하여야 할 것이다. 그러기 위해서는 구속요소들간에 우열을 인정하고 어떤 기준에서 가중치를 두어야 할지가 결정되어야 한다.

【차등점수부여방식– 증거인멸의 염려】

번호	증거인멸의 염려를 판단하는 요소들	상(2점)	중(1점)	하(0점)
1	사안이 중요한가(사건의 중대성)?			
2	증거인멸의 대상이 되는 결정적 증거가 존재하는가?			
3	증거를 인멸할 공범이 존재하는가?			
4	피의자의 성행, 지능과 환경으로 보아 증거인멸의 가능성이 있는가?			
5	피해자 및 중요 참고인 등에 대한 위해의 우려가 있는가?			
6	피의자측이 피해자 등 증인에 대하여 어느 정도의 압력이나 영향력을 행사할 수 있는가?			
7	수사 협조 등 범행 후의 정황으로 보아 증거인멸의 가능성 있는가?			
8	범죄의 전력을 통해 증거인멸의 가능성이 있는가?			

35) 김정훈・이나래・이계민, 앞의 글, 1233면.

총점	1~3점: 증거인멸의 가능성 미약– 필요적 불구속 4~7점: 증거인멸의 가능성 있음– 구속여부 재량판단 가능함. 8점 이상: 증거인멸가능성 높음– 필요적 구속	

【차등점수부여방식– 도망의 위험】

번호	도망의 위험을 판단하는 요소들	상(2점)	중(1점)	하(0점)
1	사안이 중요한가(사건의 중대성)?			
2	재범의 위험성이 있는가(재범의 위험성)?			
3	범행의 동기, 수단과 결과로 보아 도망의 가능성이 있는가?			
4	피의자의 직업, 재산, 교우, 조직·지역 사회정착성, 사회적 환경으로 보아 도망의 가능성이 있는가?			
5	주거가 부정한가?			
6	국외 근거지의 존재 여부, 출국 행태로 보아 도망의 가능성이 있는가?			
7	수사 협조 등 범행 후의 정황으로 보아 도망의 위험성이 있는가?	수사에 협조함(−1점)/안함(1점)		
8	범죄 전력으로 보아 도망의 가능성이 있는가?			
9	자수를 했는가?	자수 안했다(1점)/했다(−2점)		
10	피해자와의 관계, 피해 회복 및 합의를 했는가?	합의 안했다(1점)/했다(−2점)		
총점	1~4점: 도망의 가능성 미약– 필요적 불구속 5~9점: 도망의 위험성 있음– 구속여부 재량판단 가능함. 10점 이상: 도망의 위험성 높음– 필요적 구속			

위의 경우처럼 개별 구속요소에 동일한 점수를 부여하고 각 경우에 '있다'와 '없다'로 나누어 각각 1점과 0점을 부여하는 방법도 있지만, 개별사안마다 상, 중, 하로 나누어 각각 2점, 1점, 0점의 방법도 있을 수 있다. 그러나 이 경우에 각 개별요소들의 점수를 동일하게 산정하는 것이 타당한지 여부가 논의될 수 있을 것이다. 각 개별요소들의 점수 산정을 '있다'와 '없다'로 2단계 또는 상,

중, 하로 3단계로 일률적으로 나누는 것이 적정한지도 검토되어야 할 것이다.

3) 성폭력범죄의 구속요소에 차등점수부여방식

개별 구속요소들에게 동일한 점수를 부여하는 것은 개별구속요소들을 획일화하여 개별사안의 특수성과 구체성을 무시할 가능성이 있다. 따라서 개별구속요소들 간에 우열을 인정하는 것이 오히려 구체적 타당성이 있을 것이다. 그러나 개별구속요소들 간에 차등점수를 부여한다고 하다라도 어떠한 구속요소를 우위에 두고 어떤 구속요소는 상대적으로 열위에 둘 것인지가 쟁점일 것이다. 이러한 부분에 대해서는 국민과 검찰, 법원, 그리고 학계의 합의를 통해서 구속요소들간에 우열을 정해야 할 것이다. 본 논문에서는 설명의 편의를 위해 개별 구속요소들을 우열을 단순화하여 상, 중, 하 3단계로 하고 각각 2점, 1점, 0점의 차등점수를 부여하는 방식으로 설명하고자 한다.

가. 증거인멸의 염려

'성범죄로서 사안이 중대한가(사건의 중대성)?'에 대해서 강간등상해·치상, 강간등살인치사, 장애인에대한준강간등, 13세미만미성년자강간등, 주거침입·절도강간등, 특수강도강간등, 특수강간등, 특수강제추행등, 친족관계에의한강간등, 업무상위력등에의한추행, 양형기준에 따른 권고형량범위의 하한이 3년 이상인 경우 또는 실형이 권고되는 경우[36]는 2점, 그 외는 0점으로 정한다.

'증거인멸의 대상이 되는 결정적 증거가 존재하는가?'에 대해서는 결정적 증거서류와 증거물을 파기, 변경, 은닉, 위조 또는 변조한 때는 2점, 증거인멸의 대상이 되는 결정적 증거가 존재할 경우는 1점, 그 외는 0점으로 정한다.

'피의자의 성행, 지능과 환경으로 보아 증거인멸의 가능성이 있는가?'에 대하여는 피해자 등 사건 관계인의 진술이 범죄사실의 입증을 위한 중요한 증거인 경우 그 진술을 조작·번복시키려 한 경우 2점,

36) 구속수사기준에 관한 지침 제21조 ②항에서는 주거침입·절도강간등, 특수강도강간등, 특수강간등, 특수강제추행등, 친족관계에의한강간등, 장애인에관한준강간등, 13세미만미성년자강간등, 강간등상해·치상, 강간등살인·치사,업무상위력등에의한추행, 양형기준에서 권고형량범위의 하한이 3년 이상인 경우 또는 실형이 권고되는 경우는 원칙적으로 구속대상으로 본다고 규정하고 있다.

'증거를 인멸할 공범이 존재하는가?'에 대하여 대향적, 조직적, 집단적 범행 등 공범이 있는 경우는 1점, 그 공범에 대해 통모·회유·협박한 경우는 2점, 공범이 없는 경우 0점으로 한다.

'피해자 및 중요 참고인 등에 대한 위해의 우려가 있는가?'에 대하여 위해를 가했거나 가할려고 시도한 경우 2점, 가해할 의도를 밝힌 경우 1점으로 한다.

'피의자측이 피해자 등 증인에 대하여 어느 정도의 압력이나 영향력을 행사할 수 있는가?'에 대하여 피의자가 피해자 등과 친족관계 또는 업무상 고용관계 등의 관계일 경우 1점, 이미 영향력을 행사한 경우는 2점으로 한다.

'수사에 협조 등 범행 후의 정황으로 증거인멸의 가능성 있는가?'에 대해서는 수사협조를 하였다면 0점, 수사협조를 하지 않았다면 1점을 부여한다. 범죄의 전력을 통해 증거인멸한 사실이 있다면 2점, 없다면 0점으로 한다. 피의자가 범행을 부인하거나 진술거부권을 행사하다는 이유만으로 증거인멸의 염려가 있다고 보아서는 아니된다.

나. 도주의 우려

'성범죄로서 사안이 중대한가(사건의 중대성)?'에 대해서 강간등상해·치상, 강간등살인치사, 장애인에대한준강간등, 13세미만미성년자강간등, 주거침입·절도강간등, 특수강도강간등, 특수강간등, 특수강제추행등, 친족관계에의한강간등, 업무상위력등에의한추행, 양형기준에 따른 권고형량범위의 하한이 3년 이상인 경우 또는 실형이 권고되는 경우는 2점, 그 외는 0점으로 정한다.

'재범의 위험성이 있는가?'에 대해서는 누범에 해당하거나 상습범인 경우는 2점, 반복적 성향이 보이면 1점, 없으면 0점으로 한다. 아동에 대상으로 하는 아동성추행이 일반 성인 여성을 대상으로 한 강간이나 다른 유형의 성범죄보다 더 높은 재범율을 보인다는 연구결과[37]에 따라 이를 고려해 점수화할 수도 있다.

'범행의 동기, 수단과 결과로 보아 도망의 가능성이 있는가? 범행의 동기, 수

---

37) Sample, L. & Bray, T. *"Are sex offenders different? An examination of rearrest patterns"*, Criminal Justice Policy Review, 17, 2006, pp. 83–102.

단과 결과가 잔인하거나 반사회적인 경우는 2점, 아동대상으로 한 경우는 1점을 한다.

'피의자의 직업, 재산, 교우, 조직·지역 사회정착성, 사회적 환경으로 보아 도망의 가능성이 있는가?'에 대해 직업, 재산, 교우 등이 전혀 없는 경우 2점, 사회적 정착성이 비교적 낮을 경우 1점, 70세 이상이거나 1일 이상 이동하기 힘든 질병을 가지고 있는 경우에는 0점으로 한다.

'주거가 부정한가?'에 대해서는 일정한 주거가 없을 경우 2점, 6개월 이상 확정된 주거가 존재하지 않을 경우 1점으로 한다. '국외 근거지의 존재 하고 출국 형태로 도망가능성이 있을 경우 1점, 없을 경우 0점으로 한다. 수사에 협조하면 －1점을 협조 안하면 0점으로 한다. 자수나 피해자와 합의를 하였다면 －2점을 자수나 합의를 안했다면 1점을 부과한다.

Ⅴ. 결　　론

성폭력사건에서 법원이 구속영장을 기각한 이유를 국민들이 수긍하기가 쉽지 않다. 또한 법원의 구속영장기각으로 풀려난 피의자가 피해자를 살해하는 사건이 발생하였다. 이러한 사안들의 공통된 문제점은 구속영장 기각과 발부에 관한 우리 사회의 공통된 기준이 없다는 것이다. 특히 성폭력범죄에 대한 법관과 일반인의 인식의 차이가 있으며, 성폭력범죄의 구속기준에 대한 법원과 검찰의 시각의 차이로 인해 법원과 검찰이 각각의 개별기준을 운영하고 있다. 이는 구속의 본질과 사법의 효율성 그리고 국민의 예측가능성에 반하는 것이다.

이를 해결하기 위해서는 검찰과 법원이 공유할 수 있는 통일된 구속기준이 필요하고, 모든 범죄에 통일적인 망라적 구속기준방식보다는 구체적 타당성을 가진 개별적 구속기준방식을 선택하는데, 개별적 구속기준 방식중에서도 범죄유형별 구속기준을 선택하는 것이 구속기준의 일관성의 측면에서 유리하다고 보아 양형위원회가 현재 제시하고 있는 20개 범죄유형중에서 성폭력범죄의 구속기준을 정립하고자 한다. 이를 위해서는 계량화의 대상으로서 성폭력범죄의 구속요소를 선정해야 하는데, 먼저 증거인멸의 염려를 판단하는 요소들로는, 사안이 중대한가(사건의 중대성)? 증거인멸의 대상이 되는 결정적 증거가 존재하는가? 피의자의 성행, 지능과 환경으로 보아 증거인멸의 가능성이 있는가? 증거를 인멸할 공범이 존재하는가? 피해자 및 참고인 등에 대한 위해의 우려가 있는가? 피의자측이 피해자 등 증인에 대하여 어느 정도의 압력이나 영향력을 행사할 수 있는가? 수사 협조 등 범행 후의 정황으로 보아 증거인멸의 가능성 있는가? 범죄의 전력을 통해 증거인멸의 가능성이 있는가? 등을 선정하였다. 그리고 도망의 위험을 판단하는 요소들로는 사안이 중요한가(사건의 중대성)? 재범의 위험성이 있는가(재범의 위험성)? 범행의 동기, 수단과 결과로 보아 도망의 가능성이 있는가? 피의자의 직업, 재산, 교우, 조직·지역 사회정착성, 사회적 환경으로 보아 도망의 가능성이 있는가? 주거가 부정한가? 국외 근거지의 존재 여부, 출국 행태로 보아 도망의 가능성이 있는가? 수사 협조 등 범행 후의 정황으로 보아 도망의 위험성이 있는가? 범죄 전력으로 보아 도망의 가능성이 있는가? 자수를 했는가? 피해자와의 관계, 피해 회복 및 합의를 했는가?로 선정하였다.

그리고 구속사유를 판단할 때에 고려한 구속요소를 구속영장에 적시하여 어떤 근거로 구속영장이 발부되거나 기각되었는지를 추론할 수 있는 방식이 필요한데, 개별 구속요소의 단순 나열방식과 점수부여방식이 있다. 개별 구속요소의 단순나열방식은 현행 구속사유 판단방식과 큰 차이가 없으므로 점수부여방식을 선택하였는데 여기에도 개별구속요소에 동일점수 부여방식과 차등점수부여방식이 있다. 차등점수부여방식이 개별구속요소의 판단에 적합할 것으로 사료된다. 그러나 개별 구속요소간의 우열화와 계량화에 관한 구체적인 논의는 국민과 검찰, 법원 그리고 학계가 머리를 맞대고 협력을 하여야 할 것이다.

참고문헌

구본진, "현행 피의자 구속제도의 위헌적 요소", 저스티스 통권 제125호(2011.8.)

김병수, "구속요소의 계량화를 통한 구속기준 정립", 형사법연구 제24권 제2호, 한국형사법학회, 2012.

김정훈·이나래·이계민, "일반응용논문: 구속영장발부 여부에 관한 통계모형", 응용통계연구, Vol.23, No.6, 2010.

대검찰청, 2014 범죄분석, 2015.

대법원, 2014 사법연감, 2015.

법원행정처, 형사소송법 개정법률 해설, 2007.

신동운, "인신구속제도를 둘러싼 법적용의 왜곡과 그 해결방안", 서울대학교 법학, 서울대학교 법학연구소, 1999.

______, 신형사소송법, 법문사, 2008.

신의기, "검찰과 법원의 구속영장신청 및 발부기준 차이의 해결방안", 형사법의 신동향 통권 제26호(2010.6).

신의기·이민식·우영기, 구속영장 기각사건의 문제점과 개선방안, 한국형사정책연구원, 2009.

안승진, "현행 구속영장 기각기준에 관한 실무연구", 형사법의 신동향 통권 제44호(2014.9)

이경재, "개정 형사소송법상 인신구속제도에 관한 고찰", 형사법연구 제19권 4호, 한국형사법학회, 2007.

이재상, 신형사소송법, 박영사, 2012.

정준섭, "한국의 구속관련 결정례 분석 및 바람직한 구속기준 정립방안", 형사법의 신동향 통권 제30호(2011.3).

조성용·신태용, "예방구속 도입의 정당성 여부와 입법론적 대안", 저스티스 통권 제109호, 한국법학원.

최형표, "양형실무의 변호와 과제", 저스티스 통권 제146-3호(특집호 II), 2015.

한국형사정책연구원, 21세기 형사사법개혁의 방향과 대국민 법률서비스 개선방안(IV)-수사절차상 인권보호와 효율성제고-, 2004.

형사법연구회편, 구속제도와 영장항고, 법문사, 2007.

Sample, L. & Bray, T. *"Are sex offenders different? An examination of rearrest patterns"*, Criminal Justice Policy Review, 17, 2006.

30

영장없는 압수수색과 관련한 대법원의 태도에 대한 고찰*

김 혁 돈**

【대상판결1】 대법원 2012. 11. 15. 선고 2011도15258 판결[도로교통법위반(음주운전)]

【판결요지】

[1] 수사기관이 법원으로부터 영장 또는 감정처분허가장을 발부받지 아니한 채 피의자의 동의 없이 피의자의 신체로부터 혈액을 채취하고 사후에도 지체 없이 영장을 발부받지 아니한 채 혈액 중 알코올농도에 관한 감정을 의뢰하였다면, 이러한 과정을 거쳐 얻은 감정의뢰회보 등은 형사소송법상 영장주의 원칙을 위반하여 수집하거나 그에 기초하여 획득한 증거로서, 원칙적으로 절차위반행위가 적법절차의 실질적인 내용을 침해하여 피고인이나 변호인의 동의가 있더라도 유죄의 증거로 사용할 수 없다.

[2] 수사기관이 범죄 증거를 수집할 목적으로 피의자의 동의 없이 피의자의 혈액을 취득·보관하는 행위는 법원으로부터 감정처분허가장을 받아 형사소송법 제221조의4 제1항, 제173조 제1항에 의한 '감정에 필요한 처분'으로도 할 수 있지만, 형사소송법 제

* 이 논문은 제163회 영남형사판례연구회(2015.1.19.)에서 발표되고, 법학논집 제50집(2015)에 게재되었음.

** 가야대학교 경찰행정학과 부교수, 법학박사.

219조, 제106조 제1항에 정한 압수의 방법으로도 할 수 있고, 압수의 방법에 의하는 경우 혈액의 취득을 위하여 피의자의 신체로부터 혈액을 채취하는 행위는 혈액의 압수를 위한 것으로서 형사소송법 제219조, 제120조 제1항에 정한 '압수영장의 집행에 있어 필요한 처분'에 해당한다.

[3] 음주운전 중 교통사고를 야기한 후 피의자가 의식불명 상태에 빠져 있는 등으로 도로교통법이 음주운전의 제1차적 수사방법으로 규정한 호흡조사에 의한 음주측정이 불가능하고 혈액 채취에 대한 동의를 받을 수도 없을 뿐만 아니라 법원으로부터 혈액 채취에 대한 감정처분허가장이나 사전 압수영장을 발부받을 시간적 여유도 없는 긴급한 상황이 생길 수 있다. 이러한 경우 피의자의 신체 내지 의복류에 주취로 인한 냄새가 강하게 나는 등 형사소송법 제211조 제2항 제3호가 정하는 범죄의 증적이 현저한 준현행범인의 요건이 갖추어져 있고 교통사고 발생 시각으로부터 사회통념상 범행 직후라고 볼 수 있는 시간 내라면, 피의자의 생명·신체를 구조하기 위하여 사고현장으로부터 곧바로 후송된 병원 응급실 등의 장소는 형사소송법 제216조 제3항의 범죄 장소에 준한다 할 것이므로, 검사 또는 사법경찰관은 피의자의 혈중알코올농도 등 증거의 수집을 위하여 의료법상 의료인의 자격이 있는 자로 하여금 의료용 기구로 의학적인 방법에 따라 필요최소한의 한도 내에서 피의자의 혈액을 채취하게 한 후 그 혈액을 영장 없이 압수할 수 있다. 다만 이 경우에도 형사소송법 제216조 제3항 단서, 형사소송규칙 제58조, 제107조 제1항 제3호에 따라 사후에 지체 없이 강제채혈에 의한 압수의 사유 등을 기재한 영장청구서에 의하여 법원으로부터 압수영장을 받아야 한다.

【대상판결2】 대법원 1999. 9. 3. 선고 98도968 판결[교통사고처리특례법위반]

【판결요지】

형사소송법 제218조는 "검사 또는 사법경찰관은 피의자, 기타인의 유류한 물건이나 소유자, 소지자 또는 보관자가 임의로 제출한 물건을 영장 없이 압수할 수 있다."라고 규정하고 있고, 같은 법 제219조에 의하여 준용되는 제112조 본문은 "변호사, 변리사, 공증인, 공인회계사, 세무사, 대서업자, 의사, 한의사, 치과의사, 약사, 약종상, 조산사, 간호사, 종교의 직에 있는 자 또는 이러한 직에 있던 자가 그 업무상 위탁을 받아 소지 또는 보관하는 물건으로 타인의 비밀에 관한 것은 압수를 거부할 수 있다."라고 규정하고 있을 뿐이고, 달리 형사소송법 및 기타 법령상 의료인이 진료 목적으로 채혈한 혈액을 수사기관이 수사 목적으로 압수하는 절차에 관하여 특별한 절차적 제한을 두고 있지 않으므로, 의료인이 진료 목적으로 채혈한 환자의 혈액을 수사기관에 임의로 제출하였다면 그 혈액의 증거사용에 대하여도 환자의 사생활의 비밀 기타 인격적 법익이 침해되는 등의 특별한 사정이 없는 한 반드시 그 환자의 동의를 받아야 하는 것이 아니고, 따라서 경찰관이 간호사로부터 진료 목적으로 이미 채혈되어 있던 피고인의 혈액 중 일부를 주취운전 여부에 대한 감정을 목적으로 임의로 제출 받아 이를 압수한 경우, 당시 간호사가 위 혈액의 소지자 겸 보관자인 병원 또는 담당의사를 대리하여 혈액을 경찰관에게 임의로 제출할 수 있는 권한이 없었다고 볼 특별한 사정이 없는 이상, 그 압수절차가 피고인 또는 피고인의 가족의 동의 및 영장 없이 행하여졌다고 하더라도 이에 적법절차를 위반한 위법이 있다고 할 수 없다.

연 구

Ⅰ. 들어가며

형사절차상의 강제처분은 개인의 인권을 심각하게 침해할 수 있기 때문에 법에 규정된 요건에 부합하더라도 법원 또는 법관이 발부한 영장에 의하지 않으면 행사될 수 없음이 원칙이다. 헌법 제12조 제3항에 "체포・구속・압수 또는 수색을 할 때에는 적법한 절차에 따라 검사의 신청에 의하여 법관이 발부한 영장을 제시하여야 한다."고 규정하여 강제처분의 영장주의원칙을 명시하고 있기도 하다. 다만, 우리 형사소송법은 긴급성과 필요성, 사안의 중대성, 사후적 통제가능성 등을 종합하여 영장주의의 예외를 인정하고 있는데, 긴급체포, 현행범체포, 체포・구속장소에서의 압수・수색・검증이 이에 해당한다. 형사소송법은 체포・구속 목적의 피의자 수색(제216조 제1항), 피의자 체포・구속현장에서의 압수・수색・검증(제216조 제1항 2호), 피고인 구속현장에서의 압수・수색・검증(제216조 제2항), 범죄장소에서의 압수・수색・검증(제216조 제3항), 긴급체포시의 압수・수색・검증(제217조), 임의제출물 등의 압수(제218조)를 규정하고 있다.

【대상판결1】에서 대법원은 음주운전 중 교통사고를 야기한 후 피의자가

의식불명 상태에 빠져 있는 등으로 도로교통법이 음주운전의 제1차적 수사방법으로 규정한 호흡조사에 의한 음주측정이 불가능한 경우에 혈액 채취에 대한 동의를 받을 수도 없을 뿐만 아니라 법원으로부터 혈액 채취에 대한 감정처분허가장이나 사전 압수영장을 발부받을 시간적 여유도 없는 긴급한 상황이라고 판단하면서, "이러한 경우 피의자의 신체 내지 의복류에 주취로 인한 냄새가 강하게 나는 등 형사소송법 제211조 제2항 제3호가 정하는 범죄의 증적이 현저한 준현행범인으로서의 요건이 갖추어져 있고 교통사고 발생 시각으로부터 사회통념상 범행 직후라고 볼 수 있는 시간 내라면, 피의자의 생명 · 신체를 구조하기 위하여 사고현장으로부터 곧바로 후송된 병원 응급실 등의 장소는 형사소송법 제216조 제3항의 범죄 장소에 준한다 할 것이므로, 검사 또는 사법경찰관은 피의자의 혈중알코올농도 등 증거의 수집을 위하여 의료법상 의료인의 자격이 있는 자로 하여금 의료용 기구로 의학적인 방법에 따라 필요최소한의 한도 내에서 피의자의 혈액을 채취하게 한 후 그 혈액을 영장 없이 압수할 수 있다고 할 것이다."라고 하여 영장 없이 압수 · 수색이 가능한 경우 즉, 형사소송법 제216조 제3항의 '범죄장소에서의 압수 · 수색'으로 판단하고 있다.

형사소송법 제216조 제3항은 '범행 중 또는 범행 직후의 범죄장소'라고 명시하고 있는데, 교통사고로 의식을 잃은 피의자가 후송된 병원을 과연 범행 직후의 범죄 장소라고 판단하는 것이 바람직하고 일상의 관념과 일치하는지 의문스럽다. 특히 이유에서 범행직후의 장소로 판단한 근거로 들고 있는 '피의자의 신체 내지 의복류에 주취로 인한 냄새가 강하게 나는 등 형사소송법 제211조 제2항 제3호가 정하는 범죄의 증적이 현저한 준현행범인으로서의 요건'이 범죄 장소를 판단함에 있어 필수적인 요소인지, 이 사건의 경우에 어떠한 의미를 부여할 수 있는지의 여부를 살펴보아야 할 것이다. 또 '교통사고 발생 시각으로부터 사회통념상 범행 직후라고 볼 수 있는 시간 내"라고 하는 기준이 과연 말 그대로 사회통념상 받아들일 만한 것인지도 의문이 아닐 수 없다. 과연 사회통념상 범행 직후의 판단범위는 어떠한 기준점에 의하여야 하는가 판단해 보아야 한다.

【대상판결2】는 의료인이 진료목적으로 채혈한 혈액을 수사기관이 압수하

는 경우에 있어 그 압수물의 압수과정이 과연 정당하다고 판단할 수 있느냐가 문제된 판례이다. 대법원은 “형사소송법 및 기타 법령상 의료인이 진료 목적으로 채혈한 혈액을 수사기관이 수사 목적으로 압수하는 절차에 관하여 특별한 절차적 제한을 두고 있지 않으므로, 의료인이 진료 목적으로 채혈한 환자의 혈액을 수사기관에 임의로 제출하였다면 그 혈액의 증거사용에 대하여도 환자의 사생활의 비밀 기타 인격적 법익이 침해되는 등의 특별한 사정이 없는 한 반드시 그 환자의 동의를 받아야 하는 것이 아니다.”고 하여 경찰이 음주운전을 수사하기 위하여 병원에서 간호사로부터 진료목적으로 채취한 환자의 혈액을 건네받아 혈중알콜농도 검사를 실시한 경우에는 간호사가 경찰에게 환자의 혈액을 임의로 제출한 것이므로 형사소송법 제218조에 따라 영장주의에 위배되지 않는다는 입장이다.

그러나 대법원이 설시하고 있는 바와 같이 형사소송법 제219조에서 준용하고 있는 제112조는 동조에 규정하고 있는 직에 있는 자는 타인의 비밀을 보호하기 위하여 압수를 거부할 수 있는 권한이 있는 것만을 밝히고 있을 뿐, 간호사가 혈액의 소지자 내지는 보관자로서 적법하게 임의제출할 수 있는 권한을 가지고 있는가에 대하여는 구체적으로 밝히고 있지 않다. 단순 논리적인 해석으로 “압수거부할 수 있으니 당연히 압수에 응하거나 임의제출하는 것이 가능하다”라고 해석할 수 있을지 의문이다.

우리 소송법이 압수와 수색을 강제처분으로 평가하여 영장주의를 따르게 한 점을 감안하였을 때, 영장주의를 고수하기 힘든 사정이 있는 경우에만 예외적으로 영장에 의하지 않는 것이 가능하다고 할 것이고 이 경우에 있어서도 법규정의 문리적인 해석의 한계를 넘어서 인정하기는 힘들다고 할 것이다. 그렇다면 구체적인 경우에 있어 영장없는 압수, 수색이 허용되는 경우에 해당한다고 포섭되어야 할 것이고 또한 그 필요성도 인정되어야 할 것이다.

본 논문에서는 대상판결에서 포섭한 사정이 법규정에서 허용하는 한계상황에 해당하는지에 대하여 문리적 해석을 바탕으로, 음주운전이 의심스러운 피의자가 후송되어온 병원이 ‘범행직후’의 범행장소라고 볼 수 있는지, 범행장소라고 판단함에 있어 '준현행범인으로서의 요건'이 어떠한 의미로 작용하고 있는지(Ⅱ)를 살펴본 다음, 위와 같은 경우에 그 혈액을 채취한 의사 또는 간호사, 병원이 그 혈액을 적법하게 임의제출할 수 있는 자인지의 여부를 형사소송법 제219조가 준용하고 있는 제112조에서 도출할 수 있는 것인지, 교도관이나 법정대리인은 적법하게 제출할 권한을 가지는지, 처나 동서의 동의에 의하여 혈액을 채취한 경우에 증거능력을 가지는지에 대하여 살펴보고자 한다(Ⅲ). 긴급체포를 통하여 체포현장에서의 압수·수색에 의하여 혈액을 확보할 수 있는 방법을 알아보고 이를 해결할 수 있는 입법론에 대하여 살펴보고자 한다(Ⅳ).[1]

Ⅱ. 범죄 장소에서의 무영장압수의 요건과 관련하여

영장에 의하지 않은 압수·수색은 체포장소에서의 압수·수색, 구속장소에서의 압수·수색, 범죄장소에서의 압수·수색, 임의제출물의 압수 등이 있는데, 이 중 대상판결의 경우에 적용될 여지가 있는 것은 범죄장소에서의 압수·수색이라고 할 수 있고, 대법원의 판결이유에서도 그렇게 보고 있다. 형사소송법 제216조 제3항에서는 '범행 중 또는 범행 직후의 범죄 장소에서'라고 하여 범행이 실행 중이거나 범행의 실행이 종료된 직후의 장소를 범죄장소로 파악하고 있다. 제216조 제3항의 영장없는 압수·수색이 인정되기 위하여는 시간적으로 '범행 직후'라고 볼 수 있어야 하고, 장소적으로 '범행장소'라고 볼 수 있어야 한다. 즉, 시간적, 장소적 근접성을 필요로 하고 있다고 하겠다.

1. 범행 직후에 해당하는지

범행직후는 범죄행위의 실행이 종료된 직후를 의미하는 것이나 범행행위의

1) 본 논문에서 언급되는 영장없는 압수수색의 의미와 관련하여 본 논문이 대상판결로 하는 사건들이 음주운전과 관련된 사건임으로 인하여 음주운전에 한정된 것으로 파악하는 견해들이 있는데, 본 논문에서 지적하고자하는 하는 것은 대상판결에서 영장에 의한 압수수색의 예외사항으로 인정하고 있는 이유들에 대한 해석상, 그 적용상의 오류를 지적하고자 하는 것이지 음주운전에 한정된 해석론을 비판하고자 함이 아님을 밝혀둔다.

종료와 어느 정도 떨어진 시간까지 직후의 개념에 포함되어야 할 것인지도 명확하지 않다. 음주운전이 의심되는 피의자가 운전중인 상태는 범행 중이라고 할 것이며, 운전을 종료한 직후가 범행 직후라고 할 것이다. 이 경우 음주운전행위가 자발적으로 종료되었다면 그 운전행위를 그만둔 지점이 범행직후의 장소라고 할 것이다. 대상판결1의 경우와 같이 음주운전으로 인하여 사고가 발생한 경우 이 때에 사고가 발생한 장소는 범행 직후의 장소라고 함에 의문이 없을 것이다. 다만 사고로 인하여 부상을 입고 후송된 경우에 있어 후송된 병원이 범행 직후의 장소라고 할 수 있을 것인가는 생각해 볼 필요가 있다.

대법원은 현행범 체포의 요건으로서의 '범죄 실행의 즉후'의 개념에 대하여 "'범죄의 실행행위를 종료한 직후'라고 함은, 범죄행위를 실행하여 끝마친 순간 또는 이에 아주 접착된 시간적 단계를 의미하는 것으로 해석되므로, 시간적으로나 장소적으로 보아 체포를 당하는 자가 방금 범죄를 실행한 범인이라는 점에 관한 죄증이 명백히 존재하는 것으로 인정되는 경우에만 현행범인으로 볼 수 있는 것이다"[2]라고 하면서 "범죄의 실행행위가 종료된 때로부터 무려 40여분 정도가 지난후일 뿐더러, 경찰관들이 공소외 1을 체포한 장소도 범죄가 실행된 교장실이 아닌 서무실로서, 출동한 경찰관들이 그 학교 교감과 서무주임을 만난 다음 서무실에 앉아 있던 공소외 1을 연행하려고 하자 공소외 1이 구속영장의 제시를 요구하면서 동행을 거부하였음을 알 수 있는바, 사실관계가 이와 같다면 경찰관들이 공소외 1을 체포할 당시 그 학교의 교사로서 서무실에 앉아 있던 공소외 1이 방금 범죄를 실행한 범인이라는 죄증이 체포자인 경찰관들에게 명백히 인식될 만한 상황이었다고 단정하기 어렵다."[3]라고 하여 범죄 실행의 직후의 개념은 죄증이 명백히 존재하는 것으로 인정되는 경우라고 하고 시간적으로 40여분이 경과된 경우 범죄실행의 즉후로 보기는 어렵다고 판단하고 있다.

그렇다면 체포에 있어 범행직후는 범죄의 죄증이 명백히 남아 있는 것으로 판단하고 있는데 이것이 대상판결의 경우와 같이 후송된 병원은 범죄즉후라고 판단하기 어렵지 않나 생각한다.

---

2) 대법원 2007. 4. 13. 선고 2007도1249 판결.
3) 대법원 1991. 9. 24. 선고 91도1314 판결.

견해에 따라서는 대상판결1과 같이 음주운전으로 인하여 교통사고가 발생하고 병원에 후송된 피의자에게 경찰이 교통사고 발생시점으로부터 약 1시간 후에 출동한 경우와 교통사고로 의식을 잃은 운전자의 병원후송시간과 경찰관 출동시간 사이에 1시간 30분 정도 시간이 경과한 경우에 시간적 근접성을 부정하는 견해[4]도 있고, 범죄 장소를 문리적 해석의 방법만으로 파악하는 것은 무리가 있다는 견해[5]도 있다. 제216조 제3항의 '범행직후'의 의미는 영장을 발부받기 어려울 정도의 긴급성을 규정하고 있는 것이라는 의미로 엄격하게 해석하는 입장에서 앞서의 판례의 태도를 감안하여 판단해 보면 범행직후는 범죄행위종료 직후부터 약 10분 늦어도 30분 이내의 시간이라고 예정할 수 있다. 다만 대상판결의 경우와 같이 피의자가 교통사고로 인하여 병원으로 이송하여야 하는 것을 고려하지 않을 수 없기 때문에 사회통념상 교통사고 발생으로부터 많은 시간이 경과되지 않았다면 시간적 접착성을 인정하여야 한다는 견해도 있다.[6] 대상판결1의 경우에 시간적 접착성을 인정하지 않는 견해는 보편적으로 사고발생 후 경찰관출동시간을 기준으로 판단하는 것은 합리적이지 않으며 시간적 접착성은 물리적, 절대적인 시간의 경과만으로 판단한다면 시간적 접착성을 인정할 수 있는 시간의 설정 역시 문제될 수 있다고 주장한다.[7] 대상판결에서도 '사회통념상 범죄직후라고 볼 수 있는 시간 내'라는 표현으로 구체적인 기준점을 제시하고 있지는 않다. 생각건대 범죄즉후의 장소를 단순히 범행이 종료된 시간과의 근접성으로 판단하는 것은 경우에 따라 합리적인 기준점을 세우는데 적합하지 않을 수도 있다. 그러므로 '사회통념상 범죄직후라고 볼 수 있는 시간 내'라는 개념은 문리적인 의미와 긴급성 등을 종합적으로 고려하여야 하지 않나 생각한다.

최근 대법원은 비슷한 사건에 대한 판례[8]에서 "수사기관이 법원으로부터 영

4) 김경수, 교통사고현장에서 의식불명된 자에 대한 강제채혈의 증거능력, 법학논총 제18집 제3호, 조선대학교 법학연구원, 2011, 81면.

5) 장승일, 피의자 동의 없는 채혈의 적법성과 영장주의, 법학연구 제23권 제2호, 충남대학교 법학연구소, 2012, 296면.

6) 김두상, 교통사고 현장에서 의식을 잃은 음주운전자에 대한 강제채혈에 관한 소고, 법학연구 제22권 제3호, 경상대학교 법학연구소, 2014, 34면.

7) 김두상, 앞의 논문, 34면.

장 또는 감정처분허가장을 발부받지 아니한 채 피의자의 동의 없이 피의자의 신체로부터 혈액을 채취하고 사후에도 지체 없이 영장을 발부받지 아니한 채 그 혈액 중 알코올농도에 관한 감정을 의뢰하였다면, 이러한 과정을 거쳐 얻은 감정의뢰회보 등은 형사소송법상 영장주의 원칙을 위반하여 수집하거나 그에 기초하여 획득한 증거로서, 그 절차위반행위가 적법절차의 실질적인 내용을 침해하여 피고인이나 변호인의 동의가 있더라도 유죄의 증거로 사용할 수 없다" 고 하면서 피의자 본인이 아니라 피의자의 법정대리인의 동의만 받은 것과 채혈 후 사후에 영장을 청구하지 않은 것을 이유로 증거능력을 부정하고 있다. 이 사건에서 사고시각으로부터 1시간 20분 후에 채혈하였다고 하고 있는데, 동일하게 보이는 사안에서 범죄 직후의 범죄 장소에 대한 판단을 하고 있지 않은 것은 대법원 스스로 시간적 접착성을 부정하고 있는 것이라고 생각된다.

음주운전이 강력하게 의심되는 대상판결1의 사안에서와 같이 강제처분에 의한 증거획득이 반드시 요구되어 범죄장소에서의 압수로 인정할 수 있도록 목적적 해석을 동원한다고 하더라도 다음과 같은 이유에서 인정하기 어렵다고 하는 견해가 있다.[9] 첫째, 음주운전으로 인한 도로교통법 위반죄에 있어 범죄는 아무리 늦어도 음주상태에서의 운전이 종료되고 피의자가 사고로 의식을 잃어 병원에 후송되는 시점에서 이미 '기수 및 범죄의 종료'가 마쳐진 후라고 볼 것이므로, 피의자가 후송된 병원의 응급실은 '범죄장소'라고 할 여지가 없다. 둘째, 물리적·공간적으로 보더라도 교통사고가 발생한 사고현장과 응급실은 동일시할 수 없으므로, 이 둘 모두를 범죄장소라고 하는 해석은 법문의 문리적 한계나 확장해석의 범위를 벗어난 것이라고 할 것이다.

생간컨대 법 제216조 제3항에서의 '범죄장소'의 위미로서의 범죄즉후의 장소를 종합적으로 고려하여 볼 때 사고로 인하여 후송되어 온 병원응급실을 범죄즉후의 범죄장소로 파악하는 것은 합당하지 못하다. 시간적으로나 물리적인 장소로 판단하더라도 이는 범죄행위와는 이격된 장소로 판단하여야 한다.

8) 대법원 2014. 11. 13. 선고 2013도1228 판결.

9) 김성환, 강제채혈의 사전·사후 영장심사 및 위법수집증거 배제법칙 관련 문제점들에 대한 연구, 사법 제20호, 사법발전재단, 2012. 6, 151면.

2. 범죄 장소에 해당하는지

음주운전이 의심되는 사고로 후송된 병원을 범죄 장소로 파악하는 것을 부정하는 견해들은 범죄에 관한 증거물이 남아 있는 현장개념인 '범죄 장소'의 문언을 확대해석[10]하는 것이라고 비판한다. 음주운전 피의자의 범죄 장소는 음주 후 운전을 시작하는 장소에서 사고 장소까지의 공간에 한정하여야 하며 병원응급실까지 확대하는 것은 지나친 확대해석이라는 것이다.[11] 또한 형사소송법 제216조 제3항이 영장주의에 대한 예외를 인정하는 것인데, 동 조항의 적용범위를 확대하는 것은 부당하다는 비판을 하고 있다.

이에 대하여 대상판결과 같은 경우에 제216조 제3항을 적용하고자 하는 것은 영장주의 자체가 배제되는 것을 막고 긴급성이 인정되는 경우에 사후영장주의 적용을 확보하기 위함이라고 하여 범죄 장소 개념을 인정하는 견해가 있다[12] 이미 진료목적으로 채혈된 혈액을 영장주의 적용범위에서 제외시키기 보다는 헌법상 적법절차의 원리와 인권보장의 요청을 어느 정도 충족시킨다는 점에서 제216조 제3항의 적용은 오히려 인권옹호적이라고 주장한다. 또한 교통사고가 발생한 경우 환자를 병원으로 후송하는 것은 당연히 요구되는 조치로 교통사고 발생장소가 아닌 병원에서 혈액이 압수되었다는 이유로 병원이 범죄장소가 아니라고 판단하는 것은 합리적이지 않다고 주장한다.

그러나 형사소송법 제216조 제3항의 입법목적은 긴급체포에 유사한 압수·수색을 인정한 것으로 '범죄현장에서의 증거물의 은닉과 산일을 방지하기 위한 것이다. 범인의 체포와 무관하게 현행범체포의 전단계로서 또는 현행범인의 체포를 시도하였으나 체포가 이루어지지 않은 상황에서 수사기관이 신병을 확보하거나 증거물 또는 몰수 대상물의 신속한 확보를 위하여 수사기관으로 하여금 범죄 장소에서 압수·수색을 할 수 있도록 한 것이라고 한다.[13] 그렇다면 범죄

---

10) 동지의 견해로 최준혁, 영장에 의하지 않은 강제처분, 경찰법연구 제9권 제2호, 2011, 79면.
11) 윤소현, 의식상실한 음주운전 피의자에 대한 채혈, 형사법의 신동향 제31권, 2011, 108면.
12) 조기영, 피의자 동의 없는 혈액압수의 적법성, 형사법연구 제23권 제2호, 2011, 275면.
13) 민만기, 현행 압수·수색 절차상 plain view원칙의 적용가능성과 입법론적 검토, 성균관법학 제25권 제2호, 성균관대학교 법학연구소, 2013, 155면.

행위가 일어난 곳에 산일된 증거물과 병원에 후송된 환자로부터 채취한 혈액을 동일선상에서 평가하는 것은 문리적 의미나 입법목적의 차원에서 살펴보아도 그 한계를 넘어선 것이 아닌가 생각된다.

더욱이 강제수사나 강제처분에 있어 영장주의를 채택하고 있는 것은 이러한 것들이 형사사법에 있어 반드시 필요한 제도이지만 이로 인한 개인의 기본권침해는 심각하기 때문에 필요불가결한 경우에 그리고 엄격한 절차에 의하여 최소한의 범위에서 이루어져야 한다는 것을 반영한 것이다.[14] 이러한 영장주의는 강제처분의 사전적, 사후적 억제로 기능하는 적법절차의 원칙을 위한 핵심적인 통제라고 할 수 있다. 그러나, 이러한 영장주의를 엄격하게 유지할 경우 긴급성이나 효율성에 있어서는 약점을 가질 수 밖에 없다. 그리하여 형사소송법에는 영장 없는 체포(긴급체포), 영장없는 압수·수색을 제한적으로 인정하고 있을 뿐이다. 다시 말하여 긴급처분의 경우 인권침해를 최소화하기 위하여 그 허용요건을 엄격하게 규정하여 필요한 경우에 최소한의 범위로 제한하고 있으나, 현실적인 긴급성을 고려하여 예외적으로 영장 없는 압수·수색을 허용하고 있다. 압수와 수색도 개인의 인권을 침해할 소지가 있기 때문에 영장에 의한 통제가 이루어지지만 긴급할 경우에 체포장소, 구속장소, 범죄장소 등에서는 예외적으로 영장없이 압수·수색이 가능하도록 허용하고 있는데, 이 예외의 외연을 해석에 의하여 넓히게 된다면 이는 영장주의를 피해가는 편법이 될 수 있다는 생각이다. 형사소송법상 강제처분의 원칙은 영장에 의한 압수·수색이며 긴급압수·수색은 그 예외로서, 원칙이 적용되는 범위는 넓히고 예외가 적용되는 범위는 좁게 해석해야 할 것이다.[15]

특히 대상판결에서는 "형사소송법 제211조 제2항 제3호가 정하는 범죄의 증적이 현저한 준현행범인의 요건이 갖추어져 있고 교통사고 발생 시각으로부터 사회통념상 범행 직후라고 볼 수 있는 시간 내라면, 피의자의 생명·신체를 구조하기 위하여 사고현장으로부터 곧바로 후송된 병원 응급실 등의 장소는 형사소송법 제216조 제3항의 범죄 장소에 준한다 할 것"이라고 하여 범죄장소에 해

14) 권오걸, 형사소송법, 형설출판사, 2010, 223면.
15) 최준혁, 앞의 논문, 79면.

당하는지 여부를 판단함에 있어 준현행범인의 요건이 하나의 지표가 될 수 있는 것으로 보고 있는 듯하다.

3. 준현행범인으로 파악하는 것이 어떠한 의미를 가지는지

대상판결1에서는 "음주운전 중 교통사고를 야기한 후 피의자가 의식불명 상태에 빠져 있는 등으로 도로교통법이 음주운전의 제1차적 수사방법으로 규정한 호흡조사에 의한 음주측정이 불가능하고 혈액 채취에 대한 동의를 받을 수도 없을 뿐만 아니라 법원으로부터 혈액 채취에 대한 감정처분허가장이나 사전 압수영장을 발부받을 시간적 여유도 없는 긴급한 상황이 생길 수 있다. 이러한 경우 피의자의 신체 내지 의복류에 주취로 인한 냄새가 강하게 나는 등 형사소송법 제211조 제2항 제3호가 정하는 범죄의 증적이 현저한 준현행범인의 요건이 갖추어져 있고"라고 하여 피의자의 신체와 의복에서 주취로 인한 냄새가 강하게 나고 있어 음주운전의 객관적 혐의가 있고 시간에 따라 혈중알코올수치가 감소함에 따라 그 증거확보를 위하여 영장의 발부받을 시간적 여유가 없는 긴급한 상황임을 밝히고 있다. 이렇게 함으로써 제216조 제3항에서 규정하고 있는 '긴급을 요하여'라는 요건을 충족하기 위한 지표가 될 수 있다고 판단한 것으로 보인다.

그러나 형사소송법 제211조 제2항 제3호가 정하는 '범죄의 증적이 현저한 준현행범인이라고 판단되는 것'과 '범죄 장소' 사이에 어떠한 관련이 있는 것인지는 명확하게 밝히고 있지 않다. 형사소송법 제211조에서 정하고 있는 현행범과 준현행범은 제21조에서 정하고 있는 체포의 대상자를 밝히는 목적이라고 할 것이다. 준현행범인의 요건을 갖추고 있다는 것은 체포의 대상이 될 수 있다는 것이고 병원에 의식을 잃고 후송된 피의자가 준현행범인으로 체포할 수 있다는 의미로 받아들여야 할 것이다. 그렇다면 준현행범인의 요건을 갖추었다는 것은 체포가 가능하고 현실적으로 체포하는 경우에 체포에 수반하여 이루어지는 체포현장에서의 압수·수색의 전제조건으로서 기능할 수 있다고 할 것이다. 즉 준현행범인의 요건을 갖추었다는 것이 그 준현행범인이 있는 곳이 범죄 장소로 인정하는 기준이 될 수는 없다고 할 것이다.

음주운전관련 압수수색에 있어 영장주의를 엄격하게 적용할 것을 요구하는 경우 증거수집이 어렵게 될 위험성이 높다는 점을 고려하면 영장 없이 압수한 혈액에 대한 증거능력을 배제하는 것이 오히려 형사사법 정의를 실현하려는 취지에 반하는 결과를 초래할 수도 있다는 견해[16]가 있다. 호흡조사가 불가능하고 혈액만이 음주여부를 밝힐 수 있는 경우에 영장주의만을 엄격히 주장하는 것은 현실적 측면을 고려하지 않는 해석론이라고 비판하면서 음주운전으로 의심되는 사고로 인하여 후송된 병원이 범죄지에 해당할 수 있다고 한다.

범죄지는 범죄의 실행장소, 및 결과발생장소를 포함하는 개념이라고 할 수 있는데, 예외적으로 예비·음모가 처벌되는 범죄에 있어 예비·음모 장소와 공모지와 같은 공범의 실행행위지도 포함된다고 보는 것이 일반적인 견해이다. 범죄지는 범죄의 실행행위지, 중간지, 결과발생지를 모두 포함하는 개념으로 음주운전으로 인한 피의자가 병원에 이송되어 계속 치료를 받고 있다면 아직 종료되지 않은 범죄일 수 있으며[17] 음주운전자가 의식 없는 상태에서 후송된 병원은 제216조 제3항의 범죄 장소에 포함된다고 해석할 수 있다고 한다. 음주운전자가 사고현장에 어떠한 이유에서든지 현장에 남아 있으면 범죄 장소이고 병원으로 후송된 후에는 범죄 장소가 아니라고 판단하는 것은 불합리하다는 견해이다.[18] 그러나 범죄행위가 완성되고 난 후 또 다른 범죄의 성립요건[19]과 분리된 경우에까지 범죄 장소라고 할 수 있을까는 의문이 아닐 수 없다.

범죄지의 개념과 범죄 장소의 개념은 구별하여야 할 필요가 있다고 생각된다. 범죄지는 형법의 장소적 적용범위라든가 형사소송법상의 법원의 관할을 결정하기 위하여 사용되는 개념이다. 제216조 제3항에서 '범죄지'라고 하지 않고 '범죄 장소'라고 하고 있는 것도 이들을 구별하고 있는 것이라고 볼 것이다. 언급한 바와 같이 제216조 제3항이 범죄가 일어난 장소에서 증거의 산일을 방지

16) 김경수, 앞의 논문, 82면.
17) 가해자와 피해자가 동일한 병원에 후송되어 치료를 받다가 수 시간 후에 피해자가 사망하면 사망한 시점에 음주운전으로 인한 과실치사의 범죄가 종료되는 것이며 병원은 범죄 장소가 될 수 있다고 해석하고 있다. 장승일, 앞의 논문, 296면 각주18.
18) 장승일, 앞의 논문, 296면.
19) 준강도죄에 있어서의 절도가 폭행, 협박하는 경우를 예로 들 수 있다.

하기 위한 목적이므로 범죄의 실행행위가 일어난 범죄지와 동일시하는 것은 바람직하지 않고 특히 범죄행위가 일어난 곳과 이격되어 결과가 발생한 곳까지 범죄 장소로 보는 것은 바람직하지 않다고 할 것이다.

4. 체포현장과 범죄 장소의 관계

형사소송법 제216조 제1항 제2호의 체포현장의 의미를 어떻게 받아들일 것이지에 따라 대상판결1의 경우와 같은 경우에 체포현장에서의 압수·수색으로 해결할 수도 있다. 체포현장의 의미에 대하여 현포현장이란 체포행위와 시간적, 장소적으로 근접해 있는 것으로 파악하여 체포 전후를 문제삼지 않는 시간적·장소적 접착설,[20] 시간적, 장소적으로 체포행위와 근접해 있어야 할 뿐만 아니라 압수·수색 당시에 피의자가 현장에 있을 것을 요구하는 체포현장설,[21] 피의자가 수색장소에 있고 더 나아가 체포가 현실적으로 착수되어야 하는 체포착수설,[22] 피의자가 현실적으로 체포되어야 하는 체포설 또는 체포실현설[23] 등이 있다.

이 가운데 피의자가 현실적으로 체포되어야 한다는 체포실현설은 체포현장의 범위를 가장 좁게 파악하고 있고 시간적·장소적 접착설은 체포현장의 범위를 가장 넓게 파악하고 있는 것으로 보인다.[24] 이 경우 시간적·장소적 접착설에 의하면 병원을 체포현장에 포함시킬 수 있는 가능성이 있다. 그러나 이러한 해석방법은 궁극적으로 제216조 제1항과 동조 제3항의 충돌문제를 야기하며,[25] 결국 시간적·장소적 접착성의 기준점도 제시하기 힘들다는 난점은 기존의 범죄

---

20) 임동규, 형사소송법, 법문사, 2008, 238면.
21) 백형구, 형사소송법, 법원사, 2012, 287면.
22) 신동운, 신형사소송법 제5판, 법문사, 2014, 364면; 차용석/최성용, 형사소송법 개정판, 21세기사, 418면.
23) 배종대/이상돈/정승환/이주원, 형사소송법, 홍문사, 2012, 332면; 조국, 압수, 수색의 합법성 기준 재검토, 비교형사법연구 제5권 제2호, 한국비교형사법학회, 2003, 769면.
24) 홍영기, 영장 없는 압수·수색의 합법성 기준, 고려법학 제63권, 고려대학교 법학연구원, 2013, 132면.
25) 동지의 견해로 "범행 중 또는 범행 직후의 범죄장소이면 족하므로 피의자가 현장에 있거나 현행범으로 체포되었을 것을 요하지 않는다. 다만 체포의 경우라면 제216조 제1항 제2호에 의한 압수·수색·검증도 가능할 것이다." 김정한, 실무형사소송법, 준커뮤니케이션즈, 2014, 304면.

장소의 시간적·장소적 접착성의 기준점에 대한 문제와 동일하다고 할 것이다.

앞에서 살펴본 것과 같이 준현행범인의 요건을 갖춘 것과 체포현장의 의미를 결부하여 고려하여 보면, 준현행범인이기 때문에 영장 없이 체포할 수 있고 체포현장에서의 압수로 인정할 수 있지 않을까 생각해 볼 수도 있다. 그러나 본 사안과 같이 피의자가 의식불명이 되어 병원응급실에 후송된 경우에 도주의 우려가 있다고 하기는 어려울 것이다. 또한 시간의 경과에 따라 혈중알콜농도가 저하되어 증거가 산일되는 것은 인체의 신진대사의 결과일 뿐이지 피의자 스스로 증거인멸을 할 우려가 있는 것으로 보기도 어렵다.[26] 그렇다면 본 사안과 같은 경우에 피의자를 현행범으로 체포하는 것은 체포 자체가 필요성을 결여한 위법한 현행범체포가 되고 이에 수반한 채혈 또한 위법한 증거수집이 될 것이므로 이를 기반으로 획득된 증거의 증거능력을 인정하기 어렵다고 할 것이다.

5. 소 결

음주운전으로 의심되는 피의자로부터 현실적인 협조를 얻을 수 없고 혈액 속의 알코올 수치는 시간에 따라 그 증명력이 감쇄될 수 있으므로 신속하게 그 혈액을 채취할 필요가 있는 것도 사실이다. 채혈은 기본권침해를 동반하는 강제처분이라고 볼 수 있고 이를 어떠한 원리에 의하여 정당화할 것인지가 문제될 수 있다.

혈중알코올농도는 시간에 따라 감소하므로 사전영장에 의하여 압수하는 것은 어려움이 있고 이 경우 채혈만이라도 긴급하게 이루어져야 하는데, 그렇게 하기 위해서는 병원에서의 채혈을 '범행 직후의 범죄 장소'에서 이루어지는 것으로 파악하여야 하는 어려움이 있다. 대상판결1은 범죄 장소에서의 압수에 해당한다고 하고 있는데, 제216조 제3항에서 범죄 장소의 기준으로 제시하고 있는 '범죄 직후'의 판단기준과 '범죄 장소'의 판단기준이 분명하지 않은 것이 문제가 된다. 대법원은 '범죄 장소에서의 압수'에는 해당하지만 사후영장을 발부받지 않음을 이유로 압수물로부터 얻어진 증거의 증거능력을 부정하고 있는데, 이는 사법부

26) 김성환, 앞의 논문, 155면.

가 허용되는 문리해석의 기준을 넘어 또다른 입법을 하는 것으로 평가될 위험이 있다. 오히려 '범죄 장소'의 포섭에 있어 문리적으로 엄격하게 해석을 하고 형사사법의 정의 실현을 위해서 필요하다면 입법을 통해 독자적인 긴급압수를 허용하는 것이 바람직하다고 생각된다.

Ⅲ. 임의제출물의 압수 요건과 관련하여

대상판결2는 대상판결1에서와는 달리 음주운전이 의심되는 피의자가 병원에 후송되어 왔고 진료목적으로 피의자의 혈액을 채취해 놓았는데, 이를 수사기관의 요구에 의하여 수사기관에 제출한 사례이다. 대법원은 '형사소송법 및 기타 법령상 의료인이 진료 목적으로 채혈한 혈액을 수사기관이 수사 목적으로 압수하는 절차에 관하여 특별한 절차적 제한을 두고 있지 않으므로, 의료인이 진료 목적으로 채혈한 환자의 혈액을 수사기관에 임의로 제출하였다면 그 혈액의 증거사용에 대하여도 환자의 사생활의 비밀 기타 인격적 법익이 침해되는 등의 특별한 사정이 없는 한 반드시 그 환자의 동의를 받아야 하는 것이 아니고'라고 하여 구체적으로 간호사가 혈액의 소유자, 소지자 또는 보관자인지에 대한 구체적인 적시 없이 간호사는 혈액을 임의로 제출할 수 있다고 판단하고 있다. 그러므로 진료목적으로 채혈한 혈액을 간호사가 임의 제출한 경우 이를 형사소송법 제218조의 임의 제출물로 파악할 수 있는가를 특히 제112조와 관련하여 살펴볼 필요가 있다.

1. 간호사에게 혈액을 처분할 권한이 있는지

대상판결에서 혈액의 경우 그 소유자는 피의자라고 할 것이므로 간호사가 진료목적으로 채취한 혈액의 소지자 또는 보관자의 지위에 있는가의 문제가 먼저 검토되어야 한다. 형사소송법 제218조가 소유자 소지자 보관자가 임의로 제출한 물건을 영장 없이 압수할 수 있다고만 규정하고 있을 뿐 소지자나 보관자가 제출할 권한 있는 자인지에 대한 고려가 전혀 없어 해석상 의문을 불러일으킬 수 있다. 형사소송법 제112조의 직업 종사자는 전문성을 가지고 독자적으로 타인을 상담・변호・치료하는 등의 업무를 수행하는 자이고 간호사는 이에 해당한다고 볼 수 있다. 물론 환자의 치료와 관련하여 간호사의 독자적인 영역을 무시할 수는 없다.[27] 그러나 진료에 있어서는 의사의 보조자로서의 지위에 있음을 의료법에서 명시하고 있다.[28] 그렇다면 진료목적으로 채취한 혈액에 대한 간호사의 독자적인 권한을 인정하기는 어렵다고 할 것이다.

더욱이 임의 제출할 수 있는 소지자 또는 보관자인가와 관련하여 대법원은 '당시 간호사가 위 혈액의 소지자 겸 보관자인 공주의료원 또는 담당의사를 대리하여'라고 하여 혈액의 소지자 겸 보관자를 간호사가 아닌 병원과 의사로 판단하고 있다. 즉 간호사가 독자적으로 진료목적으로 채취한 혈을 처분할 권한은 없다고 대법원이 선언하고 있는 것이다. 그렇다면 간호사가 병원이나 의사의 의사에 반하여 독자적으로 혈액을 처분할 수 있는 권한을 가진다고 보기는 어렵다고 할 것이다. 병원이나 의사의 의사에 반하여 임의 제출할 수 있는 독자적인 권한을 가졌다고 할 수도 없다. 사안에서 병원이나 의사의 명시 혹은 묵시의 의사에 합치하는가의 여부도 판단해 보아야 한다.

더욱이 치료를 보조하는 자이고 수사기관에게 혈액을 제출하는 것을 일상적인 업무라고 보기도 어렵고, 간호사에게 임의 제출할 수 있는 대리권이 부여되어 있다고도 보기 어렵다고 할 것이다.[29] 간호사는 독자적인 처분권을 가지지 못하였기 때문에 이 경우 수사기관에 제출하기 위해서는 병원이나 의사의 의견을 물어 그에 따라 임의제출한 경우에만 소송법 제218조의 '임의제출물'로 평가될 수 있을 것으로 생각된다.

---

27) 예를 들어 침상에서 낙상하지 않도록 돌본다거나 스스로 움직일 수 없는 환자의 욕창발생을 방지하기 위하여 체위를 바꾸거나 마사지하는 등의 의사의 진료와 병렬적으로 인정되는 독자적인 간호영역이 존재한다.
28) 의료법 제2조 제2항 제5호.
29) 신이철, 수사절차상 강제채혈과 진료목적으로 채취된 혈액의 압수, 외법논집 제33권 제3호, 한국외국어대학교 법학연구소, 2009, 21면.

2. 간호사로부터 제출받은 것이 임의제출이라고 볼 수 있는지

간호사로부터 임의로 제출받았다고 하지만 그 임의성에 대하여 의문이 있다. 제출과정에서 수사기관의 강제적인 요소가 개입되었을 여지가 있는 것이다. 단순히 물리적 강제가 없었다고 하여 임의성이 있었다고 할 수 없다. 만약 제출과정에 물리적 강제가 없었다고 하여 무영장 압수를 허용한다면 제218조가 남용될 가능성이 매우 크다. 더욱이 수사기관에 혈액을 제출하는 것이 간호사의 일상적인 업무라고 보기도 어렵고, 수사기관이 압수에 정당한 권한이 있다고 주장함에 따라 그 주장에 순응하여 동의한 경우 그 동의가 자발적 동의라고 볼 수 있을 것인가 의문스럽다. 오히려 이러한 경우 그 임의성을 부정하여야 하는 것은 아닌가 생각된다.

제112조에 따라 간호사가 압수를 거부할 수 있는 권한이 있고 의무는 아니기 때문에 압수거부권자는 압수거부권을 행사하지 않고 수사기관의 요구대로 압수물을 제출할 수 있다.[30] 문제는 간호사가 자신이 압수를 거부할 수 있는 권한이 있다는 것을 모르고 있는 경우에 수사기관이 거부권이 있음을 고지하여야 하는가의 문제이다. 이는 수사의 상당성 중 수사신의칙의 침해문제와도 문제될 수 있기 때문이다. 대법원은 '압수절차에 특별한 제한을 두고 있지 않고'라고 하여 거부권을 고지하지 않아도 문제가 되지 않는다는 견해를 취하고 있는 것으로 보인다. 그러나 자백의 임의성을 확보하기 위하여 진술거부권을 고지하도록 하고 있듯이, 제출에 있어 임의성이 담보되기 위하여는 압수거부권을 고지하여야 한다고 해석하는 것이 바람직하다고 생각된다.

더 나아가 자율적인 의사결정에 의하여 압수물을 수사기관에 제출하면 그 의사결정의 동기가 어떠하건 또는 제출권한이 문제되건 간에 압수물의 임의성을 인정하는 견해[31]에 의하면 압수거부권의 고지의무가 해석상 인정된다고 하더라도 고지의무위반이 간호사의 의사결정의 자율성을 탈락시키는 것이 아니라 단지 결정의 동기에 영향을 미칠 뿐이므로 임의성을 긍정할 수 있다고 한다. 그

30) 신이철, 앞의 논문, 22면.
31) 강동범, 동의나 영장 없는 혈액압수의 적법성, 고시계 1999/12, 38면.

러나 압수거부권의 불고지는 단순히 의사결정의 동기에 영향을 미치는데 그친다고 단정할 수 없고 오히려 임의제출 행위 자체의 효력과 관련될 수 있다고 할 것이다.[32)]

3. 병원 또는 의사는 처분권을 가지는지

앞서 언급한 바와 같이 대법원은 병원이나 의사에게 제출권한이 있다고 판단하고 있다. 그러나 병원이나 의사가 환자를 대신하여 포괄적으로 처분권한을 가진다고 볼 수 있는지는 의문이다. 병원이나 의사는 환자의 진단과 치료목적에 부합하는 범위에서 환자의 혈액 등에 대하여 처분권을 가지는 것이다. 마찬가지로 응급상황이 아니라면 환자의 동의에 의하여 의료행위를 시행할 수 있을 뿐이며 종국적으로 이에 대한 처분권은 환자로부터 나온다고 할 것이다.

더 나아가 제218조가 말하는 소지자 또는 보관자는 모든 소지자, 보관자를 말하는 것이 아니라 수사기관에 제출하는 등의 적법한 처분권한을 가진 소지자, 보관자 등을 말하는 것이고 심지어 소유자라 하더라도 다른 사람에게 임대한 경우 등과 같이 현재로서는 적법한 처분권한을 가지고 있지 않은 상태라면 임의 제출할 수 없다고 보아야 한다. 진료목적으로 채취한 혈액에 있어 그 정당한 소유권을 병원측이 취득하였다고 하더라도 이 혈액을 임의로 수사기관에 제출할 수 있는 권한까지 취득했다고 보기는 힘들다고 하겠다.

그렇다면 병원이나 의사가 진료목적이 아닌 수사목적으로 혈액을 임의로 제출할 권한이 없다는 결론에 이르게 된다. 제112조의 해석과 관련하여 환자의 인권보호자로서의 지위를 인정하여야 하고 압수거부권이 곧 압수물에 대한 처분권을 긍정하는 것은 아니라고 할 것이다.

유사한 판결[33)]로 교도관에게 맡긴 비망록을 검사에게 임의 제출한 사건에서 “형사소송법 및 기타 법령상 교도관이 그 직무상 위탁을 받아 소지 또는 보관하는 물건으로서 재소자가 작성한 비망록을 수사기관이 수사 목적으로 압수하

32) 신이철, 앞의 논문, 23면.
33) 대법원 2008. 5. 15. 선고 2008도1097 판결.

는 절차에 관하여 특별한 절차적 제한을 두고 있지 않으므로, 교도관이 재소자가 맡긴 비망록을 수사기관에 임의로 제출하였다면 그 비망록의 증거사용에 대하여도 재소자의 사생활의 비밀 기타 인격적 법익이 침해되는 등의 특별한 사정이 없는 한 반드시 그 재소자의 동의를 받아야 하는 것은 아니고, 따라서 검사가 교도관으로부터 보관하고 있던 피고인의 비망록을 뇌물수수 등의 증거자료로 임의로 제출받아 이를 압수한 경우, 그 압수절차가 피고인의 승낙 및 영장 없이 행하여졌다고 하더라도 이에 적법절차를 위반한 위법이 있다고 할 수 없다."고 하여 대상판결2와 유사한 결론을 내리고 있다. 이 판결에 대하여도 앞서의 논의와 같이 비판이 가능한데, 교도관은 비망록을 맡기는 재소자로부터 재소자가 비망록을 맡길 때 본인의 의사에 반하여 임의로 처분할 수 있도록 권한을 위임받았다고 볼 수는 없을 것이다. 따라서 위 임의제출 역시 부적법하다. 이 경우 긴급성의 요건을 충족하였다고 보기는 힘든 상황이라고 판단되고 교도관에게 맡겨진 재소자의 물건 중에 범죄의 증거로 사용될 수 있는 것이 있다면 당연히 사전영장에 의하여 압수가 이루어져야 할 것이다.

4. 소 결

결국 위와 같은 사건에서 의식을 잃고 후송된 운전자의 음주운전여부를 판단하기 위하여 진료목적으로 채취한 혈액을 압수하기 위하여는 압수영장을 발부받아 행할 수밖에 없을 것이다. 아직 채혈이 이루어지지 않은 상태라면 시간의 경과에 따라 증명력이 감쇄할 수 있으므로 영장 없는 압수를 고려할 필요성이 있겠지만 특별한 사정이 없는 한 이미 채취한 혈액 속의 알코올수치는 크게 변화가 없을 것이기 때문에 사전영장에 의하여 통제를 받도록 하는 것이 합리적이다.

더 나아가 진료목적으로 채취된 혈액에 대하여 임의 제출된 압수물을 쉽게 긍정한다면 대상판결1과 같은 경우에 힘들게 범죄 장소에서의 압수로 진행하여 사후영장의 통제를 받기 보다는 오히려 영장주의를 우회할 수 있는 임의제출물 압수로 진행할 가능성이 더 농후하다.[34] 이처럼 강제채혈의 문제를 혈액압수의 문제로 우회하려는 시도는 영장주의와 적법절차의 원리에 비추어 볼 때 결코 바람직하다고 볼 수는 없다.[35)]

Ⅳ. 새로운 해결방법

교통사고로 후송되어 온 환자가 음주운전이 의심스러운 경우 음주측정을 통하여 환자의 음주운전 여부를 밝히는 것은 증거법적으로 아주 중요한 일이라고 할 수 있다. 그러나 혈중알코올수치는 시간에 따라 감소하게 되므로 음주운전의 객관적 혐의가 있으면 바로 음주운전여부에 대한 증거를 확보하는 것이 필수적이다. 그러나 환자로부터 동의를 얻을 수 없어 임의수사의 방법으로 증거를 확보하기 어려운 경우 강제처분에 의하여 증거를 확보하여야 하는데, 일반적으로 강제처분은 영장주의를 통해 통제하고 있다. 그러나 긴급을 요하는 상황에서 영장을 발부받아 증거를 확보하기에는 현실적으로 많은 어려움이 따를 것이다. 대상판결들도 그러한 사정에서 영장 없이 압수하기에 이른 것이라고 할 수 있다.

그러나 【대상판결1】에서 병원을 범죄 장소로 파악하는 것은 이미 언급한 바와 같이 문리해석의 한계를 벗어나 영장주의를 우회하려는 시도로 평가될 수 있고, 대법원이 언급하고 있는 바와 같이 '수사절차상의 적법절차원리의 위반이 형사사법정의의 근간을 흔들 정도'에 이르지 않으므로 이로 인하여 획득된 증거의 증거능력을 인정하겠다는 것은 사법부의 판단재량을 넓혀 3권분립의 근간을 흔드는 새로운 입법이라고 평가될 수도 있다. 대상판결2에서 소지자 또는 보관자의 지위를 넓게 인정하여 임의제출물에 대한 압수로 평가하는 것 또한 영장주의를 우회하겠다는 시도로 밖에 보이지 않는다.

형사사법 절차상의 인권침해적인 요소에 대하여 법원을 통해 통제를 하겠다는 영장주의가 법원의 재량권행사의 장으로 변질될 수 있는 아주 위험한 상황

---

34) 대상판결에서와 같이 사고로 병원에 후송되면 통상 조속한 시간 내에 채혈이 이루어질 것이다. 성급하게 영장 없는 압수로 나아갈 것이 아니라 채혈할 것을 기다렸다가 임의로 제출받는 것이 아주 간편할 것이므로 사후영장의 통제를 피해가려고 할 것이다.

35) 정신교, 음주운전 강제채혈의 형사법적 검토, 법학연구 제15집 제1호, 인하대학교, 2012, 273면.

이라고 생각된다. 법률의 해석은 아주 엄격하게 하고 규범이 현실의 상황에 부합하지 않는다면 규범을 개정하는 것이 해결책이라고 생각된다. 인권침해가 수반될 수 있는 수사방법에 영장주의를 채택하고 그 예외는 아주 엄격히 해석하는 전제로 입법화한다면 법률의 규범력이 더 제고될 것이라는 생각이다. 이에 요즘 거론되고 있는 독립적인 압수제도를 채택할 것을 조심스럽게 제안해 본다.

독립적 압수수색제도에 있어서 '독립적'이라는 의미는 기존의 영장에 의한 압수수색 외의 압수수색이 대체로 체포, 구속을 전제로 하는 점에서 체포, 구속과 별개로 이루어진다는 의미라고 파악되어야 한다. 또 사전영장에 의한 압수수색에 있어서 이미 유효하게 발부받은 압수수색영장을 집행함에 있어 당해사건이 아닌 다른 사건에 관한 증거물에 대한 긴급압수수색과 당해사건에 관하여 유효하게 발부된 영장을 집행하면서 영장에 기재되지 않은 물건에 대한 압수라는 의미로 파악하고 있다.[36)]

우리 소송법 상의 영장 없는 압수는 체포나 구속과 같은 대인적 강제처분에 부수하여 인정되는 것처럼 보인다.[37)] 그러나 체포나 구속을 전제하지 않고 다른 사건의 증거물 등에 대한 영장 없는 압수수색을 인정할 현실적 필요성이 존재하고 인권침해를 수반하는 대인적 강제처분과 달리 그 침해 정도가 경미하다고 할 수 있는 대물적 강제처분의 예외를 인정할 필요성이 있다고 한다.[38)]

독립적인 긴급압수수색제도의 도입을 반대하는 견해는 압수대상물건은 특정되어야 하며 영장에 기재되지 않은 물건에 대한 압수는 불가능하며 이는 무고한 시민의 프라이버시를 침해하는 '투망식 수색(fishing expedition)'을 방지하기 위하여도 필요하다고 한다.[39)] 또 당해사건에 관한 영장외 긴급압수를 부정하는 것은 아니지만 '헌법과 형사소송법이 구현하고자 하는 적법절차와 영장주의 정신에 비추어' 압수수색과 관련된 규정은 엄격하게 해석되어야 하므로 압수수색에 기재되지 않은 물건의 압수를 부정하는 견해도 있다.[40)]

---

36) 최진안, 독립적 압수수색제도의 도입가능성과 한계, 아주법학 제7권 제1호, 2013, 112면.

37) 범죄 장소에서의 압수도 범행 중 또는 범행직후라고 하여 대인적 처분과 관련이 없는 것으로 보이나 그 입법취지가 체포 직전 혹은 체포에 실패할 경우를 예상하여 규정된 것이므로 대인적 처분과 관련성이 있다고 할 것이다.

38) 민만기, 앞의 논문, 165면.

39) 조국, 위법수집증거배제법칙, 박영사, 2006, 337면.

이에 대하여 영장에 의한 수색 시에 압수영장에 기재된 물건은 아니지만 범죄에 사용된 개연성이 높고 증거인멸의 가능성이 높아 긴급성이 인정되는 경우, 그 수색은 정당한 수색이라고 볼 수 있으므로 그 수색도중 발견된 물건에 대하여 압수영장에 기재가 없으므로 압수하지 않는 것은 상당하지 않으며, 대물적 처분이 대인적 처분에 속하는 것이 아닌 독립적인 것으로 볼 필요가 있으며 물적 증거확보를 위하여 긴급성의 요건을 통하여 긴급압수수색을 인정할 필요가 있다.[41] 비교법적으로도 미국의 경우 개인의 프라이버시를 침해하지 않는 경우에는 영장 없이 수색이 가능하며 독일의 경우에도 긴급한 경우 영장 없는 압수수색을 허용하고 있으며, 우리 형사소송법상으로도 영장 없는 압수에 있어서 그 전제적인 상황이 영장주의에 위반하지 않기 때문에 허용될 수 있으며, 그러한 해석에 의하지 않더라도 독일의 경우와 같은 사후 사법적 통제장치를 갖춘다면 허용될 수 있다는 견해도 있다.[42]

미국의 경우 증거인멸이 우려되는 경우나 타인에 대한 위해의 우려가 있는 경우, 피의자를 추격하는 과정에서 수색하는 경우 등과 같이 '긴급한 상황'에서는 영장주의의 예외가 허용된다고 한다. 긴급한 상황에서도 법집행기관으로 하여금 예외 없이 영장을 발부받도록 요구하는 것은 비현실적이며 긴급성이 인정되어 즉각적인 조치가 필요한 경우라면 증거인멸의 위험성을 감수하면서 압수수색을 지연시키는 것보다는 영장 없는 압수수색을 허용하는 것이 오히려 합리적이라는 인식에 근거를 두고 있다.[43] 긴급성을 요건으로 독립적 압수수색을 인정하는 것은 대상판결과 같은 경우에 효과적인 대안이 될 수도 있다고 생각된다.

독일의 경우에 있어서도 '지체의 위험'이 있으면 검사와 검사의 수사요원은 수색명령 또는 압수명령을 발할 수 있도록 규정하고 있다. 긴급한 상황에서 판사의 압수수색명령을 받도록 할 경우 그 성과를 전망할 수 없거나 증거나 은닉 내지 인멸되어 버릴 위험이 객관적으로 예상되는 경우에 이를 방지하기 위함이

40) 신동운, 신형사소송법 제2판, 법문사, 2009, 302면.
41) 김기준, 앞의 논문, 45면.
42) 최진안. 앞의 논문, 153－155면.
43) 김기준, 앞의 논문, 4면; 조상제, 독립적 긴급압수수색제도의 입법론적 연구－독일의 긴급압수수색제도와의 비교법적 관점에서－, 형사법의 신동향 제32호, 2011. 9., 204면.

다.[44] 그러나 수사기관의 긴급압수수색이 변칙적으로 운영되는 것을 시정하기 위하여 '지체의 위험'을 판단함에 있어 사법적인 통제를 받아야 하고, 객관적으로 고찰하여 지체의 위험이 존재하지 않고 수사기관이 자의적으로 지체의 위험을 인정한 경우에는 그 증거사용이 금지된다고 하는 것이 학설과 판례의 입장이다.[45]

생각해 보건대, 비교법적으로도 우리 소송법상의 영장 없는 압수수색의 범위가 지나치게 제한되어 있는 점 등을 고려하여 수사의 필요성과 긴급성이 있는 경우에는 독립적인 영장 없는 압수수색을 인정할 필요가 있다고 생각한다. 현행 형사소송법이 증거인멸의 우려가 있을 경우에 대인적 긴급처분인 긴급체포는 인정하면서도 긴급체포보다 인권침해의 정도가 상대적으로 낮은 대물적 긴급처분인 긴급압수수색을 을 인정하지 않는 것은 이론적으로 의문이며, 오히려 실무에서는 증거인멸방지를 위하여 피의자를 부득이 긴급체포하는 불합리한 상황이 발생할 수 있다고 하면서, 현행 형사소송법이 인정하고 있는 긴급압수수색의 범위는 수사상 긴급성의 요청을 충족시키기에는 부족할 뿐만 아니라 비교법적인 관점에서도 지나치게 제한적이므로 미국, 독일의 경우처럼 객관적인 긴급성을 요건으로 하여 인신의 체포가 수반되지 않는 일반적인 긴급압수수색제도 및 현장가압수제도를 입법화하는 것이 바람직하다고 생각된다.[46] 이러한 해석론에 의한다고 하더라도 적법절차의 원리의 핵심이 침해된다고 보여지지 않고 개인의 기본권보장과 형사사법상의 정의의 실현의 조화라는 측면에서도 어울릴 수 있다고 보여진다. 물론 대상판결과 같은 경우에 문리적인 해석의 범위를 넘어서는 위험을 감수하지 않을 수 있다.

그러나 다른 사건에 관련된 증거물에 대하여 폭넓은 영장 없는 압수를 허용하는 것은 조금 더 고려해 볼 필요가 있고, 대상판결 등에서와 같이 당해 사건에 관계된 경우 수사의 목적상 그 필요성이 인정되고, 영장주의를 고수하게 되면 수사의 목적을 달성할 수 없는 긴급성이 인정된다면 독립적인 영장 없는 압

---

44) 조상제, 앞의 논문, 211면.

45) 조상제, 앞의 논문, 215면.

46) 김기준, 독립적 압수수색제도의 도입 필요성에 대한 고찰, 형사법의 신동향 통권 제15호, 2008, 39면.

수를 생각해 볼 수 있다. 물론 사후영장 등에 의한 통제는 필수적이다. 독립적인 긴급압수수색제도에 대하여 인권침해 등의 우려를 가지는 견해에 대하여도 비교법적으로 널리 채택되어 있는 사후 사법적인 통제장치를 통한다면 그러한 우려를 불식시킬 수 있을 것으로 보인다. 이러한 해결방법이 문리적 한계를 넘어서는 확장해석의 위험을 방지할 수 있고, 대상판결2에서의 간호사의 경우에 소지자 또는 보관자로서의 처분권을 가지고 있는가를 판단함에 있어서도 합리적인 결론에 이끌어낼 수 있다고 생각한다.

Ⅴ. 맺으면서

실체진실의 발견과 인권침해의 최소화의 조화를 꾀하기 위하여 개인의 기본권 침해를 수반하는 강제수사는 수사를 효율적으로 달성하기 위하여 필요하지만 영장에 의하여 제한하는 것이 필요하다. 영장주의를 엄격하게 관철하게 되면 개인의 기본권보장에는 충실하지만 수사의 효율성, 즉 형사사법정의의 실현은 조금 더 멀어지게 되는 문제점이 있다. 우리 형사소송법은 강제수사에 있어 영장주의의 예외를 규정하고 있는데, 압수수색과 관련하여 제216조 내지 제218조의 경우에 있어 예외적으로 영장 없는 압수수색을 인정하고 있다. 제216조와 제217조의 경우에 있어서 압수 후 영장에 의한 통제를 하고 있다.

본 논문에서의 대상판결들은 영장주의의 예외적인 범죄장소에서의 압수수색과 임의제출물에 대한 압수수색과 관련되어 이러한 조건에 부합하는지가 문제되고 있다. 대법원은 영장없는 압수수색을 인정하기 위하여 음주운전이 의심되는 사고로 피의자가 후송된 병원을 범죄장소로 보고 있고, 진료목적으로 채취한 혈액을 제출할 것을 요구하여 제출받은 것을 임의제출물로 판단하고 있어 과연 올바른 포섭인가가 문제된다.

그 동안 우리 대법원[47]은 "법이 정한 절차에 따르지 아니하고 수집한 압수물의 증거능력 인정 여부를 최종적으로 판단함에 있어서는, 실체적 진실 규명을

47) 대법원 2007. 11. 15. 선고 2007도3061 전원합의체 판결.

통한 정당한 형벌권의 실현도 헌법과 형사소송법이 형사소송 절차를 통하여 달성하려는 중요한 목표이자 이념이므로, 형식적으로 보아 정해진 절차에 따르지 아니하고 수집한 증거라는 이유만을 내세워 획일적으로 그 증거의 증거능력을 부정하는 것 역시 헌법과 형사소송법이 형사소송에 관한 절차 조항을 마련한 취지에 맞는다고 볼 수 없다. 따라서 수사기관의 증거 수집 과정에서 이루어진 절차 위반행위와 관련된 모든 사정 즉, 절차 조항의 취지와 그 위반의 내용 및 정도, 구체적인 위반 경위와 회피가능성, 절차 조항이 보호하고자 하는 권리 또는 법익의 성질과 침해 정도 및 피고인과의 관련성, 절차 위반행위와 증거수집 사이의 인과관계 등 관련성의 정도, 수사기관의 인식과 의도 등을 전체적·종합적으로 살펴 볼 때, 수사기관의 절차 위반행위가 적법절차의 실질적인 내용을 침해하는 경우에 해당하지 아니하고, 오히려 그 증거의 증거능력을 배제하는 것이 헌법과 형사소송법이 형사소송에 관한 절차 조항을 마련하여 적법절차의 원칙과 실체적 진실 규명의 조화를 도모하고 이를 통하여 형사 사법 정의를 실현하려 한 취지에 반하는 결과를 초래하는 것으로 평가되는 예외적인 경우라면, 법원은 그 증거를 유죄 인정의 증거로 사용할 수 있다고 보아야 한다." 라고 하여 형사사법정의의 실현과 적법절차의 준수 사이에서 판단자의 역할을 스스로 자처해 오고 있었고, 이러한 법원의 태도는 대상판결에서 문제가 되는 영장주의의 예외에 포섭하는 과정에서도 문리적 해석의 한계를 넘어선 확장해석을 시도하고 있다.

법원이 최종판단자로서의 독보적인 위상을 제고하는 방법은 스스로 새로운 입법자의 위치에 서는 것과 같은 확장해석을 할 것이 아니라, 문언의 가능한 의미 내에 해석의 범위를 정하고 입법자에게 법개정을 촉구하는 판결을 하는 것이라고 생각된다. 본 논문에서는 어휘의 문리적 한계를 넘어선 해석을 비평하고 이를 해결할 수 있는 대안을 제시해 보고자 했다.

독립적인 압수·수색제도를 만들자는 제안은 개인의 기본권 보장과 형사사법정의 실현이라는 딜레마 사이에서 그 접점을 찾으려는 시도라고 할 수 있다. 대상판결들에서 살펴본 바와 같이 현재의 법규정을 토대로 수사의 효율성을 높이고자 한다면 법원은 스스로 문리적 해석의 한계를 넘어서야 하는 위험을 감수하여야 한다. 그렇다면 오히려 법규정의 신설을 통하여 효율성을 확보할 수 있는 길을 열어주고 이에 사법적 통제를 할 수 있는 방법을 강구하는 것이 오히려 합리적이라고 생각된다.

참고문헌

강동범, 동의나 영장 없는 혈액압수의 적법성, 고시계 1999.12.

권순민, 의식 없는 피의자에 대한 혈액채취와 영장주의, 법학논총 제35권 제2호, 조선대학교 법학연구소, 2011.

김경수, 교통사고현장에서 의식불명된 자에 대한 강제채혈의 증거능력, 법학논총 제18집 제3호, 조선대학교 법학연구원, 2011.

김기준, 독립적 압수수색제도의 도입 필요성에 대한 고찰, 형사법의 신동향 통권 제15호, 2008.

김두상, 교통사고 현장에서 의식을 잃은 음주운전자에 대한 강제채혈에 관한 소고, 법학연구 제22권 제3호, 경상대학교 법학연구소, 2014.

김성환, 강제채혈의 사전·사후 영장심사 및 위법수집증거 배제법칙 관련 문제점들에 대한 연구, 사법 제20호, 사법발전재단, 2012.6.

김하중, 수사상 강제채혈의 법적 문제점과 해결방안, 법조 2008.9.

민만기, 현행 압수·수색 절차상 plain view원칙의 적용가능성과 입법론적 검토, 성균관법학 제25권 제2호, 성균관대학교 법학연구소, 2013.

신이철, 수사절차상 강제채혈과 진료목적으로 채취된 혈액의 압수, 외법논집 제33권 제3호, 한국외국어대학교 법학연구소, 2009.

윤소현, 의식상실한 음주운전 피의자에 대한 채혈, 형사법의 신동향 제31권, 2011.

장승일, 피의자 동의 없는 채혈의 적법성과 영장주의, 법학연구 제23권 제2호, 충남대학교 법학연구소, 2012.

정신교, 음주운전 강제채혈의 형사법적 검토, 법학연구 제15집 제1호, 인하대학교 , 2012.

조 국, 위법수집증거배제법칙, 박영사, 2006.

______, 압수, 수색의 합법성 기준 재검토, 비교형사법연구 제5권 제2호, 한국비교형사법학회, 2003.

조기영, 피의자 동의 없는 혈액압수의 적법성, 형사법연구 제23권 제2호, 2011.

조상제, 독립적 긴급압수수색제도의 입법론적 연구－독일의 긴급압수수색제도와의 비교법적 관점에서－, 형사법의 신동향 제32호, 2011.

최준혁, 영장에 의하지 않은 강제처분, 경찰법연구 제9권 제2호, 2011.

최진안, 독립적 압수수색제도의 도입가능성과 한계, 아주법학 제7권 제1호, 2013.

홍영기, 영장 없는 압수·수색의 합법성 기준, 고려법학 제63권, 고려대학교 법학연구원, 2013.

31

전자정보의 압수수색에 있어 정보검색의 성격과 피압수자 참여권 보장의 의미*

– 대법원 2015. 7. 16. 자 2011모1839 전원합의체 결정 –

박 성 민**

【대상판례】 대법원 2015. 7. 16. 자 2011모1839 전원합의체 결정(준항고인용결정에 대한 재항고)

【판결요지】

가. 사실관계

수원지검 검사 박○○은 대형제약업체 회장 이○○의 특가법상 배임혐의를 수사하는 과정에서 2011. 4. 25. 수원지방법원으로부터 압수수색영장(1영장)[1)]을 발부받아 2011.

* 이 논문은 제174회 영남형사판례연구회(2015.12.14.)에서 발표되고, 형사정책 제28권 제2호(2015)에 게재되었음.

** 경상대학교 법과대학 조교수, 경상대학교 법학연구소 책임연구원, 법학박사.

1) 해당 영장은 압수물건을 "회사의 매각과 관련하여 작성된 기안서, 업무일지, 계약서, 보고서, 메모지, 노트, 수첩, 장부, 회의록, 법률자문서, 공시자료 등 각종 서류와 전자파일 등 데이터(위 data를 저장하고 있는 매체 포함)"로 하고, 압수방법은 "컴퓨터 전자장치에 저장된 정보는 다음과 같은 방법으로 압수할 수 있음. ① 범죄사실과 직접 관련된 전자정보만을 저장하고 있는 컴퓨터 저장장치는 그 전부를 압수할 수 있음 ② 범죄사실과 직접 관련된 정보와 직접 관련되지 않은 전자정보가 혼재된 전자정보장치는 피의자나 그 소유자, 소지자 또는 간수자가 동의하지 않는 한, 그 전부를 사본하거나 이미징하여 압수할 수 없고, 이 경우 범죄사실과 관련된 전자정

4. 25. 2시경부터 본사사무실에서 대표이사인 김○○과 직원들이 참여한 가운데 압수수색을 실시하였다. 압수수색과정에서 이○○의 혐의사실과 관련된 전자정보의 존재를 확인하였으나 무관정보와 혼재되어 있고, 해당 저장매체의 용량이 200GB를 초과하는 상황이어서 김○○의 동의를 받아 저장매체에 봉인을 한 후 압수하였다. 수원지검 검사 박○○은 2011. 4. 26. 대검디지털포렌식센터에 이 사건 저장매체를 인계하면서 자료분석을 의뢰하였고, 이○○의 부하직원이 참여한 가운데 봉인을 해제하고 쓰기방지장치를 연결한 후, 해당 직원을 돌려보낸 상태에서 이○○과 변호인에게 통지하지 않은 상태에서 2011. 4. 27부터 2011. 5. 1.까지 저장매체에 저장된 전자정보를 모두 대검 원격디지털공조시스템에 이미징의 방법으로 저장하였다.(1압수처분)

수원지검 검사 박○○는 대검포렌식센터로부터 이 사건 저장매체를 돌려받은 후 2011. 5. 2. 이를 이○○에게 반환하고, 이○○과 변호인에게 전혀 통지하지 않은 상태에서 2011. 5. 3.부터 2011. 5. 6.까지 별도의 하드디스크에 다운로드하여 저장하고(2압수처분), 2011. 5. 9.부터 5. 20까지 하드디스크에 저장된 정보를 검색하면서 내용이 복잡한 일부 전자문서는 이를 문서로 출력하여 검토하는 작업을 병행하였다.(3압수처분)

수원지검검사 박○○은 하드디스크에 저장된 전자정보를 검색하는 과정에서 회장 이○○과 대표이사 김○○의 약사법위반 등 혐의사실과 관련된 자료를 발견하게 되자 이를 수원지검 특수부에 통보하였고, 수원지검 검사 하○○는 2011. 5. 26. 수원지방법원으로부터 압수수색영장(2영장)[2]을 발부받아 같은 날 이○○과 김○○ 및 변호인에게 전혀 통지하지 않은 상태에서 2영장에 기해 위 하드디스크 자체에 대한 압수를 실시하였다.(4압수처분)

수원지검검사 하○○는 4압수처분이후 이○○과 김○○ 및 변호인에게 전혀 통지하지 않은 상태에서 위 하드디스크에 저장된 전자정보를 문서로 출력하였다.(5압수처분)

수원지검 검사 박○○는 이○○을 특가법상 배임혐의로 기소한 후 재판진행과정에서 두차례에 걸쳐 압수처분 3에 의하여 출력한 문서가 기재된 압수목록을 교부하여 달라는 요청을 받았으나 출력문서를 폐기하였다는 이유로 이에 응하지 않았다.

나. 원심의 판단-수원지방법원 2011. 10. 31. 자 2011보2 결정

이 사건 1내지 3압수처분은 모두 이 사건 1영장의 사유로 된 준항고인 이○○의 특

보는 피압수자 또는 형사소송법 제123조에 정한 참여인의 확인을 받아 수사기관이 휴대한 저장장치에 하드카피·이미징하거나 문서로 출력할 수 있는 경우 그 출력물을 수집하는 방법으로 압수함(다만 해당컴퓨터 저장장치가 몰수 대상물이거나 하드카피·이미징 또는 문서의 출력을 할 수 없거나 상당히 곤란한 경우에는 컴퓨터 저장장치 자체를 압수할 수 있고, 이 경우에는 수사에 필요한 상당한 기관이 경과한 후 지체없이 반환하여야 함)"으로 특정하였다.

2) 해당 영장은 압수물건을 "2011. 4. 25. 자 압수수색과정에서 압수한 저장장치들의 데이터 사본을 검사실의 하드디스크에 보관중에 있는 바 그 사본 데이터 중 본건 범죄사실관련 데이터"로 특정하였다.

가법상 배임혐의와 무관한 전자정보에 대하여까지 무차별적으로 이루어졌을 뿐만 아니라 형사소송법 제219조, 제122조를 위반하여 준항고인 이○○과 그 변호인의 참여권이 박탈된 상황에서 이루어졌고, 또한 사후에 형사소송법 제219조, 제129조에 따라 준항고인 주식회사에 압수목록이 교부되지도 않았다. 또한 이 사건 2, 3, 압수처분은 이 사건 1영장의 유효기간인 2011. 5. 2.이 경과된 이후에야 비로소 이루어졌다는 점을 근거로 들어 1내지 3압수처분은 모두 헌법과 형사소송법이 규정하고 있는 영장주의와 적법절차의 원칙에 위배되어 이루어진 것으로서 위법하다.

이 사건 4와 5압수처분은 영장주의와 적법절차의 원칙에 위배하여 이루어진 이 사건 1, 2압수처분에 의해 취득한 전자정보를 수사기관이 계속보유하면서 별건 수사를 위한 증거자료로 사용하는 과정에서 행한 것으로서 실질적으로 영장주의를 형해화하는 것이고, 참여권이 박탈된 상황에서 이루어진 다음 사후에 압수목록이 교부되지 않았다는 점에서도 적법절차에 위배되었다는 점을 근거로 들어 각각 위법한 처분으로 판단하였다.

다. 대법원의 판단(결정요지)

[1] 수사기관의 전자정보에 대한 압수・수색은 원칙적으로 영장 발부의 사유로 된 범죄 혐의사실과 관련된 부분만을 문서 출력물로 수집하거나 수사기관이 휴대한 저장매체에 해당 파일을 복제하는 방식으로 이루어져야 하고, 저장매체 자체를 직접 반출하거나 저장매체에 들어 있는 전자파일 전부를 하드카피나 이미징 등 형태(이하 '복제본'이라 한다)로 수사기관 사무실 등 외부로 반출하는 방식으로 압수・수색하는 것은 현장의 사정이나 전자정보의 대량성으로 관련 정보 획득에 긴 시간이 소요되거나 전문 인력에 의한 기술적 조치가 필요한 경우 등 범위를 정하여 출력 또는 복제하는 방법이 불가능하거나 압수의 목적을 달성하기에 현저히 곤란하다고 인정되는 때에 한하여 예외적으로 허용될 수 있을 뿐이다.

이처럼 <u>저장매체 자체 또는 적법하게 획득한 복제본을 탐색하여 혐의사실과 관련된 전자정보를 문서로 출력하거나 파일로 복제하는 일련의 과정 역시 전체적으로 하나의 영장에 기한 압수・수색의 일환에 해당</u>하므로, 그러한 경우의 문서출력 또는 파일복제의 대상 역시 저장매체 소재지에서의 압수・수색과 마찬가지로 혐의사실과 관련된 부분으로 한정되어야 함은 헌법 제12조 제1항, 제3항과 형사소송법 제114조, 제215조의 적법절차 및 영장주의 원칙이나 비례의 원칙에 비추어 당연하다. 따라서 수사기관 사무실 등으로 반출된 저장매체 또는 복제본에서 혐의사실 관련성에 대한 구분 없이 임의로 저장된 전자정보를 문서로 출력하거나 파일로 복제하는 행위는 원칙적으로 영장주의 원칙에 반하는 위법한 압수가 된다.

[2] 저장매체에 대한 압수・수색 과정에서 범위를 정하여 출력 또는 복제하는 방법이 불가능하거나 압수의 목적을 달성하기에 현저히 곤란한 예외적인 사정이 인정되어 전자

정보가 담긴 저장매체 또는 하드카피나 이미징 등 형태(이하 '복제본'이라 한다)를 수사기관 사무실 등으로 옮겨 복제·탐색·출력하는 경우에도, 그와 같은 일련의 과정에서 형사소송법 제219조, 제121조에서 규정하는 피압수·수색 당사자(이하 '피압수자'라 한다)나 변호인에게 참여의 기회를 보장하고 혐의사실과 무관한 전자정보의 임의적인 복제 등을 막기 위한 적절한 조치를 취하는 등 영장주의 원칙과 적법절차를 준수하여야 한다. 만약 그러한 조치가 취해지지 않았다면 피압수자 측이 참여하지 아니한다는 의사를 명시적으로 표시하였거나 절차 위반행위가 이루어진 과정의 성질과 내용 등에 비추어 피압수자 측에 절차 참여를 보장한 취지가 실질적으로 침해되었다고 볼 수 없을 정도에 해당한다는 등의 특별한 사정이 없는 이상 압수·수색이 적법하다고 평가할 수 없고, 비록 수사기관이 저장매체 또는 복제본에서 혐의사실과 관련된 전자정보만을 복제·출력하였다 하더라도 달리 볼 것은 아니다.

[3] [다수의견] 전자정보에 대한 압수·수색 과정에서 이루어진 현장에서의 저장매체 압수·이미징·탐색·복제 및 출력행위 등 수사기관의 처분은 하나의 영장에 의한 압수·수색 과정에서 이루어진다. 그러한 일련의 행위가 모두 진행되어 압수·수색이 종료된 이후에는 특정단계의 처분만을 취소하더라도 그 이후의 압수·수색을 저지한다는 것을 상정할 수 없고 수사기관에게 압수·수색의 결과물을 보유하도록 할 것인지가 문제 될 뿐이다. 그러므로 이 경우에는 준항고인이 전체 압수·수색 과정을 단계적·개별적으로 구분하여 각 단계의 개별 처분의 취소를 구하더라도 준항고법원은 특별한 사정이 없는 한 구분된 개별 처분의 위법이나 취소 여부를 판단할 것이 아니라 당해 압수·수색 과정 전체를 하나의 절차로 파악하여 그 과정에서 나타난 위법이 압수·수색 절차 전체를 위법하게 할 정도로 중대한지 여부에 따라 전체적으로 압수·수색 처분을 취소할 것인지를 가려야 한다.[3] 여기서 위법의 중대성은 위반한 절차조항의 취지, 전체과정 중에서 위반행위가 발생한 과정의 중요도, 위반사항에 의한 법익침해 가능성의 경중 등을 종합하여 판단하여야 한다.

[제1·2·3 처분에 관한 대법관 김창석, 대법관 박상옥의 반대의견] 전자정보에 대한 압수·수색은 일련의 과정을 거쳐 이루어지게 되므로, 압수·수색을 구성하는 일련의 과정에서 이루어진 저장매체 압수, 이미징, 탐색, 복제 또는 출력 등의 행위를 개별적으로 나누어 처분의 적법성을 판단하는 것은 타당하다고 할 수 없으나, 처분의 적법성은 압수의 대상이 된 전자정보별로 달리 평가될 수 있다. 즉 하나의 압수·수색영장에 기한 압수·수색이 외형상으로는 1개만 존재한다고 하더라도 관념적으로는 대상별로 수개

---

3) 이에 대해 준항고법원은 구체적인 사안에서 이루어진 일련의 압수·수색 과정에 관하여 위법 여부를 가린 후 결과에 따라 압수·수색 과정 전부를 취소할 수도 있고 또는 압수·수색 과정을 단계적·개별적으로 구분하여 일부만을 취소할 수도 있다는 김용덕 대법관의 별개 의견이 있다.

의 압수·수색이 존재하고, 하나의 압수·수색만이 존재하는 것으로 보아야 한다 하더라도 압수 대상 전자정보별로 가분적인 것이다. 따라서 압수·수색의 적법성은 '대상별'로 전체적으로 판단되어야 한다.

[4] [다수의견] 검사가 압수·수색영장을 발부받아 갑 주식회사 빌딩 내 을의 사무실을 압수·수색하였는데, 저장매체에 범죄혐의와 관련된 정보(이하 '유관정보'라 한다)와 범죄혐의와 무관한 정보(이하 '무관정보'라 한다)가 혼재된 것으로 판단하여 갑 회사의 동의를 받아 저장매체를 수사기관 사무실로 반출한 다음 을 측의 참여하에 저장매체에 저장된 전자정보파일 전부를 '이미징'의 방법으로 다른 저장매체로 복제(이하 '제1 처분'이라 한다)하고, 을 측의 참여 없이 이미징한 복제본을 외장 하드디스크에 재복제(이하 '제2 처분'이라 한다)하였으며, 을 측의 참여 없이 하드디스크에서 유관정보를 탐색하는 과정에서 갑 회사의 별건 범죄혐의와 관련된 전자정보 등 무관정보도 함께 출력(이하 '제3 처분'이라 한다)한 사안에서, 제1 처분은 위법하다고 볼 수 없으나, 제2·3 처분은 제1 처분 후 피압수·수색 당사자에게 계속적인 참여권을 보장하는 등의 조치가 이루어지지 아니한 채 유관정보는 물론 무관정보까지 재복제·출력한 것으로서 영장이 허용한 범위를 벗어나고 적법절차를 위반한 위법한 처분이며, 제2·3 처분에 해당하는 전자정보의 복제·출력 과정은 증거물을 획득하는 행위로서 압수·수색의 목적에 해당하는 중요한 과정인 점 등 위법의 중대성에 비추어 위 영장에 기한 압수·수색이 전체적으로 취소되어야 한다고 한 사례.

[5] 전자정보에 대한 압수·수색에 있어 저장매체 자체를 외부로 반출하거나 하드카피·이미징 등의 형태로 복제본을 만들어 외부에서 저장매체나 복제본에 대하여 압수·수색이 허용되는 예외적인 경우에도 혐의사실과 관련된 전자정보 이외에 이와 무관한 전자정보를 탐색·복제·출력하는 것은 원칙적으로 위법한 압수·수색에 해당하므로 허용될 수 없다. 그러나 전자정보에 대한 압수·수색이 종료되기 전에 혐의사실과 관련된 전자정보를 적법하게 탐색하는 과정에서 별도의 범죄혐의와 관련된 전자정보를 우연히 발견한 경우라면, 수사기관은 더 이상의 추가 탐색을 중단하고 법원에서 별도의 범죄혐의에 대한 압수·수색영장을 발부받은 경우에 한하여 그러한 정보에 대하여도 적법하게 압수·수색을 할 수 있다.

나아가 이러한 경우에도 별도의 압수·수색 절차는 최초의 압수·수색 절차와 구별되는 별개의 절차이고, 별도 범죄혐의와 관련된 전자정보는 최초의 압수·수색영장에 의한 압수·수색의 대상이 아니어서 저장매체의 원래 소재지에서 별도의 압수·수색영장에 기해 압수·수색을 진행하는 경우와 마찬가지로 피압수·수색 당사자(이하 '피압수자'라 한다)는 최초의 압수·수색 이전부터 해당 전자정보를 관리하고 있던 자라 할 것이므로, 특별한 사정이 없는 한 피압수자에게 형사소송법 제219조, 제121조, 제129조에 따라 참여권을 보장하고 압수한 전자정보 목록을 교부하는 등 피압수자의 이익을 보호하기 위한 적절한 조치가 이루어져야 한다.

[6] 검사가 압수·수색영장(이하 '제1 영장'이라 한다)을 발부받아 갑 주식회사 빌딩 내 을의 사무실을 압수·수색하였는데, 저장매체에 범죄혐의와 관련된 정보(이하 '유관정보'라 한다)와 범죄혐의와 무관한 정보(무관정보)가 혼재된 것으로 판단하여 갑 회사의 동의를 받아 저장매체를 수사기관 사무실로 반출한 다음 을 측의 참여하에 저장매체에 저장된 전자정보파일 전부를 '이미징'의 방법으로 다른 저장매체로 복제하고, 을 측의 참여 없이 이미징한 복제본을 외장 하드디스크에 재복제하였으며, 을 측의 참여 없이 하드디스크에서 유관정보를 탐색하던 중 우연히 을 등의 별건 범죄혐의와 관련된 전자정보(이하 '별건 정보'라 한다)를 발견하고 문서로 출력하였고, 그 후 을 측에 참여권 등을 보장하지 않은 채 다른 검사가 별건 정보를 소명자료로 제출하면서 압수·수색영장(이하 '제2 영장'이라 한다)을 발부받아 외장 하드디스크에서 별건 정보를 탐색·출력한 사안에서, 제2 영장 청구 당시 압수할 물건으로 삼은 정보는 제1 영장의 피압수·수색 당사자에게 참여의 기회를 부여하지 않은 채 임의로 재복제한 외장 하드디스크에 저장된 정보로서 그 자체가 위법한 압수물이어서 별건 정보에 대한 영장청구 요건을 충족하지 못하였고, 나아가 제2 영장에 기한 압수·수색 당시 을 측에 압수·수색 과정에 참여할 기회를 보장하지 않았으므로, 제2 영장에 기한 압수·수색은 전체적으로 위법하다고 한 사례.

연 구

Ⅰ. 문제제기

실무에서 전자정보의 압수는 크게 ① 현장에 있는 정보저장매체 등에서 영장 기재 혐의사실과 관련된 데이터만 복사하거나 종이로 출력하는 방법, ② 현장에서 저장매체 전체를 이미징(Imaging)[4]하여 증거사본을 확보한 후 증거사본을

4) 법원은 통상 이미징을 소프트웨어(디스크 이미징 소프트웨어)를 이용하여 대상 하드디스크를

수사기관의 사무실로 가져와 영장 기재 혐의사실과 관련된 데이터를 검색하여 복사 또는 출력하는 방법, ③ 현장에 있는 저장매체 자체를 수사기관의 사무실로 가져와 저장매체 전체를 이미징하여 증거사본을 확보한 다음 저장매체 원본은 반환하고 증거사본에서 영장기재 혐의사실과 관련된 데이터를 검색하여 복사 또는 출력하는 방법이 있다.[5] 대상판례의 경우에는 유관정보가 200GB의 대용량 저장매체에 무관정보와 혼재되어 있어 부득이 ③의 방법을 취하였다.

그런데 전자증거는 유체물인 증거와 달리 특유의 비가독성과 대용량성, 그리고 변조용이성 등으로 인해 압수수색단계에서 다양한 문제점이 도출된다. 이에 학계에서는 일찍부터 압수수색의 대상, 원본과의 동일성, 사건관련성의 범위, 참여권보장의 한계 등이 논의되었는데, 핵심은 전자정보 압수수색에 대한 제한과 통제로 귀결된다. 법원의 영장실무도 이에 적극 호응하면서 과도한 통제로 인해 실체진실주의가 훼손된다는 비판과 함께, 일각에서는 전자정보의 압수수색 방법에 대한 법규나 판례의 해석이 미비한 상황에서, 수사기관에 대한 제재의 일환으로 법원이 사법통제를 강화하고 있다는 다소 감정섞인 우려도 제기되고 있다. 적법절차의 원칙과 실체진실주의의 갈등이 비단 전자증거에 국한된 것은 아니지만, 최근 전자증거의 압수수색이 증가하는 상황에서, 양자의 조화를 위한 합리적 해석론이 요구되고 있다.

이런 상황에서 대상판례는 정보검색과정의 성격과 그 과정에서의 참여권 보장의 의미에 주요한 시사점을 주고 있다. 이하에서는 대상판례를 중심으로 전자정보가 압수수색의 대상이 되는지, 개정형사소송법상 사건과의 관련성의 의미는 무엇인지를 확인한 후, 정보검색의 성격과 참여권 보장의 취지를 살펴보고 대상판례를 분석한다.

하나의 파일형태로 복제하는 방법, 하드카피는 특수장비(디스크 이미징 장비)를 이용하여 하드디스크를 물리적으로 복제하는 방법으로 구분하지만, 압수수색현장 외의 제3의 장소에서의 분석을 위하여 저장매체원본과 동일한 디지털 복제본을 만드는 작업을 이미징(Imaging)이라 하므로, 포렌직실무에서는 이미징이라는 말로 통칭하여 사용한다.(이숙연, "전자정보에 대한 압수수색과 기본권, 그리고 영장주의에 관하여－대법원 2011모1190 결정에 대한 평석을 중심으로 한 연구－", 헌법학연구 제18권 제1호, 한국헌법학회, 2012, 24면)

5) 박혁수, "디지털 정보 압수수색의 실무상 쟁점", 형사법의 신동향 통권 제44호, 대검찰청, 2014, 78－79면.

Ⅱ. 전자정보 압수수색의 쟁점

1. 압수수색의 대상-정보는 압수의 대상인가?

우리 형사소송법 제106조는 압수수색의 대상으로 증거물(物)과 몰수물(物)을 규정하고 있다. 법문만 보면 압수수색의 대상은 유체물에 한정되고, 전자정보와 같은 무체정보는 압수수색의 대상이라고 보기 어렵다. 압수수색의 대상을 이와 같이 제한적으로 해석하면 저장매체의 압수로 압수수색은 종료되고, 이후의 검색과정은 분석 또는 감정의 성격을 가지게 된다. 학설은 압수수색의 대상은 유체물에 한정된다는 입장,[6] 전자정보도 압수수색의 대상이 된다는 입장[7]으로 구별된다.

실무에서 정보가 압수의 대상이 되는가는 진지한 논의의 영역은 아니다. 우리 법원은 정보(data)를 압수수색의 대상에 포함되는 것으로 명시하고 있다.[8] 그리고 검찰의 영장실무도 "저장매체의 원본반출이 허용된 경우 즉시 증거사본을 복제하고, 저장매체 원본은 피압수자에게 반환하여야 하며, 복제한 증거사본에 대해서는 혐의사실과 관련된 전자정보만을 출력 또는 복사하여야 하고, 압수한 전자정보의 목록을 피압수자 등에게 교부하여야 하되, 목록교부는 최종적으로 압수하는 출력물 또는 전자정보의 사본의 교부로 갈음할 수 있다"고 하는데,[9] 전자정보목록을 압수목록으로 이해하는 영장실무의 취지에 비추어 보면 무체정보도 압수수색의 대상으로 이해하는 것으로 판단된다.

전자정보라 하더라도 그것이 몰수물이나 증거물로서의 가치를 가지기 위해서는 프린트아웃과정을 거쳐야한다. 그런데 정보가 인쇄된 종이는 텍스트를 제외하면 아무런 의미가 없다. 결국 전자정보의 압수수색의 대상은 형식적으로는 유

---

6) 이완규, "디지털증거 압수수색과 관련성 개념의 해석", 법조 통권 686호, 2013, 149-150면. 이완규 검사는 형사소송법 제106조가 복제물이나 저장매체자체를 압수하도록 규정하고 있으며, 이후의 정보검색과정을 정보확인절차(임의수사)로 보는 점에서 압수수색의 대상을 유체물에 한정하는 것으로 판단된다.

7) 조국, "컴퓨터 전자기록에 대한 대물적 강제처분의 해석론적 쟁점", 형사정책 제22권 제1호, 2010, 104-105면.

8) 대상판례의 1영장(각주1) 및 2영장(각주2) 참조.

9) 박혁수, "디지털 정보 압수수색의 실무상 쟁점", 103면.

체물의 성격을 가지지만 실질적으로는 정보가 압수되는 것과 같은 현상을 보인다. 해석론으로는 압수물에 전자정보도 포함되는 것으로 이해하는 것이 보다 바람직한 해석방법이라 평가된다. 다만 논란을 피하기 위해 입법론으로 전자정보를 압수수색의 대상으로 입법화할 필요는 있다.[10]

2. 사건과의 관련성 – 무관정보와 유관정보가 혼재된 경우 사건과의 관련성은 어떻게 인정할 것인가?

(1) 관련성의 의미

수색의 사건관련성은 "그 사건의 증거물 또는 몰수물이 존재하고 있을 가능성"인 반면에, 압수에 있어 사건관련성은 "압수대상물이 그 사건에서 증거로서 의미를 가질 가능성이 있거나 몰수 대상물일 가능성"을 의미한다.[11] 수색의 경우 사건관련성이 압수에 비해 상대적으로 약하다고 할 수 있다. 압수의 전제가 되는 수색의 경우에는 아직 현장상황을 알지 못한 상태인 반면에, 압수의 경우에는 수색 후 어느 정도 현장상황을 인지한 상태이므로 이러한 차이가 비합리적이라고 할 수는 없다.

(2) 관련성 판단의 기준

사건과의 관련성을 판단함에 있어 사건과의 객관적 관련성 이외에 디지털증거와 수사대상자간의 인적관련성인 주관적 관련성, 혐의사실발생시점과의 근접성이라는 시간적 관련성의 3가지 측면을 분석도구로 제시하는 입장이 있다.[12] 이에 대해 주관적 관련성이나 시간적 관련성은 사건과의 관련성의 하나의 기준으로 종합적으로 판단하면 족하다는 반론이 제기된다.[13] 인적관련성을 강조하는 것은 피의자 소유물건의 경우에만 압수가 가능하도록 한다는 점에서 불합리하고, 피고사건과의 관련성이라는 법문의 해석에도 부합하지 않는다는 점을 근거

---

10) 조국, "컴퓨터 전자기록에 대한 대물적 강제처분의 해석론적 쟁점", 104면.
11) 이완규, "디지털증거 압수수색과 관련성 개념의 해석", 99면.
12) 오기두, "전자정보의 수색 검증 압수에 관한 개정형사소송법의 함의", 형사소송이론과 실무 제4권 제1호, 2012, 한국형사소송법학회, 151－152면.
13) 이완규, "디지털증거 압수수색과 관련성 개념의 해석", 153면.

로 제시한다. 전자의 입장에 의하면 압수수색의 대상을 사건과 시적·인적으로 근접한 것으로 제한하게 되는데, 실제 법정에서 증거에 대해 사건과의 시간적·인적 결합을 요구하지는 않는다는 점에 비추어 보면, 과도한 제한이라고 할 수 있다.

한편 사건과의 객관적 관련성으로 한정하는 입장 중에는 미국의 plain view나 독일의 긴급압수제도를 취하고 있지 않은 우리 실무현실에 비추어 관련성의 탄력적 해석을 요구하기도 한다.[14] 적법한 수색 중에 다른 범죄의 증거를 발견한 경우에는 적어도 그 전제인 수색은 영장 또는 법 소정의 긴급상황에 따라 행해지는 적법한 것이라는 점, 이미 행해진 압수수색의 전제범죄와의 관련성에 의해 적절히 제한되는 한 탐색적 수색으로 전환되는 것은 아니라는 점을 들어 증거사용의 가능성－별도의 영장없는 압수에 의한－을 열어둘 것을 제안한다.[15] 그러나 이와 같은 해석은 사건관련성의 탄력적 해석이라기보다는 사실상 일반영장으로의 전환을 의미한다고 할 것이다. 압수수색과정에서 우연히 별건정보를 확인한 경우에는 그것이 압수수색의 전제가 된 혐의와 사건 관련성을 겸유하지 않는 한,[16] 별도의 영장을 발부받아야 할 것이다. 수사기관이 드러난 혐의에 대한 압수수색을 빌미로 실제 드러나지 않은 사건을 수사하는 방편으로 활용할 가능성을 배제할 수 없기 때문이다.

(3) 관련성의 요건성

사건과의 관련성은 압수수색요건 중 하나이다. 우리 형사소송법 제215조는 압수수색의 요건으로 사건과의 관련성을 요구하고 있는데, 종래 판례는 필요성의 내용으로 사건과의 관련성을 요구했다는 점[17]에서 전혀 새로운 요건은 아니다. 하지만, 개정형사소송법이 사건과의 관련성을 명문화했다는 점은 그 의미가

14) 이완규, "디지털증거 압수수색과 관련성 개념의 해석", 107면.
15) 이완규, "디지털증거 압수수색과 관련성 개념의 해석", 106－107면.
16) 판례는 이 경우 사건과의 관련성을 인정한다.(대법원 2008. 7. 10. 2008도2245 판결)
17) 어떤 물건이 긴급체포의 사유가 된 범죄사실 수사에 필요한 최소한의 범위 내의 것으로서 압수의 대상이 되는 것인지는 당해 범죄사실의 구체적인 내용과 성질, 압수하고자 하는 물건의 형상·성질, 당해 범죄사실과의 관련 정도와 증거가치, 인멸의 우려는 물론 압수로 인하여 발생하는 불이익의 정도 등 압수 당시의 여러 사정을 종합적으로 고려하여 객관적으로 판단하여야 한다.(대법원 2008. 7. 10. 선고 2008도2245 판결)

작지 않다. 일각에서는 개정형사소송법 이후에도 이를 필요성의 내용으로 이해하면서 독립적인 요건성을 부정하는 입장도 있지만,[18] 관련성 요건은 압수수색 필요성의 제한원리로 별도의 독립적인 요건으로 이해해야 할 것이다. 관련성을 필요성의 내용으로 이해하게 되면, 압수수색의 필요성에 관련성이 매몰될 가능성이 있으며, 이를 명문화한 입법자의 의사를 감안하더라도 소극적인 의미에서 압수수색의 요건으로 이해하는 것이 적절할 것이다.[19]

관건은 저장매체의 압수에 있어 사건과의 관련성을 어떻게 판단할 것인가 하는 점이다. 사건과 관련 있는 증거만 저장되어 있는 저장매체의 경우에는 아무런 문제가 없지만, 대체로 저장매체에는 무관정보와 유관정보가 혼재되어 있기 때문에 이러한 경우 사건과의 관련성 해석은 압수수색의 가능성과 직결된다고 할 수 있다. 통상 다른 매체와 달리 디지털 저장매체는 유관정보와 무관정보의 분리가 가능하다는 점에 비추어 보면, 압수수색과정에서 저장매체에 유관정보와 무관정보가 혼재되어 있는 경우에는 수색정도의 사건관련성, 즉 "그 사건의 증거물 또는 몰수물이 존재하고 있을 가능성"만으로 족하며, 압수 정도의 사건관련성, 즉 "압수대상물이 그 사건에서 증거로서 의미를 가질 가능성이 있거나 몰수 대상물일 가능성"까지는 요구되지 않는다.[20] 결론적으로 저장매체의 반출은 압수가 아니며, 수색의 일환으로 이해하는 것이 타당하며, 정보검색과정을 통해 객관적 사건관련성 있는 유관정보만을 최종적으로 압수할 수 있다고 할 것이다.

3. 저장매체검색의 성질

(1) 검증설

정보저장매체에서 정보를 검색하는 과정을 검증으로 이해하면서 별도의 검증

18) 이재상, 「형사소송법」 (제9판), 박영사, 2012, 311면.
19) 한편 이를 비례성의 내용으로 이해하는 것도 적절하지 않은 것을 판단된다. 관련성이 바례성의 내용이 되면 역시 비례성이 관련성으로 대체될 가능성을 배제할 수 없다. 비례성은 영장집행과정에서 피압수자의 침익적 요소를 최소화할 수 있는 본질적 제약원리로 기능해야 한다.
20) 이점에서 관련성의 의미를 위와 같이 해석하면서 저장매체의 압수만으로 압수수색이 종료된 것으로 이해하는 이완규 검사의 입장은 그 논리적 일관성을 결여한 것으로 판단된다.

영장을 요구하는 입장이다.[21] 체내신체검사가 수색으로서의 성격과 검증으로서의 성격을 동시에 가지고 있는 것과 마찬가지로 정보매체를 압수하고 정보를 검색하는 일련의 과정도 이와 유사하다는 것이다.[22]

그러나 체내신체검사는 피처분자의 신체에 일회적·직접적으로 작용하지만, 정보검색은 매체반출 후 정보탐색이라는 과정을 거친다. 이런 차이로 인해 체내신체검사와 달리 정보검색의 경우에는 저장매체압수와 정보검색의 관계가 중요한 의미를 가진다. 저장매체의 압수만으로는 압수수색이 종료되지 않은 상황에서 정보검색과정에 별도의 검증영장이 요구되는지 아니면 저장매체의 압수로 종전영장은 실효되고 별도의 검증영장이 필요한 것인지를 확인할 필요가 있다.[23]

(2) 정보확인설(임의수사설)

압수의 대상은 유체물인 정보저장매체이며, 이미 압수와 수색이 종료된 상황에서 정보검색과정은 해당매체에서 정보를 확인하는 절차에 불과하다는 입장이다.[24] 이후의 정보확인과정은 임의수사의 법리에 따라 수사비례성의 원칙이 적용되며, 피압수자의 참여권 보장은 필수적이라고 할 수 없다. 특히 형사소송법 제106조 제3항의 법문에 의하면 압수방법으로 저장매체를 압수하는 경우도 인정하고 있기 때문에 저장매체의 압수로 압수절차는 종료된 것으로 이해한다. 또한 이렇게 이해하는 것이 유체물과 디지털 증거를 구별하지 않는 우리 법해석에 부합하고 법이론의 일관성도 담보한다고 본다.

---

21) 노명선, "디지털 증거의 압수수색에 관한 판례 동향과 비교법적 고찰", 형사법의 신동향 통권 제43호, 대검찰청, 2014, 179면; 조국, "컴퓨터 전자기록에 대한 대물적 강제처분의 해석론적 쟁점", 105면.

22) 조국, "컴퓨터 전자기록에 대한 대물적 강제처분의 해석론적 쟁점", 105면.

23) 조국 교수는 분명하지는 않지만, 유관정보와 무관정보가 혼재된 저장매체의 압수를 인정하지 않는다는 점에서 전자의 입장에 있는 것으로 판단되고(조국, 104-105면), 노명선 교수는 매체에 대한 점유의 이전으로 압수는 종료되었다고 하면서, 한편으로는 제3지이동 → 수색 → 검증이라는 새로운 강제처분영장을 요구한다는 점에서 후자의 입장에 있는 것으로 판단된다.(노명선, 179면)

24) 이완규, "디지털증거 압수수색과 관련성 개념의 해석", 145-146면.

(3) 집행과정설

정보의 검색과정을 전체적으로 압수수색영장의 집행과정에 포함된다고 보는 입장이다.[25] 이 입장에 의하면 정보매체의 압수와 정보검색의 과정은 수색과 압수가 반복되지만, 하나의 수색과 압수로 이해된다. 이 입장에서는 수사기관의 저장매체 압수행위를 압수가 아니라 반출로 이해한다. 이 점에서는 압수 이외에 반출이라는 새로운 강제처분을 인정한 것이라는 비판[26]이 제기된다.

(4) 소결

검증설 중 저장매체의 압수로 종전영장은 실효되고, 정보검색과정에서 별도의 검증영장을 요구하는 입장에 의하면, 수사기관은 정보검색 후 유관정보를 분리하는 과정에서 분리된 유관정보의 목록을 피처분자에게 교부할 의무가 없다. 왜냐하면 정보검색과정은 압수수색이 아니므로 수사기관에 목록의 교부의무가 없기 때문이다. 물론 검증조서에 해당 정보를 기재하게 되면 유관정보의 실체가 드러나지만, 수사기관에 의해 해당 조서가 법정에 현출될 때까지 피처분자는 처분의 결과를 알 수 없게 된다. 이러한 관점은 피처분자의 방어권보장에 약점을 보일 수 밖에 없다. 한편 저장매체의 압수만으로는 압수수색이 종료되지 않은 상황에서 정보검색과정에 별도의 검증영장을 요구하는 것으로 이해하면, 정보검색과정을 수색이 아닌 검증으로 이해하는 외에 소송법적 실익 없이 별도의 영장발부과정에서 사법낭비라는 비판이 제기될 수 있다.

정보확인설은 제106조 3항의 단서[27]를 근거로 저장매체도 압수의 대상이 되고, 저장매체의 압수로 압수수색은 종료되는 것으로 이해한다. 그러면서 집행과정설이 저장매체의 압수를 반출로 이해하는 것은 새로운 강제처분을 인정한 것

25) 이숙연, "전자정보에 대한 압수수색과 기본권, 그리고 영장주의에 관하여－대법원 2011모1190 결정에 대한 평석을 중심으로 한 연구－", 32－33면.

26) 노명선, "디지털 증거의 압수수색에 관한 판례 동향과 비교법적 고찰", 173－174면.

27) 사소송법 제106조 제3항 법원은 압수의 목적물이 컴퓨터용디스크, 그 밖에 이와 비슷한 정보저장매체(이하 이 항에서 "정보저장매체등"이라 한다)인 경우에는 기억된 정보의 범위를 정하여 출력하거나 복제하여 제출받아야 한다. 다만, 범위를 정하여 출력 또는 복제하는 방법이 불가능하거나 압수의 목적을 달성하기에 현저히 곤란하다고 인정되는 때에는 정보저장매체 등을 압수할 수 있다.

으로 바람직하지 않다고 비판한다. 그러나 반출은 압수를 위한 사전작업이며 독립적인 압수라고 할 수 없다. 우선 우리 형사소송법은 디지털증거압수의 원칙적인 모습으로 "기억된 정보의 범위를 정하여 출력하거나 복제하여 제출"받도록 하고 있다. 수사비례의 원칙에 따라 유관정보에 한해서 압수할 수 있지만, 여의치 않을 경우에 예외적으로 저장매체의 반출을 허용하고 있는 것이다. 이는 유관정보와 무관정보가 혼재된 상황에서 장기간 압수로 인한 피압수자의 기본권 침해를 방지하기 위한 편의적 조치이며, 그 자체로 압수절차가 종료되었다고 하는 것은 바람직한 해석방법은 아니다. 그리고 우리 형사소송법은 명문으로 압수의 경우에 사건과의 관련성을 요구하고 있는데, 유관정보와 무관정보가 혼재된 상황에서는－설사 영장집행당시 유관정보의 존재를 감지했다하더라도－정보저장매체에 대해 사건과의 관련성을 인정하기 힘들다는 점도 고려되어야 한다.[28] 다른 기록매체와 달리 컴퓨터 저장장치는 유관정보와 무관정보를 분리할 수 있기 때문에 유관정보와 무관정보가 혼재된 상황에서는 압수의 요건인 사건관련성이 충족된 것으로 볼 수 없다.

한편, 정보확인설의 관점에서는 매체 압수 후 정보검색과정은 혈액을 압수한 후에 그 혈액형이나 DNA구조 등을 확인하기 위해 감정을 하는 행위와 동일하고, 혈액압수의 경우 분석과정을 별도의 강제처분으로 보지 않는 것처럼 정보검색과정도 별도의 강제처분으로 보아서는 안된다는 입장을 취한다.[29] 하지만, 혈액에 포함된 정보는 혈액형이나 DNA, 섭취한 약물성분 등으로 제한적이어서 피압수자가 정보의 범위를 어느 정도 유추할 수 있지만, 정보매체의 경우에는 정보의 대량성·비가독성으로 인해 소유자조차도 그 내용과 범위를 알 수 없는 경우가 많다. 또한 혈액의 경우에는 분석 후 반환하지 않지만, 저장매체는 분석이 완료되면 피압수자에게 반환해야 하므로 양자를 단순 비교하는 것은 적절하지 못한 것으로 판단된다.

또한 일지에서 범죄기록을 확인하는 작업과 정보저장매체의 검색과정을 비

28) 범죄행위와 무관한 기록과 유관한 기록이 함께 저장된 컴퓨터 장비는 압수대상이 될 수 없다는 입장으로는 오기두, "형사절차상 컴퓨터관련 증거의 수집 및 이용에 관한 연구", 서울대 박사학위 논문, 1997, 77－81면.

29) 이완규, "디지털증거 압수수색과 관련성 개념의 해석", 149면.

교하기도 하는데, 일지에서의 범죄기록은 분리가 어렵지만, 저장매체에서 유관정보는 서로 분리될 수 있다는 점에서 구별가능하고, 수사기관이 법원에 증거로 제출하는 것도 저장매체가 아닌 정보가 담긴 문서출력물이나 복사된 디지털파일이라는 점, 따라서 압수의 목적은 저장매체의 취득이 아니라 정보의 취득이며, 이를 위한 일련의 과정은 압수수색의 핵심적인 과정이라는 점, 정보취득과정에서 새로운 법익이 침해될 수 있다는 점[30]을 고려하면 정보확인설은 적절하지 않은 것으로 판단된다.

형사소송법이 개정되기 이전에는 저장매체의 이전에 피압수자의 동의를 필요로 했으며,[31] 이는 압수수색에 정당성을 부여함과 동시에 피압수자의 기본권 침해를 최소화하기 위한 방편이었다는 점에서 비록 형소법 개정으로 피압수자의 동의가 필요하지 않게 되었다 하더라도 이와 같은 취지를 몰각할 수 없다는 점, 개정형사소송법도 저장매체의 압수를 원칙적인 모습이 아니라 예외로 인정하고 있다는 점 등에 비추어 보면 저장매체의 압수로 압수절차가 종료되고 이후에는 정보의 확인절차만이 남는다는 입장은 재고될 필요가 있다.

향후 포렌직 관련 기술이 발달해서 현장에서 저장매체로부터 유관정보를 신속하게 이미징할 수 있을 때까지, 당분간은 이러한 논란은 끊이지 않을 것이다. 이론적으로는 집행과정설에 공감하며, 입법론으로 제106조 제3항 단서의 규정을 "...저장매체 등을 반출하여 출력·복제할 수 있다."로 개정하는 것이 타당하다고 판단된다.

4. 전자정보 압수수색에 대한 피압수자 참여권의 취지

(1) 수사절차 효용설

수사단계의 압수수색절차에 피의자를 일율적으로 참여하게 하는 것은 적절한 형사소추의 진행을 위해서는 부적절하다는 인식하에 피압수자 등의 참여권을

---

30) 서태경, "형사소송법 제106조 제3항 단서에 따른 수사기관의 압수에 관한 검토", 법학논총 제39권 제3호" 단국대학교 법학연구소, 176－177면.

31) 대상판례의 각처분도 형사소송법이 개정되기 이전에 이루어졌으며, 저장매체의 반출에 피압수자의 동의를 구하고 있다.

형사소송법이 인정하는 선에서 최대한 제한적으로 해석하려는 입장이다.[32] 수사단계에서는 수사기관이 수집한 증거물의 내용을 수사대상인 피의자가 모르게 해야 할 보안성이 요구되는 경우도 있다는 점, 피압수자가 압수물건의 소유자인 경우에는 참여의 필요성이 있지만, 제3자인 경우에는 참여필요성이 인정되지 않는다는 점을 근거로 제시한다.[33]

(2) 무관정보 보호설

정보저장매체에 유관정보와 무관정보가 혼재되어 있는 경우, 참여권 보장의 취지는 영장에서 허용된 범위를 넘어 무관정보를 임의로 복제 또는 출력하는지를 감시하도록 함으로써, 유관정보에 한정하여 압수할 수 있도록 규정한 형사소송법규정의 규범력을 실효적으로 확보하는데 있다는 견해가 있다.[34] 이 입장에 의하면 유관정보의 압수에 대하여는 피의자나 변호인이 압수수색과정에서 어떠한 이의를 제기할 여지가 없고, 피의자나 변호인에게 참여권을 보장할 필요도 적다는 점을 근거로 하여, 피압수자의 참여권보장의 의미를 "무관정보의 압수에 대한 감시와 통제"로 제한적으로 해석한다.

(3) 정보의 무결성 보장설

피의자에게 참여권을 인정한 취지는 압수물의 존부나 형상변경 등을 둘러싸고 벌어질 수 있는 여러 논란을 사전에 차단하려는데 그 목적이 있으므로, 피의자 등의 참여를 일부 제한하는 대신 압수물의 상실 또는 파손 등의 방지를 위한 다른 상당한 조치를 취하였고, 이를 제한하는데 합리적인 이유가 있다면 단순히 피의자 등의 참여가 일부 제한되었다는 사정만으로는 압수수색이 위법하다고 할 수 없다는 견해가 있다.[35] 전자정보의 훼손가능성을 막아 무결성을 확보하는데 참여권 보장의 취지가 있다는 설명인데, 저장매체를 압수한 후 이미징하는 작업은 시간이 오래 걸려 실무상 피압수자를 계속적으로 참관시키는데는

32) 이완규, "디지털증거 압수수색과 관련성 개념의 해석", 146면 이하.
33) 이완규, "디지털증거 압수수색과 관련성 개념의 해석", 147–148면.
34) 대상판결 중 김창석, 박상옥의 반대의견
35) 박혁수, "디지털 정보 압수·수색의 실무상 쟁점", 99면.

한계가 있다는 점, 대법원판례의 결정도 피압수자의 참여권 보장의 취지를 압수물의 상실 또는 파손 등의 방지를 위한 상당한 조치의 일환인 것처럼 규정하고 있는 점[36] 등을 근거로 제시한다.[37]

(4) 소결 – 강제처분의 신뢰확보설

수사절차효용설의 관점에서는 저장매체의 압수로 집행절차는 종료되고 이후의 정보검색과정은 정보의 확인절차(임의수색)라는 이론적 근거를 바탕으로 하여, 정보검색과정에서 피의자의 참여권을 부정한다. 그러면서 이후 수사기관이 피의자의 참여를 허용한다고 하더라도 이는 피의자의 당연한 방어권 실행이 아니고, 향후 다툼의 소지를 막아 소송을 원활하게 진행하고 정보검색과정에서 참여자의 도움을 받기 위함이라는 입장을 피력한다.[38] 피압수자의 참여권 보장의 취지를 수사절차의 효용성확보로 치환하여 이해하는 것으로 판단된다.

그러나 수사보안을 위해 피의자의 참여권이 제한되면 오히려 밀실수사라는 불필요한 오해를 초래할 가능성이 있다는 점, 우리 형사소송법이 증거개시제도를 통해 피의자의 방어권보장을 강화한 취지에 비추어 보면 압수수색 시 보안을 위해 피의자의 참여권이 제한되는 것이 원칙적 모습은 아니라는 점, 또 실무상으로도 보안이 요구되는 경우가 일반적이지도 않다는 점, 수사보안성 문제는 참여권 보장의 한계문제로 조정이 가능하다는 점[39] 등에 비추어 보면 수사보안을 이유로 참여권을 제한해야한다는 논리는 받아들이기 어렵다. 또한 피압수자가 소유자 아닌 제3자인 경우에는 참여권 보장의 필요성이 없다는 점도 제3자가 영장발부사유인 범죄혐의사실이외에도 피의자에게 불이익한 정보도 보유할 수 있다는 점에서 타당하지 않다.[40] 정보검색과정이 압수종료후의 임의수사라는

---

36) "전체 과정을 통하여 피압수·수색 당사자나 변호인의 계속적인 참여권 보장, 피압수·수색 당사자가 배제된 상태의 저장매체에 대한 열람·복사 금지, 복사대상 전자정보 목록의 작성·교부 등 압수·수색 대상인 저장매체 내 전자정보의 왜곡이나 훼손과 오·남용 및 임의적인 복제나 복사 등을 막기 위한 적절한 조치가 이루어져야만 집행절차가 적법하게 된다."(대법원 2011. 5. 26. 자 2009모1190 결정)

37) 박혁수, "디지털 정보 압수·수색의 실무상 쟁점", 97−98면.

38) 이완규, "디지털증거 압수수색과 관련성 개념의 해석", 150면.

39) 수사보안과 참여권 보장의 조정과 관련해서는 서태경, "형사소송법 제106조 제3항 단서에 따른 수사기관의 압수에 관한 검토", 184면.

40) 서태경, "형사소송법 제106조 제3항 단서에 따른 수사기관의 압수에 관한 검토", 183면.

관점에서 피의자의 참여권 보장을 수사효율성의 측면에서 접근하는 것은 정보검색과정의 성질에 관한 이론적 타당성 여하와는 상관없이 적절하지 않은 것으로 판단된다.

그리고 무관정보보호설에 대해서는 먼저 유관정보와 무관정보가 혼재된 상황에서 피압수자의 참여권의 의미를 유관정보와 무관정보로 나누어 고찰할 수 있는가 하는 점에 의문이 있다. 관념적으로는 유관정보의 압수에 대한 피압수자의 동의가 참여권의 의미를 희석시키거나, 유관정보에 대해서는 피압수자가 이의를 제기할 여지가 없어 유관정보에 대해서는 참여권의 의미가 상대적으로 약화된다고 볼 여지도 있지만, 실제 압수수색집행시에 피압수자의 참여가 무관정보에 한정에서 이루어지는 것은 아니기 때문이다. 이론적으로도 피압수자의 동의－대상판례에서는 저장매체압수에 대한 동의－가 유관정보에 대해서는 참여권을 포기하거나 제한하는 것으로 해석할 근거도 없다. 더구나 참여권 보장의 취지는 무관정보의 임의복제 및 출력 뿐만 아니라 유관정보의 왜곡·훼손과 오남용을 방지하려는 목적도 있으므로,[41] 참여권 보장의 취지를 무관정보에 제한하는 것은 타당한 해석론이라 할 수 없다. 이런 관점에서 정보탐색결과 무관정보를 압수한 것이 밝혀진 경우 참여권 보장의 문제 이전에 그 자체로 사건관련성을 인정하고 있는 영장주의에 위반하여 위법하게 되는 것이고, 오히려 영장이 압수를 허용한 유관정보만이 참여권 보장 등 적법절차의 준수여부를 따질 의미가 있는 것이라는 대상판례의 보충의견은 새겨둘만하다.

한편 정보의 무결성 보장설이 제기하는 근거 중, 전자정보의 대용량화와 비가독성의 심화로 인해 실무상 피압수자가 이미징작업 전체를 참관할 수 없다는 점은 부정할 수 없다. 그러나 참여권보장의 실제(實際)와 참여권보장의 취지(趣旨)는 구별해야 한다. 참여권보장을 통해 전자정보의 무결성이 담보된다는 점에서 전자정보의 무결성 확보는 참여권보장의 실제라 할 수 있다.[42] 문제는 이러한 조치들이 무결성에 대한 피압수자의 신뢰도 담보하는가 하는 점이다. 우리

41) 대법원 2011. 5. 26. 자 2009모1190 결정 참조.
42) 따라서 해당 입장은 참여권 보장이 아니더라도 압수물의 상실 또는 파손 등의 방지를 위한 상당한 조치로 무결성은 담보될 수 있다는 논리로 귀결된다.

형사소송법이 압수수색집행절차에서의 참여권 보장(제219조 및 제121조)과 압수물의 멸실방지를 위한 조치의무(제219조 및 제131조)를 구별하고 있는 점에 비추어 보면, 우리 형소법은 최소한 이 물음에 회의적인 것으로 보인다. 비록 실무상 피압수자가 전과정을 참관할 수 없다하더라도 피압수자가 수긍할 수 있는 선에서 과정을 참관했거나, 또는 그러한 기회를 보장받았다면,[43] 이후의 재판과정에서 새로운 법익침해나 재판의 공정성에 대한 시비는 원천적으로 차단되고, 전자정보의 무결성에 대한 신뢰를 확보하게 될 것이다. 우리 판례가 피의자의 참여권을 보장하는 것은 전자정보의 무결성을 확보함과 동시에 피의자 등의 새로운 법익침해를 방지하기 위한 노력의 일환이라 평가할 수 있다.[44] 결국 전자정보의 무결성 보장을 통해 피압수자의 법익침해의 가능성을 사전에 차단하고 공정한 재판을 실현하려는 것에 참여권보장의 취지가 있다고 할 것이다.

대상판례는 "피압수자 측이 참여하지 아니한다는 의사를 명시적으로 표시하였거나 절차 위반행위가 이루어진 과정의 성질과 내용 등에 비추어 피압수자 측에 절차 참여를 보장한 취지가 실질적으로 침해되었다고 볼 수 없을 정도에 해당한다는 등의 특별한 사정이 없는 이상 압수・수색이 적법하다고 평가할 수 없고, <u>비록 수사기관이 저장매체 또는 복제본에서 혐의사실과 관련된 전자정보만을 복제・출력하였다 하더라도 달리 볼 것은 아니다</u>"라고 함으로써 전자정보의 무결성과 피압수자의 참여권 보장을 분명히 구별하고 있다.

---

43) 참여권의 인정범위에 대해서는 우리 형사소송법의 참여권 인정 취지에 비추어 특별한 사정이 없는 한, 정보의 내용까지 일일이 피의자 등에게 알 수 있도록 조치해주어야 참여권이 제대로 보장된 것으로 이해하는 입장이 있다.(서태경, "형사소송법 제106조 제3항 단서에 따른 수사기관의 압수에 관한 검토", 183면) 참여권보장의 의미를 압수목록의 교부와 결부시켜 이해하는 입장으로 판단된다. 참여권의 보장은 피압수자가 강제처분에 대한 의혹을 불식시킬 정도 -아니면 최소한 수인할 수 있을 정도-면 충분하다는 점에서 취지에는 공감한다. 그러나 압수목록 교부는 압수물의 환부시 절차적 편의를 위해 마련된 규정이므로 이를 참여권보장과 결부시키는 것에는 동의할 수 없다.

44) 서태경, "형사소송법 제106조 제3항 단서에 따른 수사기관의 압수에 관한 검토", 180면.

Ⅲ. 대상판례의 분석[45)]

1. 정보검색의 성격과 위법성 판단

우리 대법원은 "전체 압수·수색 과정을 단계적·개별적으로 구분하여 각 단계의 개별 처분의 취소를 구하더라도 준항고법원으로서는 특별한 사정이 없는 한 그 구분된 개별 처분의 위법이나 취소 여부를 판단할 것이 아니라 당해 압수·수색 과정 전체를 하나의 절차로 파악하여 그 과정에서 나타난 위법이 압수·수색 절차 전체를 위법하게 할 정도로 중대한지 여부에 따라 전체적으로 그 압수·수색 처분을 취소할 것인지를 가려야 할 것이다. 여기서 위법의 중대성은 위반한 절차조항의 취지, 전체과정 중에서 위반행위가 발생한 과정의 중요도, 그 위반사항에 의한 법익침해 가능성의 경중 등을 종합하여 판단하여야 한다."고 하면서 대상판례의 경우에는 "그러나 제2·3 처분에 해당하는 전자정보의 복제·출력 과정은 증거물을 획득하는 행위로서 압수·수색의 목적에 해당하는 중요한 과정인 점, 이 과정에서 혐의사실과 무관한 정보가 수사기관에 남겨지게 되면 피압수자의 다른 법익이 침해될 가능성이 한층 커지게 되므로 피압수자에게 참여권을 보장하는 것이 그러한 위험을 방지하기 위한 핵심절차인데도 그 과정에 참여권을 보장하지 않은 점, 더구나 혐의사실과 무관한 정보까지 출력한 점 등 위법의 중대성에 비추어 볼 때, 비록 제1 처분까지의 압수·수색 과정이 적법하다고 하더라도 전체적으로 제1 영장에 기한 압수·수색은 취소되어야 할 것인바, 그 단계별 처분을 모두 취소한 원심의 판단은 결국 준항고인들이 신청한 범위 내에서 제1 영장에 기한 압수·수색을 전체적으로 취소한 것과 동일한 결과이어서 정당한 것으로 수긍할 수 있다."고 한다.

대법원의 다수견해는 대상사건에 대해 1부터 3압수처분을 하나의 압수수색 행위로 이해하고, 각처분의 위법성을 개별적으로 판단할 것이 아니라 전체적으로 판단해야 한다고 한다. 이에 따라 참여권을 보장한 1처분은 위법하지 않지

45) 논증과정에서 제기된 쟁점을 기본으로 대상판례를 분석하였다. 별도의 결론은 본장의 내용을 확인하는 것에 불과하므로 대상판례의 분석을 결론에 갈음하고자 한다.

만, 증거물획득행위로서 중요한 의미를 가지고 있는 2,3처분에 대해 참여권을 보장하지 않은 채 무관정보까지 출력한 것은 중대한 위법이 있다고 판단하여 제1영장에 기한 압수수색행위 전체를 위법한 것으로 결론내리고 있다.[46]

대상판례는 저장매체의 압수를 압수수색의 준비단계인 반출[47]로 이해하면서 정보검색과정을 증거물획득을 위한 압수수색과정으로 이해한다.[48] 즉 정보의 검색과정을 전체적으로 압수수색영장의 집행과정에 포함된다고 보면서, 정보매체의 압수와 정보검색의 과정은 외형적으로는 수개의 수색과 압수가 반복되지만, 하나의 수색과 압수로 이해한다. 해당 입장의 이론적 타당성은 앞서 논증한 바와 같다. 실무상으로도 저장매체의 경우 분석작업에 필요한 상당기간(통상 10일)이 경과하면 이를 다시 돌려주게 되는데, 이는 압수물의 일반적인 환부와 다르다. 즉 일반적인 압수물 환부(가환부)에 대해서는 형사소송법 제133조의 적용을 받지만, 통상적으로 저장매체의 환부는 영장의 집행방법제한으로 제133조의 적용대상이 아니다. 이에 대해서는 "증거에만 공할 목적으로 압수한 물건으로서 그 소유자 또는 소지자가 계속 사용하여야 할 물건은 사진촬영 기타 원형보존의 조치를 취하고 신속히 가환부하여야 한다."는 제133조 제2항의 규정을 우리 법원이 영장에 반영한 것으로 해석할 수도 있을 것이다. 하지만 피압수자에게 가환부에 따른 의무를 부과하지 않은 이상 타당한 접근방법은 아닌 것으로 판단된다.

한편 대법원은 전자정보의 압수에 있어 매체의 반출, 정보검색 후 하드디스크 저장 및 출력의 각 처분을 종합적으로 판단하여 그 위법의 중대성을 결정하는데,[49] 관념적으로 위법의 중대성을 판단할 수 있는지 의문이다. 형법해석학의

---

46) 대법원은 이런 점에서 원심이 각 처분을 위법하다고 한 것은 결론에 있어서는 동일하지만 압수수색행위를 종합적으로 판단하지 않은 점은 잘못이라고 지적하고 있다.

47) "전자정보에 대한 압수·수색이 저장매체 또는 복제본을 수사기관 사무실 등 외부로 '반출'하는 방식으로 허용되는 예외적인 경우 및 수사기관 사무실 등으로 '반출'된 저장매체 또는 복제본에서 혐의사실 관련성에 대한 구분 없이 임의로 저장된 전자정보를 문서로 출력하거나 파일로 복제하는 행위...." (대법원 2015. 7. 16. 자 2011모1839 전원합의체 결정)

48) "저장매체 자체 또는 적법하게 획득한 복제본을 탐색하여 혐의사실과 관련된 전자정보를 문서로 출력하거나 파일로 복제하는 일련의 과정 역시 전체적으로 하나의 영장에 기한 압수·수색의 일환에 해당"(대법원 2015. 7. 16. 자 2011모1839 전원합의체 결정)

49) 대상판례는 ① 제2·3 처분에 해당하는 전자정보의 복제·출력 과정은 증거물을 획득하는 행위로서 압수·수색의 목적에 해당하는 중요한 과정인 점, ② 이 과정에서 혐의사실과 무관한

관점에서 위법(rechtswidrigkeit)과 불법(unrecht)은 구별되고, 위법은 전체법질서에 반한다는 관계개념이므로 중요성의 판단과 무관하기 때문이다. 물론 영미로부터 형사소송법상의 원리들이 도입되는 과정에서 대륙법계인 우리 법체계와 동화되지 못한 점을 반영하고, 이러한 지적이 개념법학의 소소한 논쟁정도로 치부된다하더라도 법원의 일관된 표현이 거슬리는 것은 법학을 하는 자의 숙명일 것이다. 어쨌든 우리 대법원의 입장과 달리 필자는 처분의 적법성을 판단함에 있어서는 각각의 처분을 통해 확보된 압수물을 개별적으로 판단해야 한다고 생각한다. 우리 법원은 영장청구시점에서 영장을 사법심사의 대상으로 삼고 있으며, 이때 영장의 일부기각처럼 부분적·개별적인 사법심사를 하고 있다. 그럼에도 불구하고 영장집행의 경우에 영장전체를 일괄적으로 사법심사의 대상으로 위법여부를 평가하는 것은 일관성을 결여한 것으로 판단된다. 필요한 경우에는 영장전체를 심사할 수도 있지만, 원칙적으로 각 처분으로 확보한 압수물의 위법성 판단을 독자적으로 하는 것이 실체진실과의 조화를 위해서도 바람직한 방안이 아닌가 판단된다.

이런 관점에서 "전자정보에 대한 압수·수색은 일련의 과정을 거쳐 이루어지게 되므로, 압수·수색을 구성하는 일련의 과정에서 이루어진 저장매체 압수, 이미징, 탐색, 복제 또는 출력 등의 행위를 개별적으로 나누어 처분의 적법성을 판단하는 것은 타당하다고 할 수 없으나, 처분의 적법성은 압수의 대상이 된 전자정보별로 달리 평가될 수 있다. 즉 하나의 압수·수색영장에 기한 압수·수색이 외형상으로는 1개만 존재한다고 하더라도 관념적으로는 대상별로 수개의 압수·수색이 존재하고, 하나의 압수·수색만이 존재하는 것으로 보아야 한다 하더라도 압수 대상 전자정보별로 가분적인 것이다. 따라서 압수·수색의 적법성은 '대상별'로 전체적으로 판단되어야 한다."는 대상판례의 반대의견[50]에 공감한다. 전자정보의 압수수색에 있어 압수, 이미징, 탐색, 복제 또는 출력 등의 일

정보가 수사기관에 남겨지게 되면 피압수자의 다른 법익이 침해될 가능성이 한층 커지게 되므로 피압수자에게 참여권을 보장하는 것이 그러한 위험을 방지하기 위한 핵심절차인데도 그 과정에 참여권을 보장하지 않은 점, ③ 더구나 혐의사실과 무관한 정보까지 출력한 점에 비추어 중대한 위법이 있는 것으로 판단한다(대법원 2015. 7. 16. 자 2011모1839 전원합의체 결정).

50) 대법관 김창석 박상옥의 반대 의견.

련의 과정을 수개의 압수와 수색으로 구분할 수 있는지도 의문이며, 그 경우 모든 절차에 별도의 영장이 필요하게 되고, 별도의 영장이 없다면 해당 영장은 일반영장이 된다는 점에서 바람직한 접근방법은 아니라고 할 것이다. 이처럼 압수수색의 일련의 과정을 수개로 구분할 수는 없지만, 압수처분을 통해 확보한 압수물의 적법성은 독자적으로 판단할 수 있다. 결국 1처분에 의해 반출된 저장매체, 2처분에 의해 획득한 하드디스크, 3처분에 의해 획득한 출력물의 위법성 여부를 독자적으로 판단해야 할 것이다. 먼저 저장매체를 반출하여 이미징한 1처분은 수색으로서 "사건의 증거물 또는 몰수물이 존재하고 있을 가능성"이라는 사건관련성이 인정되고 참여권이 보장되는 등 위법하다고 평가할 수 없으므로 취소할 수 없다. 반면에 2처분과 3처분은 적법한 1처분으로부터 유래한 처분이지만, 복제 출력하는 과정에서 피압수자의 참여권이 보장되지 않았기 때문에 위법하다고 평가할 것이다. 결론적으로는 제2와 3처분이 위법하더라도 제1처분은 위법하지 않은 처분이 됨으로써 이후의 실체진실의 발견에는 큰 무리가 없게 된다. 대상이 된 전자정보별로 그 적법성을 판단하는 것은 실체신실의 발견과 적법절차의 보지(保持)를 조화시키는 접근방법이다.

원심은 결론에 있어서는 대법원과 동일한데, 다만 그 위법성 판단의 근거로 ① 혐의사실과 무관한 정보까지 출력한 점, ② 피압수자에 대한 참여권이 보장되지 않은 점 ③ 압수목록의 교부가 이루어지지 않은 점 외에 ④ 1영장의 유효기간이 경과된 이후에 2,3압수처분이 이루어졌다는 점을 제시한다. 그러나 원심이 제시한 ④의 근거는 적절하지 않은 것으로 판단된다. 통상 법원은 실무상 "집행장소 이외의 장소로 반출된 저장매체 원본은 피압수자 등의 참여하에 개봉하여 복제한 후 특별한 사정이 없는 한 반출일로부터 10일을 도과하지 않는 기간내에 원본을 반환하라"라는 압수방법[51]을 영장에 기재하고, 대상판례의 경우에도 저장매체의 환부까지 수사에 필요한 상당기간을 인정하고 있는데, 이는 그 기간만큼의 압수수색처분을 인정한다는 의미이다. 판례를 보면 우리 법원은 저장매체의 압수와 정보검색과정을 압수수색의 일련의 과정으로 이해하면서 유효기간 외에 별도의 정보검색기간을 산정하고 있다는 것을 알 수 있다.

---

51) 박혁수, "디지털 정보 압수수색의 실무상 쟁점", 80면 참조.

2. 전자정보 검색에 있어 참여권 보장의 의미

한편 대법원은 원심과 달리 ① 제2·3 처분에 해당하는 전자정보의 복제·출력 과정은 증거물을 획득하는 행위로서 압수·수색의 목적에 해당하는 중요한 과정인 점, ② 이 과정에서 혐의사실과 무관한 정보가 수사기관에 남겨지게 되면 피압수자의 다른 법익이 침해될 가능성이 한층 커지게 되므로 피압수자에게 참여권을 보장하는 것이 그러한 위험을 방지하기 위한 핵심절차인데도 그 과정에 참여권을 보장하지 않은 점, ③ 더구나 혐의사실과 무관한 정보까지 출력한 점을 위법성판단의 근거로 제시한다. 대법원이 위법성 판단의 근거로 제시한 무관정보의 출력이 사건 관련성요건의 미비라는 점을 제외하면, 대상판례에서 압수수색의 적법여부를 결정지은 것은 참여권의 보장이라 할 수 있다.

본 발표문에서는 참여권의 의미를 전자정보의 무결성 보장을 통해 피압수자의 법익침해의 가능성을 사전에 차단하고 공정한 재판을 실현하려는데 있다고 하였지만, 그것이 적법절차의 원칙으로서 참여권의 보장과 실체진실주의가 충돌하는 경우에 대한 본질적인 답이 될 수는 없다. 이와 관련하여 미국에서는 압수한 저장매체에서 정보를 검색하는 데 있어 영장집행단계에서의 사전제한방식을 취하는 경우가 있었다.[52] 영장집행단계에서 발생할 수 있는 인권침해 소지를 미연에 방지하려는 것으로 판단된다. 하지만 판사가 현장상황을 정확히 알 수 없는 상황에서 이러한 제한은 오히려 부적절할 수 있다는 점,[53] 증거능력판단을

52) US v. Comprehensive Drug Testing, 579 F. 3d 989. 프로야구선수의 약물복용사건을 수사하기 위해 선수협회 사무실을 압수수색하는 과정에서 치안판사는 영장집행시 일반적인 수사요원들보다는 포렌식 전문가들을 활용하라는 등 몇가지 제한을 부과하였지만 현장에서 지켜지지 않았다. 이 과정에서 피압수자들은 Plain View이론에 따라 압수된 증거의 반환을 요구하였고, 연방법원은 이를 인용하였다.

53) 2010년 2월 24일 전국교직원노조와 전국공무원노동조합의 조합원이 민주노동당에 가입했는지 여부를 확인하기 위해 법원은 서버자체에 대한 압수를 허용하지 않고, 서버소재지에서 서버에 담긴 파일을 확인하고 해당 정보를 출력할 수 있는 사전제한을 두어 압수수색영장을 발부하였다. 그러나 민주노동당 측이 수사기관의 영장집행에 협조하지 않아 영장집행이 실패하고 난 후, 법원은 서버자체의 압수와 이머징을 허용하는 압수수색영장을 재차 발부하였다. 당시 정보저장매체의 관리자에 의한 증거인멸의 염려가 대두되었다(서태경, “형사소송법 제106조 제3항 단서에 따른 수사기관의 압수에 관한 검토”, 163면).

위한 심리가 집행방법의 합리성보다는 사전제한 준수여부로 왜곡될 수 있다는 점 및 사전제한이 불합리한 경우 합리적인 압수수색절차로 획득한 증거도 증거능력을 부정할 수 밖에 없다는 점[54]에 비추어 보면 과도한 사전제한 방식을 취하는 것은 적절하지 않다. 특히 저장매체에 저장된 정보는 그 대량성과 비가독성으로 인해 영장집행방법에 있어 이를 출력물로 압수할 것인지, 아니면 이미징을 통한 하드카피방식을 취할 것인지, 그도 아니면 저장매체자체에 대한 압수방식을 취할 것인지 확정하기 어렵다. 저장매체에 저장된 정보 중 유관정보와 무관정보를 현장에서 분리하여 압수하는 것은 실제로 불가능하며 오히려 과도한 집행기간으로 인하여 인권침해의 소지가 크다. 이런 상황에서 우리 형사실무에서는 지금처럼 원칙적으로는 하드카피나 출력물형태로 하되, 부득이한 경우에는 저장매체 전체를 압수할 수 있도록 하고 있고, 이는 적절한 것으로 판단된다. 하지만, 미국의 이러한 사전제한법리가 우리에게 시사하는 점도 간과해서는 안 된다. 저장매체의 대량성과 비가독성을 감안하면 영장단계에서의 과도한 사전제한은 비합리적이라는 지적에 공감하지만, 저장매체자체의 압수로 인해 무관정보에 대한 프라이버시침해의 위험성은 필연적으로 수반될 수밖에 없기 때문이다. 이런 관점에서 정보검색과정에서의 피압수자의 참여권 보장이야말로 이후 정보검색과정에서 발생할 수 있는 기본권침해를 미연에 방지할 수 있는 핵심적인 장치로 기능한다.

대상판례는 "저장매체에 저장되어 있는 일체의 전자정보는 개인이나 기업의 일생 내지 영업비밀 등 사업 전체를 드러내는 일기장과도 같다. 국가가 피의자에 대하여 어느 하나의 범죄혐의만을 소명하면 그로부터 압수한 전자정보 전체를 사실상 탐색·복제할 수 있다고 함으로 인하여 발생할 법익의 침해 가능성은 피의자가 저지른 범죄로 인하여 침해된 이익보다 결코 작지 않다. 과거에 국가에 의한 부당한 공권력의 행사로부터 신체의 자유가 소중하였듯이 정보화 사회에서 전자정보에 대한 자기결정권은 소중한 것이다. 나아가 불법적인 압수·수색으로부터의 자유, 사생활의 자유는 오랜 역사적 경험과 연원을 두고 우리 헌법이 보장하고 있는 중요한 헌법적 가치이기도 하다."고 하면서 "전자정보에

54) 이완규, "디지털증거 압수수색과 관련성 개념의 해석", 133-134면.

대한 압수·수색에 있어 참여권이 가진 중요성을 간과할 경우 사실상 수사기관의 별건 압수·수색이나 포괄적 압수·수색을 허용하는 결과를 초래하게 될 우려를 쉽게 놓을 수 없다. 형사소송법 제121조, 제123조에 의한 당사자의 참여권을 보장하지 아니한 일정한 경우에 유관정보에 대한 압수처분까지 취소하는 것은 수사기관을 제재하기 위한 것이 아니라 형사소송법이 정한 절차조항의 규범력을 확보함으로써 전자정보에 대한 압수·수색에도 헌법상 적법절차와 영장주의 원칙을 관철하기 위한 불가피한 수단인 것이다."[55]라고 하고 있다. 대상판례에 의하면 무관정보의 압수는 참여권과 상관없이 사건 관련성을 인정할 수 없어 영장주의에 위반되며, 참여권이 문제되는 것은 유관정보에 한정된다고 한다. 특히 압수수색의 기회에 피압수자측에 참여의 기회를 주지 않으면, 수사기관이 무관정보를 별도 범죄의 수사단서로만 활용하고 폐기하는 경우에 이를 통제할 방법이 없고, 결국 수사기관에 탐색적 수색권한을 주게 됨으로써 법원이 유관정보에 한정해서 발부한 영장을 전자정보 전부를 압수수색할 수 있는 영장으로 변모시킴으로써, 영장주의를 위반한 것과 동일한 정도의 적법절차 위반이 된다고 한다. 결국 대상판례는 피압수자의 참여권과 실체진실발견의 이념이 충돌하는 상황에서 영장주의 원칙을 바탕으로 참여권의 의미를 강조하는 것으로 해석된다. 이에 공감하면서도, 참여권의 보장범위에 있어서는 앞서 본 바와 같이 제한적으로 해석될 필요가 있다. 개인적으로는 압수수색전체를 취소하는 것이 제재의 성격이라는 수사실무현장에서의 볼멘소리가 더 설득력 있어 보인다.

한편, 1차처분에서의 참여권 보장의 의미와 2·3차처분의 참여권 보장의 의미를 차별화하는 입장이 있다. 1차처분에서 참여권이 보장된 이상 정보검색과정에서의 참여권은 상대적으로 그 의미가 적다는 것이 이 입장의 핵심논리이다.[56] 1차처분에서 피압수자의 참여권은 영장집행에 대한 감시와 통제의 의미를 가진다. 이것을 저장매체에 저장된 정보의 처분권한을 위임하거나, 저장매체에 저장

55) 대법원 2015. 7. 16. 자 2011모1839 전원합의체 결정 중 다수의견의 보충의견.

56) "수사기관은 영장에 기재된 바에 따라 유관정보와 무관정보가 혼재되어 있는 저장매체에서 유관정보를 탐색하여 그 부분을 복제 또는 출력하는 형태로 유관정보를 적법하게 압수할 수 있는 것이므로, 유관정보의 압수에 대하여는 피의자나 변호인이 압수·수색 과정에서 어떠한 이의를 제기할 여지가 없고, 피의자나 변호인에게 참여권을 보장할 필요도 상대적으로 적다."(대법관 김창석 박상옥의 반대의견 중)

된 정보검색과정의 참여권 포기 또는 제한을 의미하는 것으로 볼 근거는 어디에도 없다. 더구나 1차처분은 압수가 아닌 수색의 의미라고 할 수 있다. 오히려 2·3차 정보검색과정에서 무관정보의 검색을 통한 프라이버시 침해의 위험성이 점증한 상황에서 2·3차처분의 참여권은 1차처분의 참여권 못지않게 중요하며, 그 의미를 축소하는 것은 바람직하다고 할 수 없다. 기술적 접근성의 제한으로 피압수자의 참여가 형식적인가 하는 점은 중요하지 않다. 피압수자의 참여는 정보검색의 무제한성에 대한 통제이외에도 공정한 재판실현을 위한 절차적 안정성을 부여하는 역할을 하기 때문이다.

3. 제2영장의 위법성 문제

우리 실정법에서 미국의 plain view나 독일의 긴급압수수색제도를 인정하지 않는 현실에 비추어 보면, 제2영장의 집행과정에서 피압수자의 참여권이 보장되지 않은 것은 명백한 실정법위반이다. 설사 이러한 법리들이 인정된다하더라도 대상판례처럼 하드디스크를 검사가 보관하고 있는 상황에서는 압수수색의 긴급성을 인정할 객관적 근거가 없다. 더구나 제2압수처분으로 확보한 하드디스크에는 무관정보가 혼재되어 있어 피압수자의 프라이버시 침해가능성이 높을 뿐만 아니라 별건혐의에 대한 어떠한 통지도 받지 못한 상태에서 참여권이 보장되지 않음으로써 이후의 방어권보장에 심각한 장애를 초래할 가능성이 있다. 굳이 독수독과의 법리에 따라 제1영장에 의한 압수처분의 위법성을 전제하지 않더라도, 제2영장에 의한 각 처분은 그 자체로 모두 위법한 것으로 판단된다.

참고문헌

노명선, "디지털 증거의 압수수색에 관한 판례 동향과 비교법적 고찰", 형사법의 신동향 통권 제43호, 대검찰청, 2014.

박혁수, "디지털 정보 압수수색의 실무상 쟁점", 형사법의 신동향 통권 제44호, 대검찰청, 2014.

서태경, "형사소송법 제106조 제3항 단서에 따른 수사기관의 압수에 관한 검토", 법학논총 제39권 제3호" 단국대학교 법학연구소, 2015.

손동권, "새로이 입법화된 디지털증거의 압수수색제도에 관한 연구"—특히 추가적 보완 입법의 문제—, 형사정책 제23권 제2호, 한국형사정책학회, 2011.

오기두, "형사절차상 컴퓨터관련 증거의 수집 및 이용에 관한 연구", 서울대 박사학위 논문, 1997.

이경렬, "디지털정보관련 증거의 압수수색규정의 도입방안 연구", 홍익법학 제13권 제3호, 홍익대학교 법학연구소, 2012.

이숙연, "전자정보에 대한 압수수색과 기본권, 그리고 영장주의에 관하여—대법원 2011 모 1190 결정에 대한 평석을 중심으로 한 연구—", 헌법학연구 제18권 제1호, 한국헌법학회, 2012.

이완규, "디지털증거 압수수색과 관련성 개념의 해석", 법조 통권 686호, 2013.

이재상, 「형사소송법」(제9판), 박영사, 2012.

———, "전자정보의 수색 검증 압수에 관한 개정형사소송법의 함의", 형사소송이론과 실무 제4권 제1호, 2012.

이흔재, "디지털 증거의 암수수색에 관한 쟁점별 해석과 통제방안"—개정형사소송법을 중심으로—, 법학논총 제37권 제3호, 전북대학교 법학연구소, 2013.

조 국, "컴퓨터 전자기록에 대한 대물적 강제처분의 해석론적 쟁점", 형사정책 제22권 제1호, 2010.

하태영, "전자정보에 대한 압수수색영장의 법적 근거와 영장집행의 적법성의 요건", 비교형사법연구 제13권 제2호, 한국비교형사법학회, 2010.

32

의식불명 음주운전 피의자에 대한 강제채혈 관련 판례연구*

– 대법원 2012. 11. 15. 선고 2011도15258 판결과 관련하여 –

김 민 정**

형사소송법 분야

Ⅰ. 서

위법수집증거배제법칙이란 위법한 절차에 의하여 수집된 증거, 즉 위법수집증거의 증거능력을 부정하는 법칙을 말한다. 2008. 1. 1.부터 시행된 개정 형사소송법 제308조의2에서 "적법한 절차에 따르지 아니하고 수집한 증거는 증거로 할 수 없다."고 규정하여 위법수집증거배제법칙을 명문화 하였다.

그런데 수사기관이 적법한 절차를 지키지 못하는 불가피한 상황 등에서 실체진실 발견을 위하여 수집한 증거의 경우 위법수집증거배제법칙을 획일적으로 적용하여 그 증거능력을 부정할 것인지가 문제된다. 이와 관련하여 본 판례연구

* 이 논문은 제142회 영남형사판례연구회(2013.4.15.)에서 발표되었음.
** 현 서울중앙지검 첨단범죄수사부.

에서는 '의식불명 음주운전 피의자에 대한 사전, 사후 영장을 받지 않은 강제채혈의 경우 그 혈액 또는 혈액의 감정결과에 대해 증거능력을 인정할 수 있는지' 검토한다.

이에 대하여 법원은 의식불명 피의자의 혈액을 긴급채혈한 후 그 혈액에 대하여 사후적으로 신청한 압수·수색 영장을 요건불비를 이유로 기각하면서도, 한편 대상판결에서는 영장을 받지 않은 강제채혈에 대해 사후 영장을 받지 않아 위법수집증거로 무죄 판결(대법원 2012. 11. 15. 선고 2011도15258 판결 등)을 선고한바 있으므로 아래에서 더욱 자세히 살펴보고자 한다.

Ⅱ. 대상판결의 사실관계 및 판시사항

1. 공소사실

피고인은 경기광명 차 9975호 SL125 이륜차량을 운전하는 사람인 바, 누구든지 주취상태에서는 자동차 등을 운전해서는 아니 됨에도 불구하고, 2011. 3. 5. 23:45경 서울 구로구 구로동 소재 구로소방서 부근 앞 노상에서부터 광명시 철산동 105 앞 노상까지 약 2㎞ 상당의 거리를 혈중알콜농도 0.211%의 주취상태로 운전하였다.

(피고인은 앞 차를 들이받는 교통사고를 내 의식을 잃은 채 119 구급차에 의해 병원 응급실로 실려 갔고, 사고 신고를 받고 병원 응급실로 출동한 경찰관은 2011. 3. 6. 00:50경 피고인의 아들로부터 채혈동의를 받아 간호사로 하여금 의식을 잃고 누워 있는 피고인으로부터 채혈을 하도록 하였다.)

2. 관련규정

형사소송법

제215조(압수, 수색, 검증) ① 검사는 범죄수사에 필요한 때에는 피의자가 죄를 범하였다고 의심할 만한 정황이 있고 해당 사건과 관계가 있다고 인정할 수 있는 것에 한정하여 지방법원판사에게 청구하여 발부받은 영장에 의하여 압수, 수색

또는 검증을 할 수 있다.

② 사법경찰관이 범죄수사에 필요한 때에는 피의자가 죄를 범하였다고 의심할 만한 정황이 있고 해당 사건과 관계가 있다고 인정할 수 있는 것에 한정하여 검사에게 신청하여 검사의 청구로 지방법원판사가 발부한 영장에 의하여 압수, 수색 또는 검증을 할 수 있다.

제216조(영장에 의하지 아니한 강제처분) ① 검사 또는 사법경찰관은 제200조의 2 · 제200조의3 · 제201조 또는 제212조의 규정에 의하여 피의자를 체포 또는 구속하는 경우에 필요한 때에는 영장없이 다음 처분을 할 수 있다.

1. 타인의 주거나 타인이 간수하는 가옥, 건조물, 항공기, 선거내에서의 피의자 수사
2. 체포현장에서의 압수, 수색, 검증

② 전항 제2호의 규정은 검사 또는 사법경찰관이 피고인에 대한 구속영장의 집행의 경우에 준용한다.

③ 범행중 또는 범행직후의 범죄 장소에서 긴급을 요하여 법원판사의 영장을 받을 수 없는 때에는 영장없이 압수, 수색 또는 검증을 할 수 있다. 이 경우에는 사후에 지체없이 영장을 받아야 한다.

제217조(영장에 의하지 아니하는 강제처분) ① 검사 또는 사법경찰관은 제200조의 3에 따라 체포된 자가 소유 · 소지 또는 보관하는 물건에 대하여 긴급히 압수할 필요가 있는 경우에는 체포한 때부터 24시간 이내에 한하여 영장 없이 압수 · 수색 또는 검증을 할 수 있다.

② 검사 또는 사법경찰관은 제1항 또는 제216조제1항제2호에 따라 압수한 물건을 계속 압수할 필요가 있는 경우에는 지체 없이 압수수색영장을 청구하여야 한다. 이 경우 압수수색영장의 청구는 체포한 때부터 48시간 이내에 하여야 한다.

③ 검사 또는 사법경찰관은 제2항에 따라 청구한 압수수색영장을 발부받지 못한 때에는 압수한 물건을 즉시 반환하여야 한다.

제218조(영장에 의하지 아니한 압수) 검사, 사법경찰관은 피의자 기타인의 유류한 물건이나 소유자, 소지자 또는 보관자가 임의로 제출한 물건을 영장없이 압수할 수 있다.

제308조의2(위법수집증거의 배제) 적법한 절차에 따르지 아니하고 수집한 증거는 증거로 할 수 없다.

3. 1심 판시사항[1)]

[1] 기본적 인권 보장을 위하여 압수·수색·검증 및 감정처분에 관한 적법절차와 영장주의의 근간을 선언한 헌법과, 이를 이어받아 실체적 진실 규명과 개인의 권리보호 이념을 조화롭게 실현할 수 있도록 압수·수색·검증 및 감정처분절차에 관한 구체적 기준을 마련하고 있는 형사소송법의 규범력은 확고히 유지되어야 하므로, **헌법과 형사소송법이 정한 절차에 따르지 아니하고 수집한 증거는 물론 이를 기초로 하여 획득한 2차적 증거 역시 기본적 인권 보장을 위해 마련된 적법한 절차에 따르지 않은 것으로서 원칙적으로 유죄 인정의 증거로 삼을 수 없고, 다만 위법하게 수집한 압수물의 증거능력 인정 여부를 최종적으로 판단함에 있어서는, 수사기관의 증거 수집 과정에서 이루어진 절차 위반행위와 관련된 모든 사정, 즉 절차 규정의 취지와 그 위반의 내용 및 정도, 구체적인 위반 경위와 회피가능성, 절차 규정이 보호하고자 하는 권리 또는 법익의 성질과 침해 정도 및 피고인과의 관련성, 절차 위반행위와 증거수집 사이의 인과관계 등 관련성의 정도, 수사기관의 인식과 의도 등을 전체적·종합적으로 살펴 볼 때, 수사기관의 절차 위반행위가 적법절차의 실질적인 내용을 침해하는 경우에 해당하지 아니하고, 오히려 그 증거의 증거능력을 배제하는 것이 헌법과 형사소송법이 형사소송에 관한 절차 규정을 마련하여 적법절차의 원칙과 실체적 진실 규명의 조화를 도모하고 이를 통하여 형사 사법 정의를 실현하려고 한 취지에 반하는 결과를 초래하는 것으로 평가되는 예외적인 경우라면, 법원은 그 증거를 유죄 인정의 증거로 사용할 수 있다고 보아야 한다.** 이는 적법한 절차에 따르지 아니하고 수집한 증거를 기초로 하여 획득한 2차적 증거의 경우에도 마찬가지여서, 절차에 따르지 아니한 증거 수집과 2차적 증거 수집 사이 인과관계의 희석 또는 단절 여부를 중심으로 2차적 증거 수집과 관련된 모든 사정을 전체적·종합적으로 고려하여 예외적인 경우에는 유죄 인정의 증거로 사용할 수 있다.

형사소송법 제215조 제2항은 "사법경찰관이 범죄수사에 필요한 때에는 검사

1) 수원지방법원 안산지원 2011. 8. 25. 선고 2011고정1175 판결.

에게 신청하여 검사의 청구로 지방법원판사가 발부한 영장에 의하여 압수, 수색 또는 검증을 할 수 있다."고 규정하고, **형사소송법 제216조 제3항은 범행 중 또는 범행 직후의 범죄장소에서 긴급을 요하여 법원판사의 영장을 받을 수 없는 때에는 압수·수색·검증을 할 수 있으나 이 경우에는 사후에 지체없이 영장을 받아야 한다고 규정**하고 있으며, 한편 검사 또는 사법경찰관으로부터 감정을 위촉받은 감정인은 감정에 관하여 필요한 때에는 **검사의 청구에 의해 판사로부터 감정처분허가장을 발부받아 신체의 검사 등 형사소송법 제173조 제1항에 규정된 처분을 할 수 있도록 규정되어 있는바(형사소송법 제221조, 제221조의 4, 제173조 제1항)**, 위와 같은 형사소송법 규정에 위반하여 수사기관이 법원으로부터 영장 또는 감정처분허가장을 발부받지 아니한 채 피의자의 동의 없이 피의자의 신체로부터 혈액을 채취하고 더구나 사후적으로도 지체없이 이에 대한 영장을 발부받지 아니하고서 위와 같이 강제 채혈한 피의자의 혈액 중 알콜농도에 관한 감정이 이루어졌다면 이러한 감정결과보고서 등은 형사소송법상 영장주의 원칙을 위반하여 수집하거나 그에 기초한 증거로서 그 절차 위반행위가 적법절차의 실질적인 내용을 침해하는 정도에 해당한다고 할 것이므로, 피고인이나 변호인의 증거동의 여부를 불문하고 범죄사실을 유죄로 인정하는 증거로 사용할 수 없다고 보아야 한다(대법원 2011. 5. 13. 선고 2009도10871 판결).

나. 살피건대, 이 사건 공소사실에 부합하는 증거로는 피고인의 이 법정 및 수사기관에서의 진술, 피고인으로부터 채취한 혈액을 감정한 감정의뢰회보 및 이에 기초한 주취운전자 적발보고서, 범죄인지보고 등이 있다.

그러나 수사보고(방문조사), 채혈동의서, 주취운전자 적발보고서, 주취운전자 정황진술보고서의 기재 등 이 사건 기록에 의하면, 피고인은 이 사건 사고로 인하여 병원 응급실로 호송된 사실, 위 사고신고를 받고 응급실로 출동한 **경찰관은** 2011. 3. 6. 00:50**경 법원으로부터 압수·수색 또는 검증 영장이나 감정처분허가장을 발부받지 아니한 채 피고인의 아들인 김동혁으로부터 채혈동의를 받고서 간호사로 하여금 의식을 잃고 응급실에 누워있는 피고인으로부터 채혈을 하도록 한 사실**을 인정할 수 있는바, 이에 의하면 **이 사건 채혈은 형사소송법이 정하고 있는 적법한 절차에 따르지 아니한 것**이고, 이러한 강제채혈로 얻은 혈액에 대한 감정의뢰회보 역시 적법한 절차에 따르지 아니하고 수집한 증거로서 **형사소송법 제308조의2에 따라 증거로 쓸 수 없으며**, 이에 기초한 다른 증거도 마찬가지라고 할 것이다.

결국 남는 증거는 피고인의 이 법정 및 수사기관에서의 진술뿐인데 이를 보강할만한 증거가 없어 이는 피고인에게 불리한 유일의 증거에 해당하므로 이 또한 유죄의 증거로 삼을 수 없다.

그렇다면 이 사건 공소사실은 범죄의 증명이 없는 경우에 해당하므로 형사소송법 제325조 후단에 의하여 피고인에게 무죄를 선고한다.

4. 2심의 판시사항[2)]

[1] 헌법과 형사소송법이 정한 절차를 위반하여 수집한 증거는 유죄의 증거로 삼을 수 없음이 원칙이고, 다만 수사기관의 증거 수집 과정에서 이루어진 절차 위반행위와 관련된 모든 사정을 전체적·종합적으로 살펴볼 때 수사기관의 절차 위반행위가 적법절차의 실질적인 내용을 침해하는 경우에 해당하지 아니하고, 오히려 그 증거의 증거능력을 배제하는 것이 헌법과 형사소송법이 형사소송에 관한 절차 조항을 마련하여 적법절차의 원칙과 실체적 진실 규명의 조화를 도모하고 이를 통하여 형사 사법 정의를 실현하려 한 취지에 반하는 결과를 초래하는 것으로 평가되는 예외적인 경우에만 법원은 그 증거를 유죄 인정의 증거로 사용할 수 있다.

[2] 형사소송법은 사법경찰관이 범죄수사에 필요한 때에는 검사에게 신청하여 검사의 청구로 판사가 발부한 영장에 의하여 압수, 수색 또는 검증을 할 수 있고(제215조 제2항), 사법경찰관은 제200조의2, 제200조의3, 제201조 또는 제212조의 규정에 의하여 피의자를 체포 또는 구속하는 경우에 필요한 때에는 체포현장에서 영장 없이 압수, 수색, 검증을 할 수 있으나 압수한 물건을 계속 압수할 필요가 있는 경우에는 체포한 때부터 48시간 이내에 지체 없이 압수수색영장을 청구하여야 하며(제216조 제1항 제2호, 제217조 제2항), 범행 중 또는 범

2) 수원지방법원 2011. 10. 20. 선고 2011노3958 판결

행 직후의 범죄 장소에서 긴급을 요하여 판사의 영장을 받을 수 없는 때에는 영장 없이 압수, 수색 또는 검증을 할 수 있으나 이 경우 사후에 지체 없이 영장을 받아야 하고(제216조 제3항), 검사 또는 사법경찰관으로부터 감정을 위촉받은 감정인은 감정에 관하여 필요한 때에는 검사의 청구에 의해 판사로부터 허가장을 발부받아 감정에 필요한 처분을 할 수 있다(제221조, 제221조의4, 제173조 제1항)고 수사기관의 강제처분에 관하여 상세한 절차를 규정하고 있는바, 이러한 형사소송법 규정들의 취지에 비추어 보면, **수사기관이 법원으로부터 영장 또는 감정처분허가장을 발부받지 아니하고 피고인의 동의도 없이 피고인의 신체에서 혈액을 채취하고 사후에도 지체 없이 영장을 발부받지 아니한 채 그 혈중알콜농도에 관한 감정을 의뢰하여 획득한 이 사건 감정의뢰회보는 형사소송법상 영장주의 원칙을 위반하여 채취한 혈액에 기초하여 획득한 증거로서 그 절차위반행위가 적법절차의 실질적인 내용을 침해한 것**으로 보아야 하고, **음주운전자에 대한 채혈에 관하여 영장주의를 엄격하게 적용하면 법률상 그 요건을 충족하기 어렵다거나 음주운전 중 교통사고를 야기하고 의식불명 상태에 빠져 병원에 후송된 피고인에게 의식이 있었다면 혈액 채취에 동의하였을 가능성이 높고 그가 의식불명일 때 그의 가족이 혈액 채취에 동의한 사정 등이 있다는 것만으로는 이 사건 감정의뢰회보의 증거능력을 배제하는 것이 적법절차의 원칙과 실체적 진실 규명의 조화를 통하여 형사 사법 정의를 실현하려고 하는 헌법과 형사소송법의 취지에 반하는 결과를 초래한다고 볼 수도 없다**(대법원 2011. 4. 28. 선고 2009도2109 판결; 2011. 7. 14. 선고 2010도12604 판결 등 참조).

[3] 따라서 위법하게 채취된 피고인의 혈액에 기초하여 획득된 이 사건 감정의뢰회보는 증거능력을 인정할 정도의 예외적인 경우에 해당한다고 볼 수 없으므로 그 증거능력을 인정할 수 없고, 이에 기초한 다른 증거도 마찬가지라고 할 것이며, 피고인의 자백 외에 달리 이를 보강할만한 증거가 없는 이상 이 또한 유죄의 증거로 삼을 수 없으므로, 같은 취지에서 공소사실에 대한 증거가 없다고 보아 피고인에 대해 무죄를 선고한 원심 판결에 법리를 오해하거나 사실을 오인한 위법은 없다(한편 검사는 항소이유서에서 원심 판결에 심리 미진의 위법이 있다는 취지로도 주장하나 위 주장도 이유 없다).

5. 대법원의 판단[3)]

[1] 우리 헌법은 "누구든지 법률에 의하지 아니하고는 체포 · 구속 · 압수 · 수색 또는 심문을 받지 아니하며"(헌법 제12조 제1항 후문), "체포 · 구속 · 압수 또는 수색을 할 때에는 적법한 절차에 따라 검사의 신청에 의하여 법관이 발부한 영장을 제시하여야 한다. 다만, 현행범인인 경우와 장기 3년 이상의 형에 해당하는 죄를 범하고 도피 또는 증거인멸의 염려가 있을 때에는 사후에 영장을 청구할 수 있다"고 규정하여(같은 조 제3항) 압수수색에 관한 적법절차와 영장주의의 근간을 선언하고 있다.

이를 이어받아 형사소송법은 사법경찰관이 범죄수사에 필요한 때에는 검사에게 신청하여 검사의 청구로 판사가 발부한 영장에 의하여 압수, 수색 또는 검증을 할 수 있고(제215조 제2항), 검사 또는 사법경찰관은 제200조의2, 제200조의3, 제201조 또는 제212조의 규정에 의하여 피의자를 체포 또는 구속하는 경우에 필요한 때에는 체포현장에서 영장 없이 압수, 수색, 검증을 할 수 있으나, 압수한 물건을 계속 압수할 필요가 있는 경우에는 체포한 때부터 48시간 이내에 지체 없이 압수수색영장을 청구하여야 하며(제216조 제1항 제2호, 제217조 제2항), 범행 중 또는 범행 직후의 범죄 장소에서 긴급을 요하여 판사의 영장을 받을 수 없는 때에는 영장 없이 압수, 수색 또는 검증을 할 수 있으나, 이 경우에는 사후에 지체 없이 영장을 받아야 하고(제216조 제3항), 검사 또는 사법경찰관으로부터 감정을 위촉받은 감정인은 감정에 관하여 필요한 때에는 검사의 청구에 의해 판사로부터 허가장을 발부받아 감정에 필요한 처분을 할 수 있다고 규정함으로써(제221조 제2항, 제221조의4, 제173조 제1항) 실체적 진실 규명과 개인의 권리보호 이념을 조화롭게 실현할 수 있도록 압수 · 수색 · 검증과 감정처분절차에 관한 구체적 기준을 마련하고 있다. 그리고 나아가 "적법한 절차에 따르지 아니하고 수집한 증거는 증거로 할 수 없다"고 규정함으로써(제308조의2) 위와 같은 구체적 기준을 마련하고 있는 형사소송법의 규범력이 확고히 유지되도록 하고 있다.

3) 대법원 2012. 11. 15. 선고 2011도15258 판결

따라서 헌법과 형사소송법이 정한 절차에 따르지 아니하고 수집된 증거는 기본적 인권 보장을 위해 마련된 적법한 절차에 따르지 않은 것으로서 원칙적으로 유죄 인정의 증거로 삼을 수 없고, 위와 같은 법리는 이를 기초로 하여 획득한 2차적 증거에도 마찬가지로 적용된다고 할 것이다. 그렇다면 수사기관이 법원으로부터 영장 또는 감정처분허가장을 발부받지 아니한 채 피의자의 동의 없이 피의자의 신체로부터 혈액을 채취하고 사후에도 지체 없이 영장을 발부받지 아니한 채 그 혈액 중 알콜농도에 관한 감정을 의뢰하였다면, 이러한 과정을 거쳐 얻은 감정의뢰회보 등은 형사소송법상 영장주의 원칙을 위반하여 수집하거나 그에 기초하여 획득한 증거로서, 원칙적으로 그 절차위반행위가 적법절차의 실질적인 내용을 침해하여 피고인이나 변호인의 동의가 있더라도 유죄의 증거로 사용할 수 없다고 할 것이다(대법원 2011. 4. 28. 선고 2009도2109 판결 등 참조).

[2] 한편 수사기관이 범죄 증거를 수집할 목적으로 피의자의 동의 없이 피의자의 혈액을 취득·보관하는 행위는 법원으로부터 감정처분허가장을 받아 형사소송법 제221조의4 제1항, 제173조 제1항에 의한 '감정에 필요한 처분'으로도 할 수 있지만, 형사소송법 제219조, 제106조 제1항에 정한 압수의 방법으로도 할 수 있고, 압수의 방법에 의하는 경우 혈액의 취득을 위하여 피의자의 신체로부터 혈액을 채취하는 행위는 그 혈액의 압수를 위한 것으로서 형사소송법 제219조, 제120조 제1항에 정한 '압수영장의 집행에 있어 필요한 처분'에 해당한다고 할 것이다.

그런데 **음주운전 중 교통사고를 야기한 후 피의자가 의식불명 상태에 빠져 있는 등으로 도로교통법이 음주운전의 제1차적 수사방법으로 규정한 호흡조사에 의한 음주측정이 불가능하고 혈액 채취에 대한 동의를 받을 수도 없을 뿐만 아니라 법원으로부터 혈액 채취에 대한 감정처분허가장이나 사전 압수영장을 발부받을 시간적 여유도 없는 긴급한 상황**이 생길 수 있다. **이러한 경우 피의자의 신체 내지 의복류에 주취로 인한 냄새가 강하게 나는 등 형사소송법 제211조 제2항 제3호가 정하는 범죄의 증적이 현저한 준현행범인으로서의 요건이 갖추어져 있고 교통사고 발생 시각으로부터 사회통념상 범행 직후라고 볼 수 있**

는 시간 내라면, 피의자의 생명 · 신체를 구조하기 위하여 사고현장으로부터 곧바로 후송된 병원 응급실 등의 장소는 형사소송법 제216조 제3항의 범죄장소에 준한다 할 것이므로, 검사 또는 사법경찰관은 피의자의 혈중알콜농도 등 증거의 수집을 위하여 의료법상 의료인의 자격이 있는 자로 하여금 의료용 기구로 의학적인 방법에 따라 필요최소한의 한도 내에서 피의자의 혈액을 채취하게 한 후 그 혈액을 영장 없이 압수할 수 있다고 할 것이다. 다만 이 경우에도 형사소송법 제216조 제3항 단서, 형사소송규칙 제58조, 제107조 제1항 제3호에 따라 사후에 지체 없이 강제채혈에 의한 압수의 사유 등을 기재한 영장청구서에 의하여 법원으로부터 압수영장을 받아야 함은 물론이다.

[3] 원심은 그 채택 증거에 의하여, 피고인이 2011. 3. 5. 23:45경 판시 장소에서 오토바이를 운전하여 가다가 선행 차량의 뒷부분을 들이받는 교통사고를 야기한 후 의식을 잃은 채 119 구급차량에 의하여 병원 응급실로 후송된 사실, 사고 시각으로부터 약 1시간 후인 2011. 3. 6. 00:50경 사고신고를 받고 병원 응급실로 출동한 경찰관은 법원으로부터 압수 · 수색 또는 검증 영장을 발부받지 아니한 채 피고인의 아들로부터 동의를 받아 간호사로 하여금 의식을 잃고 응급실에 누워 있는 피고인으로부터 채혈을 하도록 한 사실 등을 인정하였다. 그리고 나아가 이 사건 채혈은 법관으로부터 영장을 발부받지 않은 상태에서 이루어졌고 사후에 영장을 발부받지도 아니하였으므로 피고인의 혈중알콜농도에 대한 국립과학수사연구소의 감정의뢰회보 및 이에 기초한 주취운전자 적발보고서, 주취운전자 정황보고서 등의 증거는 위법수집증거로서 증거능력이 없으므로, 피고인의 자백 외에 달리 이를 보강할 만한 증거가 없다는 이유로 이 사건 공소사실을 무죄로 판단하였다.

원심판결 이유를 앞서 본 법리와 기록에 비추어 살펴보면, 원심이 적법한 절차에 따르지 아니하고 수집된 피고인의 혈액을 이용한 혈중알콜농도에 관한 감정의뢰회보 등의 증거능력을 부정한 것은 정당하고, 달리 위와 같은 증거의 증거능력을 배제하는 것이 헌법과 형사소송법이 형사소송에 관한 절차 조항을 마련하여 적법절차의 원칙과 실체적 진실 규명의 조화를 도모하고 이를 통하여 형사사법 정의를 실현하려 한 취지에 반하는 결과를 초래하는 것으로 평가되는 예외적인 경우에 해당한다고 볼 사유도 찾아볼 수 없다.

[4] 그러므로 상고를 기각하기로 하여 관여 대법관의 일치된 의견으로 주문과 같이 판결한다.

Ⅲ. 강제체혈에 대한 일반적인 검토

1. 강제채혈의 허용 여부

강제채혈은 신체의 자유를 침해하는 것이고 강제채혈에 관한 명시적인 규정이 없기 때문에 강제수사의 하나로서 강제채혈이 허용되는지 문제된다. 도로교통법 제44조 제3항에서 동의채혈을 허용하고 있는 점, 의학적으로 안전한 방법에 따른 소량의 채혈은 일상적으로 행하여지고 신체에 대한 특별한 침해가 없는 점 등에 비추어 보아 현행 법체계상 강제채혈이 절대적으로 금지되지 아니한다. 따라서 강제채혈은 증거로서 필요성, 채취방법의 안전성, 필요최소한의 채혈 등의 요건이 갖추어 지는 한 강제수사의 하나로서 허용된다.

2. 강제채혈의 요건

강제채혈이 허용되는 요건은 다음과 같다.

① 수사개시의 요건인 구체적 범죄혐의보다는 강하고 구속영장에 필요한 현저한 범죄혐의보다는 약한 정도의 범죄혐의에 관한 소명이 필요하다(범죄사실의 소명). ② 수사기관의 설득에도 불구하고 임의제출을 거부하거나 의식불명 등으로 동의를 구할 수 없어야 한다(강제채취의 현저한 필요성). ③ 중요한 증거로서 혈액 감정이 아니고서는 다른 증거에 의하여 피의사건의 진상이 밝혀지지 않아야 한다(증거로서 중요성과 대체수단의 부존재). ④ 혈액이 갖는 정보의 다양성과 혈액채취로 인한 인권침해의 가능성 등에 비추어 강제채혈로 입증하려는 범죄가 중대해야 하며 경범죄 입증을 위한 강제채혈은 허용되어서는 안 된다(범죄사실의 중대성). ⑤ 신체의 안전 등을 위해 의사 등 전문가에 의해 의학적으로 상당한 방법에 따라 필요최소한의 혈액을 채취하여야 한다(채취방법의 상당성).

3. 강제채혈의 법적 성질

강제채혈은 수사상 강제수사에 해당되나 이에 대한 명문의 규정이 없기 때문에 수사상 강제채혈의 구체적인 절차와 방법 등을 명확하게 하기 위해 우선 그 법적 성질이 규명되어야 한다. 강제채혈의 법적 성질에 대하여는 다음과 같이 견해가 대립하고 있다.

(1) 검증설

신체검사는 신체의 외부검사는 물론 내부검사도 포함되므로, 강체채혈은 신체검사의 일종인 체내검사로서 수사상 검증에 속한다는 견해이다.

(2) 감정처분설

신체검사는 신체의 외부적 검사에 제한되고, 채혈 등 신체의 손상을 수반하는 내부검사는 의사 등의 전문가에 의하여 행해져야 하므로 감정처분에 속한다는 견해이다.

(3) 검증 · 감정처분설

검증으로서의 신체검사와 감정으로서의 신체검사는 구별되고, 강제채혈은 신체의 일부를 분리하므로 감정으로서의 성질도 있으므로 검증영장과 감정처분허가장을 병용하여야 한다는 견해이다.

(4) 압수 · 수색설

체내에 있는 혈액을 범죄의 증거물로서 강제로 채취하는 행위는 압수수색에 해당된다는 견해이다. 즉 신체로부터의 혈액의 분리는 수색이고, 분리된 혈액의 점유취득은 압수에 해당된다.

(5) 압수수색 · 감정처분설

강제채혈은 신체로부터 혈액을 채취하므로 압수 · 수색영장이 필요하고, 채취한 혈액에 대한 전문적 분석을 위해서는 감정처분허가장이 필요하다는 견해이다.

(6) 판례

판례는 음주운전자를 수사하기 위한 혈액 채취는 수사상 검증의 방법에 의하지 않으면 안 된다고 판시한 적도 있으나, 대상판결에서는 검증 또는 압수수색 영장에 의하여야 한다고 판시하여 명확한 판단을 하지 않았다.

(7) 검토 – 검증설

감정처분설은 피의자가 검사를 거부하는 경우 이를 강제할 방법이 없다는 점, 압수・수색설은 신체의 일부를 압수수색의 대상으로 보아 인간존엄에 반한다는 점, 검증・감정처분설과 압수수색・감정처분설은 강제채혈을 하기 위해 두 종류의 영장이 필요하다는 실무적인 난점이 있다는 점에서 각 비판받고 있다. 피의자의 신체의 자유 등 기본 인권의 보장을 위해 강제처분 영장주의를 채택하고 있으므로 이에 충실한 검증설이 타당하다.

Ⅳ. 위법수집증거배제법칙과 대상판결에 대한 검토

1. 문제의 소재

위법수집증거배제법칙은 수사기관으로 하여금 적법절차를 무시한 증거 수집을 차단함으로써 적법절차를 준수하고 이로써 형사절차의 개인의 권리를 보호하고자 함에 그 목적이 있으나, 위 원칙을 적용함에 있어서도 형사절차에 있어서 가장 중요한 목적인 실체 진실 규명을 배제해서는 아니 된다. 따라서 위법수집증거배제법칙은 개인의 권리 보호와 실체 진실 규명이라는 형사절차의 양 원칙을 조화롭게 실현할 수 있도록 해석되어야 한다.

이에 따라 비록 위법하게 수집된 증거라 하더라도 불기피한 상황에서 실체 진실 규명을 위해 취득한 증거의 경우에 그 증거의 증거능력을 인정할 수 있는지, 특히 대상판결 사례와 같이 의식불명 음주운전 피의자에 대한 사전, 사후 영장을 받지 않은 강제채혈의 경우 그 혈액 또는 혈액의 감정결과에 대해 증거능력을 인정할 수 있는지에 대해 검토한다.

2. 판례의 태도

일단 위법수집증거배제법칙과 관련하여 대법원은 "기본적 인권 보장을 위하여 압수·수색·검증 및 감정처분에 관한 적법절차와 영장주의의 근간을 선언한 헌법과, 이를 이어받아 실체적 진실 규명과 개인의 권리보호 이념을 조화롭게 실현할 수 있도록 압수·수색·검증 및 감정처분절차에 관한 구체적 기준을 마련하고 있는 형사소송법의 규범력은 확고히 유지되어야 하므로, **헌법과 형사소송법이 정한 절차에 따르지 아니하고 수집한 증거는 물론 이를 기초로 하여 획득한 2차적 증거 역시 기본적 인권 보장을 위해 마련된 적법한 절차에 따르지 않은 것으로서 원칙적으로 유죄 인정의 증거로 삼을 수 없고, 다만 위법하게 수집한 압수물의 증거능력 인정 여부를 최종적으로 판단함에 있어서는, 수사기관의 증거 수집 과정에서 이루어진 절차 위반행위와 관련된 모든 사정, 즉 절차 규정의 취지와 그 위반의 내용 및 정도, 구체적인 위반 경위와 회피가능성, 절차 규정이 보호하고자 하는 권리 또는 법익의 성질과 침해 정도 및 피고인과의 관련성, 절차 위반행위와 증거수집 사이의 인과관계 등 관련성의 정도, 수사기관의 인식과 의도 등을 전체적·종합적으로 살펴 볼 때, 수사기관의 절차 위반행위가 적법절차의 실질적인 내용을 침해하는 경우에 해당하지 아니하고, 오히려 그 증거의 증거능력을 배제하는 것이 헌법과 형사소송법이 형사소송에 관한 절차 규정을 마련하여 적법절차의 원칙과 실체적 진실 규명의 조화를 도모하고 이를 통하여 형사 사법 정의를 실현하려고 한 취지에 반하는 결과를 초래하는 것으로 평가되는 예외적인 경우라면, 법원은 그 증거를 유죄 인정의 증거로 사용할 수 있다고 보아야 한다.**"고 판시(대법원 2007. 11. 15. 선고 2007도3061 판결)하여 위법수집증거라 하더라도 예외적으로 그 증거능력을 인정할 수 있는 가능성을 열어두고 있다.

대상판결 사례와 같이 의식불명 음주운전 피의자에 대한 사전, 사후 영장을 받지 않은 강제채혈의 경우에 대하여 하급심 판례(2010. 9. 10. 선고 의정부지법 2010노216 판결)에서는 "채혈에 영장주의가 적용되는 이상 이 사건에서 영장을 발부받지 아니한 채 이루어진 피고인의 혈액 채취는 위법하고, 이 혈액을 감정한 결과는 적법한 절차에 따르지 아니하고 수집된 증거물로서 **형사소송법 제308조의2에 따라 원칙적으로 그 증거능력이 인정되지 아니한다. 그러나 실체적 진실 규명을 통한 정당한 형벌권의 실현도 헌법과 형사소송법이 형사소송 절차를 통하여 달성하려는 중요한 목표이자 이념으로서, 형식적으로 보아 정해진 절차에 따르지 아니하고 수집된 증거라는 이유만을 내세워 획일적으로 그 증거의 증거능력을 부정하는 것 역시 헌법과 형사소송법이 형사소송에 관한 절차 조항을 마련한 취지에 맞는다고 볼 수 없다**는 것을 고려해야 한다. 따라서 수사기관의 증거 수집 과정에서 이루어진 절차 위반행위와 관련된 모든 사정 즉, 절차 조항의 취지와 그 위반의 내용 및 정도, 구체적인 위반 경위와 회피가능성, 절차 조항이 보호하고자 하는 권리 또는 법익의 성질과 침해 정도 및 피고인과의 관련성, 절차 위반행위와 증거수집 사이의 인과관계 등 관련성의 정도, 수사기관의 인식과 의도 등을 전체적·종합적으로 살펴 볼 때, 수사기관의 절차 위반행위가 적법절차의 실질적인 내용을 침해하는 경우에 해당하지 아니하고, 오히려 그 증거의 증거능력을 배제하는 것이 헌법과 형사소송법이 형사소송에 관한 절차 조항을 마련하여 적법절차의 원칙과 실체적 진실 규명의 조화를 도모하고 이를 통하여 형사 사법 정의를 실현하려 한 취지에 반하는 결과를 초래하는 것으로 평가되는 **예외적인 경우라면, 법원은 그 증거를 유죄 인정의 증거로 사용할 수 있다**고 보아야 할 것이다(대법원 2007. 11. 15. 선고 2007도3061 판결 등). 돌이켜 이 사건과 관련된 다음과 같은 사정들, 즉 ① 앞서 본 바와 같이 이 사건에서 병원에 후송된 피고인은 의식을 잃어 호흡에 의한 음주측정이 불가능한 상태였고, 혈액검사 이외에는 달리 혈중알콜농도를 측정할 방법이 없었음에도 불구하고 본인의 동의를 받을 수 없는 상황이었던 점, ② **혈액에 존재하는 알콜 성분은 시간이 경과함에 따라 신진대사로 인해 희석되므로 사실상 사전에 법원의 영장을 발부받아 채혈을 하기는 어렵고, 사후 영장에 관한 규정인 형사소송법 제216조 제3항은 범행 중 또는 범행 직후의 범죄 장소에서 이루어지는 압수·수색·검증에 적용되는 것이므로 교통사고가 발생한 이후에 범죄 장소가 아닌 병원에서 이루어지는 채혈에 대해 위 규정에 따라 사후 영장을 발부받기도 어렵다고 보이는 점**(피고인이 의식을 회복한 후 동의를 얻거나,

나중에 영장을 발부받아 채혈을 한 후 위드마크 방식에 따라 음주정도를 추정하는 방법이 있으나, 위드마크 방식의 오류가능성 등을 고려할 때 이 방식이 절차적 인권보장에 더 충실하다거나 피고인에게 더 이익이 된다고 단정할 수 없다), ③ 이 사건에서 피고인의 혈액 채취는 피고인의 직계 가족인 딸의 동의를 얻어 병원에서 의료진에 의하여 이루어졌고, 음주측정을 위해 필요한 한도 내에서만 혈액이 채취되었으므로, 채혈로 인하여 피고인의 신체나 사생활의 비밀 기타 인격적 법익이 크게 침해되었다고 보기는 어려운 점, ④ 도로교통법은 음주 측정을 거부하는 자를 음주운전에 준하여 처벌하고 있으므로 혈액 채취 당시 피고인의 의식이 있었다면 호흡 측정에 응하거나 채혈에 동의하였을 가능성이 높은 점, ⑤ 음주운전을 하였다고 볼 만한 명백한 사정이 있음에도 운전자의 의식이 없다는 이유만으로 이를 처벌하지 아니하는 것은 자기부죄 금지의 원칙이나 측정의 오류 가능성에도 불구하고 음주측정거부죄나 위드마크 방식에 따른 추정치로 처벌하는 경우와 형평에 맞지 않는 점 등을 종합하면, 이 사건에서 영장을 발부받지 아니한 채 이루어진 혈액 채취 행위가 적법절차의 실질적인 내용을 침해하였다고 보기 어렵고, 오히려 피고인의 혈액 감정 결과의 증거능력을 배제하는 것이 헌법과 형사소송법이 형사소송에 관한 절차 조항을 마련하여 적법절차의 원칙과 실체적 진실 규명의 조화를 도모하고 이를 통하여 형사 사법 정의를 실현하려 한 취지에 반하는 결과를 초래한다고 평가된다. 따라서 **음주운전의 가능성이 상당히 높은 상황에서 혐의자의 의식이 없어 본인의 승낙을 얻을 수 없는 경우, 병원 의료진이 가족 등의 동의를 얻어 피고인으로부터 채취한 혈액을 감정한 감정의뢰회보 기재는 증거능력이 있다.**"고 판시하여 그 증거능력을 인정하기도 하였고, 또한 **대상판결과 같은 사례에 대해 수사기관이 형사소송법 제216조 제3항의 사후 압수·수색 영장을 청구하자, 춘천지방법원은** 2010. 10. **부적법한 긴급압수·수색으로 보아 사후영장을 기각**하였고, **의정부지방법원도** 2012. 3. **"이 사건 교통사고가 동두천시 생연동이고 혈액채취 및 압수장소가 의정부시 소재 의정부 성모병원 내인 점에 비추어 제216조 3항에서 정한 '범행 중 또는 범행 직후의 범죄장소에서의 압수'라고 볼 수 없다"는 이유로 사후 압수수색 영장을 기각**하는 등 다수의 법원에서 사후 압수·수색 영장을 기각하였다.

그러나 **대상판결(대법원 2012. 11. 15. 선고 2011도15258 판결)은** "피의자의 신체 내지 의복류에 주취로 인한 냄새가 강하게 나는 등 형사소송법 제211조 제2항 제3호가 정하는 범죄의 증적이 현저한 준현행범인으로서의 요건이 갖추어져 있고 교통사고 발생 시각으로부터 사회통념상 범행 직후라고 볼 수 있는 시간 내라면, 피의자의 생명·신체를 구조하기 위하여 사고현장으로부터 곧바로 후송된 병원 응급실 등의 장소는 **형사소송법 제216조 제3항의 범죄장소에 준한다** 할 것이므로, 검사 또는 사법경찰관은 피의자의 혈중알콜농도 등 증거의 수집을 위하여 의료법상 의료인의 자격이 있는 자로 하여금 의료용 기구로 의학적인 방법에 따라 필요최소한의 한도 내에서 피의자의 혈액을 채취하게 한 후 그 혈액을 영장 없이 압수할 수 있다고 할 것이다. 다만 이 경우에도 형사소송법 제216조 제3항 단서, 형사소송규칙 제58조, 제107조 제1항 제3호에 따라 사후에 지체 없이 강제채혈에 의한 압수의 사유 등을 기재한 영장청구서에 의하여 법원으로부터 압수영장을 받아야 함은 물론이다."라고 판시하여 **형사소송법 제216조 제3항에 따른 사후영장을 받아야 하고, 이를 받지 않고 채취한 혈액 또는 감정결과에 대해 증거능력을 부정하였다.**

3. 각국의 태도

(1) 미국

미연방대법원은 음주사고로 인하여 병원에 입원한 피고인을 영장 없이 체포하고 피고인의 거부에도 불구하고 그의 혈액을 강제채혈한 사건[4]에서, 비록 경찰은 영장 없이 피고인을 체포하였으나 그 당시 경찰관은 **영장을 받기 위하여 시간을 지체할 경우 증거가 소멸될 수 있는 위험**에 있다고 믿을만한 충분한 이유가 있는 상황이었고, 특히 이 사건의 경우 피고인이 병원으로 이송되고 사고현장을 조사하기 까지 시간이 걸려 법관으로부터 영장을 확보할 시간이 없었는바 이러한 사정에 비추어 알콜이 포함된 혈액을 확보하기 위하여 피고인을 체

4) 대표적인 사례로 앞서 언급한 Schmber v. California, 384 u. s. 757 (1966) 사례가 있는바, 위 사례에서는 교통사고로 인한 상처 치료를 위하여 병원에 입원한 상태에서 피고인의 거부에도 불구하고 의사에 의하여 이루어진 혈액 샘플의 증거능력을 인정하였다.

포한 것은 정당하고, 이 사건 **혈중알콜농도 검사방법은 혈중알콜농도를 측정하는데 있어 상당히 효과적인 것**으로 오늘날 정기적인 검사방법에서도 일반적으로 사용되며, **채취하는 혈액의 양도 적으며 대다수의 사람들에게 실질적으로 위험부담도 없고 트라우마를 남기지 아니하므로 합리적인 방법**이며, 기록에 의할 때 피고인의 혈액은 **병원에서 의사에 의하여 허용된 의학적 방법에 의하여 채취된 것**으로 위 검사는 합리적인 방법으로 수행되었으므로, **위법한 압수수색에 대한 자유에 관한 수정헌법 제4조, 제5조 하에서의 피고인의 권리를 침해하지 아니하였다고 판시**하여 음주운전으로 체포된 사람으로부터 혈액채취가 필요하고 장소와 절차가 합리적이라면 혐의자의 혈액안의 알콜이 영장을 발부받기 위하여 지체되는 동안 사라질 우려 등 긴급성이 있으므로 어느 정도 강압에 의해서도 혈액샘플을 채취할 수 있다고 한다.

(2) 독일

독일은 형사소송법 제81조 a에서 ① 소송절차상 중요한 사실확인을 위하여 피의자에 대한 신체검사를 명할 수 있다. 이를 위하여 검사목적으로 의사에 의하여 의술에 따라 수행되는 **혈액표본 및 기타 채내검사는 피의자의 건강을 손상할 우려가 없다면 피의자의 승낙이 없어도 허용된다.** ② **전항의 명령은 법관이 할 수 있으며, 신체검사를 지체하는 경우 그 성과의 저해가 우려되는 때에는 검사와 그 보조인인 공무원도 할 수 있다**. ③ 피의자에게서 채취한 혈액표본 기타 신체조직은 그 채취의 근거가 되는 형사절차 또는 다른 계속중인 형사절차의 수행을 위해서만 사용될 수 있으며, 이를 위하여 이러한 표본이 더 이상 필요하지 않은 경우에는 즉시 폐기되어야 한다."고 규정하여 **입법적으로 해결**하고 있다.

그리고 독일 법원은 야간에 음주운전한 피고인을 법관의 명령없이 강제채혈한 사건[5)]에서 증거수집에 관한 규정들을 위반했다고 해서 항상 형사소송상 위

---

5) BVerfG 2. Senat 1. Kammer, Nichtannahmebeschluss von 24.02.2011 – 2 BvR 1596/10, 2 BvR 2346/10 참고 이에 동조하는 학설로는 Jakob Pichon, 야간에 법관이 준비되지 않은 상황에서는 법관의 채혈명령 없이 검사와 수사인력이 스스로 채혈명령을 내릴 수 있고 이는 위법수집증거배제금칙에 반하지 않는다는 취지(Jakob Pichon, Unendliche Geschichte: Neues

법수집증거배제가 적용되는 것은 아니며 오히려 법원은 진실을 규명하기 위해 직권으로 이에 필요한 사실관계와 증거수단들에까지 증거수집을 확장해야 하는 것이 원칙이므로 위법수집증거배제는 명시적인 법률상 규정에 의하거나 개별사건에서 상충되는 이익들을 형량한 결과에 따라 상당히 중요한 사유들에 의해서만 예외적으로 인정될 수 있다고 하면서 야간에 법관이 대기하고 있지 아니한 경우에도 적용된다고 판시하면서 위 강제채혈의 적법성을 인정한바 있다.

(3) 일본

일본 최고재판소는 '증거물 압수 등의 절차에 영장주의의 정신을 몰각시키는 중대한 위법이 있고, 이를 증거로 활용하는 것이 장래 위법한 수사의 억제라는 견지에서 상당하지 아니한 경우 그 증거능력을 부정해야 한다'고 판단하고 있는 바[6] 강제채뇨의 경우 일정한 요건하에서 적법성을 인정하고 있고 있으며, 이에 따라 하급심 법원에서는 영장에 의하지 아니한 강제채혈의 증거능력을 인정하였다.[7]

특히 위 하급심 법원에서는 "적은 양의 채혈은 피채혈자에 대한 침해의 정도가 경미하다고 하나 **영장 없는 강제채혈은 원칙적으로 위법하고 증거능력은 부정되어야 하지만 중대한 교통사범이고 피고인의 주기를 띤 운전의 혐의가 농후하여 혈액입수의 필요성이 강하였던 점, 본건의 경우에는 영장을 발부받으려면 어느 정도의 시간을 요하는 등 채혈행위 자체에 대해서는 객관적인 필요성, 긴급성 상당성 등이 인정되기 때문에 그 위법성은 낮고, 압수절차과정에서의 위법이라는 면을 가미하여도 본건 채혈절차의 위법성이 영장주의의 정신을 몰각할 정도로 중대하였다고 할 수 없고, 결국 위 혈액을 감정 자료로 한 감정서의 증거능력을 부정하는 것은 상당하지 아니하다**"고 판시하여 비록 위법한 절차에 의하여 획득한 강제채혈이라고 할지라도 그 위법성이 영장주의 정신을 몰각할 정도로 중대하였다고 할 수 없어 증거능력이 인정된다고 판단하였다.

---

zum Richtervorbehalt bei Blutentnahmen (§ 81a Abs. 2 StPO), HRRS 2011, 472–476.)

6) 日最判 1978. 9. 7. [最刑集 32–6, 1672]

7) 高松 高等裁判所 1985. 6. 16. 판결 참고.

4. 위법수집증거배제법칙의 일반적 해석

위법수집증거배제법칙이라 하여 어떤 절차의 위법이라도 있으면 증거로서 배제된다는 것을 의미하는 것은 아니다. 즉 형사소송법 제308조의2의 '적법한 절차'에 대해 단순한 훈시규정의 위반으로는 족하지 않고 본질적 증거절차규정을 위반할 때, 즉 중대한 위법이 있는 때에 한하여 증거능력이 배제된다고 해야 한다. 여기서 중대한 위법이란 'due process의 기본이념에 반하는 것', 또는 '정의감에 반하고 문명사회의 양심에 충격을 주는 것'을 의미한다고 할 수 있다. 이러한 의미에서 ① **영장제도나 적법절차를 규정하고 있는 헌법규정에 위반하는 경우**, ② 수사기관의 수사활동이 형벌법규에 위배하는 경우, ③ 형사소송법의 효력규정에 위배하여 압수·수색 등이 무효인 경우에는 중대한 위법에 해당하므로 이에 의하여 **수집된 증거는 배제된다**고 해야 한다.

이러한 권리의 침해 여부를 판단함에 있어서도 형식적인 절차규정의 위반이 있다고 하더라도 증거수집 과정에서 이루어진 절차위반행위와 관련된 모든 사정 즉, 절차조항의 취지와 그 위반의 내용 및 정도, 구체적인 위반경위와 회피가능성, 절차조항이 보호하고자 하는 권리 또는 법익의 성질과 침해정도 및 피고인과의 관련성, 절차위반행위와 증거수집 사이의 인과관계 등 관련성의 정도, 수사기관의 인식과 의도 등을 전체적·종합적으로 고려하여야 한다. 그리고 구체적 사안에서 어떠한 경우가 적법한 절차에 의하지 아니하고 위법하게 수집한 증거에 해당될 것인지에 관하여 **위법내용 및 정도·위법행위에 의한 침해되는 권리의 성질·실체적 진실발견의 필요성 등에 대한 종합적인 비교형량이 필요**하다.

5. 대상판결의 검토

대상판결의 사례에서 수사기관에 사전, 사후 피의자의 혈액을 채취한 것은 일응 영장주의를 규정한 헌법에 위배하여 수집한 증거이다.

그러나 피의자에 대한 호흡측정이 불가능하여 혈액검사 이외에 달리 피의자의 혈중알콜농도를 측정할 방법이 전혀 없으므로 강제채혈은 범죄유무를 판단함에 있어서 반드시 필요한 수사방법이고, 수사상 사전영장을 받는 것은 현실적으로 불가능[8]하고 사후 영장을 받을 수도 없는 상황[9]이었으므로 수사기관으로서는 사전 및 사후 압수·수색 영장을 청구하기 어려운 상황이었으며, 수사기관은 위와 같은 특별한 상황에서 영장을 청구하지 아니하였다는 것이 적법절차 준수라는 위법수집증거배제법칙의 취지가 침해될 우려는 매우 적은 반면, 음주운전의 위험성이 매우 크고, 교통사고 피해자를 위하여 음주운전 여부에 대한 실체적 진실을 발견할 필요성이 매우 크고, 혈액검사를 위한 채혈이 병원응급실에서 의료진에 의해 이루어지고 채혈량도 3－5cc로 소량에 그친 것이므로 운전자의 신체를 해칠 위험성도 거의 없었다.

그렇다면 대상판결의 강제채혈은 위법수집증거배제법칙의 예외에 해당하여 그 증거능력이 인정된다고 보는 것이 타당하다.

V. 결　　어

위법수집증거배제법칙이 적법절차를 위한 형사소송법상 중요한 원칙임은 의문의 여지가 없다. 그러나 실체적 진실 규명을 통한 정당한 형법권의 실현도 헌

---

8) 혈액 속에 함유되어 있는 알코올은 시간이 경과함에 따라 분해되거나 용해되어 체외로 배출되고, 게다가 피의자에 대하여 수혈이 이루어지는 경우도 있기 때문이다.

9) 영장에 의하지 아니한 강제처분에 대해 형사소송법 제216조 내지 제218조에서 규정하고 있다. 그러나 위 사후 압수·수색 영장의 어느 규정에도 해당되지 않는다.
즉 법 제216조 제1항 제2호의 '체포영장에서의 압수, 수색, 검증' 규정에 따라 준현행범인 체포하여 체포현장에서의 긴급압수·수색으로 처리하자는 견해나 법 제217조 제1항의 '긴급체포하여 체포현장 내지 소지물에 대한 긴급압수수색'으로 처리하자는 견해가 있으나, 이는 각 체포의 필요성이 있다고 보기 어려워 체포 자체가 위법하여 허용되지 않고, 법 제216조 제3항의 '범행 중 또는 범행직후의 범죄 장소에서의 긴급압수수색'으로 처리하자는 견해(대상판결의 태도)가 있으나 이는 채혈이 이루어진 장소는 음주운전 현장이 아니라 병원응급실로서 문언상 범죄장소가 아님이 명백하고 위 형사소송법 규정은 영장주의의 예외규정으로서 엄격하게 해석되어야 하므로 범죄장소의 개념을 확대해석하는 것은 부당하다.
그리고 앞서 살펴본 바와 같이 법원 또한 강제채혈 후 청구한 사후 압수·수색 영장에 대해 요건불비로 기각하기도 하고, 하급심 법원 판결(의정부지방법원 2010노216판결)에서 위법수집증거배제법칙의 예외를 인정하여 사전, 사후 영장에 의하지 않은 강제채혈의 증거능력을 인정하기도 하였다.

법과 형사소송법이 형사소송 절차를 통하여 달성하려는 중요한 목표이자 이념으로서, 형식적으로 보아 정해진 절차에 따르지 아니하고 수집된 증거라는 이유만을 내세워 획일적으로 그 증거의 증거능력을 부정하는 것 역시 헌법과 형사소송법이 형사소송에 관한 절차 조항을 마련한 취지에 맞는다고 볼 수 없다.

본 판례연구의 의식불명 음주운전 피의자에 대한 사전, 사후 영장을 받지 않은 강제채혈의 경우 그 혈액 또는 혈액의 감정결과에 대해 증거능력을 인정할 수 있는지와 관련하여서는 형사소송법상 적합한 사후영장이 없으므로 원칙적으로 독일과 같이 입법적인 해결이 되어야 한다.

하지만 입법이 없는 현행의 경우 특히 같은 법원에서 사후 영장을 기각하면서도 사후영장을 신청해야 한다는 모순된 판시를 하여 수사기관이 사전, 사후 영장을 받지 못하는 상황에서 영장주의에 위배된 증거수집으로 보아 그 증거능력을 부정하는 대상판결의 태도는 실체진실을 발견하려는 형사소송법상의 대원칙을 저버리는 것으로 적절하지 아니하다.

33

과학기술 발전에 따른 현대형 수사방법의 필요성과 적법성

- GPS수사에 대한 일본 최고재판소 판례 분석을 통한 시사* -

정 지 혜**

Ⅰ. 들어가는 말

과학기술의 발전 속에서 범죄수법 역시 날로 진화해가는 만큼 이러한 변화에 부응하여 수사방법 역시 변화되어야 하고 법규범의 해석도 변천해가야 할 필요성이 있다. 수사방법이 변화되고 진화되는 만큼 그에 상응한 법정비가 이루어져야 하고, 이는 입법론으로 귀결된다할 수 있다. 즉 발전된 과학기술이 반영된 새로운 현대형 수사방법의 필요성 및 적법성 판단을 위해서는 현행법상 영장주의의 적용에 대해서도 새로운 해석과 접근이 필요하다.

---

* 이 논문은 제194회 영남형사판례연구회(2017.8.14.)에서 발표되고, 형사법의 신동향 제57호(2017)에 게재되었음.

** 히토츠바시대 법학박사, 부산대학교 법학연구소.

특히 수사에 있어 위치정보는 범죄자의 소재파악 및 체포와 증거수집에 있어 매우 중요한 역할을 한다. 최근 과학기술의 발전과 함께 위치정보 파악을 위한 수사기법도 다양해지고 있으며 통신기술발달과 스마트 폰의 높은 보급률, CCTV의 광범위한 설치, 비퍼 및 GPS단말기 활용 등으로 인해 수사기관의 위치정보파악은 더욱 용이해졌고 위치정보를 활용한 현대형 수사의 효율성이 부각되고 있다.

이와 같은 정보통신기술 발달로 인한 위치기반서비스의 대중화와 조직범죄 및 상습범죄 수법의 치밀화에 대처하여 미국 및 일본 등에서는 GPS 추적 장치를 부착하여 관련 정보를 탐지하는 수사(이하 'GPS 수사')가 우리나라와는 달리 광범위하게 이루어지고 있으며 GPS단말기 부착 수사의 적법성여부에 관한 판례 역시 다수 누적되어 있다.

미국에서는 이러한 수사가 수정헌법 제4조에 위반되는지 여부가 논란이 되어 왔고 2012년 United States v. Jones 사건[1]에서 연방대법원이 "정보를 수집하기 위해 피고인의 차량에 GPS 추적 장치를 부착하는 것은 피고인의 재산을 침범한 것이므로, 수색에 해당 한다"는 입장을 밝혔다.

일본의 경우 하급심 판례에서 상반된 판결을 거듭해오다 올해 3월 최고재판소에서 "법원의 영장 없이 범죄 용의자 차량에 GPS 추적 장치를 부착하는 수사 기법은 위법"이라는 입장을 밝히며 수사기관 및 관련 업계에 큰 영향을 미치고 있다.

일본 최고재판소에서 GPS 수사 기법에 대해 위법 판단을 내린 것은 이번이 처음이며 (지방재판소(이하 '지재')의 위법 판단은 다수 존재함) 이는 지금까지 GPS 수사의 법적성격 에 대한 판단이 임의처분 및 강제처분으로 나뉘어 온 하급심의 논의를 강제처분이라는 입장으로 정리하는 하나의 통일된 판단으로서 GPS 수사의 법적성격 정의와 함께 일차적 판단권이 사법부가 아닌 입법부에 있다고

---

1) United States v. Jones, 565 U.S._(2012), 132 S. Ct. 945 (2012)
적법한 절차와 요건에 따라 발부한 영장 없이 수사기관이 GPS장치로 범죄혐의자의 위치를 추적한(tracking)행위를 수정헌법 제 4조상의 수색(search)에 해당한다고 보고, 위치추적장치가 용의차량에 불법적으로 물리적 침해를 했기 때문에 프라이버시의 침해가 발생했다고 판결하였다.

확인하며 입법촉구마저 권고한 만큼 그 의의가 크다고 하겠다.

이에 비해 국내의 경우 지금까지 일반적으로 통신비밀보호법에 따라 '법원의 허가를 받아 통신사실 확인 자료를 제공받는 형태'의 휴대전화 위치추적을 통한 범죄수사가 이루어져 왔다. 그러나 이는 GPS를 이용한 위치추적에 비하여 정확성이 떨어지는 등 범죄수법발달과 정보통신기술 발달에 걸 맞는 수사기법의 발전 논의와 함께 2015 후반부터 GPS 단말기를 이용한 수사기법의 활용 및 이를 위한 영장제도의 도입 논의가 이루어지기 시작했다.

검찰의 경우 현행법상으로는 도주 중인 범죄자추적에 한계가 있는 바 GPS정보를 사용할 수 있는 방안을 모색[2]해야 함을 피력했다.

미국 및 일본과 같이 GPS 추적 장치를 이용한 수사의 적법성에 관하여 우리 판례에서 심도 있게 다루어진 적은 없지만 선행실시국의 이용 실례와 관련 판례의 변화를 분석하여 시사를 이끌어냄으로서 앞으로 GPS 추적 장치를 활용한 수사기법을 운용함에 있어 선험적이고 실용적인 방향성을 제시할 것으로 기대된다.

또한 GPS단말기 부착수사라는 과학기술을 도입 응용한 새로운 현대형 수사기법에 따른 형사소송법상의 흥미 있는 문제를 포함하는 만큼 특히 최근 의미 있는 판결을 낸 일본의 최고재판소 판례를 중심으로 그 내용을 분석하고 시사점을 이끌어내고자 한다.

Ⅱ. 일본 최고재판소 판결의 소개

2016년(아) 제442호 절도, 건조물침입,상해피고사건 2017년 3월 15일 최고재판소 대법정판결 (平成28年（あ）第442号 窃盗，建造物侵入，傷害被告事件 平成29年3月15日 大法廷判決)

---

2) '스마트폰 GPS 활용 강력범 검거 법 개정 논의', 2017년 8월 7일 방문
http://news.khan.co.kr/kh_news/khan_art_view.html?artid=201511172204525&code=940301

1. 사안의 개요

원판결 및 제1심 법원의 2015년 6월 5일자 결정에 따르면 본건의 경우 피고인이 복수의 공범과 함께 저질렀다고 의심된 절도 사건에 관하여 조직성의 유무 및 정도나 조직 내에서의 피고인의 역할을 포함한 범행 전모를 규명하기 위한 수사의 일환으로서 2013년 5월 23일경부터 그 해 12월 4일경까지 약 6개월 반 동안 피고인, 공범자 외 피고의 지인 여성도 사용할 개연성이 있었던 자동차 등 합계 19대에 이들의 승낙 없이, 영장을 취득하지 않고 GPS단말기를 설치한 후, 그 소재를 검색하고 이동 상황을 파악하는 방법에 의한 GPS수사가 실시되었다.

2. 제1심 및 원심 판단의 요지

가. 제1심[3] 재판부는 본건 GPS수사는 검증의 성질을 가진 강제 처분(형소법 197조 1항 단서)에 해당하므로 검증 허가장을 취득하지 않고 행해진 본건 GPS 수사에는 중대한 위법이 있다는 판단을 제시한 후, 본건 GPS수사에 의해 직접 취득한 증거 및 이에 밀접하게 관련된 증거의 증거 능력을 부인했으나 그 외의 증거에 근거하여 피고인을 유죄로 인정했다.

나. 이에 대해 원심판결[4]은 본건 GPS수사에 의해 취득 가능한 정보는 GPS 단말기를 설치한 차량의 소재 위치에 한정되는 등 사생활 침해 정도는 반드시 큰 것은 아니었다고 할 사정이 있다는 점, 피고인들의 행동을 확인하는 가운데 미행이나 잠복과 아울러 본건 GPS수사도 실시할 필요성이 인정되는 상황에 있었던 점, 본건 GPS수사가 강제 처분에 해당하고 영장 없이 이를 실시한 점에서 위법으로 해석할 여지가 없는 것이 아니더라도, 영장 발부의 실체적 요건은 충

3) 大阪地方裁判所, 平成 27年 6月 5日判決, 平成 25年（わ）第5962号 (이하 '오사카지재 6월' 판결)
緑大輔, 'GPS 端末による動静捜査によって得られた証拠を排除した事例', TKC ローライブラ リー 2015年 9月 18日

4) 大阪高等裁判所, 平成 28年 3月 2日判決, 平成27(う)966 (이하 '오사카 고재' 판결)
宇藤崇「判批」法学教室431호（2016년）、中島宏, 判批 ,法学セミナー741호, 2016년

족됐다고 생각할 수 있는 점, 본건 GPS수사가 행해졌을 무렵까지 이를 강제처분으로 해석하는 사법 판단이 제시되거나 정착되지 않았고 수사를 실시함에 있어 경찰관들에게 영장주의에 관한 제반 규정을 잠탈하려는 의도가 있었다고까지는 인정하기 어려운 점, 또 GPS수사가 강제처분법정주의에 어긋나 영장의 유무를 불문하고 적법하게 실시하지 않을 수 없는 것으로 해석하는 것도 가능하지 않음을 이유로 본건 GPS수사에 중대한 위법이 있었다고 할 수 없다고 설시하고 제1심 판결이 증거 능력을 부인하지 않았던 그 외 증거에 대해서 그 증거능력을 부정하지 않고 피고의 항소를 기각했다.

3. 최고재판소의 판단

원심 판결의 전술한 나 (2)의 설시에 관한 판단은 인정할 수 없다. 그 이유는 다음과 같다.

가. GPS수사는 대상 차량의 위치 정보를 실시간으로 검색하고 파악하고자 행해지는 것이지만 그 성질상 공공장소뿐만 아니라, 개인의 사생활이 강한 보호받는 장소나 공간에 관한 것도 포함하여 대상 차량 및 그 사용자의 소재와 이동 상황을 일일이 파악하는 것이 가능하다. 이러한 수사 방법은 개인의 행동을 계속적·총체적으로 파악하기 때문에 개인의 사생활을 침해할 수 있으며 그러한 침해를 가능하게 하는 기기를 개인 소지품에 몰래 장착한다는 점에서 공공장소에서의 소재를 육안으로 파악하거나 카메라로 촬영하기 같은 수법과는 달리, 공권력에 의한 사적 영역 침입을 수반한 것이라 할 수 있다.

나. 헌법 제35조는 '주거, 서류 및 소지품에 대해서 침입·수색 및 압수를 받지 않을 권리'를 규정하고 있는 바, 이 규정의 보장 대상은 '주거·서류 및 소지품'에 한정하지 않고 이들에 준하는 사적 영역에 '침입' 할 수 없는 권리가 포함되는 것으로 해석하는 것이 상당하다.

그렇다면 전술한 바와 같이 개인의 프라이버시를 침해할 수 있는 기기를 그 소지품에 몰래 장착하여 합리적으로 추인되는 개인의 의사에 반하여 그 사적 영역에 침입하는 수사 방법인 GPS수사는 개인의 의사를 제압하고 헌법이 보장하는 중요한 법적 이익을 침해하는 것으로서 형소법 상 특별한 근거 규정이 없으면 허용되지 않는 강제 처분에 해당하는(最高裁昭和50年（あ）第146号同51年3月16日第三小法廷決定・刑集30巻2号187頁参照)에 해당함과 동시에 일반적으로는 현행범 체포 등 영장을 필요로 하지 않는 것으로 알려진 처분과 동일시할만한 사정이 있다고 인정하는 것도 어렵기 때문에 영장이 없으면 할 수 없는 처분으로 해석해야 한다.

다. 원판결은 GPS수사에 대해서 영장 발부 가능성을 언급하면서 강제처분법정주의에 어긋나 영장의 유무를 불문하고 적법하게 실시할 수 없는 것으로 해석할 수도 없다고 설시하고 있는 바, 수사 및 영장 발부의 실무에 대한 영향을 감안하여 이 점에 대해서도 검토한다.

GPS수사는 정보 기기의 화면 표시를 읽고 대상 차량의 소재와 이동 상황을 파악한다는 점에서는 형소법 상 '검증'과 같은 성질을 가지지만 대상 차량에 GPS단말기를 설치함으로써 대상 차량 및 그 사용자의 소재의 검색을 실시한다는 점에서 검증에서 볼 수 없는 성질을 가지는 것 역시 부인하기 어렵다.

만일 검증 허가장을 발부 받거나 그것과 더불어 수색허가장을 발부 받아 실시한다 할지라도 GPS수사는 GPS단말기를 설치한 대상 차량의 소재의 검색을 통한 대상 차량의 사용자의 행동을 계속적・총체적으로 파악하는 것을 필연적으로 수반하므로 GPS단말기를 달아야 할 차량 및 죄명을 특정한 것만으로는 피의사실과 관계없는 사용자의 행동을 과도하게 파악하는 것을 억제할 수 없고 법관의 영장 청구 심사를 필요로 하게 되어 있는 취지를 충족시킬 수 없을 우려가 있다.

게다가 GPS수사는 피의자들 모르게 은밀히 행해지는 것이 아니면 의미가 없고 사전 영장 제시를 하는 것 또한 상정하기 힘들다. 형사소송법상의 각종 강제처분에 대해서는 절차의 공정성 담보의 취지로 원칙적으로 사전 영장 제시가 요구되며(형사소송법 222조 1항, 110조) 다른 수단으로 이 취지가 충족될 수 있다면 사전 영장 제시가 절대적으로 요청된다고 해석하지 않는다 할지라도 이를 대체할 공정의 담보 수단이 확보되지 않고서는 적정 절차의 보장이라는 관점에서 볼 때 문제가 소지가 있다.

이러한 문제를 해소하기 위한 수단으로는 일반적으로 실시 가능한 기간의 한정, 제3자의 입회 · 사후의 통지 등 다양한 방법을 생각할 수 있는 바, 수사의 실효성도 배려하면서 어떤 수단을 선택할지는 형소법 197조 1항 단서의 취지에 비추어볼 때 제1차적으로는 입법부에 맡겨져 있다고 하겠다. 만일 법 해석에 따른 형사소송법 상 강제 처분으로 허용한다면 상기와 같은 문제를 해소하기 위해 법관이 발부하는 영장에 다양한 조건을 부가할 필요가 있지만, 사안별로 영장 청구 심사를 담당하는 법관의 판단에 의해 다양한 선택 사항 중에서 적합한 조건의 선택이 이뤄지지 않는 한 인정할 수 없는 강제 처분을 허용하는 것은 '강제 처분은 이 법률에 특별한 규정이 있는 경우가 아니면 할 수 없다'고 규정하고 있는 동항 단서의 취지에 부합하지 않는다.

이상과 같이 GPS수사에 대해서 형소법 197조 1항 단서의 '이 법률에 특별한 규정이 있는 경우'에 해당하는 것으로 보아 동법이 규정하는 영장을 발부하는 것에는 의문이 있다. GPS수사가 앞으로도 널리 이용될 수 있는 유력한 수사 방법이라고 한다면 그 특성에 주목하여 헌법 · 형사소송법의 모든 원칙에 적합한 입법적 조치가 뒤따르는 것이 바람직할 것이다.

라. 이상과 다른 전술한 나(2)의 설시에 관련된 원심 판단은 헌법 및 형사소송법의 법해석 적용에 잘못이 있으므로 이를 인정할 수 없다.

4. 판 결

그러나 본건 GPS수사에 의해서 직접 얻은 증거 및 이와 밀접한 관련성 있는 증거의 증거 능력을 부정하는 한편, 그 외의 증거에 관해서는 동 수사에 밀접하게 관련되었다고는 인정할 수 없으므로 증거 능력을 인정하고 이에 근거하여 피고인을 유죄로 인정한 제1심 판결은 정당하며, 제1심 판결을 유지한 원심 판결의 결론에 잘못은 없으므로 원심 판결의 전술 법령의 해석 적용의 잘못은 판결에 영향을 미치지 않음이 분명하다. 따라서 형소법 410조 1항 단서, 414조, 396조에 의해 재판관 전원 일치 의견으로 주문과 같이 판결한다.

Ⅲ. GPS수사의 필요성과 일본 수사방법의 현황

1. GPS수사 방법의 필요성

GPS(Global Positioning System: 全지구측위시스템)는 본래 미국이 군사용으로 개발한 위성측위시스템으로 개발된 것으로 현재는 민간용 GPS수신기가 개발되어 각 분야에서 다양한 목적으로 이용되고 있다.

GPS단말기를 자동차에 장착하여 위치정보를 취득하는 수사(이하 GPS수사)는 GPS기능을 갖춘 장치나 휴대폰에서 전송되는 수사대상이 된 인물 및 그 대상의 위치정보를 취득하여 이를 추적하여 체포 등의 일련의 활동에 활용하고자 하는 수사방법을 말한다.

일반적으로 GPS수사는 차량 등에 GPS를 부착하여 위치정보를 취득하는 수사(장착형GPS수사)와 휴대폰 등에 내장된 GPS를 이용하여 위치정보를 취득하는 수사(내장형GPS수사)의 2종류로 나눌 수 있으며 본고에서 다루는 판례의 경우 장착형 GPS수사를 검토 대상으로 한다.

일본의 종래의 수사 활동은 강제처분법정주의(형소법 제197조의 1항 단서)에 입각한 민주적 컨트롤에 따라 법정된 강제처분을 개별적으로 집행할 때에는 원칙적으로 법관에 의한 사전심사를 요건으로 실시되어왔다. 그런데 법집행의 단계에서는 현행법이 정한 강제처분이라고까지 할 수 없는 행위여도 개인의 권리 및 이익에 간섭하는 행위가 필요한 경우도 있고 현행법 제정 시에는 상정되지 않은 수사기법이 사용되게 됨에 따라 이러한 행위가 수사기관에 부여된 일반적 권한범위 내에서 허용되는 행위(임의수사)인지 국회의 수권을 필요로 하는 행위인지(강제수사)가 문제시되고 있다.[5)]

GPS를 이용한 수사는 신호를 내는 단말기를 대상자의 차량 등에 장착하여 대상자가 모르는 사이 그 위치정보를 입수하는 수사기법이다. 피의자의 위치정보를 입수하는 것은 피의자의 현재위치의 파악뿐만 아니라 그 이동경로를 파악

5) 小木曽綾、'監視型捜査とその規律, 刑法雑誌', 刑法雑誌 55(3), 392면, 2016－05, 日本刑法学会

하여 공범자와의 공모지, 범행물의 보관 장소, 증거품 수집 등을 파악하는데 있어 매우 효과적인 수법이다. 인적자원을 대량으로 투입하여 고비용으로 피의자의 위치 및 이동경로를 파악하는 수사에 비해볼 때 매우 용이하고 저비용으로 개인을 계속적으로 감시하는 것이 가능하다.

그러나 이로 인한 수사기관의 개인정보 축적과 헌법상 보장되는 권리의 침해 문제가 상대적으로 심각해질 수 있는 점 등을 고려해볼 때 이러한 수사방법에 대한 규율방법에 대한 논의가 필수불가결해졌다.

일본의 경우 법 제·개정의 정비를 기다리지 않은 채 실제 수사현장에서는 여러 가지 방법으로 대량의 개인정보를 집적하고 있다. GPS수사는 형사사건에 있어서 그 결과가 직접증거로서 제출되기보다는 오히려 그 결과에 기초하여 수사를 심층적으로 진행하여 탐지된 정보는 극비에 부쳐 검사 및 다른 기관에 알림 없이 수집, 축적되고 마침내 기소에 이르는 경위를 밟는 경우가 많고 이러한 점이 GPS수사의 문제를 더욱 심각한 것으로 받아들이게 하고 있다.

2. 일본의 GPS수사 현황

현재 일본 형사소송법에는 GPS 수사에 관한 법적 근거가 없는 상황으로 경찰청은 내규에 근거하여 영장이 불필요한 임의수사라 보아 특히 연쇄절도범죄에 대해 적극 활용중이다.

이와 관련하여 경찰청은 2006년 6월에 '이동추적장치 운용요령'[6]을 책정하여 전국의 경찰본부에 통지한 바 있고, 이 요령은 GPS 수사가 허용되는 사건을 연

6) 日本弁護士連合会, 'GPS移動追跡装置を用いた位置情報探索捜査に関する意見書', 2면, 2017년. 경찰청은 GPS조사에 관하여 2006년 6월 30일에 각 도도부현 경찰서 형사국 형사기획 과장 앞으로 "이동 추적 장치 운용 요강의 제정에 대해서"란 제목의 통달 및 "이동 추적 장치 운용 요강"을 발송했다.
경찰청은 GPS조사를 임의수사로 성격규정하고 운용 요강을 비공개하여왔기에 GPS수사의 실체는 밝혀지지 않았다. 그러나 GPS수사의 불법성이 다루어진 오사카 2015년 1월 27일 판결 및 2015년 6월 5일 판결 및 해당 사안에 관한 항소심 판결인 오사카 고등 법원 2016년 3월 2일자 판결, 나고야 지방 법원 2015년 12월 24일 판결 및 해당 사안에 관한 항소심 선고인 나고야 고등 법원 2016년 6월 29일 판결,미토 지방 법원 2016년1월 22일 판결, 히로시마 지방 법원 후쿠야마 지부 2016년 2월 16일자 판결 및 해당 사안에 대한 항소심 판결인 히로시마고등법원 2016년 7월 21일자 판결과 정보 공개에 의해 운용 요강의 윤곽이 드러났다.

쇄절도 등에 한정하면서 ① 용의자의 조속한 체포 필요 등 긴급성이 인정되나, 다른 방법으로는 추적이 곤란한 경우, ② GPS 부착 시에는 범죄행위를 수반하지 않는다고 하는 요건을 정하고 있는 바 그 사용요건 및 절차는 다음과 같다.

[경찰청 이동추적장치 운용 요령 개요]

1. 목적

이 요강은 이동 추적 장치를 이용한 임의 수사에 관하여 그 사용 요건, 절차 기타 필요한 사항을 정함으로써 그 적정을 확보하는 것을 목적으로 한다.

2. 정의

이동 추적 장치란 수사의 대상이 되는 물건의 위치 정보를 취득하는 장치를 말한다.

3. 사용요건

임의수사를 행함에 있어 이동추적장치를 사용할 때에 다음 각 호에 정한 요건을 충족시키지 않으면 안 된다

(1) 일정 범죄(7유형)의 수사를 행함에 있어 범죄의 혐의, 위험성의 정도를 고려하여 신속하게 피의자를 검거할 것이 요청되는 경우이고 다른 수사에 의해서는 대상추적이 곤란한 등의 수사상 특히 필요가 있을 것

(2) 범죄를 구성하는 행위에 해당되지 않도록 수사의 대상이 되는 물건(4유형)에 부착할 것

4. 사용절차

(1) 경찰본부수사주관과장에 의한 사전승인

소속 장은 임의수사를 행함에 있어 이동추적장치를 사용할 필요가 있을 때에는 미리 경찰본부수사주관과장에게 신청하여 그 승인을 얻어야 한다.

(2) 운영상황 보고

1) 수사주임관은 소속 장에게 매일 이동추적장치의 운영상황을 보고하여야 한다.

2) 소속 장은 주관과장에게 이동추적장치의 운영상황을 일주일에 1회 이상 보고하여야 한다.

(3) 사용필요성의 검토

> 수사주임관, 소속 장 및 주관과장은 수사상황을 감안하여 이동추적장치의 운영에 필요한 검토를 하고 사용계속의 필요성이 없어졌을 때에는 즉시 그 사용을 종료하는 조치를 취하여야 한다.
>
> 5. 철저한 비밀보호
>
> 이동추적장치를 사용한 수사의 구체적인 실시상황 등에 관하여는 문서관리 등을 포함하여 비밀보호를 철저히 하여야 하며 일정사항(3유형)에 특히 유의한다.

즉 GPS단말기의 사용요건으로 일정범죄의 수사를 진행함에 있어 범죄혐의, 위험성의 정도 등에 비추어 볼 때 신속히 피의자를 검거하는 것이 요구될 것과 다른 수사방법으로 대상추적을 하는 것이 곤란한 등 특별히 요구되는 필요가 있을 것, 범죄를 구성하는 행위를 수반함 없이 이 요령에 열거된 물건 중 어느 것에 부착할 것을 요하며, 경찰본부수사과장에 의한 사전승인과 운영상황의 소속 장 및 본부 과장에 대한 보고의 절차를 통해 계속사용의 필요성 검토하며 GPS수사를 진행해온 것이다.

또한 GPS장치를 장착하는 것에 의한 위치정보취득 외에 GPS기능이 있는 휴대폰의 위치정보를 취득하는 방법이 있는 바, 이에 대해서는 총무성의 '전기통신사업의 개인정보보호에 관한 가이드라인'[7]의 개정에 의해 2011년부터 등장하기 시작하였다. 이 경우 그 사용요건은 첫째, 당해위치정보가 취득되고 있는 것을 이용자가 알 수 있을 때, 둘째, 법관이 발부한 영장에 의할 경우에 한한다.

2015년 6월에는 가이드라인이 개정[8]되어('수사기관으로부터의 요청에 의해 위치정보취득이 요구될 경우에 있어 법관이 발부한 영장에 따를 경우에 한하여 당해위치

7) 「電気通信事業における個人情報保護に関するガイドライン」(총무성 고시)는 전기통신사업에 있어서의 개인정보보호에 대해서는 전기통신서비스의 이용성 향상을 꾀함과 동시에 이용자의 권리이익을 보호하는 것을 목적으로 한 전기통신사업에 있어 개인정보보호에 관한 가이드라인이며 「電気通信事業における個人情報保護に関するガイドライン及び解説」라는 해설서를 2004년 8월에 책정하여 운영하고 있으며 2015년에 개정 개인정보보호법등을 근거로 가이드라인 및 해설에 관하여 개정이 이루어졌고 새로운 가이드라인은 2017년 5월 30일부터 적용된다.

8) 개정의 주 개요는 첫째, 개인정보보호법 및 개인정보보호위원회의 가이드라인 규정 및 내용을 반영하여 통일성 확보, 둘째, 통신의 비밀보호 등 전기통신사업법에 근거한 규정과 프라이버시 보호의 관점에서의 규정 등 전기통신분야 특유의 규정에 대해서는 기본적으로 유지 등이다

정보를 취득할 수 있다(16조 3항)) 수사기관으로부터의 요청에 근거할 경우에는 이용자에게 알리지 않고 위치정보를 취득하는 것이 가능하도록 되었다.

그러나 이러한 GPS수사의 실태를 수면위로 올려 전면화 시키는 것에는 어려움이 있다고 한다. 수사실태는 GPS수사의 시기 및 종기, 대상차량의 수, 대상차량선정의 경위, GPS단말기의 성능, 수사기관과 GPS단말기대여회사와의 계약내용(위치정보 취득가능성을 포함), 위치정보의 취득실태(취득횟수, 취득된 정보의 내용, 수사상취득 목적)등으로 나타난다. 그러나 경찰내부에는 이동추적장치 운용요령이 존재하고 그 비밀을 철저히 할 것이 규정되어 있어 경찰관은 GPS를 이용하여 수사하여도 그 사실을 수사보고서에 기재하지 않고 검사에게도 보고하지 않는다. 또한 관계 자료도 파기된다. 따라서 수사실태에 관련된 자류입수 자체가 곤란하므로 현재 GPS수사는 사법심사를 사후적으로 받기 힘든 방향에서 실시되고 있다[9]고 보아도 과언이 아니다.

GPS장치 장착 및 GPS기능 있는 휴대폰에 의한 위치정보수집에 관련하여 법적문제의 소지가 있는데 GPS수사의 각 단계별 방법에 대한 것과 GPS수사의 성격이 임의처분인지 강제처분인지에 대한 것, GPS수사가 종래의 수사개념에 포섭되는 지 등이 그것이다. 본 판례와 관련하여서는 GPS수사의 법적성격이 무엇인지에 관련하여 논의하고자 한다.

Ⅳ. GPS수사방법에 대한 일본 판례의 동향과 실무

1. GPS수사의 특이성

GPS에 의한 위치정보는 피의자추적 이외의 면에 있어서도 여러 이용가능성이 있는바 고령자나 어린이의 행방 확인 및 자신의 차 등 귀중품에 부착하여 도난당했을 경우에 추적하는 용도 등이 그 예이다.

이러한 GPS위치정보 및 GPS수사가 갖는 특이성을 정리하면 다음과 같다.

첫째, 정보의 성질상 취득된 정보는 공공상의 일정지점뿐 아니라 이동한 모

9) 高平希恵、'装置による動静監視と弁護'、月刊刑事弁護 NO89 ,102면, 2017년

든 이동기록 및범죄에 관계없는 위치정보 및 이동이력도 수집가능하다

둘째, 정보취득이 용이하다. 특히 수사에 이용될 경우 비퍼(beeper)나 내비게이션보다 더 정확한 위치정보를 용이하게 취득할 수 있다.

셋째, 정보수집이 용이하다. 취득되는 위치정보는 디지털정보이므로 장기간에 걸쳐 대량으로 기록, 보존하는 것이 가능하며 자동적 성질에 의해 24시간 장기에 걸쳐 무인감시도 가능하고 컴퓨터에 의해 자동적으로 보존 및 이용이 가능하다. 24시간 장기에 걸쳐 수집될 경우 프라이버시에 관한 상당량의 정보취득이 가능하다.

넷째, 정보 분석이 용이하다. 컴퓨터를 이용하여 대용량 기록을 분석함으로 인해 대상자의 행동패턴과 프로파일과 같은 수사에 유용한 정보를 작성하는 것이 가능하다.[10]

2. 일본의 GPS수사 관련 판례

(1) GPS수사를 둘러싼 경과

2006년 6월 경찰청이 전국 경찰서에 경찰청 이동추적장치 운용 요령을 통달하였고 각 경찰서에서는 운용 요령에 근거하여 GPS수사를 실시하여 왔다. GPS수사가 실무상 빈번히 이용됨에 따라 관련 판례도 누적되었고, 2015년 6월에 오사카 지재가 절도사건에서 영장 없는 GPS수사는 위법이라 판단하였고 2016년 3월 동사건의 2심에서 오사카고재가 수사에 중대한 위법이 있다고 해석할 수 없다고 판단하였다.

이에 같은 해 9월에는 경찰청이 전국 경찰서에 영장의 발부를 받는 것도 하나의 적절한 방법이라는 사무연락을 취하였고 GPS수사에 관한 경찰측의 자제와 검토가 이루어지기 시작했다. 또한 2017년 2월 1일에는 일본변호사협회가 법률로 수사를 규정해야한다는 내용의 의견서를 제출하면서 수사실무에서 빈번히 사용되고 있는 GPS수사에 대한 법정비의 필요성을 요구하였다. 이에 다음날 경찰청장이 회견에서 앞으로의 최고재판소의 판단에 근거하여 대응하겠다고 표

10) 山本 58면.

명하였고, 같은 해 3월 15일 최고재판소가 절도사건의 상고심에서 영장 없이 이루어진 GPS수사는 위법이라는 최종적 판단을 내리며 GPS수사는 영장이 필요한 강제수사로 법원의 영장이 없다면 위법하고 현행법의 영장을 이용하는 것은 문제가 있는바 새로운 법정비가 필요함을 촉구하였다.

(2) GPS수사의 위법성에 관한 사법판단의 변천[11)]

오사카 지검은 2012년 2월부터 19개월에 걸쳐 6개 부・현에서 차량을 절도한 혐의로 43세 남성과 공범들을 기소하였다. 오사카부 경찰은 2013년 5월부터 12월 사이에 법원의 영장 발부 없이 피고인과 3명의 공범자가 사용하는 차량과 오토바이 등 총 19대에 GPS단말기를 장착하여 위치정보를 취득하는 수사를 실시했다. 이러한 GPS수사를 통해 수집한 자료를 증거로 채택할 수 있는지 여부가 다투어진 절도사건 공판에서, 오사카 지재는 서로 상반된 2개의 결정을 내려 이목을 끌었다.

1) 적법한 임의수사로 본 2015년 1월 27일 오사카 지재 판결

피고인의 공범에 대한 재판에서 2015년 1월 27일 오사카 지재 제9형사부는 'GPS 수사는 임의수사로서 상당성을 결하지 않는 한 기본적으로 적법하다'고 판시했다. 재판에서 변호인은 ① GPS 수사는 강제처분이므로 영장에 의하지 않는 한 위법이며, ② 임의수사라 하더라도 상당성을 결하여 위법하므로 이 수사에 의해 얻은 증거의 증거능력은 배제되어야 한다'고 주장했다. 재판부는 '① 본건 GPS 수사는 통상의 잠복이나 미행 등의 방법과 비교해 특별히 프라이버시 침해의 정도가 크지 않아 강제처분에 해당하지 않고, ② GPS 발신기는 차량 외부에 장착되어 있어 차체를 손상시키지 않으며, 대부분의 경우 공공장소에서 장착하므로 제3자의 권리도 침해하지 않는다'고 판단했다. 또한, 오사카 지재 외에 히로시마 지재도 2016년 2월에 위와 같은 GPS 수사는 적법하다고 판단하였다.[12)]

---

11) 山本, 앞의 논문, 池亀尚之、'捜査—近時の刑事裁判例の考察と法的問題点の整理', 愛知大学法学部法経論集, 愛知大学法学部法経論集 (209), 79-95면, 2016년.
12) 'GPS捜査の合憲性'[大阪地裁平成27.1.27決定], 新・判例解説watch,速報判例解説18호, 15-18면 참조, 日本評論社, 2016년.

2) 위법한 강제수사로 본 2015년 6월 5일 오사카 지재 판결[13)]

피고인에 대한 재판에서는 2015년 6월 5일 오사카 지재 제7형사부가 증거채부의 결정에서 'GPS 수사는 강제수사로서 영장에 의하지 않으면 위법하다'고 판단했고, '프라이버시에 대한 중대한 침해, GPS의 장착과 제거가 사유지에 들어가서 행해졌다는 점에서 사유지 관리권자의 권리침해 가능성이 있음'을 그 이유로 들었다.

재판에서 검찰 측은 '본건 GPS 수사는 미행 등을 보조하는 기계적 수단에 지나지 않는 것'이라고 주장했다. 재판부는 'GPS를 사용할 수 있는 경우는 미행에 실패했을 경우, 대상 차량의 위치정보를 취득하여 차량을 탐색・발견해 미행 등을 계속하는 경우로 한정 된다'고 하였다. 또한 '미행에 실패해 위치정보를 검색했을 때 수사대상이 반드시 공공장소에 있다고 볼 수 없고, 대상 차량이 러브호텔 주차장 내와 같이 프라이버시 보호의 합리적 기대가 높은 공간에 소재하는 경우가 당연히 있을 수 있다'하여 '보통의 수사와는 달리 본건 GPS 수사는 임의수사라고 결론 낼 수 있는 것이 아니다' 라고 판시했으며 기소 내용을 인정한 피고인의 진술 등 나머지 증거를 근거로 징역 5년 6월의 유죄를 선고하였다.

이는 영장에 의하지 않은 GPS 수사를 위법이라고 판단하고, 그 수사에 의해 얻은 증거자료의 일부에 대해 위법수집증거로서 증거능력을 배제한 최초의 판례이다.

3) 오사카 고등재판소 판결[14)]

상기 (2) 사건에 대한 항소심으로 2016년 3월 2일 오사카 고재가 고등재판소차원에서의 첫 판단을 내렸다.

오사카 고재는 범행 그룹이 야간에 광범위하게 이동하였고 적발에 대한 경계를 보인점 등을 근거로 '위치 탐색의 필요성'을 인정하였고, GPS 수사로 얻을

13) 亀石 倫子, 'GPS捜査は令状主義を没却する重大な違法があるとした事例'[大阪地裁平成27.6.5判決] (特集 GPS捜査の問題点と刑事弁護の課題), 刑事弁護 (85), 96－100면 참조, 現代人文社, 2016년.

14) 中島 宏, 'GPS捜査の違法性と証拠排除'[大阪高裁平成28.3.2判決], 法学セミナー 61(10), 116면 참조, 日本評論社, 2016년.

수 있는 정보는 차량이 있는 곳에 한정되므로 프라이버시 침해의 정도가 반드시 크지는 않다고 판시했다.

'가령 GPS 수사가 영장이 필요한 강제처분이라 하더라도 영장의 요건을 충족하고 있었고 당시까지 GPS 수사를 위법이라 본 사법부의 판단이 없었던 점 등을 고려할 때 경찰관들에게 영장주의를 잠탈하려는 의도가 있었다고 보기 어렵다. 위법이라고 해석할 여지가 없는 것은 아니지만, 중대한 위법이 있다고는 할 수 없다'며 항소를 기각하였다.

다만 수사관이 GPS 단말기를 부착・제거하기 위해 사유지에 들어간 부분에 대해서 '위법의 혐의'가 있는 유감스러운 절차라 지적했다.

(3) 본건 최고재판소 판결의 분석

1) 최고재판소의 판단내용 및 각 측 주장의 개요

일본 최고재판소는 현행 형사소송법상 강제처분에 필요한 영장으로 GPS수사를 실시하는 것에 대해 의문을 표하며 현행법상으로는 GPS수사를 위해 영장을 청구할 때 GPS장치를 부착하는 차량 및 수사대상자의 죄명을 특정할 필요가 있으나 이것만으로 피의사실과 관계없는 차량사용자의 행동을 과도하게 파악하는 것이 불가피하므로 법관에게 영장심사를 청구하는 취지를 만족시키지 못할 우려가 있다고 지적하였다. 또한 통상의 수사에서는 사전에 영장을 제시하여 가택 등을 수색하지만 GPS수사에서는 영장의 사전제시가 불가능한 점으로부터 새로운 입법조치가 이루어질 때까지 사실상 GPS를 이용한 수사를 인정할 수 없다며 영장 없이 피고인의 차량에 GPS를 부착해 위치를 추적한데 대해 'GPS 무단 부착 및 위치 추적은 프라이버시(사생활)를 침해하는 것이므로 강제수사에 해당 한다'고 판시하였다.

변호인 측은 그동안 '영장 없이 GPS를 몰래 부착하고 위치를 추적하는 것은 개인의 프라이버시를 크게 침해하는 것으로 위법'이라고 주장한 반면 검찰 측은 '미행 등을 보조하는 수단으로 영장을 받을 필요가 없는 임의 수사'라고 반박했다.

2) 최고재판소 판결의 특성과 그 의의

기술의 발달에 상응하는 새로운 수사기법의 도입은 중요한 문제이지만 인권과 프라이버시를 침해할 위험성이 큰 만큼 신중한 검토가 필요하다

GPS수사에 대해 일본 형소법에 명문의 규정은 없다. 따라서 경찰은 내규에 근거하여 '긴급성이 높고 달리 수단이 없는 경우'등에 행해왔고 검찰 측은 지금까지 GPS수사는 미행, 잠입 등과 같은 임의수사로 영장이 없어도 적법하다는 입장을 고수해왔다.

사법부의 판단은 GPS수사에 대해서 체포, 가택수사와 동종의 강제수사인지 아니면 미행 등과 같은 레벨의 임의수사인지에 대해 상반된 견해로 나뉘어져 왔다.

상기의 오사카판결의 경우 1심에서 '위법', 2심의 경우 영장이 필요한지에 대한 언급 없이 중대한 위법이 없다 로 그 판단이 나뉘어졌다.

최고재판소는 1, 2심의 주장을 모두 회피한 결론을 내렸다. 최고재판소 대법정은 15인의 법관 전원일치로 영장을 발부받지 않고 GPS단말기를 부착하는 수사는 '위법'이라는 최초의 판단을 내렸다. GPS수사는 개인의 프라이버시를 침해할 수 있는 '강제수사'라고 명확히 그 법적성격을 확인했다. 공권력에 의한 사적영역에 대한 침입으로 '프라이버시권 침해를 인정'했다는 점에서 획기적인 판단이라는 평가를 받는다.

또한 현행법상의 영장으로는 충분하지 않고 검증허가장을 사용하는 것에 대해서도 의문이 있다 하여 헌법과 형사소송법에 적합한 '새로운 입법조치를 강구'하는 것이 바람직하다고 지적하였다. 이에 따라 새로운 입법이 있기 까지 더 이상 GPS단말기 부착 수사는 할 수 없는 바 지금까지의 자의적인 경찰의 수사방법에 경종을 울리는 의미 있는 판단이라 하겠다.

최고재판소가 내린 결정을 사항을 나누어 분석・평가하면 다음과 같다.

(가) 수사기관의 견해 전면부정

최고재판소는 GPS수사와 미행이나 잠복과의 관계에 대해서 경찰과 검찰의 견해를 모두 부정하였다. 고전적 수사방법인 미행이나 잠복과 달리, 은밀하게

대상자의 차량에 GPS단말기를 부착하는 등 개인 사생활의 영역에 깊이 침투하는 수사방법[15]이라는 것이 최고재판소가 GPS수사에 대해 내린 결론이었다. ('GPS수사는 그 성질상 공공장소 뿐 아니라 개인의 사생활이 강한 보호 받는 장소나 공간에 관한 것도 포함하여 대상 차량 및 그 사용자의 소재와 이동 상황을 일일이 파악할 수 있다. 이런 수사 기법은 개인의 행동을 계속적, 총체적으로 파악하는 것을 필연적으로 수반하므로 개인의 사생활을 침해할 수 있는 것이다, 또한 그런 침해를 가능하게 하는 기기를 개인 소지품에 몰래 장착하여 실시하는 점에서 볼 때 공공장소 상의 소재를 육안으로 파악하거나 카메라로 촬영하기 같은 수법과는 다른 공권력에 의한 사적 영역 침입을 수반 한다'). 이는 지금까지 부분적으로라도 수사기관의 의견을 반영해준 것과는 확연히 다른 입장의 판결이라 하겠다.

(나) 헌법 및 형사소송법에 근거를 둔 해석

그동안의 재판에서는 오로지 형사소송법 차원에서 논의됐지만 최고재판소는 최고 법규인 헌법까지 근거로 삼아 그 원리원칙론에 입각하여 결정적인 판단을 내린 바[16] 그 의의는 매우 크다 하겠다. ('헌법 35조는 『주거・서류 및 소지품에 대해서 침입・수색 및 압수를 받지 않는 권리』을 규정하고 있는데 이 규정의 보장 대상에는 『주거・서류 및 소지품』에 한정하지 않고 이들에 준하는 사적 영역에 『침입』 할 수 없는 권리가 포함 된다. 개인의 프라이버시 침해를 가능하게 하는 기기를 개인의 소지품에 몰래 장착함으로써 합리적으로 추정되는 개인의 의사에 반하여 그 사적인 영역에 침입하는 수사기법인 GPS수사는 개인의 의사를 무시하고 헌법이 보장하는 중요한 법적 이익을 침해하는 것으로서 형사소송법상 특별한 근거 규정이 없으면 허용되지 않는 강제 처분에 해당한다. 현행 범인 체포 등 영장을 필요로 하지 않는 처분과 동일시할 사정이 있다고 인정하는 것 역시 곤란하므로 영장이 없으면 할 수 없는 처분으로 해석해야 한다') 이는 지금까지 GPS수사와 관련하여 지방재판소 및 고등재판소별로 나뉘어 온 견해를 정리함과 동시에 형법 및 형사소송법의 범주를

15) 石田 倫識, '最新判例演習室 刑事訴訟法 GPS捜査の適法性'[最高裁大法廷平成29.3.15判決], 法学セミナー 62(6), 98면 참조, 2017년.

16) 尾崎 愛美, 'GPS捜査の適法性に関する最高裁大法廷判決を受けて(上)'[平成29.3.15], 捜査研究 66(6), 43−51면 참조, 2017년.
堀口 悟郎, '最新判例演習室 憲法 GPS捜査とプライバシー'[最高裁大法廷平成29.3.15判決],法学セミナー 62(7), 104면 참조, 2017년.

넘어선 헌법적 근거까지 가져온 최종적인 판결이라는 점에서 그 의의가 크다.

(다) 검증허가장에 의한 방식 역시 부정

이번 최고재판소 판결은 다음과 같이 판시하며 검증허가장에 의한 방식도 사실상 부정했다. 즉, GPS수사는 정보기기의 화면 표시를 읽고 대상 차량의 소재와 이동 상황을 파악한다는 점에서는 형소법상 『검증』과 같은 성질을 가진다 할 수 있지만, 대상 차량에 GPS단말기를 설치함으로써 대상 차량 및 그 사용자의 소재의 검색을 실시하는 점에서 『검증』에서 볼 수 없는 성질을 가지는 것 역시 부인하기 어렵다고 보았다. 검증 허가장을 발부 받거나 그것과 함께 수색허가장을 발부 받더라도 GPS수사는 GPS단말기를 설치한 대상 차량의 소재의 검색을 통한 대상 차량의 사용자의 행동을 계속적, 총체적으로 파악하는 것을 필연적으로 수반하는 것이므로 GPS단말기를 달아야 할 차량 및 죄명을 특정한 것만으로는 피의 사실과 관계 없이 사용자의 행동을 과잉하게 파악하는 것을 억제할 수 없고 법관의 영장 청구 심사를 필요로 하게 되어 있는 취지를 충족시킬 수 없게 될 우려가 있다고 판단한 것이다. GPS수사는 피의자들 모르게 하지 않으면 의미가 없고, 사전 영장 제시를 하는 것은 상정할 수 없고, 형소법상의 각종 강제처분에 대해서는 절차의 공정의 담보의 취지로부터 원칙적으로 사전 영장 제시가 요구되고 있어 다른 수단으로 이 취지가 이루어질 수 있다면 사전 영장 제시가 절대적인 요청이라고는 해석하지 않더라도 이를 대체할 공정의 담보 수단이 확부되지 않고서는 적정 절차의 보장이라는 관짐에서 볼 때 문제가 있다고 최고재판소는 판단하였다.

(라) 입법촉구까지 언급한 이례적인 판결

일본 형사소송법 197조 1항은 '수사에 대해서는 그 목적을 이루기 위해 필요한 취조를 할 수 있다. 단, 강제 처분은 이 법률에 특별한 규정이 있는 경우가 아니면 이를 할 수 없다'고 규정하고 있고 강제처분은 '유형력의 행사를 수반하는 수단을 의미하는 것이 아니라 개인의 의사를 제압하고 신체, 주거, 재산 등에 제약을 가하여 강제로 수사 목적을 실현하는 행위 등 특별한 근거 규정이 없으면 허용함이 상당하지 못한 수단'[17]을 의미한다. 체포와 구금, 수색과 압류,

검증 등이 대표적인 강제수사이다. 모두 판사가 발부하는 영장이 필요하다. 현행범 체포와 구속에 따른 수색 압류 등 극히 한정된 경우만 영장 없는 절차가 허용되고 있을 뿐이다.

이와 관련하여 최고재판소는 입법조치의 필요성까지 언급하는 이례적인 태도를 취하였다.[18)]

'실시 가능한 기간의 한정, 제3자의 입회, 사후의 통지 등 다양한 방법을 상정할 수 있으나 수사의 실효성에도 배려하면서 어떤 수단을 선택할지는 형소법 197조 1항 단서의 취지에 비추어 제1차적으로는 입법부에 맡겨져 있다. 만일 법 해석에 따라 형사소송법상의 강제처분으로 허용한다면 법관이 발부하는 영장에 다양한 조건을 붙일 필요가 생기는 바, 사안별로 영장 청구 심사를 담당하는 법관의 판단에 따른 다양한 선택 사항 중에서 정확한 조건의 선택이 이뤄지지 않는 한 인정할 수 없는 강제처분을 인정하는 것은『강제처분은 이 법률에 특별한 계획 있는 경우가 아니면 이를 할 수 없다』고 규정하는 형사소송법 197조 1항의 취지에 부합하지 않는다. GPS수사에 대해서 형소법 197조 1항 단서의『이 법률에 특별한 규정이 있는 경우』에 해당하는 것으로 하여 이 법이 규정하는 영장을 발부하는 것에는 의의가 있다. GPS조사가 앞으로도 널리 이용될 수 있는 유력한 수사 방법이라고 한다면 그 특성에 주목하여 헌법 및 형사소송법의 모든 원칙에 적합한 입법적 조치가 뒤따르는 것이 바람직하다.

(마) 수사기관 및 현재 진행 중인 재판에 대한 영향

실제로 경찰청은 이번 최고재판소 판결이후로 전국 경찰서에 GPS단말기를 사용한 수사를 자제하도록 지시하는 통달을 내렸다. 더 이상 임의수사의 일환으로 법원의 심사 및 영장발부 없이 자의적으로 실시하던 GPS수사를 진행할 수 없게 되었다.

또한 GPS수사의 위법성을 둘러싸고 현재도 진행 중인 재판이 있는 바, 이들

17) 昭和51年3月16日 最高裁判所第三小法

18) 青葉 憲一 , 'GPS捜査の適法性に関する最高裁判断を前に': 裁判例を中心とした考察, 捜査研究 66(1), 12－15면 참조, 東京法令出版, 2017년.
中島 宏, 'GPS捜査最高裁判決の意義と射程' (特集 GPS捜査とプライバシー: 最大判2017・3・15を読む), 法学セミナー 62(9), 10－15면 참조, 日本評論社, 2017년.

재판에도 영향을 끼칠 것으로 보인다. 법원이 다른 증거를 근거로 유죄로 하겠지만 조금이나마 GPS수사로 얻은 자료 및 정보 등을 증거로 사용하는 것은 더 이상 인정하지 않을 것으로 보인다. 검찰 측 역시 스스로 그 증거 청구를 하지 않으리라 예상된다.[19]

V. 최고재판소 판결의 시사점

우리의 경우 위치정보의 보호 및 이용에 관한 법률(이하 '위치정보법') 개정의 발단이 되었던 2011년 수원살인사건[20] 및 2012년 미연방대법원의 Jones판결 등의 영향[21]으로 이후 위치추적과 관련하여 다소 논의가 있어왔다. 수원 살인 사건 이후 2012년 위치정보법 개정에 따라 경찰에 112신고 시 당사자 동의 없이도 경찰이 긴급구조 상황에서 위치정보 조회가 가능하여 신고자 위치를 추적할 수 있게 되었다(경찰의 위치정보 조회범위는 위급상황에서 제한적으로만 가능하고, 경찰이 위치정보를 제공받는 것은 위급한 상황에서 구조 받을 본인이 112신고를 한 경우에만 가능하다. 다만 구조가 필요한 사람을 보호하기 위해 구조를 요청한 경우 목격자의 위치추적은 가능하나 이 경우 목격자의 동의가 필요하다－위치정보법 15조 1항). 아직 우리 수사실무에서 GPS단말기를 부착한 수사방법이 도입되는 단계까지는 이르지 못하였지만 향후 도입 가능한 유력한 방법인 만큼, 도입・실시 전GPS 위치정보의 법적 성격을 확인하는 것은 수사기관의 GPS 위치정보 수집에 대한 법원의 통제 정도, 즉 영장주의 적용의 구체적 기준을 제시하고 추후

19) 前田恒彦, '最高裁が令状なしのGPS捜査を違法と断定　今後の犯罪捜査に与える深刻な影響とは'
https://news.yahoo.co.jp/byline/maedatsunehiko/20170316－00068741/
2017년 7월 20일 방문

20) 이 사건은 2012년 5월 2일 대한민국 국회 본회의를 통해 소위 '112 위치추적법'이 통과되는 계기가 되었다. 법안내용에 관하여 오남용 방지에 대한 처벌조항이 미약한 점 등 일부의 문제제기가 있었음에도 불구하고 2012년 5월 14일 '위치정보의 보호 및 이용에 관한 법률'개정안이 공포되어 6개월 후인 2012년 11월 15일부터 시행되었다.

21) ABC News 2012. 3.7일 'Supreme Court Ruling Prompts FBJ to Turn Off 3,000 TrAcking Dvices'
Jones 판결의 영향으로 2012년 2월 29일 판결당시 3000대의 GPS장치를 수사를 위해 사용하던 FBI는 이후 이러한 장치사용을 즉각 중지하였다.

입법방향에 한 토대를 제공하기 위해 필요한 만큼 최고재판소의 판례는 그 의미가 크다 하겠다.

최고재판소 판례를 통해 이끌어낼 수 있는 시사는 다음과 같다.

첫째, GPS수사방법의 법적성격 정의 여부에 관하여 판단기준을 제시하고 있는 것을 들 수 있다. 일본의 경우 GPS수사와 관련하여 현행 형사소송법의 해석론과 관련하여

'GPS수사를 임의수사로 보고 일정한 요건 하에 허용되는 것'으로 보는 입장, 'GPS수사는 강제처분이지만 그 성질은 검증으로 보아 검증허가장에 의해 허용되는 것'으로 보는 입장, 'GPS수사는 강제처분이지만 현행법상 그 방식이 규정되어 있지 않아 허용되지 않는 것'[22]으로 보는 입장으로 학설이 나뉘어 있다. 일본의 하급심 판례 또한 임의수사 및 강제수사, 강제수사의 검증적 성질을 가지는 등으로 그 성격에 대해 견해가 이제까지 엇갈려 왔었다.

이러한 가운데 올해 최고재판소 판결을 통해 15인의 법관 전원일치된 의견으로 영장을 발부받지 않고 GPS단말기를 부착하는 수사는 '위법'이라는 최초의 판단을 내리고 GPS수사는 개인의 프라이버시를 침해할 수 있는 '강제수사'라고 명확히 그 법적성격을 확인하여 그동안의 하급심 판례에서의 법적성격여부 논의를 마무리 지었다.

또한 최고법규인 헌법을 그 근거로 들어 개인의 의사를 무시하고 헌법이 보장하는 중요한 법적 이익을 침해하는 것으로서 형사소송법상 특별한 근거 규정이 없으면 허용되지 않는 '강제 처분'에 해당 함을 확인하며 '검증허가장'에 의한 방식도 부정하여 사전영장제시를 대체할 공정한 담보수단이 확보되지 않은 현 시점에서는 헌법과 형사소송법에 적합한 '새로운 입법조치가 이루어질 때까지 GPS단말기 부착 수사는 할 수 없도록 하는 등 사법부의 강력한 입장표명으로 지금까지의 자의적인 경찰의 수사방법을 환기시켰다.

현재 미국 연방대법원과 일본 최고재판소의 판례의 경우 영장 없이 실시한 GPS수사에 대해 위법한 강제처분으로 그 성격을 규정짓고 있다. 이러한 선험적

---

22) 山本和昭, GPSを使用した証拠取集の適法性をめぐる二つの決定, 専修ロージャーナル大１号 2015. 12, 55면.

경험을 참조하여 판단해볼 때 우리 역시 GPS수사를 '강제처분'의 법적성격으로 인정하는 입장에서 그 도입 및 입법정비 여부를 검토하는 것이 바람직하다고 사료된다.

둘째, GPS수사방법의 도입 필요성을 들 수 있다.

최고재판소는 'GPS수사가 앞으로도 널리 이용될 수 있는 유력한 수사 방법'으로서 그 필요성과 활용성이 있음을 확인하고 입법조치의 필요성까지 언급하는 이례적인 태도를 취하였다. 이는 지금까지 잘못된 방식으로 활용되어 온 GPS수사에 대해 법적성격 정의와 함께 필요성을 확인한 것이라 할 수 있으며 앞으로 GPS수사가 헌법과 형사소송법의 기본원칙에 적합한 방식으로 규정되고 활용될 수 있도록 방향을 설정해준 것이라 할 수 있다.

우리의 경우 아직 GPS수사 방법이 적극 활용되고 있지도 않으며 법원의 판례에서 다루어진 바도 없다. 우리나라 수사기관이 통신비밀보호법에 따라 법원의 허가를 받아 통신사실 확인자료를 제공받는 형태로 범죄수사를 위한 위치정보를 수집한다. 통신비밀보호법은 '통신사실 확인자료'에 '위치추적 자료'와 '접속지의 추적자료'를 포함시키고 있어 실시간 위치정보도 제공할 수 있도록 허용하기 때문에 용의자의 휴대전화의 위치를 실시간으로 추적하는 것도 가능하다.[23] 따라서 통신비밀보호법에 따른 위치추적 자료와 CCTV자료 등을 기초로 용의자에 대한 추적이 가능하기 때문에 굳이 GPS단말기를 차량에 부착하는 형태의 수사기법은 활용되지 않는 것으로 보인다. GPS단말기를 용의차량에 부착하여 수사하는 경우 형사소송법상 영장발부가 문제된다는 점도 이러한 수사기법이 널리 이용되지 않는 원인의 하나로 보여 진다.[24]

그러나 GPS에 기반 한 위치추적이 정확도에 있어 우수한 점을 수사기법의 하나로 활용하지 못하는 것은 새로운 과학기술의 법영역 적용실패라 할 만큼의 아쉬운 결과라 하지않을 수 없다. 새로운 기술에 상응하는 법 규정이 없다는 이유로 강제처분법정주의만을 강조하여 수사기관이 GPS 위치 정보를 이용할 수

23) 통신비밀보호법 제 2조 제 11호 바목과 사목은 '통신사실확인자료'에 '위치추적자료'와 '접속지의추적자료'를 포함시키고 있다.

24) 김종구, 위치추적장치(GPS단말기)를 이용한 수사와 영장주의 – 미국과 일본의 판례를 중심으로 –, 비교형사법연구 제 17권 제4호, 106면.

없도록 한다면 이는 범죄인들은 첨단기술을 이용하여 범죄를 저지를 수 있는 반면 피의자의 신병확보 및 증거확보를 위해 위치정보의 활용도가 가장 요구되는 범죄수사영역에서 수사기관이 오히려 새로운 기술을 활용할 수 없다는 아이러니한 현상이라 하지 않을 수 없다.

과학기술의 발전을 이용하여 새로운 수사기법을 수사기관이 활용할 수 있도록 하되 새로운 수사기법으로 인한 인권 침해적 요소와 수사효용성 증진 등을 함께 고려하여 선행실시국의 현황 및 입법례를 참조하여 GPS 위치정보 수집에 한 법원의 허가 기준을 정립하고 수사기관의 남용 및 인권 침해적 요소를 방지할 수 있는 절차와 방안을 마련하는 것이 필요하다 생각된다.

셋째, GPS수사 관련 입법정비의 필요성을 들 수 있다.

GPS수사 관련한 일본 하급심 판례 중 오사카 지재의 판결과 최고재판소의 판결 내용은 디지털 시대의 진보하는 기술에 상응해가기 위한 우리 형사법상 강제처분 및 영장주의의 해석과 관련하여 많은 시사점을 주리라 생각한다. 특히 최고재판소는 입법조치마저 촉구한 이례적인 판결입장을 보여주었다. 이는 기존의 법률을 새로운 과학기술을 포섭하기 적합하나 형태로의 변화를 추구하며 진보하는 기술에 상응해나가는 모습을 보여주는 혁신적인 태도라 할 수 있다.

앞으로도 과학의 진보에 따른 새로운 수사방법이 나타나 인권 침해가 문제될 수 있는데, 그에 대한 해석은 수사당국에 맡길 것이 아니라 형사절차안의 새로운 입법을 통해 이를 규율해 나가는 것이 타당하다. 현행 형사소송법 GPS 추적장치를 이용한 수사에 현행 형사소송법 등 관련 법률의 합리적 해석·적용으로 해결이 가능한 것인지, 새로운 입법이 필요한 것인지에 대해 검토할 필요가 있다.

먼저, 현행 형사소송법을 적용할 경우 GPS 추적 장치를 이용하는 수사는 법관이 발부하는 영장이 필요한 것으로 보아야 할 것이다. 법관이 발부하는 영장은 사전제시를 원칙으로 하는 것이 바람직할 것이며 사후제시를 인정하고자 한다면 새로운 법률을 정비해야 할 것이다. 이러한 관점에서 볼 때 GPS를 이용한 수사를 현행 형사소송법으로 규율하기에는 어려움이 있다. GPS 추적 장치를 이용한 차량위치추적이 강제처분의 성격을 가진다면 영장발부를 요건으로 해야 하는데 이 위치정보가 과연 형소법 상 압수·수색영장의 발부대상이 될 수 있는지 의문인 것이다.

독일의 경우, 기존의 규정들을 (기술적 수단을 이용한 감시수사에 대한 100조 h와 사후이용에 관한 101조 및 장기의 감시수사에 대한 163조 f)조합하여 GPS수사와 같은 종합형 감시형 수사에 관한 일반적 제 규정으로 활용하고 있다. 이러한 조합형 입법기술방법을 택할 경우, 향후 새롭게 등장할 기술적 수단을 활용한 여러 수사방법에 대한 입법 불비의 문제를 해결하고 대처할 수 있는 매우 유용한 방안이라 생각된다.

간략하게 대응 입법안을 설계해 본다면, 우리 형소법에 199조의 1이라는 형식의 규정을 추가하여 '기술적 수단을 특징별로 열거(통신, 화상, 총체적 감시 등)하고 대상제한 및 199조가 적용되지 못하는 상황 등의 보충성 요건'을 설정하는 것이 상정가능하다. 또한 GPS수사는 사람인 수사기관이 수행해낼 수 없는 연속적이고도 장기간 (잠자지도 않고 24시간 365일이라도 계속해서 실시가능)으로 대상자와 동시에 이동 가능한 등의 특성을 지니는 바, 199조의 2이라는 형식의 규정을 추가 하여 이러한 '기간과 장소에 관한 특성'을 반영한 요건을 설정할 수 있다. 이러한 포괄적 입법규정 시 199조와 199조의 1,2의 조합을 통해 GPS수사에 대하여 임의수사 또는 강제수사라는 법적성격구분에 구속되지 않고도 199조가 적용되는지, 199조 1,2이하의 요건에 부합하는지 여부에 따라 각 조항을 조합하여 적용할 수 있을 것이다.

GPS수사에 관한 수많은 연구와 논의를 거친 입법정비를 통해 영장의 명칭 및 형식, 판사에 의한 허가기준이나 조건 등 GPS수사를 가능하게 하는 구체적인 요건을 정하여 도입, 실시되어야할 것이다. 본 연구는 일본의 의미 있는 판례분석과 이를 통한 시사점을 확인하는 것이 주 내용인 만큼 구체적인 입법 정비안에 관하여는 추후 새로운 논문을 통해 정리하려 한다.

넷째, 수사기관 내실화의 필요성을 들 수 있다.

수사기관 내부적으로 GPS 추적 장치를 이용한 수사에 관한 세부운영지침을 마련하여 수사의 요건 및 절차를 규정하여 인권 침해적 요소를 최대한 방지할 수 있도록 내부적 통제기준을 마련하는 것이 효율성을 높이고 자의성을 통제하는데 바람직할 것이다. 우리의 경우 경찰내부의 운영지침이 전국 통일적으로, 실효성 있게 독자적으로 운영되지는 못하는 만큼 일본 경찰청의 전국 통달 운영지침의 내용과 운영방식을 참고로 삼는 것도 도움이 될 것으로 보인다.

Ⅵ. 맺는말

수사는 기본적으로 인권 침해적 성격을 가지는 만큼 수사방법은 국민의 기본권침해(특히 프라이버시권)와의 관계를 고려하여 선택되어야 한다. 과학기술발전에 따른 새로운 수사방법의 도입은 필요하지만 수사방법의 적정성과 프라이버시의 침해 간의 균형을 고려한 방안 모색이 필요하다. GPS 수사의 경우 과학기술의 발달로 인하여 도입된 새로운 수사방법의 하나로 미국 및 일본의 수사실무에서는 적극 활용되고 있으며 수사방법의 적법성 및 영장주의 등과 관련한 형사법체계 안에서의 적합성을 두고 많은 판례가 누적되고 있다.

효과적인 수사를 위한 방법으로 GPS수사의 도입은 필요하며 적정한 활용은 수사의 효율성 증진을 위해 필요하다 사료된다. 이에 GPS수사방법의 도입을 전제로 하여 그 적법성 여부를 일본 최고재판소판례의 분석을 통해 검토해보았다.

결론적으로, GPS 수사에 관한 개인적 의견은 범죄단서와 증거의 발견을 위한 'GPS 수사의 필요성'에 동감하지만 그 법적성격이 '강제처분'인 만큼 '헌법상의 기본권과 형소법상의 영장주의는 철저히 지켜지는 범위 내에서 활용되어야 한다'는 것이다. 따라서 향후 통신비밀호법이나 위치정보의 보호 및 이용 등에 관한 법률 등에 GPS 수사의 법적 근거 도입을 논의함과 형소법 개정 및 수사기관 내부통제기준 등과 관련하여 사생활 등의 인권에 대한 무분별한 침해나 특정인에 대한 감시의 우려를 피할 수 있도록 세심한 검토와 연구가 진행되어야할 필요성을 피력한다.

참고문헌

■ 국내문헌

김봉수, “범죄예방을 위한 개인정보 수집 및 활용에 대한 통제”, 비교형사법학회 하계연합학술회의 자료집, 한국비교형사법학회 2012.

______, 위치정보의 보호를 위한 형법적 고찰, 전남대 법학논총 제32권 3호, 2012.

김성룡, “ IT기술의 발달에 따른 형사절차법의 문제점과 대처방안(I)”, 경북대학교 IT와 법연구소, IT와 법연구 제3권, 2009.

김종구, “위치추적장치(GPS단말기)를 이용한 수사와 영장주의－미국과 일본의 판례를 중심으로－”, 비교형사법연구 제17권 제4호.

______, “GPS추적장치를 이용한 수사의 적법성”, 숭실대 법학논총 제34집, 2015.

권양섭, 범죄수사에 있어서 통신자료제공제도의 문제점과 개선방안, 한국법학회 법학연구 제59권.

박정훈, “우리나라 개인정보보호법제상의 추적가능 시스템에 대한 연구”, 「토지공법연구」 제52집, 한국토지공법학회, 2011.

이원상, “형사사법에 있어 개인위치정보에 대한 고찰”, 형사정책연구 제23권 제2호, 2012.

______, “프라이버시와 범죄통제의 균형을 위한 통신수사 법체계 마련”, 2015년 대검찰청연구보고서.

이윤제, “GPS위치정보와 영장주의”, 법학논업 제20권 제1호.

이호용, “위치발신장치를 이용한 경찰 감시활동의 적법성”, 법학논총 제31권 제2호, 단국대 법학연구소, 2007.

최응렬/임유석, “경찰의 IDS운영 실태와 위치추적권에 대한 고찰”, 경찰학연구 제12권 3호, 2012.

최응렬/서봉성, “범죄통제를 위한 위치정보수집과 경찰의 역할”, 동국대 사회과학연구, 제22권 3호, 2015.

■ 외국문헌

총무성 고시－電気通信事業における個人情報保護に関するガイドライン.

前田恒彦, ‘最高裁が令状なしのGPS捜査を違法と断定 今後の犯罪捜査に与える深刻な影響とは’ 야후재팬 신문사설.

大阪地方裁判所, 平成 27年 6月 5日判決, 平成 25(わ)第5962号.

大阪高等裁判所, 平成 28年 3月 2日判決, 平成27(う)966.

緑 大輔, GPS 端末による動静捜査によって得られた証拠を排除した事例, TKC ローライブラリー 2015年 9月 18日.

________, GPS装置による動静監視の理論問題、月刊刑事弁護、NO89, 2017.

宇藤崇,「判批」法学教室431号(2016年), 中島宏, 判批, 法学セミナー741号, 2016.

小木曽綾, 監視型捜査とその規律,刑法雑誌, 刑法雑誌 55(3), 392면, 2016-05, 日本刑法学会.

日本弁護士連合会, GPS移動追跡装置を用いた位置情報探索捜査に関する意見書, 2017.

高平希恵, 装置による動静監視と弁護, 月刊刑事弁護 NO89, 2017.

池亀尚之, 捜査―近時の刑事裁判例の考察と法的問題点の整理, 愛知大学法学部法経論集, 愛知大学法学部法経論集(209), 愛知大学法学会, 2016.

山本和昭, GPSを使用した証拠取集の適法性をめぐる二つの決定, 専修ロージャーナル大1号, 2015.

34

필요적 공범과 공소시효의 정지*

대법원 2015. 2. 12. 선고 2012도4842 판결(공2015상, 500)

최 준 혁**

형사소송법 분야

Ⅰ. 판결의 소개

1. 사실관계

부천시 소유의 체비지이던 부천시 ○○구 ○○동 ○○○ 대 405.3㎡(이하 '이 사건 대지'라고 한다)는 상당 부분이 임시무료주차장으로 사용되던 토지로서, 2004. 7.경 그 일부의 점유자인 공소외인 A로부터 이에 대한 매수신청이 있었으나 당시에는 이를 매각할 경우 그 주변지역의 주차난이 더욱 심각해질 것이라는 등의 이유로 매매가 이루어지지 않았다. 한편, 부천시도시계획토지구획정리사업지구내체비지매각규칙 제2조에 의하면, 체비지의 매각은 일반경쟁입찰방

---

* 이 논문은 제169회 영남형사판례연구회(2015.7.13.)에서 발표되고, 비교형사법연구 제18권 제2호(2016)에 게재되었음.

** 인하대학교 법학전문대학원 부교수(E-Mail: soonhoo@inha.ac.kr).

법에 의함을 원칙으로 하고, 다만 토지면적의 50%이상 건축물(담장 포함)이 건립되어 있거나 건축물 소유자가 매수함이 타당하다고 인정할 때 등 예외적인 경우에 한하여 수의계약으로도 매각할 수 있도록 되어 있었다.

건축업자 甲과 부동산중개업자 乙은 이 사건 대지를 불하받고자 하였으나 수의계약을 체결할 수 있는 자격조건을 갖추지 못하였다. 이에 甲과 乙은 이 사건 대지를 수의계약을 통하여 시가보다 낮은 가격에 매수하기 위한 수단으로, 부천시청 도시과 도시행정팀장으로서 체비지의 관리 및 매각 등 업무를 총괄하던 부천시 소속 공무원 丁에게 뇌물을 공여하기로 합의하였다. 甲은 2005. 2. 3. 乙의 예금계좌로 3,000만 원을 송금하고, 乙은 같은 날 이 금액에 자신의 돈 3,000만 원을 보태어 합계 6,000만 원을 평소 안면이 있는 부천중부경찰서 정보과 소속 경찰관 丙에게 교부하면서 이를 丁에게 뇌물로 전달해 줄 것을 부탁하였다.

검사는 2006. 1. 10. 乙에 대하여는 제3자뇌물교부죄, 丙에 대하여는 제3자뇌물취득죄, 丁에 대해서는 특정범죄 가중처벌 등에 관한 법률 위반(뇌물)로 공소를 제기하여 乙과 丙, 丁 모두에 대하여 유죄판결이 선고되었다. 2007. 4. 20. 서울고등법원(2006노1774호 사건)에서 乙에게는 징역 1년, 丙에게는 징역 1년 6월, 丁에게는 징역 3년의 유죄판결이 선고되었으며, 乙에 대한 판결은 상고기간의 경과로 2007. 4. 27., 丙, 丁에 대하여는 2007. 7. 27. 대법원의 상고기각으로 각각 확정되었다.

2. 사건의 경과

검사는 2011. 6. 29. 甲에 대하여 제3자뇌물교부죄로 공소를 제기하였고, 1심법원은 甲의 이 사건 범행에 대하여 형법 제133조(뇌물공여 등) 제2항, 제30조(공동정범)를 적용하여 징역 8월을 선고하였다.[1)]

검사와 甲 모두 항소하였다. 검사는 양형부당을 주장하였으며 甲은 양형부당 외에 아래의 내용을 주장하였다.

---

1) 인천지방법원 2011. 9. 1. 선고 2011고합430 판결. 1심판결에 대한 평석으로 윤남근, “공소제기로 인한 공소시효의 정지와 필요적 공범”, 법조 제668호(2012년 5월), 281면.

"이 사건 공소시효는 형사소송법(2007. 12. 21. 법률 제8730호) 부칙 제3조, 구 형사소송법(2007. 12. 21. 법률 제8730호로 개정되기 전의 것) 제249조 제1항 제4호에 의하여 5년이고, 형사소송법 제253조 제2항은 공범의 1인에 대한 공소제기로 인한 시효정지는 다른 공범자에게 효력이 미치고 당해 사건의 재판이 확정된 때로부터 진행한다고 규정하고 있는바, 강학상의 대향적 공범 또는 필요적 공범은 위 공범에 포함되지 않는다고 봐야 한다. 따라서 이 사건 공소는 공소시효가 경과된 후에 제기된 것이어서 면소가 선고되어야 한다."

2심법원은 갑에 대하여 면소판결을 선고하였다.[2] 근거는 아래와 같았다.

"형사소송법 제253조는 공범의 1인에 대한 시효정지가 다른 공범자에게 효력이 미친다고 규정하면서도 형사소송법에서는 따로 공범의 의미나 범위에 관하여는 아무런 규정을 두고 있지 않다. 반면에 형법 제1편 제2장 제3절에서는 공범을 제목으로 하여 공범의 종류로서 공동정범, 교사범, 방조범, 간접정범에 관한 규정들을 두고 있다. 그런데 형사소송법 제253조의 공범에는 형법에서 규정하고 있는 공범 외에 구성요건 자체가 이미 2인 이상의 참가나 단체의 행동을 전제로 하여 성립하는 범죄를 실현한 수인을 지칭하는 강학상 필요적 공범도 포함된다고 하는 것이 학계의 통설로 되어 있다. 그렇지만, 어떠한 법률의 규정에서 사용된 용어에 관하여 그 법률 및 규정의 입법 취지와 목적을 중시하여 문언의 통상적 의미와 다르게 그 법률에만 특유하게 해석하려 하더라도 당해 법률 내의 다른 규정들 및 다른 법률과의 체계적 관련성 내지 전체 법체계와의 조화를 무시할 수 없으므로, 거기에는 일정한 한계가 있을 수밖에 없다. 형사소송법은 형법에서 규정된 형벌권을 실현하기 위한 형사소송절차를 규정한 절차법이고, 공소시효는 이러한 형벌권 행사의 시적 범위를 규정한 것이어서 공소시효 정지에 있어서의 공범을 해석함에 있어서는 특별한 법적 또는 논리적 근거 없이 형법에서 규정하고 있는 공범과는 별도로 형사소송법 독자의 공범을 설정하는 것은 자칫 죄형법정주의에 기하여 형벌권 행사의 대상이 되는 범죄주체, 범죄 구성요건 등을 규정한 형법과의 체계적 관련성 내지 형사법 전체의

2) 서울고등법원 제1형사부 2012. 4. 13. 선고 2011노2616 판결. 2심판결에 대한 평석으로 이주원, "필요적 공범과 공소시효 정지의 효력", 고려법학 제74호(2014년 9월), 289면.

조화를 깨뜨리는 것으로서 해석의 한계를 벗어나는 것이 된다. 형사소송법이 공범 중 1인에 대한 공소의 제기로 다른 공범자에 대하여도 공소시효가 정지되도록 한 것은 공범 간 처벌의 형평을 기하기 위하여 공소제기 효력의 인적 범위를 확장하는 예외를 마련하여 놓은 것이므로, 이는 엄격하게 해석하여야 하고 피고인에게 불리한 방향으로 확장하거나 축소하여 해석해서는 아니 된다(대법원 2012. 3. 29. 선고 2011도15137 판결 참조). 그런데 강학상 필요적 공범의 일종인 대향된 행위의 존재를 필요로 하는 대향범 상호간에는 공범이나 방조범에 관한 형법총칙 규정의 적용이 있을 수 없고(대법원 2001. 12. 28. 선고 2001도5158 판결 등), 이러한 대향범 상호간에는 범죄구성요건, 죄질이 같지 아니하고, 그 법정형도 별개로 규정되어 있는 점 등에 비추어 볼 때 강학상 필요적 공범 특히 대향범은 형법에서 규정하고 있는 공범과는 전혀 다른 것이라고 할 것이다. 그럼에도 강학상 필요적 공범 그 중에서도 대향범 관계에 있는 자 사이에서도 공소시효의 정지규정이 적용되도록 하는 것은 공범이라는 명칭을 강학상 사용하고 있다는 이유만으로 아무런 법적·논리적 근거 없이 공소제기 효력의 인적 범위를 넓히게 되는 것이어서 피고인에게 불리한 방향으로 확장 해석하는 것이다. 따라서 형사소송법 제253조 제2항에서의 공범은 형법에서 규정하고 있는 공범인 공동정범, 교사범, 방조범, 간접정범만을 의미하고, 강학상의 필요적 공범 중 형법의 공범 규정이 적용될 수 없는 대향범은 여기에 해당하지 않는다고 할 것이다."

3. 대상판결의 판단

대상판결에서 대법원은 검사의 상고를 기각하였다.[3)]

형사소송법은 공범 사이의 처벌에 형평을 기하기 위하여 공범 중 1인에 대한 공소의 제기로 다른 공범자에 대하여도 공소시효가 정지되도록 규정하고 있는데, 위 공범의 개념이나 유형에 관하여는 아무런 규정을 두고 있지 아니하다.

---

3) 대상판결에 대한 평석으로 하태인, "필요적 공범과 공소시효 정지", 형사법연구 제27권 제4호(2015. 겨울), 227-253면. 이상원, "[2014년 분야별 주요판례 분석] (13) 형사소송법", 법률신문 2015. 6. 9.도 참고.

따라서 형사소송법 제253조 제2항의 공범을 해석함에 있어서는 공범 사이의 처벌의 형평이라는 위 조항의 입법 취지, 국가형벌권의 적정한 실현이라는 형사소송법의 기본이념, 국가형벌권 행사의 대상을 규정한 형법 등 실체법과의 체계적 조화 등의 관점을 종합적으로 고려하여야 할 것이고, 특히 위 조항이 공소제기 효력의 인적 범위를 확장하는 예외를 마련하여 놓은 것이므로 원칙적으로 엄격하게 해석하여야 하고 피고인에게 불리한 방향으로 확장하여 해석해서는 아니 된다(대법원 2012. 3. 29. 선고 2011도15137 판결 참조).

뇌물공여죄와 뇌물수수죄 사이와 같은 이른바 대향범 관계에 있는 자는 강학상으로는 필요적 공범이라고 불리고 있으나, 서로 대향된 행위의 존재를 필요로 할 뿐 각자 자신의 구성요건을 실현하고 별도의 형벌규정에 따라 처벌되는 것이어서, 2인 이상이 가공하여 공동의 구성요건을 실현하는 공범관계에 있는 자와는 본질적으로 다르며, 대향범 관계에 있는 자 사이에서는 각자 상대방의 범행에 대하여 형법 총칙의 공범규정이 적용되지 아니한다(대법원 2014. 1. 16. 선고 2013도6969 판결 참조).

이러한 점들에 비추어 보면 형사소송법 제253조 제2항에서 말하는 '공범'에는 뇌물공여죄와 뇌물수수죄 사이와 같은 대향범 관계에 있는 자는 포함되지 않는다고 해석할 것이다.

Ⅱ. 문제의 제기

이 사건의 공소사실인 제3자뇌물교부죄는 형법 제133조 제2항, 제1항, 제129조 1항에 해당하는데 그 법정형이 5년 이하의 징역형이며, 이 사건 범행 당시 시행 중이던 구 형사소송법(2007. 12. 21. 법률 제8730호로 개정되기 전의 것) 제249조 제1항 제4호에 의하여 공소시효는 5년이다.

대상판결에 따르면 이 사건 공소는 甲의 범행이 종료된 때부터 6년 147일 만에 제기된 것이어서 甲과 공범 관계인 乙에 대한 유죄판결 확정일을 기준으로 계산한 공소시효 정지기간인 1년 107일을 제외하더라도 이 사건 범죄의 공소시효 기간인 5년이 지나서 제기된 것이다. 그러나 丙과 丁에 대한 유죄판결의 확정일이 공소시효 정지의 시점을 계산하는 기준이 된다고 하면 甲에 대한 공소시효 기간은 아직 완성되지 않았다고 할 것이다. 그렇다면 대상판결에서의 쟁점은 '형사소송법 제253조 제2항에서의 공범에 필요적 공범도 포함되는가?'라고 줄일 수 있다.

필요적 공범에 관한 기존의 논의는 주로 형법총칙의 문제, 즉 대향범의 본질 및 그와 관련된 처벌의 문제, 정확히 말하자면 일방행위자에 대하여 타방행위자가 교사했다고 볼 수 있으며 타방행위자에 대한 처벌조문이 존재하지 않거나 일방행위자에 비교해 경미한 경우에 그 타방행위자를 일방행위자의 교사범으로 처벌할 수 있는가라는 질문에 집중되었다.[4] 형사소송법에서의 논의는 많지 않았는데, 공범에 대한 공소제기로 인한 공소시효정지를 규정한 형사소송법 제253조 제2항의 공범에 필요적 공범이 포함된다는 해석이 우리나라의 압도적 다수설이었음에도 불구하고, 그 이론적 근거를 제시하는 학설은 찾아볼 수 없었다.[5] 그 내용이 자명하다고 여겨져서 그러했다고 추측할 수 있으나, 형사소송법 제253조 제2항의 공범의 개념이 무엇인가에 대한 설명에서 필요적 공범을 언급하는 견해[6]는 오히려 많지 않았다. 반면에, 형사소송법 제253조 제2항의 공범에 필요적 공범이 포함되지 않는다는 견해[7]는 대상판결에 관한 공판의 진행과정 중 최초로 나타났다고 보인다.

대법원의 판결 중에 폭력행위 등 처벌에 관한 법률 제4조의 범죄단체조직죄의 행위자들 사이에 형법상의 공범을 인정하고, 공범의 1인에 대한 공소제기로써 다른 공범에 대한 공소시효정지의 효과가 발생한다고 판시한 예[8]가 있었다.

---

4) 이진국, "대향범의 구조에 관한 일고", 비교형사법연구 제4권 제1호(2002), 87면 이하 참조.

5) 같은 지적으로 윤남근, 앞의 글, 300면; 이주원, 앞의 글, 306면. 2014. 7. 21. 실제로 대법원 형사실무연구회에서 이 문제를 다룰 당시, 대상판결에서의 대법원의 입장에 찬성하는 견해, 즉 필요적 공범에서의 공소시효의 정지는 임의적 공범과 구별해서 생각해야 한다는 주장은 발표자(이주원)와 토론자(최준혁) 이외에 거의 없었다.

6) 신동운, 신형사소송법(제4판), 법문사, 2012, 534면; 신양균, 신판 형사소송법, 화산미디어, 2009, 342면. 이주원, 앞의 글, 306면은 통설의 입장을 전면적 긍정설이라고 부른다.

7) 이러한 주장으로 윤남근, 앞의 글, 300면(이주원, 앞의 글, 306면은 이 입장을 전면적 부정설이라고 부른다). 아래에서 언급하듯이, 이러한 주장에서의 '필요적 공범'은 일상적인 학술용어의 용법과는 약간 다르다고 보인다.

8) 대법원 1995. 1. 20. 선고 94도2752 판결: 폭력행위등처벌에관한법률(1990. 12. 31. 법률 제4294호로 개정되기 전의 것) 제4조 소정의 단체 등의 조직죄는 같은 법에 규정된 범죄를 목적

그러나 이 판결은 집합범에 대한 것으로, 필요적 공범 중 대향범에 대한 대법원의 명확한 입장은 대상판결 이전까지는 찾을 수 없었다.

이 글은 대상판결에 찬성하는 입장[9]에서 대법원의 입장을 어떻게 근거지울 수 있을지에 대하여 검토하고자 한다. 즉, 필자는 필요적 공범에도 임의적 공범과 구별할 필요 없이 형사소송법 제253조 제2항이 적용된다는 통설의 입장을 따르지 않으며, 그렇다고 해서 필요적 공범에 대해 모두 공소시효 정지에 대한 형사소송법 제253조 제2항이 적용되지 않는다고 보기도 어렵다고 생각한다.

그렇다면 필요적 공범의 어느 경우에 한하여 형사소송법 제253조 제2항이 적용되는지에 대한 절충적인 기준을 살펴볼 필요가 있는데, 이에 관하여 논의하기 위해서는 필요적 공범과 공소시효의 정지라는 두 쟁점을 함께 검토해야 한다고 보인다. 아래에서는 필요적 공범을 어떻게 이해할 것인지(III)를 먼저 논의한 다음 공소시효의 정지에 관한 논점(IV)을 언급하고 글을 마무리한다(V).

Ⅲ. 필요적 공범

1. 개 관

필요적 공범은 구성요건 자체가 이미 2인 이상의 가담을 요구하는 범죄이

으로 한 단체 또는 집단을 구성함으로써 즉시 성립하고 그와 동시에 완성되는 즉시범이므로, 범죄성립과 동시에 공소시효가 진행되는 것이고, 이 사건 공소제기는 범죄의 성립시기인 1983. 8. 중순으로부터 10년이 경과한 후인 1993. 12. 23.에 이루어졌음은 소론과 같으나. 형사소송법 제253조 제2항의 규정에 의하면, 공범의 1인에 대한 시효의 정지는 다른 공범자에 대하여 효력이 미치고 당해 사건의 재판이 확정된 때로부터 다시 진행하도록 되어 있는바, 이 사건 수사기록에 의하면, 피고인과 공범관계에 있는 공소외 심○○이 1991. 6. 14.(당해사건의 제1심 판결 선고일) 이전에 이 사건과 같은 범죄사실로 공소제기가 된 후 1992. 11. 27. 당원에서 상고기각됨으로써 유죄판결이 확정된 사실이 명백하므로, 공범자인 피고인에 대하여도 적어도 위 1991. 6. 14.부터 그 재판이 확정된 1992. 11. 27.까지의 기간 동안은 공소시효의 진행이 정지되었음이 명백하다. 그렇다면, 피고인의 이 사건 범죄 성립시기부터 공소제기일까지의 기간에서 위와 같이 공소시효의 진행이 정지된 기간을 공제하면 이 사건 공소제기 당시 이 사건 범죄에 대한 공소시효 기간인 10년이 아직 경과되지 않았음이 역수상 명백하므로, 원심이 피고인에 대한 공소시효가 완성되지 아니하였음을 전제로 피고인의 이 사건 범죄사실에 대하여 실체에 들어가 판단한 데에 소론과 같은 위법이 있다고 할 수 없다.

9) 같은 견해로 이창현, 형사소송법(제2판), 입추출판사, 2015, 587면; 임동규, 형사소송법(제11판), 박영사, 2015, 329면.

다.[10]

필요적 공범에 관한 논의는 19세기 초 독일에서 유래했는데, 이 주제를 처음 논의한 사람은 마르틴(Martin)이며 지금처럼 집합범과 대향범을 구별한 사람은 프로이덴탈(Freudenthal)이라고 한다.[11] 실제로 프로이덴탈은 1901년 발간된 논문에서 자신이 이름을 붙인 '대향범(Begegnungsdelikt)'은 이미 알려져 있는 개념에 대한 새로운 명칭이라고 설명한다.[12] 현재 독일의 교과서나 주석서에서의 논의는, 협의의 공범 부분에서 필요적 공범이라는 단어를 언급하고 필요적 공범에 해당하는 유형을 집합범과 대향범으로 구별한 후, 집합범에 대해서는 별다른 언급이 없이 바로 대향범의 처벌에 관하여 설명한다. 집합범은 각자 공범으로 처벌하는데 어려움이 없기 때문이다.[13] 대향범에서는 일방 당사자와 상대방을 어떻게 처벌할 것인가를 논의하면서, 혹시 처벌되지 않거나 가볍게 처벌되는 상대방을 일방 당사자의 공범으로 처벌할 수 있는가를 논의한다는 점에서도 독일의 논의는 우리와 차이가 없다.

필요적 공범에 대한 비판은 우선, 단어 자체가 정확하지 않다는 것이다. 프로이덴탈 또한 필요적 공범의 악명은 무엇보다도 그 개념의 범위가 지나치게 넓고 불명확하다는 점에서 기인한다고 지적한 바 있다.[14] 필요적 공범은 대상판결의 2심판결이 지적하듯이 '강학상'의 표현으로서, 바로 위에서 살핀 것과 같이 두 가지 의미를 가질 수 있다. 먼저 교과서나 논문에서 볼 수 있는 통상의 용법으로서, 집합범과 대향범을 포함하는 상위개념으로서의 필요적 공범이다. 다

---

10) 이진국, 앞의 글, 89면; 이창섭, "'대향범' 개념과 불가벌적 대향자의 처벌여부", 부산대학교 법학연구 제55권 제4호(2014. 11), 147면.

11) Magata Osamu, Die Entwicklung der Lehre von der notwendigen Teilnahme, Jura 1999, 246. 다만 Freudenthal의 설명은 약간 다르다. 19세기의 학설사에 대한 설명으로 Freudenthal, Die notwendige Theilnahme, 1901, S. 5ff.

12) Freudenthal, aaO, S. 1. 그 이전에는 대향범에서의 가담자들은 '상호의 (대향적인) 공동작용'(Olshausen) 또는 '서로 반대방향으로 작업'(Schütze)한다고 설명했다고 한다.

13) Roxin. Strafrecht Allgemeiner Teil 2, 2006, 26/41; Schönke/Schröder, Strafgesetzbuch, 27. Aufl., 2006, Vor §§25 Rn. 47d (Cramer/Heine).

14) Freudenthal, aaO, S. 99f. 다만 프로이덴탈은 필요적 공범이 1898년 12월 1일의 독일군사소송법 제35조에 기반하고 있기 때문에 법률에도 근거가 있다고 설명하였으나 이러한 주장은 큰 호응을 얻지 못하였다. 개념의 불명확성에 대해서는 Sowada, Die "notwendige Teilnahme" als funktionales Privilegierungsmodell im Strafrecht, Duncker & Humblot 1992, S. 38도 참조.

른 한편으로, 대향범에서의 일방당사자에 대한 불처벌의 근거를 논의할 때도 필요적 공범이라는 단어를 사용한다.[15] 단어의 의미가 명확하지 않다는 점은 강학상의 공범, 즉 임의적 공범과의 관계에서도 나타난다. 왜냐하면 필요적 공범으로 논의되는 유형의 일부는 공동정범으로 해결할 수 있으며 다른 한편으로는 타인에 대한 작용(Mitwirkung)이 공범의 정도에 이를 필요도 없기 때문이다.[16] 반면에 가령 성범죄의 피해자가 실제로는 적극적으로 관여한 경우처럼 관여자의 관여의 정도가 '필요성'의 정도를 넘는 경우에도 필요적 공범이라고 하기 때문에 표현이 부적당하다는 설명도 찾을 수 있다. 집합범과 대향범의 구별도 단지 분류로서의 성격을 지닐 뿐이라는 것이다.[17]

그리고 이들 문제는 항상 조문의 형태와 관련된다고 일반적으로 설명한다. 조문의 형태와 관련된다는 설명은, 각칙 조문에서 해당범죄를 어떻게 규정했느냐가 중요하므로 총칙에서 설명할 일반적인 필요성 또는 이론적 쟁점이 많지 않다는 뜻이라고 이해된다. 나아가 각칙 조문의 문제라는 말은 입법자가 조문을 어떻게 규정하느냐에 따라 필요적 공범인지 아닌지가 달라지기 때문에 필요적 공범과 필요적 공범이 아닌 경우를 구별하기 위한 실질적인 기준을 찾기 어렵다는 뜻으로 이해할 수 있다.

2. 필요적 공범 논의에서의 '공동정범'

(1) 집합범과 대향범의 구별

논의를 전개하기 위해서는 집합범과 대향범이 구별된다는 점을 분명히 할 필요가 있다고 보이는데, 이는 필요적 공범에서의 '필요적'의 의미가 무엇인지의 문제이다.[18] 집합범(Konvergenzdelikt)도 필요적 공범에 속하므로 집합범으로 처벌되기 위해서는 다수의 관여자가 필요하나 이들은 모두 해당 범죄에서 행위자로서만 기능한다. 반면에 대향범에서의 관여자는 행위자인 동시에 타인의 범죄

15) Sowada, aaO, S. 14.
16) Jescheck/Weigend, Strafrecht Allgemeiner Teil, 5. Aufl., 1996, S. 697.
17) Schönke/Schröder, Strafgesetzbuch, Vor §§25 Rn. 46 (Cramer/Heine).
18) Sowada, aaO, S. 21.

의 행위객체가 되며, 해당조문이 개인적 법익을 보호하는 범죄라면 피해자가 될 수도 있다. 대향범에서 관여자들의 상호작용은 범행실행을 위한 필수불가결한 요건이며,[19] 이미 폰 크라이스(v. Kries)는 어떠한 구성요건의 보호목적인 자가 타방의 범죄를 교사하였다고 하더라도 그는 처벌되지 않는다고 설명하였다.[20]

집합범에 대한 이론적인 대립이 별로 없는 이유는, 어떤 문제되는 구성요건이 집합범이라고 할 때 그에 관련되는 다수 당사자의 행위를 원칙적으로 그 구성요건에 모두 포섭시킬 수 있기 때문이다.[21] 이러한 경우 해당조문은 각각의 관여자를 모두 정범으로 처벌한다. 그리고 이들이 모두 해당되는 범죄의 행위자로 파악될 수 있다는 것은 이들의 가담유형도 임의적 공범, 특히 공동정범과 유사한 구조이기 때문이라고 생각할 수 있다. 그렇다면 우리의 논의에서 집합범과 대향범을 구별해야 한다는 하나의 논거로, 대향범은 집합범과 다르게 공동정범과 유사한 구조가 아니라고 생각할 수도 있다고 보인다.

(2) 대향범을 논의할 때의 '공동정범 유사성'

1) 공동정범 유사성의 연결점으로서의 교사범?

그러나 대향범이 공동정범과 유사하다는 입장도 취할 수 있다. 예를 들어 죌러(Zöller)는 박사학위논문에서 필요적 공범의 불처벌의 근거를 제시하기 위하여, 필요적 공범에 해당하는 범죄들이 공동정범과 유사한 구조를 가지고 있다고 보았다.[22] 그는 통상의 공동정범과 필요적 공범은 가담자 상호간의 교사가 필수적이라는 점이 공통된다고 설명하였다. 그런데 만약 입법자가 이러한 필요적 공범의 범죄에서 일방의 관여자를 처벌하지 않는다고 규정하였다면, 그 관여자 스스로의 행위기여에 대해 처벌하지 않는다는 점이 항상 상대방에 대한 교사에도 영향을 미치므로 교사범으로도 처벌되지 않는다고 설명하였다는 것이다. 임의적

19) 2인 이상이 시간적·장소적으로 협동해야 합동범이 성립하므로 관여자 각각은 합동범의 성립 및 그로 인한 다른 관여자의 처벌에 대한 필요조건이 된다는 점은 분명하다. 다만 합동범이 필요적 공범인지의 문제는 이 글의 주된 관심이 아니다.

20) Freudenthal, aaO, S. 86. Jescheck/Weigend, Strafrecht AT, S. 698; Sowada, aaO, S. 19도 참조.

21) Sowada, aaO, S. 20.

22) Sowada, aaO, S. 50ff.

공범에 대한 설명을 필요적 공범에 대해서 유추적용하려는 시도는 적절하나, 공동정범을 상호 교사범이라고 보고 이를 대향범 일방의 불처벌을 설명하기 위하여 전용할 필요는 없다고 보인다.[23]

2) '동일한 목표'의 의미

다른 한편으로 프로이덴탈처럼 대향범에서의 양당사자는 자신의 행위를 통해 침해하는 법익이 동일하기 때문에 형법적으로 의미있는 전체결과(Gesamterfolg)를 함께 실현한다고 보아야 하기 때문에 공동정범이라고 보아야 한다고 설명할 수도 있다.[24] 그런데 공동정범이라고 하면 각 관여자가 실현하는 구성요건과 그에 상응하는 구성요건고의를 떠나서 생각할 수 없는데, 대향범 중에서는 다른 구성요건을 실현하는 경우가 존재한다. 그렇다면 집합범과 대향범의 차이는 결국 '동일한 목표, 같은 방향'(집합범)과 '동일한 목표, 다른 방향'(대향범)의 내용을 어떻게 설명하는지에 있다고 보인다.

'동일한 목표'의 내용에 관하여 검토하면, 먼저, 그 대상이 동일한 구성요건의 실현이라고 생각할 수 있다. 그렇다면 이때의 목표는 결국 구성요건의 실현이며 행위자들의 인식은 구성요건고의라고 설명할 수 있겠으나 필요적 공범에 해당하는 모든 경우가 반드시 동일한 구성요건의 실현이라는 공통의 목표를 가질 수는 없다고 보인다. 대향범에서의 다수관여자가 실현하는 범죄구성요건이 동일한 경우도 있지만 그렇지 않은 경우도 있기 때문이다. 목표가 동일한 구성요건의 실현이지만 행위자의 인식이 구성요건 고의가 아닐 때의 목표의 내용은 목적 등의 초과주관적 구성요건요소가 될 것이다. 그러나, 집합범이나 대향범에서 개별구성요건에서 규정한 행위상황의 실현 이외의 추가적인 목표가 필요하다고 파악한다면, 임의적 공범에서 주관적 측면으로, 개별구성요건이 추가주관적 구성요건요소를 규정하고 있는 경우 외에는 구성요건실현에 대한 고의 이외에 특별히 다른 요소를 요구하지 않는다는 점과 합치하지 않는다.

즉, 필요적 공범에서는 행위자들이 각자 다른 자기의 범행을 실현하므로 공

23) Jescheck/Weigend, Strafrecht AT, S. 699; Sowada, aaO, S. 52가 지적하듯이 이러한 상호교사관계는 항상 존재하는 것은 아니다.

24) Freudenthal, aaO, S. 39.

소사실의 동일성을 인정할 여지가 없다.[25] 그러나 이때의 상호관여자들에게 공소사실의 동일성을 인정할 수 없는 이유는 각 관여자가 서로 다른 구성요건을 실현한다는 점에서 개별 피고인을 그 대상으로 하는 공소사실의 동일성이나 기판력의 범위라는 기준을 적용할 수 없기 때문이지, 상호관여자들이 관여한 구체적인 사안을 일반인의 관점에서 순수한 사회적 사실관계의 동일성을 기준으로 하여 하나의 사건으로 판단할 수 없기 때문은 아니다.[26] 즉, 대상판결에서 뇌물을 주고받은 상호관여자들은 '거래의 실현'이라는 공통의 목표를 가지고 행동하며, 이는 사회적으로 의미있는 하나의 사건으로 묘사할 수 있다. 마약을 사고파는 경우도 마찬가지이다.[27]

3. 대상판결과 필요적 공범 쟁점과의 관계

위에서 본 바와 같이 필요적 공범을 이해하기 위해서는 임의적 공범, 특히 공동정범에서의 논의에서의 같은 점과 다른 점이 무엇인지를 판단해야 하며, 이는 형사절차에서 필요적 공범을 어떻게 다루어야 하는지의 문제를 판단하는 기준도 될 수 있다고 보인다.

집합범에서 합동범(합동절도 등)과 공동범(폭처법 제2조) 등은 여러명의 범행가담자가 동일한 형태와 방향으로 법익침해를 하고 있으며 2명 이상 또는 5명 이상이 합동·공동해야 해당조문으로 처벌할 수 있다는 점에서 임의적 공범에 관한 규정(특히 공동정범)과 다르게 볼 수 있는 여지가 있다. 그렇지만 대법원과 학계는 모두 합동범을 인정하기 위해서 주관적인 요건으로서의 공동의 범행계획과 객관적 요건으로서의 실행행위, 특히 현장에서의 실행행위의 분담을 요구하고 있으며, 실행행위의 분담은 시간적·장소적 협동관계를 의미한다고 설명한다. 그렇다면 외부자에 대해서도 합동범의 공범을 인정할 수 있는지의 문제는

---

25) 윤남근, 앞의 글, 302면.

26) 행위공동과 범죄공동을 구별하는 이주원, 앞의 글, 316면도 참조.

27) 그러므로 가령 관련사건(독일형사소송법 제3조)의 공범은 독일형법 제27조의 공범, 즉 임의적 공범에 제한되지 않으며 단일한 역사적 사건 안에서 동일한 방향을 목표로 하는 공동작용이면 충분하다고 독일법원은 판단한다. Meyer-Goßner/Schmitt, Strafprozessordnung, 57. Aufl., 2014, §4 Rn. 2.

별론으로 하더라도, 가담자들이 합동 또는 공동해 실행행위를 분담했는지를 판단하기 위해서는 각각의 가담자들이 공동정범의 요건을 충족시킬 것이 최소한으로 요구된다고 보아야 한다.

폭처법에서의 폭력단체조직죄에 대한 94도2752 판결에서도 집합범이 문제가 되므로, 만약 이 판결이 필요적 공범에 대해서도 형사소송법 제253조 제2항을 적용할 수 있다는 통설의 입장과 같다고 이해하기 위해서는 대향범의 문제만을 다시 분명히 하면 된다.

그런데, 범죄단체의 구성이나 가입은 개별 행위자가 각각 하지만 범죄단체를 조직하기 위해서는 일정 정도 이상의 수의 사람들이 모여야 하며, 그렇기 때문에 필요적 공범이 된다고 볼 수 있다. 하지만, 여러 명이 범죄를 저지르겠다는 생각을 범죄를 저지르기 직전의 상황에서 '지금 당장' 모아서 범행으로 나아가면 공동정범이 되겠으나, 그렇지 않고 일단 뭔가 조직을 만들어서 힘을 키운 후 범행으로 나아간다면 형법의 범죄단체조직죄 또는 폭처법상의 폭력단체조직죄가 된다. 즉, 범죄단체조직죄는 범죄를 저지르기 위한 예비행위를 그 자체의 위험성 때문에 독자적인 처벌조문으로 따로 규정한 것이고, 단체의 조직을 위해서는 구성원의 의사의 합치가 필요하다는 점에서 공동정범과 비슷하다.[28] 내란죄나 소요죄도 같은 방식으로 설명할 수 있다.

반면에 대상판결에서의 뇌물죄는 대향범이다. 뇌물수수와 (제3자)뇌물공여는 비록 사회적으로 의미있는 하나의 사건 안에서 서로 반대방향으로 결합해서 나타나나 관여자를 처벌하는 구성요건이 구별되며 법정형도 서로 다르기 때문에, 공동정범과 유사한 구조라고 보기는 어렵고 임의적 공범에 대한 형사소송법의 설명도 바로 그대로 적용하기는 어렵다.

28) 같은 입장으로 '공범관계의 실질'을 기준으로 하는 이주원, 앞의 글, 309면.

Ⅳ. 공소시효의 정지

1. 논의의 출발점

형사소송법에서 공범은 고소불가분(제233조), 공소시효(제253조), 구속영장 발부시 공범분리심문(제201조의2), 판결에서의 소송비용 부담(제187조) 등의 조문에서 언급되고 있으며[29] 관련사건의 병합(제11조)이나 공범인 공동피고인의 심리 방법[30] 등도 함께 문제가 된다. 그리고 이러한 조문의 적용에서 필요적 공범과 임의적 공범을 특별히 구별하지 않았는데,[31] 이러한 설명은 일본 형사소송법의 영향으로 보인다. 일본형사소송법 제254조는 공소시효는 공소제기에 의해 진행이 정지되며 관할위반이나 공소기각 재판이 확정된 때부터 진행이 시작된다고 규정한다(제1항). 그리고 공범중 1인에 대한 공소제기에 의한 시효정지는 다른 공범에 대해 효력이 있으며, 재판이 확정된 때부터 시효가 진행된다고 규정한다(제2항). 제2항은 우리 형사소송법과 동일한 형태인데 이 조문에서의 '공범'에서도 필요적 공범도 포함된다고 해석한다.[32] 이는 주관적 관련사건에 대한 일본 형사소송법 제9조 제1항 제2호에 대향범을 포함한 필요적 공범이 해당한다는 설명[33]과 같다고 한다. 독일에서도 필요적 공범은 형사소송법에서 사건의 관련성(제3조), 증인의 증언거부권(제55조), 선서금지(제60조) 등에서 문제가 되는데 이 쟁점을 따로 논의하고 있는 학설은 많지 않다.[34] 가령 대향범을 모두 공동정범으로 보는 입장에서는, 사물관할 및 토지관할에서 당연히 모든 당사자가 관련된다고 설명한다. 나아가 이 견해는 우리의 문제와 관련하여 공소시효의 본질을 실체법적 관점에서 파악하면서 대향범이 공동정범이므로 각 가담자에

29) 하태인, 앞의 글, 243면.
30) 공범인 공동피고인의 진술에서 필요적 공범을 명시하는 입장의 예로 차정인, "공동피고인의 공판정 자백과 증인적격", 한국형사소송법학회(편), 형사소송법 핵심 판례 110선(제2판), 박영사, 2016, 118면.
31) 대법원 2012. 3. 29. 선고 2009도11249 판결은 대향범인 공동피고인도 소송절차에서 벗어나 증인이 되면 다른 공동피고인에 대한 공소사실에 대하여 증언할 수 있다고 본다.
32) 新基本法コンメンタール 刑事訴訟法, 日本評論社 2011, 293頁.
33) 新基本法コンメンタール 刑事訴訟法, 24頁.
34) Sowada, aaO, S. 43 Fn. 109 참조.

대해서도 공소시효는 동일하게 적용해야 한다고 설명하나[35] 이 견해의 문제점에 대해서는 위에서 이미 지적하였다.

형사소송법에서의 필요적 공범에 임의적 공범의 설명을 바로 적용할 수 있는지 판단하기 위해서는 관련제도의 의미를 따져야 할 것이다. 공소시효의 정지와 중단에 대하여, 우리 형사소송법은 정지사유가 존재하는 동안 시효가 진행되지 않는 공소시효의 정지(ruhen)만을 인정할 뿐이며, 중단사유가 소멸하면 공소시효가 처음부터 새로 진행하는 공소시효의 중단(Unterbrechung)은 인정하지 않는다.[36] 일단 시작된 공소시효의 진행에 장애가 발생한다는 점에서 정지와 중단은 동일하나, 정지는 장애사유가 있는 동안에만 공소시효가 진행되지 않는 반면에 중단은 중단된 후에는 공소시효가 처음부터 다시 진행된다는 차이가 있다. 정지는, 범행이 소추될 수 없는 기간 동안의 시간의 진행이 행위자에게 유리하게 작용해서는 안된다는 생각에서 기인한다.[37] 법정책적으로는 의문이 있지만, 가령 성적 자기결정권에 대한 죄가 친고죄로 규정되어 있다면 많은 경우 피해자는 행위자와의 개인적 관계 때문에 고소를 하기 어려워서 기소가 현실적으로 불가능할 수 있다. 정지의 이러한 본질에서 가령 피해자의 사망의 경우에는 공소시효가 정지하지 않는다는 결론이 나온다. 이와 비교하여, 구체적인 기소를 통해 처벌의 필요성이 구체화되었다면 행위자에게 시간의 경과는 마찬가지로 유리하게 작용해서는 안된다는 점에 중단의 의미가 있다.[38]

2. 비교법적, 역사적 고찰

(1) 비교법적 고찰

공소시효의 정지에 관한 규정을 이해하기 위해서는 공소시효의 정지 및 중단에 관한 외국의 입법례가 어떠한지를 살펴볼 필요가 있다.

공소시효 정지의 주관적 효력범위를 어떻게 규정할 것인가에 대해서는 대인

35) Freudenthal, aaO, S. 41.
36) 이재상, 형사소송법, 28/20.
37) Bock, Die strafrechtliche Verfolgungsverjährung, JuS 2006, 14.
38) Bock, aaO, S. 15.

주의(對人主義)와 대물주의(對物主義)의 구별이 있다고 한다.[39] 대물주의는 소추권자인 국가의 이익을 중시하는 입장으로서 공소시효 정지의 효력을 행위자가 아니라 범죄사실을 중심으로 규율함으로써 공소시효정지의 대물적, 비개인적 효력을 인정하는 유형이다. 예컨대, 프랑스에서는 소추행위 또는 예심행위를 공소시효의 중단사유로 규정한다(프랑스형사소송법 제7, 8, 9조). 그리고 범죄사실에 대한 수사개시 혹은 공소제기로 인한 공소시효의 중단은 그 대상이 아닌 자에게도 효력이 미친다(제7조). 따라서 공범에 대하여 수사가 개시되거나 공소가 제기되면 그 때부터 다른 공범에 대하여도 공소시효 기간이 새로이 진행된다. 공소시효 정지의 주관적 범위와 관련하여 공소시효 정지의 대물적 효력을 전면적으로 인정하는 경우에는, 범인 아닌 자에 대한 공소제기로써 진범에 대하여 시효정지의 효력이 있다는 결론에 이르게 된다. 반면에 형법이나 형사소송법에 공소시효의 정지에 관한 규정은 없었으나, 프랑스의 판례는 공소제기에 관한 사실상 또는 법률상 장애가 있는 경우 공소시효의 정지를 인정하였다.[40] 가령 프랑스 법원은 외적의 침입이 있는 경우 공소시효의 정지를 인정하였으며[41] 프랑스 파기원(cour de cassation)은 2001년의 쟈크 시락 사건에서 대통령이 저지른 범죄에 대해서는 -내란죄를 제외하고- 헌법 제68조에 의해 재직기간 동안에는 소추할 수 없으며 그 기간 동안 공소시효는 정지된다고 판단하였다.[42]

대인주의는 공소시효가 정지되는 주관적 범위가 항상 명료하고, 정지사유로 되는 소송행위의 대상자 이외의 자가 불의타를 입을 우려가 없다는 점에서 입법론적으로 우수하나, 발각되지 아니한 범인에 대하여는 용이하게 공소시효가 완성된다는 점, 복수의 공범자 사이 또는 소추된 자와 그렇지 아니한 자 사이에 시효완성시점에 관한 불균형이 생기는 단점이 있다고 한다.[43] 대인주의의 대표

---

39) 이주원, 앞의 글, 293면 이하.

40) Niggli · Wiprächtiger (Hrsg.), Bassler Kommentar Strafrecht I, Vor Art. 97 Rz. 23 (Peter Müller).

41) Loening, Verjährung, in: Vergleichende Darstellung des deutschen und ausländischen Strafrechts, Allgemeiner Teil: 1. Band, Berlin 1908, S. 422.

42) Sieber/Cornils (Hrsg.), Nationales Strafrecht in rechtsvergleichender Darstellung Allgemeiner Teil Teilband 5, Duncker & Humblot 2010, S. 585f.

43) 이주원, 앞의 글, 294면.

적인 입법례라고 하는 독일에서는 공소시효의 정지와 공소시효의 중단을 구분한다. 아동에 대한 성범죄에서는 피해자가 18세가 될 때까지 시효의 진행이 정지되고, 행위자가 연방하원 의원 등 면책특권이 있는 경우 수사기관이 행위자를 안 때부터 정지되며, 공소시효 기간이 경과하기 전에 1심 판결이 선고된 경우에는 재판이 확정되기까지 정지된다. 또한 행위자가 국외에 체류 중인 경우에도 시효기간의 진행이 정지된다(독일형법 제78조b). 공소시효 정지는 독일형법 제78조b의 요건이 존재하는 범행가담자에 대해서만 일신전속적으로 적용된다. 그러므로 가령 공동정범 중 일부에 대해서는 공소시효가 이미 완성되었으나 다른 자에 대해서는 기소할 수 있는 경우도 존재한다.[44] 한편 수사절차의 개시, 피의자에 대한 법관의 신문, 법원의 압수·수색 명령, 구속영장의 발부, 공소의 제기, 공판절차의 개시 등의 공소시효의 중단사유가 있는 경우 중단 후 새롭게 시효가 기산되며(제78조c 제3항), 중단은 관련이 있는 자에 한하여 효력이 있다(제4항).

오스트리아는 시효에 관한 규정을 형법전(공소시효에 관해서는 형법 제57조, 제58조, 형집행의 시효에 대해서는 제59조, 제60조)에 두고 있으나 공소시효의 정지와 중단에 관한 규정은 두고 있지 않다.[45] 스위스형법 제97조는 제3항에서 공소시효 완성 전에 1심판결이 있을 경우에 시효는 더 이상 진행하지 않는다고 규정한다. 2001년 10월 5일 발효된 현행 스위스형법은 공소시효의 정지와 중단의 구별을 폐지하였으나 현행법 시행 이전의 행위로서 공소시효에 관한 과거의 형법규정을 적용해서 행위자에게 유리한 경우에는 과거의 형법규정이 적용되는데(스위스형법 제389조) 과거의 스위스형법은 중단과 정지를 구별하였다. 스위스 구형법 제72조 제1항은 행위자가 외국에서 자유형집행을 받는 경우 시효가 정지된다고 규정하였으며, 제2항은 공소제기기관의 수색 및 법관의 심문, 주거수색영장 발부 등으로 중단된다고 규정하였다. 범행가담자가 여러 명인 경우에도 그 중 1인에 대한 수색은 다른 가담자에 대한 공소시효 중단의 효력이 없는데,

44) Meyer, Die strafrechtliche Verjährung, JA 2014. 342, 347.

45) Niggli · Wiprächtiger (Hrsg.), Bassler Kommentar Strafrecht I, Vor Art. 97 Rz. 10 (Peter Müller).

그 당사자에 대한 직접적인 관계가 없다는 이유에서였다.[46)]

공소시효의 정지와 중단에 대한 외국의 입법례를 비교해 보면, 검사의 공소제기 등은 중단사유인 반면, 법률상·사실상의 장애는 정지사유로 규정하는 것이 보통이다. 전자의 예로서 독일 란트법에서 예심판사의 수사행위는 공소시효의 중단사유였으며 검찰제도가 도입된 이후에는 검사의 수사도 여기에 속하게 되었다.[47)] 공소시효의 정지에 대하여 독일구형법은 그 제정 당시 제69조에서 형사절차의 개시 또는 유지가 다른 공판절차 또는 행정절차의 결정이라는 선결문제에 좌우되는 경우에 한하여 그러한 공판절차 또는 행정절차가 종료할 때까지 공소시효가 정지한다고 규정하였다. 그러나 1893년의 형법개정은 프랑스 이론의 영향을 받아서, 법률규정으로 인해 특정기간 동안 공소가 제기되거나 유지될 수 없는 경우로 정지사유를 확대하였다.[48)] 공소시효의 정지와 중단을 인정하지 않는 오스트리아 형법에서도 비교법적으로 공소시효의 정지사유에 해당하는 사유들이 존재할 때의 기간은 시효에 산입하지 않는다(제58조 제3항).

(2) 역사적 고찰

공소시효의 정지에 관한 우리 형사소송법의 규정을 이해하기 위해서는 공소시효의 중단과 정지에 관한 조문의 규정방법에 대한 역사를 조금더 살펴볼 필요가 있다.[49)] 1808년 제정된 나폴레옹 치죄법은 제637조, 제638조, 제640조 및 제643조에서 공소시효에 관한 규정을 두고 있었다. 제637조 제1항은 "사형, 무기징역 또는 다른 신체형 또는 명예형에 처하는 중죄로 인한 공소 및 사소는 중죄가 범해진 날로부터 10년의 기간이 경과되면 그 기간 동안 어떠한 예심 또는 소추행위가 행해지지 않은 경우에 시효가 완성된다"고 규정하였으며, 제2항은 "이 기간 동안 예심 또는 소추행위가 판결에 이르지 않은 경우 공소 및 사

46) Niggli · Wiprächtiger (Hrsg.), Bassler Kommentar Strafrecht I, Art. 72 aStGB Rz. 33 (Peter Müller).

47) Loening, Verjährung, S. 429f. 오스트리아에서도 형사소송법 개정 이후 비슷한 상황이 발생하였다. Fabrizy, StGB, 12. Aufl., WIen 2016, §58 Rz. 5.

48) Loening, Verjährung, S. 443.

49) 아래의 설명은 김택수, "공소시효의 정지와 중단의 관계 - 연혁적·비교법적 고찰을 중심으로 -", 경찰법연구 제12권 제2호(2014), 59면 이하를 주로 참고하였다.

소는 마지막 행위가 있는 날로부터 10년의 기간이 경과하여야 시효가 완성되며, 이는 이러한 예심 또는 소추행위에 포함되지 않은 자에 대하여도 동일하게 적용된다"고 규정하였다. 비록 제2항은 중단이라는 표현을 쓰고 있지 않지만 제1항과의 관계에서 볼 때 공소시효 기간 내에 소추 또는 예심행위가 있는 경우 공소시효는 그 행위가 있는 날로부터 다시 10년의 기간이 경과해야 완성된다는 내용은 공소시효의 중단을 의미한다.[50)]

프랑스 치죄법에서의 공소시효제도는 1880년의 일본 명치 치죄법에 그대로 반영되었다. 명치 치죄법 제14조 제1항은 공소 및 사소의 시효는 본범 및 공범에 대한 검찰관 및 민사원고인인 범죄피해자의 모든 기소행위에 의하여 또는 모든 예심 또는 절차행위에 의하여 중단된다고 규정하였고, 제2항은 공소시효의 기한을 중단시키는 경우 시효의 기간은 날짜가 명시된 마지막 소추 또는 예심행위의 날로부터 다시 진행하나 제11조에서 정한 기간의 두 배를 초과할 수 없다고 규정하였으나 공소시효의 정지 제도는 두지 않았다.

1922년 제정된 대정 형사소송법은 제285조에서 공소시효의 중단사유로서 공소의 제기, 공판 또는 예심의 처분, 제255조의 규정에 의한 판사의 처분 등을 명시하였다.[51)] 제287조는 공소시효의 정지제도를 도입하였는데 피고인의 심신상실 상태로 인하여 예심절차를 중지한 경우와, 피고인의 심신상실 상태로 인하여 또는 질병으로 출두를 못해 공판절차를 정지한 경우에 그 기간 내에는 공소시효가 정지된다고 규정하였다. 공소시효의 정지제도를 마련한 취지는 예심절차를 중지하거나 공판절차를 정지하는 경우에는 공소시효의 중단사유가 되는 처분을 행할 수 없고 그 기간에 시효가 완성되는 경우가 있어 이를 방지하자는 것이었다.

1948년 공포된 일본의 현행 형사소송법은 공소시효의 중단제도를 폐지하고 정지제도로 대체하였는데, 공시송달의 문제점의 해결 이외에도 공소시효 중단제도 자체에 대한 개선도 그 이유가 되었다. 당시 문헌에서는 구법과 같은 공소시

50) Schwarze, Bemerkungen zur Lehre von der Verjährung im Strafrechte; nach der Gesetzgebung und der Praxis in Deutschland, Erlangen 1866, S. 81을 참조.

51) 김택수, 앞의 글, 63면 이하.

효 중단의 제도는 중단을 거듭한다면 영원히 공소시효가 완성되지 않는 것이어서 시효제도 본래의 취지에 어긋나며, 중단에 의해 중단 이전에 진행한 기간을 모두 무(無)로 되돌리는 것은 범인에게 심히 불리하다는 이유에서 폐지하였다고 설명하였다.[52)]

일본 형사소송법의 공소시효 정지에 관한 규정은 우리 형사소송법에 그대로 도입되었는데, 이러한 정지제도는 중단제도를 근간으로 시효의 진행을 중단시키는 행위들을 할 수 없게 하는 법률상 또는 사실상의 불가항력적 사유에 대하여 정지의 효과를 부여하는 것이 아니라 중단사유로서의 공소제기는 그대로 둔 채 그 법적 효과에서 공소시효의 진행을 정지시키도록 한 것에 불과하다.[53)] 그리고 일반적으로는 공소제기의 중단사유로 인정되는 사안에 대해 단순한 정지로 충분하다고 한 입법자의 결단은 존중할만 하다.[54)]

3. 소 결

형사소송법 제253조 제2항을 두어 공범의 1인에 대한 공소시효정지는 다른 공범자에게도 효력이 미치고 당해 사건의 재판이 확정된 때부터 진행하도록 한 이유는 공범처벌의 일관성과 공평성을 기하기 위해서라고 설명된다.[55)] 공범처벌의 일관성과 공평성 자체는 제도에 대한 설득력있는 논거가 된다고 생각한다. 비교법적으로 보면, 공소시효의 정지와 중단을 모두 인정하고 있는 독일에서는, 공소시효의 정지는 수사기관에게 범행의 소추를 위한 시간을 더 확보하게 하여 형벌의 실체적 정의를 확보하는데 기여하는 제도라고 설명한다.[56)] 구스위스형법전에는 공소시효의 중단이 규정되어 있었는데, 입법자는 수사기관의 행위가 행

52) 김택수, 앞의 글, 65면.

53) 윤남근, 앞의 글, 293면; 이주원, 앞의 글, 295면. 앞에서 논의한 프랑스에서의 공소시효 정지와 비슷한 우리의 예로서 대통령 재직 중 소추할 수 없는 범죄에 대하여 공소시효의 정지를 인정한 헌법재판소 1995. 1. 10. 선고 94헌마 246결정 및 대법원 1997. 4. 17. 선고 96도3376 전원합의체 판결.

54) Hafter, Lehrbuch des schweizerischen Strafrecht Allgemeiner Teil, Berlin 1926(Reprint), S. 396.

55) 배종대 · 이상돈 · 정승환 · 이주원, 형사소송법, 홍문사, 2015, 24/66.

56) Nomos Kommentar Strafgesetzbuch, 3. Aufl., 2010, § 78b Rn. 2(Saliger).

위자 또는 일반에게 범행에 대한 기억을 다시 살려낸다는 점에서 중단의 이유를 찾았다.[57]

그런데, 필요적 공범의 하위범주인 대향범에 대하여 '공범처벌의 일관성과 공평성' 때문에 공소시효의 정지를 인정해야 할 필요성이 있는지 의문이다. 즉, 공범간의 관계는 수사과정이나 재판과정을 통하여 나중에 밝혀질 수도 있고, 공범 중 일부 미체포된 자가 있을 수 있으므로, 공범간에 처벌의 불공평을 피하기 위하여 공범의 1인에 대한 시효정지의 효력이 다른 공범에게도 미치도록 하는 데에 공소시효 정지의 입법취지가 있다면[58] 대향범, 특히 대상판결의 수뢰죄와 증뢰죄처럼 쌍방에 대한 처벌이 다른 경우 입법자는 그러한 불공평을 이미 실체법의 조문에 예정해 놓았다고 보아야 할 것이다. 별범죄의 형량이란 공소시효 기간의 장단에 대한 기준이 되는 영역으로서, 공소시효 완성의 주관적 효력이 미치는 범위인 공범에 대한 공소시효 정지와는 구별되지만 해당범죄가 대향범이라는 점에 주목하면 그 조문의 실체법적 성격이 형사절차에서도 영향을 미치는지는 다시 한 번 살펴볼 필요가 있다. 그렇다면 관련자들의 '처벌'에 관한 일관성이나 공평성은 대향범에 대하여 형사소송법 제253조 제2항을 적용할 수 있다는 설득력있는 근거가 되기는 어렵다.

'형사소송법이 필요적 공범의 일방에게도 공소시효의 정지의 주관적 효력을 인정한다는 규정을 두고 있지 않으므로 필요적 공범에 대해서도 공소시효의 정지의 효력을 인정할 수 있다'는 설명을, 특별한 근거제시 없이 다수설처럼 쉽게 하기는 어렵다고 생각한다. 한편으로는 '공범처벌의 일관성과 공평성'이란 임의적 공범에서의 공소시효 정지를 설명하기 위한 근거이기 때문이며, 다른 한편으로는 시간이 흐르면 공소시효가 완성되는 것이 원칙이며 정지는 예외이기 때문이다. 공소시효의 중단과 정지를 함께 인정하는 법제에서도, 공소시효의 기간이 연장된다는 점에서 중단과 정지는 동일하기 때문에 이 제도는 공소시효의 근본사상을 훼손하므로 제한적으로 해석해야 하며 행위자에게 불이익한 유추적용은

57) Niggli · Wiprächtiger (Hrsg.), Bassler Kommentar Strafrecht I, 2. Aufl., 2007, Art. 72 a StGB Rz. 20 (Peter Müller).

58) 이주원, 앞의 글, 293면.

허용되지 않는다고 설명한다는 점은 주목할만 하다.[59] 이는 가령 공소시효에 관한 조문이 형법전에 있다는 이유로 시효의 성격을 실체법적으로 파악할 수 있을 것인가, 또는 공소시효는 소송법적 성격을 지니고 있으므로 소급적용이 가능한가와는 다른 문제이다. 하나의 예로 독일은 형법전에 공소시효에 관한 규정이 있어서 공소시효의 본질을 실체법과 절차법 중 무엇에 따라 이해할 것인가에 대한 논의가 있으나, 그럼에도 불구하고 공소시효의 중단과 정지는 절차법적 특성을 가지고 있다는 견해가 일반적이다.[60]

나아가 형사소송법 제11조의 관련사건에 필요적 공범도 포함된다는 해석은 수인이 관련된 사건을 하나의 공판에서 처리하여 간명함을 얻겠다는 뜻이므로, 그러한 취지가 형사소송법 제253조 제2항의 해석에 영향을 미치거나 관철되어야 할 이유는 없다.[61] 구법에서 공소시효의 중단을 인정했으나 현행법에서 이를 폐지한 이유는 피고인을 보호하기 위해서라는 점[62]도 함께 생각할 수 있을 것이다.

Ⅴ. 맺으며

공소시효를 정지하는 예외적 규정들은 피의자에게 불리하기 때문에 신중한 판단을 필요로 한다.[63] 공소시효는 원칙적으로 진행되므로 그 진행을 정지시키는 예외 규정은 공소시효 제도의 본질 및 취지를 해하지 않는 범위로 제한적으로 해석해야 한다.[64]

필요적 공범에 대하여 형사소송법 제253조 제2항이 적용되는지에 대한 기존의 통설인 전면적 긍정설의 설명은 대향범의 특성을 고려하지 않았다는 점에서

59) 이는 독일제국법원 당시부터 판례(RG 59, 200)의 입장이었다고 한다. Nomos Kommentar Strafgesetzbuch, 3. Aufl., 2010, § 78c Rn. 3(Saliger).
60) Jescheck/Weigend, Strafrecht AT, S. 912.
61) 같은 지적으로 이주원, 앞의 글, 324면.
62) 신양균, 신판 형사소송법, 343면.
63) 박찬걸, “공소시효의 정지 · 연장 · 배제에 관한 최근의 논의”, 형사법의 신동향 제34호(2012), 121면.
64) 한제희, “공소시효의 법적 성질과 시효정지”, 형사소송법 핵심 판례 110선, 63면.

따르기 어렵다.[65] 필요적 공범은 집합범과 대향범을 포함하는 상위개념으로서의 의미와, 대향범에서 처벌되지 않거나 가볍게 처벌되는 일방이 타방의 공범, 특히 교사범으로 처벌될 수 있는가의 두 가지 의미로 사용된다. 형사소송법 제253조 제2항의 적용여부에 관한 소위 전면적 부정설은 후자의 의미로 필요적 공범을 이해하고 있으며, 이렇게 보는 한도에서 전면적 부정설은 이 글에서의 입장과 큰 차이가 없어진다.[66]

이 글은 공소시효와 그 정지를 주된 논거로 하는 대상판결의 입장에 찬성하면서 논지를 보충하기 위해서 임의적 공범과 필요적 공범은 구별되며, 필요적 공범에서도 집합범과 대향범은 구별해야 한다는 주장을 제시하였다. 처벌의 형평이란 입법자가 개별구성요건에 정해놓은 법정형을 형사절차를 통해 실현하는 것으로서 확보되며, 이때 입법자가 어떤 법정형을 정해놓았는지는 중요한 판단근거가 된다고 보아야 한다. 대상판결에서 '실체법과의 체계적 조화'를 강조하고 있는 대법원의 취지도 이렇게 이해해야 할 것이다. 다만 구별해야 한다는 주된 논거가 법정형의 차이이므로, 가령 마약류의 매매(마약류 유통에 관한 법률 제60조 제1항 제2호)에서처럼 대향범이면서도 반대방향의 행위에 대한 법정형이 동일한 때에는 형사소송법 제253조 제2항을 적용하면 된다.

65) 가령 하태인, 앞의 글, 240면은 필요적 공범이 임의적 공범과 구별된다고 하면서도, 양자의 차이는 형법총칙 공범 규정의 적용을 받는지(임의적 공범)와 형법상 명칭에 대한 규정이 없어 형법총칙의 규정이 아니라 각칙의 적용을 받는지(필요적 공범) 뿐이라고 설명한다. 하지만, 필요적 공범에서 '각자가 정범이라고' 본다면(이상돈, 형법강해, 박영사, 2015, 509면) 위의 주장의 설득력이 떨어진다.

66) 실제로 윤남근, 앞의 글, 311면은 피고인과 대향범 관계에 있는 자에 대한 공소제기는 공소시효 정지의 효과가 없다고 설명한다.

참고문헌

Ⅰ. 국내문헌

1. 교과서

강동욱 · 황문규 · 이성기 · 최병호, 형사소송법 강의(개정판), 오래, 2014.
배종대 · 이상돈 · 정승환 · 이주원, 형사소송법, 홍문사, 2015.
신동운, 신형사소송법(제4판), 법문사, 2012.
신양균, 신판 형사소송법, 화산미디어, 2009.
이상돈, 형법강론, 박영사, 2015.
이재상, 형사소송법(제9판), 박영사, 2012.
이창현, 형사소송법(제2판), 입추출판사, 2015.
임동규, 형사소송법(제11판), 박영사, 2015.
한국형사소송법학회(편), 형사소송법 핵심 판례 110선(제2판), 박영사, 2016.

2. 논문 등

김택수, "공소시효의 정지와 중단의 관계-연혁적 · 비교법적 고찰을 중심으로-", 경찰법연구 제12권 제2호(2014).
박찬걸, "공소시효의 정지 · 연장 · 배제에 관한 최근의 논의", 형사법의 신동향 제34호(2012).
윤남근, "공소제기로 인한 공소시효의 정지와 필요적 공범", 법조 제668호(2012년 5월).
이상원, "[2014년 분야별 주요판례 분석] (13) 형사소송법", 법률신문 2015. 6. 9.
이주원, "필요적 공범과 공소시효 정지의 효력", 고려법학 제74호 (2014년 9월).
이진국, "대향범의 구조에 관한 일고", 비교형사법연구 제4권 제1호(2002).
이창섭, "'대향범' 개념과 불가벌적 대향자의 처벌여부", 부산대학교 법학연구 제55권 제4호(2014. 11).
하태인, "필요적 공범과 공소시효 정지", 형사법연구 제27권 제4호(2015. 겨울).

Ⅱ. 독일어문헌

Bock, Die strafrechtliche Verfolgungsverjährung, JuS 2006, 12.
Fabrizy, StGB, 12. Aufl., Wien 2016.
Freudenthal, Die notwendige Teilnahme, 1901.
Hafter, Lehrbuch des schweizerischen Strafrecht Allgemeiner Teil, Berlin

1926(Reprint).

Jescheck/Weigend, Strafrecht Allgemeiner Teil, 5. Aufl., 1996.

Loening, Verjährung, in: Vergleichende Darstellung des deutschen und ausländischen Strafrechts, Allgemeiner Teil: 1. Band, Berlin 1908.

Magata Osamu, Die Entwicklung der Lehre von der notwendigen Teilnahme, Jura 1999, 246.

Meyer, Die strafrechtliche Verjährung, JA 2014. 342.

Meyer-Goßner/Schmitt, Strafprozessordnung, 57. Aufl., 2014.

Niggli · Wiprächtiger (Hrsg.), Bassler Kommentar Strafrecht I, 2. Aufl., 2007.

Nomos Kommentar Strafgesetzbuch, 3. Aufl., 2010.

Roxin. Strafrecht Allgemeiner Teil 2, 2006.

Schönke/Schröder, Strafgesetzbuch, 27. Aufl., 2006.

Schwarze, Bemerkungen zur Lehre von der Verjährung im Strafrechte; nach der Gesetzgebung und der Praxis in Deutschland, Erlangen 1866.

Sieber/Cornils (Hrsg.), Nationales Strafrecht in rechtsvergleichender Darstellung Allgemeiner Teil Teilband 5, Duncker & Humblot 2010.

Sowada, Die "notwendige Teilnahme" als funktionales Privilegierungsmodell im Strafrecht, Duncker & Humblot 1992.

Ⅲ. 일본문헌

新基本法コンメンタール 刑事訴訟法, 日本評論社 2011.

35

디지털 시대, 공소장 서면주의의 새로운 이해*

김 성 룡**

형사소송법 분야

【대상판결 1】 대법원 2017. 2. 15. 선고 2016도19027 판결

직권으로 판단한다.

1. 형사소송법은 공소제기에 관하여 엄격한 방식에 의한 서면주의를 채택하고 있다. 즉, 공소를 제기하려면 공소장을 관할법원에 제출하여야 하고, 공소장에는 피고인의 성명 그 밖에 피고인을 특정할 수 있는 사항, 죄명, 공소사실, 적용법조를 기재하여야 하며(제254조 제1항, 제3항), 공소가 제기된 때에는 지체 없이 공소장 부본을 피고인 또는 변호인에게 송달하여야 한다(제266조). 또한 공무원이 작성하는 서류에는 법률에 다른 규정이 없는 때에는 작성 연월일과 소속공무소를 기재하고 기명날인 또는 서명을 하여야 하므로(제57조 제1항), 공소장에는 검사의 기명날인 또는 서명이 있어야 한다. 이러한 규정은 형사소송에서 법원의 심판 대상을 명확하게 하고 피고인의 방어권을 충분히 보장하기 위한 것이므로, 그 방식에 따르지 않은 공소제기는 공소제기의 절차가 법률의 규정을 위반하여 무효인 때에 해당하여 공소기각을 선고하여야 한다(제327조 제2호).

컴퓨터와 인터넷이 보편적으로 사용되고 정보통신기술이 급속히 발달하고 있는 상황에 대응하여, 형사소송절차에서 정보저장매체에 저장된 문자 등의 전자정보를 증거로 사

* 이 논문은 제190회 영남형사판례연구회(2017.4.10.)에서 발표되고, 형사소송의 이론과 실무 제8권 제2호(2016)에 "컴퓨터용디스크 정보저장매체를 이용한 공소제기"라는 제목으로 게재되었음.

** 경북대학교 법학전문대학원 교수.

용하는 법적 근거를 마련하고(형사소송법 제313조 제1항, 제314조), 그에 관한 증거조사방법이나 강제처분절차도 규정하는 등(형사소송법 제292조의3, 제106조 등)으로 전자정보의 활용을 법적으로 뒷받침하기 위한 조치가 증가하고 있다. 그러나 공소제기에 관하여 전자문서나 전자매체를 이용할 수 있도록 한 입법적 조치는 마련되어 있지 않다.

그러므로 검사가 공소사실의 일부인 범죄일람표를 컴퓨터 프로그램을 통하여 열어보거나 출력할 수 있는 전자적 형태의 문서(이하 '전자문서'라 한다)로 작성한 다음 종이문서로 출력하지 않은 채 저장매체 자체를 서면인 공소장에 첨부하여 제출한 경우에는, 서면에 기재된 부분에 한하여 적법하게 공소가 제기된 것으로 보아야 한다. 전자문서나 저장매체를 이용한 공소제기를 허용하는 법규정이 없는 상태에서 저장매체나 전자문서를 형사소송법상 공소장의 일부인 '서면'으로 볼 수 없기 때문이다. 이는 공소사실에 포함시켜야 할 범행 내용이나 피해 목록이 방대하여 전자문서나 CD 등 저장매체를 이용한 공소제기를 허용해야 할 현실적인 필요가 있다거나 피고인과 변호인이 이의를 제기하지 않고 변론에 응하였다고 하여 달리 볼 수 없다. 또한 일반적인 거래관계에서 전자문서나 전자매체를 이용하는 것이 일상화되고 있다고 하더라도 그것만으로 전자문서나 전자매체를 이용한 공소제기가 허용된다고 보는 것은 형사소송법 규정의 문언이나 입법 취지에 맞지 않는다.

따라서 검사가 전자문서나 저장매체를 이용하여 공소를 제기한 경우, 법원은 저장매체에 저장된 전자문서 부분을 제외하고 서면인 공소장에 기재된 부분만으로 공소사실을 판단하여야 한다. 만일 그 기재 내용만으로는 공소사실이 특정되지 않은 부분이 있다면 검사에게 특정을 요구하여야 하고, 그런데도 검사가 특정하지 않는다면 그 부분에 대해서는 공소를 기각할 수밖에 없다(대법원 2016. 12. 15. 선고 2015도3682 판결 참조).

2. 공소장에 기재된 이 사건 공소사실 중 유죄 부분의 요지는 아래와 같다.

피고인 1은 공소외 1 주식회사와 공소외 2 주식회사의 회장이자 실제 운영자이고, 피고인 2는 공소외 1 주식회사의 대표이사로 재직한 사람이다. 피고인들은 위 각 법인을 운영한 수익으로 회원들에게 수당을 지급할 의사나 능력이 없었고 이른바 '돌려막기' 방식으로 신규 회원의 가입비로 종전 회원에게 수당을 지급해 줄 의사만 있었다. 그런데도 피고인들은 원심 공동피고인 공소외 3 등과 공모하여 법인을 운영한 수익으로 수당을 보장해 줄 것처럼 피해자 공소외 4를 기망하여 2015. 7. 8.부터 2015. 8. 29.까지 9차례에 걸쳐 합계 889만 원을 회원가입비 명목으로 지급받은 것을 비롯하여 2015. 3. 27.경부터 2015. 9. 30.경까지 별지 범죄일람표 기재와 같이 총 77,915회에 걸쳐 합계 71,497,860,000원을 지급받았다.

위 공소장의 본문에는 피고인들이 피해자 공소외 4로부터 금전을 지급받은 내역만이 기재되어 있다. 공소장에 별지로 첨부된 범죄일람표는 총 2장인데, 순번 1번부터 43번까지, 77,924번부터 77,933번까지의 공소사실이 날짜 순서에 따라 장소, 피해자, 구좌수, 피해금액, 기망방법 등의 항목에 맞추어 기재되어 있다. 이는 피고인들이 2015. 3. 27.부터 2015. 3. 30.까지 그리고 2015. 9. 30.에 지급받은 금전의 내역에 해당한다.

그 밖에 범죄일람표의 순번 44번부터 77,923번에 해당하는 중간 기간의 지급내역은 공소장에 서면으로 첨부되어 있지 않고, 다만 검사가 공소장에 첨부한 CD에 이를 포함하여 순번 1번부터 77,933번까지 금전지급 내역 전체를 별지 범죄일람표와 동일한 방식으로 정리한 엑셀파일이 저장되어 있다.

3. 위와 같은 사실관계를 앞에서 본 법리에 비추어 보면, 공소장에 첨부된 CD나 그것에 저장된 엑셀파일은 공소장의 일부인 '서면'이라고 할 수 없으므로, 위 엑셀파일에 기재된 부분까지 적법하게 공소가 제기된 것으로 볼 수는 없다.

한편 사기죄에서 여러 피해자에 대한 금전 편취행위는 원칙적으로 각각 별개의 죄를 구성한다. 이 사건 공소사실 중에 범죄일람표의 순번 1번부터 43번까지, 77,924번부터 77,933번까지에 해당하는 부분은 공소사실이 구체적으로 특정되어 있지만, 나머지 순번 44번부터 77,923번에 해당하는 부분은 전체 횟수, 기간과 피해액의 합계만을 알 수 있을 뿐 피해자가 누구인지, 피해자별 피해금액이 얼마인지조차 알 수 없어 공소사실이 특정되었다고 할 수 없다.

따라서 원심으로서는 검사에게 이 사건 공소사실 중 위와 같이 특정되지 않은 부분을 특정할 것을 요구하고, 만일 검사가 이를 특정하지 않으면 이 부분에 대한 공소를 기각하였어야 한다. 그런데도 원심은 이러한 조치를 취하지 않은 채 이 부분에 대해서도 실체판단을 하였다. 이러한 원심의 조치에는 공소제기 방식과 공소사실 특정에 관한 법리를 오해하여 판결에 영향을 미친 잘못이 있다.

4. 원심판결의 유죄 부분 중 위와 같이 특정되지 않은 공소사실 부분은 파기되어야 할 것인데, 원심은 그 부분과 나머지 부분이 형법 제37조 전단의 경합범 관계에 있다고 하여 하나의 형을 선고하였으므로, 원심판결 중 유죄 부분은 전부 파기되어야 한다.[1)]

【대상판결 2】 대법원 2016. 12. 29. 선고 2016도11138 판결

직권으로 판단한다.

1. 형사소송법은, 공소를 제기함에는 공소장을 관할법원에 제출하여야 한다고 하고, 공소장에는 피고인의 성명 기타 피고인을 특정할 수 있는 사항, 죄명, 공소사실, 적용법

1) 관여 법관 대법관 박보영(재판장) 박병대 권순일 김재형(주심).

조를 기재하여야 하며(제254조 제1항, 제3항), 공소가 제기된 때에는 지체 없이 공소장 부본을 피고인 또는 변호인에게 송달하여야 한다고 규정하고 있다(제266조). 또한 "공무원이 작성하는 서류에는 법률에 다른 규정이 없는 때에는 작성 연월일과 소속 공무소를 기재하고 기명날인 또는 서명하여야 한다."라고 규정하고 있으므로(제57조 제1항), 공소장에는 검사의 기명날인 또는 서명이 있어야 한다.

이처럼 형사소송법이 공소제기에 관하여 엄격한 방식에 의한 서면주의를 취하는 것은 법원의 심판 대상을 명확하게 하고 피고인의 방어권을 충분히 보장하기 위한 것이므로, 그 방식에 따르지 아니한 공소제기는 공소제기의 절차가 법률의 규정에 위반하여 무효인 때에 해당한다.

그러므로 검사가 공소사실의 일부인 범죄일람표를 컴퓨터 프로그램을 통하여 열어보거나 출력할 수 있는 전자적 형태의 문서로 작성한 후, 종이문서로 출력하지 아니한 채 그 저장매체 자체를 서면인 공소장에 첨부하여 제출한 경우에는, 서면에 기재된 부분에 한하여 적법하게 공소가 제기된 것으로 볼 수 있을 뿐이다. 이러한 형태의 공소제기를 허용하는 별도의 규정이 없을 뿐만 아니라, 저장매체나 전자적 형태의 문서를 공소장의 일부인 '서면'으로 볼 수 없기 때문이다. 이는 전자적 형태의 문서의 양이 방대하여 그러한 방식의 공소제기를 허용해야 할 현실적인 필요가 있다거나 피고인과 변호인이 이의를 제기하지 않고 변론에 응하였다고 하여 달리 볼 것도 아니다.

검사가 위와 같은 방식으로 공소를 제기한 경우, 법원은 저장매체에 저장된 전자적 형태의 문서 부분을 고려함이 없이 서면인 공소장에 기재된 부분만으로 공소사실을 판단하여야 한다. 만일 그 기재 내용으로 볼 때 공소사실이 특정되지 아니한 부분이 있다면 검사에게 특정을 요구하여야 하고, 그럼에도 특정하지 않는다면 그 부분에 대해서는 공소를 기각할 수밖에 없을 것이다(대법원 2016. 12. 15. 선고 2015도3682 판결 참조).

한편 검사가 공소장을 변경하고자 하는 때에는 그 취지를 기재한 공소장변경허가신청서를 법원에 제출하여야 하고, 다만 피고인이 재정하는 공판정에서 피고인에게 이익이 되거나 피고인이 동의하는 예외적인 경우에 한하여 법원은 구술에 의한 공소장변경을 허가할 수 있다(형사소송규칙 제142조 제1항, 제5항). 따라서 검사가 구술에 의한 공소장변경허가신청을 하는 경우에도 변경하고자 하는 공소사실의 내용은 서면에 의하여 신청을 할 때와 마찬가지로 구체적으로 특정하여 진술하여야 하므로, 검사가 구술로 공소장변경허가신청을 하면서 변경하려는 공소사실의 일부만 진술하고 나머지는 전자적 형태의 문서로 저장한 저장매체를 제출하였다면, 공소사실의 내용을 구체적으로 진술한 부분에 한하여 공소장변경허가신청이 된 것으로 볼 수 있을 뿐이다. 그 경우 저장매체에 저장된 전자적 형태의 문서는 공소장변경허가신청이 된 것이라고 할 수 없고, 법원이 그 부분에 대해서까지 공소장변경허가를 하였다고 하더라도 적법하게 공소장변경이 된 것으로 볼 수 없다.

2. 기록에 의하면 다음 사실을 알 수 있다.

가. 공소장에 기재된 이 사건 공소사실의 요지는 아래와 같다.

1) 피고인은 2014. 6.경부터 2015. 6. 10.경까지 그 개인정보가 누설된 사정을 알면서도 피고인이 고용한 상담원들로 하여금 그 개인에게 전화하여 대출신청 여부, 직업 또는 신용불량 여부 등 추가적인 개인정보를 수집한 후 이를 가공하여 대출중개업자에게 제공하거나 타인에게 판매하는 데 사용할 생각으로, 성명불상의 개인정보 판매업자로부터 인터넷 또는 네이트온 등을 통하여 개인정보를 구입하거나 대출정보수집업체로부터 피고인이 가지고 있는 개인정보와 교환하는 방법으로 타인의 이름, 주민등록번호 및 전화번호 등 개인정보 1,453,249,597건을 제공받았다(이하 '제1 공소사실'이라고 한다).

2) 피고인은 공소외 1, 공소외 2, 공소외 3과 공모하여 2014. 7. 1.경 사실은 저축은행의 위탁을 받지 않았고 상대방의 인적사항과 대출신청 여부, 직업, 신용불량 여부 등의 개인정보를 대출중개 외에도 타인에게 판매하는 데 사용할 계획임에도 불구하고, 위 1)항과 같이 제공받은 공소외 4 등의 전화번호를 오토콜 프로그램에 입력하고, 성명불상의 상담원으로 하여금 공소외 4와 전화통화를 하면서 "OK저축은행과 제휴한 회사인데, 저금리로 대환을 하거나 추가 대출도 가능하다."라고 거짓말을 하게 하여, 공소외 4로부터 그의 이름, 휴대전화번호, 성별, 대출 필요금액 등의 정보를 얻은 것을 비롯하여 2014. 7. 1.경부터 2015. 6. 10.경까지 위와 같은 방법으로 공소외 4 등 29,943명으로부터 그들의 성명, 생년월일, 성별, 휴대전화번호, 직업, 대출 필요금액 등의 개인정보를 취득하였다(이하 '제2 공소사실'이라고 한다).

3) 피고인은 공소외 1, 공소외 2와 공모하여, 2014. 7. 1.경 위 2)항과 같이 대출중개를 위해 업무상 알게 된 공소외 4 등 165명의 개인정보를 성명불상자가 이용하는 메신저로 전송하거나 대출중개업 인터넷 홈페이지에 입력하는 방법으로 판매한 것을 비롯하여 2014. 7. 1.경부터 2015. 6. 10.경까지 위와 같은 방법으로 공소외 4 등 연인원 47,914명의 성명, 생년월일, 휴대전화번호, 직업, 대출 필요금액 등의 개인정보를 공소외 5 등에게 판매하였다(이하 '제3 공소사실'이라고 한다).

나. 검사는 피고인이 재정한 제1심 제9회 공판기일에서, "제1 공소사실 중 '개인정보 1,453, 249,597건을 제공받았다.'라는 부분을 '별지 범죄일람표 1 기재와 같이 개인정보 417,543,326건을 제공받았다.'로, 제2 공소사실 중 '공소외 4 등 29,943명으로부터 개인정보를 취득하였다.'라는 부분을 '별지 범죄일람표 3 기재와 같이 공소외 4 등 28,394명으로부터 개인정보를 취득하였다.'로, 제3 공소사실 중 '공소외 4 등 연인원 47,914명의 개인정보를 공소외 5 등에게 판매하였다.'라는 부분을 '별지 범죄일람표 2 기재와 같이 공소외 4 등 연인원 47,364명의 개인정보를 공소외 5 등에게 판매하였다.'로 변경한다"는 취지로 구술하여 공소장변경허가신청을 하면서 각 범죄일람표는 전자적 형태의 문서

로 저장한 CD를 제출하고 거기에 저장된 문서의 내용은 진술하지 않았다.

다. 제1심은 위와 같은 공소장변경을 허가하면서, 검사로부터 제출받은 CD를 공판조서에 첨부하였다.

라. 위 CD에는 범죄일람표 1을 구성하는 엑셀파일 4개와 범죄일람표 2, 3이 저장된 엑셀파일이 담겨 있다. 그중 범죄일람표 1을 구성하는 4개의 엑셀파일에는 제1 공소사실 중 '피고인이 제공받은 개인정보 417,543,326건'에 관하여 보관된 저장매체별로 파일 수정날짜, 개인정보 내용, 개인정보량 등이 기재되어 있다. 범죄일람표 2가 저장된 엑셀파일에는 제3 공소사실 중 '피고인이 판매한 공소외 4 등 연인원 47,364명의 개인정보'에 관하여, 범죄일람표 3이 저장된 엑셀파일에는 제2 공소사실 중 '피고인이 공소외 4 등 28,394명으로부터 취득한 개인정보'에 관하여 각 개인정보 내용, 연락처, 판매방법, 자료출처 등이 기재되어 있다.

3. 위와 같은 사실관계를 앞에서 본 법리에 비추어 보면, 제1심 제9회 공판기일에서 구술에 의한 검사의 공소장변경허가신청에 따라 변경된 이 사건 공소사실의 내용은, 그 범죄의 성격에 비추어 개괄적인 표시가 부득이하다는 점을 고려한다고 하더라도, 제1 공소사실은 피고인이 제공받은 개인정보 417,543,326건에 관하여 개인정보 종류별 구성 내역 및 수량이 전혀 특정되어 있지 않고, 제2 공소사실은 피고인이 기망하여 개인정보를 취득한 공소외 4 등 28,394명에 관하여 공소외 4를 제외한 나머지 사람들에 대한 부분이 특정되어 있지 않으며, 제3 공소사실은 피고인이 개인정보를 판매한 일시별 상대방과 개인정보 범위에 관하여 2014. 7. 1.경 이루어진 판매를 제외한 나머지 부분이 특정되어 있지 않아 피고인의 방어권 행사에 지장을 초래한다고 할 것이다.

따라서 제1심으로서는 검사에게 이 사건 공소사실 중 위와 같이 특정되지 않은 부분에 관한 특정을 요구하고, 만약 검사가 특정하지 아니하면 이 부분에 대한 공소를 기각하였어야 할 것인데, 이러한 조치를 취하지 아니한 채 이 부분에 대해서도 모두 유죄로 인정하였다. 또한 원심도 그 부분 제1심판결을 그대로 유지하였으니, 거기에는 공소제기 방식과 공소사실 특정에 관한 법리를 오해하여 판결에 영향을 미친 잘못이 있다.[2)]

【대상판결 3】 대법원 2016. 12. 15. 선고 2015도3682 판결

1. 피고인 1, 피고인 2, 피고인 3 주식회사의 상고이유에 관하여

가. 공소제기는 검사가 법원에 대하여 특정한 형사사건의 심판을 구하는 소송행위로

---

2) 관여 대법관 권순일(재판장) 박병대(주심) 박보영 김재형.

서 형사소송법 제254조 제1항은 "공소를 제기함에는 공소장을 관할법원에 제출하여야 한다."라고 규정하고 있고, 같은 조 제3항은 공소장에는 피고인의 성명 기타 피고인을 특정할 수 있는 사항, 죄명, 공소사실, 적용법조를 기재하도록 하고 있으며, 형사소송법 제266조는 공소제기가 있는 때에는 지체 없이 공소장의 부본을 피고인 또는 변호인에게 송달하여야 한다고 규정하고 있다.

한편 형사소송법 제57조 제1항은 "공무원이 작성하는 서류에는 법률에 다른 규정이 없는 때에는 작성 연월일과 소속 공무소를 기재하고 기명날인 또는 서명하여야 한다."라고 규정하고 있고, 검사가 작성하는 공소장은 '공무원이 작성하는 서류'에 속하므로 위 규정에 따라 공소장에는 검사의 기명날인 또는 서명이 있어야 한다.

이처럼 형사소송법이 공소제기에 관하여 서면주의와 엄격한 요식행위를 채용한 것은 앞으로 진행될 심판의 대상을 서면에 명확하게 기재하여 둠으로써 법원의 심판 대상을 명백하게 하고 피고인의 방어권을 충분히 보장하기 위한 것이므로, 서면인 공소장의 제출은 공소제기라는 소송행위가 성립하기 위한 본질적 요소라고 보아야 한다. 또한 이와 같은 절차법이 정한 절차에 따라 재판을 받을 권리는 헌법 제27조 제1항이 규정하는 '법률에 의한 재판을 받을 권리'에 해당한다. 따라서 서면인 공소장의 제출 없이 공소를 제기한 경우에는 이를 허용하는 특별한 규정이 없는 한 공소제기에 요구되는 소송법상의 정형을 갖추었다고 할 수 없어 소송행위로서의 공소제기가 성립되었다고 볼 수 없다.

그러므로 검사가 공소사실의 일부가 되는 범죄일람표를 컴퓨터 프로그램을 통하여 열어보거나 출력할 수 있는 전자적 형태의 문서로 작성한 후, 종이문서로 출력하여 제출하지 아니하고 위 전자적 형태의 문서가 저장된 저장매체 자체를 서면인 공소장에 첨부하여 제출한 경우에는, 서면인 공소장에 기재된 부분에 한하여 공소가 제기된 것으로 볼 수 있을 뿐이고, 위 저장매체에 저장된 전자적 형태의 문서 부분까지 공소가 제기된 것이라고 할 수는 없다. 이러한 형태의 공소제기를 허용하는 별도의 규정이 없을 뿐만 아니라, 위 저장매체나 전자적 형태의 문서를 공소장의 일부로서의 '서면'으로 볼 수도 없기 때문이다. 이는 위 전자적 형태의 문서의 양이 방대하여 그와 같은 방식의 공소제기를 허용해야 할 현실적인 필요가 있다거나 피고인과 변호인이 이의를 제기하지 않고 변론에 응하였다고 하여 달리 볼 것도 아니다.

그리고 형사소송규칙 제142조에 따르면 검사가 공소장을 변경하고자 하는 때에는 그 취지를 기재한 서면인 공소장변경허가신청서를 법원에 제출함이 원칙이고, 피고인이 재정하는 공판정에서 피고인에게 이익이 되거나 피고인이 동의하는 예외적인 경우에 구술에 의한 신청이 허용될 뿐이므로, 앞서 본 법리는 검사가 공소장변경허가신청서에 의한 공소장변경허가를 구하면서 변경하려는 공소사실을 전자적 형태의 문서로 작성하여 그 문서가 저장된 저장매체를 첨부한 경우에도 마찬가지로 적용된다.

나아가 검사가 위와 같은 방식으로 공소를 제기하거나 공소장변경허가신청서를 제출한 경우, 법원은 저장매체에 저장된 전자적 형태의 문서 부분을 고려함이 없이 서면인 공소장이나 공소장변경신청서에 기재된 부분만을 가지고 공소사실 특정 여부를 판단하여야 한다. 만일 공소사실이 특정되지 아니한 부분이 있다면, 검사에게 석명을 구하여 특정을 요구하여야 하고, 그럼에도 검사가 이를 특정하지 않는다면 그 부분에 대해서는 공소를 기각할 수밖에 없을 것이다.

나. 이 사건 기록에 의하면, 다음과 같은 사실을 알 수 있다.

(1) 제1심법원에 제출된 공소장에 기재된 공소사실의 요지는, 피고인 1과 피고인 2는 2010. 6. 23.경부터 2011. 6. 16.경까지 공소장 별지 범죄일람표 1 기재와 같이 피고인 4와 공모하여 총 32,065건의 영화나 드라마 등을, 공소장 별지 범죄일람표 2, 3 기재와 같이 공소외인 등과 공모하여 438,024건과 179,458건의 영화나 드라마 등을 웹하드 사이트에 업로드하고 다른 회원들로 하여금 이를 다운로드받도록 하여 저작권자들의 저작재산권을 침해하고, 피고인 3 주식회사(이하 '피고인 회사'라 한다)는 그 대표이사인 피고인 2 등이 피고인 회사의 업무에 관하여 위와 같이 각 저작권자들의 저작재산권을 침해하였다는 것이다.

(2) 공소장의 본문 및 별지로 첨부된 범죄일람표 1, 2, 3에는 전체 업로드 건 중 일부에 대해서만 업로드한 파일의 제목과 크기, 업로드 일시, 업로더의 아이디 등이 기재되어 있을 뿐, 나머지 업로드 건에 대해서는 그와 같은 구체적인 내용이 기재되어 있지 않다.

(3) 다만 위 각 범죄일람표 말미에 '종이문서로 출력할 경우 그 분량이 방대한 관계로 CD로 제출한다'는 취지의 기재가 있고, 검사가 공소장에 첨부한 CD에는 전체 업로드 건을 대상으로 각 업로드한 파일의 제목과 크기, 업로드 일시, 업로더의 아이디 등이 기재된 엑셀파일이 저장되어 있다.

(4) 검사는 원심에서 범죄일람표 2, 3의 업로드 건 중 일부를 삭제하고 그중 일부를 범죄일람표 1의 업로드 건으로 추가하는 내용의 공소장변경허가신청서를 제출하면서, 범죄일람표 1로 추가되는 업로드 건에 대하여는 업로드한 파일의 제목과 크기, 업로드 일시, 업로더 아이디 등을 기재한 추가 일람표를 첨부하는 한편, 변경된 전체 업로드 건을 대상으로 각 업로드한 파일의 제목과 크기, 업로드 일시, 업로더의 아이디 등을 기재한 엑셀파일이 저장된 CD를 제출하였고, 원심 제7회 공판기일에서 그와 같은 내용으로 공소장변경이 이루어졌다.

다. 위와 같은 사실관계를 앞서 본 법리에 비추어 보면, 공소장이나 공소장변경허가신청서에 첨부된 CD나 거기에 저장된 엑셀파일은 공소장의 일부로서의 '서면'이라고 할 수 없으므로, 위 엑셀파일에 기재된 부분까지 공소가 제기된 것으로 볼 수는 없다. 다만 서면인 공소장이나 공소장변경허가신청서(그에 첨부된 범죄일람표나 추가 일람표를 포함한다. 이하 같다)에 기재된 부분에 한하여 공소가 제기된 것으로 볼 수 있을 뿐이다.

한편 저작권법위반죄에서 수개의 저작물에 대한 침해행위는 원칙적으로 각 별개의 죄를 구성하므로, 이 사건 공소사실 중에 업로드한 파일의 제목과 크기, 업로드한 일시, 업로더의 아이디 등이 공소장이나 공소장변경허가신청서에 기재되어 있는 일부 업로드 건은 공소사실이 구체적으로 특정되었다고 할 수 있으나, 나머지 업로드 건은 전체 횟수 정도만이 기재되어 있을 뿐이고 업로드한 일시는 물론 업로드한 파일이 무엇인지가 전혀 기재되어 있지 않아 공소사실이 특정되었다고 할 수 없다.

그렇다면 원심으로서는 검사에게 석명을 구하여 위 나머지 업로드 건에 대한 공소사실을 특정하도록 요구하고, 만약 이를 특정하지 아니하면 이 부분에 대한 공소를 기각하였어야 하는데, 원심은 이러한 조치를 취하지 아니한 채 이 부분에 대해서도 실체 판단을 하였다. 이러한 원심의 조치에는 공소제기 방식과 공소사실 특정에 관한 법리를 오해하여 판결에 영향을 미친 잘못이 있다. 이를 지적하는 취지의 피고인 1, 피고인 2, 피고인 회사의 상고이유 주장은 이유 있다.[3]

연 구

Ⅰ. 머리말

[대상판결 1], [대상판결 2], 그리고 [대상판결 3]은 이른바 디지털 사회에서 공소장서면주의의 의미가 무엇인지에 대한 대법관 다수의 의견을 밝힌 일련의 관련 판결들이다.[4] 2013년 2월 14일 선고된 대전지방법원의 저작권법위반 판결[5]에 대해 피고인과 검사 쌍방 항소하였고, 항소심 재판부는 2015년 2월 공소사실의 양이 방대하여 출력물을 첨부하는 것에 어려움이 있고, 피고인의 방어권 보장에 지장을 초래하지 않는다고 보이므로 전체 출력물에 갈음하여 그 내용을 담은 CD를 첨부하는 것도 허용된다는 입장에서,[6] 사실 위 대상판결 들에서 대

3) 관여 법관 대법관 박상옥(재판장) 이상훈 김창석(주심) 조희대.
4) 3개의 판결에 관여한 대법관은 총 8인이고 재판관과 주심은 각 판결마다 다른 대법관 3인들이 담당했다. 결국 형식적으로는 대법관 8인의 의견으로 다수의견이라고 보아야 할 듯하다.
5) 대전지방법원 2013. 2. 14. 선고 2011고단4392, 2012고단4510(병합) 판결.

법원이 제시하고 있는 논지 보다 풍부한 근거들을 제시하면서 이른바 디지털 사회에서의 공소장 서면주의를 새롭게 이해할 필요성을 제시했다. 이를 계기로 2016년 12월부터 2017년 2월까지 약 2개월 동안 대법원은 유사한 관련 3개의 사건에 대한 전심재판부의 판결을 내 놓으면서 공소장 서면주의의 원칙을 선언하고 있는 현행법 규정을 입법자가 전자매체를 허용하는 식으로 개정하지 않는 이상 아무리 현실이 변했다고 하더라도 서면주의를 포기할 수는 없다는 입장을 확인해 주었다. 달리 보면 대법원은 입법자의 결단이 있다면 전자적 기록매체로 공소장의 일부를 작성하여 첨부하는 것, 혹은 (이미 약식절차의 일부에서 도입된 것과 같이,) 전자문서나 전자매체를 이용한 공소제기와 공소장변경도 가능할 것임을 암시하고 있는 듯하다.[7]

이러한 대법원의 원론적인 태도는 모처럼 필자에게 흐뭇한 미소를 짓게 하는 참으로 환영할 만한 모습이다. 법치주의(Rechtsstaat)가 아니라 법관주의

---

6) 대전지방법원 2015. 2. 11. 선고 2013노525 판결: "가. 공소제기 방식의 위반 주장에 관하여 살피건대, 정보화 사회로의 전환이 가속화됨에 따라 현대 사회생활의 상당 부분이 디지털 시스템에 의존하여 많은 편리를 가져왔고, 특허재판에 이어 민사재판에서도 전자문서 사용이 가능하게 되었으며, 형사소송규칙은 제137조의7에서 컴퓨터용디스크 그 밖에 이와 비슷한 정보저장매체에 기억된 문자정보를 일정한 증거조사방법을 거쳐 증거로 할 수 있도록 규정하고 있다. 또한 형사소송규칙 제29조는 조서에 서면, 사진 기타 법원이 적당하다고 인정한 것을 인용하고 소송기록에 첨부하여 이를 조서의 일부로 할 수 있다고 규정하고 있는바, 이는 조문의 체계상 공무원의 서류에 관한 형사소송법 제57조, 서면주의를 취하고 있는 공소장에 관한 제254조에도 유추 적용할 수 있다고 판단된다. 이 사건의 경우 피고인 1, 피고인 2, 피고인 3 주식회사가 저작자들의 저작재산권을 침해하였다는 것으로 범행횟수가 범죄일람표 1, 2, 3 합계 617,481회이고, 범행일시, 침해한 저작재산권도 달라 이를 문서로 출력할 경우 수만 페이지에 달하므로, 피고인의 방어권 보장이나 심판 범위 확정에 지장이 없다고 인정되는 한도에서 공소사실의 일부로 CD 제출을 허용하고, 공판기일에서 CD에 대한 증거조사에 준하는 방법으로 열람하면 족하다고 보이므로, 검사가 공소사실 특정을 위하여 범죄일람 CD를 제출하는 것은 허용된다고 할 것이다. 이 사건의 경우 서면으로 제출된 공소장의 공소사실에 범행일시가 2010. 6. 23.경부터 2011. 6. 16.경까지로 특정되어 있으며, 침해된 저작재산권의 총 횟수가 기재되어 있는 점, 범죄일람표 1, 2, 3 각각에 대하여 일부가 문서로 출력되어 별지로 첨부되었고, 범죄일람표 1, 2, 3 각 하단에 '종이문서로 출력할 경우 방대한 분량인 관계로 CD로 첨부함'이라고 기재되어 있는 점, 원심 및 당심에서 피고인들은 CD가 첨부된 공소장 부본 및 공소장변경신청 허가에 따른 CD를 교부받은 점 등을 종합하면, 공소제기 및 공소장변경 신청에 있어 범죄일람표가 CD로 제출된 사정만으로 피고인들의 방어권 보장이나 심판 범위 확정에 지장이 있다고 보이지 아니하므로, 범죄일람표가 CD로 제출되어 이 사건 공소제기가 부적법하다는 피고인들의 위 주장은 이유 없다."

7) 위 대상판결 들 중 특히 [대상판결 3]의 "전자문서나 저장매체를 이용한 공소제기를 허용하는 법규정이 없는 상태에서 저장매체나 전자문서를 형사소송법상 공소장의 일부인 '서면'으로 볼 수 없기 때문이다."라는 표현에서 읽을 수 있다.

(Richterstaat)의 폐해를 경계해야함이 범지구적인 화두가 되고 있는 마당에 월권 없이 겸억하며 형사절차법정주의에도 부합하는 해석을 내어 놓았다는 점에서 그렇다. 현행법 상태를 존중해야 할 법관의 의무는, 적어도 형사법에서는, 목적적 해석이나 현재의 관행, 현실적 필요성 등을 이유로 무시될 수 없음을 강조하고, 입법자가 할 일과 법적용의 사법이 할 일이 다르다는 자의식을 보여준 것이라면 참으로 반길 일이라고 본다. 따라서 필자의 평석은 결론적으로 어떠한 내용의 입법안이 제시될 수 있을 것인가로 귀결될 것이나 그 이전에 약간의 해석론적 검토를 곁들이기로 한다.

아래에서는 우선 간략하게나마 현재 형사소송법과 전자문서 이용을 형사절차에 도입한 '약식절차 등에서의 전자문서 이용 등에 관한 법률 등 현행법의 기초로 할 때, 대상판결들이 다룬 사안에서 공소제기와 공소장 변경은 과연 위법한 것인지, 새로운 입법 없이는 과연 항소심 법원의 판단과 같은 해석은 불가능했는지 살펴본 후, 종국적으로 입법론적 대안을 마련해야한다면 어떤 방식이 적절할 것인지를 생각해 보기로 한다.[8)]

Ⅱ. 실무관행과 해석론의 현황

1. 국내 해석론의 현황

공소제기의 방법과 관련하여 현행 해석론적 논의에서 전자적 정보저장매체의 첨부가능성이나 효력에 대한 관심을 표현하고 있는 글은 찾기 어렵다. 현행법에서는 구두, 전보 또는 팩시밀리에 의한 공소제기를 허용되지 않으며, 서면주의의 의도는 심판의 범위명확화와 피고인의 방어준비의 기초자료로 삼을 수 있게 한다는 것이 일반적인 기술이다.[9)]

8) [대상판결 3]의 원심인 대전지방법원 2015.2.11. 선고 판결에 대한 필자의 평석은 김성룡, 컴퓨터용디스크・정보저장매체를 이용한 공소제기, 형사소송 이론과 실무, 제8권 제2호(2016), 63쪽 이하 참조.

9) 배종대・이상돈・정승환・이주원, 형사소송법(2015), 244쪽; 이창현, 형사소송법 제2판(2015), 550쪽 이하; 정웅석・최창호, 형사소송법(2017), 342－343쪽에서는 [대상판결 3]을 소개하고 있고, 김정한, 실무 형사소송법 2016년 개정판(2016), 367쪽에서는 약식절차에서의 전자문서

2. [대상판결 3]의 선고 이전의 법률 상태와 실무 관행

형사소송법·규칙 등 관련 법규에서는 공소장에 변호인 선임이나 구속 등에 관련된 서류를 첨부하는 것 외에 다른 방식을 예정하고 있지 않고 있으며, 형사소송규칙 제118조 제2항에서는 그 외의 법원에 예단이 생기게 할 수 있는 서류 기타 물건을 첨부하거나 그 내용을 인용하여서는 안 된다고 하고 있다. 그럼에도 공소사실의 기재를 위해 다수의 면수가 필요한 경우(장기에 걸친 다수의 피해자를 만들어낸 사기사건이나 실체적 경합 등의 다수의 범죄가 문제되는 경우)에는 별지 1, 별지 2와 같은 방식으로 범죄일람표(범죄목록)를 붙이거나 공소사실을 세부적으로 기재하는 식으로 공소장을 작성·제출해 왔다. 하지만 이른바 ICT 사회의 출현과 그 발전의 가속화로 인해, 예를 들어 저작권법 위반, 개인정보보호법 위반, 소액 사기 등 온라인을 이용한 사이버 범죄나 다중을 피해자로 하는 범죄 등에서는 기존의 오프라인 범죄와 같이 언급한 방식의 몇 장의 범죄일람표를 별도로 첨부하는 방식만으로는 공소 범죄사실을 모두 기재하는 것이 불가능한 문제가 발생하게 된 것이다.

그러다 보니 위 대상판결들의 사실관계에서처럼 여러 장(경우에 따라서는 수만 장!)의 범죄일람표(문서)를 엑셀파일 등으로 작성한 후 이를 CD에 저장하여, 공소장에 첨부하여 제출하는 관행이 생기게 되었고, 이에 대해 법원이나 피고인·변호인도 특별히 문제 삼은 않고 적법한 공소제기·공소장 변경으로 생각해 왔던 것이다. 피고인·변호인에게 공소장부분과 첨부된 범죄일람표가 저장된 CD가 함께 송부·교부되었다는 점에서 공소사실을 확인하는 것이나 방어준비에 특별히 불편하거나 불이익이 있다고 생각하지 않았다는 말이기도 하다.

한편 2016년 1월 6일 공포된 '약식절차 등에서의 전자문서 이용 등에 관한 법률' 제5조 제2항에서는 약식명령을 청구할 수 있는 사건 중에서 피의자가 전자적 처리절차에 따를 것을 동의한 일부 도로교통법 위반(무면허, 음주운전 등)

이용 등에 관한 법률의 존재를 소개하고 있는 정도이다. (필자가 확인한 범위내에서) 미국, 독일, 일본 등 몇몇 국가들의 법률과 문헌에서도 어떤 착안점을 제공하는 내용을 발견하기 어렵다.

죄와 교통사고처리특례법 위반죄에 대해 약식명령을 청구할 경우 시스템을 통해 전자문서로 하도록 하고 있다. 제한된 범위에 해당하지만 약식명령을 청구하는 공소제기에서는 전자문서를 통한 온라인으로 공소제기가 가능하고, 전자화대상문서는 제6조와 제7조에 따라 전자화문서로 증거서류로 법원에 제출하는 등 종이문서 없이 절차진행이 가능하게 되었다. 물론 제9조에서 예정하고 있듯이 시스템 장애나 전자적 송달이 불가능한 경우 등에는 종이문서로 출력하여 송달할 수 있다고 하여 서면주의를 유지하고 있다.

Ⅲ. 대상판결 들에서 대법원의 주요 논거의 검토

1. 대상판결들에서 제시된 대법원의 주요 논거

[대상판결 1]에서 대법원은 ① 공소제기의 서면주의 원칙에 따라 서면의 공소장을 법원에 제출해야하고, ② 공무원이 작성하는 서류는 공무원의 기명날인 또는 서명이 있어야 하고, ③ 서면주의의 요구는 법원의 심판범위의 명확하게 하고, ④ 피고인의 방어권을 충분히 보장하기 위한 것이라고 적고 있다. 나아가 비록 현실에서 전자문서나 매체의 활용이 일반화되고, 그러한 필요성이 있고, 당사자의 이의제기가 없다고 하더라도 이에 대한 ⑤ 명문의 입법적 조치가 없는 이상 원칙을 지켜야 한다는 것이다. [대상판결 2]는 주심과 재판장만이 다를 뿐 동일 대법관들에 의해 구성된 전심재판부의 판결이고, [대상판결 1]의 선행판결로 판시내용에 차이가 없다. [대상판결 3]은 일련의 관련 판결 중 가장 먼저 선고된 판결로 앞서의 판결들에서 강조된 논거 외에 공소제기의 엄격한 요식행위 채용을 강조하면서, ⑥ 서면의 공소장제출은 공소제기라는 소송행위가 성립하기 위한 본질적 요소(소송조건)이며, ⑦ 공소장 변경의 경우에도 공판정에서 피고인에게 이익이 되는 경우나 피고인이 동의하는 경우 구술에 의한 신청이 허용될 뿐이므로 저장매체에 문서를 저장하여 첨부한 경우 그 매체속의 내용은 공소장변경의 대상이 아니라고 하고 있다.

아래에서는 이러한 대법원의 논지 중 일정 부분 중복되는 부분을 제외하고 엄격한 요식행위로 서면주의 원칙을 채택한 실질적 의미, 심판범위와 방어권 보장의 문제, 공무원이 작성한 문서의 서명날인요구를 중심으로 하급심과 대법원의 접근방법의 적정성을 살펴보기로 한다.

2. 검 토

(1) 엄격한 요식행위로 서면주의 원칙을 채택한 실질적 의미

1) 완전한 공소사실(내용)의 공식적인 전달

문서로 제출할 것을 요구하는 실질적인 의미는 무엇일까? 서면의 존재 그 자체가 목적이라고 하기는 어렵다. 달리 말해 왜 서면의 공소장을 요구하게 되었는가 라고 묻는다면 피고인에게 말(口頭)로 하지 말고 서면으로 남겨 어떤 사실의 어떤 범죄를 이유로 기소하고, 재판하고, 처벌할 것인지를 명확하게 해주라는 취지였다고 답할 수 있을 것이다. 그러한 고지가 있었음을 사후 확인 가능하도록 서면으로 남기라는 것이었다. 달리 말해 공소장이라는 서면을 제출하고 피고인에게 송부 가능하도록 한 본질적인 목적이 무엇인가를 생각한다면 엄격한 요식행위, 즉 공소장이라는 종이가 법원에 제출되고 피고인에게 송부되어야만 공소제기가 성립한다는 의미로 읽는 것 보다는 휘발성의 언어가 아니라 부동문자로 기재되어 피고인이 원할 때는 언제든지 다시 보고 읽을 수 있도록 하고, 지금 무엇이 문제되고 있는지를 분명히 알 수 있도록 하자는 것이었다고 보면 종이의 공소장이 아니면 허용될 수 없다는 엄격해석은 대법원이 즐겨 사용하는 (입법자의 의사이건 현재의 법 자체의 목적이건) 목적적 해석에서 벗어난 접근방법인 것은 분명해 보인다.

예를 들어 독일에서는, 공소제기 시 서면의 공소장을 제출하게 한 중요한 이유는 피고인에게 완전한 내용이 공식적으로 전달되었는지가 관건이기 때문이라고 이해한다. 피고인에게 송달(Übermittlung, Zustellung)되는 공소장은 문서의 형태로 피고인에게 전해져야 하고, 단순히 구술로 전하거나 피고인이 원하면 서류열람·등사를 인정한다(혹은 했다)는 것만으로는 충분치 않다는 것이다. 즉 아무리 간단한 기소사실이라도 구술로 통지하는 것은 허용될 수 없고, 문서를 통해, 완전한 내용을, 공식적으로 고지하는 것에 중점을 두고 있다는 것이다.[10] 그렇다면 PDF나 쓰기 방지된 형태의 CD가 교부된 경우에도피고인이 CD를 읽을 수 있는 컴퓨터 장치가 없는 가난한 사람인 경우의 문제는 일단 별론으로 하고) 문서의 공소장을 요구한 의도에 부합될 수 있다고 볼 수도 있을 것이다.

2) 공소장에 첨부 가능한 서면 또는 물건

형사소송규칙(아래에서는 '규칙'이라고 함) 제118조 제2항에서는 동조 제1항에서 규정하고 있는 각종의 서류(변호인선임서, 보조인신고서, 체포영장, 구속영장 등) 외에 "법원에 예단이 생기게 할 수 있는 서류 기타 물건을 첨부하거나 그 내용을 인용'하여서는 아니 된다"라고 하고 있는데, 대상판결 등에서 문제되는 CD는 범죄사실의 일부, 즉 범죄를 목록으로 정리한 것이므로 이러한 예단의 문제와는 무관하다.

즉, 공소장과 별지 범죄일람표를 모두 종이로 작성하여 제출하던 기존의 방법에서, 범죄일람표는 제118조 제1항에 해당되지 않는 서류지만 그럼에도 첨부 가능한 것으로 본 것이고, 이것은 공소사실의 일부를 별도의 용지에 기재한 것일 뿐 당연히 공소장의 필요적 기재사항의 일부라고 본 것이라면, 이러한 논리를 CD나 USB에 전용하지 못할 이유가 없다는 주장이 가능할 것이다. 달리 말해 그러한 별지의 범죄일람표를 CD 등의 매체에 저장한 것일 뿐이라면 그 매체가 종이인가 전자적 정보저장매체인가의 차이, 즉 서류(종이)와 물건의 차이일 뿐 내용은 동일하다는 점에서 양자 모두 동일하게 평가해야 한다는 해석이 설득력이 있어 보인다. 예단이 생길 내용이 아니라는 점에서 매체의 형식 차이가 특별한 차이점을 만들어 낼 수는 없을 것이기 때문이다.[11]

3) 서면주의의 폐기가능성

현재 「약식절차 등에서의 전자문서 이용 등에 관한 법률」(이하 '약식전자문서

10) 대표적인 문헌으로 MüKoStPO/Wenske § 201 Rn. 9; BeckOK StPO/Ritscher § 201 Rn. 4; Gerd Pfeiffer, Strafprozeßordnung, 5. Aufl., 2005, § 201 Rn. 1; KK－StPO/Schneider § 201 Rn. 4.

11) 물론 가독성의 문제와 관련하여 종이와 전자기록이 동일하다고 볼 수 있는가의 문제는 남아있다. 즉 눈으로 볼 수 있다는 것과 해당 전자기록을 읽을 수 있는 소프트웨어 등의 프로그램 실행이 있어야 한다는 점에서 차이가 있다는 주장이 가능하다.

법'이라고 함)은 「형사사법절차 전자화 촉진법」에 따라 형사소송 중 전자적 처리절차를 활용할 수 있는 유형을 규정하고 있다. 즉, 음주운전 등에 관한 도로교통법 제148조의2 제2항, 무면허운전 등에 관한 제152조 제1호 등에 해당하는 사건에 대해 약식명령을 청구하는 경우, 구약식의 공소장을 전자문서로 작성하여야 하며(약식전자문서법 제5조 제2항), 종이로 제출하는 것이 아니라 약식명령 청구서를 전자문서로 작성·송부하도록 하고 있다. 물론 보충적으로 서면주의 원칙을 적용한다(동법 제5조②, 제9조·제10조 등).[12)]

동법 제2조 정의규정 제1호에서는 "전자문서"란 형사사법정보시스템에 의하여 전자적인 형태로 작성되어 송신·수신되거나 저장되는 정보로서 문서형식이 표준화된 것을 말한다고 하고, 제2호에서는 "전자화문서"란 종이문서나 그 밖에 전자적 형태로 작성되지 아니한 문서를 형사사법정보시스템이 처리할 수 있는 형태로 변환한 문서를 말한다고 하여 기존에 물리적인 서면 등으로 존재하는 것을 스캐너 등으로 읽어 전자적으로 처리되도록 변환한 것으로 정의하고 있다.[13)] 즉 동법 제6조에서 전자문서와 전자화문서를 구분하면서, 전자문서는 동법 제3조 제1항 또는 제2항에 규정된 사건에 관한 전자적 처리절차에서 제출된 종이문서를 말하고(동조 제1항 전단), 그 밖에 전자적 형태로 작성되지 아니한

12) 검찰사건사무규칙 제65조의2(전자약식사건에 대한 약식명령의 청구) 검사가 전자약식사건에 대하여 약식명령을 청구하는 경우에는 별지 제120호 서식에 따른 공소장을 전자문서로 작성하여 전자문서 및 전자화문서로 된 사건기록과 함께 법원에 전송하여야 한다.[본조신설 2011. 8. 8.]

13) 한편 「민사소송 등에서의 전자문서 이용 등에 관한 법률」(약칭: 민소전자문서법) 제2조에서는 '전자문서'를 '컴퓨터 등 정보처리능력을 가진 장치에 의하여 전자적인 형태로 작성되거나 변환되어 송신·수신 또는 저장되는 정보'라고 정의하고 있다. 헌법재판소 심판절차에서의 전자문서 이용 등에 관한 규칙 제4조(전자문서의 작성·제출 방법) ① 등록사용자로서 전자헌법재판시스템을 이용하여 심판청구를 하거나 심판수행을 하고자 하는 자는 전자서명을 위한 인증서를 발급받은 후 전자헌법재판센터에 접속하여 심판절차의 전자적 진행에 동의하여야 한다. ② 제1항에 따라 동의한 자는 청구서 또는 제출할 그 밖의 서면(이하 "청구서등"이라 한다)을 전자헌법재판센터에서 제공하는 서식에 따라 빈칸 채우기 또는 파일첨부의 방식으로 작성하여 전자문서로 제출하여야 한다. ③ 제2항의 방식에 따라 작성·제출하는 청구서등에 첨부할 위임장 등 서류는 전자이미지로 변환한 후 전자헌법재판센터를 통하여 제출하여야 한다. 다만, 별도의 방식에 의하여 해당사항이 증명되는 경우에는 그러하지 아니하다. ④ 제2항에 따라 청구서등을 전자문서로 제출할 경우에는 헌법재판소 심판 규칙에서 정하는 부본 제출의무는 면제된다. 다만, 첨부파일의 용량이 지나치게 클 경우 헌법재판소는 등록사용자로 하여금 부본의 제출을 요구할 수 있다. ⑤ 제1항 내지 제4항에도 불구하고 당사자등이 국가기관 또는 지방자치단체(이하 "국가기관등"이라 한다)인 경우 정부전자문서유통지원센터를 이용하여 전자문서를 제출할 수 있다.

문서인 '전자화대상문서'를 스캐너를 이용하여 그 내용과 형태가 같게 변환되도록 작성한 것을 '전자화문서'라고 정의하고 있다(동조 제2항).[14] 이러한 개념정의에 따른다면 결국 대상판결들에서 문제된 공소장에 첨부된 범죄일람표 엑셀파일이 저장된 CD는 전자화문서에 해당될 수 있다.

또한 동 시행령 제7조에서는, 약식명령에 대한 정식재판의 청구는 종이문서로 법원에 제출하도록 하고 있고, 동 시행령 제11조는 제1항에서 "법원의 형사사법정보시스템에 등재된 약식사건기록의 전자문서 및 전자화문서는 종이문서로 출력한 뒤 그 출력물을 보는 방법으로 열람할 수 있다."라고 하여 종이출력 후 열람을 원칙으로 하고 있다. 달리 말해 현행법에서는 약식명령 청구대상 중 일부 유형의 범죄에 대해서만 전자소송을 활용하고 있고, 그렇지 않은 경우에는 종이문서로 출력하여 제출하거나 의사소통하는 것을 원칙으로 하고 있다.

나아가 전자문서·전자화문서를 작성한 자는 해당 문서에 행정전자서명을 하여야 한다. 문서의 원본·진본성을 확인하는 방법이다. 이러한 전자약식절차는 물론 헌법소송, 민사소송, 행정소송 등에서의 전자소송에서도 문서의 신성성립과 관련하여 현행 법규들은 모두 전자서명을 활용하고 있다. 예를 들어 '약식전자문서법' 제2조 제5호 이하에서 전자서명은 전자서명법 제2조 제2호의 전자서명, 공인전자서명은 전자서명법 제2조 제3호의 공인전자서명, 행정전자사명은 전자정부법 제2조 제9호의 행정전자서명을 말한다고 정의하고 있다. 민소전자문서법 제2조 제4호와 제7조 제2항 등에서는 법관, 사법보좌관, 법원서기관 등이 민사소송에서 사용하는 행정전자서명을 특히 '사법전자서명'이라고 달리 부르고 있다. 이러한 전자소송에서 온라인상 서면을 작성하거나, 이미 존재하는 서면, 녹음, 영상 등의 파일을 스캔하거나 복제(이미지 등)하여 업로드 하는 경우는 온라인상 인증절차가 마련되어 있고, 법률에서 이미 그러한 온라인을 통한 서면의 제출 등이 인정되고 있다. 하지만 이들과 달리 그러한 가능성을 알지 못

14) 전자문서를 입력하고 행정서명(공인인증)하는 경우와 전자화문서를 업 로드하여 등재하는 경우도 엄격히 보면 전자에 대한 전자서명의 의미와 후자에 대한 전자서명의 의미는 다를 수 있으나, 여하튼 문서작성자가 전자문서양식에 입력하여 문서를 완성하는 것과, 전자화문서를 업로드하고 최종적으로 전자서명 하는 경우라면 전자문서와 전자화문서가 원칙적으로 모두 위·변조가 불가능하고 작성자확인이 가능한 상태라고 볼 수 있을 것이다.

하는 현행 형사절차에서도 전자서면이나 전자화서면이 유효하게 활용될 수 있다고 보기는 어렵다.

하지만 분명한 것은, 피의자의 동의가 있으면 전자적 방식의 약식기소가 가능하다는 것은 서면주의가 고유한 목적이 아니라, 피의자에게 무엇이 자신에게 부과된 범죄혐의이며 이에 대해 어떻게 방어할 것인가를 충분히 준비할 수 있도록 명확하게 알려주라는 의미가 공소장 서면주의의 본질임을 추론케 하는 것이다.

(2) 공무원이 작성하는 문서의 기명날인 또는 서명 요구

1) (공판)조서의 일부로서 첨부할 수 있는 물건

공소장에 대한 규정은 아니지만, 규칙 제29조 제1항은[15] 조서에 서면이나 사진, 속기록, 녹음물, 영상녹화물, 녹취서 등 법원이 적당하다고 인정한 것을 인용하고 소송기록에 첨부하거나, 전자적 형태로 보관하여 조서의 일부로 할 수 있도록 하고 있다. 영상녹화물이나 전자적 형태의 보관매체도 조서의 일부로 할 수 있다는 말이다. 물론 여기서의 조서는 본래 공판조서에 속기록, 녹음물, 영상녹화물, 녹취서 등을 인용하고 이를 소송기록에 첨부하거나 전자적 형태로 보관하여 조서의 일부로 할 수 있도록 한다는 취지였다.[16] 따라서 적어도 공판조서, 즉 법관의 서류에는 사진, 녹음, 문서 등을 전자적 형태로 CD 등의 저장매체에 담아 조서의 일부로 하는 것이 현행법상 인정되고 있는 셈이다. 대상판결들의 원심재판부(예를 들어 [대상판결 3]의 원심)들도 이와 같은 출발점에서 공소장도 공무원이 작성하는 서류인 만큼 동 규정을 유추 적용하는 것이 위법은 아니라는 생각이었던 것으로 보인다.

---

15) 제29조(조서에의 인용) ① 조서에는 서면, 사진, 속기록, 녹음물, 영상녹화물, 녹취서 등 법원이 적당하다고 인정한 것을 인용하고 소송기록에 첨부하거나 전자적 형태로 보관하여 조서의 일부로 할 수 있다. <개정 2014. 12. 30.> ② 제1항에 따라 속기록, 녹음물, 영상녹화물, 녹취서를 조서의 일부로 한 경우라도 재판장은 법원사무관 등으로 하여금 피고인, 증인, 그 밖의 소송관계인의 진술 중 중요한 사항을 요약하여 조서의 일부로 기재하게 할 수 있다. <신설 2014. 12. 30.>[전문개정 2012. 5. 29.]

16) 대법원규칙 제2403호 제정·개정문 참조. 2012. 5. 29. 개정전에는 "제29조(조서에의 인용) 조서에는 서면, 사진 기타 법원이 적당하다고 인정한 것을 인용하고 소송기록에 첨부하여 이를 조서의 일부로 할 수 있다."라고 하여 '서면과 사진'이 주요 관심사였다.

무엇보다 앞서 살펴본 약식절차에서의 전자문서로 공소제기가 가능하다는 것과 컴퓨터에서 작업한 한글 혹은 엑셀파일 등에 있어서도 디지털전자서명이 가능하다느 점 등에 비추어 볼 때, 서면의 공소장은 공무원 작성 서류이므로 기명날인 등이 있어야 하는데, 종이가 아닌 CD 등에는 기명날인이 불가능하므로 유효한 공무원의 서류가 될 수 없고, 결국 유효한 공소제기도 인정될 수 없다고 하는 것은 순환논증의 오류에 빠진 것으로 보인다.

예를 들어 괴팅엔 검찰청(Staatsanwaltschaf Göttingen)의 경우에도 모든 소송서류는 서면으로 작성 · 제출하는 것이 원칙이지만, 아주 광범위한 분량의 서면이 문제되는 사건, 경제범죄나 사이버 범죄의 경우에는 서면으로 일부를 출력하고 나머지는 CD나 DVD에 녹음 · 기록하여 제출하기도 한다. 공소제기 시에 CD 사본에 비밀번호로 안전장치를 한 후 이를 법원에 제출하는 방법도 사용되고 있다고 한다.[17)]

특히, CD나 USB를 공소장의 일부로 첨부 가능하다고 하기에는 CD에 저장된 엑셀파일이나 한글파일의 작성자가 검사 본인인지는 확인할 수 없고, 공소장의 일부가 되는 CD에 저장된 전자파일에 전자서명이 없어 그 파일 작성자를 확인할 수 없다는 문제가 제기될 수도 있다.

이와 관련해서는 (형사사법포털에 파일을 업로드 하는 경우와 유사하게 적어도 파일을 e mail로 보내지 않는다면) 우선 온라인상의 공인인증이나 전자서명형태와 같은 유형의 전자서명은 불가능하다고 보일 수는 있으나,[18)] 위 · 변조 및 작성자 확인은 엑셀과 한글파일을 읽는 임의의 프로그램상의 전자서명 혹은 디지털서명이 가능하다는 점에서 문서의 진정성에 대한 문제가 결정적인 이유가 되기는 어려워 보인다.[19)] 물론 현재 상태에서는 이러한 디지털서명이 활용되고 있는

17) 독일 Göttingen 검찰청장(Oberstaatsanwalt) Frank－Michael Laue 검사의 친절한 이 메일 답변에 감사드린다(Für Ihre freundliche und fachspezifische Antwort möchte Ich Herrn Oberstaatsanwalt Laue Dank sagen).

18) http://rootca.kisa.or.kr/kor/main.jsp 물론 CD나 USB 자체를 전달하는 경우에도 Stenography 등의 방법으로 제3자에 의해 전혀 위변조가 불가능하도록 할 수는 있지만, 그 전달되는 매체 자체가 진본인지를 확인하는 것이 또 다시 문제될 수 있을 것이다.

19) 컴퓨터전문가들의 상식적인 차원에서의 분석에 따르면, 예를 들어 우선 CD, USB, 혹은 네트워크 등은 모두 하드웨어적인 개념, 즉, 정보를 저장하는 혹은 전송하는 매체의 관점이고, 이에 서명한다는 것은 매체와는 상관없는 그 위의 상위 개념이다. 따라서 네트워에서 가능한 임의의

것도 아니고 진정성 확인 절차가 별도로 요구되고 있는 것도 아니다.

(3) 심판범위 확정과 방어권 보장의 문제

1) 국내 해석론

공소제기의 의미・효과로는 소송계속, 심판대상의 특정, 공소시효의 정지 등이 언급된다.[20] 특히 공소장일본주의를 통해 예단을 배제한 상태에서 심판대상을 특정하여 피고인에게 방어의 방향과 범위를 정하게 해주고, 다른 범죄와의 구별이 가능하도록 하여 이중처벌금지나 재기소여부・기판력의 범위를 판단하는 기준을 제공하며, 검사가 보관하고 있는 서류 등의 열람・등사신청을 가능하게 해준다. 대상판결들에서 제기된 문제에 대한 국내의 논의는 찾을 수 없지만, 공소제기와 공소장일본주의의 의미를 고려할 때 범죄일람표가 서면인가 혹은 파일인가에 따라 그 기능이나 의미의 차이가 나타나는 것은 결국 접근가능성・파악용이성이라고 할 수밖에 없을 것으로 보인다.

방법은 CD, USB 등에서도 구현 가능하다고 볼 수 있다. 다만, 네트웍에서는 항상 전송하는 측과 전송받는 측이 서로 약속(프로토콜)을 하고 있으며, 그 사이에서 전자서명 등을 통하여 전달된 정보가 변경되지 않았고, 누가 보낸 것인지 확인 가능한 것과 동일한 개념으로 CD, USB를 접근하는 임의의 프로그램이 이를 저장할 때 미리 약속된 형태의 전자서명을 하고, 이를 읽는 프로그램이 동일한 방식으로 전자서명을 확인하는 매커니즘이 있다면 CD나 USB에 저장된 엑셀 혹은 한글파일에 대해서도 원칙적으로 전자서명이 가능하다고 말할 수 있다. 즉, 파일을 읽은 응용 소프트웨어(엑셀, 한글)가 전자서명의 기능이 있을 경우 위의 조건을 만족하므로 파일의 차원에서 전자서명을 넣을 수 있고, 그 파일은 전자서명의 기능(위조, 변조, 작성자 확인 등)을 모두 가질 수 있다{현재 마이크로 소프트 오피스 파일 및 한글파일의 관련 정보는 https://support.office.com/ko-kr/article/Office-%ED%8C%8C%EC%9D%BC%EC%97%90%EC%84%9C-%EB%94%94%EC%A7%80%ED%84%B8-%EC%84%9C%EB%AA%85-%EC%B6%94%EA%B0%80-%EB%98%90%EB%8A%94-%EC%A0%9C%EA%B1%B0-70d26dc9-be10-46f1-8efa-719c8b3f1a2d#__toc311526847 및 http://help.hancom.com/hoffice/webhelp/9.0/ko_kr/hwp/file/digital_signature/digital_signature(main).htm 을 참고할 것}. 한편, CD, USB 등 전체 매체에 전자서명을 하기 위해서는 운영체제 자체가 그러한 기능을 가지고 있어야 하는데 이는 해당 운영체제에 대한 자세한 정보가 있어야 판단할 수 있다. 다만, 매체 전체를 하나의 특정 파일로 변경한 후에 이를 전자서명 후 저장한다면, 이 또한 파일에 대한 전자서명이므로 운영체제의 기능과는 상관없이 가능할 것으로 판단된다.

20) 배종대・이상돈・정승환・이주원, 형사소송법(2015), 267쪽 이하; 차용석, 형사소송법, 369쪽 이하; 이에 더하여 절차주재권이전, 피고인의 지위 발생 등을 추가로 언급하기도 한다(신동운, 간추린 신형사소송법, 법문사(2008), 133쪽 이하; 임동규, 형사소송법, 제4판, 법문사(2006), 296쪽 이하; 노명선・이완규, 형사소송법, 제3판, SKKUP(2013), 459쪽 이하; 이창현, 형사소송법, 제2판, 입추출판사(2015), 589쪽 이하; 신현주, 형사소송법, 신정2판, 박영사(2002), 439쪽 이하 등.

2) 독일

형사소송법 제199조에서 공판절차에 관할권을 가진 법원이 공판절차 개시여부나 절차중지여부를 결정한다고 규정하고 있고, 제200조에서 공소장의 기재내용을 세부적으로 정하고 있다. 법원은 공판 개시결정의 전제로 검사의 공소제기가 있어야 하고, 그 기소가 유효할 것을 요구한다. 이와 관련하여 공소제기가 무효(Unwirksamkeit)인지, 아니면 단순한 하자인지(bloße Fehlerhaftigkeit)는 공소장의 기능(Funktion der Anklageschrift)이 그 판단기준이 되고 있다.[21] 그러한 공소장의 기능으로는 첫째, 소송의 대상(Prozeßgegenstand)을 한계지우는 기능(Umgrenzungs-funktion), 둘째 정보제공기능(Informationsfunktion)을 든다. 전자는 이중처벌금지(Ne bis in idem)의 요구의 반영이며, 후자는 법원의 절차진행과 피고인의 방어권 행사에 맞추어진 것이다.[22] 즉 독일에서도 공소장에는 정보제공기능과 범위한정기능이 포함되며, 소송법적 의미에서의 범행을 구체화하고 개별화하여 제시되어야 함을 강조하고 있다.

3) 미국

미국의 Charging Document는 대략 5개의 목적에 봉사하는 것으로 기획되었다고 본다. 즉, ① Notice, ② Judicial Review, ③ Grand jury, ④ Double jeopardy, ⑤ Jurisdiction이 그 목적으로 언급되는데, 각각의 내용을 보면, 먼저 Notice란 피고인에게 검사에 의해 주장된 사실과 기소 측의 기본적인 법이론을 알려 준다는 것으로 대륙법에서 정보제공기능(Informationsfunktion)과 유사하다. 이러한 기능을 수행하지 못하는 흠결된 기소는 피고인으로 하여금 자신의 방어준비를 할 수 있는 기회를 빼앗는 결과를 가져온다는 의미이다. Judicial Review라는 것은 기소장에서는 범죄의 모든 본질적인 요소들이 주장될 것을 요구함으로써 피고인으로 하여금 이에 대해 공소기각을 청구함으로써 검사의 법이론이 충분한 것인지를 법원을 통해 심사해 볼 수 있도록 해준다는 것이다.

21) 여러 문헌들 중에 예를 들어 Werner Beulke, Strafprozeßrecht, 6. Aufl., C.F.Müller, 2002, Rn. 285.

22) Beulke, aaO., Rn. 285; Lutz Meyer-Goßner, Strafprozessordnung, Mit GVG und Nebengesetzen, 51. Aufl., C.H.Beck, München, 2008.

즉 법원의 심사대상이 무엇인지를 특정한다는 의미로 볼 수 있다. Grand jury에 봉사한다는 것은 특히 Grand jury에 의해 기소되는 indictment의 경우 결국 Grand jury가 범죄성립의 본질적 요소들이 충족되었다(satisfied)는 것에 동의하였다는 것을 나타냄으로써 검사의 잘못된 기소를 막을 수 있다는 말이다. 네 번째로 Double Jeopardy에 기여한다는 것은 피고인으로 하여금 만약 그가 동일한 범죄로 인해 재기소(re-prosecution)된 경우라면 double jeopardy의 항변을 충분히 할 수 있도록 표현되어야만 한다는 뜻이다. 공소사실이 특정되어야 한다는 말이기도 하다. 끝으로 Jurisdiction과 관련해서 Charging Document는 해당 사건의 피고인을 처벌할 수 있는 관할 있는 사실심 법원이 어디인지를 확정할 수 있도록 범죄의 본질적인 요소들(essential elements of the offense)을 주장해야 한다는 것이다.[23] 정보제공, 사범심사의 대상명확화, 공소사실의 특정, 관할법원의 확정 등에 기능할 수 있어야 제대로 된 공소장이라는 말이다.

4) 소결

공소사실 중 특히 범죄일람표를 CD나 USB에 저장하여 이를 문서에 첨부하는 방식으로 공소를 제기하는 것을 허용하게 되면, 구술이 아니라 서면으로 하여 정형화된 형식을 갖추어 법원과 피고인에게 분명하게 범죄혐의를 전해주어 피고인의 방어권 행사와 법원의 심판범위를 한정하고, 법관이나 배심의 예단을 초래할 수 있는 기재나 첨부를 금지하여 공판중심주의를 실현하고자 한 입법자의 의도가 몰각되거나 희석되는가?라는 물음에 답을 찾아야 한다.

여기서 제기되는 물음은 불구속상태의 피고인과 변호인의 경우에는 부본에 첨부된 범죄열람표 CD의 내용을 확인하는 것이 현재의 ICT 사회에서 그리 어렵지 않다는 것은 부인할 수 없겠으나,[24] 구속상태의 피고인은 그렇지 않다는

---

23) 이상의 내용은 Stanley Z. Fisher/Arthur Leavens, Defects in the Complaint or Indictment, p. 2. 혹은 Jessica Smith, The Criminal Indictment: Fatal Defect, Fatal Variance, and Amendment, Administration of Justice Bulletin, 2008/03, pp. 1에서는 기소된 범죄를 명확하게 하고, 피고인으로 하여금 동일한 범죄로 두 번 처벌받는 것으로부터 보호하고, 피고인으로 하여금 소송을 준비하게 하고, 법원으로 하여금 유죄 판결 시(on conviction or plea of nolo contendere or guilty)에 심판범위를 명확하게 하는 역할을 해야 한다고 본다.

24) 물론 피고인의 경제적 상황, 안정된 주거의 존부 등의 문제로 실제 공소장부본으로 첨부된 CD를 열어보지도 못하는 사람이 있을 수 있다는 지적도 가능하다.

반론이 가능하다. 즉, 현재 구치소 등에서는 안전을 이유로 CD 반입을 허용하지 않고 있는데, 그렇다면 구속 피고인에게는 CD 송달이 아닌 출력한 종이로 공소장을 송달해야 하는 것인지, 구치소나 교도소 내에 CD를 열람할 수 있는 특별한 시설을 명시적으로 도입·설치하면 해결되는지 등의 문제도 등장할 수 있다. 이처럼 피고인의 구속여부에 따라 공소장의 내용 확인에 차이가 발생하게 된다면, 이에 대한 적정한 해결방법 없이 현행법상 금지되지 않았다는 이유로 허용한다는 것은 평등의 원칙이라는 관점에서도 용인되기 어려울 것이다.

나아가 공소장 별지를 CD로 제출하는 것을 허용하는 것은 검찰이나 법원의 편의만을 추구하는 것으로, 적법한 절차에 따라 재판받을 피고인의 권리를 침해한다는 비판이 가능할 것이다.

하지만 불구속 상태의 피고인이나 (CD열람문제가 해결된다는 전제 하에서) 구속 상태의 피고인이라고 하더라도 수만 장이 넘어서는 범죄일람표를 송부 받기를 원하는지, 아니면 그 내용이 저장된 CD를 받을지를 선택할 수 있게 한다면 피고인의 법적으로 보장된 권리의 침해라는 비판을 피하면서도, 경제적이고 실효성 있는 정보제공기능, 특히 피고인의 방어권 보장이라는 기능의 수행이 가능할 수 있을 것으로 보인다.

Ⅳ. 맺는말 (입법안)

지금까지의 분석을 종합하자면, 현행 형사소송법상 공소장에 범죄일람표를 저장한 CD를 첨부하여 제출하고, 이를 피고인 등에게 송부하는 것을 허용하고 있는 명문의 규정은 없다. 하지만 대법원의 엄격한 서면주의를 제시하여 제공한 주요 논거들, 즉 공소장 서면주의의 실질적 의미, 법원의 심판범위확정과 피고인의 방어권보장이라는 고유한 기능적 측면에서의 이동(異同), 정보저장매체에 기록된 문서의 서명과 암호화 가능성 등의 관점에서 살펴볼 때, 수만 장에 이르는 범죄일람표의 주요 내용을 서면의 공소사실 기재부분에 요약적으로 기재하고, 세부적인 범죄일람표는 CD에 저장하여 함께 제출하고, 이를 피고인 등에게 송부하여 열람 가능하게 하는 것은 현행 형사소송법의 공소제도의 근본취지에 어긋나는 것은 아니라고 생각된다.

현재 법·기술 상태에서 엑셀파일을 저장한 CD 등을 공소장에 첨부하는 것을 허용하더라도 그 진정 성립은 어떻게 확인할 것인가라는 의문이 제기될 수 있다. 이에 대해 공증인증과 같은 방식의 확인은 온라인을 전제하지 않고는 어렵겠지만, 적어도 디지털서명으로 확인하는 절차를 마련하는 것은 현재의 관련 기술로도 가능하다.

무엇보다 구속피고인의 경우에 CD를 읽어 볼 수 없다는 사정이 있다는 점에서 구속피고인에게는 수만 장의 범죄일람표를 출력하여 송달하여야 하는지가 문제될 수 있으나, 향후 일정한 장소에 일정한 안전조치를 취한 다음에 CD의 범죄일람표를 모니터로 볼 수 있도록 행정적인 조치를 마련하는 것이 바람직해 보인다.[25] 또한 구속·불구속을 제외하고 피고인과 변호인에게 CD로 송부 받을 것인지, 종이로 송부 받을 것인지를 (공소장송부 전 또는 후에) 선택하게 하는 것도 문제를 사전에 해결하는 방법이 될 수 있을 것으로 보인다.[26]

일단 범죄일람표를 CD에 저장·제출하는 것이 허용된다면 공소장의 어느 부분까지 서면으로 제출하고, 어느 범위까지는 전자적으로 저장·제출 가능할 것인가의 구별문제도 대두될 수 있을 것이다. 앞서 살펴본 바와 같이 공소장 제출과 부본 송부가 제도적으로 정착된 이유는, 피고인의 방어권보장·방어준비를 실질적으로 가능하게 하고, 법원의 심판범위확정과 이중처벌을 방지하겠다는 목적이 가장 중요한 배후였다. 그렇다면 사실상 공소장의 기재내용이 전달되었음이 확실하게 증명될 수 있는지가 중요한 것이지, 서면인가 전자저장매체인가의 차이는 중요하지 않다고 할 수도 있다. 향후 전자소송이 확대된다면 현재의 전자약식절차에서 전자문서(공소장), 전자화문서(스캔문서)가 모두 활용되듯이, 공소장 전부가 서면 없이 제출되고 송부될 것임은 자명하다. 하지만 모든 형사절차가 전자소송으로 진행되지 않는 현재 상태에서는 서면의 공소제기가 원칙이고, 범죄일람표가 아니라 공소범죄사실의 기재가 10~40페이지에 이르는 경우

25) 노숙자나 일정한 주거가 없는 열악한 경제조건에 있는 자들에 대해서는 경찰서민원실이나 행정관서의 적당한 장소와 시설에서 이를 열람할 수 있도록 배려할 필요도 있을 것이다.

26) 물론 향후 전자소송의 추세를 예상해 볼 때 언젠가는 법원 혹은 검찰의 공용서버에 파일이 탑재되고 당사자들이 고유한 접근코드를 사용하여 확인하는 방법이 도입될 것으로 예상된다.

도 적지 않다는 점을 감안할 때, CD 등으로 제출할 수 있는 경우는 범죄일람표의 분량이 지나치게 방대한 예외적인 사안으로 제한하는 것이 합리적일 것으로 보인다. 즉 공소사실 중에서 범죄일람표로 제한하는 것이 좋을 듯하다.

대법원의 일련의 판결들이 공소장 서면주의의 예외를 인정하기 위해서는 명문의 근거를 마련해야 할 것이지, 사법부가 해석으로 해결할 수 없는 문제라고 선언한 것은, 목적적 해석이라는 이름으로 확장일로를 걷고 있는 이 시대의 사법권력의 바람직한 자의식의 발로로 이해한다면, 참으로 환영할 만한 일이다. 하지만 필자가 보기에 기존의 법 상태 하에서도 공소장서면주의의 실질적인 의미와 의도가 무엇인가 라는 관점에서 접근해 보면 기존의 하급심에서의 실무관행이 특별히 법위반적인 것이었다고 생각되지는 않는다.

여하튼 대법원의 유권해석을 디지털 사회에 걸 맞는 입법자의 의무이행을 요구하고 있다는 점에서 조속한 입법적 대안 마련이 필요해 보인다. 그 예로 다음과 같은 형사소송법 개정 방법도 생각해 볼 수 있을 것이다.

[형사소송법]

현행	개정안
제254조(공소제기의 방식과 공소장) ① 공소를 제기함에는 공소장을 관할법원에 제출하여야 한다.[27)] ② 공소장에는 피고인수에 상응한 부본을 첨부하여야 한다.[28)] ③ 공소장에는 다음 사항을 기재하여야 한다. 1. 피고인의 성명 기타 피고인을 특정할 수 있는 사항 2. 죄명 3. 공소사실 4. 적용법조	제254조(공소제기의 방식과 공소장) ① ~ ⑤좌동

27) 향후 구공판의 경우에도 전자문서 이용이 일반화된다면 현행 '약식전자문서법' 5조 제2항(② 검사는 제3조제1항에 규정된 사건에 관하여 약식명령을 청구할 경우 시스템을 통하여 전자문서로 하여야 한다.)과 같이 개정되어야 할 것이다.

28) 전자화된다면 부본의 첨부는 불필요할 것이다.

④ 공소사실의 기재는 범죄의 시일, 장소와 방법을 명시하여 사실을 특정할 수 있도록 하여야 한다. ⑤ 수개의 범죄사실과 적용법조를 예비적 또는 택일적으로 기재할 수 있다.	
신설	⑥ 통상의 범위를 넘어서는 공소사실의 기재를 위해 필요한 경우 범죄일람표(전자화문서)를 저장한 CD 등 전자적 저장매체를 공소장에 첨부하는 방식으로 제출할 수 있다. ⑦ 전항의 규정에 따라 제출하는 매체는 디지털 서명을 통해 작성자를 밝혀야 한다.
제266조(공소장부본의 송달) 법원은 공소의 제기가 있는 때에는 지체없이 공소장의 부본을 피고인 또는 변호인에게 송달하여야 한다. 단, 제1회 공판기일 전 5일까지 송달하여야 한다.	제266조(공소장부본의 송달) ① 좌동 ② 법 제254조 제6항의 규정에 따라 CD 등 매체가 첨부된 경우, 법원은 피고인과 변호인의 요청에 따라 서면 또는 매체 중 하나의 방법으로 송부할 수 있다.
신설	③ 법원은 전화, 모사전송, 전자우편, 휴전화 문자전송 그 밖에 적당한 방법으로 피고인 또는 변호인에게 공소장부본의 서면 혹은 매체송부에 관한 의견을 요청할 수 있다.
신설	④ 구속된 피고인에게는 서면 송부를 원칙으로 하고 매체를 송부할 경우 열람이 가능하도록 조치해야한다.

(끝)

36

형사소송에서 심판의 대상*

박 기 석**

형사소송법 분야

Ⅰ. 서 론

형사재판에서 재판의 물적 대상을 무엇으로 파악할 것인지는 이론적으로뿐만 아니라 실무적으로도 중요한 문제이다. 법원이 재판해야 할 물적 대상이 무엇인가에 따라 형사재판상 여러 가지 점에서 차이가 날 것이다. 법원이 심리해야 할 범위, 검사가 입증해야 할 범위, 피고인이 방어해야 할 범위 등의 기본적 문제부터 공소장변경의 필요성과 한계, 공소장에 기재된 공소사실의 성격, 항소심의 심판범위 등 다양한 측면에서 크고 작은 차이점을 나타낸다. 그럼에도 이에 관한 논의가 빈약하고 일천한 것은 아쉬운 일이라 아니할 수 없다.

재판의 물적 대상이 무엇인가는 형사절차의 기본 이념 및 소송의 구조론과 연결되어 있다.[1] 즉 형사절차의 이념 혹은 목적이라 할 수 있는 실체진실주의

* 이 논문은 한양법학 제26권 제4호(2015)에 게재되었음.
** 대구대학교 경찰행정학과 교수.
1) 차용석, “심판의 대상”, 고시계 1987. 6, 20면; 백형구, “공판절차상 심판의 대상(상)”, 고시연구 제300호, 고시계, 1982. 2. 96면; 권오걸, 형사소송법, 형설출판사, 2010, 431면.

와 적정절차, 소송의 구조인 직권주의와 당사자주의에 따라 심판의 대상에 대한 인식이 달라진다. 실체진실주의, 직권주의 입장에서는 심판의 대상을 과거 발생했던 역사적 사실이라고 이해하는 반면, 적정절차, 당사자주의 입장에서는 심판의 대상을 공소장에 기재된 공소사실로 이해한다.

심판의 대상에 관한 구체적 학설을 살펴보면 공소사실대상설, 이원설, 소인대상설 등이 있다. 하지만 이를 단순화시켜 이해하자면 형사재판의 물적 대상을 과거 발생했던 역사적 사실로 이해하는 견해와 검사가 공소장에 기재한 사실로 이해하는 견해로 양분된다 할 것이다.

본고에서는 학설의 내용을 간단히 살펴보고 타당성 여부에 관해 논한 후 사견을 제시하기로 한다. 이어서 판례는 심판의 대상을 어떻게 이해하며 심판의 대상에 관한 논의 중 어느 쪽 입장에 서 있는지를 살펴본다. 이를 통해 심판의 대상이 실무적으로도 중요하며 현실적 차이를 가져온다는 것을 증명해 보고자 한다.

Ⅱ. 학　설

1. 공소사실대상설

(1) 내용

공소사실대상설은 공소제기를 통해 법원이 심판해야 할 대상은 과거에 발생했던 범죄사실의 전체라고 본다.[2] 공소사실대상설은 공소장에 기재된 공소사실이란 역사적 삶의 한 부분이었던 범죄사실을 전부 혹은 일부를 대변하는 것으로서 실제 법원이 심판해야 할 대상은 그 배후에 있는 역사적 사실로서의 범죄사실이라는 것이다.

이를 달리 표현하면 검사가 적시한 공소장에 기재된 공소사실과 단일성, 동일성이 인정되는 사실이 심판의 대상이 된다는 것이다.[3] 법원은 소추된 사건과

2) 신동운, 신형사소송법, 법문사, 2008, 464면.
3) 이은모, 형사소송법, 박영사, 2012, 451면.

동일성이 인정되는 범위내에서 진실발견을 위한 직권적 심판활동이 가능하다는 견해로 일본의 구형사소송법(이른바 大正 刑事訴訟法)이나 이를 의용한 우리나라의 구형사소송법이 이러한 입장을 취하고 있다고 한다.[4)]

(2) 근거

이 학설의 근거는 다음과 같다. ① 형사절차의 기본 목표는 과거 범죄사실의 실체적 진실을 찾는 것이므로 이를 심판의 대상으로 삼아야 한다.[5)] ② 직권주의 입장에서는 법원이 실체적 진실을 주도적이고 적극적으로 찾아야 하므로 공소장에 기재된 사실을 넘어 역사적 사실의 진실을 심판의 대상으로 삼아야 한다.[6)] ③ 형사소송법 제248조 제2항 공소불가분의 원칙에 따를 때 범죄사실의 일부에 대한 공소는 그 효력이 전부에 미치게 되므로 수소법원은 전체 범죄사실에 대해 심판할 수 있다고 한다.[7)] ④ 공소사실대상설에 의할 때 공소제기의 효력범위, 심판의 대상, 공소장변경의 한계, 기판력의 범위 등이 동일한 범위를 유지하므로 형사재판 전반에 걸친 통일적 해석을 위해서도 이 견해가 타당하다고 한다.[8)]

(3) 비판

공소사실대상설에 대해서는 다음과 같은 비판이 있다. ① 공소장에 기재된 사실과 동일성, 단일성이 인정되는 범위로 심판의 대상이 확장되면 피고인의 방어권에 지장을 초래할 우려가 있다. 즉 공소장에 기재되지 않은 부분도 심판의 대상이 되기 때문에 피고인의 입장에서는 예상치 못한 재판이 이루어질 수 있다는 것이다.[9)] ② 공소장변경제도와 관련하여 공소사실대상설은 공소장변경의 한계까지 이미 심판의 대상이 되어 있고, 공소장을 변경하는 것은 절차적 의미에 불과하다고 하는데, 이는 공소장변경제도의 본질을 왜곡하여 의미를 약화시

4) 백형구, 앞의 논문, 96면.
5) 신동운, 앞의 책, 471면.
6) 신동운, 앞의 책, 464면.
7) 신동운, 앞의 책, 464면
8) 신동운, 앞의 책, 466면.
9) 이재상, 형사소송법, 박영사, 2006, 382면; 차용석 · 최용성, 형사소송법, 2011, 21세기사, 345면; 이은모, 형사소송법, 박영사, 2010, 394면.

킬 수 있다는 지적이다.[10] ③ 공소제기의 효력범위, 심판의 대상, 공소장변경의 한계, 기판력의 범위 등을 통일적으로 해석하기 위해 너무 무리한 해석을 하고 있다. 각각의 제도는 연관성을 가지면서도 개별적 내용과 의미를 담고 있는데 이를 물리적으로 동일범위로 묶으려는 시도는 과하다는 것이다.[11] ④ 당사자가 명확히 주장하지 않은 사실이나 그 한계를 명확하게 할 수 없는 관념적 사실까지 심판의 대상으로 하는 것은 직권주의 지나친 확장이다.[12] ⑤ 형사소송법 제248조 제2항 공소불가분의 원칙은 공소제기의 효력범위에 한정된 규정이고 심판의 대상에 관한 규정이 아니다.[13] 또한 공소장에 기재된 사실이 1개 범죄의 일부이면 공소제기의 효력은 1개 범죄 전체에 미친다는 의미이지 배후에 있는 역사적 사실 전체를 찾으라는 의미는 아니다.[14]

2. 2원설

(1) 내용

이원설은 공소장에 기재된 공소사실이 현실적 심판의 대상이고 그 공소사실과 동일성이 인정되는 범위 내의 사실 전부가 잠재적 심판의 대상이 된다고 한다. 현재 다수설,[15] 판례[16]의 입장이다. 심판의 대상을 현실적, 잠재적이라는 수식어를 붙여 설명한다는 점이 이 학설의 특징이라 할 수 있다.

(2) 근거

이원설의 근거는 다음과 같다. ① 피고인의 방어권을 보장하기 위해서는 공

---

10) 이은모, 앞의 책, 394면; 이재상, 앞의 책, 382면.

11) 권오걸, 앞의 책, 432면.

12) 차용석 · 최용성, 앞의 책, 345면.

13) 권오걸, 앞의 책, 433면.

14) 차용석 · 최용성, 앞의 책, 305면.

15) 권오걸, 형사소송법, 형설출판사, 2010, 433면; 노명선 · 이완규, 형사소송법, 성균관대학교출판부, 2009, 417면; 배종대 · 이상돈 · 정승환 · 이주원, 신형사소송법, 홍문사, 2011, 409면; 백형구, 형사소송법강의, 박영사, 2001, 513면; 손동권, 형사소송법, 세창출판사, 2010, 429면; 송광섭, 형사소송법, 형설출판사, 2012, 387면; 신양균, 형사소송법, 법문사, 2000, 502면; 이은모, 앞의 책, 395면; 이재상, 382면; 임동규, 형사소송법, 법문사, 2013, 344면; 정웅석 · 백승민, 형사소송법, 대명출판사, 2009, 730면; 최영승, 형사소송법, 대명, 2012, 311면.

16) 대법원 1991. 5. 28. 선고 90도1977 판결.

소장에 기재된 공소사실만이 현실적 심판의 대상이 된다고 보아야 한다.[17] ② 공소장에 기재된 공소사실과 동일성이 인정되는 범위는 공소장변경을 통해 현실적 심판의 대상이 되는 후보로 남아 있다.[18] ③ 이와 같은 현실적, 잠재적이라는 수식어를 통해 피고인의 방어권 보장과 공소장변경의 한계, 기판력의 범위 등을 합리적으로 설명할 수 있다.[19]

(3) 비판

이원설에 대해서는 다음과 같은 비판이 있다. ① 현실적 잠재적이라는 말의 의미가 모호하고 설명을 위해 동원된 도구개념이다. 즉 어디까지가 현실적 심판의 대상이고 어디부터 어디까지가 잠재적 심판의 대상인지 구분이 어렵다. 또 기판력이 미치는 범위 등을 설명하기 위한 도구개념으로 위의 수식어를 사용하는 경우 설명을 위한 설명에 불과하여 실체가 없다.[20] ② 공소사실대상설로부터는 공소불가분의 원칙을 명시한 형사소송법 제248조 제2항을 외면하고 그 중 일부만을 현실적 심판의 대상으로 삼는 것은 명문규정에 위배된다는 것이다.[21] ③ 공소장변경의 요부(要否) 문제와 관련하여 대법원은 피고인의 방어권에 실질적 불이익을 입히지 않는 이상 공소장변경 없이도 다른 사실을 인정할 수 있다는 입장인데, 이 경우 이원설은 공소장변경 없이 다른 사실이 현실적 심판의 대상이 된 이유를 설명하기 어렵다.[22]

3. 소인대상설

(1) 내용

법원의 심판의 대상은 공소장에 기재된 공소사실(= 소인)이라는 입장이다. 소인대상설의 특징은 심판의 대상으로는 오직 공소장에 기재된 공소사실일 뿐

17) 권오걸, 앞의 책, 433면.
18) 권오걸, 앞의 책, 433면.
19) 권오걸, 앞의 책, 433면.
20) 차용석 · 최용성, 앞의 책, 346면.
21) 신동운, 앞의 책, 467면.
22) 신동운, 앞의 책, 467면.

이고 그 외 다른 사실(예컨대 배후의 역사적 범죄사실 등)을 고려하지 않는다는 것이다.[23] 공소장에 기재된 공소사실인 소인도 검사의 주장일 뿐 역사적 사실을 대변하거나 일부를 드러낸 사실로 이해하지 않는 것이다.

소인대상설은 영미법의 소인(count)제도에서 유래하는 것으로 피고인의 방어대상을 명확히 하려는 당사자주의 입장을 기초로 한다.[24] 형사소송법이 소인이라는 표현을 직접 사용하고 있지만 않지만, 공소장에 공소사실 외에 죄명, 적용법조 등을 명시할 것을 규정하고 있고, 동일성 범위 내라도 공소장변경 없이는 심판할 수 없다는 공소장변경제도 등을 고려해 보면 당사자주의 입장에서 소인대상설의 내용을 담고 있다고 할 것이다.[25]

(2) 근거

소인대상설의 근거는 다음과 같다. ① 형사소송은 역사의 진실을 찾는 장이 아니라 증거에 의해 검사의 주장이 증명되는지를 파악하는 절차이다.[26] ② 당사자주의 입장에서 법원도 당사자인 검사의 주장에 국한되어 심판하여야 하고, 검사는 공격자인 당사자로서 자신의 의견을 드러낸 것이 공소장에 기재된 공소사실일 뿐이다.[27] ③ 심판의 대상과 공소제기의 효력범위, 공소장변경의 한계, 기판력의 범위 등은 각기 다른 제도로서 각 제도의 특징에 따라 실체 있는 내용을 가지고 설명하여야 한다. 그러한 의미에서 심판의 대상은 당사자인 검사가 일정한 사실을 법률적으로 구성하여 재판을 청구한 그 사실 이상도 이하도 아닌 범위에서 결정되어야 한다.[28] ④ 소인(訴因)이라는 용어를 현행 형사소송법에서 사용하는가 아닌가는 중요한 문제가 아니다. 소인이라는 단어는 검사가 공소장에 기재한 사실이라는 내용을 표현하는 도구로서의 용어일 뿐 그 용어가 타당하다, 아니다를 말하는 것은 어불성설이다.[29]

---

23) 차용석, 앞의 논문, 21면.
24) 백형구, 앞의 논문, 97면.
25) 백형구, 앞의 논문, 97면.
26) 차용석, 앞의 논문, 21면.
27) 차용석 · 최용성, 앞의 책, 346-347면.
28) 차용석 · 최용성, 앞의 책, 346-347면.
29) 차용석 · 최용성, 앞의 책, 347면.

(3) 비판

소인대상설에 대한 비판은 다음과 같다. ① 소인(訴因)이라는 용어가 현행 형사소송법에서는 사용하지 않는 단어이다. 소인이라는 용어는 일본 형사소송법이 사용하는 단어로 우리나라의 법제에서는 사용하지 않는 것이 좋다.[30] ② 당사자주의와 소인대상설은 반드시 결부되어야 할 성질의 것이 아니다. 당사자주의는 소송의 주도권을 누구에게 인정하는가의 문제이고, 소인대상설은 심판의 대상에 관한 이론이기 때문에 양자가 필수불가결하게 결합되어야 한다는 것은 지나친 설명이다. ③ 소인대상설에 의해 심판의 대상을 검사가 전부 결정하게 되면 검사의 결정이 법원을 지나치게 구속하여 검찰사법화할 우려가 있다.[31] ④ 심판의 대상을 소인으로 한정하게 되면 공소제기의 효력범위, 기판력의 범위 등을 설명하기 어렵게 된다.[32] 즉 심판은 좁게 해 놓고 공소제기의 효력이나 기판력 등은 넓어지는 이유를 설명하기 어렵다는 것이다.

4. 사 견

위에서 본 바와 같이 형사재판에서 심판해야 할 물적(객관적) 대상에 관해서는 공소사실대상설, 이원설, 소인대상설이 중요 학설로 제시되고 있다. 이 학설들의 핵심적인 구분기준은 심판의 대상을 과거의 범죄사실 자체로 볼 것인가, 현재 검사가 공소장에 기재한 검사의 주장 자체로 볼 것인가이다. 공소사실대상설과 이원설은 전자에 입각하여 이론구성을 하는 것이고, 소인대상설은 후자에 입각하여 이론구성을 하고 있다. 이를 달리 말하면 형사재판이 과거 역사적 사실로서의 범죄 실체를 파악해내는 장(場)인지, 수사를 통해 검사가 주장하는 사실이 증거에 의해 입증되는가를 다투는 장(場)인지데 대한 견해대립이라 할 수 있다.

생각건대 형사재판은 역사적 사실, 이른바 실체적 진실을 찾는 장이 아니라

30) 신동운, 앞의 책, 466면.
31) 신동운, 앞의 책, 467면.
32) 백형구, 앞의 논문, 100면.

고 생각한다. 시간의 지배를 받는 인간이 지나간 과거의 역사적 사실을 밝혀낸다는 것은 불가능한 일일 뿐 아니라,[33] 역사적 사실 규명인 실체적 진실 발견을 형사소송의 이념으로 삼고 이에 입각하게 되면 많은 위험을 낳는다. 즉 재판이 유죄추정으로 흐를 가능성을 높이고, 피의자 피고인의 인권침해의 우려가 높아지며, 수사기관이나 재판기관에게 필요이상의 왕관을 씌어주어 적정절차를 해칠 수 있다.[34]

그렇다면 형사소송의 이념은 적정절차로 보고, 형사소송의 심판 대상은 공소장에 기재된 사실이라고 이해하는 것이 옳다. 즉 형사소송에서 심판해야 할 대상은 공격자인 검사가 방어자인 피고인에 대해 일정한 사실, 즉 공소장에 기재하여 유죄를 구하는 사실 그 이상도 그 이하도 아니다. 공소장에 기재된 사실이 역사적 사실을 대변한다든가 역사적 사실의 일부를 표현한 것이라는 인식은 불필요한 허위의 인식일 뿐이다. 현실의 형사재판에서 존재하는 것은 검사가 주장하고 공소장에 기재한 사실만이 있을 뿐이고 피고인은 이에 대해 방어를 하고 법원은 이 사실이 증거에 의해 증명되는가 만을 판단하는 것이다.

이렇게 본다면 공소장에 기재된 사실로 대변되는 역사적 사실이 심판의 대상이라는 공소사실대상설이나 역사적 사실로서 배후에 잠재되어 있는 잠재적 사실을 인정하는 이원설 등은 타당한 학설이라 할 수 없다. 오직 검사가 공소장에 기재한 사실만이 심판의 대상이라고 보는 소인대상설이 옳다고 본다. 다만 소인이라는 표현이 일본 형사소송법에 존재하고 우리나라에서 잘 사용하지 않는 용어라면 우리나라 형사소송법에 맞는 표현으로 바꾸면 될 것이다. 이렇게 파악할 때 정확한 심판 대상을 파악해 낼 수 있고, 무죄추정을 유지해 나가며, 피고인의 인권보장을 이루어 나갈 수 있을 것이다. 또한 공소장변경제도의 가치와 필요성을 잘 설명할 수 있고, 증거재판주의의 이념도 잘 구현할 수 있다.

---

33) 양천수, "형사소송법상 실체진실주의와 적정절차원칙에 대한 비판적 고찰 －법철학적 관점에서－", 경남법학, 제23집, 137－138면; 변종필, "형사소송에서 진실개념", 고려대학교 법학박사 학위논문, 1996, 120면 이하; 권오걸, "형사절차상 진실 사실 실체적 진실의 관계와 그 발견", 형사법연구 제25권 제4호, 2013, 156면.

34) 형사절차의 이념으로 제시되는 실체진실발견의 문제점과 허구성에 대해서는 변종필, "형사소송 이념과 범죄투쟁 그리고 인권", 비교형사법연구 제5권 제2호, 2003, 937면 이하; 박기석, "형사절차의 이념 －실체적 진실발견의 평가－", 형사정책연구소식 제31권, 1995, 34－40면 참조.

이러한 점에서 볼 때 구형사소송법이 공소장 기재 사항을 '범죄사실'로 표현했다가 현 형사소송법은 '공소사실'로 표현하는 것은 의미차이가 있는 것으로 볼 수 있다.[35] 범죄사실은 자연적 존재론적 개념으로서 과거 발생한 범죄의 내용을 의미하는 것이라면, 공소사실은 공격당사자인 검사가 공소를 제기한 사실로서 검사가 유죄인정 받을 수 있다고 자신하고 구성한 검사의 의견이라는 소송법적인 개념이라 할 것이다. 결국 형사재판에서 심판해야 할 대상이 과거 범죄사실의 내용 파악에서 검사 주장의 증명 여부로 바뀌었다고 보는 것이 타당하다.

Ⅲ. 판 례

1. 기본 입장

판례의 표현을 통해 볼 때 판례의 기본적 입장은 이원설이라 할 수 있다. 일단 심판의 대상에 관해 현실적 심판의 대상이라는 표현을 사용하고 있다.[36] 잠재적 심판의 대상이라는 표현은 사용하고 있지 않지만 현실적 심판의 대상이라는 용어의 대(對되)는 개념인 잠재적 심판의 대상이라는 개념을 염두에 두고 있다고 보는 것이다.[37]

또한 판례가 형사절차의 기본 목적을 실체진실의 발견이라고 본다면 과거사실의 실체를 잠재적 심판의 대상이라고 보고 있다고 말할 수 있을 것이다.

그러나 판례가 2원설의 입장을 그대로 적시하고 있지는 않다. 즉 현실적 심판의 대상과 동일성이 인정되는 범위가 잠재적 심판의 대상이고 현실적으로 재판의 대상이 되는 것은 현실적 심판의 대상이라는 표현을 쓰고 있지는 않다. 다만 현실적 심판의 대상이라는 표현의 반대해석으로 현실적 심판의 대상 이면(裏面)에 존재하는 보다 넓은 심판의 대상을 상정하고 있는 것이 아닌가 하는 추측만 할 뿐이다.

---

35) 의미차이가 없다는 견해로는 백형구, 앞의 논문, 106면.
36) 대법원 1983. 11. 8. 선고 82도 2119 판결.
37) 이재상, 앞의 책, 410면; 배종대외 3인, 앞의 책, 406면.

이하에서는 심판대상에 관한 여러 판례를 통해 우리나라 대법원이 형사재판의 심판대상을 어떻게 이해하고 있는지 살펴보고자 한다. 직접적으로 심판의 대상이 무엇인지를 심도 있게 논한 최근 판례가 없어 간접적인 추론을 통해 살펴보기로 한다.

2. 상고심 심판의 대상 제한

판례는 일정한 사실에 대해 항소이유로 삼거나 법원이 항소심에서 직권으로 심판대상으로 삼은 바가 없다면 적법한 상고이유가 될 수 없고 상고심 심판의 대상이 될 수 없다고 한다.[38] 판례의 태도를 정리하면 상고심의 심판대상은 원심인 항소심에서 인정한 부분에 한하고 새로이 심판대상을 확장할 수 없다는 취지이다.

만일 공소사실대상설의 입장이라면 항소심에서 심판대상으로 삼지 않은 것이라 하더라도 동일한 역사적 사실의 범위 내라면 심판대상이 될 수 있다고 보아야 할 것이다. 또한 이원설의 입장에서도 항소심에서 심판대상으로 삼지 않은 부분도 잠재적 심판의 대상이 되어 상존하고 있었을 것이므로 상고심에서 심판의 대상으로 삼는 것이 가능하다고 보아야 할 것이다.

결국 소인대상설에 의할 때에만 판례의 태도를 명확하게 설명할 수 있을 것이다. 즉 사실심에서 심판의 대상으로 삼은 부분(검사가 공소장에 기재된 공소사실)만이 심판의 대상이고 항소심이 확정된 경우에는 심판의 대상도 확정되어 더 이상의 변경은 불가하다고 보는 것이다. 그렇다면 위의 판례 태도는 소인대상설의 입장에 서 있는 것이라 이해할 수 있다.

3. 경합범에 대한 상소

판례는 형법 제37조 전단 경합범 관계에 있는 공소사실 중 일부에 대하여 유죄, 나머지 부분에 대하여 무죄를 선고한 제1심판결에 대하여 검사만이 항소

38) 대법원 2014. 11. 13. 선고 2011도17120 판결; 대법원 2014. 9. 4. 선고 2014도4408 판결; 대법원 2014. 6. 26. 선고 2013도967 판결; 대법원 2013. 9. 26. 선고 2013도5214 판결.

하면서 무죄부분에 관하여는 항소이유를 기재하고 유죄부분에 관하여는 이를 기재하지 않았으나 항소범위는 '전부'로 표시한 경우 제1심 판결 전부가 이심되어 원심의 심판대상이 되므로, 원심이 제1심판결 무죄부분을 유죄로 인정하는 때에는 제1심 판결 전부를 파기하고 경합범 관계에 있는 공소사실실 전부에 대하여 하나의 형을 선고하여야 한다고 보았다.[39)]

검사가 전부라고 표시한 것은 공소장에 기재한 공소사실 전부가 심판의 대상이 된다는 것이고 또 달리 말하면 그것만이 심판의 대상이 된다는 취지이다. 즉 제1심에서 공소장에 기재하여 심판대상이 되었던 부분 전체가 항소심의 심판대상이 된다고 봄으로써 심판대상은 검사가 공소장에 기재한 공소사실에 한정된다는 점을 엿볼 수 있다.

3. 심판대상을 벗어난 판결의 효력

판례는 공소사실은 '정신장애로 인하여 항거불능 상태에 있는 피해자를 간음 또는 추행하는 행위'로 기재되었는데, 판결은 '심신미약자에 대하여 위력으로 간음 또는 추행한 행위'로 하는 것은 유죄판결의 이유로 명시한 범죄사실이 공소사실에 기재되지 아니한 새로운 것으로서 공소사실 기재의 범죄행위와 그 행위의 객체, 상대방의 상태, 행위의 내용과 방법 등을 달리하므로 공소장변경 절차 없이 판결한 원심은 피고인의 방어권 행사에 실질적인 불이익을 주었다고 보아야 한다고 하였다.[40)]

이 판례는 법원의 심판대상은 검사가 공소장에 기재한 사실에 입각하고 국한되어야 한다는 것을 말해주고 있다. 공소사실대상설이나 이원설에 따르면 검사가 제시하고 있는 심판대상과 역사적으로 동일한 사안이라면 대상이나 행위의 차이가 있더라도 재판할 수 있다고 볼 수 있을 것이다.

결국 소인대상설에 의할 때 판례의 태도를 가장 명확하게 설명할 수 있다고 할 것이다. 즉 검사가 제시한 심판의 대상과 다른 대상을 재판대상으로 삼을 때

---

39) 대법원 2014. 3. 27. 선고 2014도342 판결.
40) 대법원 2014. 3. 27. 선고 2013도13567 판결.

에는 공소장변경이 필요하다고 본 것이다. 물론 다른 학설에서도 본 사안이 공소장변경의 문제로서 공소장변경이 필요한 정도의 변경이므로 위와 같은 판결은 허용될 수 없다고 설명할 수는 있다. 그러나 소인대상설에서 보다 판례의 태도를 명확하게 설명할 수 있다고 본다.

4. 당사자간의 다툼있는 범위로 한정

상표법위반사건에서 A상표에 대한 상표권침해행위 다수, B상표에 대한 상표권침해행위 다수 등이 문제되었을 경우, 다수행위는 포괄일죄 관계이고 A, B상표 상호간에는 경합범관계로서 A상표에 관한 다수의 상표권침해행위 중 유죄부분에 관해서만 피고인이 상고하였다. 이 사건에 대해 판례는 A상표에 대해 포괄일죄의 관계에 있는 행위들은 상소불가분의 원칙에 의해 상고심에 이심되나(다만, 이미 당사자간의 공격, 방어의 대상으로부터 벗어나 사실상 심판대상에서부터도 이탈하게 되므로, 상고심으로서도 그 부분에까지 나아가 판단할 수는 없다[41]) 당사자 쌍방이 상고하지 아니한 B상표에 대한 상표권침해행위 부분은 분리 확정된다고 판시하였다.[42]

이러한 판례의 태도는 ① 가능하면 공소장에 기재된 사실, 더 나아가 당사자 상호간 다툼이 있는 부분만을 심판의 대상으로 보려는 입장이다. 이에 기초하여 경합범 관계에 있는 경우 한 사건의의 상고는 다른 경합범에 영향을 주지 않아 상고되지 않는 것으로 이해했다.

② 포괄일죄에 해당하는 경우라도 당사자간의 공격, 방어의 대상이 아닌 것은 이탈된 것으로 보아 심판대상에서 사실상 제외했다. 일죄의 일부라도 당사자간에 다툼이 없는 경우 심판의 대상으로 삼지 않음으로써 당사자주의를 강화한 것이고 당사자주의에 기초를 둔 소인대상설에 가까운 해석이라 할 것이다.

결국 당사자가 심판의 대상으로 삼은 사실에 대해서만 심판의 대상을 인정한 것으로서 실질적으로 소인대상설에 서 있는 것이라 할 수 있다.

---

41) 대법원 2010. 1. 14. 선고 2009도12934 판결.
42) 대법원 2013. 7. 25. 선고 2011도12482. 판결.

5. 항소이유서와 심판의 대상

업무상횡령으로 제1심 판결이 있은 후 검사가 항소이유서에 '예비적 공소사실: 배임죄'라는 제목하에 예비적 공소사실로 배임죄를 추가하겠다고 기재하였으나 이후 공소장변경허가신청서를 제출하거나 구두로 공소장변경 신청하였다고 볼만한 자료가 없는 경우, 판례는 배임죄는 심판대상이 아니므로 이를 심리하지 아니하였다 하여 법리오해가 있는 것은 아니라고 판시하였다.[43)]

판례의 취지는 공소장에 기재된 사실만으로 재판하면 되지, 항소이유서에 기재된 내용까지 심판의 대상으로 삼아서는 안된다는 것이다. 만일 역사적 사실이라는 관념을 두고 심판의 대상으로 삼는 입장이라면 항소이유서도 참조하여 심판의 대상을 확장할 여지가 있을 것이다. 그러나 판례는 이를 부인하고 오직 공소장에 기재된 사실만을 심판의 대상으로 삼은 것은 소인대상설에서 설명하기 좋을 것이다.

6. 주위적 예비적 공소사실과 심판의 대상

제1심이 주위적 공소사실에 대해 무죄를 선고하고 예비적 공소사실을 유죄로 인정하였으나, 항소심이 제1심판결을 파기하고 주위적 공소사실을 유죄로 인정하고 예비적 공소사실에 대해서는 판단을 하지 않은 경우에 대해 판례는 항소심이 심판대상으로 삼지 아니한 예비적 공소사실 부분은 상고심의 심판대상이 될 수 없다고 판시했다.[44)]

판례는 주위적, 예비적 공소사실의 순서를 명확히 구분하고 주위적 공소사실이 유죄 인정되면 예비적 공소사실은 심판대상이 아님을 밝히고 있다. 역사적 사실 혹은 잠재적 심판의 대상 등의 입장에서는 예비적 공소사실도 심판의 대상에 참고가 될 수 있으나, 판례는 순서를 명확히 하여 주위적 공소사실을 유죄로 삼은 경우 예비적 공소사실은 심판의 대상이 아님을 명확히 하고 있다. 이

43) 대법원 2013. 3. 28. 선고 2010도3359 판결.
44) 대법원 2012. 11. 15. 선고 2012도9603 판결.

역시 공소장에 기재된 사실 중 순서에 따라 심판의 대상을 한정하려는 것으로서 소인대상설에 의해 설명이 용이하다 할 것이다.

7. 동일한 법률 내의 사실과 심판의 대상

폭력행위 등 처벌에 관한 법률 제3조 제1항에 규정된 범행 방법 중 '흉기 기타 위험한 물건을 휴대하여' 타인의 재물을 갈취하였다는 공소사실을 '단체나 다중의 위력으로써 또는 단체나 집단을 가장하여 위력을 보임으로써' 타인의 재물을 갈취하였다는 것으로 인정할 수 있는지 여부가 문제되었다. 이에 대해 판례는 이 사건 공소사실은 3인이 위세를 보이고 위험한 물건인 과도를 보여주며 협박하였다고만 되어 있으므로, 이는 흉기 등 휴대의 방법에 의한 범행으로 기소된 것으로 보일 뿐 '다중의 위력으로써' 또는 '단체나 집단을 가장하여 위력으로써' 범행한 것으로 기소되었다고 볼 수 없고 또한 기록에 의하면, 원심까지의 심리절차에서 다중의 위력 등의 방법이 있었는지 여부에 관하여 별다른 심리가 이루어지지 아니하였음을 알 수 있어, 피고인으로서도 이 부분이 심판의 대상으로 될 것을 예상하였거나 그에 대한 방어권을 행사할 기회가 주어졌다고 보기도 어렵다고 판시하였다.[45)]

판례의 태도는 동일한 법률, 규정 내라고 하더라도 구성요건의 내용이 다른 경우 심판의 대상을 공소장에 적시한 부분만으로 삼는다는 것으로서 소인대상설의 입장에서 설명하기 용이하다. 공소사실대상설이나 이원설의 경우 동일 구성요건 내의 열거된 부분의 유사한 구성요건은 심판의 대상으로 보기 쉬울 것이다.

8. 공소장 불기재와 심판의 대상

피고인에 대한 죄명 표시란에 특수절도죄의 기재가 없고, 적용법조란에도 피고인에 대하여 특수절도에 해당하는 형법조문이 기재되어 있지 아니하며, 공소사실에서도 "원심 공동피고인은 위 피고인 1, 공소외인과 합동하여"라고만 기재

45) 대법원 2013. 6. 27. 선고 2013도3983 판결.

되어 있는 경우, 판례는 피고인에 대하여 검사가 특수절도죄로 기소한 것으로 볼 수 없는 바, 원심이 피고인에게 특수절도죄에 관하여 면소판결을 취한 조치는 불고불리의 원칙상 위법하다고 보았다. 또한 이 부분은 당초부터 공소가 제기되지 않아 심판의 대상이 없으므로 원심에 환송할 수 없고 파기하면 족하다고 보았다.[46)]

이 입장은 심판의 대상이 되기 위해서는 공소장에 죄명, 적용법조, 공소사실이 명확하게 기재되어야 한다는 것이다. 심판의 대상은 공소장에 기재된 사실에 한정된다는 소인대상설에서 설명하기 용이하다. 또한 공소장에 기재되지 않은 경우 심판의 대상이 아예 없는 것이고 파기할 경우 환송할 것도 없어 파기하는 것으로 충분하다는 것도 심판의 대상을 공소장 기재 중심으로 이해하는 것으로 소인대상설과 맥을 같이 한다 할 것이다.

9. 택일적, 예비적 청구와 항소심의 심판 대상

제1심에서 검사가 절도죄와 장물취득죄로 선택적으로 기소하였는데 제1심에서 장물취득죄로 유죄 인정하자, 이에 대해 피고인만이 항소한 경우나 검사만이 양형부당을 이유로 항소한 경우 제1심에서 판단하지 아니한 절도죄에 대해 유죄선고할 수 있는가의 문제이다. 판례는 "택일적으로 공소제기된 범죄사실 가운데 제1심판결에서 유죄로 인정된 이외의 다른 범죄사실이라도 그것이 철회되지 아니하는 한 당연히 항소심의 심판 대상이 된다고 할 것이므로 항소심으로서는 제1심에서 유죄로 인정되었던 공소사실 이외의 다른 범죄사죄로 사실을 새로 선택하여 유죄로 인정할 수도 있다"고 한다.[47)]

그러나 이와 같은 대법원 판례나 이를 지지하는 견해[48)]는 심판의 대상에 관하여 역사적 사실 – 사건의 동일성으로 표현되기도 함 –을 염두에 두었기 때문에 이러한 결론이 가능하다. 심판의 대상을 검사가 공소장에 기재한 사실에

46) 대법원 2001. 12. 27. 선고 2001도5304 판결.
47) 대법원 1975. 6. 24. 선고 70도2660 판결.
48) 박동률, "일죄의 일부상소와 상소심의 심판범위–공방대상론을 중심으로–" 법학논고 제41집, 2013, 경북대학교 법학연구원, 281면.

국한한다면 검사 및 피고인이 항소한 부분만이 심판의 대상이 되고 그 외의 사실이나 적용법조는 공소장변경이 없는 한 고려할 필요가 없는 것이다. 당사자가 항소하지 않은 부분까지 염두에 두고 처벌의 불합리를 고려하여 심판의 대상 범위를 확장시키는 것은 형사재판의 심판범위를 부당하게 확장하는 것일 뿐이다.

예비적 청구의 경우에도 동일한 문제가 발생한다. 주위적 청구에 대해서는 무죄를 예비적 청구에 대해서는 유죄를 선고한 사건에서 피고인만이 항소하였다면 항소심의 심판 대상은 유죄선고된 예비적 청구에 한정된다.[49] 이에 반해 주위적 공소사실과 예비적 공소사실은 하나의 사실관계에 기초를 둔 것으로 분할될 수 없는 것이어서 무죄 부분에 대해서도 심판할 수 있다는 견해가 있다.[50] 그러나 이 견해는 형사재판의 심판대상을 확정함에 역사적 사실을 염두에 두는 것으로 타당치 않다.

Ⅳ. 결론 및 제언 - 공소장기재사실설 제시 -

이상에서 형사재판에서 물적 대상인 심판의 대상에 관한 이론과 판례를 살펴보았다. 소인대상설이 이론적으로나 판례에 나타난 내용으로 볼 때 타당하다고 생각한다. 다만 소인대상설은 용어가 일본식이고 우리나라 법전에 나타나지 않는다는 맹점을 안고 있다. 따라서 공소장기재사실설을 제시하고자 한다.

공소장기재사실설은 기본적으로 소인대상설의 내용과 대동소이하다. 공소장기재사실설은 심판의 대상을 검사가 공소장에 기재한 사실로 이해한다. 법원은 자신이 재판해야 할 물적 대상은 검사가 작성하여 제출한 공소장 기재 사실이며 그것은 검사의 주장이다. 달리 말하면 법원이 재판해야 할 물적 대상은 역사적 사실이거나 검사가 작성한 공소사실 뒤에 숨어 있는 역사적 사실로 이해해서는 안 된다.

49) 동취지 오석준, "형사항소심에서의 판결주문에 관한 몇 가지 문제－판례를 중심으로－" 사법연구자료 제20집, 1993, 368－369면; 양동철, "일부상소와 상소심의 심판범위－판례에 대한 분석과 비판적 고찰을 중심으로－", 경희법학 제45권 제3호, 2010, 222면.

50) 김동률, 앞의 논문, 283면.

역사적 사실은 형사소송에서 알아낼 수도 없거니와 형사소송의 임무도 아니다. 공격자인 검사의 주장과 방어자인 피고인과 변호인의 공방인 공소장에 기재된 사실만이 재판의 물적 대상이다. 법원은 공소장에 기재된 사실이 증거에 의해 합리적 의심을 넘을 정도로(beyond reasonable doubts) 증명되는지만을 살펴볼 뿐이다. 공소장에 기재된 사실은 검사가 수사를 통해 증거에 의해 증명할 수 있다고 자신한 검사의 주장일 뿐이다. 검사가 주장하는 사실이 실체적 진실을 규명한 결과라든지 실체적 진실을 배후로 하는 표면적 서술이라는 생각은 매우 위험하다.

이러한 사고는 형사재판을 유죄추정으로 유도하고 검사에게 불필요한 왕관을 씌워줄 뿐이다. 검사는 유죄주장을 위해 증거를 모으고 주장하는 공격자일 뿐이다. 법원은 검사의 주장에 대해 '무죄추정의 원리'에 입각하여 의심의 눈초리(탄핵하는 자세)를 보내는 것이 중요하다. 즉 검사의 주장은 무고한 시민을 유죄인으로 인정하려는 무죄추정에 반하는 주장이므로 객관적 증거에 의해 충분히 그리고 확고하게 증명되고 있는지를 검증해보아야 할 대상이다.

사법소극주의에 따라 법원은 이러한 검사의 주장을 심판의 대상으로 삼고 이것이 증거에 의해 증명되는지 판단할 뿐이다. 법원이 당사자의 주장을 떠나 그 배후에 있는 역사적 사실을 찾겠다고 나서는 것은 불가능할 뿐 아니라 합당하지도 않다. 형사소송에서 가능하지도 합당치도 않은 '실체적 진실 발견'을 법원이 앞세운다면, 법원 역시 허위에 기한 권위를 내세우려 한다는 비판을 받을 것이다. 따라서 판례는 '실체적 진실'이라는 용어를 사용하지 않는 것이 옳다.[51)]

그런데 소인(訴因)이라는 표현이 일본 형사소송법에서 사용되는 용어이고 우리나라 사회에서나 형법학 이론이나 실무에서 사용하지 않는 표현이라는 비판은 본질적인 것은 아니지만 받아들일 필요는 있다고 본다. 학설 이름이 논쟁의 중심에 서는 것은 바람직스럽지 않다. 그렇다면 내용에 부합하는 표현을 적절하게 사용하면 될 것이다. 심판의 대상은 '검사가 공소장에 기재한 공소사실'로서 '소인대상설' 대신 '공소장기재사실설'로 표현하면 어떨까 한다. 이 표현은 심판의 대상이 오직 공소장에 기재된 사실일 뿐 그 이상도 그 이하도 아님을 의미

51) 양천수, 앞의 논문, 135-136면 참조.

한다.

전체적으로 정리하자면, 형사재판에서 심판의 대상은 검사가 공소장에 기재한 공소사실로서 법원은 검사의 이 주장사실이 증거에 의해 합리적 의심을 넘을 정도로 증명되는지를 검증해야 한다. 공소장에 기재한 공소사실은 검사가 수사를 통해 증명될 수 있는 사실이라고 주장하는 것일 뿐이지 역사적 사실을 대변하거나 실체적 진실을 담고 있다는 불필요하고 부당한 의미부여를 해서는 안된다. 이러한 학설을 '공소장기재사실설'이라 이름붙이고, 이에 입각할 때 합당하고 공정한 형사재판이 이루어질 수 있을 것이다.

참고문헌

강구진, 형사소송법원론, 학연사, 1984.

권오걸, 형사소송법, 형설출판사, 2010.

노명선/이완규, 형사소송법, 성균관대학교출판부, 2009.

배종대/이상돈/정승환/이주원, 신형사소송법, 홍문사, 2011.

백형구, 형사소송법강의, 박영사, 2001.

손동권, 형사소송법, 세창출판사, 2010.

송광섭, 형사소송법, 형설출판사, 2012.

신동운, 신형사소송법, 법문사, 2008.

신양균, 형사소송법, 법문사, 2000.

이은모, 형사소송법, 박영사, 2012.

이재상, 신형사소송법, 박영사, 2006.

임동규, 형사소송법, 법문사, 2013.

정웅석/백승민, 형사소송법, 대명출판사, 2009.

차용석/최용성, 형사소송법, 2011, 21세기사.

최영승, 형사소송법, 대명, 2012.

문준영, "법에서의 사실, 증거, 정의", 가라문화 제23집, 경남대학교 가라문화연구소, 2011.

박기석, "형사절차의 이념 －실체적 진실발견의 평가－", 형사정책연구소식 제31권, 1995.

박동률, "일죄의 일부상소와 상소심의 심판범위", 법학논고 제41집, 경북대학교 법학연구원, 2013.

백형구, "공판절차상 심판의 대상", 고시계, 1982/1,2.

변종필, "형사소송 이념과 범죄투쟁 그리고 인권", 비교형사법연구 제5권 제2호, 2003.

송희식, "형사소송의 이념과 사회통합", 동아법학 제50집, 2011.

양동철, "일부상소와 상소심의 심판범위－ 례에 대한 분석과 비판적 고찰을 중심으로－", 경희법학 제45권 제3호, 2010.

양천수, "형사소송법상 실체진실주의와 적정절차원칙에 대한 비판적 고찰", 경남법학 제23집.

양천수/우세나, "민사소송에서 바라본 진실 개념", 민사소송 제14권 2호, 한국민사소송학회, 2010.

오석준, "형사항소심에서의 판결주문에 관한 몇가지 문제－판례를 중심으로－" 사법연구자료 제20집, 1993.

이존걸, "형사소송에서의 객관적 심판대상", 법학연구, 한국법학회, 2013.

임상규, "음주운전의 죄수관계와 기판력", 법학논고 제37집, 경북대학교 법학연구원, 2011.

차용석, "심판의 대상", 고시계, 1987/6.

홍영기, "형사소송법, 그 독자적인 법 목적에 대한 이해", 저스티스 통권 100호, 2007.

37

피고인의 입증책임*

– 대법원 2005도2627호 관련 피고인의 해명책임 정립을 위한 시론 –

박 병 모**

형사소송법 분야

Ⅰ. 문제의 제기

1. 사안의 개요

이 사건 사안은 피고인이 국회의원 선거에서 입후보한 박○○에 대하여 2004. 4.경 신문 기자 등에게 '박○○가 박정희 대통령의 스위스 부패자금을 지금 쓰이고 있는 것이 아닌지 검토가 필요하다. 박정희 대통령의 스위스 부패자금이 박○○에게 전달되었다는 이야기가 있다'는 취지로 말한 사안이다.

2. 검사의 기소

위 사안에 대하여 검사는 피고인의 행위를 '당선되지 못하게 할 목적으로 후

---

* 이 논문은 제103회 영남형사판례연구회(2009.9.21.)에서 발표되었음.
** 현 대전지검 중요경제범죄수사단 부장검사.

보자에 관하여 허위사실을 공표한 자'를 처벌하도록 규정한 구 공직선거 및 선거부정방지법 제250조 제2항, '공연히 허위의 사실을 적시하여 사람의 명예를 훼손한 자'를 처벌하도록 규정한 형법 307조 제2항으로 의율하고, 죄명을 공직선거및선거부정방지법, 명예훼손으로 의율하여 상상적 경합으로 기소하였다.

3. 제1심 법원 판결

제1심은 공소사실을 모두 유죄로 인정하고, 피고인에게 벌금 250만원을 선고하였다.

제1심은 판결이유에서 '피고인은, 피고인이 제기한 의혹들은 이미 재미 언론인이나 미국 의회의 보도자료 등에서 거론되었던 문제들로서, 피고인으로서는 위와 같은 의혹들이 진실한 것으로 믿을 만한 상당한 이유가 있고, 따라서 피고인을 처벌할 수 없다고 주장하지만, 피고인이 제출한 소명자료에 의하더라도 '박정희 대통령이 스위스 은행을 이용하여 비밀자금을 관리하였다.', '전두환이 박○○를 스위스로 보내 박정희의 비밀자금을 인출해 오도록 했다.', '박정희 사후 집무실에서 9억원이 발견되었으며, 전두환이 그 중 6억원을 박○○에게 주었다.'는 정도에 불과한 것으로, 이는 새롭게 제기된 의혹이 아니라 과거 오래전부터 있었던 의혹들로서 그 동안 더 이상 새롭게 밝혀진 사실이 없는 점, 특히 피고인은 '위 비밀자금이 선거자금으로 사용되고 있다'는 의혹을 제기하면서도 그 점에 대해서는 전혀 소명자료를 제시하지 못하고 있는 점 등을 미루어 볼 때 피고인은 자신의 발언을 통해 제기하는 의혹이 진실이라고 믿을 만한 상당한 이유가 있었다고 할 수 없다.'고 판결하였다.

4. 항소심 법원의 판결

제1심 판결에 대하여 피고인만 항소하였는데, 항소심 판결은 무죄를 선고하였다.[1)]

---

1) 다만, 검사가 항소심에서 예비적 공소사실로 공직선거법 소정의 후보자 비방, 형법 제307조 제1항 소정의 명예훼손을 추가하였고, 위 예비적 공소사실은 모두 유죄로 인정되어, 결국 피고인

항소심은 다음과 같이 판결이유에서 그 무죄이유를 설시하였다.

- 피고인은, 이 사건 발언이 입증이 가능한 진실한 사실에 해당하거나, 적어도 피고인으로서는 이 사건 발언에서 제기한 의혹들이 진실한 것으로 믿을 만한 상당한 이유가 있었다고 주장한다.
- 공직선거및선거부정방지법 제250조 제2항 소정의 허위사실 공표죄가 성립하기 위하여서는 공표된 사실이 허위라는 점에 대한 적극적인 증명이 필요하고, 그 사실이 진실이라는 증명이 없다는 것만으로는 허위사실 공표죄가 성립할 수 없다.
- 이러한 법리에 비추어 보면, 이 사건 발언에 대하여 허위사실 공표죄가 성립하기 위하여는 박정희 대통령의 스위스부패자금이 존재하지 않는다거나, 존재하더라도 박○○에게 전달되지 아니하였다는 사실에 대한 적극적인 증명이 있어야 하고, 단순히 이 사건 발언에서 주장한 내용이 진실이라는 증명이 없다는 것만으로는 허위사실 공표죄가 성립할 수 없는 것이다.
- 이 사건 발언이 허위라는 점을 증명하기 위한 증거가 없고,[2] 피고인이 제출한 소명자료에 의하면, 가사 이 사건 발언내용이 허위사실이라고 하더라도 박○○와 상반된 이해관계를 가지는 정당 소속의 피고인으로서는 박○○가 박정희 대통령의 스위스 비자금을 넘겨받았다고 의심할 만한 여지가 있다고 할 것이므로, 피고인에게 이 사건 발언내용이 허위사실이라는 점에 관한 인식이 있었다고 보기도 어렵다.

5. 대법원의 판단

대법원은 다음과 같은 이유로 항소심 판결을 파기하였다.

- 공직선거법 제250조 2항 소정의 허위사실 공표죄 등이 성립하기 위하여

에게 벌금 80만원이 선고되었다.

2) 심지어 항소심은 '검사가 원심법원에 제출한 의견서 내용에 비추어 보면, 검사는 거꾸로 피고인측에서 이 사건 발언내용이 진실이라는 점의 입증책임이 있다고 보는 듯하다.'고 적시하여 검사나 제1심이 검사에게 입증책임이 있다는 원칙을 망각하고 있다는 취지로 판시하였다.

는 검사가 공표된 사실이 허위라는 점을 적극적으로 증명할 것이 필요하고, 공표한 사실이 진실이라는 증명이 없다는 것만으로는 허위사실 공표죄가 성립할 수 없음은 원심이 판시한 바와 같다.

– 그런데 위 증명책임을 다하였는지 여부를 결정함에 있어서는, 어느 사실이 적극적으로 존재한다는 것의 증명은 물론 그 사실의 부존재의 증명이라도 특정기간과 특정장소에서의 특정행위의 부존재에 관한 것이라면, 적극적 당사자인 검사가 이를 합리적인 의심의 여지가 없이 증명하여야 할 것이지만, 특정되지 아니한 기간과 공간에서의 구체화되지 아니한 사실을 부존재를 증명한다는 것은 사회통념상 불가능한 반면, 그 사실이 존재한다고 주장, 증명하는 것이 보다 용이한 법이므로, 이러한 사정은 검사가 그 입증책임을 다하였는지를 판단함에 있어 고려되어야 할 것이고, 따라서 의혹을 받을 일을 한 사실이 없다고 주장하는 사람에 대하여 의혹을 받을 사실이 존재한다고 적극적으로 주장하는 자는 그러한 사실의 존재를 수긍할 만한 소명자료를 제시할 부담을 진다고 할 것이며, 검사는 제시된 그 자료의 신빙성을 탄핵하는 방법으로 허위성의 입증을 할 수 있다고 할 것이다.

– 이때 제시하여야 할 소명자료는 위의 법리에 비추어 단순히 소문을 제시하는 것만으로는 부족하고 적어도 허위성에 관한 검사의 입증활동이 현실적으로 가능할 정도의 구체성은 갖추어야 할 것이며, 이러한 소명자료의 제시가 없거나 제시된 소명자료의 신빙성이 탄핵된 때에는 허위사실의 공표로서의 책임을 져야 할 것이다.

– 피고인은 수사기관 및 제1심과 원심에 이르기까지 그 점에 관한 별도의 구체성 있는 소명자료를 제출하지 못하고 있으므로, 달리 위 의혹사실의 존재를 수긍할 만한 새로운 소명자료가 추가로 제시되지 않는 한 결국 피고인으로서는 위 의혹사실의 존재를 수긍할 만한 소명자료를 제시하지 못한 경우에 해당하여 허위사실의 공표의 책임을 져야만 할 것이다.

이후 파기 후 환송심은 피고인의 항소를 기각하여 제1심 판결을 확정되었다.

6. 법원 판결의 분석

이 사건은 피고인이 국회의원 선거 후보자에 대한 소문에 근거하여 의혹을 제기하였고, 그 의혹제기를 뒷받침할 만한 자료로 다소 추상적인 자료를 제출하였으나, 구체적인 소명자료를 제출하지 못한 사안으로 보인다.

한편 항소심 판결문에서 고발인의 진술만이 공소사실 입증 증거로 제시되고 있는 것을 보면 검사 역시 피고인이 제기한 의혹이 명백하게 허위라는 것을 100% 입증하지 못한 것으로 보인다.

결국 검사나 피고인 모두 피고인의 발언내용을 100% 입증하거나 소명하지 못한 상태로 보이고, 그런 상태에서 입증 내지 소명책임을 누가 부담하느냐에 따라 유무죄판단이 달리된 것으로 보인다.

검사, 제1심, 대법원은 피고인이 자신의 의혹제기를 뒷받침할 구체적인 소명자료를 제출하지 않았으므로 유죄로 판단하였던 것으로 보이고, 항소심은 피고인이 진실을 증명하지 못하였지만 검사 또한 허위임을 명백하지 입증하지 못하였으므로 무죄로 판단한 것으로 보인다.

7. 문제의 제기

헌법 제27조 제4항은 '형사피고인은 유죄로 확정될 때까지는 무죄로 추정한다.'라고 규정하고 있고, 형사소송법 제257조의 2는 '피고인은 유죄의 판결이 확정될 때까지는 무죄로 추정된다.'고 규정하고 있다.[3] 따라서 피고인의 유죄를 주장하는 검사가 피고인이 유죄임을 입증하여야 한다.

이 사건 항소심 또한 검사가 허위라는 점에 대한 적극적인 증명을 하여야 한다고 판시하여 위와 같은 검사 입증책임의 원칙을 반영시키고 있다. 헌법상의 무죄추정의 원칙이나 '의심스러울 때는 피고인의 이익으로'라는 원칙을 생각하면 항소심 판결은 쉽게 이해할 수 있다.

3) 다만, 무죄추정의 원칙에 대하여는 그것이 입증책임과 무관하고, 불이익처우를 금지하는 것에 불과하다는 견해가 있기는 하지만, 무죄추정의 원칙은 검사에게 유죄의 입증책임이 있다고 설명하는 실정법적 근거가 아니라고 볼 수도 없다.

그런데, 이 사건에 대하여 제1심 판결은 피고인이 전혀 소명자료를 제시하지 못하고 있다는 취지의 설시를 하여, 마치 피고인에게 무죄의 입증책임이 있는 것처럼 설시하고 있고, 더 나아가 대법원 판결은 명시적으로 피고인이 소명자료를 제시할 부담을 진다는 취지로 판시하여, 피고인이 증거를 제출할 책임이 있음을 설시하고 있다.

피고인이 소명자료를 제출한 책임이 있다는 위와 같은 판결은 2001도6138호 전원합의체 판결, 2005도4642호 판결, 2008도8952호 판결 등에서도 반복되고 있다.

공소사실 내지 유죄의 입증책임이 검사에게 있음에도 불구하고, 1심과 대법원이 피고인에게 소명자료 제출의 책임을 부담시켜, 마치 피고인에게도 무죄의 입증책임이 있는 것처럼 판시한 것을 어떻게 조화시킬 수 있을 것인가.

위와 같이 소명자료를 제출한 책임이 피고인에게 있다는 취지의 판결은 주로 공직선거법위반 사건에서 나타나고 있는데, 대법원은 같은 허위성의 문제를 다루는 무고죄에서는 신고한 사실이 객관적 사실에 반하는 허위사실이라는 요건은 적극적인 증명이 있어야 하고, 신고사실의 진실성을 인정할 수 없다는 소극적 증명만으로는 곧 그 신고사실이 객관적 진실에 반하는 허위사실이라고 단정할 수 없다고 일관되게 판시하고 있고, 무고죄에 있어서는 피고인의 소명자료 제출의 책임을 적시하지도 않고 있다.

얼핏 모순되어 보이는 위와 같은 대법원 판결들의 타당성을 검토하고, 해명책임이라는 개념으로 모순되어 보이는 문제를 해결하고자 하는 것이 이 논고의 목적이다.

Ⅱ. 입증책임과 해명책임

1. 피고인의 입증책임

입증책임은 일반적으로 사실의 존부에 대하여 진위불명의 상태가 발생하였을 때, 불이익한 판단을 받게 되는 부담이라고 말하여지고 있다.

따라서 사실의 존부에 대하여 진위불명인 경우에 불이익한 판단을 받을 위험에 처한 소송당사자가 사실의 존부를 입증하기 위한 활동을 할 수 밖에 없다.

형사소송에 있어 입증책임은 무죄추정의 원칙, 의심스러울 때는 피고인의 이익으로 원칙에 의하여 검사에게 있는 것으로 보고 있다.

검사는 범죄의 성립요건에 대하여 입증책임을 부담한다. 따라서 검사는 범죄 성립의 적극적인 요건은 구성요건해당성에 대하여 입증책임을 부담하고, 구성요건해당성 배제 사유, 위법성조각사유, 책임조각사유의 부존재에 대하여도 입증책임을 부담한다.

범죄의 성립을 조각하는 소극적인 요소를 범죄불성립규범으로 보고, 그 범죄불성립규범에 대하여는 피고인에게 입증책임이 있다고 주장하는 견해도 있다.[4)]

그러나 자유주의 형법 체계하에서는 사실의 존부에 관하여 진위불명이 발생하였을 때 작용하는 입증책임이 피고인에게 있다고 하는 것은 수용하기 어렵다. 구성요건 해당성 자체가 인정되는지 애매할 때뿐만 아니라, 범죄의 성립을 저지하는 정당방위나 강요된 행위에 해당된다고 보기 애매한 경우에도 피고인에게 이익되는 방향으로 그것을 정당방위 또는 강요된 행위로 인정해 주어야 무죄추정의 원칙에 부합하는 이론구성이라 할 것이고, 검사에게 유죄의 입증책임이 있다는 원칙과도 부합된다 할 것입니다.

이 사건에 대한 대법원 판결 또한 공직선거법 제250조 2항 소정의 허위사실공표죄 등이 성립하기 위하여는 검사가 공표된 사실이 허위라는 점을 적극적으로 증명할 것이 필요하고, 공표한 사실이 진실이라는 증명이 없다는 것만으로는 허위사실 공표죄가 성립할 수 없다고 판시하고 있는데, 이는 피고인에게 소명자료 제출의 부담이 있다 하여도 그것이 피고인에게 입증책임을 부담하게 하는 것은 아니라는 취지로 보여진다.

입증책임을 분배하여 범죄의 소극적 요소 등에 대하여 피고인에게 입증책임을 부담케 하면, 이 사건의 대법원 판결의 결론을 어느 정도 설명할 수는 있으

4) 조두영 변호사는 입증책임론 2005년 초판에서 검사와 피고인간의 입증책임이 분배되어야 함을 주장하면서, 범죄성립규범 등은 검사 입증책임을 부담하고, 범죄불성립 규범 즉 위법성조각 사유, 책임조각사유 등은 피고인이 입증책임이 부담하여야 한다는 취지로 주장하고 있다.

나, 위와 같이 입증책임의 분배는 우리 형사소송법학에서 전면적으로 도입하기는 어려워 보이고, 무죄추정의 원칙과도 부합하지 않는 것으로 보인다.

우리 형사소송의 구조가 완전한 당사자주의로 전환된다면, 입증책임의 분배 문제도 본격적으로 검토되어야 할 과제로 보여지지만, 현재의 소송구조가 직권주의와 당사자주의가 혼합된 구조이므로, 아직은 전면적으로 입증책임을 피고인에게 전환시키기에는 시기상조로 보인다.

2. 해명책임 개념의 필요성

입증책임이 검사에게 있다고 하여, 피고인이 사실의 존부에 관하여 아무런 부담도 지지 않는다고 해석하는 것은 또 현실을 도외시한 견해라 생각한다.

학설상으로도 '주관적 입증책임', '증명의 부담', '증거제출책임'이라는 이름으로, 소송의 동태적인 특성상 가변적인 입증의 필요성 개념 자체는 인정하고 있다.

그러나 위와 같은 개념들은 입증에만 초점에 맞추어진 것이고, 그것이 어떻게 기능하고 작용하여야 하는 것에 대하여는 명확한 기준이 제시되지 않고 있다.

그러면, 실제 수사나 소송의 현실을 살펴봄으로써 피고인이 주장 내지 입증상 부담을 지는 것이 필요한지를 확인해 볼 필요가 있다.

실무상 범죄 혐의사실을 확정하기 위하여 피의자 또는 피고인의 진술이 필요한 경우가 많다. 그래서 피의자의 진술을 청취하지 못한 경우에 검사는 기소중지처분이라는 형식으로 수사를 중단하고, 피의자를 지명수배 또는 지명통보를 하고, 이후 피의자가 검거되어 온 경우에 피의자의 진술을 청취한 후 기소여부를 결정하는 것이 검찰 실무상의 운영이다.

그리고 우리 형사소송법 제200조는 '검사는 피의자의 출석을 요구하여 진술을 청취할 수 있다.'라고 규정하고 있고, 제242조 이하에서 검사가 피의자를 신문함에 있어 준수하여야 할 절차적인 규정을 형사소송법에 규정하고 있으며, 심지어 제200조의 2는 피의자가 출석을 응하지 아니하는 경우에는 체포영장을 발부받아 피의자의 출석을 강제할 수 있는 길도 열어 놓고 있다. 그리고 제296조의 2는 재판단계에서도 피고인에게 신문할 수 있는 길을 열어 놓고 있다.

다만, 위와 같은 우리 형사소송법의 피의자 신문제도나 피고인신문제도가 인권침해의 소지가 있어 이를 폐지하여야 한다는 견해가 있으나, 강제적 요소가 가미된 피의자 신문제도나 피고인 신문제도가 폐지된다 하여도 범죄 혐의사실에 대하여 피의자 또는 피고인의 진술이 필요한 경우는 많을 수 밖에 없다. 이는 미국에서도 피고인에 대한 증인신문제도가 운영되고 있는 것을 보아도 알 수 있다.

현행 형사소송법과 같이 피의자신문제도를 존치하든, 피의자신문폐지론과 같이 피의자신문제도를 폐지하든 피의자의 진술을 청취하거나 피의자로부터 소명자료를 제출받는 절차가 사라질 수는 없는 것으로 보인다.

이는 피의자의 진술을 청취하여야만 범죄성립여부를 판단할 수 있는 경우가 많기 때문이다. 예컨대, 도박죄에 있어 일시오락의 정도에 불과한지는 피의자가 도박의 경위, 규모, 자신의 재산과 소득상태 등을 진술하여야 알 수 있다. 또한 쌍방 폭력사건에서 정당방위에 해당하는지 또한 피의자가 폭력 행사의 경위와 동기를 진술하여야 알 수 있다. 자구행위 또한 청구권이 존재하고 있다는 사정은 피의자가 진술하여야 알 수 있고, 강요된 행위인지 여부 또한 피의자가 진술하지 않으면 전혀 알 수가 없다.

실제로 수사현실에서 억울함을 주장하며 사건 경위를 자세히 설명하려고 하는 피의자가 대다수이다. 수사현실에서 진술거부권 등을 행사하며 침묵하는 경우는 극히 소수이다. 또한 많은 피의자들이 법정에서 이야기할 시간을 별로 주지 않는다고 불만을 토로하는 것을 보면, 침묵하는 것보다는 무엇인가를 적극적으로 해명하려고 하는 경향이 더 많다고 보여 진다.

피의자가 구성요건해당성 배제사유, 위법성조각사유 등에 대하여 해명을 하지 않는다고 하여도 이를 검사가 입증하면 되지 않느냐고 주장할 수 있으나, 치욕을 은폐하기 위하여 영아를 살해하였는지 여부와 같이 동기에 대한 것은 주관적이고, 내심적인 것이어서 다른 객관적인 증거수집으로는 한계가 있을 수밖에 없고, 어떤 경우에는 오직 피의자 내지 피고인의 진술만으로는 그 의미를 파악할 수 밖에 없다.

피의자가 자신의 범행 동기에 대하여 침묵하는 경우에 검사는 기소를 포기하지는 않을 것이고, 판사 또한 무죄를 선고하지는 않을 것이다. 진술거부권의 행사가 권리라고 하지만, 피의자가 다른 사람을 때리거나 죽인 사실은 인정되고, 진술거부권을 행사하여 그 동기를 알 수 없는 경우에 검사가 기소를 포기하게 하는 것은 검사에게 기대하기도 어려울 뿐만 아니라, 현실적으로도 그와 같은 것을 공동체가 용납하지는 않을 것으로 보여 진다.

피의자가 자신의 범행 동기에 대하여 침묵함으로써 검사는 기소를 하고, 판사는 유죄판결을 선고한다면, 피의자는 기소 또는 유죄의 불이익을 피하기 위하여 침묵하지 않을 것이고, 직접 또는 변호인을 통하여 자신의 범행 동기를 나름대로 설명할 수 밖에 없을 것이다.

이와 같은 상황을 설명할 수 있는 개념이 필요한데, 이를 설명하기 위하여 고안한 것이 해명책임이다.

어떤 사람에게 어떤 의혹이 제기되었을 때 언론 등에서는 의혹을 받은 사람이 이를 해명하여야 한다고 주장하는 경우가 있다. 특히 국회의 인사청문회 등에서 공직후보자가 자신에 대한 의혹을 해명하는데, 해명을 하지 않거나 제대로 하지 못하면 오히려 의혹이 더욱 증폭되는 경우가 있는데, 여기서 착안한 것이 해명책임이다.

해명책임은 입증의 부담, 증거제출책임과 다소 유사한 개념이면서 다른 의미를 다소 내포하고 있다. 입증의 부담, 증거제출책임이 주로 입증의 관점에서 이야기되고 있는 개념임에 반하여 해명책임은 주장과 소명 내지 입증을 포괄하는 개념이다.

해명책임은 범죄의 혐의사실에 대하여 피의자 내지 피고인이 범죄 혐의사실에 대하여 해명을 하여야 하는 부담이라고 할 수 있다. 그 해명은 단순한 설명 즉 주장에 그칠 수도 있고, 증거의 소재 즉 참고인의 인적 사항을 제시하는 것이 될 수 있고, 적극적으로 소명자료 내지 해명자료를 제출하여야 하는 경우도 있을 수 있다. 이러한 다양한 유형을 포괄하는 용어로 해명이라는 개념을 사용하는 것이다.

입증책임이라는 용어와 달리 해명책임이라는 용어를 사용하는 또 다른 이유 중의 하나는 입증의 정도에 있다. 통상 입증책임이라고 하면, 진위불명의 경우에 입증자료를 제출하지 않는 자가 불이익한 판단을 받을 부담을 감수하여야 한다. 그러나 해명에 있어서는 진위불명의 경우에는 해명자가 그 책임을 감수하는 것이 아니다. 해명은 그야말로 해명에 불과하고, 그 해명이 석연치 않다고 하여도 진위불명의 불이익은 피의자 내지 피고인이 부담하는 것이 아니다. 진위불명에 따른 불이익은 검사가 부담하는 것이다. 즉 입증책임은 여전히 검사가 부담하고 있다는 것을 나타내기 위하여 해명이라는 용어를 사용하는 것이다.

예컨대, 도박죄에 있어 일시오락에 해당하는지 여부가 문제되는 사안에서 피의자가 도박의 경위나 동기를 설명하면서 일시오락을 주장하고, 검사가 피의자의 주장내용을 확인하는 절차를 취하였으나, 일시오락에 해당하는지 여부가 애매할 때, 즉 진위불명의 경우에는 입증책임을 검사가 부담하여 불기소하거나 무죄판결을 선고하여야 하는 것이 해명책임의 개념이다. 만약 위와 같은 경우에 피의자가 불이익한 판단 즉 기소의 불이익이나 유죄선고의 불이익을 받아야 한다면, 그 것은 피의자 내지 피고인이 입증책임을 부담하고 있다고 하여야 할 것입니다.

본건 대상 판결에서도 대법원은 피고인이 소명자료를 제시할 부담을 진다고 판시하면서, 소명자료를 제대로 제시하였는지를 검사가 입증책임을 다하였는지를 검토함에 있어 고려하여야 한다고 설시하고 있는데, 소명자료의 제출이 해명책임의 일부를 구성하는 것이라면, 소명자료에 대한 탄핵으로 검사가 입증책임을 다하는 것은 입증책임의 일부를 구성하는 것으로 양자의 차이점을 나타내는 것이라 할 것이다.

다만, 해명책임이라는 것은 용어상의 문제에 불과하므로, 어떤 용어를 사용하든 피의자 내지 피고인이 범죄 혐의사실에 대하여 해명하거나 설명 또는 소명자료를 제출하지 못함으로써 어떤 불이익한 판단을 받게 되는 현상만을 설명할 수 있으면 다른 용어를 사용하여도 문제는 없다 할 것이다.

3. 소송구조와 해명책임

직권주의 형사소송구조를 취하는 경우에는 실체 진실 발견의 책무가 법원에 있으므로, 검사에게 입증책임이 있다고 설정하기는 다소 어려워 보인다. 검사가 입증책임을 부담하지 않는다면, 피의자 또는 피고인도 이에 대응하여 해명책임을 부담한다고 말하기도 다소 어려워 보인다.

그러나 당사자주의 소송구조에서는 입증책임과 해명책임이 쉽게 이해될 수 있을 것으로 보인다. 소송의 당사자인 검사와 피고인이 소송의 주도권을 가지고 사실의 존부에 대하여 공방하는 소송구조에서는 검사가 공격자로서의 입증책임을 부담한다면, 피의자 내지 피고인은 방어자로서 방어의 내용을 해명 내지 설명할 부담을 안게 되는 것은 비교적 자연스러운 현상으로 보여 진다.

우리의 형사소송구조는 당사자주의가 강화되고 있는 추세이다. 우리의 형사소송구조가 이론적으로는 직권주의 구조에 당사자주의 구조가 가미되어 있다거나, 당사자주의 구조에 직권주의 구조가 가미되어 있다고 주장되고 있으나, 판사들의 재판운영 실태를 보면, 형사소송을 민사재판과 같이 운영하려는 경향이 많이 발견되고 있다. 실제 재판과정을 보면, 검사가 모두진술을 하고, 증거를 제출하면, 피고인 내지 변호인측에서 공소사실에 대하여 나름대로 해명을 하고, 해명자료를 제출하는 경우가 상당수에 이른다. 여기에 더 나아가 소송 도중에 의문사항에 대하여 법원이 피고인에게 그 설명을 요구하는 경우도 쉽게 발견된다.

4. 진술거부권과 해명책임

해명책임의 개념을 인정하게 되면, 피의자 또는 피고인은 적극적으로 자신의 행위 동기를 설명할 수 밖에 없다. 그러나 우리 형사소송법은 피의자 또는 피고인에게 진술거부권을 부여하고 있다.

한편으로는 진술거부권이라는 개념으로 침묵할 수 있는 권리를 부여하면서, 다른 한편으로는 해명책임 등의 개념으로 진술을 할 부담을 지우는 것은 일견 모순되어 보인다.

우리 헌법은 12조 제2항에서 모든 국민은 형사상 자기에게 불리한 진술을 강요당하지 아니한다고 규정하고 있다. 진술거부권의 대상은 자기에게 불리한 진술이므로, 자기에게 유리한 진술은 진술거부권의 대상이 되지 않는다 할 것입니다.

유리한 사실은 오히려 피의자 내지 피고인에게 인정되는 진술권이라고 할 것이다. 해명의 목적은 피의자가 범죄성립에 있어 유리한 판단을 받고자 하는 것이다. 또한 해명이 성공하면 피의자는 불기소처분 또는 무죄판결을 받게 된다. 결국 해명의 대상은 피의자 내지 피고인에게 불리한 사실이 아니고, 유리한 사실이라 할 것이다.

피의자 내지 피고인은 유리한 사실에 대하여는 해명을 하거나 소명자료를 제출하고, 불리한 사실에 대하여 진술거부권행사를 통하여 침묵할 수 있다 할 것이다.

5. 피의자(피고인)의 진술권과 해명책임

위와 같이 해명의 목적과 효과가 피의자 내지 피고인에게 유리한 결과를 가져온다고 할 때, 오히려 해명의 기회를 피의자 또는 피고인이 적극적으로 요구하는 것이 자연스러운 현상으로 보인다. 실제로 피의자신문이나 피고인 신문과정에서 자신의 이야기를 많이 하려고 하는 사람이 있다는 점에서도 해명이 가지는 위와 같은 특징은 드러난다 할 것이다.

우리 형사소송법은 제200조의 5에서 피의자를 체포할 때 피의자에게 변명할 기회를 주어야 한다고 규정하고 있고, 제286조에서 피고인 및 변호인은 모두절차에서 이익이 되는 사실 등을 진술할 수 있다고 규정하고 있다.

피의자 내지 피고인의 해명책임이라는 개념을 설정하면, 피의자 내지 피고인에게 그 책임을 다하기 위하여 변명의 기회 또는 진술의 기회를 요구할 수 있는 권리를 당연히 부여하여야 할 것이다. 위와 같은 변명권과 진술권를 통하여 피의자 내지 피고인은 해명의 책임을 부담할 뿐만 아니라, 해명의 권리까지도 취득한다고 할 것이다.

그리고 해명의 책임을 매개로 하여 그 해명의 책임을 다하기 피의자 또는 피고인에게 수사절차 또는 공판절차에서 증거를 신청할 권리 또한 인정된다고 설명할 수 있을 것이다.

6. 피의자(피고인) 신문과 해명책임

가. 피의자 신문의 목적 규명 필요성

피의자 또는 피고인 신문이 특히 피의자 신문이 강제처분인지, 피의자 신문제도를 유지할지 여부에 관한 논의는 많이 발견되나, 정작 피의자 신문 또는 피고인 신문의 목적에 대하여는 별로 논의가 없는 것으로 보인다.

다만, 피의자 신문제도를 유지하여야 한다고 주장하는 의견들은 실체적 진실을 밝히기 위하여는 피의자의 진술을 청취할 필요가 있다고 주장하고 있을 뿐이다.

피의자 신문제도를 폐지하여야 한다고 주장하는 의견들은 피의자신문제도가 인권침해적인 요소가 있다는 것만을 강조할 뿐, 피의자 진술을 검사 또는 판사가 청취할 필요성이 있는지에 대하여는 심도 있게 검토하고 있는 것으로 보이지는 아니한다.

나. 피의자 신문의 목적

피의자 신문을 하는 목적에 대하여는 실체적 진실을 발견하기 위하여는 사건을 직접 체험한 피의자를 신문할 필요가 있다고 보는 견해가 다수 견해로 보인다. 그러나 위와 같은 견해에 서게 되면, 피의자신문은 진실발견을 위한 수단이 되고, 피의자 신문은 범죄사실에 대한 자백을 받기 위한 목적으로 행하여지는 것으로 볼 소지가 많아 진다.

그러나 자백을 받기 위하여 피의자를 신문하고, 자백을 하지 않는 피의자 특히 거짓말을 하는 것으로 보이는 피의자를 상대로 조사를 하게 되면, 피의자 신문 내지 피고인 신문은 추궁적인 것이 될 수 밖에 없고, 추궁적 방식의 피의자 신문에 대하여는 강압수사라는 시비가 계속 따라다닐 수 밖에 없다.

그러나 피의자신문의 목적이 피의자의 해명 청취에 있다고 하는 경우에는 피의자 신문 내지 피고인 신문의 운영은 많이 달라질 수 밖에 없다.

피의자의 진술을 청취하는 목적이 범죄 혐의사실에 대하여 피의자의 해명 내지 변명을 청취하여 피의자에게 범죄성립을 조각하는 요소가 있는지를 검토하는 것을 피의자 신문의 목적으로 보게 되는 경우에는, 오히려 피의자 신문은 피의자가 적극적으로 요구하는 절차가 될 것이다. 그리고 피의자 신문이 추궁적이라기 보다는 좀 더 대화적인 형태로 운영될 수 있을 것이다.

위와 같이 피의자신문을 바라보는 경우에는 피의자 신문 내지 피고인 신문은 일종의 피의자 또는 피고인의 해명 내지 변명을 청취하는 청문절차로 전환되게 될 것이다.

다. 해명책임과의 관계

피의자, 피고인 신문절차를 위와 같은 청문절차로 보는 것은 해명책임이라는 전제가 바탕이 되지 않을 수 없다.

피의자, 피고인에게 해명책임이 있고, 그 해명책임을 다하기 위하여 피의자는 진술할 필요가 있고, 진술내용을 명확하게 하기 위하여 검사 또는 판사는 피의자에게 질문할 필요가 있다고 보는 것이 피의자신문의 필요성과 그 인권침해적 요소의 제거 필요성을 조화시킬 수 있는 방법으로 생각된다.

피의자 신문결과 피의자가 해명을 제대로 하지 못하거나 해명을 했다 하여도 검사가 그 탄핵에 성공하면 피의자 또는 피고인은 기소 또는 유죄선고의 부담을 안게 될 것이다.

7. 해명책임 부담의 기준

해명책임의 개념을 인정하는 경우에 검사와 피고인간에 일종의 역할 분담이 이루어진다 할 것이다. 그러면 그와 같은 역할분담을 어떤 기준으로 나눌 것인지 또한 피고인의 이해관계에 중대한 영향을 미칠 것이다.

아직 피고인의 해명책임, 입증책임, 입증부담 등의 주제에 대하여 심도 있는 논의가 이루어지 않고 있어, 역할 분담의 기준을 형사법의 독자적인 관점에서 적정하게 설정하기는 쉽지 않다.

따라서 입증상의 역할 분담에 관하여 많은 논의가 있는 민사소송에서의 입

증책임 분배에 관한 기준을 참고하지 않을 수 없다.[5)]

민사소송에서는 원·피고간의 입증책임 분배의 기준에 관하여 법규분류설, 요건사실 분류설, 법률요건 분류설 등이 주장되고 있다.

이중에서 참고할 만한 가치가 있는 학설로는 소극사실설, 외계사실설, 법조분류설로 보여진다.

소극사실설은 요증사실을 적극적 사실과 소극적 사실로 나누고, 적극적 사실은 적극적인 증명이 필요하지만, 소극적 사실을 증명할 필요가 없다는 학설이다.

외계사실설을 요증사실을 외계의 사실과 내계의 사실로 나누고, 외계의 사실에 대하여는 적극적 입증이 필요하지만, 내계의 사실은 그렇지 않다고 보는 학설이다.

법조분류설은 법률요건을 권리관계의 발생·변경·소멸의 관점에서 구별하고, 법규를 권리의 근거 내지 발생규정, 권리 장애 규정, 권리멸각규정 등으로 나눈 후, 각 규정이 적용되어야 한다고 주장하는 사람이 입증책임을 진다는 취지의 학설이다.

위와 같은 민사소송에서의 논의를 참고로 피고인이 해명책임을 부담하는 영역을 검토해 보면, 다음과 같은 검토가 가능할 것으로 보인다.

먼저, 법조분류설적 관점에서 범죄성립요건을 적극적 요건, 소극적 요건으로 나누고, 범죄 성립의 적극적인 요소인 구성요건해당성은 검사가 전적으로 입증책임을 부담하여 적극적으로 증명하여야 하고, 소극적 요소라 할 수 있는 구성요건해당성 배제 내지 조각사유, 위법성 조각, 책임조각사유에 대하여는 피고인이 해명책임을 부담하여 검사는 소극적으로 증명하여야 한다고 검토할 수 있다.

다음으로, 증명이 필요한 사실을 적극적 사실과 소극적 사실로 나누고, 적극적 사실에 대하여는 검사가 적극적 입증책임을 부담하고, 소극적 사실에 대하여는 피고인이 해명책임을 부담하고, 검사는 소극적 입증책임을 부담한다고 검토해 볼 수 있다.

본건 대상 판결에 대한 사안에서도 대법원은 사실의 부존재를 증명하는 것

---

5) 민사소송에서의 입증책임과 관련된 논의는 오석락 변호사의 입증책임론 1996년 신판 69페이지 이하를 인용하였다.

은 사회통념상 불가능하므로, 피고인이 사실의 존재에 관한 소명자료를 제출하여야 한다는 취지로 판시하고 있다.

세 번째는 증명이 필요한 사실을 외계의 사실과 내계의 사실로 구별하여 외계의 사실에 대하여는 검사가 적극적인 입증책임을 부담하고, 내계의 사실에 대하는 피고인이 해명책임을 부담하고, 검사는 소극적인 입증책임을 부담한다고 검토해 볼 수 있다.

Ⅲ. 검사 입증의 구조

위와 같은 해명책임을 전제로 할 경우에, 검사는 다음과 같은 입증책임을 부담하게 된다 할 것이다.

먼저 검사는 범죄성립요소 중 객관적이고, 적극적인 구성요건해당사실에 대하여는 적극적인 증명책임을 부담하고, 주관적이고, 소극적인 구성요건해당사실, 그리고 구성요건해당성 배제사유, 위법성조각사유, 책임조각사유에 대하여는 피의자 또는 피고인의 해명내용을 탄핵하여 소극적으로 증명하는 소극적 증명책임을 부담한다 할 것이다.

그리고 피고인은 주관적이고, 소극적인 구성요건해당사실, 구성요건해당성 배제사유, 위법성조각사유, 책임조각사유에 대하여는 해명책임을 부담하고, 그 해명이 부실하거나 해명이 탄핵되어 해명에 성공하지 못하였을 때, 불이익한 판단을 받을 부담을 지게 된다 할 것이다.

다만, 소송의 종국단계에 있어, 피고인의 해명내용에 대한 검사의 탄핵에도 불구하고, 피고인의 해명내용의 허위성이 명확하지 않아, 진위여부에 대하여 확신에 이르지 않는 때에는 피고인의 해명은 성공한 것으로 취급되고, 검사가 소극적 입증에 실패한 것으로 취급하여야 할 것이다.

Ⅳ. 결 어

이상과 같은 관점에서 본건 대상 대법원 판결이 공소사실의 입증은 검사가 적극적으로 증명하여야 한다고 판시하면서도, 동시에 검사가 사실의 부존재를 소극적으로 입증할 수 있도록 피고인이 소명자료를 제출하여야 한다고 판시한 것은 타당한 판결로 보인다.

그리고 대법원이 사실의 부존재 즉 소극적 사실을 입증하는 방법으로 검사가 피고인의 소명자료를 탄핵하는 방법으로 그 신빙성이 없음을 입증하여야 한다는 취지로 판시하여 소극적 증명의 방법을 제시하는 것 또한 타당해 보인다.

그러나 대법원은 피고인이 소명자료를 제출하여야 하는 경우, 검사가 탄핵의 방법 등으로 소극적으로 증명하여야 하는 경우가 어떤 근거에 의하여 발생하고, 검사가 공소사실을 적극적으로 증명하여야 한다는 원칙과 어떤 관계에 있는지에 관하여 이론적인 설명을 전혀 하지 못하고 있다.

우리 대법원이 이론적인 개발 없이, 현실적인 필요만으로 판결을 함으로써 본건 대상 사건의 항소심이 대법원과 다른 판단을 하게 된 것으로 보여 진다.

대법원은 이 사건과 같은 판결을 공직선거법위반 사건에서만 반복하고 있고, 다른 사건 유형에서는 유사한 판결을 하지 않아 실무상의 혼선은 아직까지도 정리되지 못하고 있는 것으로 보인다.

이 사건 대법원 판결이 결론에 있어서는 타당함에도 불구하고, 그 결론의 정당성을 도출할만한 이론적인 근거나 일반적인 기준이 전혀 제시되지 않고 있는 것은 유죄의 입증책임은 검사에게 있다는 것만을 고정화시켜 놓고, 형사절차에서 피고인이 어떤 부담을 지고, 검사는 어떤 방법으로 입증책임을 다하여야 하는지에 대하여 심도 있는 논의가 이루어지지 않고 있는 것도 그 한 원인으로 보여 진다.

이 논고는 시론에 불과하여 아직은 그 깊이나 넓이가 부족할 수 밖에 없다. 아무쪼록, 형사절차에서 피고인이 어떤 부담을 져야하고, 그러한 부담을 전체 형사절차에서 어떻게 설명하고 해석하여야 하는 지에 대한 논의가 활성화되기를 바란다.

38

형사재판에서 범죄사실을 유죄로 인정하기 위한 심증형성의 정도에 있어 합리적 의심*

– 대법원 2008. 3. 13. 선고 2007도10754 판결 –

조 현 욱**

형사소송법 분야

【대상판례】 대법원 2008. 3. 13. 선고 2007도10754 판결

살인죄 등과 같이 법정형이 무거운 범죄의 경우에도 직접증거 없이 간접증거만에 의하여 유죄를 인정할 수 있고 피해자의 시체가 발견되지 아니하였더라도 간접증거를 상호 관련하에서 종합적으로 고찰하여 살인죄의 공소사실을 인정할 수 있다 할 것이나(대법원 1999. 10. 22. 선고 99도3273 판결; 대법원 2005. 1. 14. 선고 2004도7028 판결 등 참조), 그러한 유죄 인정에 있어서는 공소사실에 대한 관련성이 깊은 간접증거들에 의하여 신중한 판단이 요구된다. 또한, 시체가 발견되지 아니한 상황에서 범행 전체를 부인하는 피고인에 대하여 살인죄의 죄책을 인정하기 위해서는 피해자의 사망사실이 추가적·선결적으로 증명되어야 함은 물론, 그러한 피해자의 사망이 살해의사를 가진 피고인의 행위로 인한 것임이 합리적인 의심의 여지가 없을 정도로 증명되어야 한다.

---

* 이 논문은 제130회 영남형사판례연구회(2012.3.19.)에서 발표되고, 홍익법학 제13권 제2호(2012)에 게재되었음.

** 건국대학교 법학연구소 교수, 법학박사.

먼저, 공소외 2가 사망하였는지 여부에 관하여 원심이 들고 있는 공소외 2의 생활관계와 이 사건을 전후한 행적 등의 제반 사정에 비추어 공소외 2가 사망한 상태라고 인정한 원심의 판단은 대체로 수긍할 수 있으며, 원심이 판시한 바와 같이 2006. 1. 15.과 2006. 5. 6. 두 차례 일시적으로 공소외 2가 사용하던 휴대전화에 관하여 대전광역시 서구 갈마동 기지국 위치에서 위치등록이 된 사실이 있으나 제3자에 의한 사용가능성이나 통신사의 전산상 오류 가능성 등을 감안한다면 공소외 2의 생존 가능성을 시사하는 자료로 삼기에는 부족하다.

그런데 이와 같이 공소외 2가 사망하였다고 하더라도 공소외 2의 시체가 발견되지 아니한 상황에서 위에서 본 바와 같이 이 부분 공소사실에 그 사망의 경위가 기재되어 있지 않음은 물론이고 공소외 2의 살해에 관한 피고인의 범행방법이나 공소외 2의 사망에 관여된 피고인의 구체적 행동이 전혀 나타나 있지 않으며, 이와 관련한 원심의 판시를 보더라도 원심은 공소외 3이 이 사건 감금 범행 직후 자신이 입고 있던 옷을 버렸으나 공소외 5의 진술 등에서 그 옷에 피 또는 얼룩이 묻어 있었음이 인정되고 이러한 흔적은 공소외 3이 입은 경미한 상처(깊이 1㎝, 길이 3㎝)와 그에 따른 소액의 추정 출혈량(1－2분 사이에 약 3cc 정도)에 비추어 공소외 2가 사망에 이르게 되면서 또는 치명상을 입은 데 따른 것이라고 보아야 한다고 하였으나, 기록에 의하면 수사과정에서 이 사건 당시 공소외 3이 입고 있던 옷이 확보되지 못하여 거기에 공소외 2의 혈흔이 묻어 있었는지 여부가 확인되지 않았고 옷의 상태나 그것을 버린 경위에 관한 공소외 5의 진술내용도 명확하지 아니하여 원심의 판시와 같은 추론이 반드시 정확하리라고 단정하기 어렵고, 나아가 그러한 결과를 발생시킨 원인행위가 원심의 판시에 전혀 나타나 있지 않다.

또한, 기록에 의하면 경찰이 이 사건 당시 피고인이 사용하던 승용차를 그 소유자인 공소외 6으로부터 임의 제출받아 감식을 해 본 결과 우측 뒷좌석 문짝 내 측 부위의 내장재 섬유부분이 칼과 같은 예리한 물건으로 잘린 흔적이 있고 뒷좌석에 불상의 액체에 의하여 얼룩진 흔적이 발견되어 국립과학수사연구소에 감정의뢰하였으나 혈액이 검출되지는 않았음을 알 수 있고(마찬가지로 차량 뒷좌석에서 발견된 머리카락들에 대하여 국립과학수사연구소에 유전자형 분석을 의뢰하였으나 모근세포 불량으로 유전자형이 검출되지 않았다.), 위와 같은 우측 뒷좌석 문짝 내 측 부위의 흔적도 위 승용차의 감식시점(공소외 6은 2006. 3. 27.경 경찰조사를 받았고 위 감식도 그 무렵 실시된 것으로 보인다.)에 비추어 피고인이 위 승용차를 사용하던 기간에 생긴 것인지 여부조차 확인되지 않으며, 위 감금 과정에 사용된 칼 종류의 흉기도 찾지 못하였다. 그 밖에 피고인 또는 그 공범자들의 행위와 공소외 2의 사망사실을 직접 연결할 수 있는 어떠한 객관적 흔적이나 의미 있는 정황적 접점을 기록에서 발견하기 어렵다.

그리고 피고인으로부터 살인 범행을 시인하는 내용의 진술을 들었다는 공소외 1의 진술도 그 구체적 내용을 보면 '피고인이 공소외 2의 집 앞에서 공소외 2에게 대화를 시도하려는데 공소외 2가 얼굴을 할퀴는 등의 예상외 반응을 보여 이에 급작스럽게 대응하는 과정에서 한 차례 주먹으로 때렸는데 공소외 2가 사망하였다고 말하였다'는 것이어서 피고인이 살인의 고의를 가지고 범행을 저질러 공소외 2를 사망하게 하였음을 명확하게 인정하는 진술로 보이지 않을뿐더러 앞서 본 바와 같이 이 사건에서 유죄로 인정되는 공소외 2에 대한 나머지 공소사실인 승용차를 이용한 감금 및 폭행의 점과도 양립할 수 없는 것임이 분명하며, 공소외 1 및 공소외 4의 각 진술에서 당시에 피고인이 미안함을 표시하였다는 부분도 공소외 2의 죽음이라는 결과에 대하여 피고인이 나름의 책임을 받아들이겠다는 취지 이상의 의미를 부여하기는 힘들다고 할 것이므로, 이와 같은 피고인의 관련 진술은 이 사건 살인의 범행을 시인한 진술로 보기 어려울뿐더러 그 신빙성이 크다고도 보이지 않는다.

결국, 이러한 증거관계나 기록에 첨부된 검사 제출의 관련 증거, 원심판시에 나타난 그 밖의 정황만으로는 공소외 2의 시체가 발견되지 아니한 상황에서 살해의사를 가진 피고인 또는 그 공범자들의 행위로 인하여 공소외 2가 사망하였음이 합리적인 의심의 여지가 없을 정도로 증명되었다고 보기 어려우므로, 비록 이 사건 직전까지 피고인에게 살해동기를 인정하기에 충분한 객관적 사정이 존재하고 피고인의 주도하에 치밀한 사전계획을 통하여 공소외 2가 납치되었으며 이후 공소외 2가 사망하였을 것으로 추정되는 시점 내지 그에 밀접한 시점에 피고인 또는 그 공범자들이 공소외 2와 함께 있어 시간적·장소적 관련성이 존재하는 사정 등에 비추어 피고인에게 유죄의 의심이 간다고 하더라도 이 사건 살인죄의 죄책을 인정하기는 어렵다.

【비교판례】

Ⅰ. 대법원 1999. 10. 22. 선고 99도3273 판결(시체가 발견되지 아니한 경우의 살인사건)

형사재판에 있어서 유죄의 인정은 법관으로 하여금 합리적인 의심을 할 여지가 없을 정도로 공소사실이 진실한 것이라는 확신을 가지게 할 수 있는 증명력을 가진 증거에 의하여야 하고 이러한 정도의 심증을 형성하는 증거가 없다면 설령 피고인에게 유죄의 의심이 간다 하더라도 피고인의 이익으로 판단할 수밖에 없으나, 그와 같은 심증이 반드시 직접증거에 의하여 형성되어야만 하는 것은 아니고 경험칙과 논리법칙에 위반되지 아니하는 한 간접증거에 의하여 형성되어도 되는 것이며, 간접증거가 개별적으로는 범죄사실에 대한 완전한 증명력을 가지지 못하더라도 전체 증거를 상호 관련하에 종합적으로 고찰할 경우 그 단독으로는 가지지 못하는 종합적 증명력이 있는 것으로 판단되면 그에 의하여도 범죄사실을 인정할 수가 있다 할 것이다.

II. 대법원 2008. 6. 12. 선고 2008도2621 판결(소위 석궁 사건)

1. 증거의 증명력은 법관의 자유판단에 맡겨져 있으나(형사소송법 제308조), 그 판단은 논리와 경험칙에 합치하여야 하고, 형사재판에 있어서 유죄로 인정하기 위한 심증형성의 정도는 합리적인 의심을 할 여지가 없을 정도여야 하나(형사소송법 제307조 제2항), 이는 모든 가능한 의심을 배제할 정도에 이를 것까지 요구하는 것은 아니며, 증명력이 있는 것으로 인정되는 증거를 합리적인 근거가 없는 의심을 일으켜 이를 배척하는 것은 자유심증주의의 한계를 벗어나는 것으로 허용될 수 없다 할 것인바, 여기에서 말하는 <u>합리적 의심이라 함은 모든 의문, 불신을 포함하는 것이 아니라 논리와 경험칙에 기하여 요증사실과 양립할 수 없는 사실의 개연성에 대한 합리성 있는 의문을 의미</u>하는 것으로서, <u>피고인에게 유리한 정황을 사실인정과 관련하여 파악한 이성적 추론에 그 근거를 두어야 하는 것이므로 단순히 관념적인 의심이나 추상적인 가능성에 기초한 의심은 합리적 의심에 포함된다고 할 수 없다</u>(대법원 2004. 6. 25. 선고 2004도2221 판결 등 참조).

2. 원심판결 및 원심이 적법하게 조사한 증거들에 의하여 인정되는 사실과 정황들은 다음과 같다.

(1) 목격자의 진술, 물적 증거 등 객관적 또는 직접적인 증거의 존재

피고인은 2007. 1. 15. 18:30경 흉기 휴대 상해 및 총포·도검·화약류 등 단속법 위반 범행(이하 '이 사건 범행'이라 한다)의 현장에서 체포된 현행범이고, 범행 직후 피해자 공소외 1의 비명을 듣고 범행 현장으로 달려온 목격자도 2명 있으며, 피고인은 체포 당시에 석궁과 화살 3개를 가지고 있었고, 석궁가방 안에 화살 6개, 회칼, 노끈 4개를 가지고 있다가 압수되었다(변호인은 압수된 물품 중에서 위 피해자의 몸에 박혔다고 주장하는 부러진 화살 1개가 증발하는 등 이 사건 범행에 대한 증거물이 조작되었으므로 원심의 판단에 법령위반이 있다는 취지로 주장하나, 수사기관이 범행현장에서 증거물을 제대로 확보하지 못하였다고 볼 여지는 있지만 피고인에게 불리한 결정적인 증거물을 수사기관이 일부러 폐기 또는 은닉할 이유가 없으므로 이를 증거조작이라고 단정하기 어렵고, 이러한 경우 위 화살 1개라는 증거물이 없는 상태에서 나머지 검사 제출의 증거에 의하여 범죄의 증명이 있는가를 판단하면 되는 것이다).

위 피해자의 비명을 듣고 현장에 바로 온 목격자들은 서로 몸싸움하던 피고인을 위 피해자로부터 격리시킨 다음 위 피해자의 옷을 들추니까 시뻘겋게 피가 묻어 있어서 경찰과 소방서에 바로 신고했다는 것이고, 출동한 소방관의 진술에 의하면 당시 위 피해자는 배꼽부위에 상처가 있었고 출혈로 인하여 속옷이 빨갛게 물들어 있었다(그 사이에

피고인 주장처럼 위 피해자가 스스로 자해를 할 시간이나 기회를 갖기는 불가능했을 것으로 보인다).

위 피해자를 진료하고 진단서를 작성한 의사의 증언과 진단서 등에 의하면 위 피해자는 복부 배꼽 좌측 부분에 길이 2㎝ 정도, 깊이는 근육층까지 뚫고 들어가 있는 상태의 창상이 발견되었다.

국립과학수사연구소의 유전자분석 감정결과 위 피해자가 입고 있었던 검정색 조끼, 흰색 속옷 상의, 연하늘색 내의, 흰색 와이셔츠 등에서 혈흔이 발견되었고, 유전자형 분석 결과 모두 동일한 남성의 유전자형이 검출되었다(피고인은 조끼와 속옷에 모두 혈흔이 발견되었는데 중간에 입은 와이셔츠에 혈흔이 없기 때문에 수사기관에서 증거를 조작한 것이라고 주장하나, 압수된 증거물에 의하면 속옷과 내의에는 복부 부위에 다량의 출혈흔적이 육안으로 확인되지만 조끼에는 육안으로 혈흔인지 여부를 확인하기 어려운 소량의 흔적만 보이는 점, 처음 위 피해자를 목격한 경비원은 위 피해자의 옷을 들추니 다량의 혈흔이 보였다고 진술하고 있는 점 등에 비추어 보면, 와이셔츠의 혈흔이 육안으로 잘 확인되지 않는다는 사실보다는 속옷과 내의에서 다량의 출혈흔적이 확인된다는 사실의 증명력이 훨씬 우월한 것으로 보인다).

(2) 피해자 공소외 1의 진술과 피고인 진술의 신빙성 검토

위 피해자는 이 사건 범행 시각에 아파트 1층 현관에서 엘리베이터 단추를 누르고 기다리는데 2층 계단 중간쯤 어둠 속에서 피고인이 활같이 생긴 무언가를 들고 나타나 '그게 판결이냐'는 등 질문을 한 사실, 그 후 피고인이 위 피해자가 있던 현관까지 내려왔고 피고인이 어느 위치에서 화살을 발사했는지는 기억나지 않지만 위 피해자는 화살에 맞은 것을 순간적으로 발견하고 화살을 빼냈으며, 피고인과 몸싸움을 하면서 현관 바깥쪽으로 탈출 시도를 하고 '사람 살려'라고 외치며 구조요청을 한 사실, 피고인과 위 피해자가 아파트 입구 바깥 계단에서 함께 굴러 넘어졌는데 그 후에 피고인이 위 피해자 배 위에 올라타 죽여버리겠다고 말을 한 사실, 그 후 목격자들이 나타나 피고인을 떼어 놓았고, 위 피해자는 처음에는 신고를 망설였으나 아파트 경비원이 옷 속에 피가 묻어있다고 하여 비로소 배에서 피가 나는 사실을 발견하고 위 경비원에게 신고를 부탁한 사실 등을 비교적 일관성 있게 진술하고 있다(이 사건 범행이 어둠 속에서 순간적으로 일어났고 위 피해자가 상당히 충격을 받은 사정을 고려하면, 피고인이 석궁을 발사한 정확한 지점이나 위 피해자와의 거리, 위 피해자가 피고인의 어느 부위나 물건을 붙잡고 몸싸움을 하였는가에 대한 진술이 다소 일관되지 못하다고 하여 위 피해자의 진술에 신빙성이 없다고 단정하기 어렵다).

또한, 위 피해자는 이 사건 범행 직후에는 피고인을 경찰에 신고하여 공론화하는 것을 망설였다고 진술하고 있고, 증인으로 출석하여 재판부에 대하여 피고인에게 종국적으로 관대한 처벌을 하여 달라고 진술하고 있는 사정에 비추어 보면, 일부러 허위 진술로

사실을 과대 포장하여 피고인에게 엄벌을 받도록 할 의도나 동기도 엿보이지 않는다.

한편, 피고인은 이 사건 범행 직후 목격자들에 의하여 제지당할 당시나 출동한 경찰관에 의하여 현행범으로 체포당할 당시에 범행사실을 부정하지 않았고, 오히려 국민의 이름으로 판사를 처단하려 했다는 식의 이야기를 하였으며, 이 사건 범행 직후 고등학교 동창인 언론사 친구에게 전화를 걸어 국민의 이름으로 담당판사를 상대로 일을 저질렀으니 이를 보도해달라고 통화를 하였다.

그 후 피고인은 구금되어 수사기관에서 조사를 받으면서부터 위 피해자에게 석궁을 고의로 발사할 생각은 없었고 위협만 할 생각이었는데 몸싸움 과정에서 실수로 석궁이 발사되어 위 피해자가 상해를 입게 되었다고 진술을 바꾸고 있다. 나아가 원심에서 피고인과 변호인은 위 피해자가 복부에 화살을 맞은 적이 없으면서도 영웅심리 등으로 자해하였을 것이라는 주장까지 제기하고 있다.

피고인은 또한 2007.1.8. 일반인들은 잘 사용하지 않는 전문요리사용 회칼 1개를 81,000원에 구입하여 범행 현장에 노끈과 함께 가지고 갔다가 압수되었는데, 이에 대하여 피고인은 2007.1.27. 노량진수산시장 근처로 이사할 예정이었기 때문에 회칼을 미리 구입하여 석궁 가방에 노끈과 함께 우연히 보관하였을 뿐 범행 당시 회칼을 일부러 소지한 것은 아니라고 주장하나, 압수된 석궁 가방의 모양이나 구조에 비추어 석궁 이외의 다른 물건을 보관하거나 운반하는 용도로 사용하기에는 부적절해 보이고 피고인이 별다른 조리 경력도 없으면서 이사하기 20일 전에 전문요리사용 회칼을 미리 구입하여 소지한다는 것은 이례적이어서 피고인의 진술을 선뜻 믿기 어렵다.

나아가 <u>공판 과정에서 피고인은 증거물을 압수한 경찰관의 증언이나 국립과학수사연구소의 유전자형 분석결과에도 불구하고, 그 증거물이 범행 현장에서 사용된 석궁 또는 화살이나 피해자의 옷이라고 믿을 수 없다는 취지로 부인하고 있고, 위 피해자의 혈흔이 묻은 옷, 위 피해자의 상해 진단서, 진단서를 작성한 의사의 증언 등 위 피해자의 상해사실을 증명하는 객관적인 증거도 부정하는 취지로 진술하는 등 전반적으로 자신에게 불리한 모든 증거나 정황을 부인하고 있는 점에 비추어 보더라도 피고인의 진술은 신빙성이 부족하다.</u>

(3) 피고인의 이 사건 범행을 추단케 하는 사정들

피고인은 2006. 11. 10.경 석궁을 구입한 다음 1주일에 1회 정도 60, 70여 발씩 석궁을 발사하는 연습을 하였고, 2006. 12. 28.부터 이 사건 범행일까지 사이에 약 7회에 걸쳐 위 피해자의 거주지 부근을 찾아가 거주지 및 귀가시각을 확인하였는데, 피고인 주장처럼 단지 위 피해자에게 겁을 주려고 하였을 뿐이라면 위와 같이 수많은 발사 연습을 하고 범행현장을 답사하는 등 치밀한 계획을 세울 필요는 없었을 것으로 보인다.

이 사건 석궁은 시위를 당겨 걸면 자동적으로 안전장치가 잠겨 이를 풀기 전에는 화살이 발사되지 않는데 피고인은 이 사건 범행 당시 석궁에 화살을 장전하고 아파트에 숨어서 위 피해자를 기다렸고, 손가락을 방아쇠울에 넣은 채로 위 피해자에게 다가갔고 석궁이 발사되었는데, 피고인 주장대로 단지 위 피해자를 위협만 할 생각이었다면 굳이 석궁이 발사되도록 안전장치를 풀어 놓은 이유를 납득하기 어렵다.

피고인은 이 사건 범행 직후에 목격자들에 의하여 위 피해자로부터 격리된 상황에서 다시 한 번 석궁에 화살을 장전하려고 시도하였다가 목격자들에 의하여 제지당하고 석궁을 빼앗긴 사실이 있고, 또한 인터넷사이트 등에 국민은 법을 위반한 판사를 처단할 권리가 있다는 내용의 글을 올리는 등 공공연하게 판사를 처단하겠다는 의지를 표명하여 왔다.

(4) 소결론

위 사실과 정황들을 앞에서 본 법리에 비추어 살펴보면, 피고인의 이 사건 범행은 합리적인 의심을 할 여지가 없을 정도의 증명에 이르렀다고 판단되므로, 같은 취지의 원심의 판단은 정당하고, 거기에 심리미진 또는 채증법칙과 관련한 법령위반 등의 위법이 없다.

연 구

Ⅰ. 들어가는 말

형사소송법 제308조는 "증거의 증명력은 법관의 자유판단에 의한다."고 규정하고 있다. 자유심증주의는 사실인정의 합리성을 그 이념으로 한다. 자유심증주의에 있어서 자유가 자의를 의미할 수는 없으며, 사실인정이 법관의 전단이 되어서는 안된다. 구체적 진실의 발견은 인간이성에 의한 합리적인 증거평가에 의하여서만 가능하다. 자유심증주의도 실체적 진실발견에 필요한 한도에서만 허용되는 것으로 자유판단도 객관적이고 합리적일 것을 요한다. 이러한 의미에서 자유심증주의를 합리적 심증주의 또는 과학적 심증주의라고 할 수 있다.[1)]

---

1) 김종률, 합리적 심증과 과학적 사실인정, 형사법의 신동향 제26호, 대검찰청, 2010, 6면; 이재

이러한 심증형성의 객관적 기준, 즉 증명의 정도에 대하여 2007년 형사소송법 개정시 제307조 제2항에 "범죄사실의 인정은 합리적인 의심이 없는 정도의 증명에 이르러야 한다."라는 명문의 규정이 들어왔다.[2] 규정이 명문화되었음에도 불구하고, 이때의 의심이 과연 무엇인지? 그 의심의 주체와 기준이 무엇인지가 이 조항 자체만으로는 아직 분명하게 드러나 있지 않다.

형사재판에서 공소제기된 범죄사실에 대한 입증책임을 지는 검사는 법관의 심증형성에 대하여 합리적인 의심을 할 여지가 없을 정도로 입증책임을 지게 되고,[3] 피고인 또는 그 변호인으로서는 검사가 주장하는 피고인에게 불리한 사실에 관하여 법관으로 하여금 합리적인 의심이 생기게 할 정도의 방어로써 피고사건에 대하여 무죄의 판결을 받게 되는 결과가 된다. 따라서 유·무죄의 입장이 첨예하게 대립하는 경우에는 '합리적 의심의 여지'나 '의심스러울 때는 피고인의 이익으로(in dubio pro reo)의 원칙'라는 원칙에 의한 심증형성의 정도에 따라 결과의 판단이 달라지므로,[4] 이에 대한 논의가 필요하다고 판단된다.[5]

본 논문에서는 제307조 제2항의 합리적 의심원칙의 의미를 살펴보고, 이 원칙의 발원지인 미국의 합리적 의심을 넘는 정도의 증명(proof beyond reasonable doubt)과 프랑스 형사소송법의 내심의 확신(intime conviction) 그리고 독일 형사소송법 제261조의 자유로운 확신(freie Überzeugung) 규정 등을 비교·검토하여 그 구체적인 함의 및 정의 그리고 증명의 정도에 대한 기준을 대상판결에 적용

상, 신형사소송법, 박영사, 2007, 505면.

2) '합리적 의심'이라는 용어를 최초로 사용한 대법원 1982. 12. 28. 선고 82도263 판결에서는 '합리적인 의심을 배제할 정도의 확신'이라고 표현하였으나, 신설조문에는 '합리적인 의심이 없는 정도'로 수정되어 명문화되었다.

3) 신현주, 신정판 형사소송법, 박영사, 1999, 510면.

4) 어느 정도의 의심이 있으면 '합리적인 의심'이 있다고 할 것인가는 명확하지 않는데, 사회질서 유지를 중시하는 재판관은 '합리적인 의심'을 좁게 하고, 무고한 자의 처벌방지를 중시하는 재판관은 '합리적인 의심'을 가능한 한 넓힌다고 한다(木谷 明(기타니 아키라), 刑事裁判 の 心(新版)－事實認定の適正化の 方策－, 법률문화사, 2009, 서문 vi면 참조).

5) 독일의 경우 사실인정론과 관련된 연구는 첫째 법철학적 접근방법, 둘째 심리학 등 다양한 경험론적인 검증방법이 동원된다. 박노섭, 독일 사실인정론에 관한 연구와 그 시사점, 형사정책 제18권 제1호, 한국형사정책학회, 2006, 257면; 법률실무가를 양성하는 법학전문대학원에서도 이러한 사실인정에 대한 객관적 기준에 대한 교육과정이 필요하다고 보는 견해로, 윤태석, 법학전문대학원 형사법 교육방법의 일고찰 －사실인정과 관련하여－, 법조 통권 650호, 법조협회, 2010, 307면 및 308면.

시켜 평석하고자 한다.

Ⅱ. '합리적 의심이 없을 정도의 증명' 원칙에 대한 고찰

1. '합리적 의심이 없을 정도의 증명'의 의미

(1) 의의

합리적 의심이란 법관의 자유심증주의에 의한 의심을 말한다. 이는 통상인이 이성에 기초하여 객관적으로 볼 때 요증사실과 어긋나는 사실의 개연성에 대한 의심을 말한다.[6)] 반드시 구체적인 증거에 의하여 뒷받침되는 구체적인 의문에 한정할 이유가 없다.

합리적인 의심을 할 여지가 없을 정도란 증거판단에 요구되는 법관의 심증의 정도로서,[7)] 판례는 그 구체적 기준으로서 논리적 모순이 없고 일관되며, 객관적 사실과 어긋나지 않으며,[8)] 증거가치의 판단이 논리와 경험법칙에 맞는 합리적일 것임[9)]을 들고 있다.

대법원판례는 '합리적 의심이라 함은 모든 의문, 불신을 포함하는 것이 아니라 논리와 경험칙에 기하여 요증사실과 양립할 수 없는 사실의 개연성에 대한 합리성 있는 의문을 의미하는 것'으로서 단순히 관념적인 의심이나 추상적인 가능성에 기초한 의심은 합리적 의심에 포함될 수 없다고 판단하고 있다.[10)] 즉, 기존에 나타난 직·간접의 증거와 양립할 수 없는(반대되는) 사실이 드러난 경우 이에 대해 가지는 왜?라는 의문이 바로 합리적 의심이라는 것이다.

---

6) 곽동효, 형사재판과 증명의 정도, 형사증거법(상), 재판자료집 제22집, 법원도서관, 1984, 34면; 백형구·박일환·김희옥(편집대표), 주석 형사소송법(III) §266－§337, 한국사법행정학회, 2009, 308면.
7) 변종필, 자유심증주의와 그 내재적 한계, 사법행정 제442호, 한국사법행정학회, 1997, 9면.
8) 대법원 1985. 6. 25. 선고 84도1124 판결.
9) 대법원 1992. 9. 1. 선고 92도1405 판결.
10) 대법원 1994. 9. 13. 선고 94도1335 판결; 대법원 2004. 6. 25. 선고 2004도2221 판결; 대법원 2005. 4. 15. 선고 2004도362 판결; 대법원 2007. 5. 10. 선고 2007도1950 판결 등.

(2) '합리적 의심원칙'과 '의심스러울 때는 피고인의 이익으로의 원칙'의 연관성

1) 연관성

합리적 의심과 '의심스러울 때는 피고인의 이익으로(in dubio pro reo)의 원칙'이 어떤 연관성을 가지는지 살펴볼 필요가 있다.

무죄추정의 원칙은 형사소송절차에서의 불구속수사의 원칙을 말하며, 범죄사실에 대한 입증의 책임이 기소자인 검사에게 있기 때문에 피고인 자신은 무죄임을 적극적으로 입증할 필요가 없게 된다. 결과적으로 검사가 '합리적인 의심을 넘는 정도(beyond reasonable doubt)'로 피고인의 유죄를 입증하지 못할 때에는 '의심스러울 때에는 피고인의 이익으로(in dubio pro reo)'의 원칙에 의거 판결로써 무죄를 선고하여야 한다(형사소송법 제325조).[11)]

소위 유죄추정(혹은 혐의 있음)은 피고인에 대한 유죄를 입증하기에는 증거가 불충분하지만 그렇다고 그 피고인이 무죄라고 단정할 수 없는 상황의 딜레마를 의미한다.[12)]

2) 미국에서의 논의

미국 학계의 통설은 무죄추정의 원칙에 대한 규범적 내용에 대해, 무죄추정이 입증책임의 분배와 입증의 정도(합리적 의심의 기준)에 제한되어 적용된다고 이해하고 있다.[13)]

미국의 형사사건들이 진실을 희생하더라도 유・무죄와 형벌권을 직거래하고 있는 실정에서 무죄추정의 원칙은 증거법상의 이념만이 남아있다고 할 수 있다. 미국에서 입증책임과 입증의 정도에 관한 규칙은 무죄추정의 본질적 내용으로

---

11) 우리나라가 1990년 4월 10일자로 유엔의 "시민적정치적 권리에 관한 국제규약(International Convention on Civil and political rights)"에 가입하였고, 검찰이나 경찰 등이 직무상 알게 된 피의사실에 대한 공표금지에 대한 규정인 피의사실공표죄(형법 제126조)를 두어 무죄의 추정에 입각하여 피의자의 권리를 보다 철저히 보장하고 있다는 점이 이를 뒷받침하고 있다. 정재준, 한국과 미국에서의 "무죄추정의 원칙"에 대한 비교적 고찰, 경원법학 제4권 제1호, 경원대학교 법학연구소, 2011, 200면.

12) 기소유예처분을 받은 피의자가 당한 미결구금에 대하여 우리 형사보상법 제26조 제1항 단서 조항이 형사보상을 인정하지 않은 이유가 이에 해당되는 대표적 사례라 할 수 있다. 그러나 이러한 형사보상의 거부는 불합리한 유죄추정의 예단적 표현이라 할 수 있다. 정재준, 위의 논문, 205면.

13) 정재준, 위의 논문, 214면.

간주되고 있다고 볼 수 있다.[14)]

3) 한국에서의 논의

우리 대법원 판례는 무죄추정의 원칙이 비단 재판을 담당하는 법관의 기본자세와 판결의 기본방향을 규정하는 원칙일 뿐만 아니라, 수사기관의 자세와 마음가짐에 대한 원칙이기도 하다는 것을 강조하였다.[15)] 무죄추정의 원칙이 판결 이전의 절차는 물론 판결자체와 판결의 형성과정에서도 준수되어야 할 원칙으로서 폭넓게 인정[16)]되고 있는 것이다.[17)]

'합리적인 의심이 없을 정도의 증명(proof beyond reasonable doubt)'이 무죄추정의 원칙과 동의어는 아니지만,[18)] '의심스러울 때에는 피고인의 이익으로(in dubio pro reo)의 원칙'은 가장 좁은 의미에서 무죄추정의 원칙을 표현하고 있는 것으로 파악하는 견해도 있다.[19)] 따라서 무죄추정의 원칙은 증명단계에서 '의심스러울 때에는 피고인의 이익으로(in dubio pro reo)의 원칙'으로 중요하게 작용된다.

4) 소결

미국법제하의 무죄추정의 원칙은 합리적이고 공정한 진실발견을 보장하는 증거법상의 원칙에 제한(재판 전 단계에서의 적용배제, 예방구속에 대한 적용배제 등)되어 있는데 반하여, 우리나라의 경우 통설과 판례는 무죄추정의 원칙의 규범적 내용을 미국과 같은 증거법상의 효력범위로서 입증의 정도나 입증책임에 적용

14) 이진국 · 도중진, 무죄추정원칙에 관한 연구, 한국형사정책연구원, 2005, 64면.

15) 대법원 1999. 1. 26. 선고 97다10215 판결.

16) 권영성, 헌법학원론, 법문사, 2011, 438면; 신동운, 형사소송법, 법문사, 2007, 654면; 이은모, 형사소송법, 박영사, 2011, 86면.

17) 이에 대해 무죄추정의 원칙은 불구속수사 원칙의 일차적이고 직접적인 근거가 되지 못하며, 수사기관 종사자로 하여금 인신구속시 신중한 판단을 해야 한다는 훈시적 의미에 불과하다는 반론도 있다. 이진국 · 도중진, 앞의 논문, 115－121면.

18) 무죄추정의 원칙은 수사단계에서부터 재판단계 전(全)과정에서 적용되기 때문에 동의어라고 할 수 없다거나(김혜정, 보안처분에서 무죄추정원칙의 인정여부, 형사법연구 제19호, 한국형사법학회, 2003, 368면), 무죄추정의 원칙은 소송법상의 제도임에 반하여 'in dubio pro reo'법리는 법관의 판단법칙으로서 실체법상의 책임주의에 속하는 것이며, 적용범위와 관련하여 무죄추정의 원칙이 법관의 심증형성시까지만 의미를 가지는데 반해, 'in dubio pro reo'법리는 심증형성 이후에 그것도 입증불명이 명확한 상태에서만 효력을 발휘한다고 하면서 양자의 동일시를 부정하고 있다(이진국 · 도중진, 앞의 논문, 105면).

19) 신동운, 앞의 책, 570면.

되는 원리 및 국민의 기본권으로서 불이익한 처우를 금지하는 제한원리(위법수사의 금지, 불구속수사의 원칙, 진술거부권의 보장, 형사절차상의 부당한 대우금지 등)로 폭넓게 작용하고 있다.

2. '합리적인 의심이 없는 정도의 증명'의 평가 주체와 증명의 정도

(1) 판결의 주체

우리 형사소송법상 유·무죄판결의 주체는 2부류로 한 주체는 법관이고, 또 다른 주체는 배심원이다. 현재 법관에 의한 재판은 대략 90－95%이고, 배심재판은 5－10% 정도이다.

(2) 증명의 정도

형사소송법 제307조 제2항은 "범죄사실의 인정은 합리적인 의심이 없는 정도의 증명에 이르러야 한다."고 규정하고 있다. 이 말은 국가기관(소추기관)이 기소된 사람의 유죄를 증명해야 한다는 것이다. 무죄추정의 원칙이 적용되고, 피고인에 대한 유죄증명의 부담은 검사가 진다. 그러면 여기서 그 검사가 어느 정도까지 법관 ★★??는 배심원에게 유죄를 입증해야 유죄판결이 나오는가?의 문제가 등장한다.

이때의 검사의 증명정도가 바로 합리적 의심이 없는 정도의 증명이다. 즉, 검사는 법관이나 배심원이 합리적 의심을 가지지 않을 정도로 증명해야 한다. 검사의 말이나 기소내용이 사실이 아닐 수도 있는데, 검사의 말을 들어보니 판사와 배심원이 의심이 생긴다. 이런 의심을 해소하는 것이 합리적 의심이 없는 정도의 증명인 것이다.

Ⅲ. 증명의 정도에 대한 판단기준의 비교법적 검토

범죄사실을 증명하기에 충분한 합리적 의심의 여지가 없는 증거는 어느 정도의 증명력을 지니고 있어야 할 것인지가 문제된다. 왜냐하면 증명력의 정도

차이에 의하여 유·무죄의 향방이 갈라질 수 있기 때문이다.[20)]

합리적인 의심의 여지가 없는 증명의 정도차이로 인해 일어나는 사법오류에 미치는 영향도 실증적으로 입증되고 있다.[21)]

1. 미국에서의 논의

(1) 합리적 의심원칙의 연혁

합리적인 의심이 없을 정도의 증명은 영미법계 배심제도의 핵심개념으로, 배심이 어떠한 근거로 유죄를 인정할 것인가의 기준역할을 하고 있다.[22)]

19세기 초 여러 주에서 산발적으로 채택하기는 했지만, 19세기 후반까지 합리적 의심원칙은 미국증거법의 통일적인 법칙으로 발전하지 못했다. 미국법에서 합리적인 의심이 없을 정도의 증명기준이 완전한 지위를 획득한 것은 19세기 후반이었다. 뉴욕주, 노스캐롤라이나 주를 시작으로 조지아, 버지니아 그리고 매릴랜드 주 등 13개주에서 이 원칙을 수용하였다.

미국에서의 합리적 의심원칙의 성장은 점진적이며, 그것의 수용은 주마다 다르다. 합리적 의심원칙의 기준이 초심법원에 의해 인정된 후 대부분의 공소법원의 판사가 배심원에게 '합리적 의심이 없을 정도'라는 용어로 입증책임을 요구하기 시작했다.

1840년대에는 미국의 많은 주들이 합리적 의심원칙을 채택하였으며, 미국 버몬트(Vormont)최고법원은 판결과 법에 의한 심증의 정도는 합리적 의심을 넘는 유죄의 확신이라고 판시하였다.

1970년 In re Winship사건[23)]을 통해 비로소 합리적 의심원칙이 미국법의 구성요소가 되었다.[24)] '합리적인 의심이 없을 정도(beyond reasonable doubt)'의

20) 이경렬, 사형사법 : 적용기준과 증거규칙의 확립, 비교형사법연구 제9권 제2호, 한국비교형사법학회, 2007, 582면 및 각주24).
21) 이에 대한 실증적 분석에 대해서는 이경렬, 위의 논문, 582-588면 참조.
22) 박상열, '합리적 의심의 증명'의 연혁적 고찰, 광운비교법학 제1호, 광운대 비교법연구소, 2000, 43면 참조.
23) In re Winship, 1970, 90 S.Ct 1068, 397 U.S. 358,25 L.Ed. 2d 368.
24) 박상열, 앞의 논문, 56면 참조.

원칙은 적법절차의 묵시적 구성요건이 되어, 연방이나 주 법원에서 사실발견자에 의해 적용될 것을 대법원은 요구하였다. 대법원은 그러한 결정을 하면서 헌법이 그러한 기준을 '합리적인 의심이 없을 정도(beyond reasonable doubt)'의 기준으로 유죄판결을 할 충분한 증거로 평가하는 문제를 심각하게 고려하지 않았다.

(2) 증명의 정도에 관한 기준

미국에서 논의되는 증명의 정도에 관한 기준으로는 우월한 증명(preponderance of evidence), 분명하고 설득력 있는 증명(clear and convincing evidence), 뚜렷하고 분명하며 설득력 있는 증명(clear, unequivocal and convincing evidence)과 합리적 의심이 없는 증명(proof beyond reasonable doubt) 등이 있다.[25)]

1) 우월한 증명(preponderance of evidence)

우월한 증명의 정도는 개연성이 있는 정도(more likely than not)를 의미한다. 다시 말하면 다투어지는 사실이 존재할 가능성이 그렇지 아니할 경우보다 높다는 의미를 갖는 것으로서 통상 민사소송에서 필요한 증명의 정도와 같다. 여기서 preponderance라는 표현이 사용되지만 증거의 양이 문제가 아니라 증명력에 관한 정도를 의미하는 것이다.

2) 분명하고 설득력 있는 증명(clear and convincing evidence)

분명하고 설득력 있는 증명이란 우월한 증명의 정도보다는 더욱 강한 정도의 증명을 말하며, 합리적 의심을 넘는 정도의 증명보다는 약한 정도에 해당하는 높은 개연성(highly probable)이라고 할 수 있다. 이러한 증명은 기망으로 인한 민사상 불법행위의 인정이나 법에서 요구되는 일정한 경우에 사용된다. 연방형사사건에서 정신이상의 항변에 필요한 증명은 분명하며 설득력 있는 정도의 증명을 요한다.

---

25) 이외에도 절대적 확신(absolute certainty), 상당한 이유(probable cause), 합리적 의문(reasonable suspicion) 등이 있으나 실무상 의미는 없다는 견해로, 백형구 외, 앞의 책, 305면 각주 135).

3) 뚜렷하고 분명하며 설득력 있는 증명(clear, unequivocal and convincing evidence)

뚜렷하고 분명하며 설득력 있는 증명은 강제송환(deportation), 시민권박탈(denaturalization), 국외추방(expatriation) 등의 사건에서 요구되는 증명의 정도를 말한다.

4) 합리적 의심이 없는 증명(proof beyond reasonable doubt)

미국 연방대법원은 1970년 In re Winship사건에서 그동안 논쟁이 되어 왔던 형사사건에서 범죄사실의 입증에 필요한 증명의 정도 즉 합리적 의심이 없는 증명의 원칙을 천명하였다.[26)]

합리적 의심이란 모든 증거를 주의 깊고 공정하게 고려한 후에 이성과 상식에 기초하여 발생하는 의심을 말한다. 합리적인 의심이 없을 정도의 증거란 이성적인 사람이 자신에게 가장 중요한 일이 닥쳤을 때 주저 없이 근거로 삼아 행할 수 있는 정도의 확실한 특징을 가진 증거를 말한다. 그렇다고 하여 모든 가능한 의심을 배제할 수 있는 증거를 의미하는 것은 아니라고 할 수 있다.[27)] 그러나 형사사건이 갖는 특성에 따라 유죄의 입증은 앞서 본 우월한 증명이나 분명하고 설득력 있는 정도의 증명보다는 높은 정도의 증명을 요하지만 구체적으로 객관화된 기준을 제시하는 것은 여전히 어려운 영역에 속하는 것으로 보인다.

미국연방헌법 제18장 제241조 이하 133 배심재판의 지침이 되는 시민적 권리의 원천(133. Sample Jury Instructions－18 U.S.C. §§241: GOVERNMENT'S PROPOSED INSTRUCTION NO. 2 DEFINITION OF REASONABLE DOUBT)에서 합리적 의심에 대한 정의를 규정하고 있다.[28)]

합리적인 의심의 여지가 없는 증거는 여러분에게 피고인의 유죄를 견고하게 확신시킬 수 있는 증거를 의미한다. 현실세계에서 우리가 절대적으로 확신할 수 있는 것은 거의 없다. 따라서 형사사건에서도 법률이 모든 의심의 여지를 해소하는 정도의 증명을 요구하는 것은 아니다. 여러분이 증거에 대한 심사숙

26) Richard G. Singer et. al, Criminal Law, 3rd edition, ASPEN, 2004, pp. 10－12.

27) Sand & Rose, Proof Beyond all Possible Doubt ; Is There a Need For a Higher Burden of Proof when the Sentence may be Death, 1359 CHICAGO－KENT LAW REVIEW, 2003.

28) 이경렬, 앞의 논문, 582면 각주24).

고를 거쳐 기소된 범죄에 대하여 피고인이 유죄라고 확고하게 확신한다면, 그에 대하여 유죄를 평결하여야 한다. 반대로 피고인이 유죄가 아닐 것이라는 현실적 가능성이 있다고 생각한다면, '의심스러울 때는 피고인의 이익으로'라는 원칙을 적용하여 당신은 그가 유죄가 아니라고 평결하여야 한다(Proof beyond a reasonable doubt is proof that leaves you firmly convinced of the defendant's guilt. There are very few things in this world that we know with absolute certainty, and in criminal cases the law does not require proof that overcomes every possible doubt. If, based on your consideration of the evidence, you are firmly convinced that the defendant is guilty of the crime or crimes charged, you must find him guilty. If, on the other hand, you think there is a real possibility that he is not guilty, you must give him the benefit of the doubt and find him not guilty).

위의 판단지침에 따르면 배심재판에서 피고인의 유죄여부에 대한 판단은, 합리적 의심을 가질 때 무죄방면한다고 하면 충분할 것이라는 것이다.[29]

검사가 배심재판에 있어서 합리적인 의심이 없을 정도로 증명해야 하는 사실이 무엇인가에 대해, 첫 번째는 배심원들이 만장일치가 되어야 하는 사실이 어느 정도 특정되어야 하는가에 관한 것이다. 예컨대 흉기휴대로 기소된 피고인에 대하여 12명의 배심원 중 8명의 배심원들은 피고인의 오른쪽 주머니에 휴대하고 있었다고 인정하며, 나머지 4명의 배심원들은 피고인의 왼쪽 주머니에 휴대하고 있었다고 인정하는 경우 이러한 불일치는 유죄에 지장이 있는 불일치는 아니라고 본다. 그러나 중절도죄로 기소된 피고인에 대하여 8명의 배심원들은 어떠한 물건을 목요일에 절취하였다고 인정하고, 4명의 배심원들은 금요일에 그에 상당한 금전적 가치를 가지는 다른 물건을 절취한 것이라고 인정하는 경우라면 이는 유죄라고 인정할 수 없을 정도의 인식의 차이가 있다고 본다. 두 번째는 코카인을 소지하는 양에 따라 법정형을 달리하여 처벌규정을 두고 있다면, 피고인이 소지한 양의 입증에 관하여는 배심원들이 가져야 하는 확신은 어느 정도로 충분한 것인가에 대해 연방대법원은 Apprendi사건[30]에서 처단형이 늘

29) Illinois Pattern Jury Instructions (Criminal) 2.03(1992).
30) Apprendi v. New Jersey, 530 U.S. 466(2000).

어나는 사실에 대하여는 배심원들에게 합리적 의심을 넘는 정도의 증명이 있어야 한다고 판시한 바 있다.[31]

2. 독일에서의 논의

독일 형사소송법 제261조[32]는 자유로운 증거평가(freie Beweiswürdigung)로 되어 있으나, 우리 형사소송법 제308조의 자유심증주의 규정과 동일한 내용이다.[33]

독일에서는 사실 존재의 '고도의 개연성(hoher Grad von Wahrscheinlichkeit)' 또는 '확실성에 접근한 개연성의 객관적 확증(objektive Feststellung einer an Sicherheit grenzenden Wahrscheinlichkeit)'이라는 표현을 사용하고 있다. 이에 대하여 합리적 의심이 없는 정도의 증명의 경우와 큰 차이는 없다고 보이나,[34] 법관이 고도의 개연성이 있다고 생각하는 때에는 약간의 의심이 들어갈 여지가 있더라도 유죄인정을 할 수 있다는 느낌을 주고 있기 때문에 '합리적인 의심이 없을 정도'의 증명이라는 영미법의 표현이 훨씬 낫다는 견해도 있다.[35]

독일법원은 우리 형사소송법 제307조의 규정에 없는 '법관의 자유로운 확신(richtliche freie Überzeugung)'이라는 표지를 근거로 증명정도를 판단하고 있다.

법관의 주관적 확신은 객관적인 기초를 필요로 한다. 그 확신은 사태의 전개과정에 대한 고도의 개연성으로부터만 근거를 가질 수 있다. 그렇지 않으면 누구도 진실이 확정되었다고 말할 수 없을 것이다. 이러한 요청은 다른 사람도 그 판결의 논리적 추론을 그대로 따라갈 수 있을 때에만 충족된다.

---

31) 백형구 외, 앞의 책, 306－307면.

32) §261(freie Beweiswürdigung) Über das Ergebnis der Beweisaufnahme entscheidet das Gericht nach seiner freien, aus dem Inbegriff der Verhandlung geschöpften Überzeugung. 제261조(자유심증주의) 법원은 심리 전체로부터 얻어진 자유로운 확신(신념)에 따라 증거조사의 결과에 관하여 재판한다.

33) 법무부, 독일형사소송법, 1998, 154면.

34) 독일 연방대법원은 확신형성에 있어서 사실심 법관이 주관적으로 확신하는 가능한 확정들만을 인정하지 않고 자유심증을 분명히 객관화하는 방식으로 확정된 사태에 대한 고도의 개연성을 요구하고 있다. 합리적인 의심이 존재하지 않는 곳에서만 고도의 개연성이라는 유죄의 판결에 요구되는 증명도가 달성될 수 있다고 한다(BGH NJW 1990, 2073(2074)). 김선화, 형사소송에서 자유심증주의에 관한 이론적 연구, 고려대학교 대학원 박사학위논문, 2005, 102면.

35) 차용석 · 최용성, 형사소송법, 21세기사, 2004, 474면.

모든 증거평가를 전체적으로 파악할 때에만 판결의 근거가 객관적으로 고도의 개연성이 있는지 또한 법관의 합리적 의심이 타당한지를 판정할 수 있다. 이러한 판정을 내리기 위하여 더 나아가 확신의 형성과정(그리고 판결의 이유)을 설시할 것이 요구된다.[36]

3. 프랑스에서의 논의

프랑스 형사소송법 제427조 제1항(법률이 달리 규정하는 경우를 제외하고 범죄사실은 모든 증거방법에 의하여 증명할 수 있으며, 판사는 그 자유심증에 따라 판단한다.)과 제2항(판사는 공판정에 제시되고, 자기의 면전에서 대심의 방식으로 토의된 증거만을 그 판단의 근거로 한다.)에 자유심증주의를 규정하고 있다.[37]

프랑스 형사증거법의 대원칙은 증거자유의 원칙과 자유심증주의로, 이에 따라 증거능력의 측면에서는 원칙적으로 위법하게 수집된 것이 아닌 한 모든 증거방법에 대해 증거능력이 인정되고, 증명력의 측면에서는 사법경찰 작성의 조서에 관한 일부 예외를 제외하고는 판사가 자유심증에 의해 각 증거의 증거가치를 평가할 수 있다.

형사소송법 서조(序條) 제3항에서 형사소송의 대원칙으로서 무죄추정의 원칙(Présomption d'innocence, 모든 피의자나 피고인은 유죄가 확정되기 전까지는 무죄로 추정된다)[38]을 규정하고 있는데, 그 결과로 비록 명문의 규정이 없음에도 공소를 제기하는 검사 또는 사소(私訴)를 제기하는 사소당사자에게로 범죄성립에 관한 입증책임이 전환된다는 결과가 도출되고, 아울러 입증의 정도가 불충분하여 범죄혐의 유무가 애매할 경우에는 피의자 또는 피고인의 이익으로 작용하게 된다.[39]

프랑스 형사증거법의 가장 큰 특징은, 영미법상의 전문법칙 또는 독일법상의

---

36) Volk, Grundkurs StPO, 4.Aufl., C.H.Beck, München, 2005, S.289.
37) 검찰, 프랑스 형사소송법, 2005, 266면.
38) 무죄추정의 원칙은 프랑스에서도 이미 헌법이나 인권선언 등에 의해 인정되어 오던 원칙으로서, 2000. 6. 15. '무죄추정과 피해자 권리보호의 강화에 관한 법률'(Loi n° 2000-516 du 15 juin 2000 renforçant la protection de la présomption d'innocence et les droits des victimes)에 의해 형사소송법에 명문으로 규정되었다.
39) Serge Guinchard & Jacques Buisson, Procédure pénale, Litec, 4e éd., 2008, p. 409.

직접주의 원칙[40]에 상응하는 증거법상의 원칙, 즉 증거방법에 대한 증거능력을 일반적으로 제한하는 내용의 규정이나 이론이 없고, 일정한 예외를 제외하고는 증거자유의 원칙상 수사과정에서 수집된 모든 자료를 증거로서 사용할 수 있다는 점이다. 즉 증거자유의 원칙이라는 대원칙 하에 일단 서류이든, 증거물이든 모든 형태의 자료가 유죄인정의 자료로 사용될 수 있고, 다만 법률이 달리 정한 예외적인 경우에만 증거의 사용을 제한한다는 구조를 취하고 있는 것이다. 그 때문에 전문법칙으로 인해 난해한 증거법 이론과 해석이 난무하는 우리나 미국의 경우와는 달리, 프랑스의 경우 증거법과 관련한 논의나 이론이 비교적 단순한 편이다.[41]

4. 일본에서의 논의

일본 형사소송법 제317조는 “사실의 인정은 증거에 의한다.”라고 규정하고 있으며, 제318조는 “증거의 증명력은 재판관의 자유로운 판단에 맡긴다.”라고 규징하고 있다.[42]

일본판례는 유죄의 인정을 위한 소송상의 증명은 논리적 증명이 아니라 역사적 증명으로서, 통상인이라면 누구라도 의심을 품지 않을 정도로 진실이라고 확신을 가질 수 있을 정도로서 반대사실의 존재가능성을 허용하지 않을 정도의 확실성에 기한 판단을 의미한다는 표현을 사용하고 있었다.[43] 다시 말하면 이는 고도의 개연성을 의미하는 것으로 이해되었다. 그런데 최근의 판례는 증명의 정도로서 합리적인 의심이 없을 정도의 증명이 필요하다는 표현을 사용하고 있는데, 고도의 개연성이란 기준은 긍정적 평가를 축적해가는 접근법인 반면에 합리적 의심을 넘는 증명의 기준은 부정적 평가를 지워가는 접근방법으로 양자가

40) 이는 사실심 법원이 판결의 기초가 되는 소송자료를 직접 조사하고, 증거의 대체물이 아닌 본래적 증거에 의하여 사실관계를 스스로 파악하여야 하며, 공판정이 아닌 곳에서 소송자료를 수집하는 것을 금지한다는 원칙을 말한다. 이완규, “개정 형사소송법에서의 수사절차상 진술의 증거능력”, 형사법의 신동향 제8호, 대검찰청, 2007, 4면.

41) 한제희, 프랑스 형사증거법 연구 – 조서와 영상녹화물을 중심으로, 해외연수검사연구논문집 제24집(2), 대검찰청, 2009, 95면.

42) 법무부, 일본형사소송법 · 규칙, 2009, 133면.

43) 日最判 1973. 12. 13. 判時 725号 104頁.

동일한 판단의 양면을 말하는 것으로 그 증명의 정도는 큰 차이가 없다고 본다. 다만, 검사의 입증행위에 기초하여 그에 대한 평가와 판단으로서 심증형성이 이루어진다고 하는 당사자주의적소송구조의 관점에서 합리적인 의심을 넘는 증명이라는 표현이 더 적절하다고 한다.[44)]

5. 우리나라에서의 논의

(1) 합리적 의심 없는 입증규정의 우리나라 형사소송법에의 명문화

2007년 형사소송법 개정시에 합리적 의심 없는 입증규정(형사소송법 제307조 제2항)이 신설되었다. 형사공판에서 중요한 사실의 증명의 정도는 두말할 것도 없이 합리적인 의심을 넘어선 증명(proof beyond reasonable doubt)이다. 종래 학설과 대법원판례[45)]에서 확립되어 온 이 원칙을 개정법에 명문화한 데에 큰 의의가 있다.[46)] 한걸음 더 나아가 이 원칙은 법률상 증거능력이 있고 적법한 증거조사절차를 거친 증거에 의하여 범죄사실을 인정하여야 한다는 규범적 의미를 가진다.[47)]

형사사건에서 유죄의 인정은 합리적인 의심이 없는 정도의 증명을 요한다는 원칙은 미국 보통법상 확립된 것으로, 우리나라나 일본에서도 이러한 원칙을 받아들여 현재 실무상 완전히 정착된 것으로 볼 수 있다.

(2) 증명의 정도

형사재판에서 유죄의 인정은 법관으로 하여금 합리적인 의심을 할 여지가 없을 정도로 공소사실이 진실한 것이라는 확신을 가지게 하는 증명력을 가진

---

44) 田口守一, 346－347頁, 石井一正, 470頁.

45) "피고인을 유죄로 단죄하기 위한 증거의 증명력은 합리적인 의심을 배제할 정도의 확신을 가져올 수 있는 것이어야 하며, 단지 반대증거보다 우월한 정도의 증명력으로는 부족하다"(대법원 1982. 12. 28. 선고 82도263 판결; 2003. 2. 11. 선고 2002도6110 판결; 2006. 3. 9. 선고 2005도8675 판결 등).

46) 김종률, 앞의 논문, 6면; 백형구 외, 앞의 책, 305면; 법원행정처, 형사소송법 개정법률 해설, 2007, 122면; 손동권, 개정신판 형사소송법, 세창출판사, 2010, 530－531면; 이경렬, 앞의 논문, 581－582면; 표성수, 개정형사소송법해설, 국민대학교 출판부, 2007, 88면.

47) 손동권, 앞의 책, 526면; 임동규, 형사소송법(제7판), 법문사, 2011, 453－454면.

증거에 의하여야 하므로, 그와 같은 증거가 없다면 설령 피고인에게 유죄의 의심이 간다고 하더라도 피고인의 이익으로 판단할 수밖에 없는 것이다.[48] 민사소송에서 말하는 증거의 우월의 정도로는 충분하지 않다는 점에 아무런 의문이 없다.[49]

확신의 정도란 100%의 확실성이 아니라 고도의 개연성 정도를 말한다.[50] 즉, 논리법칙과 경험법칙에 근거한 고도의 개연성이 사실확정을 위한 법관의 심증형성에 요구되는 개연성 정도인 셈이다.[51]

증명의 정도를 계량화하여 보는 논의는 찾아보기 어려우나, 다만 최근 확신의 정도를 확실성·근접성이라고 부르고 그 정도를 수치로 산정해 본다면, 고도의 개연성을 90% 이상으로 보는 것에 비추어 96% 이상의 개연성 정도가 되고 자유이익과 보호이익간의 이익형량에 따라 피고인의 책임에 대해서 드는 4%의 의심은 형사사법을 위하여 감내될 수 있다는 견해도 있다.[52]

대법원은 범죄사실의 증명 정도에 관하여 영미법상의 '합리적인 의심이 없을 정도의 증명'과 독일법상의 '확신에 이를 정도의 고도의 개연성을 가진 증명(Beweis mit an Sicherheit grenzender Wahrscheinlichkeit)'을 혼합하여, 범죄사실의 증명은 법관으로 하여금 합리적인 의심의 여지가 없을 정도로 고도의 개연성을 인정할 수 있는 심증을 갖게 하여야 한다고 판시하고 있다.[53]

(3) 소결

우리 형사소송법 제308조는 "증거의 증명력은 법관의 자유로운 판단에 의한다."고 규정함으로써 자유심증의 주체가 법관임을 명백히 하고 있으나, 독일 형

---

48) 대법원 1986. 12. 23. 선고 86도2041 판결; 대법원 1991. 3. 22. 선고 91도235 판결; 대법원 2001. 8. 21. 선고 2001도2823 판결; 대법원 2003. 2. 11. 선고 2002도6110 판결; 대법원 2006. 3. 9. 선고 2005도8675 판결; 대법원 2006. 6. 30. 선고 2006도1895 판결 등.

49) 백형구 외, 앞의 책, 308면.

50) 대법원 1991. 8. 13. 선고 91도1385 판결.

51) 변종필, 앞의 논문, 9면.

52) 이러한 수치는 호이어(Hoyer)의 견해를 전제로 한 것이다. 또한 개연성 정도를 판단함에 있어서 순전히 사유의 편의상 확실성·근접성의 정도를 96%라는 수치와 동치시킬 뿐이며, 수량화로서 자유심증의 객관화에 성공할 수 있을 것이라고 생각하지는 않는다는 견해를 밝히고 있다. 김선화, 앞의 논문, 120면, 136면, 153면.

53) 대법원 1991. 8. 13. 선고 91도1385 판결.

사소송법에 규정되어 있는 주관적 확신은 요구하지 않는다.

자유심증의 주체가 법관이라고 하더라도 그 법관이 사용하는 기준은 통상인의 합리성에 바탕을 두지 않으면 안된다. 심증형성의 객관적 기준, 즉 증명의 정도에 대하여 형사소송법 제307조 제2항에 "범죄사실의 인정은 합리적인 의심이 없는 정도의 증명에 이르러야 한다."고 명문으로 규정하고 있으므로, 이때 합리적인 의심은 법관 개인의 의심이기에 앞서 통상인이라면 누구나 가지는 객관적 의심이 되지 않으면 안된다.[54] 또 그 의심은 그저 제기될 수 있는 일반적·추상적 의심이 아닌 실체적 진실발견의 한도 내에서 형성되는 구체적인 의심이어야 한다. 이렇게 될 때 비로소 자유심증주의를 합리적 심증주의, 과학적 심증주의라는 것을 실감할 수 있게 된다. 사실인정에 있어 이러한 합리성의 요구는 현실적으로 진술증거와 정황증거의 증명력 판단을 통해서 실현될 수밖에 없다. 진술증거의 신빙성 판단에서 합리성은 과학적이고 체계적인 진술분석과 당해 진술의 객관성·현실성 검증을 통해서 가능하고, 정황증거에 의한 사실인정, 즉 간접증명에 의한 사실인정에 있어서는 간접사실의 인정과 간접사실로부터의 요증사실의 추인 또는 추론과정에서 적용되는 경험칙을 통해서만이 검증이 가능해 진다. 특히 경험칙은 간접사실의 추인과 추론과정을 관통하는 매개변수로서 그것이 경험과학과 양립가능할 것과 상호 주관적으로 승인할 수 있을 것의 요건을 충족할 경우에만 그 합리성을 보장받을 수 있게 된다.

Ⅳ. 대상판례에의 적용

앞에서 살펴본 바와 같이 자유심증에 대한 독일에서의 논의는 독일 형사소송법 제261조에 규정된 자유로운 확신의 해석을 중심으로 이루어져 왔다. 그러나 우리나라 형사소송법 제307조 규정에는 이러한 '확신'개념이 없기 때문에 외국의 입법례와 대법원 판례의 입장을 종합적으로 살펴봄으로써 현실적 적용문제에 대한 해답을 도출해 보고자 한다.

---

54) Pfeiffer, StPO Kommentar, 5.Aufl., C.H.Beck, München, 2005, S.699 Rn.2.

1. 증명의 판단기준

판례는 크게 영미법상의 '합리적인 의심이 없을 정도의 증명'과 독일법상의 '확신에 이를 정도의 고도의 개연성을 가진 증명'을 혼합하여 판단한 경우와 독일법상의 '확신에 이를 정도의 고도의 개연성을 가진 증명'에 입각하여 판단한 경우로 나누어 볼 수 있다.

(1) 영미법상의 '합리적인 의심이 없을 정도의 증명'과 독일법상의 '확신에 이를 정도의 고도의 개연성을 가진 증명'이 혼합된 경우

형사소송절차에서의 범죄사실에 관한 입증책임 및 유죄인정을 위한 증명력의 정도에 대해 형사소송에서는 범죄사실이 있다는 증거는 검사가 제시하여야 하는 것이고, 피고인의 변소가 불합리하여 거짓말 같다고 하여도 그것 때문에 피고인을 불리하게 할 수 없고 범죄사실의 증명은 법관으로 하여금 합리적인 의심의 여지가 없을 정도로 고도의 개연성을 인정할 수 있는 심증을 갖게 하여야 한다.[55)]

(2) 독일법상의 '확신에 이를 정도의 고도의 개연성을 가진 증명'에 입각한 경우

증거의 증명력은 법관의 자유판단에 맡겨져 있으나, 논리법칙과 경험법칙의 한계 내에서 판단하여야 하고, 형사재판에서 유죄인정은 법관으로 하여금 합리적 의심을 할 여지가 없을 정도의 확신을 생기게 하는 증명력을 가진 엄격한 증거에 의하여야 한다고 판시[56)]하여 독일 형사소송법 제261조에 규정된 자유로운 확신(freie Überzeugung)에 입각하여 증명의 정도를 판단하였다.

(3) 고도의 개연성(hoher Wahrscheinlichkeit)에 대한 확신

형사판결에 있어서 범죄사실의 증명은 법관이 합리적인 의심을 할 수 없을 정도의 고도의 개연성에 대한 확신을 요하는 것으로, 피고인에 대하여 유죄의

55) 대법원 1991. 8. 13. 선고 91도1385 판결.

56) 대법원 1986. 4. 8. 선고 86도106 판결; 대법원 1992. 9. 1. 선고 92도1405 판결; 대법원 1993. 3. 23. 선고 92도3327 판결; 대법원 2003. 3. 28. 선고 2003도264 판결; 대법원 2009. 6. 25. 선고 2008도10096 판결; 대법원 2011. 4. 28. 선고 2010도14487 판결.

의심이 간다는 사정만으로는 유죄로 인정할 수 없다.[57)]

소송법상의 증명은 통상인으로서 합리적 의심을 배제시킬 수 있는 정도의 확신, 즉 진실에 대한 고도의 개연성으로 만족할 수 밖에 없다.[58)]

(4) 소결

이상의 판례를 살펴보면, '합리적인 의심이 없을 정도의 증명'과 독일법상의 '확신에 이를 정도의 고도의 개연성을 가진 증명'이라는 표현이 혼재되어 사용되고 있음을 알 수 있다.

합리적 의심법칙이든 고도의 개연성법칙이든, 결론적으로 법관(혹은 국민참여재판일 경우 배심원)은 자유로운 확신에 의해 판단하는데 있어 그 확신의 정도는 고도의 개연성이 기준이 되며 모든 증거들을 종합적으로 고려하여 판단해야 한다는 종합고려설의 입장이라고 할 수 있다. 따라서 영미법상의 원칙이나 독일법상의 원칙은 하나의 판단기준으로서 참고적으로 활용될 뿐이다.

2. 대상판례에의 적용

판례는 피고인이 기소내용의 주요부분이나 고의성 등을 부정하는 경우 또는 살인죄 등의 중형선고가 불가피한 사안의 경우에는 경험칙상 합리적 의심의 기준을 다소 높이는 경향이 있다는 적절한 지적이 있다.[59)]

시체 없는 살인사건(대법원 2008. 3. 13. 선고 2007도10754 판결)에 있어서도 그 판단에 있어 신중을 기하여야 한다고 판시하여 이와 같은 논지를 담고 있다. 그러나 '합리적 의심을 넘어서는 증명'문제는 중한 사안이든 그렇지 않은 경우이든 모든 사안에 있어 합리적인 판단에 의해 공평하게 적용되어야 할 것이다. 이는 석궁판결(대법원 2008. 6. 12. 선고 2008도2621 판결)과 비교해 볼 때 더욱 그렇다. 왜냐하면 '합리적 의심을 넘어서는 증명'원칙이 '의심스러울 때는 피고인의 이익으로'라는 원칙과 연결되는 전체 형사사건의 문제이기 때문이다.

---

57) 대법원 1994. 10. 14. 선고 94도1964 판결.
58) 손동권, 앞의 책, 545면.
59) 석동현, 형사재판에서의 합리적 의심, 법률신문 3989호, 법률신문사, 2011. 12. 5.

(1) 시체 없는 살인사건(대법원 2008. 3. 13. 선고 2007도10754 판결)에의 적용

본 판례는 법관의 자유심증에 따라 증명력 판단을 한 것이므로, 합리적 의심을 넘어서는 정도의 증명부분에 대해 어떠한 잘못을 지적하기는 어렵다.

판례는 시체가 발견되지 아니한 상황에서 범행 전체를 부인하는 피고인에 대하여 살인죄의 죄책을 인정하기 위해서는 피해자의 사망사실이 추가적・선결적으로 증명되어야 함을 물론, 그러한 피해자의 사망이 살해의사를 가진 피고인의 행위로 인한 것임이 합리적인 의심의 여지가 없을 정도로 증명되어야 하며, 피고인이 결과를 발생시킨 원인행위가 원심의 판시에 전혀 나타나 있지 않다는 점을 지적하고 있다. 또한 피고인의 관련 진술도 살인의 범행을 시인한 진술로 보기 어려울뿐더러 그 신빙성이 크다고도 보이지 않는다고 판단하였다. 결론적으로 대법원은 증거관계나 기록에 첨부된 검사 제출의 관련증거, 원심판시에 나타난 그 밖의 정황만으로는 피해자의 시체가 발견되지 아니한 상황에서 살해의사를 가진 피고인 또는 그 공범자들의 행위로 인하여 피해자가 사망하였음이 합리적인 의심의 여지가 없을 정도로 증명되었다고 보기 어려우므로, 피고인에게 유죄의 의심이 간다고 하더라도 이 사건 살인죄의 죄책을 인정하기는 어렵다고 판시한 것이다.

기존에 대법원판례가 유지해온 입장과 마찬가지로 살인죄 등과 같이 법정형이 무거운 범죄의 경우에도 직접증거 없이 간접증거만에 의하여 유죄를 인정할 수 있고, 피해자의 시체가 발견되지 아니하였더라도 간접증거를 상호 관련하에서 종합적으로 고찰하여 살인죄의 공소사실을 인정할 수 있다. 그러나 본 판례는 원인과 결과 사이의 연결고리에 대한 증명이 법관의 확신에 이를 정도의 고도의 개연성을 가지지 못한 것으로 판단한 것으로, 이는 수긍할 만 하다고 보여진다.[60]

---

60) 이와 유사한 사례로 역시 살인죄부분에 대해 무죄를 선고한 부산고등법원 2012. 2. 8. 선고 2011노335 판결(피해자의 사체에 대한 정확한 검안이나 과학적 부검절차가 이루어지지 아니한 채 사체가 화장되었고 범행의 수단 및 방법에 관한 직접증거도 없는 사안에서 범행전체를 부인하는 피고인에 대하여 살인죄의 죄책을 인정하기 위해서는 피해자의 사망원인이 선결적으로 증명되어야 함은 물론이요, 검사가 제출한 간접증거들을 종합하여 고찰할 때 결국 피해자의 사망이 살해의사를 가진 피고인의 행위로 인한 것임이 직접 증거가 있는 경우와 동등한 정도로

(2) 석궁사건(대법원 2008. 6. 12. 선고 2008도2621 판결)에의 적용

재판부는 피고인에게 유죄판결을 내리면서 그가 정확히 어떤 유죄를 저질렀는지 정확히 검증하려는 노력을 기울이지 않았다고 보여진다. 즉, '석궁을 쏴서 피해자(판사)를 위협한 죄'를 저질렀는지 '석궁을 들고 피해자(판사)를 위협한 죄'를 저질렀는지에 대한 검증에 대한 부분이다. 이는 중요한 증명의 문제가 될 수 있다. 만약 조준해서 화살을 쐈으면 상해죄에 해당하지만, 우발적이라면 과실상해죄에 해당하기 때문이다.

화살 1개가 없다고 하더라도 피해자진술의 신빙성을 인정하고, 사라진 화살 1개를 제외하고 압수한 나머지 화살 등의 증거를 근거로 유죄로 판단하였으나, 바로 사라진 화살(혹은 부러진 화살)이 상해유죄를 입증하는 결정적 증거임을 재판부는 간과한 것으로 보인다. 바로 이러한 부분이 합리적 의심을 해소하지 못한 것이므로 과실상해의 판단여부는 별론으로 하더라도, 적어도 고의상해기수죄가 성립하지는 않는다고 보아야 할 것이다.

나아가 판결문에서 '와이셔츠의 혈흔이 육안으로 잘 확인되지 않는다는 사실보다는 속옷과 내의에서 다량의 출혈흔적이 확인된다는 사실의 증명력이 훨씬 우월한 것으로 보인다.'고 판시하고 있는데, 과연 민사소송에서 적용하고 있는 증거의 우월의 정도로는 형사재판의 판단기준으로 충분하지 않다는 점이 의심의 여지없이 해소(증명)되었는지도 의문으로 남는다.

V. 나오는 말

형사재판에서 범죄사실의 증명은 '합리적 의심을 넘어서는(beyond the reasonable doubt)'정도의 입증을 요한다. 대상판례 및 참고판례를 살펴본 바에 따르면, 우리 대법원은 영미법상의 '합리적인 의심이 없을 정도의 증명'과 독일법상의 '확신에 이를 정도의 고도의 개연성을 가진 증명'[61]이라는 기준을 복합

평가될 수 있을 만큼의 엄격한 증명력을 갖추어야 할 것이다) 참조.

61) '법관의 확신'이라는 용어는 현행 형사소송법에는 규정되어 있지 않으므로, 판단기준을 설정함

적으로 사용되고 있음을 알 수 있다. 즉, 모든 증거들을 종합적으로 고려하여 판단해야 한다는 종합고려설의 입장이라고 할 수 있다. 그러나 우리나라의 형사재판은 배심을 전제로 한 영미법계 국가와 비교해 볼 때, 무죄추정의 원칙이 제대로 보장되고 있다고 보기 어렵다.[62)]

죄 있는 사람을 풀어주는 것보다 죄 없는 사람이 유죄판결을 받는 것을 사회는 보다 더 옳지 않다고 생각한다. 따라서 형사사건에 있어 이러한 오류에 대하여는 심리의 결론에 이르러 상대방에게 피고인의 유죄를 합리적 의심을 넘어서는 정도의 증명을 부과함으로써 감소된다고 보아야 한다. 법원(법관)이 잘못된 판결을 내릴 경우가 늘어날 수도 있겠지만, 이러한 합리적 의심을 넘어서는 정도의 증명을 통해 죄 없는 자를 유죄판결하는 오류의 숫자를 줄인다는 또 다른 목표도 달성할 수 있으리라 판단된다.

무죄추정의 원칙에 무게중심을 둔다면, 법관(또는 배심원)은 항상 피고인의 입장을 유리하게 보아야 하고, 오직 법적 증거에 의해서만 결론에 이르러야 할 것이다.

공판절차에서 유죄를 선고하려면 판결의 근거가 되는 모든 사실관계가 증명되어야 한다. 법원이 그 사안의 발생경과와 다른 가능성의 배제에 대해 합리적 의심을 갖지 않게 될 때, 즉 범죄경과와 피고인이 유죄라는 것에 대하여 확신을

에 있어 주의를 요한다. '합리적인 의심이 없는 정도의 증명'이라는 용어가 부담스럽다면, 초기 대법원 판례가 판단기준으로 제시한 '법관의 확신'이라는 표지를 제308조의 자유심증주의 조문에 '증거의 증명력은 법관의 자유로운 확신에 의한다.'라고 새롭게 규정하는 것도 용어의 불확실성에서 발생하는 판단의 오류를 줄일 수 있는 하나의 방법이라고 생각한다.

62) 그 이유로 첫째, 한국의 유죄판결은 단독심에서는 단 1인의 법관의 심증에 의거한다. 합의부에서는 3인 중 2인만의 합의가 있어도 유죄성립에 지장이 없다. 3인 중 나머지 1인의 판사가 비합리적인 의심을 하고 있다고 불신될 특단의 사유가 없음에도, 그의 합리적 의심은 다수결 원칙에 밀려버리게 되는 점, 둘째, 배심제 하에서는 제1심에서 무죄평결이 내려지면 이미 '합리적 의심'의 관문을 넘어서지 못한 것이므로, 그것으로 재판이 종결된다. 무죄판결에 대한 상소가 가능하다면, 그것은 배심원의 잔존하는 '합리적 의심'을 무시하는 셈이 되며, 상소심의 유죄의 심증이 하급심의 무죄의 심증보다 더 우월하다고 주장할 근거도 없기 때문이다. 그러나 한국에서는 제1심에서 무죄, 항소심에서 무죄를 받은 사건도 대법원에서 파기될 수 있다는 점(이에 대한 사례로 치과의사 모녀살해사건을 들 수 있다), 셋째, 검사의 무죄판결에 대한 항고 및 상고, 넷째, 배심원은 검사를 크게 의식하지 않고 합리적 의심이 있으면 무죄평결에 도달하는 데 아무 부담이 없다는 점 등을 들고 있다. 한인섭, 형사재판에서 배심제의 도입 – 그 필요성·가능성·구체적 방안은 무엇인가 –, 형사정책 제14권 제2호, 한국형사정책학회, 2002, 137–140면 참조.

가지는 때 증명이 되었다고 말한다. 그때 비로소 실체진실을 확정하는 목적에 도달하게 된다는 점[63]을 다시 한번 되새길 필요가 있다.

본 논문이 합리적 의심원칙을 원론적·비교법적 관점에서 강조하고 있음에 지나지 않고 있다는 점은 부인할 수 없다.

형사사건이 갖는 특성에 따라 유죄의 입증은 우월한 증명이나 분명하고 설득력 있는 정도의 증명보다는 높은 정도의 증명을 요하지만, 이에 대한 구체적이고 구속력 있는 객관화된 기준을 제시하는 것은 여전히 어려운 영역에 속한다. 실체적 진실에 부합하는 올바른 판결을 가능하게 하는 실제적 해결방안을 모색하는 연구가 더 필요할 것으로 판단된다. 이러한 문제해결을 위한 연구는 앞으로 계속 진행될 과제로 남겨두고자 한다.

---

63) Volk, a.a.O., S.226.

참고문헌

검찰, 프랑스 형사소송법, 2005.

곽동효, 형사재판과 증명의 정도, 형사증거법(상), 재판자료집 제22집, 법원도서관, 1984.

권영성, 헌법학원론, 법문사, 2011.

김선화, 형사소송에서 자유심증주의에 관한 이론적 연구, 고려대학교 대학원 박사학위논문, 2005.

김종률, 합리적 심증과 과학적 사실인정, 형사법의 신동향 제26호, 대검찰청, 2010.

김혜정, 보안처분에서 무죄추정원칙의 인정여부, 형사법연구 제19호, 한국형사법학회, 2003.

박노섭, 독일 사실인정론에 관한 연구와 그 시사점, 형사정책 제18권 제1호, 한국형사정책학회, 2006.

박상열, '합리적 의심의 증명'의 연혁적 고찰, 광운비교법학 제1호, 광운대 비교법연구소, 2000.

백형구 · 박일환 · 김희옥(편집대표), 주석 형사소송법(III) §266－§337, 한국사법행정학회, 2009.

법무부, 독일형사소송법, 1998.

______, 일본형사소송법 · 규칙, 2009.

법원행정처, 형사소송법 개정법률 해설, 2007.

변종필, 자유심증주의와 그 내재적 한계, 사법행정 제442호, 한국사법행정학회, 1997.

석동현, 형사재판에서의 합리적 의심, 법률신문 3989호, 법률신문사, 2011.12.5.

손동권, 개정신판 형사소송법, 세창출판사, 2010.

신동운, 형사소송법, 법문사, 2007.

신현주, 신정판 형사소송법, 박영사, 1999.

윤태석, 법학전문대학원 형사법 교육방법의 일고찰 －사실인정과 관련하여－, 법조 통권 650호, 법조협회, 2010.

이경렬, 사형사법 : 적용기준과 증거규칙의 확립, 비교형사법연구 제9권 제2호, 한국비교형사법학회, 2007.

이완규, "개정 형사소송법에서의 수사절차상 진술의 증거능력", 형사법의 신동향 제8호, 대검찰청, 2007.

이은모, 형사소송법, 박영사, 2011.

이재상, 신형사소송법, 박영사, 2007.

이진국・도중진, 무죄추정원칙에 관한 연구, 한국형사정책연구원, 2005.
임동규, 형사소송법(제7판), 법문사, 2011.
정재준, 한국과 미국에서의 "무죄추정의 원칙"에 대한 비교적 고찰, 경원법학 제4권 제1호, 경원대학교 법학연구소, 2011.
차용석・최용성, 형사소송법, 21세기사, 2004.
표성수, 개정형사소송법해설, 국민대학교 출판부, 2007.
한인섭, 형사재판에서 배심제의 도입 – 그 필요성・가능성・구체적 방안은 무엇인가 –, 형사정책 제14권 제2호, 한국형사정책학회, 2002.
한제희, 프랑스 형사증거법 연구 – 조서와 영상녹화물을 중심으로, 해외연수검사연구논문집 제24집(2), 대검찰청, 2009.

Volk, Klaus, Grundkurs StPO, 4.Aufl., C.H.Beck, München, 2005.
Guinchard, S. & Buisson, J, Procédure pénale, Litec, 4e éd., 2008.
Pfeiffer, Gerd, StPO Kommentar, 5.Aufl., C.H.Beck, München, 2005.
Sand & Rose, Proof Beyond all Possible Doubt; Is There a Need For a Higher Burden of Proof when the Sentence may be Death, 1359 CHICAGO–KENT LAW REVIEW, 2003.
Singer, Richard G. et. al, Criminal Law, 3rd edition, ASPEN, 2004.
木谷 明(기타니 아키라), 刑事裁判 の 心(新版)–事實認定の適正化の 方策–, 법률문화사, 2009.

39

진술이 담긴 기계적 기록물과 전문법칙*

차 정 인**

Ⅰ. 서 론

1. 연구의 개요

이 논문에서는 진술이 담긴 기계적 기록물에 대한 전문법칙 적용의 문제를 대법원 판례 사안을 중심으로 논하고자 한다. 이번 연구에서는 크게 두 가지의 주제를 다룬다. 하나는 전문법칙이 적용될 수 있는 '진술'이란 무엇인가이고 다른 하나는 기계적 기록물에 대하여, 정확하게는 기계적 기록물의 기록과정의 정확성 담보 문제에 대하여 전문법칙이 적용되는가이다. 이 두 가지는 모두 제대로 규명되지 않으면 전문법칙 적용범위의 논의를 점점 더 복잡하게 만드는 원인이 된다. 필자는 필자의 선행연구에서 전문법칙 적용범위의 문제가 복잡성을

* 이 논문은 제194회 영남형사판례연구회(2017.8.14.)에서 발표되고, 형사법연구 제29권 제3호(2017)에 게재되었음.
** 부산대학교 법학전문대학원 교수, 법학박사.

띠게 되는 아홉 가지 원인에 대하여 언급하면서 전문법칙의 적용범위에 관한 논의가 복잡성을 띠지 않고 참다운 쟁점을 중심으로 집중하는 데 기여한다는 의미로 전문법칙 논의에 등장하는 기본개념과 용어, 이론적 근거를 검토한 바 있다. 이번 연구에서는 위 선행연구 결과를 기초로 하고 위에서 언급한 두 가지의 연구주제를 규명하여, 종합적으로 기계적 기록물과 그 녹취서 등 여러 형태의 증거에 대하여 수미일관한 하나의 설명방법을 제시하는 것을 연구의 목표로 삼고자 한다.

2. 연구결과의 적용 대상

형사증거법상 '기계적 기록물'은 형사소송규칙의 분류에 따라 문자정보매체, 녹음·녹화매체, 도면·사진등 매체로 나눌 수 있다. 이 논문의 연구결과의 적용대상은 먼저 녹음매체이다. 디지털녹음기에 저장된 녹음파일과 트위터, 페이스북, 카카오톡, 밴드 등의 SNS 서버, 스마트폰에 저장된 녹음파일이 적용대상이며 지금은 점점 비중이 줄어들고 있는 아날로그방식으로 녹음된 녹음테이프도 포함한다.[1)] 동영상촬영기능이 있는 디지털 카메라 등 녹화매체는 동영상 외에 진술이 포함되어 있는 경우에는 그 녹음부분에 한하여 적용된다. 문자정보매체는 문자정보가 저장된 컴퓨터, 외장하드디스크, 이동식저장장치, SNS 서버나 스마트폰 등이며, 도면·사진등 매체는 사람의 진술이 기재된 서류를 스마트폰으로 촬영한 경우가 이에 해당하는데 이 둘의 경우에는 녹취서가 존재하지 않으므로 녹취서는 논외가 될 것이나 그 외의 연구결과는 그 성질에 반하지 않는 한 적용될 수 있다.

이 논문에서는 '기계적 기록물'이라는 용어가 연구대상 전체를 올바르게 지칭하는 용어이지만, 예를 사용할 때는 독자의 이해의 편의를 위하여 녹음파일이 대표적인 기계적 기록물로 등장하고 있고 이 대상판결의 사안도 디지털 방식의

1) 디지털 방식의 녹음파일이나 아날로그방식의 녹음테이프 모두 기계적 기록물이며 증거조사방식도 재생하여 청취 또는 시청하는 방법으로 하는 등 증거법상, 전문법칙의 적용상 그 성격은 동일하다. 이 논문의 연구대상판결도 녹음테이프에 관한 대법원의 이전 판례를 녹음파일에 그대로 적용하고 있다.

녹음파일의 사안인 점을 감안하여 녹음파일을 예로 들기로 하며, 대상판결의 사안을 연구한 다른 논문을 인용할 때에도 '녹음테이프'는 '녹음파일'로 표시하기로 한다.

Ⅱ. 연구 대상 판결: 대법원 2012. 9. 13. 선고 2012도7461판결

1. 공소사실의 요지: 특정경제범죄가중처벌등에관한법률위반(공갈)

피고인은 피고인의 형제들 명의의 토지가 토지구획정리사업에 따라 근린생활시설용지가 아닌 일반주거용지로 환지예정지지정처분이 되자 피고인의 형제들 명의로 토지구획정리사업조합을 상대로 환지예정지지정처분취소소송을 제기하였으나 패소하여 확정되었다. 위 판결 확정 후 피고인이 ○○구청장이 되자 위 토지구획정리사업에 필수적인 토지구획정리지구 내의 하천 등 기반시설공사에 대한 허가권 내지 협의권한이 구청장에게 있는 것을 이용하여 위 조합을 압박하여 거액의 손해배상을 받아내기로 마음먹었다.

피고인은 피고인의 형제들 명의로 위 조합을 상대로 손실보상금청구소송을 제기하는 한편 위 조합에서 주차장 용지를 민간에게 매각한 사실을 문제 삼아 시청 감사관실에 감사요구 할 것을 지시하고, 민원전화가 있었다는 이유로 직접 현장점검을 한 후 구청 직원으로 하여금 시청에 민원을 해결하도록 협조요청 공문을 발송하도록 지시하였다. 또한 피고인은 구청장실에서 조합장인 피해자를 상대로 피고인이 무조건 20억을 받아야 한다고 강조하면서 여러 가지 말로 겁을 주었다. 피고인은 임의조정제도를 악용하여 거액을 지급받기로 마음먹고 13억 원의 지급에 난색을 표하고 있는 피해자를 상대로 두 차례 전화를 걸어 여러 가지 말로 겁을 주었다.

피고인은 위와 같은 방법으로 피해자를 공갈하여 이에 겁을 먹은 피해자로 하여금 13억 원을 지급한다는 내용으로 조정합의하도록 함으로써 재산상 이익을 취하였다.

2. 사건의 경과

피해자인 위 조합장은 구청장실로 피고인을 찾아가서 대화하거나 그 후 2차례 피고인이 피해자에게 전화를 걸어왔을 때, 피고인으로부터 부당한 요구를 받을지도 모른다는 생각에서 미리 디지털 녹음기를 준비하여 피고인 몰래 피고인과의 대화내용을 모두 디지털 녹음기로 녹음하였다.

녹음내용은 다음과 같은 것들이다.

> "그거를 가져와라 이거야. 그래서 나는 환지는 내가 무조건 20억을 받아야 된다는 게 논조고.", "지금도 구청에 오니까, 내가 또 하나 걸 게 있거든, 니네들이 하는 거에 따라서", "이건 내가 잘 알지만, 행정이 고발하면 불구속 품신이 없다. 이걸 알아야 되는 거야. 행정장이 고발하면.", "사무장하고 빨리 해결해, 이 새끼야! 그거 하라는 대로 해. 너 정말이야, 너!", "두 가지를 빨리 해갖고 와. 그러면 내가 다 불러. 다 이 자리에 앉혀놓고 방법론을 찾아줄 테니까. 빨리빨리...", "그러니까 이 새끼야! 나는 7년을 참았어..." 이 녹음 내용은 피고인이 피해자에게 자신이 원하는 대로 조정에 응할 것을 종용하는 취지로 한 말이다.

검사는 다른 증거와 함께 위 대화 녹음 음성파일 사본(CD) 및 각 해당 녹취서를 증거로 제출하였다.

3. 대법원판결

피고인과 상대방 사이의 대화 내용에 관한 녹취서가 공소사실의 증거로 제출되어 그 녹취서의 기재 내용과 녹음테이프의 녹음 내용이 동일한지 여부에 대하여 법원이 검증을 실시한 경우에, 증거자료가 되는 것은 녹음테이프에 녹음된 대화 내용 그 자체이고, 그 중 피고인의 진술 내용은 실질적으로 형사소송법 제311조, 제312조의 규정 이외에 피고인의 진술을 기재한 서류와 다름없어, 피고인이 그 녹음테이프를 증거로 할 수 있음에 동의하지 않은 이상 그 녹음테이프에 녹음된 피고인의 진술 내용을 증거로 사용하기 위해서는 형사소송법 제313조 제1항 단서에 따라 공판준비 또는 공판기일에서 그 작성자인 상대방의 진술에 의하여 녹음테이프에 녹음된 피고인의 진술 내용이 피고인이 진술한 대로 녹음된 것임이 증명되고 나아가 그 진술이 특히 신빙할 수 있는 상태하에서 행하여진 것임이 인정되어야 한다(대법원 2001. 10. 9. 선고 2001도3106 판결; 대법원 2004. 5. 27. 선고 2004도1449 판결; 대법원 2008. 12. 24. 선고 2008도9414 판결 등 참조). 또한 대화 내용을 녹음한 파일 등의 전자매체는 그 성질상 작성자나 진술자의 서명 또는 날인이 없을 뿐만 아니라, 녹음자의 의도나 특정한 기술에 의하여 그 내용이 편집, 조작될 위험성이 있음을 고려하여, 그 대화 내용을 녹음한 원본이거나 원본으로부터 복사한 사본일 경우에는 복사과정에서 편집되는 등의 인위적 개작 없이 원본의 내용 그대로 복사된 사본임이 입증되어야 한다(대법원 2005. 12. 23. 선고 2005도2945 판결; 대법원 2007. 3. 15. 선고 2006도8869 판결 등 참조).

적법하게 채택·조사한 증거들에 의하면, ① 피해자의 대표자 공소외인이 디지털 녹음기로 피고인과의 대화를 녹음한 후 자신의 사무실로 돌아와 디지털 녹음기에 저장된 녹음파일 원본을 컴퓨터에 복사하고 디지털 녹음기의 파일 원본을 삭제한 뒤 피고인과의 다음 대화를 다시 녹음하는 과정을 반복한 사실, ② 공소외인은 검찰과 제1심 법정에서 이 사건 녹음파일 사본은 피고인과 대화를 자신이 직접 녹음한 파일 원본을 컴퓨터에 그대로 복사한 것으로서 위 녹음파일 사본과 해당 녹취록 사이에 동일성이 있다고 진술한 사실, ③ 피고인도 검찰과 제1심 법정에서 이 사건 녹음파일 사본을 모두 들어본 뒤 일부 파일에 인사말 등이 녹음되지 않은 것 같다는 등의 지적을 한 외에는 녹음된 음성이 자신의 것이 맞을 뿐만 아니라 그 내용도 자신이 진술한 대로 녹음되어 있으며 이 사건 녹음파일 사본의 내용대로 해당 녹취록에 기재되어 있다는 취지로 진술한 사실, ④ 대검찰청 과학수사담당관실에서 이 사건 녹음파일 사본과 그 녹음에 사용된 디지털 녹음기에 대하여 국제적으로 널리 사용되는 다양한 분석방법을 통해 정밀감정한 결과 이 사건 녹음파일 사본에 편집의 흔적을 발견할 수 없고, 이 사건 녹음파일 사본의 파일정보와 녹음 주파수 대역이 위 디지털 녹음기로 생성한 파일의 그것들과 같다고 판정한 사실 등을 알 수 있다.

이러한 사실관계를 앞서 본 법리에 비추어 살펴보면, 피해자의 대표자인 공소외인이 피고인과 대화하면서 녹음한 이 사건 녹음파일 사본은 타인 간의 대화를 녹음한 것이 아니므로 타인의 대화비밀 침해금지를 규정한 통신비밀보호법 제14조의 적용 대상이 아니고(대법원 2001. 10. 9. 선고 2001도3106 판결 참조), 위 녹음파일 사본은 그 복사 과정에서 편집되는 등의 인위적 개작 없이 원본의 내용 그대로 복사된 것으로 대화자들이 진술한 대로 녹음된 것으로 인정된다. 나아가 녹음 경위, 대화 장소, 내용 및 대화자 사이의 관계 등에 비추어 그 진술이 특히 신빙할 수 있는 상태하에서 행하여진 것으로 인정되므로 위 녹음파일 사본과 해당 녹취록을 증거로 사용할 수 있다.

원심이 같은 취지에서 이 사건 녹음파일 사본과 해당 녹취록의 증거능력을 인정한 것은 정당하고, 거기에 상고이유 주장과 같이 증거능력에 관한 법리오해의 위법이 없다.

Ⅲ. 전문법칙이 적용되는 진술

1. 용 어

(1) 전문법칙이 적용되는 진술

'전문법칙이 적용되는 진술'은 달리 표현될 수 있으며 이 논문에서도 마찬가지다. 이는 '요증사실에 관한 경험 내용의 진술'로, '진술내용의 진실이 입증대상인 진술'로 표현될 수도 있다. 진술과 비진술로 구분하여 논하는 경우에는 '진술'이며,[2] 전문과 비전문으로 구분할 때는 '전문'과 동의어가 된다.[3]

(2) 원진술과 전문증거

전문증거에서는 필연적으로 제1단계의 진술이 있고 그 진술을 내용으로 하는 제2단계의 서류나 진술이 존재하는데 전자는 원진술, 후자는 전문증거(전문서류나 전문진술, 녹음파일등 기계적 기록물)이다. 우리 형사소송법 제316조도 전

---

2) 김희균, "CCTV를 본 증인의 진술의 증거능력", 서울법학, 서울시립대학교 법학연구소, 2012. 5, 355면; 심희기, "전문과 비전문의 구별", 법조, 2013. 6, 45면.

3) 심희기, 앞의 논문, 40면, 42면.

문진술이 원진술을 내용으로 하는 타인의 진술임을 분명히 하고 있다. 미국연방증거법(Federal Rules of Evidence) 상의 정의 규정 중[4] 'hearsay'는 (1) 원진술자가 현재의 공판 또는 청문절차에서 증언한 것이 아닌 진술, (2) 주장된 내용이 진실임을 입증하기 위하여 어느 당사자가 제출하는 진술이라는 두 가지를 개념요소로 하므로 'hearsay'는 우리 증거법상의 용어로는 원진술과 전문진술 중 원진술에 해당한다. 그런데 이 'hearsay'를 영한사전식으로 전문진술이라고 번역 사용하면 혼동을 야기한다. 만약 제1단계의 원진술을 전문진술이라고 부른다면 당장 형사소송법 제316조의 전문진술과 용어상의 혼동을 초래할 수밖에 없다. 같은 것은 같게, 다른 것은 다르게 명명해야 용어상의 혼동 없이 참다운 쟁점에 집중할 수 있다.

2. 원진술(진술의 외양을 띠고 있는 것 포함, 이하 원진술)이 요증사실에 관한 경험 내용의 진술인가, 요증사실 그 자체인가

전문법칙 적용여부는 그 증거가 전문증거인지 여부의 문제이다. 전문증거는 전문서류나 전문진술이나 진술기록물에 담겨 있는 원진술이 요증사실에 관한 경험 내용의 진술인 경우이다. 이에 반하여 그 원진술이 요증사실 그 자체인 경우에는 전문증거에서의 원진술이 아니므로 그 서류나 진술이나 기록물도 전문증거가 아니며 전문법칙의 적용대상이 아니다.

전문법칙의 적용 대상인 진술에 관한 국내에서 통용되는 이러한 설명은 미국연방증거규칙상의 정의규정과도 일치하는데, 앞의 심희기 교수의 논문은 전문법칙이 적용되는 진술(statement)의 의미에 관하여 상세한 분석을 제시하고 있고 이어 전문인지 비전문인지 구별이 애매한 대상들을 찾아내어 각론적인 분석까지 제시하고 있다.[5]

---

4) FRE Rule 801. Definitions That Apply to This Article; Exclusions from Hearsay (a) STATEMENT. 'Statement' means a persons oral assertion, written assertion, or nonverbal conduct, if the person intended it as an assertion. (b) HEARSAY. 'Hearsay' means a statement that; (1) the declarant does not make while testifying at the current trial or hearing; and (2) a party offers in evidence to prove the truth of the matter asserted in the statement.

3. 구별의 검증방법

어떤 원진술이 요증사실에 관한 경험 내용의 진술인지 요증사실 그 자체인지는 검사가 증명하고자 하는 것이 무엇인지에 따라 구별할 수도 있다. 양자의 구별에 대해서는 일종의 검증이 가능한 셈이다. 전자의 경우에는 경험 내용의 진술은 그것이 진실일 때에만 법원의 사실인정 과정에서 의미를 가지므로 검사가 증명하고자 하는 것이 그 진술내용의 진실이 되며, 요증사실 그 자체의 경우에는 법원의 사실인정 과정에서 그 진술 내용의 진실은 의미가 없으므로 검사가 입증하고자 하는 것은 그 진술의 존재자체에 그친다.

4. 증거법상 양자를 준별하는 이유

이 둘을 명백히 구별하는 증거법상의 이유 또한 분명하다. 전문증거(전문서류나 전문진술, 녹음파일등 진술기록물)에 담겨 있는 원진술이 요증사실에 관한 경험 내용의 진술인 경우에는 검사가 그 원진술의 내용의 진실을 증명하고자 하는 것이므로 전문법칙을 적용하여 원진술의 특신상태가 증명되어야 하고 반대신문권이 보장되어야 한다. 특신상태는 원진술의 진술정황이 신빙성이 보장되는 정황이었는지를 점검하는 것이고 반대신문은 원진술자를 상대로 진술의 진실성을 점검하는 것이므로 모두 진술의 내용의 진실을 점검하기 위한 전문법칙상의 요건이다.

이에 반하여 원진술이 요증사실 그 자체인 경우에는 검사는 그 원진술의 존재만 증명되면 되는 것이고 그 원진술의 내용의 진실은 증명을 요하지 않으므로 특신상태, 반대신문권 보장 등 전문법칙을 적용해서는 안 되는 것이다.

---

5) 심희기, 앞의 논문, 46-49면 참조. 이 논문에서는 FRE 801조 (c) (2)의 진술(statement)의 정의 규정, 즉 "주장(assert)된 내용이 진실임을 입증하기 위하여 어느 당사자가 제출하는 진술(statement)"에서 키워드는 '진술'에 있지 않고 '주장'에 있다고 하며 '주장'이 무엇인지에 대한 상세한 분석을 제시하고 있으며, 이 '주장의 의미를 강조하는 논변'이 한국학계에 도입될 필요가 있다고 하는데 필자는 전적으로 공감한다. 이 주장의 유무로 판단하면 진술과 비진술은 명확하게 구별된다.

5. 전문법칙이 적용되지 않는 진술들

요증사실에 관한 경험 내용의 진술과 요증사실 그 자체를 구별하여 전문증거 여부를 판단하는 것은 국내 대부분의 저서의 보편적 설명이며[6] 판례의 입장인데도[7] 법학교육의 현장에서 혼선을 겪는 모습이 발견되기도 한다.[8] 진술의 외양을 띠고 있는 것 중에서 요증사실 그 자체에 해당하는 것을 분류하여 살펴본다.

첫째, 요증사실 그 자체인 경우이다. 협박죄에서 협박의 말이 이에 해당한다. 이 경우 협박의 언어는 객관적구성요건의 전부에 해당한다.

둘째, 요증사실을 구성하는 언어인 경우이다. 사기죄에서 기망의 말, 공갈죄에서 협박의 말이 이에 해당한다. 다음은 대법원판례의 판시내용이다.[9]

공소외 1은 제1심 법정에서 '피고인 1이 88체육관 부지를 공시지가로 매입하

---

6) 신동운, 신형사소송법(제5판), 법문사, 2014. 3, 1135면; 이재상 · 조균석, 형사소송법(제11판), 박영사, 2017. 2, 599－600면; 배종대 외, 형사소송법(제2판), 2016. 9, 618면; 손동권 · 신이철, 새로운 형사소송법(제3판), 세창출판사, 2016. 9, 586면; 정웅석 · 최창호, 형사소송법, 대명출판사, 2017. 3, 568면; 이은모, 형사소송법(제5판), 박영사, 2015. 5, 684면; 노명선 · 이완규, 형사소송법(제5판), SKKUP, 2017. 2, 476면; 김인회, 형사소송법, 피앤씨미디어, 2015. 2, 493－494면; 이창현, 형사소송법(제3판), 피앤씨미디어, 2017. 2, 852－853.

7) 대법원 2008. 11. 13, 2008도8007; 2012. 7.26, 2012도2937; 2015. 1. 22, 2014도10978.

8) 다음은 법학전문대학원협의회 2016년 제1회 모의고사의 문제와 출제자가 제시한 정답인데 필자는 오답이라고 생각한다.
문제: 소비자단체 대표 갑은 A회사가 특정일간지에 광고를 편중했다는 이유로 A회사 제품에 대한 불매운동을 벌이겠다는 기자회견을 열었다. A회사 홍보부장 B가 갑에게 만나자고 요청하자, 갑은 자칫 위해를 받을지도 모른다는 불안감을 느끼고 기자회견 당시 카메라촬영을 해줌으로써 불매운동을 정신적으로 고무시켜주었던 을에게 동석을 요청하였다. 을이 동석한 자리에서 갑은 B에게 '향후 광고를 편중되게 하지 않겠다'는 내용의 팝업창을 A회사 인터넷홈페이지에 띄울 것을 요구하였고, A회사는 불매운동으로 인한 영업 손실을 우려하여 갑이 요구한 팝업창을 회사 홈페이지에 띄웠다. 위 사례에 관한 설명 중 옳은 것은? (다툼이 있는 경우에는 판례에 의함)
정답: B가 갑이 진술한 내용을 법정에서 증언한 때에는 갑의 진술이 특히 신빙할 수 있는 상태하에서 행하여졌음이 증명된 때에 한하여 그 증언을 증거로 사용할 수 있다.
필자의 판단: B의 증언에 나오는 갑의 원진술은 "'향후 광고를 편중되게 하지 않겠다'는 내용의 팝업창을 A회사 인터넷홈페이지에 띄우시오."가 될 것인데 이 원진술은 그 존재자체가 검사의 입증대상인 경우이다. B의 증언은 전문진술이 아니라 원본증거이므로 전문법칙이 적용되지 않는다.

9) 대법원 2012. 7. 26. 선고 2012도2937 판결[특정경제범죄가중처벌등에관한법률위반(사기)(피고인2에대하여일부인정된죄명:사기) · 사기 · 변호사법위반 · 횡령 · 업무상횡령]

게 해 주고 KBS와의 시설이주 협의도 2개월 내로 완료하겠다고 말하였다'고 진술하였고, 공소외 2, 6도 피고인의 진술을 내용으로 한 진술을 하였음을 알 수 있는데, 피고인 1의 위와 같은 원진술의 존재 자체가 이 부분 각 사기죄 또는 변호사법 위반죄에 있어서의 요증사실이므로, 이를 직접 경험한 공소외 1 등이 피고인으로부터 위와 같은 말을 들었다고 하는 진술은 전문증거가 아니라 본래증거에 해당한다고 할 것이다.

위 사건은 사기죄, 변호사법위반죄로 기소된 사건이며 공소외 1, 2, 6의 법정진술이 형사소송법 제316조 1항의 전문진술인지가 문제되는데, 피고인의 원진술만 간추려보면 "88체육관 부지를 공시지가로 매입하게 해주고 KBS와의 시설이주 협의도 2개월 내로 완료하겠다."가 된다. 사기죄의 구성요건은 기망의 말과 금품수수, 변호사법위반죄의 구성요건은 법률사무 취급·알선의 말과 금품수수이므로 이 원진술은 구성요건적행위의 일부로서 요증사실을 구성하는 언어에 해당하므로 이 원진술은 검사가 그 존재 자체만 증명하면 된다. 한편, 공갈죄의 구성요건은 협박의 말과 금품수수이므로 협박의 말이 요증사실을 구성하는 언어에 해당한다.

보통 요증사실을 구성하는 언어를 요증사실 그 자체라고 표현하기도 하는데 그렇게 표현하더라도 전문법칙 논의에서 문제를 일으키지는 않는다.

셋째, 요증사실 중 간접사실을 구성하는 언어인 경우이다. 예를 들어보자.

공소사실의 요지: 갑과 을은 공모하여, 갑은 망을 보고 을이 남의 집에 들어가 귀금속을 가지고 나옴으로써 절취하였다.

증거1(A의 증언): A는 법정에 증인으로 출석하여 범행 전날 갑, 을의 다음과 같은 대회를 들었다고 증언하였다.

갑: "내일 A의 집을 털자, 거기로 나와라"

을: "그래. 내가 집에 들어갈게. 너는 망을 봐."

증거2(B의 증언): B는 법정에 증인으로 출석하여 범행 다음날 갑, 을의 다음과 같은 대화를 들었다고 증언하였다.

갑: "금은방에 가서 팔아서 반씩 나누자."

을: "그래 좋아."

A의 증언에 담겨 있는 갑, 을의 원진술은 요증사실인 특수절도사실의 간접사실인 공모사실 그 자체에 해당한다. 공모사실에 관한 경험내용의 진술이 아니다. 그러므로 A의 증언은 제316조 제1항의 전문진술이 아니고 원본증거(본래증거)이므로 원진술의 특신상태를 요건으로 하지 않고 증거능력이 인정된다. B의 증언에 담겨 있는 갑, 을의 원진술은 요증사실인 특수절도사실의 간접사실인 장물분배사실 그 자체에 해당한다. B의 증언도 전문진술이 아니며 원본증거이다.

형사증거법의 증거재판주의는 "사실의 인정은 증거에 의하여야 한다"(형사소송법 제307조 제1항)는 법문으로 요약되는데 여기서 '사실'은 요증사실을 말하는 것으로서 직접사실과 간접사실을 구별하지 아니하고 '증거'는 증거능력 있는 증거를 말하는 것으로서 직접증거, 간접증거를 구별하지 아니한다. 그러므로 전문법칙이 적용되는 원진술인지를 판명함에 있어서도 직접사실과 간접사실, 직접증거와 간접증거를 달리 취급할 아무런 이유가 없다.

Ⅳ. 기계적 기록물(예: 녹음매체)의 경우

1. 녹음매체, 녹취서에 전문법칙이 적용되는가

(1) 녹음매체

녹음매체에 대한 전문법칙 적용문제에서는, 첫째, 녹음내용에 따른 녹음매체의 성격 분류와, 둘째, 녹음과정의 정확성(부정확한 전달의 위험 없음)을 점검하는 방법으로 전문법칙을 적용할 것인가가 문제된다.

우선 둘째 문제를 먼저 살펴본다. 녹음파일의 녹음과정에는 작성자의 조작가능성이 있으므로 이에 대하여 전문법칙을 적용하자는 견해(여러 학설이 있지만 여기서는 전문법칙적용긍정설로 통칭함)가 학계의 다수견해이고[10] 판례도 진술녹음의 녹음테이프는 그 원진술자와 녹음자에 따라 형사소송법 제311조 내지 제

10) 이재상 · 조균석, 앞의 책, 647면; 배종대 외, 앞의 책, 672면; 이은모, 앞의 책, 734－736면.

313조의 전문서류에 준하여 증거능력을 가려야 한다는 입장임[11]에 반하여, 녹음파일은 기계적으로 기록된 것이므로 그 녹음과정에서는 전문증거의 문제가 발생하지 않고 진정성 입증만으로 족하며 전문법칙적용긍정설은 전문증거의 요건과 진정성 요건을 혼동한 것이라고 지적하는 견해가 있다(진정성요건설 또는 전문법칙적용부정설).[12] 이 견해는 진정성의 의미에 대하여 "진술녹음의 경우 녹음기가 정확히 작동되었다든가, 조작이 없었다는 점, 그리고 녹음파일이 그 당시 녹음한 그 파일이라는 점 등이다. 녹음파일이 사본인 경우는 원본과 동일하다는 점도 입증되어야 할 것이다."라고 한다.[13] 이 견해를 피력한 논문은 녹음파일의 전문증거 문제와 진정성 문제의 구별을 전문법칙 적용범위 논의의 주요 쟁점으로 부각하여 논의를 크게 진전시킨 것으로 생각된다.

필자가 보기에 이 부분 논의의 실익 내지 소송절차상의 실제적 차이는, 전문법칙을 적용하게 되면 그 증거능력의 문제는 원진술자의 법정에서의 입장표명(실질적진정성립 인정)에 따르게 되지만 진정성 입증은 원진술자의 법정에서의 입장표명이 아닌 과학적 객관적 입증 방법을 택하게 되는 데 있다.

녹음매체, 전문진술(제316조의 것), 전문서류(제311조 내지 제315조의 것)는 모두 원진술을 법정에 전달하는 수단인데, 전문법칙 차원에서 녹음매체가 전문진술 또는 전문서류와 다른 점은 부정확한 전달의 위험성(원진술을 법정에 전달하는 과정의 부정확성이 발생할 위험성)이 낮다는 데 있다.[14] 녹음매체는 원진술을 법정에 전달하는 수단이 사람의 진술이 아니라 기록물이라는 점에서 위 전문진술 보다 전문서류와 유사하다. 그러므로 녹음매체와 전문서류의 異同을 검토하여 전문법칙상 같게 취급할 것인가, 다르게 취급할 것인가를 살펴보아야 한다.

---

11) 대법원 1992. 6. 23, 92도682, 2005. 12. 23, 2005도2945 등 다수.

12) 이완규, "협박 진술 녹음의 전문증거 문제와 진정성 문제의 구별", 저스티스 2013. 12, 380면.

13) 이완규, 앞의 논문, 392면.

14) 필자는 선행연구에서 전문법칙의 이론적 근거 중 핵심은 부정확한 전달의 위험이며, 전문서류도 전문진술 못지않게 그 위험성이 크다고 논한 바 있다(차정인, 앞의 논문). 전문증거의 부정확한 전달의 위험요소는 두 가지로 분류되는데 원본증거(경험자의 법관 면전 진술)와 비교할 때 위험 요소 중 하나는 경험자 아닌 타인이라는 점에 기인하고, 다른 하나는 진술 아닌 진술기록물이라는 점에 기인한다. 전문증거의 성격을 판정하기 위해서는 원본증거(요증사실의 경험자가 법관 면전에서 그 원진술을 하는 가상의 경우)와 비교할 때 부정확한 전달의 위험성(필자는 이를 傳聞性이라고 부른다)이 몇 차례 발생했는지를 따져보아 전문성이 1차례 발생하면 전문증거, 전문성이 2차례 발생하면 재전문증거가 된다(차정인, 앞의 책, 41－42면 참조).

생각건대 녹음매체는 부정확한 전달의 위험이 전문서류에 비하여 낮다고 볼 수 있지만[15] 그 조작가능성으로 인하여 부정확한 전달의 위험이 尙存하므로 이를 점검하는 방식이 필요한데, 전문법칙적용긍정설은 다분히 형사소송상의 정책적 판단이라고 볼 수 있고 진정성 입증 방식이어야 한다는 견해는 녹음이 기계적, 과학적 과정임을 중시한 견해라고 할 수 있다.

검토를 위하여, 대등 비교로서 전문서류의 실질적진정성립과 녹음매체의 기록의 정확성, 즉 조작 없음을 대비해보자. 전문서류의 '원진술과 조서 기재 내용의 일치'의 문제는 녹음매체의 '원진술과 녹음 내용의 일치'의 문제와 마찬가지로 객관적 사실의 문제이므로 객관적 증명의 대상이지 관련자의 입장표명에 맡길 문제가 아니라고 할 것인데도 우리 형사소송법은 이 문제를 오랫동안 당사자(원진술자)의 입장표명(실질적진정성립 인정)에만 맡겨왔으며, 검사 작성 피의자신문조서는 2007년, 진술서는 2016년에 와서야 객관적 방법에 의한 증명을 대체적인 것으로 허용하고 있을 뿐이다. 이러한 형사소송법의 규정에 비추어보면 녹음매체의 '원진술과 녹음 내용의 일치'의 문제에 대하여 전문법칙을 적용하여 점검하는 것이 우리 형사소송법의 입장과 배치되는 것이 아니라고 보아 필자는 전문법칙적용긍정설의 입장에 선다.

다음으로 녹음 내용에 따른 녹음매체의 성격 분류이다. 전문법칙의 적용범위를 논하는 데 있어 녹음매체는 진술녹음과 현장녹음으로 구분되는데 전형적인 진술녹음과 전형적인 현장녹음에 대해서는 이미 학계에서 異論이 없으므로 별 문제가 되지 않는다.

문제는 "녹음내용이 사람의 발언으로서 그것이 요증사실 그 자체인 경우"에 이를 현장녹음으로 분류할 것인가, 진술녹음으로 분류할 것인가[16]인데 어느 견해에 따르든지 이 경우에는 전문법칙이 적용되지 않는다는 데는 이견이 없으므로 이 둘의 차이는 용어의 차이에 불과하다. 그러나 이 용어의 문제가 전문법칙 논의를 복잡하게 만드는 한 원인이 되고 있으므로 검토를 요한다.

---

15) 차정인, 앞의 논문, 147-149면 참조.

16) 현장녹음이라고 하는 견해는 이재상·조균석, 앞의 책, 647면; 배종대 외, 앞의 책, 672-674면, 신양균, 형사소송법, 화산미디어, 2009, 816-817면, 진술녹음이라고 하는 견해는 노명선·이완규, 앞의 책, 480-481면 참조.

생각건대 위 용어의 차이는 현장녹음의 개념 규정을 달리 하는 데 기인한다. 다수설은 진술의 내용의 진실이 요증사실의 증명에 사용되는 경우에만 진술녹음이며 진술의 존재 자체가 요증사실인 경우에는 그것이 사람의 음성이라도 현장녹음이라고 하는 반면 소수설은 현장녹음을 '사람의 음성을 제외한 다른 음향만을 녹음한 것'이라고 규정한다.

녹음내용이 '사람의 발언으로서 그것이 요증사실 그 자체인 경우'에 대하여 진술녹음이라고 부르는 것은 일단 일리가 있다. 법학 용어와 일반 言衆의 언어를 달리 해야 할 명확한 필요가 없다면 가급적 동일한 용어를 구사하는 것이 바람직한데 이 경우는 사람의 진술이므로 진술녹음이라고 명명하고 그 진술녹음에 전문법칙이 적용되는지는 용어와는 별도로 법리적으로 판단할 사항이기 때문이다. 대법원이 진술녹음, 현장녹음 등의 강학상의 용어를 사용하지는 않지만 녹음내용을 '요증사실 그 자체'로 판단한 사건에서 그 녹음내용을 '진술'이라고 표현하고 있는 점도 참고할 만하다.[17]

그러나 필자는 이 경우에 다수설과 같이 현장녹음이라는 용어를 사용하기로 한다. 앞서 언급한 바와 같이 이 경우를 진술녹음으로 부른다면 용어와는 별도로 전문법칙 적용 여부를 판단해야 하는 단점이 있는데 비하여 현장녹음이라고 부른다면 용어와 법리적 문제가 일거에 해결되는 장점이 있는데 이 장점을 더욱 중시한다. 또한 그 녹음내용은 '범행 현장의 음성' 또는 '범행에 관한 간접사실이 발생한 현장의 음성'이라는 점에서는 현장녹음이라는 용어가 일반 언중도 이해할 수 있는 용어이기 때문이다.

---

17) 대법원 2015. 1. 22. 선고 2014도10978 전원합의체 판결[내란음모 등]을 예로 들면, 이 사건 공소사실 중 내란선동부분은 피고인들의 강연내용은 "분단의 체제 자체를 무너뜨려 버려라. 남북의 자주 역량에 의해서 민족사의 새로운 대전환기를 우리 힘으로 만들자." 등이며 이 녹음파일이 증거로 제출되었는데 이 부분 판시는 이렇다. "전문법칙이 적용된다는 등의 주장에 관하여–피고인 또는 피고인 아닌 사람의 진술을 녹음한 녹음파일은... 녹음파일에 담긴 진술 내용의 진실성이 아닌 그와 같은 진술이 존재하는 것 자체가 증명의 대상이 되는 경우에는 전문법칙이 적용되지 아니한다(대법원 2013. 2. 15. 선고 2010도3504 판결; 대법원 2013. 7. 26. 선고 2013도2511 판결 등 참조). 나아가 ... 그와 같은 진술을 하였다는 것 자체 또는 그 진술의 진실성과 관계없는 간접사실에 대한 정황증거로 사용할 때에는 반드시 전문증거가 되는 것은 아니다(대법원 2000. 2. 25. 선고 99도1252 판결 등 참조)."

(2) 녹음매체의 녹취서

1) 독립된 증거로 제출된 경우의 문제

녹취서는 형사소송규칙 제134조의8 제2항[18]에 따라 녹음매체의 증거조사를 위하여 제출하는 경우가 있고 독립된 증거로 제출하는 경우가 있는데 이 둘은 구분되어야 한다. 전자의 경우에 법원의 증거자료가 되는 것은 녹음매체에 녹음된 음성정보이며 녹취서는 녹음매체의 증거조사에 대한 보조자료에 불과하다.[19] 전문법칙 적용의 문제는 녹취서가 독립된 증거로 제출된 경우에 발생하며 판례 사안도 이 경우이므로 이하 이 경우에 대하여 살펴본다.

2) 견해대립

녹음매체의 녹취서에 대한 전문법칙 적용 문제는 상당히 난해한 요소를 내포하고 있으며 다양한 견해들이 제시되어 있다. 여러 견해들을 읽으며 필자가 주목하여 재검토한 것은 결론뿐 아니라 그 설명방법이다. 그 설명방법이 전문법칙의 이론적 근거에 부합하고 일관되어야 비로소 논제가 규명되었다거나 해결되었다고 말할 수 있기 때문이다.

아래 견해들 중에는 그 녹음내용이 전문법칙이 적용되는 진술인가 아닌가를 구별하여 설명한 것도 있지만 이를 구분하지 않고 설명한 것도 있는데, 일단 별도의 전제가 없는 한 '녹음내용이 전문법칙이 적용되는 진술인 경우'를 전제로 검토하고, '녹음내용이 전문법칙이 적용되지 않는 진술인 경우'에 대하여는 필자의 설명방법을 별도로 제시하기로 한다.

① 재전문증거라는 견해

노명선 교수의 견해: 보이스펜 등 녹음매체의 녹음내용을 다른 녹음테이프로 복사하는 과정은 기계가 수행한 것일 뿐 기록하는 사람의 진술이라는 과정이 개입하지 않으므로 재전문증거의 문제는 발생하지 않으나, 녹취서의 경우에는

18) 제134조의8(음성 · 영상자료 등에 대한 증거조사)
② 녹음 · 녹화매체 등에 대한 증거조사를 신청한 당사자는 법원이 명하거나 상대방이 요구한 때에는 녹음 · 녹음매체 등의 녹취서, 그 밖에 그 내용을 설명하는 서면을 제출하여야 한다.

19) 서태경, "녹음매체에 대한 녹취서의 증거법상 지위와 증거조사 방법에 대한 소고", 법학논총 제32집 제3호, 2015. 9, 27면.

사람이 개입하여 녹취하는 것이므로 재전문증거가 된다는 견해이다.[20] 녹취서 작성과정의 '부정확한 전달의 위험'을 주목한 설명이며 이에 관한 한 필자의 견해도 같다.

이완규 검사의 견해: 이 견해는 갑이 을에게 자신이 살해현장을 목격한 일을 진술하고 그 진술이 녹음되었는데 이 녹음매체를 속기사 등이 녹취한 경우를 사례로 들면서, "녹음파일에 있는 진술이 경험사실의 진술이어서 전문진술인 경우 그 녹음파일은 그 자체로 전문증거라 할 것인데 그 녹음파일의 내용을 듣고 다시 녹취록을 만든다면 이는 사람이 녹음 내용(전문증거)을 경험하고 그 경험사실을 다시 서면으로 진술한 것이 되어 재전문증거가 된다."고 설명한다.[21]

이 견해의 논자는 앞서 본 바와 같이 녹음파일은 기계적으로 기록된 것이므로 그 녹음과정에서는 전문증거의 문제가 발생하지 않는다는 입장에 서있는데 이 입장에서는 이 결론에 이를 수 없다. 위 사례에서 피의자의 진술은 원진술이므로 이 입장에서는 녹음파일은 전문증거가 아니며 녹취록이 전문증거라고 해야 논리적으로 일관된다고 할 것이다.

앞서 필자는 전문법칙 적용범위 논의에서 미국연방증거법(Federal Rules of Evidence) 상의 'hearsay'를 '전문진술'이라고 번역 사용하는 문제점에 대하여 언급한 바 있는데 이 견해도 "녹음파일에 있는 진술이 경험사실의 진술이어서 전문진술인 경우…"라고 하여 'hearsay'를 '전문진술'이라고 번역 사용하고 있는데 이 용어의 문제에서 발생한 착오가 아닌가 한다.

② 전문증거라는 견해

김혁돈 교수의 견해: 목소리 감정으로 진술자의 진정성립 인정에 갈음할 수 있다면 이를 녹취한 서면은 그 자체로 진술기재서류에 해당한다는 견해이다.[22]

이창섭 교수의 견해: 녹음테이프는 진술녹취서에 준하며 전문서류로 볼 수 있다, 녹취서는 이 전문서류를 보고 그 내용을 옮겨 적은 서류에 준하므로 전문증거로 볼 수 있다고 하며, 녹음 내용과 녹취서 기재의 일치는 녹취서의 진정성

20) 노명선, 판례연구 형사소송법(전정개정판), 고시계사, 2013, 280－281면.
21) 이완규, 앞의 논문, 392면.
22) 김혁돈, "녹취서와 녹음테이프의 증거능력 등에 관한 실무적 고찰", 법학논집 제19권 2호, 2014. 12, 525면.

문제로 볼 수 있다고 한다.[23)]

우선 위 견해 중 "목소리 감정으로 진술자의 진정성립 인정에 갈음"한다는 것은 이 논문이 최근 개정된 형사소송법 제313조 제2항이 도입되기 이전의 것이므로 전문법칙상의 진정성립 증명으로 이해되기 보다는 진정성 입증의 의미로 이해된다. 이 두 견해 모두 녹음과정과 녹취서 작성과정에서 부정확한 전달의 위험의 문제가 있음을 전제로 하면서도 왜 전자에는 전문법칙이 적용되고 후자는 전문법칙이 아니고 진정성의 문제라고 하는지에 대한 설명이 부족하다고 본다.

③ 녹음매체의 사본에 준하는 증거방법으로 보는 견해

서태경 교수의 견해: "녹취서를 전문증거로 볼지 재전문증거로 볼지는 크게 실익이 없는 논의이다. 그 이유는... 녹취서를 증거동의하면 녹취서에 기재된 문자정보를 증거로 사용할 것이고, 증거동의를 하지 않으면 법원으로서는 어차피 녹음매체를 제출받아 증거조사를 할 수밖에 없는데 녹음매체와 녹취서가 함께 증거조사가 이루어지는 경우에도 법원은 판결서 상에 녹음매체만을 증거로 적시할 가능성이 높아서 녹취서가 전문증거인지 여부는 크게 문제되지 않을 수밖에 없다"고 한다.[24)] 이 견해는 논의의 실익을 거론하고 있지만 검사가 녹취서를 독립된 증거로 제출한 경우에 법원으로서는 녹취서가 전문증거인지 재전문증거인지 가려 증거능력을 판단해야 하므로 실익이 없다는 말은 이해하기 어렵다.

한편으로, 이 견해는 녹취서를 녹음매체의 사본에 준하는 증거방법이라고 하면서 "피고인이 동의하지 않으면 녹음매체의 존재, 녹음매체의 제출이 불능 또는 곤란한 사정, 녹음매체의 녹음 내용을 그대로 기재하였을 것 등의 요건을 제출자가 입증하고... 녹음매체에 전문법칙이 적용되는 경우에는 형사소송법 제313조 제1항의 증거능력의 요건이 입증되면 녹취서는 증거로 할 수 있다"고 하는데, 이 설명은 결국 진정성 입증을 요하거나 전문법칙을 적용한다는 결론과 다르지 않다. 이 결론에 이르는 데에 '사본에 준하는 증거방법'이라는 설명방법

23) 이창섭, "형사소송법 제313조 제1항에 관한 몇 가지 검토", 동아법학 통권62호, 2014. 2, 235면.

24) 서태경, 앞의 논문, 38면.

이 필요한지는 의문이라 하겠다.

3) 검토

녹음매체를 녹취하는 과정은 사람이 녹음파일의 내용을 들어 인식하고 기억하고 기록하는 과정으로서, 오류의 가능성, 즉 부정확한 전달의 위험이 있는 과정이므로 傳聞性이 발생한다. 결국 녹음매체의 녹취서는 원본증거와 비교하여 녹음과정에서 1차례, 녹음매체를 녹취하는 과정에서 1차례, 도합 2차례의 전문성이 발생하므로 재전문증거로 보아야 한다.

이것을 표로 정리해보면 다음과 같다.[25] 아래 표에서 (a), (b), (c)는 재전문증거, (d), (e)는 재재전문증거, (f)는 재재재전문증거라고 할 수 있으며 이들은 모두 재전문증거로 총칭할 수 있다. 이 중 대법원이 二重의 요건충족을 전제로 증거능력을 인정하는 것은 (b)이고, 부정한 것은(a), (d)이다.[26] (c)에 대하여는 재전문증거임을 전제로 증거능력을 판단한 바는 없지만, 각주 27)의 대법원 2000. 3. 10. 선고 2000도159 판결에 등장하는 (a)와 (b)를 비교할 때 대법원은 전문증거에 내재한 傳聞性(부정확한 전달의 위험성)중 '경험자 아닌 타인'이라는 요소를 '진술 아닌 진술기록물'이라는 요소보다도 더 중한 것(더 위험한 것)으로 판단하였다고 볼 수 있다. 이런 잣대를 사용하면 (b)보다 (c)가 더 양호한(덜 위험한) 재전문증거라고 할 수 있다. 만약 추후 대법원이 (c)를 명시적으로 재전문증거로 판단하더라도 그 증거능력을 인정할 것으로 예상한다.

---

25) 이 표는 차정인, 형사소송실무(제3판 제2쇄), 신조사, 2017. 6, 42면의 [표3] 전문증거의 종류에 제2의 진술기록물을 추가한 것이다.

26) 대법원 2000. 3. 10. 선고 2000도159 판결[미성년자의제강제추행]

[1] ...전문진술이 기재된 조서는 형사소송법 제312조 또는 제314조의 규정에 의하여 각 그 증거능력이 인정될 수 있는 경우에 해당하여야 함을 물론 나아가 형사소송법 제316조 제2항의 규정에 따른 위와 같은 요건을 갖추어야 예외적으로 증거능력이 있다.

[2] 형사소송법은 전문진술에 대하여 제316조에서 실질상 단순한 전문의 형태를 취하는 경우에 한하여 예외적으로 그 증거능력을 인정하는 규정을 두고 있을 뿐, 재전문진술이나 재전문진술을 기재한 조서에 대하여는 달리 그 증거능력을 인정하는 규정을 두고 있지 아니하고 있으므로, 피고인이 증거로 하는 데 동의하지 아니하는 한 형사소송법 제310조의2의 규정에 의하여 이를 증거로 할 수 없다.

〈표 1〉 전문증거와 재전문증거

	진술	진술기록물	제2의 진술기록물
경험자	(원본증거)	• 전문서류 각종 조서 진술서 • 기계적 기록물 문자정보매체 녹음 · 녹화매체 도면 · 사진등 매체	진술기록물의 녹취서(c)
타인	전문진술	전문진술이 기재된 진술기록물(b)	전문진술이 기재된 진술기록물의 녹취서(e)
제2의 타인	재전문진술(a)	재전문진술이 기재된 진술기록물(d)	재전문진술이 기재된 진술기록물의 녹취서(f)

*위 밑줄이 두 줄인 것: 재전문증거

한편, '녹음내용이 전문법칙이 적용되지 않는 진술인 경우'의 녹음매체의 녹취서는 어떻게 설명되어야 하는가? 이 경우에는 녹음매체뿐 아니라 녹음매체의 녹취서도 전문증거일 수 없으며 전문법칙이 적용될 수 없다. 전문법칙상의 특신상태 요건은 이른바 신용성의 정황적보장이며 이는 '원진술의 진술정황이 신빙성이 보장되는 정황인가'를 확인하는 도구이므로 진술의 존재자체의 입증에서 요구되어서는 안 되는 요건이다.

그러나 이 경우에도 진술의 존재 자체는 입증되어야 하는데 그 입증은 진정성 입증으로 족하며, 검사의 입증 방식이 원진술자나 녹음자, 녹취서 작성자의 공판정진술에 의한다고 하더라도 그것은 진정성 입증으로 이해되어야 한다.

2. 증거방법의 분류와 전문법칙

녹음내용과 증거방법의 형태에 따른 분류와 전문법칙 적용문제를 검토해본다. 이 부분에 관하여 학계의 논의가 쟁점 중심으로 집중될 수 있도록 이완규 검사의 선행연구논문[27]에서 든 사례와 판단을 인용하고 필자의 견해를 제시하는 방법으로 정리해보고자 한다.

1) 현장녹음

사례: 살인 사건 피해자가 소지하던 소형 녹음기에 살해 시간 직전에 녹음된 것이 있는데 개구리 우는 소리가 녹음되어 있다. 살해 현장이 숲속의 연못 부근이었다는 점을 입증하기 위해 이 녹음물을 증거로 제출하는 경우

전문법칙: 녹음내용이 진술의 외양조차 띠지 않는 것이므로 녹음매체는 전문증거가 아니며 전문법칙이 적용될 수 없다. 다만 이 현장녹음도 그 녹음매체의 진정성이 인정되면 증거로서의 기능을 하게 되므로 진정성 입증의 대상이 된다. 현장녹음에 대한 진술증거설이나 검증조서유추설이 있는데 이들 견해는 전문법칙으로 진정성 입증을 우회하는 것인데 그럴 필요 없이 곧바로 진정성 입증의 문제로 취급하는 것이 타당하다.

2) 사람의 진술로서 현장녹음인 경우

사례: 시위현장에서 피고인이 시위를 선동하는 구호를 외치는 소리를 녹음한 녹음파일을 피고인이 구호를 외친 사실을 입증하기 위하여 제출하는 경우

전문법칙: "피고인이 구호를 외친 것은 사람의 진술이기는 하나 여기서 입증취지는 구호내용의 진실 여부가 문제가 아니라 그러한 구호를 외친 사실 자체를 입증하기 위한 것이므로 전문증거가 아니다."[28] 타당한 설명이다. 녹음내용이 전문법칙이 적용되는 진술이 아니므로 녹음매체는 전문증거가 아니며 그러므로 전문법칙이 적용될 수 없고 진정성 입증의 대상이 된다. 이 진술녹음(다수견해는 현장녹음이라고 함)에 대하여도 진술증거설이나 검증조서유추설이 있는데 역시 곧바로 진정성 입증의 문제로 취급하는 것이 타당하다.

---

27) 이완규, 앞의 논문.

28) 이완규, 앞의 논문, 391면.

3) 사람의 진술로서 진술녹음인 경우

사례: 피의자가 "내가 물건을 훔쳤다"고 말하는 내용이 녹음된 녹음파일을 피고인의 절도 사실에 대한 증거로 제출하는 경우

전문법칙: 이에 대하여 "그 진술이 전문진술, 즉 경험사실의 진술로서 진술내용의 진실을 입증하기 위해 제출되는 것이면 그 진술녹음은 전문진술을 기록한 것이므로 전문증거이다... 여기서 녹음은 기계적인 것이어서 그 과정에서는 전문증거 문제가 발생하지 않으므로 재전문증거가 아니다(전문증거라는 의미-필자 주)"라는 설명[29]은 그 결론은 타당하지만 설명방법이 타당하지 않다. 피의자의 진술 내용은 전문법칙이 적용될 수 있는 형태의 진술이지만 원진술에 불과하므로 녹음과정에 전문증거의 문제가 없다고 본다면 이를 전문증거로 볼 수 없기 때문이다. 녹음매체가 전문증거가 되는 것은 그 녹음내용이 전문진술이기 때문이 아니라 녹음과정의 전문성 때문이라고 설명되어야 한다.

4) 위 2)의 현장녹음의 녹취서의 경우

사례: 시위현장에서 피고인이 시위를 선동하는 구호를 외치는 소리를 녹음한 녹음매체의 녹취서를 피고인이 시위선동구호를 외친 사실을 입증하기 위해 제출한 경우

전문법칙: 녹음내용이 전문법칙이 적용되는 진술이 아니므로 녹음매체는 전문증거가 아니며 그 녹취서도 전문증거가 아니며 진정성 입증의 대상이 된다. 앞에서 살펴본 바와 같이 검사의 입증 방식이 원진술자인 피고인이나 녹음자, 녹취서 작성자의 공판정진술에 의한다고 하더라도 그것은 진정성 입증으로 이해되어야 할 것이다.

5) 위 3)의 진술녹음의 녹취서의 경우

사례: 갑이 을에게 자신이 살해현장을 목격한 일을 진술하고 그 진술이 녹음되었는데 이 녹음매체를 속기사 등이 녹취한 경우

29) 이완규, 앞의 논문, 392면.

전문법칙: 이에 대하여는 위 1.의 (2) 녹음매체의 녹취서에서 살펴본 바와 같다.

6) 위 3)의 진술녹음의 진술이 전문진술인 경우

사례: 갑이 을에게 자신이 살해현장을 목격한 일을 진술하고 을이 병에게 목격자 갑에게서 들은 내용을 진술하고 그 진술을 녹음한 녹음매체가 법정에 제출된 경우

전문법칙: 갑의 진술은 원진술, 을의 진술은 전문진술이며 부정확한 전달의 위험(傳聞性)은 을의 전문진술에서 1차례, 녹음과정에서 1차례 발생하므로 재전문증거가 된다. 재전문증거의 유형은 전문진술이 기재된 진술기록물이다.

기계적 기록물(예: 녹음매체)과 전문법칙의 적용의 문제를 표로 정리하면 다음과 같다.

〈표 2〉 녹음과 전문법칙

녹음내용 등	전문증거 여부	비고
1) 현장녹음	전문증거 아님	녹음은 진정성 입증 대상
2) 사람의 진술로서 현장녹음인 경우	전문증거 아님	녹음은 진정성 입증 대상
3) 사람의 진술로서 진술녹음인 경우	전문증거	전문법칙 적용
4) 위 2)항의 현장녹음의 녹취서	전문증거 아님	녹음과 녹취는 진정성 입증 대상
5) 위 3)항의 진술녹음의 녹취서	재전문증거	녹음과 녹취에 전문법칙 적용
6) 위 3)항의 진술녹음 내용이 전문진술인 경우	재전문증거	전문진술과 녹음에 전문법칙 적용

Ⅴ. 대상판결 검토

첫째로 검토를 요하는 것은 녹음파일에 녹음된 대화내용 중 증거로 사용될 피고인의 협박진술에 대하여 전문법칙이 적용되는 진술인지에 대한 판단을 하지 않았다는 데 있다. 이 사건의 공소사실이 특정경제범죄가중처벌등에관한법률

위반(공갈)이므로 녹음파일 상의 피고인의 협박진술은 요증사실을 구성하는 언어이지 요증사실에 관한 경험내용의 진술이 아니다. 이러한 점은 검사가 입증하고자 하는 것이 이 협박진술의 존재이지 이 협박진술의 내용의 진실이 아닌 점을 통해서도 판단할 수 있고, 이 경우에 진술의 진술정황이 신빙성(내용의 진실성)이 보장되는 정황이었는지를 점검하는 특신상태를 요구하는 것이 엉뚱한 요구가 되는 점에 비추어보아서도 판단할 수 있다. 결국 이러한 진술이 담긴 녹음파일은 전문증거가 아니며 전문법칙이 적용되지 않는다. 그럼에도 대법원판결은 이 협박진술이 담긴 녹음파일을 '피고인의 진술을 기재한 서류'로 보아 형사소송법 제313조 1항 단서를 적용하고 그 증거능력 요건으로 작성자의 진술에 의한 진정성립 증명, 진술의 특신상태를 제시하고 있는데 이는 전문증거에서의 진술의 개념을 오해하였거나 판단을 누락한 것으로 보인다.

대법원은 기계적 기록물에 담긴 진술이 문제된 다른 사안에서 이 '진술' 개념에 대하여 "문자정보가 그 증거가 되는 경우, 그 문자정보[가] 범행의 직접적인 수단이고 경험자의 진술에 갈음하는 대체물에 해당하지 않[는 경우에는]... 전문법칙이 적용되지 않는다."고 명확한 판시를 한 바 있는데[30] 이 판결에서는 일관된 판시를 하지 않은 이유가 납득이 되지 않는다.

둘째로 검토를 요하는 것은 녹음파일과 녹취서에 관한 판시내용이 시사하는 점이다. 이 사건에서는 녹음파일 사본과 녹취서가 증거로 제출되어 있고 이 둘은 전문법칙의 적용에 있어서 그 성격이 다르다. 요컨대 이 사건 녹음파일은 위 <표 2>의 2)항에, 녹취서는 4)항에 해당한다.

녹음파일과 녹취서를 언급한 판시 부분을 인용하면서 분석해본다.

(가) 피고인과 상대방 사이의 대화 내용에 관한 <u>녹취서</u>가 공소사실의 증거로

---

30) 대법원 2008. 11. 13. 선고 2006도2556 판결[정보통신망이용촉진및정보보호등에관한법률위반(음란물유포등)]
형사소송법 제310조의2는 사실을 직접 경험한 사람의 진술이 법정에 직접 제출되어야 하고 이에 갈음하는 대체물인 진술 또는 서류가 제출되어서는 안 된다는 이른바 전문법칙을 선언한 것이다. 그런데 정보통신망을 통하여 공포심이나 불안감을 유발하는 글을 반복적으로 상대방에게 도달하게 하는 행위를 하였다는 공소사실에 대하여 휴대전화기에 저장된 문자정보가 그 증거가 되는 경우, 그 문자정보는 범행의 직접적인 수단이고 경험자의 진술에 갈음하는 대체물에 해당하지 않으므로, 형사소송법 제310조의2에서 정한 전문법칙이 적용되지 않는다.

제출되어 그 녹취서의 기재 내용과 녹음테이프의 녹음 내용이 동일한지 여부에 대하여 법원이 검증을 실시한 경우에, 증거자료가 되는 것은 녹음테이프에 녹음된 대화 내용 그 자체이고...

(나) 적법하게 채택·조사한 증거들에 의하면, ①(생략) ② 공소외인은 검찰과 제1심 법정에서 이 사건 녹음파일 사본은 피고인과 대화를 자신이 직접 녹음한 파일 원본을 컴퓨터에 그대로 복사한 것으로서 위 녹음파일 사본과 해당 녹취록 사이에 동일성이 있다고 진술한 사실, ③ 피고인도 검찰과 제1심 법정에서 이 사건 녹음파일 사본을 모두 들어본 뒤 일부 파일에 인사말 등이 녹음되지 않은 것 같다는 등의 지적을 한 외에는 녹음된 음성이 자신의 것이 맞을 뿐만 아니라 그 내용도 자신이 진술한 대로 녹음되어 있으며 이 사건 녹음파일 사본의 내용대로 해당 녹취록에 기재되어 있다는 취지로 진술한 사실, ④ 대검찰청 과학수사담당관실에서 이 사건 녹음파일 사본과 그 녹음에 사용된 디지털 녹음기에 대하여 국제적으로 널리 사용되는 다양한 분석방법을 통해 정밀감정한 결과 이 사건 녹음파일 사본에 편집의 흔적을 발견할 수 없고, 이 사건 녹음파일 사본의 파일정보와 녹음 주파수 대역이 위 디지털 녹음기로 생성한 파일의 그것들과 같다고 판정한 사실 등을 알 수 있다.

(다) 이러한 사실관계를 앞서 본 법리에 비추어 살펴보면, (중략)... 위 녹음파일 사본은 그 복사 과정에서 편집되는 등의 인위적 개작 없이 원본의 내용 그대로 복사된 것으로 대화자들이 진술한 대로 녹음된 것으로 인정된다. 나아가 녹음 경위, 대화 장소, 내용 및 대화자 사이의 관계 등에 비추어 그 진술이 특히 신빙할 수 있는 상태하에서 행하여진 것으로 인정되므로 위 녹음파일 사본과 해당 녹취록을 증거로 사용할 수 있다.

대상판결은 음성파일 사본은 물론이거니와 그 녹취록에 대하여도 전문법칙 조항을 적용한 것으로 이해된다. 위 판시내용 중 (나)의 ② 부분은 형사소송법 제313조 1항 단서 상의 작성자의 진술에 의한, (나)의 ③ 부분은 피고인의 진술에 의한 진정성립 인정을 설시하면서 음성파일과 녹취록의 증거능력 문제를 한꺼번에 판단하고 있다.

앞서 비판을 제기한 바 있지만 이 사건 원진술에 전문법칙을 적용하는 것이 대상판결의 입장이므로 이를 전제할 때는 대상판결이 음성파일과 녹취록 모두에 대하여 전문법칙을 적용하여 점검을 한 것은 논리적으로 일관된다. 그러나 이 사건 원진술에 전문법칙이 적용되지 않는다는 전제에 서면 음성파일 뿐 아니라 그 녹음내용의 녹취록은 진정성 입증의 대상일 뿐이며 그 진정성 입증에 과학적 분석방법을 사용하지 않고 피고인이나 작성자의 공판정진술 방식에 의하더라도 그것은 진정성 입증으로 이해되어야 할 것이다.

마지막으로 검토를 요하는 것은 다음 설시 부분이다.

"... 나아가 녹음 경위, 대화 장소, 내용 및 대화자 사이의 관계 등에 비추어 그 진술이 특히 신빙할 수 있는 상태하에서 행하여진 것으로 인정되므로 위 녹음파일 사본과 해당 녹취록을 증거로 사용할 수 있다."

특신상태를 증거능력의 요건으로 판시한 것은 이 판결이 녹음파일 사본과 녹취서에 전문법칙을 적용함에 따른 귀결이며, 이에 대하여 앞서 Ⅲ.의 4.에서 원진술이 요증사실 그 자체인 경우에는 특신상태 요건이 적용되지 않는다는 점을 논하였다.

혹자는 원진술이 요증사실 자체인 경우에도, 가령 판례사안과 같이 원진술이 협박진술인 경우에도, 그 협박진술이 기망이나 착오, 상대방의 유도나 강요에 의한 것일 수 있으므로 특신상태라는 요건으로 진술정황을 점검할 필요가 있지 않은가 의문을 가질 수 있다. 그러나 협박진술의 동기를 이루는 기망, 착오, 유도, 강요 유무는 행위자의 고의, 과실, 강요된 행위 등 구성요건해당성, 책임 등의 실체법적 문제로서 협박진술의 존재 이후의 문제이며, 협박진술의 존재에 관한 증거방법의 증거능력을 논하는 절차법적 문제와는 구별되어야 한다. 요컨대 이 판결의 사안에서 녹음파일 사본과 해당 녹취서는 특신상태와 무관하게 증거능력이 판단되어야 한다.

참고문헌

김혁돈, 녹취서와 녹음테이프의 증거능력 등에 관한 실무적 고찰, 법학논집 제19권 2호, 2014. 12.

김희균, CCTV를 본 증인의 진술의 증거능력, 서울법학, 서울시립대학교 법학연구소, 2012. 5.

노명선, 판례연구 형사소송법(전정개정판), 고시계사, 2013.

노명선・이완규, 형사소송법(제5판), SKKUP, 2017.

미국연방사법센타(Federal Judicial Center)저(구본진외 3인 번역), 미국연방형사소송 절차(번역서), 검찰, 2006.

배종대・이상돈・정승환・이주원, 형사소송법(제2판), 2016.

서태경, 녹음매체에 대한 녹취서의 증거법상 지위와 증거조사 방법에 대한 소고, 법학논총 제32집 제3호. 2015. 9.

손동권・신이철, 새로운 형사소송법(제3판), 세창출판사, 2016.

신동운, 신형사소송법(제5판), 법문사, 2014.

신양균, 형사소송법, 화산미디어, 2009.

심희기, 전문과 비전문의 구별, 법조, 2013. 6.

이완규, 협박 진술 녹음의 전문증거 문제와 진정성 문제의 구별, 저스티스 2013. 12.

이은모, 형사소송법(제5판), 박영사, 2015.

이재상・조균석, 형사소송법(제11판), 박영사, 2017.

이창섭, 형사소송법 제313조 제1항에 관한 몇 가지 검토, 동아법학, 2014. 2.

이창현, 형사소송법(제3판), 피앤씨미디어, 2017.

김인회, 형사소송법, 피앤씨미디어, 2015.

정웅석・최창호, 형사소송법, 대명출판사, 2017.

차정인, 전문법칙 적용범위 논의를 위한 몇 가지 고찰 –기본 개념과 용어, 이론적 근거를 중심으로–, 중앙법학, 2014. 6.

_____, 형사소송실무(제3판 제2쇄), 신조사, 2017. 6.

Arthur Best, Evidence: Examples and Explanations(8th Edition), 2012.

Jerold H. Israel and Wayne R. LaFAVE, Criminal Procedure, 2001.

Paul Roberts and Adrian Zuckerman, Criminal Evidence(2nd Edition), 2010.

Richard May and Steven Powles, Criminal Evidence(5th Edition), 2004.

40

형사소송법 개정안 【증거】*

– 제3장 제2절 증거(제307조에서 제318조3) –

하 태 영**

형사소송법 분야

Ⅰ. 서 론

대한민국은 1945년 8월 15일 일본 식민 통치(1910~1945)에서 해방되었다. 1945년부터 1948년까지 3년간 미군정이 시작되었다. 미군정청은 1948년 3월 20일 군정법령 제176호 『형사소송법개정』을 공포하였다. 이 법령은 1948년 4월 1일부터 시행되었다. 영미법계 당사자주의 소송구조를 기반으로 한 형사소송법이었다.[1)]

1948년 5월 10일 총선거가 실시되었고, 제헌의회는 1948년 5월 31일 개원하

* 이 논문은 제179회 영남형사판례연구회(2016.5.9.)에서 발표되고, 형사소송 이론과 실무 제9권 제2호(2017)에 게재되었음.

** 동아대학교 법학전문대학원 교수.

1) 형사소송법상 증거규정의 연혁과 미래에 관하여: 이완규, 개정형사소송법의 쟁점, 탐구사, 2007, 67~94면; 정웅석·최창호, 형사소송법, 대명출판사, 2017, 9~10면 참조.

였다. 7월 17일 제헌의회는 새 공화국 헌법을 제정하였다. 1948년 8월 15일 제헌헌법에 근거하여 새 정부 수립이 선포되었다. 미군정은 끝이 났고, 대한민국이 출범하였다.

1948년 8월 15일 대한민국 정부 수립과 함께 대통령령 제4호 『법전편찬위원회직제』가 제정되었다. 국가기본법전 편찬 작업이 시작되었다. 그러나 새 정부가 추진한 법전편찬은 난항을 겪었다. 미군정 형사소송법이 계속 적용되었다. 1950년 6월 25일 한국전쟁을 겪게 되었고, 6.25동란 중에 많은 법조계 인재(학자와 실무가)들이 희생되었다. 그럼에도 형사소송법 제정 작업은 전쟁 중에 심의를 거듭하였다.

현행 대한민국 형사소송법은 1954년 9년 23일 법률 제341호로 제정되었다. 1954년 9월 30일부터 시행되었다.[2] 대한민국 형사소송법은 5편, 조문 493조 그리고 부칙으로 구성되었다.[3] 이 법률은 1912년 조선총독부제령 제11호 조선형사령과 1948년 미군정청 군정법령 제176호를 참고하였다. 조선형사령은 구 일본 형사소송법 그대로 가져온 것이었다. 입법과정에서 조선에만 적용되었던 독소특례 규정들은 삭제되었다. 6.25전쟁과정에서 생존하였고, 일본에서 공부한

2) 형사소송법 제정 1954. 9. 23. [법률 제341호, 시행 1954. 9. 30.] 법무부; 이창현, 형사소송법, 제2판, 입추출판사, 2015, 11면.

3) 형사소송법 제정 1954. 9. 23. [법률 제341호, 시행 1954. 9. 30.] 법무부.

제1조 본법 시행 전에 공소를 제기한 사건에는 구법을 적용한다.

제2조 본법 시행 후에 공소를 제기한 사건에는 본법을 적용한다. 단, 본법 시행 전에 구법에 의하여 행한 소송행위의 효력에는 영향을 미치지 아니한다.

제3조 본법 시행 전에 구법에 의하여 행한 소송절차로 본법의 규정에 상당한 것은 본법에 의하여 행한 것으로 간주한다.

제4조 본법 시행 전 진행된 법정기간과 소송행위를 할 자의 주거나 사무소의 소재지와 법원소재지의 거리에 의한 부가기간은 구법의 규정에 의한다.

제5조 본법 제45조의 규정에 의하여 소송관계인이 재판서나 재판을 기재한 조서의 등본 또는 초본의 교부를 청구할 경우에는 용지1매에 50환으로 계산한 수입인지를 첨부하여야 한다.

제6조 본법 시행당시 법원에 계속된 사건의 처리에 관한 필요사항은 본법에 특별한 규정이 없으면 대법원 규칙의 정한 바에 의한다.

제7조 당분간 본법에 규정한 과태료와 부칙 제5조의 용지 요금액은 경제사정의 변동에 따라 대법원규칙으로 증감할 수 있다.

제8조 본법 시행직전까지 시행된 다음 법령은 폐지한다.

1. 조선형사령 중 본법에 저촉되는 법조
2. 미군정법령 중 본법에 저촉되는 법조

제9조 (시행일) 이 법률은 단기 4287년 5월 30일부터 시행한다.

법률전문가들이 법전 편찬과정에서 참여하여 만든 대한민국 최초 형사소송법이었다. 그래서 일본식 문체가 형사소송 법전에 흐르고 있었다.

대한민국 형사소송법은 제정이후 2016년 5월 29일까지 31차례 개정되었다.[4] 그러나 법률문체(장문 · 한자 · 일본문체)는 전혀 변화가 없었다. 입법자들은 법률문체 문제점을 심각하게 인식하지 못했다. 많은 내용이 담긴 긴 법조문과 난해한 법률용어들이 법조문에 그대로 사용되었다. 당시 법률전문가 입장에서 당연한 것이었다.

2007년 6월 1일 제16차 개정부터 신설되는 조문은 한글로 입법되었다.[5] 그래서 현행 대한민국 형사소송법은 한자와 한글이 혼용된 형사소송법이 되었다.

2016년 법제처는 『알기 쉬운 형사소송법』을 발간하였다.[6] 형사소송법 조문을 새롭게 정비하였다. 내용은 전혀 손을 보지 못하고 단어만 정비한 것이다. 그러나 이 법률안도 개정되지 못하고 현재 잠자고 있다. 많은 법률전문가와 국문학자가 이 작업에 동참하였다. 그러나 아쉽게도 법률용어(일본식 용어와 중국식 용어)와 어려운 단어에서 일부 순화되었을 뿐, 법률문체는 전혀 손 되지 못했다.

이 논문 작성배경은 여러 가지가 있다. 8년간 형사소송법 개정특위위원으로 활동하면서 느낀 바가 있었다. 또한 한글 전용세대가 로스쿨에서 법학을 공부하고 있고, 이들이 법전을 읽을 수 없으며, 해독을 할 수 없다는 심각한 상황을 목격하였다. 그래서 1년간 형사소송법 전면 수정작업을 진행하였다. 더 이상 해석론에 머물러 난해한 법조문을 외면할 수 없었다. 그 연구성과물 일부가 이 논문이 된 것이다.

나는 형사소송법 조문 수정 작업과정에서 오직 하나만 생각했다. "국민을 위한 형사소송법! 한글세대를 위한 형사소송법! 가독성이 있는 형사소송법! 명확성 · 간결성 · 가독성 · 개조성 · 국제성을 가진 형사소송법! 기계번역(예 구글 · Google)로 80% 이상 번역이 되는 형사소송법!"이다. 1년 동안 『알기 쉬운 법문

---

4) 형사소송법 일부개정 2016. 5. 29. [법률 제14179호, 시행 2016. 5. 29.] 법무부.
5) 형사소송법 일부개정 2007. 6. 1. [법률 제8496호, 시행 2008. 1. 1.] 법무부.
6) 법제처, 알기 쉽게 쓴 형사소송법 설명자료집, 법제처, 2016.

장』을 잊은 적이 없다. 『세종대왕과 성호와 다산』의 고뇌를 깊이 생각했다. 훈민정음정신과 애민정신이었다.

이 논문에서 먼저 증거편(제3장 제2절 증거 제307조에서 제318조3)을 소개한다. 향후 기회가 되면, 연구성과물은 계속하여 논문으로 발표될 예정이다. 나의 초안을 가지고 여러 연구자들이 같이 해야 할 작업이기 때문이다.

가까운 시일에 대한민국 법전편찬위원회가 구성되기를 기대한다. 나의 제안이 입법개정에 참고자료가 되었으면 한다.

Ⅱ. 형사소송법에서 법문장 문제점

문장론에 대한 비판은 200년 전부터 있었다. "오늘날 널리 통용되는 문체야말로 독일 국민이 보여 주는 아둔함의 대표 격이며, 장황하고 복잡하게 늘어진 문장에서 나는 국민의 참담한 내일을 목격한다. 간혹 이들이 쓴 글을 읽게 되면, 5분 정도 뭔지 알 수 없는 글귀들을 참을성 있게 받아들여야 결말 부분에 이르러서 마침내 수수께끼를 풀게 된다. 어쨌든 이런 문장들이 국민들을 만족시키고 있다. 때문에 문체는 날이 갈수록 위엄과 엄숙한 풍모에 젖어들고 있으며 국민은 점점 바보가 되어 간다."[7] 독일 철학자 쇼펜하우어(Arthur Schopenhauer, 1788~1860) 말이다.

"일본·중국·영미 문체를 모방한다는 것은 한국인 얼굴에 가면을 쓰는 것과 같다. 가면은 아무리 아름답더라도 결국 진짜 얼굴이 될 수 없으며, 언젠가 사람들에게 그 본색을 드러내게 마련이다. 아무리 추악하게 생겼더라도 생기가 넘치는 한국인 얼굴이 아름다운 가면보다 훨씬 정감 있게 다가온다. 입법부가 하는 말이 무슨 뜻인지 분명하게 알 수 있어야 한다. 그렇게 하려면 문체가 보여야 한다."[8]

---

7) 아르투어 쇼펜하우어/김욱 옮김, 쇼펜하우어의 문장론, 지훈출판사, 2005, 172면; 법문장에 대한 비판적 문헌으로 하태영, 형사입법에서 법문장의 문제점과 개선방안(二), 하마의 하품 II, 법문사, 2016, 120~145면(121면 인용); 하태영, 대법원 판결문에서 법문장 문제점과 개선방안, 동아법학 제75호, 동아대학교 법학연구소, 1~55면(2~3면 인용).

8) 아르투어 쇼펜하우어/김욱 옮김, 쇼펜하우어의 문장론, 160면.

나는 쇼펜하우어 말에 공감한다. 몇 가지 질문으로 문제제기를 한다.

1. 형사입법에 법문장이 왜 중요한가?

입법가와 실무가와 이론가가 현행 형사소송법의 법문장을 고민하는 시간이 되었다. 우리는 그동안 형사입법은 국회와 법무부의 문제로 생각했다. 현실 감각에 맞는 창의적인 발상을 할 시기가 되었다고 생각한다. 입법이 정확하면 많은 학설(學說)을 줄일 수 있을 것이다.

2. 형사입법 무엇이 문제인가?

문장이 길다. 많은 정보가 담겨 있기 때문이다. 가독성이 떨어진다. 이해하기 어렵다. 법문장 영향으로 판례로 대체로 문장이 길다. 각 조문 마다 통일성이 떨어진다. 어떤 장은 '이장' 또 '본장'으로 되어 있고, '단' 또는 '다만'으로 서술되어 있다.

또한 '전조' '전항의 행위'로 등 법조문의 독자성이 떨어진다. 다양한 행위 유형은 가능한 개조식으로 분리하여 각 호를 사용하는 맞다. 그림으로 설명할 수 없다면, 가능한 알기 쉽게 서술해야 한다. 이것이 죄형법정주의의 현대적 정신이다. 명확성은 단어뿐만 아니라 문장에서도 명확해야 한다.

'서울에 사는 ○○○대표님과 ○○○부장님'은 '서울에 사는 ○○○대표님과 대전에 사는 ○○○과장님'과 다르다. 수식어 문제도 더 명확해야 한다. 그리고 이미 확립된 판례의 정문은 법률문장(입법)에 반영되어야 한다. 나는 이것이 한국 형사입법의 근본문제라고 생각한다. 학파논쟁은 입법논쟁이다. 우리도 한번 거쳐야 한다.

3. 독일 형사입법은 어떤가?

독일 형사입법은 가독성을 높이는 개조식 법문장으로 가는 추세이다. '전조' 또는 '전항'보다 '제○○조, 제○항'이라고 해당조문에 명확하게 밝히고 있고,

'다음 각호'를 원칙적으로 사용하며, '콤마(,)'를 사용하고 단(段)을 구분하고 있다. 개정을 할 때 법률에 편입하기가 쉽다. 한마디로 실무가와 일반국민들에게 '해석'(법문 의미를 분명히 하는 작업) 부담을 줄이는 입법이다. 나는 이것이 국민친화적인 법문장이라고 생각한다.

4. 한국 형사입법 최근 경향은?

대한민국 형사입법은 최근 많이 발전했다. 그러나 아직 부족하다. 주어·동사·목적어·부가어가 더 명확해야 한다. 가능한 긍정문과 능동태로 법문장이 작성되어야 한다. 이중 부정문도 개선되어야 한다. 법문장은 규범준수에 효과도 있다. 인간의 뇌(腦)구조는 일상적인 언어유형을 좋아한다. 최근 개정된 경찰관직무집행법 제3조는 좋은 모범 사례가 될 것이다. 개조식 문장은 그림처럼 시각효과가 있고 간결하여 인지효과가 높다.

5. 어떻게 고칠 것인가?

법언어에 대한 철학이 강화되고 법문장에 투영되어야 한다. 독일 철학자 쇼펜하우어의 언어철학이다. "문법의 발단은 인간의 사상을 완벽하게 표현하기 위한 실질적인 수단이다. 그러나 입법가들은 과연 어떤가? 그들은 지면을 절약하기 위해 조상들이 남겨 놓은 세밀한 문법적 구별을 무용지물로 만들고 있다. 그중에서도 대표적인 만행(蠻行)이 여러 개의 행위양태를 묶어 놓은 장문이다. 어떤 법문장이든 실무가와 일반국민들을 위한 진지한 배려가 시도되어야 하며, 객관적 설명이 부가되도록 노력해야 한다. 언어는 객관이다. 따라서 입법자가 멋대로 표현하고, 읽는 실무가와 일반국민이 그 의미를 적당히 추측해 내도록 요구하는 것은 만행이다. 격(格)을 무시하고, 전항과 전문을 다시 찾도록 하고, 접두사를 생략하는 것은 주관주의다."[9]

쇼펜하우어는 또 이렇게 우리들에게 말한다. "적어도 학자라면 이러한 풍조에 반항하는 구체적인 시범을 보이고, 참된 한국어를 수호해야 마땅함에도 누구

9) 아르투어 쇼펜하우어/김욱 옮김, 쇼펜하우어의 문장론, 181면, 183면.

한 사람 입법자의 법문장을 제지하려는 용기를 드러내지 못하고 있다. 나는 지금까지 이런 입법자에게 순수한 학구적 열망으로 저항하는 학자를 보지 못했다. 오직 해석론이다."[10]

쇼펜하우어는 한국 법학자들에게 조언한다. "학자들에게 분노가 없다. 멍청한 비둘기처럼 먹이를 던져 주는 손길에 감사의 눈물만 흘린다. 그러나 분노가 결여된 자에게 지성도 결여되어 있다는 점을 명심해야 할 것이다. 지성은 반드시 어떤 종유의 '예리함'을 요구한다. 예리한 감각은 법문장에서도, 또한 판례평석에서도 비난과 모멸을 불러일으키기 위해 항상 손을 맞잡는다. 이런 살아 있는 감정이야 말로 어리석은 모방을 제지하는 유일한 방법이다."[11] "대륙법 체계라면 법문으로 돌아가라"처럼 읽힌다.

6. 알기 쉬운 형사입법의 실익은?

형사소송법 제312조와 제313조는 법문장이 길어서 가독·이해·해석·인용에 많은 어려움이 있다. 실무가와 학생들을 잘 알 것이다. 형사소송법 복잡한 법문장을 개조식 문장으로 바꾸면 실무가와 일반인들에게 많은 도움이 될 것이다. 형사소송법, 특히 증거편 법문장을 다듬는 작업은 입법가와 실무가와 교수 그리고 시민들이 같이 고민해야 하는 과제라고 생각한다.

7. 어떤 법률이 좋은 법률인가?

간결한 문체와 명확한 표현이다. 일반국민이 알기 쉽게 이해할 수 있는 명확한 법률이 좋은 법이다. 문맥상 거슬린다면 과감히 잘라내는 것이 낫다.

쇼펜하우어는 이렇게 말한다. "항상 꾸밈없는 간결한 문체와 누구나 읽고 이해할 수 있는 명확한 표현을 구사해야 한다." "입법부가 법을 만든 목적은 일반국민들에게 국민이 합의한 국가의 사상을 온전히 주입시키는데 있다. 입법 목적은 처벌이 아니라 국민을 계몽시키는데 있다." "입법자 사상은 한 낮에 햇살에

10) 아르투어 쇼펜하우어/김욱 옮김, 쇼펜하우어의 문장론, 184면.
11) 아르투어 쇼펜하우어/김욱 옮김, 쇼펜하우어의 문장론, 184면.

그 모습을 드러내고, 입법자의 법문장은 누구나 들을 수 있는 목소리로 외치며, 입법자 법언어는 결코 어리석은 아름다움을 추구하지 않는다." '이해와 표현이 가능한 문장'이 좋은 법문장이다.

쇼펜하우어 가상 조언이다. "법문장이 복잡하고 어려운 것은 이 같은 특징을 통해 살아남은 집단이 있기 때문이며 그들은 국민이 이해할 수 없는 좀 더 추상적인 표현을 추구한다. 그러나 온전한 정신을 갖춘 입법자와 법실무가 그리고 법학자라면 모든 계층의 독자들이 이해할 수 있도록 좀 더 구체적인 표현을 구사해야 한다."

위대한 입법은 다량의 사상을 표현하기 위해 소량의 언어를 사용했다. 입법자 사상을 국민과 법률가 머릿속으로 고스란히 옮길 수 있는 법문장이다. 법문장은 화가의 손에 의해 완성된 한 장의 유화처럼 국민과 법률가의 머릿속에서 객관적으로 작용해야 한다.[12]

Ⅲ. 형사소송법 개정방향과 개정지침

부산지방법원에서 정년퇴임한 부장판사님 지적이다. "길다. 어휘는 너무 전문적이다. 어려운 용어가 많다. 부자연스럽다. 거대한 문장 덩어리이다. 전근대적 수준에 머물고 있다. 안개 낀 들판을 헤매는 경험을 해야 한다."[13] 법조문을 읽다 보면, 누구나 느끼는 감정이다. 형사소송법 개정방향과 개정지침은 ① 제목변경, ② 일본식 조사 '의' 삭제, ③ 명확성, ④ 간결성, ⑤ 가독성, ⑥ 국제성(기계 번역이 가능한 문체) 등이다.

1. 명확성

형사소송법은 한자로 가득하다. 그 뜻을 알기 어렵다. 일본문체・중국문체・영어문체・독일문체가 혼용되어 있다. 대한민국 국민은 한글전용으로 의무교육

12) 아르투어 쇼펜하우어/김욱 옮김, 쇼펜하우어의 문장론, 93면.
13) 고종주, 재판의 법리와 현실 –소송사건을 이해하고 표현하는 방법–, 법문사, 2011, 133면 각주 6.

을 받고 있다. 한자투성이 형사소송법은 누구를 위한 형사소송법인가? 많은 의문이 있다. 통일시대를 생각하면, 걱정이 된다.

2. 간결성

법률은 국민과 약속이다. 쉽게 알 수 있도록 오해가 없어야 한다. 이것이 세련된 국어문장이다. 한글은 알기 쉽고 완벽하다. 일본어・중국어・영어・독일어 표현법을 왜 사용하는가? 많은 사람들이 궁금해 하고 있다. 간결해야 읽힌다.

3. 가독성

짧아야 읽힌다. 세련된 글은 단문이다. 법률과 판결문은 단문인 경우 이해가 쉽다. 내면이 그림으로 그려지기 때문이다. 그래서 입법부와 법관이 사용하는 문체는 단문이어야 한다. 문맥상 거슬리면 과감히 잘라내는 것이 맞다.

『～의, ～에의, ～에서의, ～으로부터, ～에 의하여, ～로 하여금, ～으로서의, ～적, ～ 또는, ～을 가진다, ～하지 아니 한다, ～하지 아니할 수 없다』.[14)]법전에서 사용되고 있는 조사・동사・반어법들이 법률문체를 망치고 있다. 가독성이 없는 장문이 될 수밖에 없다.

대한민국 공용문서는 한글로 쓴다. 1948년 제정된 '한글전용법'이다. 입법부는 한자와 한글 혼용 형사소송법을 왜 개정하지 않는가? 법무부는 한자와 한글 혼용 형사소송법전으로 왜 변호사시험을 치루는가? 여기에 대한 명확한 답변이 없다.

4. 개조성

대한민국 형사소송법은 졸렬하게 표현하고, 여러 가지 요건을 묶어서 복잡하게 표현한다. 세련된 법조문은 단문이다. 법률은 단문인 경우 이해가 쉽다. 제○조・제○항・제○호다. 국민과 공무원이 모두 함께 사용하는 문체다. 대한민

14) 이수열, 우리가 정말 알아야 할 대한민국 헌법, 현암사, 1999, 9～18면.

국 형사소송법이 가야할 길이다. 국어성쇠는 민족흥망을 좌우한다. 형사소송법 제정 73년이 되는 해다. 이제 법률문장 문체정비가 필요한 시기다. 입법부는 답변해야 한다. 제34조와 제35조를 보시길 바란다.

【예 1】 형사소송법 제34조 (피고인, 피의자와의 접견, 교통, 수진)

가. 현행

제34조 (피고인, 피의자와의 접견, 교통, 수진)
변호인 또는 변호인이 되려는 자는 신체구속을 당한 피고인 또는 피의자와 접견하고 서류 또는 물건을 수수할 수 있으며 의사로 하여금 진료하게 할 수 있다.

나. 개선방안

제34조 (피의자 · 피고인의 접견권 · 교통권 · 수수권 · 의료진료권)
선임변호인 · 선임예정변호인은 법률이 정한 범위에서 다음 각 호 권리를 모두 행사할 수 있다.
1. 체포 · 구속된 피의자 · 피고인 접견권
2. 체포 · 구속된 피의자 · 피고인 서류 · 물건 수수권
3. 체포 · 구속된 피의자 · 피고인 의료진료권

※ 제목변경
※ 명확성
※ 간결성
※ 가독성
※ 개조식
※ 피의자 · 피고인으로 순서 바꿈. 법조문과 소송절차에 따름.
※ 신체구속을 당한 → 체포 · 구속된 (체포도 포함, 강압적 표현 수정, 구속은 신체를 포함함, 체포도 구속일수에 산입됨. 피의자에게 접견교통권을 인정하는 것이 헌법정신임)
※ 수수권과 의료진료권은 법률용어임. [예] 주고받을 권리, 의사에게 진찰을 받을 권리 보다 명확함.
※ 제89조 · 제91조 참조

【예 2】 형사소송법 제35조 (서류 · 증거물의 열람 · 복사)

가. 현행

> 제35조(서류 · 증거물의 열람 · 복사)
> ① 피고인과 변호인은 소송계속 중의 관계 서류 또는 증거물을 열람하거나 복사할 수 있다. 〈개정 2016. 5. 29.〉
> ② 피고인의 법정대리인, 제28조에 따른 특별대리인, 제29조에 따른 보조인 또는 피고인의 배우자 · 직계친족 · 형제자매로서 피고인의 위임장 및 신분관계를 증명하는 문서를 제출한 자도 제1항과 같다.
> ③ 재판장은 피해자, 증인 등 사건관계인의 생명 또는 신체의 안전을 현저히 해칠 우려가 있는 경우에는 제1항 및 제2항에 따른 열람 · 복사에 앞서 사건관계인의 성명 등 개인정보가 공개되지 아니하도록 보호조치를 할 수 있다. 〈신설 2016. 5. 29.〉
> ④ 제3항에 따른 개인정보 보호조치의 방법과 절차, 그 밖에 필요한 사항은 대법원 규칙으로 정한다. 〈신설 2016. 5. 29.〉
> [전문개정 2007. 6. 1.][제목개정 2016. 5. 29.]

나. 개선방안

> 제35조(서류 · 증거물 열람 · 복사)
> ① 다음 각 호에 해당하는 사람은 소송 중인 관계 서류 · 증거물을 열람 · 복사할 수 있다. 〈개정 2016. 5. 29.〉
> 1. 피고인
> 2. 변호인
> 3. 피고인 법정대리인으로서 피고인 위임장 · 신분관계를 증명하는 문서를 제출한 사람
> 4. 제28조 특별대리인으로서 피고인 위임장 · 신분관계를 증명하는 문서를 제출한 사람
> 5. 제29조 보조인 · 피고인 배우자 · 직계친족 · 형제자매로서 피고인 위임장 · 신분관계를 증명하는 문서를 제출한 사람
>
> ② 재판장은 다음 각 호에 해당하는 경우 제1항 · 제2항에 근거하여 열람 · 복사하기에 앞서 사건관계인 성명 등 개인정보가 공개되지 않도록 보호조치를 할 수 있다.
> 1. 피해자 생명 · 신체 안전을 현저히 침해할 가능성이 있는 경우
> 2. 증인 생명 · 신체 안전을 현저히 침해할 가능성이 있는 경우
> 3. 사건관계인 생명 · 신체 안전을 현저히 침해할 가능성이 있는 경우

〈신설 2016. 5. 29.〉
④ 제3항에 근거하여 개인정보 보호조치방법 · 절차 그 밖에 필요한 사항은 대법원 규칙으로 정한다. 〈신설 2016. 5. 29.〉
[전문개정 2007. 6. 1.][제목개정 2016. 5. 29.]

※ 제목변경
※ 개조식
※ 제1항과 제2항을 통합함.
※ 개조식으로 입법하면 추후 개정이 용이함.
※ 가독성
※ 명확성
※ 해칠 우려가 있는 경우에는 → 침해할 가능성이 있는 경우

5. 국제성

독일 형사소송법 제251조(조서낭독)이다. 이 조문 특징은 개조식으로 간결하다. 독일 형사소송법 모든 조문이 개조식으로 된 것은 아니다. 최근 경향은 가독성에 중점을 두고, 각 호를 많이 사용하고 있다.[15] 대한민국 형사소송법도 외국어로 번역될 경우 가독성이 있어야 한다. 현행 형사소송법 조문은 장문으로 가독성이 현저히 떨어진다. 그래서 문체혁명이 필요하다.

§ 251
(1) Die Vernehmung eines Zeugen, Sachverständigen oder Mitbeschuldigten kann durch die Verlesung einer Niederschrift über eine Vernehmung oder einer

15) 형사입법에서 법문장 모범 사례. 최근 경향은 짧고 쉬운 문장, 명확한 문장이다. 먼저 이해를 돕기 위해 우리나라 경찰관직무집행법과 독일 형사소송법 법조문을 소개한다. 형사입법에서 법문장의 모범 사례라고 볼 수 있다. 소위 '형사법 분야 법문장 신형(新型) 모델'이다. 경찰관 직무집행법 제3조 · 제4조 · 제5조 법문장. 경찰관 직무집행법 특징은 복문을 가능한 단문으로 바꾸고, 각 요건을 제1호 · 제2호 등 나누어 설명하고 있으며, 주어 · 동사 · 목적어가 분명하다. 한자를 한글로 바꾸어 가독성이 있다. '자(者)'를 '사람'으로 바꾸어 놓았다. 또한 제1항에 따라, 제1항부터 제3항까지 등 세련된 문장으로 다듬어졌다. 또한 '에 의한', '내지' 등 전형적 법문장 문구도 사라졌다. 이러한 알기 쉬운 개조식 법문장 장점은 각 호를 새로 추가하기 쉽고, 또 삭제하기도 간편하며, 해당 조문 판례 축적에 도움이 된다. 법문 전체 개정이 없어, 판례 검색에 혼란을 최소화 할 수 있다. 한글체계에서 이상적인 모델이라고 생각한다. 실무가와 일반국민들에게 아주 유용한 법문장이다.

Urkunde, die eine von ihm stammende schriftliche Erklärung enthält, ersetzt werden,

1. wenn der Angeklagte einen Verteidiger hat und der Staatsanwalt, der Verteidiger und der Angeklagte damit einverstanden sind;
2. wenn der Zeuge, Sachverständige oder Mitbeschuldigte verstorben ist oder aus einem anderen Grunde in absehbarer Zeit gerichtlich nicht vernommen werden kann;
3. soweit die Niederschrift oder Urkunde das Vorliegen oder die Höhe eines Vermögensschadens betrifft.

(2) Die Vernehmung eines Zeugen, Sachverständigen oder Mitbeschuldigten darf durch die Verlesung der Niederschrift über seine frühere richterliche Vernehmung auch ersetzt werden, wenn

1. dem Erscheinen des Zeugen, Sachverständigen oder Mitbeschuldigten in der Hauptverhandlung für eine längere oder ungewisse Zeit Krankheit, Gebrechlichkeit oder andere nicht zu beseitigende Hindernisse entgegenstehen;
2. dem Zeugen oder Sachverständigen das Erscheinen in der Hauptverhandlung wegen großer Entfernung unter Berücksichtigung der Bedeutung seiner Aussage nicht zugemutet werden kann;
3. der Staatsanwalt, der Verteidiger und der Angeklagte mit der Verlesung einverstanden sind.

(3) Soll die Verlesung anderen Zwecken als unmittelbar der Urteilsfindung, insbesondere zur Vorbereitung der Entscheidung darüber dienen, ob die Ladung und Vernehmung einer Person erfolgen sollen, so dürfen Vernehmungsniederschriften, Urkunden und andere als Beweismittel dienende Schriftstücke auch sonst verlesen werden.

(4) In den Fällen der Absätze 1 und 2 beschließt das Gericht, ob die Verlesung angeordnet wird. Der Grund der Verlesung wird bekanntgegeben. Wird die Niederschrift über eine richterliche Vernehmung verlesen, so wird festgestellt, ob der Vernommene vereidigt worden ist. Die Vereidigung wird nachgeholt, wenn sie dem Gericht notwendig erscheint und noch ausführbar ist.

6. 개정지침

① 제목변경, ② 일본식 조사 '의' 삭제, ③ 명확성, ④ 간결성, ⑤ 가독성, ⑥ 국제성(구글 번역이 가능한 문체)이 필자가 생각한 여섯 가지 수정원칙이다. 대표로 13가지만 소개한다. 직접 수정된 내용은 제3장 형사소송법 개정안을 참

조하시길 바란다.

가. 증거에 의하여야 한다 → 증거로 한다.

나. 법관의 자유판단에 의한다 → 자유롭게 판단한다. 의한다→일본식 문체 정비 (법제처안: 자유로운 판단에 의한다).

다. 제308조의2 (위법수집증거의 배제) → 제308조2 (적법수집증거사용원칙).

라. 이를 유죄의 증거로 하지 못한다 → 유죄증거로 사용할 수 없다.

마. 그 피고인에게 불이익한 유일의 증거인 때에는 → 피고인에게 불리한 오직 하나뿐인 증거인 경우

바. 이를 유죄의 증거로 하지 못한다 → 이 자백을 유죄증거로 사용할 수 없다.

사. 제311조 내지 제316조에 규정한 것 이외에는 → 제311조 · 제312조 · 제313조 · 제314조 · 제315조 · 제316조를 제외하고

아. 공판준비 또는 공판기일에 피고인이나 피고인 아닌 자의 진술을 기재한 조서와 → 1. 공판준비 · 공판기일에서 피고인 진술내용을 적은 조서
2. 공판준비·공판기일에서 피고인 아닌 사람 진술내용을 적은 조서

자. 그 밖에 이에 준하는 사유로 인하여 → 이에 준하는 그 밖에 사유로

차. '특히' → '특별히'로 통일

타. 기타 업무상 필요로 작성한 통상문서 → 그 밖에 업무상 필요하여 작성된 일반문서

파. 정황에 의하여 → 정황에서

하. 피고인 또는 피고인 아닌 자의 진술을 기재한 것인 때에는 → 피고인 진술·피고인 아닌 사람 진술이 기재된 경우

Ⅳ. 형사소송법 개정안

2016년 5월 16일 개정된 법률 최종안[16]을 토대로 한 조문씩 세밀하게 검토

16) 정웅석 · 최창호, 형사소송법, 대명출판사, 2017, 11면("최근 전기통신기술의 비약적인 발전에 따라 컴퓨터 등 각종 정보매체를 이용한 정보저장이 일상화되었고, 범죄행위에 사용된 증거들도 종이문서가 아닌 전자적 정보의 형태로 디지털화되어 있는 현실을 고려하여, '진술서' 및 그에 준하는 '디지털 증거'의 진정성립은 과학적 분석결과에 기초한 디지털포렌식 자료, 감정 등 객관적 방법'으로도 인정할 수 있도록 하는 일부 조문의 개정(2016년 10월 1일부터 시행, 법률 제14179호)이 있었다."

하였다.[17] 법제처 권고안도 있지만, 이 권고안은 문체 변경 없이 일부 자구만 수정한 것이다. 그래서 참고만 하였다. 지겹고 힘든 시간이었지만, 한국 형사법 발전을 위해 필요한 작업이라고 생각하고 최선을 다했다. 이 개정시안이 형사소송법 발전 초석이 되길 기대한다. 법률문장에서 문체혁명이 일어나기를 기원한다.

수정원칙은 ① 제목변경, ② 일본식 조사 '의' 삭제, ③ 명확성, ④ 간결성, ⑤ 가독성, ⑥ 국제성(기계 번역이 가능한 문체)이다. 일반국민도 쉽게 이해할 수 있도록 수정했다. 외국어로 기계번역이 쉽도록 수정했다. 판결문도 변하도록 수정했다. 진행과정과 끝이 선명하게 떠올라야 정확한 의미를 파악할 수 있다.

1. 제307조 (증거재판주의)

가. 현행

> 제307조 (증거재판주의)
> ① 사실의 인정은 증거에 의하여야 한다.
> ② 범죄사실의 인정은 합리적인 의심이 없는 정도의 증명에 이르러야 한다. [전문개정 2007. 6. 1.] [[시행일 2008. 1. 1.]]
> [본조제목개정 2007. 6. 1.] [[시행일 2008. 1. 1.]]

나. 개선방안

> 제307조 (증거재판주의)
> ① 사실인정은 증거로 한다.
> ② 범죄사실인정은 합리적 의심이 없을 정도로 증명되어야 한다. [전문개정 2007. 6. 1.] [[시행일 2008. 1. 1.]]
> [본조제목개정 2007. 6. 1.] [[시행일 2008. 1. 1.]]
>
> ※ 일본식 문체 정비
> ※ 일본식 조사 '의' 삭제
> ※ 명확성
> ※ 간결성

17) 형사소송법 일부개정 2016. 5. 29. [법률 제14179호, 시행 2016. 5. 29.] 법무부.

※ 가독성
※ 사실의 인정은 → 사실인정은
※ 증거에 의하여야 한다 → 증거로 한다.
※ 범죄사실의 인정은 → 범죄사실인정은
※ 합리적인 의심이 없는 정도의 → 합리적 의심이 없을 정도로
※ 증명에 이르러야 한다 → 증명되어야 한다.

2. 제308조 (자유심증주의)

가. 현행

제308조 (자유심증주의)
증거의 증명력은 법관의 자유판단에 의한다.

나. 개선방안

제308조 (자유심증주의)
법관은 증거에 대한 증명력을 자유롭게 판단한다.

※ 주체 명시
※ 국어문법: 능동
※ 명확성
※ 가독성
※ 증거의 증명력은 → 법관은 증거에 대한 증명력(2안: 증거증명력)을
※ 법관의 자유판단에 의한다 → 자유롭게 판단한다
※ 의한다 → 일본식 문체 정비(법제처안: 자유로운 판단에 의한다)

4. 제308조의2 (위법수집증거의 배제)

가. 현행

제308조의2 (위법수집증거의 배제)
적법한 절차에 따르지 아니하고 수집한 증거는 증거로 할 수 없다.
[본조신설 2007. 6. 1.] [[시행일 2008.1.1]]

나. 개선방안

1안

제308조2 (적법수집증거사용원칙) ★★★★★

수사기관과 법원은 적법절차로 수집한 진술증거 · 비진술증거를 증거로 사용한다.

[본조신설 2007. 6. 1] [[시행일 2008. 1. 1.]]

2안

제308조2 (적법수집증거사용)

법원은 적법절차로 수집한 진술증거 · 비진술증거를 증거로 사용한다.

[본조신설 2007. 6. 1] [[시행일 2008. 1. 1.]]

3안

제308조2 (위법수집증거배제)

법원은 위법절차로 수집한 증거를 증거로 사용할 수 없다.

[본조신설 2007. 6. 1.] [[시행일 2008. 1. 1.]]

※ 제목변경
※ 일본식 조사 '의' 삭제
※ 명확성
※ 간결성
※ 가독성
※ 제목과 본문 통일
※ 주체 명시(수사기관과 법원을 명시하여 적법절차 준수기관을 명확히 함)
※ 본동사, 조동사
※ 부정문을 긍정문으로
※ 명확성
※ 가독성

1안

※ 적법한 절차에 따르지 아니하고 → 수사기관과 법원은 적법절차로
※ 수집한 증거는 증거로 할 수 없다 → 수집한 진술증거·비진술증거를 증거로 사용한다.

2안

※ 적법한 절차에 따르지 아니하고 → 법원은 적법절차로
※ 수집한 증거는 증거로 할 수 없다 → 수집한 진술증거·비진술증거를 증거로 사용

한다.

3안
※ 적법한 절차에 따르지 아니하고 → 법원은 위법절차로
※ 수집한 증거는 증거로 할 수 없다 → 수집한 증거를 증거로 사용할 수 없다

5. 제309조 (강제 등 자백의 증거능력)

가. 현행

제309조 (강제 등 자백의 증거능력)
피고인의 자백이 고문, 폭행, 협박, 신체구속의 부당한 장기화 또는 기망 기타의 방법으로 임의로 진술한 것이 아니라고 의심할 만한 이유가 있는 때에는 이를 유죄의 증거로 하지 못한다.

나. 개선방안

1안
제309조 (강제자백과 증거능력)
법관은 다음 각 호에 해당하는 경우 피의자 자백 · 피고인 자백을 유죄증거로 사용할 수 없다.
1. 고문
2. 폭행
3. 협박
4. 신체구속 부당한 장기화
5. 기망
6. 그 밖에 방법으로 이루어진 경우

2안
제309조 (강제자백과 증거능력)
법관은 다음 각 호 사유가 있는 경우 피의자 · 피고인 자백을 유죄증거로 사용할 수 없다.
1. 고문
2. 폭행
3. 협박

4. 신체구속 부당한 장기화
5. 기망
6. 그 밖에 방법으로 이루어진 경우

3안 ★★★★★

제309조 (강제자백과 증거능력)

법관은 수사기관이 다음 각 호 행위로 수집한 피의자 자백 · 피고인 자백을 유죄증거로 사용할 수 없다.

1. 고문
2. 폭행
3. 협박
4. 신체구속 부당한 장기화
5. 기망
6. 그 밖에 방법으로 이루어진 경우

※ 제목변경: 제318조 제목 참조
※ 일본식 조사 '의' 삭제
※ 명확성
※ 가독성
※ 개조식
※ 주체 명시
※ 피고인의 자백이 → 피의자 · 피고인 자백을
※ 임의로 진술한 것이 아니라고 의심할 만한 이유가 있는 때에는 → 삭제
※ 이를 유죄의 증거로 하지 못한다 → 유죄증거로 사용할 수 없다.

6. 제310조 (불이익한 자백의 증거능력)

가. 현행

제310조 (불이익한 자백의 증거능력)

피고인의 자백이 그 피고인에게 불이익한 유일의 증거인 때에는 이를 유죄의 증거로 하지 못한다.

나. 개선방안

1안

제310조 (피고인에게 불리한 자백과 증거능력)

법관은 피고인 자백이 재판에서 피고인에게 불리한 오직 하나뿐인 증거인 경우 이 자백을 유죄증거로 사용할 수 없다.

2안

제310조 (피고인에게 불리한 자백과 증거능력)

법관은 피고인 자백이 재판에서 피고인에게 불리한 오직 하나뿐인 증거인 경우 이 자백을 유죄증거로 사용할 수 없으며, 반드시 보강증거가 있어야 유죄증거로 사용할 수 있다.

3안

제310조 (불이익한 자백과 증거능력)

법관은 피고인 자백이 재판에서 피고인에게 불리한 오직 하나뿐인 증거인 경우 이 자백을 유죄증거로 사용할 수 없다.

※ 제목변경: 제318조 제목 참조
※ 일본식 조사 '의' 삭제
※ 명확성
※ 가독성
※ 피고인의 자백이 → 법관은 피고인 자백이 재판에서
※ 그 피고인에게 불이익한 유일의 증거인 때에는 → 피고인에게 불리한 오직 하나뿐인 증거인 경우
※ 이를 유죄의 증거로 하지 못한다 → 이 자백을 유죄증거로 사용할 수 없다.

7. 제310조의2 (전문증거와 증거능력의 제한)

가. 현행

제310조의2 (전문증거와 증거능력의 제한)

제311조 내지 제316조에 규정한 것 이외에는 공판준비 또는 공판기일에서의 진술에 대신하여 진술을 기재한 서류나 공판준비 또는 공판기일 외에서의 타인의 진술을 내용으로 하는 진술은 이를 증거로 할 수 없다. [본조신설 61 · 9 · 1]

나. 개선방안

제310조2 (전문증거와 증거능력 제한)[18]
법원은 제311조 · 제312조 · 제313조 · 제314조 · 제315조 · 제316조를 제외하고 다음 각 호 서류 · 전문진술을 증거로 사용할 수 없다.
1. 공판준비 · 공판기일에서 진술을 대신한 진술을 적은 서류
2. 공판준비 · 공판기일 외에서 다른 사람 진술을 내용으로 하는 전문진술

※ 명확성
※ 간결성
※ 가독성
※ 개조식
※ 제311조 내지 제316조에 규정한 것 이외에는 → 제311조 · 제312조 · 제313조 · 제314조 · 제315조 · 제316조를 제외하고
※ 공판준비 또는 공판기일에서의 진술에 대신하여 진술을 기재한 서류나 → 1. 공판준비 · 공판기일에서 진술을 대신한 진술을 적은 서류(☞ 가능한 문장: 『진술을 대신하여 제출된 진술을 기재한 서류』)
※ 공판준비 또는 공판기일 외에서의 타인의 진술을 내용으로 하는 진술은 → 2. 공판준비 · 공핀기일 외에서 다른 사람 진술을 내용으로 하는 선분진술
※ 이를 증거로 할 수 없다 → 법원은 다음 각 호 서류 · 진술을 증거로 사용할 수 없다.

8. 제311조 (법원 또는 법관의 조서)

가. 현행

제311조 (법원 또는 법관의 조서)
공판준비 또는 공판기일에 피고인이나 피고인 아닌 자의 진술을 기재한 조서와 법원 또는 법관의 검증의 결과를 기재한 조서는 증거로 할 수 있다. 제184조 및 제221조의2의 규정에 의하여 작성한 조서도 또한 같다. [개정 73 · 1 · 25, 95 · 12 · 29] [전문개정 61 · 9 · 1]

18) 정웅석 · 최창호, 형사소송법, 대명출판사, 2017, 575면(전문증거체계 도표 5－2 참조).

나. 개선방안

> 제311조 (법원조서 · 법관조서)
> 법원은 다음 각 호 조서를 증거로 사용할 수 있다.
> 1. 공판준비 · 공판기일에서 피고인 진술내용을 적은 조서
> 2. 공판준비 · 공판기일에서 피고인 아닌 다른 사람 진술내용을 적은 조서
> 3. 법원 · 법관이 조사한 검증결과를 적은 검증조서
> 4. 법원 · 법관이 제184조 · 제221조2에 근거하여 작성한 증거보전조서 · 증인신문조서
>
> ※ 제목변경
> ※ 개조식
> ※ 주체 명시
> ※ 수동어에서 능동어로
> ※ 명확성
> ※ 가독성
> ※ 적용성(예 제331조 제1호 위반)
> ※ 공판준비 또는 공판기일에 피고인이나 피고인 아닌 자의 진술을 기재한 조서와 → 1. 공판준비 · 공판기일에서 피고인 진술내용을 적은 조서 2. 공판준비 · 공판기일에서 피고인 아닌 사람 진술내용을 적은 조서
> ※ 법원 또는 법관의 검증의 결과를 기재한 조서는 → 3. 법원 · 법관이 조사한 검증결과를 적은 검증조서
> ※ 증거로 할 수 있다 → 법원은 다음 각 호 조서를 증거로 사용할 수 있다
> ※ 제184조 및 제221조의2의 규정에 의하여 작성한 조서도 또한 같다 → 법원 · 법관이 제184조 · 제221조2에 근거하여 작성한 증거보전조서 · 증인신문조서

9. 제312조 (검사 또는 사법경찰관의 조서 등)

가. 현행

> 제312조 (검사 또는 사법경찰관의 조서 등)
> ① 검사가 피고인이 된 피의자의 진술을 기재한 조서는 적법한 절차와 방식에 따라 작성된 것으로서 피고인이 진술한 내용과 동일하게 기재되어 있음이 공판준비 또는 공판기일에서의 피고인의 진술에 의하여 인정되고, 그 조서에 기재된 진술이 특히 신빙할 수 있는 상태하에서 행하여졌음이 증명된 때에 한하여 증거로 할 수 있다.
> ② 제1항에도 불구하고 피고인이 그 조서의 성립의 진정을 부인하는 경우에는 그

조서에 기재된 진술이 피고인이 진술한 내용과 동일하게 기재되어 있음이 영상녹화물이나 그 밖의 객관적인 방법에 의하여 증명되고, 그 조서에 기재된 진술이 특히 신빙할 수 있는 상태하에서 행하여졌음이 증명된 때에 한하여 증거로 할 수 있다.

③ 검사 이외의 수사기관이 작성한 피의자신문조서는 적법한 절차와 방식에 따라 작성된 것으로서 공판준비 또는 공판기일에 그 피의자였던 피고인 또는 변호인이 그 내용을 인정할 때에 한하여 증거로 할 수 있다.

④ 검사 또는 사법경찰관이 피고인이 아닌 자의 진술을 기재한 조서는 적법한 절차와 방식에 따라 작성된 것으로서 그 조서가 검사 또는 사법경찰관 앞에서 진술한 내용과 동일하게 기재되어 있음이 원진술자의 공판준비 또는 공판기일에서의 진술이나 영상녹화물 또는 그 밖의 객관적인 방법에 의하여 증명되고, 피고인 또는 변호인이 공판준비 또는 공판기일에 그 기재 내용에 관하여 원진술자를 신문할 수 있었던 때에는 증거로 할 수 있다. 다만, 그 조서에 기재된 진술이 특히 신빙할 수 있는 상태하에서 행하여졌음이 증명된 때에 한한다.

⑤ 제1항부터 제4항까지의 규정은 피고인 또는 피고인이 아닌 자가 수사과정에서 작성한 진술서에 관하여 준용한다.

⑥ 검사 또는 사법경찰관이 검증의 결과를 기재한 조서는 적법한 절차와 방식에 따라 작성된 것으로서 공판준비 또는 공판기일에서의 작성자의 진술에 따라 그 성립의 진정함이 증명된 때에는 증거로 할 수 있다. [전문개정 2007.6.1] [[시행일 2008.1.1]]

[본조제목개정 2007.6.1] [[시행일 2008.1.1]]

나. 개선방안

제312조 (검사작성 피의자신문조서 · 사법경찰관작성 피의자신문조서 · 검찰작성 진술조서 · 사법경찰관작성 진술조서 · 검찰수사과정에서 쓴 피의자진술서 · 경찰수사과정에서 쓴 피의자진술서 · 검찰수사과정에서 쓴 참고인진술서 · 경찰수사과정에서 쓴 참고인진술서 · 검사작성 검증조서와 압수조서 · 사법경찰관작성 검증조서와 압수조서)

① 법원은 다음 각 호 요건을 모두 충족한 경우 검사가 작성한 피의자신문조서(피고인이 되기 전 피의자 진술 내용을 적은 조서)를 증거로 사용할 수 있다.

1. 적법한 절차와 방식으로 작성된 경우
2. 검사작성 피의자신문조서와 검찰수사과정에서 진술한 내용이 공판준비 · 공판기일에서 동일하게 기재되어 있음을 인정하는 진술을 한 경우
3. 검사작성 피의자신문조서에 적힌 진술이 특별히 신빙할 수 있는 상태에서 이루어진 것이 증명된 경우

② 법원은 제1항 요건이 모두 충족됨에도 피고인이 검사작성 피의자신문조서 성립진

정을 부인하는 경우 다음 각 호 요건을 모두 충족할 경우 검사작성 피의자신문조서를 증거로 사용할 수 있다.

1. 검찰수사과정에서 진술한 내용이 검사작성 피의자신문조서와 동일하게 기재되어 있음이 영상녹화물 · 그 밖에 객관적인 방법으로 증명된 경우
2. 검사작성 피의자신문조서에 적힌 진술이 특별히 신빙할 수 있는 상태에서 이루어진 것이 증명된 경우

③ 법원은 다음 각 호 요건을 모두 충족한 경우 사법경찰관이 작성한 피의자신문조서를 증거로 사용할 수 있다.

1. 적법한 절차와 방식으로 작성된 경우
2. 피고인 · 변호인이 공판준비 · 공판기일에서 사법경찰관에게 진술한 내용을 인정하는 진술을 한 경우

④ 법원은 다음 각 호 요건을 모두 충족한 경우 검사 · 사법경찰관이 작성한 피고인이 아닌 제3자(참고인) 진술조서를 증거로 사용할 수 있다.

1. 적법한 절차와 방식으로 작성된 경우
2. 원진술자가 공판준비 · 공판기일에서 검사 · 사법경찰관 앞에서 진술한 내용과 동일하게 기재되어 있음을 다시 진술하거나 또는 영상녹화물 · 그 밖에 객관적인 방법으로 증명된 경우
3. 피고인 · 변호인이 공판준비 · 공판기일에서 진술조서에 기재된 내용에 대해 원진술자에게 반대신문을 할 수 있었던 경우
4. 참고인 진술조서에 기재된 진술이 특별히 신빙할 수 있는 상태에서 이루어진 것이 증명된 경우

⑤ 법원은 피고인이 되기 전 피의자가 수사과정에서 쓴 피의자진술서 · 참고인이 수사과정에서 쓴 진술서 경우 다음 각 호에 근거하여 증거로 사용할 수 있다.

1. 피의자가 검찰수사과정에서 쓴 진술서는 제1항 · 제2항을 준용한다.
2. 피의자가 경찰수사과정에서 쓴 진술서는 제3항을 준용한다.
3. 참고인이 검찰수사과정에서 쓴 진술서는 제4항을 준용한다.
4. 참고인이 경찰수사과정에서 쓴 진술서는 제4항을 준용한다.

⑥ 법원은 다음 각 호 요건을 모두 충족한 경우 검사 · 사법경찰관이 작성한 검증조서와 압수조서를 증거로 사용할 수 있다.

1. 적법한 절차와 방식으로 작성된 경우
2. 검증조서와 압수조서를 작성한 사람이 공판준비 · 공판기일에서 진술로 성립진정을 증명한 경우

[전문개정 2007.6.1] [[시행일 2008.1.1]]
[본조제목개정 2007.6.1] [[시행일 2008.1.1.]]

※ 제목변경(구체성)
※ 일본식 조사 '의' 삭제
※ 명확성
※ 간결성

※ 가독성
※ 개조식
※ 국어문법정비
※ 또는 → 기호 방점(·)으로 표시함. 이하 통일
※ 주체 명시: 법원은
※ '특히'를 '특별히'로 통일. 형법 제15조 제1항 '특별히 중한 죄가 되는 사실'
※ 제3항을 명확히 함. 검사 이외의 수사기관이 작성한 피의자신문조서는 → 사법경찰관이 작성한 피의자신문조서
※ 제4항을 개조식으로 명확히 함. 굳이 위에서 찾을 필요 없이 제4항 독자성 확보.
※ 제6항 개정함.
※ 검증조서와 압수조서(형사소송법 제49조)
※ 참조조문

형사소송법 제49조 (검증조서 · 압수조서 · 수색조서)
① 검증 · 압수 · 수색은 조서를 작성한다.
② 검증조서는 검증목적물 현상을 명확하게 하기 위하여 그림 · 사진을 첨부할 수 있다.
③ 압수조서는 반드시 품종 · 외형상 특징 · 수량을 기재하여야 한다.

※ 제목변경
※ 명확성
※ 반드시~하여야 한다(강조).

10. 제313조 (진술서등)

가. 현행

제313조 (진술서등)
① 전2조의 규정 이외에 피고인 또는 피고인이 아닌 자가 작성한 진술서나 그 진술을 기재한 서류로서 그 작성자 또는 진술자의 자필이거나 그 서명 또는 날인이 있는 것(피고인 또는 피고인 아닌 자가 작성하였거나 진술한 내용이 포함된 문자 · 사진 · 영상 등의 정보로서 컴퓨터용디스크, 그 밖에 이와 비슷한 정보저장매체에 저장된 것을 포함한다. 이하 이 조에서 같다)은 공판준비나 공판기일에서의 그 작성자 또는 진술자의 진술에 의하여 그 성립의 진정함이 증명된 때에는 증거로 할 수 있다. 단, 피고인의 진술을 기재한 서류는 공판준비 또는 공판기일에서의 그 작성자의 진술에 의하여 그 성립의 진정함이 증명되고 그 진

술이 특히 신빙할 수 있는 상태하에서 행하여 진 때에 한하여 피고인의 공판준비 또는 공판기일에서의 진술에 불구하고 증거로 할 수 있다. 〈개정 2016. 5. 29.〉

② 제1항 본문에도 불구하고 진술서의 작성자가 공판준비나 공판기일에서 그 성립의 진정을 부인하는 경우에는 과학적 분석결과에 기초한 디지털포렌식 자료, 감정 등 객관적 방법으로 성립의 진정함이 증명되는 때에는 증거로 할 수 있다. 다만, 피고인 아닌 자가 작성한 진술서는 피고인 또는 변호인이 공판준비 또는 공판기일에 그 기재 내용에 관하여 작성자를 신문할 수 있었을 것을 요한다. 〈개정 2016. 5. 29.〉

③ 감정의 경과와 결과를 기재한 서류도 제1항 및 제2항과 같다. 〈신설 2016. 5. 29.〉

[전문개정 1961. 9. 1.]

(출처: 형사소송법 일부개정 2016. 5. 29 [법률 제14179호, 시행 2016. 5. 29] 법무부 〉 종합법률정보 법령)

나. 개선방안

제313조 (검찰수사과정 · 사법경찰관수사과정 이외의 장소에서 작성된 피의자 진술서 · 제3자 진술서 · 피의자 진술기재서류 · 제3자 진술기재서류)

① 법원은 제311조 · 제312조를 제외하고 다음 각 호 요건을 모두 충족한 경우 피고인 · 피고인이 아닌 사람이 작성한 진술서 · 진술기재서류를 증거로 사용할 수 있다.

1. 작성자 · 진술자가 자필로 작성하였거나 또는 서명 · 도장이 있는 경우(진술내용이 포함된 문자 · 사진 · 영상 등의 정보로서 컴퓨터용디스크, 그 밖에 이와 비슷한 정보저장매체에 저장된 경우 포함)
2. 작성자가 공판준비 · 공판기일에서 진술로 성립진정을 증명한 경우
3. 다만 피고인이 된 피의자 진술을 기재한 서류는 공판준비 · 공판기일 진술에도 불구하고 다음 각 호 요건을 모두 충족할 경우 증거로 사용할 수 있다.
   가. 작성자가 공판준비 · 공판기일에서 진술로 성립진정을 증명한 경우
   나. 작성자 진술이 특별히 신빙할 수 있는 상태에서 이루어진 경우
   〈개정 2016. 5. 29.〉

② 제1항 본문에도 불구하고 진술서 작성자가 공판준비 · 공판기일에서 성립진정을 부인하는 경우 다음 각 호 요건 중 어느 하나 충족한 경우 증거로 할 수 있다.

1. 과학적 분석결과에 기초한 디지털포렌식 자료로 객관적 방법으로 성립진정이 증명된 경우
2. 감정 등 객관적 방법으로 성립진정이 증명된 경우
3. 다만 피고인 아닌 사람이 작성한 진술서 경우 피고인 · 변호인이 공판준비 또는 공판기일에 기재 내용에 관하여 작성자를 신문을 할 수 있어야 한다.

〈개정 2016. 5. 29.〉

③ 감정경과와 감정결과를 적은 서류는 제1항 · 제2항을 준용한다.

※ 개조식
※ 명확성
※ 가독성
※ 일본식 조사 '의' 삭제
※ 국어문법정비
※ 또는→기호 방점(·)으로 표시함. 이하 통일

※ 필자 제안 【제313조의2 신설안】 : ① 디지털 문서는 구분하여 입법하는 것이 역사성이 있음. ② 기존 판례를 존중하는 의미도 있음. ③ 법안정성에 기여함.

제313조2 (디지털매체로 저장되어 출력된 피의자 진술서 · 제3자 진술서 · 피의자 진술기재서류 · 제3자 진술기재서류)

① 법관은 제311조 · 제312조를 제외하고 다음 각 호 요건을 모두 충족한 경우 피고인 · 피고인이 아닌 사람이 작성한 진술서 · 진술을 기재한 서류를 증거로 사용할 수 있다.

1. 컴퓨터용디스크 · 그 밖에 이와 비슷한 정보저장매체에 문자 · 음성 · 영상자료 등 정보로 기억된 경우 디지털매체 특수성으로 서명을 하거나 또는 도장을 찍을 수 없더라도 작성자 · 진술자 신원을 객관적 방법으로 증명한 경우
2. 작성자 · 진술자가 공판준비 · 공판기일에서 진술로 성립진정을 인정한 경우

② 제1항 제2호 경우 작성자 · 진술자가 진술로 성립진정을 부인하는 경우 과학적 분석결과에 기초한 디지털포렌식 자료로 객관적 방법으로 성립진정이 증명된 경우

③ 제1항 제1호 방법으로 피고인 진술내용이 기재되어 디지털매체로 저장된 서류는 피고인이 공판준비 · 공판기일에서 진술한 경우에도 불구하고 다음 각 호 요건을 모두 충족한 경우 증거로 사용할 수 있다.

가. 작성자가 공판준비 · 공판기일에서 진술로 성립진정을 인정한 경우
나. 피고인 · 변호인이 공판준비 · 공판기일에서 진술한 서류기재내용에 관하여 원진술자를 신문할 수 있었던 경우
다. 작성자 진술이 특별히 신빙할 수 있는 상태하에서 이루어진 것이 증명된 경우
라. 다만 작성자 · 진술자가 진술로 성립진정을 부인하는 경우 과학적 분석결과에 기초한 디지털포렌식 자료로 객관적 방법으로 성립진정이 증명된 경우

11. 제314조 (증거능력에 대한 예외)

가. 현행

제314조 (증거능력에 대한 예외)
제312조 또는 제313조의 경우에 공판준비 또는 공판기일에 진술을 요하는 자가 사망 · 질병 · 외국거주 · 소재불명 그 밖에 이에 준하는 사유로 인하여 진술할 수 없는 때에는 그 조서 및 그 밖의 서류(피고인 또는 피고인 아닌 자가 작성하였거나 진술한 내용이 포함된 문자 · 사진 · 영상 등의 정보로서 컴퓨터용디스크, 그 밖에 이와 비슷한 정보저장매체에 저장된 것을 포함한다)를 증거로 할 수 있다. 다만, 그 진술 또는 작성이 특히 신빙할 수 있는 상태하에서 행하여졌음이 증명된 때에 한한다. 〈개정 2016. 5. 29.〉
[전문개정 2007. 6. 1.]

나. 개선방안

제314조 (증거능력 예외)
<u>법원은 제312조 · 제313조 경우</u> 공판준비 · 공판기일에 진술을 해야 하는 사람이 <u>다음 각 호 사유를 모두 충족한 경우</u> 조서와 그 밖에 서류(피고인 · 피고인 아닌 사람이 작성하였거나 또는 진술한 내용이 포함된 문자 · 사진 · 영상 등 정보로서 컴퓨터용디스크 · 그 밖에 이와 비슷한 정보저장매체에 저장된 것을 포함한다)를 증거로 사용할 수 있다.
1. 사망 · 질병 · 외국거주 · 소재불명 · <u>이에 준하는 그 밖에 사유로 공판준비 · 공판기일에서 진술이 불가능한 경우</u>
2. <u>진술 · 작성이 특별히 신빙할 수 있는 상태에서 이루어진 것이 증명</u>된 경우
[전문개정 2007. 6. 1.] [[시행일 2008. 1. 1.]]
[본조제목개정 2007. 6. 1.] [[시행일 2008. 1. 1.]]

※ 제목변경
※ 주체 명시
※ 명확성
※ 간결성
※ 가독성
※ '경우에'는 '경우'로 바꿈.
※ '그 밖에 이에 준하는 사유로 인하여'를 '<u>이에 준하는 그 밖에 사유</u>'로 바꿈. 제309조 '기타의 방법으로' 참고

12. 제315조 (당연히 증거능력이 있는 서류)

가. 현행

> 제315조 (당연히 증거능력이 있는 서류)
> 다음에 게기한 서류는 증거로 할 수 있다. [개정 2007. 5. 17. 제8435호(가족관계의 등록 등에 관한 법률)] [[시행일 2008. 1. 1.]]
> 1. 가족관계기록사항에 관한 증명서, 공정증서등본 기타 공무원 또는 외국공무원의 직무상 증명할 수 있는 사항에 관하여 작성한 문서
> 2. 상업장부, 항해일지 기타 업무상 필요로 작성한 통상문서
> 3. 기타 특히 신용할 만한 정황에 의하여 작성된 문서

나. 개선방안

> 제315조 (당연히 증거능력이 있는 서류)
> 법원은 다음 각 호 문서를 증거로 사용할 수 있다. [개정 2007. 5. 17. 제8435호(가족관계의 등록 등에 관한 법률)] [[시행일 2008. 1. 1.]]
> 1. 가족관계기록사항에 관한 증명서 · 공정증서등본 · 그 밖에 공무원 · 외국공무원이 직무상 증명할 수 있는 사항에 관하여 작성된 문서
> 2. 상업장부 · 항해일지 · 그 밖에 업무상 필요하여 작성된 일반문서
> 3. 그 밖에 특별히 신용할 만한 정황에서 작성된 문서
>
> ※ 일본식 조사 '의' 삭제
> ※ 명확성
> ※ 간결성
> ※ 가독성
> ※ 주체 명시
> ※ 기타 → '그 밖에'
> ※ '특히' → '특별히'로 통일
> ※ 일본식 문체 정비
> ※ 기타 업무상 필요로 작성한 통상문서 → 그 밖에 업무상 필요하여 작성된 일반문서
> ※ 정황에 의하여→정황에서

13. 제316조 (전문의 진술)

가. 현행

제316조 (전문의 진술)
① 피고인이 아닌 자(공소제기 전에 피고인을 피의자로 조사하였거나 그 조사에 참여하였던 자를 포함한다. 이하 이 조에서 같다)의 공판준비 또는 공판기일에서의 진술이 피고인의 진술을 그 내용으로 하는 것인 때에는 그 진술이 특히 신빙할 수 있는 상태 하에서 행하여졌음이 증명된 때에 한하여 이를 증거로 할 수 있다.
[개정 2007. 6. 1.] [[시행일 2008. 1. 1.]]
② 피고인 아닌 자의 공판준비 또는 공판기일에서의 진술이 피고인 아닌 타인의 진술을 그 내용으로 하는 것인 때에는 원진술자가 사망, 질병, 외국거주, 소재불명 그 밖에 이에 준하는 사유로 인하여 진술할 수 없고, 그 진술이 특히 신빙할 수 있는 상태 하에서 행하여졌음이 증명된 때에 한하여 이를 증거로 할 수 있다.
[개정 95 · 12 · 29, 2007. 6. 1.] [[시행일 2008. 1. 1.]] [전문개정 61 · 9 · 1]

나. 개선방안

제316조 (전문진술)
① 법원은 공판준비 · 공판기일에서 다음 각 호에 모두 해당하는 경우 피고인이 아닌 사람(피고인을 공소제기 전에 피의자로 조사하였거나 또는 그 조사에 참여하였던 사람을 포함한다. 이하 이 조에서 같다) 진술을 증거로 사용할 수 있다.
1. 피고인 진술을 내용으로 하는 경우
2. 피고인 진술이 특별히 신빙할 수 있는 상태에서 이루어진 것이 증명된 경우
[개정 2007. 6. 1.] [[시행일 2008. 1. 1.]]
② 공판준비 · 공판기일에서 피고인 아닌 사람 진술이 피고인 아닌 제3자 진술을 그 내용으로 하는 경우 다음 각 호 사유를 모두 충족한 경우 그 진술을 증거로 사용할 수 있다.
1. 원진술자가 사망 · 질병 · 외국거주 · 소재불명 · 이에 준하는 그 밖에 사유로 공판준비 · 공판기일에서 원진술자 진술이 불가능한 경우
2. 그 진술이 특별히 신빙할 수 있는 상태에서 이루어진 것이 증명된 경우
[개정 95 · 12 · 29, 2007. 6. 1.] [[시행일 2008. 1. 1.]] [전문개정 61 · 9 · 1]

※ 제목변경
※ 일본식 조사 '의' 삭제. '사람의 진술'로 표현할 수 있으나, 언어 관행이다. 언어 혁

명을 위해서 '피고인 아닌 사람 진술'이 타당하다.
※ 주체 명시
※ 명확성
※ 간결성
※ 가독성
※ 개조식

14. 제317조 (진술의 임의성)

가. 현행

제317조 (진술의 임의성)
① 피고인 또는 피고인 아닌 자의 진술이 임의로 된 것이 아닌 것은 증거로 할 수 없다.
② 전항의 서류는 그 작성 또는 내용인 진술이 임의로 되었다는 것이 증명된 것이 아니면 증거로 할 수 없다.
③ 검증조서의 일부가 피고인 또는 피고인 아닌 자의 진술을 기재한 것인 때에는 그 부분에 한하여 전2항의 예에 의한다.

나. 개선방안

제317조 (진술임의성)
① 법원은 피고인 · 피고인 아닌 사람이 임의로 진술한 경우만 진술증거로 사용할 수 있다.
② 법원은 서류작성 · 서류내용이 임의로 진술한 것이 증명된 경우 제1항 서류를 증거로 사용할 수 있다.
③ 법원은 검증조서 일부분에서 피고인 진술 · 피고인 아닌 사람 진술이 기재된 경우 그 일부분에 대해 제1항 · 제2항을 준용한다.

※ 제목변경
※ 일본식 조사 '의' 삭제
※ 명확성
※ 간결성
※ 가독성
※ 주체 명시

※ 전항 → 제1항으로 통일함
※ 전항의 서류는 → 제1항 서류를
※ 그 작성 또는 내용인 진술이 임의로 되었다는 것이 증명된 것이 아니면 → 서류작성과 서류내용이 임의로 진술된 것이 증명된 경우
※ 증거로 할 수 없다 → 제1항 서류를 증거로 사용할 수 있다
※ 검증조서의 일부가 → 검증조서 일부분에서
※ 피고인 또는 피고인 아닌 자의 진술을 기재한 것인 때에는 → 피고인 진술 · 피고인 아닌 사람 진술이 기재된 경우
※ 그 부분에 한하여 → 법원은 그 부분에 대해
※ 전2항의 예에 의한다 → 제1항 · 제2항을 준용한다.

15. 제318조 (당사자의 동의와 증거능력)

가. 현행

제318조 (당사자의 동의와 증거능력)
① 검사와 피고인이 증거로 할 수 있음을 동의한 서류 또는 물건은 진정한 것으로 인정한 때에는 증거로 할 수 있다.
② 피고인의 출정 없이 증거조사를 할 수 있는 경우에 피고인이 출정하지 아니한 때에는 전항의 동의가 있는 것으로 간주한다. 단, 대리인 또는 변호인이 출정한 때에는 예외로 한다.

나. 개선방안

제318조 (당사자 동의와 증거능력)
① 법원은 다음 각 호 사유가 모두 충족되는 경우 증거로 사용할 수 있다.
1. 검사 · 피고인이 서류 · 물건 · 진술을 증거로 사용하기로 동의한 경우
2. 법원이 제1호 서류 · 물건에 대해 진정성을 인정할 수 있을 경우
② 법원은 피고인 법정 출석 없이 증거조사를 실시할 수 있는 경우 피고인이 출석하지 않으면 제1항 증거에 동의한 것으로 본다. 다만 대리인 · 변호인이 법정에 출석한 경우 제1항 증거에 동의한 것으로 볼 수 없다.

※ 제목변경
※ 주체 명시
※ 명확성

※ 간결성
※ 가독성
※ 개조식
※ 검사와 피고인이 증거로 할 수 있음을 동의한 서류 또는 물건은 → 검사와 피고인이 서류 · 물건을 증거로 사용하기로 동의한 경우
※ 진정한 것으로 인정한 때에는 → 법원이 제1호 서류 · 물건 · 진술에 대해 진정성을 인정할 수 있을 경우
※ 증거로 할 수 있다 → 증거로 사용할 수 있다.
※ 하다. 할 수 있다. 다름. 할 수 있다는 조동사이기 때문에 반드시 본동사가 있어야 함
※ 피고인의 출정 없이 증거조사를 할 수 있는 경우에 → 법원은 피고인 법정 출석 없이 증거조사를 실시할 수 있는 경우
※ 피고인이 출정하지 아니한 때에는 → 피고인이 출석하지 않으면
※ 전항의 동의가 있는 것으로 간주한다 → 제1항 증거에 동의한 것으로 본다.
※ 단, 대리인 또는 변호인이 출정한 때에는 예외로 한다 → 다만 대리인 · 변호인이 법정에 출석한 경우 제1항 증거에 동의를 한 것으로 볼 수 없다.

16. 제318조의2 (증명력을 다투기 위한 증거)

가. 현행

제318조의2 (증명력을 다투기 위한 증거)

① 제312조부터 제316조까지의 규정에 따라 증거로 할 수 없는 서류나 진술이라도 공판준비 또는 공판기일에서의 피고인 또는 피고인이 아닌 자(공소제기 전에 피고인을 피의자로 조사하였거나 그 조사에 참여하였던 자를 포함한다. 이하 이 조에서 같다)의 진술의 증명력을 다투기 위하여 증거로 할 수 있다.

② 제1항에도 불구하고 피고인 또는 피고인이 아닌 자의 진술을 내용으로 하는 영상녹화물은 공판준비 또는 공판기일에 피고인 또는 피고인이 아닌 자가 진술함에 있어서 기억이 명백하지 아니한 사항에 관하여 기억을 환기시켜야 할 필요가 있다고 인정되는 때에 한하여 피고인 또는 피고인이 아닌 자에게 재생하여 시청하게 할 수 있다. [전문개정 2007. 6. 1.] [[시행일 2008. 1. 1.]]
[본조제목개정 2007. 6. 1.] [[시행일 2008. 1. 1.]]

나. 개선방안

제318조2 (증명력을 다투기 위한 증거)

① 법원은 제312조 · 제313조 · 제314조 · 제315조 · 제316조에 근거하여 증거로 할 수 없는 서류와 진술(적법절차위반은 제외한다)은 공판준비 · 공판기일에서 피고인 · 피고인이 아닌 사람(공소제기 전 피고인을 피의자로 조사하였던 사람 또는 그 조사에 참여하였던 사람을 포함한다. 이하 이 조에서 같다) 진술 증명력을 다툴 수 있는 증거로 사용할 수 있다. 다만 적법절차를 준수하지 않은 증거는 탄핵증거로 사용할 수 없다.

② 법원은 제1항에도 불구하고 피고인 · 피고인이 아닌 사람 진술을 내용으로 하는 영상녹화물은 다음 각 호 요건을 모두 충족한 경우 재생하여 시청하게 할 수 있다.

1. 공판준비 · 공판기일에서 피고인 · 피고인이 아닌 사람이 진술과정에서 기억이 명백하지 않은 경우
2. 진술상황에서 기억을 환기할 필요성이 인정되는 경우

[전문개정 2007. 6. 1.] [[시행일 2008. 1. 1.]]
[본조제목개정 2007. 6. 1.] [[시행일 2008. 1. 1.]]

※ 일본식 조사 '의' 삭제
※ 명확성
※ 간결성
※ 가독성
※ 개조식
※ 제312조부터 제316조까지의 규정에 따라 → 법원은 제312조 · 제313조 · 제314조 · 제315조 · 제316조에 근거하여
※ 증거로 할 수 없는 서류나 진술이라도 → 증거로 할 수 없는 서류와 진술은
※ 공판준비 또는 공판기일에서의 → 공판준비 · 공판기일에서
※ 피고인 또는 피고인이 아닌 자(공소제기 전에 피고인을 피의자로 조사하였거나 그 조사에 참여하였던 자를 포함한다. 이하 이 조에서 같다)의 진술의 증명력을 다투기 위하여 증거로 할 수 있다 → 피고인 · 피고인이 아닌 사람(공소제기 전 피고인을 피의자로 조사하였던 사람 또는 그 조사에 참여하였던 사람을 포함한다. 이하 이 조에서 같다) 진술 증명력을 다툴 수 있는 증거로 사용할 수 있다.
※ 제1항에도 불구하고 → 법원은 제1항에도 불구하고
※ 피고인 또는 피고인이 아닌 자의 진술을 내용으로 하는 영상녹화물은
※ 공판준비 또는 공판기일에 → 1. 공판준비 · 공판기일에서
※ 피고인 또는 피고인이 아닌 자가 진술함에 있어서 기억이 명백하지 아니한 → 피고인 · 피고인이 아닌 사람이 진술과정에서 기억이 명백하지 않은 경우
※ 사항에 관하여 기억을 환기시켜야 할 필요가 있다고 인정되는 때에 한하여 →

2. 진술상황에서 기억을 환기할 필요성이 인정되는 경우

※ 피고인 또는 피고인이 아닌 자에게 재생하여 시청하게 할 수 있다 → 피고인 · 피고인이 아닌 사람 진술을 내용으로 하는 영상녹화물은 다음 각 호 요건을 모두 충족한 경우 재생하여 시청하게 할 수 있다.

17. 제318조의3 (간이공판절차에서의 증거능력에 관한 특례)

(1) 현행

제318조의3 (간이공판절차에서의 증거능력에 관한 특례)

제286조의2의 결정이 있는 사건의 증거에 관하여는 제310조의2, 제312조 내지 제314조 및 제316조의 규정에 의한 증거에 대하여 제318조 제1항의 동의가 있는 것으로 간주한다. 단, 검사, 피고인 또는 변호인이 증거로 함에 이의가 있는 때에는 그러하지 아니하다. [본조신설 73 · 1 · 25]

(2) 개선방안

제318조3 (간이공판절차에서 증거능력에 관한 특례)

법원은 제286조2 간이공판절차결정을 한 사건 증거인 경우 제310조2 · 제312조 · 제313조 · 제314조 · 제316조에 근거한 증거에 대해서 제318조 제1항 당사자 동의가 있는 것으로 본다. 다만 검사 · 피고인 · 변호인이 증거동의에 이의를 제기한 경우, 동의가 있는 것으로 보지 않는다.

※ 제목변경
※ 일본식 조사 '의' 삭제
※ 명확성
※ 간결성
※ 가독성
※ 제286조의2의 결정이 있는 사건의 증거에 관하여는 → 법원은 제286조2 간이공판절차결정을 한 사건증거 경우
※ 제310조의2, 제312조 내지 제314조 및 제316조의 규정에 의한 증거에 대하여 → 제310조의2 · 제312조 · 제313조 · 제314조 · 제316조에 근거한 증거에 대해
※ 제318조 제1항의 동의가 있는 것으로 간주한다 → 제318조 제1항 당사자 동의가 있는 것으로 본다.
※ 단, 검사, 피고인 또는 변호인이 증거로 함에 이의가 있는 때에는 그러하지 아

> 니하다 → 다만 검사 · 피고인 · 변호인이 증거동의에 이의를 제기한 경우 동의가 있는 것으로 보지 않는다.

V. 결 론

대한민국 형사소송법 법문장은 일본 법문장에서 영향을 받았다. 그 특징은 장문이다. 한 조문에 많은 정보를 담고 있다. 그래서 일반 국민들이 복잡한 법문장을 이해하는 것은 쉽지 않다. 외국어(영어와 독일어)로 바꾸기도 힘들다. 이것이 형사소송법에서 법문장 문제점이다. 짧고 명확한 문장으로 개정되어야 한다. 비록 법률이 풍부한 내용을 담고 있다고 해도, 문체가 결여된 싸구려 모조품 같은 느낌을 주어서는 안 된다.

향후 대한민국 형사소송법이 전면 개정을 하기 어렵다면, 일부 개정 때 개조식 그리고 두괄식(핵심 내용이 문장 전면에 등장하는) 문장으로 법문장을 '한 장(章), 한 조문(條文), 한 문장(文章)'을 정비할 필요가 있다. 형사소송법 경우 최소한 수사편과 증거편만이라도 빠른 시간 내에 개정이 필요하다.

현행 법률을 개정할 때마다 의지를 갖고 쉽게 바꾸어야 한다. 각 장(章)을 매년 단계적으로 손질해야 한다. 자동차 부속품을 교체하는 것과 같다. 그 다음에 형사소송법을 전면 개정을 해야 한다. 20대(2016~2020) 국회에 기대를 건다.[19]

이 논문 작성방법은 현행 조문과 법제처 개정안을 비교하여, 현행 형사소송법 조문을 다듬었다. 그동안 발전한 학설 · 판례 · 논문을 참고하여 과감히 수정하였다. 필자가 숙고한 수정안은 파격적일 수 있다. 그러나 2016년 4월 영남형사판례연구회 세미나 발표 · 2017년 9월 법무대학원 대학원 수업 · 로스쿨 강의를 통해 여러 차례 검증을 거쳤다.[20]

---

19) 하태영, 형사입법에서 법문장의 문제점과 개선방안(二), 하마의 하품2, 법문사, 2016, 120~145면 참조(120면 인용).

20) 2017년 9월 5일(화) 동아대학교 법학전문대학원 학생 · 2017년 9월 26일(수) 법무대학원 학생들과 한 면담자료이다: "한자(漢字)로 된 법문장을 이해하기도 어렵다. 너무 길어 법조문 인용도 힘들다. 특히 증거법은 너무 복잡하다. 왜 이런 법조문을 개정 없이 아직까지 방치하고 있는가? 형사소송법 학자들과 법조 선배님들이 원망스럽다. 문제제기를 하지 않으면 입법부가 손

형사소송법 조문 문체가 바뀌지 않으면, 법원 형사판례 문체도 바뀌지 않는다. 변호사시험 문체도 바뀔 수가 없다.[21] '사망한 문체'가 실무에서 '고급법률 문장'으로 맹신되는 풍토는 대한민국에서 중단되어야 한다. 국회의원들이 이 논문을 한번 읽어 주시길 간곡히 부탁드린다.

을 되겠는가. 마틴 루터는 종교개혁과 함께 성경문체 혁명을 시도했다. 세종대왕 정신이 부활해야 한다. 광화문 거리에 앉아 계신 그 분은 단순한 동상이 아니다. 훈민정음 정신이 입법에 새겨져야 한다."

21) 하태영, 대법원 판결문에서 법문장 문제점과 개선방안, 동아법학 제75호, 동아대학교 법학연구소, 1∼55면(6면. 제6회 변호사시험문제 문체 비판 참조).

참고문헌

1. 전문서

고종주, 재판의 법리와 현실, 법문사, 2011.
김인회, 형사소송법, 피앤씨미디어, 2015.
노명선 · 이완규, 형사소송법, 제5판, SKKUP, 2017.
배종대 · 이상돈 · 정승환 · 이주원, 형사소송법, 제2판, 홍문사, 2016.
손동권 · 신이철, 새로운 형사소송법, 제3판, 세창출판사, 2016.
송광섭, 형사소송법, 개정판, 형설출판사, 2012.
신동운, 형사소송법, 법문사, 2016.
신이철. 형사증거법, 유스티니아누스, 2011.
이완규, 개정형사소송법의 쟁점, 탐구사, 2007.
이재상 · 조균석, 형사소송법, 제11판, 박영사, 2017.
이창현, 형사소송법, 제3판, 입추출판사, 2017.
임동규, 형사소송법, 제12판, 법문사, 2016.
정웅석 · 최창호, 형사소송법, 대명출판사, 2017.
법제처, 알기 쉽게 쓴 형사소송법 설명자료집, 법제처, 2016.
아르투어 쇼펜하우어/김욱 옮김, 쇼펜하우어의 문장론, 지훈출판사, 2005.
이수열, 우리가 정말 알아야 할 대한민국 헌법, 현암사, 1999.
국립국어원 표준국어대사전.

2. 논단

고종주, 법률문장론, 동아대학교 법학전문대학원 2017년 신입생 특강자료, 2017.
이만기, 사전을 곁에 두고 名文을 베껴라, 역사를 움직인 명문과 명연설, 월간조선, 2004, 359~361면.
이석록, 古典을 깊이 있게 읽어라, 역사를 움직인 명문과 명연설, 월간조선, 2004, 362~364면.
이어령, 名文章은 깊이 생각하고 끝없이 상상하는 힘에서 나온다, 역사를 움직인 명문과 명연설, 월간조선, 2004, 350~355면.
서기원, 漢文을 배척해서는 名文이 나오지 않는다, 역사를 움직인 명문과 명연설, 월간조선, 2004, 356~358면.
하태영, 대법원 판결문에서 법문장 문제점과 개선방안, 동아법학 제75호, 동아대학교 법학연구소, 1～55면.

3. 기타

가와이 이사요시/최원호 옮김, 문장력 테크닉 98, 신세대, 1997.
김미경, Plain English 쉬운영어, 씨네스트, 2009.
김숙현, 기사, 취재에서 작성까지, 범우사, 1996.
김 훈, 공터에서, 해냄, 2017.
김해식, 글쓰기 소프트, 새길, 1999.
김희보, 논문과 리포트 쓰기, 종로서적, 1997.
비버라 베이그/박병화 옮김, 하버드 글쓰기 강의, 에쎄, 2011.
안정효, 번역의 테크닉, 현암사, 1996.
칩 히스·댄 히스/안진환·박슬라 옮김, 스틱!, 2010.
하태영, 형사입법에서 법문장의 문제점과 개선방안(二), 『하마의 하품 II』, 법문사, 2016, 120～145면.
한승원, 한승원의 글쓰기교실, 문학사상사, 1998.
한승원, 한승원의 소설 쓰는 법, 랜덤하우스, 2009.
프랑크 런츠/채은진·이화신 옮김, 먹히는 말, 쌤앤파커스, 2007.

영남형사판례연구회

2018. 3. 26.

영남형사판례연구회 소개

학 회 명	영남형사판례연구회
설립일자	1999년 3월
학문분야	형사법
회원현황	영남지역 형사법전공자 (검찰측과 부산지방변호사회는 개별회원으로 가입되어 있지 않으나, 연구회 개최시 발표자와 토론자로 참여하고 있음)
설립목적	영남지역 형사법 연구모임으로 학계와 실무 상호간 이해 폭을 넓히고, 이론과 실무가 조화를 이룬 선진형사법제 정립을 목표로 하고 있음
회 장	차 정 인(부산대학교 법학전문대학원 교수)
책 임 자 (총 무)	학 계 : 이 수 진(부산대학교 법과대학 법학박사) 검 찰 : 이 자 영(부산지방검찰청 검사)
주요 활동	- 매월 1회, 둘째 주 월요일에 연구발표회를 개최 - 발표장소 : 동아대, 부산대, 연중 1회는 검찰청 - 2009년 제100회 기념 판례연구집 발간(형사법의 쟁점과 판례, 법문사, 2009) - 2012. 6. 29. 부산지방검찰청, 부산지방변호사회와 영남형사판례연구회 활성화를 위한 삼자간 협정(MOU) 체결  - 법률신문에 제109회 제130회 제161회 제178회 영남형사판례연구회 관련기사가 다수 보도된 바 있음.

(제109회 영남형사판례연구회 관련사진 '아리랑호텔' 개최)

(제141회 영남형사판례연구회 관련사진 '동아대 법학전문대학원 국제화상회의실' 개최) – 독일 본대학교 법과대학 킨트호이저 교수님과 부산지검 검사님들

(제178회 영남형사판례연구회 관련사진 '부산대 법학전문대학원 학봉홀' 개최)

- 2018년 1월 현재 연구발표회 199회 개최
- 2018년 1월 현재 학계회원 50여명

제101회에서 제199회까지 영남형사판례연구회 발표 2009~2018년

101	2009.6.15	권오걸	준강도의 불법과 실행의 착수시기	2004도5074
		박병모	검사의 의율재량에 관한 연구	–
102	2009.7.20	김선복	신분없는 또는 목적 없는 고의 있는 도구를 이용하는 경우 간접정범의 성부	96도3376
		강정석	직장점거 및 직장폐쇄의 정당성과 퇴거불응죄	–
103	2009.9.21	류석준	기망행위를 수단으로 한 권리행사와 사기죄의 성부	2009도295
		박병모	형사소송에 있어서의 피고인의 입증책임	–
104	2009.10.19	이창섭	소송사기의 구조와 간접정범	2006도3591
		채대원	주거침입죄의 보호법익과 주거침입미수의 성립	–
105	2009.11.16	임석원	객관적 귀속의 효과에 대한 재검토	90도2856
		강호정	지문날인에 대한 연구	–
106	2009.12.21	최병각	탄핵증거로서의 증거조사	2005도6271
		김락현	성폭력 사건에서 영상녹화물의 증거능력	–
107	2010.1.18	김혁돈	주거침입죄	2009도3452
		박병모	보석사유에 대한 비판적 검토	
108	2010.2.22	김종덕	업무방해죄에 대한 비판적 고찰	2009도4166
		이병대	위법한 압수수색과 위법수집증거배제 법칙 – 강제채혈을 중심으로 –	–
109	2010.3.15	최석윤	의사의 과실에 의한 태아의 사망과 임부에 대한 업무상 과실치상	2009도1025
		최수경	양형기준제도의 문제점	–
110	2010.4.19	권오걸	증언거부권의 불고지와 위증죄	2008도942
		박건욱	국민참여재판에 있어서 검사의 최종변론권 인정 여부에 관한 소론	–

111	2010.5.29	이원상	아이템 거래 판결에 관한 고찰	2009도7237, 7238
		이창섭	부동산 명의수탁자의 횡령죄 주체성	2009도4501
112	2010.6.21	류석준	사용자에 대하여 정당한 노동쟁의에 있어 병존적 관리 · 사용자인 제3자에 대한 주거침입죄의 성부	2009도5008
		김보성	위법수집증거배제원칙	–
113	2010.7.19	최호진	사회봉사명령과 소급효금지의 원칙	2008어4
		김가람	성폭력범죄자 위치추적 전자장치 부착과 소급효	–
114	2010.8.16	조현욱	교사의 체벌과 정당행위의 성립여부	2001도5380
115	2010.9.13	최준혁	위법한 공무집행에 대한 저항과 정당방위	2009도11041
		안병수	미국의 M&A 관련 화이트칼라 범죄 연구	–
116	2010.11.22	임석원	법익개념의 변화와 해석의 방향	2008도7007
117	2010.12.20	이창섭	위치추적 전자장치 부착명령의 법적 성격과 형벌불소급의 원칙	2009도1947, 2009전도5, 2009도6061, 2009전도13
		홍성원	근로자의 쟁의행위와 업무방해죄	2009헌바168
118	2011.1.17	안원하	헌법재판소가 형벌에 관한 법률의 조항을 위헌으로 결정한 경우 그 결정의 소급효	99헌바40 2008헌바58
		이병대	위법한 압수수색과 위법수집증거배제 법칙 – 강제채혈을 중심으로 –	2009노2039 2010노2165
119	2011.2.21	권오걸	이중신분범과 형법 제33조 – 업무상횡령죄를 중심으로 –	2005도3045 87도1901 86도1375
120	2011.3.21	조현욱	성전환자(MTF형)의 강간죄 객체성 해당여부	2009도3580
		정수정	교통사고처리특례법상 '중상해'의 판단기준	2005헌마764 2008헌마118

121	2011.4.18	김성룡	재물과 재산상 이익	2010도6256
		최창민	최근 업무방해 관련 대법원 판례와 헌법재판소 결정에 대한 고찰	2007도482
122	2011.5.16	최병각	소년법 적용과 전자장치 부착명령	2009도2682, 2009전도7
		윤태중	강도죄에서 재산상 이익의 취득과 강도살인죄의 성립여부	2010도7405 96도3411
123	2011.6.13	송진경	경범죄처벌법상 통고처분과 일사부재리의 원칙	2009도12249
		노선균	해적행위에서의 공범관계 이론구성	삼호주얼리호 납치 소말리아 해적사건
124	2011.7.18	최준혁	영장에 의하지 아니하는 강제처분	2008도10914
		김남훈	강제집행절차에서 채무자가 제3자를 허위채권자로 내세우는 방법의 소송사기	2008도7631
125	2011.9.19	류화진	게임산업진흥에 관한 법률상 '게임물' 범위	2010도3358
		최재만	폭처법위반(단체등의구성·활동죄)에 대하여	–
126	2011.10.17	이창섭	음주운전자의 동의 없이 채취된 혈액에 대한 감정결과보고서의 증거능력	2009도2109
		이응철	수입신용장을 악용한 재산국외도피사범의 법률상 쟁점 및 판례의 동향	부산고법 2010노574, 서울고법2008노2373
127	2011.11.21	박기석	정당행위의 기능과 인정범위	서울서부지법 2006고정927
		정수정	판례의 형사소송법 제383조 제4호 해석에 대한 비판적 검토	2010도17829
128	2011.12.26	류석준	언론보도에 의한 통신비밀침해의 허용요건	2006도8839
		홍완희	업무상배임과 상호저축은행법위반의 죄수관계	–
129	2012.1.16	김혜정	배임죄에서 '타인의 사무처리자'의 판단에 관한 소고	2008도10479

130	2012.3.19	허일태	무수혈과 관련된 의료과실치사	–
		석동현	형사재판에서의 합리적 의심	–
		조현욱	형사재판에서 범죄사실을 유죄로 인정하기 위한 심증형성의 정도에 있어 합리적 의심	2007도10754
131	2012.4.23	조정래	부동산양도담보권자가 변제기전에 부동산을 처분한 경우의 죄책(배임죄)	2005도7559
		현동길	구속영장기각에 대한 소고	2007－1384호 영장결정
132	2012.5.21	이창섭	담보로 제공된 명의신탁 자동차를 몰래 가져간 명의신탁자의 형사책임	2010도11771
		김상준	적법절차를 위반한 압수물의 증거능력	2011도10508
133	2012.6.18	송진경	노동쟁의와 형법상 범죄개념	2007도482
		이동근	전자금융거래법 관련 판례연구	2010도2940
134	2012.7.23	최준혁	형사소송에서 직접심리주의의 의의	2010도12
		기노성	합리적 의심과 피고인의 입증부담	2001도6138
135	2012.8.27	권오걸	전기절도에서의 점유의 침탈	2008도3252
		김지은	현행 전자금융거래법상 대포통장과 관련한 문제점 및 검토	–
136	2012.9.24	송영지	작량감경에 대한 비판적 검토	–
		정영서	피의자 지위가 예상되는 참고인에 대한 검사작성 진술조서	–
137	2012.10.22	최호진	컴퓨터 이미지 파일과 형법상 문서	2011도10468
		이태협	업무상과실치사상죄의 업무상주의의무에 관한 검토 – 화재사건을 중심으로 –	2009도11073 2010도16944
138	2012.11.19	하태인	자백의 임의성 판단	2009도1603
		정혁준	자진신고자 감면제도 연구(Leniency Program)	–
139	2013.1.21	김혜정	보안처분과 소급효금지원칙과의 관계	2010헌가82
		최현주	도로교통법위반(음주운전)죄와 관련하여	2012도10269

140	2013.2.18	권오걸	변호사의 법률의견서와 증언거부권행사에 대한 전문법칙의 적용	2009도6788
		김방글	원동기장치자전거면허 효력정지시 무면허운전 성립 여부	2011도7725
141	2013.3.25	우르스 킨트 호이저	범죄구성의 논리에 관하여 (Zur Logik des Deliktsaufbaus) Prof. Dr. Urs Kindhäuser, Bonn	–
		신재홍	공정거래법 개요 및 관련 판례 연구	–
142	2013.4.15	조현욱	명의수탁자의 보관부동산 후행처분행위의 불가벌적 사후행위 해당여부	2010도10500
		김민정	의식불명 음주운전 피의자에 대한 강제채혈 관련 판례연구	2011도15258
143	2013.5.20	베른트 쉬네만	독재정권이 저지른 불법의 형법을 통한 청산 (Strafrechtliche Aufarbeitung von Untaten eines diktatorischen Regimes) Prof. Dr. Dr. h.c. mult. Bernd Schünemann	
		윤종행	변호인과 의뢰인간의 의사교환 내용과 진술거부의 특권	대법원 2012.5.17. 선고 2009도6788 전원합의체 판결
144	2013.6.17	이창섭	횡령죄의 성격과 미수범의 성립범위	
145	2013.7.15	최준혁	주거침입과 절도죄의 관계	84도1578, 2012도9388
		이수창	부부강간죄 성립여부에 대한고찰	2012도14788
146	2013.8.26	백상진	형법 제187조 선박파괴죄	2008도11921
		최한나	증언거부권불고지와 위증죄 성부	
147	2013.9.23	최석윤	부부관계에서 강간죄의 성립	2012도14788
		황진아	인터넷을 통한 저작물 불법유통과 온라인서비스제공자의 법적책임	

148	2013.10.26	김성룡	필요적 공범	2013도3246
		이세원	위력에 의한 공무집행방해의 처벌가능성 및 업무방해죄의 범위	
149	2013.11.18	강우예	주거침입과 절도죄의 관계	2010도10515
150	2013.12.16	김병수	정당방위에 있어서 상당성의 문제	2009도3642
151	2014.1.20	이덕인	아동청소년의 성보호에 관한 법률상 아동청소년 이용 음란물의 범위와 그 소지의 위법성	수원지법 2013.2.20 선고 2012 고단3926, 4943 판결
152	2014.2.17	차정인	전문법칙 적용범위 논의를 위한 몇 가지 고찰	2009도6788
		김혜정	명의신탁부동산에 대한 횡령죄 성부의 판단	2010도10515, 2008도1033
153	2014.3.17	이수진	공동정범의 기능적 행위지배의 범위	2009도3642
154	2014.4.21	선종수	산업기술유출의 개념과 형사책임	2011헌바39,2011도1614
		장영롱	편면적 대향범에 대한 공범규정의 적용가능성	2009도3642
155	2014.5.19	류석준	명의수탁자가 명의신탁자에 대한 관계에서 횡령죄의 타인의 재물을 보과하는 자에 해당하는지 여부	2010도10515
		김치훈	형집행 종료일에 관한 제문제 및 개선방안	
156	2014.6.9	권오걸	위계에 의한 업무방해죄에서 위계의 상대방과 양해의 효력	2009도8506
		조현욱	채권액을 부풀려 유치권에 기한 경매를 신청한 행위에 대한 소송사기죄 실행의 착수 해당여부	2012도9603
157	2014.7.14	최준혁	특별형법 몇몇 조문의 쟁점	헌재결정례2011헌바2
		정도희	다문화사회 한국에 대법원 2013. 6. 20. 선고 2010도14328 전원합의체 판결이 주는 의미와 제안	2010도14328
158	2014.8.11	배미란	재물손괴죄에 있어서 효용침해의 의의	2007도2590
		송영지	제주특별자치도 자치경찰의 수사권 범위	

<table>
<tr><td rowspan="2">159</td><td rowspan="2">2014.9.15</td><td>강우예</td><td>노동쟁의행위의 업무방해죄 성립의 불법구조</td><td>2012도2701</td></tr>
<tr><td>이창섭</td><td>야간에 합동하여 주거에 침입하여 재물을 절취한 자의 형사책임</td><td>2009도9667</td></tr>
<tr><td rowspan="2">160</td><td rowspan="2">2014.10.13</td><td>하태영</td><td>형법 제27조 불능미수범 －대법원 판례분석</td><td>2009도6788</td></tr>
<tr><td>최석윤</td><td>피고인의 진술거부권과 형사소송법 제314조의 진술불능사유</td><td>2012도16001</td></tr>
<tr><td rowspan="2">161</td><td rowspan="2">2014.11.10</td><td>이수창</td><td>참고인의 허위진술에 대한 규제방안</td><td>2009도6788</td></tr>
<tr><td>하태인</td><td>위법수집증거배제 법칙의 적용범위</td><td>－</td></tr>
<tr><td rowspan="2">162</td><td rowspan="2">2014.12.8</td><td>이덕인</td><td>사형선택의 정당성</td><td>2012고합404 판결</td></tr>
<tr><td>박성민</td><td>뇌물개념의 패러다임 변화에 관한 소고</td><td>－</td></tr>
<tr><td rowspan="2">163</td><td rowspan="2">2015.1.19</td><td>김혁돈</td><td>영장없는 압수수색검증과 관련한 대법원의 태도에 대한 고찰</td><td>2011도15258</td></tr>
<tr><td>김병수</td><td>도둑뇌사사건은 과잉방위</td><td>2014고단444</td></tr>
<tr><td>164</td><td>2015.2.9</td><td>하태영</td><td>형법 제20조 사회상규 －대법원 판례분석</td><td>－</td></tr>
<tr><td rowspan="2">165</td><td rowspan="2">2015.3.9</td><td>박기석</td><td>수혈거부환자에 대한 의사의 책임</td><td>2009도14407</td></tr>
<tr><td>박대환</td><td>가공 세금계산서 발급행위죄의 신분범적 요건 고찰</td><td>2010도13433</td></tr>
<tr><td rowspan="2">166</td><td rowspan="2">2015.4.13</td><td>김경화</td><td>의료행위와 환자의 자기결정권</td><td>2009도14407</td></tr>
<tr><td>조현욱</td><td>사전수뢰죄의 주체 판단기준으로서 공무원이 될 개연성</td><td>2014도10034</td></tr>
<tr><td rowspan="2">167</td><td rowspan="2">2015.5.11</td><td>선종수</td><td>배임죄에서 재산상 손해발생과 손해액의 의미</td><td>2011도6789</td></tr>
<tr><td>정도희</td><td>가정폭력과 정당방위</td><td>－</td></tr>
<tr><td rowspan="2">168</td><td rowspan="2">2015.6.9</td><td>이창섭</td><td>수사기관이 참고인을 조사하는 과정에서 작성한 영상녹화물의 증거능력</td><td>2012도5041</td></tr>
<tr><td>김영미</td><td>압수물의 범죄사실관련성과 증거사용범위－디지털 증거중심으로 고찰</td><td>2013도12155</td></tr>
<tr><td rowspan="2">169</td><td rowspan="2">2015.7.13</td><td>최준혁</td><td>필요적 공범과 공소시효의 정지</td><td>2012도4842</td></tr>
<tr><td>정지혜</td><td>피해자참가제도의 효과적 도입을 위한 비교연구＝일본의 선행실시 경험을 중심으로</td><td>－</td></tr>
</table>

170	2015.8.10	배미란	장물죄에 관한 해석론적 재검토	2009도1203
		이수진	13세 이상 미성년자의 성적 자기결정권	2014도9288
171	2015.9.14	최석윤	공해상 선박충돌사고와 관련된 형사재판권	2015고합52
		오창명	산업안전보건법에 있어서의 형사책임의 범위	2004노1726
172	2015.10.12	최병각	음주운전과 음주측정	2014도16051
		강우예	양형기준의 효력	2009도11448
173	2015.11.9	하태인	필요적 공범과 공소시효의 정지	–
		오진희	성폭력 범죄의 재범 현황과 문제점	–
174	2015.12.14	김병수	형사 성공보수약정 무효판결의 문제점과 개선방안	2015다200111
		박성민	전자정보의 압수수색에 있어 정보검색의 성격과 피압수자 참여권 보장의 취지	2011모1839
175	2016.1.11	조현욱	상습절도를 범한 범인이 그 범행의 수단으로 주거침입을 한 경우의 죄책	2015도8169
		권오걸	매음료 면탈과 처분행위	2001도2991
176	2016.2.15	이수진	기능적 행위지배의 정범성	–
		유주성	강간죄 성립 판단기준으로서 피해자 동의와 저항	2014도8722
177	2016.3.14	박경규	북한이탈주민이 이탈 전 북한지역에서 범한 범죄와 형법적용법	–
		신현덕	교통사고 운전자 신고의무에 대한 고찰	–
178	2016.4.11	조현욱	범인도피교사죄가 성립하는 경우와 그 경우 방어권 남용 여부의 판단기준	2015노2508, 2013도12079
		하태영	형사입법에서 법문장 문제점과 개선방안	–
179	2016.5.9	김성룡	의무범과 정범표지, 부작위의 공동정범 표지로서 기능적 행위지배	2015도6809, 2009도9476
		고범석	전자정보 압수수색	2011모1839
180	2016.6.13	최병각	공소장 변경과 적용법조	2015도12372
		길선미	영상녹화물의 증거능력	–

<table>
<tr><td rowspan="2">181</td><td rowspan="2">2016.7.11</td><td>최준혁</td><td>선행행위의 성질과 유기치사죄</td><td>2014도5724</td></tr>
<tr><td>박기석</td><td>매춘은 범죄인가</td><td>–</td></tr>
<tr><td rowspan="2">182</td><td rowspan="2">2016.8.8</td><td>배미란</td><td>강제집행절차를 통한 소송사기의 성립에 관한 검토</td><td>2014도10086</td></tr>
<tr><td>강지현</td><td>부동산 명의신탁과 횡령죄의 성립여부</td><td>2014도6992</td></tr>
<tr><td>183</td><td>2016.9.12</td><td>이창섭</td><td>통신사기피해환급법 제15조의2 제1항 위반죄에 관한 고찰</td><td>2015도15101</td></tr>
<tr><td rowspan="2">184</td><td rowspan="2">2016.10.10</td><td>강우예</td><td>단독면접에 의한 목격자 범인식별 증거의 판단기준에 대한 비판적 고찰</td><td>2008도12111</td></tr>
<tr><td>정지혜</td><td>성폭력처벌법 헌법불합치 결정과 이에 따른 법무부개정안에 관한 검토</td><td>2014헌마340 판결</td></tr>
<tr><td rowspan="2">185</td><td rowspan="2">2016.11.14</td><td>최석윤</td><td>재정신청절차와 재소자 특칙에 대한 검토</td><td>2013모2347</td></tr>
<tr><td>신승희</td><td>아동성폭력 사건에서의 파기 환송심의 기속력과 의제강간 나이 상향</td><td>2014도9288,
2014노3514</td></tr>
<tr><td>186</td><td>2016.12.12</td><td>하태인</td><td>형법에서 동산 양도담보의 법리</td><td>–</td></tr>
<tr><td rowspan="2">187</td><td rowspan="2">2017.1.9</td><td>이덕인</td><td>사형제도의 위헌성에 대한 재론</td><td>2015도12980</td></tr>
<tr><td>김병수</td><td>금지되는 선거운동의 범위를 판단하는 기준</td><td>2015도11812</td></tr>
<tr><td rowspan="2">188</td><td rowspan="2">2017.2.13</td><td>최호진</td><td>특정범죄가중법의 운전자폭행죄의 적용범위</td><td>2014도13345</td></tr>
<tr><td>김동률</td><td>조직지배에 의한 간접정범의 성립가능성－독일 연방대법원 판례를 중심으로</td><td>–</td></tr>
<tr><td rowspan="2">189</td><td rowspan="2">2017.3.13</td><td>정도희</td><td>무면허 의료행위와 규제완화</td><td>2013도850</td></tr>
<tr><td>장세진</td><td>산업안전보건법상 도급인의 책임</td><td>–</td></tr>
<tr><td rowspan="2">190</td><td rowspan="2">2017.4.10</td><td>김성룡</td><td>디지털 시대 공소장 서면주의의 새로운 이해</td><td>2016도11138.
2015도3682,
2016도19027</td></tr>
<tr><td>조현욱</td><td>명예훼손죄와 모욕죄의 구성요건 중 ‘공연성’의 의미와 전파가능성 이론</td><td>200도340,
2016도9674</td></tr>
<tr><td rowspan="2">191</td><td rowspan="2">2017.5.15</td><td>하태영</td><td>대법원 판결문에서 법문장 문제점과 개선방안</td><td>–</td></tr>
<tr><td>이창선</td><td>사기죄와 처분행위</td><td>2016도13362</td></tr>
</table>

192	2017.6.12	최준혁	도주운전죄의 공동정범	2007도2919
		권슬기	자백의 신빙성에 관한 고찰	–
193	2017.7.10	최성진	형법에 있어서 하이퍼링크의 의미	2016도21389
194	2017.8.14	정지혜	새로운 과학수사기법의 등장과 현행법제하에서의 수용방안 검토–일본 헨 수사관련 최고재판소 판례분석과 그 시사점	–
		차정인	진술이 담긴 기계적 기록물과 전문법칙	2012도7461
195	2017.9.11	강우예	배임행위의 거래상대방의 공범성립 형태	2014도17211
		김민석	플레인 뷰 법리와 관련된 미 연방법원의 판례개관	2011모1839
196	2017.10.16	최석윤	교통사고처리 특례법에서 교통사고의 의미와 운전자의 범위	2016도21034
		양천수	형법상 문서개념에 대한 재검토	2007도7480
197	2017.11.13	하태인	배임죄의 본질과 타인의 사무	2016도3674
		장소영	개성공단의 법제와 형사사건처리	–
198	2017.12.11	박성민	저작권 침해행위의 계속범 성립여부에 관한 형법적 고찰	2012도13748
199	2018.2.8	김병수	국민을 위한 공수처 설치 방안	–
		하태영	형법 제307조 제1항 '사실 적시'의 의미와 제307조 제2항 '허위사실' 착오 해석방법	2017도18024

형사법의 쟁점과 판례 2

2018년 3월 10일 초판 인쇄
2018년 3월 15일 초판 1쇄 발행

편저자 영남형사판례연구회
부산지방검찰청
발행인 배 효 선
발행처 도서출판 法 文 社
주 소 10881 경기도 파주시 회동길 37-29
등 록 1957년 12월 12일/제2-76호(윤)
전 화 (031)955-6500~6 FAX (031)955-6525
E-mail (영업) bms@bobmunsa.co.kr
(편집) edit66@bobmunsa.co.kr
홈페이지 http://www.bobmunsa.co.kr
조 판 법 문 사 전 산 실

정가 55,000원 ISBN 978-89-18-09138-9